CB056515

ENCICLOPÉDIA
de fatos da Bíblia

1.000.000 de palavras - 100.000 fatos da Bíblia
De Gênesis a Apocalipse tudo nesta incrível enciclopédia

MARK WATER

hagnos

© 2004 por This work is a translation from the original English Language edition of the AMG *Encyclopedia of Bible Facts*, published by AMG Publishers. Copyright 2004 by John Hunt Publishers. Used by permission © 2014 This translation by Editora Hagnos Ltda.

Tradução
Hander Heim
Marcos Granconato

Revisão
Regina Aranha
Josemar de Souza Pinto

Capa
Souto Crescimento de Marca

Diagramação
Sonia Peticov

Editor
Juan Carlos Martinez

Coordenador de produção
Mauro W. Terrengui

1ª edição - Agosto de 2014
Reimpressão - Janeiro de 2015

Impressão e acabamento
Imprensa da Fé

Todos os direitos desta edição reservados à
EDITORA HAGNOS
Av. Jacinto Júlio, 27
São Paulo - SP - 04815-1600 Tel/Fax: (11) 5668-5668
hagnos@hagnos.com.br - www.hagnos.com.br

Dados Internacionais de Catalogação na Publicação (CIP)
(Câmara Brasileira do Livro, SP, Brasil)

Water, Mark
Enciclopédia de fatos da Bíblia : 1.000.000 de palavras * 100.000 fatos da Bíblia / [compilado e editado por] Mark Water; [tradução : Hander Hein, Marcos Granconato]. -- São Paulo : Hagnos, 2014.

Título original : Encyclopedia of Bible facts : 1.000.000 words * 100.000 facts
ISBN 978-85-7742-137-4

1. Bíblia - Dicionários e enciclopédias I. Water, Mark

14-05409   CDD-220.3

Índice para catálogo sistemático:
1. Bíblia : Enciclopédias   220.3

INTRODUÇÃO

A ÚNICA COISA NECESSÁRIA

"'Bem, o que eu quero são Fatos. Ensine a estes rapazes e a estas meninas uma coisa apenas: Fatos. Na vida, só precisamos de Fatos. Não plante outra coisa e arranque fora tudo o mais. Só é possível formar os espíritos de animais racionais com Fatos; fora disso, coisa alguma lhes será de utilidade. É sobre este princípio que educo meus filhos e também nesta base que devem ser educadas estas crianças. Cinja-se aos Fatos, senhor!'

"Esta cena passava-se em uma sala de aula nua, monótona, vulgar, e aquele que proferia essas palavras acentuava as suas observações com o indicador em riste, sublinhando cada afirmativa com um ligeiro toque no braço do mestre-escola. O exagero enfático ressaltava ainda da maneira autoritária, do tom firme da voz, da testa quadrada do orador, em que as sobrancelhas formavam a base, enquanto os olhos achavam muito mais cômodos esconder-se em órbitas escuras, sombreadas pela testa. A ênfase era realçada, ainda, pela boca do orador, larga, delgada e dura, e pelos cabelos eriçados, em torno de uma brilhante calvície, assim como pelo paletó quadrado, pernas quadradas e ombros do orador. Até o lenço que lhe envolvia o pescoço, apertado com um nó, semelhante a um fato teimoso, ajudava a ressaltar a ênfase de suas palavras.

"'Nesta vida, necessitamos apenas de Fatos, senhor, nada mais do que Fatos!'

"O orador, o mestre-escola e uma terceira pessoa adulta presente, todos recuaram um pouco, a fim de poderem contemplar melhor, no plano inclinado da sala, os pequenos vasos ali dispostos em ordem, prontos para receberem uma inundação de fatos."

Nesse trecho, cena de abertura de *Tempos difíceis*, de Charles Dickens, seu romance de maior amplitude política, descobrimos as terríveis consequências humanas de uma filosofia brutalmente materialista na vida da família de Thomas Gradgrind, educados a acreditar que apenas os "Fatos! Fatos! Fatos!" têm algum significado. O romance, que acontece em Coketown, conhecida região montanhosa no norte da Inglaterra, demonstra claramente a verdade sobre o "progresso" vitoriano.

A importância dos fatos

Para o cristão, no entanto, embora os fatos não representem tudo, eles são o mais importante. O cristianismo é uma religião histórica baseada em inúmeros fatos comprovados. A *Enciclopédia de fatos da Bíblia* apresenta os fatos registrados nas páginas da Bíblia, assim como os fatos sobre a Bíblia. A despeito de vivermos na era da tecnologia da informação, com mais informação disponível na internet que em qualquer biblioteca, nossa compreensão geral sobre o conteúdo da Bíblia permanece muito deficiente.

Para os cristãos, todos os fatos são amigos. Temos certeza de que o cristianismo é verdadeiro. O que mais desejamos é que essa verdade seja disseminada pelo mundo. Assim, não há fatos que possam deixar o cristão nervoso. A *Enciclopédia de fatos da Bíblia* traz o exemplo de muitos manuscritos do Novo Testamento, mais do que qualquer outro texto antigo que ainda exista. As meticulosas descobertas do mundo da arqueologia bíblica também estão detalhadas, pois também confirmam a verdade da Bíblia.

O escândalo da ignorância

É bastante escandaloso o fato de permanecermos contentes com nossa própria ignorância e despreocupados quanto à falta de conhecimento da Bíblia entre os cristãos de hoje. Grandes líderes do passado e presente nos alertam dos perigos.

> A ignorância das Escrituras é ignorância de Cristo. O conhecimento das Escrituras é conhecimento de Cristo.
>
> *Jerônimo*

> A ignorância de Deus – ignorância tanto de prática quanto de comunhão com ele – é a raiz de muitas fraquezas da igreja de hoje.
>
> *J. I. Packer*

> É por causa da ignorância das Escrituras que nossa maldade vem à tona; tantas pragas, resultado de tantas heresias; tantas vidas negligentes; tantas obras sem fruto.
>
> *João Crisóstomo*

> Todos os obstáculos à oração surgem da ignorância do ensinamento da santa Palavra de Deus na vida de santidade que ele preparou para seus filhos, ou de uma indisposição a consagrar-nos a ele.
>
> *The Kneeling Christian*

> Como resultado da ignorância das Escrituras, temos muitos bradadores em nossos púlpitos que não merecem ser chamados de pregadores da Palavra de Deus, pois raramente citam as Escrituras.
>
> *Bernard Lamy, 1699*

Resumos simples e descrições detalhadas

A *Enciclopédia de fatos da Bíblia* fornece resumos fundamentais e precisos sobre centenas dos mais importantes tópicos encontrados na Bíblia, sendo recomendável não só para alguém que não sabe nada sobre a Bíblia, mas também para aqueles que precisam de uma fonte de estudos mais detalhados, também apresentados nesta obra. Por exemplo, na visão geral de cada livro tanto do Novo quanto do Antigo Testamentos, há um resumo com os pontos principais de cada livro. No entanto, apresentações mais detalhadas sobre os livros da Bíblia são mostradas em *Encorajamento dos livros do Antigo Testamento* e *Encorajamento dos livros do Novo Testamento*.

Porque os fatos não são suficientes?

Jesus, certa vez, dirigindo-se a um grupo de pessoas mais sábias, disse sobre o Antigo Testamento o que nós jamais conseguiremos expressar:

> Mas o testemunho que eu tenho é maior que o de João; porque as obras que o Pai me concedeu realizar, essas mesmas obras que realizo, dão testemunho de que o Pai me enviou. E o Pai que me enviou, ele mesmo tem dado testemunho de mim. Nunca ouvistes a sua voz, nem vistes a sua forma; e a sua palavra não permanece em vós; porque não credes naquele que ele enviou. Vós examinais as Escrituras, pois julgais ter nelas a vida eterna; e são elas que dão testemunho de mim; mas não quereis vir a

mim para terdes vida! Eu não recebo glória da parte dos homens; mas vos conheço bem, e sei que não tendes o amor de Deus em vós (Jo 5.36-42).

A partir dessas palavras, vemos a importância de relacionarmos as Escrituras à pessoa de Jesus e de ter "o amor de Deus" em nós. Muitos dos estudos na *Enciclopédia de fatos da Bíblia* demonstram como os tópicos únicos e individuais nos conduzem à pessoa de Cristo. Assim como reproduzir mecanicamente resmas de fatos tão secos quanto o pó não deveria ser o critério para passar em qualquer exame, o mero conhecimento dos fatos principais da Bíblia, no final das contas, tampouco nos ajudará. Todos os fatos que aprendermos devem estar inseridos em um contexto e significado específicos.

É o Espírito Santo quem nos ensina o significado dos fatos e os aplica em nossa vida. E isso vem por meio da oração e fé, de nossa parte. É impossível ser um fiel estudioso da Bíblia quando não se é um fiel orador. O melhor modelo de estudo bíblico pode ser definido como "saber os fatos necessários e ter o amor de Deus em nossa vida".

A *Enciclopédia de fatos da Bíblia* está mais preocupada quanto ao que a Bíblia diz a respeito de si que quanto ao que outras pessoas disseram sobre ela. Isso não quer dizer que a *Enciclopédia de fatos da Bíblia* não tenha extraído profundas lições de grandes estudos de alguns dos maiores expoentes da Bíblia tanto da geração atual quanto das passadas. Contudo, a ênfase principal desta obra está nas palavras das Escrituras. Muitos dos estudos fornecem citações diretas de versículos bíblicos semelhantes, bem como de dezenas de milhares de referências bíblicas que enriquecerão e aprofundarão nosso estudo da Bíblia ao serem consultadas.

Jesus e a Bíblia

Os cristãos aspiram a moldar sua atitude para com a Bíblia de acordo com a atitude de Jesus no tocante ao Antigo Testamento, que era sua "Bíblia". Para nós, é a palavra de Deus inspirada. Guardamos as palavras de Jesus de uma maneira toda especial, como um tesouro, e elas fazem parte de trinta estudos na *Enciclopédia de fatos da Bíblia*, pois o próprio Jesus disse: *Céu e terra passarão, mas as minhas palavras nunca* (Mt 24.35).

Os fatos são como tijolos que edificam uma casa. A casa é o que é importante – mas não podemos construir sem tijolos. A *Enciclopédia dos fatos da Bíblia* nos ajudará à medida que adotamos o conselho de Paulo a Timóteo: *Procura apresentar-te aprovado diante de Deus, como obreiro que não tem de que se envergonhar, que maneja bem a palavra da verdade* (2Tm 2.15).

Mark Water

SUMÁRIO COMPLETO

PARTE UM
Fatos sobre a origem da Bíblia   21

PARTE DOIS
Fatos de toda a Bíblia   253

PARTE TRÊS
Fatos do Antigo Testamento   575

PARTE QUATRO
Fatos do Novo Testamento   761

PARTE CINCO
Fatos bíblicos fascinantes   935

SUMÁRIO COMPLETO RESUMIDO

PARTE UM
Fatos sobre a origem da Bíblia

A primeira Bíblia	27
O cânon das Escrituras	43
A história da tradução da Bíblia	55
Descrições das traduções da Bíblia	88
Arqueologia	121
A terra da Bíblia	140
Nações e impérios	152
Cidades	166
Medidas, tempo e estações	176
Plantas	184
Metais e minerais	196
Animais	201
Lares e vida familiar	226
Profissões	244
Música	249

PARTE DOIS
Fatos de toda a Bíblia

Estatísticas da Bíblia	257
Inspiração bíblica	272
Entendendo a Bíblia	277
Leitura bíblica	286
Estudo bíblico	312
Ensinamento bíblico fundamental	321
Ensinamento bíblico em um catecismo	439
Oração	456
Principais palavras da Bíblia	462
Pai, Filho e Espírito Santo	498
Perseguição e martírio	527
Profecias e profetas	536
Tipos de literatura e tipologia	544
Eventos sobrenaturais	560

PARTE TRÊS
Fatos do Antigo Testamento

Cada livro do Antigo Testamento: visão geral	581
Encorajamento dos livros do Antigo Testamento	677
Personagens do Antigo Testamento	709
História e reis do Antigo Testamento	724
Crença, culto e juízes do Antigo Testamento	744

PARTE QUATRO
Fatos do Novo Testamento

Cada livro do Novo Testamento: visão geral	767
Estudos sobre o Novo Testamento	824
Encorajamento de cada livro do Novo Testamento	836
Profecias messiânicas	883
Milagres e parábolas	904
A ressurreição de Jesus	909
Conversões em Atos	912
A igreja primitiva	917

PARTE CINCO
Fatos bíblicos fascinantes

Símbolos bíblicos	939
Tópicos bíblicos obscuros	942
Contradições bíblicas	947
Promessas bíblicas	950

SUMÁRIO COMPLETO DETALHADO

PARTE UM
Fatos sobre a origem da Bíblia

Sumário da parte um resumido
Sumário da parte um detalhado

A primeira Bíblia
Glossário	27
Escrevendo a Bíblia	28
Línguas da Bíblia	30
Evidência dos manuscritos do Novo Testamento	32
Primeiras traduções do Novo Testamento	33
Citações do Novo Testamento feitas pelos pais da igreja primitiva	35
O número e as primeiras datações dos manuscritos do Novo Testamento	36
Intervalo entre os originais e as cópias	38
As primeiras traduções da Bíblia	40

O cânon das Escrituras
Introdução	43
A formação do Antigo Testamento	44
A origem da Bíblia	46
Warfield sobre o cânon do Novo Testamento	47
Bíblias judaicas, ortodoxas, católicas e protestantes	51

A história da tradução da Bíblia
Marcos da história da tradução da Bíblia	55
Traduções da Bíblia desde a Idade Média	56
Traduções da Bíblia de Lutero e Tyndale	61
A Bíblia de Coverdale, a Bíblia de Mateus, a Grande Bíblia	63
A primeira Bíblia "autorizada"	64
A Bíblia de Genebra, 1560	66
A Bíblia do Bispo, a Bíblia Douay-Rheims	67
Versão King James	69
Traduções da Bíblia nos séculos XVIII–XX	76
Traduções da Bíblia no século XX	77
Uma tradução da Bíblia do século XXI	79
Uma Bíblia da "internet"	83
Primeiras Bíblias estadunidenses; Bíblias protestantes e católicas	86

Descrições das traduções da Bíblia
- Descrição de algumas das principais traduções da Bíblia — 88
- Bíblias impressas com erros — 113
- Metodologia usada nas traduções da Bíblia — 117

Arqueologia
- Fatos da Bíblia confirmados por arqueólogos — 121
- Arqueologia e as línguas antigas — 122
- Descobertas arqueológicas explicadas — 124
- Descobertas arqueológicas sobre o Antigo Testamento — 126
- Os manuscritos do mar Morto — 130
- Evidência histórica da existência de Jesus — 133
- Descobertas arqueológicas sobre o Novo Testamento — 135

A terra da Bíblia
- Montanhas — 140
- Vales — 141
- Desertos — 143
- Mares — 144
- Rios e poços — 149
- Fontes e mananciais — 150

Nações e impérios
- Os egípcios — 152
- Os cananeus — 155
- Os assírios — 156
- Nínive — 160
- Os babilônios — 161
- Os gregos — 163
- Os romanos e Judá — 164

Cidades
- Introdução — 166
- Muralhas e torres — 169
- Jerusalém — 170
- Cidades e aldeias do Novo Testamento — 172

Medidas, tempo e estações
- Medidas da Bíblia — 176
- Tempo — 179
- O calendário da Bíblia — 182

Plantas
- Árvores — 184
- Flores, relva, jardins, jardim do Getsêmani — 188
- Fruto — 190
- Ervas, especiarias e incenso — 193

Metais e minerais
    Metais e ouro   196
    Prata   197
    Sal e pedras preciosas   199

Animais
    Limpos e impuros   201
    Animais míticos   202
    Animais   204
    Aves   218
    Insetos e répteis   222
    Peixes   224

Lares e vida familiar
    Lares   226
    Casas   227
    Alimento no lar   229
    Doenças   232
    Morte   234
    Famílias   237
    Roupas   240
    Cabelo   241

Profissões
    Fazendeiros   244
    Pastores   247

Música
    Instrumentos musicais, música e adoração   249

PARTE DOIS
Fatos de toda a Bíblia

Sumário da parte dois resumido

Sumário da parte dois detalhado

Estatísticas da Bíblia
    Perguntas (P) fundamentais sobre a Bíblia respondidas (R)   257
    Fatos sobre a Bíblia   258
    Estatísticas bíblicas de toda a Bíblia   260
    Ligações entre o Novo e o Antigo Testamentos   265

Inspiração bíblica
    A importância da Bíblia   272
    A inspiração da Bíblia   275

Entendendo a Bíblia
    A Bíblia e as confissões   277
    Citações do Novo Testamento   281
    Interpretando a Bíblia   284

Leitura bíblica
    Pequena lista de passagens bíblicas famosas   286
    História da Bíblia   289
    Capítulos importantes da Bíblia   291
    Leituras bíblicas em tempos de necessidade   293
    Planejamentos de leitura bíblica   301

Estudo bíblico
    Introdução   312
    Memorizando a Bíblia   315
    Meditando na Bíblia   317

Ensinamento bíblico fundamental
    O que a Bíblia diz sobre   321

Ensinamento bíblico em um catecismo
    O Catecismo de Heidelberg   439

Oração
    Todas as orações na Bíblia   456

Principais palavras da Bíblia
    Glossário de palavras doutrinárias na Bíblia   462

Pai, Filho e Espírito Santo
    Os atributos de Deus Pai   498
    Títulos, descrições e nomes de Cristo   503
    Os atributos de Deus, o Espírito Santo   522
    A Trindade   525

Perseguição e martírio
    Perseguição   527
    Mártires bíblicos   531

Profecias e profetas
    Profecias   536
    Profetas   537

Tipos de literatura e tipologia
    Poesia   544
    Expressões idiomáticas e figuras de linguagem   545

Parábolas do Antigo Testamento	553
Tipologia	554
Tipos de Cristo	557

Eventos sobrenaturais

Milagres	560
Milagres do Antigo Testamento	562
Milagres realizados pelos seguidores de Deus	563
Visões	568
Sonhos	571

PARTE TRÊS
Fatos do Antigo Testamento

Sumário da parte três resumido

Sumário da parte três detalhado

Cada livro do Antigo Testamento: visão geral

Gênesis	581
Êxodo	584
Levítico	587
Números	589
Deuteronômio	592
Josué	596
Juízes	599
Rute	602
1Samuel	604
2Samuel	608
1Reis	609
2Reis	613
1Crônicas	614
2Crônicas	618
Esdras	619
Neemias	621
Ester	623
Jó	625
Salmos	628
Provérbios	633
Eclesiastes	637
Cantares de Salomão	639
Isaías	641
Jeremias	644
Lamentações	648
Ezequiel	650
Daniel	653

Oseias	655
Joel	657
Amós	658
Obadias	660
Jonas	662
Miqueias	664
Naum	665
Habacuque	667
Sofonias	669
Ageu	671
Zacarias	672
Malaquias	674

Encorajamento dos livros do Antigo Testamento

Introdução	677
Gênesis	680
Êxodo	681
Levítico	683
Números	683
Deuteronômio	684
Josué	685
Juízes	686
Rute	687
1Samuel	687
2Samuel	688
1Reis	688
2Reis	689
1Crônicas	689
2Crônicas	690
Esdras	691
Neemias	691
Ester	692
Jó	693
Salmos	694
Provérbios	696
Eclesiastes	697
Cantares de Salomão	698
Isaías	699
Jeremias	700
Lamentações	701
Ezequiel	701
Daniel	702
Oseias	703
Joel	703
Amós	704
Obadias	704
Jonas	704

Miqueias	705
Naum	705
Habacuque	705
Sofonias	706
Ageu	707
Zacarias	707
Malaquias	708

Personagens do Antigo Testamento

Noé	709
Abrão, Abraão	710
Esaú e Jacó, e José	714
Moisés	716
Samuel	718
Davi, rei de Israel	720
Salomão	722

História e reis do Antigo Testamento

Passagens paralelas nos livros históricos	724
Reis de Israel	727
Reis de Judá	734
Os apócrifos	742

Crença, culto e juízes do Antigo Testamento

A lei	744
O tabernáculo	747
O sacerdócio	750
A adoração no tabernáculo	753
Os juízes	754
O início da monarquia hebraica	756
Solenidades, festividades e jejum	757

PARTE QUATRO
Fatos do Novo Testamento

Sumário da parte quatro resumido

Sumário da parte quatro detalhado

Cada livro do Novo Testamento: visão geral

Mateus	767
Marcos	770
Lucas	773
João	777
Atos	778

Romanos	782
1Coríntios	785
2Coríntios	788
Gálatas	789
Efésios	792
Filipenses	795
Colossenses	797
1Tessalonicenses	799
2Tessalonicenses	801
1Timóteo	802
2Timóteo	804
Tito	806
Filemom	808
Hebreus	809
Tiago	811
1Pedro	813
2Pedro	815
1João	816
2João	818
3João	819
Judas	820
Apocalipse	822

Estudos sobre o Novo Testamento

Análise dos livros do Novo Testamento	824
Autores do Novo Testamento	828
Os evangelhos sinóticos	829
As cartas do Novo Testamento e as palavras em aramaico	831
A harmonia dos registros sobre a ressurreição, as aparições após a ressurreição e a ascensão	833

Encorajamento de cada livro do Novo Testamento

Mateus	836
Marcos	837
Lucas	838
João	839
Atos	842
Romanos	843
1Coríntios	845
2Coríntios	847
Gálatas	849
Efésios	851
Filipenses	854
Colossenses	855
1Tessalonicenses	856
2Tessalonicenses	858

1Timóteo	859
2Timóteo	861
Tito	862
Filemom	863
Hebreus	864
Tiago	867
1Pedro	869
2Pedro	871
1João	872
2João	873
3João	874
Judas	874
Apocalipse	875
Símbolos encontrados em Apocalipse	879

Profecias messiânicas

Profecias messiânicas no Antigo Testamento	883
Profecias sobre o nascimento e a vida do Messias	892
Profecias a respeito do ministério de Jesus	894
Profecias a respeito da morte do Messias	896
Profecias a respeito da ressurreição e da ascensão do Messias	900
A volta do Messias	902

Milagres e parábolas

Todos os milagres de Jesus	904
Todas as parábolas de Jesus	906

A ressurreição de Jesus

A ressurreição de Jesus e as dez aparições	909

Conversões em Atos

Introdução	912

A igreja primitiva

A igreja	917
A igreja de Cristo	919
Adoração	922
Louvor	924
Batismo	925
A ceia do Senhor	927
Paulo	929
A perseguição a Paulo	932
Os ensinamentos de Paulo	933

PARTE CINCO
Fatos bíblicos fascinantes
Sumário da parte cinco resumido

Sumário da parte cinco detalhado

Símbolos bíblicos
    Significado, uso, categoria, tipo e exemplos   939

Tópicos bíblicos obscuros
    Pecado sexual   942
    Feitiçaria   944
    Bruxaria   945

Contradições bíblicas
    Afirmações, contradições aparentes e soluções   947

Promessas bíblicas
    Promessas de bênçãos temporais   950
    Promessas relacionadas aos problemas da vida   951
    Promessas de bênçãos espirituais nesta vida   952
    Promessas bíblicas em tempos de necessidade   954
    Promessas do Novo Testamento   955

PARTE UM

FATOS SOBRE A ORIGEM DA BÍBLIA

Sumário da parte um resumido

A primeira Bíblia	27
O cânon das Escrituras	43
A história da tradução da Bíblia	55
Descrições das traduções da Bíblia	88
Arqueologia	121
A terra da Bíblia	140
Nações e impérios	152
Cidades	166
Medidas, tempo e estações	176
Plantas	184
Metais e minerais	196
Animais	201
Lares e vida familiar	226
Profissões	244
Música	249

SUMÁRIO DA PARTE UM DETALHADO

A primeira Bíblia

Glossário	27
Escrevendo a Bíblia	28
Línguas da Bíblia	30
Evidência dos manuscritos do Novo Testamento	32
Primeiras traduções do Novo Testamento	33
Citações do Novo Testamento feitas pelos pais da igreja primitiva	35
O número e as primeiras datações dos manuscritos do Novo Testamento	36
Intervalo entre os originais e as cópias	38
As primeiras traduções da Bíblia	40

O cânon das Escrituras

Introdução	43
A formação do Antigo Testamento	44
A origem da Bíblia	46
Warfield sobre o cânon do Novo Testamento	47
Bíblias judaicas, ortodoxas, católicas e protestantes	51

A história da tradução da Bíblia

Marcos da história da tradução da Bíblia	55
Traduções da Bíblia desde a Idade Média	56
Traduções da Bíblia de Lutero e Tyndale	61
A Bíblia de Coverdale, a Bíblia de Mateus, a Grande Bíblia	63
A primeira Bíblia "autorizada"	64
A Bíblia de Genebra, 1560	66
A Bíblia do Bispo, a Bíblia Douay-Rheims	67
Versão King James	69
Traduções da Bíblia nos séculos XVIII–XX	76
Traduções da Bíblia no século XX	77
Uma tradução da Bíblia do século XXI	79
Uma Bíblia da "internet"	83
Primeiras Bíblias estadunidenses; Bíblias protestantes e católicas	86

Descrições das traduções da Bíblia

Descrição de algumas das principais traduções da Bíblia	88
Bíblias impressas com erros	113
Metodologia usada nas traduções da Bíblia	117

Arqueologia

Fatos da Bíblia confirmados por arqueólogos	121
Arqueologia e as línguas antigas	122
Descobertas arqueológicas explicadas	124
Descobertas arqueológicas sobre o Antigo Testamento	126

Os manuscritos do mar Morto	130
Evidência histórica da existência de Jesus	133
Descobertas arqueológicas sobre o Novo Testamento	135

A terra da Bíblia

Montanhas	140
Vales	141
Desertos	143
Mares	144
Rios e poços	149
Fontes e mananciais	150

Nações e impérios

Os egípcios	152
Os cananeus	155
Os assírios	156
Nínive	160
Os babilônios	161
Os gregos	163
Os romanos e Judá	164

Cidades

Introdução	166
Muralhas e torres	169
Jerusalém	170
Cidades e aldeias do Novo Testamento	172

Medidas, tempo e estações

Medidas da Bíblia	176
Tempo	179
O calendário da Bíblia	182

Plantas

Árvores	184
Flores, relva, jardins, jardim do Getsêmani	188
Fruto	190
Ervas, especiarias e incenso	193

Metais e minerais

Metais e ouro	196
Prata	197
Sal e pedras preciosas	199

Animais

Limpos e impuros	201
Animais míticos	202
Animais	204
Aves	218

    Insetos e répteis   222
    Peixes   224

Lares e vida familiar
    Lares   226
    Casas   227
    Alimento no lar   229
    Doenças   232
    Morte   234
    Famílias   237
    Roupas   240
    Cabelo   241

Profissões
    Fazendeiros   244
    Pastores   247

Música
    Instrumentos musicais, música e adoração   249

A PRIMEIRA BÍBLIA

GLOSSÁRIO

■ Palavras que se referem à Bíblia

A Bíblia
A palavra "Bíblia" vem do grego *biblion* que significa simplesmente "livro".

As Escrituras
Essa palavra é a que usamos em nossa tradução do grego *graphai* que também pode ser traduzida por "escritos".

Testamento
Essa palavra deriva do latim *testamentum*, que era usada nas primeiras traduções em latim tanto do grego quanto do hebraico para "testamento" ou "aliança".

Antigo Testamento e Novo Testamento
As palavras "Antigo Testamento" e "Novo Testamento" não aparecem na Bíblia.

TERTULIANO
Tertuliano foi provavelmente a primeira pessoa a cunhar esses termos.
Eles vêm, no latim, em sua obra *Contra Marcião*, Livro 4, capítulo 6, que escreveu em 207 d.C.

■ Palavras não bíblicas da antiga literatura judaica

Pseudepígrafe
Pseudepígrafe refere-se amplamente a outros escritos antigos judaicos que não fazem parte da Bíblia hebraica nem da *Septuaginta*, mas são geralmente atribuídos a uma figura bíblica. Ex.:
- *Jubileus*;
- *1Enoque*;
- *Os testamentos dos doze patriarcas*, etc.

Eles foram muito populares entre os judeus antigos e, assim, são muito valiosos para fins históricos, mesmo se nunca fossem considerados bíblicos.

Literatura intertestamentária
Essa literatura é um termo coletivo para uma diversidade maior de literatura judaica do que a pseudepígrafe, sendo escrita entre os escritos do Antigo Testamento e os escritos do Novo Testamento.

■ Outras palavras usadas na Bíblia

Gênero
PRINCIPAIS GÊNEROS
Gênero é a "forma" literária ou "categoria" de um texto.
Os gêneros mais importantes no Novo Testamento incluem:
- Evangelhos;
- Cartas;
- Literatura apocalíptica.

GÊNEROS MENORES
Os gêneros menores dentro dos evangelhos incluem:
- Parábolas;
- Ditados;
- Diálogos controversos;
- Milagres de cura;
- Exorcismos;
- Milagres da natureza.

Perícope
Uma perícope é uma passagem, com um começo e fim distintos, dos evangelhos. Ela forma uma unidade literária independente.
As perícopes incluem vários gêneros, como parábolas, milagres e resumos dos evangelistas.

Parábola
Uma parábola é uma história metafórica que apresenta imagens comuns e comparações vívidas, que geralmente tem algo imprevisto no final.

Exegese
Exegese é a investigação cuidadosa do significado original de um texto em seus vários contextos, como seu contexto histórico e literário.

A palavra "exegese" vem do verbo grego que significa "guiar para fora de" (O "*ex*" no grego = "a partir de"; "*ago*" = "conduzir/dirigir/extrair").

Exegese é o contrário de eisegesis, que significa "interpretar" o texto.

Críticas
A crítica bíblica se refere aos diversos métodos de abordar a exegese da Bíblia. Cada uma tem um objetivo e um conjunto específico de perguntas. Assim, a crítica bíblica não representa necessariamente criticar o texto, mas realizar perguntas críticas baseadas em critérios objetivos, como a evidência de dentro de um livro da Bíblia que indica quando o livro foi escrito.

DUAS PESSOAS
Filo
Filo foi um importante escritor judeu que viveu em Alexandria no século I d.C. Ele usou a linguagem filosófica grega para interpretar as tradições judaicas da Bíblia.

Josefo
Josefo foi o historiador judeu mais importante no final do século I d.C.

■ Glossário de termos arqueológicos
Arqueologia
A arqueologia é a ciência que estuda o material remanescente das culturas antigas a fim de que essas pessoas e seus costumes, hábitos e história possam ser compreendidos por completo.

Datação
Os materiais encontrados podem ser datados pode meio de:
- Amostras de escrita;
- Utensílios do dia a dia, como a cerâmica;
- Teste do carbono-14.

Escavação
Uma escavação arqueológica é o lugar de uma exploração arqueológica em andamento.

Estela
Estela é uma placa de pedra.

Tell
Um *tell* se refere a uma colina artificial, o resultado de centenas ou até milhares de anos em que camadas de escombros deixados onde as pessoas viviam eram sobrepostas umas às outras.

ESCREVENDO A BÍBLIA

■ Materiais usados para a escrita

Papiro
O uso do papiro como material de escrita originou-se no Egito e já se descobriu vestígios de mais de 2.500 anos atrás.

Nos dias do Novo Testamento, ainda era o material de escrita mais comum.

O "papel" de papiro era feito da planta egípcia papiro. Camadas finas do caule da planta papiro eram cortadas e colocadas lado a lado para que uma se sobrepusesse à outra. Uma segunda camada similar era posta de atravessado sobre a primeira. As folhas de "papel" eram feitas ao pressionar e colar as camadas de papiro umas contra as outras.

O papel de papiro era durável, mas não tão durável quanto o pergaminho. Os manuscritos de papiro eram enrolados horizontalmente, e não verticalmente. Mediam cerca de 25 centímetros de altura e 10 metros de comprimento.

No manuscrito, o texto era escrito em colunas de aproximadamente 7 centímetros cada, e apenas 1,5 centímetro distantes umas das outras.

Geralmente, o texto estava em apenas um lado do manuscrito, mas há uma exceção a isso que é citada em Apocalipse 5.1: *No lado direito de quem estava assentado no trono, vi um livro escrito por dentro e por fora, bem selado com sete selos.*

Velo e pergaminho

As peles de animais usadas como material de escrita são conhecidas como velo e pergaminho. Alguns manuscritos de couro ainda existem e datam de 1500 a.C.

As peles de animais eram primeiramente mergulhadas em água de cal para que todo o pelo que havia nelas pudesse ser removido. Após a secagem, eram polidas com pedra-pomes.

O velo se refere às peles de animais de melhor qualidade e vinha dos bezerros, enquanto o pergaminho se refere a todas as outras peles de animais usadas na fabricação do papel, como touros e bodes, e era de qualidade inferior ao velo.

O papiro foi substituído pelo velo no século IV, pois não possui uma boa durabilidade. Caso esteja muito seco, pode rachar e se desintegrar; e se estiver muito úmido, apodrece. Assim, não é de surpreender que não tenhamos cópias completas nem aproximadas da Bíblia antes do século IV. No entanto, os fragmentos mais antigos do Novo Testamento são de papiro.

Canetas

As canetas eram basicamente feitas de cana seca cortada e, em seguida, cuidadosamente talhada na extremidade. Mais tarde, as penas de plumas de aves substituíram as canetas de cana.

Dos manuscritos aos livros

Nos tempos do Antigo e do Novo Testamentos, o papel de papiro era transformado em manuscritos ao unir as folhas de papiro umas às outras. Mais adiante, as folhas de papiro foram usadas em formato de livro, quando os livros substituíram os manuscritos.

MANUSCRITOS

Os manuscritos, também conhecidos como "rolos", eram longas folhas de papiro ou velo, nos quais se escrevia apenas de um lado, antes de serem enrolados e guardados.

CÓDICE

Um códice era feito de folhas de papiro ou velo, escritas em ambos os lados que, em seguida, eram unidas em formato de livro.

Autógrafos

Os autógrafos são textos originais que foram escritos pelo autor ou por um escriba sob a orientação pessoal do autor.

O apóstolo Paulo, na maioria das vezes, "ditava" suas cartas e, algumas vezes, incluía algumas frases de próprio punho ao término de uma carta.

Manuscritos

Os manuscritos não representavam autógrafos originais. Podiam ser cópias e, na maioria das vezes, eram cópias de cópias.

Até a primeira impressão da Bíblia em latim em 1456 por Gutenberg, todos os manuscritos eram copiados à mão em papiro, pergaminho e papel.

Versões antigas

Antigas versões da Bíblia se referem às traduções da Bíblia para outras línguas antigas, como latim, cóptico, siríaco e armênio.

TRADUÇÕES

Quando a Bíblia é traduzida em uma língua diferente, isso é geralmente feito a partir do original hebraico e grego. No entanto, algumas traduções do passado foram feitas a partir de uma tradução anterior. A primeira Bíblia traduzida para o inglês, feita por John Wycliffe em 1380, foi preparada a partir da Vulgata latina.

Edições impressas

Edições impressas da Bíblia, assim como de muitos livros, referem-se às cópias impressas que seriam feitas após a invenção da imprensa por Johannes Gutenberg em 1456.

■ Tipos de escrita

Maiúscula

As maiúsculas são um tipo de estilo no sistema de escrita. As maiúsculas também são conhecidas como "caixa-alta" e as minúsculas como "caixa-baixa".

Os primeiros manuscritos usavam letras maiúsculas e geralmente as letras eram TODASMAIÚSCULAS e SEMPONTUÇÃO NEMESPAÇOENTREASPALAVRAS.

Minúscula

Os últimos manuscritos foram escritos em letras pequenas (caixa-baixa), e havia pontuação e espaço entre as palavras.

Quando a escrita cursiva se tornou popular, as maiúsculas mais difíceis valiam-se das menores.

> "A verdade essencial e a vontade de Deus revelada na Bíblia foram preservadas imutáveis por meio de todos os decursos na transmissão do texto."
>
> *Millard Burrows*

LÍNGUAS DA BÍBLIA

■ Visão Geral

Aproximadamente todo o Antigo Testamento foi escrito em hebraico.

Há algumas poucas passagens no Antigo Testamento escritas em aramaico que representam cerca de 1% de todo o Antigo Testamento.
- Gênesis 31.47 (duas palavras apenas);
- Daniel 2.4b–7.28;
- Esdras 4.8–6.18;
- Esdras 7.12-26;
- Jeremias 10.11.

Novo Testamento

Aproximadamente todo o Novo Testamento foi escrito em grego.

No entanto, há um número de palavras relativamente pequeno nos evangelhos do Novo Testamento que foram escritas em aramaico.

EXEMPLOS DE VERSÍCULOS
DO NOVO TESTAMENTO
COM PALAVRAS EM ARAMAICO

Gólgota
Quando chegaram ao lugar chamado Gólgota, que quer dizer, Lugar da Caveira (Mt 27.33; grifo do autor). Veja também Marcos 15.22 e João 19.17 com outras duas ocorrências da palavra *Gólgota*.

Eli, Eli, lamá sabactani?
Por volta da hora nona, Jesus bradou em alta voz: Eli, Eli, lamá sabactani? Isto é, Deus meu, Deus meu, por que me desamparaste? (Mt 27.46). Veja também Marcos 15.34 com outra ocorrência da frase *Eli, Eli, lamá sabactani?*

Talitha cumi
E, tomando-a pela mão, disse-lhe: Talita cumi, que quer dizer: Menina, eu te ordeno, levanta-te (Mc 5.41).

Jesus também se dirigiu ao Pai como Aba (Pai em aramaico). *E dizia: Aba, Pai, tudo te é possível. Afasta de mim este cálice; todavia não seja o que eu quero, mas o que tu queres* (Mc 14.36).

Os cristãos do Novo Testamento também se referiram ao Pai como Aba em Romanos 8.15 e Gálatas 4.6.

Há também registros de que usaram a expressão em aramaico Maranata, que significa *Vem, Senhor!*, em 1Coríntios 16.22.

Essas expressões indicam que a língua que Jesus e os primeiros cristãos falavam era o aramaico.

■ Línguas dos tempos do Novo Testamento

Quatro línguas tiveram um importante papel no Novo Testamento.

Duas línguas semitas
ARAMAICO

(O aramaico não deve ser confundido com a língua falada pelos árabes hoje em dia, o árabe.)

O aramaico era a língua usada na Palestina e deve ter sido muito utilizada por Jesus e seus discípulos. O aramaico vem de um antigo lugar da Síria, Aram. Os arameus viveram no noroeste da Palestina e são bastante mencionados no Antigo Testamento.

Acredita-se que o aramaico seja uma língua prima do hebraico, devido às semelhanças entre elas.

O aramaico é uma língua semita que foi usada pelo neobabilônios dos tempos de Nabucodonosor II (cf. livro de Dn). Tornou-se a língua principal do Oriente Médio e era falada e escrita pela maioria das nações daquela região, até que a ascensão do islamismo a subjugou e a substitui pelo árabe.

A língua de Jesus
O aramaico foi a língua mais popularmente falada em Israel nos dias de Jesus. O aramaico era a língua que o próprio Jesus falava. Por essa razão, há algumas ocorrências de palavras aramaicas no Novo Testamento. Contudo, aproximadamente todo o Novo Testamento traduz todas as palavras de Jesus para o grego, visto que os escritores do Novo Testamento escreviam em grego. Eles usavam o grego, pois era a língua do Império Romano e queriam alcançar a maior quantidade de pessoas possível com seus escritos.

HEBRAICO

O hebraico tem suas origens no antigo alfabeto fenício, do qual as línguas semitas e não semitas derivam. O hebraico era a língua falada pelo povo de Israel no Antigo Testamento e praticamente toda a Bíblia está escrita em hebraico.

No entanto, na época de Jesus, a maioria dos judeus não falava hebraico, embora conhecessem bem algumas passagens do Antigo Testamento escritas em hebraico. Os fariseus e os rabinos possuíam um conhecimento bastante amplo do hebraico tanto escrito quanto falado.

Duas línguas indo-europeias
LATIM

Durante todo o tempo de Jesus, o latim era a língua oficial do Império Romano. Todas as pessoas cultas, como advogados e poetas, conheciam o latim, além de também ser a língua dos tribunais. O Novo Testamento está repleto de palavras em latim. Elas aparecem em vários nomes próprios, como:
- Agripa, Augusto;
- César, Cláudio;
- Félix, Festo;
- Gálio, Júlio.

Alguns cristãos nos tempos do Novo Testamento também tinham nomes em latim, como:
- Áquila, Cornélio;
- Cláudia, Clemente;
- Crescente, Crispo;
- Fortunato etc.

GREGO

O grego era a língua usado no comércio de Roma durante os dias de Jesus. O grego dos tempos do Novo Testamento era o grego coinê, o grego "popular", facilmente distinguido do grego clássico, mais refinado.

EVIDÊNCIA DOS MANUSCRITOS DO NOVO TESTAMENTO

■ Visão Geral

Há três avenidas a serem exploradas quando se quer determinar se a transmissão do texto do Novo Testamento foi precisa e fiel ao texto original.
1. Há a evidência dos manuscritos gregos copiados do Novo Testamento.
2. Há a evidência das cópias das primeiras traduções do Novo Testamento.
3. Há a evidência das citações do Novo Testamento feitas pelos primeiros líderes da igreja, conhecidos como os pais da igreja.

Manuscritos gregos copiados

AUTÓGRAFOS

Não temos nenhum dos autógrafos originais do Novo Testamento. Em sua busca por reconstruir o texto do Novo Testamento, os estudiosos do Novo Testamento não têm o auxílio de nenhum dos escritos originais de Paulo ou dos escritores dos evangelhos.

> "Os livros do Novo Testamento foram escritos na última parte do século I; os primeiros manuscritos existentes (exceto as partes irrelevantes) são do século IV – cerca de 250 a 300 anos mais tarde."
>
> Sir Frederick G. Kenyon, antigo diretor e principal bibliotecário do Museu Britânico.

PAPIRO BÍBLICO

Arqueólogos e estudiosos bíblicos coletaram mais de 75 manuscritos gregos com parte do Novo Testamento copiado neles. Muitos dos manuscritos não são mais do que pequenos fragmentos com apenas um ou dois versículos neles, embora alguns sejam maiores contendo grande parte do Novo Testamento.

Fragmento John Rylands

Por exemplo, o manuscrito conhecido como p52, chamado de "Fragmento John Rylands" possui apenas uma pequena parte do evangelho de João nele, sendo datado de 125 d.C.

MANUSCRITOS UNCIAIS

Os manuscritos unciais são manuscritos gregos que levam esse nome por haverem sido escritos em letras maiúsculas. As 29 letras unciais são todas maiúsculas, e, como o velo era bastante caro, esses manuscritos são escritos com poucos espaços entre as palavras, muito pouca pontuação e com contração de palavras.

Os manuscritos mais importantes são os mais antigos. Os manuscritos unciais foram copiados do século IV ao IX d.C. Os manuscritos unciais são as mais importantes das testemunhas gregas ao texto original do Novo Testamento.

Manuscritos unciais importantes

Três dos mais importantes desses manuscritos unciais são:
- Códice Vaticano;
- Códice Sinaítico;
- Códice Alexandrino.

Códice Vaticano

O Códice Vaticano, representado pela letra B, é o mais antigo dos grandes manuscritos unciais, datado de 350 d.C., contendo 759 folhas de velo de suas 820 folhas originais, que foram provavelmente escritas em pele de antílope.

O Códice Vaticano contém toda a Bíblia, tanto o Novo Testamento quanto a *Septuaginta*, exceto Gênesis 1–46, Salmos 105–137 e o Novo Testamento após Hebreus 9.14.

Códice Sinaítico
Exceto por 24 versículos, o Códice Sinaítico, representado pela primeira letra do alfabeto hebraico, Aleph, é o segundo mais antigo dos códices. Possui todo o Novo Testamento, à exceção de 24 versículos, mas apenas 145 folhas da *Septuaginta*, ou seja, cerca de metade do Antigo Testamento. Data-se do século IV.

É provavelmente a evidência mais importante para o Novo Testamento por causa de sua precisão e antiguidade.

Códice Alexandrino
O Códice Alexandrino, representado pela letra A, não traz 34 capítulos do Novo Testamento, principalmente do evangelho de Mateus, mas contém toda a *Septuaginta*, a não ser por 10 folhas.

Datado do começo do século V, o Códice Alexandrino é especialmente importante nos estudos gregos do Novo Testamento por conter o melhor texto que ainda existe do Apocalipse, além de conter os textos completos mais antigos de vários livros do Antigo Testamento.

O Códice Vaticano está localizado na Biblioteca do Vaticano, enquanto o Sinaítico e o Alexandrino estão no Museu Britânico.

Há cerca de 300 manuscritos unciais do Novo Testamento ainda em existência.

MANUSCRITOS MINÚSCULOS
Os manuscritos minúsculos são manuscritos gregos do Novo Testamento que são assim chamados pelo estilo de sua grafia com tipo de letra pequena e cursiva.

Há mais de 2.500 desses manuscritos que datam entre os séculos IX e XV.

LECIONÁRIOS
Lecionários são listas de leituras das passagens da Bíblia que testificam da existência dessas partes do texto original do Novo Testamento que foram usadas pelos primeiros grupos da igreja primitiva em seus cultos de adoração.

Mais de 2.000 lecionários, do século IV ao XII, foram coletados e preservados.

À exceção do livro de Apocalipse e de alguns capítulos de Atos, o Novo Testamento pode ser compilado diversas vezes a partir desses lecionários.

PRIMEIRAS TRADUÇÕES DO NOVO TESTAMENTO

■ Versões latinas do Novo Testamento

As primeiras traduções latinas dos manuscritos gregos originais do Novo Testamento são as mais importantes das primeiras versões do Novo Testamento. Era natural que o Novo Testamento fosse traduzido para o latim, visto ser a língua oficial do Império Romano. À medida que o latim passou a ser a língua dominante do Ocidente, as versões latinas do Novo Testamento tornaram-se as únicas versões usadas pelos cristãos no Ocidente.

Havia duas versões latinas do Novo Testamento, a versão "Latim Antigo" e a Vulgata, que continha todo o Antigo Testamento.

A Tradução do Latim Antigo
Embora essas primeiras traduções datem de antes de 200 d.C., elas continham vários erros e variações.

Essas traduções latinas são conhecidas como a tradução do "Latim Antigo" e cerca de trinta desses manuscritos ainda existem.

A Vulgata latina
Os líderes da primeira igreja viram a necessidade de revisar a tradução do "Latim

Antigo" para garantir que tivessem em mãos uma tradução mais precisa. Isso resultou na Bíblia que hoje conhecemos como a Vulgata Latina.

Em 382, o papa Damaso pediu a Jerônimo que fizesse uma versão latina revisada de toda a Bíblia. A Vulgata foi a primeira tradução da Bíblia baseada em manuscritos gregos e hebraicos.

Jerônimo, estudioso do grego e do hebraico, padronizou as numerosas traduções do Latim Antigo. A tradução de Jerônimo foi conhecida como a Vulgata latina ou simplesmente "Vulgata", que significa, "comum". Essa Bíblia tornou-se conhecida como a *versio vulgata* (tradução comum).

A tradução da Vulgata latina significava que agora a Bíblia existia na linguagem comum das pessoas.

A nova versão latina de Jerônimo tornou-se a Bíblia da igreja do Ocidente pelos seguintes mil anos até a Reforma no século XVI.

Ainda hoje existem cerca de oitocentas cópias da Vulgata latina.

Salmo 117 na Vulgata
laudate Dominum omnes gentes colaudate eum universi populi quia confortata est super nos misericordia eius et veritas Domini in aeternum alleluia

1Coríntios 13 na Vulgata
si linguis hominum loquar et angelorum caritatem autem non habeam factus sum velut aes sonans aut cymbalum tinniens
et si habuero prophetiam et noverim mysteria omnia et omnem scientiam et habuero omnem fidem ita ut montes transferam caritatem autem non habuero nihil sum
et si distribuero in cibos pauperum omnes facultates meas et si tradidero corpus meum ut ardeam caritatem autem non habuero nihil mihi prodest
caritas patiens est benigna est caritas non aemulatur non agit perperam non inflatur
non est ambitiosa non quaerit quae sua sunt non inritatur non cogitat malum
non gaudet super iniquitatem congaudet autem veritati
omnia suffert omnia credit omnia sperat omnia sustinet
caritas numquam excidit sive prophetiae evacuabuntur sive linguae cessabunt sive scientia destruetur
ex parte enim cognoscimus et ex parte prophetamus
cum autem venerit quod perfectum est evacuabitur quod ex parte est
cum essem parvulus loquebar ut parvulus sapiebam ut parvulus cogitabam ut parvulus quando factus sum vir evacuavi quae erant parvuli
videmus nunc per speculum in enigmate tunc autem facie ad faciem nunc cognosco ex parte tunc autem cognoscam sicut et cognitus sum
nunc autem manet fides spes caritas tria haec maior autem his est caritas

Versões da Bíblia siríaca

A tradução siríaca da Bíblia representa outra importante versão das primeiras Bíblias. O siríaco era a língua de todos os que viviam na Síria e Mesopotâmia, sendo muito similar ao aramaico, língua falada por Jesus e pelos discípulos.

SIRÍACO ANTIGO

A primeira tradução da Bíblia para o siríaco é conhecida hoje como a versão do "Siríaco Antigo". Data-se do final do século II e apenas dois desses manuscritos ainda existem.

PESHITA

A segunda versão siríaca é conhecida atualmente como a "Peshita", ou versão siríaca "simples" e data do século V.

Muitas línguas

Além do latim e siríaco, a Bíblia também foi traduzida em diversas línguas.

As seguintes versões são exemplos dessas traduções:

- A versão cóptica do Egito;
- A versão etíope da Etiópia;
- A versão gótica das tribos germânicas;
- A versão armênia da igreja ocidental;
- A versão georgiana da Geórgia, norte da Armênia;
- As versões nestorianas da Ásia leste e central;
- A versão árabe;
- A versão eslava.

Ainda há mais de 9.000 cópias dessas primeiras traduções da Bíblia, e é possível lê-las com clareza mesmo após todos esses séculos.

CITAÇÕES DO NOVO TESTAMENTO FEITAS PELOS PAIS DA IGREJA PRIMITIVA

■ Visão Geral

"A igreja sempre acreditou que as Escrituras são o livro de Deus, sendo ele, de certo modo, o autor de cada uma de suas afirmações de todos os gêneros, devendo ser avaliadas como a expressão de Deus, de verdade e autoridade infalíveis."

B. B. Warfield

Tratando a Bíblia como autoridade

Os escritos dos pais apostólicos tratam as Escrituras da mesma forma que as Escrituras tratam a si mesmas. As frases que eles usam para apresentar citações da Bíblia demonstram como eles tratam a Bíblia como autoridade.

Em sua primeira epístola aos Coríntios, Clemente de Roma frequentemente apresenta as Escrituras como as palavras de Deus, e usa a seguinte fórmula:

"Porque ele diz", "E disse-lhe Deus", "E disse ele outra vez", "E disse o Espírito Santo", "Porque está escrito", "Porque diz a Escritura" e "como está escrito".

Por que as citações feitas pelos primeiros pais da igreja são importantes?

- Os primeiros manuscritos que temos das maiores partes do Novo Testamento são p45, p46, p66 e p75. Esses datam entre 175 a 250 d.C. Assim, temos uma lacuna de cerca de cem anos entre os autógrafos do Novo Testamento e os primeiros fragmentos existentes do Novo Testamento.
- Os pais da igreja primitiva (97-180 d.C.), por meio de suas citações do Novo Testamento, dão testemunho de manuscritos do Novo Testamento ainda mais antigos. Eles fizeram citações de 28 dos 29 livros do Novo Testamento.
- Eles também deram testemunho da autenticidade desses livros do Novo Testamento escritos pelos apóstolos e aqueles no círculo apostólico. Além disso, rejeitaram livros mais recentes como o evangelho de Tomé que reivindicavam haver sido escritos pelos apóstolos, contudo não o foram.
- Refere-se a cada livro do Novo Testamento como escrito antes de 150 d.C., com a possível exceção de Filemom e 3João.

Autenticação do Novo Testamento

Os pais apostólicos Inácio (30-107 d.C.), Policarpo (65-155 d.C.) e Papias (70-155 d.C.) citam versículos de cada um dos livros do Novo Testamento, exceto 2 e 3João. Desse modo, apenas esses três pais da igreja autenticaram aproximadamente todo o Novo Testamento.

CLEMENTE DE ROMA

Em sua *Epístola de Clemente aos coríntios* em cerca de 97 d.C., Clemente cita versículos de Lucas, Atos, Romanos, 1Coríntios, Efésios, Tito, 1 e 2Pedro, Hebreus e Tiago.

INÁCIO
As cartas de Inácio (datadas de 115 d.C.) foram escritas às várias igrejas na Ásia Menor e citam versículos de Mateus, João, Romanos, 1 e 2Coríntios, Efésios, Filipenses, 1 e 2Timóteo e Tito.

Essas cartas indicam que todo o Novo Testamento foi escrito no século I d.C.

JUSTINO MÁRTIR
Justino Mártir (110-165 d.C.), citou versículos dos seguintes treze livros do Novo Testamento: Mateus, Marcos, Lucas, João, Atos, Romanos, 1Coríntios, Gálatas, 2Tessalonicenses, Hebreus, 1 e 2Pedro e Apocalipse.

IRINEU
Em seu livro *Contras heresias*, Irineu (130-30 d.C.) fez citações de todos os livros do Novo Testamento, exceto 3João. Irineu fez cerca de 1.200 citações do Novo Testamento em seus escritos, e cerca de 1.800 citações e referências do Novo Testamento.

CLEMENTE DE ALEXANDRIA
Clemente de Alexandria, que escreveu desde 193-220 d.C., fez cerca de 2.400 citações e referências de cada livro do Novo Testamento, exceto Filemom, Tiago, 2Pedro e, possivelmente, 3João.

CIPRIANO
Cipriano, 200-258 d.C., fez cerca de 1.030 citações e referências do Novo Testamento. Suas citações incluem todos os livros, exceto Filemom, 2João e, possivelmente, 3João, os três menores livros do Novo Testamento.

Há muitas citações dos primeiros pais da igreja que, mesmo se não tivéssemos uma única cópia sequer da Bíblia, os estudiosos poderiam reconstruir tudo, à exceção de onze versículos de todo o Novo Testamento do material escrito entre os anos 150 e 200 dos tempos de Cristo.

> "Os primeiros líderes da igreja escreviam e citavam o Novo Testamento a fim de que o Novo Testamento pudesse ser reescrito a partir de suas citações, à exceção de onze versículos."
>
> *Geisler e Nix*

Conclusão
Embora haja uma lacuna entre os anos 250 e 300, entre o tempo do manuscrito do Novo Testamento original e completo e o das primeiras cópias completas que ainda existem, essa lacuna é preenchida pelas citações do Novo Testamento feitas pelos primeiros líderes da igreja.

Mais de 86.000 citações do Novo Testamento foram registradas nos escritos dos primeiros pais da igreja. Os cristãos creem que somente pela providência de Deus foi que o texto do Novo Testamento se manteve preservado tanto em qualidade quanto em quantidade, diferente de qualquer outro documento da Antiguidade.

O NÚMERO E AS PRIMEIRAS DATAÇÕES DOS MANUSCRITOS DO NOVO TESTAMENTO

■ Escrevendo a Bíblia

1.500-1.600 anos
Toda a Bíblia foi escrita ao longo de um período de aproximadamente 1.600 anos, desde 1500 a.C. até cerca de 100 d.C.

Data da escrita
Os primeiros cinco livros do Antigo Testamento foram escritos por Moisés entre 1500 e 1450 a.C. O último livro do Novo Testamento, o livro de Apocalipse, foi escrito por João pouco antes de 100 d.C.

AUTOR	LIVRO	ESCRITO EM	PRIMEIRA CÓPIA	INTERVALO DE TEMPO	NO. DE CÓPIAS
Homero	Ilíada	800 a.C.	+/– 400 a.C.	+/– 400 anos	643
Heródoto	História	480-425 a.C.	+/– 900 d.C.	+/– 1.350 anos	8
Tucídides	História	460-400 a.C.	+/– 900 d.C.	+/– 1.300 anos	8
Platão		400 a.C.	+/– 900 d.C.	+/– 1.300 anos	7
Demóstenes		300 a.C.	+/– 1100 d.C.	+/– 1.400 anos	200
César	Guerras gálicas	100-44 a.C.	+/– 900 d.C.	+/– 1.000 anos	10
Lívio	História de Roma	59 a.C.-17 d.C.	século IV (parcial) século X maior parte	+/– 400 anos +/– 1.000 anos	1 Parcial 19 cópias
Tácito	Anais	100 a.C.	+/– 1100 d.C.	+/– 1.000 anos	20
Plínio Segundo	História natural	61-113 d.C.	850 d.C.	+/– 750 anos	7
Novo Testamento		50-100 d.C.	+/– 114 (fragmento)	+50 anos	6.000
			+/– 200 (livros)	100 anos	
			+/– 250 e maior parte do N. T.	150 anos	
			+/– 325 (N. T. completo)	225 anos	

Lacuna de mais de 400 anos

A escrita do Antigo Testamento foi completada em aproximadamente 400 a.C.

O Novo Testamento foi iniciado poucas décadas após a morte de Jesus.

Isso nos deixa uma lacuna de mais de 400 anos entre o fim da escrita do Antigo Testamento e o começo da escrita do Novo Testamento.

Fragmentos de manuscritos

A existência da evidência do manuscrito original do Novo Testamento confirma sua veracidade.

A transmissão precisa da Bíblia é apoiada por mais, e melhores, manuscritos do que qualquer outra obra de literatura antiga.

> "As obras de vários autores antigos são preservadas até nossos dias pelo fio de transmissão mais fino possível. Por outro lado, o crítico textual do Novo Testamento sente-se envergonhado pela riqueza de seu material."
>
> *Bruce Metzger, professor de Princeton e importante crítico textual bíblico*

> "Ser cético quanto ao texto resultante dos livros do Novo Testamento é o mesmo que permitir que toda a Antiguidade clássica caia na obscuridade, pois nenhum outro documento do período antigo é tão bem atestado bibliograficamente como o Novo Testamento."
>
> *John Warwick Montgomery*

> "Os judeus o preservaram como nenhum outro manuscrito. Com a massora, (*parva, magna* e *finalis*) eles mantiveram marcas em cada letra, sílaba, palavra e parágrafo. Havia classes especiais de homens em sua cultura cujas únicas atividades eram preservar e transmitir esses documentos com uma fidelidade praticamente perfeita – escribas, advogados e massoretas. Quem alguma vez contou as letras, sílabas e palavras de Platão ou Aristóteles? De Cícero ou Sêneca?"
>
> *Bernard Ramm, falando da precisão e do número de manuscritos bíblicos*

A integridade da evidência do manuscrito

Como qualquer outro livro da Antiguidade transmitido através de vários manuscritos, a questão a se perguntar a respeito dos manuscritos bíblicos é: quão confiantes podemos estar de que nossas Bíblias atuais se assemelham aos autógrafos originais?

"Embora 250-300 anos aparentem ser um longo período desde a escrita do original até a data da primeira cópia que temos, o tempo regular dos escritores clássicos gregos é de 1.000 anos desde o original até nossa primeira cópia."

F. W. Hall, especialista em manuscritos antigos

A veracidade do Novo Testamento

"Se compararmos a condição atual do texto do Novo Testamento com qualquer outra obra da antiguidade, devemos declará-la como admiravelmente exata."

Benjamin Warfield

"Os registros do Novo Testamento são muito mais abundantes, de fato muito mais antigos, e consideravelmente mais precisos em seu texto [do que os escritos antigos comparáveis]."

Norman Geisler

Número de manuscritos

Há mais cópias do Novo Testamento que qualquer outro documento na história antiga.

Temos mais de 6.000 cópias manuscritas de todo o Novo Testamento grego, ou pelo menos parte dele.

Apenas para fins de comparação, nós temos:
- Apenas cerca de cópias manuscritas da *Ilíada* de Homero. No entanto, elas datam entre 200 e 300 d.C., mais de mil anos após a *Ilíada* haver sido escrita;
- Cerca de 330 cópias manuscritas das tragédias de Eurípedes;
- Apenas nove cópias em bom estado das *Guerras gálicas*, de César;
- Oito manuscritos da *História*, do historiador grego Heródoto.

INTERVALO ENTRE OS ORIGINAIS E AS CÓPIAS

■ Visão Geral

Os manuscritos dos textos bíblicos que perduraram são mais próximos em data em relação à publicação dos originais do que outros escritos antigos da mesma época.

Escritos clássicos

A data dos primeiros manuscritos para a maioria das obras clássicas da Antiguidade é de 800 a 1.000 anos depois da data da publicação original.

O intervalo, em média, entre a composição do original e a primeira cópia é de mais de 1.000 anos para outros livros.

Josefo, historiador judeu, escreveu *Guerra dos Judeus* pouco depois de 70 d.C. Há nove manuscritos em grego que datam de 1000-1200 d.C. e uma tradução latina de cerca de 400 d.C.

Manuscritos do Antigo Testamento

- Os autógrafos do Antigo Testamento foram escritos entre cerca de 1450 e 400 a.C.
- Os fragmentos e manuscritos do Antigo Testamento encontrados entre os manuscritos do mar Morto são a coleção mais antiga de manuscritos e fragmentos hebraicos.
- Os manuscritos do mar Morto datam de 200 a.C. a 70 d.C., ou seja, datam do período de 300 anos imediatamente após a escrita do último livro do Antigo Testamento. Os manuscritos do mar Morto contêm todo o livro de Isaías e partes de todos os outros livros do Antigo Testamento, à exceção de Ester.
- Os fragmentos da Genizá são partes do Antigo Testamento em hebraico e aramaico que foram descobertos em 1947 em uma antiga sinagoga no Cairo, Egito. Eles datam da época de 400 d.C.

- Os manuscritos de Ben Asher são cópias do Antigo Testamento do texto hebraico massorético feito por cinco ou seis gerações da família Ben Asher. Eles datam de aproximadamente 700-950 d.C.
- Duas traduções quase completas da LXX (tradução grega do Antigo Testamento) datam de cerca de 350 d.C.
- O Códice de Alepo é o Antigo Testamento hebraico mais antigo e completo, sendo copiado em torno de 950 d.C.
- O Códice de Alepo, 900-950 d.C., até 1948, continha uma cópia completa do Antigo Testamento, até que um incêndio atingiu a sinagoga.
- O Códice do Museu Britânico contém uma cópia incompleta do Pentateuco (950 d.C.).
- O Códice de São Petesburgo (ou Leningrado) contém o manuscrito completo de todo o Antigo Testamento e data de 1008 d.C. Ele é a base para a Bíblia Hebraica de Kittel, amplamente reconhecida como o texto hebraico padrão.

Manuscritos do Novo Testamento
- Os autógrafos do Novo Testamento foram escritos entre 45 e 95 d.C.
- Há cópias de parte do Novo Testamento que foram escritas dentro de um período de cerca de 40 a 50 anos após o original.
- O Novo Testamento possui:
  - Um fragmento no intervalo de uma geração após sua composição original.
  - Livros completos dentro de cerca de 100 anos do tempo do autógrafo.
  - A maior parte do Novo Testamento data do período de 200 anos de sua escrita original.
- Todo o Novo Testamento em um prazo de 250 anos após a data de sua finalização.

NÚMERO DE MANUSCRITOS
DO NOVO TESTAMENTO
- Existem cerca de 6.000 manuscritos gregos do Novo Testamento, alguns dos quais datam de 125 d.C., ou até mesmo antes disso. O primeiro Novo Testamento completo data de 350 d.C.
- Há mais de 8.000 manuscritos da Vulgata latina ou parte dela.
- Há cerca de 8.000 manuscritos em etíope, cóptico, eslavo, siríaco e armênio.

Importantes manuscritos em papiro
- O p52 data de c. 125 d.C. É um fragmento de um códice do livro de João (18.31-33, 37-38).
- O p45, do século III, contém partes de todos os quatro evangelhos em 30 folhas.
- O p46, de c. 200, tem 86 folhas nas quais se encontram a maioria das cartas de Paulo e a carta aos Hebreus.
- O p57, do período de 175 a 225 d.C., contém 102 páginas compostas em sua maioria pelos evangelhos de Lucas e João.

Conclusão

Não há cópias do *Guerras gálicas* de César, nem de *História*, de Heródoto, feitas em um período de 900 anos após a composição original.

Ainda assim, nenhum estudioso clássico duvida da autenticidade de Heródoto somente pelo fato de haver um intervalo de várias centenas de anos entre os primeiros manuscritos de suas obras e o manuscrito original.

AS PRIMEIRAS TRADUÇÕES DA BÍBLIA

■ O Antigo Testamento

As primeiras traduções do Antigo Testamento foram para o grego e o aramaico.

Targuns aramaicos

A partir de aproximadamente 400 a.C. o Antigo Testamento começou a ser traduzido para o aramaico. Essa tradução, conhecida como os targuns aramaicos, ajudou o povo judeu, que começou a falar aramaico quando esteve cativo na Babilônia, a entender o Antigo Testamento em sua língua cotidiana.

A *Septuaginta* grega

Em cerca de 250 a.C., o Antigo Testamento foi traduzido para o grego. Essa tradução é conhecida como a *Septuaginta*.

A *Septuaginta* foi a primeira tradução do Antigo Testamento hebraico para o grego.

Os judeus que viviam em Alexandria, Egito, não estavam mais acostumados com o hebraico, pois falavam grego. Esses judeus não conseguiam mais ler em hebraico, mas o grego havia se tornado sua língua do dia a dia.

Acredita-se que a tradução da *Septuaginta* tenha sido feita próximo a Alexandria.

A *Septuaginta*, geralmente abreviada por números romanos, LXX, é composta de 39 livros do Antigo Testamento, bem como os sete livros do Antigo Testamento apócrifos, Tobias, Judite, 1 e 2Macabeus, Sabedoria, Eclesiástico e Baruque.

Tradicionalmente, acredita-se que a tradução tenha sido feita por 70 (ou 72) estudiosos e, por isso, ela ficou conhecida como a "Setenta". A palavra *Septuaginta* em latim significa setenta. A *Septuaginta* é frequentemente identificada pelos numerais romanos para setenta, LXX.

Há uma história registrada na chamada *Carta de Arísteas* que afirma que os 72 judeus de Jerusalém vieram a Alexandria e fizeram sua tradução em 72 dias.

É provavelmente mais preciso afirmar que o Pentateuco foi traduzido durante o reino de Filadelfo (285-247 d.C.) por 72 estudiosos judeus. Por fim, o nome *Septuaginta* foi dado a essa tradução de todo o Antigo Testamento.

A *Septuaginta*, em todo o Império Romano, tornou-se a Bíblia das sinagogas nas quais se falava grego.

Os escritores do Novo Testamento prefeririam usar o texto LXX grego ao hebraico quando faziam citações do Antigo Testamento.

A LXX foi a tradução do Antigo Testamento mais usada pela igreja primitiva.

Diz-se que Jesus Cristo teria usado a *Septuaginta* como sua Bíblia.

Em todos os locais onde se falava grego, a *Septuaginta* tornou-se importante, pois fornecia uma versão do Antigo Testamento na linguagem cotidiana.

O Texto Massorético

Antes da descoberta dos manuscritos do mar Morto, os primeiros manuscritos em hebraico do Antigo Testamento dos quais se tem conhecimento que perduraram datam dos tempos medievais. Somos gratos aos massoretas tiberianos, estudiosos que trabalharam em Tiberíades na Palestina, por esses manuscritos. Por um período de mais de 500 anos, de 500 d.C. a 1000 d.C., esses estudiosos copiaram e padronizaram de modo fidedigno os textos existentes do Antigo Testamento.

"Massorético" vem da palavra hebraica *masor*, que quer dizer, "tradicional". Isso significa transmitir de pessoa a pessoa e de geração a geração. Por isso é que os massoretas também são conhecidos como "transmissores".

O manuscrito massorético mais antigo data de 895 d.C.

■ Paixão pela precisão

Os judeus tiveram muito respeito e cuidado ao copiar os livros do Antigo Testamento. Originariamente, o Antigo Testamento foi copiado por homens conhecidos como soferins. Esses escribas preservaram o texto antigo ao manter várias estatísticas sobre os livros que copiavam. Os copistas massoretas contavam e sabiam exatamente quantas letras hebraicas havia em cada livro da Bíblia hebraica. Por exemplo, havia 78.064 letras no livro de Gênesis. Eles ainda sabiam exatamente quantas letras de cada letra do alfabeto havia no livro de Gênesis.

Também tinham conhecimento de quantas letras havia desde o começo ou fim do texto até a metade dele. Sabiam até mesmo qual letra deveria ser que estaria exatamente na metade do livro de Gênesis. Quando eles copiavam um livro da Bíblia, usavam as seguintes verificações a fim de garantir a precisão de seu trabalho. Contavam as letras do começo e do fim do livro até a metade dele. Se isso não estivesse exato ou se a letra da metade do livro não estivesse correta, aquele manuscrito era descartado e queimado.

Manuscritos da LXX

A tradução grega da LXX mais antiga que ainda existe são os Papiros Chester Beatty. Ela contém nove livros do Antigo Testamento na *Septuaginta* grega, e costuma-se datá-la do final do século II.

Tanto o Códice Vaticano quanto o Códice Sinaítico contêm quase todo o Antigo Testamento da *Septuaginta* grega e ambos datam de aproximadamente 350 d.C.

■ Novo Testamento

Os autógrafos do Novo Testamento datam entre 45 e 95 d.C., aproximadamente.

Os mais antigos manuscritos do Novo Testamento ainda em existência

Mais de 5.600 dos primeiros manuscritos gregos do Novo Testamento ainda existem até hoje. Os manuscritos mais antigos foram escritos em papiro e os últimos em pergaminho. A letra "p" é usada para identificar esses manuscritos. "P" significa papiro, assim, "p52" refere-se ao papiro 52.

Datas sugeridas

As datas abaixo indicam a data em que os estudiosos acreditam que as cópias dos manuscritos foram feitas.

125 d.C.

O manuscrito do Novo Testamento que data mais próximo do autógrafo original foi copiado em torno de 125 d.C. O manuscrito mais antigo do Novo Testamento é conhecido como o manuscrito John Rylands, e é chamado de p52, tendo sido descoberto no Egito.

Isso quer dizer que ele foi copiado dentro de 35 anos após o autógrafo original ter sido escrito pelo apóstolo João.

Esse manuscrito contém uma pequena parte de João 18.

Portanto, a cópia mais antiga de qualquer autógrafo do Novo Testamento está apenas uma geração após sua escrita original.

200 d.C.

O papiro Bodmer II p66 foi descoberto em 1956. Ele contém quatorze capítulos do evangelho de João bem como partes dos últimos sete capítulos do mesmo evangelho.

225 d.C.

O papiro Bodmer p75 contém os evangelhos de Lucas e João.

250-300 d.C.

Os papiros Chester Beatty.

O Chester Beatty p45 (200-250 d.C.) foi descoberto em 1931 e contém os evangelho, Atos, as cartas de Paulo, à exceção de 1 e 2Timóteo e Tito, e o livro de Apocalipse.

O Chester Beatty p46 contém as cartas de Paulo e a carta aos Hebreus.

350 d.C.
O Códice Sinaítico contém todo o Novo Testamento e quase todo o Antigo Testamento em grego. Foi descoberto pelo estudioso alemão Tischendorf em 1856 em um monastério ortodoxo no monte Sinai.

350 d.C.
O Códice Vaticano B contém praticamente todo o Novo Testamento. Está na Biblioteca do Vaticano desde 1475.

Mudando as datas
Nos últimos cinquenta anos ou mais, as datas conferidas aos primeiros manuscritos do Novo Testamento mudaram. Estudiosos da Bíblia e arqueólogos revisaram as prováveis datas desses manuscritos à luz de novas técnicas de datação, reavaliando todas as evidências. Isso quase sempre resultou em que muitos desses papiros receberam datas mais antigas às que se acreditava anteriormente.

Desse modo, se essas datas mais anteriores provarem estar corretas, é possível estabelecer as seguintes datas nessa lista de manuscritos antigos.

Datas revisadas

p46: 85 d.C.	p66: 125 d.C.
p32: 175 d.C.	p45: 150 d.C.
p87: 125 d.C.	p90: 150 d.C.
p64/67: 60 d.C.	p4: 100 d.C.
7Q4: <68 d.C.	7Q5: 50-68 d.C.

Datas excepcionalmente antigas
Os últimos dois papiros nessa lista vieram dos manuscritos do mar Morto. Eles estão identificados com a letra "Q", em vez da letra "p". Essas datas excepcionalmente antigas são baseadas na identificação de dois novos papiros do Novo Testamento encontrados com os manuscritos do mar Morto na caverna 7. Estudiosos creem que esses sejam os papiros do Novo Testamento mais antigos já descobertos.

Sumário
Os manuscritos contendo a maior parte do Novo Testamento foram datados da metade do século III, e alguns podem ser datados do século II, ou até mesmo do século I.

■ As primeiras traduções do Novo Testamento

As primeiras traduções do Novo Testamento revelam perspectivas importantes sobre os manuscritos gregos que serviram de base para essas traduções.

180 d.C.
Primeiras traduções do Novo Testamento do grego para as versões do latim, siríaco e cóptico surgiram em 180 d.C.

195 d.C.
As primeiras traduções do Antigo e Novo Testamentos para o latim foram chamadas de traduções do "Latim Antigo". Partes do Latim Antigo foram encontradas em citações de Tertuliano, 160-220.

300 d.C.
A versão siríaca antiga foi uma versão do Novo Testamento do grego para o siríaco.

As versões do cóptico foram traduzidas em quatro dialetos cópticos conhecidos naquela época.

380 d.C.
A Vulgata latina foi traduzida por Jerônimo. Ele traduziu o Antigo Testamento para o latim a partir do hebraico; e o Novo Testamento, a partir do grego.

O CÂNON DAS ESCRITURAS

INTRODUÇÃO

O que significa o "cânon" das Escrituras?

A palavra "cânon" vem do grego *kanon*, que significa vara reta, régua, vara de medir de carpinteiro.

USO FIGURATIVO DO CÂNON

Figurativamente, o "cânon" passou a ser padrão pelo qual alguma coisa pudesse ser medida. Em 2Coríntios 10.13: *Nós, porém, não nos gloriaremos além da medida, mas nos limites da esfera de atuação que Deus nos designou e que chega até vós*; e em Gálatas 6.16: *Que a paz e misericórdia estejam sobre todos que andarem conforme essa norma, e também sobre o Israel de Deus*. A palavra *kanon* é traduzida por *esfera de atuação* e *norma* para denotar a restrição e o tipo de comportamento que caracteriza alguém que é guiado pelo Espírito.

APLICANDO O CÂNON ÀS ESCRITURAS

Em tempo, a palavra *kanon* foi aplicada aos próprios livros das Escrituras. O cânon tornou-se a coleção de livros ou escritos aceita pelos apóstolos e pela liderança da igreja cristã primitiva como base para a crença cristã. É o padrão pelo qual todos os cristãos vivem e adoram ao longo dos séculos.

Atanásio

Pelo que se sabe, Atanásio é o primeiro a ter usado a palavra "cânon" nesse contexto.

Orígenes

Orígenes usou a palavra "cânon" para denotar o que chamamos de "regra de fé", o padrão de vida pelo qual medimos e avaliamos todas as coisas.

Canonicidade

O processo de se reconhecer os 66 livros da Bíblia como a palavra de Deus é conhecido como canonicidade.

A igreja não criou o cânon. Em vez disso, os cristãos vieram a reconhecer os livros pelo que eles eram: a revelação inspirada de Deus. "Toda a Escritura é divinamente inspirada e proveitosa para ensinar, para repreender, para corrigir, para instruir em justiça", 2Timóteo 3.16.

■ O cânon do Antigo Testamento

Uma maneira de responder à pergunta: "Como e quando foram os livros da Bíblia reunidos?", seria afirmando que, em última instância, foi Deus quem decidiu quais livros seriam incluídos e quais excluídos do cânon bíblico.

Não foi um assunto para que algum concílio ou sínodo decidisse sobre quais livros seriam reunidos no Antigo Testamento. Em vez disso, coube a Deus convencer a igreja sobre quais livros deveriam fazer parte da Bíblia.

Comparado com o Novo Testamento, quase não houve polêmica quanto ao cânon do Antigo Testamento.

Os livros do Antigo Testamento foram reconhecidos como divinamente inspirados e autoritativos praticamente assim que foram escritos. Os escritores foram aceitos como porta-vozes de Deus.

Logo após o livro de Malaquias ter sido escrito (em cerca de 430 a.C.), os judeus oficialmente reconheceram e encerraram o cânon do Antigo Testamento.

O Concílio de Jâmnia

O Concílio de Jâmnia, realizado em aproximadamente 90 d.C., estabeleceu e encerrou o cânon do Antigo Testamento para quase todos os judeus. Foi o seu cânon desde então, composto por 27 livros do que conhecemos como o Antigo Testamento. No entanto, a disposição dos livros na Bíblia hebraica difere da ordem dos livros no que os cristãos chamam de Antigo Testamento.

■ O cânon de toda a Bíblia

Todos os livros do Novo Testamento, da forma como os conhecemos hoje, foram oficialmente reconhecidos:
- Na igreja ocidental em 367 d.C., na *Carta festival* de Atanásio.
- Na igreja oriental em 397 d.C., em uma decisão conciliar em Cartago.

Os 66 livros que hoje nos habituamos a ver em nossas Bíblias foram reconhecidos como canônicos na carta e no concílio do século IV acima.

Antes que o primeiro concílio da igreja formalmente ratificasse a questão sobre quais livros comporiam as Escrituras cristãs, as decisões já haviam sido tomadas. O concílio apenas fez o registro, aprovando o que já era reconhecido.

> "Alguns religiosos tiveram uma visão incorreta quanto à base para se determinar a veracidade do cânon. Eles afirmavam que os livros tornaram-se canônicos com base na decisão dos concílios da igreja. Na realidade, tudo que os líderes da igreja podiam fazer seria descobrir e reconhecer aquela lista de livros que era obviamente inspirada."
>
> *Roy D. Merritt*

A FORMAÇÃO DO ANTIGO TESTAMENTO

Primeiras coleções de escritos

Há várias ocorrências registradas no Antigo Testamento que tratam da produção das primeiras coleções de escritos formais.

As leis de Moisés foram armazenadas na arca do tabernáculo. *Moisés escreveu esta lei e a entregou aos sacerdotes, filhos de Levi, que levavam a arca da aliança do SENHOR, e a todos os anciãos de Israel* (Dt 31.9), e mais adiante, no templo, *Então o sumo sacerdote Hilquias disse ao escrivão Safã: Achei o livro da lei no templo do SENHOR. E Hilquias entregou o livro a Safã, e ele o leu* (2Rs 22.8).

A lei foi escrita a fim de que pudesse ser sempre lida pelo povo do Deus (Js 24.25,26). *Samuel também declarou ao povo a lei do reino, escreveu-a em um livro e o colocou diante do SENHOR. Então Samuel fez com que todo o povo saísse, cada um para sua casa* (1Sm 10.25).

O redescobrimento de parte da lei escrita em um livro gerou um reavivamento no reino de Josias (2Rs 22–23). Após a leitura do livro da lei, o povo se arrependeu (2Rs 22.11,12).

Quando Esdras reuniu todo o povo em Jerusalém, leu para eles a lei de Moisés (Ne 8).

Reunindo as primeiras coleções de livros

Alguns dos livros do Antigo Testamento foram imediatamente reconhecidos como autoritativos. Moisés, após escrever um livro, colocava-o dentro da arca da aliança (Dt 31.24-26). Após a construção do templo, os escritos sagrados eram mantidos lá (2Rs 22.8). Inicialmente, Deus ordenava que os reis escrevessem para si uma cópia da lei. *Ele o terá consigo e o lerá todos os dias da sua vida, para que aprenda a temer o*

SENHOR, seu Deus, e a guardar todas as palavras desta lei e estes estatutos, para os cumprir (Dt 17.19). Assim como os profetas proferiam a palavra de Deus, dizendo *Assim diz o Senhor*, eles também reconheciam que sua mensagem tinha que ser registrada para gerações futuras.

Critérios para a aceitação dos livros do Antigo Testamento

O LIVRO ESTÁ DE ACORDO COM A *TORÁ*?
Qualquer livro que não estivesse de acordo com os primeiros cinco livros do AT não poderia ser considerado para inclusão no cânon do AT.

A AUTORIDADE DIVINA DO LIVRO
Apenas livros que se acreditavam terem sido inspirados por Deus eram aceitos.

Isso não quer dizer que os judeus deram aos livros essa autoridade. Em vez disso, eles reconheciam a autoridade natural contida nesses livros.

No caso dos livros do Antigo Testamento, a nação de Israel reconhecia um livro como autoritativo porque era inspirado por Deus. Do mesmo modo, no caso dos livros do Novo Testamento, a igreja cristã reconhecia um livro como apropriado para inclusão como novo livro das Escrituras porque ele havia sido divinamente inspirado.

Os autores dos livros

O autor é a pessoa a quem Deus revelou sua palavra.

As palavras eram escritas por eles ou por secretários. Por exemplo, Baruque, escriba de Jeremias, escreveu muitas de suas profecias. Jeremias 51.64 declara: *Até aqui são as palavras de Jeremias.*

Moisés clamava ser o porta-voz de Deus.

Os profetas do Antigo Testamento afirmavam repetidamente: *E veio a mim a palavra do Senhor.*

■ O cânon do Novo Testamento

Critérios para a aceitação dos livros do Novo Testamento

AUTENTICAÇÃO OU
AUTORIDADE APOSTÓLICA
Para ser incluído no NT, os livros tinham que ser escritos pelos próprios apóstolos, ou por aqueles que estavam intimamente associados aos apóstolos.

CONTEÚDO CENTRADO EM CRISTO
Os livros tinham que estar de acordo com o ensinamento cristão básico que incluía o ensinamento já conhecido dos outros apóstolos, além de ter de honrar a Cristo em seu ensinamento doutrinal.

ACEITO PELA IGREJA CRISTÃ
Os livros só eram incluídos se fossem aceitos e usados pela igreja cristã.

O evangelho de Tomé

Hoje em dia, não temos o evangelho de Tomé no Novo Testamento. Ele foi excluído do cânon do Novo Testamento porque:
- Falhou no teste da autoridade apostólica. Não foi escrito pelo apóstolo Tomé (apesar de seu nome) e, provavelmente, não foi escrito até o ano 140 d.C.
- Nenhum dos pais da igreja cristã, desde Clemente até Irineu, fez citações do evangelho de Tomé.
- O evangelho de Tomé não está em total concordância com os ensinamentos cristãos aceitos. Ele professa conter 114 "declarações secretas" de Jesus. No entanto, algumas dessas declarações são irrealistas ao extremo. Uma delas afirma que as mulheres não podem receber salvação a menos que se tornem homens.

A ORIGEM DA BÍBLIA

■ Visão Geral

Os cristãos sempre creram, não importa como a Bíblia tenha sido transmitida até nós ao longo dos séculos, que sua origem é sobrenatural.

Os cristãos creem que a Bíblia existe por causa da revelação divina.

Revelação
Nas páginas da Bíblia, Deus se revela aos homens e mulheres. Aprendemos de Deus ao lermos a Bíblia.

Revelação geral
Isso não exclui a revelação geral na qual Deus se mostra: por meio da natureza e da criação. Na beleza e nas maravilhas da criação vemos a assinatura de Deus (Sl 19.1; Rm 1.20).

Revelação especial
No entanto, uma revelação mais complexa de quem é Deus só pode ser encontrada na Bíblia. O que os autores bíblicos escreveram não eram suas próprias ideias, e sim a revelação de Deus.

Os diversos métodos de revelação de Deus aos seus autores escolhidos
VOZ
Deus falou em voz audível a alguns deles, dizendo-lhes o que escrever (Êx 33.1).

SONHOS
Deus usou os sonhos como um canal pelo qual revelou algumas de suas verdades proféticas (Dn 2.1-49).

PESSOAS
As experiências pessoais e a vida espiritual de indivíduos foram usadas por Deus (Sl 51).

ESPÍRITO SANTO
O Espírito de Deus orientou os autores em todos os seus escritos (2Pe 1.21).

A formação do Novo Testamento
O processo de reconhecimento e reunião dos livros do que hoje chamamos de Novo Testamento se iniciou nos primeiros dias da igreja cristã.

Alguns dos livros do Novo Testamento foram imediatamente reconhecidos como parte das Escrituras.

Paulo considerou os escritos de Lucas como tão autoritativos quanto o Antigo Testamento (1Tm 5.18; ver Dt 25.4 e Lc 10.7).

Pedro reconheceu os escritos de Paulo como Escritura (2Pe 3.15,16).

Alguns dos livros do Novo Testamento circulavam entre as igrejas (Cl 4.16; 1Ts 5.27).

Primeiros líderes da igreja
- Clemente de Roma mencionou, pelo menos, oito livros do Novo Testamento (95 d.C.).
- Inácio de Antioquia reconheceu cerca de sete livros (115 d.C.).
- Policarpo, discípulo de João, o apóstolo, reconheceu 15 livros (108 d.C.).
- Ireneu mencionou 21 livros (185 d.C.).
- Hipólito reconheceu 22 livros (170-235 d.C.).

O primeiro "cânon"
CÂNON MURATORIANO
O primeiro "cânon", o cânon Muratoriano, compilado em 170 d.C., incluía todos os livros do Novo Testamento, exceto Hebreus, Tiago e 3João.

CONCÍLIO DE LAODICEIA
Em 363 d.C., o Concílio de Laodiceia declarou que o Antigo Testamento e os 27 livros

do Novo Testamento deveriam ser lidos nas igrejas.

CONCÍLIO DE HIPONA
O Concílio de Hipona (393 d.C.) declarou que os 27 livros do Novo Testamento de nossos dias, em si, são autoritativos.

CONCÍLIO DE CARTAGO
O Concílio de Cartago (397 d.C.) afirmou que os mesmos 27 livros são autoritativos.

Sumário
- A igreja cristã não criou o cânon, e sim recebeu o cânon criado por Deus.
- O cânon do Antigo Testamento veio das mãos de Cristo e de seus apóstolos, no sentido de que os primeiros cristãos reconheciam que as Escrituras judaicas eram de Deus e foram cumpridas na vinda de Jesus.
- O cânon do Novo Testamento veio do Espírito Santo. Somente por intermédio do Espírito Santo, os apóstolos de Jesus foram capazes de falar e escrever a verdade sobre Cristo.

PASSAGEM BÍBLICA-CHAVE

Pois, os que habitam em Jerusalém e as suas autoridades não reconheceram Jesus e, condenando-o, cumpriram as palavras dos profetas que são lidas todos os sábados. E, mesmo não encontrando nele nenhuma acusação digna de condenação à morte, pediram a Pilatos que ele fosse executado. Quando terminaram de fazer todas as coisas que haviam sido escritas a respeito dele, tirando-o do madeiro, o puseram em uma sepultura. Mas Deus o ressuscitou dentre os mortos; e ele foi visto durante muitos dias pelos que haviam subido com ele da Galileia para Jerusalém, os quais agora são suas testemunhas para o povo. E nós vos anunciamos as boas-novas da promessa feita aos pais, a qual Deus cumpriu para nós, filhos deles, ressuscitando Jesus, como também está escrito no segundo Salmo: Tu és meu Filho, hoje te gerei.

Atos 13.27-33

Veja também
Mateus 5.17
Lucas 4.21; 18.31
Romanos 1.2
1Pedro 1.10-12
2Pedro 1.19-21

WARFIELD SOBRE O CÂNON DO NOVO TESTAMENTO

■ Visão Geral

Uma das declarações clássicas sobre o Novo Testamento foi feita por B. B. Warfield.

Em 1892, ele publicou o seguinte artigo: *The Formation of the Canon of the New Testament* [A formação do cânon do Novo Testamento].

Uma ideia herdada

A fim de obter uma compreensão correta do que é conhecido como o cânon do Novo Testamento, é necessário começar por fixar firmemente em nossa mente um fato que se torna bastante óbvio quando se chama atenção a ele, ou seja, que a igreja cristã não exigiu formar para si a ideia de um "cânon", ou, como chamamos com mais frequência, de uma "Bíblia", uma coleção de livros dados por Deus para serem regra autoritativa de fé e preceitos. Essa ideia foi herdada da sinagoga judaica, junto com seu próprio cânon, as Escrituras judaicas, ou o "cânon do Antigo Testamento".

Algo imposto à igreja

A igreja não cresceu por leis naturais: ela foi fundada. E os mestres autoritativos enviados por Cristo para fundar sua igreja carregavam com eles, como posse mais preciosa, um corpo das Escrituras divinas, que eles impunham às igrejas que fundavam como código de lei. Nenhum leitor do Novo Testamento precisa de provas para isso; em cada página de cada livro está disseminada a evidência de que, desde o princípio, o Antigo Testamento foi cordialmente reconhecido como lei tanto pelos cristãos quanto pelos judeus. Assim, a igreja cristã nunca esteve sem uma "Bíblia" ou um "cânon".

Por autoridade divina

No entanto, os livros do Antigo Testamento não foram os únicos que os apóstolos (pela própria indicação de Cristo, os pais autoritativos da igreja) impuseram às recém-criadas igrejas, como regra de fé e preceitos. Não havia mais autoridade nos profetas da antiga aliança do que neles mesmos, os apóstolos, que foram capacitados para ser *ministros de uma nova aliança* (2Co 3.6); porque (conforme um deles concordou) *se o que estava se dissipando era glorioso, muito mais glorioso será o que permanece* (2Co 3.11). Do mesmo modo, o evangelho que eles transmitiam não era somente uma revelação divina em si, mas também era pregado *pelo Espírito Santo* (1Pe 1.12); e não simplesmente o seu tema, mas as próprias palavras que o revestiam eram do *Espírito Santo* (1Co 2.13). Suas próprias instruções eram, portanto, de autoridade divina (1Ts 4.2), e seus escritos eram o depósito dessas instruções (2Ts 2.15). *Se alguém desobedecer às nossas instruções nesta carta*, declara Paulo a uma igreja (2Ts 3.14), *observai-o atentamente e não tenhais contato com ele*. Para outra, coloca em teste o homem conduzido pelo Espírito para que reconheça que o que ele lhes escrevia eram os *mandamentos do Senhor* (1Co 14.37).

Aceito como o Antigo Testamento

Inevitavelmente, tais escritos, fazendo muito mais reivindicações de sua aceitação, foram recebidos pelas primeiras igrejas como detentores de uma qualidade equivalente àquela da antiga "Bíblia"; também foram postos juntamente com seus antigos livros, como uma parte adicional da lei de Deus, e lidos como tal em suas reuniões de adoração – prática que foi exigida pelos apóstolos (1Ts 5.27; Cl 4.16; Ap 1.3).

Portanto, na apreensão das primeiras igrejas cristãs, as "Escrituras" não eram um "cânon" fechado, e sim crescente. Assim, elas eram desde o princípio e, gradativamente, cresceram desde Moisés até Malaquias; e devem continuar desse modo, contanto que haja entre as igrejas homens santos de Deus que falem inspirados pelo Espírito Santo.

Mencionado desde o princípio

Nós dizemos que essa imediata colocação de novos livros – colocando a igreja sob o selo da autoridade apostólica – entre as Escrituras já estabelecidas como tais, era inevitável e também historicamente evidenciado desde o princípio. Desse modo, o apóstolo Pedro, escrevendo em 68 d.C., fala das numerosas cartas de Paulo, não em contraste com as Escrituras, e, sim, fazendo parte das Escrituras e em contraste com as outras Escrituras (2Pe 3.16) – que representam, obviamente, aquelas do Antigo Testamento.

Unindo as citações do AT e do NT

Paulo combina o livro de Deuteronômio e o evangelho de Lucas sob o mesmo título de *Escritura* (1Tm 5.18): *Não amordaçarás a boca do boi quando ele estiver debulhando* (Dt 25.4); e *o trabalhador é digno do seu salário* (Lc 10.7).

Livros do Novo Testamento tratados como Escrituras adicionais

O que precisa de ênfase neste momento sobre esses fatos é que eles não são evidências claras de uma avaliação de engrandecimento gradual dos livros do Novo Testamento, originariamente recebidos como mais inferiores e recém-começados a serem temporariamente registrados como Escritura; eles são evidências conclusivas particularmente de livros desde o princípio como Escritura, e de sua ligação como Escritura às outras Escrituras já em mãos.

"Novos livros", "antigos livros"

Assim, os primeiros cristãos não formaram um "cânon" rival de "novos livros" que gradativamente vieram a ser considerados como de igual autoridade e divindade com os "antigos livros"; eles receberam livros novos atrás de livros novos do círculo apostólico, como "Escritura", assim como os antigos livros, e os adicionaram à coleção de antigos livros como Escrituras adicionais, até que, por fim, os novos livros adicionados fossem numerosos o bastante para serem considerados como outra seção das Escrituras.

Novo nome modelado no Antigo Testamento

O primeiro nome dado a essa nova seção da Escritura foi idealizado no modelo do nome pelo qual conhecemos como Antigo Testamento, conforme se conhecia na época. Assim como era conhecido como "A Lei, os Profetas e os Salmos" (ou "a Hagiografia" – "Escritos Sagrados") ou, mais resumidamente, "A Lei e os Profetas", ou, de forma ainda mais compacta, "A Lei"; também a Bíblia ampliada foi conhecida como "A Lei e os Profetas, com os Evangelhos e os Apóstolos"; enquanto os novos livros separadamente foram chamados de "O Evangelho e os Apóstolos", ou mais resumidamente, "O Evangelho".

Inácio

Esse primeiro nome para a nova Bíblia, com tudo o que envolve relacionado à Bíblia mais antiga e menor, vem desde os tempos de Inácio (115 d.C.), que faz uso dele repetidamente (ex., *ad Philad.* 5; *ad Smyrm.* 7). Em uma passagem, ele nos dá uma ideia das polêmicas que a Bíblia ampliada dos cristãos geraram entre os judaizantes (*ad Philad.* 6). "Quando ouvi alguns dizerem", escreve ele, "a menos que encontre nos antigos [livros]; sua cruz, morte e ressurreição, e a fé que é por ele, os antigos [livros] perfeitos – pelos quais desejo, por suas orações, que seja justificado. Os sacerdotes são, sem dúvida, bons, mas nosso Sumo Sacerdote, melhor" etc.

O Novo Testamento está escondido no Antigo

Nesse ponto, Inácio apela ao "Evangelho" como Escritura, e os judaizantes protestam, recebendo dele a resposta em vigor, que Agostinho mais tarde formulou na tão famosa declaração de que o Novo Testamento está escondido no Antigo, e o Antigo Testamento é esclarecido pela primeira vez no Novo. O que precisamos observar agora, no entanto, é que, para Inácio, o Novo Testamento não era um livro diferente do Antigo Testamento, mas parte de um corpo da Escritura com ele; um acréscimo, assim dizendo, que tinha crescido a partir dele.

Parte dos oráculos de Deus

Da evidência dos fragmentos dos escritos cristãos que, em si, foram preservados até nós desde os primórdios, parece que desde o princípio do século II (exatamente o final da era apostólica) uma coleção (Inácio, 2Clemente) de "Novos livros" (Inácio), chamada de "Evangelho e Apóstolos" (Inácio, Marcião), já fazia parte dos "Oráculos" de Deus (Policarpo, Papias e 2Clemente), também conhecida como "Escrituras" (1Timóteo, 2Pedro, Barnabé,

Policarpo, 2Clemente), "Livros sagrados" ou "Bíblia" (Testt. XII. Patt.).

O "Evangelho" e "Os Apóstolos"

O número de livros incluídos nesse corpo adicional de novos livros, no começo do século II, não pode ser determinado satisfatoriamente pela evidência desses fragmentos em si. A seção chamada de "Evangelho" incluía os evangelhos escritos pelos apóstolos e seus companheiros (Justino), que sem sombra de dúvidas foram nossos quatro evangelhos hoje em vigor. A seção chamada de "Os Apóstolos" continha o livro de Atos (The Testt. XII. Patt.) e epístolas de Paulo, João, Pedro e Tiago. A evidência de várias partes é realmente suficiente para demonstrar que a coleção em geral usa todos os livros contidos dos quais hoje temos em mãos, com possíveis exceções a Judas, 2 e 3João e Filemom. E é mais natural supor que a falha em não haver evidências antigas desses breves livros se deve mais ao seu tamanho irrelevante do que à sua não aceitação.

AUTORIA APOSTÓLICA
Que fique bem claro que não era exatamente a autoria apostólica que, na avaliação das primeiras igrejas, fazia de um livro parte do "cânon". A autoria apostólica foi, de fato, primordialmente confundida com canonicidade. Houve dúvida quanto à autoria apostólica de Hebreus, no Oriente, e de Tiago e Judas, aparentemente, o que fortalece a lentidão da inclusão desses livros no "cânon" de certas igrejas. Contudo, isso não era assim desde o princípio. O princípio de canonicidade não era a autoria apostólica, mas a imposição pelos apóstolos como "lei". Portanto, o nome de Tertuliano para o "cânon" é *instrumentum*; e ele fala do Antigo e do Novo Testamentos da mesma forma como nós trataríamos do Antigo e do Novo Testamentos. Ninguém pode negar que os apóstolos impuseram o Antigo Testamento às igrejas que fundavam – como seu "instrumento", "lei" ou "cânon". E, ao impor novos livros às mesmas igrejas, pela mesma autoridade apostólica, eles não se confinaram aos livros de sua própria composição. É do evangelho de Lucas, um homem que não foi apóstolo, que Paulo faz um paralelo em 1Timóteo 5.18 com Deuteronômio como também "Escritura", na primeira citação existente de um livro do Novo Testamento como Escritura.

AUTORIDADE APOSTÓLICA
Os evangelhos que constituíram a primeira divisão de novos livros – "O evangelho e os apóstolos" – afirma Justiniano, foram "escritos por apóstolos e seus companheiros". A autoridade dos apóstolos, como fundadores da igreja por indicação divina, estava incorporada em qualquer livro que eles impusessem à igreja como lei, e não meramente àqueles que eles tinham escrito.

B. B. Warfield

B. B. Warfield

B. B. Warfield (1852-1921) foi o último grande teólogo dos presbiterianos conservadores no Seminário Teológico de Princeton.

Warfield se distinguiu como um sábio defensor do calvinismo agostiniano, do cristianismo sobrenatural e da inspiração da Bíblia.

BÍBLIAS JUDAICAS, ORTODOXAS, CATÓLICAS E PROTESTANTES

VERSÍCULO BÍBLICO-CHAVE

Certo judeu chamado Apolo chegou a Éfeso. Natural de Alexandria, era um homem eloquente, com grande conhecimento das Escrituras.

Atos dos Apóstolos 18.24

■ Desacordo quanto ao Antigo Testamento

O Novo Testamento, usado por quase todos os cristãos, contém os mesmos 27 livros.

No entanto, quando se trata do Antigo Testamento, já não se pode dizer o mesmo.

Número total de livros bíblicos

Judeus, ortodoxos, católicos e protestantes cristãos diferem em suas visões quanto ao número de livros bíblicos no Antigo Testamento.
- Os judeus contam 24.
- Os ortodoxos contam 48.
- Os protestantes contam 39.
- Os católicos contam 46.

Profetas menores

Os judeus contam "Os Doze" profetas menores como um livro, mas os cristãos os contabilizam como doze livros separados.

Ordem dos livros da Bíblia

Na Bíblia hebraica, o grupo de livros conhecido como os "Últimos Profetas" vem antes dos "Escritos".

Assim, enquanto as Bíblias católicas e protestantes terminam com o livro de Malaquias, a Bíblia hebraica se encerra com 2Crônicas.

Categorização de livros

Alguns poucos livros são colocados em categorias distintas em Bíblias diferentes.

Na Bíblia hebraica, Daniel e Rute estão na categoria dos "Escritos", mas as três Bíblias cristãs colocam Daniel entre os profetas e Rute com os livros históricos.

Bíblias católicas e ortodoxas

Os seguintes livros são encontrados nas Bíblias católicas e ortodoxas, mas não nas Bíblias protestantes ou judaicas.
- Versão ampliada de Ester
- Judite
- Tobias
- 1Macabeus
- 2Macabeus
- Salmo 151
- Sabedoria de Salomão
- Siraque, também conhecido como Eclesiástico
- Baruque
- Carta de Jeremias
- Versão ampliada de Daniel

A Bíblia hebraica

Os seguintes livros são considerados escriturais, ou bíblicos, tantos pelos judeus que falam hebraico antigo quanto os contemporâneos.

TORÁ/LEI
- Gênesis
- Êxodo
- Levítico
- Números
- Deuteronômio

PROFETAS ANTERIORES
- Josué
- Juízes
- Rute
- 1 e 2Samuel
- 1 e 2Reis

PROFETAS POSTERIORES
- Isaías
- Jeremias
- Ezequiel

OS DOZE
 Oseias
 Joel
 Amós
 Obadias
 Jonas
 Miqueias
 Naum
 Habacuque
 Sofonias
 Ageu
 Zacarias
 Malaquias

ESCRITOS
 Salmos (150)
 Provérbios
 Jó
 Cantares
 Rute
 Lamentações
 Eclesiastes
 Ester
 Daniel
 Esdras-Neemias
 1 e 2Crônicas

Bíblias ortodoxas

A maioria das Bíblias ortodoxas segue os livros que são encontrados na *Septuaginta*.

A *Septuaginta*, abreviada pelas iniciais LXX, foi uma versão ampliada da Bíblia traduzida para o grego, sendo usada pelos judeus e cristãos que falavam grego fora da Palestina.

Bíblias ortodoxas gregas

As Bíblias ortodoxas gregas contêm os seguintes 10 livros dos apócrifos:
 1Esdras
 Tobias
 Judite
 1, 2 e 3Macabeus
 Sabedoria de Salomão
 Eclesiático
 Baruque
 Carta de Jeremias

CONCÍLIO DE JASSY
Eles foram oficialmente reconhecidos no Concílio de Jassy em 1642, mas até mesmo os estudiosos ortodoxos gregos hoje em dia os veem como menos inspirados do que outros livros da Bíblia.

Lista de livros nas Bíblias ortodoxas

LEI
 Gênesis
 Êxodo
 Levítico
 Números
 Deuteronômio

LIVROS HISTÓRICOS
 Josué
 Juízes
 Rute
 1Reinos 1Samuel
 2Reinos 2Samuel
 3Reinos 3Reis
 4Reinos 4Reis
 1Crônicas
 2Crônicas
 2Esdras e Neemias
 Versão ampliada de Ester
 Judite
 Tobias
 1Macabeus
 2Macabeus
 3Macabeus

LIVROS DE SABEDORIA
 Salmo 151
 Prece de Manassés
 Provérbios
 Eclesiastes
 Cantares
 Jó
 Sabedoria de Salomão
 Siraque, também conhecido como Eclesiástico

PROFETAS
 Oseias
 Amós

Miqueias
Joel
Obadias
Jonas
Naum
Habacuque
Sofonias
Ageu
Zacarias
Malaquias
Isaías
Jeremias
Baruque
Lamentações
Carta de Jeremias
Ezequiel
Versão ampliada de Daniel

Bíblias católicas
Lista de livros nas Bíblias católicas
LEI
  Gênesis
  Êxodo
  Levítico
  Números
  Deuteronômio

LIVROS HISTÓRICOS
  Josué
  Juízes
  Rute
  1Samuel
  2Samuel
  1Reis
  2Reis
  1Crônicas
  2Crônicas
  Esdras
  Neemias
  Tobias
  Judite
  Versão ampliada de Ester
  1Macabeus
  2Macabeus

LIVROS DE SABEDORIA
  Jó
  Salmo 150

Provérbios
Eclesiastes
Cantares
Sabedoria de Salomão
Siraque, também conhecido como Eclesiástico

PROFETAS
  Isaías
  Jeremias
  Lamentações
  Baruque com Carta de Jeremias
  Ezequiel
  Versão ampliada Daniel
  Oseias
  Joel
  Amós
  Obadias
  Jonas
  Miqueias
  Naum
  Habacuque
  Sofonias
  Ageu
  Zacarias
  Malaquias

Bíblias protestantes
Lista de livros nas Bíblias protestantes
LEI
  Gênesis
  Êxodo
  Levítico
  Números
  Deuteronômio

LIVROS HISTÓRICOS
  Josué
  Juízes
  Rute
  1Samuel
  2Samuel
  1Reis
  2Reis
  1Crônicas
  2Crônicas

Esdras
Ester

LIVROS DE SABEDORIA
Jó
Salmo 150
Provérbios
Eclesiastes
Cantares

PROFETAS
Isaías
Jeremias
Lamentações
Ezequiel
Daniel
Oseias
Joel
Amós
Obadias
Jonas
Miqueias
Naum
Habacuque
Sofonias
Ageu
Zacarias
Malaquias

> "A existência da Bíblia como um livro para as pessoas é o maior benefício que a raça humana jamais experimentou."
>
> *Emanuel Kant, filósofo*

A HISTÓRIA DA TRADUÇÃO DA BÍBLIA

MARCOS DA HISTÓRIA DA TRADUÇÃO DA BÍBLIA

■ Visão Geral

A primeira tradução anglo-saxônica da Bíblia teve início no século VII.

A primeira tradução da Bíblia inglesa começou com John Wycliffe e foi completada por John Purvey em 1388.

A primeira edição estadunidense da Bíblia foi publicada em cerca de 1752.

Hoje em dia, a Bíblia já foi traduzida em parte, ou por completo, para mais de 1.200 línguas ou dialetos diferentes.

Alguns dos marcos da história da tradução da Bíblia são os seguintes:

■ a.C.

430-420 a.C.
Após a escrita do livro de Malaquias, veio o término da escrita original dos manuscritos hebraicos da Bíblia hebraica.

200 a.C.
Término da tradução da *Septuaginta* do Antigo Testamento hebraico para o grego.

■ d.C.

Século I d.C.
Término do todos os manuscritos gregos originais que compõem os 27 livros do Novo Testamento.

390
Tradução de Jerônimo da Bíblia para o latim, conhecida como Vulgata.

995
Realização de traduções anglo-saxônicas do Novo Testamento.

1384
Wycliffe é a primeira pessoa a produzir uma cópia manuscrita da Bíblia por inteiro em inglês.

1455
A invenção da imprensa, por Gutenberg, fez com que os livros pudessem ser produzidos em massa, em vez de escritos à mão individualmente.

O primeiro livro impresso foi a Bíblia de Gutenberg em latim.

1516
Erasmo produziu um paralelo em grego e latim do Novo Testamento.

1522
Novo Testamento em alemão de Martinho Lutero.

1524
Primeiro Antigo Testamento hebraico impresso.

Em 1524, Jacob ben Hayyim usou cópias dos manuscritos ben Asher e os imprimiu e publicou. Como esse foi o primeiro texto hebraico do Antigo Testamento a ser impresso, ele logo se tornou o padrão para as Bíblias impressas.

A primeira cópia completa do texto massorético do Antigo Testamento está guardada na Biblioteca Pública de São Petesburgo e data de aproximadamente 1008 d.C.

1525
O Novo Testamento de William Tyndale é o primeiro Novo Testamento a ser impresso na língua inglesa.

1535
A Bíblia de Myles Coverdale é a primeira Bíblia completa a ser impressa na língua inglesa.

1537
A Bíblia de Mateus foi a segunda Bíblia completa a ser impressa em inglês.

1539
A Grande Bíblia foi a primeira Bíblia na língua inglesa autorizada para uso público.

1560
A Bíblia de Genebra foi a primeira Bíblia a imprimir os números de capítulos e versículos.

1568
A Bíblia do Bispo foi impressa. A versão do rei Tiago (*King James Version – KJV*) foi uma revisão dessa Bíblia.

1609
O Antigo Testamento Douay é adicionado ao Novo Testamento Rheims de 1582, tornando-se a primeira tradução católica-romana completa da Bíblia para o inglês.

1611
A Versão King James (*KJV*) é publicada.

1782
A Bíblia Robert Aitken é impressa e se torna a primeira Bíblia em inglês (uma *King James Version* sem os apócrifos) a ser impressa nos Estados Unidos da América.

1791
Isaac Collins produz a primeira Bíblia família impressa nos Estados Unidos da América, usando a *KJV*. Isaiah Thomas produz a primeira Bíblia ilustrada impressa nos Estados Unidos da América usando a *KJV*.

1808
A Bíblia de Jane Aitken torna-se a primeira Bíblia a ser impressa por uma mulher.

1833
A Bíblia de Noah Webster é publicada pelo autor de um famoso dicionário. Webster imprimiu sua própria revisão da *KJV*.

1841
O Novo Testamento Hexapla em inglês imprimiu o grego e seis traduções do inglês em colunas paralelas.

1846
A Bíblia Iluminada foi uma Bíblia com muitas ilustrações impressa na América, usando a *KJV*.

1885
A Bíblia *Revised Version* foi a primeira grande revisão inglesa da *KJV*.

1901
A *American Standard Version* foi a primeira grande revisão estadunidense da *KJV*.

TRADUÇÕES DA BÍBLIA DESDE A IDADE MÉDIA

■ Visão Geral

A seguir, apresentamos uma lista não só de algumas das mais importantes traduções da Bíblia para o anglo-saxão, alemão e inglês, desde a Idade Média, como também algumas pessoas que fizeram o trabalho de tradução.

Livro de Armagh
Bíblias latinas
Paráfrase de Caedmon
Aldhelm
Os evangelhos de Lindisfarne
Beda, o Venerável
Alcuíno de York

Rei Alfredo
Aelfric
Os evangelhos Ormulum e Atos
Richard Holle de Hampole
John Wycliffe
John Purvey
A Bíblia de Gutenberg
Novo Testamento grego de Erasmo
Bíblia Poliglota
Martinho Lutero
William Tyndale
Miles Coverdale
Bíblia de Mateus
Grande Bíblia
Bíblia de Tavener
Bíblia de Genebra
Bíblia do Bispo
Bíblia Douay-Rheims

Livro de Armagh

Na Irlanda, o Livro de Armagh, contendo porções do Novo Testamento, foi escrito em letras minúsculas, pequeníssimas, comprimidas e abreviadas, para que pudesse conter a maior quantidade de texto possível em uma página.

Foi escrito/copiado no começo do século IX, parcialmente em irlandês e parcialmente em latim.

Ele continha partes do Novo Testamento de um texto não Vulgata.

O Livro de Armagh é a única cópia completa que ainda existe desse Novo Testamento produzido pela igreja irlandesa.

Bíblias latinas

Depois que Agostinho de Cantuária chegou à Inglaterra, o papa Gregório enviou a ele uma Bíblia gregoriana. A Bíblia gregoriana não foi escrita em hebraico no Antigo Testamento e em grego no Novo, mas em latim, visto que o latim era a principal língua falada na maior parte do mundo mediterrâneo.

Esses dois volumes consistiam em duas cópias dos evangelhos, dois saltérios, e algumas exposições sobre os evangelhos e as cartas do Novo Testamento.

Primeiras Bíblias em inglês

BÍBLIAS EM INGLÊS ANTIGO E MEDIEVAL, 500-1100 d.C.

Não há cópia completa nem tradução tanto do Novo quanto do Antigo Testamentos para a língua inglesa durante esse período.

Paráfrase de Caedmon das Escrituras em anglo-saxão, na década de 650

"O primeiro esforço, do qual temos certo conhecimento, de fazer algo como uma paráfrase da Escritura para o anglo-saxão que se pode datar, foi do poeta Caedmon no século VII."

(*The English Hexapla: A Historical Account of the English Versions of the Scriptures* [A Hexapla em inglês: um relato histórico das versões em inglês das Escrituras]).

PRIMEIRO POETA SAXÃO

Caedmon, um monge leigo de Whitby, descrito como o "primeiro poeta saxão", compôs a primeira versão métrica de grandes partes da história do Antigo Testamento.

"Agora devemos louvar o autor do reino celestial, as admoestações e o poder do Criador, as obras do Pai da glória: como ele, o Deus eterno, foi o autor de todas as maravilhas – ele, que primeiro deu aos filhos dos homens o céu como teto, e, depois, o Guardião Todo-poderoso da humanidade criou a Terra."

Caedmon

ESCRITOS ADICIONAIS DE CAEDMON

Caedmon também escreveu material que tratava dos principais fatos da vida de Jesus e da pregação dos apóstolos.

Aldheim, 640-709

Aldheim, abade de Malmesbury e bispo de Sherborne. Ele fez uma tradução literal de Salmos para o anglo-saxão em cerca de 706 d.C., para ser usada nos serviços diários da igreja. Não há cópias remanescentes dessa tradução. Aldhelm foi o primeiro tradutor da Escritura para o anglo-saxão.

CRONOLOGIA DA BÍBLIA MODERNA		
1611 Versão Autorizada *King James*	**1971** Bíblia Viva	**1989** Nova versão da *Revised Standard*
1901 *American Standard Version* [Versão padrão dos Estados Unidos]	**1963/71** Nova Versão *American Standard*	**1989** Bíblia *Revised English*
1952 Versão revisada da *American Standard* [Padrão dos Estados Unidos]	**1973** Nova Versão Internacional	**1995** Versão Inglês Contemporâneo
	1976 Bíblia *Good News*	**1995** *God's Word* [Palavra de Deus]
1964 Amplified Bible [Bíblia Amplificada]	**1982** Nova Versão (Autorizada) *King James*	**1996** Nova Versão da Bíblia Viva
1966 Bíblia de Jerusalém	**1985** Bíblia Nova Jerusalém	**1998** Bíblia *New Light* (Versão *New International Reader*)
1970 Bíblia *New English*	**1987** Versão Novo Século	

■ Primeiras traduções para o inglês

Os evangelhos de Lindisfarne

Os belos evangelhos de Lindisfarne são uma tradução latina de Mateus, Marcos, Lucas e João, realizada em torno de 70 d.C., em escrito irlandês uncial. Cerca de 995 d.C., uma tradução interlinear escrita em anglo-saxão, por Aldred, foi adicionada.

Beda, o Venerável, 674-735

Beda, um monge que vivia em Jarrow, traduziu o evangelho de João. Ele o completou no dia de sua morte. Hoje em dia já não há cópias de seu trabalho.

> "Dediquei toda a minha atenção ao estudo das Escrituras. [...] Desde o momento em que recebi meu diploma da Ordem dos Sacerdotes até meus 59 anos de idade (731 d.C.)."
>
> *Beda, o Venerável*

AS ÚLTIMAS HORAS DE BEDA

A língua de Beda era o anglo-saxão, que se parecia com o alemão moderno.

Este é o registro das últimas horas de Beda, durante as quais ele completou sua obra de tradução.

"A doença de Beda aumentou, mas isso só o fez trabalhar mais diligentemente (na tradução de João). Na quarta-feira, seu escriba lhe disse que só restava um capítulo, mas temia que ele tivesse dores ao ditá-lo. 'É fácil', respondeu Beda; 'pegue sua caneta e escreva rápido'. O trabalho continuou por algum tempo. Então Beda orientou Cuthbert a trazer os pequenos tesouros de seu cofre (capsella) para distribuí-los entre seus amigos. E assim ele passou seu último dia, até a noite, tendo conversas alegres e saudáveis. Seu escriba, por fim, encontrou uma oportunidade de lembrá-lo, com humilde impertinência, do trabalho inacabado.

'Uma frase, caro senhor, ainda falta ser escrita'. Ele respondeu. 'Escreva depressa'. Logo o garoto disse: 'Está terminado, agora'. 'Bem', respondeu Beda, 'tu disseste a verdade; tudo está terminado. Apoie minha cabeça com tuas mãos; eu sentarei no lugar santo onde costumo orar, e ao sentar recorrerei ao meu Pai'. Por isso, descansando no chão de seu aposento, ele salmodiava Glória [Glória ao Pai, através do Filho, no Espírito Santo], e sua alma imediatamente descansou, quando o nome do Espírito Santo estava em seus lábios."

A General View of the History of the English Bible [Uma visão geral da história da Bíblia em inglês], por Brooke Foss Westcott; 1919. MacMillan

Alcuíno de York, final dos anos 700

Alcuíno, o mestre de York, traduziu os primeiros livros do Antigo Testamento para o anglo-saxão.

Em um de seus sermões, Alcuíno escreveu: "A leitura das Escrituras é o conhecimento da bem-aventurança eterna. Nelas, o homem pode contemplar-se como em um espelho, para ver que tipo de pessoa ele é. A leitura purifica a alma do leitor, pois, quando oramos, falamos com Deus, e, quando lemos os Livros Sagrados, Deus fala conosco".

No entanto, apenas os filhos da nobreza tinham dinheiro e capacidade para ler a tradução de Alcuíno.

Rei Alfredo, 849-899

O rei Alfredo introduziu seu famoso código de leis para assuntos britânicos com sua própria tradução anglo-saxônica dos Dez Mandamentos.

Sobre a *"Regra pastoral" do papa Gregório*, de Alfredo, o rei declara seu anseio:

> "Todos os jovens livres de meu povo [...] perseverem na aprendizagem [...] até que possam ler perfeitamente as Escrituras em inglês".

É geralmente aceito que o próprio rei tenha sido responsável pela tradução dos primeiros cinquenta salmos, junto com as origens e significados de cada um, como nos *Solilóquios* de Agostinho de Hipona.

Aelfric, 955-1020

Aelfric, o Gramático, monge de Winchester, foi mais tarde abade tanto de Cerne quanto de Eynsham.

A partir de aproximadamente 1000 d.C., Aelfric, arcebispo da Cantuária, pregou em saxão ocidental e escreveu comentários sobre alguns livros da Bíblia.

HEPTATEUCO

Ele escreveu uma versão condensada dos primeiros sete livros do Antigo Testamento que ficou conhecida como o *Heptateuco de Aelfric*.

O *Heptateuco*, em parte, é traduzido literalmente e, em parte, parafraseado. "Ele parece ter feito esse trabalho com a intenção expressa de capacitar os camponeses a lerem as Escrituras por si mesmos."

Em um de seus sermões sobre a importância de ler a Bíblia, ele diz: "Feliz é aquele que lê as Escrituras, se converter essas palavras em ação".

Sobre Aelfric, foi dito: "Ele está entre os primeiros a se destacar individualmente nos registros de contemporâneos como alguém que trabalhou para tornar as Escrituras disponíveis aos estudiosos ingleses em sua língua materna".

Os evangelhos Ormulum e Atos

No começo do século XIV, ou antes disso, foi escrita uma versão poética dos evangelhos e de Atos dos Apóstolos, acompanhada de um comentário conhecido como Ormulum, obra do monge agostiniano Orm. Fragmentos desse trabalho poético estão preservados na Biblioteca Bodleian, em Oxford.

As Bíblias posteriores em inglês

Richard Holle de Hampole

Richard Holle de Hampole traduziu várias partes das Escrituras para o inglês medieval, incluindo um salmo com comentário, o Pai-Nosso e partes do livro de Jó.

SALMO 23

> Lord gouerns me and nathyng sall me want; in sted of pasture thare he me sett.
> On the watere of rehetynge forth he me broght; my saule he turnyd.
> He led me on the stretis of rightwisnes; for his name.
> For whi, if i had gane in myddis of the shadow of ded; i. sall noght dred illes, for thou ert with me.
> Thi wand and thi staf; thai haf confortyd me.
> Thou has grayid (vr. ordand) in my syght the bord; agayns thaim that angirs me.
> Thou fattid my heued in oyle; and my chalice drunkynand what it is bright.
> And thi mercy sall folow me; all the dayes of my lif.
> And that i. won in the hows of lord; in lenght of dayes.
>
> Richard Holle

John Wycliffe, 1320-1384

A primeira tradução da Bíblia foi responsabilidade de John Wycliffe. Ele completou a tradução do Novo Testamento em 1380, mas, quando morreu, ainda não tinha terminado a tradução do Antigo. Esta foi concluída por alguns de seus amigos, como Nicholos de Hereford, e alguns de seus antigos alunos. Sua tradução não foi feita a partir dos originais gregos e dos textos hebraicos; em vez disso, ele fez uso da Vulgata latina.

Wycliffe traduziu a Bíblia para o inglês a partir da Vulgata latina do século IV. Embora fosse um teólogo educado em Oxford, Wycliffe não sabia hebraico nem grego. A obra de Wycliffe é conhecida como "a tradução de uma tradução".

A BÍBLIA É PARA TODOS

Wycliffe esperava fornecer ao povo de fala inglesa a Bíblia em seu próprio idioma. Ele acreditava que a Bíblia deveria ser estudada por todos os cristãos.

"HEREGE"

Em 1414, foi proibida a leitura das Escrituras em inglês. O Concílio de Constância declarou Wycliffe como herege. Por isso, em 1429 seus ossos foram exumados, seus restos mortais queimados e suas cinzas jogadas no rio Severn.

CITAÇÕES DE WYCLIFFE

> "A Bíblia é para o governo do povo, pelo povo e para o povo."
>
> Prefácio para a tradução da Bíblia de Hereford e Wycliffe

> "Os cristãos – homens e mulheres, jovens e adultos – devem estudar diligentemente o Novo Testamento, pois é totalmente autoritativo e aberto à compreensão de homens simples quanto aos pontos mais essenciais à salvação."
>
> John Wycliffe, The Wicket
> [A abertura]

John Purvey

A Bíblia de Wycliffe foi aprimorada pelo trabalho de John Purvey e de seus assistentes ao apresentarem a tradução de Wycliffe em um estilo mais fácil. Purvey certificou-se de que a linguagem utilizada estivesse mais próxima da linguagem corrente daqueles dias.

A tradução da Bíblia de Wycliffe foi a única que existiu em inglês na Grã-Bretanha até a chegada da de Tyndale, mais de um século depois.

A Bíblia de Wycliffe foi a primeira Bíblia completa que surgiu na Inglaterra.

A Bíblia de Gutenberg

A primeira máquina de imprensa europeia com tipos móveis mudou o mundo.

"Esse foi o segundo evento mais importante do segundo milênio" de acordo com a revista *Life*.

Foi de enorme auxílio para a transmissão dos textos bíblicos.

A BÍBLIA DE 42 LINHAS

O primeiro livro a ser impresso nesse modo revolucionário foi a Bíblia.

Em 1454, Johannes Gutenberg inventou a impressão "tipo molde" e começou a imprimir a Bíblia.

A Bíblia de Gutenberg ficou conhecida como a *Bíblia de 42 linhas,* pois a maioria de suas páginas tinha 42 linhas. Tratava-se de uma tradução latina da Bíblia e foi impressa em três volumes.

Quarenta cópias da Bíblia de 42 linhas ainda existem.

Novo Testamento grego de Erasmo

Em 1514, Erasmo imprimiu seu *Novo Testamento grego*, considerado extremamente influente.

TEXTUS RECEPTUS

Ele baseou sua tradução grega do Novo Testamento em cinco manuscritos gregos, um dos quais datava do século XII. Com pequenas revisões, o *Novo Testamento grego* de Erasmo veio a ser conhecido como *Textus Receptus* (Texto Recebido).

NOVO TESTAMENTO GREGO/LATINO

Em 1516, Erasmo e o tipógrafo e reformista John Froben publicaram seu primeiro *Novo Testamento grego/latino*. Foi o primeiro texto da Vulgata não latina em um milênio.

Bíblia Poliglota

Em 1522, a Bíblia Poliglota foi publicada.

Ela consistia no Antigo Testamento em quatro línguas:
- Hebraico
- Aramaico
- Grego
- Latim

E no Novo Testamento em duas línguas:
- Latim
- Grego

Erasmo revisou seu *Novo Testamento grego* fazendo uso da Bíblia Poliglota.

A tradução de Tyndale do Antigo Testamento também fez uso da Bíblia Poliglota.

TRADUÇÕES DA BÍBLIA DE LUTERO E TYNDALE

■ Martinho Lutero

Lutero traduziu o Novo Testamento para o alemão a partir do Novo Testamento em grego/latim de Erasmo e o publicou em 1522.

Para leitores não latinos

Nos dias de Lutero, a maioria do povo alemão não entendia latim. Desse modo, a Vulgata de Jerônimo seria inútil para eles. Lutero acreditava que a Bíblia deveria ser o livro do povo para ser usada nas igrejas, escolas e nos lares. Portanto, Lutero fez uma tradução precisa da Bíblia para o alemão falado em sua época.

■ William Tyndale, 1494-1536

William Tyndale, reformista inglês, ficou conhecido como o "pai da Bíblia inglesa".

Manuscritos usados por Tyndale

Tyndale se valeu bastante da Vulgata em sua obra de tradução. No entanto, ele também fez uso dos manuscritos hebraicos e gregos.

Pelo fato de Tyndale estar acompanhado de um estudioso grego, ele foi capaz de trabalhar com vários manuscritos que Wycliffe não usou, incluindo o *Novo Testamento grego* de Erasmo. Ele também se beneficiou da tradução alemã de Martinho Lutero da Bíblia.

Martírio
Tyndale completou sua tradução do Novo Testamento em 1525 e do Pentateuco em 1530. Todavia, ele sofreu o martírio antes de ter completado a tradução do Antigo Testamento.

Inglês simples
Tyndale obteve êxito ao traduzir o Novo Testamento para um inglês "simples".

Dois primeiros
Quando o Novo Testamento foi publicado na edição de 1526, ele tornou-se a primeira versão impressa em inglês.

Tyndale foi o primeiro a produzir uma tradução do Novo Testamento do grego para o inglês.

A influência de Tyndale
Calcula-se que cerca de 80% das palavras da tradução de Tyndale do Novo Testamento ainda permaneçam na Bíblia em inglês *Authorized Version* [Versão autorizada].

Citações de Tyndale
> "Percebi por experiência própria como era impossível edificar pessoas leigas na verdade, a não ser que as Escrituras fossem apresentadas de maneira simples diante de seus olhos, em sua língua materna, a fim de que pudessem ver o processo, a ordem e o significado do texto."
>
> *William Tyndale, Prefácio para o Pentateuco, 1530.*

> "Se Deus poupar minha vida, antes que passem muitos anos, farei com que um jovem lavrador saiba mais das Escrituras do que o senhor."
>
> *Tyndale falando a um padre católico romano*

> "Senhor, abra os olhos do rei da Inglaterra."
>
> *Últimas palavras proferidas por Tyndale ao ser martirizado por motivos religiosos em 6 de outubro de 1536.*

Versão de Tyndale de Romanos capítulo 8

Ther is then no damnacion to them which are in Christ Iesu, which walke not after the flesshe: but after the sprete. For the lawe of the sprete that bringeth life thorowe Iesus Christ, hath delivered me from the lawe of synne and deeth. For what the lawe could not doo in as moche it was weake because of the flesshe: that performed God, and sent his sonne in the similitude of synfull flesshe, and by synne damned synne in the flesshe: that the righteousnes requyred of the lawe myght be fulfilled in vs, which walke not after the flesshe, but after the sprete.

For they that are carnall, are carnally mynded. But they that are spirituall, are gostly mynded. To be carnally mynded, is deeth. But to be spiritually mynded is lyfe and peace. Because that the flesshly mynde is emnyte agaynst God: for it is not obedient to the lawe of God, nether can be. So then they that are geven to the flesshe, cannot please God.

But ye are not geven to the flesshe, but to the sprete: yf so be that the sprite of God dwell in you. If ther be eny man that hath not the sprite of Christ, ye same is none of his. Yf Christ be in you, the body is deed because of synne: but the sprite is lyfe for righteousnes sake. Wherfore if the sprite of him that raysed vppe Iesus from deeth, dwell in you: even he that raysed vp Christ from deeth, shall quycken youre mortall bodyes, because that this sprite dwelleth in you.

A BÍBLIA DE COVERDALE, A BÍBLIA DE MATEUS, A GRANDE BÍBLIA

■ Miles Coverdale, 1488-1569

Miles Coverdale foi responsável por ter a primeira Bíblia em inglês completa impressa em 4 de outubro de 1535, que ficou conhecida como a Bíblia de Coverdale.

Coverdale e Tyndale

Coverdale, amigo de Tyndale, e seu revisor basearam sua tradução do Novo Testamento na versão de Tyndale.

Manuscritos usados

Além da tradução de Tyndale, Coverdale baseou sua tradução na Vulgata latina e na Bíblia alemã de Martinho Lutero.

Influência da Bíblia de Coverdale

Thomas Cromwell ordenou que todos os sacerdotes ingleses tivessem a Bíblia de Coverdale "posta em um local bastante conveniente dentro da igreja a fim de achar a cura por meio dela, onde os paroquianos possam comodamente lançar mão dela para ler".

Assim, sua tradução é famosa por ser a primeira que obteve a permissão para circular livremente pela igreja oficial.

Coverdale ficou conhecido como "o escritor dos escritores" pela beleza de sua redação na língua inglesa.

Dele já se disse o seguinte: "Além de Tyndale, o homem a quem os amantes da Bíblia inglesa têm a maior dívida é Coverdale".

Apócrifos

Coverdale foi o primeiro tradutor a separar os apócrifos do Antigo Testamento. Ele relegou os apócrifos a um apêndice ao final de sua Bíblia.

Resumos de capítulo

Ele também foi o primeiro tradutor da Bíblia a apresentar resumos de capítulos diferentes dos pequenos títulos de capítulos encontrados na Vulgata.

Salmos de Coverdale

A tradução de Coverdale de Salmos foi revisada por ele mesmo para a Grande Bíblia de 1539.

A tradução de Salmos que ainda se imprime no *Livro de oração comum* é uma tradução de Coverdale.

SALMO 23
Dominus regit me.
¹ The Lord is my shepherd: therefore I can lack nothing.
² He shall feed me in a green pasture: and lead me forth beside the water of comfort.
³ He shall convert my soul: and bring me forth in the paths of righteousness, for His name's sake.
⁴ Yea, thou I walk through the valley of the shadow of death, I will fear no evil, for thou art with me; thou rod and thy staff comfort me.
⁵ Thou shalt prepare a table before me against them that trouble me: thou hast anointed my head with oil, and my cup shall be full.
⁶ But thy loving-kindness and mercy shall follow me all the days of my life: and I will dwell in the house of the Lord for ever.

SALMO 24
Domini est terra
¹ The earth is the Lord's, and all that therein is: the compass of the world, and they that dwell therein.

² For he hath founded it upon the seas: and prepared it upon the floods.
³ Who shall ascend into the hill of the Lord: or who shall rise up in his holy place?
⁴ Even he that hath clean hands, and a pure heart: and that hath not lift up his mind unto vanity, nor sworn to deceive his neighbor.
⁵ He shall receive the blessing from the Lord: and a righteousness from the God of his salvation.
⁶ This is the generation of them that seek him: even of them that seek thy face, O Jacob.
⁷ Lift up your heads, O ye gates, and be ye lift up, ye everlasting doors: and the King of glory shall come in.
⁸ Who is the King of glory: it is the Lord strong and mighty, even the Lord mighty in battle.
⁹ Lift up your heads, O ye gates, and be ye lift up, ye everlasting doors: and the King of glory shall come in.
¹⁰ Who is the King of glory: even the Lord of hosts, he is the King of glory.

■ A Bíblia de Mateus, 1537

A Bíblia de Mateus foi provavelmente produzida por John Rogers, um amigo de Tyndale.

Segunda Bíblia completa em inglês

John Rogers imprimiu sua segunda Bíblia completa em inglês em 1537.

Pseudônimo

Ele a imprimiu sob o pseudônimo, Thomas Matthew, pois a tradução de Tyndale da Bíblia ainda era condenada pelas autoridades inglesas.

Manuscritos usados

Rogers baseou-se muito no Pentateuco e no Novo Testamento de Tyndale, bem como na Bíblia de Coverdale e em sua própria tradução do texto. Costuma-se dizer que a Bíblia de Rogers "contém dois terços de Tyndale e um terço de Coverdale". Essa Bíblia ficou conhecida como a Bíblia de Mateus.

Citação sobre a *Bíblia de Mateus*

> "Foi a Bíblia de Rogers que se tornou a base de todas as versões inglesas posteriores, e foi por intermédio da republicação da Bíblia de Rogers que a versão de 1535 de Tyndale do Novo Testamento teve sua maior influência sobre as versões subsequentes."
>
> L. A. Weigle

■ A Grande Bíblia, 1539

A Grande Bíblia – em essência uma revisão da Bíblia de Mateus totalmente realizada sob a supervisão perspicaz de Coverdale – recebeu o nome *Grande* por seu tamanho. As páginas mediam cerca de 23 x 38 centímetros e o texto impresso da página cobria uma área de aproximadamente 22 x 33 centímetros.

A PRIMEIRA BÍBLIA "AUTORIZADA"

■ Bíblias nas igrejas

Em 1538, foi pedida uma cópia da Bíblia inglesa para ser colocada em cada paróquia. A *Grande Bíblia*, na maioria das vezes, foi usada para atender a esse pedido.

Esse enorme volume era acorrentado à mesa de leitura ou púlpito nas igrejas.

Em 1546, o rei Henrique VIII tinha ordenado que "nenhum homem ou mulher de qualquer situação, condição ou classe social deveria receber, ter ou manter o

Novo Testamento de Tyndale ou Coverdale".

Primeira Bíblia autorizada

A *Grande Bíblia* tem esse destaque de haver sido a primeira Bíblia autorizada em inglês.

Ela foi "autorizada" no sentido de que tanto a monarquia quanto a igreja a aprovaram para uso na adoração pública. Desse modo, ela tornou-se a Bíblia oficial da igreja.

A Bíblia de Cranmer

Thomas Cranmer cumpriu o decreto do rei e certificou-se que fosse concedida uma leitura a fim de que os analfabetos pudessem ouvir as Escrituras em sua própria linguagem.

Edições posteriores dessa *Grande Bíblia*, as publicadas em 1540 e 1541, incluíam um prefácio do arcebispo Cranmer, passando a ser conhecida como a Bíblia de Cranmer.

PÁGINA TÍTULO

Na página título das versões posteriores, pela primeira vez, apareceram as palavras: "Esta é a Bíblia indicada para o uso das igrejas".

EXTRAÍDO DO PREFÁCIO DE
CRANMER PARA A GRANDE BÍBLIA
Luz e alimento
"A palavra de Deus é luz: *Lucerna pedibus meis, verbum tuum* (veja Sl 119). A palavra é lâmpada para meus pés e luz para meu caminho.

Ela é alimento:
Non in solo pane viut homo, sed in omni verbo dei (veja Mt 4). Nem só de pão o homem viverá, mas de toda palavra que sai da boca de Deus.

Ela é fogo:
Ignem veni mittere in tertam, & quid volo nisi vt ardeat? (veja Lc 12.) Vim lançar fogo sobre a terra; e que mais quero, se ele já está aceso?

Eu me admiraria (em relação a isso), a não ser pelo fato de considerar quanto o hábito e a convenção podem representar.

Pois se houvesse um povo – como alguns escrevem acerca dos cimérios – que nunca viu o sol, por estar situado próximo ao Polo Norte e estar cercado e ofuscado por altas montanhas, é bastante crível que, se pelo poder e a vontade de Deus as montanhas desfalecessem e dessem lugar à luz do sol, a princípio, alguns deles se ofenderiam com isso.

Tal é a natureza do hábito, que ele faz com que nós suportemos todas as coisas facilmente, da maneira como nos acostumamos, e nos ofendamos com todas as coisas contrárias a isso.

Mas assim como a determinação ainda persiste em sua firmeza, devo julgar não somente os tolos, rebeldes e obstinados, mas também os petulantes, perversos e insensíveis.

*Crisóstomo sobre a leitura
da Bíblia em casa*

"Discutamos o valor que isso representa para o povo leigo e comum ao se ter e ler as Escrituras.

E, quanto a isso, pretendo aqui não dizer nada, a não ser o que já foi falado e escrito pelo nobre doutor e padre da mais elevada moral, João Crisóstomo, em seu terceiro sermão sobre Lázaro.

Nesse sermão, ele exorta o público para que todo homem leia para si mesmo, em casa e nos piores dias e tempos, entre cada sermão, para que fixem mais profundamente em sua mente e memória aquilo que ele disse sobre aqueles textos que acabara de pregar, e para que também tenham sua mente mais aberta e mais bem preparada para receber e perceber aquilo que diria mais adiante em seus sermões, a respeito de tais textos ainda não declarados nem pregados.

Portanto, ele diz aqui:

"Meu costume é dar-lhes um alerta quanto ao assunto que pretendo solicitar mais adiante, para vocês mesmos, nos piores dias, possam ter o livro em mãos para ler, avaliar e perceber a soma e o efeito do assunto, marcando o que foi declarado e o que ainda será declarado."

Thomas Cranmer

A Bíblia de Taverner, 1539

A Bíblia de Mateus serviu de base para mais uma versão. Richard Taverner aprimorou o estilo da tradução do Antigo Testamento, mas fez revisões mais relevantes no Novo Testamento, pois era um hábil estudioso de grego.

A BÍBLIA DE GENEBRA, 1560

■ Visão Geral

A Bíblia de Genebra de 1560 foi produzida por estudiosos que viajaram da Inglaterra para Genebra, Suíça, durante a perseguição provocada pela rainha Mary. Esta, durante seu reinado, também tinha proibido a impressão das Escrituras em inglês na Inglaterra.
- Essa Bíblia foi influenciada pelo pensamento calvinista.
- Por sua vez, a Bíblia de Genebra exerceu notável influência sobre a *King James*.
- A Bíblia de Genebra é considerada como a primeira "Bíblia para o povo".
- Entre 1560 e 1644, 140 edições dessa Bíblia foram publicadas.

Manuscritos usados

Os tradutores da Bíblia de Genebra, liderados por William Whittingham e Anthony Gilby, trabalharam a partir dos textos originais em grego e hebraico. Desse modo, a Bíblia de Genebra tornou-se a primeira Bíblia a ser traduzida para o inglês a partir de línguas bíblicas originais.

1557, 1560

O Novo Testamento foi terminado em 1557 e a Bíblia completa foi publicada em 1560.

Divisões de versículos

Na Bíblia de Genebra, as divisões de versículos de Robert Estienne, originariamente usadas em seu *Novo Testamento grego* de 1551, foram impressas. O Antigo Testamento foi dividido em versículos por R. Nathan em 1448 d.C. e o Novo Testamento por Robert Stephanus em 1551 d.C.

Divisões de capítulos

A Bíblia foi dividida em capítulos por Stephen Langton em 1228 d.C. Toda a Bíblia de Genebra foi dividida em capítulos e versículos e foi a primeira Bíblia impressa com os números dos versículos no texto. Os versículos numerados tiveram início como um parágrafo em separado.

Estilo de impressão

Em vez de tipos de letras pretas pesadas e volumosas em estilo gótico, as usadas anteriormente para as Bíblias, a versão de 1560 foi impressa com tipo romano.

USO DE ITÁLICO

Todas as palavras adicionadas que não estavam no original hebraico ou grego foram colocadas em itálico.

TAMANHO DA BÍBLIA

Versões anteriores da Bíblia em inglês vinham em livros enormes, pesados, somente apropriados para ser as Bíblias de púlpito lidas nas igrejas. A maioria das impressões da Bíblia de Genebra era de pequeno porte, edições convenientes, medindo cerca de 15 x 25 centímetros.

Elas eram muito mais baratas do que as Bíblias anteriores.

Notas de margem

A característica notável da Bíblia de Genebra centrava-se nas extensivas notas de margem. Foi a primeira Bíblia impressa com tais notas.

Essas notas foram muito extensivas, e atingiam quase 300.000 palavras.

Principais reformistas

Os teólogos e principais reformistas como João Calvino, John Knox, Miles Coverdale, William Whittingham, Anthony Gilby, William Keithe, Thomas Sampson e Thomas Wood foram responsáveis por escrever essas notas.

Primeira Bíblia de estudo

Referências a outras partes da Bíblia foram incluídas nessas notas de margem, e assim a Bíblia de Genebra tornou-se a primeira Bíblia de estudo.

Intenção das notas de margem

Essas notas de margem são descritas como "breves anotações sobre todos os trechos difíceis, tanto para o entendimento de palavras obscuras quanto para a afirmação do texto, e também para a aplicação deste por pertencer à glória de Deus e à edificação de sua igreja."

PALAVRAS OBSCURAS

Um exemplo de uma explicação de uma palavra obscura ocorre em Mateus 9.16, onde a expressão "pano novo" é explicada como "bruto e ainda não curtido".

COMPREENDENDO O TEXTO

Um exemplo de compreensão de texto vem na nota de margem de João 13.14. Na margem oposta às palavras de Jesus: *também deveis lavar os pés uns dos outros* (Jo 13.14) foi incluído "servir uns aos outros".

Frequentemente o mesmo versículo continha os dois tipos de comentários descritos. A palavra "recipiente" na declaração *Nem se põe vinho novo em recipiente de couro velho* (Mt 9.17) é descrita como "Garrafas de saco de couro ou pelica nas quais o vinho era carregado em jumentos ou camelos". A palavra "velho" é explicada pelo comentário: "A mente que está infectada com borras de cerimônias de superstição não está preparada para receber o agradável vinho do evangelho".

Influência da Bíblia de Genebra

- A Bíblia de Genebra foi a primeira a ser levada para a América.
- A Bíblia de Genebra foi a primeira Bíblia dos primeiros peregrinos que foram à América.
- A primeira Bíblia a ser impressa na Escócia foi uma edição escocesa da Bíblia de Genebra, em 1579.
- Ficou conhecida como *A Bíblia do povo* e foi a Bíblia mais popular por 75 anos.
- Foi a Bíblia usada por Shakespeare, John Bunyan, Oliver Cromwell e pelos puritanos.

Bíblia de culotes

Embora seja conhecida oficialmente como a Bíblia de Genebra, devido a uma passagem em Gênesis descrevendo a roupagem que Deus fez para Adão e Eva quando foram expulsos do jardim do Éden como "culotes", essa Bíblia também se tornou conhecida como a Bíblia de culotes.

A BÍBLIA DO BISPO, A BÍBLIA DOUAY-RHEIMS

■ A Bíblia do Bispo

A Bíblia do Bispo foi publicada em 1568 e, em essência, era uma revisão da Grande Bíblia.

Ela buscava substituir a Bíblia de Genebra e era apoiada pela autoridade do arcebispo Parker, da Igreja da Inglaterra, e da rainha Elizabeth I. Apesar de ser a segunda Bíblia autorizada em inglês, ela nunca se tornou tão popular quanto a Bíblia de Genebra.

Douay-Rheims

A Bíblia Douay foi uma versão católica-romana da Vulgata latina. "O Novo Testamento de Jesus Cristo, traduzido fielmente para o inglês, a partir do latim autêntico. [...] 1582." Foi a primeira versão católica-romana publicada em inglês.

Douay-Rheims

NOVO TESTAMENTO
O Novo Testamento foi publicado no English College (católico), que até então se localizava em Rheims, em 1582.

ANTIGO TESTAMENTO
A tradução do Antigo Testamento, publicada em 1609, foi principalmente o trabalho de Gregory Martin no English College, que voltou para Douay nessa época.

A Bíblia tornou-se conhecida como a Bíblia Douay-Rheims.

VERSÃO CATÓLICA OFICIAL
Por muito tempo foi aceita como a versão em inglês oficial da Bíblia para a Igreja Católica.

Notas polêmicas

Ela continha notas polêmicas escritas por padres católicos romanos que os protestantes não aprovaram.
- Há várias ocorrências nas quais a tradução revela uma inclinação católica-romana.
- A palavra "arrependimento" é traduzida por "penitência".
- A palavra "ancião" é traduzida por "padre".
- "A dispensação do sacramento" é a tradução de Efésios 3.9.

EXEMPLO DA PALAVRA "PENITÊNCIA"
¹ *And in those days cometh John the Baptist preaching in the desert of Judea.* ² *And saying: do* **penance**: *for the kingdom of heaven is at hand.* ³ *For this is he that was spoken of by Isaias the prophet, saying: A voice of one crying in the desert, Prepare ye the way of the Lord, make straight his paths.* ⁴ *And the same John had his garment of camel's hair, and a leathern girdle about his loins: and his meat was locusts and wild honey.* ⁵ *Then went out to him Jerusalem and all Judea, and all the country about Jordan:* ⁶ *And were baptized by him in the Jordan, confessing their sins.* ¹³ *Then cometh Jesus from Galilee to the Jordan, unto John, to be baptized by him.* ¹⁴ *But John stayed him, saying: I ought to be baptized by these, and comest thou to me?* ¹⁵ *And Jesus answering, Said to him: Suffer it to be so now. For so it becometh us to fulfill all justice. Then he suffered him.* ¹⁶ *And Jesus being baptized, forthwith came out of the water: and lo, the heavens were opened to him: and he saw the Spirit of God descending as a dove, and coming upon him.* ¹⁷ *And behold a voice from heaven saying: This is my beloved Son, in whom I am well pleased.*

Mateus 3.1-6,13-17, *Versão Douay*

KJV só

O que muitos defensores tanto da KJV só quanto da Douay-Rheims só (movimento no cristianismo fundamentalista protestante que rejeita todas as traduções modernas da Bíblia) é que nenhuma das versões é a original editada no século XVII.

Nos últimos três séculos, numerosas mudanças pequenas (por exemplo, de ortografia e gramática) foram feitas na KJV, resultando que a maioria das versões no mercado são muitíssimo diferentes do original. Isso levou uma editora a recentemente reeditar a Versão King James de 1611.

Richard Challoner

A Douay-Rheims atualmente no mercado também não é a versão original de 1609.

É tecnicamente chamada de Versão Douay-Challoner porque foi uma revisão da Douay-Rheims realizada em meados do século XVIII pelo bispo inglês Richard Challoner.

Ele também consultou os primeiros manuscritos hebraicos e gregos. Portanto, a Bíblia Douay atualmente no mercado não é simplesmente uma tradução da Vulgata.

Influência da Bíblia Douay
A Bíblia Douay-Rheims foi, com frequência, utilizada por católicos romanos em países de fala inglesa até o século XX. No decorrer dos séculos XIX e XX as Bíblias Douay e Challoner foram substituídas, pelos católicos romanos, por outras traduções.

VERSÃO KING JAMES

■ Versão King James, 1611 (ou Autorizada)

A mais famosa Bíblia em inglês já impressa recebe seu nome do monarca inglês, James I, que queria produzir outra Bíblia autorizada oficial para uso nas igrejas da Inglaterra. James queria uma Bíblia que circulasse na Inglaterra que tivesse a popularidade da Bíblia de Genebra, mas sem a polêmica associada a ela.

James buscava produzir "a tradução para pôr fim a todas as traduções".

Manuscritos usados
Muitas fontes foram usadas no trabalho da tradução da King James. Ela foi baseada na Bíblia do Bispo.

TEXTUS RECEPTUS
Além disso, foram estudados textos hebraicos e gregos. Para o Novo Testamento, os tradutores usaram o *Textus Receptus* como base para seu trabalho. Traduções em inglês anteriores também foram livremente consultadas e usadas.

A história da Versão King James
CONFERÊNCIA DE HAMPTON COURT
Na Conferência de Hampton Court de 1604, dr. John Reynolds, líder puritano e presidente do *Corpus Christi College*, Oxford, exigiu que uma nova tradução da Bíblia fosse realizada. Ele "convenceu Sua Majestade de que deveria haver uma nova versão da Bíblia, porque aquelas que foram autorizadas nos reinados de Henrique VIII e Eduardo VI continham adulterações e não correspondiam à verdade do original".

Apoio do rei James
Enquanto a maioria dos líderes de igrejas presentes na conferência foi contra essa sugestão, o rei James a apoiou.

O rei respondeu com estas palavras:

"Jamais pude ver uma Bíblia bem traduzida em inglês; mas creio que, de todas elas, a de Genebra é a pior. Espero que alguns esforços sejam feitos para uma tradução uniforme, a ser realizada pelos homens mais bem instruídos em ambas universidades, em seguida revisada pelos bispos, apresentada ao conselho real e, por último, ratificada pela autoridade real, a fim de ser lida em toda a igreja, e nenhuma outra".

ORIENTAÇÕES DE TRADUÇÃO
E assim ficou determinado

"Que uma tradução deve ser feita de toda a Bíblia, com o máximo de consonância com os originais hebraico e grego, realizada e impressa sem notas de margem, a fim de ser usada nas igrejas da Inglaterra nas horas do culto divino".

QUARENTA E SETE ESTUDIOSOS
Cinquenta e quatro dos mais hábeis estudiosos bíblicos foram indicados para conduzir esse trabalho, embora pareça que apenas 47 deles participaram disso.

SEIS GRUPOS

Os tradutores foram organizados em seis grupos e se encontravam em Westminster, Cambridge e Oxford.

Três grupos trabalhavam no Antigo Testamento e três no Novo.

Dois grupos do Antigo e dois do Novo se encontravam em Oxford, dois em Cambridge e dois em Westminster. Em Westminster, foram designados dez estudiosos de Gênesis até 2Reis; sete receberam de Romanos até Judas.

Em Cambridge, oito trabalharam de 1Crônicas até Eclesiastes, e sete nos apócrifos.

Em Oxford, sete foram os que traduziram de Isaías até Malaquias e outros oito traduziram os evangelhos, Atos e Apocalipse.

O grupo de Oxford
> "O grupo de Oxford foi encabeçado pelo dr. John Hardinge, professor real de hebraico; e incluía o dr. John Reynolds, o inventor do projeto, 'sua memória e leitura eram praticamente um milagre'; dr. Miles Smith, que 'tinha o hebraico na ponta da língua'; dr. Richard Brett, 'hábil e versado para criticar as seguintes línguas: latim, grego, caldeu, árabe e etíope'; sir Henry Saville, editor de obras de Crisóstomo; e dr. John Harmer, professor de grego, 'o mais destacado latinista, greciano e eclesiástico.'"

O grupo de Cambridge
> "O comitê de Cambridge foi primeiramente presidido por Edward Lively, professor real de hebraico, que morreu em 1605 antes que o trabalho começasse de fato, e incluía dr. Lawrence Chaderton, 'familiarizado com as línguas grega e hebraica, bem como com os numerosos escritos dos rabinos'; Thomas Harrison, 'conhecido por sua prodigiosa habilidade em expressões idiomáticas gregas e hebraicas'; dr. Robert Spalding, sucessor de Edward Lively como professor de hebraico; Andrew Downes, 'bastante dedicado e conhecedor de grego' e John Bois, 'precioso estudioso de grego e hebraico.'"

O grupo de Westminster
> "O grupo de Westminster foi encabeçado por Lancelot Andrews, reitor de Westminster, mais tarde bispo de Chichester, de Ely, e finalmente de Winchester, 'que poderia ter sido um intérprete geral em Babel [...] o mundo queria saber quão versado ele era'; e incluía o hebraísta Hadrian Saravia; e William Bedwell, o maior estudioso de árabe de seu tempo."

H. Wheeler Robinson

Prefácio

No prefácio ao leitor que vinha nessa versão, os tradutores declararam que não hesitaram "em consultar os tradutores ou comentaristas caldeus, hebraicos, siríacos, os de Gedi ou Estienne, nem os espanhóis, franceses, italianos ou holandeses".

Três anos

O trabalho de tradução começou em 1607 e terminou em 1610, sendo publicado em 1611.

■ Quinze regras

As seguintes quinze regras orientaram os tradutores em seu trabalho.

1. A Bíblia comum lida na igreja, usualmente chamada de a *Bíblia do Bispo*, deve ser seguida, e pouco alterada, como permitir a verdade do original.
2. Os nomes dos profetas, e os escritores sagrados, junto com os outros nomes do texto, devem ser mantidos, o mais próximo possível, de acordo como são usados na vida cotidiana.
3. As antigas palavras eclesiásticas devem ser mantidas, a saber, igreja não deve ser traduzida por congregação etc.

4. Quando uma palavra tiver vários significados, deve ser mantida aquela que tiver um uso mais comum pelos primeiros pais, sendo aceitável à característica do local e à analogia da fé.
5. A divisão dos capítulos não deve ser alterada em nenhuma hipótese, ou o mínimo possível, se realmente for necessário.
6. Nenhuma nota de margem deve ser afixada, a não ser para a explicação das palavras hebraicas e gregas, que não podem ser resumidas nem adequadamente expressas no texto, sem alguma circunlocução.
7. Citações de locais devem ser colocadas na margem inferior para que haja uma referência consistente de uma Escritura até outra.
8. Cada homem em particular de cada grupo, que receba o mesmo capítulo ou capítulos, e os tenha traduzido ou modificado por si, quando crer que está adequado, deve se encontrar com os outros, conferir o que fez e concordar entre suas partes qual tradução deve permanecer.
9. À medida que um grupo tenha submetido qualquer livro à sua maneira, deve enviá-lo para o resto, para ser considerado com seriedade e com critério, pois Sua Majestade é muito cuidadoso nesse ponto.
10. Se qualquer grupo, quando da revisão do livro enviado, duvidar ou diferir quanto a algum trecho, este deve encontrar sua palavra para o tal; anotar o trecho exato e, além disso, enviar os motivos pelos quais ele não concorda, a diferença a ser sintetizada na reunião geral, que será com os líderes de cada grupo, ao final do trabalho.
11. Quando não houver clareza adequada quanto a algum trecho, devem ser enviadas cartas pela autoridade para qualquer homem culto da região, para o seu julgamento de tal trecho.
12. Cartas devem ser enviadas de todos os bispos para o restante do clero, advertindo-os da tradução em questão; encarregando todos os que são hábeis em línguas; e realizando esforços desse tipo para enviar suas observações particulares para o grupo, seja em Wesminster, Cambridge ou Oxford.
13. Os líderes de cada grupo devem ser os reitores de Westminster e Chester desses locais; e os professores do rei em hebraico e grego, em qualquer uma dessas universidades.
14. Essas traduções devem ser usadas quando estiverem em melhor concordância com o texto do que a Bíblia do Bispo, a Bíblia de Tyndale, a de Whitchurch e a de Genebra.
15. Além dos ditos líderes já mencionados, três ou quatro dos mais antigos e rigorosos clérigos de qualquer das universidades, não participante da tradução, devem ser indicados pelo vice-reitor, após reunião com o resto dos líderes, para supervisionarem as traduções, tanto do hebraico quanto do grego, para melhor observação da 4ª regra especificada acima.

Página título

A Versão King James (*KJV*), também conhecida como *Authorized Version* [Versão autorizada] (*AV*), foi impressa com o seguinte título:

> "A Bíblia Sagrada, contendo o Antigo e o Novo Testamentos; recentemente traduzida a partir das línguas originais, com as antigas traduções diligentemente comparadas e revisadas por ordem especial de Sua Majestade.
> Indicada para ser lida nas igrejas.
> Impressa em Londres por Robert Baker, impressor do rei, Sua Digníssima Majestade.
> 1611 d.C."

Página do Novo Testamento
O Novo Testamento da *KJV* tinha uma página título em separado na qual se lia:

> "O Novo Testamento de nosso Senhor e Salvador Jesus Cristo, recentemente traduzido a partir do original grego e das antigas traduções diligentemente comparadas e revisadas por ordem especial de Sua Majestade.
> Indicada para ser lida nas igrejas.
> Impressa em Londres por Robert Baker, impressor, impressor do rei, Sua Digníssima Majestade.
> 1611 d.C. cum Privilegio."

Dedicatória de epístola

> "Os tradutores da Bíblia desejam graça, misericórdia e paz, por Jesus Cristo nosso Senhor."
>
> "Mas entre todas as nossas alegrias, não há nenhuma que preencha melhor nosso coração do que a contínua pregação da palavra sagrada de Deus entre nós; um tesouro inestimável, excedendo todas as riquezas da terra; porque seu fruto se estende, não somente no tempo gasto neste mundo transitório, mas orienta e dispõe os homens para aquela alegria eterna que está em cima nos céus."

■ Prefácio para a *KJV*, 1611

O louvor das Sagradas Escrituras
VERDADE

> "Mas o que é a piedade sem verdade? O que é a verdade (verdade salvadora) sem a palavra de Deus? O que é a palavra de Deus (de onde podemos ter certeza) sem a Escritura?"

PESQUISA E ESTUDO
Somos ordenados a pesquisar as Escrituras. João 5.39 e Isaías 8.20. São glorificados aqueles que as pesquisam e estudam. Atos 17.11 e 8.28,29. São reprovados aqueles que foram inábeis em sua compreensão ou que tardaram em crer nelas. Mateus 22.29 e Lucas 24.25. Elas podem nos fazer sábios para a salvação. 2Timóteo 3.15.

TOLLE, LEGE
Se formos ignorantes, elas nos orientarão; se desviarmos o caminho, elas nos levarão para casa; se desordenados, elas nos reformarão; se em opressão, nos confortam; se em sombras, nos reavivam; se frios, nos inflamam. *Tolle, lege; Tolle, lege*, Toma e lê, toma e lê as Escrituras [Agostinho, *Confissões*, livro 8, capítulo 12), (pois sobre elas está a orientação) foi dito a Santo Agostinho por uma voz sobrenatural. "O que quer que esteja nas Escrituras, acredite em mim", diz o próprio Santo Agostinho, "é superior e divino; é certamente verdade, e uma doutrina mais que adequada para o refrigério da mente dos homens e bastante moderada a fim de que qualquer um possa extrair daquele lugar aquilo que é suficiente para ele, se vier a extrair com uma mente devota e piedosa, como requer a verdadeira religião" [Santo Agostinho, De utilit. credendi, "Descoberta a beleza da vida monástica" capítulo 6]. Assim, Santo Agostinho e São Jerônimo escreveram: "*Ama scripturas, et amabit te sapietia* etc." [Jerônimo, *Ad demetriad*], Ame as Escrituras, e a sabedoria te amará.

CIRILO DE ALEXANDRIA
Cirilo em oposição a Juliano disse: "Até os meninos que são alimentados pelas Escrituras se tornam mais religiosos, etc." [Cirilo, Contra Iulianum, 7]. Mas o que nós mencionamos? Três ou quatro usos das Escrituras, enquanto tudo aquilo é para crer, praticar e esperar está contido nelas? Ou três ou quatro frases de nossos pais, uma vez que qualquer um é digno do nome de um pai, desde a vinda de Cristo, tem de igual maneira escrito não somente das

riquezas, mas também da perfeição da Escritura?

TERTULIANO DE CARTAGO

"Eu adoro a plenitude da Escritura", diz Terluliano contrário a Hermógenes [*Tertul. advers. Hermo.*] E novamente, para Apelles, um herege da mesma categoria, ele disse: "Não admito que tu apresentes (ou concluas) tua própria (cabeça ou mente, *de tuo*) sem a Escritura" [*Tertul, De carne Christi*].

JUSTINO MÁRTIR

Assim disse o Santo Justino Mártir: "Certamente devemos conhecer", diz ele, "que não é lícito (ou possível) aprender (qualquer coisa) de Deus ou da piedade, exceto se não vier dos profetas que nos ensinam por inspiração divina".

BASÍLIO

Assim disse Basílio após Tertuliano, "É um manifesto que se afasta da fé e da falta de presunção, seja rejeitar qualquer dessas coisas que são escritas, seja trazê-las (em sua mente) quaisquer dessas coisas que não estão escritas."

Vocabulário

Nem sempre é fácil dizer exatamente a origem de cada palavra da *KJV*, mas foi feito o seguinte cálculo a respeito da *KJV*:

- 39% é exclusivo da *KJV*;
- 4% possivelmente deriva de Wycliffe;
- 18% de Tyndale;
- 13% de Coverdale;
- 19% da Bíblia de Genebra;
- 4% da Bíblia do Bispo;
- 3% de outras versões anteriores.

Notas excluídas

Ao contrário da Bíblia de Genebra, todas as notas polêmicas foram excluídas.

Notas de margem incluídas

No entanto, mais de quatro mil notas de margem foram incluídas. No Antigo Testamento elas dão o significado literal das palavras hebraicas. As 765 notas de margem do Novo Testamento indicam traduções variantes ou alternativas.

Resumos de capítulo

Resumos de capítulo e títulos de página foram incluídos.

Arcebispo Ussher

Em 1701, as datas cronológicas baseadas na cronologia do arcebispo Ussher foram impressas.

Correções contínuas

A edição de 1611 foi continuamente corrigida.

Até 1613, mais de 300 alterações de algum tipo foram feitas no original de 1611.

Até 1760, trinta mil referências de margem foram incluídas.

Versões da *KJV*

- 1611 – Primeira versão autorizada que incluía os apócrifos.
- 1629 – Primeira versão autorizada sem os apócrifos.
- 1632 – Uma das primeiras concordâncias da Bíblia, intitulada, *A Concordance to the Bible of the Last Translation* [Uma concordância bíblica da última tradução], por John Downham, foi adicionada ao apêndice da edição da *KJV* de 1632.
- 1701 – Inserção das datas do arcebispo Ussher nas margens.
- 1769 – A versão autorizada *Oxford Standard* de hoje difere da versão de 1611 em mais de 75.000 detalhes.
- 1777 – Primeiro Novo Testamento da *KJV* impresso nos EUA.
- 1782 – Primeira Bíblia completa da *KJV* impressa nos EUA.

A *KJV* e as Bíblias anteriores

A Versão King James de 1611 foi uma revisão de Bíblias anteriores.

Os tradutores foram bastante abertos quanto ao uso de traduções inglesas prévias.

"Estamos muito longe de condenar qualquer desses trabalhos que foram realizados antes de nós, quer nessa terra, quer além-mar, seja no tempo do rei Henrique, seja na era do rei Eduardo [...] seja na época da rainha Elizabeth que será sempre lembrada, pois nós os reconhecemos como tendo sido feitos por Deus, para a construção e edificação de sua igreja, merecendo serem lembrados por nós e por toda a posteridade."

Página título

Encontra-se por trás da página título da Bíblia de 1611 o seguinte texto:

"A BÍBLIA SAGRADA, contendo o Antigo Testamento e o Novo: recentemente traduzido a partir das línguas originais: com as antigas traduções diligentemente comparadas e revisadas [...]". Estima-se que um total de até 70% do texto da *KJV* tenha atingido sua forma literária final antes que os tradutores de 1611 começassem seu trabalho.

A *KJV* e William Tyndale

A *KJV* deve tanto ao trabalho de Tyndale que ficou conhecida como "a quinta revisão do trabalho de William Tyndale".

É possível achar cerca de um terço do estilo do Novo Testamento da *KJV* no Novo Testamento de Tyndale.

Frases de Tyndale

Centenas de frases e orações que os tradutores da King James aproveitaram de Tyndale foram mantidas em revisões subsequentes.

Alguns exemplos disso são:

Não podeis servir a Deus e a Mamom
(Mt 6.24; ARC)

Olhai como os lírios do campo crescem
(Mt 6.28)

Pois onde dois ou três se reúnem em meu nome, ali estou no meio deles
(Mt 18.20)

Dar é mais bem-aventurado que receber
(At 20.35)

as riquezas insondáveis de Cristo (Ef 3.8)

das trevas para sua maravilhosa luz
(1Pe 2.9)

Coverdale e a Grande Bíblia

Os tradutores da *KJV* adotaram as seguintes frases de Coverdale e da Grande Bíblia:

Antes que o céu e a terra passem
(Mt 5.18)

nenhum de nós vive para si, e nenhum de nós morre para si (Rm 14.7)

Tragada foi a morte na vitória
(1Co 15.54)

o mundo está crucificado para mim e eu para o mundo (Gl 6.14)

A Bíblia de Taverner

A *KJV* continha o seguinte da Bíblia de Taverner:

Se alguém quiser vir após mim, negue-se a si mesmo, tome a sua cruz e siga-me
(Mt 16.24)

segundo a tua palavra (Lc 2.29)

Certo credor (Lc 7.41)

Mestre, é bom estarmos aqui (Lc 9.33)

ele te daria água viva (Jo 4.10)

A Bíblia de Genebra

Cerca de 19% do texto da *KJV* vem da Bíblia de Genebra. Algumas frases são:

> E feriu-os com grande ferimento, perna juntamente com coxa (Jz 15.8, ARC)

> Lembra-te do teu Criador nos dias da tua mocidade. [...] Vaidade de vaidade, diz o Pregador (Ec 12.1,8, ARA)

> Este é o meu Filho amado, em quem me comprazo (Mt 3.17, ARA)

> sua palavra era proferida com autoridade (Lc 4.32)

> aquele que não nascer de novo (Jo 3.3, ARC)

> em todas essas coisas somos mais do que vencedores, por meio daquele que nos amou (Rm 8.37)

> nós temos a mente de Cristo (1Co 2.16)

> até a plenitude de Deus (Ef 3.19)

> aos olhos daquele a quem deveremos prestar contas (Hb 4.13)

> nuvem de testemunhas (Hb 12.1)

A Bíblia do Bispo

A *KJV* adotou os seguintes trechos da Bíblia do Bispo:

> sofrem perseguição por causa da justiça (Mt 5.10, ARC)

> geração incrédula e perversa (Mt 17.17)

> mas vence o mal com o bem (Rm 12.21)

> fazendo-se semelhante aos homens (Fp 2.7)

> poder da sua ressurreição (Fp 3.10)

Versão Rheims

A *KJV* adquiriu as seguintes expressões a partir da Versão Rheims:

> Mas que mal ele fez? (Mt 27.23)

> A ninguém devais coisa alguma (Rm 13.8, ARC)

> o ministério da reconciliação (2Co 5.18)

> Pois para mim o viver é Cristo, e o morrer é lucro (Fp 1.21)

Expressões contemporâneas

Muitas das expressões de hoje em dia têm suas raízes na *Versão Autorizada*.

> a fartura da terra (Gn 45.18)

> a pele dos meus dentes (Jó 19.20)

> esvai-se-lhes toda a sua sabedoria (Sl 107.27, ARC)

> A resposta branda (Pv 15.1)

> um espinho na carne (2Co 12.7)

> trabalho do amor (1Ts 1.3; Hb 6.10)

> raiz de todos os males (1Tm 6.10)

> clara como cristal (Ap 21.11; 22.1, NTLH)

Popularidade da *KJV*

Inicialmente a Bíblia de Genebra permaneceu mais popular que a Bíblia King James. No entanto, a King James ganhou uma grande popularidade e tornou-se a tradução mais popular em inglês por mais de 350 anos.

Por mais de 250 anos, até a publicação da *Revised Version* [Versão revisada] em 1881, a *KJV* não tinha rival.

TRADUÇÕES DA BÍBLIA NOS SÉCULOS XVIII–XX

Daniel Mace – O Novo Testamento em grego e inglês
1729
Daniel Mace, pastor presbiteriano, tinha o objetivo de produzir uma tradução coloquial do Novo Testamento.

Richard Challoner
Richard Challoner produziu uma versão simplificada e modernizada da Versão Douay-Rheims católica-romana original em 1752. A Bíblia Douay-Rheims-Challoner tornou-se autorizada para uso pelos católicos romanos falantes do inglês na América.

John Wesley – Novo Testamento
1755
Wesley revisou a Versão King James do Novo Testamento para beneficiar "homens simples e iletrados que somente entendem sua língua materna".

Ele acreditava que a Bíblia deveria ser retraduzida a cada século "de acordo com a linguagem atual da língua inglesa".

A *Revised Standard Version* [Versão padrão revisada]
1885
Essa versão substituiu as palavras arcaicas e frases na *KJV* com o auxílio adicional dos manuscritos mais recentes.

Cinquenta e quatro dos mais brilhantes estudiosos bíblicos na Grã-bretanha conduziram o projeto.

ORIENTAÇÕES PARA OS TRADUTORES
As seguintes cinco declarações orientaram os tradutores para a *Revised Version* [Versão revisada].

1. É desejável que seja realizada uma revisão da *Authorized Version* [Versão autorizada] das Sagradas Escrituras.
2. Que a revisão seja conduzida a fim de abranger tanto as traduções de margem quanto as melhorias, pois pode ser necessário incluí-las no texto da *Authorized Version* [Versão autorizada].
3. Que nas resoluções acima não contemplemos qualquer nova tradução da Bíblia ou qualquer alteração da linguagem, exceto quando, no julgamento dos estudiosos mais competentes, tal mudança seja necessária.
4. Que, em tais mudanças necessárias, o estilo da linguagem empregada na versão existente seja seguido de perto.
5. É desejável que a convocação nomeie alguém dentre seus próprios membros para conduzir o trabalho de revisão, tendo a liberdade de convidar qualquer estudioso eminente, de qualquer nação ou instituição religiosa, para cooperar no trabalho.

"A *Revised Version* [Versão revisada] com essas referências de margem ainda é a edição mais usada da Bíblia pelos estudantes aplicados que não conhecem outra língua, a não ser o inglês."
— F. F. Bruce

■ Traduções da Bíblia no século XX

American Standard Version [Versão padrão dos Estados Unidos]
A *American Standard Version* [Versão padrão dos Estados Unidos] de 1900-1901 é a versão estadunidense da *Revised Version* [Versão revisada].

Twentieth Century New Testament [Novo Testamento do século XX]
A versão *Twentieth Century New Testament* [Novo Testamento do século XX],

1898-1901, foi uma cuidadosa retradução baseada no texto de Westcott e Hort.

O Novo Testamento em linguagem moderna, de Weymouth

O Novo Testamento em linguagem moderna, do dr. Weymouth, 1902.

Edgar I. Goodspeed – *The New Testament: An American Translation* [O Novo Testament: uma tradução estadunidense]

Essa tradução foi baseada no texto de Westcott e Hort.

The Twentieth Century New Testament [O Novo Testamento do século XX], 1904

Essa foi uma tradução para o inglês moderno.

A *Revised Standard Version* [Versão padrão revisada]

Essa tradução foi realizada por 32 estudiosos estadunidenses. O Novo Testamento da *Revised Standard Version* [Versão padrão revisada] foi publicado em 1946, e a Bíblia completa em 1952.

Uma segunda edição da *Revised Standard Version* [Versão padrão revisada] foi publicada em 1971, conhecida como *RSV II*.

Versão Berkeley – A Versão Berkeley em inglês moderno, 1959

Essa versão tem o intuito de traduzir a Bíblia inteira somente usando termos modernos.

O Novo Testamento foi originalmente traduzido para o inglês moderno por Gerrit Verkuyl. Vinte tradutores ajudaram Verkuyl em sua tradução do Antigo Testamento.

J. B. Phillips – O Novo Testamento em linguagem moderna, 1958

J. B. Phillips (1906-1982), um clérigo anglicano, traduziu sem a ajuda de ninguém todo o Novo Testamento para o inglês contemporâneo durante a década de 1940 e 1950.

Sua versão final do Novo Testamento foi publicada em 1972. Ele também traduziu uma pequena parte do Antigo Testamento. Ao escrever sobre seu prévio trabalho sobre o Novo Testamento, ele fala da descoberta que fez ao ter trabalhado no texto da Bíblia, extraordinariamente vivo de uma maneira que jamais havia experimentado com qualquer outro texto antigo. Assim como o escritor do Salmo 119, ele também percebeu que a Bíblia falava de sua condição, no que ele chamou de um caminho misterioso.

Amplified Bible [Bíblia amplificada], 1965

Essa versão foi comissionada pela Fundação Lockman. Sua característica mais incomum é que inclui entre parênteses múltiplas expressões usando palavras associadas para transmitir a ideia do pensamento original.

O Novo Testamento usa o texto grego de Westcott e Hort e mais 27 traduções e revisões.

TRADUÇÕES DA BÍBLIA NO SÉCULO XX

A Bíblia de Jerusalém, 1966

Essa versão foi originariamente traduzida em 1956, em francês, na Escola Bíblica Dominicana de Jerusalém. Enquanto a versão em inglês fez uso do Texto Massorético hebraico, da *Septuaginta* grega, dos manuscritos do mar Morto e de textos aceitos do Novo Testamento em aramaico e grego (como a versão francesa), ela geralmente segue a versão francesa em matéria de interpretação.

YAWEH

É a única e principal tradução em inglês que usa o nome divino "Yaweh" no Antigo Testamento.

A tradução inclui os apócrifos.

Em 1989, foi publicada uma Nova Bíblia de Jerusalém revisada.

UBS – A United Bible Societies [Sociedades Bíblicas Unidas] 4ª edição do Novo Testamento grego, 1968

Esse Novo Testamento grego fez uso dos manuscritos gregos mais antigos que datam de 175 a.C. Foi a partir dele que a *NASV* e a *NIV* foram traduzidas.

A *New English Bible* [A nova Bíblia inglesa], 1970

Essa versão, baseada nos textos originais gregos e hebraicos, foi produzida por um comitê de estudiosos da Bíblia formado pelas principais denominações na Inglaterra, Escócia, País de Gales e Irlanda. Ela também inclui os apócrifos. Uma versão revisada da *New English Bible* [A nova Bíblia inglesa], a *Revised English Bible* [Bíblia inglesa revisada], foi produzida em 1989.

Essa versão

> "esforçou-se para obter, no melhor que podiam, o tom e a linguagem apropriados aos diferentes tipos de escrita encontrados na Bíblia, qualquer que seja ele: narrativa, discurso familiar, argumento, lei, retórica ou poesia".

New American Bible [Nova Bíblia estadunidense], 1970

A *New American Bible* [Nova Bíblia estadunidense], uma tradução católica, levou 26 anos para ser terminada, e cinquenta estudiosos participaram dessa obra de tradução. Foi permitido aos tradutores que usassem outros manuscritos além da Vulgata, como base para a tradução.

A *New American Standard Bible* [Nova Bíblia padrão dos Estados Unidos], 1971

A *New American Standard Bible* [Nova Bíblia padrão dos Estados Unidos] é uma revisão da *American Standard Version* [Versão padrão dos Estados Unidos] e foi comissionada pela Fundação Lockman.

Essa versão faz completo uso de muitos manuscritos gregos e hebraicos mais antigos do que aqueles que estavam disponíveis aos tradutores da *KJV*. Sua redação e estrutura de frases aproximam-se do grego em um estilo palavra por palavra.

Os 54 estudiosos de grego e hebraico levaram mais de dez anos para revisar a *American Standard Version* [Versão padrão dos Estados Unidos] de 1901, incorporando recentes descobertas de fontes textuais gregas e hebraicas e ao atualizar a *ASV* para um inglês mais corrente.

A Bíblia Viva, 1971

Essa obra é uma paráfrase feita por Kenneth N. Taylor, que queria expressar o que os escritores da Escritura queriam dizer em um inglês mais simples e moderno possível. Não é uma tradução das línguas originais, e sim uma paráfrase da *American Standard Version* [Versão padrão dos Estados Unidos].

A HISTÓRIA DA BÍBLIA VIVA

Ken Taylor começou parafraseando as epístolas do Novo Testamento no trem enquanto se comunicava com a Moody Press.

O projeto levou sete anos para ser concluído.

Incapaz de causar interesse nos editores com sua *Living Letters* [Cartas vivas], Taylor conseguiu um empréstimo de US$ 2.000 para pagar a impressão de sua paráfrase.

Somente quando Billy Graham recomendou a *Living Letters* [Cartas vivas] do púlpito que sua obra se tornou popular.

O sucesso de sua primeira publicação resultou:

- Na fundação da Tyndale House Publishers;
- No término da Bíblia Viva; e
- No estabelecimento da Fundação Tyndale.

Versão no inglês de hoje (Good News Bible [A Bíblia das boas-novas]), 1976

Um comitê de tradução de estudiosos da Bíblia tinha o intuito de produzir uma tradução fiel da Bíblia para um inglês contemporâneo, simples, claro e natural.

O prefácio dos tradutores afirma que "todo o esforço possível foi feito para usar uma linguagem natural, simples e inequívoca".

A Nova Versão Internacional, 1978

Essa versão foi patrocinada pela Sociedade Bíblica Internacional de Nova York (hoje, Sociedade Bíblica Internacional). Ela afirma ser uma tradução completamente nova, feita a partir dos melhores textos originais.

A Mensagem

Essa versão é uma paráfrase, bastante conhecida, realizada pelo dr. Eugene Peterson.

"Quando Paulo de Tarso escrevia uma carta, as pessoas a recebiam e a entendiam instantaneamente", explica Peterson. "Quando o profeta Isaías pregava um sermão, não posso imaginar que as pessoas fossem para a biblioteca para desvendá-lo. Foi baseado nessa premissa que trabalhei."

A Bíblia da letra vermelha

Alguns editores da Bíblia imprimem as palavras de Cristo em vermelho.

Essa ideia começou com Louis Klopsch, o primeiro editor da Christian Herald.

Nascido na Alemanha, Louis Klopsch estava escrevendo um editorial para a *Christian Herald* em 19 de junho de 1899, quando lhe chamou a atenção as palavras de Lucas 22.20: *Este cálice é a nova aliança em meu sangue, derramado em favor de vós.*

Dr. Klopsch, fundamentado em que todo o sangue é vermelho, pensou: "Por que não uma Bíblia de letras vermelhas, sendo essas as de nosso Senhor?"

UMA TRADUÇÃO DA BÍBLIA DO SÉCULO XXI

■ *Revised Standard Version* [Versão padrão revisada]

A *English Standard Version* [Versão inglesa padrão] (*ESV*), publicada por Crossway Books, é um exemplo de uma tradução da Bíblia publicada no século XXI. A seguinte citação é da própria descrição da editora de sua tradução e ilustra alguns dos problemas pelos quais passam vários tradutores da Bíblia.

Filosofia da tradução

"A *ESV* é uma tradução 'essencialmente literal' que busca ao máximo possível capturar o estilo preciso do texto original e o estilo pessoal de cada escritor da Bíblia. Assim, sua ênfase está na correspondência 'palavra por palavra', levando em consideração, ao mesmo tempo, as diferenças quanto à gramática, sintaxe e expressões idiomáticas entre o inglês literário atual e as línguas originais. Desse modo, ela busca ser transparente em relação ao texto original, deixando o leitor ler da maneira mais direta possível a estrutura e o significado do original."

PALAVRA POR PALAVRA

"Ao contrário da *ESV*, algumas versões da Bíblia seguem uma filosofia de tradução "pensamento por pensamento" em vez de "palavra por palavra", enfatizando a 'equivalência dinâmica', em vez do significado 'essencialmente literal' do original. Uma tradução "pensamento por pensamento" tem uma necessidade mais inclinada a refletir as opiniões interpretativas do tradutor e as influências da cultura contemporânea."

TROCA
"Toda tradução, em muitos pontos, representa uma troca entre precisão literal e a habilidade de leitura, entre a 'equivalência formal' em expressão e a 'equivalência funcional' em comunicação, e a ESV não é exceção. Nessa estrutura, buscamos ser 'o mais literal possível', mantendo a clareza de expressão e a excelência literária.

"Portanto, até onde nos permitem o inglês simples e o sentido em cada caso, buscamos usar a mesma palavra em inglês para palavras repetidas no original; e, até onde permitem a gramática e a sintaxe, traduzimos as passagens do Antigo Testamento citadas no Novo de maneira que demonstrem sua correspondência.

"Assim, em cada uma dessas áreas, bem como ao longo da Bíblia como um todo, buscamos capturar os ecos e sons harmônicos de significado que estão abundantemente presentes nos textos originais. Assim, por ser uma tradução essencialmente literal, a ESV busca transportar qualquer nuança possível de significado nas palavras originais da Escritura para nossa própria língua. Como tal, ela é perfeitamente apropriada para um profundo estudo da Bíblia."

EXCELÊNCIA LITERÁRIA
"De fato, com sua ênfase na excelência literária, a ESV é igualmente apropriada para a leitura pública e a pregação, como também para a leitura privada e a reflexão, tanto para estudo devocional quanto acadêmico, e para a memorização das Escrituras."

Estilo de tradução

PRESERVA AS PRINCIPAIS PALAVRAS TEOLÓGICAS
"A ESV também transfere os princípios da tradução clássica em seu estilo literário. Consequentemente, ela preserva a terminologia teológica – palavras como graça, fé, justificação, santificação, redenção, regeneração, reconciliação e propiciação – por causa de sua importância central para a doutrina cristã e também porque as palavras gregas fundamentais já estavam se tornando palavras-chave e termos técnicos nos dias do Novo Testamento."

VARIEDADE ESTILÍSTICA
"A ESV permite que a variedade estilística dos escritores bíblicos se expresse por completo, desde a prosa exaltada que abre o livro de Gênesis, passando pelas narrativas fluentes dos livros históricos, pelas ricas metáforas e imagens dramáticas dos livros poéticos, pelas sentenças retóricas envolventes nos livros proféticos, pela elegância suave de Lucas, pela profunda simplicidade de João, até a lógica bem equilibrada de Paulo."

CONECTIVOS
"Ao pontuar, colocar parágrafos, dividir longas frases e traduzir conectivos, a ESV segue o caminho que parece ser o fluxo de pensamento mais claro em inglês. As línguas bíblicas regularmente conectam frases pela repetição frequente de palavras, como 'e', 'mas' e 'para', de uma maneira que vai além das convenções do inglês literário. No entanto, a tradução efetiva requer que essas ligações no original sejam reproduzidas a fim de que o fluxo de argumento fique transparente ao leitor. Assim, traduzimos esses conectivos, embora ocasionalmente variemos as traduções usando alternativas (como 'também', 'contudo', 'agora', 'portanto', 'então' ou 'assim') quando capturam melhor o sentido em situações específicas."

LINGUAGEM DE GÊNERO

"Na área da linguagem de gênero, o objetivo da *ESV* é o de traduzir literalmente o que está no original. Por exemplo, 'qualquer um' substitui 'qualquer homem' quando não há palavras correspondentes para 'homem' nas línguas originais, e 'povo' em vez de 'homens' é usado com mais frequência onde as línguas originais se referem tanto a homem quanto a mulher. No entanto, as palavras 'homem' e 'homens' são preservadas quando um componente de significado masculino é parte do original grego ou hebraico. Do mesmo modo, a palavra em inglês 'irmãos' (traduzida do grego *adelphoi*) é mantida como uma forma familiar importante entre os judeus e os cristãos do século I."

NOTA SOBRE "IRMÃOS"

Uma nota repetida é incluída para indicar que o termo "irmãos" (*adelphoi*) foi frequentemente usado para se referir tanto a homem quanto a mulher, e para indicar as situações específicas no texto em que isso ocorreu.

NOTA SOBRE "FILHOS"

Além disso, a palavra em inglês "filhos" (traduzida do grego *huioi*) é mantida em casos específicos por causa de seu significado como termo legal nas leis de adoção e de herança da Roma do século I.

Usado pelo apóstolo Paulo, esse termo refere-se à condição de todos os cristãos, tanto homens quanto mulheres, que, tendo sido adotados na família de Deus, agora desfrutam de todos os privilégios, obrigações e direitos dos filhos de Deus.

APRECIANDO O ORIGINAL

"O uso inclusivo do 'ele' genérico também foi preservado de maneira regular porque isso é consistente com as línguas originais e porque uma tradução essencialmente literal seria impossível sem ele.

"Do mesmo modo, nos lugares do original onde se comparam ou contrastam Deus e o homem, a *ESV* preserva o uso genérico de 'homem' como a maneira mais clara de expressar o contraste dentro da estrutura da tradução essencialmente literal.

"Em cada caso, o objetivo é a transparência do texto, permitindo ao leitor entender o original em seus próprios termos em vez de nos termos de nossa cultura atual."

Base textual

TEXTO MASSORÉTICO

A *ESV* fundamenta-se no texto massorético da Bíblia hebraica conforme encontrada na *Bíblia hebraica Stuttgartensia* (2ª ed., 1983).

O atual respeito renovado entre os estudiosos do Antigo Testamento pelo Texto Massorético é refletido na tentativa da *ESV*, sempre que possível, de traduzir passagens hebraicas difíceis da maneira como se apresentam no Texto Massorético, em vez de recorrer a aprimoramentos ou descobrir uma alternativa lendo as versões antigas.

TEXTOS GREGOS

A *ESV* baseia-se no texto grego das edições de 1993 do *Novo Testamento grego* (4ª ed. corrigida), publicada United Bible Societies (UBS), e no *Novum Testamentum Graece* (27ª ed.), editado por Nestle e Aland.

OUTRAS FONTES

"Em casos difíceis e excepcionais, foram consultados:
- Os manuscritos do mar Morto;
- A *Septuaginta*;
- O Pentateuco samaritano;
- A Peshita siríaca;
- A Vulgata latina;
- Outras fontes.

para esclarecer, quando possível, o texto, ou, se necessário, apoiar uma divergência do Texto Massorético.

"Do mesmo modo, em poucos casos difíceis do Novo Testamento, a *ESV* adota um texto diferente do texto mais usado pela UBS, na 27ª edição de Nestle-Aland."

NOTAS DE RODAPÉ
Nesse sentido, as notas de rodapé que acompanham o texto da *ESV* são parte essencial da tradução da *ESV*, informando o leitor das dificuldades das variações textuais e mostrando como essas foram resolvidas pela equipe de tradução da *ESV*.

LEITURAS AUXILIARES RELEVANTES
Além disso, as notas de rodapé indicam leituras auxiliares relevantes e, geralmente, podem prover uma explicação para termos técnicos ou para uma dificuldade de leitura no texto.

NOVAS FONTES TEXTUAIS
Por toda parte, a equipe de tradução se beneficiou imensamente dos recursos textuais que se tornam facilmente disponíveis nos dias de hoje, a partir de novas percepções da cultura e leis bíblicas, dos atuais avanços na lexicografia grega e hebraica e na compreensão gramatical.

Trechos para exemplificar
SALMO 23
The Lord s My Shepherd
A Psalm of David
  1 *The Lord is my shepherd; I shall not want.*
  2 *He makes me lie down in green pastures.*
  He leads me beside still waters.[1]
  3 *He restores my soul.*
  He leads me in paths of righteousness[2]
  for his name's sake.
  4 *Even though I walk through the valley of the shadow of death,*[3]
  I will fear no evil,
  for you are with me;
  your rod and your staff,
  they comfort me.
  5 *You prepare a table before me*
  in the presence of my enemies;
  you anoint my head with oil;
  my cup overflows.
  6 *Surely*[4] *goodness and mercy*[5] *shall follow me all the days of my life,*
  and I shall dwell[6] *in the house of the Lord forever.*[7]

Notas de Rodapé
[1]23:2 *Hebrew beside waters of rest* [hebraico: ao lado de águas tranquilas]
[2]23:3 *Or in right paths* [Ou nas veredas corretas]
[3]23:4 *Or the valley of deep darkness* [Ou o vale de trevas profundas]
[4]23:6 *Or Only* [Ou só]
[5]23:6 *Or steadfast love* [Ou o amor constante e inabalável]
[6]*Or shall return to dwell* [Ou voltarei a habitar]
[7]*Hebrew for length of days* [Hebraico para a extensão do período de tempo]

JOÃO 3.16
  16 *'For God so loved the world,* [1] *that he gave his only Son, that whoever believes in him should not perish but have eternal life.*

Nota de Rodapé
[1]3.16 *Or For this is how God loved the world* [Ou pois essa é forma como Deus amou o mundo].

UMA BÍBLIA DA "INTERNET"

A *World English Bible* (*WEB* [A Bíblia inglesa mundial]) é uma tradução nova e única da Bíblia, com o intuito de produzir uma versão moderna da Bíblia disponível para o uso de todos.

As seguintes questões mais perguntadas foram reunidas pelos compiladores da *World English Bible* [A Bíblia inglesa mundial].

Q: Por que criar mais uma tradução em inglês da Bíblia Sagrada?
Essa é uma boa pergunta. Há muitas traduções em inglês da Bíblia Sagrada. Infelizmente, todas elas ou são arcaicas (como a *KJV* e a *ASV* de 1901), ou cobertas por restrições de direitos de autoria que impedem a publicação irrestrita na internet ou em outra mídia (como a *NIV* e a *NASB*).

Não há outra tradução completa da Bíblia Sagrada no inglês moderno que possa ser copiada livremente (exceto por algum "uso razoável" limitado) sem a permissão escrita do editor e (geralmente) pagamento de direitos autorais.

Esse é o vácuo que a *World English Bible* [A Bíblia inglesa mundial] está preenchendo.

Por que o direito autoral é um problema?
As leis de direitos autorais da maioria das nações e dos tratados internacionais que as sustentam concedem aos autores e tradutores um monopólio legal (por um tempo limitado, mas muito longo) do direito de cópia e de "primeira venda" de suas obras. Os legisladores tornaram o ato de escrever e traduzir bastante lucrativo para algumas pessoas cujas obras são de grande demanda.

O problema com esse sistema, com respeito à Bíblia Sagrada, é que ele tem o efeito de limitar a distribuição da Palavra de Deus nas línguas modernas.

Liberação
O que estamos fazendo é liberar pelo menos uma tradução em inglês moderno da Bíblia Sagrada de todas as restrições de direitos autorais – uma tradução que seja confiável, precisa e útil para o evangelismo e o discipulado.

Sem direitos autorais
Não é perigoso não colocar direitos autorais na *WEB*?

Não. A proteção de direitos autorais tem a intenção de proteger a renda das vendas de uma obra do detentor dos direitos autorais, mas nós planejamos ceder o direito de fazer cópias dessa versão da Bíblia Sagrada para qualquer interessado; desse modo, não temos nada a perder.

O que é a *WEB* revisada?
A *WEB* revisada é uma atualização da *American Standard Version* [Versão padrão dos Estados Unidos] de 1901, que é de domínio público.

A revisão também é de domínio público, o que se diferencia de outras revisões da *American Standard Version* [Versão padrão dos Estados Unidos], como a *New American Bible* [Nova Bíblia estadunidense] e a *Revised Standard Version* [Versão padrão revisada].

PRIMEIRO PASSO
O primeiro passo da tradução, que já foi dado, foi converter cerca de 1.000 palavras e formas arcaicas em suas equivalentes modernas usando um programa de computador personalizado.

DO SEGUNDO AO SÉTIMO PASSO
A segunda de sete fases consiste no manual de edição e revisão.

O passo inicial do manual é adicionar aspas (a *ASV* não tinha nenhuma), atualizar outras pontuações, atualizar o uso e fazer um teste de amostragem da tradução cotejando com as línguas originais os trechos em que o significado não é claro ou existam variantes textuais relevantes.

Os passos subsequentes são revisar os resultados dos passos anteriores.

Quem está por trás do trabalho da *WEB* revisada?

Rainbow Missions, Inc., uma corporação sem fins lucrativos do Colorado – e muitos voluntários. O nome da *Rainbow Missions* [Missões Arco-Íris] é devido ao arco-íris ser um sinal de aliança entre Deus e Noé, o arco-íris em torno do trono de Deus.

A *WEB* é a tradução de um só homem?

Muitas pessoas, de trajetórias diferentes, estão envolvidas na produção e edição da *World English Bible* [A Bíblia inglesa mundial].

Por ser uma revisão da *American Standard Version* [Versão padrão dos Estados Unidos], começamos com um pouco mais que os 50 estudiosos evangélicos que trabalharam naquele projeto. Eles, por sua vez, confiaram no trabalho daqueles que vieram antes deles. Também contamos com o apoio de muitos estudiosos que descobriram, compilaram, combinaram e publicaram os excelentes e precisos textos gregos e hebraicos com os quais trabalhamos.

Também contamos com excelentes dicionários de hebraico, caldeu e grego que estão à nossa disposição.

Qual é a filosofia de tradução da *WEB*?

A *WEB* deve
- Ser feita com oração – oração especificamente por inspiração do Espírito Santo;
- Ser precisa e confiável (Ap 22.18,19);
- Ser entendida pela maioria da população falante do inglês (devendo, portanto, evitar regionalismos);
- Ser mantida em domínio público (desse modo, ser feita por voluntários);
- Estar disponível em curto tempo, pois não sabemos o tempo exato da volta do Senhor;
- Preservar o caráter essencial da publicação original de 1901;
- Usar uma linguagem que não seja caprichosa, mas capaz de manter seu significado por algum tempo;
- Traduzir o nome próprio de Deus no Antigo Testamento como "Yaweh";
- Elucidar passagens obscuras referindo-se ao original grego e hebraico;
- Ser feita com o maior respeito por Deus e sua palavra;
- Ser feita por cristãos de várias denominações e formações;
- Reter (pelo menos por agora) as regras de capitalização de pronome da *ASV* de 1901;
- Reter (na maioria dos casos) o uso de "ele" na *ASV* quando essa palavra deva significar ("ele e/ou ela");
- Restringir notas de rodapé àquelas que esclareçam a tradução ou concedam leituras auxiliares relevantes.

ATO DE EQUILÍBRIO

A tradução da Bíblia (como qualquer tradução natural de línguas) é um ato de equilíbrio no qual o tradutor busca manter o seguinte:
- O significado de cada pensamento ou frase;
- Os significados das palavras individuais em seus contextos;
- Os matizes de significado indicados pelo tempo, formação de palavras etc.;
- O impacto e o tom de cada passagem;
- O estilo dos autores originais que foram inspirados pelo Espírito Santo;
- Fidelidade à língua-alvo (nesse caso, o inglês).

Perceba que alguns dos objetivos acima entram em divergência uns com os outros, como a manutenção do estilo original *versus* a fidelidade à língua-alvo, e expressar os maiores detalhes dos matizes de significado *versus* a manutenção do impacto.

Ainda assim, é possível reter um bom equilíbrio. Por exemplo:
- A *Amplified Bible* [Bíblia amplificada] excede em conseguir transmitir o significado, mas não é nada bem-sucedida na manutenção do estilo e do impacto e na fidelidade à língua-alvo.
- A *New Living Translation* [Nova tradução viva] excede em manter os significados de impacto, pensamentos completos e fidelidade à língua-alvo, mas perde algo do estilo e dos matizes de significado.
- A Nova Versão Internacional excede na maioria do que foi descrito, mas perde alguns elementos de estilo e algumas das sutilezas da redação.

A *Word English Bible* [A Bíblia inglesa mundial] esforça-se para equilibrar todos esses aspectos com uma tradução literal mais justa.

Algumas pessoas gostam de usar os termos "equivalente formal" e "equivalente dinâmico". Nenhum deles descreve exatamente o que estamos fazendo, visto que apagamos ideias de ambos, mas suponho que estejamos mais próximos da equivalência formal do que da equivalência dinâmica.

Quais textos das línguas originais vocês estão usando?

Visto que essa é primariamente uma adaptação da edição de 1901, as escolhas feitas pelos primeiros 50 e tantos estudiosos evangélicos que fizeram essa tradução ainda permanecem, a menos que uma referência seja feita às línguas originais para auxílio em trechos em que o inglês elizabetano não seja claro ou em que existem grandes variantes textuais. Nesse caso, estamos usando a Bíblia hebraica Stuttgartensia, também conhecida como A Bíblia Stuttgart, no Antigo Testamento, e o Texto Majoritário Bizantino. Essa escolha do texto grego é muito próxima ao que os tradutores da *KJV* usaram, mas, de fato, leva vantagem por terem alguns manuscritos recentemente descobertos.

Como a *WEB* se compara com outras traduções?

A *WEB* é diferente o bastante para evitar violação, mas similar o bastante para evitar incorrer na ira de Deus. Ela é muito similar à *ASV* de 1901.

MAIÚSCULAS

A *WEB* não coloca os pronomes em relação a Deus em letras maiúsculas no Antigo Testamento. A *WEB*, como a *ASV* de 1901, quebra a tradição da *KJV* ao imprimir o nome próprio de Deus no Antigo Testamento com uma ortografia bem próxima ao que acreditamos que seja a maneira como se pronuncia, em vez de traduzir esse nome como "Senhor" ou "Deus" (com maiúsculas e minúsculas ou com versal-versalete). O atual consenso dos estudiosos mudou a ortografia de "Jeová" para "Yahweh". Há algumas outras traduções da Bíblia que usam "Yahweh", de modo que isso não é novo, por si, mas já ressalta um pouco de outras traduções.

PRIMEIRAS BÍBLIAS ESTADUNIDENSES; BÍBLIAS PROTESTANTES E CATÓLICAS

■ Primeiras Bíblias estadunidenses

A Bíblia Eliot para os nativos estadunidenses

A primeira Bíblia completa impressa na América, publicada na língua algonquin, foi traduzida por John Eliot.

Ele fugiu da Inglaterra com os puritanos e chegaram em Boston. Há pouco mais de 3 quilômetros de Boston, ele pastoreou a Primeira Igreja de Roxbury de 1632 até sua morte em 1690.

O APÓSTOLO DOS ÍNDIOS

Como resultado de seu trabalho entre os nativos dos Estados Unidos, Eliot ficou conhecido como "O apóstolo dos índios".

TRATADOS INDÍGENAS

Eliot editou uma série de panfletos conhecidos como "Tratados indígenas de Eliot", para auxiliar os nativos dos Estados Unidos a crescer na fé cristã. Eliot levou oito anos para traduzir a Bíblia para o algonquin.

O primeiro Novo Testamento impresso na América foi publicado em setembro de 1661. Em 1663, a *Eliot Indian Bible* [A Bíblia Eliot aos Índios] foi impressa.

A Bíblia Aitken

A *Aitken Bible* também é conhecida como "A Bíblia da Revolução Estadunidense", além de ser a única Bíblia que foi impressa com a aprovação do Congresso estadunidense.

Foi a primeira Bíblia em inglês impressa na América.

Quando as colônias estadunidenses declararam sua independência, as Bíblias tornaram-se escassas, pois as importações foram reduzidas.

RESOLUÇÃO DO CONGRESSO

Robert Aitken, quacre, nascido na Escócia e patriota estadunidense, começou a publicar o Novo Testamento em 1777. Em seguida, ele levou à aprovação do Congresso um pedido para imprimir a Bíblia completa, e o Congresso decidiu:

> "Que os Estados Unidos na reunião do Congresso aprovam da maneira mais elevada a tarefa piedosa e louvável do senhor Aitken, como subserviente a serviço da religião, assim como um exemplo do progresso das artes neste país, e, satisfeito, com o relato acima de seu cuidado e acuidade na execução dessa obra, recomendamos essa edição da Bíblia aos habitantes dos Estados Unidos, e por meio deste o autorizamos a publicar essa proposta da maneira como achar conveniente. CHA. THOMSON, Secy".

Desse modo, a *Aitken Bible* recebeu a aprovação do Congresso. Em 1782, a primeira *Aitken Bible* foi impressa.

GEORGE WASHINGTON

George Washington, uma dos maiores apoiadores da Bíblia Aitken, escreveu a um amigo:

> "Teria me agradado muito se o Congresso concedesse um presente tão importante (uma cópia da Bíblia Aitken) aos bravos companheiros que tanto fizeram pela segurança dos direitos e pelo estabelecimento deste país".

■ Bíblias católicas e protestantes

Bíblias protestantes impressas
- 1525 Bíblia Tyndale
- 1535 Bíblia de Coverdale
- 1537 Bíblia de Mateus

- 1539 A Grande Bíblia
- 1560 A Bíblia de Genebra
- 1568 A Bíblia do Bispo
- 1611 Versão King James (versão autorizada)
- 1881-1885 *Revised Version*
- 1952 *Revised Standard Version*
- 1970 *New English Bible*
- 1973 Nova Versão Internacional
- 1980 *New King James Version*
- 1986 *New Revised Standard Version*

Bíblias católicas impressas
1582-1609
Douay-Rheims

1749-1763
A revisão de Challoner
O bispo Challoner revisou a Douay-Rheims e, praticamente, passou a ter uso universal entre os católicos falantes do inglês por quase 200 anos.

1944-1950
Knox Bible
Ronald Knox foi comissionado pelos bispos ingleses a fazer uma nova tradução da Vulgata.

1952-1970
New American
Essa tradução, a partir das línguas originais, foi comissionada pelos bispos católicos estadunidenses. Em 1964, ela foi adotada para uso na liturgia católica romana.

1966
Bíblia de Jerusalém
Os dominicanos de Jerusalém editaram essa tradução francesa. Em seguida, ela foi traduzida para o inglês.

1965
Revised Standard Version [Versão padrão revisada], edição católica
O Novo Testamento foi preparado por um comitê da Associação Bíblica Católica da Grã-Bretanha. Ela tinha o estilo que refletia a tradição católica.

1966
Revised Standard Version, edição católica

Traduções ecumênicas
- *New English Bible* [Nova Bíblia inglesa]
- *Revised English Bible* [Bíblia inglesa revisada]
- *Revised Standard Version* [Versão padrão revisada]
- *New Revised Standard Version* [Nova versão padrão revisada]

DESCRIÇÕES DAS TRADUÇÕES DA BÍBLIA

DESCRIÇÃO DE ALGUMAS DAS PRINCIPAIS TRADUÇÕES DA BÍBLIA

■ Informação de cada Bíblia

As seguintes informações de cada uma das versões da Bíblia listadas na página anterior são dadas agora:
- O nome da versão da Bíblia;
- A data da publicação da versão da Bíblia;
- A descrição da versão da Bíblia retirada da própria versão;
- Dois trechos extraídos da versão da Bíblia, de Gênesis 1.1,2 e João 1.1-3.

Abbreviated Bible, The [A Bíblia abreviada]
Data de publicação: 1971

DESCRIÇÃO RETIRADA DA PRÓPRIA VERSÃO

Havia três objetivos ao se preparar essa obra. O primeiro era o de reduzir o texto suficientemente a fim de que a falta de tempo ou inclinação para ler uma versão inteira, e ainda desejar obter um conhecimento viável da Bíblia, pudessem ser feitos. O segundo era de preservar o material em uma linguagem facilmente compreensível para os leigos em geral. O terceiro era condensar o conteúdo e simplificar a linguagem sem omitir nem alterar nenhum material pertinente.

Cada capítulo é único. Percebeu-se que, embora algumas pessoas não aceitem os apócrifos, eles devem ser incluídos por diversas razões. Os compiladores se esforçaram para não permitir nenhum preconceito em particular ou apresentar pontos contra qualquer código de crenças religiosas. Eles leram várias traduções diferentes ao prepararem essa versão, com a *American Standard Version* [Versão padrão dos Estados Unidos] e a *Revised Standard Version* [Versão padrão revisada] sendo seguidas mais do que qualquer outra.

DOIS TRECHOS DE EXEMPLO

In the beginning God created the heavens and the earth. The earth was desolate and uninhabitable, and it was dark on the deep sea, but God's Spirit hovered over the waters. (Gn 1.1,2)

In the beginning was the Word, and the Word was with God, and the Word was God. He was in the beginning with God. Everything was made by Him, and not one thing that was made was made without Him. (Jo 1.1-3)

Uma tradução estadunidense (Smith-Goodspeed)
Data de publicação: 1931

DESCRIÇÃO RETIRADA DA PRÓPRIA VERSÃO

O Antigo Testamento foi traduzido por Alexander R. Gordon (*McGill University*), Theopile J. Meek (*University of Toronto*), Leroy Waterman (*University of Michigan*), e J. M. Powis Smith (*University of Chicago*). A última pessoa nomeada também foi o editor. O Novo Testamento foi traduzido por Edgar J. Goodspeed (*University of Chicago*).

Houve razões básicas para a necessidade dessa tradução do Antigo Testamento. O controle do vocabulário e sintaxe hebraicos disponíveis aos estudiosos hoje em dia é imensamente maior que o que se achava disponível no domínio dos tradutores da *Authorized Version* [Versão autorizada], ou de seus revisores. A ciência da crítica textual fez um grande progresso nos últimos anos, e nenhuma tradução do Antigo Testamento poderia se permitir ignorar esses resultados. Desenvolveu-se um grande interesse pelas qualidades estilísticas da poesia hebraica. Uma pessoa comum dos dias de hoje não entende a língua inglesa da época do rei James nem a acha natural.

O Novo Testamento foi escrito no grego atual. Assim, também foi traduzido para o inglês atual.

DOIS TRECHOS DE EXEMPLO

> When God began to create the heavens and the earth, the earth was a desolate waste, with darkness covering the abyss and a temptuous wind raging over the surface of the waters. (Gn 1.1,2)

> In the beginning Word existed. The Word was with God, and the Word was divine. It was he that was with God in the beginning. Everything came into existence through him, and apart from him nothing came to be. (Jo 1.1-3)

Amplified Bible [Bíblia amplificada]

Data de publicação: 1965

DESCRIÇÃO RETIRADA DA PRÓPRIA VERSÃO

Essa tradução baseia-se na *American Standard Version* [Versão padrão dos Estados Unidos]. Ela usa um sistema de sinônimos, pontuação e características tipográficas, e esclarece palavras ou frases para revelar matizes de significado das palavras principais no texto original.

O objetivo da tradução era que ela fosse fiel às línguas originais, gramaticalmente correta, entendida pelas massas e que concedesse ao Senhor Jesus Cristo o lugar adequado que a palavra lhe concede. Não é um esforço de duplicar o que já foi atingido, e sim progredir além do ponto de onde os outros pararam.

DOIS TRECHOS DE EXEMPLO

> In the beginning God (prepared, formed, fashioned,) and created the heavens and the earth. [Heb. 11.3] The earth was without form and an empty waste, and darkness was upon the face of the great deep. The Spirit of God was moving (hovering, brooding) over the face of the waters. (Gn 1.1,2)

> In the beginning [before all time] was the Word [Christ], and the Word was with God, and the Word was God Himself. [Is. 9.6] He was present originally with God. All things were made and came into existence through Him, and without Him was not even one thing made that has come into being. (Jo 1.1-3)

Basic Bible, The [A Bíblia básica]

Data de publicação: 1950

DESCRIÇÃO RETIRADA DA PRÓPRIA VERSÃO

A linguagem usada é o inglês básico. Essa versão, produzida por C. K. Ogden do Orthological Institute, é uma forma simples da língua inglesa que, em 850 palavras, é capaz de dar o sentido a qualquer coisa que pode ser dita em inglês. A versão é designada para ser usada em qualquer lugar onde a língua inglesa tenha criado raízes.

DOIS TRECHOS DE EXEMPLO

> At first God made the heaven and the earth. And the earth was waste and without form; and it was dark on the face of the deep: and the Spirit of God was moving on the face of the waters. (Gn 1.1,2)

> From the first he was the Word, and the Word was in relation with God and was God. This Word was from the first in relation with God. All things came into existence though him, and without him nothing was. (Jo 1.1-3)

A Bíblia escrita para ser lida como literatura
Data de publicação: 1930

DESCRIÇÃO RETIRADA DA PRÓPRIA VERSÃO

Esse volume é designado a apresentar uma seleção da maior parte da Bíblia em inglês como literatura. É voltada a todos os leitores, de qualquer crença, opinião ou educação. Não é sua primeira tentativa, e sim sua seleção e disposição que são novos. Ernest Sutherland Bates é o editor e organizador.

As seguintes finalidades foram dadas:
- Permitir uma narração conservadora da criação até o exílio, complementando-a com uma seleção de 1Macabeus para encerrar a história até os dias de Jesus.
- Enfatizar os maiores profetas e minimizar os outros.
- Reorganizar o drama, a poesia e a ficção, adicionando partes dos apócrifos.
- Conceder uma biografia básica de Jesus, conforme encontrada nos evangelhos.
- Restringir as declarações de Paulo àquelas de valor imortal e omitir inteiramente as epístolas escritas sob pseudônimos não importantes.
- Imprimir todas as obras em ordem de composição, sempre que possível.

DOIS TRECHOS DE EXEMPLO

> In the beginning God created the heavens and the earth. And the earth was without form, and void; and darkness was upon the face of the deep. And the Spirit of God moved upon the face of the waters. (Gn 1.1,2)

> In the beginning was the Word, and the Word was with God, and the Word was God. The same was in the beginning with God. All things were made by him; and without him was not anything made that was made. (Jo 1.1-3)

Bible Reader, The
[A Bíblia de leitura]
Data de publicação: 1969

DESCRIÇÃO RETIRADA DA PRÓPRIA VERSÃO

Essa é uma interpretação entre crenças com notas de tradições judaicas, protestantes e católicas, e referências à arte, à literatura, à história e aos problemas sociais do homem moderno. Foi preparada por Walter M. Abbott, S. J.; Rabi Arthur Gilbert; Rolfe Lanier Hunt; e J. Carter Swaim.

Os editores dessa obra se reuniram no princípio da década de 1960 na convicção de que a preparação de cidadãos para a vida requer um conhecimento da Bíblia. Antes de começar seu trabalho, eles fizeram a si mesmos várias questões referentes a quais passagens deviam incluir. Em seguida, selecionaram as que mais se associavam com suas respectivas crenças e observâncias religiosas.

Chamou-se atenção para passagens que produziram ênfases denominacionais variadas.

DOIS TRECHOS DE EXEMPLO

> When God began to create the heaven and the earth – the earth being unformed and void, with darkness over the surface of the deep and a wind from God sweeping over the water – ... (Torá) (Gn 1.1,2)

> In the beginning was the Word, and the Word was with God, and the Word was God. He was in the beginning with God; all things were made through him, and without him was not anything made that was made. (Jo 1.1-3)

Confraternity of Christian Doctrine Translation [Tradução da Confraternidade da Doutrina Cristã]
Data de publicação: 1953

DESCRIÇÃO RETIRADA DA
PRÓPRIA VERSÃO

Os editores incorporaram em sua nova edição da Bíblia Sagrada as melhores traduções que os estudiosos da Bíblia tiveram a sua disposição. O Antigo Testamento, em formato de parágrafo em prosa, é a venerável Versão Doauy, com exceção dos primeiros oito livros (Gênesis até Rute), traduzidos por membros da *Catholic Biblical Association of America* [Associação Bíblica Católica dos Estados Unidos] sob o apoio da *Confraternity of Christian Doctrine* [Confraternidade da Doutrina Cristã]. Além disso, o livro de Salmos é uma nova tradução em inglês da nova versão em latim aprovada pelo papa Pio XII. O Novo Testamento é a versão recentemente revisada da *Contraternity of Christian Doctrine* [Confraternidade da Doutrina Cristã].

DOIS TRECHOS DE EXEMPLO

In the beginning God created the heavens and the earth; the earth was waste and void; darkness covered the abyss, and the spirit of God was stirring above the waters. (Gn 1.1,2)

In the beginning was the Word, and the Word was with God; and the Word was God. He was in the beginning with God. All things were made through him, and without him nothing was made that has been made. (Jo 1.1-3)

A Bíblia de Coverdale

Data de publicação: 1540

DESCRIÇÃO RETIRADA DA
PRÓPRIA VERSÃO

Miles Coverdale, ordenado em cerca de 1514, tornou-se interessado nas obras de tais homens como Erasmo, Lutero e Tyndale. Ele ajudou Tyndale em Andwerp em 1529. Traduziu Salmos e Eclesiastes das obras em latim de Campensis e os publicou em 1534 e 1535, respectivamente. Provavelmente, iniciou seu trabalho na Bíblia em 1534.

Essa Bíblia é dividida em seis partes, assim como a de Lutero. Os capítulos são divididos em parágrafos sem numeração sistemática. As notas, comparativamente poucas, tratam de leituras auxiliares. Há várias referências cruzadas nas margens e mais de 150 ilustrações.

Ela não foi traduzida a partir do hebraico e do grego, e sim do alemão e do latim. Coverdale era igualmente competente nessas duas últimas línguas. Ele a confiou a cinco intérpretes diferentes que traduziam clara e fielmente, sem favorecer nenhuma seita, mas sujeitando-se à correção. Eles foram Jerônimo, Pagninus, Lutero, os tradutores da *Bíblia de Zurique* e Tyndale.

Há uma extensa introdução. A ortografia e o tipo da letra são do inglês arcaico.

DOIS TRECHOS DE EXEMPLO

In ye begynnynge God created heauen and earth: ye earth was voyde and emptie, and darcknes was vpon the depe, and ye sprete od God moued vpo the water. (Gn 1.1,2)

In the begynnynge was the worde, and the worde was with God, and God was ye worde. The same was in the begynnynge wt God. All thinges were made by the same, and without the same was made nothinge that was made. (Jo 1.1-3)

A Bíblia Sagrada Darby

Data de publicação: 1923

DESCRIÇÃO RETIRADA DA
PRÓPRIA VERSÃO

Essa tradução do Antigo Testamento foi derivada de um estudo do texto hebraico comum.

O intento dessa tradução não é o de oferecer ao homem letrado uma obra culta, e sim prover o leitor simples e iletrado com uma tradução mais exata possível. Para esse fim, todos os auxílios disponíveis foram usados. A obra não é uma revisão da Bíblia usada comumente. O estilo da *Authorized Version* [KJV] foi mantido o máximo possível dentro do intuito dessa tradução.

As partes poéticas são diferenciadas do resto por uma disposição métrica para aqueles que estão habituados a usar Bíblias de parágrafo.

DOIS TRECHOS DE EXEMPLO

> In the beginning God created the heavens and the earth. And the earth was waste and empty, and darkness was on the face of the deep, and the Spirit of God was hovering over the face of the waters. (Gn 1.1,2)

> In [the] beginning was the Word, and the Word was with God, and the Word was God. He was in the beginning with God. All things received being through him, and without him not one [thing] received being which has received being. (Jo 1.1-3)

A Bíblia Douay-Reims (DRB)
Data de publicação: 1899

DESCRIÇÃO RETIRADA DA PRÓPRIA VERSÃO

Essa é uma tradução meticulosamente fiel para o inglês da Vulgata latina que Jerônimo (342-420) traduziu para o latim a partir das línguas originais. A Vulgata latina foi declarada pelo Concílio de Trento como a versão em latim oficial das Escrituras canônicas. Os tradutores da *DRB* empreenderam grandes esforços para traduzir de maneira exata. Quando uma passagem parecia estranha ou ininteligível, eles a deixavam como tal, mesmo se parecesse obscura.

Ela foi realizada a partir de uma tradução por dez razões, finalizando ao declarar que a Vulgata latina "não é simplesmente melhor do que todas as outras traduções em latim, mas melhor do que o próprio texto em grego, nos locais onde eles discordam". Eles também declaram que a Vulgata é "mais pura do que os textos hebraicos ou gregos existentes" e que "o mesmo latim tem se conservado melhor e com muito menos adulterações".

DOIS TRECHOS DE EXEMPLO

> In the beginning God created heaven, and earth. And the earth was void and empty, and darkness was upon the face of the deep; and the spirit of God moved over the waters. (Gn 1.1,2)

> In the beginning was the Word, and the Word was with God, and the Word was God. The same was in the beginning with God. All things were made by him; and without him was made nothing that was made. (Jo 1.1-3)

Emphasized Bible, The
[A Bíblia com ênfase]
Data de publicação: 1959

DESCRIÇÃO RETIRADA DA PRÓPRIA VERSÃO

Essa é uma tradução designada a apresentar o significado exato, a terminologia apropriada e o estilo vívido do original sagrado. O tradutor foi Joseph Bryant Rotherham.

Por todo o texto há sinais indicando a ênfase para a leitura. (') e (//) indicam uma leve ênfase. (// //) e (< >) indicam uma ênfase mais decidida. Esse último é delimitado a palavras pré-colocadas e cláusulas, levando ao que se segue.

God [Deus] impresso em letras maiúsculas representa El. *God* [Deus] impresso em gótico representa Eloah. *God* [Deus] impresso sem peculiaridade de tipo representa Elohim. Usa-se "Yahweh", em vez de "Jehovah".

Há uma extensa introdução expositora que trata das características especiais dessa tradução, ênfase, textos originais e do nome impronunciável. Para o Antigo Testamento, usou-se o atual Texto Massorético. Para o Novo Testamento, foi usado o texto de Westcott e Hort.

DOIS TRECHOS DE EXEMPLO

<In the beginning> God' created the heavens and the earth. Now //the earth// had become waste and wild, and // darkness// was on the face of the roaring deep, – //the Spirit of God// was brooding on the face of the waters.(Gn 1.1,2)

//Originally// was /the Word, And //the Word// was /with God; And /the Word/ was //God//.
//The same// was originally /with God/.
//All things// through him' /came into existence/
And //without him// came into existence / not even one thing/: (Jo 1.1-3)

English Standard Version [Versão inglesa padrão]
Data de publicação: 2002

DESCRIÇÃO DE SEUS EDITORES
A *English Standard Version* (*ESV*) permanece como o curso clássico de traduções da Bíblia em inglês da última metade do milênio.

A origem dessa corrente foi o Novo Testamento de William Tyndale de 1526; seguindo o curso tivemos a *King James Version* de 1611 (*KJV*), a *Revised Version* [Versão revisada] de 1885 (*RV*), a *American Standard Version* [Versão padrão dos Estados Unidos] de 1901 (*ASV*), e a *Revised Standard Version* [Versão padrão revisada] de 1952 e 1971 (*RSV*).

Nessa corrente, foram combinadas a fidelidade ao texto e o cuidado extremado com a precisão, buscando a simplicidade, beleza e dignidade de expressão. Nosso objetivo é levar adiante esse legado para um novo século.

Com esse fim, cada palavra e cada frase na *ESV* foram cuidadosamente examinadas à luz dos originais grego, hebraico e aramaico, para garantir a mais completa precisão e clareza, evitando uma tradução inferior ou uma despercepção de qualquer nuance do texto original. As próprias palavras e frases brotaram desse legado de *Tyndale-King James*. A linguagem arcaica foi trazida ao uso corrente e correções relevantes foram feitas nas traduções dos principais textos.

No entanto, ao longo de todo o texto, nosso objetivo foi o de reter a profundidade de significado e fazer perdurar a linguagem que deixou sua marca indelével no mundo de fala inglesa, definindo a vida e a doutrina da igreja pelos últimos quatro séculos.

DOIS TRECHOS DE EXEMPLO

In the beginning God created the heavens, and the earth. The earth was without form and void, and darkness was over the face of the deep. And the spirit of God was hovering over the face of the waters. (Gn 1.1,2)

The Word of Life

1.1That which was from the beginning, which we have heard, which we have seen with our eyes, which we looked upon and have touched with our hands, concerning the word of life 2the life was made manifest, and we have seen it, and testify to it and proclaim to you the eternal life, which was with the Father and was made manifest to us 3that which also to you, so that you too may have fellowship with us; and indeed our fellowship is with the Father and with his Son Jesus Christ. (Jo 1.1-3)

Versão em Inglês para os Surdos (Versão fácil de ler)

Data de publicação: 1989

DESCRIÇÃO RETIRADA DA PRÓPRIA VERSÃO

Essa versão foi preparada para atender às necessidades especiais dos surdos. Quer seja publicada como versão em inglês para os surdos quer como versão fácil de ler, o texto é o mesmo. Pessoas com problemas auditivos aprenderam a língua materna por meio da conversação oral. No entanto, para os surdos, essa experiência com a língua é bastante limitada. Essa versão em inglês especializada é desenvolvida para crianças, pessoas que aprenderam inglês como língua estrangeira e muitas outras que enfrentam dificuldades semelhantes de leitura, no intuito de ajudá-las a superar ou evitar a maioria dos obstáculos mais comuns à leitura com compreensão.

Uma das ideias básicas que orientou o trabalho dessa versão foi que a boa tradução é boa comunicação. A principal preocupação dos tradutores sempre foi comunicar ao leitor a mensagem dos escritores bíblicos de maneira tão efetiva e natural quanto foram os escritos originais para os povos daqueles tempos. Os tradutores trabalharam para transportar à sua plateia específica o texto bíblico de forma simples e natural.

DOIS TRECHOS DE EXEMPLO

God made the sky and the earth. At first, the sky was completely empty; nothing was on the earth. Darkness covered the ocean, and God's Spirit moved over the water. (Gn 1.1,2)

Before the world began, the Word was there. The Word was there with God. The Word was God. He was there with God in the beginning. All things were made through him (the Word). Nothing was made without him. (Jo 1.1-3)

A Bíblia de Genebra

Data de publicação: 1560

DESCRIÇÃO RETIRADA DA PRÓPRIA VERSÃO

Traduzida de acordo com o texto hebraico e grego, e conferida pelos melhores tradutores nos dois idiomas; com as observações mais eficazes sobre textos difíceis e outros detalhes de grande importância conforme relata a epístola ao leitor.

Contém também notas de margem originais.

O trabalho foi feito em Genebra, Suíça. Os tradutores não se identificam em nenhum lugar da Bíblia. Várias pessoas estavam envolvidas nessa obra, a saber, William Whittingham (editor geral), Myles Coverdale, John Knox, Christopher Goodman, Anthony Gilby, Thomas Sampson, William Cole, entre outros. Os tradutores foram motivados a preparar uma nova tradução porque era necessário que os cristãos caminhassem no temor e amor de Deus, e isso pode ser mais bem realizado quando se tem um conhecimento da Palavra de Deus.

DOIS TRECHOS DE EXEMPLO

In the beginning God created y heauen and the earth. And the earth was without forme and voyde, and darkness was vpon the depe, and the Spirit of God moued vpon the waters. (Gn 1.1,2)

In the beginning was the Worde, and the Worde was with God and that Worde was God. The same was in the beginning with God. All things were made by it, and without it was made nothing that was made. (Jo 1.1-3)

A Palavra de Deus (*Today's Bible Translation* [Bíblia na tradução de hoje])

Data de publicação: 1995

DESCRIÇÃO RETIRADA DA PRÓPRIA VERSÃO

Essa tradução, a obra *A Palavra de Deus* para a *Nations Bible Society* [Sociedade Bíblica das nações], preenche uma necessidade da comunicação de modo claro para os estadunidenses contemporâneos sem comprometer a mensagem da Bíblia. Estudiosos da Bíblia e revisores se dedicaram em tempo integral. Fazendo uso de uma gramática natural, ela segue as regras de capitalização e pontuação padrão, impressa em uma única coluna.

A teoria seguida pelos tradutores da Sociedade Bíblica é a da tradução natural e mais próxima possível do original. A primeira consideração foi encontrar modos equivalentes em inglês de expressar o sentido do texto original. A segunda consideração foi a legibilidade. A terceira consideração foi escolher o equivalente natural que reflete mais claramente o estilo do texto hebraico, grego ou aramaico.

Em prosa, essa tradução se parece com outras obras de literatura. A poesia é instantaneamente reconhecida pelo seu formato.

Ela traz em maiúscula a primeira letra em nomes próprios e frases, bem como em todas as letras da palavra Senhor quando representa Yahweh. Nenhum pronome aparece em maiúscula (a não ser que venha no princípio das frases). Em passagens que se aplicam a todas as pessoas, tenta-se usar uma linguagem de gênero neutro a fim de que todos os leitores apliquem essas passagens a sua vida. Se uma passagem focaliza o indivíduo, não são utilizados substantivos e pronomes no plural a fim de evitar pronomes específicos de gênero. Evita-se usar termos teológicos específicos, substituindo palavras que carregam o mesmo significado em inglês comum. No entanto, algumas palavras teológicas tradicionais estão contidas nas notas de rodapé na primeira vez em que aparecem no capítulo.

DOIS TRECHOS DE EXEMPLO

In the beginning God created heaven and earth. The earth was formless and empty, and darkness covered the water. The Spirit of God was hovering over the water. (Gn 1.1,2)

In the beginning the Word already existed. The Word was with God, and the Word was God. He was already with God in the beginning. Everything came into existence through him. Not one thing that exists was made without him. (Jo 1.1-3)

Bíblia Sagrada em Inglês Moderno
Data de publicação: 1900

DESCRIÇÃO RETIRADA DA PRÓPRIA VERSÃO

Os livros do *Sacred Volume of our Faith* [Volume sagrado de nossa fé], da forma como foram dispostos pelo comitê editorial, anunciados pelo Grande Sinédrio, que ocorreu em Jerusalém com esse intuito, no século III a.C., foram divididos em quatro volumes, e colocados em sequência seguida pelo tradutor, Ferrar Fenton [Antigo Testamento].

Ele usou essa ordem pelos seguintes motivos: a ordem original era essa; a precisão crítica, percepção mental e habilidades literárias ali presentes; o agrupamento de escritores históricos e divinamente inspirados; demonstração, com maestria, da compreensão do trabalho que os editores tiveram antes deles; a natureza progressiva da revelação de Deus para a humanidade das leis eternas da criação, da vida humana e dos serviços sociais e de saúde pública que nunca foram igualados, representando, se estudados, um comentário que não pode ser sobrepujado.

Em princípio, ele traduziu, à mão e com seus esforços mentais, diretamente do original, sem nenhuma versão intermediária entre os textos gregos ou orientais e seus manuscritos. Ele revisou as passagens de três a cinco vezes e submeteu algumas mais difíceis a uns amigos especializados em estudos orientais e gregos. Em seguida, testou essas traduções por meio de vários tradutores anteriores.

Então, conferiu sua versão com a Bíblia Poliglota. Ficou consternado ao descobrir, quando fazia essa última revisão, que os tradutores de várias línguas tinham repetido erros cometidos pelos tradutores do texto hebraico, grego ou caldeu. Encontrou os mesmos equívocos na versão latina do Novo Testamento grego.

Por diversos anos, ele leu o Antigo Testamento em hebraico e caldeu e o Novo Testamento em grego a fim de captar o significado dos próprios escritores antigos. O tradutor também não teve à sua disposição nenhuma teoria teológica ou histórica que o atacasse ou o apoiasse.

DOIS TRECHOS DE EXEMPLO

> By Periods GOD created that which produced the Solar Systems; then that which produced the Earth. But the Earth was unorganised and empty; and darkness covered its convulsed surface; while the breath of GOD rocked the surface of its waters. (Gn 1.1,2)

> The WORD existed in the beginning, and the WORD was with God, and the WORD was God. He was present with God at the beginning. All came into existence by means of Him; and nothing came into existence apart from Him. (Jo 1.1-3)

Revised Version
[Versão revisada]
Data de publicação: 1885

DESCRIÇÃO RETIRADA DA PRÓPRIA VERSÃO

A *Revised Version* [Versão revisada] da Bíblia foi a primeira – e permanece sendo a única – revisão oficialmente autorizada da *King James Version*. O trabalho foi confiado a cinquenta estudiosos de várias denominações na Grã-Bretanha; alguns estudiosos estadunidenses foram convidados a cooperar, por correspondência.

Os revisores tinham a responsabilidade de fazer mudanças somente se fossem realmente necessárias para se manterem fiéis ao texto original. Apenas no Novo Testamento, mais de 30.000 alterações foram feitas, cerca de 5.000 delas com base no melhor texto em grego.

O trabalho começou em 1879, e a *Revised Version* [Versão revisada] foi publicada em 1885; a Apocrypha saiu em 1895.

A *American Standard Edition* [Edição padrão dos Estados Unidos], baseada na *Revised Version* [Versão revisada], foi publicada em 1901.

DOIS TRECHOS DE EXEMPLO

> In the beginning God created heaven and the earth. And the earth was waste and void; and darkness was upon the face of the deep: and the spirit of God moved upon the face of the waters. (Gn 1.1,2)

> In the beginning was the Word, and the Word was with God, and the Word was God. The same was in the beginning with God. All things were made by him; and without him was not anything made that hath been made. (Jo 1.1-3)

A Versão Inclusiva
Data de publicação: 1995

DESCRIÇÃO RETIRADA DA PRÓPRIA VERSÃO

Apenas os Salmos e o Novo Testamento foram publicados.

Essa nova versão revolucionária, adaptada da *New Revised Standard Version* [Nova versão padrão revisada] e editada por seis estudiosos – três homens e três mulheres – leva a língua inglesa a novas esferas de expressão inclusiva. Esse trabalho dirige-se a tais questões como raça, gênero e etnia mais diretamente do que antes.

Há duas razões para essa nova versão. As línguas para as quais a Bíblia é traduzida estão mudando. Novos manuscritos mais antigos e mais confiáveis são descobertos, e novas investigações para o significado de novas palavras revelam que traduções mais precisas são possíveis.

Não se fala "os cegos" nem "os mancos", e sim "pessoas que são cegas" ou "aqueles que têm deficiência". Como a igreja não assume que Deus é do sexo masculino, nessa versão nunca há uma referência a Deus no pronome masculino, nem em qualquer pronome. Como a igreja não acredita que Deus é literalmente um pai, e entende "Pai" como uma metáfora, então a palavra "Pai" é transmitida nessa versão por uma nova metáfora, "Pai-Mãe". Quando Jesus é chamado de "Filho de Deus" ou "Filho do Abençoado", e o gênero do Jesus histórico não for importante, mas quando se tratar da relação íntima do "Filho" com o "Pai", o equivalente "criança" é usado para "Filho", e os pronomes específicos de gênero que se referem a "criança" são evitados. Essa versão usa "Aquele Ser Humano" como um equivalente formal para "o Filho do homem". Na genealogia que abre o evangelho de Mateus, os nomes de mulheres, os que nos são conhecidos, foram adicionados por exemplo, Davi e Bate-seba, esposa de Urias, foram pais de Salomão.

UM TRECHO DE EXEMPLO

In the beginning was the Word, and the Word was with God, and the Word was God. The Word was in the beginning with God. All things came into being through the Word, and without the Word not one thing came out into being. (Jo 1.1-3)

Bíblia Interlinear (Greene)
Data de publicação: 1976

DESCRIÇÃO RETIRADA DA
PRÓPRIA VERSÃO

É a primeira Bíblia disponível a estudantes das Escrituras que falam inglês. Com ela, podem ser usadas dicionários, glossários e outros auxílios recentes.

O texto hebraico no Antigo Testamento é o Texto Massorético. O texto grego no Novo Testamento é o *Textus Receptus* (um pouco diferente de outras edições impressas).

Há duas traduções em inglês: uma localizada diretamente sob cada palavra hebraica ou grega e *The Literal Translation of the Bible* [A tradução literal da Bíblia] em uma coluna estreita à esquerda. Essa última tradução direta facilita a visualização da ordem apropriada das palavras em inglês e a assimilação da mensagem do texto. Ambas as traduções são palavra por palavra, mas não são representações absolutas e literais das palavras hebraicas e gregas.

O nome pessoal de Deus é traduzido como Jeová ou Já. Os tradutores preferiram JHWH ou YHWH por causa do uso consolidado em inglês dos nomes bíblicos começando com essa letra (p. ex., Jacó e José). No Novo Testamento, os nomes gregos das pessoas do Antigo Testamento são grafados da mesma forma como aparecem no Antigo Testamento. "Maria" é traduzida por Miriã, mantendo a consistência da forma grega quando traduzido sob a palavra grega.

DOIS TRECHOS DE EXEMPLO

In the beginning God created the heavens and the earth; and the earth being without form and empty, and darkness on the face of the deep, and the Spirit of God moving gently on the face of the waters. (Gn 1.1,2)

In the beginning was the Word, and the Word was with God, and the Word was God. He was in the beginning with God. All things came into being through Him, and without Him not even one thing came into being that has come into being. (Jo 1.1-3)

Bíblia de Jerusalém

Data de publicação: 1966

DESCRIÇÃO RETIRADA DA PRÓPRIA VERSÃO

A forma e a natureza dessa edição foram determinadas por dois dos principais perigos enfrentados pela religião cristã hoje em dia. A primeira é a redução do cristianismo à condição de uma relíquia – ainda que de maneira afetiva, mas considerada irrelevante aos nossos dias. A segunda é sua rejeição como mitologia, nascida e cultivada em emoção e sem ter nada a dizer à mente.

Ora, para o pensamento cristão do século XX, dois *slogans* foram adotados de maneira bastante sábia: *aggiornamento*, ou manter-se atualizado nos nossos dias, e *approfondimento*, ou aprofundamento do pensamento teológico. Sua primeira parte pode ser levada adiante pela tradução para a língua que usamos hoje em dia; sua segunda parte, ao conceder observações que não são sectárias nem superficiais.

Em 1956, uma edição de um volume, que veio a ser popularmente conhecida como *La Bible de Jerusalém*, apareceu. Ela foi preparada pela Escola Bíblica Dominicana em Jerusalém. A edição descrita aqui é a edição equivalente em inglês.

Partes da edição em inglês foram traduzidas a partir do francês. Em seguida ela foi cuidadosamente comparada com os textos hebraico e aramaico. No entanto, mais trechos foram traduzidos a partir do grego ou hebraico e comparados com o francês. O livro de Salmos apresenta um problema especial porque é uma coleção de versículos não somente para serem lidos, mas também para ser cantados e recitados.

DOIS TRECHOS DE EXEMPLO

In the beginning God created the heavens and the earth. Now the earth was a formless void, there was darkness over the deep, and God's spirit hovered over the water. (Gn 1.1,2)

In the beginning was the Word: the Word was with God and the Word was God. He was with God in the beginning. Through him all things came to be, not one thing had its being but through him. (Jo 1.1-3)

King James Version (Authorized Version [Versão autorizada])

Data de publicação: 1611

DESCRIÇÃO DA VERSÃO

Traduzida das línguas originais e de traduções prévias, incluindo a de William Tyndale, diligentemente comparada e revisada. No prefácio da edição de 1611, os tradutores declararam que não era a intenção deles fazer uma nova tradução, e sim tornar melhor uma boa tradução. Ela é a revisão da *Bíblia do Bispo*, de 1568.

Era o desejo dos tradutores tornar a verdade sagrada de Deus cada vez mais conhecida das pessoas, mesmo sendo difamada por religiosos que mantinham o povo na ignorância e escuridão com relação à Bíblia. Ela foi presenteada ao rei James I quando terminada em 1611. Foi a tradução em inglês padrão por quase quatrocentos anos.

Ela é conhecida pela qualidade da tradução e majestade de estilo. Os tradutores estavam comprometidos em produzir uma Bíblia em inglês e, de forma alguma, pensaram em fazer paráfrases ou apenas uma tradução, de modo geral, aproximada. Os estudiosos estavam completamente familiarizados com as línguas originais da Bíblia e eram especialmente capacitados em seu uso do inglês, sua língua nativa. Por causa da referência a Deus e sua palavra, somente poderia ser aceito um princípio de precisão extrema em sua tradução.

Ao apreciar a beleza intrínseca da revelação divina, eles disciplinavam seus talentos para transportar palavras bem escolhidas no inglês de seu tempo, bem como uma disposição graciosa da língua, geralmente musical.

DOIS TRECHOS DE EXEMPLO

In the beginning God created the heaven and the earth.

And the earth was without form, and void; and darkness was upon the face of the deep. And the Spirit of God moved upon the face of the waters. (Gn 1.1,2)

In the beginning was the Word, and the Word was with God, and the Word was God.

The same was in the beginning with God.

All things were made by him; and without him was not any thing made that was made. (Jo 1.1-3)

Tradução Knox
Data de publicação: 1956

DESCRIÇÃO RETIRADA DA PRÓPRIA VERSÃO

A hierarquia da Inglaterra e de Gales requisitou a Ronaldo Knox em 1936 que se responsabilizasse pela nova tradução do Novo Testamento. Essa tradução foi produzida por ele em 1945. O Antigo Testamento foi terminado em 1955. A tradução é retirada da Vulgata "à luz dos" originais e com muitas notas textuais.

A intenção na preparação dessa tradução era de dar aos leitores um conhecimento e compreensão maior das Sagradas Escrituras inspiradas. A oração e os sacramentos são a força do apóstolo leigo; a Bíblia, sua armadura. Um conhecimento da Escritura Sagrada é um elemento valioso em sua participação na liturgia da igreja. A tradução do monsenhor Knox demonstrou cumprir as necessidades de disponibilizar em cada lar uma Bíblia de fácil leitura e que fosse um regozijo manuseá-la.

DOIS TRECHOS DE EXEMPLO

God, at the beginning of time, created heaven and earth. Earth was still an empty waste, and darkness hung over the deep; but already, over its waters, stirred the breath of God. (Gn 1.1,2)

At the beginning of time the Word already was; and God had the Word abiding with him, and the Word was God. He abode, at the beginning of time, with God. It was through him that all things came into being, and without him came nothing that has come to be. (Jo 1.1-3)

Bíblia Lamsa
Data de publicação: 1957

DESCRIÇÃO RETIRADA DA PRÓPRIA VERSÃO

Essa tradução do Antigo e do Novo Testamentos é baseada nos manuscritos da Peshita, a Bíblia aceita por todos aqueles cristãos que usaram o siríaco como sua língua de oração e adoração por vários séculos. Do leste mediterrâneo até a Índia, a Peshita ainda é a Bíblia preferida entre os cristãos.

George M. Lamsa, o tradutor, devotou a maior parte de sua vida a esse trabalho. Ele era assírio e nativo das terras bíblicas antigas.

Ele e seu povo retiveram os costumes bíblicos e a cultura semita, já em desuso em outros lugares. Com essa bagagem e seu conhecimento da língua aramaica (siríaca), ele recuperou muito do significado que tinha se perdido em outras traduções das Escrituras.

Os manuscritos usados foram o Códice Ambrosiano para o Antigo Testamento e o manuscrito Mortimer-McCawley para o Novo Testamento.

Foram feitas outras comparações com outros manuscritos da Peshita, incluindo os manuscritos mais antigos datados, ainda preservados.

O termo Peshita significa direto, simples, sincero e verdadeiro, ou seja, o original.

DOIS TRECHOS DE EXEMPLO

God created the heavens and the earth in the very beginning.

And the earth was without form, and void; and darkness was upon the face of the deep. And the Spirit of God moved upon the face of the water. (Gn 1.1,2)

The Word was in the beginning, and that very Word was with God, and God was that Word.
The same was in the beginning with God.
Everything came to be by his hand; and without him not even one thing that was created came to be. (Jo 1.1-3)

Bíblia Viva
Data de publicação: 1971

DESCRIÇÃO RETIRADA DA PRÓPRIA VERSÃO
Uma paráfrase é uma reafirmação dos pensamentos de um autor usando palavras diferentes. A intenção dessa versão é que ela afirme da maneira mais exata possível o que os escritores das Escrituras quiseram dizer, e que o faça de modo simples, desenvolvendo, quando necessário, o esclarecimento, a fim de facilitar a compreensão do leitor moderno. Há um perigo em parafrasear, ou seja, que o tradutor, embora honesto, venha a não transmitir ao leitor o que o escritor original quis dizer. Quando o grego ou o hebraico não estiver claro, a teologia do tradutor e seu senso de lógica são seus guias. O guia teológico nessa versão traz uma rígida posição evangélica.

Essa versão submeteu-se a várias revisões de manuscritos, além de passar pelo escrutínio de uma equipe de especialistas em grego e hebraico a fim de averiguar o conteúdo e de críticos de inglês para verificar o estilo.

DOIS TRECHOS DE EXEMPLO

When God began creating the heavens and the earth, the earth was at first a shapeless, chaotic mass, with the Spirit of God brooding over the dark vapors. (Gn 1.1,2)

Before anything else existed, there was Christ, with God. He has always been alive and is himself God. He created everything there is – nothing exists that he didn't make. (Jo 1.1-3)

A Mensagem
Data de publicação: 2003

DESCRIÇÃO RETIRADA DA PRÓPRIA VERSÃO
Essa versão é a obra de Eugene H. Peterson. Ele era pastor de uma igreja presbiteriana em Maryland e professor de teologia espiritual em uma faculdade na Colúmbia Britânica, além de ser escritor.

Uma característica dos escritos originais do Novo Testamento é que eles foram feitos na linguagem coloquial daqueles dias. Naquele tempo, no mundo que falava grego, havia dois registros de linguagem: formal e informal.

A linguagem formal era usada para escrever filosofia, história, decretos governamentais e poesia épica. Algumas pessoas consideram que a linguagem que lida com um Deus santo e com coisas santas deveria ser elevada – majestosa e cerimonial. No entanto, Jesus preferiu histórias práticas e de fácil associação com as pessoas comuns.

Os seguidores de Jesus em seu testemunho e pregação, traduzindo e ensinando, sempre tentaram conduzir a mensagem – as "boas-novas" – na linguagem da rua independentemente de onde vivessem.

A fim de entender a mensagem corretamente, a linguagem deve ser simples e clara, revelando a presença de Deus e atuando onde menos esperamos.

Essa versão está em uma linguagem contemporânea atual, recente e compreensível, escrita da mesma forma que a usamos em todas as nossas atividades.

O objetivo não era o de transmitir uma conversão literal do grego para o inglês, e sim converter o tom, o ritmo, os eventos e as ideias a um modo como pensamos e falamos de fato.

DOIS TRECHOS DE EXEMPLO

> First this: God created the Heavens and Earth – all you see, all you don't see. Earth was a soup of nothingness, a bottomless emptiness, an inky blackness. God's Spirit brooded like a bird above the watery abyss. (Gn 1.1,2)
>
> The Word was first, the Word was present to God, God present the Word. The Word was God, in readiness for God from day one. Everything was created through him; nothing – not one thing! – came into being without him. (Jo 1.1-3)

Modern Reader's Bible [Bíblia moderna de leitura]

Data de publicação: 1923

DESCRIÇÃO RETIRADA DA PRÓPRIA VERSÃO

Essa tradução, apresentada em forma literária moderna, foi editada por Richard G. Moulton, professor de teoria literária e interpretação na Universidade de Chicago. Essa obra foi baseada na *Revised English Version* [Bíblia inglesa revisada].

Quando analisamos nossas versões comuns, não conseguimos ver os lirismos, os épicos, os dramas, os ensaios, os sonetos, nem os tratados, como em outras grandes obras literárias do mundo. Em vez disso, vemos uma uniformidade monótona de frases numeradas que mais sugere um instrumento legal detalhado que literatura.

Os manuscritos mais antigos não distinguiam entre versículo e prosa. Em prosa, eles não fazem distinção de frases e parágrafos. Em versículo, eles não fazem distinção de métrica. Em drama, eles não diferenciam as falas nem sugerem os nomes dos falantes. Muitos não fazem divisões de palavras. Os escribas, rabinos e os doutores medievais que intervieram entre os autores e nós podem ser descritos como comentaristas. Esses preservaram as palavras da Escritura, mas não consideraram o caráter literário. O propósito dessa tradução é auxiliar a cumprir essa dificuldade. O espírito dessa obra está envolto na ideia de literatura.

DOIS TRECHOS DE EXEMPLO

> In the beginning God created the heaven and the earth. And the earth was waste and void; and darkness was upon the face of the deep: and the spirit of God moved upon the face of the waters.(Gn 1.1,2)
>
> IN THE BEGINNING WAS THE WORD: AND THE WORD WAS WITH GOD: AND THE WORD WAS GOD. The same was in the beginning with God. All things were made through him, and without him was not anything made. (Jo 1.1-3)

Nova Tradução de Moffatt

Data de publicação: 1922

DESCRIÇÃO RETIRADA DA PRÓPRIA VERSÃO

O objetivo do tradutor, James Moffatt, doutor em Divindade, era o de apresentar o Antigo e o Novo Testamentos em um inglês eficaz e inteligível. Nenhuma tradução de clássicos antigos pode ser considerada bastante inteligível, a menos que o leitor esteja suficientemente familiarizado com seu ambiente a ponto de entender algumas das alusões implícitas e das características metafóricas. O tradutor sentiu que devia adaptar aos dias de hoje com o intuito de oferecer àqueles que não tiveram acesso à educação uma cópia da literatura bíblica da maneira como ela é à luz da pesquisa moderna. Geralmente, uma tradução verdadeira é uma interpretação. Da melhor maneira possível, ele tentou ser exato e idiomático.

Alguns termos hebraicos não têm equivalência em inglês que correspondam ao sentido original. Alguma coisa falta ao passá-los do hebraico para o inglês. O Tetragrama é apresentado como "o Eterno", a não ser em um título enigmático como "o Senhor dos Exércitos", embora o tradutor preferisse utilizar "Yahweh".

O texto usado para o Novo Testamento foi o de H. von Soden, cuja edição crítica do Novo Testamento grego baseou-se em pesquisas sem precedentes e surgiu na primeira década do século XX.

DOIS TRECHOS DE EXEMPLO
When God began to form the universe, the world was void and vacant, darkness lay over the abyss; but the spirit of God was hovering over the waters... (Gn 1.1,2)

The Logos existed in the very beginning, the Logos was with God, the Logos was divine. He was with God in the very beginning: through him all existence came into being, no existence came into being apart from him. (Jo 1.1-3)

New American Bible [Nova Bíblia estadunidense]
Data de publicação: 1987

DESCRIÇÃO RETIRADA DA PRÓPRIA VERSÃO
Em 1944, foi requisitado que a *Catholic Bible Association of America* [Associação Bíblica Católica dos Estados Unidos] produzisse uma nova tradução da Bíblia a partir das línguas originais e apresentasse o sentido do texto bíblico da maneira mais precisa possível. Primeiramente, foi publicado o Antigo Testamento em uma série de quatro volumes. O Novo Testamento foi concluído em 1970, resultando na *New American Bible* [Nova Bíblia estadunidense]. Essa obra tem um uso amplamente generalizado pelo povo católico estadunidense em adoração pública.

Avanços posteriores em sabedoria bíblica e a identificação de necessidades pastorais produziram uma revisão do Novo Testamento em 1986. Isso preencheu a necessidade de maior consistência de vocabulário e de provisão de material explanatório mais abundante e atualizado. Estudiosos de outras igrejas cristãs colaboraram na preparação dessa versão.

DOIS TRECHOS DE EXEMPLO
In the beginning, when God created the heavens and the earth, the earth was a formless wasteland, and darkness covered the abyss, while a mighty Wind swept over the waters. (Gn 1.1,2)

In the beginning was the Word, and the Word was with God, and the Word was God. He was in the beginning with God. All things came to be through him, and without him nothing came to be. (Jo 1.1-3)

New American Standard Version [Nova versão padrão dos Estados Unidos]
Data de publicação: 1977

DESCRIÇÃO RETIRADA DA PRÓPRIA VERSÃO
As intenções eram, em princípio, manter-se fiel o mais possível às línguas originais das Escrituras Sagradas e, em seguida, realizar a tradução em um estilo fluente e legível de acordo com o uso corrente atual.

A *King James Version* é a base para a *English Revised Version* [Bíblia inglesa revisada] (Novo Testamento, 1881; Antigo Testamento, 1885). A *American Standard Version* [Versão padrão dos Estados Unidos] (1901) é a reprodução estadunidense. A *American Standard Version* [Versão padrão dos Estados Unidos] é a base para a *New American Standard Version* [Nova versão padrão revisada], iniciada em 1959. Houve um esforço para preservar as qualidades de pesquisa e precisão da *American*

Standard Version [Versão padrão dos Estados Unidos]. As decisões sobre as traduções em inglês foram feitas por uma equipe de pastores e educadores. Realizaram-se uma revisão e uma avaliação por outros estudiosos do grego e do hebraico.

Os recursos utilizados foram os seguintes: a edição mais recente da Bíblia hebraica; luz recente da lexicografia, línguas cognatas e os manuscritos do mar Morto; e a vigésima terceira edição do *Novum Testamentum Graece*. "Elohim" foi traduzido por Deus; "Adonai", por Senhor; e "YHWH", por Senhor na maioria das vezes, mas por Deus quando aparece como "Adonai".

As notas de rodapé são somente usadas para esclarecimento. Teu, ti e tu somente são usados quando se dirigem à divindade. Os pronomes pessoais para a divindade são capitalizados. No Novo Testamento, versalete é usado para indicar as citações do Antigo Testamento ou alusões aos textos do Antigo Testamento.

DOIS TRECHOS DE EXEMPLO

In the beginning God created the heavens and the earth.
And the earth was formless and void, and darkness was over the surface of the deep; and the Spirit of God was moving over the surface of the waters. (Gn 1.1,2)

In the beginning was the Word, and the Word was with God, and the Word was God.
He was in the beginning with God.
All things came into being by Him, and apart from Him nothing came into being that has come into being. (Jo 1.1-3)

Nova Versão Berkely

Data de publicação: 1969

DESCRIÇÃO RETIRADA DA PRÓPRIA VERSÃO

Essa versão do Novo Testamento (1945), de acordo com o dr. Gerrit Verkuyl, ganhou um lugar entre a primeira classificação de tradutores da Bíblia para o inglês moderno. Essa versão do Antigo Testamento (1959), sob sua edição, exibe as mesmas características da tradução fiel aos textos originais para o inglês moderno vivo que marca o Novo Testamento.

O objetivo dessa versão era o de chegar às expressões atualizadas e verdadeiras que refletissem, da maneira mais direta possível, o significado do hebraico, aramaico e do grego. Não se trata de uma paráfrase.

Após 25 anos, a necessidade de revisão se torna evidente. Essa revisão foi muito extensa, mas não representa uma retradução. As notas explicativas foram revisadas e, também, adicionadas. Os cabeçalhos dos tópicos foram reformulados.

DOIS TRECHOS DE EXEMPLO

In the beginning God created the heavens and the earth. The earth was formless and empty, and darkness lay upon the face of the deep, and the Spirit of God was moving over the surface of the waters. (Gn 1.1,2)

In the beginning was the Word, and the Word was with God, and the Word was God. This is the One who was in the beginning with God. Through Him everything came into being and without Him nothing that exists came into being. (Jo 1.1-3)

New Century Version [Versão novo século]

Data de publicação: 1987

DESCRIÇÃO RETIRADA DA PRÓPRIA VERSÃO

Essa tradução da palavra de Deus foi feita a partir das línguas originais hebraica e grega. A equipe de tradução foi composta pelo *World Bible Translation Center* [Centro de Tradução Bíblico Mundial] e mais cinquenta tradutores e estudiosos da Bíblia altamente qualificados e experimentados.

Alguns tiveram experiência de tradução na *New International Version* [Nova versão internacional], *New American Standard* [Nova versão padrão estadunidense] e *New King James Version*. A terceira edição do texto grego da *United Bible Societies* [Sociedades Bíblicas Unidas], a versão mais recente da Bíblia hebraica e a *Septuaginta* estiveram entre os textos utilizados.

Várias normas foram estipuladas a fim de tornar a linguagem mais clara para qualquer leitor.

- *O Living Word Vocabulary* [Vocabulário da palavra viva], o vocabulário padrão utilizado pela *World Book Encyclopedia* [Enciclopédia do livro mundial], foi a base do vocabulário.
- Os conceitos foram colocados em termos naturais – medidas modernas e locações geográficas.
- Costumes antigos foram esclarecidos no texto ou nas notas de rodapé.
- Questões retóricas foram expressas de acordo com as respostas implícitas.
- Figuras de linguagem e expressões idiomáticas foram traduzidas de acordo com o significado delas.
- Termos obscuros foram esclarecidos. Esforços foram feitos no sentido de escolher a linguagem de gênero que transportasse a intenção dos escritores.
- O Tetragrama foi indicado ao colocar as palavras SENHOR e DEUS em letras maiúsculas.
- A poesia e os jogos de palavras em hebraico tiveram seu paralelismo retido. Imagens de linguagens antigas foram traduzidas para imagens equivalentes em inglês, sempre que possível.

DOIS TRECHOS DE EXEMPLO

In the beginning God created the sky and the earth. The earth was empty and had no form. Darkness covered the ocean, and God's Spirit was moving over the water.
(Gn 1.1,2)

In the beginning there was the Word. The Word was with God, and the Word was God. He was with God in the beginning. All things were made by him, and nothing was made without him. (Jo 1.1-3)

New English Bible
[Nova Bíblia inglesa]

Data de publicação: 1970

DESCRIÇÃO RETIRADA DA PRÓPRIA VERSÃO

Um presbítero na Igreja da Escócia em 1946 recomendou à Assembleia Geral que uma tradução da Bíblia fosse feita na linguagem corrente porque aquela da *Authorized Version* [Versão autorizada] era arcaica e pouco entendida pela maioria.

A Assembleia Geral abordou outras igrejas. Havia um desejo de uma tradução completamente nova, em vez de uma revisão, e que expressões contemporâneas fossem utilizadas, em vez de um inglês bíblico tradicional.

Tal tradução foi planejada e dirigida por representantes da União Batista da Grã-Bretanha e Irlanda, da Igreja da Inglaterra, da Igreja da Escócia, da Igreja Congregacional da Inglaterra e País de Gales, do Concílio das Igrejas do País de Gales, do Concílio Irlandês de Igrejas, do Encontro Anual da Sociedade de Amigos de Londres, da Igreja Metodista da Grã-Bretanha, da Igreja Presbiteriana da Inglaterra, da Sociedade Bíblica Estrangeira e Britânica e da Sociedade Bíblica Nacional da Escócia. A Igreja Católica Romana, na Inglaterra e na Escócia, enviou representantes como observadores. A tradução foi feita por três equipes extraídas das universidades britânicas para lidar, respectivamente, com o Antigo Testamento, os Apócrifos e o Novo Testamento. Uma quarta equipe de conselheiros literários confiáveis devia examinar a tradução para verificar o estilo em inglês.

DOIS TRECHOS DE EXEMPLO

In the beginning of creation, when God made heaven and earth, the earth was

without form and void, with darkness over the face of the abyss, and a mighty wind that swept over the surface of the waters.
(Gn 1.1,2)

When all things began, the Word already was. The Word dwelt with God, and what God was, the Word was. The Word, then, was with God at the beginning, and through him all things came to be; no single thing was created without him.
(Jo 1.1-3)

Nova Versão Internacional
Data de publicação: 1978

DESCRIÇÃO RETIRADA DA PRÓPRIA VERSÃO

Essa é uma tradução completamente nova da Bíblia Sagrada realizada por mais de cem estudiosos.

A tradução só foi realizada após vários anos de estudos exploratórios pelos comitês da *Christian Reformed Church* [Igreja Reformada Cristã] e a *National Association of Evangelicals* [Associação Nacional de Evangélicos]. Havia participantes dos Estados Unidos, Canadá, Austrália e da Nova Zelândia no processo de tradução.

As denominações eram as seguintes: Anglicana, Assembleias de Deus, Batistas, Irmãos, Cristãos Reformistas, Igreja de Cristo, Irmãos Livres, Luterana, Menonita, Metodista, Igreja do Nazareno, Presbiteriana, Wesleyana, entre outros.

Cada livro foi traduzido por uma equipe de estudiosos. Um Comitê Editorial Intermediário revisou seu trabalho. Um Comitê Editorial Geral averiguou em detalhes e revisou outra vez. O Comitê de Tradução da Bíblia Pentateuco examinou, revisou e entregou a tradução para que fosse publicada.

Os objetivos eram que a tradução fosse precisa e houvesse qualidade literária e clareza a fim de ser adequada para a leitura, o ensino, a pregação, a memorização e o uso litúrgico. Havia uma preocupação de que o inglês fosse idiomático, e não idiossincrático; contemporâneo, e não antiquado.

Os textos usados para o Antigo Testamento incluem a Bíblia hebraica mais recente, os manuscritos do mar Vermelho, o samaritano, tradições escribais antigas, a *Septuaginta*, a Vulgata, a Peshita siríaca, os Targuns, a Juxta hebraica, entre outros. Para o Novo Testamento, foram usados os melhores textos do Novo Testamento grego.

O Tetragrama é traduzido como SENHOR, em letras maiúsculas. Os pronomes da King James e as desinências verbais foram considerados arcaicas. As passagens poéticas foram impressas como poesia.

DOIS TRECHOS DE EXEMPLO

In the beginning God created the heaves and the earth. Now the earth was formless and empty, darkness was over the surface of the deep, and the Spirit of God was hovering over the waters. (Gn 1.1,2)

In the beginning was the Word, and the Word was with God, and the Word was God. He was with God in the beginning.

Through Him all things were made; without Him nothing was made that has been made. (Jo 1.1-3)

Nova Bíblia de Jerusalém
Data de publicação: 1985

DESCRIÇÃO RETIRADA DA PRÓPRIA VERSÃO

Essa tradução acompanha os textos originais hebraico, aramaico e grego. Para o Antigo Testamento, o Texto Massorético foi usado. Somente quando ocorriam dificuldades insuperáveis, foram usadas a *Septuaginta* ou outras versões.

No Antigo Testamento, o itálico indicava passagens de citações de outros livros da Bíblia. Uma lacuna indica uma palavra ininteligível ou uma frase incompleta no original. No Antigo Testamento, os colchetes indicam uma adição ou explicação posterior ao texto original.

Muitos estudiosos devotos que auxiliaram na *Bíblia de Jerusalém* (1956), na primeira *English Jerusalem Bible* [Bíblia de Jerusalém em inglês] (1966), e na *Bíblia de Jerusalém* (1973 revisada) contribuíram para a *New Jerusalem Bible* (1985).

DOIS TRECHOS DE EXEMPLO

In the beginning God created heaven and earth. Now the earth was a formless void, there was darkness over the deep, with a divine Wind sweeping over the waters. (Gn 1.1,2)

In the beginning was the Word: and the Word was with God and the Word was God. He was with God in the beginning. Through him all things came into being, not one thing came into being except through him. (Jo 1.1-3)

New King James Version [Nova versão King James]
Data de publicação: 1990

DESCRIÇÃO RETIRADA DA PRÓPRIA VERSÃO

Os tradutores, os comitês e os editores buscaram manter a qualidade lírica da *King James Version*, ainda permanecendo sensível à linguagem em inglês do final do século XX e sendo fiel e compatível com os textos grego, hebraico e aramaico. Onde havia obsolescência e outras dificuldades, foram integrados um vocabulário atualizado, pontuação e gramática. Palavras que representam objetos antigos que não possuem substitutos modernos foram retidas. Uma característica especial é a conformidade ao fluxo de pensamento da Bíblia de 1611. A grafia de palavras intraduzíveis foi mantida na *King James* e uniformizada em todo o texto. Termos doutrinais e teológicos padronizados foram mantidos. Pronomes e desinências verbais já em desuso foram substituídos por termos mais modernos. Pronomes que se referem a Deus foram trazidos com a primeira letra maiúscula. O uso frequente de "e" foi limitado e, sempre que permitia a língua original, substituído por outros termos. O formato foi projetado para realçar a vivacidade e a qualidade religiosa das Escrituras.

O texto usado para o Antigo Testamento foi o da edição de Stuttgart de 1967/1977 da Bíblia hebraica. Houve um uso suplementar da edição Bomberg de 1524/1525 da Bíblia hebraica, *Septuaginta*, Vulgata latina e dos manuscritos do mar Morto.

O Novo Testamento baseou-se no texto tradicional das igrejas que falavam grego, impresso pela primeira vez em 1516 e referido mais adiante como o *Textus Receptus*. É a quinta revisão do Novo Testamento traduzido a partir de textos gregos específicos.

DOIS TRECHOS DE EXEMPLO

In the beginning God created the heavens and the earth. The earth was without form, and void; and darkness was on the face of the deep. And the Spirit of God was hovering over the face of the waters. (Gn 1.1,2)

In the beginning was the Word, and the Word was with God, and the Word was God. He was in the beginning with God. All things were made through Him, and without Him nothing was made that was made. (Jo 1.1-3)

New Life Version [Versão nova vida]
Data de publicação: 1969

DESCRIÇÃO RETIRADA DA PRÓPRIA VERSÃO

A ideia de uma versão compreensível, mas precisa, da Bíblia veio a Gleason e Kathryn enquanto trabalhavam no Ártico canadense com os esquimós quando estes começavam a aprender inglês. Espera-se que essa versão seja útil onde quer que o inglês seja usado como segunda língua.

Na maioria das vezes, as palavras nessa edição de vocabulário limitado têm apenas um significado. Palavras bíblicas difíceis foram transformadas em frases simples e relevantes. O uso da linguagem coloquial e a paráfrase não foram considerados. A redação e a beleza de edições anteriores foram mantidas em vários lugares.

As primeiras cópias das Escrituras eram consideradas perfeitas e sem erros. Devido à mudança da língua e à tradução de um idioma para o outro, nenhuma versão pode reivindicar ter a mesma perfeição.

DOIS TRECHOS DE EXEMPLO

In the beginning God made from nothing the heavens and the earth. The earth was an empty waste and darkness was over the deep waters. And the Spirit of God was moving over the top of the waters.
(Gn 1.1,2)

The Word (Christ) was in the beginning. The Word was with God. The Word was God. He was with God in the beginning. He made all things. Nothing was made without Him making it. (Jo 1.1-3)

**New Living Version
[Versão vida nova]**
Data de publicação: 1996

DESCRIÇÃO RETIRADA DA PRÓPRIA VERSÃO

Noventa estudiosos evangélicos de várias origens teológicas e denominações passaram sete anos na revisão da *New Living Bible* [Nova Bíblia viva]. Essa versão é baseada nos estudos mais recentes da teoria da tradução. Pensamentos completos, e não simplesmente palavras, foram traduzidos para o inglês natural e cotidiano. Assim, essa é uma tradução de equivalência dinâmica. Três estudiosos receberam uma porção da Escritura, geralmente um ou dois livros. Foi designado um revisor geral para cada um dos seis grupos de livros.

O texto usado para o Antigo Testamento foi o da Bíblia hebraica Stuttgartensia (1977), junto com o apoio dos manuscritos do mar Morto, da *Septuaginta*, de outros manuscritos gregos, do Pentateuco samarinato, da Peshitano siríaca, da Vulgata latina e de outros documentos. Os textos para o Novo Testamento foram o Novo Testamento grego, publicado pelas Sociedades Bíblicas Unidas (1977) e o *Novum Testamentum Graece*, editado por Nestle e Aland (1993).

Houve um esforço para usar uma tradução de gênero neutro sempre que o texto se refere de maneira geral aos seres humanos ou à condição humana. El, Elohim, Eloah foram traduzidos por "Deus". YHWH foi traduzido por "o SENHOR"; e Adonai, por "Senhor".

DOIS TRECHOS DE EXEMPLO

In the beginning God created the heavens and the earth. The earth was empty, a formless mass cloaked in darkness. And the Spirit of God was hovering over its surface.
(Gn 1.1,2)

In the beginning the Word already existed. He was with God, and he was God. He was in the beginning with God. He created everything there is. Nothing exists that he didn't make. (Jo 1.1-3)

New Revised Standard Version [Nova versão padrão revisada]
Data de publicação: 1989

DESCRIÇÃO RETIRADA DA PRÓPRIA VERSÃO

Esta é a revisão autorizada da *Revised Standard Version* [Versão padrão revisada] (1952). Um comitê de cerca de trinta membros de várias denominações protestantes e da Igreja Católica Romana participou desse projeto. Representantes judeus e ortodoxos orientais foram membros da seção do Antigo Testamento.

Desde a publicação da *Revised Standard Version* [Versão padrão revisada], houve avanços feitos na descoberta e interpretação de documentos nas línguas semitas. Os manuscritos do mar Vermelho forneceram informações sobre os livros de Isaías e Habacuque, e outros fragmentos de outros livros do Antigo Testamento também foram utilizados. Cópias de manuscritos gregos de livros do Novo Testamento também se tornaram disponíveis. Assim, foi dada a autorização para a revisão de toda a *Revised Standard Version* [Versão padrão revisada] da Bíblia.

Para o Antigo Testamento, foi utilizada a edição de 1977 da Bíblia hebraica Stuttgartensia. Para o Novo Testamento, foi usada a edição de 1966 do Novo Testamento grego.

Ocasionalmente, foram necessárias algumas mudanças. As notas de rodapé indicam como as autoridades antigas liam. O estilo de inglês usado reflete o uso atual. A linguagem orientada pelo masculino foi eliminada, sempre que possível. O Tetragrama é traduzido por SENHOR e DEUS, em letras maiúsculas. Pronomes e desinências verbais em inglês arcaico não foram usados. Trata-se, essencialmente, de uma tradução literal, contudo possui umas poucas traduções parafraseadas.

DOIS TRECHOS DE EXEMPLO

In the beginning God created the heavens and the earth, the earth was a formless void and darkness covered the face of the deep, while a wind from God swept over the face of the waters. (Gn 1.1,2)

In the beginning was the Word, and the Word was with God, and the Word was God. He was in the beginning with God. All things came into being through him, and without him not one thing came into being. (Jo 1.1-3)

Revised Standard Version
[Nova versão padrão revisada]

Data de publicação: 1989

DESCRIÇÃO RETIRADA DA PRÓPRIA VERSÃO

Em 1974, o *Joint Commitee of the Churches* [Comitê Unido das Igrejas], o que produzira a *New English Bible* [Nova Bíblia inglesa], decidiu começar uma importante revisão do texto. Até essa época, houve alterações na composição do *Joint Commitee of the Churches* [Comitê Unido das Igrejas]. A Igreja Católica Romana, com representantes das hierarquias da Inglaterra, do País de Gales, da Escócia e da Irlanda, formou uma sociedade. A *United Reformed Church* [Igreja Unida Reformada], uma união recente da Igreja Presbiteriana da Inglaterra e da Igreja Congregacional, também foi representada. Em seguida, os representantes do Exército de Salvação e da Igreja Moraviana se juntaram ao comitê.

Os melhores textos disponíveis de ambos os Testamentos foram usados. Houve o cuidado de garantir que o estilo do inglês usado fosse fluente e digno de uso litúrgico, ainda preservando a inteligibilidade para todas as idades e origens. Foram evitados os termos complexos ou técnicos, sempre que possível. Houve um cuidado para que a estrutura frasal e a ordem das palavras facilitassem a leitura congregacional, sem adulterar o significado do texto original. "Vós", quando se refere a Deus, foi substituído por você. Preferiu-se uma referência de gênero mais inclusiva que a linguagem orientada pelo masculino. Também foi usado mais extensivamente subtítulos textuais em itálico. Estes não são considerados parte do texto.

A numeração tradicional de versos da *Authorized Version* [Versão autorizada] foi mantida.

Passagens que aparecem nos manuscritos usados para a *Authorized Version* [Versão autorizada], mas omitidas na *Revised*

English Bible [Bíblia inglesa revisada], foram reproduzidas em notas de rodapé. Alguns equivalentes modernos de termos antigos foram usados.

Os editores consideraram a *Revised English Version* [Bíblia inglesa revisada] como uma versão radical da *New English Bible* [Nova Bíblia inglesa].

DOIS TRECHOS DE EXEMPLO

> In the beginning God created the heavens and the earth. The earth was a vast waste, darkness covered the deep, and the Spirit of God hovered over the surface of the water. (Gn 1.1,2)
>
> In the beginning the Word already was. The Word was in God's presence, and what God was, the Word was. He was with God at the beginning, and through him all things came to be; without him no created thing came into being. (Jo 1.1-3)

Revised Standard Version [Versão revisada padrão]
Data de publicação: 1952

DESCRIÇÃO RETIRADA DA PRÓPRIA VERSÃO

Essa é a revisão autorizada da *American Standard Version* [Versão padrão dos Estados Unidos] (1901), uma variante da Bíblia britânica, *Revised Version* [Versão revisada] (1881-1885), que foi uma revisão da *King James Version* (1611), que levou em consideração várias versões anteriores. A *King James Version* foi chamada de o "o monumento mais nobre da prosa em inglês". Ainda assim, possui graves defeitos. Essas falhas foram indentificadas no século XIX com a descoberta de mais manuscritos antigos que aqueles usados pela *King James Version*.

A diretriz era que a revisão deveria incorporar os melhores resultados da sabedoria moderna quanto a apresentar o significado das Escrituras e quanto a expressar esse significado na língua inglesa que foi designado para uso em adoração pública e privada, além de preservar essas qualidades que deram à *King James Version* um lugar supremo na literatura inglesa. Trinta e dois estudiosos trabalharam na revisão. Cinquenta representantes de denominações que trabalharam em conjunto revisaram seu trabalho e os aconselharam. O objetivo era o de tornar melhor uma boa tradução.

A principal razão para a revisão deveu-se às mudanças da língua inglesa desde 1611. A não ser pelos manuscritos do mar Morto, apenas manuscritos tardios do Antigo Testamento ainda estão preservados. Essa revisão baseia-se nos textos hebraico e aramaico aceitos no início da era cristã e revisados pelos massoretas.

O Tetragrama foi traduzido por SENHOR ou DEUS, em letras maiúsculas.

DOIS TRECHOS DE EXEMPLO

> In the beginning God created the heavens and the earth. The earth was without form and void, and darkness was upon the face of the deep; and the Spirit of God was moving over the face of the waters. (Gn 1.1,2)
>
> In the beginning was the Word, and the Word was with God, and the Word was God. He was in the beginning with God; all things were made through him, and without him was not anything made that was made. (Jo 1.1-3)

Sagradas Escrituras, edição Bethel
Data de publicação: 1981

DESCRIÇÃO RETIRADA DA PRÓPRIA VERSÃO

Essa tradução baseia-se na *American Standard Version* [Versão padrão dos Estados Unidos], 1901.

É importante que o leitor perceba pessoalmente que o Tetragrama é de importância vital, se alguém quiser compreender o sabor especial do texto original. O termo "Senhor" não é um nome, mas um título que não pode representar a palavra exclusiva que representa o nome do Todo-poderoso. A forma "Jeová" originou-se como uma corrupção dos escribas que introduziram pontos vocálicos e os anexou ao Tetragrama. Os pontos vocálicos foram os da palavra "Adonai". O híbrido inglês "Jeová" resultou quando Peter Gallatin publicou, em 1520, essa forma. Ele não compreendia o que os escribas tinham feito ao aplicar esses pontos vocálicos a fim de que o leitor pronunciasse "Adonai" em vez de "Yahweh". O Talmude explica que o nome do Todo-poderoso é escrito "Yah", mas pronunciado "Adonai".

Embora várias traduções da Bíblia tivessem mantido o nome "Yahweh" no Antigo Testamento, nenhuma tradução bíblica restaurou todos os títulos sagrados de forma precisa. Nenhuma tradução restaurou precisamente o nome "Yahweh" para o Novo Testamento.

Visto que as Assembleias de Yahweh têm um desejo singular de aprender a verdade da Bíblia e obedecer a ela, buscaram retornar à fonte para encontrar uma transliteração adequada do nome do Messias que Ele usou quando esteve na terra. Assim, restauraram o nome sagrado e os títulos sagrados e o nome de Yahshua ao texto.

DOIS TRECHOS DE EXEMPLO

In the beginning Elohim created the heavens and the earth. And the earth had become waste and void; and darkness was upon the face of the deep; and the Spirit of Elohim moved upon the face of the waters.
(Gn 1.1,2)

In the beginning was the Word, and the Word was with Yahweh, and the Word was Elohim. The same was in the beginning with Yahweh. All things were made through him; and without him was not anything made that has been made.
(Jo 1.1-3)

Scriptures, The (ISR)
Data de publicação: 1998

DESCRIÇÃO RETIRADA DA PRÓPRIA VERSÃO

Há quatro propostas para essa tradução:
- Restaurar o nome do Todo-poderoso ao seu lugar legítimo no texto.
- Ser reconhecidamente messiânica no que afirmam as raízes hebraicas da crença messiânica.
- Restaurar o significado de muitas palavras que se tornaram comuns ao uso, mas não refletem precisamente o significado do original; por exemplo: igreja, glória, santo, sacrifício, alma.
- Ser uma tradução literal até onde seja possível, traduzindo palavras-chave de maneira uniforme.

Os títulos dos livros são transliterações de nomes dos livros da Antiga Aliança e, sempre que possível, da mesma forma, daqueles da Nova Aliança. A ordem da Antiga Aliança é a ordem hebraica tradicional do *Tanakh*.

A Antiga Aliança é baseada no texto aramaico e no hebraico massorético, de acordo com a edição da Bíblia hebraica de Kittel de 1937. A Nova Aliança baseia-se no *Textus Receptus*, sendo modificada com o uso de outros textos, como o de Nestle-Aland e Shem Tob, sempre que apropriado.

DOIS TRECHOS DE EXEMPLO

In the beginning Elohim created the heavens and the earth.
And the earth came to be formless and empty, and darkness was on the face of the deep. And the Spirit of Elohim was moving on the face of the waters
In the beginning Elohim created the heavens and the earth. (Gn 1.1,2)

In the beginning was the Word, and the Word was with Elohim, and the Word was Elohim.

*He was in the beginning with Elohim.
All came to be through Him, and without Him not even one came to be that came to be.* (Jo 1.1-3)

Standard American Edition, Revised Version
Data de publicação: 1901

DESCRIÇÃO RETIRADA DA PRÓPRIA VERSÃO

Essa é uma versão revisada da *KJV* de 1611, concluída no período de 1881-1885 e recentemente editada pelo *American Revision Committee* [Comitê de Revisão dos Estados Unidos] em 1901.

No decorrer dos trabalhos em conjuntos dos revisores ingleses e estadunidenses, ficou acordado que os ingleses deveriam ter voto decisivo em pontos de divergência, porque já haviam iniciado o trabalho. No entanto, as preferências dos estadunidenses seriam publicadas como um apêndice nos quatorze anos seguintes. Os os estadunidenses concordaram em não sancionar nenhuma edição, a não ser aquelas da University Presses da Inglaterra, durante aquele período. Após a conclusão de seu trabalho em 1885, os revisores ingleses se separaram, mas os estadunidenses continuaram sua organização.

Em 1897, o *American Revision Committee* [Comitê de Revisão dos Estados Unidos] começou a trabalhar para produzir uma edição com as preferências dos estadunidenses. Tal projeto provou ser uma atividade elaborada e não pôde ser realizado até que o apêndice fosse revisado para garantir sua precisão e integridade. Em seguida, eles se sentiram livres para ir além da revisão do apêndice e apresentar um texto que incluísse o que havia sido suprimido anteriormente. Essa edição contém diversas variações da original *Revised Version* [Versão revisada].

DOIS TRECHOS DE EXEMPLO

In the beginning Elohim created the heavens and the earth. And the earth was waste and void; and darkness was upon the face of the deep: and the Spirit of God moved upon the face of the waters. (Gn 1.1,2)

In the beginning was the Word, and the Word was with God and the Word was God. The same was in the beginning with God. All things were made through him; and without him was not anything made that hath been made. (Jo 1.1-3)

Today's English Version [Bíblia na tradução de hoje] (*The Good News Bible* [A Bíblia boas-novas])
Data de publicação: 1976

DESCRIÇÃO RETIRADA DA PRÓPRIA VERSÃO

Essa é uma nova tradução que busca declarar de maneira clara e precisa o significado dos textos originais em palavras e formas que são amplamente aceitos por pessoas que usam o inglês como língua materna. Aqui há um esforço em apresentar o conteúdo e a mensagem bíblica em uma forma de inglês natural, cotidiana e padrão.

O texto básico usado para o Antigo Testamento era o Texto Massorético na terceira edição da Bíblia hebraica. Outras versões antigas (grega, siríaca, latina) também foram usadas, às vezes. O texto básico usado para o Novo Testamento foi o Novo Testamento grego, embora outros manuscritos gregos também fossem utilizados.

A primeira atividade foi a de entender corretamente o significado do original. A próxima atividade foi expressar esse significado de uma forma e maneira facilmente entendidas pelos leitores.

O Tetragrama é traduzido por SENHOR, em maiúsculas.

DOIS TRECHOS DE EXEMPLO

> In the beginning, when God created the universe, the earth was formless and desolate. The raging ocean that covered everything was engulfed in total darkness, and the power of God was moving over the water. (Gn 1.1,2)

> Before the world was created, the Word already existed; he was with God, and he was the same as God. From the very beginning the Word was with God. Through him God made all things; not one thim in all creation was made without him. (Jo 1.1-3)

World English Bible [A Bíblia inglesa mundial]
Data de publicação: 2004

DESCRIÇÃO DA VERSÃO

A *World English Bible* é uma atualização em inglês moderno da *American Standard Version* [Versão padrão dos Estados Unidos] de 1901. A tradução é de domínio público e está disponível para *download* gratuito pela internet.

DOIS TRECHOS DE EXEMPLO

> In the beginning God created the heavens and the earth. Now the earth was formless and empty. Darkness was on the surface of the deep. God's Spirit was hovering over the surface of the waters. (Gn 1.1,2)

> That which was from the beginning, that which we have heard, that which we have seen with our eyes, that which we saw, and our hands touched, concerning the Word of like (and the life was revealed, and we have seen, and testify, and declare to you the life, the eternal life, which was with the Father, and was revealed to us); that which we have seen and heard we declare to you, that you also may have fellowship with us. Yes, and our fellowship is with the Father, and with his Son, Jesus Christ. (Jo 1.1-3)

Tradução de William Tyndale
Data de publicação: 1530

DOIS TRECHOS DE EXEMPLO

> In the begynnynge God created heaven and erth. The erth was voyde and emptie, and darcknesse was vpon the depe, an the spirite of god moved vpon the water... (Gn 1.1,2)

> In the beginnynge was the worde, and the worde was with God: and the worde was God. The same was in the beginnynge with God. All things were made by it, and with out it, was made nothinge, that was made. (Jo 1.1-3)

Young's Literal Translation, Revised Edition [Tradução literal de Young, edição revisada]
Data de publicação: 1898

DESCRIÇÃO RETIRADA DA PRÓPRIA VERSÃO

A tradução do Novo Testamento baseia-se na crença que cada palavra do original é "inspirada por Deus" (Veja 2Tm 3.16 e 2Pe 3.15,16). Essa inspiração se estende apenas ao texto original, e não a qualquer tradução feita pelo homem.

A tradução estritamente literal pode não ser agradável aos ouvidos. Ainda assim, o que se busca é a verdade. As traduções disponíveis na época em que essa foi publicada possuíam várias divergências do original. O significado do que os escritores realmente escreveram estava sendo substituído pelo que eles deveriam ter escrito.

O texto grego usado é o *Textus Receptus*. Considerou-se indispensável um texto literal.

DOIS TRECHOS DE EXEMPLO

> In the beginning of God's preparing the heavens and the earth – the earth hath existed waste and void, and darkness is on the face of the deep, and the Spirit of God fluttering on the face of the waters. (Gn 1.1,2)

In the beginning was the Word, and the Word was with Godl and the Word was God; this one was in the beginning with God; all things through him did happen, and without him happened not even one thing that hath happened. (Jo 1.1-3)

Lista de algumas das principais traduções da Bíblia

TAB – Abbreviated Bible, The
AAT – American Translation, An (Beck)
SGAT – American Translation, An (Smith-Goodspeed)
AB – Amplified Bible
TBB – Basic Bible, The
BDRL – Bible Designed to Be Read as Literature, The
TBR – Bible Reader, The
CCDT – Confraternity of Christian Doctrine Translation
CEV – Contemporary English Version
TCB – Coverdale Bible, The
DHB – Darby Holy Bible
DRB – Douay-Rheims Bible
EBR – Emphasized Bible, The
ESV – English Standard Version
EVD – English Version for the Deaf (Easy-to-Read Version)
TGB – Geneva Bible, The
GW – God's Word (Today's Bible Translation)
HBME – Holy Bible in Modern English, The
HBRV – Holy Bible, Revised Version
AIV – Inclusive Version, An
IB – Interlinear Bible, The
TJB – Jerusalem Bible, The
KJV – King James Version (Authorized Version)
KTC – Knox Version
LBP – Lamsa Bible
LB – Living Bible
TM – Message, The
MRB – Modern Reader's Bible
MNT – Moffatt New Translation
NAB – New American Bible
NAS – New American Standard Version
NBV – New Berkeley Version
NCV – New Century Version
NEB – New English Bible
NIV – New International Version
NJB – New Jerusalem Bible
NKJ – New King James Version
NLV – New Life Version
NLT – New Living Tranlation
NRS – New Revised Standard Translation
REB – Revised English Bible
RSV – Revised Standard Version
SSBE – Sacred Scriptures, The, Bethel Edition
SISR – Scriptures, The (ISR)
SBK – Shorter Bible, The
SARV – Standard American Edition, Revised Edition
TEV – Today's English Version (The Good News Bible)
WEB – World English Bible
WTT – William Tyndale Translation
YLR – Young's Literal Translation, Revised Edition

BÍBLIAS IMPRESSAS COM ERROS

■ **Bíblias das seitas**

A Bíblia Novo Mundo é a a Bíblia das Testemunhas de Jeová.

A Versão Inspirada é a Bíblia da Igreja dos Santos dos Últimos Dias, os Mórmons.

■ **Erros impressos nas Bíblias**

Algumas Bíblias receberam nomes especiais por causa de erros tipográficos ou peculiaridades de vocabulário.

- A Bíblia *Bug* [inseto]
- A Bíblia *Placemakers* [Marcadores de lugar]
- A Bíblia *Treacle* [melado]
- A Bíblia *He* [ele]
- A Bíblia *Repetitive* [repetitiva]
- A Bíblia *Basketball* [basquete]
- A Bíblia *Mistaken Identity* [identidade equivocada]
- Outros erros tipográficos na *KJV* de 1611
- A Bíblia *Wicked* [perversa]

- A Bíblia *More Sea* [mais mar]
- A Bíblia *Unrighteous* [injusta]
- A Bíblia *Printer's* [do impressor]
- A Bíblia do *Sin On* [continue pecando]
- A Bíblia *Vinegar* [vinagre]
- A Bíblia *Sting* [ferrão]
- A Bíblia *Fool* [do tolo]
- A Bíblia *Denial* [negação]
- A Bíblia *Murderer's* [do assassino]
- A Bíblia *Lion's* [do leão]
- A Bíblia *To Remain* [ficar]
- A Bíblia *Discharge* [liberar]
- A Bíblia *Standing Fishes* [peixes junto dele]
- A Bíblia *Idle Shepherd* [pastor ocioso]
- A Bíblia *Ears to Ear* [ouvido para orelha]
- A Bíblia *Wife-hater* [aborrecedor da esposa]
- A Bíblia *Large Family* [da grande família]
- A Bíblia *Camels* [camelos]

A Bíblia *Bug* [inseto]

A Bíblia de Coverdale de 1535 ficou conhecida como a Bíblia *Bug* devido a sua tradução do Salmo 91.5: *Thou shalt not need to be afrayd for eny bugges by night*. O uso da palavra *bugges* [insetos], em vez de *flies*, que em inglês pode ser "voa" ou "moscas".

A Bíblia *Placemakers* Marcadores de lugar]

A segunda edição da Bíblia de Genebra, publicada em 1562 recebeu o nome de Bíblia *Placemakers* porque imprimiu: *Blessed are the placemakers* [marcadores de lugar], em vez de *peacemakers* [pacificadores] em Mateus 5.9.

A Bíblia *Treacle*" [melado]

A Bíblia do Bispo de 1568 também ficou conhecida como a Bíblia *Treacle* [melado] pelo fato de se ler em Jeremias 8.22: *Is there no tryacle in Gilead?*, em vez de *Is there no balm* [bálsamo] *in Gilead?*

A Bíblia *He* [ele]

A primeira edição da *KJV* é geralmente conhecida como a Bíblia *He* [ele], por causa do erro de impressão que ocorreu em Rute 3.15. Ali, lê-se, *he* [ele] *went into the city*, em vez de *she* [ela] *went into the city*. A edição corrigida também é conhecida, algumas vezes, como a Bíblia *She* [ela].

A Bíblia *Repetitive* [repetitiva]

A *King James Version* de 1611 duplicou parte de Êxodo 14.10, e assim ficou impresso: *And when the Pharaoh drew nigh, the children of Israel lifted their eyes, and, behold, the Egyptians marched after them; and they were sore afraid: the children of Israel lifted their eyes, and, behold, the Egyptians marched after them; and they were sore afraid: and the children of Israel cried out unto the Lord* [Êx 14.10]. As versões de hoje, agora corrigidas, trazem: *And when Pharaoh drew nigh, the children of Israel lifted up their eyes, and, behold, the Egyptians marched after them; and they were sore afraid: and the children of Israel cried out unto the Lord* [Êx 14.10].

A Bíblia *Basketball* [basquete]

A primeira edição da *Authorized Version* [Versão autorizada] é a Bíblia *Basketball* [basquete] por trazer *hoopes* [enterrar a bola na cesta], em vez de *hookes* [ganchos], em Êxodo 38.11, que foram usados na construção do tabernáculo.

A Bíblia "*Mistaken Identity*" [Identidade equívocada]

Foi impressa mais do que uma edição da *KJV* em 1611. A primeira impressão da edição da *King James Version* imprimiu corretamente Mateus 26.36 assim: *Then cometh Jesus with them unto a place called Gethsamane...* No entanto, na segunda tiragem da edição de 1611 de Mateus 26.36 se lê: *Then cometh Judas with them unto a place called Gethsemane...*

Outros erros tipográficos na *KJV de* 1611

Outros erros tipográficos na edição de 1611 incluem:

Levítico 13.56, onde foi impresso *the plaine be*, em vez de *the plague be*.

Em Esdras 3.5 a palavra *offered* foi repetida.

No cabeçalho sobre o capítulo 4 de Miqueias aparece "Joel", em vez do nome de Miqueias.

Foi usado *he* [ele], em vez de *ye* [*you*], em Ezequiel 6.8.

Em Ezequiel 24.7, o texto deveria ser, *She poured it not upon the ground*. No entanto, a impressão saiu sem a palavra *not*, não.

A Bíblia *Wicked* [perversa]

Em uma edição de 1631 da *King James Bible*, em Êxodo 20.14, a palavra *not* [não] foi omitida. Isso mudou o sétimo mandamento para *Thou shalt commit adultery* [adulterarás]. A maioria das cópias foi recolhida imediatamente e destruída por ordens de Charles I. Contudo, ainda há 11 cópias remanescentes. Elas são conhecidas como a Bíblia *Wicked* [perversa]. O museu da Bíblia em Branson, Missouri, possui uma cópia da Bíblia *Wicked* [perversa]. O tipógrafo levou uma pesada multa pelo seu erro. A Bíblia *Wicked* [perversa] também é conhecida como a Bíblia *Adulterous* [adúltera].

A Bíblia *More Sea* [mais mar]

A edição de 1614 da *KJV* imprimiu Apocalipse 21.1 como: *the first heaven and the first earth were passed away and there was more sea*, em vez de ... *there was no more sea* [e o mar já não existe].

A Bíblia *Unrighteous* [injusta]

A palavra "não" também foi omitida na edição de 1653 de 1Coríntios 6.9, que imprimiu: *Know ye not that the unrighteous shall inherit the kingdom of God* [Não sabeis que os injustos herdarão o reino de Deus?], em vez de *Know ye not the unrighteous shall not inherit the kingdom of God* [Não sabeis que os injustos não herdarão o reino de Deus?].

A Bíblia *Printer's* [do impressor]

Em uma edição de 1702 da Bíblia, Salmo 119.161 substituiu a palavra *princes* [príncipes] por *printers* [impressores], resultando na frase: *printers have persecuted me*.

A Bíblia do *Sin On* [continue pecando]

Na King James Version de 1716, João 8.11 deveria ler: *Go, and sin no more* [Vai e não peques mais]. No entanto, o tipógrafo acidentalmente inverteu o "n" e o "o" na palavra *on*, lendo assim: *Go and sin on more* [Vai e peques mais].

A Bíblia *Vinegar* [vinagre]

O título em Lucas 20 da versão de 1717 da Bíblia está impresso como *Parable of the inegar* [vinagre], em vez de *vineyard*, [videira].

A Bíblia *Sting* [ferrão]

Em Marcos 7.35, na edição de 1746 da *KJV* foi impresso: *And straightway his ears were opened, and the **sting** [ferrão] of his tongue was loosed, and he spake plain*, em vez de: *And straightway his ears were opened, and the string of his tongue was loosed, and he spake plain* [E seus ouvidos se abriram, a língua se soltou, e ele começou a falar perfeitamente].

A Bíblia *Fool* [do tolo]

O tipógrafo da *KJV* de 1763 foi obrigado a pagar £3.000 por sua desatenção ao imprimir Salmo 14.1, onde se lia: *the fool hath said in this heart there is a God* [O insensato diz no seu coração: Deus existe], em vez de: *the fool hath said in his heart there is no God* [O insensato diz no seu coração: Deus não existe].

A Bíblia *Denial* [negação]

Na Bíblia conhecida como Bíblia *Denial* [negação], em 1972, uma edição da KJV imprimiu o nome Filipe em lugar de Pedro, como se Filipe fosse o apóstolo que negaria Jesus em Lucas 22.34.

A Bíblia *Murderer's* [do assassino]

Em 1801, os dois seguintes erros foram introduzidos em uma impressão da Bíblia.

Judas 1.16 diz: *These are murmerers, complainers* [Os tais são murmuradores, são descontentes, ARA]. No entanto, a Bíblia *Murderer's* [do assassino] continha: *these are murderers* [Os tais são assassinos, são descontentes, ARA].

Marcos 7.27 deveria ser: *But Jesus said unto her, Let the children first be filled: for it is not meet to take the children's bread, and to cast it unto the dogs* [Jesus lhe respondeu: Deixa que primeiro os filhos se fartem, pois não é justo tomar o pão dos filhos e jogá-lo para os cachorrinhos]. Em vez de *Let the children first be filled* [Deixa que primeiro os filhos se fartem], A Bíblia *Murderer's* [do assassino] dizia: *let the children first be killed* [Deixa que primeiro os filhos sejam mortos].

A Bíblia *Lion's* [do leão]

A edição de 1804 da KJV tornou-se conhecida como a Bíblia *Lion's* [do leão] por causa de dois memoráveis erros tipográficos. Em 1Reis 8.19, foi impresso: *... but thy son that shall come forth out of thy lions...* [porém teu filho, que há de sair de teus leões; TB], em vez de *but thy son that shall come forth out of thy loins* [porém teu filho, que há de sair de teus lombos; TB].

O outro erro nessa Bíblia acontece em Números 35.18. Esse versículo, de forma descuidada, traz o seguinte: *The murderer shall surely be put together* [esse homicida será agregado], em vez de *the murderer shall surely be put to death* [esse homicida será morto].

A Bíblia *To Remain* [ficar]

A edição de 1805 da KJV traz as palavras *to remain* inseridas no meio de Gálatas 4.29: *he that was born after the flesh persecuted him that was born after the Spirit to remain, even so it is now* [Entretanto, como naquele tempo o que nasceu de modo natural perseguia o que nasceu segundo o Espírito (ficar), assim também acontece agora]. Certo revisor colocou em dúvida as palavras *the Spirit* [o Espírito]. O editor escreveu a lápis as palavras *to remain* [ficar], e a versão impressa incluiu esse comentário no versículo.

A Bíblia *Discharge* [liberar]

Em 1Timóteo 5.21, a Bíblia *Discharge* [liberar], a KJV impressa em 1806 apresenta: *I discharge thee [...] that thou observe these things* [Eu te libero [...] que guardes essas coisas], em vez de *of I charge thee* [Eu te exorto].

A Bíblia *Standing Fishes* [peixes junto dele]

A KJV de 1806 também é conhecida como a Bíblia *Standing Fishes* [peixes junto dele] porque foi impresso em Ezequiel 47.10: *And it shall come to pass, that the fishes shall stand upon it* [Os peixes estarão junto dele; haverá lugar para estender as redes desde En-Gedi até En-Eglaim], em vez de *And it shall come to pass, that the fishers shall stand upon it* [Os pescadores estarão junto dele].

A Bíblia *Idle Shepherd* [pastor ocioso]

A edição de 1809 da KJV substitui a frase em Zacarias 11.17: *Woe to the idol shepherd that leaveth the flock!* [Ai do pastor inútil, que abandona o rebanho!] pela frase: *Woe to the idle shepherd that leaveth the flock!* [Ai do pastor ocioso, que abandona o rebanho!].

A Bíblia *Ears to Ear* [ouvido para orelha]

A edição de 1810 da KJV imprimiu Mateus 13.43 assim: *Who hath ears to ear, let him hear* [Quem tem ouvidos para orelha, ouça; ARA], em vez de *Who hath ears to hear, let him hear* [Quem tem ouvidos para ouvir, ouça].

A Bíblia *Wife-hater* [aborrecedor da esposa]
A Bíblia de 1810 também é conhecida como a Bíblia *Wife-hater* [aborrecedor da esposa] porque em Lucas 14.26 lê: *If any man come to me, and hate not his father, and mother, and wife, and children and brethren, and sisters, yea, and his own wife also, he cannot be my disciple* [Se alguém vem a mim e não aborrece a seu pai, e mãe, e mulher, e filhos, e irmãos, e irmãs e ainda a sua própria esposa, não pode ser meu discípulo], em vez de *his own life* [e ainda a sua própria vida, ARA].

A Bíblia *Large Family* [da grande família]
A edição de 1820 da *KJV* tornou-se conhecida como a Bíblia *Large Family* [da grande família] porque, em Isaías 66.9, estava impresso: *Shall I bring to the birth, and not cease to bring forth?* [Por acaso iniciarei o parto e não cessarei de fazer nascer?], em vez de *Shall I bring to the birth, and not cause to bring forth?* [Por acaso iniciarei o parto e não farei nascer?].

A Bíblia *Camels* [camelos]
Em Gênesis 24.61, a edição de 1823 da *KJV* imprimiu *Rebekah arose, and her camels* [Assim Rebeca se levantou com as seus camelos], em vez de *Rebekah arose, and her damsels* [Assim Rebeca se levantou com as suas servas].

■ **Bíblias famosas**

A Bíblia de Gutenberg
Johannes Gutenberg imprimiu o primeiro livro, a Bíblia, em 1454. Estima-se que ele tenha feito cerca de 180 cópias, conhecidas como a Bíblia de 42 linhas, das quais partes relevantes das 48 cópias ainda sobrevivem. Gutenberg não cometeu nenhum erro tipográfico.

A Bíblia *Thumb* [polegada]
A Bíblia *Thumb* [polegada], impressa em 1670, possuía uma polegada ao quadrado e meia polegada de espessura. Somente podia ser lida com o auxílio de uma lupa.

METODOLOGIA USADA NAS TRADUÇÕES DA BÍBLIA

■ **Tipos de tradução da Bíblia**

Há duas filosofias básicas ou estilos de tradução que recebem o nome de "correspondência formal" e "equivalência dinâmica". Algumas das versões da Bíblia mais comuns, falando claramente, não são traduções, e sim paráfrases.

Equivalência formal
A equivalência formal, também conhecida como tradução literal, é aquela na qual o tradutor tenta transmitir as exatas palavras da língua original.

Essas versões, por vezes, declaram ser as traduções mais precisas pelo fato de serem mais literais. Embora sejam ideais para o estudo bíblico pessoal, elas, algumas vezes, podem falhar em comunicar tão bem quando lidas em voz alta.

Isso é uma característica da tradução palavra por palavra.

Um exemplo de uma versão palavra por palavra é a *NASB*.

Equivalência dinâmica
A equivalência dinâmica (ou funcional) é aquela na qual o tradutor se esforça para transmitir o equivalente formal do idioma original.

Essas traduções nem sempre seguem o estilo ou a ordem das palavras dos originais grego e hebraico. Embora sejam menos literais do que as traduções de correspondência formal, não são necessariamente menos precisas.

Isso é caracterizado por ser uma tradução pensamento por pensamento.

Um exemplo da versão pensamento por pensamento é a *NVI*.

Traduções literais

É fato que uma tradução literal pode estar "mais próxima" do texto original. Contudo, isso não necessariamente faz dela a "melhor" tradução.

DOIS EXEMPLOS
Em seguida mostraremos dois exemplos de traduções literárias que não representam traduções de grande auxílio.

Chokwe
Em Lucas 18.13, um homem "batia no peito" para demonstrar seu arrependimento (ARA).

Em *chokwe* (língua da Zâmbia oriental) isso significa "congratular-se", que é exatamente o contrário do que o que Jesus quis dizer.

Portanto, na Bíblia em *chowke*, a expressão "batia no peito" foi traduzida por "batia na sobramcelha", que carrega a ideia de remorso.

Esta não é uma tradução literal, e sim uma tradução "pensamento por pensamento".

Filipinas
Nas Filipinas, a repetição da palavra demonstra que não se está certo sobre algo.

Assim, quando Jesus declara *Em verdade, em verdade...* (ARA), isso seria o mesmo que dizer "Não estou tão certo a respeito do que vou dizer", em vez de "Eu realmente afirmo isso e quero que você escute".

Novamente, uma tradução literal não seria a melhor solução.

Paráfrase

Muitas versões da Bíblia que são publicadas, falando abertamente, são paráfrases, e não traduções da Bíblia.

VANTAGENS
As paráfrases têm a grande vantagem de ser, geralmente, mais fáceis de entender do que as traduções.

DESVANTAGENS
No entanto, elas não são tão precisas quanto as traduções da Bíblia.

Um exemplo de versão da Bíblia em paráfrase é a Bíblia Viva.

As paráfrases geralmente obtêm sucesso em comunicar a mensagem básica de maneira nova e atual, o que as traduções mais tradicionais não conseguem.

Apresentaremos aqui duas versões de 1Coríntios 16.23.

A graça do Senhor Jesus seja convosco.
A21

Our Master Jesus has his arms wide open for you. [Nosso mestre está com os braços bem abertos para você]
A Mensagem

A *A21* tem a vantagem de ser uma tradução precisa, mas *The Message* [A Mensagem], embora não seja uma tradução precisa, transporta o mesmo sentido do versículo de maneira nova e revigorante.

Salmo 23 em três versões contrastantes

A comparação do Salmo 23 na:
- *NVI*;
- *A21*;
- *Bíblia Viva*

Demonstra como as versões diferentes da Bíblia tratam de seu trabalho de tradução.

SALMO 23 NA *NVI*
Um Salmo de Davi

¹ O Senhor é o meu pastor; de nada terei falta.
² Em verdes pastagens me faz repousar e me conduz a águas tranquilas;
³ restaura-me o vigor. Guia-me nas veredas da justiça por amor do seu nome.
⁴ Mesmo quando eu andar por um vale de trevas e morte, não temerei perigo algum, pois tu estás comigo; a tua vara e o teu cajado me protegem.
⁵ Preparas um banquete para mim à vista dos meus inimigos. Tu me honras, ungindo a minha cabeça com óleo e fazendo transbordar o meu cálice.
⁶ Sei que a bondade e a fidelidade me acompanharão todos os dias da minha vida, e voltarei à casa do Senhor enquanto eu viver.

SALMO 23 NA *A21*
Um Salmo de Davi

¹ Salmo de Davi. O SENHOR é o meu pastor; nada me faltará.
² Ele me faz deitar em pastos verdejantes; guia-me para as águas tranquilas.
³ Renova a minha alma; guia-me pelas veredas da justiça por amor do seu nome.
⁴ Quando eu tiver de andar pelo vale da sombra da morte, não temerei mal algum, porque tu estás comigo; tua vara e teu cajado me tranquilizam.
⁵ Preparas para mim uma mesa diante dos meus inimigos; unges a minha cabeça com óleo, o meu cálice transborda.
⁶ Bondade e misericórdia certamente me seguirão todos os dias da minha vida, e habitarei na casa do SENHOR para todo o sempre.

SALMO 23 NA *BÍBLIA VIVA*
Um Salmo de Davi

¹ O SENHOR é o meu pastor. Ele me dá tudo de que eu preciso!
²,³ Ele me leva aos pastos de grama bem verde e macia para descansar. Quando sinto sede, Ele me leva para os riachos de águas mansas. Ele me devolve a paz de espírito quando me sinto aflito. Ele me faz andar pelo caminho certo para mostrar a todos quão grande Ele é.
⁴ Eu posso andar pelo vale escuro, onde a morte está bem perto, mas continuo tranquilo e não sinto medo. Tu, Senhor, me guias e proteges constantemente!
⁵ Preparas uma refeição deliciosa para mim, na presença dos meus inimigos. Tu me recebes como um convidado de honra, e a minha vida fica cheia das tuas bênçãos.
⁶ Eu tenho absoluta certeza de que a tua bondade e o teu amor cuidadoso me acompanharão todos os dias da minha vida. Sim, eu viverei na presença do Senhor para sempre!

■ Traduções agrupadas por sua filosofia de tradução

Muitas traduções não se encaixam perfeitamente nos dois principais métodos de tradução. Por exemplo, a *Amplifield Bible* [Bíblia amplificada] poderia ser enquadrada em ambas ou nenhuma das filosofias, pois esclarece o texto ao adicionar palavras e frases adicionais.

Traduções de correspondência formal
- *Douay-Rheims*
- *KJV/NKJV*
- *RSV/NRSV*
- *NAB*
- *NVI*

Traduções de equivalência dinâmica
- *NEB/REB*
- *TEV/CEV*
- *JB/NJB*

■ Manuscritos da Bíblia

Em 1611, os tradutores da *KJV* tiveram menos do que vinte manuscritos importantes com os quais trabalhar. Não possuímos nenhum dos manuscritos originais escritos pelos autores dos livros da Bíblia. Todos os manuscritos que temos hoje em dia são cópias e cópias das cópias. Isso abre a porta para que erros de cópia entrem inadvertidamente.

Textus Receptus
Um dos primeiros esforços para superar esse problema foi a publicação do *Textus Receptus* [Texto Recebido]. Trata-se de um Novo Testamento grego impresso que forneceu a base textual para as traduções da Bíblia na época da Reforma.

Erasmo o editou em 1520 e o imprimiu. Para o texto do Novo Testamento Erasmo reuniu cinco mauscritos gregos que localizou em Basel, a maioria dos quais datava do século XII. Erasmo publicou duas outras edições revisadas, em 1527 e 1535. O texto grego de Erasmo tornou-se o padrão na área. Os tradutores da *KJV* usaram o *Textus Receptus*.

No entanto, visto que em cerca de 1611 porções de vários manuscritos da Bíblia foram descobertos, o *Textus Receptus* já não era mais tão atualizado quanto o fora ao ser compilado pela primeira vez em 1520. O *Textus Receptus* tornou-se o texto grego dominante do Novo Testamento para os 250 anos seguintes, até a publicação do Novo Testamento grego de Westcott e Hort em 1881.

TRADUÇÕES APRIMORADAS
Novas traduções da Bíblia que usaram os manuscritos mais precisos e mais atualizados tiveram a oportunidade de lançar nova luz sobre algumas palavras ou versículos obscuros e, assim, puderam aprimorar as traduções anteriores.

ARQUEOLOGIA

FATOS DA BÍBLIA CONFIRMADOS POR ARQUEÓLOGOS

■ Visão Geral

Os cristãos que acreditam na precisão histórica do Antigo Testamento e do Novo Testamentos tiveram essa convicção confirmada por diversas vezes, graças às descobertas arqueológicas dos últimos 200 anos.

As descobertas arqueológicas modernas esclareceram as origens e reforçaram a precisão das descrições bíblicas de pessoas, lugares e eventos.

A arqueologia e a Bíblia

A ciência da arqueologia gerou um grande impacto nos estudos bíblicos:
- A arqueologia confirmou a precisão histórica da Bíblia.
- A arqueologia aumentou nossa compreensão do mundo da Bíblia.
- A arqueologia auxilou na explicação de certas passagens da Bíblia.

Limites da arqueologia

A arqueologia não "prova" a Bíblia, pois a Bíblia não deve ser considerada divinamente inspirada só porque os arqueólogos apoiam sua precisão.

Em segundo lugar, assim como todas as outras ciências, as descobertas arqueológicas estão abertas a novas evidências e, em certos casos, a reinterpretações. Um arqueólogo analisa sua compreensão à luz de novas descobertas.

Em terceiro lugar, não temos um quadro completo de toda a origem da Bíblia da maneira como gostaríamos, pois muitas evidências arqueológicas foram perdidas ou ainda esperam por serem descobertas.

Principais teólogos e arqueólogos

Muitos estudiosos nos campos da teologia e arqueologia testemunharam o impacto que as descobertas arqueológicas tiveram nos estudos bíblicos.

RANDALL PRICE

"Certamente, há instâncias faltando, tanto da parte da Bíblia quanto da arqueologia, informações necessárias para resolver uma questão histórica ou cronológica, mas não é sem razão supor que a evidência material retirada de um conteúdo mais limitado das escavações arqueológicas possa ser usado para discutir a evidência literária do conteúdo mais completo das Escrituras canônicas."

GEISLER E NIX

"As confirmações históricas do Antigo Testamento vêm de todas as partes do mundo bíblico. Pessoas, lugares e eventos foram comprovados: desde os patriarcas até Israel no Egito, passando pela conquista de Canaã, pelo reinado de Salomão, até o exílio de Israel e Judá na Assíria e Babilônia, respectivamente. No campo dos estudos do Novo Testamento, as evidências também são abundantes. Até mesmo uma pesquisa casual de qualquer bom livro sobre a arqueologia do Novo Testamento indicará que a precisão dos detalhes nos eventos da vida de Cristo foi confirmada a partir das ruínas da Palestina, assim como os detalhes sobre as viagens do apóstolo Paulo."

NELSON GLUECK

"Pode ser declarado categoricamente que nenhuma descoberta arqueológica jamais contradisse uma referência bíblica.

"Partes das descobertas arqueológicas foram feitas, confirmando de maneira clara e detalhada as declarações históricas da Bíblia."

Nelson Glueck, arqueólogo judeu

DONALD J. WISEMAN

"A geografia das terras bíblicas e os resquícios visíveis da Antiguidade foram gradativamente registrados até hoje em mais de 25.000 locais nessa região e datam dos tempos do Antigo Testamento. No seu sentido mais amplo, foram localizados..."

Donald J. Wiseman, estudioso bíblico britânico

WILLIAM F. ALBRIGHT

"Não há dúvida que a arqueologia confirmou a historicidade principal da tradição do Antigo Testamento.

"Descoberta após descoberta vieram a estabelecer a precisão de detalhes inumeráveis, além de trazer um reconhecimento cada vez maior ao valor da Bíblia como fonte histórica."

William F. Albright, 1891–1971

Albright era um arqueólogo metodista evangélico e diretor da *American School of Oriental Research* [Escola Americana de Pesquisa Oriental] em Johns Hopkins. Albright publicou mais de 800 livros e artigos e é famoso por confirmar a autenticidade dos manuscritos do mar Morto. Albright usou sua combinação de interpretação cristã e análise histórica da Bíblia para demonstrar a confiabilidade histórica do Antigo Testamento.

MILLAR BURROWS

"A arqueologia tem, em muitos casos, refutado as visões dos críticos modernos, apresentando vários casos em que essas visões baseiam-se em falsas suposições e esquemas artificiais e inverídicos de desenvolvimento histórico. A arqueologia é uma visão verdadeira e não deve ser minimizada."

Millar Burrows, Universidade de Yale

SIR WILLIAM RAMSAY

"Lucas é um historiador de primeira qualidade; as suas declarações dos fatos não só são confiáveis; mas também estão cheios de sentido histórico. [...] Em suma, esse autor deveria ser colocado entre os maiores historiadores."

William Ramsay, provavelmente conhecido como o maior arqueólogo do mundo

A.N. SHERWIN-WHITE
Referindo-se ao livro de Atos, Sherwin-White escreveu:

"A confirmação da historicidade em Atos é impressionante, [...] e qualquer esforço de rejeitar sua historicidade básica, até mesmo em termos de detalhes, deve parecer absurdo, hoje em dia."

A. N. Sherwin-White, historiador clássico da Universidade de Oxford

---

ARQUEOLOGIA E AS LÍNGUAS ANTIGAS

■ Visão Geral

Três descobertas arqueológicas nos ajudaram bastante a compreender e decifrar as línguas antigas.

Pedra de Roseta
Descoberta no Egito em 1801 por um engenheiro do exército de Napoleão.

A placa de basalto preto possui três inscrições. Duas são formas de escrita egípcia e uma grega. Dessa forma, embora tenha três tipos de escritos, são apenas duas línguas.

ESCRITOS
Os escritos são:

- hieróglifo (14 linhas);
- demótico egípcio (32 linhas); e
- grego coinê (54 linhas).

Hieróglifo

Hieróglifo significa "escrita sagrada". Esse escrito é uma forma antiga de retratar a escrita que data de 4000 a.C. Ele era usado para fazer cópias de textos funerários e religiosos.

Demótico egípcio

O demótico egípcio (grego para o "povo da cidade") é a forma modificada dos caracteres hieráticos. Ele permitia que se escrevessem hieróglifos rapidamente e foi usado em círculos literários.

Grego coinê

O grego coinê era a língua do comércio.

A linguagem usada é técnica no topo da pedra; e direta na base. A razão por trás da diversidade dos escritos está no desejo de se comunicar com todos.

CHAVE PARA DECIFRAR
OUTRAS INSCRIÇÕES

Não se pode estimar a relevância eterna da Pedra de Roseta simplesmente pelo seu conteúdo. Suas descrições dos sacerdotes e faraós egípcios não são exclusivas em si mesmas.

Sua relevância está no método usado para comunicar os seus conteúdos. A mensagem bilíngue encontrada na Pedra de Roseta é a chave para a habilidade de decifrar todos os hieróglifos egípcios. Até 1822, a história egípcia, com suas inscrições nas paredes das tumbas e nas tábuas, era um mistério e parecia um conjunto de quadros fascinantes.

Usando essa pedra, o estudioso francês Jean F. Champollion foi capaz de decifrar os hieróglifos pela primeira vez. Isso abriu as portas para toda a história escrita do antigo Egito, que cobriu 3.000 anos de história e civilização. A Pedra de Roseta tornou-se extremamente valiosa no estudo das origens da Bíblia.

Rocha de Behistun

A Rocha de Behistun foi esculpida em uma montanha durante o reinado de Dario I da Pérsia, para registrar suas conquistas. Ela continha cerca de 1.200 linhas de inscrições, sendo escrita em três línguas: babilônia, elamita e persa.

Foi descoberta em 1835, mas ninguém conseguiu traduzi-la até 1845 quando um inglês, sir Henry Rawlinson, obteve êxito ao decifrar a escrita cuneiforme do persa antigo. Em seguida, foi traduzido o elamita; e o babilônio, decifrado.

VALOR DA ROCHA DE BEHISTUN

Assim, pela primeira vez, a riqueza dos resquícios literários do vale do Tigre e Eufrates, incluindo os documentos históricos da Assíria, Babilônia e Suméria puderam ser traduzidos.

Ler esses documentos em suas línguas originais expandiu grandiosamente nosso conhecimento da origem e história da Bíblia.

Tábuas de Ugarit

No final da década de 1920, um agricultor sírio que estava arando seu campo descobriu algumas tábuas de argila.

Em seguida, arqueólogos franceses escavaram o local e encontraram a cidade de Ugarit e muito mais tábuas de argila.

A descoberta das tábuas ugaríticas ou de Ras-Shamra revelou uma língua semita muito parecida com o hebraico, com um alfabeto de 30 letras, escrita usada na mesma época em que viveu Moisés.

COMPREENDENDO OS
HAPAX LEGOMENA

O significado de palavras que ocorrem apenas uma vez na Bíblia hebraica (conhecido como *hapax legomena*), mas com bastante frequência em ugarítico, agora pode ser determinado com certa segurança.

O DEUS BAAL

Os textos ugaríticos nos falam sobre o deus Baal mencionado no Antigo Testamento diversas vezes. Após a descoberta das tábuas de Ugarit, foi possível entender como os cananeus pensavam a respeito de Baal.

AS TÁBUAS DE BAAL

Seis grantes tábuas foram descobertas nas ruínas da casa do sumo sacerdote em Ras-Shamra.

A partir daí, podemos entender como os seguidores de Baal representavam um perigo real aos antigos israelitas. Essas tábuas são conhecidas como as "tábuas de Baal" e são como a Bíblia cananeia.

A INFLUÊNCIA DE BAAL NA NATUREZA

Entendia-se que os seguidores de Baal acreditavam que seu deus tivesse uma grande influência sobre a natureza. Eles o adoravam porque esperavam que ele trouxesse chuva para suas plantações a fim de sustentar o gado.

A IMPORTÂNCIA DE BAAL

Sem Baal, a vida do povo rapidamente chegaria ao fim. Assim, para os cananeus, o deus Baal deveria receber a maior importância possível, caso contrário a existência humana poderia estar ameaçada. Eles acreditavam que, se não honrassem e adorassem Baal, suas plantações enfraqueceriam, e o gado morreria.

CONCLUSÃO

Desse modo, a partir de alguns dos textos religiosos descobertos em Ugarit, aprimoramos ainda mais nosso conhecimento a respeito da religião cananeia.

DESCOBERTAS ARQUEOLÓGICAS EXPLICADAS

■ Visão geral

As seguintes descobertas arqueológicas serão explicadas agora:
- descoberta dos hititas;
- tábuas de Mari; e
- tábuas de Nuzi.

Descobrindo os hititas

O PROBLEMA

O "problema" com os hititas é que até pouco mais de cem anos atrás não havia evidência extrabíblica para sua existência. Assim, alguns comentaristas chegaram a ponto de dizer que eles nunca existiram e que eram uma fábula, fruto da imaginação de autores bíblicos.

Os hititas foram bastante importantes no Antigo Testamento.

Eles viveram em Canaã. (1Reis 10.29)

Eles compraram carruagens e cavalos do rei Salomão.

Urias, esposo de Bate-Seba, foi o hitita mais conhecido.

DESCOBERTAS ARQUEOLÓGICAS

Em 1876, o estudioso inglês A. H. Sayce encontrou inscrições esculpidas em rochas na Turquia, que acreditou pertencer aos hititas.

Em 1887, foram encontradas mais tábuas de argila na Turquia, em Boghaz-keui.

Hugo Winckler, especialista alemão em linguagem cuneiforme, estudou essas tábuas e fez sua própria pesquisa em Boghaz-keui, em 1906.

Winckler não se decepcionou com suas escavações.

Ele descobriu:
- cinco templos;
- uma cidadela fortificada;
- várias esculturas maciças; e
- mais de 10.000 tábuas de argila em apenas um depósito.

Ele identificou um documento como o registro de um tratado entre Ramsés II e o rei hitita.

A partir dessas tábuas ficou claro que Boghaz-keui foi a capital do reinado hitita, originalmente conhecido como Hattusha, com ampla extensão territorial de mais de 120 hectares.

A existência da nação hitita já não podia mais ser contestada.

AS LEIS DE DEUTERONÔMIO E LEVÍTICO
Os críticos da Bíblia já haviam dito anteriormente que as instruções e leis detalhadas encontradas em Levítico e Deuteronômio eram muito detalhadas para a época de quando elas teriam sido supostamente dadas (cerca de 1.400 a.C.).

No entanto, a partir dos detalhes colhidos de diversas tábuas nos cinco locais de templos hititas, ficou claro que elas descreviam rituais para purificação do pecado em detalhes extensos e elaborados.

Os textos Boghaz-keui, juntamente com outros locais egípcios e um local ao longo do Eufrates conhecido como Emar, provocaram que as cerimônias descritas no Pentateuco judaico são consistentes com as cerimônias das culturas desse período de tempo.

> "Agora, o retrato bíblico desse povo se encaixa perfeitamente com o que sabemos da nação hitita dos monumentos. Como império, eles nunca conquistaram a terra de Canaã em si, embora as tribos locais hititas realmente tenham se estabelecido por lá em uma data anterior. Nada descoberto pelos escavadores veio a desacreditar, de nenhuma maneira, o registro bíblico. A precisão da Escritura foi mais uma vez provada pelos arqueólogos."
>
> Dr. Fred Wright

RESUMO
A descoberta dos hititas, uma das maiores descobertas arqueológicas de todos os tempos, confirmou todas as narrativas bíblicas a respeito deles.

Tábuas de Mari

As tábuas de Mari foram descobertas em 1933, em Mari, capital do estado semita localizado ao norte da Mesopotâmia.

Embora o povo de Mari tenha vivido antes mesmo do tempo em que os patriarcas quando habitaram em Israel, muitos dos costumes descobertos em Mari trouxeram luz à vida dos patriarcas israelitas.

Entre as 20.000 tábuas que foram encontradas, existem referências ao povo habiru (forma acadiana de *hebreu*). Eles foram descritos como guerreiros errantes e "povo do outro lado". Tal termo poderia ser uma referência ao povo de Israel após terem cruzado o rio Jordão.

Tábuas de Nuzi

As tábuas de Nuzi – descobertas na cidade antiga de Nuzi, próxima ao rio Tigre – datadas de 5.000-4.000 a.C., trouxeram luz aos costumes registrados no livro de Gênesis e nas vidas de Abraão, Isaque e Jacó, assim como costumes legais como adoção e vendas de primogenitura.

Um exemplo das tábuas de Nuzi nos auxiliando a entender Gênesis está ilustrado em Gênesis 16, em que Sara, esposa de Abraão, por aparentemente não poder ter filhos, entregou sua serva Agar para que Abraão tivesse seus filhos com ela. Mais tarde, as duas esposas de Jacó, Raquel e Lia, fizeram o mesmo. Graças a descobertas como as tábuas de Nuzi, hoje percebemos que isso era uma prática comum daquele tempo e que está mencionado nas leis e contratos de casamento daquela época.

Mais de 20.000 tábuas de argila, usando a escrita cuneiforme, foram descobertas em Nuzi.

Escrevendo a Bíblia

Vários críticos da Bíblia costumavam afirmar que a escrita não existia na época de Moisés e, assim, sua autoria de qualquer um dos cinco primeiros livros da Bíblia não passava de ficção.

DESCOBERTAS ARQUEOLÓGICAS SOBRE O ANTIGO TESTAMENTO

■ Visão geral

As seguintes descobertas arqueológicas, todas tendo trazido uma luz inestimável ao Antigo Testamento, serão explicadas agora:
- As tábuas e o obelisco negro de Ebla trouxeram luz ao período patriarcal.
- A inscrição da casa de Davi: inscrição sobre a "casa de Davi".
- O código de leis de Hamurábi.
- As menções da pedra moabita de Messa, rei moabita em 2Reis 3.
- O obelisco negro: talvez o único retrato de uma figura bíblica.
- O prisma de Taylor: ostentação de Senaqueribe sobre o cerco de Ezequias.
- O cilindro de Ciro descreve as normas de exílio do monarca persa.
- O túnel de Ezequias.

As tábuas de Ebla

VISÃO GERAL

As tábuas de Ebla trouxeram luz ao período patriarcal.

DETALHES

As tábuas de Ebla, descobertas na Síria na década de 1970, são compostas de 17.000 tábuas. Várias delas falam das "cinco cidades da planície" mencionadas em Gênesis 14 (Sodoma, Gomorra, Admá, Zeboim e Zoar). Essas cidades que alguns dizem ser lendárias estão listadas em uma tábua na mesma ordem em que ocorrem na Bíblia.

Alguns críticos da Bíblia já chegaram a ensinar que o período descrito no tempo de Moisés, 1.400 a.C., foi uma época anterior ao uso da escrita. No entanto, a descoberta das tábuas da Ebla prova que há milhares de anos antes de Moisés as leis, os costumes e os eventos foram registrados pela escrita na mesma região na qual viveram Moisés e os patriarcas. As tábuas de Ebla também usam o termo "Canaã".

A inscrição da casa de Davi

VISÃO GERAL

Essa descoberta revela uma inscrição sobre a "casa de Davi".

Esta foi a primeira inscrição descoberta que, fora do contexto bíblico, faz menção à dinastia davídica e ao rei Davi.

DETALHES

A despeito do importante papel que o rei Davi desempenhou na Bíblia, costumava-se pensar que não havia evidência de sua existência fora da Bíblia.

Em 1993, o arqueólogo dr. Avraham Biran descobriu uma praça real ao escavar Tel Dan no norte da Galileia aos pés do monte Hermom. Entre os escombros, ele encontrou os resquícios de uma estela negra de basalto, que tinha porções de treze linhas de inscrições aramaicas. A partir dessas inscrições as duas frases seguintes são claramente visíveis: "O rei de Israel" e "A casa de Davi". A estela tinha sido erguida para celebrar a derrota dos reis de Judá e Israel.

Inscrições adicionais foram descobertas nesse local em 1994. Elas se referiam a Jorão, filho de Acabe, governante de Israel, e Acazias, que foi o governante da "casa de Davi" (ou seja, Judá). Veja 2Reis 8–9.

> "A estela traz vida ao texto bíblico de uma maneira bastante dramática, além de nos fornecer mais confiança na realidade histórica do texto bíblico."
>
> *Dr. Hershel Shanks da Archaelogical Review, publicação sobre arqueologia bíblica*

A menção da "casa de Davi" indica que Davi e seus herdeiros foram governantes em Israel. A existência do rei Davi foi agora confirmada pela evidência arqueológica. Os céticos já não podem supor que ele foi um personagem heroico inventado pelos israelitas.

> "Em nossos dias, muitos acadêmicos, arqueólogos e estudiosos bíblicos teriam uma visão bastante crítica da precisão histórica de muitos registros na Bíblia. [...] Muitos estudiosos já chegaram a afirmar que nem Davi nem Salomão jamais existiram, mas hoje temos uma estela que, de fato, menciona Davi".
>
> Dr. Bryant Wood

O código de leis de Hamurábi
VISÃO GERAL
Leis semelhantes a essas encontradas no Pentateuco

DETALHES
Arqueólogos dataram sua descoberta de uma escultura de diorito negra de pouco mais de 2 metros de altura (conhecida como *A estela negra*) contendo cerca de 300 leis do rei Hamurábi da Babilônia de cerca de três séculos antes de Moisés. O código de leis de Hamurábi contém muitas leis civis que são semelhantes àquelas encontradas nos cinco primeiros livros do Bíblia.

A pedra moabita
VISÃO GERAL
Na pedra de Messa, ou moabita, uma antiga placa palestina, está a primeira evidência inscrita definida de um evento do Antigo Testamento.

A pedra moabita menciona Messa, o rei moabita de 2Reis 3.

DETALHES
Essa pedra reconta as realizações militares de um dos reis de Moabe, Messa.

É um monumento antigo descoberto pelo reverendo F. Klein em 1868 em Dibom, Moabe.

A inscrição consiste em 34 linhas (as duas últimas indecifráveis), e foi escrita pelo rei Messa de Moabe para comemorar sua revolta contra o jugo de Israel que está registrada em 2Reis 1.1 e 2Reis 3.

> *Depois da morte de Acabe, Moabe se rebelou contra Israel.* (2Rs 1.1)

A inscrição também honra o deus de Moabe, Camos, a quem ele atribui seus êxitos. A inscrição está de acordo com a passagem em 2Reis 3.

Em seguida temos o que se lê:

1. *Eu, Messa, filho de Camos, Moloque, rei de Moabe, de Dibom.*
2. *Meu pai governou Moabe por trinta anos, e eu reinei*
3. *após meu pai. Fiz esse monumento a Camos em Korkhah. Um monumento de salvação.*
4. *Pois ele me salvou de todos os invasores, e me permitiu ver meu desejo sobre meus inimigos. Onri*
5. *[foi] rei de Israel, e ele oprimiu Moabe por muitos dias, pois Camos estava furioso com sua terra.*
6. *Seu filho o sucedeu e também disse: Oprimirei Moabe. Nos meus dias Camos disse:*
7. *Verei meu desejo nele e em sua casa. E Israel certamente perecerá para sempre. Onri tomou a terra de*
8. *Medeba[1] e [Israel] habitou nela durante seus dias e metade dos dias de seu filho[2], totalizando quarenta anos. Mas lá habitou*
9. *Camos em meus dias. Eu construí Baal-Meom[3] e a fiz entre os canais; eu construí*
10. *Quiriataim[4]. Os homens de Deus habitaram na terra de Atarote[5] de antigamente, e construiu lá o rei de*
11. *Israel Atarote; e eu fiz guerra contra a cidade e me apoderei dela. E escravizei todas as [pessoas]*
12. *da cidade, para prazer de Camos e Moabe: capturei desde então o rei Ariel[6] de Dodah e o despedacei*

¹³ ante Camóos e Queriote⁷: E o coloquei em meio aos homens de Sh(a)r(o)n, e os homens
¹⁴ de M(e)kh(e)rth. E Camos disse a mim: Vá, aprisione Nebo⁸ sob Israel; e
¹⁵ eu fui à noite e lutei contra ele desde a alvorada até meio-dia; e o aprisionei
¹⁶ e escravizei a todos, 7.000 homens [rapazes?], mulheres, [moças?]
¹⁷ e mulheres escravas, as tinha devotado a Astar-Camos. E tomei deles os Arels (6) de Yahweh, e os despedacei ante Camos. E o rei de Israel construiu
¹⁸ Jaaz⁹, e habitei nela, enquanto ele travava a guerra contra mim; Camos o lançou para fora de mim. E
¹⁹ tomei de Moabe 200 homens, todos chefes, e os transportei para Jaaz, que conquistei,
²⁰ para adicioná-lo a Dibom. Construí Korkhah, a parede das florestas e a parede
²¹ das cidadelas: construí seus portões, e suas torres. E
²² construí a casa de Moloque, e fiz barragens das trincheiras de água no meio
²³ da cidade. E não havia cisterna no meio da cidade de Korkhah, e eu disse para o povo: façam para
²⁴ vocês mesmos, cada homem, uma cisterna em sua casa. E cavei os canais para Korkhah por meio dos prisioneiros
²⁵ de Israel. Construí Aroer¹⁰, e fiz a estrada na [província de] Arnom. [E]
²⁶ construí Bamote¹¹, pois foi destruída. Construí Bezer¹², pois estava
²⁷ [em ruínas. E todos os chefes] de Dibom já tinham 50 anos, pois toda Dibom estava sujeita; e coloquei
²⁸ cem [chefes] nas cidades que adicionei à terra; e construí
²⁹ Bete-Medeba e Bete-Diblataim¹³, e Bete-Baal-Meom¹⁴, e transportei além disso os [pastores]?...
³⁰ e os pastores de rebanhos da terra. E em Horonaim¹⁵ habitou lá.
³¹ ... e Camos disse a mim: Desça e faça guerra contra Horonaim. Eu desci [e fiz guerra]
³² E Camos habitou nela durante meus dias. Subi daquele lugar...

Notas de rodapé
¹Nm 21.30; Is 15.2.
²"filho" = sucessor.
³Hoje Tell M'ain, Nm 32.38; Js 13.17.
⁴Nm 32.37; Js 13.19.
⁵Nm 32.3; Js. 16.2.
⁶Arel, dois leões ou dois homens como leões; compare com 2Sm 23.20.
⁷Hoje, Khan el Kureitin (?); Jr. 48.24; Am 2.2.
⁸Nm 32.3,38; Is 15.2.
⁹Is 15.4.
¹⁰Hoje, 'Ar'air, Dt 2.36; 3.12; 4.48.
¹¹Nm 21.19; Is 15.2 (ARA "aos altos"); compare Js 13.17.
¹²Dt 4.43.
¹³Jr 48.22.
¹⁴Js 13.17; Jr 48.23.
¹⁵Is 15.5; Jr 48.3,5,34.

O obelisco negro de Salmanasar
VISÃO GERAL
O obelisco negro, de todos os objetos que arqueólogos escavaram, pode ser que tenha o único retrato de uma figura bíblica.

DETALHES
Esse monumento, descoberto em Nínive em 1845, foi erguido pelo rei assírio Salmanasar II. Ele menciona o tributo a ser pago por Jeú, filho de Acabe (2Rs 10). Parte da reparação descreve uma figura saudando o rei assírio. Isso poderia ser o próprio rei Jeú, ou um de seus representantes. Se a figura for de fato o rei Jeú, será o único retrato que temos de uma figura bíblica.

O prisma de Taylor, também conhecido como o cilindro de Senaqueribe
VISÃO GERAL
Nesse prisma de seis lados, o rei Senaqueribe registrou oito campanhas militares contra

aqueles que se recusaram a ceder aos assírios.

O prisma de Taylor contém a ostentação de Senaqueribe sobre o cerco de Ezequias.

DETALHES

O prisma de Taylor, também conhecido como o cilindro de Senaqueribe, descoberto em 1830, registra as vitórias do rei assírio Senaqueribe.

Parte desse registro descreve a terceira vitória de Senaqueribe após o cerco de Ezequias, que está registrada em 2Reis 18. *Eu [Senaqueribe] [...] capturei 46 cidades e vilas de Judá [...] aprisionei Ezequias como um pássaro em uma gaiola em Jerusalém, sua cidade real.*

O Museu Britânico em Londres abriga esse cilindro hexagonal de Senaqueribe, rei da Assíria (607-583 a.C.).

O cilindo de Senaqueribe é um dos objetos mais belos e perfeitos em sua categoria já descobertos. Sua importância como documento histórico dificilmente pode ser sobrepujada. Ele contém 487 linhas de texto cuneiforme em condições ainda legíveis, inscritos na *Eponymy of Belimuranni*, prefeito de Carquemis.

Linhas 11 a 24
Nas linhas de 11 a 24 da coluna central do cilindro, Senaqueribe afirma:

11 *Eu o venci. E Ezequias [rei dos]*
12 *Judeus, que não se submeteram ao meu jugo,*
13 *quarenta e seis de suas cidades muradas, e as fortalezas, e as cidades menores*
14 *que as cercavam, havia inúmeras delas,*
15 *com golpes de bate-estacas, e o ataque dos maquinários*
16 *e pelo ataque dos soldados a pé, e...*
17 *Sitiei, capturei, 200.150 pessoas, homens e mulheres,*
18 *cavalos, e mulas, e asnos, e camelos, e homens,*
19 *e inúmeras ovelhas de seu meio foram trazidas,*
20 *E contei [-as] como espólio. [Ezequias] como um pássaro em uma gaiola dentro de Jerusalém,*
21 *sua cidade real, eu cerquei etc.*

O cilindro de Ciro
VISÃO GERAL
O cilindro de Ciro descreve as normas de exílio de um monarca persa.

DETALHES
O cilindro de Ciro, descoberto em 1879, contém inscrições documentando a norma de Ciro, o Grande. Ele registra como Ciro instigava a norma progressista de permitir que os povos cativos, como os judeus, retornassem para sua terra (veja Esdras 1).

O túnel de Ezequias
VISÃO GERAL
O túnel de Ezequias explica como Jerusalém foi capaz de ter uma fonte de água secreta e de sobreviver a cercos.

DETALHES
Sir Charles Warren descobriu esse túnel construído em uma rocha conectando uma fonte de água ao tanque de Siloé em 1867.

Antes da invasão assíria de 603 a.C., Ezequias tomou precauções para ajudar Jerusalém a sobreviver a um cerco. Ele contruiu um túnel e trouxe água de Giom para um açude que havia feito para esse propósito. *Os demais atos de Ezequias, todo o seu poder, como construiu o açude e o aqueduto e como canalizou água para a cidade, estão escritos no livro das crônicas dos reis de Judá* (2Rs 20.20).

Este açude ficou conhecido como "o Viveiro do Rei". *E fui mais adiante, até a porta da Fonte, e até o tanque do rei* (Ne 2.14).

A INSCRIÇÃO DE SILOÉ
Em 1880, a inscrição de Siloé foi descoberta em uma pedra na parede direita do túnel, cerca de seis metros após o açude de Siloé.

TRADUÇÃO DA INSCRIÇÃO DE SILOÉ

Na inscrição na parede do túnel de Ezequias, lê-se o seguinte:

Linha 1. [Eis] a escavação. Agora esta é a história de como se abriu caminho. Enquanto os trabalhadores ainda levantam.

Linha 2. A picareta, cada uma em direção a seu vizinho, e enquanto três cúbitos ainda restam para [cortar, cada um ouviu] a voz do outro chamando.

Linha 3. A seu vizinho, pois faltava um pouco (um talho) na rocha à direita... E no dia.

Linha 4. De abrir caminho, os escavadores golpeavam, cada um para encontrar o outro, picareta contra picareta; e ali fluiu

Linha 5. A água da fonte até o tanque em [um espaço] de 1.200 cúbitos. E...

Linha 6. De um cúbito é a altura da rocha acima das cabeças dos escavadores.

OS MANUSCRITOS DO MAR MORTO

■ Fatos dos manuscritos do mar Morto

Descoberta

Os manuscritos do mar Morto foram descobertos em onze cavernas na costa noroeste do mar Morto. A área está a 20 quilômetros a leste de Jerusalém, e a quase 400 metros abaixo do nível do mar (Jerusalém está a mais de 730 metros acima do nível do mar).

Manuscrito de Isaías

O manuscrito de Isaías é o manuscrito completo mais antigo de uma Escritura hebraica já descoberta e foi encontrado na caverna 1 em Cunrã em 1947 e adquirido pelo arcebispo ortodoxo sírio de Jerusalém. O manuscrito de Isaías foi obtido por Israel em 1954 e, desde 1965, tem sido a principal peça de exibição do santuário do livro em Jerusalém.

Número de manuscritos

Ao todo, os estudiosos identificaram resquícios de mais de oitocentos manuscritos separados.

Caverna 4

Apenas as cavernas 1 e 11 produziram manuscritos relativamente intactos. Descoberta em 1952, a caverna 4 produziu a principal descoberta. Cerca de 15.000 fragmentos de mais de quinhentos manuscritos foram encontrados.

Todos menos Ester

Foram descobertos fragmentos de cada livro do cânon hebraico (Antigo Testamento), exceto Ester.

Múltiplas cópias

Hoje em dia, entre os manuscritos já foram identificadas 19 cópias do livro de Isaías, 25 cópias de Deuteronômio e 30 cópias de Salmos.

Descobertas não bíblicas

Descobertas não bíblicas também foram encontradas com os manuscritos. Elas são:
- comentários sobre o AT;
- paráfrases que explicam a lei;
- livros de regras para a comunidade;
- conduta de guerra;
- salmos de agradecimento;
- composições de hinos;
- bênçãos;
- textos litúrgicos; e
- escritos de sabedoria.

■ Antes dos manuscritos do mar Morto

Mil anos mais antigos

Até 1947, estudiosos tinham apenas as tábuas de argila da Babilônia e os papiros egípcios para ajudá-los a compreender as informações sobre a origem da Bíblia, visto que não se conhecia nenhum outro manuscrito antigo do Antigo Testamento que ainda existisse. No entanto, tudo isso mudou com a descoberta de 800 papiros e textos de pergaminhos em cavernas junto à parte noroeste do mar Morto. Esses manuscritos deram ao mundo livros do Antigo Testamento 1.000 anos mais antigos do que outros existentes.

Papiro Nash

Antes da descoberta dos manuscritos do mar Morto, o papiro Nash era a parte mais antiga de qualquer livro do Antigo Testamento. Datava do século I ou II d.C. e continha os Dez Mandamentos.

GENIZÁ DO CAIRO

Os fragmentos da Genizá do Cairo foram a segunda parte mais antiga do Antigo Testamento e datam do século 5 d.C.

Hoje, o texto mais antigo de que se tem conhecimento do AT foi descoberto em 1979, além do vale de Hinom, em Jerusalém. O texto é uma bênção de Arão (Nm 6.24-26) escrita em um amuleto de prata do século VII d.C (Hoerth, 1998, 386).

Precisão das cópias confimadas pelos manuscritos do mar Morto

LACUNA DE 1.300 ANOS

Antes da descoberta dos manuscritos do mar Morto, em 1947, a cópia mais antiga do Antigo Testamento era datada de 900 d.C. Visto que o Antigo Testamento foi concluído cerca de 400 a.C., isso quer dizer que houve uma lacuna de 1.300 anos entre a escrita do último livro original do Antigo Testamento e a primeira cópia da qual se tem conhecimento. Alguns críticos especularam que um período de tempo tão extenso permitiu que erros de cópia entrassem no texto. Isso também significa dizer que o Antigo Testamento não era confiável.

Em 1947, a descoberta de muitos manuscritos antigos do Antigo Testamento em cavernas em torno do mar Morto confirmou a precisão dos copistas judeus dos livros do Antigo Testamento. Embora esses novos manuscritos fossem quase mil anos mais antigos do que certa vez se pensou que fosse o mais antigo, houve um acordo fenomenal entre os dois conjuntos de manuscritos.

TRANSMISSÃO PRECISA

Isso sugere que uma preservação cuidadosa dos manuscritos hebraicos foi uma prioridade na transmissão da escrita do Antigo Testamento.

Josefo

No tocante à transmissão fiel dos manuscritos bíblicos pelos escribas judeus, o historiador Flávio Josefo disse o seguinte:

"Recebemos uma prova prática de nossa reverência por nossas Escrituras. Pois, embora tenham passado longas eras, ninguém cogitou adicionar, remover ou alterar uma sílaba sequer; e há um instinto em cada judeu, desde seu nascimento, para considerá-las como decretos de Deus, vivendo por eles e, se necessário, morrer alegremente por eles".

RESUMO

Os manuscritos do mar Morto confirmam que desde o século IX d.C. a cópia das Escrituras do Antigo Testamento, feita pelos escribas judeus, continha consideravelmente poucos erros.

Com exceção de um mínimo de erros de cópia aqui e ali, os manuscritos do mar Morto exibiram leituras praticamente idênticas a de seus equivalentes do século IX.

Eles provaram que as dúvidas expressadas pelos muitos estudiosos quanto à precisão do *Texto Massorético* eram infundadas.

John Allegro

John Allegro, que não é conhecido por ser um simpatizante dos cristãos, afirmou quanto à descoberta dos manuscritos do mar Morto:

"Houve uma grande empolgação entre os estudiosos quando, em 1948, tornou-se conhecido que uma caverna próxima ao mar Morto tinha produzido textos pré-massoréticos da Bíblia.

"Seria possível que, finalmente, víssemos tradições se diferenciando o bastante do texto padrão, que trariam alguma luz importante a esse período nebuloso de diversas tradições?

"Em alguns locais, a questão foi levantada com alguma apreensão, especialmente quando jornalistas ávidos por notícias começaram a falar sobre mudar toda a Bíblia de acordo com a visão das novas descobertas. No entanto, um exame mais detalhado demonstrou que as diferenças apresentadas pelo primeiro manuscrito de Isaías eram mínimas e podiam ser explicadas com base nos erros de escribas, ou pela forma de diferenciação ortográfica, sintática ou gramatical."

Conclusões retiradas

Os estudiosos concluíram que a notável semelhança entre os textos massoréticos e os manuscritos do mar Morto é uma evidência convincente de que os escritos originais do Antigo Testamento, feitos há mais de mil anos antes dos manuscritos do mar Morto, também foram preservados de maneira fiel ao longo dos séculos.

REGISTROS CONFIÁVEIS

Eles apoiam essa visão com as próprias palavras de Jesus, que sempre tratou os manuscritos do Antigo Testamento do século I como registros confiáveis da inspiração original e divina.

INFORMAÇÃO HISTÓRICA

Além dos manuscritos do Antigo Testamento, as cavernas de Cunrã tinham muitos outros escritos que forneciam um histórico interessante sobre os tempos do Novo Testamento.

Encontrando os manuscritos do mar Morto

UMA HISTÓRIA IMPROVÁVEL

A improvável história de um jovem pastor beduíno procurando um bode perdido e, então, descobrindo uma caverna próximo a Cunrã que continha jarras com manuscritos é perfeitamente verdadeira.

Em 1947, o jovem beduíno Muhammad Adh-Dhib estava alerta à sua descoberta após ter atirado uma pedra em uma caverna que fez com que ele ouvisse o barulho de argila se quebrando. Isso o levou à eventual descoberta de uma biblioteca armazenada de mais de 800 manuscritos da época de Jesus.

Entre 25% e 33% deles eram manuscritos de livros da Bíblia.

As jarras de armazenamento onde estavam os manuscritos estavam intactas e tinham preservado perfeitamente os manuscritos.

AS MAIORES DESCOBERTAS DE MANUSCRITOS

W. F. Albright, da Universidade Johns Hopkins, declarou que esses manuscritos e fragmentos são "as maiores descobertas de manuscritos dos tempos modernos".

A comunidade de Cunrã

EVIDÊNCIA MONÁSTICA

Dos 1.200 corpos exumados no cemitério, apenas seis eram de mulheres e quatro de crianças. Isso é um dos indicadores que demonstram que a comunidade de Cunrã, com cerca de 200 pessoas, era similar a um monastério.

DESTRUÍDA PELOS ROMANOS

Essa comunidade existia em Cunrã entre cerca de 135 a.C. e 68 d.C., quando os romanos capturaram Cunrã e mataram ou escravizaram todos os que não conseguiram escapar.

Onze cavernas

Os manuscritos, um verdadeiro tesouro, maravilhosamente preservados e encontrados nas onze cavernas em Cunrã, chegavam a cerca de 95.000 fragmentos.

Caverna 1

Na caverna 1 foi encontrada uma cópia bem preservada de toda a profecia de Isaías, a cópia mais antiga de um livro do Antigo Testamento jamais encontrada.

Mais de 200 fragmentos de manuscritos do mar Morto estão hoje em um museu de Israel (*Shrine of the Book Museum* [Museu Santuário do Livro]) em Jerusalém. O único manuscrito intacto à mostra no museu é o de Isaías, conhecido como o "Grande manuscrito de Isaías" (1Qls-a).

"Além do fato de o manuscrito de Isaías ser cerca de mil anos mais antigo do que a versão massoreta de Isaías", declara James VanderKam da Universidade de Notre Dame, "os dois eram quase idênticos, a não ser por pequenos detalhes que, de fato, não chegam a afetar o significado do texto".

Caverna 4

Somente a caverna 4 abrigava 15.000 fragmentos de manuscritos e 574 manuscritos completos.

4Q17

Um dos manuscritos mais antigos, provavelmente datado antes de 200 a.C., é o 4Q17, que contém textos de Êxodo 38 a Levítico 2. É praticamente idêntico ao *Texto Massorético*.

RESUMO

Entre todas as descobertas arqueológicas, "os manuscritos do mar Morto tiveram, provavelmente, o maior impacto bíblico. Eles proveram manuscritos do Antigo Testamento aproximadamente mil anos mais antigos do que nossos manuscritos mais antigos anteriores.

Os manuscritos do mar Morto demonstraram que o Antigo Testamento foi transmitido de maneira precisa durante esse intervalo. Além disso, eles forneceram uma rica quantidade de informações até – e também durante – a vida de Cristo".

Dr. Bryant Wood, arqueólogo

EVIDÊNCIA HISTÓRICA DA EXISTÊNCIA DE JESUS

■ Visão geral

Há relativamente poucos registros sobre Jesus nos livros de história secular de seus dias. No entanto, isso era de esperar, pois o Império Romano tinha pouco interesse na vida de um líder religioso pouco conhecido em um de seus territórios ocupados.

Contudo, há alguma evidência fora das páginas da Bíblia da existência de Jesus.
1. Há cerca de 39 fontes extrabíblicas.
2. Elas testemunham de mais de uma centena de fatos a respeito da vida e dos ensinos de Jesus.

Josefo

O historiador judeu Flávio Josefo (37 d.C.-100 d.C.) escreveu um livro chamado *Antiguidades judaicas*, no qual registrou a história do povo judeu na Palestina de 70 d.C. a 100 d.C. Neste, ele declara:

"Próximo a essa época, Jesus, um homem sábio, se é que seja permitido chamar-lhe de homem, pois realizava obras maravilhosas, um mestre de tais homens, à medida que recebiam a verdade com prazer. Ele atraiu para si tanto os judeus quanto os gentios.

Ele era o Cristo e, quando Pilatos, por sugestão dos principais homens entre nós, o condenou à cruz, aqueles que o amavam, em princípio, não o abandonaram. Pois ele apareceu vivo outra vez ao terceiro dia, como previam os profetas divinos, assim como outras dezenas de milhares de coisas maravilhosas a seu respeito; e a tribo dos cristãos, assim nomeada a partir dele, não está extinta até hoje."

Plínio, o Jovem

Quando Plínio, o Jovem, foi governador da Bitínia no noroeste da Turquia, ele escreveu, nas epístolas X.96, em 112 d.C., o seguinte para o imperador Trajano, sobre a dedicação dos cristãos a quem ele perseguia. Ele:

"... os fez amaldiçoar Cristo, algo que um genuíno cristão não pode ser induzido a fazer".

Na mesma carta ele descreve as dificuldades dos cristãos:

"Eles tinham o hábito de se escontrar em certo local fixo antes que fosse dia, quando cantavam um hino a Cristo como Deus, e se uniam a um juramento solene de não cometer nenhuma obra má, mas se abster de toda fraude, roubo e adultério, nunca quebrar sua palavra, nem negar a lealdade quando tiver que honrá-la; e, depois, encontravam-se novamente a fim de repartir o alimento do tipo inocente e comum".

Cornélio Tácito

Cornélio Tácito, cerca de 55-117 d.C, um importante historiador romano, registrou a perseguição dos cristãos efetuada por Nero, em 115 d.C.

Tácito também escreveu sobre *Christus* em seus *Anais*, livro XV, Capítulo 44: uma história do Império Romano.

"Nero olhou ao redor por um bode expiatório, e infligiu as torturas mais demoníacas em um grupo de pessoas que já eram odiadas pelo povo por seus crimes.

Esse grupo era a seita conhecida como cristãos. Seu fundador, um *Christus*, foi levado à morte pelo procurador Pôncio Pilatos no reinado de Tibério.

Isso deteve a abominável superstição por um tempo, mas ela se manifestou outra vez e se espalhou, não simplesmente pela Judeia, onde começou, mas até na própria Roma, o grande depósito e território de todos os tipos de depravação e imundície.

Aqueles que confessaram ser cristãos foram presos, mas, pelo seus testemunhos, uma grande multidão tornou-se convicta, nem tanto do incêndio proposital, mas do ódio de toda a raça humana."

Talo

Talo, historiador samaritano, cerca de 52 d.C., escreveu (em uma obra perdida, citada por Júlio Africano em *Cronografia*, XVIII, do século III) em um esforço de fornecer uma explicação natural para a escuridão que ocorreu na crucificação de Jesus.

"Presenciou-se em todo o mundo a mais terrível escuridão; e as rochas foram arrancadas por um terremoto, e muitos lugares na Judeia e em outros distritos foram abaixo".

A essa escuridão, Talo, em seu terceiro livro de sua história, diz que parecia para ele, mas sem razão de ser, um eclipse do sol.

Nesse trecho ele não negou a existência de Jesus; somente tentou justificar as estranhas circunstâncias que cercaram sua morte, conforme registrado em Marcos 15.33.

Mara Bar-Serapião
Em uma carta escrita por Mara Bar-Serapião ao seu filho, cerca de 73 d.C., ele reconta as mortes de Sócrates, Pitágoras e de Jesus. Referindo-se a Jesus, ele escreve:

"Que vantagem os judeus tiveram ao executar seu sábio rei? O sábio rei não morreu para sempre; mas ele continuou a viver no ensinamento que tinha dado".

DESCOBERTAS ARQUEOLÓGICAS SOBRE O NOVO TESTAMENTO

■ Visão geral

A arqueologia desempenhou um papel principal ao estabelecer o Novo Testamento, assim como o Antigo Testamento, como um trabalho histórico preciso e divinamente inspirado por Deus.

Há uma grande quantidade de evidências arqueológicas que apoia em geral e em detalhes os registros sobre Jesus de acordo com o que está escrito nos evangelhos, e sobre seus primeiros seguidores, conforme registrado no restante do Novo Testamento.

■ Precisão dos evangelhos

As descobertas da arqueologia apoiaram a precisão dos quatro escritores dos evangelhos, por diversas vezes.

Herodes, o assassino
Mateus 2 declara que Jesus nasceu durante o reinado do perverso rei Herodes. Mateus registra que o malvado Herodes ordenou o massacre de todos os meninos com menos de 2 anos que viviam em Belém e em suas redondezas.

O retrato que Mateus faz de Herodes como um assassino é bastante preciso. Durante seus últimos anos em seu trono, ele tinha matado as seguintes pessoas:
- uma de suas dez esposas;
- três dos seus próprios filhos;
- um sumo sacerdote;
- um ex-rei; e
- dois dos maridos de sua irmã.

O evangelho de João
Parece ser aceito em alguns círculos acadêmicos que o evangelho de João não foi escrito até o século II e que ele continha muitos contos imprecisos e imaginários. No entanto, as descobertas arqueológicas confirmaram a precisão do evangelho de João.

O TANQUE PERTO DA PORTA DAS OVELHAS
Em João 5.1-15, está registrado que Jesus cura um homem no tanque de Betesda. João descreve o tanque como tendo cinco entradas.

Como esse local não foi encontrado em Jerusalém, algumas pessoas concluíram que João deveria tê-lo criado.

No entanto, a 12 metros de profundidade, os arqueólogos descobriram um tanque. Ele tinha cinco entradas.

O TANQUE DE SILOÉ
Em 9.7, João menciona, de passagem, o tanque de Siloé. A existência desse tanque foi discutida até que ele foi desenterrado em 1897.

Pôncio Pilatos
Evidências que confirmam que Pôncio Pilatos foi o prefeito (governador) romano na Palestina nos dias de Jesus foram desenterradas por Antonio Frova, arqueólogo italiano, em Cesareia Marítima, em 1961. Frova descobriu um fragmento de uma placa em Jerusalém que revela uma inscrição latina sobre Pilatos.

Essa placa o descreve como: "Pôncio Pilatos, prefeito da Judeia que dedicou ao povo de Cesareia um templo em honra a Tibério".

O imperador Tibério reinou 14 a 37 d.C., e Pilatos como procurador entre 26 e 36 d.C.

■ Lucas, o historiador preciso

Geralmente pensamos em Lucas como o acompanhante das viagens de Paulo e nos recordamos de que foi chamado de "o médico amado" em Colossenses 4.14. No entanto, ele também foi um historiador competente e meticulosamente preciso.

Descobertas arqueológicas salvaram Lucas da acusação de ser um historiador de segunda categoria e justificaram seu evangelho e Atos como registros especialmente precisos em tudo que descrevem.

Sir William Ramsay

Ramsay, arqueólogo renomado, foi ensinado a pensar que o Novo Testamento não era um documento histórico. Assim, quando ele foi investigar as declarações da Bíblia em seu trabalho na Ásia Menor, ficou grandemente surpreso pelo que encontrou. Ele registra:

> "Comecei com uma mente desfavorável a isso [Atos], pois a perspicácia e aparente integridade da teoria de Tübingen chegaram a me convencer por um momento, mas não a ponto de impedir de investigar o assunto minuciosamente; contudo, mais recentemente, entrei em contato com o livro de Atos como uma autoridade para a topografia, as antiguidades e a sociedade da Ásia Menor. Cresceu gradativamente dentro de mim, em grande riqueza de detalhes, a certeza de uma narrativa que demonstrava uma maravilhosa verdade".

Oficiais do governo

A precisão de Lucas pode ser vista de várias maneiras. Ele consegue nomear importantes figuras históricas com grande cuidado nos detalhes.

Hoje em dia já se concorda que ele é preciso até mesmo em chamá-los pelos títulos corretos. Áreas diferentes e países diferentes chamavam seus oficiais por títulos diferentes, assim como o fazemos hoje.

- Em Tessalônica, Lucas corretamente se refere aos politarcas.
- Em Éfeso, Lucas corretamente se refere aos guardas do templo.
- Em Chipre, Lucas corretamente se refere ao procônsul.
- Em Malta, Lucas corretamente se refere ao primeiro homem da ilha.

OS *POLITARCAS* DE TESSALÔNICA

Lucas declarou em Atos 17.5,6 que alguns irmãos cristãos foram levados à presença das "autoridades da cidade" ("magistrados da cidade", ARC). Essa expressão é uma tradução da palavra em grego *politarchas*. Em todo o Novo Testamento ocorre apenas em Atos 17.6,8.

Alguns críticos da Bíblia reivindicam que o título *politarchas* não se referia às autoridades da cidade de Tessalônica e que Lucas poderia ter sido mais cuidadoso usando uma palavra mais comum, como *strateegoi* (magistrados) ou *exousiais* (autoridades).

Tais críticos acreditavam ter uma arma contra a precisão de Lucas, pois a palavra *politarcha* usada como um título oficial não é encontrada em nenhum outro lugar da literatura grega.

Mas tudo isso mudou quando os arqueólogos descobriram registros que realmente se referiam a *politarchas* em algumas cidades da Macedônia, onde ficava a província de Tessalônica.

TRINTA E DUAS INSCRIÇÕES

Hoje, há cerca de 32 inscrições datadas entre o século II e III nas quais o termo *politarchas* foi encontrado. Cinco dessas inscrições foram encontradas na própria Tessalônica. Uma delas foi encontrada em um antigo arco de mármore, onde se lia: "Na época dos *Politarchas*. [...]

Gálio, procônsul da Acaia

Lucas declara em Atos 18.12-17 que Paulo foi levado a Gálio, o procônsul da Acaia.

Isso foi confirmado por uma descoberta arqueológica em Delfos, em uma carta do imperador Cláudio. Cláudio se refere a: "Lúcio Júnior Gálio, meu amigo, e o procônsul de Acaia...".

A inscrição de Erasto

Um dos paralelepípedos em Corinto possui uma inscrição a respeito de um dos oficiais da cidade conhecido pelo nome de Erasto.

"Cumprimentam-vos Erasto, tesoureiro da cidade", escreve Paulo em Romanos 16.23, nomeando assim Erasto como um dos tesoureiros da cidade que pertenciam à igreja em Corinto, de onde Paulo escreveu sua carta aos Romanos.

Em Atos 19.22, fica claro que Erasto trabalhava junto com Paulo e, em Romanos 16.23, Erasto, um colega de trabalho de Paulo, é nomeado o tesoureiro da cidade de Corinto.

Em 1928, os arqueólogos estavam escavando um teatro em Corinto quando encontraram a seguinte inscrição: "Erasto, em retorno por cargo de edil colocou o paveamento a seu próprio custo".

O paveamento foi colocado em 50 d.C. A designação do procurador descreve o trabalho de um edil coríntio.

Públio de Malta

Em Atos 28.7, Lucas menciona certo Públio e refere-se a ele como o principal da ilha de Malta. Muitos estudiosos questionaram esse estranho título e o consideraram sem valor, como parte da maneira imprecisa de Lucas se reportar. No entanto, já foram encontradas algumas inscrições em Malta dando a Públio o título de "primeiro homem".

> "Ao todo, Lucas mencionou 32 países, 54 cidades e 9 ilhas sem erro."
>
> A. N. Sherwin-White

> "Para Atos, a confirmação da historicidade é impressionante. [...] Nos dias de hoje, qualquer esforço em rejeitar essa historicidade básica deve ser considerado absurdo. Os historiadores romanos há muito já a admitem como fato."
>
> A. N. Sherwin-White

■ A arqueologia e o livro de Atos

A história cultural em Atos

LISTRA

Lucas observa que o povo de Listra adorava deuses conhecidos como Zeus e Hermes em Atos 14.12.

Inscrições encontradas próximo a Listra registraram uma dedicação a Zeus e Hermes que foi feita por homens com nomes licaonianos.

ATENAS

Lucas declara que em Atenas Paulo encontrou a inscrição "AO DEUS DESCONHECIDO". Hoje sabemos que houve muitas inscrições como essas em altares em Atenas dedicadas "AO DEUS DESCONHECIDO". Tanto Pausânias (século II) quanto Diógenes Laerte (século III) mencionaram tais altares a essas divindades anônimas.

ÉFESO

Lucas menciona várias características relevantes sobre a cidade de Éfeso, e todas foram confirmadas por descobertas arqueológicas.

Em Lucas 19.18-41, um exército de itens passíveis de ser comprovados são trazidos à nossa atenção. De acordo com Lucas, várias pessoas que praticaram feitiçaria viveram em Éfeso (Atos 19.19).

Ficou confirmado que Éfeso, em tempos antigos, foi reconhecida por suas práticas ocultistas e feitiçaria. A expressão *Ephesia grammata* ("escritos efésios") tornou-se um termo comum no mundo greco-romano para os textos sobre magia.

A cidade de Éfeso fez e vendeu ídolos de prata dedicados à deusa Ártemis (Diana), Atos 19.24,25.
Vários ídolos foram encontrados em Éfeso.

Lucas menciona que essa deusa Ártemis teve um templo em Éfeso, Atos 19.27.
As ruínas de um templo, medindo cerca de 50 por 100 metros, foram desenterradas em Éfeso.

Lucas também relata que Éfeso tinha um teatro em sua cidade, Atos 19.31.
Um teatro de quase 150 metros de diâmetro foi encontrado em Éfeso. Estima-se que ele comportava até 24.500 pessoas. Dentro do teatro, havia imagens de prata e de ouro com inscrições para Ártemis. Algumas delas chegavam a pesar 3 quilos.

"Em Éfeso Paulo ensinava na 'escola de Tirano'; na cidade de Sócrates, ele discutia as questões morais no comércio. Mas a narrativa nunca dá um passo em falso em meio a todos os diversos detalhes, à medida que a cena muda de cidade para cidade; e essa é a prova conclusiva de que trata-se de um quadro da vida real."

Sir William Ramsay

O conhecimento de Lucas dos eventos contemponrâneos

A FOME
Lucas se refere a uma grande fome que ocorrera durante o reinado do imperador Cláudio, Atos 11.27,28.

Suetônio, historiador romano que viveu no começo do século II, escreve a respeito de condições austeras no reinado de Cláudio causadas por "uma escassez de provisões, ocasionada pelas safras ruins por diversos anos seguidos".

O conhecimento náutico de Lucas em Atos

Lucas era um homem instruído, e seu registro das jornadas de Paulo em Atos demonstra que ele era bastante versado em assuntos náuticos.

O relato impressionante de Lucas sobre um naufrágio em Atos 27 não é somente uma história para se ler, mas também um relato repleto de informações sobre barcos e navegação que somente uma testemunha ocular bem informada poderia ter registrado.

Rackham fala sobre Atos 27: "A história é contada com tamanha riqueza de detalhes que em toda a literatura clássica não há passagem que nos dê tanta informação sobre o funcionamento de um barco antigo".

Lucas usa uma terminologia precisa ao registrar alguns dos detalhes das viagens marítimas de Paulo.

Por exemplo, Lucas afirma: *Partindo dali, fomos navegando perto da costa norte de Chipre, porque os ventos eram contrários* (At 27.4); *Mas não muito depois, desencadeou-se a partir da ilha um vendaval chamado Nordeste* (At 27.14). Em Atos 27.14, Lucas fala de um vento com a força de um furacão, o *Euroaquilão* (ARA), que assolou uma ilha (Creta). A ilha de Creta tem montanhas de mais de 2.000 metros de altura. É verdade, ainda hoje, que ventos como os de furacões causam grandes dificuldades para quaisquer navios que por ali passem.

Falando da precisão de Lucas ao descrever suas viagens marítimas, Robinson escreveu:

"É a Lucas que devemos nosso registro mais vívido, assim como o mais preciso de viagens marítimas que chegaram até nós desde a Antiguidade. Os especialistas em ciência naval concordam que não há nada igual".

Estrutura histórica

"Em Atos ou naquela parte de Atos que se preocupa com as aventuras de Paulo na Ásia Menor e na Grécia, pode-se perceber todo o tempo o ambiente helenístico e romano. Em termos de tempo e local, os detalhes são precisos e corretos. Pode-se caminhar pelas ruas e mercados, teatros e assembleias de Éfeso do século I, de Tessalônica, Corinto ou Filipos, com o autor de Atos [...]. O sentimento e o tom da vida da cidade são os mesmos das descrições de Estrabão e Dio de Prússia [...]. Em todas essas maneiras, Atos nos leva a fazer um *tour* orientado pelo mundo greco-romano. Os detalhes são interligados com a narrativa da missão de maneira praticamente inseparáveis."

A. N. Sherwin-White

SUETÔNIO

Suetônio, oficial da corte e analista sob o imperador Adriano em 120 d.C. escreveu: "Quando os judeus faziam constantes perturbações quanto provocação de Cristo, ele os expulsava de Roma".

Lucas faz referência a essa mesma expulsão em Atos 18.1,2.

CONCLUSÃO

É difícil evitar a conclusão que Lucas escreveu em Atos de maneira honesta e confiável, em todos os aspectos.

"O atual escritor aceita a visão de que não há história superior à de Lucas em termos de confiabilidade. Pode-se confrontar as palavras de Lucas com as de qualquer outro historiador, e elas suportarão os exames mais detalhados e os tratamentos mais difíceis, contanto que sempre haja um crítico que conheça o assunto e não vá além dos limites da ciência e da justiça.
Atos pode ser citado como uma autoridade histórica. Lucas é um historiador de primeira categoria; não meramente são suas declarações de fatos confiáveis; ele também possui um senso histórico verdadeiro; fixa sua mente nas ideias e planos que vão dominando na evolução da história."

Sir William Ramsay

A TERRA DA BÍBLIA

MONTANHAS

■ Visão geral

Os montes se referem às partes elevadas da terra. Gn 7.19,20

Deus, o Criador, e os montes
- Deus os formou. Am 4.13
- Deus os consolidou

tu, que consolidas os montes pela tua força, cingido de poder. (Sl 65.6)

- Dá força. Sl 95.4
- Pesa, em uma balança. Is 40.12
- Rega. Sl 104.13
- Faz vir seca neles. Ag 1.11
- Faz com que fumeguem. Sl 104.32; 144.5
- Coloca-os em fogo. Dt 32.22
- Torna-os desaproveitáveis. Is 42.15
- Faz com que tremam. Na 1.5; Hc 3.10
- Faz com que saltem. Sl 114.4,6
- Faz com que se derretam. Jz 5.5; Sl 97.5; Is 64.1,3
- Transporta-os. Jó 9.5
- Revolve-os. Jó 28.9
- Esmiúça-os. Hc 3.6

Propósito de
- Feitos para glorificar a Deus. Sl 148.9

Nomes dados aos montes
- Montes de Deus. Is 49.11
- Montes antigos. Dt 33.15
- Montes perpétuos. Hc 3.6
- Outeiros eternos. Hc 3.6
- Colunas do céu. Jó 26.11

Características dos montes
- Vários deles são muito altos. Sl 104.18; Is 2.14
- São fontes de águas e rios. Dt 8.7; Sl 104.8-10
- Canaã tinha muitos montes. Dt 11.11
- Alusões à lava vulcânica. Is 64.1,2; Jr 51.25; Na 1.5,6

Montes mencionados na Escritura
- Ararate. Gn 8.4
- Abarim. Nm 33.47,48
- Região dos amalequitas. Jz 12.15
- Basã. Sl 68.15
- Betel. 1Sm 13.2
- Carmelo. Js 15.55; 19.26; 2Rs 19.23
- Ebal. Dt 11.29; 27.13
- Efraim. Js 17.15; Jz 2.9
- Gerizim. Dt 11.29; Jz 9.7
- Gilboa. 1Sm 31.1; 2Sm 1.6,21
- Gileade. Gn 31.21,25; Ct 4.1
- Haquila. 1Sm 23.19
- Hermom. Js 13.11
- Hor. Nm 20.22; 34.7,8
- Horebe. Êx 3.1
- Líbano. Dt 3.25
- Moré. Jz 7.1
- Moriá. Gn 22.2; 2Cr 3.1
- Nebo. Nm 32.3; Dt 34.1
- Oliveiras ou monte da corrupção. 1Rs 11.7; 2Rs 23.13; Lc 21.37
- Pisga. Nm 21.20; Dt 34.1
- Seir. Gn 14.6; 36.8
- Sinai. Êx 19.2; 18.20,23; 31.18
- Sião. 2Sm 5.7
- Tabor. Jz 4.6,12,14

Monte Sinai

Esse monte está localizado na península leste do mar Vermelho, e também é conhecido algumas vezes como Sinai-Hor.

Os filhos de Israel chegaram até ele durante o período que vagueavam pelo deserto: Êx 16.1; 19.2; Dt 1.2.

LÁ A LEI FOI ENTREGUE A MOISÉS
Êx 19.3-25

USADO FIGURATIVAMENTE
Gálatas 4.24,25

Utilidade dos montes
- Defesa para um país. Sl 125.2
- Refúgio em hora de perigo. Gn 14.10; Jz 6.2; Mt 24.16
- Pasto provido. Êx 3.1; 1Sm 25.7; 1Rs 22.17; Sl 147.8; Am 4.1

Montes que tinham vários(as):
- Ervas. Pv 27.25
- Minerais. Dt 8.9
- Pedras preciosas. Dt 33.15
- Pedra para construção. 1Rs 5.14,17; Dn 2.45
- Florestas. 2Rs 19.23; 2Cr 2.2,8-10
- Vinhas. 2Cr 26.10; Jr 31.5
- Aromas. Ct 4.6; 8.14
- Corças. 1Cr 12.8; Ct 2.8
- Perdizes. 1Sm 26.20
- Animais ferozes. Ct 4.8; Hc 2.17

Geralmente inabitado
Gn 36.8; Js 11.21

Montes e adoração
- Algumas vezes selecionados como locais de adoração divina. Gn 22.2,5; Êx 3.12
- Geralmente selecionado para adoração idólatra. Dt 12.2; 2Cr 21.11

Proclamações e mastros
- Proclamações, em geral, eram feitas neles. Is 40.9
- Mastros eram geralmente erguidos neles. Is 13.2; 30.17

Montes na Bíblia ilustram
- Dificuldades. Mt 17.20
- Pessoas de autoridade. Sl 72.3; Is 44.23
- A igreja de Deus. Is 2.2; Dn 2.35,44,45
- A justiça de Deus. Sl 36.6
- Pessoas orgulhosas. Is 2.14
- Incêndio: inimigos destruídos. Jr 51.25; Ap 8.8
- Cânticos: expressando grande alegria. Is 44.23; 55.12
- Devastação: de desolação. Ml 1.3
- Destilação de vinho novo: abundância. Am 9.13

VALES

■ Visão geral
- Refere-se a extensões de terra entre montanhas. 1Sm 17.3

Nomes para os vales
- Vales. Dt 1.7; Js 10.40
- Vale de Savé, "vale do Rei". Gn 14.17; 2Sm 18.18
- Vale fértil. Is 28.1,4
- Vale que nunca tenha sido cultivado nem semeado. Dt 21.4

Regados por nascentes entre os montes
As montanhas elevaram-se, e os vales desceram, até o lugar que lhes determinaste. [...] És tu que fazes brotar nos vales nascentes que correm entre as colinas. (Sl 104.8,10)

Canaã tinha em abundância
... a terra em que estais entrando para dela tomar posse é terra de montes e de vales, que bebe as águas da chuva do céu. (Dt 11.11)

Alguns vales sobejavam de:
- Fontes e mananciais. Dt 8.7; Is 41.18;
- Rochas e cavernas. Jó 30.6; Is 57.5;
- Árvores. 1Rs 10.27;
- Lírio dos vales. Ct 2.1;
- Corvos. Pv 30.17;
- Pombas. Ez 7.16.

Vales e seres humanos
BEM ARADOS E FRUTÍFEROS

> Os moradores de Bete-Semes estavam colhendo o trigo no vale e se alegraram quando viram a arca. (1Sm 6.13)

GERALMENTE, CENÁRIO
DE RITUAIS IDÓLATRAS
Is 57.5

OS PAGÃOS CRIAM QUE CERTAS
DIVINDADES OS PRESIDIAM
1Rs 20.23,28

OS CANANEUS MANTIVERAM SUA
POSSE, CONTRA JUDÁ
Jz 1.19

GERALMENTE, CENÁRIO DE
GRANDES CONTENDAS
Jz 5.15; 7.8,22

> Eles estão com Saul e todos os homens de Israel no vale de Elá, lutando contra os filisteus. (1Sm 17.19)

Vales mencionados nas Escrituras
- Acor. Js 7.24; Is. 65.10; Os 2.5
- Aijalom. Js 10.12
- Baca
  > Passando pelo vale de Baca, fazem dele um manancial; a primeira chuva o cobre de bênçãos. (Sl 84.6)
- Beraca. 2Cr 20.26
- Boquim. Jz 2.5
- Ge-Harasim. 1Cr 4.14
- Elá. 1Sm 17.2; 21.9
- Escol. Nm 32.9; Dt 1.24
- Gade. 2Sm 24.5
- Gerar. Gn 26.17
- Gibeão. Is 28.21
- Hebrom. Gn 37.14
- Hinom ou Tofete. Js 18.16; 2Rs 23.10; 2Cr 28.3; Jr 7.32
- Josafá ou decisão. Jl 3.2,14
- Jericó. Dt 34.3
- Jezreel. Os 1.5
- Iftael. Js 19.14,27
- Queziz. Js 18.21
- Líbano. Js 11.17
- Megido. 2Cr 35.22; Zc 12.11
- Moabe, onde Moisés foi enterrado. Dt 34.6
- Viajantes ou Hamom-Gogue. Ez 39.11
- Refains ou gigantes. Js 15.8; 18.16; 2Sm 5.18; Is 17.5
- Sal. 2Sm 8.13; 2Rs 14.17
- Savé ou vale do rei. Gn 14.17; 2Sm 18.18
- Sitim. Jl 3.18
- Sidim. Gn 14.3,8
- Soreque. Jz 16.4
- Sucote. Sl 60.6
- Zerede. Nm 21.12
- Zeboim. 1Sm 13.18
- Zefatá. 2Cr 14.10

Eventos incomuns relacionados aos vales

> Os teus mais belos vales estão cheios de carros, e os cavaleiros posicionam-se diante das portas. (Is 22.7)

Milagres
A LUA SE DETEVE SOBRE AIJALOM

> Então Josué falou ao SENHOR, no dia em que o SENHOR entregou os amorreus na mão dos israelitas. Na presença de Israel, ele disse: Sol, para sobre Gibeão, e tu, lua, sobre o vale de Aijalom. (Js 10.12)

COVAS, ENCHIDAS COM ÁGUA
2Rs 3.16,17

ÁGUAS VERMELHAS, PARECENDO SANGUE PARA OS MOABITAS
2Rs 3.22,23

Vales algumas vezes são ilustrativos:
- Da igreja de Cristo. Ct 6.11;
- (frutífero e bem regado), das tendas de Israel. Nm 24.6;
- (sombrio), de aflição e de morte. Sl 23.4;
- (cheio), sem qualquer obstrução ao evangelho. Is 40.4; Lc 3.5.

DESERTOS

Os desertos são descritos como vastas planícies áridas e locais inabitados, Marcos 6.31.

> *Ao cair da tarde, os discípulos aproximaram-se dele, dizendo: O lugar é deserto, e a hora já está avançada; manda embora as multidões, para que possam ir aos povoados comprar algo para comer.* (Mt 14.15)

Caracterizados como
- Lugares solitários. Jr 2.6;
- Não cultivados. Nm 20.5; Jr 2.2;
- Desolados. Ez 6.14;
- Seco e sem água Êx 17.1; Dt 8.15;
- Sem rastro. Is 43.19;
- Grande e tremendo. Dt 1.19;
- Cheio de uivos.

> *Achou-o numa terra deserta, terra de solidão e uivos horrendos. Cercou-o de proteção, cuidou dele, guardando-o como a pupila do seu olho.* (Dt 32.10)

- Infestados de animais selvagens. Is 13.21; Mc 1.13;
- Infestados de serpentes.

> *Ele te conduziu por aquele grande e terrível deserto de serpentes venenosas e de escorpiões, de terra árida sem água, onde fez sair água da rocha dura para ti.* (Dt 8.15)

- Infestados de ladrões. Jr 3.2; Lm 4.19;
- Perigosos para se viajar. Êx 14.3; 2Co 11.26;
- Guias necessários. Nm 10.31; Dt 32.10.

Local de aparição de fenômenos
- Miragem ou aparência enganosa de água. Jr 15.18
- Vento seco. 2Rs 3.17

> *Naquele tempo se dirá a este povo e a Jerusalém: Um vento abrasador, vindo [sob meu comando] das dunas do deserto, sopra na direção da filha do meu povo, [o vento] não para peneirar nem para limpar. Um vento mais forte que este virá da minha parte. Agora eu mesmo pronunciarei juízos contra eles [meu povo]. Vem subindo como nuvens, as suas carruagens [as do inimigo] são como o redemoinho, os seus cavalos são mais ligeiros do que as águias. Ai de nós! Estamos arruinados [destruídos]!* (Jr 4.11-13)

- Tornados ou tufões. Is 21.1

NUVENS DE PÓ
> *O SENHOR dará pó à tua terra, em lugar de chuva; a poeira descerá do céu sobre ti, até que sejas destruído.* (Dt 28.24)

Desertos mencionados na Bíblia
- O grande deserto ou árabe. Êx 23.31
- Bete-Áven. Js 18.12
- Berseba. Gn 21.14; 1Rs 19.3,4

> *Quando ele ouviu isso, fugiu para salvar a própria vida. Chegando a Berseba, que pertence a Judá [cerca*

de treze quilômetros e fora do reino de Jezabel], deixou ali o seu servo. Mas ele entrou pelo deserto, caminho de um dia, sentou-se debaixo de um arbusto e pediu para si a morte, dizendo: Já basta, ó SENHOR. *Toma agora a minha vida, pois não sou melhor que meus pais.*
(1Rs 19.3,4)

- Damasco. 1Rs 19.15
- Edom. 2Rs 3.8
- En-Gedi. 1Sm 24.1
- Gibeão. 2Sm 2.24
- Judeia. Mt 3.1
- Jeruel. 2Cr 20.16
- Quedemote. Dt 2.26
- Cades. Sl 29.8
- Maom. 1Sm 23.24,25
- Parã. Gn 21.21; Nm 10.12
- Sur. Gn 16.7
- Sim. Êx 16.1
- Sinai. Êx 19.1,2; Nm 33.16
- Zife. 1Sm 23.14,15
- Zim. Nm 20.1; 27.14
- Do mar Vermelho. Êx 13.18
- Perto de Gaza. At 8.26

GERALMENTE, NELES SE ENCONTRAVAM ARBUSTOS
Jr 17.6

FORNECIAM PASTO
Gn 36.24
Êx 3.1

NÔMADES VIVIAM NELES
Gn 21.20,21; Sl 72.6; Jr 25.24

OS PERSEGUIDOS FUGIAM PARA LÁ
1Sm 23.14; Hb 11.38

OS DESGOSTOSOS FUGIAM PARA LÁ
1Sm 22.2
At 21.38

DESERTOS SÃO GERALMENTE ILUSTRAÇÕES
- De pessoas desprovidas de bênçãos. Os 2.3
- Do mundo. Ct 3.6; 8.5
- Dos gentios. Is 35.1,6; Is 41.19
- De algo que não dá sustento. Jr 2.31
- De desolação para os exércitos. Jr 50.12; Jr 12.10-13

MARES

Originariamente conhecidos como o ajuntamento das águas

E ao continente Deus chamou terra, e ao ajuntamento das águas, mares. E Deus viu que isso era bom [admirável].
(Gn 1.10)

Geralmente conhecidos como grandes rios
Jr 51.36

O SENHOR *destruirá [secará] totalmente o golfo do mar do Egito [o braço ocidental do mar Vermelho]; e varrerá o Rio com sua mão, pela força do seu [poderoso] sopro; ferindo-o [o rio Nilo], ele o dividirá em sete braços, de modo que se possa atravessá-lo a pé enxuto.* (Is 11.15)

Geralmente conhecidos como lagos
Mt 8.24,27,32

[...] como também a Arabá, com o Jordão por fronteira, desde Quinerete até o mar da Arabá, o mar Salgado [o mar Morto], nas encostas orientais do Pisga. (Dt 3.17)

Compare com a versão da *NTLH*:
Para o oeste o seu território vai até o rio Jordão, desde o lago da Galileia, no Norte,

até o mar Morto, no Sul, e até o pé do monte Pisga, no Leste.

Deus
- Criou. Êx 20.11; Sl 95.5; At 14.15
- Fez as aves o os peixes a partir deles. Gn 1.20-22
- Fundou a terra sobre eles. Sl 24.2
- Marcou limites, por um decreto perpétuo. Jó 26.10; 38.8,10,11; Pv 8.27,29
- Mede as águas deles. Is 40.12
- Faz tudo o que quer neles. Sl 135.6
- Secam, ao seu comando. Is 50.2; Na 1.4
- Tremem, pela sua palavra. Ag 2.6
- Acalmam-se, pelo seu poder. Sl 65.7, 89.9; 107.29

Características dos mares
- De extensão imensa. Jó 11.9; Sl 104.25
- De grande profundidade. Sl 68.22
- Reabastecidos por rios. Ec 1.7; Ez 47.8

Conhecidos como
- Profundo. Jó 41.31; Sl 107.24; 2Co 11.25;
- Grandes águas. Sl 77.19;
- Vasto e espaçoso mar. Sl 104.25

Habitado por inúmeras criaturas
Também o vasto mar aberto, onde se movem seres inumeráveis, animais pequenos e grandes. Ali passam os navios, e o Leviatã [o monstro do mar] que formaste para nele se recrear.
(Sl 104.25,26)

Neles se veem as maravilhas de Deus
Sl 107.24

Feitos para glorificar a Deus
Sl 69.34; 148.7

Mares mencionados na Bíblia
- Mar Adriático. At 27.27
- Mar Grande ou Mediterrâneo. Nm 34.6; Dt 11.24; 34.2; Zc 14.8
- Mar Vermelho. Êx 10.19; 13.18; 23.31
- Mar de Jope ou mar dos filisteus. Ed 3.7; Êx 23.21
- Mar Salgado ou mar Morto. Gn 14.3; Nm 34.12
- Mar da Galileia. Mt 4.18; 8.32; Jo 6.1
- Mar de Jazer. Jr 48.32

Elevado pelo vento
- Sl 107.25,26; Jo 1.4

Faz as profundezas ferverem
Faz as profundezas ferverem como uma panela; torna o mar como uma vasilha de unguento. Deixa atrás de si um rastro luminoso como se fossem os cabelos brancos do abismo.
(Jó 41.31,32)

Suas ondas
- Levantam-se. Sl 93.3; 107.25
- Rujem. Jr 5.22
- São numerosas. Jr 51.42
- São poderosas. Sl 93.4; At 27.41
- São impestuosas. Lc 21.25; Jd 1.13

Têm a areia por limite
- Jr 5.22

Sua costa é coberta com areia
- Gn 22.17; 1Rs 4.29; Jó 6.3; Sl 78.27

Possuem numerosas ilhas
- Ez 26.18

São cruzados por navios
- Sl 104.26; 107.23

São de navegação perigosa
- At 27.9,20; 2Co 11.26

Nações comerciais
- Geralmente se constroem cidades em suas margens. Gn 49.13; Ez 27.3; Na 3.8.
- Geram grande circulação de capital. Dt 33.19.

Entregará os seus mortos no último dia
Ap 20.13

Não deve existir na nova terra
Ap 21.1

Mares são ilustrativos
- De fortes aflições. Is 43.2; Lm 2.13;
- (problemas), dos ímpios. Is 57.20;
- (bramido) dos exércitos inimigos. Is 5.30; Jr 6.23;
- (ondas de) justiça. Is 48.18;
- (ondas de) exércitos devastadores. Ez 26.3,4;
- (ondas de) indecisos. Tg 1.6.

> Peça-a, porém, com fé, sem duvidar, pois quem duvida é semelhante à onda do mar, movida e agitada pelo vento. (Tg 1.6)

- (coberto com águas) da difusão de conhecimento espiritual sobre a terra nos últimos dias. Is 11.9; Hb 2.14;
- (suave como vidro), da paz dos céus. Ap 4.6; 15.2;

> Diante do trono também havia algo parecido com um mar de vidro, claro como cristal. No meio e ao redor do trono havia quatro seres viventes cheios de olhos, na frente e atrás. (Ap 4.6)

■ Mar da Galileia

Conhecido como
MAR DE TIBERÍADES
Depois disso, Jesus apareceu outra vez aos discípulos, junto ao mar de Tiberíades, do seguinte modo. (Jo 21.1)

LAGO DE GENESARÉ
Certa vez, às margens do lago de Genesaré, quando a multidão se comprimia junto a Jesus para ouvir a palavra de Deus. (Lc 5.1)

MAR DE QUINERETE
Nm 34.11; Dt 3.17; Js 13.27

MAR DE QUINEROTE
Js 12.3

Jesus chama seus discípulos nas margens deles
Mt 4.18-22; Lc 5.1-11

Jesus ensina a partir de um barco
Mt 13.1-3

Fatos sobre o mar da Galileia
- Esse lago possui 20 quilômetros de extensão e de 6 a 12 quilômetros de largura
- Sua superfície é de 200 metros abaixo do nível do Mediterrâneo
- Varia de 25 a 50 metros de profundidade
- O Jordão adentra quase 17 quilômetros abaixo da extremidade sul do lago Huleh
- Há uma queda no rio de cerca de 510 metros
- Está a 43,5 quilômetros a leste do Mediterrâneo, e cerca de 96 quilômetros a noroeste de Jerusalém
- Possui um formato oval
- Tem dezenas de variedades de peixes. Esse lago está conectado ao ministério público de nosso Senhor
- Cafarnaum, a "sua cidade" (Mt 9.1), está à sua margem
- Dentre os pescadores que ganhavam sua vida no lago da Galileia, ele escolheu Pedro e seu irmão André, além de Tiago e João, para serem discípulos, e os enviou para serem "pescadores de homens" (Mt 4.18; Mc 1.16-20).

> Andando junto ao mar da Galileia, viu Simão e André, seu irmão. Eles estavam lançando as redes ao mar, pois eram pescadores. Disse-lhes Jesus: Vinde a mim, e eu vos tornarei pescadores de

homens. Então, imediatamente, eles largaram as redes e o seguiram. Passando um pouco mais adiante, Jesus viu os irmãos Tiago e João, filhos de Zebedeu, que estavam no barco consertando as redes, e logo os chamou. E eles passaram a segui-lo, deixando seu pai Zebedeu com os empregados no barco. (Mc 1.16-20)

Milagres de Jesus no lago da Galileia
Mt 8.24-32; Mt 14.22-33; Mt 17.27; Mc 4.37-39; Lc 5.1-9; Lc 8.22-24; Jo 21.111.

ANDANDO NO LAGO DA GALILEIA

²² Logo em seguida, ele obrigou seus discípulos a entrar no barco e ir na frente dele para o outro lado, enquanto ele mandava as multidões para casa.
²³ Tendo-as mandado para casa, subiu ao monte para orar em particular. Ao anoitecer, ele estava ali sozinho.
²⁴ Enquanto isso, o barco já estava bem longe da terra e era sacudido pelas ondas, pois o vento era contrário.
²⁵ Já alta madrugada, Jesus foi até eles, andando sobre o mar.
²⁶ Mas, ao vê-lo andando sobre o mar, os discípulos assustaram-se e disseram: É um fantasma! E gritaram de medo.
²⁷ Jesus, porém, falou-lhes imediatamente: Tende coragem! Sou eu! Não temais.
²⁸ Pedro lhe respondeu: Senhor, se és tu, manda-me ir sobre as águas até onde estás.
²⁹ Ele lhe disse: Vem. Descendo do barco e andando sobre as águas, Pedro foi ao encontro de Jesus.
³⁰ Mas, ao perceber o vento, teve medo; e, começando a afundar, gritou: Senhor, salva-me.
³¹ Imediatamente Jesus estendeu a mão, segurou-o e disse-lhe: Homem de pequena fé, por que duvidaste?
³² E logo que subiram para o barco, o vento cessou.
³³ Então os que estavam no barco o adoraram, dizendo: Verdadeiramente tu és o Filho de Deus.

(Mt 14.22-33)

CURA AO LADO DO LAGO DA GALILEIA

³¹ Depois de partir da região de Tiro, Jesus foi através de Sidom até o mar da Galileia, passando pela região de Decápolis [dez cidades].
³² E trouxeram-lhe um surdo, que também falava com dificuldade, rogando-lhe que lhe impusesse a mão.
³³ Jesus tirou-o do meio da multidão e, em particular, colocou-lhe os dedos nos ouvidos e, cuspindo, tocou-lhe a língua.
³⁴ Então, levantando os olhos ao céu, suspirou e disse-lhe: Efatá (que quer dizer: Abre-te!).
³⁵ E seus ouvidos se abriram, a língua se soltou, e ele começou a falar perfeitamente.

(Mc 7.31-35)

PESCA MIRACULOSA
NO LAGO DA GALILEIA

¹ Certa vez, às margens do lago de Genesaré, quando a multidão se comprimia junto a Jesus para ouvir a palavra de Deus,
² ele viu dois barcos junto à praia do lago; os pescadores haviam desembarcado e estavam lavando as redes.
³ Entrando ele num dos barcos, que era o de Simão, pediu-lhe que o afastasse um pouco da terra; e, sentando-se, do barco ensinava as multidões.
⁴ Quando acabou de falar, disse a Simão: Vai mais para dentro do lago; e lançai as vossas redes para a pesca.
⁵ Simão disse: Mestre, trabalhamos a noite toda e nada pescamos; mas, por causa da tua palavra, lançarei as redes.
⁶ Feito isso, apanharam uma grande quantidade de peixes, tantos que as redes começaram a se romper.
⁷ Acenaram então aos companheiros que estavam no outro barco, para virem ajudá-los. Eles foram e encheram ambos os barcos, tanto que quase iam a pique.
⁸ Ao ver isso, Simão Pedro prostrou-se aos pés de Jesus, dizendo: Afasta-te de mim, Senhor, porque sou um homem pecador.

⁹ Pois, com a pesca que haviam feito, a admiração tomara conta dele e de todos os que o acompanhavam.
¹⁰ bem como de Tiago e João, filhos de Zebedeu, que eram sócios de Simão. Jesus disse a Simão: Não temas; de agora em diante serás pescador de homens.
¹¹ E, depois de levar os barcos para a terra, eles deixaram tudo e o seguiram.

(Lc 5.1-11)

JESUS ACALMOU UMA TEMPESTADE NO LAGO DA GALILEIA

²³ Depois que entrou no barco, seus discípulos o seguiram.
²⁴ E levantou-se no mar tão grande tempestade, que o barco estava sendo coberto pelas ondas; Jesus, porém, estava dormindo.
²⁵ Os discípulos se aproximaram e o despertaram, dizendo: Salva-nos, Senhor! Vamos morrer.
²⁶ Ele lhes respondeu: Por que temeis, homens de pequena fé? Então Jesus se levantou e repreendeu os ventos e o mar, e houve grande calmaria.
²⁷ E aqueles homens se admiraram, dizendo: Quem é este que até os ventos e o mar lhe obedecem?

(Mt 8.23-27)

APARIÇÃO DE RESSURREIÇÃO

Jesus mostrou-se a alguns de seus discípulos após sua ressurreição no lago da Galileia.

(Jo 21)

■ Mar Morto

Nomes dados ao mar Morto
ESCRITORES GREGOS
Mar Morto é o nome dado pelos escritores gregos do século II para o mar fluvial.

NOMES BÍBLICOS
Na Escritura, ele é conhecido como:
- "mar Salgado" (Gn 14.3; Nm 34.12);
- "mar da campina" (Dt. 3.17, ARC);
- "mar do oriente" (Ez 47.18; Jl 2.20); e simplesmente
- "mar" (Ez 47.8, ARC).

UM NOME ÁRABE
Os árabes o chamam de Bahr Lut, ou seja, o mar de Ló.

Fatos sobre o mar Morto
- Está a pouco mais de 25 quilômetros ao leste de Jerusalém.
- Sua superfície está a cerca de 1.292 metros abaixo da superfície do mar Mediterrâneo.
- Cobre uma área de cerca de 480 quilômetros quadrados.
- Varia de 3 a 400 metros de profundidade;
- Tem 85 quilômetros de extensão e uma largura média de 16 quilômetros.
- Não possui desembocadura.

Evaporação rápida
As temperaturas bastante altas da área causam uma evaporação tão rápida que sua profundidade média, não obstante os rios que correm para ele, foi mantida com pouca variação.

O rio Jordão sozinho descarrega milhões de galões de água a cada vinte e quatro horas.

Salinidade
As águas do mar Morto contêm 24,6% de sais minerais, uma concentração cerca de sete vezes mais elevada que a água dos mares comuns.

Se você nadar no mar Morto, flutua, pois ele é muito leve.

Possui grandes quantidades de cloreto de magnésio, assim como cloreto de sódio (sal comum).

Nenhum ser vivente pode morar nesse mar. Os peixes levados pelo Jordão morrem imediatamente.

RIOS E POÇOS

■ Rios

Nascentes
Jó 28.10; Sl 104.8,10

Encrustrado entre margens
Dn 12.5

Correm entre os montes
Sl 104.8,10

Algumas descrições
- Grande e impetuoso. Gn 15.18; Sl 74.15
- Profundo. Ez 47.5; Zc 10.11
- Largo. Is 33.21
- Rápido. Jz 5.21
- Pode se dividir em muitos rios. Gn 2.10; Is 11.5
- Corre para o mar. Ec 1.7; Ez 47.8
- O poder de Deus sobre eles é ilimitado. Is 50.2; Na 1.4

Útil para
- Fornecer água para as pessoas. Jr 2.18;
- Comércio. Is 23.3
- Promover a vegetação. Gn 2.10
- Banho. Êx 2.5
- Batismo (geralmente usado para isso). Mt 3.6
- Repleto de peixes (o de Canaã). Lv 11.9,10

Suas margens
- Cobertas com juncos. Êx. 2.3,5
- Plantadas com árvores. Ez 47.7

Fatos sobre rios
- Rios e pombas. Ct 5.12
- Rios e animais selvagens. Jr 49.19
- Lugares de encontro. Sl 137.1
- Frequentemente inundados. Js 3.15; 1Cr 12.15
- Especialmente frutíferos. Sl 1.3; Is 32.20
- Jardins feitos ao lado deles. Nm 24.6
- Cidades geralmente construídas ao lado deles. Sl 46.4; 137.1
- Geralmente os limites dos reinos. Js 22.25; 1Rs 4.24

Rios mencionados na Bíblia
- Do Éden. Gn 2.10
- De Jotbatá. Dt 10.7
- Da Etiópia. Is 18.1
- Da Babilônia. Sl 137.1
- Do Egito. Gn 15.18
- De Damasco. 2Rs 5.12
- De Aava. Ed 8.15
- De Judá. Jl 3.18
- De Filipe. At 16.13
- Abana. 2Rs 5.12
- Arnom. Dt 2.36; Js 12.1
- Quebar. Ez 1.1,3; 10.15,20
- Eufrates. Gn 2.14
- Giom. Gn 2.13
- Gozã. 2Rs 17.6; 1Cr 5.26
- Hidéquel. Gn 2.14 (ARC)
- Jaboque. Dt 2.37; Js 12.2
- Jordão. Js 3.8; 2Rs 5.10
- Caná. Js 16.8
- Quisom. Jz 5.21
- Farfar. 2Rs 5.12
- Pisom. Gn 2.11
- Ulai. Dn 8.16

Rios ilustrativos
- Da abundância da graça em Cristo. Is 32.2; Jo 1.16
- Dos dons e graças do Espírito Santo. Sl 46.4; is 41.18; 43.19,20; Jo 7.38,39
- Das pesadas aflições. Sl 69.2; Is 43.2
- De abundância. Jó 20.17; 29.6
- De pessoas fugindo de julgamentos. Is. 23.10
- (corrente firme) da paz dos santos. Is 66.12

- (produtividade de árvores plantadas), da prosperidade permanente dos santos. Sl 1.3; Jr 17.8
- (seca) dos julgamentos de Deus. Is 19.1-9; Jr 51.36; Na 1.4; Zc 10.11
- (transbordamento) dos julgamentos de Deus. Is 8.7,8; 28.2,18; Jr 47.2

Rio Jordão
Um rio da Palestina:
- Deságua no mar Morto. Js 15.5
- Pode ser cruzado. Gn 32.10; Js 2.7; Jz 3.28; Jz 7.24; Jz 8.4; Jz 10.9; Jz 12.5,6

■ **Poços**

Primeira menção em
Gn 16.14

Frequentemente feitos
- Próximo a acampamentos. Gn 21.30; 26.18
- Fora das cidades. Gn 24.11; Jo 4.6,8
- Nos pátios das casas. 2Sm 17.18
- No deserto. 2Cr 26.10

Abastecido por fontes
Pv 16.22

Abastecido pela chuva
Sl 84.6

Cercado por árvores
Gn 49.22; Êx 15.27

Nomes geralmente recebidos
Gn 16.14; 21.31
- Canaã tinha muitos. Dt 6.11
- Muitos eram abastecidos do Líbano. Ct 4.15

Poços mencionados na Bíblia
- Beer-Laai-Roi. Gn 16.14
- Belém. 2Sm 23.15; 1Cr 11.17,18
- Beer (a leste do Jordão). Nm 21.16-18
- Berseba. Gn 21.30,31
- Elim. Êx 15.27

FONTES E MANANCIAIS

■ **Visão geral**
- Criado por Deus. Sl 74.15; 104.10
- Deus a ser adorado. Ap 14.7
- Vêm do grande abismo. Gn 7.11; Jó 38.16
- Encontrados em montes e vales. Dt 8.7; Sl 104.10
- Produz apenas um tipo de água. Tg 3.11

Proposta
- Para dar de beber aos animais. Sl 104.11
- Refrescar os pássaros. Sl 104.12
- Regar a terra. 1Rs 18.5; Jl 3.18
- Usado por viajantes. Gn 16.7

Fatos diversos
- Abundava em Canaã. Dt 8.7; 1Rs 18.5
- Algumas vezes secava. Is 58.11
- Secava, por punição severa. Sl 107.33, 34; Os 13.15
- Algumas vezes eram tapados para prejudicar os inimigos. 2Cr 32.3,4

Mencionada na Bíblia
- No caminho para Sur. Gn 16.7
- Das águas de Neftoa. Js 15.9
- De Jezreel. 1Sm 29.1
- De Pisga. Dt 4.49
- Fontes superiores e fontes inferiores. Js 15.19; Jz 1.15

Ilustrativo
- De Deus. Sl 36.9; Jr 2.13; 17.13
- De Cristo. Zc 13.1
- Do Espírito Santo. Jo 7.38,39

   Como diz a Escritura, rios de água viva correrão do interior de quem crê em mim. Ele disse isso referindo-se ao Espírito que os que nele cressem haveriam de receber; porque o Espírito ainda não havia sido dado, pois Jesus ainda não fora glorificado. (Jo 7.38,39)

- De suprimentos constantes de graça. Sl 87.7
- De vida eterna

   Mas quem beber da água que eu lhe der nunca mais terá sede; pelo contrário, a água que eu lhe der se tornará nele uma fonte de água a jorrar para a vida eterna. (Jo 4.14)

   Disse-me ainda: Está cumprido: Eu sou o Alfa e o Ômega, o princípio e o fim. A quem tiver sede, darei de beber de graça da fonte da água da vida. (Ap 21.6)

- De meios de graça

   *Naquele dia, os montes destilarão vinho novo, e as montanhas darão leite, e todos os ribeiros de Judá estarão cheios de águas; e sairá uma fonte do templo do S*ENHOR*, e regará o vale de Sitim.* (Jl 3.18)

- De uma boa esposa. Pv 5.18

- De posteridade numerosa. Dt 33.28
- De sabedoria espiritual

   O entendimento é uma fonte de vida para quem o possui, mas a tolice é o castigo dos insensatos. (Pv 16.22)

   As palavras da boca do homem são águas profundas, e a fonte da sabedoria é um ribeiro corrente. (Pv 18.4)

- Da lei dos sábios. Pv 13.14
- Do temor divino. Pv 14.27
- (selado) da igreja. Ct 4.12
- (nunca faltam) da igreja. Is 58.11
- (sempre manando), da maldade incessante dos judeus. Jr 6.7
- (corrupto). Do coração natural

   Será que da mesma fonte podem jorrar água doce e água amarga? (Tg 3.11)

- Da salvação do evangelho

   *Naquele dia, os montes destilarão vinho novo, e as montanhas darão leite, e todos os ribeiros de Judá estarão cheios de águas; e sairá uma fonte do templo do S*ENHOR*, e regará o vale de Sitim.* (Jl 3.18)

   Porque o Cordeiro que está no meio, diante do trono, os apascentará e os conduzirá às fontes das águas da vida, e Deus lhes enxugará dos olhos toda lágrima. (Ap 7.17)

- De ser deixado errante. Pv 25.26

NAÇÕES E IMPÉRIOS

OS EGÍPCIOS

Longa história

O delta e o vale do rio Nilo foram o lar do povo do Egito desde 4000 a.C. O Egito é conhecido como a terra do Nilo e das pirâmides (tumbas de seus monarcas). É o reino mais antigo de que se tem registro e tem um lugar relevante na Escritura.

Quando Cleópatra morreu em 30 a.C., o Império Romano absorveu o país do Egito.

Duas metades

O Egito consiste geograficamente em duas metades, a parte norte sendo o Delta, e a sul, o Alto Egito, entre o Cairo e a primeira catarata. No Antigo Testamento, a parte norte ou o Baixo Egito é conhecido como Mazor, "a terra fortificada" (Is 19.6; 37.25); enquanto a parte sul ou o Alto Egito é Patros, em egípcio Pa-to-Res, ou "a terra do sul" (Is 11.11). Todo o país é conhecido pelo nome de Mizraim, "os dois Mazors".

A religião egípcia era uma estranha mistura de panteísmo e adoração animal. Eles adoravam deuses com forma de animais.

Fatos gerais
- Habitado pelos descendentes de Mizraim. Gn 10.6,13,14
- Limites. Ez 29.10
- Clima seco. Dt 11.10,11
- Regado pelo Nilo. Gn 41.1-3; Êx 1.22
- Movimento do Nilo. Am 8.8
- Sujeito à praga. Dt 7.15; 28.27,60
- Algumas vezes experimentou fome. Gn 41.30

Nomes chamados na Bíblia
- Terra de Cam. Sl 105.23; 106.22
- O Sul. Jr 13.19; Dn 11.14,25
- Sicor. Is 23.3
- Raabe. Sl 87.4; 89.10
- Casa da servidão. Êx 13.3,14; Dt 7.8

Celebrado por
- Fertilidade. Gn 13.10; 45.18
- Fortuna. Hb 11.26
- Literatura. 1Rs 4.30; At 7.22
- Belos cavalos. 1Rs 10.28,29
- Belas roupas. Pv 7.16; Is 19.9
- Comércio. Gn 41.57; Ez 27.7

Fatos diversos
- Religião, idólatras. Êx 12.12; Nm 33.4; Is 19.1; Ez 29.7
- Idolatria, acompanhada por Israel. Êx 32.4; Ez 20.8,19
- Magia praticada. Êx 7.11,12,22; 8.7
- Governado por reis que assumiram o nome de faraó. Gn 12.14,15; 40.1,2; Êx 1.8,22
- Possuía um governador. Gn 41.41-44
- Tinha príncipes e conselheiros. Gn 12.15; Is 19.11
- Tipo de hospitalidade. Gn 43.32-34
- Dieta. Nm 11.5
- Tipo de embalsamamento. Gn 50.3
- Geralmente um refúgio para estrangeiros. Gn 12.10; 47.4; 1Rs 11.17,40; 2Rs 25.26; Mt 2.12,13

Como um poder foi
- Orgulhoso e arrogante. Ez 29.3; 30.6
- Pomposo. Ez 32.12
- Poderoso. Is 30.2,3
- Ambicioso para conquista. Jr 46.9
- Ameaçador. Is 36.6; 29.6,7

Características dos egípcios
- Superticiosos. Is 19.3
- Hospitaleiros. Gn 47.5,6; 1Rs 11.18
- Geralmente se casavam com estrangeiros. Gn 21.21; 1Rs 3.1; 11.19; 1Cr 2.34,35
- Odiavam pastores. Gn 46.34
- Odiavam o sacrifício dos bois. Êx 8.26

Israelitas e egípcios
Israelitas não deviam odiar os egípcios

Não detestarás o edomita, pois é teu irmão; nem detestarás o egípcio, pois foste peregrino na terra dele. (Dt 23.7)

A terceira geração dos filhos deles entrará na assembleia do Senhor. (Dt 23.8)

Os exércitos do Egito
- Descritos. Êx 14.7-9
- Destruídos no mar Vermelho. Êx 14.21-28
- Capturaram e queimaram Gezer. 1Rs 9.16
- Sitiaram e saquearam Jerusalém no tempo de Roboão. 1Rs 14.25,26
- Invadiram a Assíria e mataram Josias que lhes foi ao encontro. 2Rs 23.29
- Destituíram a Joacaz e fizeram a Judeia pagar o tributo. 2Rs 23.31-35
- Assistência buscada por Judá. Ez 17.15; Jr 37.5,7

História de Israel no Egito
- Sua estada lá foi prevista. Gn 15.13
- José foi vendido. Gn 37.28; 30.1
- Potifar abençoado pelo nome de José. Gn 39.2-6
- José injustamente atirado à prisão. Gn 39.7-20
- José interpreta os sonhos do padeiro e do copeiro. Gn 40.5-19
- José interpreta os sonhos do faraó. Gn 41.14-32
- José aconselha o faraó. Gn 41.33-36
- José é feito governador. Gn 41.41-44
- Provisão de sucesso de José para os anos de fome. Gn 41.46-56
- Chegam os dez irmãos de José. Gn 42.1-6
- José reconhece seus irmãos. Gn 42.7,8
- Benjamim é trazido ao Egito. Gn 43.15
- José torna-se conhecido aos seus irmãos. Gn 45.1-8
- José manda buscar seu pai. Gn 45.9-11
- O faraó convida Jacó. Gn 45.16-20
- Viagem de Jacó. Gn 46.5-7
- Jacó é apresentado ao faraó. Gn 47.1-10
- Israel vive na terra de Gósen. Gn 46.34; 47.11,27
- José torna o rei rico. Gn 47.13-26
- Morte e enterro de Jacó. Gn 49.33; 50.1-13
- Israel cresce em termos numéricos e é oprimido. Êx 1.1-14
- Bebês masculinos mortos. Êx 1.15-22
- Moisés nasce e é escondido por três meses. Êx 2.2
- Moisés é adotado e levado pela filha de Faraó. Êx 2.5-10
- Moisés mata um egípcio. Êx 2.11,12
- Moisés foge para Midiã. Êx 2.15
- Moisés é enviado ao faraó. Êx 3.2-10
- O faraó aumenta a aflição do povo. Êx 5.1-23
- Moisés prova sua missão divina por milagres. Êx 4.29-31; 7.10
- O Egito recebe pragas pela obstinação do faraó. Êx 7.14–10.29
- A Páscoa é instituída. Êx 12.1-28
- Destruição dos primogênitos. Êx 12.29,30
- Israel recebe as joias dos egípcios

Os israelitas fizeram conforme a palavra de Moisés e pediram aos egípcios joias de prata e de ouro e roupas.
E o Senhor fez com que os egípcios fossem bons para o povo, de modo que lhe davam o que pediam. Assim eles despojaram os egípcios. (Êx 12.35,36)

- Israel é expulso. Êx 12.31-33
- Data do Êxodo. Êx 12.41; Hb 11.27

E, ao fim de quatrocentos e trinta anos, naquele mesmo dia, todos os agrupamentos do Senhor saíram da terra do Egito. (Êx 12.41)

- O faraó persegue Israel e é miraculosamente destruído

⁹ *Os egípcios, com todos os cavalos e carros do faraó, com seus cavaleiros e seu exército,*

os perseguiram e os alcançaram acampados junto ao mar, perto de Pi-Hairote, em frente de Baal-Zefom. [...]
¹³ *Moisés, porém, disse ao povo: Não temais. Acalmai-vos e vede o livramento que o Senhor vos trará hoje; porque nunca mais vereis os egípcios que hoje vedes:*
¹⁴ *O Senhor guerreará por vós. Por isso, acalmai-vos.*
¹⁵ *Então o Senhor disse a Moisés: Por que clamas a mim? Ordena aos israelitas que marchem.*
¹⁶ *E tu, ergue e estende a tua mão com a vara sobre o mar e abre-o, para que os israelitas passem pelo meio do mar em terra seca. [...]*
¹⁹ *Então o anjo de Deus, que ia adiante do exército de Israel, retirou-se e colocou-se atrás dele. A coluna de nuvem também se retirou de diante deles e ficou atrás,*
²⁰ *colocando-se entre as divisões egípcias e as divisões israelitas, de modo que havia luz para Israel e escuridão para os egípcios. Assim, durante toda a noite, não se aproximaram uns dos outros.*
²¹ *Então, Moisés estendeu a mão sobre o mar; e, com um forte vento do leste, o Senhor fez recuar o mar toda aquela noite, tornando o mar em terra seca. As águas se dividiram,*
²² *e os israelitas entraram pelo meio do mar em terra seca; e as águas ficaram como um muro à direita e à esquerda deles.*
²³ *E os egípcios os perseguiram e entraram atrás deles até o meio do mar, com todos os cavalos, os carros e os cavaleiros do faraó.*
²⁴ *Na vigília da manhã, o Senhor, desde a coluna de fogo e de nuvem, olhou para o acampamento dos egípcios e o tumultuou.*
²⁵ *Ele travou as rodas dos seus carros para andarem com dificuldade. Então os egípcios disseram: Fujamos de Israel, pois o Senhor combate por eles contra os egípcios.*

(Êx 14.9,13-1616,19-25)

Profecias sobre
- Assombro de seus habitantes. Is 19.1, 16,17
- Seus príncipes. Is 19.3,11-14
- Insuficiência de recursos internos. Is 19.5-10
- Guerra civil e conflito doméstico. Is 19.2
- Exércitos destruídos pelos babilônios. Jr 46.2-12
- Invasão de Babilônia. Jr 46.13,24; Ez 32.11
- Destruição de seu poder. Ez 30.24,25
- Destruição de suas cidades. Ez 30.14-18
- Destruição de seus ídolos. Jr 43.12,13; 46.25; Ez 30.13
- Captura de seu povo. Is 20.4; Jr 46.19,24,26; Ez 30.4
- Desolação total por quarenta anos. Ez 29.8-12; 30.12; 32.15
- Aliados compartilhavam suas desgraças. Ez 30.4,6
- Os judeus que praticavam sua idolatria tiveram as mesmas punições. Jr 44.7-28
- Terror trazido por sua queda. Ez 32.9,10
- Cristo chamado do. Os 11.1; Mt 2.15.
- Conversão. Is 19.18-20
- Ser contado e abençoado junto com Israel. Is 19.23-25
- Ilustração profética de sua destruição. Jr 43.9,10; Ez 30.21,22; 32.4-6

OS CANANEUS

■ **Visão geral**

Os cananeus foram os descendentes de Canaã, filhos de Cam.

A terra de Canaã estava situada no lado leste do mar Mediterrâneo, de Sidom, ao norte, até Gaza, no sul.

Eles eram famosos como mercadores e navegadores, assim como por suas habilidades artísticas.

Adoravam o deus-sol, que recebia o nome de Baal, "senhor". Cada localidade tinha um Baal específico, e os diferentes Baais locais eram conhecidos pelo nome de baalins, "senhores".

Fatos
- Descendem de Cam. Gn 10.6
- Uma raça amaldiçoada. Gn 9.25,26
- Diferentes famílias. Gn 10.15-18
- Consistia em sete nações separadas

Quando o SENHOR, teu Deus, te introduzir na terra para onde vais, para que dela tomes posse, e houver expulsado da tua frente muitas nações, a saber, os heteus, os girgaseus, os amorreus, os cananeus, os perizeus, os heveus e os jebuseus, sete nações mais numerosas e mais poderosas do que tu. (Dt 7.1)

- Bondosos para com os patriarcas. Gn 14.13; 23.6
- Possessões abundantes. Gn 10.19
- País fértil. Êx 3.17; Nm 13.27
- Tinha muitas cidades fortes. Nm 13.28; Dt 1.28
- Expulsos por sua maldade. Dt 9.4; 18.12

Descritos
- Grandes e poderosos. Nm 13.28; Dt 7.1
- Idólatras. Dt 29.17
- Superticiosos

⁹ *Quando entrares na terra que o* SENHOR, *teu Deus, te dá, não aprenderás a fazer as abominações daqueles povos.*
¹⁰ *Não haverá contigo quem sacrifique o filho ou a filha no fogo, nem adivinho, nem prognosticador, nem agoureiro, nem feiticeiro,*
¹¹ *nem encantador, nem quem consulte um espírito adivinhador, nem mágico, nem quem consulte os mortos.*
(Dt 18.9-11)

- Profanos e malvados. Lv 18.27
- Extremamente numerosos. Dt 7.17

Abraão e os cananeus
- Chamado para viver entre eles. Gn 12.1-5
- Foi prometido seu país como herança. Gn 13.14-17; 15.18; 17.8
- Teve sua fé provada entre eles. Gn 12.6; 13.7

Israel ordenou
- Não fazer tratado. Dt 7.2; Jz 2.2
- Não casar com eles. Dt 7.3; Js 23.12
- Não seguir seus ídolos. Êx 23.24; Dt 7.25
- Não seguir suas tradições. Lv 18.26,27
- Destruir, sem piedade. Dt 7.2,24
- Destruir todos os ídolos. Êx 23.24; Dt 7.5,25
- Não temer. Dt 7.17,18; 31.7

Os cananeus e Israel
- Aterrorizados pela aproximação de Israel. Êx 15.15,16; Js 2.9-11; 5.1
- Parcialmente subjugados por Israel. Js 10.1-11; Js 23; Jz 1.1-36
- Alguns deles foram deixados para tentar Israel. Jz 2.21,22; 3.1-4
- Alguns deles foram deixados para castigar Israel. Nm 33.55; Jz 2.3; 4.2
- Israel caiu em uma armadilha. Jz 2.3,19; Sl 106.36-38

OS ASSÍRIOS

■ Visão geral
- Nínive, capital. Gn 10.11; 2Rs 19.36
- Governada por reis. 2Rs 15.19,29

Assíria
- Antiguidade e origem. Gn 10.8-11
- Situada além do Eufrates. Is 7.20
- Abastecida pelo rio Tigre. Gn 2.14

Conhecida como
- A terra de Ninrode. Mq 5.6
- Sinear. Gn 11.2; 14.1
- Assur. Ez 27.23

Celebrada por
- fertilidade. 2Rs 18.32; Is 36.17
- extensão das conquistas. 2Rs 18.33-35; 19.11-13; Is 10.9-14
- vastos comércios. Ez 27.23,24
- religião de idolatria. 2Rs 19.37

Como um poder, foi
- muito temível. Is 28.2
- intolerante e opressor. Na 3.19
- cruel e destrutivo. Is 10.7
- egoísta e reservado. Os 8.9
- infiel. 2Cr 28.20,21
- orgulhoso e arrogante. 2Rs 19.22-24; Is 10.8
- um instrumento da vingança de Deus. Is 7.18,19; 10.5,6

Líderes, descritos
Ez 23.6,12,23

Exércitos, descritos
Is 5.26-29

Reis assírios na Bíblia
- (Pul) Tiglate-Pileser, 745-727 a.C.
- Salmanasar, 727-721 a.C.
- Senaqueribe. 705-681 a.C.

REI PUL
- Invadiu Israel. 2Rs 15.19
- Recebeu apoio financeiro de Menaém. 2Rs 15.19,20

REI TIGLATE-PILESER
- Destruiu Israel. 2Rs 15.29
- Foi chamado a ajudar Acaz contra a Síria. 2Rs 16.7,8
- Tomou dinheiro de Acaz, mas não o apoiou. 2Cr 28.20,21
- Conquistou a Síria. 2Rs 16.9

REI SALMANASAR
- Reduziu o tributo de Israel. 2Rs 17.3
- Conspirou contra Oseias. 2Rs 17.4
- Aprisionou Oseias. 2Rs 17.4
- Capturou Israel. 2Rs 17.5,6
- Repovooau a Samaria conquistada. 2Rs 17.24.

REI SENAQUERIBE
- Invadiu Judá. 2Rs 18.13
- Retirado por Ezequias. 2Rs 18.14-16
- Insultou e ameaçou Judá. 2Rs 18.17-32; 19.10-13
- Blasfemou contra o Senhor. 2Rs 18.33-35
- Orou contra Ezequias. 2Rs 19.14-19
- Reprovado por orgulho e blasfêmia. 2Rs 19.12-34; Is 37.21-29
- Seu exército foi detruído por Deus. 2Rs 19.35
- Assassinado pelos seus filhos. 2Rs 19.36
- Condenado por oprimir o povo de Deus. Is 52.4
- Manassés foi levado cativo 2Cr 33.11
- O repovoamento de Samaria, completada por Asnapar. Ed 4.10
- Idolatria trazida para Samaria. 2Rs 17.20

- Judá condenado por confiar neles. Jr 2.18,36
- Israel condenado por confiar neles. Os 5.13; 7.11; 8.9
- Judeus condenados por seguirem seus ídolos

> Também te prostituíste com os assírios, pois eras insaciável; mas mesmo prostituindo-te com eles, nem assim ficaste satisfeita. (Ez 16.28)

> ⁵ Oolá se prostituiu enquanto era minha. Ela se enamorou de seus amantes, os assírios, seus vizinhos. [...]
> ⁷ Assim ela se entregou à prostituição com eles, que eram a elite dos assírios; e contaminou-se com todos os ídolos de quem se enamorava.
> ⁸ Ela não deixou a sua prostituição, que trouxe do Egito; pois muitos se deitaram com ela na sua juventude, apalparam os seus seios virgens e a trataram como prostituta.
> ⁹ Portanto, eu a entreguei na mão dos seus amantes, na mão dos assírios, de quem se enamorava.
> ¹⁰ Eles descobriram a vergonha dela; levaram seus filhos e suas filhas e a mataram pela espada. Ela se tornou um provérbio entre as mulheres, pois juízo foi executado sobre ela.
> ¹¹ Sua irmã Oolibá viu isso, e mesmo assim se corrompeu na sua paixão mais do que ela, como também na sua prostituição, que era pior do que a de sua irmã.
> ¹² Ela se enamorou dos assírios, dos governadores e dos magistrados, seus vizinhos, vestidos com primor, cavaleiros que andam montados em cavalos, todos jovens atraentes.
> ¹³ Então vi que havia se contaminado; ambas seguiam o mesmo caminho.
> ¹⁴ Ela aumentou a sua prostituição, porque viu homens pintados na parede, imagens dos babilônios, pintadas de vermelho,
> ¹⁵ com cinturões na cintura e turbantes compridos na cabeça, todos com a aparência de príncipes, semelhantes aos babilônios na Caldeia, terra do seu nascimento.
> ¹⁶ Quando os viu, ela se apaixonou por eles e mandou-lhes mensageiros até a Babilônia.
> ¹⁷ Então os babilônios foram com ela ao leito dos amores e a contaminaram com a sua prostituição; e ela se contaminou com eles; depois, afastou-se deles.
> ¹⁸ Assim expôs sua prostituição e sua nudez; então eu me afastei dela, assim como já havia me afastado de sua irmã.
> ¹⁹ Mas ela multiplicou suas prostituições, lembrando-se dos dias da sua juventude, em que havia se prostituído na terra do Egito.
>
> (Ez 23.5,7-19)

A grandeza, extensão, duração e queda, ilustrados

> ³ A Assíria era um cedro do Líbano, com belos ramos, com folhagem bem alta que fazia sombra, cujo topo ficava acima dos ramos espessos.
> ⁴ As águas o nutriam, as fontes profundas faziam-no crescer; os seus riachos corriam desde onde estava plantado e se estendiam a todas as árvores do bosque.
> ⁵ Por isso ele cresceu mais do que todas as árvores do campo, e seus ramos se multiplicaram, e seus galhos cresceram, por causa das muitas águas nas suas raízes.
> ⁶ Todas as aves do céu faziam ninhos em seus ramos, debaixo dos quais todos os animais do campo davam crias; e todos os grandes povos habitavam à sua sombra.
> ⁷ Assim era ele, belo na sua grandeza, na extensão dos seus ramos, porque a sua raiz estava junto às muitas águas.
> ⁸ Os cedros no jardim de Deus não o podiam esconder; nem os pinheiros igualavam os seus ramos, e os plátanos não eram como as suas varas; nenhuma árvore no jardim de Deus se assemelhava a ele na sua beleza.
> ⁹ Eu o fiz belo com vasta ramagem; de modo que todas as árvores do Éden, que estavam no jardim de Deus, o invejavam.

¹⁰ *Portanto, assim diz o* SENHOR *Deus: Como ele cresceu, e seu topo se estendia acima dos espessos ramos, e o seu coração se orgulhava da sua altura,*
¹¹ *eu o entregarei nas mãos da nação mais poderosa, que lhe dará o tratamento merecido. Eu já o lancei fora.*
¹² *Estrangeiros das nações mais terríveis o cortarão e o abandonarão; seus ramos cairão sobre os montes e por todos os vales, e seus brotos serão quebrados junto a todas as correntes da terra; e todos os povos do mundo se retirarão da sua sombra e o abandonarão.*
¹³ *Todas as aves do céu habitarão sobre a sua ruína, e todos os animais do campo ficarão sobre os seus ramos;*
¹⁴ *para que nenhuma das árvores junto às águas se exalte na sua estatura, nem o seu topo se estenda sobre os ramos espessos, nem os seus poderosos se levantem na sua altura; sim, todos os que bebem água; porque todos eles estão entregues à morte, até as partes inferiores da terra, no meio dos filhos dos homens, juntamente com os que descem à cova.*
¹⁵ *Assim diz o* SENHOR *Deus: No dia em que ele desceu ao Sheol, fiz com que houvesse luto; por sua causa fechei as fontes de águas profundas e retive as suas correntes, e as grandes águas detiveram-se; e fiz com que o Líbano o pranteasse; e todas as árvores do bosque desfaleceram por causa dele.*
¹⁶ *Fiz tremer as nações ao som da sua queda, quando o fiz descer ao Sheol juntamente com os que descem à cova; e todas as árvores do Éden, a flor e o melhor do Líbano, todas as que bebem águas, consolaram-se nas partes inferiores da terra.*
¹⁷ *Os que o apoiavam e habitavam à sua sombra no meio das nações desceram junto com ele ao Sheol, para se unir aos que foram mortos pela espada.*

(Ez 31.3-17)

Previsões
- Conquista dos quenitas. Nm 24.22
- Conquista da Síria. Is 8.4
- Consquista e captura de Israel. Is 8.4; Os 9.3; 10.6; 11.5
- Invasão de Judá. Is 5.26; 7.17-20; 8.8; 10.5,6,12
- Restauração de Israel. Is 27.12,13; Os 11.11; Zc 10.10
- Destruição. Is 10.12-19; 14.24,25; 30.31-33; 31.8,9; Zc 10.11
- Participação nas bênçãos do evangelho. Is 19.23-25; Mq 7.12

■ Assíria

O nome "Assíria" deriva-se da cidade de Assur, que estava no rio Tigre.

Tratava-se de uma região montanhosa ao norte da Babilônia, estendendo-se ao longo do Tigre até a mais alta cadeia de montanhas da Armênia, as montanhas Taurus e Zagros.

Os "romanos do Oriente"

Os assírios foram fundados em 1700 a.C., sob Bel-kap-kapu, e tornaram-se um poder independente e conquistador, fazendo tremer o jugo dos mestres da Babilônia.

Eles subjugaram todo o norte da Ásia.

Os assírios eram semitas (Gn 10.22), mas, no decorrer do tempo, as tribos não semitas se misturaram aos seus habitantes.

Eles eram um povo militar, os "romanos do Oriente".

745 a.C.

Em 745 a.C. a coroa assíria foi atacada por um aventureiro militar conhecido como Pul, que assumiu o nome de Tiglate-Pileser III. Ele lutou contra a Síria e tomou (740 a.C.) Arparde, próximo a Alepo, após um cerco de três anos, e forçou Hamate a se submeter a ele. Azarias (Uzias) foi um aliado do rei Hamate, e assim foi compelido por Tiglate-Pileser a fazer honrarias a ele e pagar-lhe um tributo anual.

738 a.C.

Em 738 a.C., no reino de Menaém, rei de Israel, Pul invadiu Israel e impôs sobre ele um pesado tributo (2Rs 15.19).

Acaz, rei de Judá, ao lutar contra Israel e Síria, apelou por ajuda desse rei assírio e lhe enviou ouro e prata. *Acaz pegou a prata e o ouro, que estavam no templo do* SENHOR *e nos tesouros do palácio real, e mandou como presente ao rei da Assíria* (2Rs 16.8).

Ele morreu em 727 a.C. e foi sucedido por Salmanasar IV, que governou até 721 a.C. Este também invadiu a Síria. *Então o rei da Assíria invadiu toda a terra, atacou Samaria e a sitiou por três anos* (2Rs 17.5).

722 a.C.

A Assíria pôs fim ao reinado de Israel e deportou os israelitas, levando-os para o cativeiro em 722 a.C. (2Rs 17.1-6,24; 18.7,9).

705 a.C.

Senaqueribe (705 a.C.), o seguinte rei da Assíria, sofreu um dos reveses militares mais impressionantes e misteriosos enquanto sitiava Jerusalém. Cento e oitenta e cinco mil de seus homens foram mortos pelo "anjo do Senhor".

185.000 mortos pelo anjo do Senhor

²⁰ *Então Isaías, filho de Amoz, mandou dizer a Ezequias: Assim diz o* SENHOR*, Deus de Israel: Eu ouvi a tua súplica a respeito de Senaqueribe, rei da Assíria.*
²¹ *Esta é a palavra que o* SENHOR *falou a respeito dele: A virgem, a filha de Sião, te despreza e te escarnece; a filha de Jerusalém meneia a cabeça atrás de ti.*
²² *A quem afrontaste e contra quem blasfemaste? Contra quem levantaste a voz e ergueste os olhos com arrogância? Contra o Santo de Israel!*
²³ *Tu afrontaste o* SENHOR *por meio de teus mensageiros e disseste: Com a multidão de meus carros subi ao alto dos montes, no interior do Líbano; derrubei os seus altos cedros e os seus melhores pinheiros e cheguei na sua pousada mais remota, na floresta mais densa.*
²⁴ *Eu cavei e bebi águas de terras estrangeiras; e com as plantas de meus pés sequei todos os rios do Egito*
²⁵ *Por acaso não ouviste que já há muito determinei isso e já desde os dias antigos o planejei? Porém agora o executei, para que fosses tu que reduzisses as cidades fortificadas a montões desertos.*
²⁶ *Por isso os moradores delas tiveram pouca força, ficaram cheios de pavor e vergonha; tornaram-se como a erva do campo, como a relva verde, e como o capim dos telhados, que se queimam antes de amadurecer.*
²⁷ *Porém conheço teu assentar, teu sair e teu entrar, bem como teu furor contra mim.*
²⁸ *Por causa do teu furor contra mim e porque a tua arrogância subiu aos meus ouvidos, porei meu anzol no teu nariz e meu freio na tua boca, e te farei voltar pelo caminho por onde vieste.*
²⁹ *Este será o sinal: Este ano comereis o que nascer espontaneamente, no ano seguinte, o que brotar disso; mas no terceiro ano semeai e colhei, plantai vinhas e comei de seus frutos.*
³⁰ *Pois o que escapou e sobrou da casa de Judá lançará raízes para baixo e dará fruto para cima.*
³¹ *Porque o remanescente sairá de Jerusalém, e os que escaparem, do monte Sião; o zelo do* SENHOR *fará isso.*
³² *Portanto, assim diz o* SENHOR *acerca do rei da Assíria: Ele não entrará nesta cidade, nem lançará flecha alguma contra ela; não a enfrentará com escudo, nem construirá morros de ataque ao redor dela.*
³³ *Ele voltará pelo mesmo caminho por onde veio, mas não entrará nesta cidade, diz o* SENHOR*.*
³⁴ *Porque eu defenderei esta cidade para livrá-la, por amor de mim e por amor do meu servo Davi.*
³⁵ *Naquela noite, o anjo do* SENHOR *saiu e feriu cento e oitenta e cinco mil no*

acampamento dos assírios. Quando os assírios se levantaram pela manhã, lá estavam todos os cadáveres.

³⁶ *Então Senaqueribe, rei da Assíria, fugiu, voltou para Nínive, onde ficou.*

³⁷ *Quando ele estava adorando no templo de seu deus Nisroque, seus filhos Adrameleque e Sarezer o mataram à espada e fugiram para a terra de Ararate. E seu filho Esar-Hadom reinou em seu lugar.*

(2Rs 19.20-37)

NÍNIVE

■ Visão geral

Nínive é mencionada pela primeira vez na Bíblia em Gênesis 10.11, termo traduzido na *A21*. "Dessa terra ele [ou seja, Ninrode] foi para a Assíria e fundou Nínive".

Não é mencionada novamente até os dias de Jonas, quando é descrita (Jn 3.3; 4.11) como uma cidade grande e bastante populosa, a próspera capital do Império Assírio (2Rs 19.36; Is 37.37).

O livro do profeta Naum é quase exclusivamente repleto de denúncias proféticas contra essa cidade. Sua ruína e total desolação são previstas (Na 1.14; 3.19 etc.).

Sofonias também (Sf 2.13-15) predisse sua destruição junto com a queda do império do qual era capital.

Nínive não é mencionada novamente na Bíblia até ser citada na narrativa do evangelho (Mt 12.41; Lc 11.32).

Grande cidade populosa

Esta "grande cidade populosa" localiza-se na margem oriental ou esquerda do rio Tigre. Desenvolve-se ao longo da margem do rio até cerca de 50 quilômetros, e estende-se cerca de 16 quilômetros até os montes orientais.

Esse extenso espaço é hoje uma imensa área de ruínas.

Ocupava uma posição central na grande avenida entre o mediterrâneo e o oceano Índico, unindo assim o Oriente e o Ocidente, recebendo riquezas de várias origens, a fim de se tornar a maior de todas as cidades antigas.

O fim de Nínive

Cerca de 633 a.C., o Império Assírio começou a demonstrar sinais de fraqueza e Nínive foi ataca pelos medos, que posteriormente, cerca de 625 a.C., em conjunto com os babilônios, novamente a atacaram, quando caiu e foi completamente demolida.

O Império Assírio, então, chegou ao fim, e os medos e os babilônios dividiram suas províncias entre eles.

"Depois de governar por mais de seiscentos anos com tirania e violência abomináveis, do Cáucaso e mar Cáspio até o golfo Pérsico e de além do Tigre até a Ásia Menor e Egito, desapareceu rapidamente, como se não passasse de um sonho".

Seu fim foi estranho, repentino e trágico. Era Deus fazendo o seu julgamento do orgulho assírio (Is 10.5-19).

Origem e antiguidade

Gn 10.11

Situada no rio Tigre

Na 2.6,8

Antiga capital da Assíria

2Rs 19.36; Is 37.37

Conhecida como a cidade sangrenta

Na 3.1

Descrita como

- Grande. Jn 1.2; 3.2
- Extensa. Jn 3.3

- Rica. Na 2.9
- Forte. Na 3.12
- Comercial. Na 3.16
- Populosa. Jn 4.11
- Vil. Na 1.14
- Ímpia. Jn 1.2
- Idólatra. Na 1.14
- Cheia de diversão e ausência de preocupação. Sf 2.15
- Cheia de mentiras e roubos. Na 3.1
- Cheia de feitiçaria. Na 3.4

Nínive e Jonas
- Jonas foi enviado para proclamar sua destruição. Jn 1.2; 3.1,2,4
- Seus habitantes se arrependeram ao ouvirem a pregação de Jonas. Jn 3.5-9; Mt 12.41; Lc 11.32
- Sua destruição foi evitada. Jn 3.10; 4.11

Previsões
- Posta diante dos exércitos babilônios Na 2.1-4; 3.2
- Destruição de seu povo. Na 1.12; 3.3
- Deterioração de seus tesouros. Na 2.9
- Destruição de seus ídolos. Na 1.14; 2.7
- Destruição total. Na 1.8,9
- Degradação e desprezo. Na 3.5–7; Sf 2.15

> ⁵ *Coloco-me contra ti, diz o* SENHOR *dos Exércitos, e levantarei tuas vestes até o teu rosto; e mostrarei a tua nudez às nações, e a tua vergonha, aos reinos.*
> ⁶ *Jogarei sobre ti impurezas e te tratarei com desprezo, e te farei um espetáculo.*
> ⁷ *Todos os que te virem fugirão de ti e dirão: Nínive está destruída! Quem terá compaixão dela? De onde trarei consoladores para ti?*
> (Na 3.5-7)

- Completa desolação

> *Ele ainda estenderá a mão contra o norte e destruirá a Assíria; e fará de Nínive uma ruína, terra árida como o deserto.*
>
> *No meio dela se deitarão rebanhos, todos os animais selvagens; pelicanos e bichos selvagens se alojarão no topo de suas colunas; o som das aves se ouvirá nas janelas; e haverá ruínas nas entradas; pois ele expôs o madeiramento de cedro.*
> (Sf 2.13,14)

- Fraqueza de seu povo. Na 3.13
- Tomada junto com seu povo bêbado. Na 1.10; 3.11
- Captura de seu povo. Na 3.10

OS BABILÔNIOS

■ Babilônia

"O portão de Deus"
Tanto a palavra grega *Babel* quanto a semita *Babilu* significam "O portão de Deus".

Nas tábuas assírias ela significa "A cidade da dispersão das tribos".

Sua longa lista de reis vai até 2300 a.C., e inclui Hamurábi (Khammu-rabi), ou Anrafel.

Império e cidade
Na Bíblia, "Babilônia" se refere tanto à cidade quanto ao império.

História de Babilônia
A cidade de Babilônia ficava no rio Eufrates, cerca de 320 quilômetros acima de sua junção com o rio Tigre, que corria por ela e a dividia em duas partes quase idênticas.

Com a queda de Nínive (606 a.C.), ela saiu do jugo assírio, e tornou-se a capital do crescente Império Babilônico. Sob o comando de Nabucodonosor, ela tornou-se uma das cidades mais esplêndidas do mundo antigo.

A cidade foi tomada por Ciro, "rei de Elão", em 539 a.C., que editou um decreto permitindo que os judeus retornassem à sua própria terra (Ed 1). A partir daí, ela deixou de ser a capital do império. Por diversas vezes foi atacada por exércitos inimigos até que foi completamente destruída.

Conhecida como
- Terra dos Caldeus. Ez 12.13
- Terra de Sinar. Dn 1.2; Zc 5.11
- Terra de Merataim. Jr 50.1,21
- Deserto do mar. Is 21.1,9
- Sesaque. Jr 25.12,26
- Senhora dos reinos. Is 47.5

Fatos sobre Babilônia
- Origem. Gn 10.8,10
- Origem do nome. Gn 11.8,9
- Situada além do Eufrates. Gn 11.31; Jz 24.2,3
- Antigamente era parte da Mesopotâmia. At 7.2
- Fundada pelos assírios e parte de seu império. 2Rs 17.24; Is 23.13
- Abastecida pelos rios Tigre e Eufrates. Sl 137.1; Jr 51.13
- Composta de muitas nações. Dn 3.4; 3.29
- Governada por reis. 2Rs 20.12; Dn 5.1
- Com a Média e a Pérsia dividida por Dario em 120 províncias. Dn 6.1
- Babilônia era a principal província. Dn 3.1
- Sua antiguidade. Gn 11.4,9
- Aumentada por Nabucodonosor. Dn 4.30
- Cercada por um grande muro e fortificada. Jr 51.53,58
- Idiomas falados. Dn 1.4; 2.4
- Descrição dos exércitos. Hc 1.7-9
- Seus embaixadores são enviados a Ezequias. 2Rs 20.12

Conhecida por nomes diferentes
- A cidade de ouro. Is 14.4
- A glória dos reinos. Is 13.19
- A beleza dos caldeus. Is 13.19
- Cidade dos mercadores. Ez 17.4
- Babilônia, a Grande. Dn 4.30

Notável por
- Antiguidade. Jr 5.15
- Poder naval. Is 43.14
- Poder militar. Jr 5.16; 50.23
- Grandeza nacional. Is 13.19; Jr 51.41
- Riqueza. Jr 50.37; 51.13
- Comércio. Ez 17.4
- Manufatura de roupas. Js 7.21
- Sabedoria de senadores. Is 47.10; Jr 50.35

Seus habitantes
- Idólatras. Jr 50.38; Dn 3.18
- Viciados em magia. Is 47.9,12,13; Dn 2.1,2
- Profanos e sacrílegos. Dn 5.1-3
- Ímpio. Is. 47.10

Como poder, foi
- Arrogante. Is. 14.13,14; Jr 50.29,31,32
- Segura e autoconfiante. Is 47.7,8
- Grande e majestosa. Is 47.1,5
- Cobiçosa. Jr 51.13
- Opressora. Is 14.4
- Cruel e destrutiva. Is 14.17; 47.6; Jr 51.25; Hc 1.6,7
- Um instrumento da vingança de Deus em outras nações. Jr 51.7; Is 47.6

Representado por
- Uma grande águia. Ez 17.3
- Uma cabeça de ouro. Dn 2.32,37,38
- Um leão com asas de águia. Dn 7.4

Nabucodonosor
- Fez Jeoaquim lhe pagar tributo. 2Rs 24.1
- Sitiou Jerusalém. 2Rs 24.10,11
- Tomou Joaquim e os cativos de Babilônia. 2Rs 24.12,14-16
- Saqueou o templo. 2Rs 24.13
- Fez Zedequias rei. 2Rs 24.17
- Rebelou-se contra Zedequias. 2Rs 24.20
- Sitiou e tomou Jerusalém. 2Rs 25.1-4
- Queimou a Jerusalém. 2Rs 25.9,10

- Tomou Zedequias, e os cativos para Babilônia. 2Rs 25.7,11,18-21
- Saqueou e queimou o templo. 2Rs 25.9,13-17; 2Cr 36.18,19

Previsões sobre sua destruição
Is 13.1-22; 14. 4-22; 21.1-10; 47.1–15; Jr 25.12; 50.1–51.64

OS GREGOS

■ Grécia

História da Grécia
Originariamente consistia em quatro províncias: Macedônia, Épiro, Acaia e Peloponeso.
A Grécia foi conquistada pelos romanos em 146 a.C.

Grécia no Novo Testamento
Em Atos 20.2, é designada apenas de província romana da Macedônia.
As cidades da Grécia foram o cenário especial dos trabalhos do apóstolo Paulo.

■ Grego

No Novo Testamento, a palavra "grego" é usada de várias formas.

"Grego" significando "grego, a etnia"
Veja Atos 16.1-3; 18.17; Rm 1.14.
Paulo declara que o pai de Timóteo era grego.

> ¹ *E chegou também a Derbe e Listra. Havia ali um discípulo chamado Timóteo, filho de uma judia crente, mas de pai grego;*
> ² *e os irmãos em Listra e Icônio davam bom testemunho dele.*
> ³ *Paulo queria que ele o acompanhasse; tomou-o, então, e o circuncidou, por causa dos judeus que viviam na região; porque todos sabiam que seu pai era grego.*
> (At 16.1-3)

"Grego" significando "gentio em oposição a judeu"

> *Trará tribulação e angústia a todo ser humano que pratica o mal, primeiro ao judeu, depois ao grego;*
> *mas glória, honra e paz a todo que pratica o bem, primeiro para o judeu, depois para o grego.* (Rm 2.9,10)

"Gregos"
Em Atos 11.20 o termo "gregos" denota os gregos pagãos daquela cidade.

Helenistas
Os helenistas eram judeus gregos; nascidos judeus em um país estrangeiro, não falavam hebraico (At 6.1; 9.29) nem se juntavam aos cultos hebraicos dos judeus na Palestina, mas tinham sinagogas próprias em Jerusalém.

■ Atenas

A capital da Ática, a cidade mais celebrada do mundo antigo, o lugar da literatura e arte gregas do mundo antigo durante o período dourado da história grega.
Seus habitantes gostavam de descobertas.
Todos os atenienses, como também os estrangeiros que ali residiam, não tinham outro interesse a não ser contar ou ouvir a última novidade (At 17.21) e eram notáveis por seu zelo na adoração de seus deuses.
Um ditado sarcástico do satirista romano afirmava que era "mais fácil encontrar um deus em Atenas do que um homem".

Paulo e Atenas

Em sua segunda viagem missionária, Paulo visitou essa cidade (At 17.15; compare com 1Ts 3.1), e, no Areópago, proferiu seu famoso discurso (At 17.22-31).

22 Então Paulo ficou de pé no meio do Areópago e disse: Homens atenienses, em tudo vejo que sois excepcionalmente religiosos.
23 Porque, ao passar e observar os objetos do vosso culto, encontrei também um altar em que estava escrito: AO DEUS DESCONHECIDO. É exatamente este que honrais sem conhecer que eu vos anuncio.
24 O Deus que fez o mundo e tudo o que nele há, Senhor do céu e da terra, não habita em templos feitos por mãos de homens.
25 Tampouco é servido por mãos humanas, como se necessitasse de alguma coisa. Pois é ele mesmo quem dá a todos a vida, a respiração e todas as coisas.
26 De um só fez toda a raça humana para que habitasse sobre toda a superfície da terra, determinando-lhes os tempos previamente estabelecidos e os territórios da sua habitação.

(At 17.22-26)

OS ROMANOS E JUDÁ

■ O Império Romano

O Império Romano estava tão espalhado nos dias de Jesus que foi chamado de "o mundo". Veja Lucas 2.1.

Representado por
- Pernas de ferro na visão de Nabucodonosor. Dn 2.33,40
- Terrível besta na visão de Daniel. Dn 7.7,19

Roma e Judeia
- Roma, a capital. At 18.2; 19.21
- Judeia, província sob o comando de um procurador ou governador. Lc 3.2; At 23.26,34; 25.1

Alusões aos seus serviços militares
- Obediência rígida aos superiores. Mt 8.8,9
- Uso de armadura defensiva. Rm 13.12; 2Co 6.7; Ef 6.11-17
- Soldados que não se permitiam envolver com cuidados mundanos. 2Tm 2.4
- Dificuldades enfrentadas por soldados. 2Tm 2.3
- O companheiro especial do soldado que compartilhou seu trabalho e perigos. Fp 2.25
- Perigo de dormir. Mt 28.13,14
- Coroamento de soldados que se distinguiam. 2Tm 4.7,8
- Triunfos de vitórias gerais. 2Co 2.14-16; Cl 2.15
- Oficiais militares diferentes. At 21.31; 23. 23,24
- Italiano do regimento de Augusto. At 10.1; 27.1

Alusões aos serviços judiciais
- Pessoa acusada de espancamento e julgada por isso. At. 22.24,29
- Criminosos entregues a soldados para execução. Mt 27.26,27
- Acusação por escrito colocada na cabeça daqueles executados. Jo 19.19
- Peças de vestuário daqueles excutados entregues a soldados. Mt 27.35; Jo 19.23
- Prisioneiros acorrentados a soldados para segurança. At 21.33; 12.6; 2Tm 1.16; At 28.16
- Acusadores e acusados confrontados. At 23.35; 25.16-19

- Pessoa acusada protegida da violência popular. At 23.20; 24-27
- Poder da vida e morte investidos nessas autoridades. Jo 18.31,39,40; 19.10
- Todos os apelos feitos ao imperador. At 25.11,12
- Aqueles que apelavam a César deveriam ser levados diante dele. At 26.32

Alusões à cidadania
- Obtida por meio de compra. At 22.28
- Obtida por nascimento. At 22.28
- Isenta do castigo da degradação. At 16.37,38; 22.25

Alusões aos jogos gregos adaptados
- Lutas de gladiadores. 1Co 4.9; 15.32
- Corridas a pé. 1Co 9.24; Fp 2.16; 3.11-14; Hb 12.1,2
- Lutas. Ef 6.12
- Treinamento de combatentes. 1Co 9.25,27
- Coroamento de conquistadores. 1Co 9.25; Fp 3.14; 2Tm 4.8
- Regras observadas na conduta. 2Tm 2.5

Imperadores mencionados
- Tibério. Lc 3.1
- Augusto. Lc 2.1
- Cláudio. At 11.28
- Nero. Fp 4.22; 2Tm 4.22

Judeus, cristãos e o Império Romano
- Judeus excluídos por Cláudio. At 18.2
- Paulo visitado por Onesíforos. 2Tm 1.16,17
- Paulo deseja pregar. Rm 1.15
- Abominações. Rm 1.18-32
- Cristão. Rm 16.5-17. Fp 1.12-18; Fp 4.22; 2Tm 4.21

Judá

Visão geral
Uma das divisões da Terra Santa sob o domínio dos romanos. Lc 3.1. Formava todo o reino antigo da Judeia. 1Rs 12.21-24

Nomes dados a Judá
- A terra de Judá. Mt 2.6
- Judeus. Dn 5.13; Jo 7.1

Tipo de terra
Um distrito montanhoso, Lc 1.39,65. Parte desértica. Mt 3.1; At 8.26.

Capital
- Jerusalém era a capital de Judá. Mt 4.25.

Cidades de Judá
- Arimateia. Mt 27.57; Jo 19.38
- Azoto. At 8.40
- Betânia. Jo 11.1,18
- Belém. Mt 2.1,6,16
- Betfagé. Mt 21.1
- Emaús Lc 24.13
- Efraim. Jo 11.54
- Gaza. At 8.26
- Jericó. Lc 10.30; 19.1
- Jope. At 9.36; 10.5,8
- Lida. At 9.32,35,38

João Batista
- João Batista pregou em Judá. Mt 3.1

Jesus e Judá
- Nascido em Judá. Mt 2.1,5,6
- Tentado no deserto de Judá. Mt 4.1.
- Frequentemente visitado. Jo 11.7
- Em geral saía, para escapar à perseguição. Jo 4.1-3

Várias igrejas cristãs em Judá
- At 9.31; 1Ts 2.14

CIDADES

INTRODUÇÃO

■ Visão geral

A menção mais recente de uma cidade construída é Enoque, construída por Caim.

> Caim conheceu intimamente sua mulher, ela engravidou e deu à luz Enoque. Caim edificou uma cidade e deu-lhe o nome do filho, Enoque. (Gn 4.17)

Após a confusão das línguas, os descendentes de Ninrode fundaram várias cidades.

> ¹⁰ O princípio do seu reino foi Babel, Ereque, Acade e Calné, na terra de Sinar.
> ¹¹ Dessa terra ele foi para a Assíria e fundou Nínive, Reobote-Ir, Calá
> ¹² e Résem entre Nínive e Calá (esta é a grande cidade).
> (Gn 10.10-12)

Primeiras cidades

As próximas cidades mencionadas são as dos cananeus, Sidom, Gaza, Sodoma etc. (Gn 10.12,19; 11.3,9; 36.31-39).

A descrição mais antiga de uma cidade é a de Sodoma (Gn 19.1-22).

Diz-se que Damasco é a cidade mais antiga que existe no mundo.

Antes da época de Abraão, havia poucas cidades no Egito (Nm 13.22).

Os israelitas no Egito constumavam construir as "cidades tesouro" de Pitom e Ramessés.

> Por isso, colocaram feitores sobre eles, para oprimi-los com trabalhos forçados. Assim, os israelitas construíram para o faraó as cidades armazéns de Pitom e Ramessés. (Êx 1.11)

Pitom e Ramessés não eram locais onde os tesouros reais eram mantidos, mas foram cidades fortificadas onde os mercadores armazenavam seus produtos e conduziam seus negócios com segurança, ou cidades onde eram armazenadas armas de guerra.

Grandes cidades muradas

No reino de Ogue em Basã, havia sessenta "grandes cidades muradas", e 23 cidades em Gileade parcialmente reconstruídas pelas tribos do oriente do Jordão (Nm 21.21,32,33,35; 32.1-3,34-42; Dt 3.4,5,14; 1Rs 4.13).

Cidades reais

Ao ocidente do rio Jordão havia 31 cidades reais (Js 12), além de muitos outros falarem na história de Israel.

Uma cidade protegida

Uma cidade protegida era uma cidade rodeada de fortificações e altas muralhas, com observadores sobre elas (2Cr 11.11; Dt 3.5).

Uma cidade com subúrbios era uma cidade cercada com terreno para o gado, como as 48 cidades que foram dadas aos levitas (Nm 35.2-7).

Quando Davi reduziu o forte dos jebuseus que ficava no monte Sião, ele construiu no local um palácio e uma cidade, que ele chamou pelo seu próprio nome (1Cr 11.5), a cidade de Davi. Belém também é conhecida como a cidade natal de Davi (Lc 2.4).

Jerusalém também é a Cidade Santa, a santidade do templo sendo considerada como se estendesse em alguma medida sobre toda a cidade (Ne 11.1).

Fatos gerais sobre as cidades

- Primeira menção. Gn 4.17
- Projetada para habitações. Sl 107.7,36

- Geralmente construídas para perpetuar um nome. Gn 11.4
- Geralmente fundadas e ampliadas por meio de banho de sangue e roubo. Mq 3.10; Hc 2.12
- Seus habitantes, cidadãos. At 21.39
- Prosperidade, aumentada pelo comércio. Gn 49.13; Dt 33.18,19; Ez 28.5
- Modo artificial de abastecer com água. 2Rs 18.17; 20.20
- Infestada de cães. 1Rs 14.11; Sl 59.6,14
- Sob o comando de governadores 2Cr 33.14; 2Co 11.32

Construção
- De tijolo e lodo. Gn 11.3
- De pedra e madeira. Sl 102.14; Ez 26.12
- De tijolo e betume. Êx 1.11,14
- Em fundações sólidas. Ed 6.3; Ap 21.14
- Compactas. Sl 122.3
- Geralmente de forma quadrada. Ap. 21.16
- Ao lado de rios. Sl 46.4; 137.1
- Em montes. Mt 5.14; Lc 4.29; Ap 17.9
- Em planícies. Gn 11.2,3; 13.12
- Em lugares desertos. 2Cr 8.4; Sl 107.35,36
- Em situações agradáveis. 2Rs 2.19; Sl 48.2

Detalhes sobre as cidades
- Dispostas em ruas e avenidas. Nm 22.39; Zc 8.5; Lc 14.21
- Entrava-se por meio dos portões. Gn 34.24; Ne 13.19,22
- Cercada com muros. Dt 1.28; 3.5
- Geralmente fortificada pela natureza. Sl 125.2
- Geralmente fortificada. 2Cr 11.5-10,23; Sl 48.12,13; Jr 4.5; Dn 11.15
- Algumas vezes havia subúrbios. Nm 35.2; Js 21.3
- Numerosas. Js 15.21; 1Cr 2.22; Jr 2.28
- Densamente habitadas. Jo 4.11; Na 3.8
- Geralmente grande e divina. Gn 10.12; Dt 6.10; Dn 4.30; Jo 3.3
- Geralmente de grande antiguidade. Gn 10.11,12
- Geralmente não relevante. Gn 19.20; Ec 9.14

Receberam o nome
- Da família do fundador. Gn 4.17; Jz 18.29
- O proprietário da terra. 1Rs 16.24
- O país onde foi construída. Dn 4.29,30

Diferentes tipos
- Real. Nm 21.26; Js. 10.2; 2Sm 12.26
- Protegida com cercas. Js 10.20; Is 36.1
- Tesouro. Êx 1.11
- Comercial. Is 23.11; Ez 27.3
- Carruagem. 2Cr 1.14; 9.25
- Armazém. 2Cr 8.4,6
- Levítico. Lv 25.32,33. Nm 35.7,8
- Refúgio. Nm 35.6

Mais fatos sobre cidades
- Continham juízes. Dt 16.18; 2Cr 19.5
- Protegida à noite por vigias. Sl 127.1; Ct 5.7; Is 21.11
- Providas com lojas. 2Cr 11.11,12
- Guarnecidas em uma guerra. 2Cr 17.2,19
- Geralmente tinham cidadelas. Jz 9.51
- Uma grande defesa para um país. 2Cr 11.5
- Servia de refúgio em tempos de perigo. Jr 8.14-16
- Geralmente desertadas à aproximação do inimigo. 1Sm 31.7; Jr 4.20

Eram frequentemente
- Atacadas, Js 8.3-7; Jz 9.44
- Sitiadas. Dt 28.52; 2Rs 19.24,25
- Saqueadas. Is 13.16; Jr 20.5
- Afetadas por pestilências. 1Sm 5.11
- Afetadas pela fome. Jr 52.6; Am 4.6
- Despopuladas. Is 17.9; Ez 26.19
- Queimadas. Jz 20 38,40; Is 1.7
- Feitas pilhas de ruínas. Is 25.2
- Assoladas e cobertas com sal. Jz 9.45

- Difíceis de ser tomadas. Pv 18.19; Jr 1.18,19
- De natureza perecível. Hb 13.14

Ilustrativas de
- Santos. Mt 5.14
- Igreja visível. Ct 3.2,3; Ap 11.2
- Igreja triunfante. Ap 21.2; 22.19
- Herança eterna. Hb 11.16
- A apostasia. Ap 16.10; 17.18
- Riquezas. Pv 10.15

Muralhas das cidades
- Geralmente muito altas. Dt 1.28; 3.5
- Fortemente fortificadas. Is 2.15; 25.12
- Tinham torres construídas em cima delas; 2Cr 26.9; 32.5; Sl 48.12; Ct 8.10
- Construíam-se, com frequência, casas sobre elas. Js 2.15
- Eram amplas e lugares de refúgio público. 2Rs 6.26,30; Sl 55.10
- Eram fortemente protegidas por homens nas guerras. 2Rs 18.26
- Mantinham sentinelas de dia e de noite. Ct 5.7; Is 62.6
- Casas geralmente reformadas e fortificadas. Is 22.10
- Era perigoso se aproximar muito delas em tempos de guerra. 2Sm 11.1-20
- Eram atingidas pelos inimigos que a sitiavam com o intuito de derrubá-las,2Sm 20.15; Ez 4.2,3
- Os soldados que a escalavam precisavam ter muita destreza. Jl 2.7-9
- Algumas vezes queimadas. Jr 49.27; Am 1.7
- Frequentemente deixadas em ruínas. 2Cr 25.23.; 36.19; Jr 50.15
- O sentimento de pesar quando destruídas. Dt 28.52; Ne 1.3; 2.12-17
- Queda das muralhas, algumas vezes, resultando em grande destruição. 1Rs 20.30
- Os corpos de inimigos, em desgraça, eram pendurados nelas. 1Sm 31.10
- Hábito de dedicá-las a Deus. Ne 12.27
- Rituais idólatras realizados sobre elas. 2Rs 3.27
- Instâncias em que pessoas desciam por elas. Js 2.15; At 9.24,25; 2Co 11.33
- Pequenas vilas e cidades nunca foram cercadas. Lv 25.31

■ Cidades de refúgio

Introdução
Havia seis cidades de refúgio, três de cada um dos lados do Jordão, a saber: a oeste do rio, Cades, Siquém, Hebrom; e, a leste, Bezer, Ramote-Gileade e Golã.

As cidades ao lado do rio estavam próximas umas das outras. As regras em relação a essas cidades são apresentadas em Nm 35.9-34; Dt 19.1-13; Êx 21.12-14.

Fatos bíblicos
- Planejamento de. Êx 21.13; Nm 35,11; Js 20.3
- Nomes de Dt 4.41–43; Js 20.7,8;
- Estranhos poderiam tirar vantagem Nm 35.15

Necessitava
Ter fácil acesso. Dt 19.3; Is 62.10. Estar aberta a todos aqueles que cometeram homicídios involuntários. Js 20.4.

Aqueles que eram admitidos nessas cidades
- Eram julgados. Nm 35.12,24
- Não protegidos do lado de fora. Nm 35.26,27
- Obrigados a permanecer na cidade, até a morte do sumo sacerdote. Nm 35.25,28
- Não recebiam asilo se fossem assassinos. Êx 21.14; Nm 35.16-21

Ilustrativo
- De Cristo. Sl 91.2; Is 25.4
- Da esperança do evangelho. Hb 6.18
- (o caminho para) Cristo. Is 35.9; Jo 14.6

MURALHAS E TORRES

■ Muralhas

Visão geral
- Projetada para separação. Ez 43.8; Ef 2.14
- Projetada para defesa. 1Sm 25.16

Mencionadas na Bíblia
- De cidades. Nm 13.28
- De templos. 1Cr 29.4; Is 56.5
- De casas. 1Sm 18.11
- De vinhas. Nm 22.24; Pv 24.31

Fatos sobre as muralhas
- Em geral, feitas de pedra e madeira. Ed 5.8; Hc 2.11
- Foram provavelmente fortificadas com placas de ferro ou latão. Jr 15.20; Ez 4.3
- Em geral, o hissopo crescia nelas. 1Rs 4.33

Milagres conectados com
- Queda das muralhas de Jericó. Js 6.20
- Escrita à mão na parede do palácio de Belsazar. Dn 5.5, 25-28

Muralhas de casas
- Geralmente revestidas com argamassa. Ez 13.10; Dn 5.5
- Tinha pregos ou estacas fixadas nelas postos ali durante a construção. Ec 12.11; Is 22.23
- Passíveis de ter lepra. Lv 14.37
- Geralmente infestadas com serpentes. Am 5.19
- Podiam ser facilmente escavadas. Gn 49.6; Ez 8.7,8; 12.5
- O assento ao lado dela era um lugar de distinção. 1Sm 20.25

Ilustrativo
- De salvação. Is 26.1; 60.18
- Da proteção de Deus. Zc 2.5
- Daqueles que apoiam a proteção. 1Sm 25.16; Is 2.15
- Da igreja como uma proteção para a nação. Ct 8.9,10
- Das ordenanças, como uma proteção para a igreja. Ct 2.9; Is 5.5
- Das riquezas dos ricos nos seus próprios conceitos. Pv 18.11
- (bronze) de profetas em seu testemunho contra os ímpios. Jr 22.20
- (reverência ou hesitação) dos ímpios sob julgamento. Sl 62.3; Is 30.13
- (de partição) da separação dos judeus e gentios. Ef 2.14
- (manchado com argamassa não misturada) do ensinamento de falsos profetas. Ez 13.10-15
- (embranquecido) de hipócritas. At 23.3

■ Torres

Introdução
Quase todas as cidades tinham uma torre, que os cidadãos poderiam usar como refúgio em momentos de perigo.

⁴⁶ *Quando os cidadãos que estavam na torre de Siquém ouviram isso, entraram na fortaleza do templo de El-Berite.*
⁴⁷ *Ao saber que eles estavam reunidos lá, Abimeleque*
⁴⁸ *subiu ao monte Zalmom com os que estavam com ele. Então apanhou um machado, cortou um galho de árvore e, levantando-o, colocou-o no ombro; e ordenou aos que estavam com ele: Fazei depressa o que me vistes fazer.*
⁴⁹ *Cada um cortou um galho, e todos seguiram Abimeleque. Então, colocaram os galhos junto da fortaleza e a queimaram. Assim morreram todos os que estavam na torre de Siquém, cerca de mil homens e mulheres.*

⁵⁰ *Depois disso, Abimeleque foi a Tebez, sitiou-a e a conquistou.*
⁵¹ *Mas havia no meio da cidade uma torre forte, na qual se refugiaram todos os habitantes da cidade, tanto homens quanto mulheres. Eles fecharam as portas atrás de si e subiram ao telhado da torre.*
⁵² *Abimeleque foi até a torre e a atacou...*
(Jz 9.46-52)

Origem
Origem e antiguidade de Gn 11.4

Foram construídas
- Em cidades. Jz 9.51
- Nas muralhas das cidades. 2Cr 14.7; 26.9
- Nas florestas. 2Cr 27.4
- Nos desertos. 2Cr 26.10
- Nas vinhas. Is 5.2; Mt 21.33

Fatos sobre torres
- Frequentemente muito altas. Is 2.15
- Frequentemente fortes e bem fortificadas. Jz 9.51; 2Cr 26.9
- Foram usadas como armaduras. Ct 4.4
- Foram usadas como cidadelas em tempos de guerra. Jz 9.51; Ez 27.11
- Vigias a postos, em tempos de guerra. 2Rs 9.17; Hc 2.1

Mencionado na Bíblia
- Babel. Gn 11.9
- Migdal-Éder. Gn 35.21
- Penuel. Jz 8.17
- Siquém. Jz 9.46
- Tebez. Jz 9.50,51
- Davi. Ct 4.4
- Líbano. Ct 7.4
- Das fornalhas. Ne 3.11
- Dos Cem. Ne 12.39
- Jezreel. 2Rs 9.17
- Hananeel. Jr 31.38; Zc 14.10
- Sevene. Ez 29.10; 30.6
- Siloé. Lc 13.4

Mais fatos sobre torres
- De Jerusalém, um número notável de força e beleza. Sl 48.12
- Frequentemente destruídas em guerra. Jz 8.17; 9.49. Ez 26.4
- Frequentemente deixadas desoladas. Is 32.14; Sf 3.6

Ilustrativo
- De Deus como protetor de seu povo. 2Sm 22.3,51; Sl 18.2; 61.3
- Do nome do Senhor. Pv 18.10
- Dos ministros. Jr 6.27
- Do monte Sião. Mq 4.8
- Da graça e dignidade da igreja. Ct 4.4;7.4;8.10
- Do orgulho e arrogância. Is 2.15; 30.25

Visão geral
- Projeto de Is. 62.10
- Feita de:
  – Bronze. Sl 107.16; Is 45.2
  – Ferro. At 12.10

JERUSALÉM

■ Introdução

Jerusalém, "cidade de paz", foi a cidade mais importante e de destaque em Israel da Antiguidade, assim como no Novo Testamento e ainda hoje.

Nos dias de Jesus, a restauração magnificente do templo feita pelo rei Herodes estava acontecendo, e os sacrifícios do templo aumentavam.

Peregrinos judeus devotos vinham de todas as partes do mundo a Jerusalém.

Especialmente na época de festas, o número de pessoas na cidade passava dos 60.000 habitantes para cerca de 250.000.

Origem
- Antiga Salém. Gn 14.18; Sl 76.2
- A antiga Jebus ou terra dos jebuseus. Js 15.8; 18.28; Jz 19.10
- Seu rei foi derrotado e escravizado por Josué. Js 10.5-23
- A parte entregue à tribo de Benjamim. Js 18.28
- Parcialmente tomada e queimada por Judá. Jz 1.8

Os jebuseus
- Antigamente habitaram em Jebus. Jz 19.10,11
- Tomaram posse da cidade, com Judá e Benjamim. Js 15.63; Jz 1.21
- Foram finalmente desapropriados de lá por Davi. 2Sm 5.6-8

Fatos sobre Jerusalém
- Ampliada por Davi. 2Sm 5.9
- Feita cidade real. 2Sm 5.9; 20.3
- Especialmente escolhida por Deus. 2Cr 6.6; Sl 135.21
- A sede do governo sob o domínio dos romanos por um tempo. Mt 27.2,19
- Governo romano transferido de Jerusalém para Cesareia. At 23.23,24; 25.1-13
- Foi a tumba dos profetas. Lc 13.33,34

Chamada de
- Cidade de Deus. Sl 46.4; 48.1
- Cidade do SENHOR. Is 60.14
- Cidade de Judá. 2Cr 25.28
- Cidade do grande rei. Sl 48.2; Mt 5.5
- Cidade das solenidades. Is 33.20
- Cidade da justiça. Is 1.26
- Cidade da verdade. Zc 8.3
- Cidade não desamparada. Is 62.12
- Cidade fiel. Is 1.21,26
- Cidade santa. Ne 11.1; Is 48.2; Mt 4.5
- Trono do Senhor. Jr 3.17
- Sião. Sl 48.12; Is 33.20
- Sião do Santo de Israel. Is 60.14

Mais fatos sobre Jerusalém
- Cercada por montanhas. Sl 125.2
- Cercada por uma muralha. 1Rs 3.1
- Protegida por torres e fortalezas. Sl 48.12,13
- Entrada pelos portões. Sl 122.2; Jr 17.19-21
- Ezequias fez um aqueduto. 2Rs 20.20
- Despojo de guerra foi colocado lá. 1Sm 17.54; 2Sm 8.7
- Nela foi construída o templo. 2Cr 3.1; Sl 68.29

Deus e Jerusalém
- Protegida por Deus. Is 31.5
- Casos do cuidado e proteção de Deus 2Sm 24.16; 2Rs 19.32-34; 2Cr 12.7

Os judeus
- Iam até lá celebrar festas. Lc 2.42; Sl 122.4
- Amaram-na. Sl 137.5,6
- Lamentaram sua desgraça. Ne 1.2-4
- Oraram por sua prosperidade. Sl 51.18; 122.6
- Oravam em sua direção. Dn 6.10; 1Rs 8.41

Cristo e Jerusalém
- Pregou ali. Lc 21.37,38; Jo 18.20
- Fez muitos milagres nela. Jo 4.45
- Entrou nela publicamente, como um rei. Mt 21.9,10
- Lamentou sobre ela. Mt 23.37; Lc 19.41
- Foi levado à morte ali. Lc 9.31; At 13.27-29

A igreja primitiva e Jerusalém
- Onde o evangelho foi pregado pela primeira vez. Lc 24.47; At 2.14
- Onde o dom milagroso do Espírito Santo foi concedido pela primeira vez. At 1.4; 2.1-5

- Onde começou a perseguição à igreja cristã. At 4.1; 8.1
- Onde foi estabelecido o primeiro concílio cristão. At 15.4,6

Sua reconstrução
Reconstruída após o cativeiro por ordem de Ezequias. Ed 1.1-4

Profecias sobre Jerusalém
- Será tomada pelo rei da Babilônia. Jr 20.5
- Será transformada em montões de pedras. Jr 9.11; 26.18
- Será feita um deserto. Is 64.10
- Será reconstruída por Ciro. Is 44.26-28
- Será uma habitação quieta. Is 33.20
- Será temor para seus inimigos. Zc 12.2,3
- Onde Cristo entrará, como rei. Zc 9.9
- De onde sairá a palavra do Senhor. Is 2.3; 40.9
- Será destruída pelos romanos. Lc 19.42-44
- Seu período em cativeiro será acompanhado de severas calamidades. Mt 24.21,29; Lc 21.23,24
- Sinais precederão sua destruição. Mt 24.6-15; Lc 21.7-11,25,28

Ilustrativo
- Da igreja. Gl 4.25,26; Hb 12.22
- Da igreja glorificada. Ap 3.12; 21.2,10
- (de sua forte posição) dos santos sob a proteção de Deus. Sl 125.2

CIDADES E ALDEIAS DO NOVO TESTAMENTO

■ Na Judeia

1. Azoto:
Próxima ao Mediterrâneo; a antiga Azoto, visitada por Filipe (At 8.40).

2. Belém:
Dez quilômetros ao sul de Jerusalém; cidade natal de Jesus (Mt 2.1).

3. Betânia:
Próxima a Jerusalém, em um declive do monte das Oliveiras; terra de Maria, Marta e Lázaro (Jo 12.1).

4. Gaza:
Próxima ao Mediterrâneo, onde um caminho saía de Jerusalém até ela (At 8.26).

5. Emaús:
Seis quilômetros ao sul de Jerusalém; local para o qual dois discípulos caminhavam quando Jesus se juntou a eles (Lc 24.13).

6. Jope:
No Mediterrâneo; o porto de Jerusalém, onde Pedro teve uma visão (At 11.5).

7. Jericó:
No vale do Jordão, onde Jesus curou Bartimeu (Mc 10.46).

8. Jerusalém:
A Cidade Santa, onde todas as grandes festas aconteciam (Lc 2.41).

■ Em Samaria

1. Antipátride:
À leste de Siquém, onde o guarda trouxe Paulo durante a noite (At 23.31).

2. Cesareia:
No Mediterrâneo, onde Paulo fez sua defesa diante de Agripa (At 25).

3. Sicar:
No vale entre Ebal e Gerizim; o local da fonte de Jacó (Jo 4.5,6).

■ Na Galileia

1. Betsaida:
Uma vila no mar da Galileia; terra natal de Pedro, André e Filipe (Jo 1.44).

2. Caná:
Aldeia a 6 quilômetros a nordeste de Nazaré, onde Jesus realizou seu primeiro milagre (Jo 2.11).

3. Cafarnaum:
Cidade na costa noroeste do mar da Galileia, onde Jesus viveu e realizou muitos milagres (Mt 4.13).

4. Corazim:
Cidade na costa nordeste da mar da Galileia, contra a qual Jesus pronunciou os ais (Mt 11.21).

5. Magadã:
Aldeia na costa oriental do mar da Galileia, visitada por Jesus (Mt 15.39).

6. Nazaré:
Cidade entre as montanhas, aproximadamente na metade do caminho entre o mar da Galieia e o mar Mediterrâneo; lugar onde Jesus cresceu (Lc 4.16).

7. Naim:
Aldeia em uma montanha a sudeste de Nazaré, onde Jesus ressuscitou o filho da viúva (Lc 7.11).

8. Ptolemaida:
No Mediterrâneo, a norte do monte Carmelo, onde Paulo ficou por um dia (At 21.7).

9. Tiberíades:
Cidade na costa oriental do mar da Galileia, visitada por Jesus (Jo 6.1).

■ Na Pereia

1. Bete-Bara:
Para onde Gideão enviou mensageiros (Jz 7.24), também conhecida como Betânia, local a leste do Jordão, quase do outro lado de Jericó, onde João batizava (Jo 1.28).

2. Macário:
A leste do mar Morto; local onde João Batista foi preso e degolado. Não mencionada na Bíblia.

■ Decápolis

1. Betsaida:
Na costa nordeste do mar da Galileia; local onde Jesus alimentou as cinco mil pessoas (Lc 9.10-17).

2. Gadara:
Cidade ao sul do mar da Galileia. Esse distrito foi assim chamado de "terra dos gerasenos" (Mc 5.1).

3. Gadara:
Pequena aldeia a leste do mar da Galileia, perto de onde os endemoninhados foram curados e os porcos afogados (Mt 8.28-34).

■ Na Fenícia

1. Tiro:
A cidade comercial da Antiguidade, no Mediterrâneo; em seu "litoral" Jesus curou a filha da mulher cananeia, ou siro-fenícia (Mt 15.21-28).

2. Sidom:
Cidade no Mediterrâneo, cerca de 30 quilômetros ao norte de Tiro, em uma região que foi visitada certa vez por Jesus (Mc 7.24).

■ Na Síria

1. Damasco: em uma planície fértil, irrigada pelos rios Abana e Farfar, a leste da cordilheira do Antilíbano; local da conversão do apóstolo Paulo (At 9.1-25).

2. Antioquia: À margem do rio Orontes, a cerca de 27 quilômetros do Mediterrâneo, local da primeira igreja missionária (At 11.19-30).

■ Grécia

1. Atenas:
Sede da cultura grega, onde Paulo fez um de seus mais famosos discursos (At 17.15-34).

2. Corinto:
Importante cidade a 65 quilômetros a oeste de Atenas, onde Paulo pregou (At 1.1-18).

■ Na Ásia Menor

1. Antioquia:
Cidade em Pisídia, a leste de Éfeso, visitada por Paulo e Barnabé (At 13.14).

2. Éfeso:
Famosa cidade a quase 2 quilômetros do mar Egeu, onde Paulo pregou por um longo tempo (At 19) e uma das sete igrejas da Ásia (Ap 2.1).

3. Derbe:
Cidade da Licaônia, visitada por Paulo e Barnabé (At 16.1).

4. Icônio:
Cidade a 95 quilômetros de Antioquia, onde pregaram Paulo e Barnabé (At 14.1-5).

5. Listra:
Não muito longe de Derbe, também visitada por Paulo e Barnabé; cidade natal de Timóteo (At 16.1), onde se pensou que os dois missionários fossem deuses (At 14.8-12).

6. Laodiceia:
Capital da Frígia e local de uma das igrejas para a qual uma mensagem foi enviada por João (Ap 3.14).

7. Mileto:
O porto de Éfeso, onde Paulo fez um discurso de despedida (At 20.17-38).

8. Mirra:
Importante cidade da Lícia, onde Paulo mudou de navio em sua viagem a Roma (At 27.5).

9. Pátara:
Um porto marítimo da Lícia, onde Paulo pegou o navio para a Fenícia (At 21.1).

10. Pérgamo:
Cidade da Mísia; local de uma das sete igrejas da Ásia (Ap 2.12).

11. Perge:
Cidade da Panfília, visitada por Paulo e Barnabé e onde João os deixou (At 13.13).

12. Filadélfia:
Cidade que faz fronteira com a Lídia; local de uma das sete igrejas da Ásia (Ap 3.7).

13. Esmirna:
Localizada no mar Egeu, a 65 quilômetros de Éfeso; local de uma das sete igrejas da Ásia (Ap 2.8).

14. Sardes:
Importante cidade da Lídia; local de uma das sete igrejas da Ásia (Ap 3.1).

15. Trôade:
Antiga Troia, no mar Egeu, onde Paulo em uma visão recebeu o chamado para a Macedônia (At 16.8-10).

16. Tarso:
Cidade da Cilícia; terra natal do apóstolo Paulo (At 9.11).

17. Tiatira:
Cidade da Lídia e local de uma das sete igrejas da Ásia (Ap 2.18).

■ Na Macedônia

1. Anfípolis:
Cidade a 53 quilômetros de Filipos e a 5 quilômetros do mar Egeu, visitada por Paulo (At 17.1).

2. Apolônia:
Cidade a 48 quilômetros de Anfípolis, onde Paulo ficou por um dia (At 17.1).

3. Bereia:
Pequena cidade no lado oriental do monte Olimpo, onde Paulo pregou e as pessoas examinavam as Escrituras para saber se a pregação era verdadeira (At 17.10-13).

4. Filipos:
Cidade próspera a 15 quilômetros do mar Egeu, famosa por ser o primeiro ponto de apoio do evangelho na Europa (At 16.12-40).

5. Tessalônica:
No topo do golfo Termaico; importante centro comercial e cenário da obra de Paulo (At 17.1-9).

■ Ilhas

1. Bons Portos:
Um porto na ilha de Creta; lugar onde o navio em que Paulo estava ancorou (At 27.8).

2. Mitilene:
Uma das ilhas de Lesbos, no mar Egeu, onde o navio de Paulo ancorou por uma noite (At 20.14).

3. Pafos:
Localizada na costa ocidental de Chipre; visitada por Paulo e Barnabé (At 13.6).

4. Salamina:
Localizada na costa oriental de Chipre; visitada por Paulo e Barnabé (At 13.5).

5. Siracusa:
Famosa cidade na costa oriental da Sicília, onde Paulo parou em sua viagem a Roma (At 28.12).

■ Itália

1. Putéoli:
Principal porto da Itália, onde Paulo desembarcou (At 28.13).

2. Praça de Ápio:
Aldeia no caminho Apiano a 70 quilômetros de Roma, onde os cristãos se encontraram com Paulo (At 28.15).

3. Três Vendas:
Local a aproximadamente 18 quilômetros de Roma, onde os cristãos se encontraram com Paulo e o acompanharam a Roma (At 28.15).

4. Roma:
A grande cidade da Itália, capital do Império Romano, onde Paulo foi levado a julgamento diante de César (At 28.16) e onde se acredita que tenha sido executado mais adiante.

MEDIDAS, TEMPO E ESTAÇÕES

MEDIDAS DA BÍBLIA

■ Medidas de comprimento

Mão
Uma mão era a largura dos quatro dedos pressionados; assim, entre 7 e 10 centímetros.

A mesa da proposição em Êxodo 37.12 menciona uma mão: *Fez-lhe também uma borda de quatro dedos de largura ao redor [uma mão], e na borda, uma moldura de ouro.*

Côvado
Um côvado tinha o comprimento do braço desde o cotovelo até a ponta do dedo médio, cerca de 45 centímetros.

A altura de Golias está registrada em 1Samuel 17.4: *Então saiu um guerreiro do acampamento dos filisteus cujo nome era Golias, de Gate, que tinha seis côvados e um palmo de altura.* Seis côvados correspondem a 6 x 45 = 270 cm. Golias tinha 6 côvados e um palmo de altura (23 centímetros). Assim, a altura do gigante era de 2,93 metros.

Palmo
Um palmo é a distância entre a ponta do polegar até a ponta do dedo mínimo, quando esses estão estendidos. Isso dá aproximadamente 23 centímetros.

O peitoral de Arão devia medir: *Quadrado e dobrado, com um palmo de comprimento e um palmo de largura*, de acordo com Êxodo 28.16.

Vara de medir
Tratava-se de uma planta de verdade, o cálamo ou cana-cheirosa, da qual seu formato e comprimento vieram a ser usados como medida. Veja Ezequiel 40.3,5. No versículo 5, afirma-se que o comprimento dessa cana é de seis côvados de comprimento, cada qual sendo do comprimento de um côvado e um palmo ou uma mão; assim, seis côvados e seis mãos (pouco mais de 3 metros).

■ Medidas de distância

Estádio
Um estádio (em grego, *stadion*) media cerca de 183 metros.

> *Depois de remarem cerca de vinte e cinco ou trinta estádios, viram Jesus, que andava sobre o mar e aproximava-se do barco; e ficaram com muito medo.*
> (Jo 6.19)

Distância do caminho de um sábado
A distância do caminho de um sábado era baseada na instrução encontrada em Êxodo 16.29 que não permitia viagem excessiva no dia de sábado, que deveria ser um dia de descanso.

Os legisladores judeus decidiram que a distância do caminho de um sábado não deveria ser mais do que 5 estádios, cerca de 1 quilômetro.

> *Então eles voltaram para Jerusalém, vindo do monte chamado das Oliveiras, que fica perto de Jerusalém, à distância da caminhada de um sábado.* (At 1.12)

Caminho de um dia
O caminho de um dia era a distância que normalmente uma pessoa podia viajar em um dia, cerca de 30 a 50 quilômetros. No entanto, ao viajar em grupo, esse caminho de um dia era reduzido em cerca de 15 quilômetros.

> *Pensando que estivesse entre os companheiros de viagem, andaram*

> *o caminho de um dia, e passaram a procurá-lo entre os parentes e conhecidos.* (Lc 2.44)

■ Medidas de capacidade

Medidas secas
PUNHADO
Um punhado se referia à capacidade natural da mão humana.

> *E a levará aos sacerdotes, filhos de Arão. Um deles pegará um punhado da melhor farinha com azeite e todo o incenso e queimará sobre o altar como oferta memorial, oferta queimada de aroma agradável ao* SENHOR. (Lv 2.2)

ÔMER
Um ômer era cerca de cinco quartilhos. Veja Êxodo 16.16.

EFA
Um efa era equivalente a 10 ômeres.

> *Um ômer é a décima parte de um efa.* (Êx 16.36)

Medidas líquidas
LOGUE
Um logue era menos que meio quartilho.

> *No oitavo dia, pegará dois cordeiros sem defeito, e uma ovelha de um ano sem defeito, e três décimos de efa da melhor farinha, para oferta de cereais, amassada com azeite, e um logue de azeite.* (Lv 14.10)

HIM
Um him tinha aproximadamente 6 quartilhos.

> *Oferecerás com um cordeiro a décima parte de um efa de flor de farinha, misturada com a quarta parte de um him de azeite batido; e, como libação, a quarta parte de um him de vinho.* (Êx 29.40)

BATO
Um bato era a maior medida líquida usada pelos judeus no Antigo Testamento e tinha cerca de 26 litros. A grande pia ou bacia que Salomão construiu para o templo "tinha capacidade para dois mil batos" de acordo com 1Reis 7.26.

METRETAS
Uma metreta (em grego, *metretes*) era equivalente a cerca de 34 litros.

> *Estavam ali seis talhas de pedra, que os judeus usavam para as purificações, e cada uma levava duas ou três metretas.* (Jo 2.6, ARA)

■ Medidas de peso

Siclo
O siclo era a medida mais básica de peso entre o povo hebreu. Era, em geral, usada para pesar uma quantidade de prata. Muitas vezes, quando a Bíblia fala de "peças" de prata, está quase sempre se referindo a "siclos" de prata.

Talento
Um talento era a maior medida de peso usada entre os hebreus. Um talento equivalia a 3.000 siclos.

Um talento era a quantidade máxima que alguém suportaria carregar.

> *Naamã disse: Fica à vontade para levar dois talentos. E insistindo com ele, amarrou dois talentos de prata em dois sacos, com duas peças de roupa, e os entregou a dois dos seus servos, os quais os carregaram à frente de Geazi.* (2Rs 5.23)

O talento era usado para metais, tais como:
1. ouro (1Rs 9.14)
2. prata (2Rs 5.22)

3. chumbo (Zc 5.7)
4. bronze (Êx 38.9); ou
5. ferro (1Cr 29.7)

> E deram para o serviço do templo de Deus cinco mil talentos e dez mil dracmas de ouro, e dez mil talentos de prata, dezoito mil talentos de bronze e cem mil talentos de ferro. (1Cr 29.7)

■ Medidas de valor/dinheiro

Dracma
'Adarkon (heb.)

> E deram para o serviço do templo de Deus cinco mil talentos e dez mil dracmas de ouro, e dez mil talentos de prata, dezoito mil talentos de bronze e cem mil talentos de ferro. (1Cr 29.7)

Veja também Esdras 8.27.

> E deram para o serviço da casa de Deus cinco mil talentos[1], e dez mil dracmas[2] de ouro, e dez mil talentos[3] de prata, e dezoito mil talentos[4] de bronze e cem mil talentos[5] de ferro. (1Cr 29.7)

Notas de rodapé
[1] Ou seja, cerca de 170 toneladas
[2] Ou seja, cerca de 84 quilos
[3] Ou seja, cerca de 345 toneladas
[4] Ou seja, cerca de 610 toneladas
[5] Ou seja, cerca de 3.450 toneladas

O *Darkemon* era a moeda de ouro dárico da Pérsia.

> Conforme as suas posses, deram para a tesouraria da obra sessenta e um mil dáricos[1], cinco mil minas de prata[2] e cem vestes sacerdotais. (Ed 2.69)

Notas de rodapé
[1] Ou seja, cerca de 500 quilos
[2] Ou seja, cerca de 2.9 toneladas

Veja também: Ne 7.70,71,72.

Moedinhas
QUADRANTES

Uma moedinha de bronze, esta era a menor moeda romana em uso.

Sessenta e quatro delas somavam um denário.

Um quadrante equivalia a duas pequenas moedas.

> Veio, porém, uma viúva pobre e colocou no cofre duas moedinhas, que valiam um quadrante. (Mc 12.42)

Ceitil
Um ceitil (em grego, *lepta*) era a menor moeda dos judeus em circulação.

> Digo-te que não sairás dali enquanto não pagares o derradeiro ceitil. (Lc 12.59, ARC)

Veja também: Mt 10.29.

Denário
Denário é a tradução de catorze das dezesseis ocorrências da palavra grega *denarion*.

Essa moeda de prata equivalia ao salário de um dia de trabalho de uma pessoa:

> Tendo combinado com os trabalhadores o salário de um denário por dia, mandou-os para a vinha. (Mt 20.2)

> Ele, porém, lhes respondeu: Dai-lhes de comer vós mesmos. Então eles lhe perguntaram: Compraremos duzentos denários de pão para dar-lhes de comer? (Mc 6.37)

Estáter/didracmas

> Mas, para que não os escandalizemos, vai ao mar, lança o anzol, tira o primeiro peixe que pegares e, ao abrires a boca dele, encontrarás um estáter; toma-o e entrega-o por mim e por ti. (Mt 17.27)

Tratava-se de um dinheiro de tributo, um imposto do templo. Em Mateus 17.24

é referido como "dracmas", a tradução da palavra grega *didrachmon*, a moeda de "dracma dupla".

A palavra grega usada em Mateus 17.27 para "estáter" é *stater* e representava o siclo judeu que era equivalente à didracma.

TEMPO

■ Medidas de tempo

Ano
Os anos eram baseados nas mudanças das estações.

Nos tempos bíblicos, obviamente antes do uso de a.C. e d.C., um ano estava geralmente ligado ao reinado de um rei. "No décimo quinto ano do reinado de Tibério César", Lc 3.1.

Os anos também eram calculados a partir de eventos históricos bem conhecidos, como:
1. O Êxodo (veja Nm 33.38 e 1Rs 6.1);
2. O cativeiro ou exílio na Babilônia.

> *No décimo segundo ano do nosso cativeiro, no décimo mês, aos cinco dias do mês...*
> (Ez 33.21)

a.C. e a.D.
a.C. quer dizer antes de Cristo.
a.D. quer dizer *Anno Domini* (palavras em latim que significam "ano do Senhor").

Mês
Os meses eram baseados nas fases da lua. Os nomes dos meses nos tempos bíblicos eram diferentes dos nomes que usamos hoje. O primeiro mês daquela época, o nisã, era o mês no qual sempre se celebrava a Páscoa.

> *no dia catorze do primeiro mês, ao entardecer, é a Páscoa do SENHOR.*
> (Lv 23.5)

Semana
Uma semana era o intervalo entre dois sábados.

Sábado
O sabá era o sétimo dia da semana, o sábado.

O primeiro dia da semana (Lc 24.1) era o domingo, dia em que os primeiros cristãos se reuniam.

> *No primeiro dia da semana, reunimo-nos a fim de partir o pão. Paulo, que estava para sair no dia seguinte, falava-lhes, tendo prolongado seu discurso até a meia-noite.*
> (At 20.7)

Dia
Um dia era um período de 24 horas baseado no ciclo dia-noite.

Os judeus calculavam o dia de pôr do sol a pôr do sol. Assim, o novo dia para eles começava ao pôr do sol.

> *... Guardareis o vosso sábado desde o entardecer do nono dia do mês até a tarde seguinte.* (Lv 23.32)

Hora
Para os judeus as horas de um dia começavam às 6 horas da manhã.

Nome das horas
HORA TERCEIRA
> *Era a hora terceira quando o crucificaram.*
> (Mc 15.25)

Veja também: Mt 20.3; At 2.15; 23.23.

HORA SEXTA
A hora sexta era por volta do meio-dia.

> *Saiu outra vez, por volta da hora sexta e da hora nona, e fez o mesmo. De igual*

modo, por volta da décima primeira hora, saiu e encontrou outros que lá estavam; e perguntou-lhes: Por que estais aqui ociosos o dia todo? (Mt 20.5,6)

Veja também: Mt 27.45; Mc 15.33; Lc 1.26, 36; 23.44; Jo 4.6; 19.14; At 10.9.

HORA SÉTIMA
A hora sétima era por volta das 13 horas.

E ele lhes perguntou a que hora ele havia melhorado; ao que lhe responderam: A febre o deixou ontem, à hora sétima. (Jo 4.52)

HORA NONA
A hora nona era por volta das 15 horas. Veja Mt 20.5; 27.45,46; Mc 15.33,34; Lc 23.44; At 3.1; 10.3,30.

DÉCIMA HORA
A hora décima era por volta das 16 horas.

Ele lhes respondeu: Vinde e vereis. Foram, pois, e viram onde ele se hospedava; e passaram o dia com ele. Era cerca da décima hora. (Jo 1.39)

DÉCIMA PRIMEIRA HORA
A décima primeira hora era por volta das 17 horas. Veja Mt 20.6,9.

Partes do dia
Diferentes partes do dia eram conhecidas por nomes distintos na Bíblia:

CANTO DO GALO
Isso representava duas vezes: uma antes da meia-noite e outra antes do amanhecer.
Ambas são mencionadas em Marcos 14.30:

Jesus lhe respondeu: Em verdade te digo que hoje, nesta noite, antes que o galo cante duas vezes, tu me negarás três vezes.

FINAL DA TARDE
O final da tarde era por volta das 14 horas até as 18 horas.

Ao ouvirem a voz do S<small>ENHOR</small> Deus, que andava pelo jardim no final da tarde. (Gn 3.8)

CALOR DO DIA
O calor do dia era por volta das 10 horas até as 14 horas.

Depois disso, o S<small>ENHOR</small> apareceu a Abraão junto aos carvalhos de Manre, quando ele estava sentado à porta da tenda, no maior calor do dia. (Gn 18.1)

As vigílias do dia e da noite
Uma "vigília" durava cerca de três horas.

Resumo dos ensinos da Bíblia sobre o tempo

COMEÇO DO TEMPO

No princípio, Deus criou os céus e a terra. [...]
E disse Deus: Haja luminares no firmamento celeste, para fazerem separação entre o dia e a noite; sirvam eles de sinais tanto das estações como dos dias e dos anos. (Gn 1.1,14)

INDICADO POR UM RELÓGIO DE SOL

⁹ Isaías respondeu: Este será o sinal do S<small>ENHOR</small>, de que cumprirá o que disse: Queres que a sombra se adiante ou volte dez graus?
¹⁰ Ezequias respondeu: É fácil que a sombra se adiante dez graus; não seja assim; pelo contrário, que a sombra volte dez graus.
¹¹ Então o profeta Isaías clamou ao S<small>ENHOR</small>, e este fez a sombra voltar dez graus que havia avançado no relógio de sol de Acaz. (2Reis 20.9-11)

Farei a sombra no relógio de Acaz voltar atrás dez graus da distância que já avançou com o sol. E assim o sol recuou dez graus que já havia avançado. (Is 38.8)

DIVISÃO DO TEMPO EM VIGÍLIAS
Êx 14.24; Mt 14.25; Mc 6.48

No dia seguinte, Saul dividiu o povo em três grupos; e entraram no acampamento dos amonitas durante a madrugada e os atacaram até o calor do dia. Os sobreviventes se espalharam de modo que não ficaram dois juntos. (1Sm 11.11)

UM DIA COMO MIL ANOS
Mas vós, amados, não ignoreis uma coisa: um dia para o Senhor é como mil anos, e mil anos, como um dia. (2Pe 3.8)

PLENITUDE
Mas vós, amados, não ignoreis uma coisa: um dia para o Senhor é como mil anos, e mil anos, como um dia... (Gl 4.4)

[...] para a dispensação da plenitude dos tempos, de fazer convergir em Cristo todas as coisas, tanto as que estão no céu como as que estão na terra. (Ef 1.10)

CONFINS
Traçou um círculo à superfície das águas, até os confins da luz e das trevas. (Jó 26.10, ARA)

e jurou, por aquele que vive pelos séculos dos séculos e que criou o céu, a terra, o mar e tudo o que neles existe, que não haveria mais demora. (Ap 10.6)

Vigílias do Antigo Testamento
PRIMEIRA VIGÍLIA
A primeira vigia durava das 21 horas até a meia-noite.

PRINCÍPIO DAS VIGÍLIAS
Era por volta das 21 horas.

Levanta-te, clama de noite, no princípio das vigias; derrama o coração como águas diante do Senhor!. (Lm 2.19)

VIGÍLIA DA MEIA-NOITE
A vigília da meia-noite ia da meia-noite até as 3 da madrugada.

Gideão e os cem homens que estavam com ele chegaram à extremidade do acampamento no princípio da vigília da meia-noite. (Jz 7.19)

VIGÍLIA DA MANHÃ
A vigília da manhã ia das 3 horas da madrugada até as 6 horas da manhã.

Na vigília da manhã, o Senhor, desde a coluna de fogo e de nuvem, olhou para o acampamento dos egípcios e o tumultuou. (Êx 14.24)

Vigílias do Novo Testamento
PRIMEIRA VIGÍLIA
A primeira vigia durava das 18 horas até as 21 horas.

SEGUNDA VIGÍLIA
A segunda vigília ia das 21 horas até a meia-noite.

Quer ele venha na segunda vigília, quer na terceira, bem-aventurados serão eles, se assim os achar. (Lc 12.38, ARA)

TERCEIRA VIGÍLIA
A terceira vigília ia da meia-noite até as 3 horas da madrugada.
Veja Lucas 12.38.

QUARTA VIGÍLIA
A quarta vigília ia das 3 horas da madrugada até as 6 horas da manhã.

Na quarta vigília da noite, foi Jesus ter com eles, andando por sobre o mar. (Mt 14.25, ARA)

Chronos e kairos

O Novo Testamento usa várias palavras relacionadas a tempo. As duas mais usadas são:

CHRONOS
Refere-se a uma medida de tempo.

KAIROS
Refere-se a um período de tempo específico quando usamos "a seu tempo" ou "tempo adequado".
Jesus morreu "no tempo adequado".

Ora, quando ainda éramos fracos, Cristo morreu pelos ímpios no tempo adequado.
(Rm 5.6)

... para a dispensação da plenitude dos tempos, de fazer convergir em Cristo todas as coisas, tanto as que estão no céu como as que estão na terra. (Ef 1.10)

Porque ele diz: No tempo aceitável eu te escutei e no dia da salvação eu te socorri. Agora é o tempo aceitável, agora é o dia da salvação. (2Co 6.2)

O CALENDÁRIO DA BÍBLIA

■ Nomes dos meses

Os nomes dos meses no calendário hebreu são:
1. Abibe ou nisã (Êx 12.2-37; Êx 13.4; Ne 2.1; Es 3.7)
2. Zive (1Rs 6.1)
3. Sivã (Et 8.9)
4. Tamuz (Ez 8.14)
5. Abe
6. Elul (Ne 6.15)
7. Etanim ou tisri (1Rs 8.2)
8. Bul (1Rs 6.38)
9. Quisleu (Zc 7.1)
10. Tebete (Et 2.16)
11. Sebate (Zc 1.7)
12. Adar (Et 3.7)

Os meses judaicos

Certos eventos importantes são registrados indicando-se os meses judaicos específicos em que ocorreram.

Mês sagrado	Nome do mês	Mês correspondente em português	Festa do mês
I	Abibe ou nisã	Abril	Dia 14. Páscoa. Dia 16. Primícias da colheita da cevada apresentadas.
II	Zive	Maio	Dia 14. Segunda Páscoa, para aqueles que não puderam guardar a primeira.
III	Sivã	Junho	Dia 6. Pentecoste ou Festa das Semanas. Festa dos primeiros frutos da colheita do trigo, as primícias de toda a terra.
IV	Tamuz	Julho	
V	Abe	Agosto	
VI	Elul	Setembro	
VII	Etanim ou tisri	Outubro	Dia 1. Festa das Trombetas. Dia 10. Dia da Expiação. Dia 15. Festa dos Tabernáculos. Primícias do vinho e azeite.
VIII	Bul	Novembro	
IX	Quisleu	Dezembro	Dia 25. Festa da Dedicação
X	Tebete	Janeiro	
XI	Sebate	Fevereiro	
XII	Adar	Março	Dias 14 e 15. Festa de Purim.

1. Abibe (abril)
- O calendário judeu começava nesse mês. Êx. 12.2; Êx 13.4; Dt 16.1
- A Páscoa foi instituída e era celebrada nesse mês. Êx 12.1-28; Êx 23.15
- Nesse mês, os israelitas deixaram o Egito. Êx. 13.4
- O tabernáculo foi estabelecido. Êx 40.2; Êx 40.17
- Os israelitas chegaram a Zim. Nm 20.1
- Atravessaram o Jordão. Js 4.19
- O Jordão transbordou. 1Cr 12.15
- Decreto para matar os judeus. Et 3.12
- Morte de Jesus. Mt 26–27
- Após o cativeiro, passou a chamar-se nisã. Ne 2.1; Et 3.7

2. Zive (maio)
- Referências gerais. 1Rs 6.1; 1Rs 6.37
- Israel foi contado. Nm 1.1; Nm 1.18
- A Páscoa a ser observada pelos impuros e por aqueles que não a puderam observar no primeiro mês. Nm 9.10,11
- Israel saiu do deserto de Zim. Nm 10.11
- Iniciou-se o templo. 1Rs 6.1; 2Cr 3.2
- Celebrava-se uma Páscoa irregular. 2Cr 30.1-27
- Começou a reconstrução do templo. Ed 3.8

3. Sivã (junho)
- Referências gerais. Et 8.9
- Asa renova sua aliança com o povo. 2Cr 15.10

4. Tamuz (julho): Mencionado por número, não por nome
- Jerusalém foi tomada por Nabucodonosor. Jr 39.2; Jr 52.6,7

5. Abe (agosto): Mencionado por número, não por nome
- Arão morreu no primeiro dia. Nm 33.38
- Templo destruído. 2Rs 25.8-10; Jr 1.3; Jr 52.12-30
- Esdras chegou em Jerusalém. Ed 7.8,9

6. Elul (setembro)
- Terminado o muro de Jerusalém. Ne 6.15
- Templo construído. Ag 1.14,15

7. Etanim (outubro)
- Referências gerais. 1Rs 8.2; Lv 23.24; Lv 23.27; Ne 8.13-15
- Festa das Trombetas. Nm 29.1-6

8. Bul (novembro)
- Templo terminado. 1Rs 6.38
- Festa idólatra de Jeroboão. 1Rs 12.32, 33; 1Cr 27.11

9. Quisleu (dezembro)
Ed 10.9; Jr 36.9; Jr 36.22; Zc 7.1

10. Tebete (janeiro)
- Referências gerais. Et 2.16
- Nabucodonosor sitia Jerusalém. 2Rs 25.1; Jr 52.4

11. Sebate (fevereiro)
- Referências gerais. Zc 1.7
- Mês em que Moisés provavelmente morreu. Dt 1.3

12. Adar (março)
- Referências gerais. Et 3.7
- Segundo templo terminado.

E o templo foi concluído no terceiro dia do mês de adar, no sexto ano do reinado do rei Dario. (Ed 6.15)

- Festa de Purim. Et 9.1-26

PLANTAS

ÁRVORES

■ Visão geral

1. Criadas originariamente por Deus. Gn 1.11,12; 2.9
2. Feitas para a glória de Deus. Sl 148.9
3. De vários tamanhos. Ez 17.24
4. Dadas como alimento. Gn 1.29,30; Dt 20.19
5. Projetadas para embelezar a terra. Gn 2.9
6. Plantadas pelo homem. Lv 19.23
7. Conhece-se cada espécie pelo seu fruto. Mt 12.33

Diferentes tipos mencionados

- Do bosque. Ct 2.3
- Da floresta. Is 10.19
- Frutíferas. Ne 9.25; Ec 2.5; Ez 47.12
- Verdes o ano todo. Sl 37.35; Jr 17.2
- Caducifólias. Is 6.13

Partes mencionadas

- As raízes. Jr 17.8
- O caule ou tronco. Is 11.1; 44.19
- Os ramos. Lv 23.40; Dn 4.14
- Os delicados rebentos. Lc 21.29,30
- As folhas. Is 6.13; Dn 4.12; Mt 21.19
- O fruto ou sementes. Lv 27.30; Ez 36.30

Propagação

- Cada tipo tem sua própria semente para propagar sua espécie. Gn 1.11,12
- Geralmente propagada por pássaros que carregam com eles as sementes. Ez 17.3,5

Nutridas

- Pela terra. Gn 1.12; 2.9
- Pela chuva do céu. Is 44.14
- Por suas próprias seivas. Sl 104.16

Crescimento

- Floresciam especialmente entre os rios e as correntes de água. Ez 47.12
- Ao serem cortadas, geralmente germinavam a partir de seus galhos novamente. Jó 14.7

Geralmente atacadas por

- Gafanhotos. Êx 10.5,15; Dt 28.42
- Granizo e geada. Êx 9.25; Sl 78.47
- Fogo. Jl 1.19
- Exércitos devastadores. 2Rs 19.23; Is 10.34

Fatos

- Produziam uma agradável sombra em países orientais no período mais quente do dia. Gn 18.4; Jó 40.21
- Eram vendidas com as terras nas quais cresciam. Gn 23.17

Foram derrubadas

- Com machados. Dt 19.5; Sl 74.5; Mt 3.10
- Para construção. 2Rs 6.2; 2Cr 2.8,10
- Por exércitos que sitiavam alguma cidade para a construção de fortes. Dt 20.20; Jr 6.6
- Para fazer ídolos. Is 40.20; 44.14,17
- Para combustível. Is 44.14-16; Mt 3.10

Deus e as árvores

- Deus aumenta e multiplica seus frutos para o seu povo. Lv 26.4; Ez 34.27; Jl 2.22
- Deus geralmente as deixava estéreis como punição. Lv 26.20
- Havia um antigo costume de plantio em terrenos consagrados. Gn 21.33

Os judeus

- Proibidos de plantar em locais consagrados. Dt 16.21

- Proibidos de derrubar árvores frutíferas, quando em cercos. Dt 20.19
- Geralmente levantavam suas tendas sobre elas. Gn 18.1,4; Jz 4.5; 1Sm 22.6
- Eram, em geral, enterrados sobre elas. Gn 35.8; 1Sm 21.13
- Geralmente executavam criminosos nelas. Dt 21.22,23; Js 10.26; Gl 3.13; Gn 40.19
- Consideravam abomináveis as árvores nas quais os criminosos eram executados. Is 14.19

Árvores mencionadas na Bíblia
- Amendoeira. Gn 43.11; Ec 12.5; Jr 1.11
- Madeira de sândalo. 1Rs 10.11,12; 2Cr 9.10,11
- Macieira. Ct 2.3; 8.5; Jl 1.12
- Salgueiros. Is 44.14
- Árvore nativa verdejante. Sl 37.35
- Acácia. Is 41.19
- Cedro. 1Rs 10.27
- Plátanos. Ez 31.8
- Cipreste. Is 44.14
- Figueira. Dt 8.8;
- Pinheiros. 1Rs 5.10; 2Rs 19.23; Sl 104.17
- Zimbro. Is 41.19; 60.13
- Aloés. Nm 24.6
- Amoreira. 2Sm 5.23,24
- Murta. Is 41.19; 55.13; Zc 1.8
- Mostarda. Mt 13.32
- Carvalho. Is 1.30
- Oliveira. Is 41.19
- Olival. Dt 6.11

■ A oliveira

- Geralmente crescia em regiões inexploradas. Rm 11.17
- Abundava em Canaã. Dt 6.11; 8.8
- Abundava na Assíria. 2Rs 18.32
- Os reis de Israel as cultivavam em grande quantidade. 1Cr 27.28
- Recebiam enxertos, e estes eram usados como alusão a fatos espirituais. Rm 11.24
- Era podada, usada como alusão a fatos espirituais. Rm 11.18,19
- Em geral, suas flores caíam. Jó 15.33
- Em geral, caía seu fruto. Dt 28.40
- Em geral, era atacada por lagartas. Am 4.9
- Boa para o serviço de Deus e do homem. Jz 9.9
- Dela se obtinha azeite. Êx 27.20; Dt 8.8

Cultivadas
- em olivais. 1Sm 8.14; Ne 5.11;
- entre rochas. Dt 32.13;
- nos lados das montanhas. Mt 21.1.

Descrita como
- verde. Jr 11.16;
- bela e formosa. Jr 11.16;
- fértil e oleosa. Rm 11.17;
- portadora de deliciosos frutos. Jr 11.16; Tg 3.12.

Usada para fazer
- os querubins no templo. 1Rs 6.23;
- as portas e ombreiras do templo. 1Rs 6.31-33;
- cabanas na Festa dos Tabernáculos. Ne 8.15.

Árvores e frutos
- Sacudidas para remover o fruto. Dt 24.20
- Sacudidas quando o fruto estava maduro. Is 17.6
- Colhidos e deixados para o pobre. Dt 24.20
- Frutos das árvores deixados aos pobres durante o ano sabático. Êx 23.11
- O fruto das árvores era pisado e espremido para extrair o azeite. Mq 6.15; Ag 2.16
- A insuficiência das árvores e frutos representava uma grande calamidade. Hc 3.17,18

Ilustrativo
- De Cristo. Rm 11.17,24; Zc 4.3,12
- Da igreja judaica. Jr 11.16
- Dos justos. Sl 52.8; Os 14.6

- Dos filhos de pais piedosos. Sl 128.3
- Das duas testemunhas. Ap 11.3,4
- (quando silvestres) dos gentios. Rm 11.17,24
- (colheita) dos remanescentes da graça. Is 17.6; 24.13
- Drovável origem de ser o emblema da paz. Gn 8.11

■ A palmeira

Visão geral
1. Primeira menção nas Escrituras. Êx 15.27
2. Celebrada por Jericó. Dt 34.3; Jz 1.16

Descrita como
- Alta. Ct 7.7
- Torneada. Jr 10.5
- Florescida. Sl 92.12
- Frutífera por muitos anos, até sua velhice. Sl 92.14

Fatos sobre as palmeiras
- Seus frutos eram chamados de mel. 2Cr 31.5
- Requerem um solo úmido e fértil. Êx 15.27
- Geralmente se construíam tendas sob suas sombras. Jz 4.5
- Eram destruídas como punição. Jl 1.12
- Eram representadas em trabalhos entalhados nas paredes e portas do templo de Salomão. 1Rs 6.29,32,35; 2Cr 3.5

Seus ramos foram
- O emblema da vitória. Ap 7.9;
- Levados na Festa dos Tabernáculos. Lv 23.40;
- Usados para construir cabanas. Ne 8.15;
- Usados para saudar Cristo. Jo 12.13.

Ilustrativo
- Da igreja. Ct 7.7,8;
- Dos justos. Sl 92.12;
- Da aparência torneada dos ídolos. Jr 10.5.

■ Outras árvores

- Pinheiro. Is 41.19
- Romãzeiras. Dt 8.8; Jl 1.12
- Acácia. Êx 36.20; Is 41.19
- Sicômoro. 1Rs 10.27; Sl 78.47; Am 7.14; Lc 19.4
- Carvalho. Is 6.13
- Vinha. Nm 6.4; Ez 15.2
- Salgueiro. Is 44.4; Ez 17.5

Livros sobre árvores
- Salomão escreveu a história delas. 1Rs 4.33

Ilustrativo
- De Cristo. Rm 11.24; Ap 2.7; 22.2,14
- De sabedoria. Pv 3.18
- De reis. Is 10.34; Ez 17.24; 31.7-10; Dn 4.10-14
- Da vida e conversão dos justos. Pv 11.30; 15.4
- (verde) da inocência de Cristo. Lc 23.31
- (boas e frutíferas) dos santos. Nm 24.6; Sl 1.3; Is 61.3; Jr 17.8; Mt 7.17,18
- (perenifólia) dos santos. Sl 1.1-3
- (duração) da contínua prosperidade dos santos. Is 65.22
- (desfolhando-se, mas ainda retendo sua firmeza) dos eleitos remanescentes da igreja. Is 6.13
- (secas) dos ímpios. Os 9.16
- (movendo suas folhas) do terror dos ímpios. Is 7.2
- (produzem fruto ruim) dos ímpios. Mt 7.17-19
- (secas) de pessoas inúteis. Is 56.3
- (secas) do ímpio maduro para o julgamento. Lc 23.31

■ Bosques

Visão geral
1. Extensões de terra cobertas com árvores. Is 44.14
2. Geralmente com arbustos. Is 9.18

3. Infestados de animais selvagens. Sl 50.10; 104.20; Is 56.9; Jr 5.6; Mq 5.8
4. Fartos de mel silvestre. 1Sm 14.25,26
5. Geralmente serviam como pasto. Mq 7.14

Mencionados nas Escrituras
- Basã. Is 2.13; Ez 27.6; Zc 11.2
- Herete. 1Sm 22.5
- Efraim. 2Sm 18.6,8
- Líbano. 1Rs 7.2; 10.17
- Carmelo. Jr 50.19; Is 33.9
- Arábia. Is 21.13
- Do sul. Ez 20.46,47
- Do rei. Ne 2.8

Fatos sobre bosques
- Eram locais de refúgio. 1Sm 22.5; 23.16
- Jotão edificou neles castelos e torres. 2Cr 27.4
- O poder de Deus se estende sobre eles. Sl 29.9
- Usados para o povo se rejubilar pela misericórdia de Deus. Is 44.23
- Geralmente destruídos pos inimigos. 2Rs 19.23; Is 37.24; Jr 46.23

Ilustrativo
- Do mundo improdutivo. Is 32.19
- (um campo fértil que se tornou) dos judeus rejeitados por Deus. Is 29.17; 32.15.
- (destruídos pelo fogo) da destruição dos ímpios. Is 9.18; 10.17,18; Jr 21.14

■ O cedro

Visão geral
1. O cedro é (heb. *e'rez*, gr. *kedros*, lat. *cedrus*) uma árvore frequentemente mencionada na Bíblia.
2. Era suntuoso (Ez 31.3-5), com longos ramos (Sl 80.10; 92.12; Ez 31.6-9), durável e, pontanto, muito usado para tábuas, pilares, tetos (1Rs 6.9,10; 7.2; Jr 22.14) e para imagens esculpidas (Is 44.14).
3. Cresceu abundantemente na Palestina e, em especial, no Líbano, do qual era "a glória" (Is 35.2; 60.13).
4. O Líbano era famoso por suas árvores de cedro (Jz 9.15; Is 92.12).
5. Hirão deu cedros do Líbano a Salomão para que construísse o templo e o palácio do rei (2Sm 5.11; 7.2,7; 1Rs 5.6,8,10; 6.9,10,15,16,18,20; 7.2,3,7, 11,12; 9.11, etc.).
6. Os cedros também foram usados na construção do segundo templo sob o governador Zorobabel (Ed 3.7).

Deus e os cedros
- Plantados por Deus. Sl 104.16; Is 41.19
- Feitos para glorificar a Deus. Sl 148.9

Descritos como
- Altos. Is 37.24; Ez 17.22; Am 2.9
- Amplos. Sl 80.10,11
- Fragrantes. Ct 4.11; Os 14.6
- Graciosos e belos. "Os montes cobriram-se com sua sombra, e os cedros de Deus, com seus galhos". Sl 80.10
- Fortes e duráveis. Is 9.10

Fatos sobre o cedro
- Margens de rios favoráveis ao seu crescimento. Nm 24.6
- Eram destruídos, como punição. Jr 22.7
- Eram destruídos como demonstração do poder de Deus. Sl 29.5
- Considerado a primeira das árvores. 1Rs 4.33
- Era bastante comercializado. 1Rs 5.10, 11; Ed 3.7.

Usado na
- Construção de templos

> *Por isso, pretendo edificar um templo ao nome do* SENHOR, *meu Deus, conforme o* SENHOR *prometeu a meu pai Davi, dizendo: Teu filho, que estabelecerei no trono em teu lugar, edificará um templo ao meu nome.*

Portanto, dá ordem para que se cortem cedros do Líbano para mim; os meus servos acompanharão os teus servos; eu te pagarei o salário dos teus servos, conforme tudo o que disseres; porque tu sabes que entre nós não há ninguém que saiba cortar madeira como os sidônios. (1Rs 5.5,6)

- Construção de palácios. 2Sm 5.11; 1Rs 7.2,3
- Construção de mastros de navios. Ez 27.5
- Fabricação de liteiras. Ct 3.9
- Purificação da lepra. Lc 14.4-7,49-52
- Preparação da água da separação. Nm 19.6
- Construção de ídolos. Is 44.14

A águia se referiu a ele como
- O local onde fazia seu ninho. Jr. 22.23
- Estando assentada nos seus mais altos ramos. Ez 17.3
- Prestativo em disseminar. Ez 17.4,5

Ilustratrativo
- Da majestade, força e glória de Cristo. Ct 5.15; Ez 17.22,23
- Da beleza e glória de Israel. Nm 24.6
- Dos santos em seu rápido crescimento. Sl 92.12
- De nações poderosas. Ez 31.3; Am 2.9
- De governantes arrogantes. Is 2.13; 10.33,34

■ Árvore do conhecimento do bem e do mal

Estava no meio do jardim do Éden, ao lado da árvore da vida (Gn 2.3). Adão e Eva estavam proibidos de comer de seu fruto, mas eles desobedeceram a Deus e, assim, o pecado e a morte entraram no mundo.

Árvore da vida

Estava no meio do jardim do Éden (Gn 2.9; 3.22).

E o SENHOR Deus fez brotar do solo todo tipo de árvore agradável à vista e boa para alimento, bem como a árvore da vida no meio do jardim, e a árvore do conhecimento do bem e do mal. (Gn 2.9)

Ela simbolizava que a vida deveria ser buscada pelos seres humanos, não a partir de si mesmos ou em seu próprio poder, mas fora de si mesmos, em Deus que é vida. (Jo 1.4; 14.6)

A sabedoria é comparada à árvore da vida. (Pv 3.18)

A "árvore da vida" citada no livro de Apocalipse é um emblema das alegrias do paraíso celestial.

Quem tem ouvidos, ouça o que o Espírito diz às igrejas. Ao que vencer, eu lhe permitirei comer da árvore da vida, que está no paraíso de Deus. (Ap 2.7)

No meio da praça da cidade. De ambos os lados do rio estava a árvore da vida, que produz doze frutos, de mês em mês; e as folhas da árvore são para a cura das nações. (Ap 22.2)

FLORES, RELVA, JARDINS, JARDIM DO GETSÊMANI

■ Flores

Visão geral
Poucas espécies de flores são mencionadas na Bíblia, embora elas existissem em abundância na Palestina.

As flores cresciam nos campos, Sl 103.15, e eram cultivadas em jardins, Ct 6.2,3.

Descritas como
- Belas. Mt 6.29
- Aromáticas. Ct 5.13

- De natureza temporária. Is 40.8
- Surgindo na primavera. Ct 2.12

Fatos sobre as flores
- Em forma de coroas, eram usadas na adoração de ídolos. At 14.13

Mencionadas na Bíblia
- O lírio. Os 14.5; Mt 6.28
- O lírio dos vales. Ct 2.1
- A rosa. Is 35.1
- A rosa de Sarom. Ct 2.1
- Da relva. 1Pe 1.24

Representações de flores no
- Candelabro de ouro. Êx 25.31,33; 2Cr 4.21
- Tanque de bronze. 1Rs 7.26; 2Cr 4.5
- Trabalho de madeira do templo. 1Rs 6.18,29,33,35

Ilustrativo
- Da brevidade da vida do homem. Jó 14.2; Sl 103.15
- Do reinado de Israel. Is. 28.1
- Da glória do homem. 1Pe 1.24
- De homens ricos. Tg 1.10,11

■ Relva

Visão geral
- Grama verde. Mc 6.39
- Brota da terra. 2Sm 23.4

Chamada de
- Vegetação da terra. Ap 9.4
- Erva do campo. Nm 22.4

Deus e a relva
- Criada originalmente. Gn 1.11,12
- Deus é o doador. Dt 11.15
- Ele a faz crescer. Sl 104.14
- Deus a adorna e a veste. Mt 6.30

Fatos sobre a relva
- Geralmente crescia nos telhados das casas. Sl 129.6
- Quando jovem, suave e tenra. Pv 27.25
- Refrescada pela chuva e orvalho. Dt 32.2; Pv 19.12
- O gado se alimentava dela. Jó 6.5; Jr 50.11
- Fornos geralmente aquecidos com elas. Mt 6.30
- A sua insuficiência era uma grande calamidade. Is 15.5,6
- São descritos sofrimentos do gado por sua falta. Jr 14.5,6

Destruída por
- Gafanhoto. Ap 9.4
- Granizo. Ap 8.7
- Seca. 1Rs 17.1; 18.5

Ilustrativo
- Da brevidade e da incerteza da vida. Is 40.6,7; 1Pe 1.24
- Da prosperidade dos ímpios. Sl 92.7
- (refrescada pelo orvalho e chuvas) dos santos refrescados pela graça. Sl 72.6; Mq 5.7
- (nos telhados das casas) dos ímpios. 2Rs 19.26; Is 37.27

■ Jardins

Visão geral
Geralmente feitos às margens dos rios. Nm 24.6.

Tipos de jardins mencionados nas Escrituras
- Horta. Dt 11.10; 1Rs 21.2
- Pepinal. Is 1.8
- Árvores frutíferas. Ec 2.5,6
- Plantas perfumosas, especiarias. Ct 4.16; 6.2

Fatos sobre jardins
- Geralmente fechados. Ct 4.12
- Geralmente refrescados por fontes. Ct 4.15
- Cuidados por jardineiros. Jo 20.15

- Neles foram erguidas choupanas. Is 1.8
- A sua destruição era uma punição. Am 4.9
- Judeus ordenaram que fossem plantados na Babilônia. Jr 29.5,28

Geralmente usados para
- Entretenimento. Ct 5.1
- Descanso. Jo 18.1
- Locais de enterro. 2Rs 21.18,26; Jo 19.41
- Adoração idólatra. Is 1.29; 65.3

Do Éden
- Plantado pelo Senhor. Gn 2.8
- Chamado de jardim do Senhor. Gn 13.10
- Chamado de jardim de Deus. Ez 28.13
- Tinha todas as árvores boas para se comer. Gn 2.9
- Regado por um rio. Gn 2.10-14
- O homem foi colocado nele para administrá-lo. Gn 2.8,15
- O homem foi dele retirado, após a queda. Gn 3.23,24

Comparações com
- A fertilidade, assim como em Canaã. Gn 13.10; Jl 2.3
- Como seria o futuro Estado dos judeus. Is 51.3; Ez 36.35

Ilustrativo
- (bem regado) de prosperidade espiritual da igreja. Is 58.11; Jr 31.12
- (quando secos) dos ímpios. Is 1.30

■ Getsêmani

O Getsêmani era um jardim próximo a Jerusalém.

"Getsêmani" significa "prensa de azeite", nome de um pomar de oliveiras ao pé do monte das Oliveiras, ao qual Jesus geralmente ia (Lc 22.39) com seus discípulos.

Jesus orou ali na quinta-feira à tarde, no dia de seu aprisionamento (Mc 14.32; Jo 18.1; Lc 22.44).

FRUTO

■ Visão geral

A palavra "fruto" na Bíblia é usada em sentido geral e inclui tanto vegetais quanto animais.

Os judeus classificavam os frutos da terra em três categorias:
1. O fruto do campo, "cereais" (heb. *dagan*); todos os tipos de grãos e sementes comestíveis.
2. O fruto da videira, "vinha" (heb. *tirosh*); uvas, quer secas quer não.
3. "Frutos do pomar" (heb. *yitshar*), como tâmaras, figos, cidras etc.

A palavra "fruto"
A palavra "fruto" também é usada para:
- Filhos (Gn 30.2; Dt 7.13; Lc 1.42; Sl 21.10; 132.11); e para
- Filhotes de animais (Dt 28.51; Is 14.29)

Frutos
- O produto de sementes. Dt 22.9; Sl 107.37
- O produto de árvores. Gn 1.29; Ec 2.5

Chamado de
- Fruto da terra. Gn 4.3; Is 4.2;
- Frutos da terra. Jr 7.20
- A terra produzirá o fruto. Sl 85.12

Fatos sobre frutos
- Dados por Deus. At 14.17
- Preservados para nós por Deus. Ml 3.11
- Produzidos em suas devidas estações. Mt 21.41

- O primeiro dos frutos deve ser entregue a Deus. Dt 26.2
- Devemos esperá-los com paciência. Tg 5.7
- Geralmente entregues como presentes. Gn 43.11

Exigem
- Terra fértil. Sl 107.31
- Chuva do céu. Sl 104.13; Tg 5.18
- Influência do sol e da lua. Dt 33.14

Divididos em
- Precoce ou precipitado. Is 28.4
- Frutas de verão. 2Sm 16.1
- Novos e velhos. Ct 7.13
- Deliciosos. Jr 11.16; Ct 4.16
- Excelentes. Dt 33.14
- Bons e maus. Mt 7.17

Geralmente destruídos
- Pela ira de Deus. Jr 7.20
- Pela seca. Jl 1.12; Ag 1.10
- Pelos gafanhotos. Dt 28.38,39; Jl 1.4
- Pelos inimigos. Ez 25.4

Ilustrativo
- Dos efeitos do arrependimento. Mt 3.8
- Das obras do Espírito. Gl 5.22,23; Ef 5.9
- De boas obras. Mt 7.17,18; Fp 4.17
- De conversas saudáveis. Pv 12.14; 18.20
- De louvor. Hb 13.15
- De exemplo de atitudes divinas. Pv 11.30
- De efeitos da indústria. Pv 31.16,31
- Da recompensa dos santos. Is 3.10
- Da recompensa dos ímpios. Jr 17.9,10
- Dos convertidos da igreja. Sl 72.16; Jo 4.36
- (maus) da conduta e do falar de homens maus. Mt 12.33

■ O fruto do Espírito

O fruto do Espírito (Gl 5.22,23; Ef 5.9; Tg 3.17,18) descreve boas características dos cristãos que o Espírito produz naqueles em quem ele vive e tem permissão de crescer.

Pois o fruto da luz está em toda bondade, justiça e verdade. (Ef 5.9)

*Mas o fruto do Espírito é:
amor,
alegria,
paz,
paciência,
benignidade,
bondade,
fidelidade,
amabilidade,
domínio próprio.
Contra essas coisas não existe lei.*
(Gl 5.22,23)

Mas a sabedoria que vem do alto é, em primeiro lugar, pura, depois pacífica, moderada, tratável, cheia de misericórdia e de bons frutos, imparcial e sem hipocrisia. O fruto da justiça semeia-se em paz para aqueles que promovem a paz.
(Tg 3.13,18)

Diferentes frutos espirituais
Os frutos da justiça e os frutos do pecado são contrastados muitas vezes na Bíblia.

⁵ *A justiça dos perfeitos endireita-lhes o caminho, mas o ímpio cai por sua impiedade.*
⁶ *A justiça dos corretos os livra, mas os traiçoeiros são apanhados em sua própria cobiça.*
⁷ *Quando o ímpio morre, sua esperança perece, e a expectativa da sua força se destrói...*
¹⁸ *O ímpio recebe um salário ilusório, mas o que semeia justiça recebe recompensa verdadeira.*
¹⁹ *Quem é fiel viverá em retidão, mas quem procura o mal encontra a morte.*
(Pv 11.5-7,18,19)

Frutos da justiça

ANTIGO TESTAMENTO
Dt 6.25; Js 22.31; Sl 1.3; Sl 15.1-5; Sl 24.3-5; Sl 101.3,4; Sl 106.3; Sl 112.4-8; Pv 2.5-20; Pv 10.2; Pv 11.5,6; Pv 11.18,19; Pv 11.30; Pv 12.28; Pv 10.16; Pv 13.6; Pv 14.34; Pv 21.3; Pv 29.7; Is 28.17; Is 32.16-18; Is 33.15-17; Is 55.12,13; Is 58.6-14; Is 62.1; Ez 18.5-9; Ez 33.15; Dn 12.3; Os 10.12; Ml 3.3; Ml 4.2.

NOVO TESTAMENTO
Evangelhos
Mt 5.20; Mt 12.35; Mc 3.33-35; Mt 12.50; Lc 3.10-14; Lc 8.15; Jo 3.21; Jo 3.33; Jo 8.47; Jo 8.49; Jo 13.35; Jo 14.21-24; Jo 15.4,5; Jo 15.8; Jo 15.12;

Restante do Novo Testamento
At 9.36; At 11.29,30; At 19.19; Rm 5.1-5; Rm 6.19-22; Rm 7.4-6; Rm 8.4-6; Rm 14.17-19; Rm 15.1-7; 1Co 4.19,20; 1Co 12.3; 1Co 13.1-13; 2Co 5.17; 2Co 7.10,11; 2Co 9.10; 2Co 10.5; 2Co 13.5; Gl 4.6; Gl 5.22,23; Gl 6.7,8; Ef 1.13,14; Ef 5.9; Fp 1.11; Fp 1.27-29; Fp 2.13; Fp 3.12-14; Fp 4.11-13; Cl 1.12,13; Cl 3.3; Cl 3.5; Cl 3.9-17; 1Ts 1.3; 1Ts 1.9,10; 2Ts 1.3-5; 1Tm 2.9,10; 1Tm 5.9,10; 2Tm 2.22; 2Tm 4.6-8; Tt 2.2; Tt 2.11,12; Tt 3.14; Fm 1.5,6; Tg 1.27; Tg 2.14-26; Tg 3.11-18; 1Pe 3.1-11; 1Pe 3.14; 1Pe 4.2; 2Pe 1.5-9; 1Jo 2.3-6; 1Jo 2.10,11; 1Jo 2.24; 1Jo 2.29; 1Jo 3.3; 1Jo 3.6,7; 1Jo 3.9-11; 1Jo 3.14; 1Jo 3.17-24; 1Jo 4.4-21; 1Jo 5.1-5; 1Jo 5.10; 1Jo 5.13; 1Jo 5.18; 2Jo 1.9; 3Jo 1.11; Ap 2.2,3; Ap 2.19.

Figuras do fruto da justiça nos salmos

CORRENTES DE ÁGUAS
Ele será como a árvore plantada junto às correntes de águas, que dá seu fruto no tempo certo e cuja folhagem não murcha. Tudo que ele fizer prosperará.
(Sl 1.3)

VERDADE
¹ SENHOR, quem habitará no teu tabernáculo? Quem poderá morar no teu santo monte?
² Aquele que vive com integridade, pratica a justiça e fala a verdade de coração;
³ que não difama com a língua, nem faz o mal ao próximo, nem calunia seu amigo.
⁴ Aquele cujos olhos rejeitam o desprezível, mas que também honra os que temem o SENHOR. O que não volta atrás, mesmo quando jura com prejuízo;
⁵ que não empresta seu dinheiro exigindo juros, nem recebe suborno contra o inocente. Aquele que agir assim nunca será abalado.
(Sl 15.1-5)

UM CORAÇÃO PURO
³ Quem subirá ao monte do SENHOR, ou quem poderá permanecer no seu santo lugar?
⁴ Aquele que é limpo de mãos e puro de coração; que não entrega sua vida à mentira, nem jura com engano.
⁵ Esse receberá uma bênção do SENHOR e a justiça do Deus que lhe dá salvação.
(Sl 24.3-5)

AUSÊNCIA DO MAL
Nunca me voltarei para a desonestidade. Detesto o que os homens maus fazem; não participarei disso!

O coração perverso ficará longe de mim; não quero conhecer o mal. (Sl 101.3,4)

JUSTIÇA
Bem-aventurados os que guardam a retidão, os que praticam a justiça em todo o tempo. (Sl 106.3)

MISERICÓRDIA
⁴ A luz nasce nas trevas para aquele que é correto, compassivo, misericordioso e justo.
⁵ Bom é o homem que se compadece e empresta, que conduz seus negócios com integridade;
⁶ pois ele nunca será abalado. O justo será lembrado para sempre.

⁷ *Ele não teme más notícias; seu coração está firme, confiante no* SENHOR.
⁸ *Seu coração está bem seguro, e ele não terá medo, até que veja se cumprir seu desejo sobre os adversários.*
(Sl 112.4-8)

Frutos do pecado
Gn 3.7-24; Gn 4.9-14; Gn 6.5-7; Dt 29.18; 1Rs 13.33,34; Jó 4.8; Jó 5.2; Jó 13.26; Jó 20.11; Sl 5.10; Sl 9.15,16; Sl 10.2; Sl 94.23; Sl 141.10; Pv 1.31; Pv 3.35; Pv 5.22,23; Pv 8.36; Pv 10.24; Pv 10.29-31; Pv 11.5-7; Pv 11.18,19; Pv 11.27; Pv 11.29; Pv 12.13,14; Pv 12.21; Pv 12.26; Pv 13.5,6; Pv 13.15; Pv 22.8; Pv 27.8; Pv 28.1; Pv 29.6; Pv 30.20; Is 3.9; Is 3.11; Is 9.18; Is 14.21; Is 50.11; Is 57.20,21; Jr 2.17; Jr 2.19; Jr 4.18; Jr 5.25; Jr 7.19; Jr 14.16; Jr 21.14; Ez 11.21; Ez 22.31; Ez 23.31-35; Os 8.7; Os 10.13; Os 12.14; Os 13.9; Mq 7.13; Mc 7.21-23; At 9.5; Rm 5.12-21; Rm 7.5; 1Co 3.3; 1Co 6.9-11; Gl 5.19-21; Gl 6.7,8; 1Pe 4.3

Figuras do fruto do fruto do pecado em Provérbios

ENVOLVIMENTO COM O MAL
²⁹ *O caminho do SENHOR é fortaleza para os corretos, mas destruição para os que praticam o mal.*
³⁰ *O justo nunca será abalado, mas os ímpios não habitarão a terra.*
³¹ *A boca do justo produz sabedoria, mas a língua perversa será cortada.*
(Pv 10.29-31)

PERVERSIDADE
⁵ *A justiça dos perfeitos endireita-lhes o caminho, mas o ímpio cai por sua impiedade.*
⁶ *A justiça dos corretos os livra, mas os traiçoeiros são apanhados em sua própria cobiça.*
⁷ *Quando o ímpio morre, sua esperança perece, e a expectativa da sua força se destrói.*
(Pv 11.5-7)

ENGANO
O ímpio recebe um salário ilusório, mas o que semeia justiça recebe recompensa verdadeira.

Quem é fiel viverá em retidão, mas quem procura o mal encontra a morte.
(Pv 11.18,19)

ERVAS, ESPECIARIAS E INCENSO

■ Ervas

Visão geral
1. Chamadas de relva verde. 2Rs 19.26
2. Cada tipo continha sua própria semente. Gn 1.11,12.

Deus
- As criou. Gn 1.11,12; 2.5
- As fez crescer. Sl 104.14
- As deu como alimento ao homem. Gn 1.28,29

Encontradas em
- Campos. Jr 12.4
- Montanhas. Pv 27.25
- Pântanos. Jó 8.11
- Desertos. Jó 24.5; Jr 17.6

Seu cultivo
- Dava-se em jardins. Dt 11.10; 1Rs 21.2
- Era para servir como alimento. Pv 15.17; Hb 6.7
- Exigia chuva ou orvalho. Dt 32.2
- Modo de regar, de forma alusiva. Dt 11.10

Ervas, especiarias e vegetais mencionados na Bíblia

- Cevada. Êx 9.31; 2Sm 14.30
- Favas. 2Sm 17.28
- Juncos. Êx 2.3; Is 58.5
- Cálamo. Ct 4.14
- Pepinos. Nm 11.5; Is 1.8
- Cominho. Is 28.27; Mt 23.23
- Endro. Mt 23.23
- Pântano. Jó 8.11; Jr 51.32
- Linho. Êx 9.31
- Alhos. Nm 11.5
- Trepadeiras silvestres. 2Rs 4.39
- Erva do campo. Nm 22.4
- Arbusto no deserto. Jr 17.6
- Hissopo. Êx 12.22; 1Rs 4.33
- Alhos-porós. Nm 11.5
- Lentilhas. Gn 25.34
- Mandrágoras. Gn 30.14; Ct 7.13
- Malvas. Jó 30.4
- Espelta. Ez 4.9
- Melão. Nm 11.5
- Hortelã. Mt 23.23
- Mirra. Ct. 4.14
- Nardo. Ct 4.14
- Cebolas. Nm 11.5
- Canas. Is 19.6; Is 35.7
- Junco. Jó 8.11
- Centeio. Êx 9.32
- Açafrão. Ct 4.14
- Nardo. Ct 4.14
- Joio. Mt 13.30
- Trigo. Êx 9.32; Jr 12.13

Fatos

- Ervas amargas, usadas na Páscoa. Êx 12.8; Nm 9.11
- Venenosas, não adequadas ao consumo humano. 2Rs 4.39,40
- Os judeus as usavam para dizimar. Lc 11.42
- Eram algumas vezes usadas no lugar de alimento animal. Rm 14.2

Destruídas por

- Granizo e trovões. Êx 9.22-25
- Gafanhotos. Êx 10.12,15; Sl 105.34,35
- Seca. Is 42.15

Ilustrativo

- Dos ímpios. 2Rs 19.26; Sl 37.2;
- (com orvalho) da graça dada aos santos. Is 18.4.

■ Especiarias

Visão geral

As especiarias, ou substâncias aromáticas, foram usadas em óleos para ungir e embalsamar corpos e eram armazenadas por Ezequias na casa do seu tesouro (2Rs 20.13; Is 39.2).

Fatos sobre as especiarias

- Estavam nas fórmulas para o óleo sagrado. Êx 25.6; Êx 35.8
- Eram armazenadas. 2Rs 20.13
- Usadas no templo. 1Cr 9.29
- Importadas de Gileade. Gn 37.25
- Enviadas como presente de Jacó para José. Gn 43.11
- Presenteadas pela rainha de Sabá. 1Rs 10.2; 1Rs 10.10
- Vendidas em mercados de Tiro. Ez 27.22
- Usadas no embalsamamento de Asa. 2Cr 16.14
- Preparadas para embalsamar o corpo de Jesus. Mc 16.1; Lc 23.56; Lc 24.1; Jo 19.39,40

■ Incenso

- Fórmula de como se fazer. Êx 30.34,35

Incenso estranho

- Incenso incorretamente preparado. Êx 30.9

Usos do incenso

Êx 30.36-38; Lv 16.12; Nm 16.17; Nm 16.40; Nm 16.46; Dt 33.10

Feito por

- Bezalel. Êx 37.29
- Sacerdotes. 1Cr 9.30

Oferecido

O incenso era oferecido junto com a oferta de carne; e, diariamente, era queimado no altar de ouro do lugar santo, bem como no Dia da Expiação, no lugar santíssimo, pelo sumo sacerdote.

- Manhã e tarde. Êx 30.7,8; 2Cr 13.11
- No altar de ouro. Êx 30.1-7; Êx 40.5; Êx 40.27; 2Cr 2.4; 2Cr 32.12
- Durante a expiação. Lv 16.12,13; Nm 16.46,47; Lc 1.10

ILEGALMENTE OFERECIDO POR:
- Nadabe e Abiú. Lv 10.1,2
- Coré, Datã e Abirão. Nm 16.16-35
- Uzias. 2Cr 26.16-21

Oferecido em adoração idólatra
1Rs 12.33; Jr 41.5; Ez 8.11

Apresentado pelos magos a Jesus
Mt 2.11

Figurativo
- Da oração. Sl 141.2
- De louvor. Ml 1.11
- De sacrifício aceitável. Ef 5.2
- Simbolismo da oração dos santos. Ap 5.8; Ap 8.3,4

METAIS E MINERAIS

METAIS E OURO

■ Metais
Extraídos da terra. Jó 28.1,2,6

Mencionados na Bíblia
- Ouro. Gn 2.11,12
- Prata. Gn 44.2
- Cobre. Êx 27.2,4; 2Cr 12.10
- Bronze polido. Ed 8.27. 2Tm 4.14
- Ferro. Nm 35.16; Pv 27.17
- Chumbo. Êx 15.10; Jr 6.29
- Estanho. Nm 31.22

Fatos sobre metais
- Seus valores comparativos. Is 60.17; Dn 2.32-45
- Geralmente misturados com escórias. Is 1.25
- Abundava na terra santa. Dt 8.9
- Antigo ofício de arte. Gn 4.21
- Livre de escórias pelo fogo. Ez 22.18,20
- Limpos cerimonialmente pelo fogo. Nm 31.21-23
- Fundidos em moldes. Jz 17.4; Jr 6.29
- Terra do Jordão usada para fundição. 1Rs 7.46
- Muito comercializado. Ez 27.12

■ Ouro

Significados de palavras para ouro
1. *Zahab* (em hebraico). Assim chamada por sua cor amarela (Êx 25.11; 1Cr 28.18; 2Cr 3.5)
2. *Segor* (em hebraico), devido a sua solidez, por estar guardado ou entesourado; sendo "ouro puro" ou precioso (1Rs 6.20; 7.49)
3. *Paz* (em hebraico), ouro puro ou natural (Jó 28.17; Sl 19.10; Sl 21.3 etc.)
4. *Betzer* (em hebraico), "minério de ouro ou prata" quando extraído de uma mina (Jó 36.19, em que simplesmente significa riquezas).
5. *Kethem* (em hebraico), ou seja, algo oculto ou separado (Jó 28.16,19; Sl 45.9; Pv 25.12). Descrito como "ouro fino" em Is 13.12.
6. *Haruts* (em hebraico), ou seja, extraído; palavra poética para ouro (Pv 8.10; 16.16; Zc 9.3).

Introdução
- Sabe-se da existência do ouro desde os primeiros dias. Gn 2.11
- Era usado principalmente em ornamentos. Gn 24.22
- Era muito abundante. 1Cr 22.14; Na 2.9; Dn 3.1
- Muitas toneladas foram usadas no templo. 2Cr 1.15
- Foi encontrado na Arábia, Sabá e Ofir (1Rs 9.28; 10.1; Jó 28.16), mas não na Palestina
- Em Dn 2.38, o Império Babilônico é descrito como uma "cabeça de ouro" devido a sua grande riqueza

Fatos sobre o ouro
- Encontrado na terra. Jó 28.1,6
- Abundava em:
  - Havilá. Gn 2.11
  - Ofir. 1Rs 9.28; Sl 45.9
  - Sabá. Sl 72.15; Is 60.6
  - Parvaim. 2Cr 3.6
- Pertence a Deus. Jl 3.5; Ag 2.8
- Mais valioso quando puro e fino. Jó 28.19; Sl 19.10; 21.3; Pv 3.14
- Refinado e provado pelo fogo. Zc 13.9; 1Pe 1.7
- Havia uma profissão, um ofício. Ne 3.8; Is 40.19
- Um objeto de comércio. Ez 27.22

- Os patriarcas eram ricos em ouro. Gn 13.2
- Importado por Salomão. 1Rs 9.11,28; 10.11
- Abundava no reinado de Salomão. 2Cr 1.15
- Foi dado como oferta para o tabernáculo. Êx 35.22
- Foi dado como oferta para o templo. 1Cr 22.14; 29.4,7
- Usado como dinheiro. Mt 10.9; At 3.6
- Adornava vestimentas reais e sacerdotais. Êx 28.4-6

Descrito como
- Ouro brilhante. Sl 68.13
- Flexível. Êx 39.3
- Fundível. Êx 32.3,4. Pv 17.3
- Desejável e precioso. Ed 8.27; Is 13.12
- Valioso. Jó 28.15,16

Foi usado para
- Revestir o tabernáculo. Êx 36.34,38
- Revestir o templo. 1Rs 6.21,22
- Revestir os querubins no templo. 2Cr 3.10
- Revestir a arca. Êx 25.11-13
- Revestir o piso do templo. 1Rs 6.30
- Revestir o trono de Salomão. 1Rs 10.8;
- O propiciatório e os querubins. Êx 25.17,18
- Os candelabros sagrados. Êx 25.31
- Utensílios sagrados. 2Cr 4.19-22
- Coroas. 2Sm 12.30; Sl 21.3
- Cetros. Et 4.11

- Colares. Gn 41.42; Dn 5.29
- Anéis. Ct 5.14; Tg 2.2
- Argolas. Jz 8.24,26
- Enfeites. Jr 4.30
- Escudos. 2Sm 8.7; 1Rs 10.16,17
- Vasos. 1Rs 10.21; Et 1.7
- Ídolos. Êx 20.23; Sl 115.4
- Leitos. Et 1.6
- Estrado. 2Cr 9.18

Mais fatos sobre o ouro
- Avaliado pelo peso. 1Cr 28.14
- Dado como presentes. Mt 2.11
- Exigido como tributo. 1Rs 20.3,5; 2Rs 23.33,35
- Quando conseguido em guerra, era dedicado a Deus. Js 6.19; 2Sm 8.11; 1Rs 15.15
- Os reis de Israel não o multiplicariam. Dt 17.17
- Judeus foram condenados pela sua multiplicação. Is 2.7
- Vaidade em ajuntá-lo. Ec 2.8,11

Suscetível a
- Tornar-se escuro. Lm 4.1
- Enferrujar-se. Tg 5.3

Ilustrativo
- Dos santos após a aflição. Jó 23.10
- Da fé provada. 1Pe 1.7
- Das doutrinas da graça. Ap 3.18
- Dos verdadeiros convertidos. 1Co 3.12
- Do Império Babilônico. Dn 2.38

PRATA

Visão geral
- Veios de prata encontrados na terra. Jó 28.1
- Geralmente encontrada em um estado impuro. Pv 25.4
- Seu valor comparativo. Is 60.17

Descrita como
- Branca e brilhante. Sl 68.13,14;

- Fundível. Ez 22.20,22
- Flexível. Jr 10.9

Fatos sobre a prata
- Purificada pelo fogo. Pv 17.3; Zc 13.9
- Quando purificada, chamada de:
  – Prata refinada. 1Cr 29.4
  – Prata escolhida. Pv 8.19

- Társis tinha um amplo comércio desse material. Jr 10.9; Ez 27.12
- Os patriarcas eram ricos em prata. Gn 13.2; 24.35
- Usada como dinheiro desde os primórdios. Gn 23.15,16; 37.28
- Muito abundante no reinado de Salomão. 1Rs 10.21,22,27
- Havia uma profissão, um ofício. At 19.24

Transformada em
- Taças. Gn 44.2;
- Bandeja. Nm 7.13,84,85;
- Bacias. Nm 7.13,84;
- Prata batida. Jr 10.9;
- Correntes. Is 40.19;
- Cordão (alusão). Ec 12.6;
- Bases para as tábuas do tabernáculo. Êx 26.19,25,32;
- Ornamentos e colchetes para os pilares do tabernáculo. Êx 27.17;
- Castiçais. 1Cr 28.15;
- Mesas. 1Cr 28.16;
- Assentos. Et 1.6;
- Utensílios. 2Sm 8.10; Ed 6.5;
- Ídolos. Sl 115.4; Is 2.20; 30.22;
- Ornamentos pessoais. Êx 3.22.

Mais fatos sobre a prata
- Dada pelos israelitas para a construção do tabernáculo. Êx 25.3; 35.24
- Dada por Davi e seus companheiros para a construção do templo. 1Cr 28.14; 29.2,6-9
- Quando obtida na guerra, era frequentemente consagrada a Deus. Js 6.19; 2Sm 8.11; 1Rs 15.15
- Quando obtida na guerra, era purificada pelo fogo. Nm 31.22,23
- Geralmente dada como presentes. 1Rs 10.25; 2Rs 5.5,23
- O tributo era geralmente pago em prata. 2Cr 17.11; Ne 5.15
- De Társis. Ez 27.12

Ilustrativo
- Das palavras do Senhor. Sl 12.6
- Da língua do justo. Pv 10.20
- Dos bons governantes. Is 1.22,23
- Do reino medo-persa. Dn 2.32,39
- Dos santos purificados pela provação. Sl 66.10; Zc 13.9
- (do trabalho de buscar) da diligência requerida para chegar ao conhecimento. Pv 2.4
- (da rejeição) dos ímpios. Jr 6.30
- (das escórias) dos ímpios. Is 1.22; Ez 22.18

Prata e sabedoria
- A sabedoria deve ter mais valor que a prata. Jó 28.15; Pv 3.14; 8.10,19

Seu refino
Pv 17.13; Pv 25.4; Pv 26.23; Ez 22.18-22; Jr 6.29,30; Zc 13.9; Ml 3.3

Usada como dinheiro
Gn 13.2; Gn 17.12; Gn 20.16; Gn 23.13-16; Am 8.6; Mt 10.9; Mt 26.15; Mc 14.11; At 19.19

Para ornamentação
- Para o tabernáculo. Êx 26; 27; 35; 36; Nm 7
- Do templo. 1Cr 28.14; 1Cr 29.2-5; Ed 5.14; Ed 6.5; Ed 8.26; Dn 5.2
- Taças feitas de prata. Gn 44.2
- Trombetas feitas de prata. Nm 10.2
- Cordões feitos de prata. Ec 12.6
- Correntes de prata. Is 40.19
- Santuários feitos de prata. At 19.24
- Ídolos feitos de prata. Êx 20.23; Is 30.22; Os 13.2
- Salvas ou filigranas feitas de prata Pv 25.11

Simbólico
Dn 2.32; Dn 2.3

SAL E PEDRAS PRECIOSAS

■ Sal

Características
- Bom e útil. Mc 9.50
- Perde seu sabor quando exposto ao ar. Mt 5.13; Mc 9.50

Usado para
- Temperar o alimento. Jó 6.6
- Salgar as ofertas. Lv 2.13; Ez 43.24
- Ratificar as alianças. Nm 18.19; 2Cr 13.5
- Fortalecer as crianças recém-nascidas. Ez 16.4

Geralmente encontrado
- Em poços. Js 11.8; Sf 2.9
- Em fontes. Tg 3.12
- Próximo ao mar Morto. Nm 34.12; Dt 3.17

Milagres conectados com o sal
- A esposa de Ló se transformou em uma estátua de sal. Gn 19.26.
- Eliseu curou as más águas com sal. 2Rs 2.21.

Fatos sobre o sal
- Lugares semeados com sal, para denotar desolação perpétua. Jz 9.45
- Fornecido liberalmente pelos judeus após o cativeiro. Ed 6.9; 7.22
- Abundava em lugares desérticos e improdutivos. Jr 17.6; Ez 47.11
- O vale do Sal, famoso por vitórias. 2Sm 8.13; 2Rs 14.7; 1Cr 18.12

Ilustrativo
- Dos santos. Mt 5.13
- Da graça no coração. Mc 9.50
- Da sabedoria no falar. Cl 4.6
- (sem sabor) de mestres carentes de graça. Mt 5.13; Mc 9.50
- (poços de) desolação. Sf 2.9
- (salgado com fogo) da preparação dos ímpios para a destruição. Mc 9.49
- Da partilha de outro laço de amizade. Ed 4.14

■ Pedras preciosas

Visão geral
1. Frequentemente citadas (1Rs 10.2; 2Cr 3.6; 9.10; Ap 18.16; 21.19).
2. Cerca de vinte diferentes pedras preciosas são mencionadas na Bíblia.
3. Usadas figurativamente em Ct 5.14; Is 54.11,12; Lm 4.7.

Fatos sobre as pedras preciosas
- Extraídas da terra. Jó 28.5.6
- Trazidas de Ofir. 1Rs 10.11; 2Cr 9.10
- Trazidas de Sabá. 1Rs 10.1,2; Ez 27.22
- De grande variedade. 1Cr 29.2
- De várias cores. 1Cr 29.2
- Brilhantes e reluzentes. 1Cr 29.2; Ap 21.11

Chamadas de
- Pedras resplandescentes. Ez 28.14,16
- Pedras de engaste. 1Cr 29.2
- Joias. Is 61.10; Ez 16.12
- Joias preciosas. 2Cr 20.25; Pv 20.15

Mencionadas na Bíblia
- Ágata. Êx 28.19; Êx 39.12
- Ametista. Êx 28.19; Ap 21.20
- Turquesa (ou berilo). Dn 10.6; Ap 21.20
- Carbúnculo. Êx 28.17
- Coral. Jó 28.18
- Calcedônia. Ap 21.19
- Crisólito. Ap 21.20
- Crisópraso. Ap 21.20
- Diamante. Jr 17.1; Ez 3.9
- Esmeralda. Ez 27.16; Ap 4.3
- Jacinto. Ap 9.17; 21.20
- Jaspe. Ap 4.3; 21.11,19
- Safira. Êx 28.18; Jó 28.16

- Pérola. Jó 28.18; Mt 13.45,46; Ap 21.21
- Rubi. Êx 28.17; 39.10; Is 54.12
- Ônix. Êx 28.18;
- Sardônica. Ap 4.3; Ap 21.20
- Topázio. Jó 28.19; Ap 21.20

Mais fatos sobre as pedras preciosas
- Altamente valorizadas pelos antigos. Pv 17.8
- Amplamente comercializadas. Ez 27.22; Ap 18.12
- Geralmente dadas como presentes. 1Rs 10.2,10
- Havia uma arte de gravar em pedras preciosas. Êx 28.9,11,21
- Arte de engaste. Êx 28.20
- Uma parte do tesouro dos reis. 2Cr 32.27
- Dadas pelos judeus para o tabernáculo. Êx 25.7
- Preparadas por Davi para o templo. 1Cr 29.2
- Dadas pelos líderes para o templo. 1Cr 29.8

Usadas para
- Adornar as ombreiras do colete sacerdotal. Êx 28.12
- Adornar o peitoral do juízo. Êx 28.17-20; 39.10-14
- Adornar as pessoas. Ez 28.13
- Ornamentar coroas reais. 2Sm 12.30
- Compor selos e anéis. Ct 5.12
- Adornar o templo. 2Cr 3.6
- Honrar ídolos. Dn 11.38

Ilustrativo
- Da preciosidade de Cristo. Is 28.16; 1Pe 2.6
- Da beleza e estabilidade da igreja. Is 54.11,12
- Dos santos. Ml 3.17; 1Cr 3.12
- Do esplendor sedutor e da falsa glória da apostasia. Ap 17.4; 18.16
- Da glória material das nações. Ez 28.13-16
- Da glória da Jerusalém celestial. Ap 21.11
- Da estabilidade da Jerusalém celestial. Ap 21.19

ANIMAIS

LIMPOS E IMPUROS

■ Visão geral

1. O conceito de "limpo" e "impuro" refere-se ao ritual do Antigo Testamento no qual algumas coisas tinham ou não tinham lugar na adoração a Deus.
2. Havia animais, peixes, pássaros e insetos limpos e impuros.
3. O conceito de limpo e impuro ia além dos animais expiatórios, incluindo lugares e sacerdotes.
4. Tudo que era usado na adoração a Deus tinha que ser santo e separado para esse propósito.
5. Entrar em contato com qualquer coisa imunda tornava a pessoa imunda.
6. Apenas uma pessoa "limpa" estava preparada para adorar a Deus.
7. Os seguidores de Deus no Antigo Testamento não tinham permissão para entrar em contato com qualquer coisas imunda.

> *Não vos torneis abominação por causa de algum animal que rasteja, nem vos contamineis, tornando-vos impuros com eles. Porque eu sou o SENHOR vosso Deus. Portanto, santificai-vos e sede santos, porque eu sou santo, e não vos contamineis com nenhum animal que rasteja sobre a terra.*
> (Lv 11.43,44)

Animais limpos e impuros

Para o animais, o princípio da classificação era que o animal tivesse unhas fendidas e ruminasse. Esses eram os limpos. Os animais impuros, aqueles cujas patas não fossem fendidas nem ruminassem, ou os com patas fendidas que não ruminassem, estavam condenados a ser impuros.

Peixes limpos e impuros

Peixes e quaisquer criaturas aquáticas que tivessem barbatanas e escamas eram limpos.

Aves limpas e impuras

Certas aves foram categorizadas como impuras.

Insetos limpos e impuros

Todos os insetos que caminhassem, a menos que tivessem pernas traseiras compridas.

Limpeza e imundície moral

A imundície cerimonial no Antigo Testamento pavimentou o caminho para que os israelitas entendessem sobre a limpeza moral. Os pecados tornavam uma pessoa imunda aos olhos de Deus. Assim, no Dia da Expiação, o povo de Israel se tornava limpo.

> *... porque nesse dia se fará expiação por vós, para vos purificar. Sereis purificados de todos os vossos pecados diante do SENHOR.* (Lv 16.30)

Jesus, a purificação e a impureza

Jesus enfatizou a importância da limpeza interior.

> [1] *Os fariseus e alguns escribas, vindos de Jerusalém, foram encontrar-se com Jesus.*
> [2] *E repararam que alguns dos discípulos de Jesus comiam pão com as mãos impuras, isto é, sem lavá-las.* [...]
> [5] *Então os fariseus e os escribas lhe perguntaram: Por que os teus discípulos não vivem segundo a tradição dos anciãos, mas comem pão sem lavar as mãos?*

⁶ *Jesus lhes respondeu: Hipócritas, bem profetizou Isaías acerca de vós, como está escrito: ESTE POVO HONRA-ME COM OS LÁBIOS; SEU CORAÇÃO, PORÉM, ESTÁ LONGE DE MIM;*
⁷ *EM VÃO ME ADORAM, ENSINANDO DOUTRINAS QUE SÃO PRECEITOS DE HOMENS.*
⁸ *ABANDONAIS O MANDAMENTO DE DEUS, E VOS APEGAIS À TRADIÇÃO DOS HOMENS."* (destaques do autor).

O coração do homem
¹⁵ *Fora do homem não há nada que, entrando nele, possa torná-lo impuro; mas o que sai do homem, isso o torna impuro.*
¹⁶ *(Se alguém tem ouvidos para ouvir, ouça.)*
¹⁷ *Depois, quando deixou a multidão e entrou em casa, os discípulos lhe perguntaram acerca da parábola.*

¹⁸ *Jesus lhes respondeu: Então vós também não entendeis? Não compreendeis que tudo o que entra de fora no homem não pode torná-lo impuro?*
¹⁹ *Porque não entra no seu coração, mas no estômago, e depois é expelido. Assim, Jesus declarou puros todos os alimentos.*
²⁰ *E prosseguiu: O que sai do homem é que o torna impuro.*
²¹ *Pois é de dentro do coração dos homens que procedem maus pensamentos, imoralidade sexual, furtos, homicídios, adultérios,*
²² *cobiça, maldade, engano, libertinagem, inveja, blasfêmia, arrogância e insensatez.*
²³ *Todas essas coisas más procedem de dentro do homem e o tornam impuro.* (Marcos 7.1,2,5-8,15,18-23)

ANIMAIS MÍTICOS

■ Visão geral

Há vários animais mencionados na Bíblia que são míticos:

Unicórnios
Geralmente tinham um único chifre.

Mas tu exaltarás o meu poder, como o do unicórnio: serei ungido com óleo fresco. (Sl 92.10, ARC)

DESCRITOS COMO
- Teimosos em servir. Jó 39.9,10,12
- De grande força. Jó 39.11
- Notáveis por sua agilidade quando jovens. Sl 29.6

ILUSTRATIVO
- De Deus, como a força de Israel. Nm 23.22; 24.8

Deus os tirou do Egito; as suas forças são como as do unicórnio. (Nm 23.22, ARC)

- Dos ímpios. Is 34.7
- (seus chifres) da força dos descendentes de José. Dt 33.17
- (seus chifres) da força dos poderosos inimigos. Sl 22.21
- (a posição de seus chifres) da exaltação dos santos. Sl 92.10

O "unicórnio" é mencionado seis vezes na *Versão Almeida Revista Corrigida* (Nm 23.22; 24.8; Dt 33.17; Jó 39.9,10; 92.10). Em Deuteronômio 33.17 diz que o unicórnio tem "pontas", no plural. A Versão King James corrigiu esse problema traduzindo "unicórnio" por "unicórnios", no plural. Trata-se de uma má tradução de reem, em hebraico, que significa "boi selvagem". Parece que a LXX cometeu o erro que levou ao *unicornis*, em latim. A ideia de um unicórnio provavelmente veio do rinoceronte.

Dragões
- Geralmente de cor vermelha. Ap 12.3

DESCRITOS COMO
- Poderosos. Ap 12.4
- Venenosos. Dt 32.33
- De hábitos solitários. Jó 30.29
- Sua voz de lamentação serviu de alusão. Mq 1.8
- Sua respiração serviu de alusão. Jr 14.6
- Seu modo de tragar serviu de alusão. Jr 51.34

ENCONTRADOS EM
- Desertos. Ml 1.3
- Cidades desertas. Is 13.22; Jr 9.11
- Lugares secos. Is 34.13; 43.20
- Em rios, certas espécies. Sl 74.13; Is 27.1

ILUSTRATIVO
- De reis cruéis e perseguidores. Is 27.1; 51.9; Ez 29.3

Naquele dia, o Senhor castigará com sua espada destruidora, grande e forte, o Leviatã, a serpente fugitiva; o Leviatã, a serpente veloz, e matará o dragão do mar. (Is 27.1)

Desperta, desperta, cobre-te de força, ó braço do Senhor; desperta como nos tempos antigos, como nas gerações passadas. Não foste tu quem despedaçou o monstro Raabe e traspassou o dragão? (Is 51.9)

- Dos povos ímpios. Sl 44.19
- Do mal. Ap 13.2; 20.2,7

Ele prendeu o dragão, a antiga serpente, que é o Diabo e Satanás, e o amarrou por mil anos. [...] Quando se completarem os mil anos, Satanás será solto da prisão. (Ap 20.2,7)

- (envenenado) de vinho. Dt 32.33

Erro de tradução
No Antigo Testamento, a Versão King James usa o termo "dragão" para as palavras hebraicas *tannim*, que significa "chacais", e *tannin*, que significa "serpente ou monstro marinho". Parece que a Versão King James traduziu equivocadamente essas duas palavras.

Tannim deriva da raiz *tan*, que significa "uivar", e *tannin* vem da raiz *tanan*, "fumegar". Os chacais são conhecidos por seus uivos e estão associados a regiões desoladas.

Tannin ou "fumegadores" provavelmente veio de se observar jorros de baleias ou o bufar de animais que se parecem com fumaça vindo de um fogo interior. Nossa respiração quente se parece com fumaça no inverno. Talvez seja assim que tenha começado a ideia dos dragões cuspidores de fogo. O hebraico não está se referindo a nenhum dinossauro.

A Versão Almeida Século 21 (*A21*) usa o termo "dragão", que vem da palavra grega *drakon*, que significa "serpente". Ela se refere a um monstro com um corpo escamoso como o de uma cobra. O Novo Testamento grego usa *drakon* treze vezes somente no livro de Apocalipse, sendo traduzido por "dragão" na Versão Almeida Século 21 (Ap 12.3,4; 12.7; 12.9,13,16,17; 13.2,4,11; 16.13; 20.2). O dragão em Apocalipse tem sete cabeças semelhantes ao leviatã em ugarítico e em Salmo 74.14. Satanás é chamado de "dragão" em Apocalipse 20.2.

Sátiro
O sátiro é uma criatura mítica metade homem, metade cabra. Isaías 13.21 e 34.14 mencionam essa criatura na Bíblia.

Mas as feras do deserto repousarão ali, e a sua casa se encherá de horríveis animais; e ali habitarão os avestruzes, e os sátiros pularão ali. (Is 13.21, ARC)

A *A21* usa a palavra "bodes selvagens" no lugar de sátiro.

Mas as feras do deserto repousarão naquele lugar, e as suas casas se encherão de cães selvagens; e ali as avestruzes habitarão e os bodes selvagens pularão. (Is 13.21, A21)

Em hebraico há duas outras ocorrências em Levítico 17.7 e 2Crônicas 11.15. Possivelmente também em 2Reis 23.8.

ANIMAIS

■ Visão geral

1. Criados por Deus. Gn 1.24,25; 2.19
2. Sua criação demonstra o poder de Deus. Jr 27.5
3. Feitos para o louvor e a glória de Deus. Sl 148.10
4. Diferem de peixes e aves. 1Co 15.39
5. Alimentam-se da relva. Gn 1.30
6. Os seres humanos devem governá-los. Gn 1.26,28; Sl 8.7
7. Adão os nomeou. Gn 2.19,20
8. Dado aos seres humanos como alimento após o dilúvio. Gn 9.3
9. Não deveriam ser comidos vivos ou com sangue. Gn 9.4; Dt 12.16,23
10. Não deviam ser comidos os que morriam naturalmente ou estavam machucados. Êx 22.31; Lv 17.15; 22.8
11. Proveem vestimentas ao homem. Gn 3.21; Jó 31.20
12. Pertencem a Deus. Sl 50.10
13. Estão sujeitos ao cuidado de Deus. Sl 36.6; 104.10,11

Descritos como

- Desprovidos de fala. 2Pe 2.16
- Desprovidos de entendimento. Sl 32.9; 73.22
- Desprovidos de imortalidade. Sl 49.12-15
- Possuidores de um instinto. Is 1.3
- Capazes de serem domesticados. Tg 3.7

Fatos sobre os animais

- Muitos tipos de animais destrutivos. Lv 26.6; Ez 5.17
- Muitos tipos de animais domésticos. Gn 36.6; 45.17
- Geralmente sofriam por causa dos pecados dos homens. Jl 1.18,20; Ag 1.11
- Propensos a doenças. Êx 9.3

Adquiria-se sabedoria através deles

- Jó 12.7

Encontrados em

- Desertos. Is 13.21
- Campos. Dt 7.22; Jl 2.22
- Montes. Ct 4.8
- Florestas. Is 56.9; Mq 5.8

Fazem suas casas em

- Cavernas. Jó 37.8; 38.40
- Sob árvores frondosas. Dn 4.12
- Cidades desertas. Is 13.21,22; Sf 2.15

Animais limpos

- Boi. Êx 21.28; Dt 14.4
- Órix. Dt 14.5
- Ovelha. Dt 7.13; 14.4
- Cabra. Dt 14.4
- Cervo. Dt 14.5; Jó 39.1

> *o cervo, a gazela, o cabrito montês, o antílope, o órix e a ovelha montesa.*
> (Dt 14.5)

- Corça. Dt 14.5; 2Sm 2.18
- Cabra montês. Dt 14.5
- Antílope. Dt 14.5
- Ovelha montês. Dt 14.5
- Usados para alimento. Lv 11.2; Dt 12.15

³ *Não comereis nenhum animal repugnante.*
⁴ *Estes são os animais que podereis comer: o boi, a ovelha, a cabra,*
⁵ *o cervo, a gazela, o cabrito montês, o antílope, o órix e a ovelha montesa.*
⁶ *Dentre os animais, podereis comer todos os que têm o casco fendido, dividido em dois, e que ruminam.*
⁷ *Todavia, dos que ruminam, ou que têm o casco fendido, não podereis comer os seguintes: o camelo, a lebre e o coelho das rochas, porque ruminam, mas não têm o casco fendido; serão impuros para vós;*

⁸ nem o porco, porque tem o casco fendido mas não rumina; será impuro para vós. Não comereis da carne deles e não tocareis em seu cadáver.
⁹ De tudo o que há nas águas, o que podereis comer é isto: tudo o que tem barbatanas e escamas. Deles podereis comer.
¹⁰ Mas o que não tem barbatanas nem escamas não comereis; será impuro para vós.
¹¹ De todas as aves puras podereis comer.
¹² E estas são as que não comereis: a águia, o abutre, a águia marinha,
¹³ o açor, o falcão, toda espécie de milhafre,
¹⁴ toda espécie de corvo,
¹⁵ o avestruz, o mocho, a gaivota, o gavião de qualquer espécie,
¹⁶ a coruja, o corujão, a coruja branca,
¹⁷ o pelicano, o abutre, o corvo marinho,
¹⁸ a cegonha, a garça de qualquer espécie, a poupa e o morcego.
¹⁹ Também todos os insetos alados serão impuros para vós; não devem ser comidos.
²⁰ De todas as aves puras podereis comer.
²¹ Não comerás nenhum animal que achares morto. Ao peregrino que está em tua cidade o darás para comer, ou o venderás a um estrangeiro, porque és povo santo ao SENHOR, teu Deus. Não cozinharás o cabrito no leite da sua mãe..

(Dt 14.3-21)

- Usados para sacrifício. Gn 8.20

Limpos e impuros
- Primeira distinção entre limpos e impuros. Gn 7.2
- Diferenciação entre limpos e impuros. Lv 11.3; Dt 14.6

Animais impuros
- Camelo. Gn 24.64; Lv 11.4
- Cavalo. Jó 39.19-25
- Jumento. Gn 22.3; Mt 21.2

JESUS E UM JUMENTO
Jesus entrou em Jerusalém no lombo de um jumento.

Ide ao povoado que está adiante de vós e logo encontrareis uma jumenta amarrada e um jumentinho com ela; desamarrai-a e trazei-os a mim. (Mt 21.2)

- Asno montês. Jó 6.5; 39.5-8

Se o asno montês tiver grama, haverá de zurrar? Se o boi estiver junto ao pasto, haverá de mugir? (Jó 6.5)

- Mula. 2Sm 13.29; 1Rs 10.25

Todos os anos, visitantes traziam presentes, objetos de prata, objetos de ouro, vestidos, armaduras, especiarias, cavalos e mulas. Assim acontecia a cada ano. (1Rs 10.25)

- Leão. Jz 14.5,6
- Leopardo. Ct 4.8
- Urso. 2Sm 17.8
- Lobo. Gn 49.27; Jo 10.12
- Boi selvagem. Nm 23.22

Foi Deus quem os tirou do Egito. A força deles é como a do boi selvagem. (Nm 23.22)

- Beemote. Jó 40.15

Olha agora para o Beemote, que eu criei, assim como criei a ti. Ele come relva como o boi. (Jó 40.15)

- Macaco. 1Rs 10.22
- Raposa. Sl 63.10; Ct 2.5
- Cão. Êx 22.31; Lc 16.2
- Porco. Lv 11.7; Is 66.17

Os que se santificam e se purificam para entrar nos jardins atrás da deusa que está no meio, os que comem carne de porco, de animal impuro e de rato, todos esses serão consumidos, diz o SENHOR. (Is 66.17)

- Lebre. Lv 11.6; Dt 14.7
- Coelho. Lv 11.5; Sl 104.18

Os altos montes são refúgio para as cabras selvagens, assim como as rochas, para os coelhos. (Sl 104.18)

- Rato. Lv 11.29; Is 66.17
- Camaleão. Lv 11.30
- Toupeira. Is 2.20
- Doninha. Lv 11.29
- Lagartixa. Lv 11.30
- Animais marinhos. Êx 25.5

Diferenciação entre animais limpos e impuros
- Lv 11.26.

> Todo animal que tem casco fendido, mas cuja fenda não o separa em dois, e que não rumina, será impuro para vós. Quem os tocar ficará impuro. (Lv 11.26)

- Animais que não devem ser comidos. Lv 11.4-8; Dt 1.7,8.

> 4 Dentre os que ruminam ou têm o casco fendido, não comereis os seguintes animais: o camelo, porque rumina mas não tem o casco fendido, será impuro para vós; 5 o coelho, porque rumina mas não tem o casco fendido, será impuro para vós; 6 a lebre, porque rumina mas não tem o casco fendido, será impura para vós; 7 e o porco, porque tem o casco fendido, dividido em dois, mas não rumina, será impuro para vós. 8 Não comereis da carne deles nem tocareis nos seus cadáveres; serão impuros para vós. (Lv 11.4-8)

- Primogênito a ser resgatado. Nm 18.15.

> Todo primogênito que oferecerem ao SENHOR, homem ou animal, será teu. Mas certamente resgatarás os primogênitos dos homens. Também resgatarás os primogênitos dos animais impuros. (Nm 18.15)

- Causava imundície quando morto. Lv 5.2.

> Se alguém tocar alguma coisa impura, seja cadáver de animal selvagem impuro, seja cadáver de gado impuro, seja cadáver de animal que rasteja impuro, mesmo que o faça sem perceber, ficará impuro e culpado. (Lv 5.2)

Animais domésticos
- Deveriam guardar o sábado. Êx 20.10; Dt 5.14.
- Deveriam ser cuidados. Lv 25.7; Dt 25.4.

> ... do teu gado e dos animais selvagens na tua terra; todo o produto dela será vosso alimento. (Lv 25.7)

> Não amordaçarás a boca do boi quando ele estiver debulhando. (Dt 25.4)

- Não deveriam ser usados cruelmente. Nm 22.27-32; Pv 12.10.

Fatos sobre animais
- Nenhuma imagem de animais deveria ser adorada. Dt 4.17
- Ídolos de animais foram adorados pelos pagãos. Rm 1.23
- Geralmente usados como instrumentos de punição. Lv 26.22; Dt 32.24; Jr 15.3; Ez 5.17
- Por natureza, os seres humanos não são melhores que os animais

> Eu também disse no coração: Deus prova os homens para que possam ver que são como os animais. O que acontece com os homens é o mesmo que acontece com os animais; a mesma coisa acontece para ambos. Assim como um morre, morre também o outro. Todos têm o mesmo fôlego de vida. O homem não tem vantagem sobre os animais. Tudo é ilusão. (Ec 3.18,19)

Ilustrativo
- Dos ímpios. Sl 49.20; Tt 1.12
- Dos blasfemadores. 2Pe 2.12; Jd 1.10
- Dos perseguidores. 1Co 15.32; 2Tm 4.17
- Dos reinos. Dn 7.11,17; 8.4
- Dos povos de diferentes nações. Dn 4.12,21,22

- Do anticristo. Ap 13.2; 20.4.

    A besta que vi era semelhante a um leopardo, seus pés eram como os de um urso, e sua boca, como a de um leão. O dragão deu-lhe seu poder, seu trono e grande autoridade. (Ap 13.2)

■ Jumento domesticado

Visão geral
1. Impuro. Lv 11.2,3,26; Êx 13.13
2. Geralmente se alimentava de folhas da videira. Gn 49.11
3. Formava parte da riqueza patriarcal. Gn 12.16; 30.43; Jó 1.3; 42.12

Descrito como
- Não desprovido de instinto. Is 1.3
- Forte. Gn 49.14
- Apreciador do descanso. Gn 49.14,15

Foi usado
- Na agricultura. Is 30.6,24
- Para carregar fardos. Gn 42.26; 1Sm 25.18
- Como montaria. Gn 22.3; Nm 22.21
- Em arreio. Is 21.7
- Em guerra. 2Rs 7.7,10

Fatos sobre jumentos
- Governados por um freio. Pv 26.3
- Incitados por uma espada. Nm 22.23,27
- As mulheres geralmente os montavam. Js 15.18; 1Sm 25.20
- Pessoas importantes os montaram. Jz 10.3,4; 2Sm 16.2
- Juízes de Israel montaram em jumentos brancos. Jz 5.10
- Os jovens eram mais valorizados para o trabalho. Is 30.6,24
- Pessoas confiáveis eram indicadas para cuidar deles. Gn 36.24; 1Sm 9.3; 1Cr 27.30
- Em geral, levados de forma ilegal por governadores corruptos. Nm 16.15; 1Sm 8.16; 12.3
- Posteriormente, pensou-se tratar de uma criatura inferior. Jr 22.19

Leis sobre os jumentos
- Não deveriam ser cobiçados. Êx 20.17
- Se caírem sob a carga, devem ser assistidos. Êx 23.5
- Se desviados, devem ser conduzidos de volta aos seus donos. Êx 23.4; Dt 22.1
- Se desviados, devem ser cuidados até que seus donos apareçam. Dt 22.2,3
- Não devem ser postos em jugos com bois. Dt 22.10
- Devem guardar o descanso do sábado. Dt 5.14

USO SIMBÓLICO DO JUMENTO
- A entrada de Jesus em Jerusalém. Zc 9.9; Jo 12.14

Milagres conectados com jumentos
- A boca do jumento de Balaão se abriu para falar. 2Pe 2.16

¹⁸ *Balaão respondeu aos servos de Balaque: Mesmo que Balaque quisesse me dar a sua casa cheia de prata e de ouro, eu não poderia ir contra a ordem do* Senhor, *meu Deus, para fazer coisa alguma, nem pequena nem grande.*
¹⁹ *Mas peço que fiqueis aqui ainda esta noite, para que eu saiba o que o* Senhor *tem a dizer-me.*
²⁰ *Então, de noite, Deus veio a Balaão e disse-lhe: Já que esses homens vieram te chamar, levanta-te e vai com eles. Mas farás somente aquilo que eu te disser.*
²¹ *Então, Balaão levantou-se pela manhã, selou sua jumenta e partiu com os chefes de Moabe.*
²² *Mas a ira de Deus se acendeu enquanto ele ia, e o anjo do* Senhor *se posicionou no caminho como seu adversário. Balaão ia montado em sua jumenta, acompanhado de seus dois servos.*
²³ *A jumenta viu o anjo do* Senhor *parado no caminho com a espada desembainhada na mão. Então, desviando-se, foi pelo campo, mas Balaão bateu na jumenta para fazê-la voltar ao caminho.*

²⁴ *Mas o anjo do* Senhor *se pôs num caminho apertado entre as vinhas, e havia um muro de um lado e de outro.*
²⁵ *E, ao ver o anjo do* Senhor, *a jumenta encostou no muro, apertando o pé de Balaão; por isso, ele voltou a bater nela.*
²⁶ *Então o anjo do* Senhor *seguiu mais adiante e colocou-se num lugar apertado, onde não era possível se desviar nem para a direita nem para a esquerda.*
²⁷ *E, ao ver o anjo do* Senhor, *a jumenta deitou-se debaixo de Balaão; e a ira de Balaão se acendeu, e ele bateu na jumenta com o bordão.*
²⁸ *Nesse momento, o* Senhor *abriu a boca da jumenta, e ela perguntou a Balaão: Que foi que te fiz para que me batesses três vezes?*
²⁹ *Balaão respondeu à jumenta: Tu zombaste de mim. Se eu tivesse uma espada na mão agora, eu te mataria.*
³⁰ *Mas a jumenta disse a Balaão: Por acaso não sou a tua jumenta, em que cavalgaste toda a vida até hoje? Será que tenho o costume de fazer isso contigo? E ele respondeu: Não.*
³¹ *Então o* Senhor *abriu os olhos de Balaão, e ele viu o anjo do* Senhor *parado no caminho, com a espada desembainhada na mão. Então baixou a cabeça e prostrou-se com o rosto em terra.*
³² *E o anjo do* Senhor *perguntou-lhe: Por que já bateste três vezes na tua jumenta? Eu saí como teu adversário, pois teu comportamento é perverso diante de mim.*
³³ *Mas a jumenta me viu e já se desviou de mim três vezes. Se ela não tivesse se desviado, sem dúvida eu teria te matado, mas a deixaria viva.*

(Nm 22.18-33)

- Mil homens mortos por Sansão com uma queixada de um jumento. Jz 15.15
- Água trazida da queixada de um jumento. Jz 15.19
- Não foi despedaçado por um leão. 1Rs 13.28
- Comido durante a fome em Samaria. 2Rs 6.35

Jumento selvagem

Visão geral

1. Habita lugares selvagens e desertos. Jó 39.6; Is 32.14; Dn 5.21
2. Varre os montes em busca de comida. Jó 39.8
3. Zurra quando está com fome. Jó 6.5
4. Sofre em tempos de escassez. Jr 14.6
5. Deprecia seus perseguidores. Jó 39.7
6. Mantido por Deus. Sl 104.10,11

Descrito como

- Apreciador da liberdade. Jó 39.5
- Intransigente. Jó 11.12
- Antissocial. Os 8.9

Ilustrativo

- Da intransigência do homem natural. Jó 11.12
- Dos ímpios em sua busca do pecado. Jó 24.5
- De Israel em seu amor pelos ídolos. Jr 2.23,24
- Do poder assírio. Os 8.9
- Dos ismaelitas. Gn 16.12

Urso

Visão geral

1. Habita as florestas. 2Rs 2.24
2. Geralmente ataca os homens. 2Rs 2.24; Am 5.19
3. Ataca o rebanho na presença do pastor. 1Sm 17.34
4. Ainda mais feroz quando separado de seus filhotes. 2Sm 17.8; Pv 17.12
5. Rosna quando irritado. Is 59.11
6. Morto por Davi. 1Sm 17.36,37

Descrito como

- Voraz. Dn 7.5
- Perspicaz. Lm 3.10
- Cruel. Am 5.19

Ilustrativo

- De Deus em seus julgamentos. Lm 3.10; Os 13.8;

Ele foi como um urso à espreita e um leão escondido. (Lm 3.10)

Sairei ao encontro deles como ursa roubada dos filhotes e rasgarei o que lhes protege o coração; e ali os devorarei como leoa; as feras do campo os despedaçarão. (Os 13.8)

- Do homem natural. Is 11.7
- Dos governadores ímpios. Pv 28.15
- Do reinado dos medos. Dn 7.5
- Do reinado do anticristo. Ap 13.2

■ Bezerro

Visão geral
1. Os jovens do rebanho. Jó 21.10; Jr 31.12
2. Alusão ao seu espírito brincalhão. Sl 29.6

Alimentado de
- Leite. 1Sm 6.10
- Ramos de árvores. Is 27.10

Fatos sobre bezerros
- Cevados em estábulos. 1Sm 28.24; Am 6.4
- Oferecidos em sacrifício. Lv 9.2,3; Hb 9.12,19
- Aqueles de um ano eram melhores para o sacrifício. Mq 6.6
- Comidos na época patriarcal. Gn 18.7,8
- Quando cevados, eram considerados uma iguaria. 1Sm 28.24,25; Am 6.4; Lc 15.23,27

Ilustrativo
- Dos tementes nutridos pela graça. Ml 4.2
- De sacrifícios de louvor. Os 14.2; Hb 13.5
- De paciente resistência. Ez 1.7; Ap 4.7

■ Bezerro de ouro

Visão geral
- Feito enquanto Moisés estava no monte Sinai. Êx 32.1

¹ *Vendo que Moisés demorava para descer do monte, o povo juntou-se em volta de Arão e lhe disse: Levanta-te! Faz para nós um deus que vá à nossa frente, porque não sabemos o que aconteceu a esse Moisés, o homem que nos tirou da terra do Egito.*
² *E Arão lhes disse: Tirai os brincos de ouro das orelhas de vossas mulheres, de vossos filhos e de vossas filhas, e trazei-os aqui.*
³ *Então todo o povo tirou os brincos de ouro das orelhas e os levou a Arão.*
⁴ *Ele os recebeu de suas mãos e deu forma ao ouro com um cinzel, fazendo dele um bezerro de fundição. Então eles exclamaram: Ó Israel, aí está o teu deus, que te tirou da terra do Egito.*
⁵ *Vendo isso, Arão edificou um altar diante do bezerro e proclamou: Amanhã haverá festa ao SENHOR.*
⁶ *No dia seguinte, eles se levantaram cedo, ofereceram holocaustos e trouxeram ofertas pacíficas. O povo sentou-se para comer e beber, e depois se levantou para se divertir.*
⁷ *Então o SENHOR disse a Moisés: Vai, desce, porque o teu povo, que tiraste da terra do Egito, se corrompeu;*
⁸ *depressa se desviou do caminho que lhe ordenei. Fizeram para si um bezerro de fundição, adoraram-no, ofereceram-lhe sacrifícios e disseram: Aí está, ó Israel, o teu deus, que te tirou da terra do Egito.*
(Êx 32.1-8)

Foi feito
- De ornamentos. Êx 32.2,3
- Para representar Deus. Êx 32.4,5
- Baseado em um modelo egípcio. At 7.39,41
- Para ir adiante da congregação. Êx 32.1
- Para acrifícios oferecidos a ele. Êx 32.6
- Para adoração com orgia profana. Êx 32.6,18,19,25; 1Co 10.7

Consequências
- Grande pecado. Êx 32.21,30,31
- Esquecimento de Deus. Sl 106.21

- Desvio da orientação divina. Êx 32.8; Dt 9.12,16
- Gerou ira contra Arão. Dt 9.20
- Gerou ira contra Israel. Êx 32.10; Dt 9.14,19
- Fez com que Moisés quebrasse as tábuas do testemunho. Êx 32.19; Dt 9.17
- Israel foi punido. Êx 32.26-29,35
- Moisés intercedeu por aqueles que o adoraram. Êx 32.11-14,30-34; Dt 9.18-20
- Punição daqueles que o adoraram como alerta para os outros

> *Não vos torneis idólatras, como alguns deles, conforme está escrito: O POVO ASSENTOU-SE PARA COMER E BEBER, E LEVANTOU-SE PARA SE DIVERTIR.*
> (1Co 10.7, destaques do autor)

■ Bezerros de Jeroboão

Visão geral
1. Razão para fazê-los. 1Rs 12.26-28
2. Feitos de ouro. 1Rs 12.28
3. Feitos para prevenir que Israel fosse até Jerusalém. 1Rs 12.26,27

Chamados de
- bezerros de ouro. 2Rs 10.29; 2Cr 13.8;
- bezerros de Bete-Áven. Os 10.5;
- bezerros de Samaria. Os 8.5.

Fatos sobre os bezerros de Jeroboão
- Colocados em Dã e em Betel. 1Rs 12.29
- Provavelmente baseados no modelo egípcio. 1Rs 11.40
- Projetados para representar Deus. 1Rs 12.28
- Foram nomeados sacerdotes para eles. 1Rs 12.31; 2Cr 11.15
- Receberam sacrifícios. 1Rs 12.32; 13.1
- Foram realizadas festas para eles. 1Rs 12.32,33
- Foram beijados em adoração. Os 13.2

Adoração
- Denunciada por um profeta. 1Rs 13.1-3
- Adotada por reis sucessores. 1Rs 15.34; 16.26; 2Rs 10.29,31; 14.24
- Tornou-se o pecado de Israel. 1Rs 12.30; 2Rs 10.31; 2Cr 13.8

Previsões
- Cativeiro. Os 10.6
- Destruição. Os 8.6; 10.8
- Punição dos adoradores. Os 8.13,14

■ Camelo

Visão geral
1. Impuro. Lv 11.4; Dt 14.7
2. Encontrado em lugares desertos. Ez 25.5

Características
- Corcovas em suas costas. Is 30.6
- Sua docilidade. Gn 24.11
- O dromedário, notado por sua rapidez. Jr 2.23
- Abundância desse animal no Oriente. 1Cr 5.21; Is 60.6
- Ser parte da riqueza patriarcal. Gn 12.16; 30.43; Jó 1.3

Usado para
- Montaria. Gn 24.61
- Puxar carruagens. Is 21.7
- Carregar fardos. Gn 37.25; 1Rs 10.2; 2Rs 8.9
- Guerra. Jz 7.12; 1Sm 30.17
- Os ricos. Jz 8.21,26

Fatos sobre camelos
- Tratados com grande cuidado. Gn 24.31,32
- Presas valiosas. 1Cr 5.20,21; 2Cr 14.15; Jó 1.17; Jr 49.29,32
- Roupas rústicas feitas de seus pelos. Mt 3.4
- Mencionados em ilustrações por Cristo. Mt 19.24; 23.24

■ Cervo

Visão geral
1. Limpo e usado como alimento. Dt 12.15; 14.5
2. Geralmente caçado. Lm 1.6

Ilustrativo
- De Cristo. Ct 2.9,17; 8.14
- De pecadores convertidos. Is 35.6
- (simetria das patas) dos santos experientes. Sl 18.33; Hc 3.19
- (desejando água) dos santos aflitos que anseiam por Deus. Sl 42.1,2
- (sem pasto) dos perseguidos. Lm 1.6

■ Cão

Visão geral
- Depreciado pelos judeus. 2Sm 3.8

Fatos sobre os cães
- Nada santo deve ser dado a eles. Mt 7.6; 15.26
- Receberam carne despedaçada do campo. Êx 22.31

Quando domesticados
- Usados para guardar os rebanhos. Jó 30.1
- Alimentados com migalhas. Mt 15.27

Ilustrativo
- Dos gentios. Mt 15.22,26
- Dos ministros cobiçosos. Is 56.11
- Dos tolos. Pv 26.11
- Dos apóstatas. 2Pe 2.22
- Dos perseguidores. Sl 22.16,20
- Dos pecadores obstinados. Mt 7.6; Ap 22.15
- De falsos mestres. Fp 3.2
- (mudos) de ministros infiéis. Is 56.10
- (mortos) do mal. 1Sm 24.14; 2Sm 9.8

■ Raposa

Visão geral
1. Encontrada em desertos. Ez 13.4
2. Abundava na Palestina. Jz 15.4; Lm 5.18

Descrita como
- Ativa. Ne 4.3
- Astuta. Lc 13.32
- Carnívora. Sl 63.10

Fatos sobre raposas
- Destruíam as vinhas. Ct 2.15
- Viviam em covis. Mt 8.20; Lc 9.58

Ilustrativo
- De falsos profetas. Ez 13.4
- De pessoas espertas e enganosas. Lc 13.32
- De inimigos da igreja. Ct 2.15

■ Gazela

Fatos sobre as gazelas
- Selvagens. 2Sm 2.18
- Rápidas. 1Cr 12.8
- Habita nas montanhas. 1Cr 12.8
- Geralmente caçadas por homens. Pv 6.5

Ilustrativo
- De uma boa esposa. Pv 5.19
- Da rapidez do pé. 2Sm 2.18

■ Bode

Visão geral
1. Limpo e adequado para comer. Dt 14.4,5
2. Oferecido em sacrifício. Gn 15.9; Lv 16.5,7
3. O macho era melhor para ser sacrificado. Lv 22.19; Sl 50.9
4. Os judeus tinham grandes rebanhos. Gn 32.14; 1Sm 25.2
5. O mais lucrativo para o proprietário. Pv 27.26
6. O leite das cabras era usado como alimento. Pv 27.27

Seus filhotes
- Chamados de cabritos. Gn 37.31

- Mantidos em pequenos rebanhos. 1Rs 20.27
- Alimentados próximo à tenda do pastor. Ct 1.8
- Não deveria ser cozido no próprio leite da mãe. Êx 23.19
- Oferecidos em sacrifício. Lv 4.23; 5.6
- Oferecidos na Páscoa. Êx 12.5; 2Cr 35.7
- Considerados uma iguaria. Gn 27.9; Jz 6.19
- Dados como presente. Gn 38.17; Jz 15.1

Seu pelo
- Oferecido para o tabernáculo. Êx 25.4; 35.23
- Transformado em cortinas, para cobrir o tabernáculo. Êx 35.26; 36.14-18
- Transformado em travesseiros. 1Sm 19.13

Fatos sobre bodes
- Sua pele era geralmente usada como vestimenta. Hb 11.37
- Basã era famosa por seus bodes. Dt 32.14
- Os árabes os comercializavam. Ez 27.21
- Seus rebanhos eram sempre conduzidos por um macho. Jr 50.8
- Quando eram selvagens, viviam nas montanhas e rochas. 1Sm 24.2; Jó 39.1; Sl 104.18

Ilustrativo
- Do Império Macedônio. Dn 8.5,21
- Dos ímpios. Zc 10.3; Mt 25.32,33

■ Cavalo

Visão geral
- Imbuído de força por Deus. Jó 39.19

Cores mencionadas
- Branco. Zc 1.8; 6.3; Ap 6.2
- Preto. Zc 6.2,6; Ap 6.5
- Vermelho. Zc 1.8; 6.2 Ap 6.4
- Marrom. Zc 1.8
- Baio. Zc 6.3,7
- Amarelo. Ap 6.8

Usado para
- Cavalaria. Êx 14.9; 1Sm 13.5
- Puxar carruagens. Mq 1.13; Zc 6.2
- Carregar fardos. Ed 2.66; Ne 7.68
- Caçar. Jó 39.18

Cavalos e guerra
- Vários eram separados para a guerra. Jr 51.27; Ez 26.10
- Preparados e treinados para a guerra. Pv 21.31
- Nas batalhas, eram protegidos com armadura. Jr 46.4

Os judeus
- Não deveriam confiar neles. Os 14.3
- Condenados por confiar neles. Is 30.16; 31.3
- Trouxeram muitos de volta da Babilônia. Ed 2.66

Ilustrativo
- Da beleza da igreja. Ct 1.9; Zc 10.3
- Da libertação da igreja. Is 63.13
- De um caráter teimoso e rude. Sl 32.9
- Da impetuosidade dos ímpios em pecado. Jr 8.6

■ Cordeiro

Visão geral
- O mais novo do rebanho. Êx 12.5; Ez 45.15

Descrito como
- Paciente. Is 53.7
- Saltitante. 114.4,6

Fatos sobre cordeiros
- Expostos ao perigo de grandes animais. 1Sm 17.34
- O pastor cuidava deles. Is 40.11
- Considerados uma grande iguaria. Am 6.4

- Amplamente comercializados. Ed 7.17; Ez 27.21
- Geralmente eram usados para pagar tributo. 2Rs 3.4; Is 16.1
- Alianças eram confirmadas ao se doarem cordeiros. Gn 21.28-30
- Tinha sua imagem em moedas. Gn 33.19; Js 24.32

Usados para
- Alimento. Dt 32.14; 2Sm 12.4
- Vestuário. Pv 27.26
- Sacrifício. 1Cr 29.21; 2Cr 29.32

Oferecidos em sacrifício
- Todas as manhãs e tardes. Êx 29.38,39; Nm 28.3,4
- Na Páscoa. Êx 12.3,6,7

Ilustrativo
- Da pureza de Cristo. 1Pe 1.19
- De Cristo como sacrifício. Jo 1.29; Ap 5.6
- De qualquer coisa querida ou amada. 2Sm 12.3,9
- Do povo do Senhor. Is 5.17; 11.6
- Dos crentes fracos. Is 40.11; Jo 21.15
- (paciência dos cordeiros) da paciência de Cristo. Is 53.7; At 8.32
- (entre lobos) dos ministros entre os pagãos. Lc 10.3
- (desertados e expostos) de Israel desprovido da proteção de Deus. Os 4.16

■ **Leopardo**

Visão geral
- Vigia à espera de sua presa. Jr 5.6; Os 13.7

Descrito como
- Manchado. Jr 13.23
- Feroz e cruel. Jr 5.6
- Rápido. Hc 1.8

Ilustrativo
- De Deus e seus julgamentos. Os 13.7

- Do Império Macedônio. Dn 7.6
- Do anticristo. Ap 13.2
- (domesticado) dos ímpios subjugados ao evangelho. Is 11.6

■ **Leão**

Descrito como
- Superior em força. Jz 14.18; Pv 30.30
- Ativo. Dt 33.22;
- Corajoso. 2Sm 17.10
- Destemido. Is 31.4; Na 2.11
- Feroz. Jó 10.16; 28.8
- Voraz. Sl 17.12
- Majestoso em movimento. Pv 30.29, 30

Fatos sobre leões
- Abundavam em Canaã. 2Rs 17.25,26
- Foi feita alusão à grandiosidade de seus dentes. Sl 58.6; Jl 1.6
- Poder de Deus exibido para reprimi-los. 1Rs 13.28; Dn 6.22,27
- Deus provê para eles. Jó 38.39; Sl 104.21,28
- Espreitam sua presa. Sl 10.9
- Rugem quando buscam a presa. Sl 104.21; Is 31.4
- Despedaçam sua presa. Dt 33.20; Sl 7.2
- Geralmente carregam a presa até sua cova. Na 2.12
- Recolhem-se de dia. Sl 104.22
- Geralmente morrem por falta de comida. Jó 4.11
- Encontrado um enxame de abelhas na carcaça de um leão, por Sansão. Jz 14.8
- Profeta desobediente foi morto por um leão. 1Rs 13.24,26

Habita
- Florestas. Jr 5.6
- Ramadas. Jr 4.7
- Montes. Ct 4.8
- Desertos. Is 30.6

Os homens têm medo dos leões
- Atacam os apriscos. 1Sm 17.34; Am 3.12; Mq 5.8
- Atacam e matam homens. 1Rs 13.24; 20.36
- Rugido amedrontador. Jr 2.15; Am 3.8
- Criminosos eram geralmente atirados a eles. Dn 6.7,16,24
- Alusão à sua caça. Jó 10.16

Mortos por
- Sansão. Jz 14.5,6
- Davi. 1Sm 17.35,36
- Benaia. 2Sm 23.20

Ilustrativo
- De Israel. Nm 24.9
- Da tribo de Judá. Gn 49.9
- Da tribo de Gade. Dt 33.20
- De Cristo. Ap 5.5
- De Deus protegendo sua igreja. Is 31.4
- De Deus executando seus julgamentos. Is 38.13; Lm 3.10; Os 5.14; 13.8
- Da coragem dos santos. Pv 28.1
- De homens bravos. 2Sm 1.23; 23.20
- De cruéis e poderosos inimigos. Is 5.29; Jr 49.19; 51.38
- De perseguidores. Sl 22.13; 2Tm 4.17
- Do mal

> *Tende bom senso e estai atentos. O Diabo, vosso adversário, anda em derredor, rugindo como leão que procura a quem possa devorar.* (1Pe 5.8)

- De medos imaginários do preguiçoso. Pv 22.1; 26.13
- (dóceis) do homem natural subjugado pela graça. Is 11.7; 65.25
- (seu rugido) da ira de um rei. Pv 19.12; 20.2

■ Boi

Visão geral
- Geralmente é selvagem. Dt 14.5

Inclui
- O touro. Gn 32.15; Jó 21.10
- O bezerro. Sl 50.9; Jr 46.21;
- A vaca. Nm 18.17; Jó 21.10;
- A novilha. Gn 15.9; Nm 19.2.

Limpo
- Era limpo e apropriado para alimento. Dt 14.4

Descrito como
- Forte. Sl 144.14; Pv 14.4
- Belo. Jr 46.20; Os 10.11
- Sagaz. Is 1.3

Características
- Alusão a seus chifres e cascos. Sl 69.31
- Alusão ao seu mugido. 1Sm 15.14; Jó 6.5

Era alimentado
- Com erva. Jó 40.15; Sl 106.20; Dn 4.25
- Com milho. Is 30.24
- Com palha. Is 11.7
- Nas montanhas. Is 7.25
- Nos vales. 1Cr 27.29; Is 65.10
- Em estábulos. Hc 3.17

Fatos sobre bois
- Alusão à sua rápida maneira de coletar sua comida. Nm 22.4
- Fazia parte da riqueza patriarcal. Gn 13.2,5; 26.14; Jó 1.3
- Formava parte da riqueza de Israel no Egito. Gn 50.8; Êx 10.9; 12.32
- Formava parte da riqueza dos judeus. Nm 32.4; Sl 144.14
- Exigia grande cuidado e atenção. Pv 27.23
- Foram nomeados pastores de gado. Gn 13.7; 1Sm 21.7
- Incitados em uma aguilhada. Jz 3.31

Usados para
- Puxar vagões. Nm 7.3; 1Sm 6.7
- Carregar fardos. 1Cr 12.40
- Arar a terra. 1Rs 19.19; Jó 1.14; Am 6.12
- Trilhar o grão. Os 10.11

- Sacrifício. Êx 20.24; 2Sm 24.22
- Alimento. 1Rs 1.9; 19.21; 2Cr 18.2

Leis sobre os bois
- Deviam descansar no sábado. Êx 23.12; Dt 5.14
- Não deviam entrar em jugo com jumento no arado. Dt 22.10
- Não deviam ser amordaçados ao trilhar o grão. Dt 25.4,1; 1Co 9.9
- Se roubados, deveriam ser pagos em dobro. Êx 22.4
- Não ser cobiçados. Êx 20.17; Dt 5.21
- Se perdidos ou machucados por negligência, ser tratados. Êx 22.9-13
- Se matam um homem, devem ser apedrejados. Êx 21.28-32
- Método de reparação de um para um, caso algum boi seja morto. Êx 21.35,36
- Se desgarrados, devem ser reconduzidos aos seus donos. Êx 23.4; Dt 22.1,2
- Se caídos debaixo de seus fardos, devem ser erguidos novamente. Dt 22.4
- Sua gordura não deve ser comida. Lv 7.23

Ilustrativo
- (dos envolvidos na agricultura) de ministros. Is 30.24; 32.20
- (não amordaçados ao trilhar o milho) do direito de suporte ao ministro

> 8 Por acaso digo isso apenas da perspectiva humana? Ou a lei também não afirma a mesma coisa?
> 9 Pois na lei de Moisés está escrito: Não atarás a boca do boi quando debulha o grão. Será que Deus está preocupado com bois?
> 10 Ou será que de fato não diz isso por nós? É claro que é em nosso favor que isso está escrito. Pois quem lavra a terra deve debulhar o grão com a esperança de participar da colheita.
>
> (1Co 9.8-10)

- (quando preparado para uma festa) da provisão do evangelho. Pv 9.2; Mt 22.4
- (quando conduzido ao matadouro) de uma juventude imprudente. Pv 7.22
- (quando conduzido ao matadouro) dos santos sob perseguição. Jr 11.19
- (quando alimentado no estábulo) da vida suntuosa. Pv 15.17

Touro ou bezerro ilustrativo
- Das forças inimigas. Sl 22.12; 68.30
- (seu primogênito) da glória de José. Dt 33.17
- (em uma rede) do impaciente sob julgamento. Is 51.20
- (cevado) de mercenários vorazes. Jr 46.21
- (não acostumados ao jugo) de pecadores rebeldes. Jr 31.18

Vacas ilustrativas
- De governadores ricos e orgulhosos. Am 4.1

> Ouvi esta palavra, vacas de Basã, que estais no monte de Samaria, que oprimis os pobres, esmagais os necessitados e dizeis aos seus senhores: Trazei-nos bebidas.
> (Am 4.1)

- (quando formosas) de anos de fartura. Gn 41.2,26,29
- (quando magras) de anos de escassez. Gn 41.3; 27.30

Novilhas ilustrativas
- Da esposa amada. Jz 14.18
- Do rebelde Israel. Os 4.17. "Efraim está entregue aos ídolos; deixa-o." Os 4.17
- (domadas) do apego de Israel à comodidade em lugar da obediência. Os 10.11
- (de três anos) de Moabe em aflição. Is 15.5; Jr 48.34
- (formosas) da beleza e riqueza do Egito. Jr 46.20
- (no pasto) dos caldeus abastados. Jr 50.11

■ Porcos

Visão geral
1. Quando selvagens, habitavam as florestas. Sl 80.13
2. Impuros, não devem ser comidos. Lv 11.7,8

Descritos como
- Ferozes e mesquinhos. Mt 7.6
- Sujos. 2Pe 2.22
- Nocivos à agricultura. Sl 80.13

Fatos sobre os porcos
- Alimentam-se de cascas. Lc 15.16
- Sacrifícios e abominação. Is. 66.3
- Mantidos em grandes rebanhos. Mt 8.30
- Apascentá-los era considerado a maior das degradações para um judeu. Lc 15.15
- Os gadarenos foram punidos por possuí-los. Mt 8.31,32; Mc 5.11,14
- Os judeus pagãos foram condenados por comê-los. Is 65.4; 66.17

> *Os que se santificam e se purificam para entrar nos jardins atrás da deusa que está no meio, os que comem carne de porco, de animal impuro e de rato, todos esses serão consumidos, diz o* SENHOR. *(Is 66.17)*

Ilustrativo
- Dos pagãos. Mt 7.6

> *Não deis aos cães o que é santo, nem lanceis aos porcos as vossas pérolas, para não acontecer que eles as pisem, e os cães, voltando-se, vos despedacem. (Mt 7.6)*

- Dos hipócritas

> *Desse modo, aconteceu-lhes o que diz este provérbio verdadeiro: O cão volta ao seu vômito, e a porca lavada volta a revolver-se no lamaçal. (2Pe 2.22)*

■ Ovelha

Visão geral
- Limpa e usada como alimento. Dt 14.4

Descrita como
- Inocente. 2Sm 24.17
- Sagaz. Jó 10.4,5
- Ágil. Sl 114.4,6
- Coberta de lã. Jó 31.20
- Extraordinariamente fecunda. Sl 107.41; 114.13; Ct 4.2; Ez 36.37

Fatos sobre as ovelhas
- Alusão a seus balidos. Jz 5.16; 1Sm 15.14
- Sob o cuidado do homem desde o princípio dos tempos. Gn 4.4
- Uma grande parte da riqueza patriarcal. Gn 13.5; 24.25; 26.14
- Seus machos eram chamados de carneiros. 1Sm 15.22; Jr 51.40
- As fêmeas eram chamadas de ovelhas. Sl 78.71
- Seus filhotes eram chamados de cordeiros. Êx 12.3; Is 11.6

Lugares famosos por causa das ovelhas
- Quedar. Ez 27.21
- Basã. Dt 32.14
- Nebaiote. Is 60.7
- Bozra. Mq 2.12

Utilidade
- Sua carne era extensivamente usada como alimento. 1Sm 25.18; 1Rs 1.19; 4.23; Ne 5.18; Is 22.13
- Seu leite, usado como alimento. Dt 32.14; Is 7.21,22; 1Co 9.7
- Sua pele, usada como vestimenta para os pobres. Hb 11.37
- Sua pele, transformada em cobertura para o tabernáculo. Êx 25.5; 36.10; 39.34
- Sua lã, transformada em roupa. Jó 31.20; Pv 31.13; Ez 34.3
- Oferecida em sacrifício desde o princípio dos tempos. Gn 4.4,8; 8.20; 15.9,10
- Oferecida em sacrifício sob a lei. Êx 20.24; Lv 1.10; 1Rs 8.5,63

Rebanhos de ovelhas
- Cuidados pelos membros da família. Gn 29.9; Êx 2.16; 1Sm 16.11
- Cuidados pelos servos. 1Sm 17.20; Is 61.5
- Guardados por cães. Jó 30.1
- Mantidos em apriscos. 1Sm 24.3; 2Sm 7.8; Jo 10.1
- Levados aos pastos mais ricos. Sl 23.2
- Alimentados nos montes. Êx 3.1; Ez 34.6,13
- Alimentados nos vales. Is 65.10
- Frequentemente cobriam os pastos. Sl 65.13
- Recebiam água todos os dias. Gn 29.8-10; Êx 2.16,17
- Recolhidos para descansar ao meio-dia. Sl 23.2; Ct 1.7
- Seguidos pelo pastor. Jo 10.4,27
- Fugiam de estranhos. Jo 10.5

Dízimos e lã
- Dízimo das ovelhas foi dado aos levitas. 2Cr 31.4-6
- As primícias da lã das ovelhas foram dadas aos sacerdotes. Dt 18.4
- A época da tosquia era uma época de rejúbilo. 1Sm 25.2,11,36; 2Sm 13.23

Ovelhas eram frequentemente
- Dadas como presentes. 2Sm 17.29; 1Cr 12.40
- Dadas como tributo. 2Rs 3.4; 2Cr 17.11
- Destruídas por animais selvagens. Jr 50.17; Mq 5.8; Jo 10.12
- Levadas em grandes números para guerras. Js 6.4; 1Sm 14.32; 1Cr 5.21; 2Cr 14.15
- Isoladas por doenças. Êx 9.3

Ilustrativo
- Dos judeus. Sl 74.1; 78.52; 79.13
- Do povo de Cristo. Jo 10.7-26; 21.16,17; Hb 13.20; 1Pe 5.2
- Dos ímpios em sua morte. Sl 49.14;
- Daqueles sob o julgamento de Deus. Sl 44.1
- (em paciência e simplicidade) da paciência de Cristo. Is 53.7
- (na propensão a vaguear) daqueles que se desviam de Deus. Sl 119.176; Is 53.6; Ez 34.16
- (perdidas) dos não convertidos. Mt 10.6
- (quando encontradas) dos pecadores restaurados. Lc 15.5,7
- (separação dos bodes) da separação entre os santos e ímpios. Mt 25.32,33
- dos falsos profetas que assumem a aparência simples. Mt 7.15

■ Lobo

Visão geral
1. De natureza predatória. Gn 49.27
2. Especialmente feroz à noite, quando busca sua presa. Jr 5.6; Hc 1.8
3. Mata rebanhos de ovelhas. Jo 10.12

Ilustrativo
- Dos ímpios. Mt 10.16; Lc 10.3
- Dos governadores ímpios. Ez 22.27; Sf 3.3
- Dos falsos profetas. Mt 7.15; At 20.29;
- Do mal. Jo 10.12
- Da tribo de Benjamim. Gn 49.27
- De forças inimigas. Jr 5.6; Hc 1.8
- (sua domesticação) da nova ordem

> *O lobo habitará com o cordeiro, e o leopardo se deitará com o cabrito. O bezerro, o leão e o animal de engorda viverão juntos; e um menino pequeno os conduzirá.*
> (Is 11.6)

> *O lobo e o cordeiro pastarão juntos, o leão comerá feno como o boi; e a comida da serpente será o pó. Não farão mal nem dano algum em todo o meu santo monte, diz o SENHOR.*
> (Is 65.25)

AVES

■ Visão geral

1. Criadas por Deus. Gn 1.20,21; 2.19
2. Criadas para a glória de Deus. Sl 148.10
3. Dadas como alimento. Gn 1.30; 9.2,3
4. Diferenciam-se de animais e peixes. 1Co 15.39
5. Estão sob o domínio dos seres humanos. Gn 1.26; Sl 8.8
6. Adão lhes deu nomes. Gn 2.19,20
7. Temem os seres humanos instintivamente. Gn 9.2
8. Fornecem lições de sabedoria. Jó 12.7
9. Podem ser domesticadas. Tg 3.7
10. Pertencem a Deus. Sl 50.11
11. Deus as alimenta. Sl 104.1-12; Mt 6.26; Lc 12.23,24

Nomes dados às aves

- Aves do céu. Gn 7.3; Jó 35.11; Mt 8.20
- Aves de toda espécie. Ez 39.17
- Aves que que voam pelo céu. Dt 4.17

Variedades de aves

- Granívoras. Mt 13.4
- Carnívoras. Gn 15.11; 40.19; Dt 28.26

As aves e seus ninhos

- Nas árvores. Sl 104.17; Ez 31.6
- No solo. Dt 22.6
- Em fendas nas rochas. Nm 24.21; Jr 48.28
- Em cidades desertas. Is 34.15
- Sob o telhado das casas. Sl 84.3

Aves limpas e impuras

- As aves são divididas nessas duas categorias. Gn 8.20

Lista de aves limpas

As aves que foram designadas como "limpas" podiam ser comidas (Dt 14.11,20) e oferecidas em sacrifício (Gn 8.20; Lv 1.14).

- Pomba. Gn 8.8
- Rolinhas. Lv 14.22; Ct 2.12
- Pombinhos. Lv 1.14; 12.6
- Codornizes. Êx 16.12,13; Nm 11.31,32
- Pardal (ARA). Sl 84.3; 102.7
- Andorinha. Sl 84.3; Is 38.14
- Galo e galinha. Mt 23.37; 26.34,74
- Perdiz. 1Sm 26.20; Jr 17.11
- Tordo. Is 38.14; Jr 8.7

Lista de aves impuras

As aves impuras não deviam ser comidas (Lv 11.13,17; Dt 14.12) nem sacrificadas.

- Águia. Lv 11.13; Jó 39.27
- Abutre. Lv 11.13
- Águia marinha. Lv 11.13; Jó 28.7; Is 34.15
- Falcão. Lv 11.14; Dt 14.13
- Açor. Lv 11.14
- Corvo. Lv 11.15; Jó 38.41
- Avestruz. Lv 11.16; Jó 30.29
- Mocho. Lv 11.16
- Gaivota. Lv 11.16; Jó 39.26
- Gavião. Lv 11.16
- Coruja. Lv 11.17
- Corvo-marinho. Lv 11.17; Is 14.23; 34.11
- Coruja branca. Lv 11.18
- Pelicano. Lv 11.18; Sl 102.6
- Abutre. Lv 11.18
- Cegonha. Lv 11.19; Sl 104.17; Jó 39.13,18
- Garça. Lv 11.19
- Poupa. Lv 11.19
- Morcego. Lv 11.19; Is 2.20
- Pavões. 1Rs 10.22; Jó 39.13

Proteção para as aves

- Não deviam ser comidas com seus filhotes. Dt 22.6,7
- Deviam ser capturadas em armadilhas ou redes. Pv 1.17

Aves e idolatria

As aves eram frequentemente adoradas por idólatras (Rm 1.23), embora nenhuma imagem delas fosse permitida ser feita para adoração (Dt 4.17).

Aves usadas como ilustrações
A Bíblia compara as aves a uma variedade de coisas:
- A reis cruéis. Is 46.11
- A nações hostis. Jr 12.9
- A povos de diferentes países. Ez 31.6; Mt 13.32
- Ao mal e seus espíritos. Mt 13.4,19
- Capturar aves é usado para retratar a morte. Ec 9.12

■ Galinha

A "galinha" só recebe duas menções na Bíblia: em Mt 23.37 e em Lc 13.34.

■ Codornizes

As codornizes são aves que vivem na terra, conhecidas por migrarem em grandes número.

Os israelitas e as codornizes
Os israelitas foram salvos da fome duas vezes por um miraculoso fornecimento de codornizes.
1. No deserto de Sim (Êx 16.13) e
2. Outra vez em Quibrote-Taavá (veja) Nm 11.31.

Deus *fez chover sobre eles carne como poeira e um bando de aves como a areia do mar* (Sl 78.27).

As codornizes voavam a *cerca de dois côvados sobre o chão*; podiam, portanto, ser pegas com as mãos.

Os israelitas *estenderam as codornizes em volta do acampamento* (Nm 11.32) a fim de salgá-las e secá-las.

Essas aves (o *Coturnix vulgaris* dos naturalistas) são encontradas em grandes quantidades nas regiões costeiras do Mediterrâneo, e sua migração anual é um evento espetacular.

Então, soprou do mar um vento da parte do SENHOR *e trouxe codornizes, as quais deixou cair perto do acampamento, numa distância de cerca de um dia de caminhada, de todos os lados em volta do acampamento, acumulando-se cerca de dois côvados sobre o chão.*
Então, levantando-se, o povo recolheu as codornizes durante todo aquele dia e toda aquela noite, e ainda durante todo o dia seguinte. O que recolheu menos, pegou dez ômeres. E estenderam as codornizes em volta do acampamento. (Nm 11.31,32)

■ Águia

Nesher, em hebraico; águia ou antigo grifo (também conhecida por despedaçar sua presa com o bico) é citada pela:
- Rapidez de seu voo. Dt 28.49; 2Sm 1.23
- Pelo seu voo altíssimo. Jó 39.27
- Por sua força. Sl 103.5
- Por colocar seu ninho em locais altos. Jr 49.16
- Pelo seu poder de visão. Jó 39.27-30

Essa "ave de rapina" é símbolo das nações que Deus usa em atos de destruição, varrendo tudo que é corrompido (Mt 24.28; Is 46.11; Ez 39.4; Dt 28.49; Jr 4.13; 48.40).

É dito que a águia perde suas penas no começo da primavera e, com nova plumagem, assume aparência jovem. A isso, são feitas alusões em Sl 103.5 e Is 40.31.

... mas os que esperam no SENHOR *renovarão suas forças; subirão com asas como águias; correrão e não se cansarão; andarão e não se fatigarão.* (Is 40.31)

O cuidado de Deus sobre seu povo está relacionado ao da águia ao treinar seus filhotes para voar (Êx 19.4; Dt 32.11,12).

Como a águia que desperta sua ninhada, esvoaçando sobre seus filhotes e, estendendo as asas, pega-os e leva-os sobre ela,

assim, só o SENHOR o guiou; não havia
com ele nenhum deus estrangeiro.
(Dt 32.11,12)

Águias observadas na Palestina
- A águia-real (*Aquila chrysaetos*)
- A águia-gritadeira (*Aquila naevia*)
- As espécies comuns, a águia-imperial (*Aquila heliaca*)
- A Circaetos gallicus, que se alimenta de répteis
- A águia era imunda pela lei levítica (Lv 11.13; Dt 14.12)

Aprendendo das aves
²⁵ *Por isso vos digo: Não fiqueis ansiosos quanto à vossa vida, com o que comereis, ou com o que bebereis; nem, quanto ao vosso corpo, com o que vestireis. Não é a vida mais do que o alimento, e o corpo, mais do que o vestuário?*
²⁶ *Olhai para as aves do céu, que não semeiam, nem colhem, nem ajuntam em celeiros; mas vosso Pai celestial as alimenta. Acaso não tendes muito mais valor do que elas?*
²⁷ *Qual de vós, por mais ansioso que esteja, pode acrescentar sequer uma hora à duração de sua vida?*
(Mt 6.25-27)

Conservação
O cuidado pelo meio ambiente e o cuidado pelos animais deviam estar baseados no cuidado de Deus pelo seu mundo criado e as criaturas existentes nele.

¹⁰ *És tu que fazes brotar nos vales nascentes que correm entre as colinas.*
¹¹ *Elas dão de beber a todos os animais do campo; ali os jumentos selvagens matam a sede.*
¹² *Junto a elas habitam as aves dos céus; do meio da ramagem fazem ouvir seu canto.*
¹³ *Da tua alta morada regas os montes; a terra se farta do fruto das tuas obras.*
¹⁴ *Fazes crescer erva para os animais e verdura para o homem, de modo que da terra ele tire o alimento,*
¹⁵ *o vinho que alegra o coração, o azeite que faz reluzir o rosto e o pão que lhe fortalece o coração.*
¹⁶ *As árvores do SENHOR estão satisfeitas, os cedros do Líbano que ele plantou,*
¹⁷ *onde as aves se aninham; mas a casa da cegonha está nos ciprestes.*
¹⁸ *Os altos montes são refúgio para as cabras selvagens, assim como as rochas, para os coelhos.*
(Sl 104.10-18)

Visão geral
1. Ave de rapina. Jó 9.26; Mt 24.28

Passam como balsas de junco, como a águia que se lança sobre a presa. (Jó 9.26)

Pois onde estiver o cadáver, ali os abutres também se ajuntarão. (Mt 24.28)

2. Imunda. Lv 11.13; Dt 14.12
3. De diferentes espécies. Lv 11.13,18; Ez 17.3
4. Chamada de águias dos céus. Lm 4.19

Descrições
- Capaz de ver longe. Jó 39.29
- Rápida. 2Sm 1.23
- Alçadora de voos ao céu. Pv 23.5
- Alusão à força de suas asas. Dn 4.33
- Alusão à grandiosidade de suas asas. Ez 17.3,7
- Alusão à peculiaridade de seu voo. Pv 30.19
- Deleita-se nos altos cedros. Ez 17.3,4
- Vive nas altas rochas. Jó 39.27,28

Ilustrativo
- Da sabedoria e zelo dos ministros de Deus. Ez 1.10; Ap 4.7
- De grandes e poderosos reis. Ez 17.3; Os 8.1
- (sua força renovada e beleza) da renovação dos santos. Sl 103.5

... quem te supre de todo bem, de modo que tua juventude se renova como a da águia.
(Sl 103.5)

- (seu método de ensinar os filhotes a voar) do cuidado de Deus com sua igreja. Êx 19.4; Dt 32.11
- (suas asas) da proteção concedida à igreja. Ap 12.14
- (seu voo para o alto) do rápido progresso do santo em direção aos céus

> ... mas os que esperam no SENHOR renovarão suas forças; subirão com asas como águias; correrão e não se cansarão; andarão e não se fatigarão. (Is 40.31)

- (sua rapidez) do desaparecimento das riquezas. Pv 23.5
- (sua rapidez) da rapidez dos exércitos inimigos. Dt 28.49; Jr 4.13; 48.40; Lm 4.19
- (altura e segurança de sua morada) da segurança fatal dos ímpios

> O terror que inspiras e a arrogância do teu coração te enganaram, ó tu que habitas nas cavernas dos penhascos, que ocupas as alturas dos montes; ainda que ponhas o teu ninho no alto como a águia, de lá te derrubarei, diz o SENHOR. (Jr 49.16)

- Era o estandarte dos exércitos romanos. Mt 24.15,28.

■ Avestruz

- Impura e não apropriada para alimento. Lv 11.16
- Dotada de asas e penas. Jó 39.13
- Põe seus ovos na terra. Jó 39.14

Descrita como
- Privada de sabedoria. Jó 39.17
- Imprudente. Jó 39.15
- Cruel com seus filhotes. Jó 39.16
- Rápida em mover-se. Jó 39.18

Ilustrativo
- Da crueldade anormal dos judeus em suas calamidades. Lm 4.3
- (de estar em sua companhia) de extrema desolação. Jó 30.29

■ Coruja

- As corujas são uma metáfora da solidão

> Sou como um pássaro em lugares desertos, como uma coruja numa casa abandonada. Não consigo dormir; sou como um pássaro solitário em cima do telhado. (Sl 102.6,7, BLH)

- De várias espécies. Lv 11.16,17; Dt 14.15,16
- Impuras e não devem ser comidas. Lv 11.13,16

Descritas como
- Com voz de lamento. Mq 1.8
- De natureza solitária. Sl 102.6
- Cuidadosa com seus filhotes. Is 34.15

Ilustrativo
- De lamentadores

> Sou como um pássaro em lugares desertos, como uma coruja numa casa abandonada. (Sl 102.6, BLH)

■ Corvo

- Impuro e não deve ser comido. Lv 11.15; Dt 14.14
- Chamado de corvo do vale. Pv 30.17

Descrições
- Preto. Ct 5.11
- De natureza solitária. Is 34.11
- Improvidente. Lc 12.24
- Carnívoro. Pv 30.17
- Deus os provê com alimento. Jó 38.41; Sl 147.9; Lc 12.24

> Quem prepara para o corvo o alimento, quando os seus filhotes clamam a Deus e andam vagando, por não ter o que comer? (Jó 38.41)

> ... dá alimento aos animais e aos filhos dos corvos, quando clamam. (Sl 147.9)

> Olhai os corvos, que não semeiam nem colhem; não têm despensa nem celeiro;

contudo, Deus os alimenta. E vós valeis muito mais do que as aves! (Lc 12.24)

- Enviados da arca por Noé. Gn 8.7
- Elias foi alimentado por eles

⁴ Beberás do ribeiro, e eu ordenei aos corvos que ali te sustentem.

⁵ Elias partiu e fez conforme a palavra do SENHOR; foi habitar perto do ribeiro de Querite, a leste do Jordão.
⁶ Os corvos lhe traziam pão e carne pela manhã, como também pão e carne à tarde; e ele bebia do ribeiro.

(1Rs 17.4-6)

INSETOS E RÉPTEIS

■ Insetos

Visão geral

1. Criados por Deus.

E disse Deus: Produza a terra seres vivos segundo suas espécies: gado, animais que rastejam e animais selvagens, segundo suas espécies. E assim foi.

E Deus fez os animais selvagens, segundo suas espécies, e o gado, segundo suas espécies, e todos os animais da terra que rastejam, segundo suas espécies. E Deus viu que isso era bom. (Gn 1.24,25)

2. Alimentados por Deus. Sl 104.25,27; 145.9,15

Divididos em

- Limpos e apropriados para alimento. Lv 11.21,22;
- Impuros e abomináveis. Lv 11.23,24.

²¹ *Mas podereis comer os insetos com asas que andam sobre quatro pés e têm pernas mais longas para saltar sobre a terra;*
²² *isto é, podereis comer qualquer espécie de locusta, de gafanhoto, de acrídeo e de grilo.*
²³ *Mas todos os outros insetos com asas que têm quatro pés serão abominação para vós.*
²⁴ *Por meio deles vos tornareis impuros. Quem tocar o seu cadáver ficará impuro até a tarde,*
²⁵ *e quem carregar qualquer parte do cadáver deles lavará suas roupas e ficará impuro até a tarde.*

(Lv 11.21-25)

Insetos mencionados na Bíblia

- Formiga. Pv 6.6; 30.25
- Lições a se aprender da formiga:

Preguiçoso, vai ter com a formiga, observa os seus caminhos e sê sábio. (Pv 6.6)

... as formigas são um povo sem força, mas no verão preparam seu alimento. (Pv 30.25)

- Abelha. Jz 14.8; Sl 118.12; Is 7.18
- Grilo. Lv 11.22
- Lagarta. Sl 78.46; Is 33.4
- Verme. Jó 25.6; Na 2.3
- Pulga. 1Sm 24.14
- Mosca. Êx 8.22; Ec 10.1; Is 7.18
- Mosquito. Mt 23.24
- Gafanhoto. Lv 11.22; Jz 6.5; Jó 39.20; Êx 10.12,13
- Vespa. Dt 7.20
- Locusta. Êx 10.12,13
- Piolho. Êx 8.16; Jr 43.12
- Bichos. Êx 16.20
- Traça. Jó 4.19; 27.18; Is 50.9
- Aranha. Jó 8.14; Is 10.34

■ Gafanhoto

Visão geral

1. Pequeno inseto. Pv 30.24,27
2. Limpo e apropriado para alimento. Lv 11.21,22

Descrito como

- Sábio. Pv 30.24,27
- Voraz. Êx 10.15
- Rápido em mover-se. Is 33.4

- Similares aos cavalos preparados para a batalha. Jl 2.4; Ap 9.7

Fatos sobre gafanhotos
- Levados pelo vento. Êx 10.13,19
- Imensamente numerosos. Sl 105.34; Na 3.15
- Voam em bandos e com ordem. Pv 30.27
- Uma das pragas do Egito. Êx 10.4-15

Os judeus e os gafanhotos
- Usados como comida. Mt 3.4
- Por eles ameaçados, como punição pelo pecado. Dt 28.38,42
- Sua praga foi desaprovada. 1Rs 8.37,38
- A terra, com frequência, sofria com a praga dos gafanhotos. Jl 1.4; 2.25
- A libertação dessa praga é prometida. 2Cr 7.13,14

Ilustrativo
- Da destruição por exércitos inimigos. Jl 1.6,7; 2.2-9
- De falsos mestres que incitam a apostasia. Ap 9.3
- De governadores pagãos. Na 3.17
- (sua destruição) da destruição dos inimigos de Deus. Na 3.15

■ Répteis

Visão geral
1. Criados por Deus. Gn 1.24,25
2. Feitos para a honra e o louvor de Deus. Sl 148.10
3. Colocados sob o domínio do homem. Gn 1.26
4. Impuros e não devem ser comidos. Lv 11.31,40-43

Mencionados na Bíblia
- Camaleão. Lv 11.30
- Lagartixa. Lv 11.30
- Lagarto grande. Lv 11.29
- Lesma. Sl 58.8
- Rã. Êx 8.22; Ap 16.13
- Sanguessuga. Pv 30.15
- Escorpião. Dt 8.15
- Serpente. Jó 26.13; Mt 7.10; Sl 91.13
- Serpentes ardentes voadoras. Dt 8.15; Is 30.6
- Dragão. Dt 32.33; Jó 30.29; Jr 9.11
- Víbora. Sl 58.4
- Basilisco. Is 11.8 (ARA)
- Cobra. Pv 23.32

Serpentes e adoração
- Adoradas pelos gentios. Rm 1.23
- Nenhuma imagem de sua semelhança devia ser feita para a adoração. Dt 4.16,18
- Judeus foram condenados por adorá-las. Ez 8.10

Escorpião
- Armado com um ferrão pontiagudo em sua cauda. Ap 9.10
- Seu ferrão é venenoso e causa tormento. Ap 9.5
- Abundava no grande deserto. Dt 8.15
- Não adequado como alimento. Lc 11.12

ILUSTRATIVO
- De homens ímpios. Ez 2.6
- Dos ministros do anticristo. Ap 9.3,5,10
- De severos flagelos. 1Rs 12.11

CRISTO E OS ESCORPIÕES
- Cristo deu aos seus discípulos poder sobre eles. Lc 10.19

PEIXES

■ Versículo-chave na Bíblia

... as aves do céu, os peixes do mar e tudo o que percorre as veredas dos mares.
(Sl 8.8)

Você já tinha percebido?
A palavra "peixe" aparece sessenta vezes na Bíblia.
Nem o Antigo nem o Novo Testamento traz o nome de nenhum deles.

USOS FIGURATIVOS DO PEIXE
- O julgamento de Deus do povo do Egito está relacionado aos peixes: Ez 29.4,5
- A igreja visível está relacionada aos peixes: Mt 13.48
- Pessoas indefesas capturadas pelos babilônios: Hc 1.14

PEIXES SIMBOLICAMENTE USADOS POR JESUS

E disse-lhes: Vinde a mim, e eu vos farei pescadores de homens. Imediatamente, eles deixaram suas redes e o seguiram.
(Mt 4.19)

Pescadores como Pedro e André perceberam que Jesus os convidava a mudar de profissão: de pescadores a evangelistas.

PEIXES NA BÍBLIA	REFERÊNCIAS BÍBLICAS	SIGNIFICADO
GÊNESIS – DEUTERONÔMIO *Dominai sobre os peixes do mar.*	Gn 1.28; veja Salmo 8.8	É desejo de Deus que os seres humanos estejam no controle dos peixes.
Todo animal da terra, toda ave do céu, tudo o que rasteja sobre a terra e todos os peixes do mar terão medo e pavor de vós; são entregues nas vossas mãos. Tudo quanto se move e vive vos servirá de alimento, bem como a planta verde; eu vos dei tudo.	Gn 9.2,3	Os peixes nos foram dados como alimento.
Os peixes que estão no rio morrerão, e o rio cheirará mal; e os egípcios terão nojo de beber da água do rio. [...] Então, os peixes que estavam no rio morreram, e o rio cheirou tão mal que os egípcios não conseguiam beber da sua água. Havia sangue por toda a terra do Egito.	Êx 7.18,21; veja Sl 105.29	Uma das dez pragas do Egito incluía a morte dos peixes no rio Nilo.
Lembramo-nos dos peixes que comíamos de graça no Egito, e dos pepinos, dos melões, dos alhos-porós, das cebolas e dos alhos.	Nm 11.5	Os israelitas devem ter gostado de comer peixes de águas limpas, do rio Nilo, antes das pragas.
Se rebanhos de ovelhas e gado fossem abatidos para eles, seriam suficientes? Se todos os peixes do mar fossem pescados para eles, seriam suficientes?	Nm 11.22	Essa é a pergunta sarcástica que Deus faz aos israelitas quando resmungam.
... ou semelhante a qualquer animal que rasteja sobre a terra, ou a qualquer peixe nas águas debaixo da terra.	Dt 4.18	Nenhum ídolo em forma de peixe deve ser feito.

FATOS SOBRE A ORIGEM DA BÍBLIA

PEIXES NA BÍBLIA	REFERÊNCIAS BÍBLICAS	SIGNIFICADO
Porta dos Peixes	2Cr 33.14	As diferentes portas nas muralhas de Jerusalém recebiam diferentes nomes. As portas geralmente recebiam os nomes dos itens ali comercializados. Supõe-se que essa porta recebeu esse nome originariamente devido a todos os peixes secos e salgados trazidos a Jerusalém através dela.
O SENHOR diz: Naquele dia se ouvirá uma voz de clamor na porta dos Peixes, choro no distrito e grande estrondo nas montanhas.	Sf 1.10	A porta dos Peixes era uma das principais entradas para Jerusalém nos primeiros dias do templo.
A porta dos Peixes foi reconstruída pelos filhos de Hassenaá.	Ne 3.3	Sob a instrução de Neemias a porta dos Peixes foi consertada pela tribo de Hassenaá quando os exilados retornaram a Jerusalém.
E em Jerusalém moravam alguns homens de Tiro; eles traziam peixes e todo tipo de mercadorias que vendiam em Jerusalém ao povo de Judá.	Ne 13.16	Os peixes eram vendidos em Jerusalém aos sábados, quebrando, dessa forma, a lei. No entanto, isso também demonstra que os fenícios de Tiro, como comerciantes de peixes, faziam negócios em Jerusalém.
	Mt 13.47	Uma das parábolas de Jesus se centra nos peixes e ensina que haverá uma separação final entre os justos e os ímpios.
	Mt 14.19; Mt 15.34	Dois peixes e um pouco de peixe são mencionados quando Jesus alimentou a multidão de 5.000 e 4.000, respectivamente.
Mas, para que não os escandalizemos, vai ao mar, lança o anzol, tira o primeiro peixe que pegares e, ao abrires a boca dele, encontrarás um estáter; toma-o e entrega-o por mim e por ti.	Mt 17.27	Trata-se de um notável milagre envolvendo uma tilápia, um dos peixes mais comuns no mar da Galileia até os dias de hoje. É conhecida até hoje como o peixe de São Pedro. Uma característica sua é que carrega seus filhotes na boca. Quando a mamãe peixe já acha que é hora de os peixes bebês saírem de sua boca, ela coloca um objeto brilhante em sua boca para evitar que eles entrem. O estáter encontrado na boca da tilápia era a quantia de dinheiro exata que dois adultos precisavam para pagar o imposto anual do templo.
Ou, se lhe pedir peixe, lhe dará uma cobra?	Mt 7.10	Na Galileia, junto com pão, os peixes faziam parte da dieta normal do povo comum.

LARES E VIDA FAMILIAR

LARES

■ Cavernas

As cavernas eram geralmente usadas como lugares de morada (Nm 24.21; Jr 49.16; Ob 3).

E, ao ver os queneus, proferiu seu oráculo, dizendo: A tua habitação está firme, e o teu ninho, posto na rocha. (Nm 24.21)

O terror que inspiras e a arrogância do teu coração te enganaram, ó tu que habitas nas cavernas dos penhascos, que ocupas as alturas dos montes; ainda que ponhas o teu ninho no alto como a águia, de lá te derrubarei, diz o SENHOR. (Jr 49.16)

A arrogância do teu coração te enganou, ó tu que habitas nas fendas do penhasco, na tua alta morada, que dizes no coração: Quem poderá me derrubar na terra? (Ob 1.3)

Buracos ou cavidades em rochas também foram usados algumas vezes como prisões. (Is 24.22; 51.14; Zc 9.11)

Viveram em cavernas
- Ló. Gn 19.30
- Elias. 1Rs 19.9
- Israelitas. Ez 33.27
- Seguidores de Deus. Hb 11.38

Usadas como um lugar de refúgio
Js 10.16-27; Jz 6.2; 1Sm 13.6; 1Rs 18.4; 1Rs 18.13; 1Rs 19.9; 1Rs 19.13

■ Tendas

Visão geral
Origem e antiguidade. Gn 4.20

Chamadas de
- Tabernáculos. Nm 24.5; Jó 12.6; Hb 11.9
- Cortinas. Is 54.2; Hb 3.7

Fatos sobre tendas
- Eram estendidas. Is 40.22
- Amarradas com cordas e estacas. Is 54.2; Jr 10.20; Jz 4.21
- Separadas para as mulheres da família. Gn 24.67
- Separadas para as servas. Gn 31.33
- As dos judeus eram contrastadas com as dos árabes. Nm 24.5; Ct 1.5
- Costume de se assentar às suas portas. Gn 18.1; Jz 4.20

Foram usadas por
- Patriarcas. Gn 13.5; 25.27; Hb 11.9
- Israel no deserto. Êx 33.8; Nm 24.2
- Noé. Gn 9.21
- Abraão. Gn 12.8; Gn 13.18; Gn 18.1
- Ló. Gn 13.5
- Moisés. Êx 18.7
- Filhos de Israel. Nm 24.5,6; 2Sm 20.1; 1Rs 12.16

Quando todo o Israel viu que o rei se recusava a lhe dar ouvidos, respondeu-lhe: Que temos nós com Davi? Não temos herança com o filho de Jessé! Às tuas tendas, ó Israel! Cuida de tua casa, ó Davi! Então, cada homem de Israel foi para sua casa. (1Rs 12.16)

- Os midianitas. Jz 6.5
- Os homens de Cusã. Hc 3.7
- Árabes. Is 13.20
- Pastores. Is 38.12; Jr 6.3
- Povo de Israel em todas as suas guerras. 1Sm 4.3,10; 20.1; 1Rs 16.16
- Recabitas. Jr 35.7,10
- Pastores ao cuidar de seus rebanhos. Ct 1.8; Is 38.12
- Todas as nações orientais. Jz 6.5; 1Sm 17.4; 2Rs 7.7; 1Cr 5.10
- Usadas para o gado. 2Cr 14.15

Sua fabricação

Paulo era construtor de tendas por profissão.

> E, por exercerem o mesmo ofício, passou a morar e a trabalhar com eles, pois eram fabricantes de tendas.
> (At 18.3)

Eram erguidas

- Com ordem e regularidade. Nm 1.52
- Nas proximidades de poços. Gn 13.10, 12; 26.17,18; 1Sm 29.1
- Sob árvores. Gn 18.1,4; Jz 4.5
- Nos topos das casas. 2Sm 16.22

Ilustrativo

- (Estendidas) dos céus. Is 40.22
- (Ampliadas) da grande extensão da igreja. Is 54.2

■ Palácios

Introdução

Hoje nós pensamos em palácios somente relacionados a prédios da realeza. Mas, originariamente, a palavra em latim *palatium*, da qual se deriva "palácio", significava qualquer edifício circundado por uma cerca.

Em algumas versões, palácio inclui cidadelas, fortalezas eminentes e residências reais (Ne 1.1; Dn 8.2).

O palácio de Salomão

Parece que Salomão se esqueceu de servir a Deus inteiramente e se distraiu construindo o templo para suas esposas estrangeiras, e seus deuses, e seus próprios projetos de construção.

O palácio de Salomão é descrito em 1Rs 7.1-12 como uma série de prédios, em vez de uma única grande estrutura. Foram necessários treze anos para construí-lo.

Para reis

- 1Rs 21.1,2; 2Rs 15.25; Jr 49.27; Am 1.12; Na 2.6
- De Davi. 2Sm 7.2
- De Salomão. 1Rs 7.1-12
- Na Babilônia. Dn 4.29; Dn 5.5
- Em Susã. Ne 1.1; Et 1.2; Et 7.7; Dn 8.2

Fatos sobre palácios

- Onde se guardavam arquivos. Ed 6.2
- Onde se assinavam decretos. Am 3.9

Figurativo de governo

Am 1.12; Am 2.2; Na 2.6

CASAS

■ Introdução

Antes de seu período no Egito, os judeus viviam em tendas. Então, pela primeira vez, eles viveram em cidades (Gn 47.3; Êx 12.7; Hb 11.9).

Visão geral

1. Antiguidade das casas. Gn 12.1; 19.3
2. Requeriam fundações profundas e sólidas. Mt 7.24; Lc 6.48
3. Às vezes construídas sem fundação. Mt 7.26; Lc 6.49

Feitas de

- Barro. Jó 4.19
- Tijolos. Êx 1.11-14; Is 9.1
- Pedra e madeira. Lv 14.40,42; Hc 2.11
- Pedras lavradas. Is 3.10; Am 5.11
- Caiadas. Ez 13.10,11
- Quebravam com facilidade. Jó 24.16; Ez 12.5
- Geralmente levadas pelas torrentes. Ez 13.13,14

Seus telhados retos

- Cercados de parapeitos. Dt 22.8
- Possuíam tendas. 2Sm 16.22; Ne 8.16; Pv 2.19

- Eram usados para adoração. At 1.13,14; At 12.12; Rm 16.5,1; 1Co 16.19; Cl 4.15; Fm 1.2
- Possuíam altares idólatras. 2Rs 23.12; Jr 19.13; Sf 1.5
- Usados para secar o linho. Js 2.6
- Usados para exercício. 2Sm 11.2; Dn 4.29
- Usados como lugar para dormir. Js 2.8; At 10.9
- Usados para devoção; At 10.9
- Usados para emitir decretos. Lc 12.3
- Usados para conferências secretas. 1Sm 9.25, 26
- Usados quando em sofrimento. Is 15.3; Jr 48.38
- Geralmente cobertos com erva. Sl 129.6,7

Fatos sobre casas
- Acessíveis pelo lado exterior. Mt 24.17
- Seus pátios eram grandes e usados como apartamentos. Et 1.5; Lc 5.19
- Acessíveis por uma porta ou portão. Gn 43.19; Êx 12.22; Lc 16.20; At 10.17
- Suas portas eram baixas e pequenas para segurança. Pv 17.19
- Suas portas podiam ser travadas. 2Sm 13.18; Ct 5.5; Lc 11.7
- Para entrar era preciso bater na porta. At 12.13; Ap 3.20
- Suas paredes eram caiadas. Lv 14.42,43
- Geralmente, serpentes viviam em suas paredes. Am 5.19
- Possuíam vários andares. Ez 41.16; At 20.9
- Divididas em apartamentos. Gn 43.30; Is 26.20
- Textos das Escrituras em seus umbrais. Dt 6.9
- Leis sobre como vendê-las. Lc 25.29-33; Ne 5.3

Os cômodos
- Grandes e arejados. Jr 22.14
- Apainelados. Jr 22.14; Ag 1.4
- Decorados com marfim. 1Rs 22.39; Am 3.15
- Cheios de ricas tapeçarias. Et 1.6
- Aquecidos com braseiros. Jr 36.22; Jo 18.18
- Os maiores eram os melhores, e usados para entretenimento. Mc 14.15
- Havia aposentos separados para a privacidade e para estrangeiros. Jz 3.20-23; 2Rs 4.10,11; 9.2,3
- Tinham janelas para entrada de luz. 1Rs 7.14
- As janelas que davam para a rua eram altas e perigosas. 2Rs 1.2; 9.30,33; At 20.9

Casa dos ricos
- Grandes. Is 5.9; Am 6.11; 2Tm 2.20
- Agradáveis. Ez 26.12; Mq 2.9

Mais fatos sobre casas
- Quando terminadas eram geralmente dedicadas. Dt 20.5; Sl 30.1
- Para residência de verão. Am 3.15
- Suscetíveis à lepra. Lv 14.34-53
- Não deviam ser cobiçadas. Êx 20.17; Mq 2.2
- Eram alugadas. At 28.30
- Eram empenhadas. Ne 5.3
- Eram vendidas. At 4.34
- Lei sobre a venda de casas. Lv 25.29-33
- A dos criminosos era desolada. Dn 2.5; 3.29
- Sua desolação, ameaça de punição. Is 5.9; 13.16,21,22; Ez 16.41; 26.12
- Geralmente derribadas para fortalecer os muros das cidades antes de cercos. Is 22.10

Ilustrativo
- Do corpo. Jó 4.19; 2Co 5.1
- Do túmulo. Jó 30.23
- Da igreja. Hb 3.6; 1Pe 2.5
- Dos céus. Jo 14.2; 2Co 5.1
- (na areia) da vã esperança dos hipócritas. Mt 7.24,25
- (na rocha) da esperança dos seguidores de Deus. Mt 7.24,25
- (sua insegurança) da confiança mundana. Mt 6.19,20

- (Sua construção) de grande prosperidade. Is 65.21; Ez 28.26
- (Construída e não habitada) de calamidade. Dt 28.30; Am 5.11; Sf 1.13
- (Para habitar aqueles que não as construíram) dos sentimentos abundantes. Dt 6.10,11

Casa dos reis
- Chamada de casa do rei. 2Rs 25.9; 2Cr 7.11
- Chamada de casa do reino. 2Cr 2.1,12
- Chamada de palácio real. Et 1.5
- Chamada de casa real. Et 1.9
- Esplendidamente mobiliadas. Et 1.6
- Cercada por jardins. Et 1.5
- Cercada por terraços. 2Cr 9.11
- Decretos reais eram nelas emitidos. Et 3.15; 8.14
- Continha tesouros do rei. 1Rs 15.18; 2Cr 12.9; 25.24

ALIMENTO NO LAR

■ Tipos
- Leite. Gn 49.12; Pv 27.27
- Manteiga. Dt 32.14; 2Sm 17.29
- Queijo. 1Sm 17.18; Jó 10.10
- Pão. Gn 18.5; 1Sm 17.17
- Grão tostado. Rt 2.14; 1Sm 17.17
- Carne. 2Sm 6.19; Pv 9.2
- Peixe. Mt 7.10; Lc 24.42
- Hortaliças. Pv 15.17; Rm 14.2; Hb 6.7
- Frutas. 2Sm 16.2
- Frutas secas. 1Sm 25.18; 1Sm 30.12
- Mel. Ct 5.1; Is 7.15
- Azeite. Dt 12.17; Pv 21.17; Ez 16.13
- Vinagre. Nm 6.3; Rt 2.14
- Vinho. 2Sm 6.19; Jo 2.3; Jo 2.10

Fatos sobre alimentos
- Preparados pelas mulheres. Gn 27.9; 1Sm 8.13; Pv 31.15
- Graças eram dadas antes das refeições. Mc 8.6; At 27.35
- Cantavam um hino depois das refeições. Mt 26.30
- Homens e mulheres faziam as refeições juntos. Gn 18.8,9; Et 1.3; Et 1.9

O alimento vem de Deus
Gn 1.29,30; Gn 9.3; Gn 48.15; Sl 23.5; Sl 103.5; Sl 104.14,15; Sl 111.5; Sl 136.25; Sl 145.15; Sl 147.9; Pv 30.8; Is 3.1; Mt 6.11; Rm 14.14; Rm 14.21; 1Tm 4.3-5

Coisas proibidas como alimento
Êx 22.31; Lv 11.1-47; Dt 14; Lv 17.13-15

■ Pão
- Dado por Deus. Rt 1.6; Mt 6.11
- Produzido pela terra. Jó 28.5; Is 55.10

Feito de
- Trigo. Êx 29.2; Sl 81.16
- Cevada. Jz 7.13; Jo 6.9
- Fava, milho etc. Ez 4.9
- Maná (no deserto). Nm 11.8

A produção do pão
- O trigo era esmiuçado. Is 28.28
- Era misturado. Gn 18.6; Jr 7.18; Os 7.4
- Amassadeiras usadas para misturar. Êx 12.34
- Geralmente levedados. Lv 23.17; Mt 13.33
- Algumas vezes era asmo, sem fermento. Êx 12.18; 1Co 5.8

Era transformado em
- Filão de pão. 1Sm 10.3,4; Mt 14.17
- Bolos. 2Sm 6.19; 1Rs 17.13
- Bolacha. Êx 29.23

Era assado
- Em borralhos. Gn 18.6
- Em brasas de fogo. Is 44.19; Jo 21.9
- Em fornos. Lv 26.26; Os 7.4-7

Fatos sobre o pão

- Sua produção representava um negócio. Gn 40.2; Jr 37.21
- Costumeiramente chamado de pão comum. 1Sm 21.4
- Quando consagrado, chamado de pão sagrado. 1Sm 21.4,6
- Geralmente considerado como principal sustento do homem. Gn 3.19; 39.3; Mt 6.11
- O principal alimento usado pelos antigos. Gn 18.5; 21.14; 27.17
- Geralmente se partia. Lm 4.4; Mt 14.19
- Mantido em cestos. Gn 40.16; Êx 29.32;
- Com água, o alimento das prisões. 1Rs 22.27
- Seu primeiro fruto era oferecido a Deus. Nm 15.19,20
- Oferecido com sacrifícios. Êx 29.2,23; Nm 28.2

Ilustrativo

- De Cristo. Jo 6.33-35
- (quando partido) da morte de Cristo. Mt 26.26; 1Co 11.23,24
- (seu partilhar) da comunhão dos santos. At 2.46; 1Co 10.17
- (sua falta) de extrema pobreza. Pv 12.9; Is 3.7
- (buscá-lo ou pedi-lo) de extrema pobreza. 1Sm 2.36; Sl 37.25
- (sua plenitude) de abundância. Ez 16.49
- (comer sem escassez) de fartura. Dt 8.9
- (de angústia) de grande aflição. Is 30.20
- (de lágrimas) de pesar. Sl 80.5
- (da mentira) de ganhos ilegais. Pv 20.17
- (da impiedade) de opressão. Pv 4.17
- (da preguiça) de indolência. Pv 31.27

■ Maná

Visão geral

Miraculosamente dado a Israel como alimento no deserto. Êx 16.4,15; Ne 9.15

Chamado de

- Maná de Deus. Ne 9.20
- Pão do céu. Jo 6.31,32
- Alimento do céu. Sl 105.40
- Cereal do céu. Sl 78.24
- Alimento dos poderosos. Sl 78.25
- Manjar espiritual. 1Co 10.3

Descrito como

- Semente de coentro. Êx 16.31; Nm 11.7
- Branco. Êx 16.31
- Semelhante à cor da resina. Nm 11.7
- Sabor de bolo de mel. Êx 16.31
- Sabor semelhante ao do azeite. Nm 11.18
- Semelhante a flocos de geada. Êx 16.14

Fatos sobre o maná

- Anteriormente desconhecido. Dt 8.3,16
- Caía após o orvalho da noite. Nm 11.9
- Nada caía no dia de sábado. Êx 16.26,27
- Recolhido todas as manhãs. Êx 16.21
- Suspendido quando Israel entrou em Canaã. Êx 16.35; Js 5.12

Dado

- Quando Israel murmurava por pão. Êx 16.2,3
- Em resposta a orações. Sl 105.40
- Através de Moisés. Jo 6.31,32
- Para demonstrar a glória de Deus. Êx 16.7
- Como sinal da divina missão de Moisés. Jo 6.30,31
- Por quarenta anos. Ne 9.21
- Como um teste de obediência. Êx 16.4
- Para ensinar ao homem que não se vive só de pão. Dt 8.3; Mt 4.4
- Para humilhar e provar Israel. Dt 8.16

Os israelitas

- Cobiçosos, no princípio. Êx 16.17
- Colhiam do chão e faziam bolos e o coziam. Nm 11.8
- Consideravam-no inferior ao alimento do Egito. Nm 11.4-6
- Estavam enfastiados. Nm 21.5

- Punidos pelo desprezo. Nm 11.10-20
- Punidos pelo fastio. Nm 21.6

Ilustrativo
- De Cristo

³² *Jesus lhes respondeu: Em verdade, em verdade vos digo: Não foi Moisés quem vos deu pão do céu; mas meu Pai é quem vos dá o verdadeiro pão do céu.*
³³ *Porque o pão de Deus é aquele que desce do céu e dá vida ao mundo.*
³⁴ *E disseram-lhe: Senhor, dá-nos sempre desse pão.*
³⁵ *E Jesus lhes declarou. Eu sou o pão da vida; quem vem a mim jamais terá fome, e quem crê em mim jamais terá sede.*
(Jo 6.32-35)

- Da bênção dada ao povo de Deus. Ap 2.17
- Colocado em um vaso de ouro dentro da arca da aliança

³² *E Moisés disse: O Senhor ordenou: Enchereis dele um ômer, que será guardado para as vossas gerações, para que elas vejam o pão que vos dei para comer no deserto, quando vos tirei da terra do Egito.*
³³ *E Moisés disse a Arão: Pega uma vasilha, põe nela um ômer de maná e coloca-a diante do Senhor, para que seja guardado para as vossas gerações.*
³⁴ *E Arão a colocou diante do testemunho, para ser guardado, como o Senhor havia ordenado a Moisés.*
(Êx 16.32-34)

... que continha o altar de ouro para o incenso e a arca da aliança, toda coberta de ouro. Nela estavam um vaso de ouro com o maná, a vara de Arão, que tinha brotado, e as tábuas da aliança. (Hb 9.4)

■ Glutonaria

Referências gerais
ANTIGO TESTAMENTO
Êx 16.20,21; Êx 16.27; Nm 11.32,33; Dt 21.20,21; Pv 23.21; Pv 30.21,22; Ec 10.17; Is 22.13; Am 6.4-7

NOVO TESTAMENTO
Lc 12.19,20; Lc 12.45,46; Lc 21.34; Rm 13.13,14; 1Co 15.32; Fp 3.19; 1Pe 4.3; Jd 1.12

Casos
- Esaú. Gn 25.30-34; Hb 12.16,17
- Israel. Nm 11.4; Sl 78.18
- Filhos de Eli. 1Sm 2.12-17
- Belsazar. Enquanto Belsazar fazia festa e bebia das taças de ouro tiradas do templo, Deus anunciou sua morte iminente

¹ *O rei Belsazar deu um grande banquete para mil dos seus nobres, e bebeu vinho na presença dos mil.*
² *Quando estava bebendo o vinho, Belsazar mandou trazer as taças de ouro e de prata que Nabucodonosor, seu pai, tinha tirado do templo que estava em Jerusalém, para que o rei, seus nobres, suas mulheres e concubinas os usassem para beber.*
³ *Então trouxeram as taças de ouro que foram tiradas do templo de Deus, que estava em Jerusalém, e o rei, seus nobres, suas mulheres e concubinas beberam nelas.*
⁴ *Beberam vinho e deram louvores aos deuses de ouro, de prata, de bronze, de ferro, de madeira e de pedra.*
⁵ *Na mesma hora, apareceram uns dedos de mão humana que escreviam no reboco da parede do palácio real, defronte do castiçal; e o rei via os dedos que estavam escrevendo.*
⁶ *Então, a fisionomia do rei mudou, e seus pensamentos o perturbaram; suas pernas ficaram fracas e seus joelhos batiam um no outro.* [...]
¹³ *Então Daniel foi levado à presença do rei. O rei disse a Daniel: És tu aquele Daniel, um dos cativos de Judá, que o rei, meu pai, trouxe de Judá?* [...]
²² *Mas tu, Belsazar, que és seu filho, não humilhaste o teu coração, embora soubesses de tudo isso;*
²³ *mas te elevaste contra o Senhor do céu, pois as taças do templo dele foram trazidas*

à tua presença, e tu, teus nobres, tuas mulheres e tuas concubinas bebestes vinho neles. Além disso, deste louvores aos deuses de prata, de ouro, de bronze, de ferro, de madeira e de pedra, que não veem, não ouvem, nem sabem; mas não glorificaste a Deus, em cuja mão está tua vida e de quem são todos os teus caminhos.
24 Então aquela parte da mão que traçou o escrito foi enviada por ele.
25 Esta é a frase que foi escrita: Mene, Mene, Tequel e Parsim.
26 E esta é a interpretação: Mene: Deus contou os dias do teu reino e pôs fim nele.
27 Tequel: Foste pesado na balança e foste achado em falta.
28 Peres: O teu reino está dividido e entregue aos medos e persas.
29 Então Belsazar deu ordem, e vestiram Daniel de púrpura, puseram-lhe um colar de ouro ao pescoço e anunciaram que ele seria o terceiro em autoridade no reino.
30 Naquela mesma noite foi morto Belsazar, o rei dos babilônios.
31 E Dario, o medo, recebeu o reino, tendo cerca de sessenta e dois anos de idade.

(Dn 5.1-6,13,22,24-31)

DOENÇAS

■ **Visão geral**

1. Em geral, enviadas como punição. Lv 14.34; Dt 28.21; Sl 107.17; Is 3.17; Jo 5.14
2. Em geral, trazidas de outros países. Dt 7.15
3. Em geral, por intermédio de Satanás. 1Sm 16.14-16; Jó 2.7
4. Consideradas punições divinas. Jó 2.7-10; Sl 38.2,7
5. A intemperança era uma de suas causas. Os 7.5
6. Os pecados da juventude eram uma de suas causas. Jó 20.11
7. O excesso de entusiasmo era uma de suas causas. Dn 8.27
8. As doenças eram muitas e diversas. Mt 4.24

Casos

- De Nabal. 1Sm 25.38
- Do filho de Davi. 2Sm 12.15
- De Geazi. 2Rs 5.27
- De Jeroboão. 2Cr 13.20
- De Jeorão. 2Cr 21.12-19
- De Uzias. 2Cr 26.17-20
- Ameaças como julgamentos. Lv 26.16; Dt 7.15; Dt 28.22; Dt 28.27,28; Dt 29.22

Doenças mencionadas na Bíblia

- Abscesso. 2Rs 20.7
- Atrofia. Jó 16.8; 19.20
- Hemorragia. Mt 9.20
- Cegueira. Jó 29.15; Mt 9.27
- Tumores. Êx 9.10
- Possessão demoníaca. Mt 15.22; Mc 5.15
- Surdez. Sl 38.13; Mc 7.32
- Hidropisia. Lc 14.2
- Mudez. Pv 31.8; Mt 9.32
- Disenteria. 2Cr 21.12-19; At 28.8
- Febre. Dt 28.22; Mt 8.14
- Impedimento de fala. Mc 7.32
- Coceira. Dt 28.27
- Inflamação. Dt 28.22
- Coxeadura. 2Sm 4.4; 2Cr 16.12
- Lepra. Lv 13.2; 2Rs 5.1
- Perda de apetite. Jó 33.20; Sl 107.18
- Melancolia. 1Sm 16.14
- Doença mental. Mt 4.24; 17.15
- Paralisia

Senhor, o meu servo está em casa, deitado, paralítico e sofrendo horrivelmente.
(Mt 8.6)

- Praga. Nm 11.33; 2Sm 24.15,21,25
- Insolação. 2Rs 4.18-20; Is 49.10
- Úlceras. Dt 28.27
- Chagas. Is 1.6; Lv 26.16

- Bichos. At 12.23
  No mesmo instante, o anjo do Senhor o feriu, porque não deu glória a Deus; e, comido por vermes, morreu. (At 12.23)

Geralmente
- Repulsivas. Sl 38.7; 41.8
- Dolorosas. 2Cr 21.15; Jó 33.19
- Prolongadas. Dt 28.59; Jo 5.5; Lc 13.16
- Complicadas. Dt 28.60,61; At 28.8
- Incuráveis. 2Cr 21.18; Jr 14.19

Fatos e doenças
- Acometiam crianças. 2Sm 12.15; 1Rs 17.17
- Médicos tentavam curá-las. 2Cr 16.12; Jr 8.22; Mt 9.12; Mc 5.26; Lc 4.23
- Remédios usados para atingir a cura. Pv 17.22; Is 1.6
- Deus era geralmente chamado para curar. 2Sm 12.16; 2Rs 20.1-3; Sl 6.2; Tg 5.14
- Condenação à morte por não buscar a Deus quando doente. 2Cr 16.12
- Tratamento de fraturas. Ez 30.21

Cura
- De Deus. Êx 15.26; Êx 23.25; Dt 7.15; 2Cr 16.12; Sl 103.3; Sl 107.20
- Em resposta a orações:
  – De Ezequias. 2Rs 20.1-11; Is 38.1-8
  – De Davi. Sl 21.4; Sl 116.3-8

Curas milagrosas
Um sinal para acompanhar a pregação da palavra. Mc 16.18

Os aflitos
- Eram ungidos. Mc 6.13; Tg 5.14
- Geralmente estavam deitados nas ruas e recebiam conselhos dos que por ali passavam. Mc 6.56; At 5.15
- Geralmente recebiam apoio divino. Sl 41.3
- Geralmente eram curados por Deus. 2Rs 20.5; Tg 5.15

Ilustrativo
- Do pecado. Is 1.5
- Figurativas. Sl 38.7; Is 1.6; Jr 30.12

Remédios usados
- Referências gerais. Pv 17.22; Pv 20.30; Is 38.21; Jr 30.13; Jr 46.11
- Emplastros. 2Rs 20.7
- Unguentos. Is 1.6; Jr 8.22
- Emulsão. Lc 10.34

Paulo e a doença
Paulo realizou muitos milagres de cura. No entanto, ele mesmo sofria de algum tipo de doença. A natureza precisa de sua doença nunca foi diagnosticada. Embora ele tenha pedido a Deus que o curasse, não sabemos se recebeu a cura.

7 ... até mesmo sobre essas extraordinárias revelações. Portanto, para que eu não me tornasse arrogante, foi-me posto um espinho na carne, um mensageiro de Satanás para me atormentar, para que eu não me tornasse arrogante.
8 Pedi ao Senhor três vezes que o tirasse de mim.
9 Mas ele me disse: A minha graça te é suficiente, pois o meu poder se aperfeiçoa na fraqueza. Por isso, de muito boa vontade me gloriarei nas minhas fraquezas, a fim de que o poder de Cristo repouse sobre mim.
(2Co 12.7-9)

Paulo não curou a todos com quem se encontrou. Ele nunca foi capaz de curar alguns colegas cristãos. *Erasto ficou em Corinto. Deixei Trófimo doente em Mileto.* (2Tm 4.20)

MORTE

■ Visão geral

Pode ser simplesmente definida como o término da vida.

É descrita em várias situações nas Escrituras:

Pó

... e o pó volte à terra como era, e o espírito volte a Deus, que o deu. (Ec 12.7)

Respiração

Escondes o rosto, e ficam perturbados; se lhes tiras a respiração, morrem e voltam ao pó. (Sl 104.29)

Casa

É a dissolução de *nossa tenda, nossa casa terrena* (2Co 5.1), deixar *este meu tabernáculo* (2Pe 1.13,14).

Nudez

Fomos achados *despidos* (2Co 5.3,4).

Dormir

... dormiram seu último sono (Sl 76.5; Jr 51.39; At 13.36; 2Pe 3.9).

Uma partida

... de partir... (Fp 1.23).

Sombra da morte

O túmulo é representado como *as portas da morte* (Jó 38.17; Sl 9.13; 107.18).

O silêncio obscuro do túmulo é tratado sob a figura da *sombra da morte* (Jó 38.17; Is 9.2).

A morte é o resultado do pecado (Hb 2.14), e não uma dívida da natureza. Acontece só uma vez (Hb 9.27), universal (Gn 3.19) e necessária (Lc 2.28-30). Jesus, por sua própria morte, retirou seu aguilhão para todos os seus seguidores (1Co 15.55-57).

Morte espiritual

Há uma morte espiritual em transgressões e pecados, ou seja, a morte da alma sob o poder do pecado (Rm 8.6; Ef 2.1,3; Cl 2.13).

Segunda morte

A *segunda morte* (Ap 2.11) é a perdição eterna dos ímpios (Ap 21.8), e "segunda" por causa da morte natural ou temporal.

Morte física

- Entrou no mundo por meio de Adão. Gn 3.19; 1Co 15.21,22
- Consequência do pecado. Gn 2.17; Rm 5.12
- Vem para todos. Ec 8.8; Hb 9.27
- Ordenada por Deus. Dt 32.39; Jó 14.5
- Põe fim aos projetos terrenos. Ec 9.10
- Despoja-nos das possessões terrenas. Jó 1.21; 1Tm 6.7
- Nivela todas as classes. Jó 3.17-19

[17] *Ali os ímpios já não perturbam; ali repousam os cansados.*
[18] *Ali os presos descansam juntos e não ouvem a voz do opressor.*
[19] *O pobre e o rico estão ali, e o servo está livre de seu senhor.*

(Jó 3.17-19)

- Vem logo e está sempre perto. Jó 14.1,2; Sl 39.4,5; 90.9;1Pe 1.24
- É possível se preparar para ela. 2Rs 20.1
- Orava-se para estar preparado. Sl 39.4,13; 90.12
- Sua consideração, um motivo de diligência. Ec 9.10; Jo 9.4
- Quando havia livramento, isto era motivo de uma devoção crescente. Sl 56.12,13; 118.17; Is 38.18,20

Jesus e a morte

- Conquistada por Cristo. Rm 6.9; Ap 1.18
- Abolida por Cristo. 2Tm 1.10

- Será finalmente destruída por Cristo. Os 13.14; 1Co 15.26
- Cristo livrou a todos os que dela têm medo. Hb 2.15

Isentos
- Enoque. Gn 5.24; Hb 11.5
- Elias. 2Rs 2.11

Fatos sobre a morte
- Todos serão ressuscitados. At 24.15
- Não haverá morte no céu. Lc 20.36; Ap 21.4
- Promessa de ressurreição ou transformação aos seguidores de Deus na segunda vinda de Cristo. 1Co 15.51; 1Ts 4.15; 1Ts 4.17

Descrita como
- A casa terrestre deste tabernáculo sendo dissolvida. 2Co 5.1
- O deixar deste tabernáculo. 2Pe 1.14
- Deus exigindo a alma. Lc 12.20
- Ir para onde não há volta. Jó 16.22
- Reunir-se a seu povo. Gn 49.33
- Reunir-se a seus pais. Gn 15.15; Gn 25.8; Gn 35.29
- Descer ao silêncio. Sl 115.17
- A expiração do espírito. At 5.10
- O retorno ao pó. Gn 3.19; Sl 104.29
- Ceifada. Jó 14.2
- Fugaz como uma sombra. Jó 14.2
- Uma despedida. Fp 1.23
- Ilustração da mudança produzida na conversão. Rm 6.2; Cl 2.20
- O expirar do espírito. Gn 25.8; Gn 35.29; Lm 1.19; At 5.10
- Rei dos terrores. Jó 18.14
- Uma mudança. Jó 14.14
- Sono. Dt 31.16; Jó 7.21; Jó 14.12; Jr 51.39; Dn 12.2; Jo 11.11; At 7.60; At 13.36; 1Co 15.6; 1Co 15.18; 1Co 15.51; 1Ts 4.14,15

Simbolizada
- Pelo cavalo amarelo. Ap 6.8;
- Mencionada como em poesia. Os 13.14; 1Co 15.55
- Figurativa da regeneração. Rm 6.2-11; 7.1-11; 8.10,11; Cl 2.20

Desejada
- Referências gerais. Jr 8.3; Ap 9.6
- Por Moisés. Nm 11.15
- Por Elias. 1Rs 19.4
- Por Jó. Jó 3; Jó 6.8-11; Jó 7.1-3; Jó 7.15,16; Jó 10.1; Jó 14.13
- Por Jonas. Jn 4.8;
- Por Simeão. Lc 2.9
- Por Paulo

Enquanto estamos nessa tenda, gememos, desejando ser revestidos da nossa habitação celestial. (2Co 5.2)

Assim, estamos confiantes e preferimos estar ausentes do corpo e presentes com o Senhor. (2Co 5.8)

20 ... segundo a minha intensa expectativa e esperança de que em nada serei decepcionado; pelo contrário, com toda a ousadia, tanto agora como sempre, Cristo será engrandecido no meu corpo, seja pela vida, seja pela morte.
21 Pois para mim o viver é Cristo, e o morrer é lucro.
22 Mas, se o viver no corpo resulta para mim em fruto do meu trabalho, não sei então o que escolher.
23 Sinto-me, porém, pressionado de ambos os lados, tendo desejo de partir e estar com Cristo, pois isso é muito melhor.
(Fp 1.20-23)

Como julgamento
- Daqueles que viveram antes do dilúvio. Gn 6.7; Gn 6.11-13
- Dos sodomitas. Gn 19.12,13; Gn 19.24,25
- De Saul. 1Cr 10.13,14

Preparação para
Dt 32.29; 2Rs 20.1; Sl 39.4; Sl 39.13; Sl 90.12; Ec 9.4; Ec 9.10; Ec 11.7,8; Is 38.18,19;

Lc 12.35-37; Jo 9.4; Rm 14.8; Fp 1.21; Hb 13.14; Tg 4.15; 1Pe 1.17

Dos justos
Nm 23.10; 2Sm 12.23; 2Rs 22.19,20; Sl 23.4; Sl 31.5; Sl 37.37; Sl 49.15; Sl 73.24; Sl 116.15; Pv 14.32; Ec 7.1; Is 57.1,2; Dn 12.13; Lc 2.29; Lc 16.22; Lc 23.43; Jo 11.11; At 7.59; Rm 14.7,8; 1Co 3.21-23; 1Co 15.51-57; 2Co 1.9,10; 2Co 5.1; 2Co 5.4; 2Co 5.8; Fp 1.20,21; Fp 1.23,24; 1Ts 4.13,14; 1Ts 5.9,10; 2Tm 4.6-8; Hb 2.14,15; Hb 11.13; 2Pe 1.11; 2Pe 1.14; Ap 14.13

Cenas
- Isaque. Gn 27.1-4; Gn 27.22-40
- Jacó. Gn 49.1-33; Hb 11.21
- Moisés. Dt 31.14-30; Dt 32.1-52; Dt 33.1-29; Dt 34.1-7

> [5] *Então, Moisés, servo do* SENHOR, *morreu ali na terra de Moabe, conforme o* SENHOR *havia falado.*
> [6] *E ele o sepultou no vale, na terra de Moabe, em frente de Bete-Peor; e ninguém conhece até hoje o local da sua sepultura.*
> [7] *Moisés tinha cento e vinte anos quando morreu. A sua vista não havia se escurecido nem ele havia perdido o vigor.*
> (Dt 34.5-7)

- Davi. 1Rs 2.1-10
- Zacarias. 2Cr 24.22
- Jesus. Mt 27.34-53; Mc 15.23-38; Lc 23.27-49; Jo 19.16-30
- Estêvão. At 7.59,60
- Paulo. 2Tm 4.6-8

Dos ímpios
ANTIGO TESTAMENTO
Nm 16.30; 1Sm 25.38; 2Cr 21.6; 2Cr 21.20; Jó 4.21; Jó 18.14; Jó 18.18; Jó 20.4,5; Jó 20.8; Jó 20.11; Jó 21.13; Jó 21.17,18; Jó 21.23-26; Jó 24.20; Jó 24.24; Jó 27.8; Jó 27.19-23; Jó 34.20; Jó 36.12; Jó 36.14; Jó 36.18; Jó 36.20; Sl 37.1,2; Sl 37.9,10; Sl 37.35,36; Sl 49.7; Sl 49.9,10; Sl 49.14; Sl 49.17; Sl 49.19,20; Sl 55.15; Sl 55.23; Sl 58.9; Sl 73.3,4; Sl 73.17-20; Sl 78.50; Sl 92.7; Pv 2.22; Pv 5.22,23; Pv 10.25; Pv 10.27; Pv 11.7; Pv 11.10; Pv 13.9; Pv 14.32; Pv 21.16; Pv 24.20; Pv 29.1; Pv 29.16; Ec 8.10; Is 14.11; Is 14.15; Is 17.14; Is 26.14; Jr 16.3,4; Ez 28.8; Ez 28.10; Am 9.10

NOVO TESTAMENTO
Lc 12.20; Lc 16.22-28; At 5.3-10; 1Ts 5.3

ESPIRITUAL
Lc 1.79; Jo 5.24-26; Jo 6.50,51; Jo 6.53; Jo 11.26; Rm 5.12; Rm 5.15; Rm 7.11; Rm 8.5,6; Rm 8.12,13; 2Co 5.14; Ef 2.1; Ef 2.5,6; Ef 4.18; Ef 5.14; Cl 2.13; 1Tm 5.6; 1Pe 2.24; 1Jo 5.12

SEGUNDA MORTE
Pv 14.12; Ez 18.4; Ez 18.10-13; Ez 18.21; Ez 18.23,24; Ez 33.8,9; Ez 33.11; Ez 33.14-16; Mt 7.13; Mt 10.28; Mt 25.30; Mt 25.41; Mt 25.46; Mc 9.43,44; Rm 1.32; Rm 6.16; Rm 6.21; Rm 6.23; Rm 8.13; Rm 9.22; 2Ts 1.9; Tg 1.15; Tg 4.12; 2Pe 2.12; Ap 2.11; Ap 19.20; Ap 20.14; Ap 21.8

FAMÍLIAS

■ Família

Visão geral
1. Instituição. Gn 2.23,24
2. Governo. Gn 3.16; Gn 18.19; Et 1.20; Et 1.22; 1Co 7.10; 1Co 11.3; 1Co 11.7-9
3. A dos seguidores de Deus era abençoada. Sl 128.3-6
4. Um dom de Deus. Gn 33.5; Sl 127.3
5. Capaz de glorificar a Deus. Sl 8.2; 148.12,13; Mt 21.15,16
6. Uma herança do Senhor. Sl 113.9; 127.3

As famílias de Deus deviam
- Estudar as Escrituras. Dt 4.9,10
- Adorar a Deus juntas. 1Co 16.19
- Ser devidamente administradas e direcionadas. Pv 31.27; 1Tm 3.4,5,12
- Viver em unidade. Gn 45.24; Sl 133.1
- Viver em mútua temperança. Gn 50.17-21; Mt 18.21,22
- Regozijar-se juntas diante de Deus. Dt 14.26
- Retirar do meio delas enganadores e mentirosos. Sl 101.7
- Alertadas contra a fuga de Deus. Dt 29.18
- Alertadas sobre a punição dos irreligiosos. Jr 10.25

Bons exemplos
- Abraão. Gn 18.19
- Jacó. Gn 35.2
- Josué. Js 24.15
- Davi. 2Sm 6.20
- Jó. Jó 1.5
- Lázaro de Betânia. Jo 11.1-5
- Cornélio. At 10.2,33
- Lídia. At 16.15
- Carcereiro de Filipos. At 16.31-34
- Crispo. At 18.8
- Loide. 2Tm 1.5

Jesus e a família
- Jesus foi um exemplo para a família. Lc 2.51; Jo 19.26,27

As famílias deviam ser
- Levadas a Cristo. Mc 10.13-16
- Levadas ainda cedo à casa de Deus. 1Sm 1.24
- Instruídas nos caminhos de Deus. Dt 31.12,13; Pv 22.6
- Prudentemente educadas. Pv 22.15; Pv 29.17; Ef 6.4

As famílias deviam
- Obedecer a Deus. Dt 30.2
- Temer a Deus. Pv 24.21
- Lembrar-se de Deus. Ec 12.1
- Obedecer aos ensinamentos dos pais. Pv 1.8,9
- Honrar os pais. Êx 20.12; Hb 12.9
- Temer os pais. Lv 19.3
- Obedecer aos pais. Pv 6.20; Ef 6.1
- Cuidar dos pais. 1Tm 5.4
- Honrar os idosos. Lv 19.32; 1Pe 5.5
- Não imitar os maus pais. Ez 20.18

Não ter uma família
- Considerado uma desgraça. Gn 15.2,3; Jr 22.30
- Uma desonra em Israel. 1Sm 1.6,7; Lc 1.25

■ Bebês

- Geralmente se orava por eles. 1Sm 1.10,11; Lc 1.13
- Geralmente concebidos em resposta a orações. Gn 25.21; 1Sm 1.27; Lc 1.13

Os nomes eram escolhidos segundo o nome
- Dos parentes. Lc 1.59,61
- De eventos notáveis. Gn 21.3,6; 18.13; Êx 2.10; 18.3,4
- De circunstâncias conectadas com seu nascimento. Gn 25.25,26; 35.18; 1Cr 4.9
- Em geral escolhido por Deus. Is 8.3; Os 1.4,6,9

- Numerosos e considerados uma bênção especial. Sl 115.14; 127.4,5
- Algumas vezes nasciam quando os pais já eram idosos. Gn 15.3,6; 17.17; Lc 1.18

Homem

- Se fosse primogênito, pertencia a Deus e era redimido. Êx 13.12,13,15
- Seu nascimento era anunciado ao pai por um mensageiro. Jr 20.15
- Ficava sob o cuidado de um tutor até atingir certa idade. 2Rs 10.1; Gl 4.1,2
- Proveitosamente empregado. 1Sm 9.3; 17.15
- Herdava as posses do pai. Dt 21.16,17; Lc 12.13,14
- Recebia a bênção do pai antes de sua morte. Gn 27.1-4; 48.15; 49.1-33

Mulher

- Cuidada por amas. Gn 35.8
- Proveitosamente empregada. Gn 24.13; Êx 2.1
- Herdava as posses dos pais na falta de filhos. Nm 27.1-8; Js 17.1-6

Perda de bebês

- Geralmente havia tristeza pela perda de bebês. Gn 37.35; 44.27-29; 2Sm 13.37; Jr 6.26; 31.15
- Manifestava-se resignação ante a perda de bebês. Lv 10.19,20; 2Sm 12.18-23; Jó 1.19-21

■ Marido

Visão geral

- Devia ter só uma esposa. Gn 2.24; Mc 10.6-8; 1Co 7.2-4

Obrigação do marido para com a esposa

- Respeitá-la. 1Pe 3.7
- Amá-la. Ef 5.25-33; Cl 3.19
- Considerá-la como a si mesmo. Gn 2.23; Mt 19.5
- Ser fiel a ela. Pv 5.19; Ml 2.14,15
- Morar com ela toda a vida. Gn 2.24; Mt 19.3-9
- Confortá-la. 1Sm 1.8
- Consultá-la. Gn 31.4-7
- Não deixá-la, embora seja descrente. 1Co 7.11,12,14,16
- Suas obrigações não deveriam interferir nas obrigações para com Cristo. Lc 14.26; Mt 19.29

Bons exemplos

- Isaque. Gn 24.67
- Elcana. 1Sm 1.4,5

Maus exemplos

- Salomão. 1Rs 11.1
- Assuero. Et 1.10,11

■ Esposa

Visão geral

- Não devia ser selecionada entre as pagãs. Gn 24.3; 26.34,35; 28.1

Suas obrigações para com seu marido

- Amá-lo. Tt 2.4
- Reverenciá-lo. Ef 5.33
- Ser fiel a ele. 1Co 7.3-5,10
- Sujeitar-se a ele. Gn 3.16; Ef 5.22,24; 1Pe 3.1
- Obedecer a eles. 1Co 14.34; Tt 2.5
- Permanecer com ele por toda a vida. Rm 7.2,3

Devia ser adornada

- Não com ornamentos. 1Tm 2.9; 1Pe 3.3
- Com modéstia e sobriedade. 1Tm 2.9
- Com espírito calmo e manso. 1Pe 3.4,5
- Com boas obras. 1Tm 2.10; 5.10

Esposa boa

- Veem de Deus. Pv 19.14
- É um sinal do favor de Deus. Pv 18.22
- É uma bênção para seu marido. Pv 12.4; 31.10,12

- Traz honra ao seu marido. Pv 31.23
- Transmite confiança a seu marido. Pv 31.11
- É louvada por seu marido. Pv 31.28
- É diligente e prudente. Pv 31.13-27
- É benevolentes para com os pobres. Pv 31.20
- Tem suas obrigações para com o marido descrente. 1Co 7.13,14,16; 1Pe 3.1,2
- Devia ser silenciosas na igreja. 1Co 14.34
- Deviam buscar instrução religiosa com seu esposo. 1Co 14.35
- A esposa dos ministros devia ser exemplar. 1Tm 3.11

Bons exemplos
- A esposa de Manoá. Jz 13.10
- Orfa e Rute. Rt 1.4,8
- Abigail. 1Sm 25.3
- Ester. Et 2.15-17
- Isabel. Lc 1.6
- Priscila. At 18.2,26
- Sara. 1Pe 3.6

Maus exemplos
- A esposa de Sansão. Jz 14.15-17
- Mical. 2Sm 6.16
- Jezabel. 1Rs 21.25
- Zeres. Et 5.4
- A mulher de Jó. Jó 2.9
- Herodias. Mc 6.17
- Safira. At 5.1,2

■ Viúva

Visão geral
1. Caráter verdadeiro. Lc 2.37; 1Tm 5.5,10
2. Exortada a confiar em Deus. Jr 49.11
3. Embora pobre, era liberal. Mc 12.42, 43
4. Quando jovem, exposta a muitas tentações. 1Tm 5.11-14

Deus
- Certamente ouve o choro dela. Êx 22.23
- Faz justiça. Dt 10.18; Sl 68.5
- Traz alívio. Sl 146.9
- Firmará sua herança. Pv 15.25
- Testemunhará contra seus opressores. Ml 3.5

Não devia
- Estar aflita. Êx 22.22
- Estar oprimida. Jr 7.6; Zc 7.10
- Ser tratada com violência. Jr 22.3
- Ter suas roupas penhoradas. Dt 24.17

Devia ser
- Cuidada. Is 1.17
- Honrada, se fosse viúva de verdade. 1Tm 5.3
- Assistida por seus amigos. 1Tm 5.4,16
- Assistida pela igreja. At 6.1; 1Tm 5.9
- Visitada quando aflita. Tg 1.27
- Autorizada a participar de nossas bênçãos. Dt 14.29; 16.11,14; 24.19-21

Os seguidores de Deus deviam
- Ajudá-la. At 9.39
- Trazer alegria a ela. Jó 29.13
- Não desapontá-la. Jó 31.16

Os ímpios
- Não a tratam bem. Jó 24.21
- Despedem-na vazia. Jó 22.9
- Tomam suas posses em penhor. Jó 24.3
- Rejeitam sua causa. Is 1.23
- Oprimem-na. Ez 22.7
- Despojam-na. Is 10.2; Mt 23.14
- Matam-na. Sl 94.6

Fatos sobre viúvas
- Ai daqueles que as oprimem. Is 10.1,2
- Bênçãos para os que as ajudam. Dt 14.29
- Um tipo de Sião em aflição. Lm 5.3
- Eram liberadas de todas as suas obrigações para com seu antigo esposo. Rm 7.3
- Tinham permissão de se casar outra vez. Rm 7.3
- Estavam sob a proteção especial de Deus. Dt 10.18; Sl 68.5
- Cuidadas de maneira especial pela igreja. At 6.1; 1Tm 5.9

ROUPAS

Materiais usados

As roupas mais simples e as primeiras roupas mencionadas na Bíblia são um avental de folhas de figueira costuradas (Gn 3.7).

Depois disso, são mencionadas as peles de animais (Gn 3.21).

A veste de Elias era provavelmente de pele de ovelha (2Rs 1.8).

Pelo de animais

Os judeus aprenderam a arte de tecer o pelo e transformá-lo em vestuário (Êx 26.7; 35.6), servindo também para fazer a roupa para os que estavam de luto. Esse foi o material da veste de João Batista (Mt 3.4).

Lã

A lã também foi tecida para fazer roupas (Lv 13.47; Dt 22.11; Ez 34.3; Jó 31.20; Pv 27.26).

Linho

Os israelitas provavelmente aprenderam a arte de tecer o linho quando estiveram no Egito (1Cr 4.21). O linho fino era usado nas vestimentas do sumo sacerdote (Êx 28.5), bem como pelos ricos (Gn 41.42; Pv 31.22; Lc 16.19).

O uso de material misturado, como lã e linho, não era permitido (Lv 19.19; Dt 22.11).

Cor

A cor prevalente era o branco natural do material usado.

Tingimento

Os judeus conheciam a arte do tingimento (Gn 37.2,23).

Ornamentos

Diferentes tipos de ornamentação eram usados na tecelagem (Êx 28.6; 26.1,31; 35.25) e no bordado (Jz 5.30; Sl 45.13). Vestes tingidas eram importadas de países estrangeiros, em especial da Fenícia (Sf 1.8). Vestes púrpura e escarlata eram marcas de riqueza (Lc 16.19; 2Sm 1.24).

Tipos de roupas

As vestes de homens e mulheres não eram tão diferentes umas das outras.

TÚNICA

A "túnica" (*kethoneth*), feita de lã, algodão ou linho, era usada por ambos os sexos. Tratava-se de uma peça de vestuário bem justa, semelhante à nossa saia (Jo 19.23). Ela era mantida ajustada ao corpo por um cinto (Jo 21.7). Uma pessoas que usasse somente essa "túnica" era considerada como estando nua (1Sm 19.24; Is 20.2; 2Rs 6.30; Jo 21.7); e desprovida dela estaria absolutamente nua.

ROUPA DE LINHO

Uma roupa de linho, ou roupão (*sadin*), de fino linho era usada como uma camisola ou roupa de dormir (Mc 14.51). É mencionada em Jz 14.12,13, sendo descrita como "vestes de linho".

TÚNICA SUPERIOR

Uma túnica superior (*meil*) era maior que a "túnica" (1Sm 2.19; 24.4; 28.14). Em 1Samuel 28.14 trata-se da peça de vestuário que Samuel usou; em 1Samuel 24.4, é o "manto" sob o qual Saul dormiu. Os discípulos foram proibidos de levar duas "túnicas" com eles em sua obra de pregação e cura (Mt 10.10; Lc 9.3).

VESTUÁRIO EXTERIOR

O vestuário exterior comum consistia em uma peça de roupa de lã, como a manta escocesa, tanto envolta ao redor do corpo ou posta por cima dos ombros como um xale, com as pontas penduradas para a frente, ou poderia estar sobre a cabeça para esconder o rosto (2Sm 15.30; Et 6.12). Era apertada na cintura por um cinto, e a dobra formada pela sobreposição da veste servia como um bolso (2Rs 4.39; Sl 79.12; Ag 2.12; Pv 17.23; 21.14).

Veste feminina
A "túnica" era comum para ambos os sexos (Ct 5.3). No entanto, especialmente para as mulheres havia:

VÉU
O "véu" ou "manto", era um tipo de xale (Rt 3.15; traduzido por "xales", Is 3.22).
O "véu" era provavelmente um traje leve de verão (Gn 24.65).
O traje exterior terminava em uma grande borda ou franja que escondia os pés (Is 47.2; Jr 13.22).

MANTO
O "manto" também era um tipo de xale (Is 3.22).

Fatos sobre roupas
As roupas usadas pelos persas estão descritas em Daniel 3.21.

São poucas as referências a costura, pois as roupas já vinham prontas para serem usadas da tecelagem. O trabalho de fazer roupas era considerado das mulheres (Pv 31.22; At 9.39).

A extravagância no vestir-se é considerado pecado em Jeremias 4.30, Ezequiel 16.10 e 1Pedro 3.3.

Rasgar as vestes expressava
- Aflição. Gn 37.29,34
- Medo. 1Rs 21.27
- Indignação. 2Rs 5.7
- Desespero. Jz 11.35; Et 4.1

Outras ações simbólicas associadas a roupas
- Balançar as vestes ou remover o pó delas era um sinal de renúncia. At 18.6
- Envolvê-las ao redor da cabeça era um sinal de temor (1Rs 19.13) ou pesar (2Sm 15.30)
- Jogá-las fora era um sinal de empolgação. At 22.23
- Eram postas de lado quando impediam uma ação. Mc 10.50; Jo 13.4; At 7.58
- Tocá-las era um sinal de súplica. 1Sm 15.27
- Ao viajar, as vestes externas eram cingidas. 1Rs 18.46

CABELO

■ **Cosméticos**

Quando Jezabel, a rainha-mãe, soube que Jeú tinha vindo a Jezreel, ela "pintou os olhos, fez um penteado e olhou pela janela" (2Rs 9.30).

■ **Perfume**

Os judeus ungiam abundantemente o cabelo com óleos perfumados (Rt 3.3; 2Sm 14.2; Sl 23.5; 45.7), em especial em épocas de alegria (Mt 93; Lc 7.46).

Agora lava-te, perfuma-te, veste tua melhor roupa e desce para a eira.

Mas não permitas que ele te veja, até que tenha acabado de comer e beber.
(Rt 3.3)

... mandou buscar em Tecoa uma mulher astuta e lhe disse: Finge que estás de luto; põe vestes de luto, não ponhas óleo aromático e finge ser uma mulher que está chorando há muitos dias por um falecido.
(2Sm 14.2)

Preparas para mim uma mesa diante dos meus inimigos; unges a minha cabeça com óleo, o meu cálice transborda.
(Sl 23.5)

Amaste a justiça e odiaste o pecado; por isso Deus, o teu Deus, te ungiu com o óleo de alegria, mais do que a teus companheiros. (Sl 45.7)

■ Cabelo

Introdução

EGÍPCIOS

Os egípcios deixavam suas barbas e cabelos crescerem somente quando em luto, raspando-os em outras ocasiões. José se barbeou antes de se apresentar ao faraó (Gn 41.14). As mulheres do Egito tinham cabelos longos e entrançados. Perucas eram usadas por sacerdotes e pessoas comuns para cobrir a cabeça raspada. O uso de barbas falsas também era comum.

GREGOS

Na época do apóstolo Paulo, os gregos usavam cabelo curto, mas as mulheres, longo (1Co 11.14,15).

JUDEUS

Entre os judeus, a distinção natural entre os sexos era preservada pelas mulheres que usavam cabelo longo (Lc 7.38; Jo 11.2; 1Co 11.6), enquanto os homens, de modo geral, mantinham seu cabelo em uma altura moderada, aparando-o frequentemente.

Calvície

A calvície desqualificava qualquer um do ofício sacerdotal (Lv 21.5).

Cabelo longo

O cabelo longo é percebido principalmente na descrição da pessoa de Absalão (2Sm 14.26); no entanto, o uso de cabelo longo não era algo comum e somente praticado como um ato de observância religiosa entre os nazireus (Nm 6.5; Jz 13.5) e outros como sinal de votos especiais (At 18.18).

Fatos sobre cabelo

- A cobertura natural da cabeça. Sl 68.21
- Inumerável. Sl 40.12; 69.4
- Contado. Mt 10.30; Lc 12.7
- Seu crescimento. Jz 16.22

Deus

- Cuida dele. Dn 3.27; Lc 21.18

Cor

- Sua cor era alterada pela lepra. Lv 13.3,10
- O preto era especialmente apreciado. Ct 5.11

BRANCO OU GRISALHO

- Sinal da idade. 1Sm 12.2; Sl 71.18
- Sinal de fraqueza e decadência. Os 7.9
- Emblema de sabedoria. Dn 7.9; Jó 12.12
- Com justiça, uma coroa da glória. Pv 16.31
- A ser reverenciado. Lv 19.32
- As pessoas não podem nem mesmo mudar sua cor. Mt 5.36

... nem jures pela tua cabeça, porque não podes tornar branco nem preto um só fio de cabelo. (Mt 5.36)

Cabelo de mulheres

- Longo. Is 3.24; Lc 7.38; 1Co 11.5,6; 1Tm 2.9; 1Pe 3.3; Ap 9.8
- Usado como cobertura. 1Co 11.5
- Entrançado e enfeitado. 1Tm 2.9; 1Pe 3.3
- Penteado e ornado. Is 3.24
- Menosprezado em sofrimento. Lc 7.38; Jo 12.3

Cabelo de homem

- Homens condenados por terem cabelo longo. 1Co 11.14
- Usado longo por Absalão. 2Sm 14.26
- Usado curto pelos homens. 1Co 11.14

Ungir o cabelo
- Geralmente ungido de maneira extensa. Ec 9.8

Cabelo dos nazireus
- Não deveria ser cortado durante os votos. Nm 6.5; Jz 16.17,19,20;
- Cortado após o término do voto. Nm 6.18

Atos simbólicos relacionados aos cabelos
- Arrancados em extrema aflição. Ed 9.3
- Arrancá-los era um sinal de repreensão. Ne 13.25; Is 50.6
- Condenações expressas por meio da calvície. Is 3.24; Jr 47.5
- Simbólico da divisão. Ez 5.1,2
- Em momentos de aflição o cabelo era cortado. Is 3.17,24; 15.2; 22.12; Jr 7.29; Am 8.10
- Raspá-los simbolizava a destruição de um povo. Is 7.20

PROFISSÕES

FAZENDEIROS

■ Visão geral

1. O cultivo da terra. Gn 3.23
2. A ocupação do homem antes da queda. Gn 2.15
3. Tornou-se laborioso pela maldição dada a terra. Gn 3.17-19
4. Contribui para sustentar alguém. Ec 5.9
5. A providência de Deus devia ser reconhecida nos frutos da lavoura. Jr 5.24; Os 2.8
6. Promessas das bênçãos de Deus para eles. Lv 26.4; Dt 7.13; 11.14,15

A lavoura requer
- Sabedoria. Is 28.26
- Diligência. Pv 27.23-27; Ec 11.6

Ilustrações gerais

Paulo menciona a ideia do trabalho árduo da lavoura.

> *O agricultor que trabalha deve ser o primeiro a se beneficiar dos frutos colhidos.* (2Tm 2.6)

Tiago aconselha seus leitores a ser pacientes e destaca a paciência do lavrador para reforçar sua ideia.

> *Portanto, irmãos, sede pacientes até a vinda do Senhor. O lavrador espera o precioso fruto da terra, aguardando-o com paciência, até que receba as primeiras e as últimas chuvas.* (Tg 5.7)

Uma metáfora do lavrador é usada para ilustrar a verdade de que a diligência é recompensada.

> *Na lavoura do pobre, há muito mantimento, mas tudo se perde por falta de juízo.* (Pv 13.23)

> *Quem lavra sua terra se fartará de alimento, mas quem segue os preguiçosos se encherá de pobreza.* (Pv 28.19)

> *Pois a terra que absorve a chuva, que cai muitas vezes sobre ela, e produz planta útil para aqueles por quem é cultivada recebe a bênção da parte de Deus.* (Hb 6.7)

Os lavradores receberam uma variedade de nomes.
- Agricultor. Gn 4.2
- Lavradores. 2Cr 26.10
- Trabalhadores. Mt 9.37; Mt 20.1

Regras sobre a lavoura
- Era proibido cobrar juros em empréstimos.

> *Se emprestares dinheiro a alguém do meu povo, ao pobre que vive perto de ti, não agirás com ele como credor, cobrando juros.* (Êx 22.25)

- Não se deviam cobiçar os campos de outro. Dt 5.21
- Não se deviam mover os marcos de terra. Dt 19.14; Pv 22.28
- Não se devia usar a foice nas searas de outros. Dt 23.25
- Proibia-se a passagem do gado. Êx 22.5
- Proibia-se prejudicar a produção da lavoura. Êx 22.5

Tipos de trabalho nos quais os lavradores estavam engajados
- Cercar. Is 5.2,5; Os 2.6
- Lavrar. Jó 1.14
- Cavar. Is 5.6; Lc 13.8; 16.3
- Adubar. Is 25.10
- Aplanar. Jó 39.10; Is 28.24
- Recolher as pedras. Is 5.2
- Semear. Ec 11.4; Is 32.20
- Plantar. Pv 31.16; Is 44.14

- Regar. Dt 11.10; 1Co 3.6-8
- Arrancar ervas daninhas. Mt 13.28
- Enxertar. Rm 11.17-19,24
- Podar. Is 5.6; Jo 15.2
- Segar. Sl 129.7; Am 7.1
- Colher. Is 17.5
- Atar. Gn 37.7; Mt 13.30
- Apanhar espigas. Lv 19.9; Rt 2.3
- Empilhar. Êx 22.6
- Trilhar. Dt 25.4; Jz 6.11
- Padejar. Rt 3.2; Mt 3.12
- Ajuntar em celeiros. Mt 6.26; 13.30

Animais usados na lavoura
- O boi. Dt 25.4
- O jumento. Dt 22.10
- O cavalo. Is 28.28

Implementos usados na fazenda
- Relha ou arado. 1Sm 13.20
- Machados. 2Sm 12.31; 1Sm 13.20
- Enxada. Is 7.25
- Foice. 1Sm 13.20; Dt 16.9; 23.25; Is 18.5; Jl 3.10
- Aquilhadas. 1Sm 13.21
- Debulhador afiado. Is 41.15
- Vara. Is 28.27
- Roda de carro. Is 8.27,28
- Pá. Is 30.24
- Forcado. Is 30.24
- Crivo. Am 9.9

Ilustrações retiradas da lavoura
ARAR
O lavrar ou o cultivo da terra. Jr 4.3; Os 10.12
Realizados:
- Por um arado. Lc 9.62
- Com bois. 1Sm 14.14; Jó 1.14
- Durante a temporada fria de inverno. Pv 20.4
- Em sulcos longos e compridos. Sl 129.3
- Geralmente por servos. Is 61.5; Lc 17.7
- Algumas vezes pelos próprios donos da terra. 1Rs 19.19
- O cultivo era seguido do aplanar e do semear. Is 28.24,25

APANHAR ESPIGAS
- Leis relacionadas. Lv 23.22; Dt 24.19,20.

Quando fizerdes a colheita da tua terra, não colherás totalmente nos cantos do campo, nem recolherás as espigas caídas da tua colheita.

Da mesma forma, não colherás a tua vinha até os últimos frutos, nem recolherás as uvas caídas da tua vinha; tu as deixarás para o pobre e para o estrangeiro. Eu sou o SENHOR vosso Deus. (Lv 19.9,10)

- Casos, Rute no campo de Boaz. Rt 2.2,3.

Atividades da lavoura usadas como ilustrações: campo novo e arrependimento

Porque assim diz o SENHOR aos homens de Judá e de Jerusalém: Lavrai o vosso campo novo e não semeeis entre espinhos. (Jr 4.3)

SEMEAR TRIGO E SEGAR ESPINHOS

Semearam trigo, mas colheram espinhos; cansaram-se para nada conseguir. Ficareis decepcionados com as vossas colheitas, por causa da ira ardente do SENHOR. (Jr 12.13)

PAZ E PROSPERIDADE

Ele julgará entre as nações e será juiz entre muitos povos; e estes converterão as suas espadas em lâminas de arado, e as suas lanças, em foices; uma nação não levantará espada contra outra nação, nem aprenderão mais a guerra. (Is 2.4)

Ele julgará entre muitos povos e corrigirá nações poderosas e distantes; essas converterão as suas espadas em relhas de arado e as suas lanças em podadeiras; uma nação não levantará a espada contra outra nação e não aprenderão mais a guerra. (Mq 4.3)

PECADO

Pelo que tenho visto, quem planta o pecado e semeia o mal, haverá de colher isso. (Jó 4.8)

> Lavrastes a impiedade, colhestes a maldade e comestes o fruto da mentira; porque confiastes no teu caminho, na multidão dos teus guerreiros. (Os 10.13)

PARÁBOLA DO SEMEADOR
Mt 13.3-8; Mt 13.19-23; Lc 8.5-15

PARÁBOLA DO JOIO
Mt 13.24-30; Mt 13.36-43

UMA FIGURA DA IGREJA
> Porque somos cooperadores de Deus, e dele sois lavoura e edifício. (1Co 3.9)

UMA FIGURA DO CORAÇÃO
Jr 4.3; Os 10.12

Respigas usadas de um modo figurativo

> Mas ele lhes respondeu: O que fiz em comparação com o que fizestes? O resto das uvas de Efraim não é melhor do que toda a colheita de Abiezer? (Jz 8.2)

> Mas ainda ficarão nele algumas espigas, como no sacudir da oliveira: duas ou três azeitonas na extremidade mais alta dos ramos, e quatro ou cinco nos ramos mais exteriores de uma árvore frutífera, diz o SENHOR, Deus de Israel. (Is 17.6)

> Se aqueles que colhem uvas fossem a ti, não deixariam alguns cachos? Se viessem ladrões de noite, não saqueariam somente o que lhes fosse suficiente? (Jr 49.9)

Debulhar

A remoção ou separação do milho da espiga. 1Cr 21.20
Era feita:
- Com uma vara ou um pau. Is 28.27;
- Com rodas de carro. Is 28.7,28;
- Com implementos que tinham dentes. Is 41.15; Am 1.3;
- Pelos cascos de cavalos e bois. Is 28.28; Os 10.11; 2Sm 24.22.

Fatos sobre debulhar

Enquanto o gado estava debulhando, não devia ser amordaçado.

> Não amordaçarás a boca do boi quando ele estiver debulhando. (Dt 25.4)

PAULO APLICA ESSE PRINCÍPIO
EM DUAS DE SUAS CARTAS

> Pois na lei de Moisés está escrito: Não atarás a boca do boi quando debulha o grão. Será que Deus está preocupado com bois?
> Ou será que de fato não diz isso por nós? É claro que é em nosso favor que isso está escrito. Pois quem lavra a terra deve debulhar o grão com a esperança de participar da colheita. (1Co 9.9,10)

> Porque a Escritura diz: Não amarres a boca do boi quando ele estiver debulhando; e: O trabalhador é digno do seu salário. (1Tm 5.18)

Padejar

O debulhar era seguido do padejar, realizado por uma pá.

> Os bois e os jumentinhos que lavram a terra comerão forragem com sal, espalhados com a pá e com o forcado. (Is 30.24)

> Tu irás peneirá-los; o vento os levará e o redemoinho os espalhará; e tu te alegrarás no SENHOR e te gloriarás no Santo de Israel. (Is 41.16)

PADEJAR USADO PARA ILUSTRAR
Jesus usou a ideia de padejar para ilustrar como seremos julgados.

> Ele traz na mão a sua pá e limpará sua eira; recolherá o seu trigo no celeiro, mas queimará a palha com fogo que não se apaga. (Mt 3.12)

Julgamentos de Deus
Is 21.10; Jr 51.33; Hc 3.12

- Da igreja em suas conquistas. Is 41.15,16; Mq 4.13
- Ajuntar seus feixes, sobre preparar os inimigos da igreja para o julgamento. Mq 4.12
- Reduzidos a pó. Sobre a completa destruição. 2Rs 13.7; Is 41.15
- Instrumento com dentes. Sobre a igreja superando a oposição. Is 41.15

PASTORES

■ Visão geral

O trabalho do pastor do Oriente, conforme descrito na Bíblia, era pesado e perigoso.

Ele estava exposto ao frio e calor ao extremo (Gn 31.40).

Animais selvagens das redondezas eram um perigo ao seu rebanho e a si mesmo. Ele estava em constante vigilância contra os leões, leopardos e ursos (1Sm 17.34; Is 31.4; Jr 5.6; Am 5.12).

O equipamento do pastor

O ALFORJE DO PASTOR

O alforje do pastor continha uma pequena quantidade de comida.

> Então pegou o seu cajado, escolheu cinco pedras lisas de um riacho e as colocou na bolsa, no alforje de pastor que carregava. E aproximou-se do filisteu com a funda na mão. (1Sm 17.40)

UMA FUNDA

Uma funda, que continua sendo a arma favorita do pastor beduíno.

UM CAJADO

Um cajado, usado como arma contra seus inimigos; e vara, usada para apascentar seu rebanho.

> Quando eu tiver de andar pelo vale da sombra da morte, não temerei mal algum, porque tu estás comigo; tua vara e teu cajado me tranquilizam. (Sl 23.4)

> Cuidei das ovelhas destinadas para a matança, as pobres ovelhas do rebanho. E tomei para mim duas varas: a uma chamei Graça e à outra chamei União; e eu cuidei das ovelhas. (Zc 11.7)

A rotina do pastor

MANHÃ

De manhã ele conduzia seu rebanho ao aprisco (Jo 10.4) indo na frente dele e chamando-o, como ainda costuma fazer no Oriente.

> ¹ Em verdade, em verdade vos digo: Quem não entra no aprisco das ovelhas pela porta, mas sobe por outra parte, este é ladrão e assaltante.
> ² Mas o que entra pela porta é o pastor das ovelhas.
> ³ O porteiro abre-lhe a porta. As ovelhas ouvem a sua voz, ele as chama pelo nome e as conduz para fora.
> (Jo 10.1-3)

- Se alguma ovelha se desvia, ele volta e busca por elas até encontrá-las (Ez 34.12; Lc 15.4).
- O pastor encontrava água para suas ovelhas, quer de um rio quer de canais anexos a poços (Gn 29.7; 30.38; Êx 2.16; Sl 23.2).

TARDE

À tarde, ele as trazia de volta ao aprisco e verificava se não faltava nenhuma, ao passá-las "sob o cajado" à medida que entravam na área cercada (Lv 27.32; Ez 20.37), verificando cada ovelha ao passar, por um movimento de mão (Jr 33.13). Ele guardava a entrada do aprisco por toda a noite dormindo atravessado em sua passagem.

Pastores cuidadosos

Os pastores eram gentis para com as ovelhas mais jovens e doentes (Io 40.11).

Ele cuidará do seu rebanho como um pastor; recolherá nos braços os cordeirinhos e os levará no colo; guiará mansamente as que amamentam. (Is 40.11)

Os pastores demonstravam seu cuidado pelas ovelhas:
- Conhecendo-as individualmente. Jo 10.14
- Indo adiante e conduzindo-as. Sl 77.20; 78.52; 80.1
- Buscando um bom pasto para elas. 1Cr 4.39-41; Sl 23.2
- Contando-as quando elas retornavam do pasto. Jr 33.13
- Observando-as de noite. Lc 2.8
- Sendo gentis tanto com as ovelhas quanto com seus filhotes. Gn 33.13,14; Sl 78.71
- Defendendo-as quando atacadas por animais selvagens. 1Sm 17.34-36; Am 3.12

34 Então Davi disse a Saul: Teu servo cuidava das ovelhas de seu pai, e sempre que vinha um leão, ou um urso, e tomava um cordeiro do rebanho,
35 eu o perseguia, e o matava, e arrancava-lhe da boca o cordeiro; quando ele tentava me atacar, eu o segurava pela barba e o feria até matá-lo.
36 O teu servo matava tanto o leão como o urso! Esse filisteu incircunciso será como um deles! Ele afrontou os exércitos do Deus vivo!

1Samuel 17.34-36

- Buscando-as quando perdidas. Ez 34.12; Lc 15.4,5
- Cuidando delas quando doentes. Ez 34.16

Ilustrativo
- De Deus como líder de Israel. Sl 77.20; 80.1
- De Cristo como o bom pastor. Ez 34.23; Zc 13.7; Jo 10.14; Hb 13.20
- De reis como líderes do povo. Is 44.28; Jr 6.3; 49.19
- De ministros do evangelho. Jr 23.4
- (na busca da ovelha perdida), de Cristo buscando os perdidos. Ez 34.12; Lc 15.2-7
- (de seu carinho e cuidado), do cuidado de Cristo. Is 40.11; Ez 34.13-16
- (ignorantes e tolos), dos maus ministros. Is 56.11; Jr 50.6; Ez 34.2,10; Zc 11.7,8,15-17

E são cães gulosos, nunca se fartam. São pastores que nada compreendem; todos eles buscam os seus interesses, cada um a sua ganância, todos sem exceção. (Is 56.11)

Eu não terei mais piedade dos moradores desta terra, diz o SENHOR; mas entregarei os homens, cada um na mão do seu próximo e na mão do seu rei; eles ferirão a terra, e eu não os livrarei da mão deles. (Zc 11.6)

MÚSICA

INSTRUMENTOS MUSICAIS, MÚSICA E ADORAÇÃO

■ Visão geral

PRIMEIRA MENÇÃO DE MÚSICA

> O nome do seu irmão era Jubal; este foi o pai de todos os que tocam harpa e flauta. (Gn 4.21)

Instrumentos musicais

CÍMBALOS
1Cr 16.5; Sl 150.5

TROMBETA

CORNETAS
Sl 98.6; Os 5.8

> Com trombetas e ao som de cornetas, exultai diante do Rei, o SENHOR. (Sl 98.6)

FLAUTA

HARPA

LIRA

CÍTARA

> Logo que ouvirdes o som da trombeta, da flauta, da harpa, da cítara, do saltério, da flauta dupla e de todo tipo de música, vos prostrareis e adorareis a estátua de ouro que o rei Nabucodonosor ergueu. (Dn 3.5)

SALTÉRIO DE DEZ CORDAS

> Louvai ao SENHOR com harpa, cantai-lhe louvores com saltério de dez cordas. (Sl 33.2)

TAMBORINS

> Louvai-o com danças e tamborins; louvai-o com instrumentos de cordas e com flautas! (Sl 150.4)

TAMBORIS

> O ressoar dos tamboris parou, o barulho do povo em festa cessou, e a alegria da harpa acabou. (Is 24.8)

PANDEIROS

> Davi e toda a casa de Israel se alegravam perante o SENHOR, com todo tipo de instrumentos de pinho, como também harpas, saltérios, tamboris, pandeiros e címbalos. (2Sm 6.5)

Os instrumentos musicais eram feitos de

MADEIRA DE SÂNDALO

> O rei usou essa madeira de sândalo para fazer balaústres para o templo do SENHOR e para o palácio real, como também harpas e alaúdes para os cantores. Até o dia de hoje nunca mais foi trazida nem vista madeira de sândalo como aquela. (1Rs 10.12)

PRATA

> Faz duas trombetas de prata. Tu as farás de metal batido, e as usarás para convocar a comunidade e para ordenar a partida dos acampamentos. (Nm 10.2)

TROMBETA DE CHIFRE

> Assim foi que, como Josué dissera ao povo, os sete sacerdotes, com as sete trombetas de chifre de carneiro diante do SENHOR, passaram e tocaram as trombetas; e a arca da Aliança do SENHOR os seguia. (Js 6.8, ARA)

Vários usos dos instrumentos musicais

PARA AGRADECER A DEUS PELA LIBERTAÇÃO

¹ Então Moisés e os israelitas entoaram este cântico ao Senhor: Cantarei ao Senhor, pois triunfou gloriosamente; lançou no mar o cavalo e o seu cavaleiro.
² O Senhor é a minha força e o meu cântico; ele se tornou a minha salvação; ele é o meu Deus, portanto eu o louvarei; é o Deus de meu pai, por isso o exaltarei.
³ O Senhor é homem de guerra; Senhor é o seu nome.

(Êx 15.1-3)

PARA ADORAÇÃO NO TEMPLO

⁴ Ele também designou alguns dos levitas para ministrarem diante da arca do SENHOR, para celebrarem, agradecerem e louvarem ao SENHOR, Deus de Israel.
⁵ Eles eram: Asafe, o chefe, e Zacarias, o segundo depois dele; Jeiel, Semiramote, Jeiel, Matitias, Eliabe, Benaia, Obede-Edom e Jeiel, com liras e com harpas. Asafe tocava os címbalos.
⁶ Os sacerdotes Benaia e Jaaziel tocavam trombetas continuamente diante da arca da aliança de Deus.

(1Cr 6.4-6)

... quatro mil como porteiros; e quatro mil louvarão ao SENHOR com os instrumentos que eu fiz para o louvar.
Davi os dividiu em grupos, segundo os descendentes de Levi: Gérson, Coate e Merari. (1Cr 23.5,6)

Davi, juntamente com os capitães do exército [do Senhor], também separou para o serviço [do templo] alguns dos filhos de Asafe, de Hemã e de Jedutum, para profetizarem com harpas, liras e címbalos. Este foi o número dos homens que fizeram a obra, segundo o seu serviço. (1Cr 25.1)

Também organizou os levitas no templo do Senhor com címbalos, liras e harpas, conforme a ordem de Davi, de Gade, o vidente do rei, e do profeta Natã; porque essa ordem tinha vindo do Senhor, por meio de seus profetas. (2Cr 29.25)

QUANDO OS AMIGOS PARTIAM

Por que fugiste às escondidas e me enganaste, sem revelar-me nada? Eu te despediria com alegria e com cânticos, ao som de tambores e de harpas. (Gn 31.27)

EM PROCISSÕES SAGRADAS
2Sm 6.4,5,15; 1Cr 13.6-8; 15.27,28

NA EDIFICAÇÃO DO ALICERCE DO TEMPLO
Ed 3.9,10

"O objetivo e a finalidade de toda música deveria ser tão somente a glória de Deus e o refrigério da alma. Se não se estiver atento a isso, então não é música verdadeira, e sim, vibrações e gritos diabólicos."

J. S. Bach

NA CONSAGRAÇÃO DO TEMPLO

¹² ... os levitas cantores, todos eles, isto é, Asafe, Hemã, Jedutum e seus filhos e parentes, vestidos de linho fino, com címbalos, alaúdes e harpas, também estavam em pé ao lado oriental do altar, e juntamente com eles cento e vinte sacerdotes, que tocavam as trombetas;
¹³ quando tocaram as trombetas em uníssono e cantaram para serem ouvidos, louvando o Senhor e dando-lhe graças, e quando levantaram a voz com trombetas, címbalos e outros instrumentos de música, e louvaram o Senhor, cantando: Porque ele é bom, porque o seu amor dura para sempre; então uma nuvem encheu o templo do Senhor,
¹⁴ de modo que os sacerdotes não conseguiam permanecer em pé para ministrar por causa da nuvem, porque a glória do Senhor encheu o templo de Deus.

(2Cr 5.12-14)

NA COROAÇÃO DE REIS
2Cr 23.11,13

NA DEDICAÇÃO DOS MUROS
DA CIDADE
Ne 12.27,28

PARA CELEBRAR VITÓRIAS
Êx 15.20; 1Sm 18.6,7

EM FESTAS RELIGIOSAS
2Cr 30.21

EM PARTICULAR,
PARA DELEITE PESSOAL
Is 5.12; Am 6.5

EM DANÇAS
Mt 11.17; Lc 15.25

EM FUNERAIS
Mt 9.23

EM COMEMORAÇÃO
A GRANDES HOMENS
2Cr 35.25

EM ADORAÇÃO A ÍDOLOS
Dn 3.5

PARA DIRIGIR A MOVIMENTAÇÃO
DOS EXÉRCITOS

> Porque, se a trombeta tocar de modo incerto, quem se preparará para a batalha? (1Co 14.8)

Sem música

Em momentos de aflição não se tocava música.

> ² Nos salgueiros que lá havia [na Babilônia], penduramos nossas harpas,
> ³ pois aqueles que nos levaram cativos nos pediam canções; e os que nos oprimiam pediam que os alegrássemos: Cantai-nos um dos cânticos de Sião.
> ⁴ Mas como entoaremos o cântico do SENHOR em terra estrangeira? (Sl 137.2-4)

A CESSAÇÃO DA MÚSICA
MARCAVA UMA CALAMIDADE

> O ressoar dos tamboris parou, o barulho do povo em festa cessou, e a alegria da harpa acabou. (Is 24.8)

> Em ti não se ouvirá mais o som de harpistas, de músicos, de flautistas e de trombeteiros; e nenhum artífice de arte alguma se encontrará mais em ti; e em ti não se ouvirá mais o ruído de moinho. (Ap 18.22)

A música ilustrava

- Alegria e felicidade. Sf 3.17; Ef 5.19
- Felicidade celestial

> Logo que pegou o livro, os quatro seres viventes e os vinte e quatro anciãos prostraram-se diante do Cordeiro, tendo cada um deles uma harpa e taças de ouro cheias de incenso, que são as orações dos santos.
> E cantavam um cântico novo, dizendo: Tu és digno de tomar o livro e de abrir seus selos, porque foste morto, e com o teu sangue compraste para Deus homens de toda tribo, língua, povo e nação.(Ap 5.8,9)

A era de ouro da música hebraica

O período de Samuel, Davi e Salomão foi a era de ouro da música hebraica, bem como da poesia hebraica.

A música era uma parte essencial da educação nas escolas dos profetas (1Sm 10.5; 19.19-24; 2Rs 3.15; 1Cr 25.6).

Surgiu uma classe de cantores profissionais (2Sm 19.35; Ec 2.8).

O templo era a grande escola de música. Durante os cultos de adoração no templo, eram usados grandes corais de cantores e instrumentistas treinados (2Sm 6.5; 1Cr 15.16; 23.5; 25.1-6).

Na vida particular, a música era grandemente apreciada pelos judeus (Ec 2.8; Am 6.4-6; Is 5.11,12; 24.8,9; Sl 137; Jr 48.33; Lc 15.25).

Música e adoração

Alguns dos salmos encorajam de forma relevante o uso de instrumentos musicais em nosso louvor a Deus.

¹ Aleluia! Louvai a Deus no seu santuário; louvai-o no firmamento, obra do seu poder!
² Louvai-o por seus atos poderosos; louvai-o segundo a excelência da sua grandeza!
³ Louvai-o ao som da trombeta; louvai-o com saltérios e harpas!
⁴ Louvai-o com danças e tamborins; louvai-o com instrumentos de cordas e com flautas!
⁵ Louvai-o com címbalos sonoros; louvai-o com címbalos retumbantes!
⁶ Todo ser que respira louve o SENHOR. Aleluia!

(Sl 150.1-6)

"Ao lado da Palavra de Deus, a nobre arte da música é o maior dos tesouros no mundo."

Martinho Lutero

PARTE DOIS

FATOS DE TODA A BÍBLIA

Sumário da parte dois resumido

Estatísticas da Bíblia	257
Inspiração bíblica	272
Entendendo a Bíblia	277
Leitura bíblica	286
Estudo bíblico	312
Ensinamento bíblico fundamental	321
Ensinamento bíblico em um catecismo	439
Oração	456
Principais palavras da Bíblia	462
Pai, Filho e Espírito Santo	498
Perseguição e martírio	527
Profecias e profetas	536
Tipos de literatura e tipologia	544
Eventos sobrenaturais	560

SUMÁRIO DA PARTE DOIS DETALHADO

Estatísticas da Bíblia
    Perguntas (P) fundamentais sobre a Bíblia respondidas (R)   257
    Fatos sobre a Bíblia   258
    Estatísticas bíblicas de toda a Bíblia   260
    Ligações entre o Novo e o Antigo Testamentos   265

Inspiração bíblica
    A importância da Bíblia   272
    A inspiração da Bíblia   275

Entendendo a Bíblia
    A Bíblia e as confissões   277
    Citações do Novo Testamento   281
    Interpretando a Bíblia   284

Leitura bíblica
    Pequena lista de passagens bíblicas famosas   286
    História da Bíblia   289
    Capítulos importantes da Bíblia   291
    Leituras bíblicas em tempos de necessidade   293
    Planejamentos de leitura bíblica   301

Estudo bíblico
    Introdução   312
    Memorizando a Bíblia   315
    Meditando na Bíblia   317

Ensinamento bíblico fundamental
    O que a Bíblia diz sobre   321

Ensinamento bíblico em um catecismo
    O Catecismo de Heidelberg   439

Oração
    Todas as orações na Bíblia   456

Principais palavras da Bíblia
    Glossário de palavras doutrinárias na Bíblia   462

Pai, Filho e Espírito Santo
    Os atributos de Deus Pai   498
    Títulos, descrições e nomes de Cristo   503

Os atributos de Deus, o Espírito Santo	522
A Trindade	525

Perseguição e martírio

Perseguição	527
Mártires bíblicos	531

Profecias e profetas

Profecias	536
Profetas	537

Tipos de literatura e tipologia

Poesia	544
Expressões idiomáticas e figuras de linguagem	545
Parábolas do Antigo Testamento	553
Tipologia	554
Tipos de Cristo	557

Eventos sobrenaturais

Milagres	560
Milagres do Antigo Testamento	562
Milagres realizados pelos seguidores de Deus	563
Visões	568
Sonhos	571

ESTATÍSTICAS DA BÍBLIA

PERGUNTAS (P) FUNDAMENTAIS SOBRE A BÍBLIA RESPONDIDAS (R)

P: Quantos livros há na Bíblia?
R: Há 66 livros na Bíblia.

P: Quantos livros há no Antigo Testamento?
R: Há 39 livros no Antigo Testamento.

P: Quantos livros há no Novo Testamento?
R: Há 27 livros no Novo Testamento.

P: O que significa "testamento"?
R: Testamento significa "aliança" ou "contrato".

P: Quem escreveu a Bíblia?
R1: A Bíblia foi escrita sob a inspiração do Espírito Santo.

R2: A Bíblia foi escrita por mais de quarenta autores.

P: Que tipos de pessoas escreveram a Bíblia?
R: Pessoas de todos os estilos de vida:
- Médicos
- Fazendeiros
- Pescadores
- Reis
- Líderes militares
- Filósofos
- Sacerdotes
- Pastores
- Fabricantes de tendas
- Teólogos

P: Quem escreveu mais no Antigo Testamento?
R: Moisés. Ele escreveu os primeiros cinco livros da Bíblia.

P: Quem escreveu o maior número de livros no Novo Testamento?
R: Paulo. Ele escreveu treze livros do Novo Testamento.

P: Quem escreveu o maior número de versículos no Novo Testamento?
R: Lucas. Ele escreveu o evangelho que leva o seu nome e o livro de Atos. Isso representa 28% do Novo Testamento.

As cartas de Paulo somam 2.033 versículos, mas o evangelho de Lucas e Atos totalizam 2.138 versículos.

P: Quando a Bíblia foi escrita?
R: A Bíblia foi escrita em um período de cerca de 1.550 anos.

Os primeiros livros do Antigo Testamento foram provavelmente escritos em torno do ano 1450 a.C.

O último livro do Novo Testamento foi provavelmente escrito antes de 100 d.C.

P: Qual é o livro mais antigo no Antigo Testamento?
R1: Jó. O livro de Jó é anônimo e, embora muitos estudiosos discordem da data exata de seus escritos, muitos acreditam que seja o primeiro livro da Bíblia a ter sido escrito.

R2: Gênesis, Êxodo, Levítico, Números e Deuteronômio. Aqueles que não acreditam que Jó seja o livro mais antigo geralmente dizem que os cinco primeiros livros da Bíblia são os mais antigos.

P: Qual é o último livro do Antigo Testamento a ter sido escrito?
R: O livro de Malaquias. Ele foi escrito por volta do ano 400 a.C.

P: Em quais idiomas foram escritos, originariamente, os livros da Bíblia?
R: Aproximadamente todo o Antigo Testamento foi escrito em hebraico. Há uns poucos versículos em aramaico.
Todo o Novo Testamento foi escrito em grego.

P: Quando se deu a primeira tradução para o inglês?
R: Em 1382, por John Wycliffe.

P: Quando se deu a primeira tradução para o português?
R: Em 1753, por João Ferreira de Almeida.

P: Quando foi impressa a primeira Bíblia?
R: A primeira Bíblia foi produzida em 1454 por Johannes Gutenberg.

P: Qual é a cópia mais antiga (ou quase completa) do Antigo Testamento?
R: O Códice Vaticano, 350 d.C. Está guardado na biblioteca do Vaticano, em Roma.

P: Qual é a cópia mais antiga de qualquer parte do Antigo Testamento?
R: Fragmentos da Bíblia dos manuscritos do mar Morto que foram datados do século II a.C.

P: Qual é o fragmento mais antigo do Novo Testamento?
R: Um recorte do evangelho de João, encontrado no Egito e que foi datado por volta de 125 d.C. Está guardado na biblioteca de Rayland, em Manchester, na Inglaterra.

P: Qual é o maior livro da Bíblia?
R: O livro de Salmo.

P: Qual é o menor livro da Bíblia?
R: 2João.

P: Qual o capítulo mais longo da Bíblia?
R: Salmo 119.

P: Qual o capítulo mais curto da Bíblia?
R: Salmo 117.

> Louvai ao SENHOR, todas as nações, exaltai-o todos os povos!
>
> Porque seu amor para conosco é grande, e a fidelidade do SENHOR dura para sempre! Aleluia!

P: Qual é o versículo mais longo da Bíblia?
R: Ester 8.9.

P: Qual o versículo mais curto da Bíblia?
R: João 11.35.

P: Quais livros da Bíblia não mencionam a palavra "Deus"?
R: O livro de Ester e Cantares.

FATOS SOBRE A BÍBLIA

NÚMERO DE CAPÍTULOS DO ANTIGO TESTAMENTO
O número médio de capítulos nos livros do Antigo Testamento é um pouco abaixo de 24 capítulos, 23,8 para ser preciso.

JEREMIAS
Há sete Jeremias diferentes na Bíblia! (1Cr 5.24; 12.4,10,13; 2Rs 23.30; Jr 1.1; 35.3).

As orações registradas em Jeremias 15 fazem dele o "profeta de oração", bem como o "profeta chorão".

SEM MENÇÃO A DEUS
Ester e Cantares são os dois únicos livros no Antigo Testamento (e em toda a Bíblia) que não mencionam Deus.

HEBREUS
Hebreus tem cerca de 102 referências ao Antigo Testamento. Hebreus usa mais de 20 nomes e títulos diferentes para Jesus Cristo.

2TIMÓTEO
2Timóteo é a mais pessoal das epístolas pastorais. Ela menciona 23 pessoas, e doze dessas não são mencionadas em nenhum outro lugar no Novo Testamento.

COLOSSENSES
A epístola aos Colossenses tem algumas palavras interessantes.
Há 55 palavras usadas em Colossenses que Paulo não usa em nenhum outro lugar!

APOCALIPSE
Apocalipse é o livro que tem mais referências ao Antigo Testamento. Um total de 278, mais do que qualquer outro livro do Novo Testamento!

GÁLATAS
Gálatas não tem nenhum louvor nem oração de gratidão.

ROMANOS
Mais citações do Antigo Testamento são usadas por Paulo em Romanos do que em todas as suas outras cartas juntas. Romanos é a carta mais longa do Novo Testamento, com 7.100 palavras.

PAULO
Paulo foi um homem que teve influência de quatro culturas: era cidadão romano, judeu que falava grego, hebreu e cristão.

PESSOAS E LUGARES
Há cerca de 3.000 pessoas diferentes na Bíblia e mais de 1.500 lugares citados.

Análise detalhada da Bíblia
Essas estatísticas são baseadas na *Versão King James* da Bíblia.

Livros da Bíblia
A Bíblia contém 66 livros:
   39 no Antigo Testamento
   27 no Novo Testamento

De capítulos a letras
Em toda a Bíblia há:
   1.189 capítulos
   31.173 versículos
   774.746 palavras
   3.566.480 letras

Análise detalhada do Antigo Testamento
   39 livros
   929 capítulos
   23.214 versículos
   593.493 palavras
   2.278.100 letras

Tipos de livros
   17 livros históricos
   5 livros poéticos
   17 livros proféticos

Centros
O livro central do Antigo Testamento é Provérbios.
   O capítulo central é Jó 20.
   Os versículos centrais são: 2Crônicas 20.17,18.

Mais curtos e mais longos
Livro mais curto: Obadias.
   Livro mais longo: Salmo.
   O versículo mais curto no Antigo Testamento é 1Crônicas 1.25.
   O versículo mais longo no Antigo Testamento é Ester 8.9 (89 palavras, 425 letras).

Os escritores do Antigo Testamento geralmente mencionam uns aos outros
Os primeiros cinco livros da lei são mencionados em Josué 1.7; 8.31; 23.6; 1Reis 2.3; 2Reis 14.6; 17.37; 18.6; 1Crônicas 16.40; 2Crônicas 17.9; 23.18; 30.5,16,18;

31.3; 35.26; Esdras 3.2,4; 6.18; 7.6; Daniel 9.11,13; Oseias 8.12.

Esdras é mencionado em Neemias 8.1; 12.32.

Neemias é mencionado em Esdras 2.2.

Isaías é mencionado em 2Reis 19.2; 2Crônicas 32.20.

Jeremias é mencionado em Daniel 9.2; 2Crônicas 36.22.

Jonas é mencionado em 2Reis 14.25.

Miqueias é mencionado em Jeremias 26.18.

Ageu é mencionado em Esdras 5.1; 6.14.

Zacarias é mencionado em Neemias 12.1,4,16; Esdras 5.1; 6.14.

Análise detalhada do Novo Testamento

27 livros
260 capítulos
7.959 versículos
181.253 palavras
838.380 letras

Tipos de livros

4 evangelhos
1 livro histórico
22 cartas
1 livro apocalíptico

Centros

O livro central do Novo Testamento é 2Tessalonissenses.

Os capítulos centrais do Novo Testamento são Romanos 8 e 9.

O versículo central é Atos 27.17.

MAIS CURTO E MAIS LONGO
Capítulo mais curto

Lucas 1

Livros mais curtos e mais longos

Livro mais curto: 3João, contando-se as palavras.

Livro mais curto: 2João, contando-se as palavras.

Livro mais longo: Lucas.

Versículos mais curtos e mais longos

O versículo mais curto é João 11.35.

O versículo mais longo é Apocalipse 20.4, com 68 palavras.

NÚMEROS

43: Os quatro evangelhos totalizam 43% do Novo Testamento.

12: Atos representa 12% do Novo Testamento.

38: As 21 cartas representam 38% do Novo Testamento.

7: O livro de Apocalipse representa 7% do Novo Testamento.

ESTATÍSTICAS BÍBLICAS DE TODA A BÍBLIA

PASSAGEM BÍBLICA-CHAVE

Terei prazer nos teus decretos; não me esquecerei da tua palavra.

Salmo 119.16

Centros

LIVROS CENTRAIS

Os livros centrais de toda a Bíblia são Miqueias e Naum.

CAPÍTULOS CENTRAIS

O Salmo 118 é o capítulo central de toda a Bíblia.

VERSÍCULO CENTRAL

O versículo central de toda a Bíblia é Salmo 118.8.

A Bíblia tem 594 capítulos antes do Salmo 118 e 594 capítulos após os Salmo 118.

Todos os capítulos da Bíblia, com exceção do Salmo 118, totalizam 1188 capítulos.

O versículo 8 do Salmo 118, é o central de toda a Bíblia.

O conteúdo do Salmo 118.8 poderia ser considerado a mensagem central da Bíblia:

> É melhor buscar refúgio no SENHOR do que confiar no homem. (Sl 118.8)

Mais curto e mais longo
LIVROS MAIS CURTOS E MAIS LONGOS
A pequena carta do Novo Testamento, 3João, contando-se as palavras, é o livro mais curto na Bíblia.

Salmo é o livro mais longo.

CAPÍTULOS MAIS CURTOS
E MAIS LONGOS
O Salmo 117 é o capítulo mais curto na Bíblia.

O Salmo 119 é o capítulo mais longo na Bíblia.

VERSÍCULOS MAIS CURTOS
E MAIS LONGOS
O versículo mais longo na Bíblia é Et 8.9.

O versículo mais curto na Bíblia é Jo 11.35: *Jesus chorou.*

O versículo mais curto na *Versão Almeida Século 21 (A21)* é Jó 3.2: *E disse:*

Os dez livros mais longos na Bíblia
O número de capítulos em um livro não necessariamente indica o comprimento do livro. Por exemplo, Isaías tem 66 capítulos, totalizando 37.044 palavras, mas os 50 capítulos de Gênesis totalizam 38.267 palavras.

De igual modo, o livro de Atos dos Apóstolos é geralmente considerado o mais longo do Novo Testamento, pois seus 28 capítulos representam mais que qualquer outro livro do Novo Testamento. No entanto, ele traz 1.007 versículos, que totalizam 24.250 palavras, ao passo que Lucas tem 24 capítulos, 1.151 versículos, totalizando 25.944 palavras. Portanto, nesse sentido, é correto afirmar que Lucas é o livro mais longo do Novo Testamento.

1. SALMO
150 capítulos, 2.461 versículos, 43.743 palavras.

2. JEREMIAS
52 capítulos, 1.364 versículos, 42.659 palavras.

3. EZEQUIEL
48 capítulos, 1.273 versículos, 39.407 palavras.

4. GÊNESIS
50 capítulos, 1.533 versículos, 38.267 palavras.

5. ISAÍAS
66 capítulos, 1.292 versículos, 37.044 palavras.

6. NÚMEROS
36 capítulos, 1.288 versículos, 39.902 palavras.

7. ÊXODO
40 capítulos, 1.213 versículos, 32.602 palavras.

8. DEUTERONÔMIO
34 capítulos, 959 versículos, 28.461 palavras.

9. 2CRÔNICAS
36 capítulos, 822 versículos, 26.074 palavras.

10. LUCAS
24 capítulos, 1.151 versículos, 25.944 palavras.

Os dez livros mais curtos na Bíblia
1. 3JOÃO
1 capítulo, 14 versículos, 299 palavras.

2. 2JOÃO
1 capítulo, 13 versículos, 303 palavras.

3. FILEMOM
1 capítulo, 25 versículos, 445 palavras.

4. JUDAS
1 capítulo, 25 versículos, 613 palavras.

5. OBADIAS
1 capítulo, 21 versículos, 670 palavras.

6. TITO
3 capítulos, 46 versículos, 921 palavras.

7. 2TESSALONICENSES
3 capítulos, 47 versículos, 1.042 palavras.

8. AGEU
2 capítulos, 38 versículos, 1.031 palavras.

9. NAUM
3 capítulos, 47 versículos, 1.285 palavras.

10. JONAS
4 capítulos, 48 versículos, 1.321 palavras.

Somente uma aparição
Palavra que só aparece uma vez na Bíblia: Avó. 2Tm 1.5.

Vinte e três letras do alfabeto
Vários versículos da Bíblia contêm todas, menos uma letra do alfabeto, de acordo com a *Versão King James*, em inglês:

TODAS, MENOS J
Ed 7.21 contém todas as letras do alfabeto, menos a letra j.

TODAS, MENOS Q
Js 7.24; 1Rs 1.9; 1Cr 12.40; 2Cr 36.10; Ez 28.13; Dn 4.37 e Ag 1.1 contêm todas as letras do alfabeto, menos a letra q.

TODAS, MENOS Z
2Rs 16.15 e 1Cr 4.10 contêm todas as letras do alfabeto, menos a letra z.

TODAS, MENOS K
Gl 1.14.

PASSAGEM BÍBLICA-CHAVE
Ensina-me a discernir e a entender, pois creio nos teus mandamentos.
(Sl 119.66).

Pessoas mais mencionadas na Bíblia
- Davi é mencionado 1.118 vezes.
- Moisés é mencionado 740 vezes.
- Arão é mencionado 339 vezes.
- Saul é mencionado 338 vezes.
- Abraão é mencionado 306 vezes.
- Salomão é mencionado 295 vezes.
- Jacó é mencionado 270 vezes.
- José é mencionado 208 vezes.
- Josué é mencionado 197 vezes.
- Paulo é mencionado 185 vezes.
- Pedro é mencionado 166 vezes.
- Joabe é mencionado 137 vezes.
- Jeremias é mencionado 136 vezes.
- Samuel é mencionado 135 vezes.
- Isaque é mencionado 127 vezes.

A segunda ocorrência de nome mais comum na Bíblia é "Jesus", que aparece 973 vezes.

As dez mulheres mencionadas com mais frequência na Bíblia
- Sara, esposa de Abraão, 57 vezes.
- Raquel, segunda esposa de Jacó, 47 vezes.
- Lia, primeira esposa de Jacó, 34 vezes.
- Rebeca, esposa de Isaque, 31 vezes.
- Jezabel, rainha ímpia, 23 vezes.
- Maria, mãe de Jesus, 19 vezes.
- Abigail, 19 vezes.
- Miriã, 15 vezes.
- Maria Madalena, 14 vezes.
- Hagar, concubina de Abraão, 14 vezes.
- Eva só é mencionada 4 vezes.

Os nomes mais longos encontrados na Bíblia, na Versão King James, em inglês

Palavras que não são nomes estão excluídas desta lista.

18 LETRAS
JONATH-ELEM-RECHO-KIM ["Jonate-elem-recoquim", na *A21*] no título do Salmo 56. Esse é o nome de uma canção e significa "A pomba nos terebintos distantes".

MAHER-SHALAL-HASH-BAZ ["Maer-Salal-Has-Baz", na *A21*] em Isaías 8.1. Esse é o nome dado ao filho de Isaías e significa "as riquezas de Damasco e os despojos de Samaria serão levados pelo rei da Assíria".

17 LETRAS
CUSHAN-RISH-A-THA-IM ["Cuchã-Risataim", na *A21*].
Jz 3.8

Os dez nomes que mais aparecem na Bíblia

As porcentagens dadas têm que ver com o número de livros da Bíblia. Como há 66 livros na Bíblia, e a palavra "Deus" aparece em 64 deles, todos, exceto em Ester e Cantares, considera-se que a palavra Deus aparece em 97% dos livros da Bíblia.

- DEUS aparece em 64 livros da Bíblia 97%.
- SENHOR aparece em 61 livros da Bíblia 92,4%.
- ISRAEL aparece em 47 livros da Bíblia 71,2%.
- JERUSALÉM aparece em 36 livros da Bíblia 54,5%.
- MOISÉS aparece em 31 livros da Bíblia 47%.
- JACÓ aparece em 29 livros da Bíblia 43,9%.
- DAVI aparece em 28 livros da Bíblia 42,4%.
- ABRAÃO aparece em 27 livros da Bíblia 40,9%.
- CRISTO aparece em 26 livros da Bíblia 39,4%.
- JESUS aparece em 26 livros da Bíblia 39,4%.

Os nomes mais curtos da Bíblia

- Ai, Josué 7.2
- Ar, Números 21.15
- Er, Gênesis 38.3
- Ir, 1Crônicas 7.12
- Nô, Jeremias 46.25
- Om, Ezequiel 30.17
- Pê, Salmo 119.129
- Sô, 2Reis 17.4
- Ur, Gênesis 11.28
- Uz, Gênesis 10.23

As maiores palavras encontradas na Bíblia em português, versões *A21* e *ACF*

10 LETRAS:
- Semelhança – Tg 3.9
- Corrompido – Gn 6.12
- Frutificar – Lv 26.9
- Consolação – Lc 6.24
- Libertador – 2Sm 22.2
- Onipotente – Sl 91.1
- Murmuraram – 1Co 10.10
- Iniquidade – Mq 3.10
- Abençoados – Gl 3.9
- Discípulos – Lc 7.18
- Jumentinho – Mc 11.7
- Humanidade – Jó 36.25
- Abimeleque – Jz 9.22

11 LETRAS:
- Ajuntamento – Sl 26.5
- Grandemente – 1Sm 12.18
- Eternamente – Jo 11.26
- Pensamentos – Sl 94.11
- Mandamentos – Jo 14.15
- Pensamentos – Mt 15.19
- Testemunhos - Sl 119.129
- Santificado – 1Tm 4.5
- Benignidade – Sl 136.9
- Regozijarei – Fp 1.18

- Eternamente – Dn 3.9
- Descansarás – Êx 34.21

12 LETRAS:
- Conhecimento – Pv 18.15
- Entendimento – Is 29.24
- Dificuldades – Sl 107.6
- Maravilhosas – Sl 145.5
- Inteligência – Jr 3.15
- Perseverança – Lc 8.15
- Prosperidade – Jó 21.13
- Tabernáculos – Jo 7.2
- Secretamente – Mt 2.7
- Enfermidades – Sl 103.3
- Humildemente – Mq 6.8
- Ensinamentos – Mc 7.7

13 LETRAS:
- Nabucodonosor – Jr 52.29
- Melquisedeque – Hb 5.10
- Envergonhavam – Gn 2.25
- Multiplicarei – Hb 6.14
- Continuamente – Sl 71.14
- Transgressões – Is 59.12
- Perpetuamente – Êx 15.18
- Transbordaram – Mt 7.25
- Atravessassem – 1Sm 9.4
- Incredulidade – Rm 11.23
- Trabalhadores – Mt 20.2
- Circuncidados – Gn 17.26

14 LETRAS:
- Abundantemente – Jó 36.28
- Resplandecente – Ap 19.8
- Misericordioso – Sl 112.4
- Passarinheiro – Pv 6.5
- Arrependimento – Lc 5.32
- Endemoninhados – Mt 8.33
- Escandalizados – Mt 24.10

15 LETRAS:
- Tessalonicenses – 1Ts 1.1
- Imprudentemente – Sl 106.33
- Verdadeiramente – Jo 6.55
- Sobrecarregados – Mt 11.28
- Suficientemente – Ap 12.8

- Insistentemente – Mc 5.23
- Cerimonialmente – Lc 11.38
- Providenciassem – Gn 12.20

16 LETRAS:
- Consequentemente – Mc 7.3
- Grandiosamente – Gn 17.6

17 LETRAS:
- Magnificentíssimo – Sl 104.1

Versículos idênticos
Em Sl 107, os versículos 8, 15, 21 e 31 são idênticos.

Coisas incomuns registradas na Bíblia
- Matusalém, que viveu 969 anos. Gn 5.27.
- Uma mula que falou com um homem. Nm 22.28-30.
- Uma cama que media 4,05 m de comprimento e 1,80 m de largura ["nove côvados de comprimento e quatro de largura, segundo o côvado comum"]. Dt 3.11.
- Mulheres que rasparam a cabeça antes de se casarem. Dt 21.11-13.
- O sol que parou por um dia. Js 10.13.
- Um exército com 700 homens canhotos. Jz 20.16.
- Um homem cujo cabelo pesava quase 3 quilos, sendo cortado anualmente. 2Sm 14.26.
- Um homem que tinha doze dedos nas mãos e doze nos pés. 2Sm 21.20.
- Um homem que teve setecentas esposas e trezentas concubinas. 1Rs 11.3.
- Um pai que teve 88 filhos. 2Cr 11.21.
- Um exército de 185.000 pessoas destruído em uma única noite. Is 37.36.
- Um homem cuja vida foi aumentada em 15 anos em resposta a sua oração. Is 38.1-5.
- Um dia em que o sol retrocedeu. Is 38.8.
- Uma prostituta que foi ancestral de Cristo. Mt 1.5.

LIGAÇÕES ENTRE O NOVO E O ANTIGO TESTAMENTOS

PASSAGEM BÍBLICA-CHAVE

Vós examinais as Escrituras, pois julgais ter nelas a vida eterna; e são elas que dão testemunho de mim.

(Jo 5.39)

Os dez livros do Antigo Testamento com mais referências no Novo Testamento

1. ISAÍAS
Há 419 referências ao livro de Isaías em 23 livros do Novo Testamento.

2. SALMO
Há 414 referências ao livro de Salmo em 23 livros do Novo Testamento.

3. GÊNESIS
Há 260 referências ao livro de Gênesis em 21 livros do Novo Testamento.

4. ÊXODO
Há 250 referências ao livro de Êxodo em 19 livros do Novo Testamento.

5. DEUTERONÔMIO
Há 208 referências ao livro de Deuteronômio em 21 livros do Novo Testamento.

6. EZEQUIEL
Há 141 referências ao livro de Ezequiel em 15 livros do Novo Testamento.

7. DANIEL
Há 133 referências ao livro de Daniel em 17 livros do Novo Testamento.

8. JEREMIAS
Há 125 referências ao livro de Jeremias em 17 livros do Novo Testamento.

9. LEVÍTICO
Há 107 referências ao livro de Levítico em 15 livros do Novo Testamento.

10. NÚMEROS
Há 73 referências ao livro de Números em quatro livros do Novo Testamento.

Ligações entre diferentes livros da Bíblia

GÊNESIS E APOCALIPSE
Foram observadas muitas semelhanças e contrastes entre o primeiro livro do Antigo Testamento e o último livro no Novo Testamento.

1. Gênesis, o livro do começo.
1. Apocalipse, o livro do fim.

2. A Terra criada (1.1).
2. A Terra destruída (21.1).

3. Primeira rebelião de Satanás.
3. Última rebelião de Satanás (20.3,7-10).

4. Sol, lua e estrelas para governar a Terra (1.14-16).
4. Sol, lua e estrelas conectados com o julgamento da Terra (6.13; 8.12; 16.8).

5. Sol para governar o dia (1.16).
5. Não há necessidade de sol (21.23).

6. Escuridão chamada de noite (1.5).
6. "Não haverá mais noite" (22.5).

7. Águas chamadas de mares (1.10).
7. "O mar já não existe" (21.1).

8. Um rio para abençoar a Terra (2.10-14).
8. Um rio para a Nova Terra (22.1,2).

9. Homem à imagem de Deus (1.26).
9. Homem dirigido por alguém à imagem de Satanás (13).

10. Entrada do pecado (3).
10. Desenvolvimento e fim do pecado (21.22).
11. Maldição proferida (3.14,17).
11. "Ali jamais haverá maldição" (22.3).
12. Entrada da morte (3.19).
12. "Não haverá mais morte" (21.4).
13. Querubins, mencionados pela primeira vez em relação com o homem (3.24).
13. Querubins, mencionados pela última vez em relação com o homem (4.6).
14. Homem expulso do Éden (3.24).
14. Homem restaurado (22).
15. Árvore da vida guardada (3.24).
15. "Direito à árvore da vida" (22.14).
16. Entrada da dor e do sofrimento (3.17).
16. Não haverá mais dor (21.4).
17. Uso de recursos como religião, arte e ciência para prazer, sem considerar Deus (4).
17. Religião, luxúria, arte e ciência, em sua plena glória, julgadas e destruídas por Deus (18).
18. Ninrode, grande rebelde e rei, além de opositor oculto de Deus, fundador da Babilônia (10.8,9).
18. A besta, a grande rebelde, um rei e professo opositor de Deus, a restauração da Babilônia (13-18).
19. Dilúvio divino para destruir a geração má (6-9).
19. Dilúvio de Satanás para destruir a geração eleita (12).
20. O arco-íris, sinal da aliança de Deus com a Terra (9.13).
20. O arco-íris, indicação da lembrança de Deus de sua aliança com a Terra (4.3; 10.1).
21. Sodoma e Egito, lugar de corrupção e tentação (13.19).
21. Sodoma e Egito de novo (representando espiritualmente Jerusalém) (11.8).

22. Confederação contra o povo derrocado de Abraão (14).
22. Confederação contra a semente derrocada de Abraão (12).
23. Casamento do primeiro Adão (2.18-23).
23. Casamento do último Adão (19).
24. Busca-se uma noiva para o filho de Abraão (Isaque), e ela é encontrada (24).
24. Noiva preparada e levada até o filho de Abraão (19.9). Veja Mt 1.1.
25. Dois anjos atuando por Deus em favor de seu povo (19).
25. Duas testemunhas atuando por Deus em nome de seu povo (11).
26. Semente prometida a possuir a porta de seus inimigos (22.17).
26. Semente prometida toma posse (11.18).
27. Cessou o domínio do homem e começou o de Satanás (3.24).
27. Terminou o domínio de Satanás, e o do homem foi restaurado (22).
28. A antiga serpente causa o pecado, sofrimento e morte (3.1).
28. A antiga serpente é presa por 1.000 anos (20.1-3).
29. Maldição da antiga serpente proferida (3.15).
29. Maldição sobre a antiga serpente executada (20.10).
30. Sol, lua e estrelas associados com Israel (37.9).
30. Sol, lua e estrelas associados outra vez com Israel (12).

Dez livros do Novo Testamento que contêm material de vários livros do Antigo Testamento

1. Apocalipse tem material de 32 livros do Antigo Testamento.
2. Lucas tem material de 31 livros do Antigo Testamento.

3. João tem material de 26 livros do Antigo Testamento.
4. Atos tem material de 25 livros do Antigo Testamento.
5. Marcos tem material de 24 livros do Antigo Testamento.
6. Romanos tem material de 23 livros do Antigo Testamento.
7. Hebreus tem material de 21 livros do Antigo Testamento.
8. 1Coríntios tem material de 18 livros do Antigo Testamento.
9. Tiago tem material de 17 livros do Antigo Testamento.
10. 1Pedro tem material de 15 livros do Antigo Testamento.

Citações do Antigo no Novo Testamento

Jesus fez citações de 22 livros do Antigo Testamento.

O livro de Hebreus cita o Antigo Testamento 85 vezes.

Apocalipse cita o Antigo Testamento 245 vezes.

As dez passagens do Antigo Testamento mais frequentemente citadas ou referenciadas no Novo Testamento

1. SALMO 110.1

> O SENHOR disse ao meu Senhor: Assenta-te à minha direita, até que eu ponha teus inimigos debaixo dos teus pés.

Esse versículo é citado ou referenciado dezoito vezes no Novo Testamento:
Mt 22.44; 26.64; Mc 12.36; 14.62; 16.19; Lc 20.42,43; 22.69; At 2.34,35; Rm 8.34; 1Co 15.25; Ef 1.20; Cl 3.1; Hb 1.3,13; 8.1; 10.12,13; 12.2

2. EZEQUIEL 1.26-28

Esses versículos são citados ou referenciados doze vezes no Novo Testamento:
Ap 4.2,3,9,10; 5.1,7,13; 6.16; 7.10,15; 19.14; 21.5

3. DANIEL 12.1

Esse versículo é citado ou referenciado onze vezes no Novo Testamento:
Mt 24.21; Mc 13.19; Fp 4.3; Jd 1.9; Ap 3.5; 7.14; 12.7; 13.8; 16.18; 17.18; 20.12

4. ISAÍAS 6.1

Esse versículo é citado ou referenciado onze vezes no Novo Testamento:
Ap 4.2,9,10; 5.1,7,13; 6.16; 7.10,15; 19.4; 21.5

5. 2CRÔNICAS 18.18; SL 47.8; 1REIS 22.19

Os três versículos acima são citados ou referenciados onze vezes no Novo Testamento:
Ap 4.2,9,10; 5.1,7,13; 6.16; 7.10,15; 19.4; 21.5

6. SALMO 2.7

> Proclamarei o decreto do SENHOR; ele me disse: Tu és meu filho, hoje te gerei.

Esse versículo é citado ou referenciado dez vezes no Novo Testamento:
Mt 3.17; 17.5; Mc 1.11; 9.7; Lc 1.49; At 13.33; Hb 1.5; 5.5

7. ISAÍAS 53.7

> Ele foi oprimido e afligido, mas não abriu a boca; como um cordeiro que é levado ao matadouro, e como a ovelha muda diante dos seus tosquiadores, ele não abriu a boca.

Esse versículo é citado ou referenciado dez vezes no Novo Testamento:
Mt 26.63; Mc 27.12,14; Mc 14.60,61; 15.4,5; 1Co 5.7; 1Pe 2.23; Ap 5.6,12; 13.8

8. AMÓS 3.13

> Ouvi e protestai contra a linhagem de Jacó, diz o SENHOR Deus, o Deus dos Exércitos.

Esse versículo é citado ou referenciado dez vezes no Novo Testamento:
Ap 1.8; 4.8,13; 11.17; 15.3; 16.7,14; 19.6,15; 21.22

9. AMÓS 4.13

Porque é ele quem forma os montes, cria o vento e diz ao homem o seu pensamento. Ele transforma a manhã em trevas e anda sobre os lugares altos da terra; o seu nome é SENHOR, o Deus dos Exércitos.

Esse versículo é citado ou referenciado dez vezes no Novo Testamento:
2Co 6.18; Ap 1.8; 4.8; 11.17; 15.3; 16.7,14; 19.6,15; 21.22

10. LEVÍTICO 19.18

Não te vingarás nem guardarás ódio contra gente do teu povo; pelo contrário, amarás o teu próximo como a ti mesmo. Eu sou o SENHOR.

Esse versículo é citado ou referenciado dez vezes no Novo Testamento:
Mt 5.43; 19.19; 22.39; Mc 12.31,33; Lc 10.27; Rm 12.19; 13.19; Gl 5.14; Tg 2.8

"No Antigo Testamento,
o Novo está oculto.
No Novo Testamento,
o Antigo é revelado."

Agostinho de Hipona

Citações do Antigo Testamento no Novo

A seguinte lista dá o número de citações diretas do Antigo Testamento no Novo Testamento. Elas estão ordenadas de acordo com a disposição dos livros da Bíblia do Novo Testamento.

Além desta lista, há centenas de alusões, ecos verbais e citações não diretas do Antigo Testamento no Novo Testamento.

Mateus 54
Marcos 28
Lucas 25
João 14
Atos 40
Romanos 60
1Coríntios 17
2Coríntios 10
Gálatas 10
Efésios 5
Filipenses 0
Colossenses 0
1Tessalonicenses 0
2Tessalonicenses 0
1Timóteo 1
2Timóteo 1
Tito 0
Filemom 0
Hebreus 37
Tiago 4
1Pedro 12
2Pedro 1
1João 0
2João 0
3João 0
Judas 0
Apocalipse 0

Lista de citações do Antigo Testamento e alusões a ele no Novo Testamento

Essas citações estão ordenadas de acordo com a disposição dos livros do Antigo Testamento.

Gn 1.27	Mt 19.4
Gn 5.2	Mc 10.6
Gn 2.2	Hb 4.4
Gn 2.7	1Co 15.45
Gn 2.24	Mt 19.5; Mc 10.7,8; 1Co 6.17; Ef 5.31
Gn 5.24	Hb 11.5
Gn 12.1	At 7.3
Gn 12.3	Gl 3.8
Gn 12.7	At 7.5
Gn 13.15	Gl 3.16
Gn 14.17-20	Hb 7.1,2
Gn 15.5	Rm 4.18
Gn 15.6	Rm 4.3,9,22; Gl 3.6; Tg 2.23
Gn 15.13,14	At 7.6,7
Gn 17.5	Rm 4.17

Gn 17.7	Gl 3.16	Lv 23.29	At 3.32
Gn 17.8	At 7.5	Lv 24.20	Mt 5.38
Gn 18.10	Rm 9.9	Lv 26.12	2Co 6.16
Gn 18.14	Rm 9.9	Nm 16	2Tm 2.19
Gn 21.10	Gl 4.30	Nm 27.17	Mt 9.36
Gn 21.22	Rm 9.7; Hb 11.18	Dt 4.3	Mc 12.32
Gn 22.16,17	Hb 6.13,14	Dt 4.24	Hb 12.29
Gn 22.18	At 3.15	Dt 5.16	Mc 7.10; Fp 6.2,3
Gn 25.23	Rm 9.12	Dt 5.16-20	Mc 10.1; Lc 18.20
Gn 38.8	Lc 20.28	Dt 5.17	Tg 2.11
Gn 47.31	Hb 11.21	Dt 6.4,5	Mc 12.29,30
Êx 1.8	At 7.18	Dt 6.5	Mt 22.37
Êx 2.14	At 7.27,28,38	Dt 6.5	Lc 10.27
Êx 3.5-10	At 7.33,34	Dt 6.13	Mt 4.10; Lc 4.8
Êx 3.6	Mt 22.32	Dt 6.16	Mt 4.7; Lc 4.12
Êx 3.15	Mc 12.26; At 3.13	Dt 8.3	Mt 4.4; Lc 4.4
Êx 4.16	Rm 9.17	Dt 9.4	Rm 10.6
Êx 5.2	At 7.30	Dt 9.19	Hb 12.21
Êx 5.18	Tg 2.11	Dt 17.7	1Co 5.13
Êx 12.46	Jo 19.36	Dt 18.15,16	At 7.37; 3.12
Êx 13.2	Lc 2.23	Dt 19.15	Mt 18.16; 2Co 13.1
Êx 16.18	2Co 8.15	Dt 21.23	Gl 3.13
Êx 19.6	1Pe 2.9	Dt 24.1,3	Mt 5.31; Mt 19.7; Mc 10.4
Êx 19.12,13	Hb 12.20		
Êx 20.12	Mt 15.4	Dt 24.14	Mc 10.19
Êx 20.12-16	Mt 19.18,19	Dt 25.4	1Co 9.9; 1Tm 5.18
Êx 20.13	Mt 5.21	Dt 25.5,7	Mt 22.24; Mc 12.19
Êx 20.13-17	Rm 13.2-9	Dt 27.26	Gl 3.10
Êx 20.14	Mt 5.27	Dt 29.3	Rm 11.8
Êx 20.17	Rm 7.7	Dt 30.12-14	Rm 10.6-8
Êx 21.17	Mt 15.4; Mc 7.10	Dt 31.6	Hb 13.5
Êx 21.24	Mt 5.38	Dt 32.21	Rm 10.19
Êx 22.27	At 23.5	Dt 32.35,36	Rm 12.19
Êx 23.20	Mc 1.2; Lc 7.27	Dt 32.43	Rm 15.10
Êx 24.8	Hb 9.20	1Sm 12.22	Rm 11.2
Êx 25.40	Hb 8.5	1Sm 13.14	At 13.22
Êx 32.1	At 7.40	2Sm 7.8	2Co 6.18
Êx 32.6	1Co 10.17	2Sm 7.14	Hb 1.5
Êx 33.19	Rm 9.15	2Sm 22.50	Rm 15.9
Lv 10.9	Lc 1.15	1Rs 19.10,12	Rm 11.3
Lv 12.8	Lc 2.24	1Rs 19.18	Rm 11.4
Lv 18.5	Rm 10.5; Gl 3.12	2Rs 1.10,11	Lc 9.54; Ap 20.9
Lv 19.2	1Pe 1.16	1Cr 17.13	Ap 21.7
Lv 19.12; 30.2	Mt 5.33	2Cr 18.16; 30.2	Mc 6.34
Lv 19.18	Mc 12.33	Jó 5.13	1Co 3.19
Lv 19.18	Mt 5.43; 19.19; 22.39	Jó 16.19	Mc 11.10
Lv 19.18	Mc 12.31; Gl 5.14; Tg 2.8	Jó 41.3	Rm 11.35
		Sl 2.1,2	At 4.25,26

Sl 2.7	At 13.33; Hb 1.5; 5.5	Sl 110.1	Mt 22.44; Mc 12.36; Lc 20.42,43; At 2.34, 35; Hb 1.13
Sl 2.9	Ap 2.26,27		
Sl 4.5	Ef 4.26		
Sl 5.10	Rm 3.13	Sl 110.4	Hb 5.6-10; 7.17,21
Sl 6.9	Mt 7.23	Sl 111.2	Ap 15.3,4
Sl 8.3	Mt 21.16	Sl 112.9	2Co 9.9
Sl 8.5-7	Hb 2.6-8; 1Co 15.27	Sl 116.10	2Co 4.13
Sl 10.7	Rm 3.14	Sl 117.2	Rm 15.11
Sl 14.1-3	Rm 3.10-12	Sl 118.6	Hb 13.6
Sl 16.8-11	At 2.25-28; 2.31; 13.35	Sl 118.22,23	Mt 21.42; Mc 12.10,11; Lc 20.17
Sl 19.5	Rm 10.18	Sl 118.22	At 4.11; 1Pe 2.7
Sl 22.2	Mt 27.46; Mc 15.34;	Sl 118.25,26	Mt 21.9; Mc 11.9,10; Jo 12.13; Mt 23.39
Sl 22.19	Jo 19.24; Mt 27.35; Mc 15.24; Lc 23.24	Sl 118.26	Lc 13.35; Lc 19.38
Sl 22.23	Hb 2.12	Sl 132.11	At 2.30
Sl 24.1	1Co 10.26	Sl 135.14	Hb 10.30
Sl 31.6	Lc 23.46	Pv 3.11,12	Hb 12.5,6
Sl 32.1,2	Rm 4.7,8	Pv 3.34	Tg 4.6; 1Pe 5.5
Sl 34.9	1Pe 2.3	Pv 11.31	1Pe 4.18
Sl 34.13-17	1Pe 3.10-12	Pv 24.12	Rm 2.6
Sl 34.21	Jo 15.25	Pv 25.21,22	Rm 12.20
Sl 36.2	Rm 3.18	Pv 26.11	2Pe 2.22
Sl 40.10	Hb 10.5-7	Is 1.9	Rm 9.29
Sl 41.10	Jo 13.18	Is 6.9,10	Mt 13.14,15; Mc 4.12; At 28.26,27
Sl 42.6,12	Mt 26.38		
Sl 43.5	Mc 14.34	Is 6.9	Lc 8.10
Sl 44.23	Rm 8.36	Is 6.10	Jo 12.40
Sl 45.7,8	Hb 1.8,9	Is 7.14	Mt 1.23
Sl 51.6	Rm 3.4	Is 8.12,13	1Pe 3.14,15
Sl 62.13	Mt 16.27	Is 8.17,18	Hb 2.13
Sl 68.19	Ef 4.8	Is 8.23–Is 9.1	Mt 4.15,16
Sl 69.10	Jo 2.17	Is 11.10	Rm 15.12
Sl 69.23,24	Rm 11.9,10	Is 13.10	Mt 24.29; Mc 13.24,25
Sl 69.26	At 1.20	Is 22.13	1Co 15.32
Sl 78.2	Mt 13.35	Is 25.8	1Co 15.54; Ap 7.17
Sl 78.24	Jo 6.31	Is 26.19	Mt 11.5
Sl 82.6	Jo 10.34	Is 26.20	Hb 10.37,38
Sl 86.9	Ap 15.4	Is 28.11,12	1Co 14.21
Sl 91.11,12	Mt 4.6; Lc 4.10,11	Is 29.13	Mt 15.8,9; Mc 1.3; Jo 1.23
Sl 94.11	1Co 3.20		
Sl 95.7	Hb 1.6	Is 34.4	Lc 21.26
Sl 95.7-11	Hb 3.7-11; 3.15; 4.3,5,7	Is 35.5,6	Lc 7.22
		Is 40.6-8	1Pe 1.24,25
Sl 102.26-28	Hb 1.10-12	Is 40.13	Rm 11.34; 1Co 2.16
Sl 104.4	Hb 1.7	Is 42.1-4	Mt 12.18-21
Sl 104.12	Mt 13.32; Mc 4.32; Lc 13.19	Is 45.23	Rm 14.11
		Is 49.6	At 13.47

Is 49.8	2Co 6.2	Dn 3.6	Mt 13.42,50
Is 52.5	Rm 2.24	Dn 7.13	Mt 24.30; 26.64; Mc
Is 52.7	Rm 10.15		13.26; 14.62;
Is 52.11	2Co 6.17		Lc 21.27; 22.69
Is 52.15	Rm 15.21	Dn 9.27	Mt 24.15
Is 53.1	Jo 12.38; Rm 8.17	Dn 11.31	Mc 13.14
Is 53.7,8	At 8.32,33	Os 2.1,3	Rm 9.25-28
Is 53.9	1Pe 2.23	Os 6.6	Mt 9.13; Mt 12.7
Is 53.12	Lc 22.37	Os 10.8	Lc 23.30; Ap 6.16
Is 54.1	Gl 4.27	Os 11.1	Mt 2.15
Is 54.13	Jo 6.45	Os 13.14	1Co 15.55
Is 55.3	At 13.34	Jl 3.1-5	At 2.17-21; Rm 10.13
Is 55.10	2Co 9.10	Am 5.25-27	At 7.42,43
Is 56.7	Mt 21.13	Am 9.11,12	At 15.16,17
Is 59.7,8	Rm 3.15-17	Jn 2.1	Mt 12.40
Is 59.20,21	Rm 11.26,27	Mq 5.1	Mt 2.6
Is 61.1,2	Lc 4.18,19	Mq 7.6	Mt 10.35,36
Is 62.11	Mt 21.5	Hc 1.5	At 13.41
Is 64.3	1Co 2.9	Hc 2.3,4	Rm 1.17; Gl 3.11
Is 65.1,2	Rm 10.10-21	Ag 2.6,21	Hb 12.26
Is 65.17	2Pe 3.13	Zc 8.16	Ef 4.25
Is 66.1,2	At 7.49,50	Zc 9.9	Jo 12.15
Jr 5.21	Mc 8.18	Zc 11.12,13	Mt 27.9,10
Jr 7.11	Mc 11.17; Lc 19.46	Zc 12.10	Jo 19.37
Jr 9.23	1Co 1.31; 2Co 10.17	Zc 13.7	Mt 26.31; Mc 14.27
Jr 31.15	Mt 2.18	Ml 1.2,3	Rm 9.13
Jr 31.31-34	Hb 8.8-12	Ml 3.1	Mt 11.10
Ez 11.20	Ap 21.7	Ml 3.23,24	Mt 17.10,11
Ez 37.5,10	Ap 11.11		

INSPIRAÇÃO BÍBLICA

A IMPORTÂNCIA DA BÍBLIA

■ Visão geral

Os cristãos levam a Bíblia a sério assim como o fez Jesus.

Nossa visão da Bíblia deve ser moldada por:

1. O que Jesus disse acerca das Escrituras;
2. O que as Escrituras dizem sobre elas mesmas.

O que Jesus disse acerca das Escrituras

EXAMINE AS ESCRITURAS

> Vós examinais as Escrituras, pois julgais ter nelas a vida eterna; e são elas que dão testemunho de mim. (Jo 5.39)

AS ESCRITURAS APONTAM PARA JESUS

> E, começando por Moisés e todos os profetas, explicou-lhes o que constava a seu respeito em todas as Escrituras. (Lc 24.27)

A IGNORÂNCIA DAS ESCRITURAS LEVA AO ERRO

> Jesus, porém, lhes respondeu: Este é o vosso erro: não conheceis as Escrituras nem o poder de Deus. (Mt 22.29)

JESUS VEIO PARA CUMPRIR AS ESCRITURAS

> Não penseis que vim abolir a Lei ou os Profetas; não vim abolir, mas cumprir. Pois em verdade vos digo: Antes que o céu e a terra passem, de modo nenhum passará uma só letra ou um só traço da Lei, até que tudo se cumpra. (Mt 5.17,18)

ELAS JAMAIS PASSARÃO

> Todavia, é mais fácil o céu e a terra passarem do que cair um pequeno ponto da lei. (Lc 16.17)

> Céu e terra passarão, mas as minhas palavras nunca. (Mt 24.35)

AS ESCRITURAS NÃO PODEM SER ANULADAS

> A Escritura não pode ser anulada. (Jo 10.35)

AS ESCRITURAS SÃO A AUTORIDADE FINAL

> Mas Jesus lhe respondeu: Está escrito: Nem só de pão o homem viverá, mas de toda palavra que sai da boca de Deus. [...] Jesus lhe respondeu: Também está escrito: Não tentarás o Senhor teu Deus. [...]. Então Jesus lhe ordenou: Vai-te, Satanás; pois está escrito: Ao Senhor teu Deus adorarás e só a ele prestarás culto. (Mt 4.4,7,10)

AS ESCRITURAS SÃO HISTORICAMENTE VERDADEIRAS

> Pois, assim como Jonas esteve três dias e três noites no ventre do grande peixe, assim o Filho do homem estará três dias e três noites no coração da terra... (Mt 12.40)

AS ESCRITURAS SÃO VERDADEIRAS

> Santifica-os na verdade, a tua palavra é a verdade. (Jo 17.17)

O que a Bíblia diz sobre si mesma

A BÍBLIA É INSPIRADA POR DEUS

> Toda a Escritura é divinamente inspirada e proveitosa para ensinar, para repreender, para corrigir, para instruir em justiça; a fim de que o homem de Deus tenha capacidade e pleno preparo para realizar toda boa obra. (2Tm 3.16,17)

A BÍBLIA FOI ORIGINARIAMENTE ESCRITA POR MEIO DO ESPÍRITO SANTO

Saibam antes de tudo que nenhuma profecia das Escrituras é de interpretação particular. Pois a profecia nunca foi produzida por vontade humana, mas homens falaram da parte de Deus, conduzidos pelo Espírito Santo. (2Pe 1.20,21).

A BÍBLIA TORNA AS PESSOAS SÁBIAS

A lei do Senhor é perfeita e restaura a alma; o testemunho do Senhor é fiel e dá sabedoria aos simples. (Sl 19.7)

A BÍBLIA PRODUZ GOLPES DE MARTELO

Não é a minha palavra como fogo, diz o Senhor, e como martelo que esmaga a rocha? (Jr 23.29)

A BÍBLIA TRAZ CURA

Em sua angústia, clamaram ao Senhor, e ele os livrou das suas aflições. Enviou sua palavra e os curou, livrando-os da destruição. (Sl 107.19,20)

A BÍBLIA FAZ SURGIR A VIDA ESPIRITUAL

Fostes regenerados não de semente perecível, mas imperecível, pela palavra de Deus, que vive e permanece. Porque toda pessoa é como a relva, e toda sua glória, como a flor da relva. Seca-se a relva, e cai a sua flor, mas a palavra do Senhor permanece para sempre. E essa é a palavra que vos foi evangelizada. (1Pe 1.23-25)

A BÍBLIA PODE SER UMA ARMA DE ATAQUE, COMO UMA ESPADA

Tomai também [...] a palavra de Deus. (Ef 6.17)

NINGUÉM PODE COMBATER A PALAVRA DE DEUS

Porque, assim como o céu é mais alto do que a terra, os meus caminhos são mais altos que os vossos caminhos, e os meus pensamentos mais altos que os vossos pensamentos. Porque, assim como a chuva e a neve descem dos céus e não voltam para lá, mas regam a terra e a fazem produzir e brotar, para que dê semente ao semeador e pão ao que come, assim será a palavra que sair da minha boca; não voltará para mim vazia, mas fará o que me agrada e cumprirá com êxito o propósito da sua missão. (Is 55.9-11)

A BÍBLIA PENETRA NO ÂMAGO DA MATÉRIA

Porque a palavra de Deus é viva e eficaz, mais cortante que qualquer espada de dois gumes; penetra até o ponto de dividir alma e espírito, juntas e medulas, e é capaz de perceber os pensamentos e intenções do coração. (Hb 4.12)

A PALAVRA DO SENHOR PRODUZIU A CRIAÇÃO

Porque a palavra do Senhor é reta; e todas as suas obras são fiéis. Ele ama a retidão e a justiça; a terra está cheia do amor do Senhor. Os céus foram feitos pela palavra do Senhor, e todo o exército deles, pelo sopro da sua boca. Ele ajunta as águas do mar como num montão; faz dos abismos depósitos. Tema ao Senhor toda a terra; temam-no todos os moradores do mundo. Pois ele falou, e tudo se fez; ele mandou, e logo tudo apareceu. (Sl 33.4-9)

Os cristãos e a Bíblia

Os nove pontos seguintes sobre a Bíblia indicam quanto as Escrituras são importantes para os cristãos.

ESTUDE A BÍBLIA

Procura apresentar-te aprovado diante de Deus, como obreiro que não tem de que se envergonhar, que maneja bem a palavra da verdade. (2Tm 2.15).

USE A BÍBLIA COMO INSTRUMENTO DE TESTEMUNHO

Considerai como salvação a paciência de nosso Senhor, assim como o nosso *amado irmão Paulo também vos escreveu, segundo a sabedoria que lhe foi concedida.* (2Pe 3.15)

DEFENDA-SE DO PECADO COM O AUXÍLIO DA BÍBLIA
Guardei a tua palavra no meu coração para não pecar contra ti. (Sl 119.11)

MEDITE NA BÍBLIA
Não afastes de tua boca o livro desta lei, antes medita nele dia e noite, para que tenhas cuidado de obedecer a tudo o que nele está escrito; assim farás prosperar o teu caminho e serás bem-sucedido. (Js 1.8)

A BÍBLIA NOS EQUIPA PARA O VIVER CRISTÃO
Toda a Escritura é divinamente inspirada e proveitosa para ensinar, para repreender, para corrigir, para instruir em justiça; a fim de que o homem de Deus tenha capacidade e pleno preparo para realizar toda boa obra. (2Tm 3.16,17)

A BÍBLIA NOS AJUDA A NOS MANTERMOS SANTOS
Como o jovem guardará puro o seu caminho? Vivendo de acordo com a tua palavra. Tenho-te buscado de todo o coração; não permitas que me desvie dos teus mandamentos. Guardei a tua palavra no meu coração para não pecar contra ti. (Sl 119.9-11)

BUSQUE A ORIENTAÇÃO DE DEUS ATRAVÉS DA BÍBLIA
Quando caminhares, isso te guiará; quando deitares, te guardará; quando acordares, falará contigo. (Pv 6.22)

A BÍBLIA NOS PROTEGE
Toda palavra de Deus é pura; ele é um escudo para os que nele confiam. (Pv 30.5)

A MENSAGEM DA BÍBLIA DEVE SER DISSEMINADA
Por isso, nós também não deixamos de agradecer a Deus, pois quando ouvistes de nós a sua palavra, não a recebestes como palavra de homens, mas como a palavra de Deus, como de fato é, a qual também atua em vós, os que credes. (1Ts 2.13)

A autoridade da Bíblia

Os cristãos afirmam que a autoridade de Deus está por trás da Bíblia.

A autoridade da Bíblia deriva de ela ser inspirada.

Podemos crer e nos comportar de acordo com seus ensinos porque ela é a revelação de Deus para todas as épocas. A Bíblia não é uma mera compilação de sabedoria humana.

"Quando as questões sobre a revelação e inspiração da Bíblia forem respondidas, a questão da autoridade terá sido resolvida. Em outras palavras, o modo como alguém vê a revelação e inspiração determina o modo como ele vê a autoridade da Bíblia. [...] Uma vez que a revelação escrita de Deus foi registrada sob a superintendência do Espírito, o "sopro de Deus", ela é, portanto, autoritativa – tão autoritativa quanto aquele que a deu.

"A autoridade das Escrituras não podem ser separadas da autoridade de Deus. Tudo que a Bíblia afirma, Deus afirma. E o que a Bíblia afirma (ou nega), ela afirma (ou nega) com a autoridade de Deus."

Robert Lightner

"Se Deus inspirou todas as Escrituras (como já vimos que o fez), então as Escrituras estão revestidas com sua autoridade."

Rene Pache

A INSPIRAÇÃO DA BÍBLIA

■ Visão geral

Nós falamos dos escritos de Shakespeare como inspirados. No entanto, os cristãos acreditam que a Bíblia é divinamente inspirada de um modo exclusivo a ela.

Essa inspiração veio quando o Espírito Santo usou seres humanos para produzir as Escrituras a fim de que eles escrevessem precisamente o que Deus queria que eles escrevessem.

Doutrina da inspiração

A doutrina da inspiração da Bíblia contém, pelo menos, sete elementos:

1. ORIGEM DIVINA
A origem da Bíblia é divina.

2. AÇÃO HUMANA
De fato, a Bíblia foi escrita sob o poder do Espírito Santo, mas também pela ação de seres humanos.

3. A BÍBLIA É VERBALMENTE INSPIRADA
A Bíblia é um livro que consiste em palavras, portanto pode ser dito que ela é verbalmente inspirada.

4. OS CRISTÃOS ACREDITAM NA PLENA INSPIRAÇÃO DA BÍBLIA
Toda a Bíblia, e não somente partes dela, é divinamente inspirada.

5. SOMENTE OS AUTÓGRAFOS SÃO INSPIRADOS
Somente os autógrafos, os documentos que os autores bíblicos escreveram, são inspirados. Se a *Versão King James* ou qualquer outra versão da Bíblia contiver um pequeno erro, isso não subverte a inspiração de toda a Bíblia, pois os cristãos somente acreditam que a Bíblia, conforme originariamente escrita, tenha sido inspirada por Deus.

6. A BÍBLIA É INFALÍVEL
Os cristãos são felizes em afirmar que a Escritura, por ser divinamente inspirada, é infalível e nela não há erros.

7. A BÍBLIA É A AUTORIDADE FINAL
Uma vez que a Escritura é inspirada e infalível, conclui-se que ela, e ela por si só, tem autoridade final em todos os assuntos de ensinamento e vivência cristãos.

Uma questão de lógica

O SEGUINTE SILOGISMO FOI PROPOSTO:
Premissa principal:
   Deus é verdadeiro (Rm 3.4).
Premissa secundária:
   Deus inspirou as Escrituras (2Tm 3.16).
Conclusão:
   Portanto, as Escrituras são verdadeiras (Jo 17.17).

A verdade e a palavra de Deus

A verdade é um dos atributos de Deus: (Jr 10.10; Jo 1.14; 14.6; 17.3).

Assim, quando ele fala, fala verdadeiramente. Deus nunca mente (Nm 23.19; 1Sm 15.29; Tt 1.2; Rm 3.3,4).

Paulo declara que a Escritura é "inspirada" por Deus (2Tm 3.16).

Desse modo, tudo o que Deus inspira é verdadeiro. Portanto, a palavra de Deus é verdadeira (Jo 17.14,17; cf. Sl 119.142,151,160; Ap 21.5; 22.6).

O Espírito Santo é o agente da inspiração

A carta 2Pedro 1.21 afirma: *Pois a profecia nunca foi produzida por vontade humana, mas homens falaram da parte de Deus, conduzidos pelo Espírito Santo.*

A palavra "conduzidos" nesse versículo significa literalmente ser "levados" ou "carregados".

Portanto, enquanto os seres humanos foram usados no processo de escrever a palavra de Deus, eles foram todos literalmente "levados" pelo Espírito Santo.

Pelo fato de terem sido carregados pelo Espírito de Deus, eles não registraram suas próprias ideias falíveis e imperfeitas, e sim a revelação perfeita de Deus.

O Antigo Testamento declara que o Espírito Santo fala por meio de seus escritores.

> *O Espírito do SENHOR fala por meu intermédio, e a sua palavra está na minha boca.*
>
> *O Deus de Israel falou, a Rocha de Israel me disse: Quando um justo governa sobre os homens, quando governa no temor de Deus.* (2Sm 23.2,3)

A inspiração divina e o Novo Testamento

Jesus prometeu a seus seguidores que seria o trabalho do Espírito Santo que concederia um relato preciso dos eventos de sua vida.

> *Mas o Consolador, o Espírito Santo a quem o Pai enviará em meu nome, ele vos ensinará todas as coisas e vos fará lembrar de tudo o que eu vos tenho dito...* (Jo 14.26)

A autoridade divina afirmada pelos escritores bíblicos

Alguns dos escritores do Novo Testamento são conhecidos por terem afirmado possuir autoridade divina para seus escritos.

Em 1Coríntios 2.13, o apóstolo Paulo disse o seguinte: *Também falamos dessas coisas, não com palavras ensinadas pela sabedoria humana, mas com palavras ensinadas pelo Espírito Santo, comparando coisas espirituais com espirituais.*

Paulo afirmou que o que ele escreveu foi-lhe concedido pelo Espírito Santo.

Em 1Coríntios 14.37, Paulo afirma: *Se alguém se considera profeta ou espiritual, reconheça que as coisas que vos escrevo são mandamentos do Senhor.*

Paulo declara que as palavras que escreveu foram mandamentos de Deus, e não sabedoria humana.

Em 1Tessalonicenses 2.13, Paulo assim falou aos seus amigos em Tessalônica: *Por isso, nós também não deixamos de agradecer a Deus, pois quando ouvistes de nós a sua palavra, não a recebestes como palavra de homens, mas como a palavra de Deus, como de fato é, a qual também atua em vós, os que credes.*

Por esse versículo, fica claro que Deus usou Paulo para transmitir suas palavras aos seus leitores.

ENTENDENDO A BÍBLIA

A BÍBLIA E AS CONFISSÕES

■ Confissão de Westminster

A *Confissão* foi comissionada a partir de uma assembleia de 121 ministros puritanos em Westminster Abbey, conhecida como a Assembleia de Westminster, que se congregou em 1643 com o objetivo de elaborar documentos oficiais para a reforma da Igreja da Inglaterra. Desde que foi escrita, em 1646, tem sido admirada como um parâmetro confiável para a explicação da doutrina bíblica.

A composição das Escrituras

Apesar de a luz da natureza e a maravilha da criação, além da própria providência, testemunharem da bondade, sabedoria e poder de Deus, a fim de que nenhum homem se ache desculpável (Sl 19.1-3; Rm 1.19,20,32; Rm 2.1,14,15), essas coisas em si não são o bastante para fornecer aquele conhecimento de Deus e de sua vontade, necessário para a salvação (1Co 1.21; 2.13,14).

Portanto, Deus se agradou, em diferentes épocas e diferentes maneiras, ao se revelar e declarar sua vontade a sua igreja (Hb 1.1); e, depois disso, para melhor preservar e propagar a verdade, e para o estabelecimento mais evidente e conforto da igreja contra a corrupção da carne, a maldade de Satanás e do mundo, para comprometer por completo seus desígnios por meio da escrita (Pv 22.19-21; Is 8.19,20; Mt 4.4,7,10; Lc 1.3,4; Rm 15.4); o que torna as Escrituras Sagradas cada vez mais necessárias (2Tm 3.15; 2Pe 1.19); e esses primeiros métodos de Deus revelar sua vontade para o seu povo agora cessaram (Hb 1.1,2).

No passado, por meio dos profetas, Deus falou aos pais muitas vezes e de muitas maneiras; nestes últimos dias, porém, ele nos falou pelo Filho, a quem designou herdeiro de todas as coisas e por meio de quem também fez o universo. (Hb1.1,2).

Os livros da Bíblia

Sob o nome de Escrituras Sagradas, ou a Palavra de Deus escrita, a Bíblia hoje contém os livros do Antigo e Novo Testamentos: Todos os que foram dados por inspiração de Deus para servirem como regra de fé e vida (Lc 16.29,31; Ef 2.20; 2Tm 3.16; Ap 22.18,19).

Dou testemunho a todo que ouvir as palavras da profecia deste livro; se alguém lhes acrescentar alguma coisa, Deus lhe acrescentará as pragas escritas neste livro; e se alguém tirar alguma coisa das palavras do livro desta profecia, Deus lhe tirará a sua parte da árvore da vida e da cidade santa, descritas neste livro. (Ap 22.18,19)

Os Apócrifos

Os livros comumente chamados de apócrifos, sem inspiração divina, não fazem parte do cânon das Escrituras; e, portanto, não são autoridade na igreja de Deus, nem devem ser de outra forma aprovados, nem se pode tirar algum proveito deles mais que de quaisquer outros escritos humanos (Lc 24.27,44; Rm 3.2; 2Pe 1.21).

A autoridade da Escritura

A autoridade da Escritura Sagrada, por meio da qual ela é digna de confiança e obediência, não depende do testemunho de nenhum homem, de nenhuma igreja; mas é inteiramente de Deus (a verdade), o autor dela: assim, ela deve ser recebida porque é a Palavra de Deus (1Ts 2.13; 2Tm 3.16; 2Pe 1.19,21; 1Jo 5.9).

LIVROS DO ANTIGO TESTAMENTO	LIVROS DO NOVO TESTAMENTO
Gênesis	Mateus
Êxodo	Marcos
Levítico	Lucas
Números	João
Deuteronômio	Atos
Josué	Romanos
Juízes	1Coríntios
Rute	2Coríntios
1Samuel	Gálatas
2Samuel	Efésios
1Reis	Filipenses
2Reis	Colossenses
1Crônicas	1Tessalonicenses
2Crônicas	2Tessalonicenses
Esdras	1Timóteo
Neemias	2Timóteo
Ester	Tito
Jó	Filemom
Salmos	Hebreus
Provérbios	Tiago
Eclesiastes	1Pedro
Cantares	2Pedro
Isaías	1João
Jeremias	2João
Lamentações	3João
Ezequiel	Judas
Daniel	Apocalipse
Oseias	
Joel	
Amós	
Obadias	
Jonas	
Miqueias	
Naum	
Habacuque	
Sofonias	
Ageu	
Zacarias	
Malaquias	

Assim, temos ainda mais firme a palavra profética. E fazeis bem em estar atentos a ela, como a uma candeia que ilumina um lugar escuro, até que o dia amanheça e a estrela da alva surja em vosso coração. Saibam antes de tudo que nenhuma profecia das Escrituras é de interpretação particular. Pois a profecia nunca foi produzida por vontade humana, mas homens falaram da parte de Deus, conduzidos pelo Espírito Santo.
(2Pe 1.19-21)

O trabalho interior do Espírito Santo

Nós podemos ser movidos e induzidos pelo testemunho da igreja a uma estima elevada e reverente das Sagradas Escrituras (1Tm 3.15).

A santidade desse assunto, a eficácia da doutrina, a majestade do estilo, o consentimento de todas as partes, o escopo do todo (ou seja, render a Deus toda a glória), a revelação total (ou seja, a única maneira de salvação do homem), as muitas outras excelências incomparáveis e toda a sua perfeição são argumentos por meio dos quais ela demonstra bastante evidência em si mesma de ser a Palavra de Deus. No entanto, ainda assim, nosso total convencimento e certeza da verdade infalível e autoridade divina da Bíblia vem do trabalho interno do Espírito Santo levando o testemunho da palavra de Deus ao nosso coração.

(Veja Is 59.21; Jo 16.13,14; 1Co 2.10-12; 1Jo 2.20,27.)

Todas as recomendações de Deus

Todas as recomendações de Deus com relação a todas as coisas necessárias para:

- Sua própria glória;
- A salvação do homem;
- Fé;
- Vida.

Estão expressamente anotadas nas Escrituras ou, de maneira boa e necessária, podem ser deduzidas a partir delas: nas quais nada, em nenhuma época, deve ser adicionado, quer por novas revelações do Espírito quer por tradições de homens (Gl 1.8,9; 2Ts 2.2; 2Tm 3.15-17).

No entanto, reconhecemos que a iluminação interior do Espírito de Deus é necessária para uma compreensão mais completa das coisas reveladas na palavra de Deus (Jo 6.45; 1Co 2.9,10,12), e que há algumas circunstâncias a respeito da adoração a Deus e da administração da igreja, comum às ações humanas e sociedades, que devem ser comandadas pela natureza e prudência cristãs, de acordo com as regras gerais da Palavra, que devem ser sempre observadas.

(Veja 1Co 11.13,14; 14.26,40).

Coisas necessárias para salvação

Todas as coisas nas Escrituras não são igualmente compreensíveis, nem estão igualmente claras para todos (2Pe 3.16). Ainda assim, aquelas coisas que precisam ser conhecidas, cridas e observadas para a salvação estão tão claramente argumentadas em um lugar ou outro das Escrituras que não só o homem culto, mas também o iletrado, no devido uso de meios simples, podem conseguir uma suficiente compreensão delas.

Tua palavra é lâmpada para meus pés e luz para meu caminho. (Sl 119.105)

A exposição das tuas palavras concede luz, dá entendimento aos simples. (Sl 119.130)

O tribunal de apelação final

O Antigo Testamento em hebraico (o idioma nativo do povo de Deus de antigamente) e o Novo Testamento em grego (que na época de sua composição era o idioma mais conhecido entre as nações) – sendo diretamente inspirados por Deus e, por seu cuidado e providência singulares, mantidos puros em todas as épocas – são, portanto, autênticos (Mt 5.18); de forma que, em todas as controvérsias de religião, a igreja deve finalmente apelar para eles.

(Veja Is 8.20; Jo 5.39,46; At 15.15.)

Todavia, pelo fato de essas línguas originais não serem de conhecimento de todo o povo de Deus – que tem direito às Escrituras e interesse nelas, além de esse povo ter sido ordenado, no temor de Deus, a ler e examinar seus textos (Jo 5.39) –, as Escrituras, portanto, devem ser traduzidas em linguagem comum de cada nação (1Co 14.6,9,11,12,24,27,28), a fim de que a Palavra de Deus habite plenamente em todos, que eles possam adorá-lo de maneira aceitável (Cl 3.16) e que, pela paciência e consolação das Escrituras, possam ter esperança (Rm 15.4).

Interpretar Escritura com Escritura

A regra infalível de interpretação da Escritura é a própria Escritura e, portanto, quando há uma dúvida quanto ao sentido verdadeiro e completo de qualquer Escritura (quer de muitos trechos quer de apenas um), este deve ser examinado e estudado em outros trechos que falam mais claramente sobre o ponto em questão.

(Veja At 15.15; 2Pe 1.20,21.)

O Espírito Santo falando nas Escrituras

O juiz supremo pelo qual todas as controvérsias de religião devem ser determinadas, todos os decretos de concílios, todas as opiniões de escritores antigos, todas as doutrinas de homens e todos os espíritos particulares devem ser examinados, e em cuja sentença devemos descansar, não pode ser outro que não o Espírito Santo falando nas Escrituras.

(Veja Mt 22.29,31; At 28.25; Ef 2.20.)

Confissão de Westminster, 1646

A *Confissão belga*

Introdução

O primeiro dos padrões doutrinais das igrejas reformadas cristãs é a confissão de fé. Também conhecida como confissão belga, pois teve origem no sul da Holanda, hoje conhecida como Bélgica.

GUIDO DE BRÈS

Seu autor principal foi Guido de Brès, um pregador das igrejas reformadas da Holanda, que morreu como mártir por sua fé no ano de 1567.

FOGOS DA PERSEGUIÇÃO

Durante o século XVI, as igrejas nesse país foram expostas à mais terrível perseguição do domínio católico romano. Para protestar contra essa cruel opressão e provar aos perseguidores que os adeptos da fé reformada não eram rebeldes, do que eram acusados, e sim cidadãos cumpridores da lei que professavam a verdadeira doutrina cristã de acordo com as Escrituras Sagradas, que Brès preparou essa confissão no ano de 1561.

OBEDECER PRIMEIRO A DEUS

No ano seguinte, uma cópia foi enviada ao rei Philip II, junto com um documento no qual os requerentes declaravam que estavam prontos a obedecer ao governo em todas as coisas legais, mas que "ofereceriam suas costas às chicotadas, sua língua à faca, sua boca à mordaça, e o corpo inteiro ao fogo", em vez de negar a verdade expressa nessa confissão. Sua excelência como uma das melhores manifestações da doutrina reformada continua a ser aclamada.

Artigo 2
COMO DEUS SE FAZ CONHECIDO A NÓS

Conhecemos o Senhor por dois meios. Primeiro, pela criação, preservação e governo do universo; que está ante nossos olhos como o mais belo dos livros, de onde todas as criaturas, grandes e pequenas, são como muitas cartas que nos fazem perceber claramente as qualidades invisíveis de Deus em outras palavras, seu poder eterno e sua divindade, conforme afirma o apóstolo Paulo em Romanos 1.20. Todas essas coisas são suficientes para convencer os homens e deixá-los indesculpáveis. Segundo, ele se faz mais clara e amplamente conhecido a nós por sua Palavra sagrada e divina até onde seja necessário para nossa vida, para sua glória e para nossa salvação.

Artigo 3
A PALAVRA DE DEUS

Nós confessamos que a Palavra de Deus não veio pelo impulso do homem, mas que homens movidos pelo Espírito Santo falaram de Deus, conforme afirma o apóstolo Paulo. Desde então, em seu cuidado especial para conosco e com nossa salvação, Deus ordenou a seus servos, os profetas e apóstolos, a escrever sua palavra revelada, e ele mesmo escreveu com seu próprio dedo as duas tábuas da lei. Por isso chamamos esses escritos de Escrituras divinas e sagradas.

Artigo 5
A AUTORIDADE DAS ESCRITURAS SAGRADAS

Recebemos todos esses livros, e somente esses, como sagrados e canônicos, para a regulamentação, fundamentação e confirmação de nossa fé. Cremos, sem dúvida alguma, que todas as palavras contidas neles, não tanto pelo fato de a igreja recebê-los e aprová-los, mas especialmente porque o Espírito Santo testifica em nosso coração que são de Deus, e também porque eles contêm a evidência disso neles mesmos; pois até mesmo os cegos são capazes de perceber que tudo que foi profetizado neles está sendo cumprido.

Artigo 7
A SUFICIÊNCIA DAS ESCRITURAS SAGRADAS

Acreditamos que as Escrituras Sagradas contêm a vontade de Deus por completo e que tudo o que o homem deve acreditar a fim de ser salvo está suficientemente ensinado nela. A maneira integral de adoração que Deus requer de nós está escrita nela em detalhes. Portanto, é ilegal, até mesmo para um apóstolo, ensinar de outra forma que não a que hoje aprendemos nas Escrituras Sagradas; sim, até mesmo se for um anjo dos céus, conforme diz o apóstolo Paulo. Uma vez que é proibido adicionar ou retirar qualquer coisa da Palavra de Deus, fica evidente que sua doutrina é sumamente perfeita e completa em todos os aspectos.

Não podemos considerar quaisquer escritos de homens, não importa quão santos foram esses homens, de igual valor aos das Escrituras Sagradas; nem devemos considerar tradições, a grande multidão, a Antiguidade, a sucessão dos tempos e povos, concílios, decretos ou estatutos como de igual valor ao da verdade de Deus, visto que a verdade está acima de tudo; pois todos os homens são em si mentirosos, e mais leves que um sopro. Assim, rejeitamos de todo o coração tudo que não está de acordo com essa regra infalível, conforme os apóstolos nos ensinaram: Provai os espíritos se procedem de Deus. Igualmente: se alguém vier até você e não trouxer essa doutrina, não o receba em sua casa e não o cumprimente.

CITAÇÕES DO NOVO TESTAMENTO

■ Introdução

A maioria das citações do Antigo Testamento feitas no Novo Testamento não é feita de acordo com nenhum método uniforme.

Quando o Novo Testamento foi escrito, não havia divisões de capítulos e versículos no Antigo Testamento. A fim de identificar a passagem em Êxodo 3.6, Lucas não podia dizer: "Essa citação é de Êxodo 3.6". Assim, ele identifica a passagem em Lucas 20.37 ao se referir à *passagem a respeito da sarça, em que ele chama o Senhor de Deus de Abraão, Deus de Isaque e Deus de Jacó, o próprio Moisés mostrou que os mortos ressuscitarão.*

Na maioria das vezes os escritores do Novo Testamento citavam a versão da *Septuaginta* do Antigo Testamento. Essa era a versão do Antigo Testamento usada com mais frequência pelos judeus daquela época.

Citações do Antigo Testamento no Novo Testamento

Acredita-se que algumas passagens do Antigo Testamento citadas no Novo Testamento tenham o Espírito Santo como autor, ainda que o Antigo Testamento registre que um profeta, de fato, falou as palavras.

Por exemplo, Marcos 12.36 diz: *O próprio Davi falou pelo Espírito Santo: O Senhor disse ao meu Senhor: Assenta-te à minha direita, até que eu ponha teus inimigos debaixo dos teus pés...*

Essa é uma citação de Salmo 110.1 que não diz, de fato, que Davi está falando pelo Espírito Santo, embora claramente, ele esteja: *O Senhor disse ao meu Senhor: Assenta-te à minha direita, até que eu ponha teus inimigos debaixo dos teus pés...*

O Espírito Santo designado por citações do Novo Testamento

Em várias ocasiões, nas quais o Antigo Testamento declara que algumas palavras foram ditas pelo salmista ou por um dos profetas, o Novo Testamento as atribui especificamente ao Senhor, a Deus e ao Espírito Santo.

Quando Israel era menino, eu o amei, e do Egito chamei o meu filho... (Os 11.1)

E permaneceu lá até a morte de Herodes, para que se cumprisse o que o Senhor havia falado pelo profeta: Do Egito chamei o meu Filho. (Mt 2.15)

As palavras de Deus e a boca dos profetas

No Antigo Testamento, em geral afirma-se que as palavras de Deus estão na boca dos profetas.

Esse quadro indica que Deus estava no controle do processo de comunicar sua palavra aos seres humanos.

DAVI

Em 2Samuel 23.2, Davi está falando e ele diz: *O Espírito do SENHOR fala por meu intermédio, e a sua palavra está na minha boca.*

Dificilmente há uma referência mais clara de um ser humano sendo usado como porta-voz do Espírito de Deus.

ISAÍAS

De igual modo, lemos em Isaías 59.21: *Quanto a mim, esta é a minha aliança com eles, diz o SENHOR: O meu Espírito, que está sobre ti, e as minhas palavras, que pus na tua boca, não se desviarão da tua boca, nem da boca dos teus filhos, nem da boca dos filhos dos teus filhos, diz o SENHOR, desde agora e para todo o sempre.*

JEREMIAS

Jeremias também esteve bastante consciente da mão do Senhor sobre ele e suas palavras. Em Jeremias 1.9 ele diz: *Então o SENHOR estendeu a mão, tocou-me a boca e me disse: Ponho as minhas palavras na tua boca.*

Citações não literais

Para uma citação ser válida, nos dias do Novo Testamento, ela não precisava ser literal.

Há cerca de cem casos de citações no Novo Testamento que não correspondem exatamente à *Septuaginta* ou ao texto hebraico do Antigo Testamento.

Há cerca de noventa casos da *Septuaginta* que são literalmente citadas no Novo Testamento.

Há cerca de oitenta casos da *Septuaginta* citadas de modo levemente corrigido ou alterado no Novo Testamento.

Com menos frequência, há citações feitas diretamente do texto hebraico (Mt 4.15,16; Jo 19.37; 1Co 15.54).

■ Existem 283 citações diretas

Há 283 citações diretas do Antigo Testamento no Novo Testamento.

Não há nenhuma citação bem definida dos apócrifos no Novo Testamento.

Poetas gregos

Paulo era um homem excepcionalmente culto. Em três ocasiões ele citou poetas gregos:
- At 17.28;
- 1Co 15.33;
- Tt 1.12.

Os princípios que fundamentam as citações do Antigo Testamento no Novo Testamento

Citações do texto grego do Antigo Testamento algumas vezes diferem do texto hebraico.

DESIGNAÇÃO NO ANTIGO TESTAMENTO	DESIGNAÇÃO NO NOVO TESTAMENTO
O salmista disse (Sl 95.7)	O Espírito Santo diz (Hb 3.7)
O salmista disse (Sl 45.6)	Deus diz (Hb 1.8)
O salmista disse (Sl 102.25,27)	Deus diz (Hb 1.10-12)
Isaías disse (Is 7.14)	O Senhor havia declarado pelo profeta (Mt 1.22,23)
Oseias disse (Os 11.1)	O Senhor havia falado pelo profeta (Mt 2.15)

Isso apenas cria dificuldades quando pensamos na Bíblia só como um livro escrito por seres humanos. As dificuldades encontradas no Antigo Testamento e, em seguida, citadas no Novo Testamento desaparecem quando nos lembramos que a Bíblia é a Palavra de Deus. É o registro das palavras que ele próprio usou: *No passado, por meio dos profetas, Deus falou aos pais muitas vezes e de muitas maneiras* (Hb 1.1). Precisamos nos lembrar constantemente que a Bíblia é o resultado de seres tementes a Deus que escreveram sob a direção do Espírito Santo: *Pois a profecia nunca foi produzida por vontade humana, mas homens falaram da parte de Deus, conduzidos pelo Espírito Santo* (2Pe 1.21).

O Espírito Santo, ao se referir às palavras que ele previamente fez com que fossem escritas em ligação com algum grupo em especial de circunstâncias, frequentemente se refere a elas novamente em ligação com diferentes circunstâncias.

Tudo isso é para nosso benefício, mesmo se as palavras são, às vezes, alteradas, a fim de enfatizar alguma nova verdade.

ALGUMAS VEZES, O SENTIDO ORIGINAL INTENCIONADO PELO ESPÍRITO SANTO É MANTIDO NA CITAÇÃO, AINDA QUE AS PALAVRAS POSSAM VARIAR

Tais casos são:

Evangelhos
- Mt 1.23 (Is 7.13,14); Mt 2.6 (Mq 5.2); Mt 3.3 (Is 40.3); 11.10 (Ml 3.1); Mt 12.17 (Is 42.1-4); Mt 26.31 (Zc 13.7)
- Mc 15.28 (Is 53.12)
- Lc 4.18-21 (Is 61.1,2)
- Jo 19.37 (Zc 12.10)

O restante do Novo Testamento
- At 15.16,17 (Am 9.11,12)
- Rm 14.11 (Is 45.23)
- Ef 4.8 (Sl 68.18)
- Hb 5.6 e 7.17,21 (Sl 110.4)

ALGUMAS VEZES, O SENTIDO ORIGINAL É MODIFICADO E USADO COM UMA APLICAÇÃO NOVA E DIFERENTE

Tais casos são:
- Mt 12.40 (Jn 1.17)
- Jo 3.14,15 (Nm 21.8,9)
- Jo 19.36 (Êx 12.46)
- Ef 5.31,32 (Gn 2.23,24)

ALGUMAS VEZES, O SENTIDO ORIGINAL É ADAPTADO PARA SE ADEQUAR A UM EVENTO OU SITUAÇÃO DIFERENTE

Tais casos são:

Evangelhos
- Mt 2.15 (Os 11.1); Mt 2.17,18 (Jr 31.15); Mt 8.17 (Is 53.4); Mt 13.35, "falado" (Sl 78.2); Mt 15.8,9 (Is 29.13); Mt 27.9,10 (Zc 11.12,13)

O restante do Novo Testamento
- At 13.40,41 (Hc 1.5)
- Rm 9.27,28 (Is 10.22,23); 9.29 (Is 1.9); 10.6,7,8 (Dt 30.12-14)
- 1Co 1.19,20 (Is 29.14; 33.18); 1Co 10.6 (Êx 32.6-25)
- Ap 1.7 (Zc 12.10); Ap 1.17 (Is 41.4); Ap 11.4 (Zc 4.3,11,14)

CITAÇÕES COMPOSTAS

Algumas vezes, as citações no Novo Testamento combinam com duas ou mais citações do Antigo Testamento. Isso é uma prática comum em todo o tipo de literatura. Os seres humanos podem cometer erros ao fazer isso, mas não há tais erros na Bíblia por causa do ministério do Espírito Santo.

Tais casos são:
- Em Mt 21.5, Is 62.11 está combinado com Zc 9.9

Dizei à filha de Sião: Eis que o teu Rei vem a ti, humilde e montado num jumento, num jumentinho, cria de animal de carga.
(Mt 21.5)

> O SENHOR proclamou aos confins da terra: Dizei à filha de Sião: O teu Salvador vem; o seu galardão vem com ele, e a sua recompensa o acompanha. (Is 62.11)
>
> Alegra-te muito, ó filha de Sião; exulta, ó filha de Jerusalém; o teu rei vem a ti; ele é justo e traz a salvação; ele é humilde e vem montado num jumento, num jumentinho, filho de jumenta. (Zc 9.9)

- Em Mt 21.13, Is 56.7 está combinado com Jr 7.11.
- Em Mc 1.2,3, Ml 3.1 está combinado com Is 40.3.
- Em Lc 1.16,17, Ml 4.5,6 está combinado com 3.1.
- Em Lc 3.4,5, Ml 3.1 está combinado com Is 40.3.
- Em At 1.20, Sl 69.25 está combinado com 109.8.
- Em Rm 3.10 12, Ec 7.20 está combinado com Sl 14.2,3 e 53.2,3.
- Em Rm 3.13-18, Sl 5.9 está combinado com Is 59.7,8 e Sl 36.1.
- Em Rm 9.33, Is 28.16 está combinado com 8.14.
- Em Rm 11.26,27, Is 59.20,21 está combinado com 27.9.
- Em 1Co 15.54-56, Is 25.8 está combinado com Os 13.14.
- Em 2Co 6.16, Lv 26.11 está combinado com Ez 37.27.
- Em Gl 3.8, Gn 12.3 está combinado com 18.18.
- Em 1Pe 2.7,8, Sl 118.22 está combinado com Is 8.14.

INTERPRETANDO A BÍBLIA

■ Métodos de interpretar a Bíblia

O objetivo da interpretação bíblica deve ser trilhar o caminho correto a fim de chegar à verdade da Escritura.

Caminhos "inadequados"

A interpretação da Bíblia por meio de metodologia inadequada não é nada nova. Pedro alerta sobre isso em 2Pedro 3.17, em que ele se refere às cartas inspiradas de Paulo: *que os ignorantes e inconstantes distorcem, como fazem também com as demais Escrituras, para sua própria destruição.*

A necessidade de revelação

A Bíblia nos ensina que precisamos de revelação de Deus se quisermos saber dele e conhecê-lo para nossa vida. A Bíblia, como um corpo de literatura, existe porque os seres humanos precisam saber de certas verdades espirituais, as quais eles não podem atingi-las por si mesmos.

Nossa necessidade de revelação é indicada em Deuteronômio 29.29: *As coisas encobertas pertencem ao SENHOR, nosso Deus, mas as reveladas pertencem a nós e a nossos filhos para sempre, para que obedeçamos a todas as palavras desta lei.*

Orientações para interpretas as Escrituras

1. BUSQUE PELO SIGNIFICADO DESEJADO PELO AUTOR

À medida que lemos, nunca devemos ignorar o sentido comum, simples e literal de cada passagem.

Nunca devemos tentar sobrepor um significado na Bíblia que realmente não está lá.

A ideia é descobrir o significado que o autor tinha em mente.

2. ANALISE O CONTEXTO

Um texto fora do contexto pode facilmente se tornar um pretexto para quase qualquer coisa.

O contexto é descoberto ao analisarmos todo o versículo em questão, os versículos circundantes, o capítulo precedente e o seguinte e todo o propósito do tópico em discussão na passagem bíblica.

> "Se é para entendermos as partes, nossa direção mais sábia é passar a entender o todo."
>
> *J. I. Packer*

3. ANALISE O TIPO DE LITERATURA QUE ESTÁ LENDO

A Bíblia contém muitos tipos diferentes de literatura, e cada tipo deve ser lido a seu modo. Se alguém lê uma parábola como se fosse uma história ou uma poesia como se fosse uma narrativa direta, é bem provável que interprete a passagem de modo incorreto.

4. ANALISE O ANTIGO TESTAMENTO À LUZ DO NOVO TESTAMENTO

O Antigo Testamento deve sempre ser interpretado à luz do Novo Testamento. E o Novo Testamento deve ser sempre interpretado em comparação com o pano de fundo do Antigo Testamento.

> "No Antigo Testamento, o Novo Testamento está oculto. No Novo Testamento, o Antigo Testamento é revelado."
>
> *Agostinho de Hipona*

5. COMPARE ESCRITURA COM ESCRITURA

O melhor comentário sobre a Bíblia é a própria Bíblia. Compare partes relevantes das Escrituras umas com as outras.

Qualquer parte do corpo humano pode ser adequadamente explicada em referência ao corpo inteiro, assim como qualquer parte da Bíblia pode ser adequadamente explicada em referência a toda a Bíblia.

6. CONFIE NO ESPÍRITO SANTO

A própria Bíblia diz que devemos confiar na iluminação do Espírito Santo ao buscarmos entendê-la.

Veja João 16.12-15; 1Coríntios 2.9-11.

Aquele que inspirou a Palavra, o Espírito Santo (2Pedro 1.21), também é o intérprete supremo. *Pois a profecia nunca foi produzida por vontade humana, mas homens falaram da parte de Deus, conduzidos pelo Espírito Santo* (2Pe 1.21).

7. LEIA OS EVANGELHOS

> "Não devemos cair no erro de pensar que, quando chegamos a uma conclusão sobre as fontes de um trabalho literário, aprendemos tudo o que se precisa saber sobre ele. A crítica da fonte é meramente uma parte preliminar de um trabalho mais amplo. Quaisquer que sejam suas fontes, os Evangelhos estão bem diante de nossos olhos, cada um deles é um trabalho literário individual com seu próprio ponto de vista característico que, em grande medida, controlou a escolha e a apresentação do assunto que tratam. Ao tentar descobrir como foram escritos, devemos tomar cuidado ao considerá-los compilações de retalhos."
>
> *F. F. Bruce*

> "Se nesses livros encontrei algo que parece contrário à verdade, não devo hesitar em concluir que o texto é falho, que o tradutor não expressou o significado da passagem ou ainda que eu mesmo não a entendo bem."
>
> *Agostinho de Hipona*

LEITURA BÍBLICA

PEQUENA LISTA DE PASSAGENS BÍBLICAS FAMOSAS

Apesar de a Bíblia continuar a ser o livro mais vendido do mundo, ela corre o risco de ser o livro mais vendido e o menos lido do mundo.

Os milhares de páginas são geralmente impressos em duas colunas e com fonte pequena. Para alguém que não está acostumado com a Bíblia, ela pode parecer um livro desanimador para ser lido. Um modo de começar a leitura é recorrer a alguns dos capítulos mais inspiradores da Bíblia e tornar-se familiarizado com eles.

■ Antigo Testamento

O registro da criação
No princípio, Deus criou os céus e a terra.
(Gn 1.1–2.3)

Os Dez Mandamentos
Êxodo 20.1-17

O Senhor é meu Pastor
Salmo 23

■ Novo Testamento

Palavras de Jesus
AS BEM-AVENTURANÇAS
Mateus 5.1-12

O GRANDE MANDAMENTO
Amarás o Senhor, teu Deus, de todo o coração, de toda a alma, de todo o entendimento e de todas as forças.
(Mc 12.28-34)

A REGRA DE OURO
Como quereis que os outros vos façam, assim também fazei a eles. (Lc 6.31)

O PAI-NOSSO
Mateus 6.9-13

O IMENSO AMOR DE DEUS
João 3.16

AS ÚLTIMAS PALAVRAS DE JESUS
Portanto, ide, fazei discípulos de todas as nações, batizando-os em nome do Pai, do Filho e do Espírito Santo. (Mt 28.19)

Três parábolas famosas
A PARÁBOLA DO SEMEADOR
O semeador saiu a semear. (Mt 13.3)

O BOM SAMARITANO
Lucas 10.33

O FILHO PRÓDIGO
Lucas 15.11-32

O apóstolo Paulo
PAULO SOBRE O AMOR
... mas [se] não tivesse amor, eu nada seria.
(1Co 13)

■ Encontrando famosas passagens bíblicas

A lista a seguir responde à pergunta "Onde se encontra aquela famosa passagem bíblica?"

Títulos e referências de mais de 250 das passagens bíblicas mais amadas são apresentadas.

O Antigo Testamento
RELATOS DOS PRIMEIROS
CINCO LIVROS DA BÍBLIA
- Criação e pecado: Gênesis 1.1–3.24
- O primeiro assassinato: Gênesis 4.1-16
- Noé e o dilúvio: Gênesis 6.1–9.17
- A torre de Babel: Gênesis 11.1-9
- O chamado de Abraão (Abrão): Gênesis 12.1-9

- A destruição de Sodoma e Gomorra: Gênesis 19.1-29
- Agar e Ismael: Gênesis 16.1-15; 21.9-21
- O nascimento de Isaque: Gênesis 21.1-8
- Abraão oferece Isaque como sacrifício: Gênesis 22.1-19
- Histórias de Esaú e Jacó: Gênesis 25.19–35.29
- A história de José: Gênesis 37–50
- Moisés no Egito: Êxodo 1–14
- Moisés vagueia no deserto: Êxodo 15.22-20.26; Números 20–21.25
- Os Dez Mandamentos: Êxodo 20.1-17; Deuteronômio 5.1-21
- Balaque, Balaão e sua mula falante: Números 22–24
- A morte de Moisés: Deuteronômio 34

PESSOAS DE FÉ NO RESTO DO ANTIGO TESTAMENTO
- Raabe ajuda os espias de Israel: Josué 2
- Josué e sua estratégia militar: Josué 3; 6
- Débora e seu poder: Juízes 4–5
- Gideão e suas conquistas: Juízes 6.1–8.32
- Sansão e sua força: Juízes 13–16
- Rute e sua lealdade: Rute 1–4
- Samuel: o profeta que ouviu a Deus: 1Samuel 1–3; 7–10; 12; 15; 16; 25.1
- Saul: o primeiro rei de Israel: 1Samuel 8–11; 13; 15; 28; 31
- Davi, o rei pastor: 1Samuel 16–27; 29–30; 2Samuel 1–24; 1Reis 1.1-31; 2.1-11
- Salomão e sua sabedoria: 1Reis 2.12–11.43
- Elias e suas ações proféticas: 1Reis 17–19; 21; 2Reis 1
- Eliseu sucede Elias: Neemias 1; 2; 4; 5
- Ester e sua bravura: Ester 1–10
- Daniel e sua fidelidade: Daniel 1–6
- Jonas, o missionário relutante: Jonas 1–4

O Novo Testamento
A VIDA DE JESUS
- O nascimento de Jesus: Mateus 1.18–2.15; Lucas 2.1-20
- Jesus recebe seu nome e é apresentado no templo: Lucas 2.21-40
- Jesus com 12 anos no templo: Lucas 2.41-52
- O batismo de Jesus: Mateus 3.13-17; Marcos 1.9-11
- A tentação de Jesus: Mateus 4.1-11; Marcos 1.12,13; Lucas 4.1-13
- Jesus chama seus primeiros discípulos: Mateus 4.18-22; Marcos 1.16-20
- Jesus escolhe seus doze apóstolos: Mateus 10.1-4; Marcos 3.13-19; Lucas 6.12-16
- A transfiguração de Jesus: Mateus 17.1-13; Marcos 9.2-13; Lucas 9.28-36

MORTE, RESSURREIÇÃO E ASCENSÃO DE JESUS
- Entrada de Jesus em Jerusalém: Mateus 21.1-11; Marcos 11.1-11; Lucas 19.28-40; João 12.12-19
- A santa ceia: Mateus 26.17-35; Marcos 14.12-26; Lucas 22.1-38
- Jesus ora no Getsêmani: Mateus 26.36-46; Marcos 14.32-42; Lucas 22.39-46
- Julgamento e crucificação de Jesus: Mateus 26.47–27.66; Marcos 14.43–15.47; Lucas 22.47–23.56; João 18–19
- A ressurreição de Jesus: Mateus 28.1-10; Marcos 16; Lucas 24.1-12; João 20
- A grande comissão: Mateus 28.16-20
- A ascensão de Jesus: Lucas 24.50-53; Atos 1.1-11

OS MILAGRES E CURAS DE JESUS
- Jesus transforma a água em vinho: João 2.1-11
- Jesus alimenta milhares de pessoas: Mateus 14.13-21; Marcos 6.30-40; Lucas 9.10-17; João 6.1-15; Mateus 15.32-39; Marcos 8.1-10
- Jesus acalma a tempestade: Mateus 8.23-27; Marcos 4.35-41; Lucas 8.22-25
- A pesca milagrosa: Lucas 5.1-11
- Jesus anda sobre as águas: Mateus 14.22-33; Marcos 6.45-52; João 6.16-21

- Jesus cura pessoas que tinham problemas de pele: Mateus 8.1-4; Marcos 1.40-45; Lucas 5.12-16; Lucas 17.11-19
- Jesus expulsa demônios: Mateus 8.28-34; Marcos 5.1-20; Lucas 8.26-39; Mateus 12.22-32; Marcos 3.20-30; Lucas 11.14-23; Mateus 17.14-20; Marcos 9.14-29; Lucas 9.37-43; Marcos 1.21-28; Lucas 4.31-37
- Jesus cura pessoas cegas: Mateus 9.27-31; Mateus 20.29-34; Marcos 10.46-52; Lucas 18.35-43
- Jesus cura um homem surdo: Marcos 7.31-37
- Jesus cura paralíticos e coxos: Mateus 9.1-8; Marcos 2.1-12; Lucas 5.17-26; Mateus 12.9-14; Marcos 3.1-6; Lucas 6.6-11; Lucas 14.1-6; João 5.1-18
- Jesus cura muitas mulheres: Mateus 9.18-26; Marcos 5.25-43; Lucas 8.1-3; Lucas 8.42-48; Lucas 13.10-17; Mateus 15.21-28; Marcos 7.24-30
- Jesus cura o servo do centurião: Mateus 8.5-13; Lucas 7.1-10
- Jesus cura a sogra de Pedro: Mateus 8.14; Marcos 1.29-31; Lucas 4.38,39
- Jesus cura o filho de um oficial: João 4.46-54
- Jesus ressuscita Lázaro: João 11.1-44

OS ENSINAMENTOS E PARÁBOLAS DE JESUS

- O Sermão da Montanha: Mateus 5–7
- As Bem-aventuranças: Mateus 5.3-11; Lucas 6.20-26
- O grande mandamento: Mateus 22.37-39; Marcos 12.29-31; Lucas 10.27
- A regra de ouro: Mateus 7.12; Lucas 6.31
- A parábola do grão de mostarda: Mateus 13.31,32; Marcos 4.30-32; Lucas 13.18,19
- A parábola do semeador: Mateus 13.1-23; Marcos 4.1-20; Lucas 8.4-15
- A parábola sobre o crescimento da semente: Marcos 4.26-29
- Parábolas sobre o reino do céu: Mateus 13.24-52
- A parábola do credor incompassivo: Mateus 18.21-35
- A parábola dos trabalhadores na vinha: Mateus 20.1-16
- A parábola dos lavradores maus: Mateus 21.33-46; Marcos 12.1-11; Lucas 20.9-18
- A parábola das bodas: Mateus 22.1-14; Lucas 14.15-24
- A parábola das dez virgens: Mateus 25.1-13
- A parábola dos talentos: Mateus 25.14-30; Lucas 19.11-27
- A parábola dos cabritos e das ovelhas: Mateus 25.31-46
- A parábola do bom samaritano: Lucas 10.25-37
- A parábola do bom pastor: João 10.1-21
- A parábola do rico insensato: Lucas 12.16-21
- A parábola do servo vigilante: Lucas 12.35-48
- A parábola da figueira estéril: Lucas 13.6-9
- A parábola da ovelha perdida: Mateus 18.12-14; Lucas 15.3-7
- A parábola da dracma perdida: Lucas 15.8-10
- A parábola do filho pródigo: Lucas 15.11-32
- A parábola do administrador infiel: Lucas 16.1-3
- A parábola do rico e Lázaro: Lucas 16.19-31
- A parábola do juiz iníquo: Lucas 18.1-8
- A parábola do fariseu e do publicano: Lucas 18.9-14

OUTROS EVENTOS DO NOVO TESTAMENTO

- Nascimento de João Batista: Lucas 1.57-66
- Pregação de João Batista: Mateus 3.1-12; Marcos 1.1-8; Lucas 3.1-20; João 1.19-28
- Execução de João Batista: Mateus 14.1-12; Marcos 6.14-29
- O Espírito Santo no Pentecostes: Atos 2

- Estêvão torna-se o primeiro mártir cristão: Atos 6.5-15; 7.54-60
- A conversão de Saulo: Atos 9.1-31
- Pedro e Cornélio: Atos 10
- Pedro na prisão: Atos 12.1-19
- Batismo de Lídia: Atos 16.11-15
- Paulo e Silas na prisão: Atos 16.16-40
- Tumulto em Éfeso: Atos 19.23-41
- Viagem marítima de Paulo a Roma: Atos 27–28

Cânticos da Bíblia

- Cântico de libertação de Moisés: Êxodo 15.1-18
- Cântico de vitória de Miriã: Êxodo 15.19-21
- Cântico de vitória de Débora e Baraque: Juízes 5.1-31
- Cântico de louvor de Ana: 1Samuel 2.1-10
- Lamento de Davi: 2Samuel 1.17-27
- Cântico de vitória de Davi: 2Samuel 22; Salmo 18
- Cântico de louvor de Ezequias; Isaías 38.10-20
- Cântico de louvor de Maria: Lucas 1.46-55
- Cântico de louvor de Zacarias: Lucas 1.68-79
- Cântico de louvor dos anjos: Lucas 2.14
- Cântico de ações de graças de Simeão: Lucas 2.29-32
- Um hino sobre Jesus: Filipenses 2.6-11

- Cânticos de louvor ao Cordeiro de Deus: Apocalipse 5.9-13; 15.3,4

Orações da Bíblia

- Oração de ações de graças de Davi: 2Samuel 7.18-29; 1Crônicas 17.16-27
- Oração pessoal de Salomão: 1Reis 3.1-15; 2Crônicas 1.1-12
- Oração pública de Salomão: 1Reis 8.22-61; 2Crônicas 6.12-42
- Oração de Jabes: 1Crônicas 4.10
- Oração de Ezequias: 2Reis 19.14-19; Isaías 37.14-20
- Oração de Jó: Jó 42.1-6
- Oração de Jeremias: Jeremias 32.16-25
- Oração de Daniel: Daniel 9.1-19
- Oração de Jonas: Jonas 2.1-9
- Oração do Pai-nosso: Mateus 6.9-13
- Oração de Jesus no Getsêmani: Mateus 26.36-46
- Oração de Jesus por seus discípulos: João 17
- Oração de Paulo pelos cristãos: Efésios 3.14-21

BÊNÇÃOS E INVOCAÇÕES DA BÍBLIA
Salmo 19.14; Números 6.24-26; 1Reis 8.57,58; Romanos 15.5,6,13; Romanos 16.25-27; 1Coríntios 1.3; 2Coríntios 13.13; Efésios 6.23,24; Filipenses 4.7; 1Timóteo 1.2; Hebreus 13.20,21; 2João 3; Judas 1.24,25; Apocalipse 1.4-6

HISTÓRIA DA BÍBLIA

As seguintes passagens bíblicas nos dão uma visão panorâmica da história da Bíblia.

■ Antigo Testamento

- Gênesis 1–4; 6–9; 11: Princípio
- Gênesis 12–24: Abraão
- Gênesis 25–35: Decepções de Jacó
- Gênesis 37–50: José
- Êxodo 1–10: O chamado de Moisés
- Êxodo 11–20; 32–34: Do Egito ao monte Sinai
- Números 9–17; 19–32: Rebeliões no deserto
- Josué 1–11: A conquista de Canaã
- Juízes 2–4; 6–12: Primeiros juízes
- Juízes 13.21: Sansão e a guerra civil
- 1Samuel 1–12: Último juiz, primeiro rei
- 1Samuel 13–31: Reinado de Saul

- 2Samuel 1–12: Primeiro reinado de Davi
- 2Samuel 13–21,24: Fim do reinado de Davi
- 1Reis 1–11: Reinado de Salomão
- 1Reis 12–22: Reino dividido, Elias
- 2Reis 1–11: Eliseu e o fim da família de Acabe e Jezabel
- 2Reis 12–25: Israel e Judá levados cativos
- Jeremias 34–45; Daniel 1–3: Cativeiro
- Esdras 1–10: Retorno do cativeiro

■ Novo Testamento

- Marcos 1–10: Ministério de Jesus
- Marcos 11–16: Crucificação e ressurreição de Jesus
- Atos 1–12: Ministério de Pedro
- Atos 13–28: Ministério de Paulo

Onde posso encontrar esse versículo?

Aqui temos uma lista das frases da Bíblia mais conhecidas, junto com suas referências.

Portanto, tudo o que quereis que os homens vos façam, fazei também a eles. (Mt 7.12; Lc 6.31)

Porque Deus amou tanto o mundo, que deu o seu Filho unigênito, para que todo aquele que nele crê não pereça, mas tenha a vida eterna. (Jo 3.16)

Pois onde dois ou três se reúnem em meu nome, ali estou no meio deles. (Mt 18.20)

Eu sou o Alfa e o Ômega... (Ap 1.8)

O amor é paciente; o amor é benigno... (1Co 13.4-13)

Porque o amor ao dinheiro é a raiz de todos os males... (1Tm 6.10)

Amarás o teu próximo como a ti mesmo (Lv 19.18; Mt 19.19; 22.39; Mc 12.31,33; Lc 10.27; Rm 13.9; Gl 5.14; Tg 2.8)

Nem só de pão o homem viverá... (Mt 4.4)

Porque muitos são chamados, mas poucos, escolhidos... (Mt 22.14)

Pedi, e vos será dado; buscai, e achareis; batei, e a porta vos será aberta. (Mt 7.7; Lc 11.9)

Mas buscai primeiro o seu reino [de Deus]. (Mt 6.33)

A Regra de Ouro:
Como quereis que os outros vos façam, assim também fazei a eles. (Mt 7.12; Lc 6.31)

O Senhor é o meu pastor... (Sl 23.1-6)

Tudo tem uma ocasião certa, e há um tempo certo para todo propósito debaixo do céu. (Ec 3.1-8)

Não podeis servir a Deus e às riquezas [Mamom]. (Mt 6.24; Lc 16.13)

Capítulos de ouro

Certos capítulos da Bíblia foram chamados de capítulos "de ouro" por causa de sua grande importância.

LISTA DE A-Z
   Adoração: Sl 84
   Água da vida: Jo 4
   Amizade: 1Sm 2
   Amor: 1Co 13
   Ascensão: At 1
   Atalaia: Ez 33
   Bem-aventuranças: Mt 5
   Bom Pastor: Jo 10
   Carregadores de fardo: Gl 6
   Céu: Jo 14; Ap 7–22
   Chamado dos trabalhadores: Is 6
   Chamado universal: Is 55
   Confissão: Sl 51
   Consagração: Fp 3
   Contraste: Dt 28
   Convertidos: Sl 32

Descanso: Hb 4
Dilúvio: Gn 7
Disciplina: 2Co 4
Divindade: Jo 1
Dízimo: Ml 3
Dons: 1Co 12
Edificadores: Ne 4
Espírito Santo: Jo 14–15
Exército de Gideão: Jz 7
Fé: Hb 11
Fragilidade da vida: Sl 90
Fraternidade: Rm 14
Frutos: Jo 15
Gozo: Is 12
Humildade: Jo 13
Infiéis: Os 14
Instrução: Pv 1
Instrutores: 1Co 2
Intercessão: Jo 17
Jubileu: Lv 25
Julgamento: Mt 25
Lealdade: Rt 1
Lei: Êx 20
Libertação: At 12
Língua: Tg 3
Louvor: Sl 103

Messiânico: Is 53
Missões: Sl 72; Rm 10
Nova Aliança: Hb 8
Obrigações: Rm 12
Onisciência: Sl 139
Oração: Dn 6; Lc 11–18
Palavra de Deus: Dt 6
Pão da Vida: Jo 6
Páscoa: Êx 12
Pastor: Jo 10
Prosperidade: Sl 73
Providência: Sl 121
Refúgio: Nm 35
Regeneração: Jo 3
Ressurreição: 1Co 15
Restauração: 2Cr 30; Lc 3
Sabedoria: Pv 3
Segurança: Sl 91
Serviço: Lc 10
Soldados: Ef 6
Temperança: Pv 23
Transfiguração: Mt 17
Unidade: Ef 4
Vaidade: Ec 2
Velhice: Ec 12
Vencedores: Ap 2–3

CAPÍTULOS IMPORTANTES DA BÍBLIA

■ Antigo Testamento

- Gênesis 1–3: Criação, Queda e primeira promessa de um Redentor

    No princípio...

- Gênesis 12: Chamado de Abraão

    E todas as famílias da terra serão abençoadas por meio de ti.

- Êxodo 20: Entrega dos Dez Mandamentos

    Eu sou o SENHOR teu Deus.

- Josué 24: Chamado de Josué para a decisão por Deus

    Escolhei hoje...

- Isaías 53: a passagem do *servo sofredor* que espera ansioso o Messias vindouro

    ... o SENHOR fez cair a maldade de todos nós sobre ele.

- Salmo 23: O salmo do pastor

    O Senhor é o meu pastor.

- Salmo 51: Oração de Davi por perdão

    Ó Deus, cria em mim um coração puro e renova em mim um espírito inabalável.

- Provérbios 31: A mulher piedosa e virtuosa

    Ela vale muito mais do que joias preciosas.

Novo Testamento

- Mateus 5–7: Sermão da Montanha
  Bem-aventurados...

- João 17: Oração sumo sacerdotal de Jesus
  Santifica-os...

- Atos 2: A vinda do Espírito Santo no Pentecostes
  Todos ficaram cheios do Espírito Santo.

- Atos 15: Concílio de Jerusalém
  E não fez distinção alguma entre eles e nós.

- 1Coríntios 13: Capítulo do amor
  Mas o maior deles é o amor.

- Hebreus 11: Galeria da fama: heróis da fé
  Pela fé...

- Apocalipse 7: Visão geral dos céus
  Grande multidão, que ninguém podia contar.

Versículos, capítulos e seus nomes

Certos capítulos e versículos receberam os seguintes títulos.

VERSÍCULOS

- O versículo mais precioso: João 3.16
  Porque Deus amou tanto o mundo, que deu o seu Filho unigênito, para que todo aquele que nele crê não pereça, mas tenha a vida eterna.

- O versículo mais triste: Marcos 15.34
  E à hora nona, Jesus exclamou em alta voz: Eloí, Eloí, lamá sabactani?, que traduzido é: Deus meu! Deus meu! Por que me desamparaste?

- O versículo grandioso: Romanos 8.11
  E, se o Espírito daquele que ressuscitou Jesus dentre os mortos habita em vós, aquele que ressuscitou Cristo Jesus dentre os mortos há de dar vida também aos vossos corpos mortais, pelo seu Espírito, que em vós habita

CAPÍTULOS

- Os Dez Mandamentos: Êxodo 20
- Presença prometida de Deus: Josué 1
- O Senhor é meu Pastor: Salmo 23
- Confissão de pecado: Salmo 51
- Louvor a Deus: Salmo 103
- A Palavra de Deus: Salmo 119
- A sabedoria: Provérbios 8
- A mulher virtuosa: Provérbios 31
- A majestade de Deus: Isaías 40
- O grande convite: Isaías 55
- As Bem-aventuranças: Mateus 5
- O Pai-nosso: Mateus 6
- O semeador: Mateus 13
- A proteção das ovelhas: João 10
- O conforto: João 14
- A permanência: João 15
- A justificação: Romanos 5
- A santificação: Romanos 6
- A glorificação: Romanos 8
- O casamento: 1Coríntios 7
- Os dons: 1Coríntios 12
- O amor: 1Coríntios 13
- A ressurreição: 1Coríntios 15
- O fruto do Espírito: Gálatas 5
- A fé: Hebreus 11
- A correção: Hebreus 12
- A língua: Tiago 3

² *Todos tropeçamos em muitas coisas. Se alguém não tropeça no falar, esse homem é perfeito e capaz de refrear também seu corpo inteiro.*

³ *Se colocamos freios na boca dos cavalos para que nos obedeçam, então conseguimos dirigir-lhes o corpo todo.*

⁴ *Vede também os navios: embora tão grandes e levados por ventos impetuosos, são conduzidos por um pequenino leme para onde o timoneiro quer.*

⁵ *Assim também a língua é um pequeno membro do corpo, mas se gaba de grandes coisas. Vede como um grande bosque é incendiado por uma faísca.*

⁶ *A língua também é um fogo; sim, como um mundo de maldade, ela é colocada entre os membros do nosso corpo, contamina todo o corpo e põe em chamas o curso*

da nossa existência, sendo por sua vez posta em chamas pelo inferno.
⁷ *Pois toda espécie de feras, aves, répteis e animais marinhos doma-se e tem sido domada pelo gênero humano.*
⁸ *Mas nenhum homem pode domar a língua. É um mal que não se pode conter; está cheia de veneno mortal.*
⁹ *Com a língua bendizemos o Senhor e Pai, e com ela amaldiçoamos os homens, feitos à semelhança de Deus.*
¹⁰ *Da mesma boca procedem bênção e maldição. Meus irmãos, isso não deve ser assim.*
¹¹ *Será que da mesma fonte podem jorrar água doce e água amarga?*
¹² *Meus irmãos, acaso uma figueira pode produzir azeitonas, ou uma videira, figos? Tampouco uma fonte de água salgada pode dar água doce*

(Tg 3.2-12)

- A razão para o sofrimento: 1Pedro 4
- A comunhão: 1Jo 1

LEITURAS BÍBLICAS EM TEMPOS DE NECESSIDADE

■ Leitura Bíblica

É preciso cerca de 70 horas para ler toda a Bíblia, à velocidade de leitura em voz alta.

Desse modo, com doze minutos por dia, toda a Bíblia pode ser lida em voz alta em um ano.

Números de emergência

Assim como temos uma lista de números de telefone para ligar em caso de emergência, é útil termos uma lista de passagens da Bíblia que são especialmente adequadas para situações desafiadoras.

Quando em sofrimento: disque João 14.
Quando as pessoas o desapontam: disque Salmo 27.
Quando tiver o anseio de ser frutífero espiritualmente: disque João 15.
Quando tiver pecado: disque Salmo 51.
Quando estiver preocupado: disque Mateus 6.19-34.
Quando estiver em perigo: disque Salmo 91
Quando Deus parecer distante: disque Salmo 139.
Quando sua fé precisar de um estímulo: disque Hebreus 11.
Quando se sentir sozinho e com medo: disque Salmo 23.
Quando ficar amargo e crítico: disque 1Coríntios 13.

Para o segredo da felicidade de Paulo: disque Colossenses 3.12-17.
Para compreender o cristianismo: disque 2Coríntios 5.15-19.
Quando se sentir derrotado e rejeitado: disque Romanos 8.31.
Quando quiser descanso: disque Mateus 11.25-30.
Quando em busca da certeza de Deus: disque Romanos 8.1-30.
Quando longe de casa: disque Salmo 121.
Quando precisar de coragem: disque Josué 1.
Quando estiver deprimido: disque Salmo 27.

Encontrando o versículo correto

A Bíblia está cheia de orientação, conforto e compaixão. Ela tem conselhos para cada situação.

Os tópicos a seguir são:

A QUE TRECHOS RECORRER
EM MOMENTOS DE:
Aridez espiritual;
Sérias preocupações.

A QUE TRECHOS RECORRER
QUANDO NECESSITAR DE:
Coragem;
Paciência;
Paz.

A QUE TRECHOS RECORRER:
em momentos de medo;
em momentos de dúvida;
em momentos de dor;
quando precisar de confiança;
quando problemas o acometem;
em momentos de enfermidade;
quando tiver problemas no casamento;
se for deserdado pelos seus amados;
em momentos de perplexidade.

A QUE TRECHOS RECORRER EM MOMENTOS DE ARIDEZ ESPIRITUAL

- Apocalipse 3.2,15,16

² *Fica alerta e fortalece o que ainda resta e estava para morrer; porque não tenho achado tuas obras perfeitas diante do meu Deus. [...]*
¹⁵ *Conheço tuas obras, sei que não és frio nem quente. Antes fosses frio ou quente!*
¹⁶ *Assim, porque tu és morno, e não és quente nem frio, estou a ponto de vomitar-te da minha boca.*

- Apocalipse 2.4

Tenho contra ti, porém, o fato de que deixaste o teu primeiro amor.

- Oseias 6.4

Que te farei, ó Efraim? Que te farei, ó Judá? Porque o vosso amor é como a névoa da manhã e como o orvalho que logo se acaba.

- Deuteronômio 4.9

Apenas ficai atentos. Ficai muito atentos para não vos esquecerdes das coisas que os vossos olhos viram, e para que elas não se apaguem do vosso coração durante todos os dias da vossa vida. Contai-as a vossos filhos e netos.

- Deuteronômio 8.11-14

¹¹ *Cuidado para não te esqueceres do Senhor, teu Deus, deixando de obedecer aos seus mandamentos, preceitos e estatutos, que hoje te ordeno.*
¹² *Não suceda que, depois de teres comido e estares farto, depois de teres construído boas casas e nelas morado,*
¹³ *depois de se multiplicarem as tuas manadas e os teus rebanhos, a tua prata e o teu ouro, sim, depois de se multiplicar tudo quanto tens,*
¹⁴ *o teu coração se exalte e te esqueças do Senhor, teu Deus, que te tirou da terra do Egito, da casa da escravidão.*

- Salmo 44.20,21

Se nos tivéssemos esquecido do nome do nosso Deus, e estendido as mãos para um deus estrangeiro,

Deus não teria descoberto isso? Pois ele conhece os segredos do coração.

- Hebreus 3.12,13

Irmãos, cuidado para que nunca se ache em qualquer um de vós um coração perverso e incrédulo, que vos desvie do Deus vivo;

antes, exortai uns aos outros todos os dias, durante o tempo que se chama Hoje, para que nenhum de vós seja endurecido pelo engano do pecado.

- Jeremias 6.16

Assim diz o Senhor: Ide às ruas, olhai e perguntai pelos caminhos antigos, qual é o bom caminho, e andai por ele; e achareis descanso para vós. Mas eles disseram: Não andaremos nele.

A QUE TRECHOS RECORRER EM MOMENTOS DE SÉRIAS PREOCUPAÇÕES

- 2Timóteo 1.7

Porque Deus não nos deu espírito de covardia, mas de poder, de amor e de moderação.

- 1Coríntios 14.33a

Porque Deus não é Deus de desordem, mas sim de paz.

A QUE TRECHOS RECORRER EM
MOMENTOS DE SÉRIAS PREOCUPAÇÕES

- Isaías 41.10

  Não temas, porque estou contigo; não te assustes, porque sou o teu Deus; eu te fortaleço, ajudo e sustento com a minha mão direita fiel.

- Tiago 3.16-18

  ¹⁶ Pois onde há inveja e sentimento ambicioso, aí há confusão e todo tipo de práticas nocivas.
  ¹⁷ Mas a sabedoria que vem do alto é, em primeiro lugar, pura, depois pacífica, moderada, tratável, cheia de misericórdia e de bons frutos, imparcial e sem hipocrisia.
  ¹⁸ O fruto da justiça semeia-se em paz para aqueles que promovem a paz.

- 1Pedro 2.6

  Por isso, a Escritura diz: Ponho em Sião uma pedra angular, eleita e preciosa. Quem nela crer não será desapontado.

- Isaías 50.7

  Pois o Senhor Deus me ajuda; portanto, não fico envergonhado; por isso o meu rosto está firme como uma pedra, e sei que não serei envergonhado.

- Salmo 55.22

  Entrega tuas ansiedades ao Senhor, e ele te dará sustentação; nunca permitirá que o justo seja abalado.

- Filipenses 4.6,7

  Não andeis ansiosos por coisa alguma; pelo contrário, sejam os vossos pedidos plenamente conhecidos diante de Deus por meio de oração e súplica com ações de graças;
  e a paz de Deus, que ultrapassa todo entendimento, guardará o vosso coração e os vossos pensamentos em Cristo Jesus.

- Salmo 119.165

  Os que amam tua lei têm grande paz, e ninguém os fará tropeçar.

- Salmo 30.5

  Porque sua ira dura só um momento; no seu favor está a vida. O choro pode durar uma noite, mas o cântico de júbilo vem de manhã.

- Isaías 43.2

  Quando passares pelas águas, eu serei contigo; quando passares pelos rios, eles não te farão submergir; quando passares pelo fogo, não te queimarás, nem a chama arderá em ti.

- Salmo 147.3

  Sara os quebrantados de coração e cura suas feridas.

- Filipenses 4.8

  Quanto ao mais, irmãos, tudo o que é verdadeiro, tudo o que é honesto, tudo o que é justo, tudo o que é puro, tudo o que é amável, tudo o que é de boa fama, se há alguma virtude, e se há algum louvor, nisso pensai.

A QUE TRECHOS RECORRER
QUANDO NECESSITAR DE CORAGEM

- Salmo 27.14

  Espera pelo Senhor; anima-te e fortalece teu coração; espera, pois, pelo Senhor.

- Salmo 30.5

  Porque sua ira dura só um momento; no seu favor está a vida. O choro pode durar uma noite, mas o cântico de júbilo vem de manhã.

- 1Pedro 4.12,13

  Amados, não estranheis a provação que como fogo vos sobrevém, como se vos estivesse acontecendo alguma coisa estranha.
  Mas alegrai-vos por serdes participantes dos sofrimentos de Cristo, para que também vos alegreis e exulteis na revelação da sua glória.

- Deuteronômio 33.27

  O Deus eterno é a tua habitação, e os braços eternos te sustentam. Ele expulsou o inimigo de diante de ti e disse: Destrói-o.

- Salmo 118.17
    Não morrerei; pelo contrário, viverei e anunciarei as obras do SENHOR.

- Filipenses 4.13
    Posso todas as coisas naquele que me fortalece.

- Salmo 31.24
    Sede fortes e corajosos, todos vós que esperais no SENHOR.

- Isaías 40.31
Mas os que esperam no SENHOR renovarão suas forças; subirão com asas como águias; correrão e não se cansarão; andarão e não se fatigarão.

- Isaías 51.11
Assim voltarão os resgatados do SENHOR e virão com júbilo a Sião. Trarão alegria perpétua sobre a cabeça; obterão satisfação e alegria; a tristeza e o gemido fugirão.

A QUE TRECHOS RECORRER QUANDO NECESSITAR DE PACIÊNCIA

- Gálatas 5.22,23
    Mas o fruto do Espírito é: amor, alegria, paz, paciência, benignidade, bondade, fidelidade, amabilidade e domínio próprio.

- Isaías 40.31
    Mas os que esperam no SENHOR renovarão suas forças; subirão com asas como águias; correrão e não se cansarão; andarão e não se fatigarão.

- Salmo 27.14
    Espera pelo SENHOR; anima-te e fortalece teu coração; espera, pois, pelo SENHOR.

- Lamentações 3.26
    Bom é ter esperança e aguardar tranquilo a salvação do Senhor.

- Romanos 8.25
    Mas, se esperamos o que não vemos, com paciência o aguardamos.

- Salmo 37.7-9
⁷ Descansa no SENHOR e espera nele; não te aborreças por causa daquele que prospera em seu caminho, por causa do que trama o mal.
⁸ Deixa a ira e abandona o furor; não te aborreças, pois isso só lhe trará o mal.
⁹ Porque os malfeitores serão exterminados, mas os que esperam no SENHOR herdarão a terra.

- Hebreus 10.35-37
³⁵ Portanto, não jogueis fora a vossa confiança; ela vos trará uma grande recompensa.
³⁶ Porque necessitais de perseverança, para que alcanceis a promessa, depois de haverdes feito a vontade de Deus.
³⁷ Pois aquele que vem, virá dentro em breve e não tardará.

A QUE TRECHOS RECORRER QUANDO NECESSITAR DE PAZ

- Isaías 26.3
    Tu conservarás em perfeita paz aquele que tem seu propósito firme em ti, porque confia em ti.

- João 14.27
    Deixo-vos a paz, a minha paz vos dou. Eu não a dou como o mundo a dá. Não se perturbe o vosso coração nem tenha medo.

- Filipenses 4.7
    E a paz de Deus, que ultrapassa todo entendimento, guardará o vosso coração e os vossos pensamentos em Cristo Jesus.

- Romanos 5.1
    Portanto, justificados pela fé, temos paz com Deus, por meio de nosso Senhor Jesus Cristo.

- Isaías 26.12
    SENHOR, tu nos estabeleces a paz, pois realizaste para nós todos os nossos feitos.

- Isaías 55.12
    Saireis com alegria e sereis guiados em paz; os montes e as colinas romperão em

cânticos diante de vós, e todas as árvores do campo baterão palmas.

- Salmo 37.37
  Atenta para o homem íntegro e observa o reto, porque haverá um futuro para o homem de paz.

- Romanos 8.6
  Pois a mentalidade da carne é morte; mas a mentalidade do Espírito é vida e paz.

- Salmo 119.165
  Os que amam tua lei têm grande paz, e ninguém os fará tropeçar.

- Isaías 57.2
  E entra em paz. Todos os que andam na retidão descansam nas suas camas.

- Romanos 14.17
  Porque o reino de Deus não consiste em comer e beber, mas em justiça, paz e alegria no Espírito Santo.

- Salmo 37.11
  Mas os humildes herdarão a terra e se deleitarão na plenitude da paz.

- Romanos 15.13
  Que o Deus da esperança vos encha de toda alegria e paz na vossa fé, para que transbordeis na esperança pelo poder do Espírito Santo.

A QUE TRECHOS RECORRER EM MOMENTOS DE MEDO

- 2Timóteo 1.7
  Porque Deus não nos deu espírito de covardia, mas de poder, de amor e de moderação.

- Romanos 8.15
  Porque não recebestes um espírito de escravidão para vos reconduzir ao temor, mas o Espírito de adoção, pelo qual clamamos: Aba, Pai!

- 1João 4.18
  No amor não há medo, pelo contrário, o perfeito amor elimina o medo, pois o medo implica castigo, e quem tem medo não está aperfeiçoado no amor.

- Salmo 91.1
  Aquele que habita no esconderijo do Altíssimo e descansa à sombra do Todo-poderoso.

- Salmo 91.4-7
  4 Ele te cobre com suas penas; tu encontras refúgio debaixo das suas asas; sua verdade é escudo e proteção.
  5 Não temerás os terrores da noite, nem a flecha lançada de dia,
  6 nem a peste que se alastra na escuridão, nem a mortandade que arrasa ao meio-dia.
  7 Poderão cair mil ao teu lado, e dez mil à tua direita; mas tu não serás atingido.

- Provérbios 3.25,26
  Não temerás o pavor repentino, nem o ataque dos ímpios.
  Porque o SENHOR será a tua confiança e guardará os teus pés de ficarem presos.

- Isaías 54.14
  Serás estabelecida com justiça; ficarás longe da opressão, porque já não temerás; e também do terror, porque não te alcançará.

- Salmo 56.11
  Em Deus ponho minha confiança, e não terei medo. Que poderá fazer o mortal?

- Salmo 23.4,5
  Quando eu tiver de andar pelo vale da sombra da morte, não temerei mal algum, porque tu estás comigo; tua vara e teu cajado me tranquilizam.
  Preparas para mim uma mesa diante dos meus inimigos; unges a minha cabeça com óleo, o meu cálice transborda.

A QUE TRECHOS RECORRER EM MOMENTOS DE DÚVIDA

- Marcos 11.22-24
  22 Jesus lhes respondeu: Tende fé em Deus.

²³ Em verdade vos digo que se alguém disser a este monte: Ergue-te e lança-te no mar, e não duvidar no coração, mas crer que se fará o que diz, assim lhe será feito.
²⁴ Por isso vos digo que tudo o que pedirdes em oração, crede que já o recebestes, e o tereis.

• Lucas 12.29-31
²⁹ Portanto, não fiqueis preocupados se tereis o que comer ou o que beber.
³⁰ Porque as pessoas do mundo procuram todas essas coisas; mas vosso Pai sabe que precisais delas.
³¹ Antes, buscai o seu reino, e essas coisas vos serão acrescentadas.

• 2Pedro 3.9
O Senhor não retarda a sua promessa, ainda que alguns a considerem demorada. Mas ele é paciente convosco e não quer que ninguém pereça, mas que todos venham a se arrepender.

• Isaías 59.1
A mão do Senhor não está encolhida para que não possa salvar; nem o seu ouvido está surdo, para que não possa ouvir.

• Isaías 55.10,11
Porque, assim como a chuva e a neve descem dos céus e não voltam para lá, mas regam a terra e a fazem produzir e brotar, para que dê semente ao semeador e pão ao que come,
assim será a palavra que sair da minha boca; não voltará para mim vazia, mas fará o que me agrada e cumprirá com êxito o propósito da sua missão.

A QUE TRECHOS RECORRER
EM MOMENTOS DE DOR
• 1Tessalonicenses 4.13,14
Todavia, irmãos, não queremos que sejais ignorantes em relação aos que já faleceram, para que não vos entristeçais como os outros que não têm esperança.

Porque, se cremos que Jesus morreu e ressuscitou, também devemos crer que Deus, por meio de Jesus, vai trazer juntamente com ele os que já faleceram.

• Isaías 49.13b
Porque o Senhor consolou o seu povo e se compadeceu dos seus aflitos.

• Isaías 43.2
Quando passares pelas águas, eu serei contigo; quando passares pelos rios, eles não te farão submergir; quando passares pelo fogo, não te queimarás, nem a chama arderá em ti.

• Mateus 5.4
Bem-aventurados os que choram, pois serão consolados.

• Salmo 119.50
Este é o consolo da minha angústia: tua promessa me vivifica.

• 1Pedro 5.7
Lançando sobre ele toda vossa ansiedade, pois ele tem cuidado de vós.

• 1Coríntios 15.55-57
⁵⁵ Onde está, ó morte, a tua vitória? Onde está, ó morte, o teu aguilhão?
⁵⁶ O aguilhão da morte é o pecado, e a força do pecado é a lei.
⁵⁷ Mas graças a Deus, que nos dá a vitória por meio de nosso Senhor Jesus Cristo.

A QUE TRECHOS RECORRER
QUANDO PRECISAR DE CONFIANÇA
• Hebreus 10.35,36
Portanto, não jogueis fora a vossa confiança; ela vos trará uma grande recompensa.
Porque necessitais de perseverança, para que alcanceis a promessa, depois de haverdes feito a vontade de Deus.

• Filipenses 1.6
E estou certo disto: aquele que começou a boa obra em vós irá aperfeiçoá-la até o dia de Cristo Jesus.

- 1João 5.14,15

  E esta é a confiança que temos nele: se pedirmos alguma coisa segundo sua vontade, ele nos ouve.

  Se sabemos que nos ouve em tudo o que pedimos, sabemos que já alcançamos o que lhe temos pedido.

A QUE TRECHOS RECORRER QUANDO PROBLEMAS O ACOMETEM

- Isaías 33.16

  Este habitará nas alturas; as fortalezas das rochas serão o seu alto refúgio; seu pão lhe será dado; suas águas estarão garantidas.

- Naum 1.7

  O Senhor é bom, uma fortaleza no dia da angústia; ele conhece os que confiam nele.

- 2Coríntios 4.8,9

  Sofremos pressões de todos os lados, mas não estamos arrasados; ficamos perplexos, mas não desesperados;

  somos perseguidos, mas não desamparados; abatidos, mas não destruídos.

- Salmo 138.7

  Embora eu enfrente angústias, tu me vivificas; estendes a mão contra a ira dos meus inimigos, e a tua mão direita me salva.

- Isaías 43.2

  Quando passares pelas águas, eu serei contigo; quando passares pelos rios, eles não te farão submergir; quando passares pelo fogo, não te queimarás, nem a chama arderá em ti.

- Romanos 8.28

  Sabemos que Deus faz com que todas as coisas concorram para o bem daqueles que o amam, dos que são chamados segundo o seu propósito.

- Salmo 31.7

  Eu me alegrarei e me regozijarei no teu amor, pois tens visto minha aflição; tens conhecido minhas angústias.

- Salmo 121.1,2

  Elevo meus olhos para os montes; de onde vem o meu socorro?

  Meu socorro vem do Senhor, que fez os céus e a terra.

- Hebreus 4.15,16

  Porque não temos um sumo sacerdote que não possa compadecer-se das nossas fraquezas, mas alguém que, à nossa semelhança, foi tentado em todas as coisas, porém sem pecado.

  Portanto, aproximemo-nos com confiança do trono da graça, para que recebamos misericórdia e encontremos graça, a fim de sermos socorridos no momento oportuno.

- 1Pedro 5.7

  Lançando sobre ele toda vossa ansiedade, pois ele tem cuidado de vós.

A QUE TRECHOS RECORRER EM MOMENTOS DE ENFERMIDADE

- 3João 1.2

  Amado, desejo que sejas bem-sucedido em todas as coisas e que tenhas saúde, assim como a tua alma vai bem.

- Salmo 103.3

  É ele quem perdoa todas as tuas iniquidades, quem sara todas as tuas enfermidades.

- Isaías 53.5

  Mas ele foi ferido por causa das nossas transgressões e esmagado por causa das nossas maldades; o castigo que nos traz a paz estava sobre ele, e por seus ferimentos fomos sarados.

- Jeremias 30.17a

  Eu restaurarei a tua saúde e sararei as tuas feridas, diz o Senhor.

- Mateus 10.8

  Curai os enfermos, ressuscitai os mortos, purificai os leprosos, expulsai os demônios; de graça recebestes, de graça dai.

A QUE TRECHOS RECORRER QUANDO TIVER PROBLEMAS NO CASAMENTO

• Gênesis 2.24
Portanto, o homem deixará seu pai e sua mãe e se unirá à sua mulher, e eles serão uma só carne.

• Efésios 5.21-33
²¹ Sujeitando-vos uns aos outros no temor de Cristo.
²² Mulheres, cada uma de vós seja submissa ao marido, assim como ao Senhor;
²³ pois o marido é o cabeça da mulher, assim como Cristo é o cabeça da igreja, sendo ele mesmo o Salvador do corpo.
²⁴ Mas, assim como a igreja está sujeita a Cristo, também as mulheres sejam em tudo submissas ao marido.
²⁵ Maridos, cada um de vós ame a sua mulher, assim como Cristo amou a igreja e a si mesmo se entregou por ela,
²⁶ a fim de santificá-la, tendo-a purificado com o lavar da água, pela palavra,
²⁷ para apresentá-la a si mesmo como igreja gloriosa, sem mancha, nem ruga, nem qualquer coisa semelhante, mas santa e irrepreensível.
²⁸ Assim, o marido deve amar sua mulher como ao próprio corpo. Quem ama sua mulher, ama a si mesmo.
²⁹ Pois ninguém jamais odiou o próprio corpo; antes, alimenta-o e dele cuida; e assim também Cristo em relação à igreja;
³⁰ porque somos membros do seu corpo.
³¹ Por isso o homem deixará pai e mãe e se unirá a sua mulher, e os dois serão uma só carne.
³² Esse mistério é grande, mas eu me refiro a Cristo e à igreja.
³³ Entretanto, também cada um de vós ame sua mulher como a si mesmo, e a mulher respeite o marido.

A QUE TRECHOS RECORRER SE FOR DESERDADO PELOS SEUS AMADOS

• Salmo 94.14
Pois o Senhor não rejeitará seu povo, nem desamparará sua herança.

• Salmo 27.10
Se meu pai e minha mãe me abandonarem, o Senhor me acolherá.

• Mateus 28.20
... ensinando-lhes a obedecer a todas as coisas que vos ordenei; e eu estou convosco todos os dias, até o final dos tempos.

• 2Coríntios 4.9
Somos perseguidos, mas não desamparados; abatidos, mas não destruídos.

• 1Pedro 5.7
Lançando sobre ele toda vossa ansiedade, pois ele tem cuidado de vós.

A QUE TRECHOS RECORRER EM MOMENTOS DE PERPLEXIDADE

• Isaías 55.8,9
Porque os meus pensamentos não são os vossos pensamentos, nem os vossos caminhos são os meus caminhos, diz o Senhor.
Porque, assim como o céu é mais alto do que a terra, os meus caminhos são mais altos que os vossos caminhos, e os meus pensamentos mais altos que os vossos pensamentos.

• Jeremias 33.3
Clama a mim, e te responderei, e te anunciarei coisas grandes e inacessíveis, que não conheces.

• Romanos 8.31
Portanto, que poderemos dizer diante dessas coisas? Se Deus é por nós, quem será contra nós? Clama a mim, e te responderei, e te anunciarei coisas grandes e inacessíveis, que não conheces.

PLANEJAMENTOS DE LEITURA BÍBLICA

Lendo todos os Salmo e provérbios em um mês

Algumas pessoas leem dois Salmo e um capítulo de Provérbios por dia.

Um jeito simples de ler todos os Salmo e provérbios a cada mês é seguindo a sugestão abaixo.

Leia o salmo que corresponde à data do dia de hoje, "mais 30". Portanto, se hoje é dia 15, você vai ler o Salmo 15. O "mais 30" significa que você adiciona 30 à data de hoje e também lê aquele salmo. Continue adicionando 30 até atingir o final dos Salmo. Assim, no dia 15 do mês, você lerá os seguintes Salmo: Salmo 15, Salmo 45, Salmo 75, Salmo 105 e Salmo 135.

Em seguida, leia também Provérbios 15.

■ **Planejamento de leitura bíblica diária**

Algumas pessoas acham proveitoso ler a Bíblia todos os dias de maneira sistemática.

As seguintes leituras foram designadas para que você possa ler a Bíblia em um ano.

O dia do mês é seguido pela referência para a leitura bíblica de cada dia.

A Bíblia em um ano

JANEIRO

Gênesis até Êxodo

1 – Gênesis 1–2
2 – Gênesis 3–5
3 – Gênesis 6–9
4 – Gênesis 10–11
5 – Gênesis 12–14
6 – Gênesis 15–17
7 – Gênesis 18–20
8 – Gênesis 21–24
9 – Gênesis 25–26
10 – Gênesis 27–30
11 – Gênesis 31–33
12 – Gênesis 34–36
13 – Gênesis 37–38
14 – Gênesis 39–41
15 – Gênesis 42–43
16 – Gênesis 44–45
17 – Gênesis 46–47
18 – Gênesis 48–50
19 – Êxodo 1–2
20 – Êxodo 3–6
21 – Êxodo 7–10
22 – Êxodo 11–12
23 – Êxodo 13–15
24 – Êxodo 16–18
25 – Êxodo 19–20
26 – Êxodo 21–24
27 – Êxodo 25–27
28 – Êxodo 28–29
29 – Êxodo 30–31
30 – Êxodo 32–34
31 – Êxodo 35–40

FEVEREIRO

Levítico até Deuteronômio

1 – Levítico 1–3
2 – Levítico 4–7
3 – Levítico 8–10
4 – Levítico 11–13
5 – Levítico 14–15
6 – Levítico 16–17
7 – Levítico 18–20
8 – Levítico 21–23
9 – Levítico 24–27
10 – Números 1–2
11 – Números 3–4
12 – Números 5–8
13 – Números 9–12
14 – Números 13–16
15 – Números 17–20
16 – Números 21–25
17 – Números 26–27
18 – Números 28–30
19 – Números 31–33
20 – Números 34–36
21 – Deuteronômio 1–4
22 – Deuteronômio 5–7
23 – Deuteronômio 8–11

24 – Deuteronômio 12–16
25 – Deuteronômio 17–20
26 – Deuteronômio 21–26
27 – Deuteronômio 27–30
28 – Deuteronômio 31–34

MARÇO
Josué até 2Samuel
1 – Josué 1–5
2 – Josué 6–8
3 – Josué 9–12
4 – Josué 13–17
5 – Josué 18–21
6 – Josué 22–24
7 – Juízes 1–2
8 – Juízes 3–5
9 – Juízes 6–8
10 – Juízes 9–12
11 – Juízes 13–16
12 – Juízes 17–19
13 – Juízes 20–21
14 – Rute
15 – 1Samuel 1–3
16 – 1Samuel 4–8
17 – 1Samuel 9–12
18 – 1Samuel 13–15
19 – 1Samuel 16–17
20 – 1Samuel 18–19
21 – 1Samuel 20–23
22 – 1Samuel 24–26
23 – 1Samuel 27–31
24 – 2Samuel 1–4
25 – 2Samuel 5–7
26 – 2Samuel 8–10
27 – 2Samuel 11–12
28 – 2Samuel 13–14
29 – 2Samuel 15–18
30 – 2Samuel 19–20
31 – 2Samuel 21–24

ABRIL
1Reis até 2Crônicas
1 – 1Reis 1–4
2 – 1Reis 5–6
3 – 1Reis 7–8
4 – 1Reis 9–11
5 – 1Reis 12–14

6 – 1Reis 15–16
7 – 1Reis 17–19
8 – 1Reis 20–22
9 – 2Reis 1–3
10 – 2Reis 4–8
11 – 2Reis 9–12
12 – 2Reis 13–17
13 – 2Reis 18–21
14 – 2Reis 22–25
15 – 1Crônicas 1–4
16 – 1Crônicas 5–9
17 – 1Crônicas 10–13
18 – 1Crônicas 14–16
19 – 1Crônicas 17–21
20 – 1Crônicas 22–27
21 – 1Crônicas 28–29
22 – 2Crônicas 1–5
23 – 2Crônicas 6–9
24 – 2Crônicas 10–12
25 – 2Crônicas 13–16
26 – 2Crônicas 17–20
27 – 2Crônicas 21–25
28 – 2Crônicas 26–28
29 – 2Crônicas 29–32
30 – 2Crônicas 33–36

MAIO
Esdras até Jó
1 – Esdras 1–2
2 – Esdras 3–4
3 – Esdras 5–6
4 – Esdras 7–8
5 – Esdras 9–10
6 – Neemias 1–2
7 – Neemias 3–4
8 – Neemias 5–6
9 – Neemias 7
10 – Neemias 8
11 – Neemias 9–10
12 – Neemias 11–12
13 – Neemias 13
14 – Ester 1–2
15 – Ester 3–4
16 – Ester 5–7
17 – Ester 8–10
18 – Jó 1–3
19 – Jó 4–7

20 – Jó 8–10
21 – Jó 11–14
22 – Jó 15–17
23 – Jó 18–19
24 – Jó 20–21
25 – Jó 22–24
26 – Jó 25–28
27 – Jó 29–31
28 – Jó 32–34
29 – Jó 35–37
30 – Jó 38–39
31 – Jó 40–42

JUNHO
Salmo
1 – Salmo 1–6
2 – Salmo 7–12
3 – Salmo 13–18
4 – Salmo 19–24
5 – Salmo 25–30
6 – Salmo 31–33
7 – Salmo 34–36
8 – Salmo 37–41
9 – Salmo 42–45
10 – Salmo 46–49
11 – Salmo 50–54
12 – Salmo 55–59
13 – Salmo 60–66
14 – Salmo 67–69
15 – Salmo 70–72
16 – Salmo 73–77
17 – Salmo 78–79
18 – Salmo 80–83
19 – Salmo 84–89
20 – Salmo 90–97
21 – Salmo 98–103
22 – Salmo 104–106
23 – Salmo 107–110
24 – Salmo 111–118
25 – Salmo 119.1-112
26 – Salmo 119.113-176;
  e Salmo 120–127
27 – Salmo 128–134
28 – Salmo 135–139
29 – Salmo 140–145
30 – Salmo 146–150

JULHO
Provérbios até Isaías
1 – Provérbios 1–4
2 – Provérbios 5–9
3 – Provérbios 10–13
4 – Provérbios 14–17
5 – Provérbios 18–21
6 – Provérbios 22–24
7 – Provérbios 25–27
8 – Provérbios 28–29
9 – Provérbios 30–31
10 – Eclesiastes 1–6
11 – Eclesiastes 7–12
12 – Cantares 1–4
13 – Cantares 5–8
14 – Isaías 1–4
15 – Isaías 5–8
16 – Isaías 9–12
17 – Isaías 13–16
18 – Isaías 17–20
19 – Isaías 21–23
20 – Isaías 24–27
21 – Isaías 28–30
22 – Isaías 31–35
23 – Isaías 36–39
24 – Isaías 40–41
25 – Isaías 42–43
26 – Isaías 44–45
27 – Isaías 46–48
28 – Isaías 49–51
29 – Isaías 52–57
30 – Isaías 58–62
31 – Isaías 63–66

AGOSTO
Jeremias até Daniel
1 – Jeremias 1–3
2 – Jeremias 4–6
3 – Jeremias 7–10
4 – Jeremias 11–15
5 – Jeremias 16–20
6 – Jeremias 21–25
7 – Jeremias 26–29
8 – Jeremias 30–31
9 – Jeremias 32–33
10 – Jeremias 34–36
11 – Jeremias 37–39

12 – Jeremias 40–45
13 – Jeremias 46–49
14 – Jeremias 50–52
15 – Lamentações
16 – Ezequiel 1–6
17 – Ezequiel 7–11
18 – Ezequiel 12–15
19 – Ezequiel 16–19
20 – Ezequiel 20–21
21 – Ezequiel 22–23
22 – Ezequiel 24–28
23 – Ezequiel 29–32
24 – Ezequiel 33–36
25 – Ezequiel 37–39
26 – Ezequiel 40–43
27 – Ezequiel 44–48
28 – Daniel 1–3
29 – Daniel 4–6
30 – Daniel 7–9
31 – Daniel 10–12

SETEMBRO
Oseias até Malaquias
1 – Oseias 1–3
2 – Oseias 4–6
3 – Oseias 7–8
4 – Oseias 9–11
5 – Oseias 12–14
6 – Joel 1
7 – Joel 2–3
8 – Amós 1–2
9 – Amós 3–5
10 – Amós 6–7
11 – Amós 8–9
12 – Obadias
13 – Jonas 1–2
14 – Jonas 3–4
15 – Miqueias 1–2
16 – Miqueias 3–5
17 – Miqueias 6–7
18 – Naum
19 – Habacuque
20 – Sofonias 1–2
21 – Sofonias 3
22 – Ageu
23 – Zacarias 1–2
24 – Zacarias 3–4
25 – Zacarias 5–6
26 – Zacarias 7–8
27 – Zacarias 9–11
28 – Zacarias 12–14
29 – Malaquias 1–2
30 – Malaquias 3–4

OUTUBRO
Mateus até João
1 – Mateus 1–4
2 – Mateus 5–7
3 – Mateus 8–11
4 – Mateus 12–13
5 – Mateus 14–15
6 – Mateus 16–19
7 – Mateus 20–23
8 – Mateus 24–25
9 – Mateus 26–28
10 – Marcos 1–3
11 – Marcos 4–5
12 – Marcos 6–7
13 – Marcos 8–10
14 – Marcos 11–13
15 – Marcos 14–16
16 – Lucas 1–2
17 – Lucas 3–4
18 – Lucas 5–6
19 – Lucas 7–9
20 – Lucas 10–12
21 – Lucas 13–15
22 – Lucas 16–18
23 – Lucas 19–21
24 – Lucas 22–24
25 – João 1–2
26 – João 3–5
27 – João 6–8
28 – João 9–12
29 – João 13–14
30 – João 15–17
31 – João 18–21

NOVEMBRO
Atos até Colossenses
1 – Atos 1–2
2 – Atos 3–4
3 – Atos 5–7
4 – Atos 8–9

5 – Atos 10–12
6 – Atos 13–15
7 – Atos 16–18
8 – Atos 19–20
9 – Atos 21–23
10 – Atos 24–26
11 – Atos 27–28
12 – Romanos 1–3
13 – Romanos 4–5
14 – Romanos 6–8
15 – Romanos 9–11
16 – Romanos 12–16
17 – 1Coríntios 1–3
18 – 1Coríntios 4–6
19 – 1Coríntios 7–10
20 – 1Coríntios 11–14
21 – 1Coríntios 15–16
22 – 2Coríntios 1–5
23 – 2Coríntios 6–9
24 – 2Coríntios 10–13
25 – Gálatas 1–2
26 – Gálatas 3–6
27 – Efésios 1–3
28 – Efésios 4–6
29 – Filipenses
30 – Colossenses

DEZEMBRO
1Tessalonicenses até Apocalipse
1 – 1Tessalonicenses 1–3
2 – 1Tessalonicenses 4–5
3 – 2Tessalonicenses
4 – 1Timóteo 1–3
5 – 1Timóteo 4–6
6 – 2Timóteo 1–2
7 – 2Timóteo 3–4
8 – Tito
9 – Filemom
10 – Hebreus 1–2
11 – Hebreus 3–4
12 – Hebreus 5–7
13 – Hebreus 8–10
14 – Hebreus 11–13
15 – Tiago 1–2
16 – Tiago 3–5
17 – 1Pedro 1–2
18 – 1Pedro 3–5

19 – 2Pedro
20 – 1João 1–2
21 – 1João 3–5
22 – 2João
23 – 3João
24 – Judas
25 – Apocalipse 1–3
26 – Apocalipse 4–6
27 – Apocalipse 7–9
28 – Apocalipse 10–13
29 – Apocalipse 14–16
30 – Apocalipse 17–19
31 – Apocalipse 20–22

Planejamento de leitura bíblica de Robert Murray McCheyne

O seguinte planejamento de leitura bíblica foi compilado pelo ministro cristão Robert Murray McCheney em 1842.

Ele traz quatro trechos da Escritura por dia, duas para a manhã e duas para a noite.

Ao seguir esse plano, você lerá todo o Antigo Testamento em um ano além do Novo Testamento e Salmo duas vezes ao ano.

JANEIRO			
DATA	MANHÃ		NOITE
1	Gn 1	Mt 1	Ed 1	At 1
2	Gn 2	Mt 2	Ed 2	At 2
3	Gn 3	Mt 3	Ed 3	At 3
4	Gn 4	Mt 4	Ed 4	At 4
5	Gn 5	Mt 5	Ed 5	At 5
6	Gn 6	Mt 6	Ed 6	At 6
7	Gn 7	Mt 7	Ed 7	At 7
8	Gn 8	Mt 8	Ed 8	At 8
9	Gn 9–10	Mt 9	Ed 9	At 9
10	Gn 11	Mt 10	Ed 10	At 10
11	Gn 12	Mt 11	Ne 1	At 11
12	Gn 13	Mt 12	Ne 2	At 12
13	Gn 14	Mt 13	Ne 3	At 13
14	Gn 15	Mt 14	Ne 4	At 14
15	Gn 16	Mt 15	Ne 5	At 15
16	Gn 17	Mt 16	Ne 6	At 16

17	Gn 18	Mt 17	Ne 7	At 17
18	Gn 19	Mt 18	Ne 8	At 18
19	Gn 20	Mt 19	Ne 9	At 19
20	Gn 21	Mt 20	Ne 10	At 20
21	Gn 22	Mt 21	Ne 11	At 21
22	Gn 23	Mt 22	Ne 12	At 22
23	Gn 24	Mt 23	Ne 13	At 23
24	Gn 25	Mt 24	Et 1	At 24
25	Gn 26	Mt 25	Et 2	At 25
26	Gn 27	Mt 26	Et 3	At 26
27	Gn 28	Mt 27	Et 4	At 27
28	Gn 29	Mt 28	Et 5	At 28
29	Gn 30	Mc 1	Et 6	Rm 1
30	Gn 31	Mc 2	Et 7	Rm 2
31	Gn 32	Mc 3	Et 8	Rm 3

FEVEREIRO			
DATA	MANHÃ		NOITE
1	Gn 33	Mc 4	Et 9–10	Rm 4
2	Gn 34	Mc 5	Jó 1	Rm 5
3	Gn 35–36	Mc 6	Jó 2	Rm 6
4	Gn 37	Mt 7	Jó 3	Rm 7
5	Gn 38	Mc 8	Jó 4	Rm 8
6	Gn 39	Mc 9	Jó 5	Rm 9
7	Gn 40	Mc 10	Jó 6	Rm 10
8	Gn 41	Mc 11	Jó 7	Rm 11
9	Gn 42	Mc 12	Jó 8	Rm 12
10	Gn 43	Mc 13	Jó 9	Rm 13
11	Gn 44	Mc 14	Jó 10	Rm 14
12	Gn 45	Mc 15	Jó 11	Rm 15
13	Gn 46	Mc 16	Jó 12	Rm 16
14	Gn 47	Lc 1.1-38	Jó 13	1Co 1
15	Gn 48	Lc 1.39-80	Jó 14	1Co 2
16	Gn 49	Lc 2	Jó 15	1Co 3
17	Gn 50	Lc 3	Jó 17	1Co 4
18	Êx 1	Lc 4	Jó 18	1Co 5
19	Êx 2	Lc 5	Jó 19	1Co 6
20	Êx 3	Lc 6	Jó 20	1Co 7

21	Êx 4	Lc 7	Jó 21	1Co 8
22	Êx 5	Lc 8	Jó 22	1Co 9
23	Êx 6	Lc 9	Jó 23	1Co 10
24	Êx 7	Lc 10	Jó 24	1Co 11
25	Êx 8	Lc 11	Jó 25–26	1Co 12
26	Êx 9	Lc 12	Jó 27	1Co 13
27	Êx 10	Lc 13	Jó 28	1Co 14
28	Êx 11–12.21	Lc 14	Jó 29	1Co 15

MARÇO			
DATA	MANHÃ		NOITE
1	Êx 12.22-51	Lc 15	Jó 30	1Co 16
2	Êx 13	Lc 16	Jó 31	2Co 1
3	Êx 14	Lc 17	Jó 32	2Co 2
4	Êx 15	Lc 18	Jó 33	2Co 3
5	Êx 16	Lc 19	Jó 34	2Co 4
6	Êx 17	Lc 20	Jó 35	2Co 5
7	Êx 18	Lc 21	Jó 36	2Co 6
8	Êx 19	Lc 22	Jó 37	2Co 7
9	Êx 20	Lc 23	Jó 38	2Co 8
10	Êx 21	Lc 24	Jó 39	2Co 9
11	Êx 22	Jo 1	Jó 40	2Co 10
12	Êx 23	Jo 2	Jó 41	2Co 11
13	Êx 24	Jo 3	Jó 42	2Co 12
14	Êx 25	Jo 4	Pv 1	2Co 13
15	Êx 26	Jo 5	Pv 2	Gl 1
16	Êx 27	Jo 6	Pv 3	Gl 2
17	Êx 28	Jo 7	Pv 4	Gl 3
18	Êx 29	Jo 8	Pv 5	Gl 4
19	Êx 30	Jo 9	Pv 6	Gl 5
20	Êx 31	Jo 10	Pv 7	Gl 6
21	Êx 32	Jo 11	Pv 8	Ef 1
22	Êx 33	Jo 12	Pv 9	Ef 2
23	Êx 34	Jo 13	Pv 10	Ef 3
24	Êx 35	Jo 14	Pv 11	Ef 4
25	Êx 36	Jo 15	Pv 12	Ef 5
26	Êx 37	Jo 16	Pv 13	Ef 6

27	Êx 38	Jo 17	Pv 14	Fp 1
28	Êx 39	Jo 18	Pv 15	Fp 2
29	Êx 40	Jo 19	Pv 16	Fp 3
30	Lv 1	Jo 20	Pv 17	Fp 4
31	Lv 2–3	Jo 21	Pv 18	Cl 1

ABRIL

DATA	MANHÃ		NOITE	
1	Lv 4	Sl 1–2	Pv 19	Cl 2
2	Lv 5	Sl 3–4	Pv 20	Cl 3
3	Lv 6	Sl 5–6	Pv 21	Cl 4
4	Lv 7	Sl 7–8	Pv 22	1Ts 1
5	Lv 8	Sl 9	Pv 23	1Ts 2
6	Lv 9	Sl 10	Pv 24	1Ts 3
7	Lv 10	Sl 11–12	Pv 25	1Ts 4
8	Lv 11–12	Sl 13–14	Pv 26	1Ts 5
9	Lv 13	Sl 15–16	Pv 27	2Ts 1
10	Lv 14	Sl 17	Pv 28	2Ts 2
11	Lv 15	Sl 18	Pv 29	2Ts 3
12	Lv 16	Sl 19	Pv 30	1Tm 1
13	Lv 17	Sl 20–21	Pv 31	1Tm 2
14	Lv 18	Sl 22	Ec 1	1Tm 3
15	Lv 19	Sl 23–24	Ec 2	1Tm 4
16	Lv 20	Sl 25	Ec 3	1Tm 5
17	Lv 21	Sl 26–27	Ec 4	1Tm 6
18	Lv 22	Sl 28–29	Ec 5	2Tm 1
19	Lv 23	Sl 30	Ec 6	2Tm 2
20	Lv 24	Sl 31	Ec 7	2Tm 3
21	Lv 25	Sl 32	Ec 8	2Tm 4
22	Lv 26	Sl 33	Ec 9	Tt 1
23	Lv 27	Sl 34	Ec 10	Tt 2
24	Nm 1	Sl 35	Ec 11	Tt 3
25	Nm 2	Sl 36	Ec 12	Fm 1
26	Nm 3	Sl 37	Ct 1	Hb 1
27	Nm 4	Sl 38	Ct 2	Hb 2
28	Nm 5	Sl 39	Ct 3	Hb 3
29	Nm 6	Sl 40–41	Ct 4	Hb 4
30	Nm 7	Sl 42–43	Ct 5	Hb 5

MAIO

DATA	MANHÃ		NOITE	
1	Nm 8	Sl 44	Ct 6	Hb 6
2	Nm 9	Sl 45	Ct 7	Hb 7
3	Nm 10	Sl 46–47	Ct 8	Hb 8
4	Nm 11	Sl 48	Is 1	Hb 9
5	Nm 12–13	Sl 49	Is 2	Hb 10
6	Nm 14	Sl 50	Is 3–4	Hb 11
7	Nm 15	Sl 51	Is 5	Hb 12
8	Nm 16	Sl 52–54	Is 6	Hb 13
9	Nm 17–18	Sl 55	Is 7	Tg 1
10	Nm 19	Sl 56–57	Is 8–9.7	Tg 2
11	Nm 20	Sl 58–59	Is 9.8–10.4	Tg 3
12	Nm 21	Sl 60–61	Is 10.5-34	Tg 4
13	Nm 22	Sl 62–63	Is 11–12	Tg 5
14	Nm 23	Sl 64–65	Is 13	1Pe 1
15	Nm 24	Sl 66–67	Is 14	1Pe 2
16	Nm 25	Sl 68	Is 15	1Pe 3
17	Nm 26	Sl 69	Is 16	1Pe 4
18	Nm 27	Sl 70–71	Is 17–18	1Pe 5
19	Nm 28	Sl 72	Is 19–20	2Pe 1
20	Nm 29	Sl 73	Is 21	2Pe 2
21	Nm 30	Sl 74	Is 22	2Pe 3
22	Nm 31	Sl 75–76	Is 23	1Jo 1
23	Nm 32	Sl 77	Is 24	1Jo 2
24	Nm 33	Sl 78.1-37	Is 25	1Jo 3
25	Nm 34	Sl 78.38-72	Is 26	1Jo 4
26	Nm 35	Sl 79	Is 27	1Jo 5
27	Nm 36	Sl 80	Is 28	2Jo 1
28	Dt 1	Sl 81–82	Is 29	3Jo 1
29	Dt 2	Sl 83–84	Is 30	Jd 1
30	Dt 3	Sl 85	Is 31	Ap 1
31	Dt 4	Sl 86–87	Is 32	Ap 2

	JUNHO		
DATA	MANHÃ		NOITE
1	Dt 5	Sl 88	Is 33	Ap 3
2	Dt 6	Sl 89	Is 34	Ap 4
3	Dt 7	Sl 90	Is 35	Ap 5
4	Dt 8	Sl 91	Is 36	Ap 6
5	Dt 9	Sl 92–93	Is 37	Ap 7
6	Dt 10	Sl 94	Is 38	Ap 8
7	Dt 11	Sl 95–96	Is 39	Ap 9
8	Dt 12	Sl 97–98	Is 40	Ap 10
9	Dt 13–14	Sl 99–101	Is 41	Ap 11
10	Dt 15	Sl 102	Is 42	Ap 12
11	Dt 16	Sl 103	Is 43	Ap 13
12	Dt 17	Sl 104	Is 44	Ap 14
13	Dt 18	Sl 105	Is 45	Ap 15
14	Dt 19	Sl 106	Is 46	Ap 16
15	Dt 20	Sl 107	Is 47	Ap 17
16	Dt 21	Sl 108–109	Is 48	Ap 18
17	Dt 22	Sl 110–111	Is 49	Ap 19
18	Dt 23	Sl 112–113	Is 50	Ap 20
19	Dt 24	Sl 114–115	Is 51	Ap 21
20	Dt 25	Sl 116	Is 52	Ap 22
21	Dt 26	Sl 117–118	Is 53	Mt 1
22	Dt 27–28.19	Sl 119.1-24	Is 54	Mt 2
23	Dt 28.20-68	Sl 119.25-48	Is 55	Mt 3
24	Dt 29	Sl 119.49-72	Is 56	Mt 4
25	Dt 30	Sl 119.73-69	Is 57	Mt 5
26	Dt 31	Sl 119.97-120	Is 58	Mt 6
27	Dt 32	Sl 119.121-124	Is 59	Mt 7
28	Dt 33–34	Sl 119.145-176	Is 60	Mt 8
29	Js 1	Sl 120–122	Is 61	Mt 9
30	Js 2	Sl 123–125	Is 62	Mt 10

	JULHO		
DATA	MANHÃ		NOITE
1	Js 3	Sl 126–128	Is 63	Mt 11
2	Js 4	Sl 129–131	Is 64	Mt 12
3	Js 5–6.5	Sl 132–134	Is 65	Mt 13
4	Js 6.6-27	Sl 135–136	Is 66	Mt 14
5	Js 7	Sl 137–138	Jr 1	Mt 15
6	Js 8	Sl 139	Jr 2	Mt 16
7	Js 9	Sl 140–141	Jr 3	Mt 17
8	Js 10	Sl 142–143	Jr 4	Mt 18
9	Js 11	Sl 144	Jr 5	Mt 19
10	Js 12–13	Sl 145	Jr 6	Mt 20
11	Js 14–15	Sl 146–147	Jr 7	Mt 21
12	Js 16–17	Sl 148	Jr 8	Mt 22
13	Js 18–19	Sl 149–150	Jr 9	Mt 23
14	Js 20–21	At 1	Jr 10	Mt 24
15	Js 22	At 2	Jr 11	Mt 25
16	Js 23	At 3	Jr 12	Mt 26
17	Js 24	At 4	Jr 13	Mt 27
18	Jz 1	At 5	Jr 14	Mt 28
19	Jz 2	At 6	Jr 15	Mc 1
20	Jz 3	At 7	Jr 16	Mc 2
21	Jz 4	At 8	Jr 17	Mc 3
22	Jz 5	At 9	Jr 18	Mc 4
23	Jz 6	At 10	Jr 19	Mc 5

24	Jz 7	At 11	Jr 20	Mc 6	26	1Sm 18	Rm 16	Lm 3	Sl 34
25	Jz 8	At 12	Jr 21	Mc 7	27	1Sm 19	1Co 1	Lm 4	Sl 35
26	Jz 9	At 13	Jr 22	Mc 8	28	1Sm 20	1Co 2	Lm 5	Sl 36
27	Jz 10–11.11	At 14	Jr 23	Mc 9	29	1Sm 21–22	1Co 3	Ez 1	Sl 37
28	Jz 11.12-40	At 15	Jr 24	Mc 10	30	1Sm 23	1Co 4	Ez 2	Sl 38
					31	1Sm 24	1Co 5	Ez 3	Sl 39
29	Jz 12	At 16	Jr 25	Mc 11					
30	Jz 13	At 17	Jr 26	Mc 12					
31	Jz 14	At 18	Jr 27	Mc 13					

AGOSTO

DATA	MANHÃ		NOITE	
1	Jz 15	At 19	Jr 28	Mc 14
2	Jz 16	At 20	Jr 29	Mc 15
3	Jz 17	At 21	Jr 30–31	Mc 16
4	Jz 18	At 22	Jr 32	Sl 1–2
5	Jz 19	At 23	Jr 33	Sl 3–4
6	Jz 20	At 24	Jr 34	Sl 5–6
7	Jz 21	At 25	Jr 35	Sl 7–8
8	Rt 1	At 26	Jr 36,45	Sl 9
9	Rt 2	At 27	Jr 37	Sl 10
10	Rt 3–4	At 28	Jr 38	Sl 11–12
11	1Sm 1	Rm 1	Jr 39	Sl 13–14
12	1Sm 2	Rm 2	Jr 40	Sl 15–16
13	1Sm 3	Rm 3	Jr 41	Sl 17
14	1Sm 4	Rm 4	Jr 42	Sl 18
15	1Sm 5–6	Rm 5	Jr 43	Sl 19
16	1Sm 7–8	Rm 6	Jr 44	Sl 20–21
17	1Sm 9	Rm 7	Jr 46	Sl 22
18	1Sm 10	Rm 8	Jr 47	Sl 23–24
19	1Sm 11	Rm 9	Jr 48	Sl 25
20	1Sm 12	Rm 10	Jr 49	Sl 26–27
21	1Sm 13	Rm 11	Jr 50	Sl 28–29
22	1Sm 14	Rm 12	Jr 51	Sl 30
23	1Sm 15	Rm 13	Jr 52	Sl 31
24	1Sm 16	Rm 14	Lm 1	Sl 32
25	1Sm 17	Rm 15	Lm 2	Sl 33

SETEMBRO

DATA	MANHÃ		NOITE	
1	1Sm 25	1Co 6	Ez 4	Sl 40–41
2	1Sm 26	1Co 7	Ez 5	Sl 42–43
3	1Sm 27	1Co 8	Ez 6	Sl 44
4	1Sm 28	1Co 9	Ez 7	Sl 45
5	1Sm 29–30	1Co 10	Ez 8	Sl 46–47
6	1Sm 31	1Co 11	Ez 9	Sl 48
7	2Sm 1	1Co 12	Ez 10	Sl 49
8	2Sm 2	1Co 13	Ez 11	Sl 50
9	2Sm 3	1Co 14	Ez 12	Sl 51
10	2Sm 4–5	1Co 15	Ez 13	Sl 52–54
11	2Sm 6	1Co 16	Ez 14	Sl 55
12	2Sm 7	2Co 1	Ez 15	Sl 56–57
13	2Sm 8–9	2Co 2	Ez 16	Sl 58–59
14	2Sm 10	2Co 3	Ez 17	Sl 60–61
15	2Sm 11	2Co 4	Ez 18	Sl 62–63
16	2Sm 12	2Co 5	Ez 19	Sl 64–65
17	2Sm 13	2Co 6	Ez 20	Sl 66–67
18	2Sm 14	2Co 7	Ez 21	Sl 68
19	2Sm 15	2Co 8	Ez 22	Sl 69
20	2Sm 16	2Co 9	Ez 23	Sl 70–71
21	2Sm 17	2Co 10	Ez 24	Sl 72
22	2Sm 18	2Co 11	Ez 25	Sl 73
23	2Sm 19	2Co 12	Ez 26	Sl 74
24	2Sm 20	2Co 13	Ez 27	Sl 75–76
25	2Sm 21	Gl 1	Ez 28	Sl 77
26	2Sm 22	Gl 2	Ez 29	Sl 78.1-37

OUTUBRO

DATA	MANHÃ		NOITE	
27	2Sm 23	Gl 3	Ez 30	Sl 78.38-72
28	2Sm 24	Gl 4	Ez 31	Sl 79
29	1Rs 1	Gl 5	Ez 32	Sl 80
30	1Rs 2	Gl 6	Ez 33	Sl 81–82
1	1Rs 3	Ef 1	Ez 34	Sl 83–84
2	1Rs 4–5	Ef 2	Ez 35	Sl 85
3	1Rs 6	Ef 3	Ez 36	Sl 86
4	1Rs 7	Ef 4	Ez 37	Sl 87–88
5	1Rs 8	Ef 5	Ez 38	Sl 89
6	1Rs 9	Ef 6	Ez 39	Sl 90
7	1Rs 10	Fp 1	Ez 40	Sl 91
8	1Rs 11	Fp 2	Ez 41	Sl 92–93
9	1Rs 12	Fp 3	Ez 42	Sl 94
10	1Rs 13	Fp 4	Ez 43	Sl 95–96
11	1Rs 14	Cl 1	Ez 44	Sl 97–98
12	1Rs 15	Cl 2	Ez 45	Sl 99–101
13	1Rs 16	Cl 3	Ez 46	Sl 102
14	1Rs 17	Cl 4	Ez 47	Sl 103
15	1Rs 18	1Ts 1	Ez 48	Sl 104
16	1Rs 19	1Ts 2	Dn 1	Sl 105
17	1Rs 20	1Ts 3	Dn 2	Sl 106
18	1Rs 21	1Ts 4	Dn 3	Sl 107
19	1Rs 22	1Ts 5	Dn 4	Sl 108–109
20	2Rs 1	2Ts 1	Dn 5	Sl 110–111
21	2Rs 2	2Ts 2	Dn 6	Sl 112–113
22	2Rs 3	2Ts 3	Dn 7	Sl 114–115
23	2Rs 4	1Tm 1	Dn 8	Sl 116
24	2Rs 5	1Tm 2	Dn 9	Sl 117–118
25	2Rs 6	1Tm 3	Dn 10	Sl 119.1-24
26	2Rs 7	1Tm 4	Dn 11	Sl 119.25-48
27	2Rs 8	1Tm 5	Dn 12	Sl 119.49-72
28	2Rs 9	1Tm 6	Os 1	Sl 119.73-96
29	2Rs 10–11	2Tm 1	Os 2	Sl 119.97-120
30	2Rs 12	2Tm 2	Os 3–4	Sl 119.121-144
31	2Rs 13	2Tm 3	Os 5–6	Sl 119.145-176

NOVEMBRO

DATA	MANHÃ		NOITE	
1	2Rs 14	2Tm 4	Os 7	Sl 120–122
2	2Rs 15	Tt 1	Os 8	Sl 123–125
3	2Rs 16	Tt 2	Os 9	Sl 126–128
4	2Rs 17	Tt 3	Os 10	Sl 129–131
5	2Rs 18	Fm 1	Os 11	Sl 132–134
6	2Rs 19	Hb 1	Os 12	Sl 135–136
7	2Rs 20	Hb 2	Os 13	Sl 137–138
8	2Rs 21	Hb 3	Os 14	Sl 139
9	2Rs 22	Hb 4	Jl 1	Sl 140–141
10	2Rs 23	Hb 5	Jl 2	Sl 142
11	2Rs 24	Hb 6	Jl 3	Sl 143
12	2Rs 25	Hb 7	Am 1	Sl 144
13	1Cr 1–2	Hb 8	Am 2	Sl 145
14	1Cr 3–4	Hb 9	Am 3	Sl 146–147
15	1Cr 5–6	Hb 10	Am 4	Sl 148–150
16	1Cr 7–8	Hb 11	Am 5	Lc 1.1-38
17	1Cr 9–10	Hb 12	Am 6	Lc 1.39-80
18	1Cr 11–12	Hb 13	Am 7	Lc 2
19	1Cr 13–14	Tg 1	Am 8	Lc 3

20	1Cr 15	Tg 2	Am 9	Lc 4	10	2Cr 10	Ap 1	Sf 2	Lc 24
21	1Cr 16	Tg 3	Ob 1	Lc 5	11	2Cr 11–12	Ap 2	Sf 3	Jo 1
22	1Cr 17	Tg 4	Jn 1	Lc 6	12	2Cr 13	Ap 3	Ag 1	Jo 2
23	1Cr 18	Tg 5	Jn 2	Lc 7	13	2Cr 14–15	Ap 4	Ag 2	Jo 3
24	1Cr 19–20	1Pe 1	Jn 3	Lc 8	14	2Cr 16	Ap 5	Zc 1	Jo 4
25	1Cr 21	1Pe 2	Jn 4	Lc 9	15	2Cr 17	Ap 6	Zc 2	Jo 5
26	1Cr 22	1Pe 3	Mq 1	Lc 10	16	2Cr 18	Ap 7	Zc 3	Jo 6
27	1Cr 23	1Pe 4	Mq 2	Lc 11	17	2Cr 19–20	Ap 8	Zc 4	Jo 7
28	1Cr 24–25	1Pe 5	Mq 3	Lc 12	18	2Cr 21	Ap 9	Zc 5	Jo 8
29	1Cr 26–27	2Pe 1	Mq 4	Lc 13	19	2Cr 22–23	Ap 10	Zc 6	Jo 9
30	1Cr 28	2Pe 2	Mq 5	Lc 14	20	2Cr 24	Ap 11	Zc 7	Jo 10

DEZEMBRO			
DATA	MANHÃ		NOITE

1	1Cr 29	2Pe 3	Mq 6	Lc 15	21	2Cr 25	Ap 12	Zc 8	Jo 11
2	2Cr 1	1Jo 1	Mq 7	Lc 16	22	2Cr 26	Ap 13	Zc 9	Jo 12
3	2Cr 2	1Jo 2	Na 1	Lc 17	23	2Cr 27–28	Ap 14	Zc 10	Jo 13
4	2Cr 3–4	1Jo 3	Na 2	Lc 18	24	2Cr 29	Ap 15	Zc 11	Jo 14
5	2Cr 5–6.11	1Jo 4	Na 3	Lc 19	25	2Cr 30	Ap 16	Zc 12–13.1	Jo 15
6	2Cr 6.12-42	1Jo 5	Hc 1	Lc 20	26	2Cr 31	Ap 17	Zc 13.2-9	Jo 16
7	2Cr 7	2Jo 1	Hc 2	Lc 21	27	2Cr 32	Ap 18	Zc 14	Jo 17
8	2Cr 8	3Jo 1	Hc 3	Lc 22	28	2Cr 33	Ap 19	Ml 1	Jo 18
9	2Cr 9	Jd 1	Sf 1	Lc 23	29	2Cr 34	Ap 20	Ml 2	Jo 19
					30	2Cr 35	Ap 21	Ml 3	Jo 20
					31	2Cr 36	Ap 22	Ml 4	Jo 21

ESTUDO BÍBLICO

INTRODUÇÃO

■ Dois objetivos do estudo bíblico

Cada um deve estudar a Bíblia com dois objetivos em mente:
- Seu próprio crescimento em conhecimento e graça; e
- Passá-lo para outros.

Temos de ter quatro ouvidos – dois para nós mesmos e dois para as outras pessoas.

> "Minha Bíblia é muito valiosa para mim porque tenho tantas passagens marcadas que, se me chamarem para falar a qualquer momento, estou preparado. Devemos estar preparados para passar aos outros pensamentos e verdades celestiais, assim como fazemos com nossa moeda local."
>
> *John Wesley*

Um servo da memória

"A marcação da Bíblia deve passar a ser usada como o servo da memória; poucas palavras podem fazer recordar todo um sermão. Isso aprimora a memória, em vez de enfraquecê-la, se feita corretamente, porque dá importância a certas coisas que chamam atenção e que, ao lê-las constantemente, você terminará aprendendo de cor. Também ajuda a localizar textos e salvar pregadores e líderes de classe de escrever as notas para seus sermões e ou exposições. Uma vez na margem, sempre preparado."

John Wesley

Não exagere

No entanto, corre-se o perigo de exagerar no sistema de marcação e de fazer suas marcas mais proeminentes que a própria Escritura. Se o sistema é complicado, isso se torna um fardo, e talvez você fique confuso. É mais fácil lembrar-se de textos do que de significados de suas marcações.

Métodos de marcação

A maneira mais simples de marcar é sublinhando as palavras ou passando um traço forte ao lado do versículo. Outra boa maneira é escrever por cima das letras impressas com sua caneta e deixá-las mais espessas. A palavra vai se destacar como se estivesse em negrito.

Por exemplo, marque "somente" no Salmo 62 desse modo.

Numerando

Qualquer palavra ou frase é geralmente repetida em um livro ou capítulo. Coloque números consecutivos na margem ao lado de cada texto.

Assim, *o temor do Senhor* em Pv 1.7,29 e assim sucessivamente.

Numere as dez pragas dessa forma. No capítulo 2 de Habacuque há cinco *ais* e cinco pecados comuns.

NUMERANDO PROMESSAS

Quando há uma sucessão de promessas ou acusações em um versículo, é melhor escrever números pequenos no começo de cada promessa.

Desse modo, há uma promessa de sete partes para Abraão em Gn 12.2,3:

1
E farei de ti uma grande nação,
2
te abençoarei,
3
e engrandecerei o teu nome
4
e tu serás uma bênção.

5
Abençoarei os que te abençoarem
6
e amaldiçoarei quem te amaldiçoar;
7
e todas as famílias da terra serão abençoadas por meio de ti.

Em Pv 1.22, temos:
1
insensatos,
2
os que zombam,
3
os tolos.

O uso de uma cruz
Coloque uma cruz na margem para coisas que não são geralmente observadas. Por exemplo, a lei sobre as mulheres usarem roupas masculinas e sobre ninhos de passarinhos, em Dt 22.5,6; a comparação do sono do pobre e do rico, em Ec 5.12.

Usando espaços em branco
Nas páginas em branco no começo e no fim de sua Bíblia, escreva textos para responder às questões de todos os tipos de dificuldade que você encontra ao falar com as pessoas. Ainda nessas páginas em branco, escreva leituras bíblicas curtas e esboços de sermões.

Coisas para marcar
REFERÊNCIAS DA ESCRITURA
Ao lado de Gn 1.1 escreva: "*Pela fé.* Hb 11.3", porque lá nós lemos: "Pela fé, entendemos que o universo foi criado pela palavra de Deus".
Ao lado de Gn 28.2, escreva: "Uma resposta à oração. Gn 35.3".
Ao lado de Mt 6.33, escreva: "1Rs 17.5" e "Lc 10.42", que dão ilustrações de buscar primeiro o reino de Deus.
Ao lado de Gn 37.7, escreva: "Gn 50.18", que dá o cumprimento do sonho.
Dessa forma, você pode correlacionar livros proféticos com históricos, bem como as cartas de Paulo com o livro de Atos.

NOTAS PARA RELEMBRAR
UM SERMÃO, HISTÓRIA OU HINO
Ao lado de Sl 119.59,60, escrevi: "Epitáfio do filho pródigo".

CONEXÕES FERROVIÁRIAS
"Conexões ferroviárias" são elos que podem ser feitos por meio de frases parecidas ao longo da página.
Em Dn 6, faça um elo com *te livrará* (v. 16), *pôde livrar-te* (v. 20) e *ele livrou* (v. 27).
Em Sl 66, faça um elo entre *Vinde e vede* (v. 5) e *Vinde e ouvi* (v. 16).

RESUMO DE LIVROS
No começo de cada livro da Bíblia, escreva um resumo de seu conteúdo.

ESCREVA PALAVRAS-CHAVE
PARA LIVROS E CAPÍTULOS
Gênesis é o livro dos princípios; Êxodo, o da redenção.
A palavra-chave do capítulo 1 de João é "receber"; do segundo, "obediência", e assim sucessivamente.
Uma Bíblia intercalada com folhas em branco traz mais espaço para anotações e sugestões.

■ Visão geral

Entre a riqueza de material impresso hoje em dia prontamente disponível para o estudo da Bíblia, os seguintes livros representam alguns dos mais básicos que foram publicados para ajudar-nos a apreciar melhor as Escrituras.

Bíblias de estudo
As Bíblias de estudo não somente imprimem o texto bíblico em si, como também incluem material editorial extenso, como notas de rodapé, referências cruzadas, apêndices com mapas, gráficos e linhas do tempo.

Atlas bíblico
Um atlas bíblico contém mapas, diagramas e figuras para ajudar-nos a entender melhor a geografia da Bíblia.

Comentário bíblico
Os comentários bíblicos trazem explicações de textos bíblicos conforme foram entendidos por estudiosos e pregadores. Um comentário bíblico pode ser somente sobre um livro da Bíblia, ao passo que um comentário bíblico de um volume pode cobrir todos os livros da Bíblia de Gênesis a Apocalipse. Eles analisam a Bíblia livro por livro, capítulo por capítulo e, em alguns casos, versículo por versículo.

Dicionário bíblico
Os dicionários bíblicos contêm artigos sobre coisas como nomes, lugares e temas bíblicos. Geralmente, eles trazem muitas informações do pano de fundo da Bíblia que aumentam nosso entendimento sobre ela.

Léxico
Um léxico da Bíblia é um dicionário que explica o significado de antigas palavras em hebraico ou grego.

Concordância
Uma concordância lista as passagens na Bíblia nas quais uma palavra em especial é utilizada.

Bíblia paralela
Uma Bíblia paralela imprime várias traduções de um único idioma da Bíblia, ou apenas do Novo Testamento, geralmente 4 ou 8 textos diferentes, em colunas paralelas na mesma página. Isso permite a fácil comparação de diferentes traduções.

Bíblia interlinear
Uma Bíblia interlinear imprime o texto bíblico original, hebraico no caso do Antigo Testamento e grego no do Novo Testamento, com a tradução literal equivalente impressa abaixo da palavra hebraica ou grega.

Além disso, uma tradução padrão dos versículos é impressa na margem.

■ Tipos de estudo da Bíblia

Por tópico
Selecione um assunto/palavra e, ao usar uma concordância, acompanhe o seu uso de Gênesis a Apocalipse.

Tais estudos de tópico podem ser:
1. Sobre pessoas: Deus, Jesus, Espírito Santo etc;
2. Sobre lugares: Jerusalém, Belém etc;
3. Sobre objetos importantes: a arca, o templo etc;
4. Sobre temas: profecia etc;
5. Sobre palavras: escolha uma palavra hebraica/grega;
6. Sobre doutrinas: salvação, santificação etc.

Biografia
Selecione uma pessoa e estude tudo o que a Bíblia diz a respeito dela.

O estudo do caráter de algumas das pessoas mais importantes da Bíblia pode levar muitas horas.

Alguns estudos biográficos podem ser sobre:
Adão
Abraão
Davi
Jesus
Paulo

Pesquisa de livro
Selecione um livro da Bíblia e descubra tudo o que puder sobre ele.

O livro de Provérbios tem uma ampla variedade de tópicos. Uma maneira de estudar seus diferentes tópicos é listá-los sob diferentes temas.

SABEDORIA DO LIVRO DE PROVÉRBIOS
Aqui estão dez citações selecionadas do livro de Provérbios sobre dez tópicos diferentes.

1. Sabedoria
> *O temor do* SENHOR *é o princípio da sabedoria; e o conhecimento do Santo é o entendimento.* (Pv 9.10)

2. Oração
> *O* SENHOR *está longe dos ímpios, mas ouve a oração dos justos.* (Pv 15.29)

3. Uma boa palavra
> *A ansiedade no coração abate o homem, mas uma boa palavra o alegra.* (Pv 12.25)

4. Manter silêncio
> *Quem despreza o seu próximo não tem bom senso, mas o homem de entendimento se cala.* (Pv 11.12)

5. Difamação
> *O perverso espalha contendas, e o difamador separa amigos íntimos.* (Pv 16.28)

6. Ira
> *O tolo derrama toda a sua ira, mas o sábio a reprime e aplaca.* (Pv 29.11)

7. Repreensão
> *Quem ama a correção ama o conhecimento, mas quem rejeita a repreensão é insensato.* (Pv 12.1)

8. Adultério
> *O que adultera com uma mulher não tem entendimento; quem age assim destrói a si mesmo.* (Pv 6.32)

9. Aprendendo das formigas
> *⁶ Preguiçoso, vai ter com a formiga, observa os seus caminhos e sê sábio.*
> *⁷ Ela, mesmo não tendo chefe, nem superintendente, nem governante,*
> *⁸ faz a provisão do seu mantimento no verão e ajunta o seu alimento no tempo da colheita.*
> (Pv 6.6-8)

10. Coisas que Deus odeia
> *¹⁶ Seis coisas o* SENHOR *detesta, sim, sete ele abomina:*
> *¹⁷ olhos arrogantes, língua mentirosa e mãos que derramam sangue inocente;*
> *¹⁸ coração que faz planos perversos, pés que se apressam a praticar o mal;*
> *¹⁹ testemunha falsa que profere mentiras e o que semeia inimizade entre irmãos.*
> (Pv 6.16-19)

MEMORIZANDO A BÍBLIA

■ Benefícios de memorizar a Bíblia

Ajuda-nos a fazer a vontade de Deus

Não afastes de tua boca o livro desta lei, antes medita nele dia e noite, para que tenhas cuidado de obedecer a tudo o que nele está escrito; assim farás prosperar o teu caminho e serás bem-sucedido. (Js 1.8)

Ajuda-nos a viver uma vida santa

Francis Ridley Havergal, 1836-1879, comentando sobre o Salmo 119.11, disse:

"À medida que a palavra do Rei está presente no coração, há força contra o pecado. Usemos esse meio de poder absoluto, e mais vida e mais santidade serão nossas".

Guardei a tua palavra no meu coração para não pecar contra ti. (Sl 119.11)

Ajuda-nos a estar no caminho estreito e reto

A lei do seu Deus está em seu coração; seus pés não vacilarão. (Sl 37.31)

"Não sei de nenhuma outra prática na vida cristã mais recompensadora, falando em termos práticos, do que memorizar as Escrituras. [...] Nenhum outro exercício gera dividendos espirituais maiores! Sua vida de oração será fortalecida. Seu testemunho será polido e mais eficaz. Suas atitudes e sua percepção começarão a mudar. Sua mente ficará mais alerta e atenta. Sua confiança e certeza serão aprimoradas. Sua fé será solidificada."

Dr. Chuck Swindle, professor de Bíblia

■ O estudo e a memorização são ordens de Deus

Estudo

A primeira pergunta do Catecismo menor de Westminster de 1674 é: "Qual a finalidade principal do homem?" A resposta é: "A finalidade principal do homem é glorificar a Deus, e deleitar-se nele para sempre".

Não podemos fazer isso, a menos que obedeçamos à sua palavra.

Precisamos
1. Ler a Bíblia diversas vezes;
2. Estudar o máximo possível;
3. Orar;
4. Meditar sobre a Bíblia; e
5. Memorizar trechos dela.

Assim, seremos capazes de obedecer a ela.

Memorize versículos

Na verdade, somos ordenados a memorizar partes da Bíblia.

> ⁶ E estas palavras, que hoje te ordeno, estarão no teu coração;
> ⁷ e as ensinarás a teus filhos e delas falarás sentado em casa e andando pelo caminho, ao deitar-te e ao levantar-te.
> ⁸ Também as amarrarás como sinal na mão e como faixa na testa;
> ⁹ e as escreverás nos batentes da tua casa e nas tuas portas.
> (Dt 6.6-9)

Memorização da Escritura

Memorizar os versículos da Bíblia nos ajuda a

1. orar;
2. meditar na Palavra de Deus; e
3. entender a Palavra de Deus.

PASSOS SIMPLES

Algumas pessoas acham que é muito mais fácil aprender uma passagem da Escritura do que versículos distintos de diferentes livros da Bíblia.

Aqui vão alguns passos simples a se tomar a fim de aprender uma passagem da Bíblia.

Passo 1

Selecione uma passagem curta e interessante para memorizar.
   As Bem-aventuranças: Mateus 5.3-10
   O Pai-nosso: Mateus 6.9-13
   Salmo 23
   João 15.1-9
   1Coríntios 13

Passo 2

Estipule uma meta de um versículo por dia.
   Não se preocupe quando não conseguir fazer isso.
   Apenas revise o que já memorizou e prossiga com um versículo extra por dia.
   Mais cedo ou mais tarde, você verá que aprende mais versículos se continuar revisando aqueles que já aprendeu até que saiba todas as palavras em perfeita ordem, antes de continuar com os versículos novos.

Passo 3

Adicione um versículo por dia até que tenha aprendido todo o parágrafo. Em seguida, premie-se com um dia de folga de aprender um novo versículo e apenas revise o que já memorizou.

Passo 4

Aprenda o segundo parágrafo de sua passagem da Bíblia, seguindo os passos acima.

Passo 5

Teste a você mesmo quanto ao que aprendeu em cada mês.

REVISÃO
Há centenas de dicas proveitosas sobre memorizar a Bíblia. Uma das coisas mais importantes a se lembrar é revisar. Se quiser fazer um progresso real, você precisa tornar a revisão um hábito de vida.

PASSOS SIMPLES PARA A REVISÃO
Passo 1
Adicione o versículo dois ao versículo 1.
 Ao ter aprendido seu primeiro versículo da Bíblia de maneira que possa dizê-lo perfeitamente sem ter que olhar para ele, aprenda seu segundo versículo da mesma maneira. Todavia, antes de seguir para o terceiro versículo, revise.

Faça isso ao colocar os versículos 1 e 2 juntos até que possa dizer ambos perfeitamente.

Passo 2
Ao ter aprendido satisfatoriamente o versículo 3, adicione-o aos dois primeiros versículos.
 Diga os versículos 1, 2 e 3 até que todas as palavras estejam perfeitamente de acordo com o texto bíblico.

Passo 3
Continue seguindo os passos acima cada vez que aprender um novo versículo.

MEDITANDO NA BÍBLIA

■ Visão geral

Como amo tua lei! Ela é minha meditação o dia todo. (Sl 119.97)

Mantenho-me acordado nas vigílias da noite, para meditar na tua palavra. (Sl 119.148)

Vigie, vigie, vigie

Vigie seus pensamentos,
  porque eles se tornarão palavras.
Vigie suas palavras,
  porque elas se tornarão atos.
Vigie seus atos,
  porque eles se tornarão seus hábitos.
Vigie seus hábitos,
  porque eles se tornarão seu caráter.
Vigie seu caráter,
  porque ele será o seu destino.

Autor desconhecido

Pensamento

Se há alguma verdade no ditado: "Você é aquilo que come", há ainda mais verdade no ditado: "Você é (e está se tornando) aquilo que pensa".

Nosso coração nos julga

O homem bom tira o bem do bom tesouro do seu coração; e o homem mau tira o mal do seu mau tesouro; pois a boca fala do que o coração tem em grande quantidade.
(Lc 6.45)

Mas o que sai da boca procede do coração; e é isso que torna o homem impuro.
(Mt 15.18)

[17] Não compreendeis que tudo o que entra pela boca e desce para o estômago é depois expelido?
[18] Mas o que sai da boca procede do coração; e é isso que torna o homem impuro.
[19] Porque do coração é que saem os maus pensamentos, homicídios, adultérios, imoralidade sexual, furtos, falsos testemunhos e calúnias.
[20] São essas coisas que tornam o homem impuro; mas o comer sem lavar as mãos não o torna impuro.
(Mt 15.17-20)

Como o rosto reflete na água, assim o coração do homem mostra quem ele é.
(Pv 27.19)

Acima de tudo que se deve guardar, guarda o teu coração, porque dele procedem as fontes da vida. (Pv 4.23)

A vida interior

Jesus reprovou publicamente os líderes da igreja por serem hipócritas contumazes. Eles eram os primeiros da classe quando se tratava de fazer boas obras, mas Jesus sempre olhava para o coração e as intenções das pessoas.

> 25 *Ai de vós, escribas e fariseus, hipócritas! Porque limpais o exterior do copo e do prato, mas por dentro estão cheios de roubo e cobiça.*
> 26 *Fariseu cego! Limpa primeiro o interior do copo, para que o exterior também fique limpo.*
> 27 *Ai de vós, escribas e fariseus, hipócritas! Porque sois semelhantes aos sepulcros caiados, que por fora parecem belos, mas por dentro estão cheios de ossos e de toda imundícia.*
> 28 *Assim sois vós: por fora pareceis justos aos homens, mas por dentro estais cheios de hipocrisia e maldade.*
> (Mt 23.25-28)

Definição de meditação do Dicionário Webster

MEDITAR: engajar-se em contemplação ou reflexão, focalizar os pensamentos de alguém em; refletir ou ponderar; planejar ou projetar na mente.

PENSAR: formar ou ter na mente, ter como uma opinião, concernir ou considerar, refletir ou ponderar, determinar pela reflexão, trazer à mente ou relembrar, centrar os pensamentos de alguém em ou formar um quadro mental de, ter a mente engajada na reflexão, considerar.

REFLETIR: pensar de maneira tranquila e calma.

PONDERAR: avaliar mentalmente, pensar sobre, refletir sobre, pensar sobre – em especial de modo tranquilo, sóbrio e profundo.

As palavras Ponderar, Meditar, Matutar e Ruminar são sinônimos e significam considerar ou examinar de modo atento ou deliberado.

PONDERAR: implica uma avaliação cuidadosa ou, com frequência, o pensamento prolongado e inconclusivo sobre alguma questão.

MEDITAR: implica um foco definitivo dos pensamentos de alguém em alguma coisa a fim de entendê-la profundamente.

MATUTAR: sugere uma divagação menos focalizada, como em uma lembrança.

RUMINAR: implica analisar o mesmo assunto repetidamente, mas sugere pouco pensamento premeditado ou absorção rápida.

MENTE E CORAÇÃO

A meditação é uma função da mente e do coração.

É o que pensamos em nosso coração e é algo que cada um fazer a cada dia.

Quer percebamos quer não, todos nós passamos grande parte de nosso dia em alguma forma de meditação.

O fato é que aquilo em que meditamos pode ou não ser de algum valor.

Na verdade, o que pensamos de forma habitual é quase sempre prejudicial ao nosso crescimento como cristãos. Muitas vezes é simplesmente pecaminoso.

É por isso que é uma ideia muito boa fazer notas sobre o que meditar.

Isso pode ser o primeiro passo no processo de nos treinarmos para pensar corretamente.

Definindo a meditação da Bíblia

"Meditação é apenas um pensamento prolongado e direcionado a um único objeto. Suas câmaras místicas, onde residem seus pensamentos, são a fábrica secreta de um escultor invisível talhando formas para um futuro eterno. A personalidade e a influência são modeladas aqui. É por isso que temos a injunção bíblica: 'Acima de tudo que se deve guardar, guarda o teu coração, porque dele procedem as fontes da vida', Provérbios 4.23."

A. T. Pierson

■ A Bíblia e a meditação

Há registros de versículos da Bíblia que encorajam a prática de meditações da Bíblia.

O Antigo Testamento

Não afastes de tua boca o livro desta lei, antes medita nele dia e noite, para que tenhas cuidado de obedecer a tudo o que nele está escrito; assim farás prosperar o teu caminho e serás bem-sucedido. (Js 1.8)

Salmo

As palavras da minha boca e a meditação do meu coração sejam agradáveis na tua presença, Senhor, minha rocha e meu redentor! (Sl 19.14)

Ó Deus, dentro do teu templo temos meditado no teu amor. (Sl 48.9)

Também meditarei em todas as tuas obras, e ponderarei teus feitos poderosos. (Sl 77.12)

Medito em teus preceitos e observo teus caminhos. (Sl 119.15)

Príncipes sentaram-se e falaram contra mim, mas teu servo meditava nos teus decretos. (Sl 119.23)

Faze com que eu entenda o caminho dos teus preceitos; assim meditarei nas tuas maravilhas. (Sl 119.27)

Também levantarei as mãos para os teus mandamentos, que amo, e meditarei nos teus estatutos. (Sl 119.48)

Sejam envergonhados os arrogantes, por me transtornarem sem motivo; mas eu meditarei nos teus preceitos. (Sl 119.78)

Como amo tua lei! Ela é minha meditação o dia todo. (Sl 119.97)

Tenho mais entendimento do que todos os meus mestres, porque teus testemunhos são minha meditação. (Sl 119.99)

Mantenho-me acordado nas vigílias da noite, para meditar na tua palavra. (Sl 119.148)

Lembro-me dos dias do passado; considero todos os teus feitos; medito na obra das tuas mãos. (Sl 143.5)

Meditarei no glorioso esplendor da tua majestade e nas tuas obras maravilhosas. (Sl 145.5)

Que a minha meditação lhe seja agradável; eu me regozijarei no Senhor. (Sl 104.34)

[1] Bem-aventurado aquele que não anda no conselho dos ímpios, não se detém no caminho dos pecadores, nem se assenta na roda dos zombadores;
[2] pelo contrário, seu prazer está na lei do Senhor, e na sua lei medita dia e noite.
[3] Ele será como a árvore plantada junto às correntes de águas, que dá seu fruto no tempo certo e cuja folhagem não murcha. Tudo que ele fizer prosperará.
[4] Não é assim com os ímpios. Eles são como a palha que o vento dispersa.
[5] Por isso, os ímpios não prevalecerão no julgamento, nem os pecadores, na assembleia dos justos;
[6] porque o Senhor recompensa o caminho dos justos, mas o caminho dos ímpios traz destruição.

(Salmo 1)

Paulo
MEDITAMOS SOBRE O QUE
O NOSSO CORAÇÃO ESTÁ CHEIO
No lugar de nossos próprios pensamentos que podem tão facilmente preencher nossa mente, Paulo nos diz o que devemos fazer.

¹ Já que fostes ressuscitados com Cristo, buscai as coisas de cima, onde Cristo está assentado à direita de Deus.
² Pensai nas coisas de cima e não nas que são da terra;
³ pois morrestes, e a vossa vida está escondida com Cristo em Deus.

(Cl 3.1-3)

Medita no que estou te dizendo, pois o Senhor te fará entender tudo. (2Tm 2.7)

Quanto ao mais, irmãos, tudo o que é verdadeiro, tudo o que é honesto, tudo o que é justo, tudo o que é puro, tudo o que é amável, tudo o que é de boa fama, se há alguma virtude, e se há algum louvor, nisso pensai. (Fp 4.8)

¹ Portanto, irmãos, exorto-vos pelas compaixões de Deus que apresenteis o vosso corpo como sacrifício vivo, santo e agradável a Deus, que é o vosso culto racional.
² E não vos amoldeis ao esquema deste mundo, mas sede transformados pela renovação da vossa mente, para que experimenteis qual seja a boa, agradável e perfeita vontade de Deus.
³ Porque pela graça que me foi dada, digo a cada um dentre vós que não pense de si mesmo mais do que convém; mas que pense de si com equilíbrio, conforme a medida da fé que Deus repartiu a cada um.

(Rm 12.1-3)

"Vejam só, muito disso é a reflexão sobre o relacionamento que temos com Deus, é o pensamento sobre seu amor e influência em sua vida, é pensar sobre seu poder impressionante e suas poderosas obras. É dar graças alegremente a ele por tudo que tem feito. É sentar em temor e apreciação de seus feitos. É usar toda a nossa energia para entender sua palavra e obedecer a ela. Assim como seu sistema digestivo processa o alimento que você comeu, a fim de que ele possa ser usado pelo seu corpo, de igual modo a meditação digere todas as coisas a respeito de Deus e faz delas um poder que pode renovar seu coração."

O descanso eterno dos santos,
Richard Baxter

ENSINAMENTO BÍBLICO FUNDAMENTAL

O QUE A BÍBLIA DIZ SOBRE

■ A Bíblia em 50 palavras

Deus fez
Adão mordeu
Noé arquitetou
Abraão dividiu
José governou
Jacó enganou
Sarça falou
Moisés hesitou
Faraó praguejado
Povo liberto
Mar dividido
Tábuas orientaram
Terra prometida
Saul temeu
Davi espiou
Profetas avisaram
Jesus nasceu
Deus caminhou
Amor falou
Ira crucificou
Esperança morreu
Amor ressuscitou
Espírito flamejou
Palavra difundida
Deus permaneceu

Palavras e temas

Uma maneira de estudar a Bíblia por tópicos é consultando uma palavra em particular na concordância da Bíblia e ler todas as referências da Bíblia. Outra maneira é agrupar alguns dos versículos da Bíblia que ilustram o tópico ou a palavra pesquisada, mesmo se a palavra em si não aparece na Bíblia. A seguinte lista de palavras por tópicos, disposta em ordem alfabética, apresenta alguns dos versículos mais famosos e importantes em cada assunto.

■ A

Abandono

*Pois o S*ENHOR*, vosso Deus, é Deus misericordioso e não vos desamparará, nem vos destruirá, nem se esquecerá da aliança que jurou a vossos pais.* (Dt 4.31)

*Pois o S*ENHOR *não desamparará o seu povo, por amor ao seu grande nome.* (1Sm 12.22)

Mas por certo Deus não rejeitará o correto, nem segurará os malfeitores pela mão. (Jó 8.20)

*Se meu pai e minha mãe me abandonarem, o S*ENHOR *me acolherá.* (Sl 27.10)

*Ó S*ENHOR*, não me desampares; meu Deus, não te afastes de mim.* (Sl 38.21)

Não vos deixarei órfãos; voltarei para vós. (Jo 14.18)

Nunca te deixarei, jamais te desampararei. (Hb 13.5)

Abnegação

*Quem me dera todos os membros do povo do S*ENHOR *fossem profetas, que o S*ENHOR *colocasse neles seu Espírito!* (Nm 11.29)

Não temas, porque as mãos de meu pai Saul não te tocarão. Tu reinarás sobre Israel, e eu serei o segundo no reino; Saul, meu pai, bem sabe disso. (1Sm 23.17)

Ó meu Deus, eu jamais faria tal coisa! Estaria eu bebendo o sangue destes homens? Eles arriscaram a vida para trazerem esta água para mim. De maneira que não a quis beber. Assim fizeram aqueles três guerreiros. (1Cr 11.19)

Todavia, digo-vos a verdade; é para o vosso benefício que eu vou. Se eu não for, o Consolador não virá a vós; mas, se eu for, eu o enviarei. (Jo 16.7)

De ninguém cobicei prata, nem ouro, nem roupas. (At 20.33)

Porque também Cristo não agradou a si mesmo, mas, como está escrito: As ofensas dos que te ofendiam caíram sobre mim. (Rm 15.3)

Abundância

Eu vos darei o melhor da terra do Egito e comereis da fartura da terra. (Gn 45.18)

O meu cálice transborda. (Sl 23.5)

Aceitação

O Senhor o deu, e o Senhor o tirou; bendito seja o nome do Senhor. (Jó 1.21)

Fira-me o justo, e isso será sinal de amor; repreenda-me, e será como óleo sobre a minha cabeça, que não há de recusá-lo; mas continuarei a orar contra os feitos dos ímpios. (Sl 141.5)

Seja a resposta boa, seja má, obedeceremos à voz do Senhor, nosso Deus, a quem te enviamos, para que tudo vá bem conosco, obedecendo à voz do Senhor, nosso Deus. (Jr 42.6)

Todavia não seja o que eu quero, mas o que tu queres. (Mc 14.36)

Pai, nas tuas mãos entrego o meu espírito. E, dizendo isso, expirou. (Lc 23.46)

Faça-se a vontade do Senhor (At 21.14)

Quem sabe não foi algum espírito ou um anjo que falou com ele? (At 23.9)

Quando somos ofendidos, bendizemos; quando perseguidos, suportamos. (1Co 4.12)

Fazei todas as coisas sem queixas nem discórdias. (Fp 2.14)

Já vos esquecestes do ânimo de que ele vos fala como a filhos: Filho meu, não desprezes a disciplina do Senhor, nem fiques desanimado quando por ele és repreendido. (Hb 12.5)

Pois que mérito há em ter de suportar sofrimento se cometeis pecado e sois esbofeteados por isso? Mas se suportais sofrimento quando fazeis o bem, isso é digno de louvor diante de Deus. (1Pe 2.20)

Porque, se a vontade de Deus assim o decretar, é melhor que sofrais fazendo o bem do que o mal. (1Pe 3.17)

Acusações

Levanta-te e persegue os homens; quando alcançá-los, dize-lhes: Por que pagastes o bem com o mal? (Gn 44.4)

Então Natã disse a Davi: Esse homem és tu! Assim diz o Senhor, Deus de Israel: Eu te ungi rei sobre Israel, livrei-te da mão de Saul. (2Sm 12.7)

Quem dentre vós estiver sem pecado seja o primeiro a atirar uma pedra nela. (Jo 8.7)

Adaptabilidade

Para os judeus, tornei-me judeu, para ganhar os judeus. Para os que estão debaixo da lei, como se eu estivesse debaixo da lei (embora eu não esteja), para ganhar os que estão debaixo da lei. (1Co 9.20)

Para os fracos tornei-me fraco, para ganhar os fracos. (1Co 9.22)

Tornei-me tudo para com todos, para de todos os meios vir a salvar alguns. (1Co 9.22)

Adoração

O Senhor é a minha força e o meu cântico; ele se tornou a minha salvação; ele é o meu Deus, portanto eu o louvarei; é o Deus de meu pai, por isso o exaltarei. (Êx 15.2)

Cultuareis o Senhor vosso Deus, e ele abençoará o vosso pão e a vossa água; e eu tirarei do meio de vós as enfermidades. (Êx 23.25)

Eles me farão um santuário para que eu habite no meio deles. (Êx 25.8)

Amarás o Senhor, teu Deus, de todo o teu coração, com toda a tua alma e com todas as tuas forças. (Dt 6.5)

E acontecerá que, se obedeceres atentamente a meus mandamentos que hoje te ordeno, de amar o Senhor, teu Deus, e servi-lo de todo o coração e de toda a alma... (Dt 11.13)

Adultério

Não adulterarás. (Êx 20.14)

Não cobiçarás a casa do teu próximo, não cobiçarás a mulher do teu próximo, nem o seu servo, nem a sua serva, nem o seu boi, nem o seu jumento, nem coisa alguma do teu próximo. (Êx 20.17)

Não cobices no coração a sua beleza, nem te deixes levar pelos seus olhares. (Pv 6.25)

O que adultera com uma mulher não tem entendimento; quem age assim destrói a si mesmo. (Pv 6.32)

Eu, porém, vos digo que todo aquele que olhar com desejo para uma mulher já cometeu adultério com ela no coração. (Mt 5.28)

Eu, porém, vos digo que todo aquele que se divorciar de sua mulher, a não ser por causa de infidelidade, torna-a adúltera; e quem se casa com a divorciada comete adultério. (Mt 5.32)

Não te é permitido viver com a mulher de teu irmão. (Mc 6.18)

Adversidade

Todavia, quanto mais os egípcios oprimiam o povo de Israel, mais este se multiplicava e se espalhava; de maneira que os egípcios ficaram com muito medo dos israelitas. (Êx 1.12)

Príncipes perseguem-me sem motivo, mas meu coração teme tuas palavras. (Sl 119.161)

Sofremos pressões de todos os lados, mas não estamos arrasados; ficamos perplexos, mas não desesperados; somos perseguidos, mas não desamparados; abatidos, mas não destruídos. (2Co 4.8,9)

Aflição

Os meus olhos me afligem por causa de todos os moradores da minha cidade. (Lm 3.51)

Em verdade, em verdade vos digo que chorareis e vos lamentareis, mas o mundo se alegrará. Ficareis tristes, porém a vossa tristeza se transformará em alegria. (Jo 16.20)

Eu vos tenho dito essas coisas para que tenhais paz em mim. No mundo tereis tribulações; mas não vos desanimeis! Eu venci o mundo. (Jo 16.33)

Ele lhes enxugará dos olhos toda lágrima; e não haverá mais morte, nem pranto, nem lamento, nem dor, porque as primeiras coisas já passaram. (Ap 21.4)

Água

Turbulento como as águas, não conservarás a superioridade, pois subiste ao leito de teu pai e o profanaste. Sim, ele subiu à minha cama. (Gn 49.4)

Pode o papiro desenvolver-se fora de um pântano? Pode o junco crescer sem água? (Jó 8.11)

Assim como as águas desgastam as pedras; e as enchentes arrastam o solo, tu acabas com a esperança do homem. (Jó 14.19)

Aliança

Coloquei o meu arco nas nuvens; ele será o sinal de uma aliança entre mim e a terra. (Gn 9.13)

E farei de ti uma grande nação, te abençoarei e engrandecerei o teu nome; e tu serás uma bênção. (Gn 12.2)

E todas as famílias da terra serão abençoadas por meio de ti. (Gn 12.3)

Quanto a mim, esta é a minha aliança contigo: serás pai de muitas nações. (Gn 17.4)

Alma

Todos os poderosos da terra comerão e adorarão, e todos os que descem ao pó se prostrarão perante ele, os que não podem preservar a vida. (Sl 22.29)

Renova a minha alma. (Sl 23.3)

O que ganha almas é sábio. (Pv 11.30)

A testemunha verdadeira livra as pessoas, mas o que fala mentiras é traidor. (Pv 14.25)

Quem guarda os mandamentos guarda sua vida, mas quem faz pouco caso dos seus caminhos morrerá. (Pv 19.16)

Todas as vidas são minhas, tanto a do pai como a do filho; e aquele que pecar é que morrerá. (Ez 18.4)

E não temais os que matam o corpo e não podem matar a alma; pelo contrário, temei aquele que pode destruir no inferno tanto a alma como o corpo. (Mt 10.28)

Ou, que dará o homem em troca da sua vida? (Mt 16.26)

Pois que adianta ao homem ganhar o mundo inteiro e perder a sua vida? (Mc 8.37)

Ambição

Deveria eu renunciar à minha doçura e ao meu bom fruto para dominar sobre as árvores. (Jz 9.11)

Ameaça

Por isso os israelitas não puderam subsistir perante os seus inimigos, retrocederam diante deles, porque se fizeram anátema. Se não destruirdes o anátema do meio de vós, não estarei mais convosco. (Js 7.12)

Mostra-nos a entrada da cidade, e te pouparemos a vida. (Jz 1.24)

Que os deuses me castiguem se até amanhã a estas horas eu não houver feito com a tua vida como fizeste à deles. (1Rs 19.2)

... vos castigou com açoites; porém eu vos castigarei com escorpiões. (2Cr 10.11,14)

E saberão que eu sou o SENHOR; não foi em vão que anunciei que lhes faria esse mal. (Ez 6.10)

Amizade

Onde quer que morreres, ali também morrerei e serei sepultada. Que o SENHOR me castigue, se outra coisa que não seja a morte me separar de ti! (Rt 1.17)

Depois que Davi terminou de falar com Saul, Jônatas se tornou muito amigo de Davi; e Jônatas o amou como a si próprio. (1Sm 18.1)

O que queres que eu faça? (1Sm 20.4)

Então Jônatas fez Davi jurar de novo, confirmando sua grande amizade; ele o amava como a si próprio. (1Sm 20.17)

Amor

Não te vingarás nem guardarás ódio contra gente do teu povo; pelo contrário, amarás o teu próximo como a ti mesmo. Eu sou o SENHOR. (Lv 19.18; Mt 19.19)

Achou-o numa terra deserta, terra de solidão e uivos horrendos. Cercou-o de proteção, cuidou dele, guardando-o como a pupila do seu olho. (Dt 32.10)

Como podes dizer que me amas se o teu coração não está comigo? Já zombaste de mim três vezes e ainda não me revelaste em que consiste a tua força. (Jz 16.15)

Saul e Jônatas, tão queridos e amáveis na sua vida, também não se separaram na sua morte; eram mais velozes do que as águias, mais fortes do que os leões. (2Sm 1.23)

O ódio causa brigas, mas o amor cobre todas as transgressões. (Pv 10.12)

Melhor é um prato de hortaliça, onde há amor, do que o boi gordo acompanhado de ódio. (Pv 15.17)

Tempo de amar e tempo de odiar; tempo de guerra e tempo de paz. (Ec 3.8)

Beije-me ele com os beijos da sua boca, pois seus afagos são melhores do que o vinho. (Ct 1.2)

Eu, porém, vos digo: Amai os vossos inimigos e orai pelos que vos perseguem. (Mt 5.44; Lc 6.27)

Pois, se amardes quem vos ama, que recompensa tereis? Os publicanos também não fazem o mesmo? (Mt 5.46)

Quem ama seu pai ou sua mãe mais do que a mim não é digno de mim; e quem ama seu filho ou sua filha mais do que a mim não é digno de mim. (Mt 10.37)

Respondeste bem; faze isso e viverás. (Lc 10.28)

Eu vos dou um novo mandamento: que vos ameis uns aos outros; assim como eu vos amei, que também vos ameis uns aos outros. (Jo 13.34)

Nisto todos saberão que sois meus discípulos, se vos amardes uns aos outros. (Jo 13.35)

Aquele que tem os meus mandamentos e a eles obedece, esse é o que me ama. E aquele que me ama será amado por meu Pai, e eu o amarei e me manifestarei a ele. (Jo 14.21)

O meu mandamento é este: Amai-vos uns aos outros, assim como eu vos amei. (Jo 15.12)

Ninguém tem maior amor do que aquele que dá a própria vida pelos seus amigos. (Jo 15.13)

Amor de Deus

Amarás o SENHOR, teu Deus, de todo o teu coração, com toda a tua alma e com todas as tuas forças. (Dt 6.5)

Ó Israel, o que é que o SENHOR, teu Deus, exige de ti agora, exceto que temas o SENHOR, teu Deus, que andes em todos os seus caminhos e ames e sirvas o SENHOR, teu Deus, *de todo o coração e de toda a alma...?* (Dt 10.12,13)

Então acrescentarás outras três cidades a essas três (assim será, se obedeceres a toda esta lei que hoje te ordeno e a cumprires: amar o SENHOR, teu Deus, e andar sempre nos seus caminhos). (Dt 19.9)

Portanto, tende todo o cuidado de amar o SENHOR, vosso Deus. (Js 23.11)

Ó SENHOR, morram assim todos os teus inimigos! Entretanto, os que te amam sejam como o sol quando se levanta na sua força. E a terra teve sossego durante quarenta anos. (Jz 5.31)

Assim como a corça anseia pelas águas correntes, também minha alma anseia por ti, ó Deus! (Sl 42.1)

Estendo-te as minhas mãos; a minha alma, como terra sedenta, tem sede de ti. (Sl 143.6)

Amarás o SENHOR teu Deus de todo o coração, de toda a alma e de todo o entendimento. Este é o maior e o primeiro mandamento. (Mt 22.37,38)

Angústia

Então, este mal vos atingirá nos últimos dias, quando fizerdes o que é mau aos olhos do SENHOR, para provocar sua ira com a obra das vossas mãos. (Dt 31.29)

E assim como a tua vida foi preciosa aos meus olhos hoje, seja a minha vida preciosa aos olhos do SENHOR, para que ele me livre de todo sofrimento. (1Sm 26.24)

Todavia o homem nasce para a tribulação, assim como as faíscas voam para cima. (Jó 5.7)

O SENHOR protege os simples; quando estou abatido, ele me salva. (Sl 116.6)

Quem busca o bem com persistência, busca favor, mas quem procura o mal, este lhe alcançará. (Pv 11.27)

O SENHOR é bom, uma fortaleza no dia da angústia; ele conhece os que confiam nele. (Na 1.7)

Não vos inquieteis, pois, pelo dia de amanhã; porque o dia de amanhã trará suas próprias preocupações. Basta a cada dia o seu problema. (Mt 6.34)

Essa doença não é para a morte, mas para a glória de Deus, para que o Filho de Deus seja glorificado por meio dela. (Jo 11.4)

Não vos torneis motivo de tropeço nem para judeus, nem para gregos, nem à igreja de Deus. (1Co 10.32)

Anticristo

Filhinhos, esta é a última hora; o anticristo está vindo. (1Jo 2.18)

Já muitos anticristos se têm levantado, conforme ouvistes; por isso, sabemos que é a última hora. (1Jo 2.18)

Quem é o mentiroso, senão aquele que nega que Jesus é o Cristo? Esse mesmo é o anticristo, esse que nega o Pai e o Filho. (1Jo 2.22)

Aparência

Mas o SENHOR disse a Samuel: Não dê atenção à aparência ou à altura dele, porque eu o rejeitei; porque o SENHOR não vê como o homem vê, pois o homem olha para a aparência, mas o SENHOR, para o coração. (1Sm 16.7)

Ai de vós, escribas e fariseus, hipócritas! Porque sois semelhantes aos sepulcros caiados, que por fora parecem belos, mas por dentro estão cheios de ossos e de toda imundícia (Mt 23.27)

Assim sois vós: por fora pareceis justos aos homens, mas por dentro estais cheios de hipocrisia e maldade. (Mt 23.28)

Não julgueis pela aparência, mas julgai de maneira justa. (Jo 7.24)

Vós julgais segundo a carne; eu não julgo ninguém. (Jo 8.15)

Apostasia

Os israelitas não se lembraram do SENHOR, seu Deus, que os havia livrado das mãos de todos os inimigos ao redor. (Jz 8.34)

Aprisionamento

Chegue à tua presença o gemido dos presos; segundo a grandeza do teu braço, preserva os condenados à morte. (Sl 79.11)

O SENHOR liberta os encarcerados. (Sl 146.7)

Atiraram-me vivo na cova e lançaram pedras sobre mim. (Lm 3.53)

Afundei até os fundamentos dos montes; a terra me aprisionou para sempre com as suas trancas; mas tu fizeste subir a minha vida da sepultura, SENHOR, meu Deus. (Jn 2.6)

Eu, Paulo, cumprimento-vos de próprio punho. Lembrai-vos das minhas prisões. A graça esteja convosco. (Cl 4.18)

Arco-íris

Coloquei o meu arco nas nuvens; ele será o sinal de uma aliança entre mim e a terra. (Gn 9.13)

Armadilhas

Então lhe pediam que dissesse a palavra "chibolete". Se, no entanto, dissesse "sibolete", porque não conseguia pronunciar corretamente a palavra, eles o prendiam e o matavam na passagem do Jordão. Naquela ocasião, quarenta e dois mil efraimitas foram mortos. (Jz 12.6)

Até que uma flecha lhe atravesse o fígado, ou como a ave que corre para o laço, sem saber que ele está preparado contra sua vida. (Pv 7.23)

Estenderei a minha rede sobre ele, e ficará preso no meu laço; e eu o levarei à Babilônia, e ali executarei juízo contra ele por causa da traição que cometeu contra mim. (Ez 17.20)

Arrependimento

Então o SENHOR arrependeu-se de haver feito o homem na terra, e isso lhe pesou no coração. (Gn 6.6)

Ali vos lembrareis de vossos caminhos e de todos os atos com que vos tendes contaminado; e tereis nojo de vós mesmos, por causa de todas as maldades que tendes cometido. (Ez 20.43)

E lhe infligirá castigo e lhe dará o destino dos hipócritas; ali haverá choro e ranger de dentes. (Mt 24.51)

Desta vez, pequei. O SENHOR é justo, mas eu e o meu povo somos ímpios. (Êx 9.27)

Porque a vida da carne está no sangue, e eu o tenho dado a vós sobre o altar, para fazer expiação por vós, porque é o sangue que faz expiação pela vida. (Lv 17.11)

Filho meu, dá glória ao SENHOR, Deus de Israel, confessando perante ele. Declara-me agora o que fizeste; não escondas nada de mim. (Js 7.19)

Pois, se voltardes para o SENHOR, vossos parentes e vossos filhos acharão misericórdia da parte dos que os levaram cativos, e voltarão para esta terra; porque o SENHOR, vosso Deus, é bom e compassivo, e não desviará o rosto de vós, se voltardes para ele. (2Cr 30.9)

Não sejas sábio a teus próprios olhos; teme o SENHOR e desvia-te do mal. (Pv 3.7)

Pela misericórdia e pela verdade se faz expiação pelo pecado, e pelo temor do SENHOR os homens se desviam do mal. (Pv 16.6)

Lavai-vos e purificai-vos; tirai de diante dos meus olhos as vossas obras más; parai de praticar o mal. (Is 1.16)

Voltará para mim. (Jr 3.7)

Vinde e voltemos para o SENHOR, porque ele nos despedaçou, mas haverá de nos curar; ele nos feriu, mas cuidará das feridas. (Os 6.1)

É tempo de buscar ao SENHOR. (Os 10.12)

Buscai o SENHOR e vivei; para que ele não destrua a linhagem de José como fogo e a consuma, e não haja quem o apague em Betel. (Am 5.6)

Arrependei-vos, porque o reino do céu chegou. (Mt 4.17)

Porque eu não vim chamar justos, mas pecadores. (Mt 9.13)

Eu vos digo que não; antes, se não vos arrependerdes, todos vós também perecereis. (Lc 13.3)

Alegrai-vos comigo, pois encontrei a minha ovelha perdida. (Lc 15.6)

Digo-vos que no céu haverá mais alegria por um pecador que se arrepende do que por noventa e nove justos que não precisam de arrependimento. (Lc 15.7)

Eu vos digo que assim há alegria na presença dos anjos de Deus por um pecador que se arrepende. (Lc 15.10)

Mas eu roguei por ti, para que a tua fé não esmoreça; e, quando te converteres, fortalece teus irmãos. (Lc 22.32)

E que em seu nome se pregaria o arrependimento para perdão dos pecados a todas as nações, começando por Jerusalém. (Lc 24.47)

Arrependei-vos, e cada um de vós seja batizado em nome de Jesus Cristo, para o perdão de vossos pecados; e recebereis o dom do Espírito Santo. (At 2.38)

Ou desprezas as riquezas da sua bondade, tolerância e paciência, ignorando que a graça de Deus te conduz ao arrependimento? (Rm 2.4)

Lembra-te, pois, de onde caíste, arrepende-te e volta às obras que praticavas no princípio. Se não te arrependeres, logo virei contra ti e tirarei o teu candelabro do seu lugar. (Ap 2.5)

Portanto, arrepende-te! Se não te arrependeres, logo virei contra ti e lutarei contra eles com a espada da minha boca. (Ap 2.16)

Porque sabeis que, mais tarde, querendo ele ainda herdar a bênção, foi rejeitado; e não achou lugar de arrependimento, ainda que o buscasse com lágrimas. (Hb 12.17)

Arrogância

Quem é o SENHOR, para que eu atenda à sua voz e deixe Israel ir? Não conheço o SENHOR, nem deixarei Israel ir. (Êx 5.2)

Assim diz o SENHOR, o Deus dos hebreus: Até quando resistirás a humilhar-te diante de mim? Deixa o meu povo ir, para que me culte. (Êx 10.3)

Não faleis mais palavras tão altivas, nem a arrogância saia da vossa boca; porque o SENHOR é o Deus da sabedoria e julga os atos humanos. (1Sm 2.3)

Livras o povo que se humilha, mas teus olhos são contra os altivos, e tu os abaterás. (2Sm 22.28)

Assassinato

Quem derramar sangue de homem, terá o seu sangue derramado pelo homem, porque Deus fez o homem à sua imagem. (Gn 9.6)

Vamos vendê-lo a esses ismaelitas; não encostaremos a mão nele, pois ele é nosso irmão, nossa carne. E os seus irmãos o escutaram. (Gn 37.27)

Não matarás. (Êx 20.13)

Mas, se alguém ferir outra pessoa com um objeto de ferro, de modo que venha a morrer, é homicida; esse homicida será morto. (Nm 35.16)

Não aceitareis resgate pela vida de um homicida que é réu de morte; ele certamente deve ser morto. (Nm 35.31)

Não olharás para ele com piedade. Tirarás de Israel a culpa do sangue inocente, para que te vá bem. (Dt 19.13)

Maldito aquele que aceitar suborno para matar uma pessoa inocente. E todo o povo dirá: Amém. (Dt 27.25)

As tuas mãos não estavam atadas, nem os teus pés, presos por grilhões; mas caíste como quem cai diante dos filhos do mal. Então todo o povo tornou a chorar por ele. (2Sm 3.34)

Seis coisas o SENHOR detesta, sim, sete ele abomina: olhos arrogantes, língua mentirosa e mão os que derramam sangue inocente; coração que faz planos perversos, pés que se apressam a praticar o mal; testemunha falsa que profere mentiras e o que semeia inimizade entre irmãos. (Pv 6.16-19)

Todo o que odeia seu irmão é homicida, e sabeis que nenhum homicida tem a vida eterna permanecendo em si. (1Jo 3.15)

Ateísmo

O insensato diz no seu coração: Deus não existe. (Sl 14.1)

Atitude

Tu não tens parte nem responsabilidade neste ministério, pois o teu coração não é correto diante de Deus. (At 8.21)

Mas agora fomos libertos da lei, tendo morrido para aquilo a que estávamos presos, para servir na novidade do Espírito, e não na velhice da letra. (Rm 7.6)

Pois a mentalidade da carne é morte; mas a mentalidade do Espírito é vida e paz. (Rm 8.6)

Ausência

O SENHOR vigie entre mim e ti, quando estivermos longe um do outro. (Gn 31.49)

Pois ainda que meu corpo esteja ausente, estou convosco em espírito, alegrando-me, ao ver a vossa ordem e a firmeza da vossa fé em Cristo. (Cl 2.5)

Autocomiseração

Se vais me tratar assim, eu te peço: Mata-me, se tenho encontrado graça aos teus olhos; e não me deixes ver minha desgraça. (Nm 11.15)

Olhai para mim e ficai perplexos; ponde a mão na boca. (Jó 21.5)

Ai de mim agora! Porque o SENHOR acrescentou tristeza à minha dor; estou cansado do meu gemer e não encontro descanso. (Jr 45.3)

Autoconhecimento

Examinemos os nossos caminhos; vamos prová-los e voltar para o SENHOR. (Lm 3.40)

Por que vês o cisco no olho de teu irmão e não reparas na trave que está no teu próprio olho? (Mt 7.3)

Examinai a vós mesmos, para ver se estais na fé. Provai a vós mesmos. Ou não reconheceis que Jesus Cristo está em vós? A não ser que já estejais reprovados. (2Co 13.5)

Autocontrole

Ficai muito atentos, pois não vistes forma alguma no dia em que o SENHOR, vosso Deus, falou convosco do meio do fogo, no Horebe. (Dt 4.15)

SENHOR, guarda a minha boca; vigia a porta dos meus lábios! (Sl 141.3)

Como uma cidade destruída e sem muros, assim é o homem que não pode conter-se. (Pv 25.28)

Não entendo o que faço, pois não pratico o que quero, e sim o que odeio. (Rm 7.15)

Pois não faço o bem que quero, mas o mal que não quero. (Rm 7.19)

Tende bom senso e estai atentos. O Diabo, vosso adversário, anda em derredor, rugindo como leão que procura a quem possa devorar. (1Pe 5.8)

Autodepreciação

Por isso me desprezo e me arrependo no pó e na cinza. (Jó 42.6)

Quem é cúmplice de ladrão odeia a si mesmo, e não denunciará nada, mesmo sob juramento. (Pv 29.24)

Ali vos lembrareis de vossos caminhos e de todos os atos com que vos tendes contaminado; e tereis nojo de vós mesmos, por causa de todas as maldades que tendes cometido. (Ez 20.43)

Desgraçado homem que sou! Quem me livrará do corpo desta morte? (Rm 7.24)

Autoengano

Não enganeis a vós mesmos, dizendo: Sem dúvida os babilônios baterão em retirada, pois eles não se retirarão. (Jr 37.9)

O terror que inspiras e a arrogância do teu coração te enganaram, ó tu que habitas nas cavernas dos penhascos, que ocupas as alturas dos montes; ainda que ponhas o teu ninho no alto como a águia, de lá te derrubarei, diz o SENHOR. (Jr 49.16)

Dizendo-se sábios, tornaram-se loucos. (Rm 1.22)

Se alguém supõe conhecer alguma coisa, ainda não conhece até o ponto em que é necessário conhecer. (1Co 8.2)

Porque tu dizes: Sou rico, tenho prosperado e nada me falta, mas não sabes que és infeliz, miserável, pobre, cego e nu. (Ap 3.17)

Autoincriminação

O homem que fez isso deve ser morto. (2Sm 12.5)

A tua própria boca te condena, e não eu; são os teus lábios que testemunham contra ti. (Jó 15.6)

Portanto, quando julgas, és indesculpável, ó homem, sejas quem for, pois te condenas naquilo em que julgas o outro; pois tu, que julgas, praticas os mesmos atos. (Rm 2.1)

Avareza

Melhor é o pouco com justiça do que grandes rendas com injustiça. (Pv 16.8)

A Sepultura e a Destruição nunca se fartam, e os olhos do homem nunca se satisfazem. (Pv 27.20)
Mas quem tem pressa de enriquecer não ficará impune. (Pv 28.20)
Cuidado! Evitai todo tipo de cobiça; pois a vida do homem não consiste na grande quantidade de coisas que ele possui. (Lc 12.15)
Porque o amor ao dinheiro é a raiz de todos os males; e por causa dessa cobiça alguns se desviaram da fé e se torturaram com muitas dores. (1Tm 6.10)
Seja a vossa vida isenta de ganância e contentai-vos com o que tendes; porque ele mesmo disse: Nunca te deixarei, jamais te desampararei. (Hb 13.5)

Aviso

Sete vezes recairá a vingança sobre quem matar Caim. E pôs o SENHOR um sinal em Caim, para que ninguém que o encontrasse o ferisse de morte. (Gn 4.15)
Assim que os tiraram de lá, um deles disse: Foge, salva tua vida; não olhes para trás, nem pares em lugar nenhum desta planície; foge lá para o monte, para que não morras. (Gn 19.17)
Não subais, pois o SENHOR não está convosco, para que não sejais feridos pelos vossos inimigos. (Nm 14.42)
Cuidado para não te esqueceres do SENHOR, que te tirou da terra do Egito, da casa da escravidão. (Dt 6.12)
Não coloqueis à prova o SENHOR, vosso Deus, como fizestes em Massá. (Dt 6.16)
Porque eu sei que, depois da minha morte, certamente vos corrompereis e vos desviareis do caminho que vos ordenei. Então, este mal vos atingirá nos últimos dias, quando fizerdes o que é mau aos olhos do SENHOR, para provocar sua ira com a obra das vossas mãos. (Dt 31.29)
Então clamareis naquele dia por causa do vosso rei, que vós mesmos escolhestes; mas o SENHOR não vos ouvirá. (1Sm 8.18)
Porém, se insistirdes em praticar o pecado, tanto vós como vosso rei morrerão. (1Sm 12.25)

■ B

Batismo

Quem crer e for batizado será salvo, mas quem não crer será condenado. (Mc 16.16)
Arrependei-vos, e cada um de vós seja batizado em nome de Jesus Cristo, para o perdão de vossos pecados; e recebereis o dom do Espírito Santo. (At 2.38)
Antes do aparecimento dele, João pregou a todo o povo de Israel um batismo de arrependimento. (At 13.24)
Agora, por que te demoras? Levanta-te, sê batizado e lava os teus pecados, invocando o seu nome. (At 22.16)
Há um só SENHOR, uma só fé, um só batismo. (Ef 4.5)

Bebida

O vinho que alegra o coração, o azeite que faz reluzir o rosto e o pão que lhe fortalece o coração. (Sl 104.15)
O vinho causa zombaria e a bebida forte provoca tumulto; todo aquele que é dominado por eles não é sábio. (Pv 20.1)
Não olhes para o vinho quando está vermelho, quando brilha no copo e escoa suavemente. (Pv 23.31)
No fim, morderá como a cobra e picará como a víbora. (Pv 23.32)
Dai bebida forte ao que está morrendo e vinho ao amargurado. (Pv 31.6)
... à prostituição, ao vinho velho e ao novo, que tiram o entendimento do meu povo. (Os 4.11)
E ninguém, depois de beber o vinho velho, quer o novo, pois diz: O vinho velho é melhor. (Lc 5.39)

Bem e mal

Podes comer livremente de qualquer árvore do jardim, mas não comerás da árvore do conhecimento do bem e do mal; porque no dia em que dela comeres, com certeza morrerás. (Gn 2.16,17)
Agora o homem tornou-se como um de nós e conhece o bem e o mal. Não suceda

que estenda a mão e tome também da árvore da vida, coma e viva eternamente. (Gn 3.2)

Buscai o bem e não o mal, para que vivais; e assim o SENHOR, o Deus dos Exércitos, estará convosco, como dizeis.

Coloquei diante de ti a vida e o bem, a morte e o mal. (Dt 30 15)

Buscai o bem e não o mal, para que vivais. (Am 5.14)

Para que vos torneis filhos do vosso Pai que está no céu; porque ele faz nascer o sol sobre maus e bons e faz chover sobre justos e injustos. (Mt 5.45)

Assim, toda árvore boa produz bons frutos; porém, a árvore má produz frutos maus. (Mt 7.17)

Raça de víboras! Como podeis falar coisas boas, sendo maus? Pois a boca fala do que o coração está cheio. (Mt 12.34)

O homem bom tira coisas boas do seu bom tesouro; o homem mau tira coisas más do seu mau tesouro. (Mt 12.35)

Os que tiverem feito o bem, para a ressurreição da vida, e os que tiverem feito o mal, para a ressurreição da condenação. (Jo 5.29)

Vós sois daqui de baixo, eu sou lá de cima; vós sois deste mundo, eu não sou daqui. (Jo 8.23)

Sabemos que somos de Deus e que o mundo inteiro jaz no Maligno. (1Jo 5.19)

Amado, não imites o mal, mas sim o bem. Quem faz o bem é de Deus, mas quem faz o mal não viu a Deus. (3Jo 1.11)

Benevolência

Noemi disse às suas noras: Ide e voltai, cada uma para a casa de sua mãe. E o SENHOR seja bondoso convosco, assim como fostes bondosas com os que faleceram e também comigo. (Rt 1.8)

Deixai que recolha até entre os feixes; não a impeçais. (Rt 2.15)

Então ele disse: O SENHOR te abençoe, minha filha. Com este gesto mostraste bondade maior do que antes, pois não foste atrás dos mais jovens, sejam ricos, sejam pobres. (Rt 3.10)

Mas sê bondoso para com os filhos de Barzilai, o gileadita. Estejam eles entre os que comem à tua mesa; porque, quando eu fugia por causa de teu irmão Absalão, eles foram bondosos para comigo. (1Rs 2.7)

O homem bondoso faz bem à sua vida, mas o cruel faz mal a si mesmo. (Pv 11.17)

O justo cuida da vida dos seus animais, mas no íntimo os ímpios são cruéis. (Pv 12.10)

Se teu inimigo tiver fome, dá-lhe de comer, e, se tiver sede, dá-lhe de beber. (Pv 25.21)

E não oprimais a viúva, o órfão, o estrangeiro e o pobre; ninguém planeje no coração o mal contra seu irmão. (Zc 7.10)

Quem dentre vós, se o filho lhe pedir pão, lhe dará uma pedra? (Mt 7.9)

Pelo contrário, sede bondosos e tende compaixão uns para com os outros, perdoando uns aos outros, assim como Deus vos perdoou em Cristo. (Ef 4.32)

Ao servo do SENHOR não convém discutir, mas, pelo contrário, deve ser amável para com todos, apto para ensinar, paciente. (2Tm 2.24)

Blasfêmia

Não tomarás o nome do SENHOR teu Deus em vão; porque o SENHOR não considerará inocente quem tomar o seu nome em vão. (Êx 20.7)

E dirás aos israelitas: Todo homem que amaldiçoar o seu Deus sofrerá por causa do seu pecado. (Lv 24.15)

Bode expiatório

E Arão lançará sortes sobre os dois bodes: uma para o SENHOR, e a outra para Azazel. (Lv 16.8)

A fim de enviá-lo para Azazel no deserto. (Lv 16.10)

Assim, o bode levará sobre si todos os pecados deles para uma região solitária; e esse homem soltará o bode no deserto. (Lv 16.22)

Bondade

Porque tu não és um Deus que tenha prazer na injustiça, nem o mal habita contigo. (Sl 5.4)

Ele ama a retidão e a justiça; a terra está cheia do amor do SENHOR. (Sl 33.5)

Porque o SENHOR *é bom! Seu amor dura para sempre, e sua fidelidade, de geração em geração.* (Sl 100.5)

Para que vos torneis filhos do vosso Pai que está no céu; porque ele faz nascer o sol sobre maus e bons e faz chover sobre justos e injustos. (Mt 5.45)

Por que me perguntas sobre o que é bom? Somente um é bom; mas se queres entrar na vida, obedece aos mandamentos. (Mt 19.17; Mc 10.18)

Não me é permitido fazer o que quero com o que é meu? Ou os teus olhos são maus porque sou generoso? (Mt 20.15)

E se fizerdes o bem a quem vos faz o bem, que mérito há nisso? Os pecadores fazem o mesmo. (Lc 6.33)

Vai e faze o mesmo. (Lc 10.37)

Mas, examinando tudo, conservai o que é bom. (1Ts 5.21)

Que pratiquem o bem e se enriqueçam com boas obras, sejam solidários e generosos. (1Tm 6.18)

Toda boa dádiva e todo dom perfeito vêm do alto e descem do Pai das luzes, em quem não há mudança nem sombra de variação. (Tg 1.17)

Busca

Vós me buscareis e me encontrareis, quando me buscardes de todo o coração. (Jr 29.13)

Semeai justiça para vós, colhei segundo a misericórdia; lavrai o campo virgem; porque é tempo de buscar ao SENHOR, *até que venha e chova a justiça sobre vós.* (Os 10.12)

Buscai o bem e não o mal, para que vivais; e assim o SENHOR, *o Deus dos Exércitos, estará convosco, como dizeis.* (Am 5.14)

Mas buscai primeiro o seu reino e a sua justiça, e todas essas coisas vos serão acrescentadas. (Mt 6.33)

Pedi, e vos será dado; buscai, e achareis; batei, e a porta vos será aberta. (Mt 7.7; Lc 11.9)

Vós me procurareis e não me achareis; e não podereis ir para o lugar onde estarei. (Jo 7.34)

Pois o Espírito examina todas as coisas, até mesmo as profundezas de Deus. (1Co 2.10)

Matarei os filhos dela, e todas as igrejas saberão que sou aquele que sonda as mentes e os corações; e darei a cada um de vós segundo suas obras. (Ap 2.23)

■ C

Cântico

O SENHOR *é a minha força e o meu escudo; nele meu coração confiou, e fui socorrido; por isso meu coração salta de prazer, e eu o louvarei com meu cântico.* (Sl 28.7)

Reinos da terra, cantai a Deus, cantai louvores ao SENHOR. (Sl 68.32)

Cantai ao SENHOR, *todos os moradores da terra.* (Sl 96.1; 1Cr 16.23)

Cantai-lhe, cantai-lhe louvores; falai de todas as suas maravilhas. (Sl 105.2; 1Cr 16.9)

Cantai ao SENHOR, *porque fez coisas grandiosas; saiba-se isso em toda a terra.* (Is 12.5)

Caridade

Quando algum de teus irmãos for pobre, em qualquer das cidades na terra que o SENHOR, *teu Deus, te dá, não endurecerás o coração, nem fecharás a mão para teu irmão pobre.* (Dt 15.7)

Pois nunca deixará de haver pobres na terra. Por isso, te ordeno: Livremente abrirás a mão para o teu irmão, para o necessitado e para o pobre na tua terra. (Dt 15.11)

Cada um oferecerá conforme puder, segundo a bênção que o SENHOR, *teu Deus, lhe houver concedido.* (Dt 16.17)

Celebração

Então deu um pedaço de pão, um de carne e um bolo de passas a todos em Israel, tanto a homens como a mulheres. (1Cr 16.3)

Ide, comei e bebei do melhor que tiverdes e enviai algo aos que não têm nada preparado para si, pois este dia é consagrado ao nosso SENHOR. *Portanto, não vos entristeçais, pois a alegria do* SENHOR *é a vossa força.* (Ne 8.10)

E o júbilo de Jerusalém se podia ouvir de longe. (Ne 12.43)

Alegrem-se os céus, e regozije-se a terra; ruja o mar e tudo o que nele existe. (Sl 96.11)

Ceticismo

Uma geração má e adúltera pede um milagre; mas nenhum milagre lhe será dado, senão o do profeta Jonas. (Mt 12.39)

Mas vós, quem dizeis que eu sou? (Mt 16.15; Mc 8.29)

Se não ouvem Moisés nem os Profetas, tampouco acreditarão, mesmo que alguém ressuscite dentre os mortos. (Lc 16.31)

Ó tolos, que demorais a crer no coração em tudo que os profetas disseram! (Lc 24.25)

Se vos falei de coisas terrenas e não credes, como crereis se vos falar das celestiais? (Jo 3.12)

Se não contemplardes sinais e prodígios jamais crereis! (Jo 4.48)

Pois se crêsseis em Moisés, creríeis em mim; porque ele escreveu a meu respeito. (Jo 5.46)

Mas porque eu digo a verdade, não me credes. (Jo 8.45)

Mas se as faço, mesmo não crendo em mim, crede nas obras, para que venhais a entender e saber que o Pai está em mim e eu no Pai. (Jo 10.38)

Bem-aventurados os que não viram e creram. (Jo 20.29)

Amados, não acrediteis em qualquer espírito, mas avaliai se os espíritos vêm de Deus, porque muitos falsos profetas têm saído pelo mundo. (1Jo 4.1)

Céu

Se eu subir ao céu, lá tu estás; se fizer a minha cama nas profundezas, tu estás ali também. (Sl 139.8)

Se o teu olho te fizer tropeçar, joga-o fora; pois é melhor entrares no reino de Deus com um olho só do que, tendo dois olhos, ser lançado no inferno. (Mc 9.47)

Na casa de meu Pai há muitas moradas; se não fosse assim, eu vos teria dito; pois vou preparar-vos lugar. (Jo 14.2)

E vós conheceis o caminho para onde vou. (Jo 14.4)

O céu é meu trono, e a terra, o estrado dos meus pés. Que casa me edificareis, diz o Senhor, ou qual o lugar do meu repouso? (At 7.49)

Suas portas não se fecharão de dia, e ali não haverá noite. (Ap 21.25)

Céus e terra

E ao firmamento Deus chamou céu. E foram-se a tarde e a manhã, o segundo dia. (Gn 1.8)

Porque o Senhor fez em seis dias o céu e a terra, o mar e tudo o que neles há, e no sétimo dia descansou. Por isso, o Senhor abençoou o dia de sábado e o santificou. (Êx 20.11)

Ó Senhor, tua é a grandeza, o poder, a glória, a vitória e a majestade, porque tudo quanto há no céu e na terra é teu. Ó Senhor, o reino é teu, e tu te exaltaste como chefe sobre todos. (1Cr 29.11)

Os céus proclamam a glória de Deus, e o firmamento anuncia as obras das suas mãos. (Sl 19.1)

Se eu tivesse fome, não te pediria, pois o mundo é meu e tudo que nele existe. (Sl 50.12)

Os céus são os céus do Senhor, mas a terra, ele a entregou aos filhos dos homens. (Sl 115.16)

Chance

A sorte lança-se no regaço, mas do Senhor procede toda a sua disposição. (Pv 16.33)

Choro

Tempo de chorar e tempo de rir; tempo de prantear e tempo de dançar. (Ec 3.4)

Bem-aventurados os que choram, pois serão consolados. (Mt 5.4)

Nós vos tocamos flauta, e não dançastes; cantamos lamentações, e não chorastes. (Mt 11.17)

Chuva

Na sétima vez, disse: Uma nuvem se levanta do mar, do tamanho da mão dum homem.

Então, Elias disse: Sobe e diz a Acabe: Prepara o teu carro e desce, antes que a chuva te impeça. (1Rs 18.44)
Por acaso a chuva tem pai? Quem gerou as gotas do orvalho? (Jó 38.28)
Da tua alta morada regas os montes; a terra se farta do fruto das tuas obras. (Sl 104.13)

Circuncisão

Fareis a circuncisão na pele do prepúcio; este será o sinal da aliança entre mim e vós. (Gn 17.11)
Circuncidai o vosso coração e não sejais mais obstinados. (Dt 10.16)
Circuncidai-vos ao Senhor. (Jr 4.4)

Ciúmes

Dá-me filhos, senão morrerei. (Gn 30.1)
Por isso o odiaram ainda mais, por causa dos sonhos e das palavras dele. (Gn 37.8)
Elas atribuem dez milhares a Davi, e a mim somente milhares; o que mais lhe falta, senão o reino? (1Sm 18.8)
Daquele dia em diante, Saul passou a olhar para Davi com inveja. (1Sm 18.9)
Descansa no Senhor e espera nele; não te aborreças por causa daquele que prospera em seu caminho, por causa do que trama o mal. (Sl 37.7)
Porque o ciúme enfurece o marido, e ele não terá compaixão no dia da vingança. (Pv 6.34)
Não tenhas inveja dos pecadores; pelo contrário, conserva-te todos os dias no temor do Senhor. (Pv 23.17)
O furor é cruel, e a ira é impetuosa; mas quem pode resistir à inveja? (Pv 27.4)
Melhor é contentar-se com o que os olhos veem do que ir atrás dos desejos. Isso também é ilusão, é perseguir o vento! (Ec 6.9)
O amor é forte como a morte; a paixão tão inflexível quanto a sepultura; a sua chama é chama de fogo, labareda flamejante. (Ct 8.6)
O amor é paciente; o amor é benigno. Não é invejoso; não se vangloria, não se orgulha. (1Co 13.4)

Cobiça

Para te guardarem da mulher má, e da sedução da língua da mulher adúltera. (Pv 6.24)
Não cobices no coração a sua beleza, nem te deixes levar pelos seus olhares. (Pv 6.25)
Pode alguém colocar fogo no peito sem queimar a roupa? (Pv 6.27)
Eu, porém, vos digo que todo aquele que olhar com desejo para uma mulher já cometeu adultério com ela no coração. (Mt 5.28)

Compartilhar

Não é justo tomar o pão dos filhos e jogá-lo para os cachorrinhos. (Mt 15.26)
Ao saírem, encontraram um homem cireneu, chamado Simão, a quem obrigaram a levar a cruz de Jesus. (Mt 27.32)
Já não vos chamo servos, pois o servo não sabe o que o seu senhor faz; mas eu vos chamo amigos, pois vos revelei tudo quanto ouvi de meu Pai. (Jo 15.15)
Levai os fardos uns dos outros e assim estareis cumprindo a lei de Cristo. (Gl 6.2)

Comportamento

Andareis conforme o Senhor, vosso Deus, vos ordenou, para que vivais, estejais bem e tenhais vida longa na terra que ireis possuir. (Dt 5.33)
Farás o que é justo e bom aos olhos do Senhor, para que vivas bem e entres na boa terra que o Senhor prometeu com juramento a teus pais, e tomes posse dela. (Dt 6.18)
Ó Israel, o que é que o Senhor, teu Deus, exige de ti agora, exceto que temas o Senhor, teu Deus, que andes em todos os seus caminhos... (Dt 10.12)
Vê que hoje coloquei diante de ti a vida e o bem, a morte e o mal. (Dt 30.15)
Portanto, tende todo o cuidado de amar o Senhor, vosso Deus. (Js 23.11)
Convertei-vos dos maus caminhos e guardai os meus mandamentos e os meus estatutos, conforme toda a lei que ordenei a vossos pais e que vos enviei pelo ministério de meus servos, os profetas. (2Rs 17.13)

Compromisso

Ó Israel, o que é que o SENHOR, teu Deus, exige de ti agora, exceto que temas o SENHOR, teu Deus, que andes em todos os seus caminhos e ames e sirvas o SENHOR, teu Deus, de todo o coração e de toda a alma. (Dt 10.12)

Eu sou do meu amado, e o meu amado é meu; ele cuida do rebanho entre os lírios. (Ct 6.3)

Comunhão

Como é bom e agradável os irmãos viverem em união! (Sl 133.1)

Não temos todos o mesmo Pai? Não fomos criados pelo mesmo Deus? Por que então somos infiéis uns aos outros, quebrando a aliança de nossos pais? (Ml 2.10)

Pois quem fizer a vontade de meu Pai que está no céu, este é meu irmão, irmã e mãe. (Mt 12.50)

Pois onde dois ou três se reúnem em meu nome, ali estou no meio deles. (Mt 18.20)

O sal é bom; mas se ele se tornar insípido, como recuperar-lhe o sabor? Tende sal em vós mesmos e preservai a paz uns com os outros. (Mc 9.50)

Aquele que tem os meus mandamentos e a eles obedece, esse é o que me ama. E aquele que me ama será amado por meu Pai, e eu o amarei e me manifestarei a ele. (Jo 14.21)

Eu sou a videira; vós sois os ramos. Quem permanece em mim e eu nele, esse dá muito fruto; porque sem mim nada podeis fazer. (Jo 15.5)

Mulher, aí está o teu filho. (Jo 19.26)

Confiança

É melhor buscar refúgio no SENHOR do que confiar no homem. (Sl 118.8)

O mensageiro perverso faz cair no mal, mas o embaixador fiel traz saúde. (Pv 13.17)

Quem manda mensagens pelas mãos do tolo é como quem corta os pés e bebe veneno. (Pv 26.6)

Pois as montanhas se retirarão, e os montes serão removidos; mas o meu amor não se afastará de ti, nem a minha aliança de paz será removida, diz o SENHOR, que se compadece de ti. (Is 54.10)

Mas, se ele disser: Não tenho prazer em ti; estou aqui para que me faça o que bem lhe parecer. (2Sm 15.26)

Porém os nossos olhos estão voltados a ti. (2Cr 20.12)

Beijai o filho, para que ele não se irrite, e não sejais destruídos no caminho; porque em breve sua ira se acenderá. Bem-aventurados todos os que confiam nele. (Sl 2.12)

Mas alegrem-se todos os que confiam em ti! Regozijem-se para sempre, porque tu os defendes! Sim, gloriem-se em ti os que amam o teu nome. (Sl 5.11)

O SENHOR é a minha rocha, a minha fortaleza e o meu libertador; o meu Deus, o meu rochedo, em quem me refugio (Sl 18.2)

Entrego o meu espírito nas tuas mãos; tu me remiste, ó SENHOR, Deus da verdade. (Sl 31.5)

Entrega teu caminho ao SENHOR; confia nele, e ele tudo fará. (Sl 37.5)

Bem-aventurado o homem que coloca sua confiança no SENHOR e não se volta aos arrogantes nem aos que seguem a mentira. (Sl 40.4)

Mas eu invocarei a Deus, e o SENHOR me salvará. (Sl 55.16)

Em Deus, cuja palavra eu louvo, em Deus ponho a minha confiança e não terei medo. Que poderá fazer o mortal? (Sl 56.4)

SENHOR, em ti me refugio; que eu nunca seja envergonhado. (Sl 71.1)

Israel, confia no SENHOR; ele é seu auxílio e escudo. (Sl 115.9)

Sustenta-me, e serei salvo. (Sl 119.117)

Confia no SENHOR de todo o coração, e não no teu próprio entendimento. (Pv 3.5)

Bendito o homem que confia no SENHOR, cuja esperança é o SENHOR. (Jr 17.7)

Eu, porém, confiarei no SENHOR; esperarei no Deus da minha salvação. O meu Deus me ouvirá. (Mq 7.7)

O SENHOR é bom, uma fortaleza no dia da angústia; ele conhece os que confiam nele. (Na 1.7)

Pois é para isso que trabalhamos e lutamos, porque temos colocado nossa esperança no Deus vivo, o Salvador de todos os homens, especialmente dos que creem. (1Tm 4.10)

Confissão

Pequei contra o SENHOR. (2Sm 12.13)
Pecamos, nos desviamos e agimos com maldade. (1Rs 8.47)
Pecamos, nos desviamos e agimos com maldade. (2Cr 6.37)

Conformidade

E não vos amoldeis ao esquema deste mundo, mas sede transformados pela renovação da vossa mente, para que experimenteis qual seja a boa, agradável e perfeita vontade de Deus. (Rm 12.2)
Não ameis o mundo nem o que nele há. Se alguém ama o mundo, o amor do Pai não está nele. (1Jo 2.15)

Conforto

Eu sou o Deus de teu pai Abraão; não temas, porque estou contigo e te abençoarei e multiplicarei a tua descendência por amor do meu servo Abraão. (Gn 26.24)
Todos vós sois consoladores lastimáveis. (Jó 16.2)

Conhecer a Deus

E eles saberão que eu sou o SENHOR seu Deus, que os tirou da terra do Egito para habitar no meio deles. Eu sou o SENHOR seu Deus. (Êx 29.46)
E saberás que eu sou o SENHOR. (1Rs 20.28)
E tu, meu filho Salomão, conhece o Deus de teu pai, e serve-o de coração íntegro e espírito voluntário, porque o SENHOR examina todos os corações, e conhece todas as intenções da mente. Se o buscares, tu o encontrarás; mas, se o deixares, ele te rejeitará para sempre. (1Cr 28.9)
Deus é grande, e não podemos compreendê-lo; ninguém consegue contar os seus anos. (Jó 36.26)

O conselho do SENHOR é para os que o temem, e ele lhes dá a conhecer a sua aliança. (Sl 25.14)
Aquietai-vos e sabei que eu sou Deus; sou exaltado entre as nações, sou exaltado na terra. (Sl 46.10)
Não se fará mal nem dano algum em todo o meu santo monte, porque a terra se encherá do conhecimento do SENHOR, como as águas cobrem o mar. (Is 11.9)
E não ensinarão mais cada um a seu próximo, nem cada um a seu irmão, dizendo: Conhecei o SENHOR; porque todos me conhecerão, do mais pobre ao mais rico, diz o SENHOR. Porque perdoarei a sua maldade e não me lembrarei mais dos seus pecados. (Jr 31.34)
Virarei o rosto contra eles; sairão do fogo, mas o fogo os devorará; e sabereis que eu sou o SENHOR, quando tiver virado o rosto contra eles. (Ez 15.7)
Pois lhe enviarei praga e sangue nas suas ruas; e os feridos cairão no meio dela, pela espada que virá de todos os lados; e saberão que eu sou o SENHOR. (Ez 38.23)
Todas as coisas me foram entregues por meu Pai; e ninguém conhece o Filho, senão o Pai; e ninguém conhece o Pai, senão o Filho e aquele a quem o Filho o quiser revelar. (Mt 11.27)
Mas eu o conheço, pois venho da parte dele, e ele me enviou. (Jo 7.29)
E eles lhe perguntaram: Onde está teu pai? Jesus respondeu: Não conheceis a mim, nem a meu Pai; se conhecêsseis a mim, também conheceríeis a meu Pai. (Jo 8.19)
Vós não o conheceis; mas eu o conheço. Se eu dissesse que não o conheço, seria mentiroso como vós; mas eu o conheço e obedeço à sua palavra. (Jo 8.55)
Assim como o Pai me conhece e eu conheço o Pai; e dou a minha vida pelas ovelhas. (Jo 10.15)
Mas vos farão todas essas coisas por causa do meu nome, pois não conhecem aquele que me enviou. (Jo 15.21)
Eles afirmam que conhecem a Deus, mas o negam por suas obras; são detestáveis, desobedientes e incapazes de qualquer boa obra. (Tt 1.16)

Graça e paz vos sejam multiplicadas pelo pleno conhecimento de Deus e de Jesus nosso SENHOR. (2Pe 1.2)

Antes, crescei na graça e no conhecimento de nosso SENHOR e Salvador Jesus Cristo. A ele seja dada glória, agora e na eternidade. Amém. (2Pe 3.18)

Conhecimento

Então o SENHOR Deus ordenou ao homem: Podes comer livremente de qualquer árvore do jardim, mas não comerás da árvore do conhecimento do bem e do mal; porque no dia em que dela comeres, com certeza morrerás. (Gn 2.16,17)

Na verdade, Deus sabe que no dia em que comerdes desse fruto, vossos olhos se abrirão, e sereis como Deus, conhecendo o bem e o mal. (Gn 3.5)

Agora o homem tornou-se como um de nós e conhece o bem e o mal. Não suceda que estenda a mão e tome também da árvore da vida, coma e viva eternamente. (Gn 3.22)

As coisas encobertas pertencem ao SENHOR, nosso Deus, mas as reveladas pertencem a nós e a nossos filhos para sempre, para que obedeçamos a todas as palavras desta lei. (Dt 29.29)

Não faleis mais palavras tão altivas, nem a arrogância saia da vossa boca; porque o SENHOR é o Deus da sabedoria e julga os atos humanos. (1Sm 2.3)

Poderás descobrir as profundezas de Deus? Poderás descobrir a perfeição do Todo-poderoso? (Jó 11.7)

Por acaso alguém trará conhecimento a Deus, ele que julga os de posição elevada? (Jó 21.22)

Escolhamos para nós o que é direito; vamos discernir entre nós o que é bom. (Jó 34.4)

Ou te foram descobertas as portas da morte? Ou viste as portas da sombra da morte? (Jó 38.17)

Sou mais instruído do que os anciãos, pois tenho guardado teus preceitos. (Sl 119.100)

Que os ouçam também o sábio, para que aumente seu conhecimento, e o que entende, para que adquira habilidade (Pv 1.5)

O temor do SENHOR é o princípio do conhecimento. Os insensatos, porém, desprezam a sabedoria e a instrução. (Pv 1.7)

Adquire a sabedoria e o entendimento; não te esqueças nem te desvies das palavras da minha boca. (Pv 4.5)

Os sábios entesouram o conhecimento, mas a boca do insensato é uma destruição repentina. (Pv 10.14)

O hipócrita arruína o próximo com a boca, mas os justos são libertados pelo conhecimento. (Pv 11.9)

O zombador busca sabedoria e não a encontra, mas o conhecimento é fácil para o prudente. (Pv 14.6)

O coração do inteligente busca o conhecimento, mas a boca dos tolos sacia-se com a tolice. (Pv 15.14)

O coração do homem entendido adquire conhecimento, e os ouvidos dos sábios o buscam. (Pv 18.15)

Porque em muita sabedoria há também muita frustração; quanto maior o conhecimento, maior é a tristeza. (Ec 1.18)

Por acaso não sabeis? Não ouvistes? Não vos foi dito isso desde o princípio? Não entendestes desde a fundação da terra? (Is 40.21)

Até a cegonha no céu conhece seus tempos determinados; e a rolinha, a andorinha e o tordo observam o tempo da sua migração; mas o meu povo não conhece as regras do SENHOR. (Jr 8.7)

O meu povo está sendo destruído porque lhe falta conhecimento. Porque rejeitaste o conhecimento, eu te rejeitarei, para que não sejas sacerdote diante de mim; visto que te esqueceste da lei do teu Deus, eu me esquecerei de teus filhos. (Os 4.6)

Ouvi e entendei. (Mt 15.10)

Simão Barjonas, tu és bem-aventurado, pois não foi carne e sangue que te revelaram isso, mas meu Pai, que está no céu. (Mt 16.17)

Se fôsseis cegos, não teríeis pecado. Mas como agora dizeis: Nós vemos, o vosso pecado permanece. (Jo 9.41)

A luz estará entre vós por mais algum tempo. Andai enquanto tendes a luz, para que as

trevas não vos surpreendam; pois quem anda nas trevas não sabe para onde vai. (Jo 12.35)
Não vos compete saber os tempos ou as épocas que o Pai reservou por sua autoridade. (At 1.7)
Que diremos? A lei é pecado? De modo nenhum. Contudo, eu não conheceria o pecado se não fosse pela lei; porque eu não conheceria a cobiça, se a lei não dissesse: Não cobiçarás. (Rm 7.7)
Pois a vossa obediência é conhecida por todos. Portanto, alegro-me em vós e quero que sejais sábios em relação ao bem, mas puros em relação ao mal. (Rm 16.19)
Pois, embora eu esteja consciente de que não há nada contra mim, nem por isso me justifico, pois quem me julga é o Senhor. (1Co 4.4)
Se alguém supõe conhecer alguma coisa, ainda não conhece até o ponto em que é necessário conhecer. (1Co 8.2)
Pois ainda que me falte instrução em oratória, não me falta conhecimento. Pelo contrário, nós vos temos demonstrado isso de todas as maneiras. (2Co 11.6)
No entanto, não sabeis o que acontecerá no dia de amanhã. O que é a vossa vida? Sois como uma névoa que aparece por pouco tempo e logo se dissipa. (Tg 4.14)
Portanto, aquele que sabe que deve fazer o bem e não o faz, comete pecado. (Tg 4.17)
Desejai o puro leite espiritual, como bebês recém-nascidos, a fim de crescerdes por meio dele para a salvação. (1Pe 2.2)
Por isso mesmo, empregando todo o vosso esforço, acrescentai a virtude à vossa fé, e o conhecimento à virtude. (2Pe 1.5)

Consciência
E disse-lhe mais: Tu bem sabes, e o teu coração reconhece, toda a maldade que fizeste a Davi, meu pai. (1Rs 2.44)
Eu me apegarei à minha justiça e não a largarei; o meu coração não reprova nenhum dia da minha vida. (Jó 27.6)
Os ímpios fogem sem que ninguém os persiga, mas os justos são ousados como o leão. (Pv 28.1).

Conselho
Refleti e pensai nisto! Dai o vosso parecer. (Jz 19.30)
Porém ele deixou o conselho dos anciãos. (2Cr 10.8)
Meu filho, ouve e aceita as minhas palavras, para que se prolonguem os anos da tua vida. (Pv 4.10)
Ouvi a correção e sede sábios. Não a rejeiteis. (Pv 8.33)
Instrui o sábio, e ele se tornará ainda mais sábio; ensina o justo, e ele crescerá em entendimento. (Pv.9.9)
Mas na multidão de conselheiros há segurança. (Pv 11.14)
Os pensamentos do justo são corretos, mas os conselhos do ímpio são falsos. (Pv 12.5)
O caminho do insensato é correto aos seus próprios olhos, mas quem dá ouvidos ao conselho é sábio. (Pv 12.15)
É boa uma palavra na hora certa! (Pv 15.23)
Ouve o conselho e recebe a correção, para que sejas sábio nos últimos dias da vida. (Pv 19.20)

Consequências
Pois o Senhor *não estará convosco, pois vos desviastes dele.* (Nm 14.43)
Visto que rejeitaste a palavra do Senhor, *ele também te rejeitou como rei.* (1Sm 15.23)

Consistência
Toda árvore é conhecida pelo fruto; pois não se colhem figos dos espinheiros nem uvas dos espinhos. (Lc 6.44)
Quem é fiel no pouco, também é fiel no muito; quem é injusto no pouco, também é injusto no muito. (Lc 16.10)
Meus irmãos, acaso uma figueira pode produzir azeitonas, ou uma videira, figos? Tampouco uma fonte de água salgada pode dar água doce. (Tg 3.12)

Contaminação
Com um pouco de fermento toda a massa fica fermentada. (Gl 5.9; 1Co 5.6)
Ouvi outra voz do céu dizer: Saí dela, povo meu, para que não sejais participantes dos seus pecados. (Ap 18.4)

Contemplação

Quanto ao mais, irmãos, tudo o que é verdadeiro, tudo o que é honesto, tudo o que é justo, tudo o que é puro, tudo o que é amável, tudo o que é de boa fama, se há alguma virtude, e se há algum louvor, nisso pensai. (Fp 4.8)

Contenção

Assim diz o SENHOR: Não atacareis vossos irmãos, os israelitas; volte cada um para a sua casa, porque fui eu que fiz isso. E, obedecendo à palavra do SENHOR, eles voltaram conforme o SENHOR ordenara. (1Rs 12.24)

Não subireis, nem lutareis contra os vossos irmãos; volte cada um à sua casa, porque isto vem de mim. Então eles atenderam à palavra do SENHOR e desistiram de atacar Jeroboão. (2Cr 11.4; 1Rs 12.24)

O homem que se irrita com facilidade provoca conflitos, mas o paciente apazigua brigas. (Pv 15.18)

Evitar conflitos é motivo de honra para o homem. (Pv 20.3)

Quem guarda sua boca e sua língua, guarda a si mesmo do sofrimento. (Pv 21.23)

Não pedirei nada nem provocarei o SENHOR. (Is 7.12)

Ao que te bater numa face, oferece-lhe também a outra; e ao que te houver tomado a capa, deixa que leve também a túnica. (Lc 6.29)

Contra a lei/Ilegalidade

A terra está entregue nas mãos do ímpio. Ele cobre o rosto dos juízes. Se não é ele que faz isso, quem poderá ser? (Jó 9.24)

Quando os fundamentos são destruídos, que pode fazer o justo? (Sl 11.3)

O ímpio espreita o justo e procura matá-lo. (Sl 37.32)

Livra-me dos que praticam a maldade e salva-me dos homens sanguinários. (Sl 59.2)

Os ímpios brotam como a erva e florescem todos os que praticam o mal para que sejam destruídos para sempre. (Sl 92.7)

Controvérsia

Acolhei o fraco na fé, mas não para debater opiniões. (Rm 14.1)

E rejeita as questões tolas e inúteis, sabendo que geram discussões. (2Tm 2.23)

Ao servo do SENHOR não convém discutir, mas, pelo contrário, deve ser amável para com todos, apto para ensinar, paciente. (2Tm 2.24)

Mas evita questões tolas. (Tt 3.9)

Conversão

O teu povo será o meu povo, e o teu Deus será o meu Deus. (Rt 1.16)

Em verdade vos digo que, se não vos converterdes e não vos tornardes como crianças, nunca entrareis no reino do céu. (Mt 18.3)

Serei como tu és, o meu povo, como o teu povo; estaremos contigo na guerra.

Disse ainda Josafá ao rei de Israel: Consulta hoje a palavra do SENHOR. (2Cr 18.3)

Cortesia

O pobre implora, mas o rico responde com dureza. (Pv 18.23)

Não vos torneis motivo de tropeço nem para judeus, nem para gregos, nem à igreja de Deus. (1Co 10.32)

A vossa palavra seja sempre amável, temperada com sal, para saberdes como deveis responder a cada um. (Cl 4.6)

Finalmente, tende todos vós o mesmo modo de pensar; mostrai compaixão e amor fraternal, sede misericordiosos e humildes. (1Pe 3.8)

Covardia

E, quanto aos que restarem de vós, eu lhes encherei o coração de pavor nas terras dos seus inimigos; e o ruído de uma folha agitada pelo vento os porá em fuga. Fugirão como quem foge da espada e cairão sem que ninguém os persiga. (Lv 26.36)

Então o coração do povo se derreteu de medo e se tornou como água. (Js 7.5)

Crença

Se não o crerdes, não permanecereis. (Is 7.9)

Aquele que crer nunca será abalado. (Is 28.16)

Mas para Deus tudo é possível. (Mt 19.26; Mc 10.27)

Quem crer e for batizado será salvo, mas quem não crer será condenado. (Mc 16.16)

Mas a todos que o receberam, aos que creem no seu nome, deu-lhes a prerrogativa de se tornarem filhos de Deus. (Jo 1.12)

Quem nele crê não é condenado; mas quem não crê, já está condenado, pois não crê no nome do Filho unigênito de Deus. (Jo 3.18)

Quem crê no Filho tem a vida eterna; quem, porém, mantém-se em desobediência ao Filho não verá a vida, mas sobre ele permanece a ira de Deus. (Jo 3.36)

Em verdade, em verdade vos digo que quem ouve a minha palavra e crê naquele que me enviou tem a vida eterna e não vai a julgamento, mas já passou da morte para a vida. (Jo 5.24)

Pois se crêsseis em Moisés, creríeis em mim; porque ele escreveu a meu respeito. (Jo 5.46)

Disse o homem: Eu creio, Senhor! (Jo 9.38)

Mas se as faço, mesmo não crendo em mim, crede nas obras. (Jo 10.38)

Quem crê em mim, mesmo que morra, viverá. (Jo 11.25)

Bem-aventurados os que não viram e creram. (Jo 20.29)

Creio que Jesus Cristo é o Filho de Deus. (At 8.37)

E por meio dele, todo o que crê é justificado. (At 13.39)

Crescimento

Vi um ímpio prepotente crescendo como uma árvore nativa e verdejante. (Sl 37.35)

O menor virá a ser mil, e o mínimo, uma nação forte; eu sou o SENHOR, executarei isso depressa e a seu tempo. (Is 60.22)

A terra produz o grão por si mesma, primeiro a planta, depois a espiga, e por último o grão que enche a espiga. (Mc 4.28)

É comparável a um grão de mostarda que um homem pegou e semeou na sua horta; ele cresceu e transformou-se em árvore, e as aves do céu se aninharam em seus ramos. (Lc 13.19)

Criação

No princípio, Deus criou os céus e a terra. (Gn 1.1)

Disse Deus: Haja luz. E houve luz. (Gn 1.3)

E Deus criou o homem à sua imagem; à imagem de Deus o criou; homem e mulher os criou. (Gn 1.27)

Crianças

Então Deus os abençoou e lhes disse: Frutificai e multiplicai-vos; enchei a terra e sujeitai-a; dominai sobre os peixes do mar, sobre as aves do céu e sobre todos os animais que rastejam sobre a terra. (Gn 1.28)

E a tua descendência será como o pó da terra. Tu te espalharás para o ocidente, para o oriente, para o norte e para o sul; todas as famílias da terra serão abençoadas por meio de ti e da tua descendência. (Gn 28.14)

Crime

Não furtarás. (Êx 20.15)

Cristãos

Nisto todos saberão que sois meus discípulos, se vos amardes uns aos outros. (Jo 13.35)

Em Antioquia, os discípulos foram chamados de cristãos pela primeira vez. (At 11.26)

Crucificação

Irão zombar dele e cuspir nele, açoitá-lo e matá-lo. Depois de três dias, ele ressuscitará. (Mc 10.34)

Pai, nas tuas mãos entrego o meu espírito. E, dizendo isso, expirou. (Lc 23.46)

Em verdade, em verdade vos digo que chorareis e vos lamentareis, mas o mundo se alegrará. Ficareis tristes, porém a vossa tristeza se transformará em alegria. (Jo 16.20)

Crueldade

O homem bondoso faz bem à sua vida, mas o cruel faz mal a si mesmo. (Pv 11.17)

O justo cuida da vida dos seus animais, mas no íntimo os ímpios são cruéis. (Pv 12.10)

Culpa

Caia o teu sangue sobre tua cabeça, pois tu mesmo testificaste contra ti, quando disseste: Eu matei o ungido do SENHOR. (2Sm 1.16)

Mas mandou poupar os filhos dos assassinos, conforme o que está escrito no livro da lei de Moisés, de acordo com a ordem do SENHOR: Não serão mortos os pais por causa dos filhos, nem os filhos por causa dos pais; mas cada um será morto pelo seu próprio pecado. (2Rs 14.6)

Se for culpado, ai de mim! Mesmo se for justo, não poderei levantar a cabeça, pois estou envergonhado e olho para o meu sofrimento. (Jó 10.15)

Pois a maldade ensina a tua boca, e escolhes a linguagem dos astutos. (Jó 15.5)

A tua própria boca te condena, e não eu; são os teus lábios que testemunham contra ti. (Jó 15.6)

Quando estenderdes as mãos, esconderei os olhos de vós; e ainda que multipliqueis as orações, não as ouvirei, porque as vossas mãos estão cheias de sangue. (Is 1.15)

Porque as nossas transgressões se multiplicaram diante de ti, e os nossos pecados dão testemunho contra nós; pois as nossas transgressões estão conosco, e conhecemos as nossas maldades. (Is 59.12)

Será culpado por sua própria morte. (Ez 18.13)

Quem dentre vós estiver sem pecado seja o primeiro a atirar uma pedra nela. (Jo 8.7)

Jesus lhe perguntou: Mulher, onde estão eles? Ninguém te condenou? (Jo 8.10)

Pois ele sabia quem iria traí-lo; por isso disse que nem todos estavam limpos. (Jo 13.11)

Cumprimento

Pois ele satisfaz o sedento e sacia o faminto. (Sl 107.9)

Como pensei, assim se cumprirá; como determinei, assim acontecerá. (Is 14.24)

Ó vós, todos os que tendes sede, vinde às águas, e vós que não tendes dinheiro, vinde, comprai e comei; vinde e comprai vinho e leite, sem dinheiro e sem custo. (Is 55.1)

Não penseis que vim abolir a Lei ou os Profetas; não vim abolir, mas cumprir. (Mt 5.17)

E nele, a cabeça de todo principado e poder, tendes a vossa plenitude. (Cl 2.10)

Cura

Cura-me, ó SENHOR, e serei curado; salva-me, e serei salvo; pois tu és o meu louvor. (Jr 17.14)

Os sãos não precisam de médico, mas, sim, os doentes. (Mt 9.12)

Porque dizia consigo mesma: Se eu tão somente tocar o seu manto, ficarei boa. (Mt 9.21)

Mas Jesus, voltando-se e vendo-a, disse: Ânimo, filha, a tua fé te salvou. E desde aquela hora a mulher ficou boa. (Mt 9.22)

Filha, a tua fé te salvou; vai-te em paz e fica livre desse teu mal. (Mc 5.34; Mc 10.52; Lc 8.48)

Curai os enfermos, ressuscitai os mortos, purificai os leprosos, expulsai os demônios; de graça recebestes, de graça dai. (Mt 10.8)

Efatá (que quer dizer: Abre-te!). (Mc 7.34)

Pegarão em serpentes, e se beberem alguma coisa mortífera não lhes fará mal algum; imporão as mãos aos enfermos, e estes serão curados. (Mc 16.18)

O Espírito do Senhor está sobre mim, porque me ungiu para anunciar boas-novas aos pobres; enviou-me para proclamar libertação aos presos e restauração da vista aos cegos, para pôr em liberdade os oprimidos. (Lc 4.18)

Impondo as mãos sobre cada um, ele os curava. (Lc 4.40)

Vai, o teu filho viverá. O homem creu na palavra que Jesus lhe dissera e partiu. (Jo 4.50)

Levanta-te, pega a tua maca e anda. (Jo 5.8)

Vai, lava-te no tanque de Siloé (que significa Enviado). Ele foi, lavou-se e voltou enxergando. (Jo 9.7)

Seja do conhecimento de todos vós e de todo o povo de Israel que, em nome de Jesus Cristo, o Nazareno, aquele a quem crucificastes e a quem Deus ressuscitou dentre os mortos, sim, por meio desse nome, este homem está aqui com boa saúde diante de vós. (At 4.10)

D

Dança

Louvem seu nome com danças; cantem a ele louvores com harpa e tamborim. (Sl 149.3)

Tempo de chorar e tempo de rir; tempo de prantear e tempo de dança. (Ec 3.4)

Nós vos tocamos flauta, e não dançastes; cantamos lamentações, e não chorastes. (Mt 11.17)

Decadência

Ai de vós, escribas e fariseus, hipócritas! Porque sois semelhantes aos sepulcros caiados, que por fora parecem belos, mas por dentro estão cheios de ossos e de toda imundície. (Mt 23.27)

Poucos dias depois, o filho mais moço, juntando todas as suas coisas, partiu para um país distante e lá desperdiçou seus bens, vivendo de modo irresponsável. (Lc 15.13)

Ouvi outra voz do céu dizer: Saí dela, povo meu, para que não sejais participantes dos seus pecados e para que não incorrais nas suas pragas. (Ap 18.4)

Decepção

Que é isso que me fizeste? Por que não me disseste que ela era tua mulher? (Gn 12.18)

Por que nos enganastes, dizendo: Moramos muito distante de vós, sendo que vivíeis perto de nós? (Js 9.22)

Tenho uma mensagem secreta para ti, ó rei. E o rei disse: Silêncio! E todos os seus auxiliares saíram da sua presença. (Jz 3.19)

Tu me odeias e não me amas, pois propuseste ao meu povo um enigma e não o revelaste a mim. E ele disse: Não o revelei nem a meu pai nem a minha mãe. Por que deveria revelá-lo a ti? (Jz 14.16)

Seria bom para vós se ele vos examinasse? Poderíeis enganá-lo, como se faz com um homem? (Jó 13.9)

Dizendo: Paz, paz! Mas não há paz; E curam superficialmente a ferida da filha do meu povo, dizendo: Paz, paz! Mas não há paz. (Jr 6.14; Jr 8.11)

Maldito seja o enganador que, tendo animal macho sem defeito no seu rebanho, promete oferecê-lo, mas sacrifica ao SENHOR um animal defeituoso. Pois eu sou grande rei, e o meu nome é temível entre as nações, diz o SENHOR dos Exércitos. (Ml 1.14)

Cuidado com os falsos profetas, que vêm a vós disfarçados em pele de ovelha, mas interiormente são lobos devoradores. (Mt 7.15)

Ele respondeu: Cuidado! Não vos deixeis enganar. (Lc 21.8)

Ninguém se engane. (1Co 3.18)

Ninguém vos engane com palavras sem sentido; pois é por causa dessas coisas que a ira de Deus vem sobre os desobedientes. (Ef 5.6)

Tende cuidado para que ninguém vos tome por presa, por meio de filosofias e sutilezas vazias, segundo a tradição dos homens, conforme os espíritos elementares do mundo, e não de acordo com Cristo. (Cl 2.8)

E todas as nações foram enganadas pelas tuas feitiçarias. (Ap 18.23)

Decisões

Faze o que bem te parecer. (1Sm 14.40)

Escolhamos para nós o que é direito; vamos discernir entre nós o que é bom. (Jó 34.4)

tempo de buscar e tempo de perder; tempo de guardar e tempo de jogar fora. (Ec 3.6)

Tempo de rasgar e tempo de costurar; tempo de ficar calado e tempo de falar. (Ec 3.7)

Todavia, não seja como eu quero, mas como tu queres. (Mt 26.39)

Depravação

Fazei com elas como bem vos parecer; mas não façais essa loucura a este homem. (Jz 19.24)

E todos os que viam aquilo diziam: Até hoje, nunca se fez nem se viu tal coisa, desde o dia em que os israelitas subiram da terra do Egito. Refleti e pensai nisto! Dai o vosso parecer. (Jz 19.30)

Mas o perverso de coração é desprezado. (Pv 12.8)

A grande Babilônia, mãe das prostituições e das abominações da terra. (Ap 17.5)

Depressão

Por que o teu rosto está triste, se não estás doente? Isso só pode ser tristeza do coração. Então tive muito medo. (Ne 2.2)

Minha vida é um tédio; extravasarei a minha queixa, falarei na minha amargura. (Jó 10.1)

Ó Deus, salva-me, pois as águas sobem até o meu pescoço. (Sl 69.1)

O coração alegre é um bom remédio, mas o espírito abatido adoece os ossos. (Pv 17.22)

Derrota

Por acaso ainda não sabes que o Egito está destruído? (Êx 10.7)

Como poderia um homem sozinho perseguir mil, e dois pôr em fuga dez mil, se a sua Rocha não os tivesse vendido, se o SENHOR não os tivesse entregado? (Dt 32.30)

Assim o SENHOR fará a todos os vossos inimigos, contra quem tereis de batalhar. (Js 10.25)

Por onde quer que saíssem, a mão do SENHOR era contra eles para derrotá-los, conforme o SENHOR havia advertido e jurado. Eles estavam em grande aflição. (Jz 2.15)

Como caíram os valentes e pereceram as armas de guerra! (2Sm 1.27)

Desafios

Desafio hoje as tropas de Israel; mandai-me um homem para que nós dois lutemos. (1Sm 17.10)

Então, invocai o nome do vosso deus, e eu invocarei o nome do SENHOR. O deus que responder por meio de fogo, esse será Deus. E todo o povo respondeu: Está bem. (1Rs 18.24)

Mas estende a mão agora e toca em tudo que ele tem, e ele blasfemará contra ti na tua face! (Jó 1.11)

Desculpas

Ouvi a tua voz no jardim e tive medo, porque estava nu; por isso me escondi. (Gn 3.10)

A serpente me enganou, e eu comi. (Gn 3.13)

... na verdade, um pouco de mel com a ponta da vara que trazia na mão; estou pronto a morrer. (1Sm 14.43)

Pequei, pois transgredi a ordem do SENHOR e as tuas palavras; porque temi o povo e dei ouvidos à sua voz. (1Sm 15.24)

Desejo

O desejo cumprido agrada a alma, mas o tolo odeia afastar-se do mal. (Jz 14.3)

A luz dos justos traz alegria, mas a lâmpada dos ímpios se apagará. (Pv 13.19)

Melhor é contentar-se com o que os olhos veem do que ir atrás dos desejos. Isso também é ilusão, é perseguir o vento! (Ec 6.9)

Eu vou me levantar e percorrer a cidade; pelas ruas e pelas praças buscarei aquele a quem o meu coração ama. Eu o procurei, mas não o achei. (Ct 3.2)

Eu sou do meu amado, e o desejo dele é por mim. (Ct 7.10)

Essas coisas aconteceram como exemplo para nós, a fim de que não cobicemos as coisas más, como eles cobiçaram. (1Co 10.6)

Então o desejo, tendo concebido, dá à luz o pecado; e o pecado, após se consumar, gera a morte. (Tg 1.15)

Cobiçais e nada conseguis (Tg 4.2)

Não ameis o mundo nem o que nele há. Se alguém ama o mundo, o amor do Pai não está nele. (1Jo 2.15)

Desespero

Dá-me filhos, senão morrerei. (Gn 30.1)

Que farei com este povo? Daqui a pouco me apedrejarão! (Êx 17.4)

Se eu olhar para o Sheol como meu lar, se fizer a minha cama nas trevas... (Jó 17.13)

Onde está então a minha esperança? (Jó 17.15)

Eli, Eli, lamá sabactani? (Mt 27.46)

Eu sou o pão da vida; quem vem a mim jamais terá fome, e quem crê em mim jamais terá sede. (Jo 6.35)

Desobediência

Então, vendo a mulher que a árvore era boa para dela comer, agradável aos olhos e desejável para dar entendimento, tomou do seu fruto, comeu e deu dele a seu marido, que também comeu. (Gn 3.6)

Mas a mulher de Ló olhou para trás e transformou-se numa estátua de sal. (Gn 19.26)

Até quando resistirás a humilhar-te diante de mim? Deixa o meu povo ir, para que me cultue. (Êx 10.3)

Pois ouvem as tuas palavras, mas não as praticam. (Ez 33.32)

Mas todo aquele que ouve estas minhas palavras e não as põe em prática será comparado a um homem insensato, que edificou sua casa sobre a areia. (Mt 7.26)

Abandonais o mandamento de Deus, e vos apegais à tradição dos homens. (Mc 7.8)

Lembrai-vos da mulher de Ló. (Lc 17.32)

Quem não me ama não obedece às minhas palavras. A palavra que estais ouvindo não é minha, mas do Pai que me enviou. (Jo 14.2)

Aquele que diz: Eu o conheço, e não guarda seus mandamentos, é mentiroso, e a verdade não está nele. (1Jo 2.4)

Desolação

Pois Jerusalém tropeçou, e Judá caiu; porque a sua língua e as suas obras são contra o SENHOR e afrontam a sua presença gloriosa. (Is 3.8)

A terra ficará totalmente devastada e saqueada, pois foi o SENHOR quem falou isso. (Is 24.3)

Todos os que te virem fugirão de ti. (Na 3.7)

Desonestidade

Não espalharás falsos boatos, nem farás acordo com o ímpio para seres testemunha injusta. (Êx 23.1)

Cada um mente ao seu próximo; fala com lábios bajuladores e coração fingido. (Sl 12.2)

O fraudulento não habitará em minha casa; o mentiroso não permanecerá em minha presença. (Sl 101.7)

No coração dos que maquinam o mal há engano, mas há alegria para os que aconselham a paz. (Pv 12.20)

O perverso de coração nunca achará o bem e quem tem a língua falsa cairá no mal. (Pv 17.20)

A falsa testemunha não ficará impune, e o mentiroso será destruído. (Pv 19.9)

Ser pobre é melhor que ser mentiroso. (Pv 19.22).

Quem é fiel no pouco, também é fiel no muito; quem é injusto no pouco, também é injusto no muito (Lc 16.10)

Desperdício

Não deis aos cães o que é santo, nem lanceis aos porcos as vossas pérolas, para não acontecer que eles as pisem, e os cães, voltando-se, vos despedacem. (Mt 7.6)

Não é justo tomar o pão dos filhos e jogá-lo para os cachorrinhos. (Mt 15.26)

Recolhei os pedaços que sobraram para que nada se perca. (Jo 6.12)

Despojos de guerra

Nada do anátema poderá ficar em tuas mãos. (Dt 13.17)

No vosso caso, guardai-vos do anátema, para que não tomeis dele coisa alguma, e não façais anátema o acampamento de Israel, trazendo-lhe destruição. (Js 6.18)

Voltai para as vossas tendas com grandes riquezas: com muito gado, com prata e ouro, com cobre e ferro, e com muitas vestes; e reparti com vossos irmãos o despojo dos inimigos. (Js 22.8)

Tu não te apoderas dos territórios que Camos, teu deus, desapossa para ti? Assim nós nos apoderamos dos territórios que o SENHOR, nosso Deus, desapossa para nós. (Jz 11.24)

Desprezo

Ouve-nos, ó nosso Deus, pois somos tão desprezados, e faze recair sobre a cabeça deles o insulto que proferem. Faze também que eles sejam levados como despojo para uma terra de cativeiro. (Ne 4.4)

Por acaso tuas conversas tolas calarão os homens? Ficarás zombando sem que ninguém te envergonhe? (Jó 11.3)

Pois além de ter pecado, ele é rebelde; entre nós bate as palmas e multiplica contra Deus as suas palavras. (Jó 34.37)

Tendes aborrecido o SENHOR com vossas palavras (Ml 2.17)

Uma coroa de espinhos. (Mt 27.29; Mc 15.17; Jo 19.2)

Pois a vontade de Deus é que, fazendo o bem, caleis a ignorância dos insensatos. (1Pe 2.15)

Desprivilegiados

Pois nunca deixará de haver pobres na terra. Por isso, te ordeno: Livremente abrirás a mão para o teu irmão, para o necessitado e para o pobre na tua terra. (Dt 15.11)

Essas coisas são os seus atos mais simples. Como é leve o sussurro que ouvimos dele! Mas quem poderá entender o trovão do seu poder? (Jó 26.14)

Pois ele, o vingador do sangue, lembra-se deles; não se esquece do clamor dos aflitos. (Sl 9.12)

Levanta-te, SENHOR; ó Deus, levanta tua mão; não te esqueças dos necessitados. (Sl 10.12)

Porque ele livra o necessitado que clama, e também o aflito e o que não tem quem o ajude. (Sl 72.12)

Ele os liberta da opressão e da violência; a vida deles é preciosa aos seus olhos. (Sl 72.14)

Fazei justiça ao pobre e ao órfão; procedei com retidão para com o aflito e o desamparado. (Sl 82.3)

Embora o SENHOR seja sublime, ele atenta para o humilde; mas conhece o arrogante de longe. (Sl 138.6)

O Senhor sustenta todos os que estão para cair e levanta todos os abatidos. (Sl 145.14)

Não roubes o pobre, porque é pobre; nem oprimas o oprimido no tribunal. (Pv 22.22)

Abre tua boca, julga com retidão e faze justiça aos pobres e necessitados. (Pv 31.9)

Aprendei a praticar o bem; buscai a justiça, acabai com a opressão, fazei justiça ao órfão, defendei a causa da viúva. (Is 1.17)

Os pobres e necessitados procuram água, mas não encontram, e a sua língua fica seca de sede; mas eu, o SENHOR, os ouvirei; eu, o Deus de Israel, não os desampararei. (Is 41.17)

Porque sempre tendes os pobres convosco e, quando quiserdes, podeis fazer-lhes o bem; mas nem sempre tendes a mim. (Mc 14.7)

Aos famintos encheu de bens, e de mãos vazias mandou embora os ricos. (Lc 1.53)

Irmãos, nós também vos exortamos a aconselhar os indisciplinados, consolar os desanimados, amparar os fracos e ter paciência para com todos. (1Ts 5.14)

Destino

Assim, não fostes vós que me enviastes para cá, mas sim Deus, que me colocou como pai do faraó, como senhor de toda a sua casa e como governador de toda a terra do Egito. (Gn 45.8)

Os destinados à morte irão para a morte; os destinados à espada, para a espada; os destinados à fome, para a fome; e os destinados ao cativeiro, para o cativeiro. (Jr 15.2)

Por acaso não poderei eu fazer de vós como fez este oleiro, ó casa de Israel?, declara o SENHOR. Como o barro na mão do oleiro, assim sois vós na minha mão, ó casa de Israel. (Jr 18.6)

Determinação

Não insistas comigo para que te abandone e deixe de seguir-te. Pois aonde quer que fores, irei também; e onde quer que ficares, ali ficarei. O teu povo será o meu povo, e o teu Deus será o meu Deus. (Rt 1.16)

Asael perseguiu Abner, seguindo-o sem se desviar nem para a direita nem para a esquerda. (2Sm 2.19)

Se o buscares, tu o encontrarás; mas, se o deixares, ele te rejeitará para sempre. (1Cr 28.9)

Não morrerei; pelo contrário, viverei e anunciarei as obras do SENHOR. (Sl 118.17)

Vigiai, permanecei firmes na fé, portai-vos corajosamente, sede fortes. (1Co 16.13)

Deus

EU SOU O QUE SOU. (Êx 3.14)

Eu sou o SENHOR. (Êx 6.2)

O SENHOR reinará eterna e perpetuamente. (Êx 15.18)

Mas de lá buscareis o SENHOR, vosso Deus, e o achareis, quando o buscardes de todo o coração e de toda a alma. (Dt 4.29)

Ele é a razão do teu louvor e o teu Deus, que fez em teu favor estas grandes e terríveis coisas, que os teus olhos têm visto. (Dt 10.21)

Amando o SENHOR, teu Deus, obedecendo à sua voz e te apegando a ele, pois ele é a tua vida e a extensão dos teus dias; para que habites na terra que o SENHOR prometeu com juramento dar a teus pais Abraão, Isaque e Jacó. (Dt 30.20)

Ele é a Rocha! Suas obras são perfeitas, porque todos os seus caminhos são justos. Deus é fiel, e nele não há pecado; ele é justo e reto. (Dt 32.4)

O SENHOR vive. (2Sm 22.47; Sl 18.46)

SENHOR é Deus. (1Rs 8.60)

Mas temereis somente o SENHOR, que vos tirou da terra do Egito com grande poder e com braço forte, a ele adorareis e a ele oferecereis sacrifícios. (2Rs 17.36)

Ó SENHOR, tu és Deus e falaste esta boa palavra acerca do teu servo. (1Cr 17.26)

Quanto a Deus, o seu caminho é perfeito; a promessa do SENHOR é provada; ele é um escudo para todos os que nele se refugiam. (Sl 18.30; 2Sm 22.31)

Bendito seja o SENHOR, pois mostrou de uma forma maravilhosa sua fidelidade para comigo numa cidade sitiada. (Sl 31.21)

Ó Deus, tu és tremendo desde o teu santuário! O Deus de Israel é quem dá força e poder ao seu povo. Bendito seja Deus! (Sl 68.35)

Tu és meu pai, meu Deus, e a rocha da minha salvação. (Sl 89.26)

Lembra-te do teu Criador nos dias da tua mocidade, antes que venham os dias difíceis e cheguem os anos em que dirás: Não tenho prazer neles. (Ec 12.1)

Porque o SENHOR é o nosso juiz; o SENHOR é o nosso legislador; o SENHOR é o nosso rei; ele nos salvará. (Is 33.22)

Pois eu sou o SENHOR, teu Deus, que agita o mar, de modo que as suas ondas rujam. O SENHOR dos Exércitos é o seu nome. (Is 51.15)

Eu sou o SENHOR, o teu Salvador, e o teu Redentor, o Poderoso de Jacó. (Is 60.16)

Mas agora tu és nosso Pai, ó SENHOR; nós somos o barro, e tu és o nosso oleiro; e todos nós somos obra das tuas mãos. (Is 64.8)

Mas o SENHOR é o verdadeiro Deus; ele é o Deus vivo e o Rei eterno; a terra estremece diante do seu furor, e as nações não podem suportar a sua ira. (Jr 10.10)

Ó SENHOR, esperança de Israel, todos aqueles que te abandonarem serão envergonhados. Os que se apartam de ti terão seus nomes escritos no solo; porque abandonam o SENHOR, a fonte de águas vivas. (Jr 17.13)

Todas as vidas são minhas. (Ez 18.4)

Pois o SENHOR, nosso Deus, é justo em tudo o que faz, e nós não temos obedecido à sua voz. (Dn 9.14)

Os caminhos do SENHOR são retos e os justos andarão por eles; mas os transgressores neles cairão. (Os 14.9)

Pois eu, o SENHOR, não mudo; por isso, vós, ó filhos de Jacó, não sois destruídos. (Ml 3.6)

Pai nosso que estás no céu, santificado seja o teu nome; venha o teu reino, seja feita a tua vontade, assim na terra como no céu. (Mt 6.9,10)

Eu sou o Deus de Abraão, o Deus de Isaque e o Deus de Jacó? Ele não é Deus de mortos, mas de vivos. (Mt 22.32)

E a ninguém na terra chameis vosso pai; porque um só é o vosso Pai, aquele que está no céu. (Mt 23.9)

Deus é verdadeiro. (Jo 3.33)

Aquele que me enviou é verdadeiro, o qual vós não conheceis. (Jo 7.28)

Deus é luz, e nele não há treva alguma. (1Jo 1.5)

Deus é amor. (1Jo 4.8,16)

Nós amamos porque ele nos amou primeiro. (1Jo 4.19)

Santo, Santo, Santo é o SENHOR Deus, o Todo-poderoso, aquele que era, que é e que há de vir. (Ap 4.8)

Deus, A glória de

Mas, tão certo como eu vivo, e como a glória do SENHOR encherá toda a terra... (Nm 14.21)

Anunciai entre as nações a sua glória, entre todos os povos as suas maravilhas. (1Cr 16.24)

Apesar disso, ele os salvou, por amor do seu nome, para manifestar seu poder (Sl 106.8)

Grande é a glória do SENHOR. (Sl 138.5)

A terra está cheia da sua glória. (Is 6.3)

Paz no céu e glória nas alturas. (Lc 19.38)

Em verdade, em verdade vos digo que vereis o céu aberto, e os anjos de Deus subindo e descendo sobre o Filho do homem. (Jo 1.51)

Essa doença não é para a morte, mas para a glória de Deus, para que o Filho de Deus seja glorificado por meio dela. (Jo 11.4)

Chegou a hora de ser glorificado o Filho do homem. (Jo 12.23)

Pai, glorifica o teu nome! Então, veio uma voz do céu: Já o glorifiquei, e o glorificarei mais uma vez. (Jo 12.28)

Agora o Filho do homem é glorificado, e Deus é glorificado nele. (Jo 13.31)

E eu farei tudo o que pedirdes em meu nome, para que o Pai seja glorificado no Filho. (Jo 14.13)

Pai, chegou a hora. Glorifica teu Filho, para que também o Filho te glorifique. (Jo 17.1)

A cidade não necessita nem do sol, nem da lua, para que nela brilhem, pois a glória de Deus a ilumina, e o Cordeiro é a sua lâmpada. (Ap 21.23)

Deus, A grandeza de

Agora sei que o SENHOR é maior do que todos os deuses, até naquilo em que foram arrogantes contra o seu povo. (Êx 18.11)

Deus é grande. (Jó 36.26)

Grande é o SENHOR, e ele merece ser louvado na cidade do nosso Deus, no seu santo monte. (Sl 48.1)

E não nos deixes entrar em tentação; mas livra-nos do mal. (Mt 6.13)

Pois o Pai é maior do que eu. (Jo 14.28)

Porque toda casa é construída por alguém, mas quem edifica todas as coisas é Deus. (Hb 3.4)

Grandes e admiráveis são as tuas obras, ó SENHOR Deus Todo-poderoso. (Ap 15.3)

Deus, A ira de

Judá fez o que era mau perante o SENHOR; e, pelos pecados que cometeu, provocou seu zelo, mais do que fizeram os seus pais. (1Rs 14.22)

Ide, consultai o SENHOR por mim, pelo povo e por todo o Judá, acerca das palavras deste livro que foi achado; porque grande é o furor do SENHOR, que se acendeu contra nós, pois nossos pais não obedeceram às palavras deste livro, para cumprirem tudo quanto está escrito a nosso respeito. (2Rs 22.13)

O seu poder e a sua ira são contra todos os que o abandonam. (Ed 8.22)

Circuncidai-vos ao SENHOR e circuncidai o coração, ó homens de Judá e moradores de Jerusalém, para que a minha ira não sobrevenha como fogo e arda, sem que ninguém o possa apagar, por causa da maldade dos vossos atos. (Jr 4.4)

Por que me irritais com as vossas ações, queimando incenso a outros deuses na terra do Egito, onde viestes habitar, para que sejais exterminados e vos torneis objeto de maldição e de ofensa entre todas as nações da terra? (Jr 44.8)

Convocaste os meus terrores de toda parte, como no dia de assembleia solene; ninguém escapou nem sobreviveu no dia da ira do SENHOR; o meu inimigo consumiu aqueles que eu trouxe nas mãos e criei. (Lm 2.22)

Então, assim diz o SENHOR Deus: Eu me coloco contra ti; e executarei juízos no meio de ti à vista das nações. (Ez 5.8)

Assim se cumprirá a minha ira, e satisfarei neles o meu furor, e me consolarei; e saberão que sou eu, o SENHOR, que tenho falado no meu zelo, quando neles eu cumprir o meu furor. (Ez 5.13)

O SENHOR é um Deus zeloso e vingador; o SENHOR é vingador e cheio de indignação; o SENHOR se vinga de seus adversários e guarda ira contra seus inimigos. (Na 1.2)

Quem pode resistir ao seu furor? Quem pode subsistir diante da fúria da sua ira? O seu furor se derramou como fogo, e as rochas são rachadas por ele. Esta terra toda será consumida pelo fogo do meu zelo. (Sf 3.8)

A ira de Deus sobrevém aos desobedientes. (Cl 3.6)

Coisa terrível é cair nas mãos do Deus vivo! (Hb 10.31)

Pois o nosso Deus é fogo que consome. (Hb 12.29)

O anjo passou sua foice pela terra, colheu as uvas da vinha e lançou-as no grande lagar da ira de Deus. (Ap 14.19)

Ide e derramai sobre a terra as sete taças da ira de Deus. (Ap 16.1)

Deus, A misericórdia de

Amanhã a estas horas te enviarei um homem da terra de Benjamim; tu o ungirás como príncipe sobre o meu povo Israel; ele livrará o meu povo da mão dos filisteus, pois atentei para o meu povo, porque o seu clamor chegou a mim. (1Sm 9.16)

Mas não retirarei dele o meu amor fiel, como fiz com Saul, a quem tirei da tua frente. (2Sm 7.15)

Tu, porém, és um Deus pronto para perdoar. (Ne 9.17)

Tem compaixão de mim conforme o teu grande amor. (Ne 13.22)

Mas tu, Senhor, és um Deus compassivo e benigno, paciente e grande em misericórdia e verdade. (Sl 86.15)

Porque o Senhor é bom! Seu amor dura para sempre, e sua fidelidade, de geração em geração. (Sl 100.5)

Rendei graças ao Senhor, pois ele é bom; seu amor dura para sempre. (Sl 118.1)

Ó Israel, coloca a esperança no Senhor! Pois no Senhor há amor fiel, e nele há plena redenção. (Sl 130.7)

E a sua misericórdia passa de geração para geração sobre os que o temem. (Lc 1.50)

Deus, A palavra de

Assim diz o Senhor. (1Rs 12.24)

Espero no Senhor, minha alma o espera; em sua palavra eu espero. (Sl 130.5)

Eu, o Senhor, o disse. O meu ensino não vem de mim, mas daquele que me enviou. (Jo 7.16)

Tua palavra é a verdade (Jo 17.17)

A palavra de Cristo habite ricamente em vós, em toda a sabedoria; ensinai e aconselhai uns aos outros com salmos, hinos e cânticos espirituais, louvando a Deus com gratidão no coração. (Cl 3.16)

Porque a palavra de Deus é viva e eficaz, mais cortante que qualquer espada de dois gumes; penetra até o ponto de dividir alma e espírito, juntas e medulas, e é capaz de perceber os pensamentos e intenções do coração. (Hb 4.12)

Deus, A presença de

Porque os olhos do Senhor passam por toda a terra, para que ele se mostre forte para com aqueles cujo coração é íntegro para com ele. Procedeste loucamente nisso, pois agora haverá guerras contra ti. (2Cr 16.9)

Os olhos do Senhor estão em todo lugar, vigiando os maus e os bons. (Pv 15.3)

Mas tu, quando orares, entra no teu quarto e, fechando a porta, ora a teu Pai que está em secreto; e teu Pai, que vê o que é secreto, te recompensará. (Mt 6.6; 6.18)

Pois onde dois ou três se reúnem em meu nome, ali estou no meio deles. (Mt 18.20)

Ele, de fato, não está longe de cada um de nós. (At 17.27)

Pois somos santuário do Deus vivo, como ele disse: Habitarei neles e entre eles andarei; eu serei o seu Deus e eles serão o meu povo. (2Co 6.16)

O Senhor está perto. (Fp 4.5)

Deus, A proteção de

Abençoarei os que te abençoarem e amaldiçoarei quem te amaldiçoar; e todas as famílias da terra serão abençoadas por meio de ti. (Gn 12.3)

Eu sou o teu escudo, o teu galardão será muito grande. (Gn 15.1)

Ninguém poderá te resistir todos os dias da tua vida. Como estive com Moisés, assim estarei contigo; não te deixarei, nem te desampararei. (Js 1.5; 3.7)

Mas temereis o Senhor, vosso Deus, e ele vos livrará do poder de todos os vossos inimigos. (2Rs 17.39)

Mas tu, Senhor, és o escudo ao meu redor, a minha glória, aquele que levanta a minha cabeça. (Sl 3.3)

Levanta-te, SENHOR; ó Deus, levanta tua mão; não te esqueças dos necessitados. (Sl 10.12)

Eu me refugio no SENHOR. (Sl 11.1)

O SENHOR é o meu pastor; nada me faltará. (Sl 23.1)

Quando eu tiver de andar pelo vale da sombra da morte, não temerei mal algum, porque tu estás comigo; tua vara e teu cajado me tranquilizam. (Sl 23.4)

O SENHOR é a minha força e o meu escudo. (Sl 28.7)

Ó Deus, faze-me justiça e defende minha causa contra uma nação ímpia; livra-me do homem falso e perverso. (Sl 43.1)

Cantarei louvores a ti, força minha! Porque Deus é minha fortaleza, é o Deus que me mostra seu amor fiel. (Sl 59.17)

O SENHOR é quem te guarda. (Sl 121.5)

Pois certamente te salvarei. (Jr 39.18)

Mas o SENHOR é fiel e vos fortalecerá e guardará do Maligno. (2Ts 3.3)

Porque os olhos do SENHOR estão sobre os justos, e os seus ouvidos, atentos à sua súplica; mas o rosto do SENHOR está contra os que praticam o mal. (1Pe 3.12)

Deus, A singularidade de

Não há outro semelhante a mim em toda a terra. (Êx 9.14)

Eu sou o mesmo, eu sou o primeiro e também o último. (Is 48.12)

No entanto, para nós há um só Deus, o Pai, de quem todas as coisas procedem e para quem vivemos. (1Co 8.6)

Deus é um só. (Gl 3.20)

Porque há um só Deus e um só Mediador entre Deus e os homens, Cristo Jesus, homem. (1Tm 2.5)

Deus, A vontade de

Ele é o SENHOR, faça o que bem parecer aos seus olhos. (1Sm 3.18)

Pai nosso que estás no céu, santificado seja o teu nome; venha o teu reino, seja feita a tua vontade, assim na terra como no céu. (Mt 6.9,10)

Pai, se queres, afasta de mim este cálice; todavia, não seja feita a minha vontade, mas a tua. (Lc 22.42)

Faça-se a vontade do SENHOR. (At 21.14)

Deus, Características de

Eu, o SENHOR teu Deus, sou Deus zeloso. (Êx 20.5)

Tendo o SENHOR passado diante de Moisés, proclamou: SENHOR, SENHOR, Deus misericordioso e compassivo, tardio em irar-se e cheio de bondade e de fidelidade. (Êx 34.6)

O SENHOR, cujo nome é Zeloso, é Deus zeloso. (Êx 34.14)

Porque o SENHOR, vosso Deus, é fogo consumidor, um Deus zeloso. (Dt 4.24)

Pois o SENHOR, vosso Deus, é Deus misericordioso e não vos desamparará, nem vos destruirá, nem se esquecerá da aliança que jurou a vossos pais. (Dt 4.31)

Ele é a Rocha! Suas obras são perfeitas, porque todos os seus caminhos são justos. Deus é fiel, e nele não há pecado; ele é justo e reto. (Dt 32.4)

Ele é Deus santo, é Deus zeloso, que não perdoará a vossa desobediência nem os vossos pecados. (Js 24.19)

Tu te mostras fiel para com o fiel; para com o íntegro te mostras íntegro. (2Sm 22.26)

O SENHOR é justo. (2Cr 12.6)

Na verdade, Deus não procederá de modo ímpio, nem o Todo-poderoso perverterá o juízo. (Jó 34.12)

Todos os caminhos do SENHOR são misericórdia e verdade para os que guardam sua aliança e seus testemunhos. (Sl 25.10)

Pois teu amor é grande até os céus, e tua verdade até as nuvens. (Sl 57.10)

Porque o SENHOR é bom! Seu amor dura para sempre, e sua fidelidade, de geração em geração. (Sl 100.5)

O SENHOR é compassivo e misericordioso; demora para irar-se e é grande em amor. (Sl 103.8)

O SENHOR é justo em todos os seus caminhos e bondoso em todas as suas obras. (Sl 145.17)

Por isso o SENHOR *esperará para ter misericórdia de vós; ele se levantará para se compadecer de vós; porque o* SENHOR *é um Deus de justiça; felizes são todos os que nele esperam.* (Is 30.18)

Pois ele é misericordioso e compassivo, tardio em irar-se e grande em amor; arrepende-se da desgraça que enviaria. (Jl 2.13)

Fiel é Deus. (1Co 1.9)

Bendito seja o Deus e Pai de nosso SENHOR *Jesus Cristo, Pai das misericórdias e Deus de toda a consolação.* (2Co 1.3)

Deus, O amor de

Meus lábios te louvarão, pois teu amor é melhor que a vida. (Sl 63.3)

O SENHOR *abre os olhos aos cegos; o* SENHOR *levanta os abatidos; o* SENHOR *ama os justos.* (Sl 146.8)

Porque o SENHOR *repreende a quem ama, assim como o pai repreende o filho a quem quer bem.* (Pv 3.12)

Porque Deus amou tanto o mundo, que deu o seu Filho unigênito, para que todo aquele que nele crê não pereça, mas tenha a vida eterna. (Jo 3.16)

Pois o SENHOR *disciplina a quem ama e pune a todo que recebe como filho.* (Hb 12.6)

Achegai-vos a Deus, e ele se achegará a vós. Pecadores, limpai as mãos, e vós, que sois vacilantes, purificai vosso coração. (Tg 4.8)

Deus, O conhecimento de

Não vos assemelheis a eles; pois vosso Pai conhece de que necessitais, antes de o pedirdes a ele. (Mt 6.8)

Não se vendem cinco passarinhos por dois asses? Mesmo assim, nenhum deles é esquecido por Deus. (Lc 12.6)

Até os cabelos da vossa cabeça estão todos contados. Não temais, pois valeis mais do que muitos passarinhos. (Lc 12.7)

Mas Deus conhece o vosso coração. (Lc 16.15)

O SENHOR *conhece os pensamentos dos sábios, que são fúteis.* (1Co 3.20)

Deus é maior que nosso coração; ele conhece todas as coisas. (1Jo 3.20)

Deus, O poder de

Haja luz. E houve luz. (Gn 1.3)

Não temais. Acalmai-vos e vede o livramento que o SENHOR *vos trará hoje; porque nunca mais vereis os egípcios que hoje vedes.* (Êx 14.13)

Pega a vara e reúne a comunidade, tu e teu irmão Arão. Falareis à rocha diante do povo, para que ela dê suas águas. Tirarás água da rocha e darás de beber à comunidade e aos seus animais. (Nm 20.8)

Como pensei, assim se cumprirá; como determinei, assim acontecerá. (Is 14.24)

O seu nome é SENHOR. (Am 9.6)

Pois teus são o reino, o poder e a glória, para sempre. Amém. (Mt 6.13)

Aba, Pai, tudo te é possível. Afasta de mim este cálice; todavia não seja o que eu quero, mas o que tu queres. (Mc 14.36)

Porque para Deus nada é impossível. (Lc 1.37)

Todas as coisas me foram entregues por meu Pai; e ninguém conhece quem é o Filho senão o Pai, nem quem é o Pai senão o Filho, e aquele a quem o Filho o quiser revelar. (Lc 10.22)

Em verdade, em verdade vos digo que o Filho nada pode fazer por si mesmo, senão o que vir o Pai fazer; porque tudo quanto ele faz, o Filho faz também. (Jo 5.19)

Mas todas essas coisas procedem de Deus, que nos reconciliou consigo mesmo por meio de Cristo e nos confiou o ministério da reconciliação. (2Co 5.18)

Aleluia! Porque o SENHOR *nosso Deus, o Todo-poderoso, já reina.* (Ap 19.6)

Deus, O povo de

E todas as famílias da terra serão abençoadas por meio de ti. (Gn 12.3)

Sois filhos do SENHOR, *vosso Deus; não fareis cortes em vós mesmos, nem rapareis o cabelo no alto da testa por causa de algum morto.* (Dt 14.1)

Pois o SENHOR *não desamparará o seu povo, por amor ao seu grande nome; porque agradou ao* SENHOR *fazer de vós o seu povo.* (1Sm 12.22)

Bem-aventurada é a nação cujo Deus é o SENHOR, o povo que ele escolheu como sua herança. (Sl 33.12)

Quem é de Deus ouve as suas palavras; por isso vós não as ouvis, porque não sois de Deus. (Jo 8.47)

Tenho ainda outras ovelhas que não são deste aprisco. É necessário que eu também as conduza. Elas ouvirão a minha voz; e haverá um rebanho e um pastor. (Jo 10.16)

Pois todos sois filhos de Deus pela fé em Cristo Jesus. (Gl 3.26)

Esta é a aliança que farei com a casa de Israel, depois daqueles dias, diz o SENHOR. Porei as minhas leis na sua mente e as escreverei em seu coração. Eu lhes serei Deus, e eles me serão povo. (Hb 8.10)

Deus, O sustento de

O SENHOR te abençoe e te guarde. (Nm 6.24)

Sede fortes e corajosos. Não temais nem vos atemorizeis diante dessas nações, pois o SENHOR, vosso Deus, é quem vai convosco. Ele não vos deixará nem vos desamparará. (Dt 31.6)

Desse modo sabereis que o Deus vivo está no meio de vós e que certamente expulsará de diante de vós os cananeus, os heteus, os heveus, os perizeus, os girgaseus, os amorreus e os jebuseus. (Js 3.10)

Entregarei o teu inimigo nas tuas mãos; tu lhe farás como bem te parecer. Então Davi se levantou e, em silêncio, cortou a ponta do manto de Saul. (1Sm 24.4)

Eu serei seu pai, e ele será meu filho. Caso venha a cometer alguma transgressão, eu o castigarei com castigos humanos e com açoites de homens. (2Sm 7.14; 1Cr 17.13)

Buscai o SENHOR e a sua força; buscai a sua presença continuamente. (1Cr 16.11)

Ó SENHOR, tu és nosso Deus; que o homem não prevaleça contra ti. (2Cr 14.11)

O nosso Deus lutará por nós. (Ne 4.20)

O SENHOR está longe dos ímpios, mas ouve a oração dos justos. (Pv 15.29)

Eu te ajudo, diz o SENHOR, e o teu redentor é o Santo de Israel. (Is 41.14)

Eu estou convosco, diz o SENHOR. (Ag 1.13; 2.4)

Deus, Os nomes de

Eu sou o Deus Todo-poderoso. (Gn 35.11)

EU SOU O QUE SOU. (Êx 3.14)

Pois o SENHOR, vosso Deus, é o Deus dos deuses e o SENHOR dos senhores. (Dt 10.17)

O Altíssimo. (Dt 32.8)

Ó SENHOR, Deus de nosso pai Israel. (1Cr 29.10)

O SENHOR dos Exércitos; ele é o Rei da Glória. (Sl 24.10)

Para que saibam que só tu, cujo nome é o SENHOR, és o Altíssimo sobre toda a terra. (Sl 83.18)

Sabei que o SENHOR é Deus! Foi ele quem nos fez, e dele somos; somos seu povo e rebanho que ele pastoreia. (Sl 100.3)

O seu nome é SENHOR dos Exércitos. (Jr 31.35)

Mas o seu Redentor é forte; o seu nome é SENHOR dos Exércitos. (Jr 50.34)

O seu nome é SENHOR. (Am 9.6)

Pai nosso. (Mt 6.9)

Dever

Ó Israel, o que é que o SENHOR, teu Deus, exige de ti agora, exceto que temas o SENHOR, teu Deus, que andes em todos os seus caminhos e ames e sirvas o SENHOR, teu Deus, de todo o coração e de toda a alma... (Dt 10.12)

Teme a Deus e obedece aos seus mandamentos; porque este é o propósito do homem. (Ec 12.13)

Não digas: Sou apenas um menino; porque irás a todos a quem eu te enviar e falarás tudo quanto eu te ordenar. (Jr 1.7)

Deixa por enquanto; porque assim nos convém cumprir toda a justiça. (Mt 3.15)

Por que me procuráveis? Não sabíeis que eu devia estar na casa de meu Pai? (Lc 2.49)

Deixa os mortos sepultarem os seus mortos; tu, porém, vai e anuncia o reino de Deus. (Lc 9.60)

Que faremos para realizar as obras de Deus? (Jo 6.29)

Enquanto é dia, é necessário que realizemos as obras daquele que me enviou; a noite vem, quando ninguém pode trabalhar. (Jo 9.4)

Por acaso não beberei do cálice que o Pai me deu? (Jo 18.11)

Mas levanta-te e entra na cidade; lá te será dito o que precisas fazer. (At 9.6)

Dever, Negligência do

Amaldiçoai Meroz, diz o anjo do SENHOR, amaldiçoai seus habitantes; pois não vieram em socorro do SENHOR, em socorro do SENHOR, contra os valentes. (Jz 5.23)

O que fizeste não é bom. Vive o SENHOR, que sois dignos de morte, porque não destes proteção a vosso senhor, o ungido do SENHOR. Vede agora onde está a lança do rei e o jarro d'água que estava à sua cabeceira. (1Sm 26.16)

Elias, que fazes aqui? (1Rs 19.9)

Até a cegonha no céu conhece seus tempos determinados; e a rolinha, a andorinha e o tordo observam o tempo da sua migração; mas o meu povo não conhece as regras do SENHOR. (Jr 8.7)

Maldito quem fizer a obra do SENHOR de forma negligente! Maldito o que poupar a sua espada de derramar sangue! (Jr 48.10)

Devoção

Disponde agora o coração e a alma para buscardes ao SENHOR, vosso Deus. Levantai-vos e edificai o santuário do SENHOR Deus, para que a arca da aliança do SENHOR e os utensílios sagrados de Deus sejam trazidos para o templo que será construído ao nome do SENHOR. (1Cr 22.19)

E tu, meu filho Salomão, conhece o Deus de teu pai, e serve-o de coração íntegro e espírito voluntário, porque o SENHOR examina todos os corações, e conhece todas as intenções da mente. Se o buscares, tu o encontrarás; mas, se o deixares, ele te rejeitará para sempre. (1Cr 28.9)

Amarás o SENHOR teu Deus de todo o coração, de toda a alma e de todo o entendimento. (Mt 22.37)

Ouve, Israel, o SENHOR nosso Deus é o único SENHOR. (Mc 12.29)

Assim, todo aquele dentre vós que não renuncia a tudo quanto possui não pode ser meu discípulo. (Lc 14.33)

Eu sou o bom pastor; o bom pastor dá a vida pelas ovelhas. (Jo 10.11)

O empregado foge porque é empregado e não se importa com as ovelhas. (Jo 10.13)

Dez Mandamentos

E Moisés esteve ali com o SENHOR quarenta dias e quarenta noites. Não comeu pão nem bebeu água; e escreveu nas tábuas as palavras da aliança, os dez mandamentos. (Êx 34.28)

O SENHOR me deu as duas tábuas de pedra, escritas com o dedo de Deus, e nelas estavam escritas todas as palavras que o SENHOR havia falado convosco no monte, do meio do fogo, no dia da assembleia. (Dt 9.10)

Os Dez Mandamentos

Eu sou o SENHOR teu Deus, que te tirou da terra do Egito, da casa da escravidão.

Não terás outros deuses além de mim.

Não farás para ti imagem esculpida, nem figura alguma do que há em cima no céu, nem embaixo na terra, ou nas águas debaixo da terra.

Não te curvarás diante delas, nem as culturarás, pois eu, o SENHOR teu Deus, sou Deus zeloso. Eu castigo o pecado dos pais nos filhos até a terceira e quarta geração daqueles que me rejeitam; mas sou misericordioso com mil gerações dos que me amam e guardam os meus mandamentos.

Não tomarás o nome do SENHOR teu Deus em vão; porque o SENHOR não considerará inocente quem tomar o seu nome em vão.

Lembra-te do dia de sábado, para o santificar.

Seis dias trabalharás e farás o teu trabalho; mas o sétimo dia é o sábado do SENHOR teu Deus. Nesse dia não farás trabalho algum, nem tu, nem teu filho, nem tua filha, nem teu servo, nem tua serva, nem teu animal, nem o estrangeiro que vive contigo.

Porque o SENHOR fez em seis dias o céu e a terra, o mar e tudo o que neles há, e no sétimo dia descansou. Por isso, o SENHOR abençoou o dia de sábado e o santificou.

Honra teu pai e tua mãe, para que tenhas vida longa na terra que o SENHOR teu Deus te dá.

Não matarás.

Não adulterarás.

Não furtarás.

Não dirás falso testemunho contra o teu próximo.

Não cobiçarás a casa do teu próximo, não cobiçarás a mulher do teu próximo, nem o seu servo, nem a sua serva, nem o seu boi, nem o seu jumento, nem coisa alguma do teu próximo. (Êx 20.2-17)

Dias festivos

Aquela foi uma noite de vigília para o SENHOR, porque os tirou da terra do Egito. Esta é a noite do SENHOR, que deve ser guardada por todos os israelitas, através de suas gerações. (Êx 12.42)

Este dia é consagrado ao SENHOR, vosso Deus; não vos lamenteis nem choreis. Pois todo o povo chorava, enquanto ouvia as palavras da lei. (Ne 8.9)

Difamação

Ó tu, que usas de engano, tua língua maquina planos de destruição, como uma navalha afiada. (Sl 52.2)

Eles gritam, e seus lábios são como espada, pois pensam: Quem ouvirá? (Sl 59.7)

SENHOR, livra-me dos lábios mentirosos e da língua enganadora. (Sl 120.2)

De ninguém tomeis nada à força, nem façais denúncia falsa; e contentai-vos com o vosso salário. (Lc 3.14)

Não devem difamar ninguém, nem ser dados a brigas, mas equilibrados, mostrando genuína mansidão para com todos. (Tt 3.2)

Diligência

Pedi, e vos será dado; buscai, e achareis; batei, e a porta vos será aberta. (Mt 7.7; Lc 11.9)

Ninguém que ponha a mão no arado e olhe para trás é apto para o reino de Deus. (Lc 9.62)

Portanto, meus amados irmãos, sede firmes e constantes, sempre atuantes na obra do Senhor, sabendo que nele o vosso trabalho não é inútil. (1Co 15.58)

Dinheiro

O banquete traz diversão, e o vinho alegra a vida; mas o dinheiro consegue tudo. (Ec 10.19)

Ninguém pode servir a dois senhores; porque ou odiará a um e amará o outro, ou se dedicará a um e desprezará o outro. Não podeis servir a Deus e às riquezas. (Mt 6.24; Lc 16.13)

Que tua prata siga contigo para a destruição, pois pensaste em adquirir com dinheiro o dom de Deus. (At 8.20)

Não ganancioso. (1Tm 3.3)

Porque o amor ao dinheiro é a raiz de todos os males; e por causa dessa cobiça alguns se desviaram da fé e se torturaram com muitas dores. (1Tm 6.10)

Discernimento

Dá a teu servo entendimento para julgar o teu povo, para discernir com sabedoria entre o bem e o mal; pois quem poderia julgar este teu povo tão numeroso? (1Rs 3.9)

Quem obedece às suas determinações não sofrerá nenhum mal, e o coração do sábio discernirá quando e como agir. (Ec 8.5)

Sabeis interpretar o aspecto do céu e não podeis interpretar os sinais dos tempos? (Mt 16.3)

A resposta branda desvia o furor, mas a palavra dura provoca a ira. (Pv 15.1)

Palavras suaves são como favos de mel, doçura para a alma e saúde para o corpo. (Pv 16.24)

Com muita paciência se convence o príncipe, e o falar agradável pode quebrar os ossos. (Pv 25.15)

Disciplina

Saberás no coração que o SENHOR, teu Deus, te corrige, assim como um homem corrige o filho. (Dt 8.5)

Há disciplina severa para quem abandona o caminho, e quem rejeita a repreensão morrerá. (Pv 15.10)

Quem rejeita a correção despreza a si mesmo; quem escuta a advertência adquire entendimento. (Pv 15.32)

Eu repreendo e castigo a todos quantos amo: sê pois zeloso e arrepende-te. (Ap 3.19)

Discípulos

Vinde a mim, e eu vos farei pescadores de homens. (Mt 4.19)

Eu vos envio como ovelhas no meio de lobos; portanto, sede astutos como as serpentes e sem malícia como as pombas. (Mt 10.16)

O discípulo não está acima do seu mestre, nem o servo acima do seu senhor. (Mt 10.24)

E quem não toma a sua cruz, e não me segue, não é digno de mim. (Mt 10.38)

Se alguém quiser vir após mim, negue a si mesmo, tome a sua cruz e siga-me. (Mc 8.34)

Ide por todo o mundo, e pregai o evangelho a toda criatura. (Mc 16.15)

Quem vos ouve, ouve a mim; e quem vos rejeita, rejeita a mim; e quem me rejeita, rejeita aquele que me enviou. (Lc 10.16)

Assim, todo aquele dentre vós que não renuncia a tudo quanto possui não pode ser meu discípulo. (Lc 14.33)

Por acaso não escolhi a vós, os Doze? Contudo um de vós é um diabo. (Jo 6.70)

Se permanecerdes na minha palavra, sereis verdadeiramente meus discípulos. (Jo 8.31)

Se alguém quiser me servir, siga-me; e onde eu estiver, lá também estará o meu servo. Se alguém me serve, o Pai o honrará. (Jo 12.26)

Nisto todos saberão que sois meus discípulos, se vos amardes uns aos outros. (Jo 13.35)

Eu sou a videira; vós sois os ramos. Quem permanece em mim e eu nele, esse dá muito fruto; porque sem mim nada podeis fazer. (Jo 15.5)

Não fostes vós que me escolhestes; pelo contrário, eu vos escolhi e vos designei a ir e dar fruto, e fruto que permaneça, a fim de que o Pai vos conceda tudo quanto lhe pedirdes em meu nome. (Jo 15.16)

Segue-me. (Jo 21.19)

Discussões

Não te desentendas com um homem sem motivo, se ele não te fez mal algum. (Pv 3.30)

O ódio causa brigas, mas o amor cobre todas as transgressões. (Pv 10.12)

Evitar conflitos é motivo de honra para o homem. (Pv 20.3)

O falar agradável pode quebrar os ossos. (Pv 25.15)

O homem irado provoca desavenças. (Pv 29.22)

Dissensão

Assim, os inimigos do homem serão os de sua própria família. (Mt 10.36)

Se uma casa estiver dividida contra si mesma, tal casa não poderá subsistir. (Mc 3.25)

Pensais que vim trazer paz à terra? Não, eu vos digo; mas, sim, divisão. (Lc 12.51)

Estarão divididos pai contra filho e filho contra pai; mãe contra filha e filha contra mãe; sogra contra nora e nora contra sogra. (Lc 12.53)

E os tenhais em grande estima e amor, por causa do trabalho que realizam. Tende paz entre vós. (1Ts 5.13)

Distância

Desde Dã até Berseba e Gileade. (Jz 20.1)

Diversidade

Todo o povo, do mais jovem ao mais velho. (2Rs 23.2)

Há diversidade de dons, mas o Espírito é o mesmo. (1Co 12.4)

Há diversidade de ministérios, mas o SENHOR é o mesmo. (1Co 12.5)

Numa casa que é grande, não há somente vasos de ouro e de prata, mas também de madeira e de barro; uns, na verdade, para uso honroso, outros, porém, para uso desonroso. (2Tm 2.20)

Dívida

Mas o que não a conhecia, e fez coisas que mereciam castigo, será castigado com poucos açoites. A quem muito é dado, muito será exigido; e a quem muito se confia, mais ainda se pedirá. (Lc 12.48)

Não fiqueis devendo coisa alguma a ninguém, a não ser o amor de uns para com os outros; pois quem ama o próximo tem cumprido a lei. (Rm 13.8)

Pois, sendo livre de todos, tornei-me escravo de todos para ganhar o maior número possível. (1Co 9.19)

Divórcio

Eu, porém, vos digo que todo aquele que se divorciar de sua mulher, a não ser por causa de infidelidade, torna-a adúltera; e quem se casa com a divorciada comete adultério. (Mt 5.32)

Assim, não são mais dois, mas uma só carne. Portanto, o que Deus uniu o homem não separe. (Mt 19.6)

Portanto, o homem não separe o que Deus juntou. (Mc 10.9)

Mas eu vos digo que aquele que se divorciar de sua mulher, a não ser por causa de infidelidade, e se casar com outra, comete adultério (e quem casar com a divorciada comete adultério). (Mt 19.9)

E se ela se divorciar do marido e casar com outro, comete adultério. (Mc 10.12)

Todo aquele que se divorcia de sua mulher e casa com outra comete adultério; e quem casa com a divorciada também comete adultério. (Lc 16.18)

Se, porém, ela se separar, que não se case, ou que se reconcilie com o marido. E que o marido não se divorcie da mulher. (1Co 7.11)

Estás casado? Não procures separação. Estás solteiro? Não procures casamento. (1Co 7.27)

Dízimo

Então esta pedra que coloquei como coluna será casa de Deus; e certamente te darei o dízimo de tudo quanto me deres. (Gn 28.22)

Também todos os dízimos da terra, quer dos cereais, quer do fruto das árvores, pertencem ao SENHOR; são santos ao SENHOR. (Lv 27.30)

Honra o SENHOR com teus bens e com as primícias de toda a tua renda. (Pv 3.9)

Dúvida

O SENHOR está ou não no meio de nós? (Êx 17.7)

Temos aqui apenas cinco pães e dois peixes. (Mt 14.17)

Imediatamente Jesus estendeu a mão, segurou-o e disse-lhe: Homem de pequena fé, por que duvidaste? (Mt 14.31)

Homens de pequena fé, por que discutis entre vós por não terdes pão? (Mt 16.8)

Ó geração incrédula e perversa! Até quando estarei convosco? Até quando terei de suportar-vos? Trazei-me o menino. (Mt 17.17)

Coloca aqui o teu dedo e vê as minhas mãos. Estende a tua mão e coloca-a no meu lado. Não sejas incrédulo, mas crente! (Jo 20.27)

■ E

Educação

E as ensinarás a teus filhos e delas falarás sentado em casa e andando pelo caminho, ao deitar-te e ao levantar-te. (Dt 6.7)

Ouve então do céu e perdoa o pecado dos teus servos e do teu povo Israel, ensinando-lhes o bom caminho em que devem andar; e envia chuva sobre a tua terra que deste ao teu povo por herança. (1Rs 8.36)

O temor do SENHOR é o princípio do conhecimento. Os insensatos, porém, desprezam a sabedoria e a instrução. (Pv 1.7)

Efemeridade

Por que desejarias as riquezas, que nada são? Elas fazem asas para si e, à semelhança da águia, voam para o céu. (Pv 23.5)

Por isso serão como a névoa de manhã, como o orvalho que logo acaba, como a palha que se lança fora da eira, como a fumaça que sai pela janela. (Os 13.3)

Egoísmo

Pois tive fome, e não me destes de comer; tive sede, e não me destes de beber. (Mt 25.42)

Quem procurar preservar a sua vida, irá perdê-la, e quem a perder, este a preservará. (Lc 17.33)

Quem ama a sua vida irá perdê-la; e quem odeia a sua vida neste mundo irá preservá-la para a vida eterna. (Jo 12.25)

Eloquência

Então disse Moisés ao SENHOR: Ah, Senhor! Eu nunca fui bom orador, nem antes, nem agora, que falaste ao teu servo, pois sou pesado de boca e pesado de língua. (Êx 4.10)

Então vai agora, e estarei com a tua boca e te ensinarei o que deves falar. (Êx 4.12)

A minha doutrina caia como a chuva; a minha palavra desça como o orvalho, como garoa sobre a grama e como chuva sobre a relva. (Dt 32.2)

Por acaso o sábio responderá com conhecimento inútil? Encherá seu estômago com vento quente... (Jó 15.2)

Até quando continuarás falando? Pensa bem, e então falaremos. (Jó 18.2)

Por isso, Jó abre inutilmente a boca e sem conhecimento multiplica palavras. (Jó 35.16)

Quem controla suas palavras tem conhecimento, e o sereno de espírito é homem de entendimento. (Pv 17.27)

Quem persiste no erro, depois de repreendido várias vezes, será destruído de repente, sem que haja cura. (Pv 29.1)

Porque os sonhos vêm do muito trabalho, e o falar do tolo vem das muitas palavras. (Ec 5.3)

E, quando orardes, não useis de repetições inúteis, a exemplo dos gentios; pois eles pensam que serão ouvidos pelo muito falar. (Mt 6.7)

Embriaguez

Não bebi vinho nem bebida forte, mas derramei a minha alma diante do SENHOR. (1Sm 1.15)

Porque o beberrão e o comilão caem na pobreza, e a sonolência cobrirá o homem de trapos. (Pv 23.21)

Como o bêbado vai cambaleando no seu vômito. (Is 19.14)

Ai daquele que dá de beber ao próximo, adicionando à bebida o seu furor, e o embebeda para ver a sua nudez! (Hc 2.15)

E não vos embriagueis com vinho, que leva à devassidão, mas enchei-vos do Espírito. (Ef 5.18)

Empatia

Urias respondeu a Davi: A arca, as tropas de Israel e de Judá estão em tendas; Joabe, meu senhor, e os servos de meu senhor estão acampados ao relento. Como eu iria para casa comer e beber e me deitar com minha mulher? Por tua vida e por tua honra, não farei isso. (2Sm 11.11)

Alegrai-vos com os que se alegram; chorai com os que choram. (Rm 12.15)

Embora eu esteja ausente fisicamente, estou presente em espírito, e já julguei quem fez isso, como se estivesse presente. (1Co 5.3)

Quem se enfraquece, que eu também não me enfraqueça? Quem se escandaliza, que eu também não fique indignado? (2Co 11.29)

Pois ainda que meu corpo esteja ausente, estou convosco em espírito, alegrando-me, ao ver a vossa ordem e a firmeza da vossa fé em Cristo. (Cl 2.5)

Empregados

Não oprimirás o trabalhador pobre e necessitado, seja ele um dos teus irmãos, seja um dos estrangeiros na tua terra e dentro das tuas cidades. (Dt 24.14)

Não amordaçarás a boca do boi quando ele estiver debulhando. (Dt 25.4)

O mensageiro perverso faz cair no mal, mas o embaixador fiel traz saúde. (Pv 13.17)

Encorajamento

Moisés, porém, disse ao povo: Não temais. Acalmai-vos e vede o livramento que o SENHOR vos trará hoje; porque nunca mais vereis os egípcios que hoje vedes. (Êx 14.13)

O SENHOR guerreará por vós. Por isso, acalmai-vos. (Êx 14.14)

Apenas não sejais rebeldes contra o SENHOR e não temais o povo dessa terra, pois será comido por nós como pão. Eles estão sem *defesa, e o* SENHOR *está conosco. Não os temais.* (Nm 14.9)

Vê, o SENHOR*, teu Deus, tem posto esta terra diante de ti; sobe, toma posse dela, como te falou o* SENHOR*, Deus de teus pais. Não temas e não te assustes.* (Dt 1.21)

E o SENHOR *respondeu a Josué: Levanta-te! Por que estás assim prostrado com o rosto em terra?* (Js 7.10)

E quem ministrava era Fineias, filho de Eleazar, filho de Arão. E perguntaram: Sairemos novamente a guerrear contra nossos irmãos benjamitas ou desistiremos? O SENHOR *respondeu: Atacai, porque amanhã eu os entregarei nas vossas mãos.* (Jz 20.28)

E trouxeram-lhe um paralítico deitado em uma maca. Vendo a fé que possuíam, Jesus disse ao paralítico: Ânimo, filho; os teus pecados estão perdoados. (Mt 9.2)

Então Satanás entrou em Judas, de sobrenome Iscariotes, que era um dos Doze. (Lc 22.3)

Não temas! Mas fala e não te cales. Porque estou contigo e ninguém te atacará para te fazer mal algum, pois tenho muita gente nesta cidade. (At 18.9,10)

Enigmas

Do que come saiu comida e do forte saiu doçura. Mas eles não conseguiram decifrar o enigma em três dias. (Jz 14.14)

O que é mais doce do que o mel? O que é mais forte do que o leão? Sansão lhes disse: Se não tivésseis arado com a minha novilha, não teríeis descoberto o meu enigma. (Jz 14.18)

Ensinamento

Ensina-lhes os estatutos e as leis, mostra-lhes o caminho em que devem andar e as obras que devem praticar. (Êx 18.20)

Quem, portanto, desobedecer a um desses mandamentos, por menor que seja, e assim ensinar aos homens, será chamado o menor no reino do céu; aquele, porém, que os cumprir e ensinar será chamado grande no reino do céu. (Mt 5.19)

O meu ensino não vem de mim, mas daquele que me enviou. (Jo 7.16)

Entendimento

Essas coisas são os seus atos mais simples. Como é leve o sussurro que ouvimos dele! Mas quem poderá entender o trovão do seu poder? (Jó 26.14)

O homem não sabe quanto vale a sabedoria; ela não se encontra na terra dos viventes. (Jó 28.13)

O temor do SENHOR *é a sabedoria, e o afastar-se do mal é o entendimento.* (Jó 28.28)

Pois o ouvido prova as palavras, assim como o paladar experimenta a comida. (Jó 34.3)

Com a sua voz Deus troveja de forma maravilhosa; faz grandes coisas, que não compreendemos. (Jó 37.5)

Não sejais como o cavalo, nem como a mula, que não têm entendimento, cuja boca precisa de cabresto e freio, pois de outra forma não se sujeitam a ti. (Sl 32.9)

SENHOR*, ensina-me o caminho dos teus decretos, e eu o seguirei até o fim.* (Sl 119.33)

Dá-me entendimento, para que eu guarde tua lei e a ela obedeça de todo o coração. (Sl 119.34)

Teus testemunhos são justos para sempre; dá-me entendimento, para que eu viva. (Sl 119.144)

A sabedoria é o principal; portanto, adquire a sabedoria; sim, adquire o entendimento com tudo o que possuis. (Pv 4.7)

Ó simples, aprendei a prudência; ó loucos, entendei a sabedoria. (Pv 8.5)

A sabedoria está nos lábios de quem tem entendimento, mas a vara é para as costas do que não tem. (Pv 10.13)

Praticar a maldade é diversão para o insensato, mas a conduta sábia é o prazer do homem que tem entendimento. (Pv 10.23)

A sabedoria do prudente é entender o seu caminho, mas a estultícia dos tolos é enganar. (Pv 14.8)

Quem demora a irritar-se é grande em entendimento, mas o precipitado exalta a loucura. (Pv 14.29)

O entendimento é uma fonte de vida para quem o possui, mas a tolice é o castigo dos insensatos. (Pv 16.22)

Ouvindo, ouvireis, e nunca entendereis; e, vendo, vereis, e jamais percebereis. (Is 6.9)

O furor da ira do SENHOR não retrocederá, até que ele tenha executado e cumprido os propósitos do seu coração. Em tempos vindouros entendereis isso. (Jr 30.24)

Quem tem ouvidos, ouça. (Mt 13.9)

Por isso eu lhes falo por meio de parábolas; porque, vendo, não veem; e, ouvindo, não ouvem nem entendem. (Mt 13.13)

Tendes olhos e não vedes? Tendes ouvidos e não ouvis? Não vos lembrais? (Mc 8.18)

Cretenses e árabes, todos nós os ouvimos falar das grandezas de Deus em nossa própria língua. (At 2.11)

Quando eu era criança, falava como criança, pensava como criança, raciocinava como criança; mas, assim que cheguei à idade adulta, acabei com as coisas de criança. (1Co 13.11)

Porque agora vemos como por um espelho, de modo obscuro, mas depois veremos face a face. Agora conheço em parte, mas depois conhecerei plenamente, assim como também sou plenamente conhecido. (1Co 13.12)

Irmãos, não sejais como crianças no entendimento. Quanto ao mal, contudo, sede como criancinhas, mas adultos quanto ao entendimento. (1Co 14.20)

E a paz de Deus, que ultrapassa todo entendimento, guardará o vosso coração e os vossos pensamentos em Cristo Jesus. (Fp 4.7)

Eu te aconselho que compres de mim ouro refinado no fogo, para que te enriqueças; roupas brancas, para que te cubras e a vergonha da tua nudez não seja mostrada; e colírio, para que o apliques sobre teus olhos e enxergues. (Ap 3.18)

Aqui existe sabedoria. Quem tiver entendimento, calcule o número da besta, pois é número de homem. Seu número é seiscentos e sessenta e seis. (Ap 13.18)

Entusiasmo

Ó Israel, o que é que o SENHOR, teu Deus, exige de ti agora, exceto que temas o SENHOR, teu Deus, que andes em todos os seus caminhos e ames e sirvas o SENHOR, teu Deus, de todo o coração e de toda a alma... (Dt 10.12)

Que quereis que vos faça? (2Sm 21.4)

Deverias ter batido cinco ou seis vezes; assim atacarias os sírios e os destruirias totalmente; mas agora atacarás os sírios apenas três vezes. (2Rs 13.19)

E tudo quanto fizerdes, fazei de coração, como se fizésseis ao Senhor e não aos homens. (Cl 3.23)

Assim, porque tu és morno, e não és quente nem frio, estou a ponto de vomitar-te da minha boca. (Ap 3.16)

Também ouvi uma voz como a de grande multidão, como o som de muitas águas e fortes trovões, que dizia: Aleluia! Porque o Senhor nosso Deus, o Todo-poderoso, já reina. (Ap 19.6)

Escape

Levantai-vos e fujamos, ou então não poderemos escapar de Absalão. Fugi depressa para que não nos alcance de repente e traga a nossa ruína e massacre o povo da cidade ao fio da espada. (2Sm 15.14)

Os meus ossos se colaram à minha pele e à minha carne, e escapei só com a pele dos meus dentes. (Jó 19.20)

Ah! Quem me dera ter asas como de pomba! Eu voaria e encontraria descanso. (Sl 55.6)

Até mesmo as trevas não serão escuras para ti, mas a noite brilhará como o dia; pois as trevas e a luz são a mesma coisa para ti. (Sl 139.12)

Não há paz para os ímpios, diz o SENHOR. (Is 48.22)

Escárnio

Ide e clamai aos deuses que escolhestes! Que eles vos livrem na hora da angústia! (Jz 10.14)

Agora, não fiquem zombando, para que as vossas correntes não se tornem mais fortes; porque veio uma ordem de destruição total e decretada sobre toda a terra, da parte do Senhor, o SENHOR dos Exércitos. (Is 28.22)

Não vos enganeis: Deus não se deixa zombar. Portanto, tudo o que o homem semear, isso também colherá. (Gl 6.7)

Esclarecimento

Na verdade, Deus sabe que no dia em que comerdes desse fruto, vossos olhos se abrirão, e sereis como Deus, conhecendo o bem e o mal. (Gn 3.5)

Porque tu, SENHOR, és a minha lâmpada; e o SENHOR ilumina as minhas trevas. (2Sm 22.29)

Guiarei os cegos por um caminho que não conhecem; eu os farei caminhar por veredas que não conheceram; farei as trevas se tornarem luz diante deles e aplanarei os caminhos acidentados. Eu lhes farei essas coisas e não os desampararei. (Is 42.16)

Para iluminar os que estão nas trevas e na sombra da morte, a fim de guiar os nossos pés no caminho da paz. (Lc 1.79)

O Espírito do SENHOR está sobre mim, porque me ungiu para anunciar boas-novas aos pobres; enviou-me para proclamar libertação aos presos e restauração da vista aos cegos, para pôr em liberdade os oprimidos. (Lc 4.18)

Eu vim como luz ao mundo, para que todo aquele que crê em mim não permaneça nas trevas. (Jo 12.46)

Para lhes abrir os olhos a fim de que se convertam das trevas para a luz, e do poder de Satanás para Deus, para que recebam o perdão dos pecados e herança entre os que são santificados pela fé em mim. (At 26.18)

Escolha

Se escolheres a esquerda, irei para a direita; se escolheres a direita, irei para a esquerda. (Gn 13.9)

Vede que hoje ponho diante de vós a bênção e a maldição: A bênção, se obedecerdes aos mandamentos do SENHOR, vosso Deus, que hoje vos ordeno; mas a maldição, se não obedecerdes aos mandamentos do SENHOR, vosso Deus, desviando-vos do caminho que hoje vos ordeno, para seguirdes outros deuses que nunca conhecestes. (Dt 11.26-28)

Vê que hoje coloquei diante de ti a vida e o bem, a morte e o mal. (Dt 30.15)

Escolhei hoje a quem cultuareis. (Js 24.15)

Escravidão

Eu sou o SENHOR teu Deus, que te tirou da terra do Egito, da casa da escravidão. (Êx 20.2)

Não entregarás ao dono o escravo que se refugiar contigo, fugindo de seu senhor. (Dt 23.15)

Se alguém levar para o cativeiro, para o cativeiro irá; se alguém matar à espada, é necessário que seja morto à espada. Aqui estão a perseverança e a fé dos santos. (Ap 13.10)

Escritura

Tua palavra é lâmpada para meus pés e luz para meu caminho. (Sl 119.105)

A soma da tua palavra é a verdade, e cada uma das tuas justas ordenanças dura para sempre. (Sl 119.160)

Procurai ler no livro do SENHOR: Nenhuma dessas criaturas faltará, nenhuma ficará sem seu par; porque foi a sua boca que o ordenou; foi o seu Espírito que os ajuntou. (Is 34.16)

Não penseis que vim abolir a Lei ou os Profetas; não vim abolir, mas cumprir. (Mt 5.17)

Hoje se cumpriu esta passagem da Escritura que acabais de ouvir. (Lc 4.21)

A lei e os profetas vigoraram até João; a partir de então, o evangelho do reino de Deus é anunciado, e todo homem se esforça por entrar nele. (Lc 16.16)

Mas, se não credes no que está escrito, como crereis nas minhas palavras? (Jo 5.47)

Bem-aventurados os que leem e também os que ouvem as palavras desta profecia e guardam as coisas que nela estão escritas, porque o tempo está próximo. (Ap 1.3)

Esforço

Mas esforçai-vos, e não enfraqueçam as vossas mãos; porque a vossa obra terá recompensa. (2Cr 15.7)

E se alguém te obrigar a caminhar mil passos, vai com ele dois mil. (Mt 5.41)

Pois todo o que pede, recebe; quem busca, acha; e ao que bate, a porta será aberta. (Mt 7.8)

Pois todo o que pede, recebe; quem busca, acha; e ao que bate, a porta será aberta. (Lc 11.10)

Dai atenção ao que ouvis; com a medida com que medis também vos medirão, e ainda vos acrescentarão. (Mc 4.24)

Esperança

Assim, há esperança para o pobre. A maldade tapa a própria boca. (Jó 5.16)

*Espero no S*ENHOR*, minha alma o espera; em sua palavra eu espero.* (Sl 130.5)

*Mas os meus olhos te contemplam, S*E-NHOR*, meu S*ENHOR*! Em ti tenho buscado refúgio; não me deixes indefeso!* (Sl 141.8)

Os olhos de todos esperam em ti, e tu lhes dás provisão a seu tempo. (Sl 145.15)

Mas muitos dos primeiros serão últimos; e os últimos serão os primeiros. (Mt 19.30)

Em verdade, em verdade vos digo que chorareis e vos lamentareis, mas o mundo se alegrará. Ficareis tristes, porém a vossa tristeza se transformará em alegria. (Jo 16.20)

E a esperança não causa decepção, visto que o amor de Deus foi derramado em nosso coração pelo Espírito Santo que nos foi dado. (Rm 5.5)

Porque fomos salvos na esperança. Mas a esperança que se vê não é esperança; pois como alguém espera o que está vendo? (Rm 8.24)

Portanto, agora permanecem estes três: a fé, a esperança e o amor. Mas o maior deles é o amor. (1Co 13.13)

Disse-me ainda: Está cumprido: Eu sou o Alfa e o Ômega, o princípio e o fim. A quem tiver sede, darei de beber de graça da fonte da água da vida. (Ap 21.6)

Espias

Sois espiões e viestes ver se a terra é vulnerável. (Gn 42.9)

Espírito Santo

A terra era sem forma e vazia, e havia trevas sobre a face do abismo, mas o Espírito de Deus pairava sobre a face das águas. (Gn 1.2)

*O Espírito do S*ENHOR *Deus está sobre mim, porque o S*ENHOR *me ungiu para pregar boas-novas aos oprimidos; enviou-me a restaurar os de coração abatido, a proclamar liberdade aos cativos e a pôr os presos em liberdade.* (Is 61.1)

Depois de batizado, Jesus saiu logo da água. E viu o céu se abrir e o Espírito de Deus descer como uma pomba, vindo sobre ele. (Mt 3.16)

Se alguém disser alguma palavra contra o Filho do homem, isso lhe será perdoado; mas se alguém falar contra o Espírito Santo, não lhe será perdoado, nem neste mundo, nem no vindouro. (Mt 12.32)

Em verdade, em verdade te digo que, se alguém não nascer da água e do Espírito, não pode entrar no reino de Deus. (Jo 3.5)

O Espírito é o que dá vida, a carne não serve para nada; as palavras que eu vos tenho falado são espírito e vida. (Jo 6.63)

E eu rogarei ao Pai, e ele vos dará outro Consolador, para que fique para sempre convosco. (Jo 14.16)

Mas o Consolador, o Espírito Santo a quem o Pai enviará em meu nome, ele vos ensinará todas as coisas e vos fará lembrar de tudo o que eu vos tenho dito. (Jo 14.26)

Todavia, digo-vos a verdade; é para o vosso benefício que eu vou. Se eu não for, o Consolador não virá a vós; mas, se eu for, eu o enviarei. (Jo 16.7)

Recebei o Espírito Santo. (Jo 20.22)

Enquanto participava de uma refeição com eles, ordenou-lhes que não se ausentassem de Jerusalém, mas que esperassem a promessa do Pai, a qual, disse ele, de mim ouvistes. (At 1.4)

E o Espírito é o que dá testemunho, pois o Espírito é a verdade. (1Jo 5.6)

Espiritualidade

Pois em ti está a fonte da vida; na tua luz vemos a luz. (Sl 36.9)

Ó Deus, cria em mim um coração puro e renova em mim um espírito inabalável. (Sl 51.10)

Mas ajuntai tesouros no céu, onde nem traça nem ferrugem os consomem, e os ladrões não invadem nem roubam. (Mt 6.20)

A candeia do corpo são os olhos; de modo que, se os teus olhos forem bons, todo teu corpo terá luz. (Mt 6.22; Lc 11.34)

Mas buscai primeiro o seu reino e a sua justiça, e todas essas coisas vos serão acrescentadas. (Mt 6.33)

Para iluminar os que estão nas trevas e na sombra da morte, a fim de guiar os nossos pés no caminho da paz. (Lc 1.79)

Cuide, então, para que a luz que há em ti não sejam trevas. (Lc 11.35)

Em verdade, em verdade te digo que ninguém pode ver o reino de Deus se não nascer de novo. (Jo 3.3)

O que é nascido da carne é carne, e o que é nascido do Espírito é espírito. (Jo 3.6)

Tenho uma comida para comer que não conheceis. (Jo 4.32)

Se alguém tem sede, venha a mim e beba. (Jo 7.37)

Contudo, o mandamento que vos escrevo é novo, verdadeiro em Cristo e em vós, pois as trevas vão passando e já brilha a verdadeira luz. (1Jo 2.8)

Espiritualismo

Não procurareis os que consultam os mortos nem os feiticeiros. Não os consulteis, para não serdes contaminados por eles. Eu sou o SENHOR vosso Deus. (Lv 19.31)

Pois o SENHOR detesta todo aquele que faz essas coisas, e é por causa dessas abominações que o SENHOR, teu Deus, os expulsa de diante de ti. (Dt 18.12)

Faze-me subir Samuel. (1Sm 28.11)

Então Samuel disse a Saul: Por que me perturbaste, fazendo-me subir? (1Sm 28.15)

Estações

Enquanto a terra durar, não deixará de haver plantio e colheita, frio e calor, verão e inverno, dia e noite. (Gn 8.22)

Ao sopro de Deus forma-se o gelo, e as águas imensas são congeladas. (Jó 37.10)

E faz cair o seu gelo em pedaços. Quem pode suportar o seu frio? (Sl 147.17)

Tudo tem uma ocasião certa, e há um tempo certo para todo propósito debaixo do céu. (Ec 3.1)

Olha e vê que o inverno já passou; a chuva cessou e já se foi. (Ct 2.11)

Aparecem as flores na terra; chegou o tempo de cantar; e já se ouve o arrulhar da rolinha em nossa terra. (Ct 2.12)

O tempo da colheita passou, findou o verão, e nós não estamos salvos. (Jr 8.20)

Esterilidade

Dá-me filhos, senão morrerei. (Gn 30.1)

Canta alegremente, ó estéril, que não deste à luz; exulta com alegre canto e exclama, tu que não tiveste dores de parto; porque a desamparada tem mais filhos do que a casada, diz o SENHOR. (Is 54.1)

Estrangeiros

Sou peregrino em terra estrangeira. (Êx 2.22)

Haverá uma só lei para o natural da terra e para o estrangeiro que estiver vivendo entre vós. (Êx 12.49)

Não maltratarás o estrangeiro, nem o oprimirás, pois fostes estrangeiros na terra do Egito. (Êx 22.21)

O estrangeiro que viver entre vós será como um natural da terra. Devereis amá-lo como a vós mesmos, pois fostes estrangeiros na terra do Egito. Eu sou o SENHOR vosso Deus. (Lv 19.34)

Amareis o estrangeiro, pois fostes estrangeiros na terra do Egito. (Dt 10.19)

Poderás cobrar juros do estrangeiro; mas não cobrarás do teu irmão, para que o SENHOR, teu Deus, te abençoe em tudo o que fizeres, na terra que vais possuir. (Dt 23.20)

Não aprendais o caminho das nações, nem vos espanteis com os sinais do céu; porque com eles espantam-se as nações. (Jr 10.2)

Estratégia

Leva contigo uma bezerra e diz: Vim oferecer sacrifício ao SENHOR. (1Sm 16.2)

Ele respondeu: Eu sairei e serei um espírito mentiroso na boca de todos os seus profetas. Então o SENHOR disse: Tu o enganarás e ainda prevalecerás; sai e faze assim. (1Rs 22.22)

Eu vos envio como ovelhas no meio de lobos; portanto, sede astutos como as serpentes e sem malícia como as pombas. (Mt 10.16)

Eternidade

O SENHOR reinará eterna e perpetuamente. (Êx 15.18)

Porque este Deus é o nosso Deus para todo o sempre; ele será nosso guia até a morte. (Sl 48.14)

Mas tu, SENHOR, estás entronizado para sempre; teu nome será lembrado por todas as gerações. (Sl 102.12)

Mas tu és o mesmo, e teus anos não terão fim. (Sl 102.27)

SENHOR, tu permaneces eternamente e o teu trono subsiste de geração em geração. (Lm 5.19)

E não nos deixes entrar em tentação; mas livra-nos do mal. Pois teus são o reino, o poder e a glória, para sempre. Amém. (Mt 6.13)

Santo, Santo, Santo é o Senhor Deus, o Todo-poderoso, aquele que era, que é e que há de vir. (Ap 4.8)

Evangelismo

Vinde a mim, e eu vos farei pescadores de homens. (Mt 4.19)

Na verdade, a colheita é grande, mas os trabalhadores são poucos. (Mt 9.37)

Eu vos envio como ovelhas no meio de lobos; portanto, sede astutos como as serpentes e sem malícia como as pombas. (Mt 10.16)

Eu fui enviado somente às ovelhas perdidas da casa de Israel. (Mt 15.24)

Portanto, ide, fazei discípulos de todas as nações, batizando-os em nome do Pai, do Filho e do Espírito Santo. (Mt 28.19)

O semeador semeia a palavra. (Mc 4.14)

Mas é necessário que primeiro o evangelho seja pregado a todas as nações. (Mc 13.10)

Ide por todo o mundo, e pregai o evangelho a toda criatura. (Mc 16.15)

Deixa os mortos sepultarem os seus mortos; tu, porém, vai e anuncia o reino de Deus. (Lc 9.60)

Quem colhe já recebe recompensa e ajunta fruto para a vida eterna, para que se alegrem juntos o que semeia e o que colhe. (Jo 4.36)

Tenho ainda outras ovelhas que não são deste aprisco. É necessário que eu também as conduza. Elas ouvirão a minha voz; e haverá um rebanho e um pastor. (Jo 10.16)

Em verdade, em verdade vos digo: Quem receber aquele que eu enviar estará recebendo a mim; e quem me receber, estará recebendo aquele que me enviou. (Jo 13.20)

Não fostes vós que me escolhestes; pelo contrário, eu vos escolhi e vos designei a ir e dar fruto, e fruto que permaneça, a fim de que o Pai vos conceda tudo quanto lhe pedirdes em meu nome. (Jo 15.16)

E vós também dareis testemunho, porque estais comigo desde o princípio. (Jo 15.27)

Vai, porque ele é para mim um instrumento escolhido para levar o meu nome perante os gentios, reis e israelitas. (At 9.15)

E a mão do Senhor era com eles, e um grande número de pessoas creu e se converteu ao Senhor. (At 11.21)

Contudo, a palavra de Deus crescia e se multiplicava. (At 12.24)

Para lhes abrir os olhos a fim de que se convertam das trevas para a luz, e do poder de Satanás para Deus, para que recebam o perdão dos pecados e herança entre os que são santificados pela fé em mim. (At 26.18)

E que em seu nome se pregaria o arrependimento para perdão dos pecados a todas as nações, começando por Jerusalém. (Lc 24.47)

Exagero

Com certeza, tu e este povo que está contigo desfalecereis, pois a tarefa é pesada demais; não podes fazer isso sozinho. (Êx 18.18)

Contra quem o rei de Israel saiu? A quem persegues? A um cachorro morto? A uma pulga! (1Sm 24.14)

Agora, não caia o meu sangue em terra fora da presença do SENHOR; pois o rei de Israel saiu em busca de uma pulga, como quem persegue uma perdiz nos montes. (1Sm 26.20)

Não sejas justo demais, nem sábio demais; por que te destruirias a ti mesmo? (Ec 7.16)

Além disso, meu filho, atenção. Produzir muitos livros é algo que não tem fim, e estudar demais deixa o corpo esgotado. (Ec 12.12)

E não vos embriagueis com vinho, que leva à devassidão, mas enchei-vos do Espírito. (Ef 5.18)

Exaltação

Pois tu, SENHOR, és o Altíssimo sobre toda a terra; tu és extremamente exaltado acima de todos os deuses. (Sl 97.9)

Mas, a partir de agora, o Filho do homem estará assentado à direita do poder de Deus. (Lc 22.69)

Porque Davi não subiu aos céus, mas ele próprio afirma: O Senhor disse ao meu Senhor: Assenta-te à minha direita, até que eu ponha os teus inimigos como estrado dos teus pés. (At 2.34,35)

Exasperação

Até quando recusareis guardar os meus mandamentos e as minhas leis? (Êx 16.28)

Até quando este povo me desprezará e não crerá em mim, apesar de todos os sinais que tenho feito no meio dele? (Nm 14.11)

Mesmo assim vós me abandonastes e cultuastes outros deuses. Por isso não vos livrarei mais. (Jz 10.13)

Exílio

Assim, a ira do SENHOR se acendeu contra Israel, e ele os fez andar errantes pelo deserto durante quarenta anos, até desaparecer toda aquela geração que havia feito o mal aos olhos do SENHOR. (Nm 32.13)

E o SENHOR vos espalhará entre os povos, e sereis minoria entre as nações para as quais o SENHOR vos conduzirá. (Dt 4.27)

E o SENHOR a cumpriu e fez como tinha dito. Portanto, tudo isso vos aconteceu porque pecastes contra o SENHOR e não obedecestes à sua voz. (Jr 40.3)

Exorcismo

Como pode Satanás expulsar Satanás? (Mc 3.23)

Sai desse homem, espírito impuro. (Mc 5.8)

Estes sinais acompanharão os que crerem: em meu nome expulsarão demônios, falarão novas línguas... (Mc 16.17)

Eu te ordeno em nome de Jesus Cristo que saias dela. E na mesma hora ele saiu. (At 16.18)

Expectativa

Os justos desejam somente o bem, mas a expectativa dos ímpios é a ira. (Pv 11.23)

Esperávamos a paz, mas não veio bem algum; e o tempo de cura, mas veio apenas o terror. (Jr 8.15)

O tempo da colheita passou, findou o verão, e nós não estamos salvos. (Jr 8.20)

Esperastes muito, mas veio pouco; e esse pouco, quando o levastes para casa, eu o dissipei com um sopro. Por que motivo?, diz o SENHOR dos Exércitos. Porque o meu templo está em ruínas, ao passo que cada um de vós cuida da própria casa. (Ag 1.9)

A quem muito é dado, muito será exigido; e a quem muito se confia, mais ainda se pedirá. (Lc 12.48)

Experiência

Não nos deixes, pois sabes onde devemos acampar no deserto; tu serás os nossos olhos. (Nm 10.31)

Lembra-te dos dias da antiguidade, olha a passagem dos anos, geração por geração. Pergunta a teu pai, e ele te informará; aos teus anciãos, e eles te dirão. (Dt 32.7)

O rei de Israel, porém, respondeu: Dizei-lhe: Não se gabe quem veste a armadura como aquele que as tira. (1Rs 20.11)

Com os anciãos está a sabedoria, e, na idade avançada, o entendimento. (Jó 12.12)

Que a idade fale mais alto e os muitos anos de vida ensinem a sabedoria. (Jó 32.7)

■ F

Fala

Raça de víboras! Como podeis falar coisas boas, sendo maus? Pois a boca fala do que o coração está cheio. (Mt 12.34)

O homem bom tira coisas boas do seu bom tesouro; o homem mau tira coisas más do seu mau tesouro. (Mt 12.35)

Digo-vos que, no dia do juízo, os homens terão de prestar contas de toda palavra inútil que proferirem. (Mt 12.36)

Porque pelas tuas palavras serás absolvido, e pelas tuas palavras serás condenado. (Mt 12.37)

O que torna o homem impuro não é o que entra pela boca, mas o que sai dela; é isso que o torna impuro. (Mt 15.11)

Falso julgamento

Porém Saul disse a Davi: Tu não poderás lutar contra esse filisteu, pois ainda és moço, e ele é guerreiro experiente desde a mocidade. (1Sm 17.33)

Pequei; volta, meu filho Davi, pois não tornarei a fazer-te mal, porque a minha vida foi hoje preciosa aos teus olhos. Eu procedi como um louco e cometi um grande erro. (1Sm 26.21)

Verdadeiramente ele tomou sobre si as nossas enfermidades e levou sobre si as nossas dores; e nós o consideramos aflito, ferido por Deus e oprimido. (Is 53.4)

Falso testemunho

Não dirás falso testemunho contra o teu próximo. (Êx 20.16)

Tu lhe farás o que ela pretendia fazer a seu irmão. Assim exterminarás o mal do meio de ti. (Dt 19.19)

A testemunha verdadeira não mentirá, mas a falsa se desboca em mentiras. (Pv 14.5)

Esta é a maldição que sairá pela face de toda a terra; porque tanto o que furta como o que jura falsamente serão expulsos, conforme a maldição. (Zc 5.3)

E ninguém planeje no coração o mal contra o próximo, nem ame o juramento falso; porque eu rejeito todas essas coisas, diz o SENHOR. (Zc 8.17)

Falsos deuses

Cuidado para que o vosso coração não se engane e vos desvieis, e cultueis outros deuses, adorando-os. (Dt 11.16)

Se ele é deus, que se defenda a si mesmo, pois o altar dele foi derrubado. (Jz 6.31)

Ide e clamai aos deuses que escolhestes! Que eles vos livrem na hora da angústia! (Jz 10.14)

Falsos profetas

Não dareis atenção às palavras desse profeta ou sonhador, pois o SENHOR, vosso Deus, vos está provando para saber se amais o SENHOR, vosso Deus, de todo o coração e de toda a alma. (Dt 13.3)

Quando o profeta falar em nome do SENHOR e a palavra não se cumprir, nem acontecer como foi falado, é porque o SENHOR não falou essa palavra; o profeta falou por arrogância; não o temerás. (Dt 18.22)

Eu também sou profeta como tu, e um anjo me falou por ordem do SENHOR: Faze-o voltar contigo a tua casa, para que coma pão e beba água. Mas o velho profeta estava mentindo. (1Rs 13.18)

Fama

Assim o SENHOR estava com Josué; e a sua fama corria por toda a terra. (Js 6.27)

Saul feriu milhares, mas Davi dez milhares. (1Sm 18.7)

Tanto riquezas como honra vêm de ti. (1Cr 29.12)

Família

Frutificai e multiplicai-vos. (Gn 1.28)

Todas as famílias da terra serão abençoadas por meio de ti e da tua descendência. (Gn 28.14)

Quem perturba sua casa herdará o vento, e o insensato será servo de quem tem entendimento no coração. (Pv 11.29)

Quem ama seu pai ou sua mãe mais do que a mim não é digno de mim; e quem ama seu filho ou sua filha mais do que a mim não é digno de mim. (Mt 10.37)

Pois quem fizer a vontade de meu Pai que está no céu, este é meu irmão, irmã e mãe. (Mt 12.50)

Minha mãe e meus irmãos são estes, que ouvem a palavra de Deus e obedecem a ela. (Lc 8.21)

Estarão divididos pai contra filho e filho contra pai; mãe contra filha e filha contra mãe; sogra contra nora e nora contra sogra. (Lc 12.53)

Fardos

Vinde a mim, todos os que estais cansados e sobrecarregados, e eu vos aliviarei. (Mt 11.28).

Levai os fardos uns dos outros e assim estareis cumprindo a lei de Cristo. (Gl 6.2)

Favoritismo

Israel amava mais José do que todos os seus filhos, porque ele era o filho da sua velhice; e fez para ele uma túnica longa. (Gn 37.3)

Não farás injustiça em um julgamento; não favorecerás o pobre, nem honrarás o poderoso, mas julgarás o teu próximo com justiça. (Lv 19.15)

Dos descendentes de Merari, foram filhos de Hosa: Sinri, o chefe, designado por seu pai, ainda que não fosse o primogênito. (1Cr 26.10)

Pois em Deus não há parcialidade. (Rm 2.11)

Fé

Há alguma coisa difícil para o SENHOR? Voltarei a ti no tempo determinado, no ano que vem, e Sara terá um filho. (Gn 18.14)

Se o SENHOR se agradar de nós, então nos estabelecerá nessa terra e a dará para nós, terra que dá leite e mel. (Nm 14.8)

Até quando este povo me desprezará e não crerá em mim, apesar de todos os sinais que tenho feito no meio dele? (Nm 14.11)

Falareis à rocha diante do povo, para que ela dê suas águas. Tirarás água da rocha e darás de beber à comunidade e aos seus animais. (Nm 20.8)

O SENHOR é quem vai à tua frente. Ele estará contigo, não te deixará nem te desamparará. Não temas nem te espantes. (Dt 31.8)

Feitiçaria

Não permitirás que uma feiticeira viva. (Êx 22.18)

Não procurareis os que consultam os mortos nem os feiticeiros. Não os consulteis, para não serdes contaminados por eles. Eu sou o SENHOR vosso Deus. (Lv 19.31)

Pois o SENHOR detesta todo aquele que faz essas coisas, e é por causa dessas abominações que o SENHOR, teu Deus, os expulsa de diante de ti. (Dt 18.12)

E irei a vós com juízo. Sem demora testemunharei contra os feiticeiros, contra os adúlteros, contra os que juram falsamente, contra os que exploram o trabalhador em seu salário, a viúva e o órfão, e distorcem o direito do estrangeiro, e não me temem, diz o SENHOR dos Exércitos. (Ml 3.5)

Ó filho do Diabo, cheio de todo engano e de toda maldade, inimigo de toda justiça, não cessarás de perverter os caminhos retos do Senhor? (At 13.10)

Felicidade

Então Ana orou: Meu coração exulta no SENHOR; a minha força está exaltada por causa do SENHOR; a minha boca se ri dos meus inimigos, pois me alegro na tua salvação. (1Sm 2.1)

Feliz é o homem a quem Deus corrige! Não desprezes a correção do Todo-poderoso. (Jó 5.17)

Porque sua ira dura só um momento; no seu favor está a vida. O choro pode durar uma noite, mas o cântico de júbilo vem de manhã. (Sl 30.5)

Alegrai-vos no SENHOR e regozijai-vos, ó justos; cantai de júbilo, todos vós que sois retos de coração. (Sl 32.11)

A luz brilha para o justo, e a alegria, para os de coração reto. (Sl 97.11)

Gloriai-vos no seu santo nome; alegre-se o coração daqueles que buscam o SENHOR. (Sl 105.3; 1Cr 16.10)

Quem atenta com prudência para a palavra prosperará; feliz é o que confia no SENHOR. (Pv 16.20)

Contudo, não vos alegreis porque os espíritos se submetem a vós, mas porque vossos nomes estão escritos no céu. (Lc 10.20)

Alegrai-vos comigo, pois encontrei a minha ovelha perdida. (Lc 15.6)

Se, de fato, sabeis essas coisas, sereis bem-aventurados se as praticardes. (Jo 13.17)

Até agora nada pedistes em meu nome. Pedi, e recebereis, para que a vossa alegria seja plena. (Jo 16.24)

Alegremo-nos, exultemos e demos glória a ele, porque chegou o momento das bodas do Cordeiro, e sua noiva já se preparou. (Ap 19.7)

Fertilidade

Frutificai e multiplicai-vos, e enchei a terra, e sujeitai-a; e dominai sobre os peixes do mar, e sobre as aves dos céus, e sobre todo o animal que se move sobre a terra. (Gn 1.28)

E farei a tua descendência como o pó da terra; de maneira que, se o pó da terra puder ser contado, então também poderá ser contada a tua descendência. (Gn 13.16)

Disse no coração: Poderá um homem de cem anos gerar um filho? Dará à luz Sara, aos noventa anos? (Gn 17.17)

Fidelidade

Por acaso, tendo ele dito, não o fará? Ou, havendo falado, não o cumprirá? (Nm 23.19)

Cuidado para não te esqueceres do Senhor. (Dt 6.12)

Temerás o Senhor, *teu Deus; a ele cultuarás e te apegarás; pelo seu nome jurarás.* (Dt 10.20)

Mas ao Senhor, *vosso Deus, vos apegareis, como fizestes até o dia de hoje.* (Js 23.8)

Mas eu e minha casa cultuaremos o Senhor. (Js 24.15)

Porque onde estiver teu tesouro, aí estará também teu coração. (Mt 6.21; Lc 12.34)

Ninguém pode servir a dois senhores; porque ou odiará a um e amará o outro, ou se dedicará a um e desprezará o outro. Não podeis servir a Deus e às riquezas. (Mt 6.24; Lc 16.13)

Quem não está comigo, está contra mim; e quem comigo não ajunta, espalha. (Mt 12.30; Lc 11.23)

Dai a César o que é de César, e a Deus o que é de Deus. (Mt 22.21)

Ainda que seja necessário morrer contigo, de modo nenhum te negarei. E todos os discípulos disseram o mesmo. (Mt 26.35)

Firmeza

Se é que permaneceis na fé, fundamentados e firmes, sem vos afastar da esperança do evangelho que ouvistes e que foi pregado a toda criatura debaixo do céu, do qual eu, Paulo, me tornei ministro. (Cl 1.23)

Mas, examinando tudo, conservai o que é bom. (1Ts 5.21)

Nós, porém, não somos dos que recuam para a destruição, mas sim dos que creem para a preservação da vida. (Hb 10.39)

Fofoca

Não divulgarás calúnias entre o teu povo nem conspirarás contra a vida do teu próximo. Eu sou o Senhor. (Lv 19.16)

Quem fala demais revela segredos, mas o fiel de espírito guarda segredo. (Pv 11.13)

O perverso espalha contendas, e o difamador separa amigos íntimos. (Pv 16.28)

As palavras do difamador são como doces e chegam ao íntimo do ser. (Pv 18.8; 26.22)

Quem vive falando revela segredos, por isso, não te envolvas com quem fala demais. (Pv 20.19)

Sem lenha, o fogo se apaga; e sem difamador, o conflito cessa. (Pv 26.20)

Fome

O ladrão não é desprezado, mesmo quando furta para saciar a fome? (Pv 6.30)

Tu comerás, mas não te saciarás. (Mq 6.14)

Eu sou o pão da vida; quem vem a mim jamais terá fome, e quem crê em mim jamais terá sede. (Jo 6.35)

Quando ainda estávamos convosco, vos ordenamos que se alguém não quer trabalhar, também não coma. (2Ts 3.10)

Força

O Senhor *é a minha força e o meu cântico; ele se tornou a minha salvação; ele é o meu Deus, portanto, eu o louvarei; é o Deus de meu pai, por isso o exaltarei.* (Êx 15.2)

Tens braço como Deus? (Jó 40.9)

O Senhor *é a minha força e o meu escudo; nele meu coração confiou, e fui socorrido; por isso meu coração salta de prazer, e eu o louvarei com meu cântico.* (Sl 28.7)

O sábio é mais poderoso que o forte; e o inteligente, mais do que aquele que tem força. (Pv 24.5)

Melhor é a sabedoria do que a força. (Ec 9.16)

Daniel disse: Seja bendito o nome de Deus para todo o sempre, porque a sabedoria e a força pertencem a ele. (Dn 2.20)

O SENHOR Deus é a minha força! Ele fará os meus pés como os da corça e me fará andar sobre os meus lugares altos. Ao regente de música. Para instrumentos de cordas. (Hc 3.19)

Tu és Pedro, e sobre esta pedra edificarei a minha igreja, e as portas do inferno não prevalecerão contra ela. (Mt 16.18)

A minha graça te é suficiente, pois o meu poder se aperfeiçoa na fraqueza. Por isso, de muito boa vontade me gloriarei nas minhas fraquezas, a fim de que o poder de Cristo repouse sobre mim. (2Co 12.9)

Fracasso

Mas, se não procederes bem, o pecado jaz à porta, e o desejo dele será contra ti; mas tu deves dominá-lo. (Gn 4.7)

Ele voltará pelo mesmo caminho por onde veio, mas não entrará nesta cidade, diz o SENHOR. (2Rs 19.33; Is 37.34)

Aquele que confia em suas riquezas cairá. (Pv 11.28)

A arrogância antecede a destruição, e a altivez do espírito antecede a queda. (Pv 16.18)

Fraqueza

Lembra-te de que do barro me formaste! Agora queres devolver-me ao pó? (Jó 10.9)

SENHOR, tem compaixão de mim, porque sou fraco; cura-me, SENHOR, porque meus ossos estão abalados. (Sl 6.2)

Todo homem, por mais firme que esteja, é apenas um sopro. (Sl 39.5)

Se te desanimares em tempos de dificuldades, serás fraco. (Pv 24.10)

E todos nós murchamos como a folha, e as nossas maldades nos arrebatam como o vento. (Is 64.6)

Porque a lei constitui como sumos sacerdotes homens sujeitos a fraquezas, mas a palavra do juramento, que veio depois da lei, constitui o Filho, aperfeiçoado para sempre. (Hb 7.28)

Não te juntarás à maioria para fazer o mal, nem darás testemunho em juízo que perverta a justiça, para acompanhar a maioria. (Êx 23.2)

Não é por causa da tua justiça nem da retidão do teu coração que entras na terra delas para possuí-la, mas é pela culpa destas nações que o SENHOR, teu Deus, as expulsa da tua frente, para confirmar a palavra que o SENHOR, teu Deus, jurou a teus pais, Abraão, Isaque e Jacó. (Dt 9.5)

Não penses que tua serva é uma mulher sem valor, porque tenho falado até agora da minha grande ansiedade e aflição. (1Sm 1.16)

Mas alguns homens ímpios disseram: Como este homem pode nos livrar? E o menosprezaram e não lhe trouxeram presentes. Mas ele se fez como surdo. (1Sm 10.27)

Porém, se insistirdes em praticar o pecado, tanto vós como vosso rei morrerão. (1Sm 12.25)

Ele seguiu todos os pecados que seu pai havia cometido antes dele; não foi íntegro para com o SENHOR, seu Deus, como foi seu pai Davi. (1Rs 15.3)

Futilidade

Semeareis a vossa semente em vão, pois os vossos inimigos a comerão. (Lv 26.16)

Por que me perguntas, se o SENHOR se afastou de ti e se tornou teu inimigo? (1Sm 28.16)

Tu continuarás matando à espada para sempre? Não sabes que isso levará à amargura? Até quando te demorarás em ordenar às tropas que desistam de perseguir seus irmãos? (2Sm 2.26)

Se ele amaldiçoa é porque o SENHOR lhe disse: Amaldiçoa Davi. Então, quem dirá: Por que fizeste isso? (2Sm 16.10)

Deus está conosco, à nossa frente, como também os seus sacerdotes com as trombetas, para anunciarem a guerra contra vós. Ó israelitas, não luteis contra o SENHOR, Deus de vossos pais, porque não sereis bem-sucedidos. (2Cr 13.12)

Futuro

É isto o que eu disse ao faraó: Deus mostrou ao faraó o que ele há de fazer. (Gn 41.28)

Por acaso não ouviste que já há muito determinei isso e já desde os dias antigos o planejei? Porém agora o executei, para que fosses tu que reduzisses as cidades fortificadas a montões desertos. (2Rs 19.25; Is 37.26)

Não te vanglories do dia de amanhã, porque não sabes o que ele trará. (Pv 27.1)

E a visão da tarde e da manhã, que foi dita, é verdadeira. Tu, porém, sela a visão, porque se refere a dias muito distantes. (Dn 8.26)

Não vos inquieteis, pois, pelo dia de amanhã; porque o dia de amanhã trará suas próprias preocupações. Basta a cada dia o seu problema. (Mt 6.34)

Não vos compete saber os tempos ou as épocas que o Pai reservou por sua autoridade. (At 1.7)

Diz o SENHOR que faz essas coisas, conhecidas desde a antiguidade. (At 15.18)

No entanto, não sabeis o que acontecerá no dia de amanhã. O que é a vossa vida? Sois como uma névoa que aparece por pouco tempo e logo se dissipa. (Tg 4.14)

Em vez disso, devíeis dizer: Se o SENHOR quiser, viveremos e faremos isto ou aquilo. (Tg 4.15)

■ G

Generosidade

Cada um oferecerá conforme puder, segundo a bênção que o SENHOR, teu Deus, lhe houver concedido. (Dt 16.17)

Deixai que recolha até entre os feixes; não a impeçais. (Rt 2.15)

Ali, o SENHOR apareceu a Salomão de noite, em sonhos, e disse-lhe: Pede o que queres que eu te dê. (1Rs 3.5; 2Cr 1.7)

Glória

Ela respondeu: É certo que irei contigo, mas a honra desta expedição não será tua, pois o SENHOR *entregará Sísera nas mãos de uma mulher. Então Débora foi com Baraque até Quedes.* (Jz 4.9)

Ó SENHOR, morram assim todos os teus inimigos! Entretanto, os que te amam sejam como o sol quando se levanta na sua força. E a terra teve sossego durante quarenta anos. (Jz 5.31)

Carro de fogo. (2Rs 2.11)

Glutonaria

E põe uma faca em tua garganta, se fores homem de muito apetite. (Pv 23.2)

Porque o beberrão e o comilão caem na pobreza, e a sonolência cobrirá o homem de trapos. (Pv 23.21)

Comamos e bebamos, porque amanhã morreremos. (Is 22.13; 1Co 15.32)

Graça

Porque a lei foi dada por meio de Moisés; a graça e a verdade vieram por meio de Jesus Cristo. (Jo 1.17)

Por isso vos disse que ninguém pode vir a mim, se não lhe for concedido pelo Pai. (Jo 6.65)

Porque o salário do pecado é a morte, mas o dom gratuito de Deus é a vida eterna em Cristo Jesus, nosso SENHOR. (Rm 6.23)

Porque pela graça sois salvos, por meio da fé, e isto não vem de vós, é dom de Deus. (Ef 2.8)

A graça esteja com todos os que amam nosso SENHOR Jesus Cristo com amor que não se abala. (Ef 6.24)

Grandeza

Não são os velhos que são os sábios, nem os anciãos são os que entendem o que é correto. (Jó 32.9)

Mas, eu te respondo, nisso tu não tens razão, porque Deus é maior que o homem. (Jó 33.12)

Aquele, porém, que os cumprir e ensinar será chamado grande no reino do céu. (Mt 5.19)

Qualquer pessoa que recebe esta criança em meu nome, a mim me recebe; e quem me recebe,

recebe aquele que me enviou; pois quem for o menor entre vós, esse será grande. (Lc 9.48)

Em verdade, em verdade vos digo: O escravo não é maior que seu senhor, nem o mensageiro é maior que aquele que o enviou. (Jo 13.16)

Gratidão

Preparas para mim uma mesa diante dos meus inimigos; unges a minha cabeça com óleo, o meu cálice transborda. (Sl 23.5)

Tributai ao SENHOR a glória devida ao seu nome; adorai o SENHOR na beleza da santidade. (Sl 29.2)

Para que eu te cante louvores e não me cale. SENHOR, meu Deus, eu te louvarei para sempre! (Sl 30.12)

Bendito seja o SENHOR, pois mostrou de uma forma maravilhosa sua fidelidade para comigo numa cidade sitiada. (Sl 31.21)

É bom render graças ao SENHOR e cantar louvores ao teu nome, ó Altíssimo. (Sl 92.1)

Os pecados dela, que são muitos, lhe são perdoados, pois ela amou muito; mas aquele a quem se perdoa pouco, este ama pouco. (Lc 7.47)

Todas as coisas me foram entregues por meu Pai; e ninguém conhece quem é o Filho senão o Pai, nem quem é o Pai senão o Filho, e aquele a quem o Filho o quiser revelar. (Lc 10.22)

Sede gratos por todas as coisas, pois essa é a vontade de Deus em Cristo Jesus para convosco. (1Ts 5.18)

Guerra

Quando sairdes à guerra na vossa terra contra o inimigo que vos estiver oprimindo, fareis retinir as trombetas, e sereis lembrados diante do SENHOR, vosso Deus, e sereis salvos dos inimigos. (Nm 10.9)

Não subais, pois o SENHOR não está convosco, para que não sejais feridos pelos vossos inimigos. (Nm 14.42)

Pois o SENHOR não estará convosco, pois vos desviastes dele. (Nm 14.43)

Guerra e paz

Não deveis subir nem combater, pois não estou convosco; sereis feridos pelos vossos inimigos. (Dt 1.42)

Quando te aproximares de uma cidade para combatê-la, tu lhe proporás a paz. (Dt 20.10)

Nada fiz contra ti; pelo contrário, tu é que ages com injustiça para comigo, ao guerrear contra mim. (Jz 11.27)

O cavaleiro foi ao encontro dela e disse: Assim diz o rei: Vens em paz? Jeú respondeu: Quem és tu para falar de paz? Vai para trás de mim. E o sentinela avisou: O mensageiro foi ao seu encontro, mas não voltou. Então Jorão enviou outro cavaleiro; quando chegou a eles, disse-lhes: Assim diz o rei: Vens em paz? Respondeu Jeú: Quem és tu para falar de paz? Vai para trás de mim. (2Rs 9.18,19)

■ H

Hábito

Como o cão que retorna ao vômito, assim é o tolo que insiste na insensatez. (Pv 26.11)

Pode o etíope mudar a sua pele ou o leopardo as suas pintas? Podereis vós fazer o bem, estando treinados para fazer o mal? (Jr 13.23)

Herança

Quanto a mim, esta é a minha aliança contigo: serás pai de muitas nações. (Gn 17.4)

Todas as famílias da terra serão abençoadas por meio de ti e da tua descendência. (Gn 28.14)

O SENHOR é a minha força e o meu cântico; ele se tornou a minha salvação; ele é o meu Deus, portanto eu o louvarei; é o Deus de meu pai, por isso o exaltarei. (Êx 15.2)

E todo aquele que cita provérbios usará este provérbio contra ti: Tal mãe, tal filha. (Ez 16.44)

Se os primeiros frutos são santos, a massa também é; e se a raiz é santa, os ramos também são. (Rm 11.16)

Se morrer um homem, e não tiver filho, dareis sua herança à sua filha. (Nm 27.8)

SENHOR, tu és a porção da minha herança e do meu cálice; és tu quem garante o meu destino. (Sl 16.5)

Casa e riquezas são herança dos pais, mas a mulher prudente vem do SENHOR. (Pv 19.14)

Heresia

Não dareis atenção às palavras desse profeta ou sonhador, pois o SENHOR, vosso Deus, vos está provando para saber se amais o SENHOR, vosso Deus, de todo o coração e de toda a alma. (Dt 13.3)

E o profeta ou sonhador morrerá, pois pregou a rebeldia contra o SENHOR, vosso Deus, que vos tirou da terra do Egito e vos resgatou da casa da escravidão, para vos desviar do caminho em que o SENHOR, vosso Deus, vos ordenou que andásseis. Assim exterminareis o mal do vosso meio. (Dt 13.5)

Por isso, assim diz o SENHOR: Eu te removerei da face da terra. Este ano morrerás, porque pregaste rebelião contra o SENHOR. (Jr 28.16)

Em vão me adoram, ensinando doutrinas que são preceitos humanos. (Mt 15.9; Mc 7.7)

Porque surgirão falsos cristos e falsos profetas, que farão sinais e milagres para, se possível, enganar até os escolhidos. (Mc 13.22)

Mas entre o povo também houve falsos profetas, assim como entre vós haverá falsos mestres. Às ocultas, introduzirão heresias destruidoras, negando até o SENHOR que os resgatou e trazendo sobre si mesmos repentina destruição. (2Pe 2.1)

Pois quem o cumprimenta participa de suas obras más. (2Jo 1.11)

Hipocrisia

E, quando orardes, não sejais como os hipócritas; pois gostam de orar em pé nas sinagogas e nas esquinas das ruas, para serem vistos pelos homens. Em verdade vos digo que eles já receberam sua recompensa. (Mt 6.5)

Quando jejuardes, não vos mostreis entristecidos como os hipócritas; pois eles mudam a aparência do rosto, a fim de que os homens vejam que estão jejuando. Em verdade vos digo que eles já receberam sua recompensa. (Mt 6.16)

Por que vês o cisco no olho de teu irmão e não reparas na trave que está no teu próprio olho? (Mt 7.3)

Em vão me adoram, ensinando doutrinas que são preceitos humanos. (Mt 15.9; Mc 7.7)

E pela manhã dizeis: Hoje haverá tempestade, porque o céu está de um vermelho sombrio. Sabeis interpretar o aspecto do céu e não podeis interpretar os sinais dos tempos? (Mt 16.3)

Portanto, fazei e guardai tudo o que eles vos disserem; mas não lhes imiteis as obras, pois não praticam o que dizem. (Mt 23.3)

Atam fardos pesados e difíceis de carregar e os colocam sobre os ombros dos homens; mas eles mesmos nem com o dedo querem movê-los. (Mt 23.4)

Praticam todas as suas obras para serem vistos pelos homens, alargam seus filactérios e aumentam as franjas de seus mantos. (Mt 23.5)

Ai de vós, escribas e fariseus, hipócritas! Porque devorais as casas das viúvas e, para disfarçar, fazeis longas orações; por isso recebereis uma condenação muito maior. (Mt 23.14)

Guias cegos! Coais um mosquito e engolis um camelo. (Mt 23.24)

Assim sois vós: por fora pareceis justos aos homens, mas por dentro estais cheios de hipocrisia e maldade. (Mt 23.28)

Jesus lhes respondeu: Hipócritas, bem profetizou Isaías acerca de vós, como está escrito: Este povo honra-me com os lábios; seu coração, porém, está longe de mim. (Mc 7.6)

Disse-lhes ainda: Sabeis muito bem rejeitar o mandamento de Deus para guardar a vossa tradição. (Mc 7.9)

Cuidado com os escribas, que gostam de andar com roupas compridas, de ser cumprimentados em público, gostam dos primeiros assentos nas sinagogas e dos primeiros lugares nos banquetes. Eles devoram as casas das viúvas e, para disfarçar, fazem longas orações. Eles receberão condenação muito maior. (Mc 12.38-40)

Ai de vós também, doutores da lei, pois sobrecarregais os homens com fardos difíceis de carregar, mas vós nem com um dedo tocais esses fardos. (Lc 11.46)

Cuidado com o fermento dos fariseus, que é a hipocrisia. (Lc 12.1)

História

Lembra-te dos dias da antiguidade, olha a passagem dos anos, geração por geração. Pergunta a teu pai, e ele te informará; aos teus anciãos, e eles te dirão. (Dt 32.7)

Vai agora, escreve isso numa tábua diante deles, registra-o num livro, para que fique como testemunho para o futuro, para sempre. (Is 30.8)

Já estais esquecidos das maldades de vossos pais, das maldades dos reis de Judá e de suas mulheres, das vossas maldades e das de vossas mulheres, cometidas na terra de Judá e nas ruas de Jerusalém? (Jr 44.9)

E aquele que viu isso é quem dá testemunho, e o seu testemunho é verdadeiro; ele sabe que diz a verdade, para que também possais crer. (Jo 19.35)

Jesus realizou ainda muitas outras coisas; se elas fossem escritas uma por uma, creio que nem no mundo inteiro caberiam os livros que seriam escritos. (Jo 21.25)

Sim, o que vimos e ouvimos, isso vos anunciamos, para que também tenhais comunhão conosco; e a nossa comunhão é com o Pai e com seu Filho Jesus Cristo. (1Jo 1.3)

Holocaustos

O fogo e a lenha estão aqui, mas onde está o cordeiro para o holocausto? (Gn 22.7)

Quem sacrificar a qualquer outro deus, e não somente ao SENHOR, será morto. (Êx 22.20)

Mesmo que eu fique, não comerei de teu pão; e se fizeres holocausto, oferece-o ao SENHOR. (Jz 13.16)

Obedecer é melhor que oferecer sacrifícios, e o atender, melhor que a gordura de carneiros. (1Sm 15.22)

Pois quero misericórdia e não sacrifícios; e o conhecimento de Deus, mais do que os holocaustos. (Os 6.6)

Honestidade

Cuidado para não fazeres falsas acusações. Não matarás o inocente e o justo, pois não justificarei o ímpio. (Êx 23.7)

Aquele que é limpo de mãos e puro de coração; que não entrega sua vida à mentira, nem jura com engano. (Sl 24.4)

Guarda tua língua do mal, e teus lábios do engano. (Sl 34.13)

O ímpio toma emprestado e não paga; mas o justo se compadece e dá. (Sl 37.21)

A testemunha verdadeira livra as pessoas, mas o que fala mentiras é traidor. (Pv 14.25)

O justo anda com integridade; seus descendentes serão felizes. (Pv 20.7)

Não sejas testemunha sem causa contra teu próximo nem o enganes com teus lábios. (Pv 24.28)

Tereis balanças justas, efa justo e bato justo. (Ez 45.10)

Quem é fiel no pouco, também é fiel no muito; quem é injusto no pouco, também é injusto no muito. (Lc 16.10)

Porque Deus, a quem sirvo em meu espírito, no evangelho de seu Filho, é minha testemunha de como sempre vos menciono. (Rm 1.9)

Não mintais aos outros, pois já vos despistes do velho homem com suas ações. (Cl 3.9)

Mas, quanto a Demétrio, todos dão testemunho dele, até a própria verdade. Nós também damos testemunho, e sabes que nosso testemunho é verdadeiro. (3Jo 1.12)

Honras

Onde está o rei dos judeus recém-nascido? Vimos sua estrela no oriente e viemos adorá-lo. (Mt 2.2)

Qualquer pessoa que receber uma destas crianças em meu nome, a mim me recebe; e quem me recebe, não recebe a mim, mas aquele que me enviou. (Mc 9.37)

Para que todos honrem o Filho, assim como honram o Pai. Quem não honra o Filho não honra o Pai que o enviou. (Jo 5.23)

Eu não recebo glória da parte dos homens. (Jo 5.41)

Em verdade, em verdade vos digo: Quem receber aquele que eu enviar estará recebendo a mim; e quem me receber, estará recebendo aquele que me enviou. (Jo 13.20)

Para que ao nome de Jesus se dobre todo joelho dos que estão nos céus, na terra e debaixo da terra. (Fp 2.10)

Hospitalidade

Se a casa for digna, que a vossa paz venha sobre ela; mas, se não for digna, que retorne para vós a vossa paz. (Mt 10.13)

Quem recebe um profeta, porque ele é profeta, receberá a recompensa de profeta; e quem recebe um justo, porque ele é justo, receberá a recompensa de justo. (Mt 10.41)

Porque tive fome, e me destes de comer; tive sede, e me destes de beber; era estrangeiro, e me acolhestes; precisei de roupas, e me vestistes; estive doente, e me visitastes; estava na prisão e fostes visitar-me. (Mt 25.35,36)

E o Rei lhes responderá: Em verdade vos digo que sempre que o fizestes a um destes meus irmãos, ainda que dos mais pequeninos, a mim o fizestes. (Mt 25.40)

Assim, qualquer pessoa que vos der de beber um copo de água em meu nome, porque sois de Cristo, em verdade vos digo que de modo nenhum perderá a sua recompensa. (Mc 9.41)

Em verdade, em verdade vos digo: Quem receber aquele que eu enviar estará recebendo a mim; e quem me receber, estará recebendo aquele que me enviou. (Jo 13.20)

Sede hospitaleiros uns para com os outros, sem vos queixar. (1Pe 4.9)

Humildade

Então disse Moisés ao Senhor: Ah, Senhor! Eu nunca fui bom orador, nem antes, nem agora, que falaste ao teu servo, pois sou pesado de boca e pesado de língua. (Êx 4.10)

Quando te abaterem, dirás: Haja exaltação! E Deus salvará o humilde. (Jó 22.29)

Cultuai o Senhor com temor e regozijai-vos com tremor. (Sl 2.11)

Ó homem, ele te declarou o que é bom. Por acaso o Senhor exige de ti alguma coisa além disto: que pratiques a justiça, ames a misericórdia e andes em humildade com o teu Deus? (Mq 6.8)

Bem-aventurados os pobres em espírito, pois deles é o reino do céu. (Mt 5.3)

Bem-aventurados os humildes, pois herdarão a terra. (Mt 5.5)

Tomai sobre vós o meu jugo e aprendei de mim, que sou manso e humilde de coração; e achareis descanso para a vossa alma. (Mt 11.29)

Em verdade vos digo que, se não vos converterdes e não vos tornardes como crianças, nunca entrareis no reino do céu. (Mt 18.3)

Não será assim entre vós; pelo contrário, quem quiser tornar-se poderoso entre vós, seja esse o que vos sirva. (Mt 20.26)

E quem entre vós quiser ser o primeiro, será vosso servo. (Mt 20.27)

Pois, quem a si mesmo se exaltar, será humilhado; e quem a si mesmo se humilhar, será exaltado. (Mt 23.12)

Então, sentando-se, chamou os Doze e lhes disse: Se alguém quiser ser o primeiro, será o último e o servo de todos. (Mc 9.35)

E disse-lhes: Qualquer pessoa que recebe esta criança em meu nome, a mim me recebe; e quem me recebe, recebe aquele que me enviou; pois quem for o menor entre vós, esse será grande. (Lc 9.48)

Pois quem é maior? Quem está à mesa ou quem serve? Não é quem está à mesa? Eu, porém, estou entre vós como quem serve. (Lc 22.27)

Não posso fazer coisa alguma por mim mesmo; conforme ouço, assim julgo; e o meu julgamento é justo, porque não procuro a minha vontade, mas a vontade daquele que me enviou. (Jo 5.30)

Em verdade, em verdade vos digo: O escravo não é maior que seu senhor, nem o mensageiro é maior que aquele que o enviou. (Jo 13.16)

Lembra-te, pois, de onde caíste, arrepende-te e volta às obras que praticavas no princípio. Se não te arrependeres, logo virei contra ti e tirarei o teu candelabro do seu lugar. (Ap 2.5)

Humilhação

Então o Senhor Deus disse à serpente: Porque fizeste isso, serás maldita entre todo o gado e entre todos os animais do campo; andarás sobre o teu ventre e comerás pó todos os dias da tua vida. (Gn 3.14)

Coloco-me contra ti, diz o SENHOR dos Exércitos, e levantarei tuas vestes até o teu rosto; e mostrarei a tua nudez às nações, e a tua vergonha, aos reinos. (Na 3.5)

Destruirei a vossa descendência, e esfregarei esterco no vosso rosto, sim, o esterco dos vossos sacrifícios; e com ele sereis lançados fora. (Ml 2.3)

Pelo contrário, Deus escolheu as coisas absurdas do mundo para envergonhar os sábios; e escolheu as coisas fracas do mundo para envergonhar as fortes. (1Co 1.27)

■ I

Idolatria

Não terás outros deuses além de mim. (Êx 20.3)

Não farás para ti imagem esculpida, nem figura alguma do que há em cima no céu, nem embaixo na terra, ou nas águas debaixo da terra. (Êx 20.4)

Porque não adorarás nenhum outro deus; pois o SENHOR, cujo nome é Zeloso, é Deus zeloso. (Êx 34.14)

Longe de nós abandonar o SENHOR para cultuar outros deuses. (Js 24.16)

Portanto, meus amados, fugi da idolatria. (1Co 10.14)

Filhinhos, guardai-vos dos ídolos. (1Jo 5.21)

A fumaça do seu tormento sobe para todo o sempre; e não têm repouso, nem de dia nem de noite, os que adoram a besta e a sua imagem, nem aquele que recebe o sinal do seu nome. (Ap 14.11)

Ídolos

Porque naquela noite passarei pela terra do Egito e ferirei de morte todos os primogênitos na terra do Egito, tanto dos homens como dos animais; e executarei juízo sobre todos os deuses do Egito. Eu sou o SENHOR. (Êx 12.12)

Não farás para ti imagem esculpida, nem figura alguma do que há em cima no céu, nem embaixo na terra, ou nas águas debaixo da terra. (Êx 20.4)

Queimarás as imagens esculpidas de seus deuses. Não cobiçarás a prata nem o ouro que estão sobre elas, nem os tomarás para ti, para que não te envolvas com eles, pois são uma abominação para o SENHOR, teu Deus. (Dt 7.25)

Quanto aos estatutos, às normas, à lei e ao mandamento, que escreveu para vós, tereis cuidado de obedecer a esses todos os dias; e não temereis outros deuses. (2Rs 17.37)

Mas onde estão os teus deuses que fizeste para ti? Que se levantem e te salvem no tempo da tua aflição, porque os teus deuses, ó Judá, são tão numerosos como as tuas cidades. (Jr 2.28)

Ignorância

Por isso, Jó abre inutilmente a boca e sem conhecimento multiplica palavras. (Jó 35.16)

Por isso eu lhes falo por meio de parábolas; porque, vendo, não veem; e, ouvindo, não ouvem nem entendem. (Mt 13.13)

Deixai-os; são guias cegos! Se um cego guiar outro cego, ambos cairão num buraco. (Mt 15.14)

Hoje haverá tempestade, porque o céu está de um vermelho sombrio. Sabeis interpretar o aspecto do céu e não podeis interpretar os sinais dos tempos? (Mt 16.3)

Pai, perdoa-lhes, pois não sabem o que fazem. Então repartiram entre eles as roupas dele, tirando sortes sobre elas. (Lc 23.34)

O Verbo estava no mundo, e este foi feito por meio dele, mas o mundo não o reconheceu. (Jo 1.10)

Tu és mestre em Israel e não entendes essas coisas? (Jo 3.10)

Vós adorais o que não conheceis; nós adoramos o que conhecemos; porque a salvação vem dos judeus. (Jo 4.22)

Eu sou a luz do mundo; quem me seguir jamais andará em trevas, mas terá a luz da vida. (Jo 8.12)

A luz estará entre vós por mais algum tempo. Andai enquanto tendes a luz, para que as *trevas não vos surpreendam; pois quem anda nas trevas não sabe para onde vai.* (Jo 12.35)

Igualdade

Uma mesma lei haja para o natural, e para o estrangeiro que peregrinar entre vós. Haverá uma só lei para o natural da terra e para o estrangeiro que estiver vivendo entre vós. (Êx 12.49)

Aquele que não faz discriminação em favor de príncipes, nem estima o rico mais que o pobre; pois todos são obra de suas mãos? (Jó 34.19)

Todos vão para o mesmo lugar; todos são pó e todos retornarão ao pó. (Ec 3.20)

Assim, os últimos serão os primeiros, e os primeiros serão os últimos. (Mt 20.16)

Em verdade, em verdade vos digo: O escravo não é maior que seu senhor, nem o mensageiro é maior que aquele que o enviou. (Jo 13.16)

Pois todos sois filhos de Deus pela fé em Cristo Jesus. (Gl 3.26)

Iminência

Vem o tempo! O dia chegou! Não se alegre o comprador, e não se entristeça o vendedor; pois a ira está sobre toda a multidão deles. (Ez 7.12)

Porque o dia está perto; sim, o dia do Senhor está perto; será um dia de nuvens, o tempo das nações. (Ez 30.3)

Ide à cidade, a certo homem, e dizei-lhe: O Mestre diz: O meu tempo está próximo; celebrarei a Páscoa com os meus discípulos em tua casa. (Mt 26.18)

Ainda dormis e descansais? Chegou a hora, e o Filho do homem está sendo entregue nas mãos dos pecadores. (Mt 26.45)

Não vos admireis disso, porque virá a hora em que todos os que estão nos sepulcros ouvirão a sua voz e sairão. (Jo 5.28)

Chegou a hora de ser glorificado o Filho do homem. (Jo 12.23)

Dentro em pouco o mundo não me verá mais, mas vós me vereis. Porque eu vivo, vós também vivereis. (Jo 14.19)

Está próxima a hora, e já chegou, em que sereis dispersos cada um para o seu lado e me deixareis só. Mas eu não estou só, pois o Pai está comigo. (Jo 16.32)

Seja a vossa bondade conhecida por todos os homens. O Senhor está perto. (Fp 4.5)

Sede vós também pacientes. Fortalecei o coração, porque a vinda do Senhor está próxima. (Tg 5.8)

Irmãos, não vos queixeis uns dos outros, para que não sejais julgados. O juiz está às portas. (Tg 5.9)

Mas já está próximo o fim de todas as coisas; portanto, tende bom senso e estai alertas em oração. (1Pe 4.7)

Bem-aventurados os que leem e também os que ouvem as palavras desta profecia e guardam as coisas que nela estão escritas, porque o tempo está próximo. (Ap 1.3)

Imoralidade

Não desonrarás tua filha, fazendo-a prostituir-se, para que a terra não se prostitua e não se encha de depravação. (Lv 19.29)

Ah, como a cidade fiel se tornou prostituta! Ela, que estava cheia de retidão! A justiça habitava nela, mas agora habitam homicidas. (Is 1.21)

A tua prata tornou-se escória; o teu vinho se misturou com água. (Is 1.22)

Levanta os teus olhos para os lugares altos e vê: Onde não te deitaste? Nos caminhos te assentavas, esperando-os, como o beduíno no deserto. Manchaste a terra com a tua prostituição e com a tua maldade. (Jr 3.2)

E todo aquele que cita provérbios usará este provérbio contra ti: Tal mãe, tal filha. (Ez 16.44)

Fugi da imoralidade. Qualquer outro pecado que o homem comete é fora do corpo; mas quem pratica a imoralidade peca contra o seu corpo. (1Co 6.18)

Mas a que só busca prazeres, embora esteja viva, na verdade está morta. (1Tm 5.6)

Sejam honrados entre todos o matrimônio e a pureza do leito conjugal; pois Deus julgará os imorais e adúlteros. (Hb 13.4)

Ai deles! Pois seguiram pelo caminho de Caim, e por causa de lucro se lançaram ao erro de Balaão e foram destruídos na rebelião de Coré. (Jd 1.11)

Impaciência

O homem fiel desfrutará de ricas bênçãos, mas quem tem pressa de enriquecer não ficará impune. (Pv 28.20)

Ah, espada do SENHOR! Quando repousarás? Volta para a tua bainha, descansa e aquieta-te. (Jr 47.6)

Até quando clamarei, e não escutarás, SENHOR? Ou gritarei a ti: Violência! E não salvarás? (Hc 1.2)

Imparcialidade

Não fareis discriminação em julgamentos; da mesma forma ouvireis o pobre e o rico; não tenhais medo de ninguém, pois o julgamento é de Deus. Trazei a mim a causa que vos for difícil demais, e eu a ouvirei. (Dt 1.17)

Para que vos torneis filhos do vosso Pai que está no céu; porque ele faz nascer o sol sobre maus e bons e faz chover sobre justos e injustos. (Mt 5.45)

Na verdade, reconheço que Deus não trata as pessoas com base em preferências. (At 10.34)

E aqueles que pareciam ser importantes, ainda que o tenham sido no passado, isso não me importa, pois Deus não considera a aparência humana, esses, que pareciam ser importantes, nada me acrescentaram. (Gl 2.6)

Mas, se fazeis discriminação de pessoas, estais cometendo pecado, e por isso sois condenados pela lei como transgressores. (Tg 2.9)

Impenitência

Pois este é um povo rebelde, filhos mentirosos, filhos que não querem ouvir a lei do SENHOR. (Is 30.9)

Ó SENHOR, por acaso não é a verdade que teus olhos procuram? Tu os feriste, mas não lhes doeu; tu os consumiste, mas se recusaram a receber a correção. Endureceram o rosto mais do que uma rocha e não quiseram se converter. (Jr 5.3)

Mas eles não escutaram, nem deram ouvidos para se converter da sua maldade e não queimarem incenso a outros deuses. (Jr 44.5)

Não endureçais o coração, como no dia da provação no deserto. (Hb 3.8)

Impiedade

O caminho dos ímpios. (Sl 1.6)

Os ímpios irão para o Sheol, sim, todas as nações que se esquecem de Deus. (Sl 9.17)

De fato, o meu povo é insensato, já não me conhece. São filhos tolos, sem entendimento. São espertos para fazer o mal, mas não sabem fazer o bem. (Jr 4.22)

Não aprendais o caminho das nações, nem vos espanteis com os sinais do céu; porque com eles espantam-se as nações. (Jr 10.2)

Ó geração incrédula e perversa! Até quando estarei convosco? Até quando terei de suportar-vos? Trazei-me o menino. (Mt 17.17)

Em verdade vos digo que, no dia do juízo, haverá menos rigor para a terra de Sodoma e Gomorra do que para aquela cidade. (Mt 10.15)

Mas quem me negar diante dos homens, será negado diante dos anjos de Deus. (Lc 12.9)

O vosso pai é o Diabo, e quereis satisfazer-lhe os desejos. Ele foi homicida desde o princípio e não se firmou na verdade, pois nele não há verdade. Quando ele mente, fala do que lhe é próprio, pois é mentiroso e pai da mentira. (Jo 8.44)

Porque há muitos, sobre os quais vos falei diversas vezes, e agora vos digo até chorando, que são inimigos da cruz de Cristo. O fim deles é a perdição; o deus deles é o estômago; e a glória que eles têm baseia-se no que é vergonhoso; eles se preocupam só com as coisas terrenas. (Fp 3.18,19)

Tais homens vivem a reclamar e a se queixar, dominados por seus próprios desejos. A sua boca profere coisas muito arrogantes, adulando pessoas por interesse. (Jd 1.16)

Incapacitados

E o SENHOR lhe respondeu: Quem faz a boca do homem? Ou quem faz o mudo, ou o surdo, ou o que vê, ou o cego? Não sou eu, o SENHOR? (Êx 4.11)

Não amaldiçoarás o surdo, nem porás tropeço na frente do cego, mas temerás o teu Deus. Eu sou o SENHOR. (Lv 19.14)

Ele faz bem todas as coisas; faz até mesmo os surdos ouvirem e os mudos falarem. (Mc 7.37)

Ide e contai a João o que tendes visto e ouvido: cegos veem, paralíticos andam, leprosos são purificados e surdos ouvem; mortos são ressuscitados, e o evangelho é anunciado aos pobres. (Lc 7.22)

Mas, quando deres um banquete, convida os pobres, os aleijados, os mancos e os cegos; e serás bem-aventurado, pois eles não têm com que te retribuir. A tua retribuição será na ressurreição dos justos. (Lc 14.13,14)

Incesto

Não desonrarás teu pai, descobrindo a nudez de tua mãe. Ela é tua mãe, não descobrirás a sua nudez. (Lv 18.7)

Nem descobrirás a nudez da filha de teu filho, ou da filha de tua filha, pois é desonra para ti. (Lv 18.10)

Maldito aquele que se deitar com a mulher de seu pai, porque desonrou seu pai. E todo o povo dirá: Amém. (Dt 27.20)

Porém, ela lhe respondeu: Não, meu irmão, não me forces, porque não se faz assim em Israel; não faças tal loucura. (2Sm 13.12)

Como me livrarei da minha vergonha? E tu? Serias como um louco em Israel. Peço-te que fales com o rei, porque ele não me negará a ti. (2Sm 13.13)

Indecisão

Mas, se vos parece mal cultuar o SENHOR, escolhei hoje a quem cultuareis; se os deuses a quem vossos pais, que estavam além do Rio, cultuavam, ou os deuses dos amorreus, em cuja terra habitais. Mas eu e minha casa cultuaremos o SENHOR. (Js 24.15)

Até quando titubeareis entre dois pensamentos? Se o SENHOR é Deus, segui-o; mas se Baal é Deus, segui-o. O povo, porém, não lhe respondeu nada. (1Rs 18.21)

O SENHOR derramou no meio deles um espírito de confusão; e eles fizeram o Egito errar em todas as suas obras, como o bêbado vai cambaleando no seu vômito. (Is 19.14)

Ninguém que ponha a mão no arado e olhe para trás é apto para o reino de Deus. (Lc 9.62)

Para que não sejamos mais inconstantes como crianças, levados ao redor por todo vento de doutrina, pela mentira dos homens, pela sua astúcia na invenção do erro. (Ef 4.14)

Peça-a, porém, com fé, sem duvidar, pois quem duvida é semelhante à onda do mar, movida e agitada pelo vento. (Tg 1.6)

Pois vacila e é inconstante em todos os seus caminhos. (Tg 1.8)

Independência

Porque o SENHOR, teu Deus, te abençoará, como te prometeu. Assim, emprestarás a muitas nações, mas não tomarás emprestado; e dominarás muitas nações, mas elas não te dominarão. (Dt 15.6)

Eu escutei e ouvi; não falam o que é correto; não há ninguém que se arrependa da sua maldade, dizendo: Que fiz eu? Cada um se desvia para o seu próprio caminho, como um cavalo que arremete com ímpeto na batalha. (Jr 8.6)

Indivíduo, A importância do

Portanto, não temais; valeis mais do que muitos passarinhos. (Mt 10.31; Lc 12.7)

Não se vendem cinco passarinhos por dois asses? Mesmo assim, nenhum deles é esquecido por Deus. (Lc 12.6)

E chegando em casa, reúne os amigos e vizinhos e lhes diz: Alegrai-vos comigo, pois encontrei a minha ovelha perdida. (Lc 15.6)

Digo-vos que no céu haverá mais alegria por um pecador que se arrepende do que por noventa e nove justos que não precisam de arrependimento. (Lc 15.7)

Eu vos digo que assim há alegria na presença dos anjos de Deus por um pecador que se arrepende. (Lc 15.10)

Assim como o pecado entrou no mundo por um só homem. (Rm 5.12)

Desejaria que todos os homens estivessem na mesma condição em que estou. Mas cada um tem o seu dom da parte de Deus, um de um modo, e outro de outro. (1Co 7.7)

Agora, já pela terceira vez estou pronto para visitar-vos. Eu não serei um peso para vós, porque não procuro o que é vosso, mas sim a vós mesmos. Pois não são os filhos que devem guardar seus bens para os pais, mas os pais para os filhos. (2Co 12.14)

Inferno

A Sepultura e a Destruição nunca se fartam, e os olhos do homem nunca se satisfazem. (Pv 27.20)

Por isso o Sheol aumentou o apetite e abriu totalmente a boca; e para lá descem a glória, a multidão, a pompa de Sião e os que entre eles se alegram. (Is 5.14)

E se a tua mão te fizer tropeçar, corta-a; pois é melhor entrares na vida defeituoso do que, tendo duas mãos, ir para o inferno, para o fogo que nunca se apaga [...]. Se o teu pé te fizer tropeçar, corta-o; pois é melhor entrares na vida aleijado, do que, tendo dois pés, ser jogado no inferno [...]. Onde o seu verme não morre e o fogo não se apaga... onde o verme não morre e o fogo não se apaga. (Mc 9.43,45,48)

E, clamando, disse: Pai Abraão, tem misericórdia de mim e envia-me Lázaro, para que molhe na água a ponta do dedo e me refresque a língua, pois estou atormentado nestas chamas. (Lc 16.24)

Vi então um cavalo amarelo, e seu cavaleiro chamava-se Morte e o inferno o acompanhava. Foi-lhe dada autoridade sobre a quarta parte da terra, para matar à espada, pela fome, pela praga e pelos animais selvagens da terra. (Ap 6.8)

O poço do abismo. (Ap 9.1)

A morte e o inferno foram jogados no lago de fogo. Esta é a segunda morte, o lago de fogo. (Ap 20.14)

Infidelidade

Não conseguiremos subir contra aquele povo, porque é mais forte do que nós. (Nm 13.31)

E que retribui diretamente aos que o rejeitam para destruí-los. Ele não demorará para retribuir diretamente a quem o rejeita. (Dt 7.10)

Entretanto, não deram ouvidos nem aos seus juízes, pois se prostituíram com outros deuses e os adoraram. (Jz 2.17)

Infinidade

Que com certeza te abençoarei e multiplicarei grandemente a tua descendência, como as estrelas do céu e como a areia na praia do mar; e a tua descendência dominará a cidade dos seus inimigos. (Gn 22.17)

Enumera as estrelas, chamando todas pelo nome. (Sl 147.4)

Até os cabelos da vossa cabeça estão todos contados. Não temais, pois valeis mais do que muitos passarinhos. (Lc 12.7)

Ingratidão

Pois reclamastes diante do Senhor. (Nm 11.18)

Retribuem-me o bem com o mal, a amizade, com o ódio. (Sl 109.5)

Não deis aos cães o que é santo, nem lanceis aos porcos as vossas pérolas, para não acontecer que eles as pisem, e os cães, voltando-se, vos despedacem. (Mt 7.6)

Porque, mesmo tendo conhecido a Deus, não o glorificaram como Deus, nem lhe deram graças; pelo contrário, tornaram-se fúteis nas suas especulações, e o seu coração insensato se obscureceu. (Rm 1.21)

Inimigos

Então eu vos disse: Não vos atemorizeis e não tenhais medo deles. O Senhor, vosso Deus, que vai adiante de vós, guerreará por vós, assim como fez no Egito, diante dos vossos olhos. (Dt 1.29,30)

Não tenhais medo deles, porque o Senhor, vosso Deus, é quem guerreia por nós. (Dt 3.22)

Se alguém se levantar para te perseguir e para te matar, a vida de meu senhor será atada no feixe dos que vivem com o Senhor, teu

Deus; mas ele lançará para longe a vida dos teus inimigos, como se atira com uma funda. (1Sm 25.29)

Tu pois, ó SENHOR dos Exércitos, que pões à prova o justo e vês os pensamentos e o coração, permite que eu veja a tua vingança sobre eles; porque confiei a minha causa a ti. (Jr 20.12)

Amai os vossos inimigos e orai pelos que vos perseguem. (Mt 5.44)

Mas digo a vós, que ouvis: Amai os vossos inimigos, fazei o bem aos que vos odeiam. (Lc 6.27)

Pois, se amardes quem vos ama, que recompensa tereis? Os publicanos também não fazem o mesmo? (Mt 5.46)

E se fizerdes o bem a quem vos faz o bem, que mérito há nisso? Os pecadores fazem o mesmo. (Lc 6.33)

Aquele que me odeia, também odeia a meu Pai. (Jo 15.23)

Injustiça

Cuidado para não fazeres falsas acusações. Não matarás o inocente e o justo, pois não justificarei o ímpio. (Êx 23.7)

Ele destrói o correto e o ímpio. (Jó 9.22)

A terra está entregue nas mãos do ímpio. Ele cobre o rosto dos juízes. Se não é ele que faz isso, quem poderá ser? (Jó 9.24)

Mas se suportais sofrimento quando fazeis o bem, isso é digno de louvor diante de Deus. (1Pe 2.20)

A ti, ó Senhor, pertence a justiça; mas a nós, a vergonha, como hoje se vê; aos homens de Judá, aos moradores de Jerusalém e a todo o Israel; aos de perto e aos de longe, em todas as terras para onde os tens lançado por causa das suas transgressões contra ti. (Dn 9.7)

Semeai justiça para vós, colhei segundo a misericórdia; lavrai o campo virgem; porque é tempo de buscar ao SENHOR, até que venha e chova a justiça sobre vós. (Os 10.12)

Pratiques a justiça. (Mq 6.8)

Deixa por enquanto; porque assim nos convém cumprir toda a justiça. (Mt 3.15)

Bem-aventurados os que têm fome e sede de justiça, pois serão saciados. (Mt 5.6)

Bem-aventurados os perseguidos por causa da justiça, pois deles é o reino do céu (Mt 5.10)

Quem recebe um profeta, porque ele é profeta, receberá a recompensa de profeta; e quem recebe um justo, porque ele é justo, receberá a recompensa de justo. (Mt 10.41)

Sê fôsseis filhos de Abraão, estaríeis fazendo as obras de Abraão. (Jo 8.39)

O justo viverá pela fé. (Rm 1.17)

Toda injustiça é pecado. (1Jo 5.17)

Mas em Sardes também tens algumas pessoas que não contaminaram suas vestes; elas andarão comigo, vestidas de branco, pois são dignas. (Ap 3.4)

Grandes e admiráveis são as tuas obras, ó Senhor Deus Todo-poderoso; justos e verdadeiros são os teus caminhos, ó Rei das nações. (Ap 15.3)

Então, vi no céu aberto um cavalo branco, e seu cavaleiro chama-se Fiel e Verdadeiro. Ele julga e luta com justiça. (Ap 19.11)

Inocência

Como diz o provérbio dos antigos: Dos maus procede a maldade. Mas a minha mão não se estenderá contra ti. (1Sm 24.13)

As tuas mãos não estavam atadas, nem os teus pés, presos por grilhões; mas caíste como quem cai diante dos filhos do mal. Então todo o povo tornou a chorar por ele. (2Sm 3.34)

Mas por certo Deus não rejeitará o correto, nem segurará os malfeitores pela mão. Se fôsseis cegos, não teríeis pecado. Mas como agora dizeis: Nós vemos, o vosso pecado permanece. (Jo 9.41)

Tudo é puro para os puros, mas, para os corrompidos e incrédulos, nada é puro; pelo contrário, tanto a mente como a consciência deles estão contaminadas. (Tt 1.15)

Se dissermos que não temos pecado algum, enganamos a nós mesmos, e a verdade não está em nós. (1Jo 1.8)

Se dissermos que não temos cometido pecado, nós o tornamos mentiroso, e sua palavra não está em nós. (1Jo 1.10)

Mentira alguma saiu de sua boca, pois são irrepreensíveis. (Ap 14.5)

Inovação

O que foi será, e o que se fez, se fará novamente; não há nada novo debaixo do sol. (Ec 1.9)

O que é já existiu; e o que há de ser também já existiu; Deus trará de novo o que já passou. (Ec 3.15)

Seja o que for, já foi chamado pelo nome há muito tempo e já se sabe o que acontecerá ao homem. Ninguém pode lutar contra alguém mais forte. (Ec 6.10)

E ninguém, depois de beber o vinho velho, quer o novo, pois diz: O vinho velho é melhor. (Lc 5.39)

Inspiração

Então vai agora, e estarei com a tua boca e te ensinarei o que deves falar. (Êx 4.12)

Só falarei a palavra que Deus puser na minha boca. (Nm 22.38)

O Espírito do SENHOR se apoderará de ti, e terás manifestações proféticas com eles; e serás transformado em outro homem. (1Sm 10.6)

O Espírito do SENHOR fala por meu intermédio, e a sua palavra está na minha boca. (2Sm 23.2)

A mão do SENHOR veio sobre mim; ele me levou pelo Espírito do SENHOR a um vale cheio de ossos. (Ez 37.1)

Depois disso, derramarei o meu Espírito sobre todas as pessoas; vossos filhos e vossas filhas profetizarão, vossos velhos terão sonhos, vossos jovens terão visões. (Jl 2.28)

Porque não sois vós que falais, mas o Espírito de vosso Pai é que fala por meio de vós. (Mt 10.20)

Ninguém pode receber coisa alguma, se não lhe for dada do céu. (Jo 3.27)

Ele era a candeia que ardia e iluminava; e quisestes alegrar-vos por um pouco de tempo com a sua luz. (Jo 5.35)

Portanto, escreve as coisas que tens visto, tanto as do presente como as que acontecerão depois destas. (Ap 1.19)

Instabilidade

Turbulento como as águas, não conservarás a superioridade, pois subiste ao leito de teu pai e o profanaste. Sim, ele subiu à minha cama. (Gn 49.4)

Que te farei, ó Efraim? Que te farei, ó Judá? Porque o vosso amor é como a névoa da manhã e como o orvalho que logo se acaba. (Os 6.4)

Instinto

Até a cegonha no céu conhece seus tempos determinados; e a rolinha, a andorinha e o tordo observam o tempo da sua migração; mas o meu povo não conhece as regras do SENHOR. (Jr 8.7)

Instrução

Deus é excelso em seu poder; quem ensina como ele? (Jó 36.22)

Faze com que eu entenda o caminho dos teus preceitos; assim meditarei nas tuas maravilhas. (Sl 119.27)

Como tuas palavras são doces ao meu paladar! Mais doces do que mel em minha boca! (Sl 119.103)

Muitos povos irão e dirão: Vinde e subamos ao monte do SENHOR, ao templo do Deus de Jacó, para que ele nos ensine os seus caminhos, e andemos nas suas veredas. Porque de Sião sairá a lei, e de Jerusalém, a palavra do SENHOR. (Is 2.3; Mq 4.2)

Quem tem ouvidos para ouvir, ouça. (Lc 14.35)

Porque ainda que tenhais dez mil instrutores em Cristo, não teríeis, contudo, muitos pais. Pois pelo evangelho eu mesmo vos gerei em Cristo Jesus. (1Co 4.15)

Insultos

Por acaso sou algum cachorro, para que venhas contra mim com pedaços de pau? E o filisteu amaldiçoou Davi pelos seus deuses. (1Sm 17.43)

Por acaso sou um cão inútil de Judá? Até hoje tenho sido fiel à família de Saul, teu pai, e a seus irmãos e seus amigos, e não te entreguei nas mãos de Davi. Mas agora tu queres me culpar por essa mulher. (2Sm 3.8)

A ira do insensato logo se revela, mas o prudente encobre o insulto. (Pv 12.16)

Um irmão ofendido é como uma cidade fortificada; as disputas são resistentes como as trancas de uma fortaleza. (Pv 18.19)

Não escutes todas as palavras que se dizem, para que não venhas a ouvir o teu servo criticar-te. (Ec 7.21)

Integridade

Longe de mim eu vos dar razão; até que eu morra, nunca me afastarei da minha integridade. (Jó 27.5)

Eu, porém, ando com integridade. Resgata-me e tem compaixão de mim. (Sl 26.11)

Ou, que daria o homem em troca da sua vida? (Mt 26.16; Mc 8.37)

Pois que adianta ao homem ganhar o mundo inteiro e perder a sua vida? (Mc 8.36)

Pois no passado éreis trevas, mas agora sois luz no SENHOR. Assim, andai como filhos da luz. (Ef 5.8)

Mas, meus irmãos, sobretudo não jureis, nem pelo céu, nem pela terra, nem façais qualquer outro juramento. Seja, porém, vosso sim, sim, e vosso não, não, para não cairdes em condenação. (Tg 5.12)

Intenções

Se o vingador do sangue o perseguir, eles não o entregarão, pois ele feriu o seu próximo sem premeditar e sem tê-lo odiado antes. (Js 20.5)

Não dê atenção à aparência ou à altura dele, porque eu o rejeitei; porque o SENHOR não vê como o homem vê, pois o homem olha para a aparência, mas o SENHOR, para o coração. (1Sm 16.7)

Fizeste bem em colocar no teu coração o propósito de construir um templo ao meu nome. (2Cr 6.8)

Eu, porém, vos digo que todo aquele que olhar com desejo para uma mulher já cometeu adultério com ela no coração. (Mt 5.28)

Por que pensais o mal no coração? (Mt 9.4)

Pois não faço o bem que quero, mas o mal que não quero. (Rm 7.19)

Interesse pessoal

E se fizerdes o bem a quem vos faz o bem, que mérito há nisso? Os pecadores fazem o mesmo. (Lc 6.33)

E se emprestardes àqueles de quem esperais receber, que mérito há nisso? Os pecadores também emprestam aos pecadores, para receber o que emprestaram. (Lc 6.34)

Mas, quando deres um banquete, convida os pobres, os aleijados, os mancos e os cegos; e serás bem-aventurado, pois eles não têm com que te retribuir. A tua retribuição será na ressurreição dos justos. (Lc 14.13,14)

Pois não pregamos a nós mesmos, mas a Jesus Cristo, o Senhor, e a nós mesmos como vossos servos por causa de Jesus. (2Co 4.5)

Inveja

Não cobiçarás. (Êx 20.17; Rm 13.9)

Pois a dor destrói o louco, e a inveja mata o tolo. (Jó 5.2)

O pouco que o justo tem vale mais do que as riquezas de muitos ímpios. (Sl 37.16)

Não me é permitido fazer o que quero com o que é meu? Ou os teus olhos são maus porque sou generoso? (Mt 20.15)

Ira

Pois a dor destrói o louco, e a inveja mata o tolo. (Jó 5.2)

Deixa a ira e abandona o furor; não te aborreças, pois isso só lhe trará o mal. (Sl 37.8)

■ J

Jejum

Mas, quando eles estavam enfermos, eu me vestia de panos de saco, humilhava-me com jejum e orava reclinando a cabeça sobre o peito. (Sl 35.13)

Por que jejuamos, dizem eles, e não atentas para isso? Por que nos humilhamos, e tu não o sabes? No dia em que jejuais, cuidais dos vossos negócios e exigis que se façam todos os vossos trabalhos. (Is 58.3)

Por acaso não é este o jejum que escolhi? Que soltes as cordas da maldade, que desfaças as ataduras da opressão, ponhas em liberdade os oprimidos e despedaces todo jugo? (Is 58.6)

Ainda que jejuem, não ouvirei o seu clamor; ainda que ofereçam holocaustos e ofertas de cereais, não me agradarei deles; pelo contrário, eu os destruirei pela espada, pela fome e pela peste. (Jr 14.12)

Tu, porém, quando jejuares, põe óleo na cabeça e lava o rosto, para não mostrar aos homens que estás jejuando, mas a teu Pai, que está em secreto; e teu Pai, que vê o que é secreto, te recompensará. (Mt 6.17,18)

Jerusalém

Salomão reuniu em Jerusalém os anciãos de Israel e todos os líderes das tribos, os chefes das famílias dos israelitas, para trazerem a arca da aliança do SENHOR da Cidade de Davi, que é Sião. (1Rs 8.1)

Porém, darei uma tribo a seu filho, para que meu servo Davi sempre tenha uma lâmpada diante de mim em Jerusalém, cidade que escolhi para ali colocar o meu nome. (1Rs 11.36)

Roboão, filho de Salomão, reinou em Judá. Ele tinha quarenta e um anos quando começou a reinar, e reinou dezessete anos em Jerusalém, a cidade que o SENHOR escolhera de todas as tribos de Israel para pôr ali o seu nome. Sua mãe era amonita e se chamava Naamá. (1Rs 14.21)

Jesus

Ela dará à luz um filho, a quem darás o nome de Jesus; porque ele salvará seu povo dos seus pecados. (Mt 1.21)

Onde está o rei dos judeus recém-nascido? Vimos sua estrela no oriente e viemos adorá-lo. (Mt 2.2)

Eu, na verdade, vos batizo com água, tendo por base o arrependimento; mas aquele que vem depois de mim é mais poderoso do que eu; não sou digno nem de carregar suas sandálias; ele vos batizará com o Espírito Santo e com fogo. (Mt 3.11)

Este é o meu Filho amado, de quem me agrado. (Mt 3.17)

E aqueles homens se admiraram, dizendo: Quem é este que até os ventos e o mar lhe obedecem? (Mt 8.27)

Mas, para que saibais que o Filho do homem tem autoridade na terra para perdoar pecados, disse então ao paralítico: Levanta-te, pega a tua maca e vai para casa. (Mt 9.6; Mc 2.10)

Portanto, todo aquele que me confessar diante dos homens, eu também o confessarei diante de meu Pai, que está no céu. Mas aquele que me negar diante dos homens, eu também o negarei diante de meu Pai, que está no céu. (Mt 10.32,33)

E quem não toma a sua cruz, e não me segue, não é digno de mim. (Mt 10.38)

E os gentios terão esperança em seu nome. (Mt 12.21)

Quem não está comigo, está contra mim; e quem comigo não ajunta, espalha. (Mt 12.30; Lc 11.23)

A rainha do Sul se levantará no juízo contra esta geração e a condenará, pois veio dos confins da terra para ouvir a sabedoria de Salomão. E aqui está quem é maior que Salomão. (Mt 12.42)

E aqui está quem é maior do que Salomão. (Lc 11.31)

Jesus, A aceitação de

Tomai sobre vós o meu jugo e aprendei de mim, que sou manso e humilde de coração; e achareis descanso para a vossa alma. (Mt 11.29)

Simão Barjonas, tu és bem-aventurado, pois não foi carne e sangue que te revelaram isso, mas meu Pai, que está no céu. (Mt 16.17)

Se alguém quiser vir após mim, negue a si mesmo, tome a sua cruz e siga-me. (Mc 8.34)

E eu vos digo que todo aquele que me confessar diante dos homens, também o Filho do homem o confessará diante dos anjos de Deus. (Lc 12.8)

Assim, todo aquele dentre vós que não renuncia a tudo quanto possui não pode ser meu discípulo. (Lc 14.33)

Mas a todos que o receberam, aos que creem no seu nome, deu-lhes a prerrogativa de se tornarem filhos de Deus. (Jo 1.2)

Não te admires de eu te dizer: Necessário vos é nascer de novo. (Jo 3.7)

A obra de Deus é esta: Crede naquele que ele enviou. (Jo 6.29)

Eu sou o pão da vida; quem vem a mim jamais terá fome, e quem crê em mim jamais terá sede. (Jo 6.35)

Ninguém pode vir a mim, se o Pai que me enviou não o trouxer; e eu o ressuscitarei no último dia. (Jo 6.44)

Eu creio, SENHOR! E o adorou. (Jo 9.38)

Sim, Senhor, eu creio que tu és o Cristo, o Filho de Deus que devia vir ao mundo. (Jo 11.27)

Quem crê em mim não crê apenas em mim, mas naquele que me enviou. (Jo 12.44)

Em verdade, em verdade vos digo: Quem receber aquele que eu enviar estará recebendo a mim; e quem me receber, estará recebendo aquele que me enviou. (Jo 13.20)

Não se perturbe o vosso coração. Crede em Deus, crede também em mim. (Jo 14.1)

Aquele que tem os meus mandamentos e a eles obedece, esse é o que me ama. E aquele que me ama será amado por meu Pai, e eu o amarei e me manifestarei a ele. (Jo 14.21)

Se alguém me amar, obedecerá à minha palavra; e meu Pai o amará, e viremos a ele e faremos nele morada. (Jo 14.23)

Porque, se com a tua boca confessares Jesus como SENHOR, e em teu coração creres que Deus o ressuscitou dentre os mortos, serás salvo. (Rm 10.9)

Pelo contrário, como está escrito: Aqueles a quem não foi anunciado, o verão; e os que não ouviram, entenderão. (Rm 15.21)

Pois no passado éreis trevas, mas agora sois luz no SENHOR. Assim, andai como filhos da luz. (Ef 5.8)

E toda língua confesse que Jesus Cristo é o SENHOR, para glória de Deus Pai. (Fp 2.11)

Mas o que para mim era lucro, passei a considerar perda, por amor de Cristo. (Fp 3.7)

Pois morrestes, e a vossa vida está escondida com Cristo em Deus. (Cl 3.3)

Todo o que nega o Filho também não tem o Pai; aquele que confessa o Filho, também tem o Pai. (1Jo 2.23)

Todo aquele que confessa que Jesus é o Filho de Deus, Deus permanece nele, e ele em Deus. (1Jo 4.15)

Quem tem o Filho tem a vida; quem não tem o Filho de Deus não tem a vida. (1Jo 5.12)

Estou à porta e bato; se alguém ouvir a minha voz e abrir a porta, entrarei em sua casa e cearei com ele e ele comigo. (Ap 3.20)

Jesus, As últimas palavras na cruz

Eli, Eli, lamá sabactani? Isto é, Deus meu, Deus meu, por que me desamparaste? (Mt 27.46)

Eloí, lamá sabactani?, que traduzido é: Deus meu! Deus meu! Por que me desamparaste? (Mc 15.34)

Pai, perdoa-lhes, pois não sabem o que fazem. Então repartiram entre eles as roupas dele, tirando sortes sobre elas. (Lc 23.34)

Em verdade te digo que hoje estarás comigo no paraíso. (Lc 23.43)

Pai, nas tuas mãos entrego o meu espírito. E, dizendo isso, expirou. (Lc 23.46)

Mulher, aí está o teu filho. (Jo 19.26)

Aí está tua mãe. E a partir daquele momento, o discípulo manteve-a sob seus cuidados. (Jo 19.27)

Estou com sede. (Jo 19.28)

Está consumado. E, inclinando a cabeça, entregou o espírito. (Jo 19.30)

Jesus, O nascimento de

Ela dará à luz um filho, a quem darás o nome de Jesus; porque ele salvará seu povo dos seus pecados. (Mt 1.21)

A virgem engravidará e dará à luz um filho, a quem chamarão Emanuel, que significa: Deus conosco. (Mt 1.23)

Quando entraram na casa, viram o menino com Maria, sua mãe, e, prostrando-se, o adoraram. Depois, abrindo seus tesouros, ofereceram-lhe presentes: ouro, incenso e mirra. (Mt 2.11)

Alegra-te, agraciada; o SENHOR está contigo. (Lc 1.28)

Ficarás grávida e darás à luz um filho, a quem darás o nome de Jesus. (Lc 1.31)

Como isso poderá acontecer, se não conheço na intimidade homem algum? (Lc 1.34)

Porque para Deus nada é impossível. (Lc 1.37)

Porque o Poderoso fez grandes coisas para mim; o seu nome é santo. (Lc 1.49)

E ela teve seu filho primogênito; envolveu-o em panos e o colocou em uma manjedoura, pois não havia lugar para eles na hospedaria. (Lc 2.7)

É que hoje, na Cidade de Davi, vos nasceu o Salvador, que é Cristo, o SENHOR. (Lc 2.11)

Quando se completaram os oito dias para o menino ser circuncidado, foi-lhe dado o nome de Jesus, como o anjo o havia chamado antes de ele ter sido gerado. (Lc 2.21)

Foi para isso que nasci e vim ao mundo, a fim de dar testemunho da verdade. Todo aquele que é da verdade ouve a minha voz. (Jo 18.37)

Jesus, Títulos de

Porque um menino nos nasceu, um filho nos foi concedido. O governo está sobre os seus ombros, e o seu nome será: Maravilhoso Conselheiro, Deus Forte, Pai Eterno, Príncipe da Paz. (Is 9.6)

A virgem engravidará e dará à luz um filho, a quem chamarão Emanuel, que significa: Deus conosco. (Mt 1.23)

Tu és o Cristo, o Filho do Deus vivo. (Mt 16.16)

É que hoje, na Cidade de Davi, vos nasceu o Salvador, que é Cristo, o SENHOR. (Lc 2.11)

Quando se completaram os oito dias para o menino ser circuncidado, foi-lhe dado o nome de Jesus, como o anjo o havia chamado antes de ele ter sido gerado. (Lc 2.21)

Cordeiro de Deus. (Jo 1.29)

Filho de Deus. (Jo 1.34)

O Messias (que significa Cristo). (Jo 1.41; Dn 9.25)

O Filho do homem. (Jo 1.51)

Eu sou o pão da vida. (Jo 6.35)

Eu sou a luz do mundo. (Jo 8.12)

Eu sou a porta. (Jo 10.9)

Eu sou o bom pastor. (Jo 10.11)

Eu sou o caminho, a verdade e a vida; ninguém chega ao Pai, a não ser por mim. (Jo 14.6)

Eu sou a videira verdadeira. (Jo 15.1)

JESUS NAZARENO, O REI DOS JUDEUS. (Jo 19.19)

O Santo e Justo. (At 3.14)

O Libertador virá. (Rm 11.26)

O grande Pastor das ovelhas. (Hb 13.20)

O juiz. (Tg 5.9)

O Supremo Pastor. (1Pe 5.4)

A verdadeira luz. (1Jo 2.8)

O Príncipe dos reis da terra, que é a fiel testemunha. (Ap 1.5)

A estrela da manhã. (Ap 2.28)

O Verbo de Deus. (Ap 19.13)

Rei dos reis e Senhor dos senhores. (Ap 19.16)

Eu sou o Alfa e o Ômega, o primeiro e o último, o princípio e o fim. (Ap 22.13)

João Batista

Digo-vos, porém, que Elias já veio, e eles não o reconheceram; mas fizeram-lhe tudo o que quiseram. Assim também o Filho do homem sofrerá nas mãos deles. (Mt 17.12)

Eu vos batizo com água, mas vem aquele que é mais poderoso do que eu, de quem não sou digno de desatar a correia das sandálias; ele vos batizará com o Espírito Santo e com fogo. (Lc 3.16)

Ele não era a luz, mas veio para dar testemunho da luz. (Jo 1.8)

Eu sou a voz do que clama no deserto: Endireitai o caminho do SENHOR. (Jo 1.23)

Ele era a candeia que ardia e iluminava; e quisestes alegrar-vos por um pouco de tempo com a sua luz. (Jo 5.35)

Judas

Enquanto eu estava com eles, eu os guardei e os preservei no teu nome que me deste. Nenhum deles se perdeu, senão o filho da perdição, para que se cumprisse a Escritura. (Jo 17.12)

Judeus

Eu fui enviado somente às ovelhas perdidas da casa de Israel. (Mt 15.24)

Ele veio para o que era seu, mas os seus não o receberam. (Jo 1.11)

Ele os suportou no deserto por quase quarenta anos. (At 13.18)

Irmãos, sou fariseu, filho de fariseus; é por causa da esperança da ressurreição dos mortos que estou sendo julgado. (At 23.6)

Porque judeu não é quem o é exteriormente, nem é circunciso quem o é apenas no exterior, na carne. (Rm 2.28)

Então, que vantagem tem o judeu, ou qual a utilidade da circuncisão? (Rm 3.1)

Muita, em todos os sentidos. Em primeiro lugar, porque as palavras de Deus foram confiadas aos judeus. (Rm 3.2)

Porque posso testemunhar de que eles têm zelo por Deus, mas não com entendimento. (Rm 10.2)

Pergunto, então: Por acaso Deus rejeitou o seu povo? De modo nenhum; porque eu mesmo sou israelita, da descendência de Abraão, da tribo de Benjamim. (Rm 11.1)

Então, pergunto: Será que tropeçaram para que ficassem caídos? De maneira nenhuma, mas pela transgressão deles a salvação chegou aos gentios, para provocar ciúmes em Israel. (Rm 11.11)

Para os judeus, tornei-me judeu, para ganhar os judeus. Para os que estão debaixo da lei, como se eu estivesse debaixo da lei (embora eu não esteja), para ganhar os que estão debaixo da lei. (1Co 9.20)

São hebreus? Eu também sou. São israelitas? Eu também sou. São descendentes de Abraão? Eu também sou. (2Co 11.22)

Juízo

Não farás injustiça em um julgamento; não favorecerás o pobre, nem honrarás o poderoso, mas julgarás o teu próximo com justiça. (Lv 19.15)

E naquela ocasião ordenei a vossos juízes: Ouvi as causas de vossos irmãos e julgai com justiça entre eles, e também o estrangeiro que está com eles. (Dt 1.16)

Não fareis discriminação em julgamentos; da mesma forma ouvireis o pobre e o rico; não tenhais medo de ninguém, pois o julgamento é de Deus. Trazei a mim a causa que vos for difícil demais, e eu a ouvirei. (Dt 1.17)

Não violarás o direito; não farás discriminação de pessoas, nem aceitarás suborno; porque o suborno cega os olhos dos sábios e perverte a causa dos justos. (Dt 16.19)

Vede o que fazeis, porque não julgais para o homem, mas para o SENHOR, e ele está convosco no julgamento. (2Cr 19.6)

Agora, seja o temor do SENHOR convosco; tende cuidado no que fazeis, porque não há injustiça ou parcialidade no SENHOR, nosso Deus, e ele não aceita suborno. (2Cr 19.7)

Julgamento

Longe de ti fazer tal coisa, matar o justo com o ímpio, igualando o justo ao ímpio; longe de ti fazer isso! Não fará justiça o juiz de toda a terra? (Gn 18.25)

Porque o SENHOR julgará seu povo. (Dt 32.36)

Se eu afiar a minha espada reluzente, e tomar nas mãos o julgamento, então retribuirei vingança aos meus adversários e recompensarei os que me rejeitam. (Dt 32.41)

Os que lutam contra o SENHOR serão despedaçados; trovejará desde os céus contra eles. O SENHOR julgará as extremidades da terra; dará força ao seu rei e exaltará o poder do seu ungido. (1Sm 2.10)

Julgamento, O dia do

Ah! Que dia! O dia do SENHOR está perto, e vem como força destruidora da parte do Todo-poderoso. (Jl 1.15)

Tocai a trombeta em Sião e dai o alerta no meu santo monte. Tremam todos os moradores da terra, porque o dia do SENHOR está chegando, já está perto. (Jl 2.1)

O SENHOR levanta a voz diante do seu exército, porque o seu acampamento é muito grande; quem executa a sua ordem é poderoso; pois o dia do SENHOR é grande e terrível! Quem o suportará? (Jl 2.11)

Ai de vós que desejais o dia do SENHOR! Para que quereis este dia do SENHOR? Será um dia de trevas e não de luz. (Am 5.18)

Diz o SENHOR dos Exércitos: Aquele dia virá, abrasador como fornalha; todos os presunçosos e todos os que cometem maldade serão como palha; e o dia que virá os queimará, não sobrará raiz nem ramo. (Ml 4.1)

E todas as nações serão reunidas diante dele; e ele separará uns dos outros, à semelhança do pastor que separa as ovelhas dos cabritos. (Mt 25.32)

Porque esses dias serão de vingança, para que se cumpram todas as coisas que estão escritas. (Lc 21.22)

Pois determinou um dia em que julgará o mundo com justiça, por meio do homem que estabeleceu com esse propósito. E ele garantiu isso a todos ao ressuscitá-lo dentre os mortos. (At 17.31)

Pois é necessário que todos sejamos apresentados diante do tribunal de Cristo, para que cada um receba retribuição pelo que fez por meio do corpo, de acordo com o que praticou, seja o bem, seja o mal. (2Co 5.10)

Porque chegou o grande dia da ira deles! Quem poderá subsistir? (Ap 6.17)

Temei a Deus e dai-lhe glória; porque a hora do seu juízo chegou. Adorai aquele que fez o céu, a terra, o mar e as fontes das águas. (Ap 14.7)

Vi os mortos, grandes e pequenos, em pé diante do trono, e abriram-se alguns livros. Então, abriu-se outro livro, o livro da vida, e os mortos foram julgados pelas coisas que estavam escritas nos livros, segundo as suas obras. (Ap 20.12)

O mar entregou os mortos que nele havia, e a morte e o além entregaram também os mortos que neles havia. E eles foram julgados, cada um segundo as suas obras. (Ap 20.13)

E todo aquele que não se achou inscrito no livro da vida foi jogado no lago de fogo. (Ap 20.15)

Juramento

Agora, peço-vos, jurai-me pelo SENHOR que, como agi com bondade convosco, também agireis com bondade com a casa de meu pai; e dai-me um sinal seguro. (Js 2.12)

Tão certo como vive o SENHOR, teu Deus, não há nação nem reino onde o meu senhor não tenha mandado te procurar. Quando eles diziam: Aqui não está, ele os fazia jurar que não haviam te achado. (1Rs 18.10)

Que os deuses me castiguem se até amanhã a estas horas eu não houver feito com a tua vida como fizeste à deles. (1Rs 19.2)

Tão certo como eu vivo, os que estiverem em lugares desertos morrerão pela espada; e eu entregarei o que estiver no campo aberto para ser devorado pelas feras; e os que estiverem em lugares seguros e em cavernas morrerão de praga. (Ez 33.27)

Eu, porém, vos digo: De maneira nenhuma jureis; nem pelo céu, porque é o trono de Deus; nem pela terra, porque é o estrado de seus pés; nem por Jerusalém, porque é a cidade do grande Rei. (Mt 5.34,35)

Nem jures pela tua cabeça, porque não podes tornar branco nem preto um só fio de cabelo. (Mt 5.36)

E quem jurar pelo céu jura pelo trono de Deus e por quem está assentado nele. (Mt 23.22)

Mas, meus irmãos, sobretudo não jureis, nem pelo céu, nem pela terra, nem façais qualquer outro juramento. Seja, porém, vosso sim, sim, e vosso não, não, para não cairdes em condenação. (Tg 5.12)

Eu, porém, vos digo: De maneira nenhuma jureis; nem pelo céu, porque é o trono de Deus; nem pela terra, porque é o estrado de seus pés; nem por Jerusalém, porque é a cidade do grande Rei. (Mt 5.34,35)

Justiça

Destruirás o justo com o ímpio? (Gn 18.23)

Quando, porém, o mediam com o ômer, nada sobrava ao que recolhera muito, nem faltava ao que recolhera pouco; cada um recolhia tanto quanto conseguia comer. (Êx 16.18)

Que Deus me castigue severamente se não morreres, Jônatas. (1Sm 14.44)

Ele se inspirará no temor do SENHOR; e não julgará pela aparência, nem decidirá pelo que ouvir dizer. (Is 11.3)

Quem derramar sangue de homem, terá o seu sangue derramado pelo homem, porque Deus fez o homem à sua imagem. (Gn 9.6)

Haverá uma só lei para o natural da terra e para o estrangeiro que estiver vivendo entre vós. (Êx 12.49)

Mas, se causar dano, então pagarás vida por vida, olho por olho, dente por dente, mão por mão, pé por pé, queimadura por queimadura, ferimento por ferimento, golpe por golpe. (Êx 21.23-25)

Não perverterás o direito do pobre na sua causa. (Êx 23.6)

Não perverterás o direito do pobre na sua causa. Cuidado para não fazeres falsas acusações. Não matarás o inocente e o justo, pois não justificarei o ímpio. (Êx 23.6,7)

Quem derramar sangue de homem, terá o seu sangue derramado pelo homem, porque Deus fez o homem à sua imagem. (Gn 9.6)

Haverá uma só lei para o natural da terra e para o estrangeiro que estiver vivendo entre vós. (Êx 12.49)

Justiça própria

E aqueles três homens pararam de responder a Jó, visto que ele era justo aos seus próprios olhos. (Jó 32.1)

Não sejas justo demais, nem sábio demais; por que te destruirias a ti mesmo? (Ec 7.16)

Retira-te, e não te aproximes de mim, porque sou mais santo do que tu. Eles são fumaça nas minhas narinas, um fogo que arde o dia todo. (Is 65.5)

Eles vos expulsarão das sinagogas. E chegará a hora em que aquele que vos matar julgará estar prestando serviço a Deus. (Jo 16.2)

Justificação

E por meio dele, todo o que crê é justificado de todas as coisas de que não pudestes ser justificados pela lei de Moisés. (At 13.39)

Concluímos, pois, que o homem é justificado pela fé sem as obras da lei. (Rm 3.28)

É Deus quem os justifica. (Rm 8.33)

Alguns de vós éreis assim. Mas fostes lavados, santificados e justificados em nome do Senhor Jesus Cristo e no Espírito do nosso Deus. (1Co 6.11)

É evidente que ninguém é justificado diante de Deus pela lei, porque: O justo viverá pela fé. (Gl 3.11)

Juventude

E aquele de tua linhagem a quem eu não eliminar do meu altar, ficará apenas para consumir os teus olhos de choro e te provocar tristeza; e todos os descendentes da tua família morrerão à espada. (1Sm 2.33)

Os seus ossos estão cheios do vigor da sua juventude, mas esse vigor repousará com ele no pó. (Jó 20.11)

Não te lembres dos pecados da minha mocidade, nem das minhas transgressões; mas, Senhor, lembra-te de mim segundo a tua misericórdia, por causa da tua bondade. (Sl 25.7)

Os leões novos rugem pela presa, e de Deus buscam seu sustento. (Sl 104.21)

O orgulho dos jovens é a força, e a beleza dos idosos são os cabelos brancos. (Pv 20.29)

Jovem, alegra-te na tua mocidade, e anima o teu coração nos dias da tua mocidade. Segue pelos caminhos do teu coração e pelo desejo dos teus olhos. Porém, sabe que Deus te trará a juízo por todas essas coisas. (Ec 11.9)

Lembra-te do teu Criador nos dias da tua mocidade, antes que venham os dias difíceis e cheguem os anos em que dirás: Não tenho prazer neles. (Ec 12.1)

Não digas: Sou apenas um menino; porque irás a todos a quem eu te enviar e falarás tudo quanto eu te ordenar. (Jr 1.7)

Bom é para o homem suportar o jugo na sua juventude. (Lm 3.27)

E acontecerá nos últimos dias, diz o Senhor, que derramarei do meu Espírito sobre todas as pessoas; e os vossos filhos e as vossas filhas profetizarão, os vossos jovens terão visões, os vossos velhos terão sonhos. (At 2.17)

Ninguém te menospreze por seres jovem, mas procura ser exemplo para os fiéis, na palavra, no comportamento, no amor, na fé e na pureza. (1Tm 4.12)

Qualquer pessoa que se alimenta de leite é inexperiente na palavra da justiça, pois é criança. (Hb 5.13)

L

Lágrimas

Estou cansado do meu gemido; toda noite faço nadar em lágrimas a minha cama, inundo com elas o meu leito. (Sl 6.6)

Porque sua ira dura só um momento; no seu favor está a vida. O choro pode durar uma noite, mas o cântico de júbilo vem de manhã. (Sl 30.5)

Meus olhos derramam rios de lágrimas, porque os homens não guardam tua lei. (Sl 119.136)

Os que semeiam em lágrimas colherão com cânticos de júbilo. (Sl 126.5)

Lamento

Tua glória, ó Israel, foi morta sobre tuas colinas! Como caíram os valentes! (2Sm 1.19)

Nenhum filho tenho para conservar a memória do meu nome. E deu o seu próprio nome àquela coluna, e até o dia de hoje ela se chama o Pilar de Absalão. (2Sm 18.18)

Como está solitária a cidade que era tão populosa! A que era grande entre as nações tornou-se como viúva! A princesa das províncias tornou-se escrava! (Lm 1.1)

Ah! Que dia! O dia do SENHOR está perto, e vem como força destruidora da parte do Todo-poderoso. (Jl 1.15)

Ai de mim! Porque estou como quem colhe as frutas do verão, como os que rebuscam na vinha; não há cacho de uvas para comer, nem figo novo que tanto desejo. (Mq 7.1)

Ó geração incrédula e perversa! Até quando estarei convosco? Até quando terei de suportar-vos? Trazei-me o menino. (Mt 17.17)

Lar

Aproximando-se o dia de sua morte, Israel chamou seu filho José e disse-lhe: Se posso achar misericórdia diante de ti, põe a mão debaixo da minha coxa e usa de bondade e de fidelidade para comigo; peço-te que não me sepultes no Egito. (Gn 47.29)

Ó Jacó, como são formosas as tuas tendas! As tuas moradas, ó Israel! (Nm 24.5)

Às margens dos rios da Babilônia nos assentamos e choramos, recordando-nos de Sião. (Sl 137.1)

Toda mulher sábia edifica sua casa; a insensata, porém, com as mãos a derruba. (Pv 14.1)

As raposas têm tocas, e as aves do céu têm ninhos, mas o Filho do homem não tem onde descansar a cabeça. (Lc 9.58)

Lei

Tereis a mesma lei tanto para o estrangeiro como para o natural, pois eu sou o SENHOR vosso Deus. (Lv 24.22)

E ao que quiser levar-te ao tribunal, e tirar-te a túnica, deixa que leve também a capa. (Mt 5.40)

Ai de vós também, doutores da lei, pois sobrecarregais os homens com fardos difíceis de carregar, mas vós nem com um dedo tocais esses fardos. (Lc 11.46)

Lembrança

Cuidado para não te esqueceres do SENHOR, teu Deus, deixando de obedecer aos seus mandamentos, preceitos e estatutos, que hoje te ordeno. (Dt 8.11)

Pode uma mulher esquecer-se do filho que ainda amamenta, a ponto de não se compadecer do filho do seu ventre? Mas ainda que ela se esquecesse, eu não me esquecerei de ti. (Is 49.15)

Não consideram no coração que eu me lembro de toda a sua maldade; as suas obras os comprometem; elas estão diante de mim. (Os 7.2)

Isto é o meu corpo que é dado por vós. Fazei isto em memória de mim. (1Co 11.24)

Este cálice é a nova aliança no meu sangue. Fazei isto todas as vezes que o beberdes, em memória de mim. (1Co 11.25)

Liberdade

E favorecerei este povo aos olhos dos egípcios, de modo que, quando sairdes, não saireis de mãos vazias. (Êx 3.21)

*Assim diz o S*ENHOR*, o Deus de Israel: Deixa o meu povo ir, para que me celebre uma festa no deserto.* (Êx 5.1)

*Aquela foi uma noite de vigília para o S*ENHOR*, porque os tirou da terra do Egito. Esta é a noite do S*ENHOR*, que deve ser guardada por todos os israelitas, através de suas gerações.* (Êx 12.42)

Libertação

*Eu sou o S*ENHOR *teu Deus, que te tirou da terra do Egito, da casa da escravidão.* (Êx 20.2)

*E o S*ENHOR *nos tirou do Egito com mão forte e braço estendido, com atos grandiosos e impressionantes, com sinais e maravilhas.* (Dt 26.8)

Não retires de teus servos a tua mão; vem depressa, livra-nos e ajuda-nos, porque se ajuntaram contra nós todos os reis dos amorreus, que habitam na região montanhosa. (Js 10.6)

Quando os sidônios, os amalequitas e os amonitas vos oprimiram, e clamastes a mim, não vos livrei das mãos deles? (Jz 10.12)

*O Espírito do S*ENHOR *está sobre mim, porque me ungiu para anunciar boas-novas aos pobres; enviou-me para proclamar libertação aos presos e restauração da vista aos cegos, para pôr em liberdade os oprimidos.* (Lc 4.18)

E fui livrado da boca do leão. (2Tm 4.17)

Liderança

Poderíamos achar um homem como este, em quem esteja o espírito de Deus? (Gn 41.38)

O cetro não se afastará de Judá, nem o bastão de autoridade, de entre seus pés, até que venha aquele a quem pertence; e os povos obedecerão a ele. (Gn 49.10)

Quem te constituiu líder e juiz sobre nós? Queres matar-me, como mataste o egípcio? Então Moisés ficou com medo e disse: Certamente já descobriram o que aconteceu. (Êx 2.14)

Lisonja

Eram como tu; cada um parecia filho de rei. (Jz 8.18)

Porém, eu não acreditava nisso, até que vim e meus olhos o viram. Não me contaram nem metade; tu superaste em sabedoria e bens a fama que ouvi. (1Rs 10.7)

Cada um mente ao seu próximo; fala com lábios bajuladores e coração fingido. (Sl 12.2)

O que encobre o ódio tem lábios falsos, e o que espalha a calúnia é insensato. (Pv 10.18)

Loucos

O insensato diz no seu coração: Deus não existe. Todos se corrompem e praticam abominações; não há quem faça o bem. (Sl 14.1; Sl 53.1)

Lembra-te da afronta que o insensato te faz continuamente. (Sl 74.22)

Os insensatos, porém, desprezam a sabedoria e a instrução. (Pv 1.7)

Ó insensatos, até quando amareis a insensatez? Até quando os que zombam se alegrarão na zombaria? Até quando os tolos odiarão o conhecimento? (Pv 1.22)

Loucura

Porém ele deixou o conselho dos anciãos e buscou o conselho dos jovens que haviam crescido com ele, e que o serviam. (2Cr 10.8)

*Mas não buscou o S*ENHOR *nem mesmo na enfermidade, e sim aos médicos.* (2Cr 16.12)

Deixai a insensatez e vivei; andai pelo caminho do entendimento. (Pv 9.6)

Mas a tolice dos tolos não passa de tolice. (Pv 14.24)

Quem demora a irritar-se é grande em entendimento, mas o precipitado exalta a loucura. (Pv 14.29)

Louvor

Saul feriu milhares, mas Davi dez milhares. (1Sm 18.7)

Bendito seja o SENHOR, teu Deus, que se agradou de ti e te colocou no trono de Israel! Porque o SENHOR amou Israel para sempre, por isso te estabeleceu como rei, para executares juízo e justiça. (1Rs 10.9)

O homem é elogiado pelo seu conhecimento, mas o perverso de coração é desprezado. (Pv 12.8)

Da boca de pequeninos e de bebês obtiveste louvor? (Mt 21.16)

Se eu glorificar a mim mesmo, a minha glória não tem valor. Quem me glorifica é meu Pai, do qual dizeis ser o vosso Deus. (Jo 8.54)

Luz e trevas

Haja luz. E houve luz. (Gn 1.3)

Estende a mão para o céu, para que haja trevas sobre a terra do Egito, trevas que se possam apalpar. (Êx 10.21)

O povo que andava em trevas viu uma grande luz; e resplandeceu a luz sobre os que habitavam na terra da sombra da morte. (Is 9.2)

Vós sois a luz do mundo. Não se pode esconder uma cidade situada sobre um monte. (Mt 5.14)

Cuide, então, para que a luz que há em ti não sejam trevas. (Lc 11.35)

A luz resplandece nas trevas, e as trevas não prevaleceram contra ela. (Jo 1.5)

E o julgamento é este: A luz veio ao mundo, e os homens amaram as trevas em lugar da luz, pois suas obras eram más. (Jo 3.19)

Porque todo aquele que pratica o mal odeia a luz e não vem para a luz, para que as suas obras não sejam expostas. (Jo 3.20)

Enquanto estou no mundo, sou a luz do mundo. (Jo 9.5)

Para lhes abrir os olhos a fim de que se convertam das trevas para a luz, e do poder de Satanás para Deus, para que recebam o perdão dos pecados e herança entre os que são santificados pela fé em mim. (At 26.18)

Mas todas essas coisas, sendo condenadas, manifestam-se pela luz, pois tudo que se manifesta é luz. (Ef 5.13)

Deus é luz, e nele não há treva alguma. (1Jo 1.5)

A cidade não necessita nem do sol, nem da lua, para que nela brilhem, pois a glória de Deus a ilumina, e o Cordeiro é a sua lâmpada. (Ap 21.23)

■ M

Mal

O SENHOR sentiu o aroma suave e disse em seu coração: Não tornarei a amaldiçoar a terra por causa do homem, pois a imaginação do seu coração é má desde a infância; nem tornarei a ferir de morte todo ser vivo, como acabo de fazer. (Gn 8.21)

Sodoma e Gomorra. (Gn 18.20; 19.28)

Cuidado para não fazeres falsas acusações. Não matarás o inocente e o justo, pois não justificarei o ímpio. (Êx 23.7)

Não se acenda a ira do meu senhor. Tu conheces o povo, como se inclina para o mal. (Êx 32.22)

E o profeta ou sonhador morrerá, pois pregou a rebeldia contra o SENHOR, vosso Deus, que vos tirou da terra do Egito e vos resgatou da casa da escravidão, para vos desviar do caminho em que o SENHOR, vosso Deus, vos ordenou que andásseis. Assim exterminareis o mal do vosso meio. (Dt 13.5)

Enquanto eles se divertiam, homens depravados da cidade cercaram a casa, bateram à porta e disseram ao homem idoso, dono da casa: Traze aqui para fora o homem que entrou em tua casa para que o conheçamos intimamente. (Jz 19.22)

Passado o tempo do luto, Davi mandou que a trouxessem para o palácio; e ela tornou-se sua mulher e lhe deu um filho. Mas isso que Davi fez desagradou ao SENHOR. (2Sm 11.27)

Tu bem sabes, e o teu coração reconhece, toda a maldade que fizeste a Davi, meu pai.

Por isso, o SENHOR *fará recair sobre ti a tua culpa.* (1Rs 2.44)

Não houve, porém, ninguém como Acabe, que se vendeu para fazer o que era mau perante o SENHOR*, sendo instigado por Jezabel, sua mulher.* (1Rs 21.25)

Que tu me abençoes e aumentes minha propriedade; que a tua mão me proteja e não permita que eu seja afligido pelo mal. (1Cr 4.10)

Mandamentos

Se alguém pecar, fazendo qualquer coisa que o SENHOR *proibiu, ainda que não o saiba, será culpado e sofrerá por causa de sua maldade.* (Lv 5.17)

Ó Israel, ouve agora os estatutos e os preceitos que eu vos ensino, para obedecerdes a eles, a fim de que tenhais vida e tomeis posse da terra que o SENHOR*, Deus de vossos pais, vos dá.* (Dt 4.1)

Mansidão

Os humildes comerão e ficarão satisfeitos; e os que buscam o SENHOR *o louvarão. Que o vosso coração viva eternamente!* (Sl 22.26)

Guia os humildes na justiça e lhes ensina seu caminho. (Sl 25.9)

Mas os humildes herdarão a terra e se deleitarão na plenitude da paz. (Sl 37.11)

O SENHOR *ampara os humildes e rebaixa os perversos ao nível do chão.* (Sl 147.6)

Ele foi oprimido e afligido, mas não abriu a boca; como um cordeiro que é levado ao matadouro, e como a ovelha muda diante dos seus tosquiadores, ele não abriu a boca. (Is 53.7)

Buscai o SENHOR*, vós todos os humildes da terra, que cumpris o seu juízo; buscai a justiça, buscai a humildade; talvez sejais poupados no dia da ira do* SENHOR. (Sf 2.3)

Ide; eu vos envio como cordeiros para o meio de lobos. (Lc 10.3)

Foi levado como ovelha ao matadouro e, como um cordeiro mudo diante de quem o tosquia, não abriu a boca. (At 8.32)

Mantimento

Tudo quanto se move e vive vos servirá de alimento, bem como a planta verde; eu vos dei tudo. (Gn 9.3)

Come, para que tenhas forças quando fores pelo teu caminho. (1Sm 28.22)

Dá suprimento aos que o temem; lembra-se sempre da sua aliança. (Sl 111.5)

Martírio

A vida dos seus seguidores é preciosa aos olhos do SENHOR. (Sl 116.15)

Bem-aventurados os perseguidos por causa da justiça, pois deles é o reino do céu. (Mt 5.10)

Alegrai-vos e exultai, pois a vossa recompensa no céu é grande; porque assim perseguiram os profetas que viveram antes de vós. (Mt 5.12)

Pois quem quiser preservar sua vida, irá perdê-la; mas quem perder a vida por causa de mim e do evangelho, irá preservá-la. (Mc 8.35)

E enquanto o apedrejavam, Estêvão orava: Senhor Jesus, recebe o meu espírito. (At 7.59)

Materialismo

Não ajunteis tesouros na terra, onde traça e ferrugem os consomem, e os ladrões invadem e roubam. (Mt 6.19)

Pois que adianta ao homem ganhar o mundo inteiro e perder a sua vida? (Mc 8.36)

Está escrito: Nem só de pão o homem viverá. (Lc 4.4)

Evitai todo tipo de cobiça; pois a vida do homem não consiste na grande quantidade de coisas que ele possui. (Lc 12.15)

Vós sois os que vos justificais diante dos homens, mas Deus conhece o vosso coração; pois o que é elevado entre os homens, perante Deus é abominação. (Lc 16.15)

Trabalhai não pela comida que se acaba, mas pela comida que permanece para a vida eterna, a qual o Filho do homem vos dará. Deus, o Pai, o aprovou, pondo nele o seu selo. (Jo 6.27)

Sou rico, tenho prosperado e nada me falta, mas não sabes que és infeliz, miserável, pobre, cego e nu. (Ap 3.17)

Matrimônio

Portanto, o homem deixará seu pai e sua mãe e se unirá à sua mulher, e eles serão uma só carne. (Gn 2.24)

E disse para a mulher: Multiplicarei grandemente a tua dor na gravidez; com dor darás à luz filhos; o teu desejo será para o teu marido, e ele te dominará. (Gn 3.16)

A mulher virtuosa é a coroa do marido, mas a que se comporta de modo vergonhoso é como podridão nos seus ossos. (Pv 12.4)

Quem encontra uma esposa acha quem lhe traz felicidade e alcança o favor do Senhor. (Pv 18.22)

Portanto, o que Deus uniu o homem não separe. (Mt 19.6; Mc 10.9)

E os dois serão uma só carne. Assim, já não são mais dois, porém uma só carne. (Mc 10.8)

Maridos, cada um de vós ame a sua mulher, assim como Cristo amou a igreja e a si mesmo se entregou por ela. (Ef 5.25)

Assim, o marido deve amar sua mulher como ao próprio corpo. Quem ama sua mulher, ama a si mesmo. (Ef 5.28)

Maturidade

Perguntai a ele mesmo. Ele tem idade suficiente e falará por si [...]. Por isso seus pais disseram: Ele tem idade suficiente, perguntai a ele mesmo. (Jo 9.21,23)

Irmãos, não sejais como crianças no entendimento. Quanto ao mal, contudo, sede como criancinhas, mas adultos quanto ao entendimento. (1Co 14.20)

Antes, crescei na graça e no conhecimento de nosso Senhor e Salvador Jesus Cristo. A ele seja dada glória, agora e na eternidade. Amém. (2Pe 3.18)

Meditação

Entretanto, o mediador não representa apenas um, mas Deus é um só. (Gl 3.20)

A Jesus, o mediador de uma nova aliança, e ao sangue da aspersão, que fala melhor do que o sangue de Abel. (Hb 12.24)

Medo

Eu sou o Deus de teu pai Abraão; não temas, porque estou contigo e te abençoarei e multiplicarei a tua descendência por amor do meu servo Abraão. (Gn 26.24)

Peço-te que me livres da mão de meu irmão Esaú, pois tenho medo dele. Não permitas que ele venha matar a mim e às mães com seus filhos. (Gn 32.11)

Por acaso não foi isto que te dissemos no Egito: Deixa-nos servir os egípcios? Pois teria sido melhor servir os egípcios do que morrer no deserto. (Êx 14.12)

Voltarei o meu rosto contra vós, e sereis feridos diante de vossos inimigos; os que vos odiarem vos dominarão, e fugireis sem que ninguém vos persiga. (Lv 26.17)

E éramos como gafanhotos aos nossos próprios olhos e também aos olhos deles. (Nm 13.33)

Não tenhais medo deles, porque o Senhor, vosso Deus, é quem guerreia por nós. (Dt 3.22)

Não te ordenei isso? Esforça-te e sê corajoso; não tenhas medo, nem te assustes; porque o Senhor, teu Deus, está contigo, por onde quer que andares. (Js 1.9)

Mentiras

Além disso, o Glorioso de Israel não mente nem se arrepende, pois não é homem para que se arrependa. (1Sm 15.29)

Por acaso tuas conversas tolas calarão os homens? Ficarás zombando sem que ninguém te envergonhe? (Jó 11.3)

Vós, porém, maquinais mentiras, e sois todos médicos que não servem para nada. (Jó 13.4)

Eu dizia na minha perturbação: Todos os homens são mentirosos. (Sl 116.11)

Seis coisas o Senhor detesta, sim, sete ele abomina: olhos arrogantes, língua mentirosa e mãos que derramam sangue inocente; coração que faz planos perversos, pés que se apressam a praticar o mal; testemunha falsa que profere mentiras e o que semeia inimizade entre irmãos (Pv 6.16-19)

O mau se enlaça pela transgressão dos lábios, mas o justo escapa da angústia. (Pv 12.13)

Os lábios que dizem a verdade permanecem para sempre, mas a língua mentirosa dura só um momento. (Pv 12.19)

O SENHOR *odeia lábios mentirosos, mas se agrada dos que praticam a verdade.* (Pv 12.22)

O justo odeia a palavra mentirosa, mas o ímpio é odiado e se cobre de vergonha. (Pv 13.5)

O linguajar nobre não convém ao insensato, muito menos os lábios mentirosos a um príncipe! (Pv 17.7)

Ai dos que ao mal chamam bem, e ao bem, mal; que transformam trevas em luz, e luz em trevas, e o amargo em doce, e o doce em amargo! (Is 5.20)

Pois os ricos da cidade estão cheios de violência; os seus habitantes falam mentiras, e a sua língua é enganosa. (Mq 6.12)

Se alguém ainda profetizar, seu pai e sua mãe, que o geraram, lhe dirão: Não viverás, porque falas mentiras em nome do SENHOR*; e seu pai e sua mãe, que o geraram, o ferirão quando profetizar.* (Zc 13.3)

Mentiroso e pai da mentira. (Jo 8.44)

Enquanto o possuías, não era teu? E, depois de vendido, o dinheiro não estava em teu poder? Como planejaste isso no coração? Não mentiste aos homens, mas a Deus. (At 5.4)

A garganta deles é um sepulcro aberto; enganam com a língua; debaixo dos seus lábios há veneno de serpente. (Rm 3.13)

Eu vos escrevi não porque não conheceis a verdade, mas porque a conheceis e porque nenhuma mentira procede da verdade. (1Jo 2.21)

Quem é o mentiroso, senão aquele que nega que Jesus é o Cristo? Esse mesmo é o anticristo, esse que nega o Pai e o Filho. (1Jo 2.22)

Messiânicas, esperanças e profecias

Não penseis que vim abolir a Lei ou os Profetas; não vim abolir, mas cumprir. (Mt 5.17)

Este é aquele de quem está escrito: Estou enviando à tua frente o meu mensageiro, que preparará o teu caminho diante de ti. (Mt 11.10; Lc 7.27)

Mas tudo isso aconteceu para que se cumprissem as Escrituras dos profetas. Então todos os discípulos o deixaram e fugiram. (Mt 26.56)

Hoje se cumpriu esta passagem da Escritura que acabais de ouvir. (Lc 4.21)

Vós examinais as Escrituras, pois julgais ter nelas a vida eterna; e são elas que dão testemunho de mim. (Jo 5.39)

Pois se crêsseis em Moisés, creríeis em mim; porque ele escreveu a meu respeito. (Jo 5.46)

Messias

Mas vós, quem dizeis que eu sou? (Mt 16.15; Mc 8.29; Lc 9.20)

Tende cuidado para que ninguém vos engane. Porque virão muitos em meu nome, dizendo: Eu sou o Cristo; e enganarão a muitos. (Mt 24.4,5)

Porque surgirão falsos cristos e falsos profetas, que farão sinais e milagres para, se possível, enganar até os escolhidos. (Mc 13.22)

Pois o Filho do homem não veio para destruir a vida dos homens, mas para salvá-la. E foram para outro povoado. (Lc 9.56)

Pois aquele que Deus enviou fala as palavras de Deus; porque Deus dá o Espírito sem restrição. (Jo 3.34)

Sou eu, o que está falando contigo. (Jo 4.26)

E a sua palavra não permanece em vós; porque não credes naquele que ele enviou. (Jo 5.38)

Porque o pão de Deus é aquele que desce do céu e dá vida ao mundo. (Jo 6.33)

Milagres

Pega a vara e reúne a comunidade, tu e teu irmão Arão. Falareis à rocha diante do povo, para que ela dê suas águas. Tirarás água da rocha e darás de beber à comunidade e aos seus animais. (Nm 20.8)

Uma geração má e adúltera pede um milagre; mas nenhum milagre lhe será dado, senão o do profeta Jonas. (Mt 12.39)

E estes sinais acompanharão os que crerem: em meu nome expulsarão demônios, falarão novas línguas. (Mc 16.17)

Ide e contai a João o que tendes visto e ouvido: cegos veem, paralíticos andam, leprosos são purificados e surdos ouvem; mortos são ressuscitados, e o evangelho é anunciado aos pobres. (Lc 7.22)

Vai, o teu filho viverá. O homem creu na palavra que Jesus lhe dissera e partiu. (Jo 4.50)

Ministério

Agora, temei o SENHOR e cultuai-o com sinceridade e com verdade; jogai fora os deuses a que vossos pais cultuaram além do Rio e no Egito. Cultuai o SENHOR. (Js 24.14)

Maldito quem fizer a obra do SENHOR de forma negligente! Maldito o que poupar a sua espada de derramar sangue! (Jr 48.10)

Na verdade, a colheita é grande, mas os trabalhadores são poucos. (Mt 9.37)

De graça recebestes, de graça dai. (Mt 10.8)

Cuida dos meus cordeiros. (Jo 21.15)

Cuida das minhas ovelhas. [...] Pastoreia minhas ovelhas. (Jo 21.16,17)

Portanto, somos embaixadores de Cristo, como se Deus vos exortasse por nosso intermédio. Assim, suplicamo-vos por Cristo que vos reconcilieis com Deus. (2Co 5.20)

Misericórdia

E que o Deus Todo-poderoso vos conceda misericórdia diante do homem, para que ele deixe vosso outro irmão e Benjamim voltarem convosco; e eu, se me forem tirados os filhos, sem filhos ficarei. (Gn 43.14)

Pois o SENHOR, vosso Deus, é Deus misericordioso e não vos desamparará, nem vos destruirá, nem se esquecerá da aliança que jurou a vossos pais. (Dt 4.31)

Basta! Retira agora a tua mão. Naquele momento, o anjo do SENHOR estava junto à eira de Araúna, o jebuseu. (2Sm 24.16; 1Cr 21.15)

Porém, não o farei nos teus dias, por amor a Davi, teu pai; mas o tirarei da mão de teu filho. (1Rs 11.12)

Vai e proclama estas palavras para a região do norte: Volta, ó rebelde Israel, diz o SENHOR. Não te tratarei com ira, porque sou fiel, diz o SENHOR, e não guardarei para sempre o rancor. (Jr 3.12)

E naquele dia que prepararei, eles serão meus, diz o SENHOR dos Exércitos, minha propriedade exclusiva; terei compaixão deles, como um homem tem compaixão de seu filho, que o serve. (Ml 3.17)

Bem-aventurados os misericordiosos, pois alcançarão misericórdia. (Mt 5.7)

Sede misericordiosos, como o vosso Pai é misericordioso. (Lc 6.36)

Missão

Depois disso, ouvi a voz do Senhor, que dizia: A quem enviarei? Quem irá por nós? Eu disse: Aqui estou eu, envia-me. (Is 6.8)

Porque eu levantarei a mão contra elas, e elas serão presa daqueles que as serviram; assim sabereis que o SENHOR dos Exércitos me enviou. (Zc 2.9)

Curai os enfermos, ressuscitai os mortos, purificai os leprosos, expulsai os demônios; de graça recebestes, de graça dai. (Mt 10.8)

O Espírito do SENHOR está sobre mim, porque me ungiu para anunciar boas-novas aos pobres; enviou-me para proclamar libertação aos presos e restauração da vista aos cegos, para pôr em liberdade os oprimidos. (Lc 4.18)

Ide; eu vos envio como cordeiros para o meio de lobos. (Lc 10.3)

A minha comida é fazer a vontade daquele que me enviou e completar a sua obra. (Jo 4.34)

Pois desci do céu, não para fazer a minha vontade, mas a daquele que me enviou. (Jo 6.38)

Mas eu o conheço, pois venho da parte dele, e ele me enviou. (Jo 7.29)

Agora a minha alma está angustiada; e que direi? Pai, salva-me desta hora? Mas foi para isso que vim, para esta hora. (Jo 12.27)

Tu que dizes que sou um rei. Foi para isso que nasci e vim ao mundo, a fim de dar testemunho da verdade. Todo aquele que é da verdade ouve a minha voz. (Jo 18.37)

Paz seja convosco! Assim como o Pai me enviou, também eu vos envio. (Jo 20.21)

Levanta-te e vai para Damasco, onde te será dito tudo o que precisas fazer. (At 22.10)

Mas levanta-te e põe-te em pé. Foi para isto que te apareci: para te fazer servo e *testemunha, tanto das coisas que viste de minha parte como daquelas que te manifestarei.* (At 26.16)

Mistério

O caminho da águia no ar, o caminho da cobra no penhasco, o caminho do navio no mar e o caminho do homem com uma virgem. (Pv 30.19)

Guarda, que horas são da noite? Guarda, que horas são da noite? (Is 21.11)

Mas há um Deus no céu que revela os mistérios. Ele revelou ao rei Nabucodonosor o que acontecerá nos últimos dias. O sonho e as visões que tiveste quando estavas deitado são estes... (Dn 2.28)

Esta é a frase que foi escrita: Mene, Mene, Tequel e Parsim. (Dn 5.25)

O vento sopra onde quer, e ouves o seu som; mas não sabes de onde ele vem nem para onde vai; assim é todo que é nascido do Espírito. (Jo 3.8)

Mas o que fora curado não sabia quem era, pois Jesus havia se retirado por haver muita gente naquele lugar. (Jo 5.13)

Quem é digno de abrir o livro e de romper seus selos? (Ap 5.2)

Quando ele abriu o sétimo selo, houve silêncio no céu cerca de meia hora. (Ap 8.1)

Mito

Mas rejeita as fábulas profanas e insensatas. Exercita-te na piedade. (1Tm 4.7)

Modelos

Vós sois a luz do mundo. Não se pode esconder uma cidade situada sobre um monte. (Mt 5.14)

Assim resplandeça a vossa luz diante dos homens, para que vejam as vossas boas obras e glorifiquem vosso Pai, que está no céu. (Mt 5.16)

Basta ao discípulo ser como seu mestre; e ao servo, como seu senhor. (Mt 10.25)

Portanto, fazei e guardai tudo o que eles vos disserem; mas não lhes imiteis as obras, pois não praticam o que dizem. (Mt 23.3)

Vai e faze o mesmo. (Lc 10.37)

Ele era a candeia que ardia e iluminava; e quisestes alegrar-vos por um pouco de tempo com a sua luz. (Jo 5.35)

Pois eu vos dei exemplo, para que façais também o mesmo. (Jo 13.15)

Modéstia

Jacó respondeu-lhe: O tempo das minhas peregrinações são cento e trinta anos; poucos e maus têm sido os dias dos anos da minha vida; não chegaram aos dias dos anos da vida de meus pais, nos dias das suas peregrinações. (Gn 47.9)

Assim os servos de Saul disseram tudo isso em particular a Davi. Então Davi disse: Pensais que é fácil ser genro do rei? Sou homem pobre e de condição humilde. (1Sm 18.23)

Deixa que outros te elogiem, e não a tua própria boca; os outros, e não os teus lábios. (Pv 27.2)

Assim, quando deres esmola, não faças tocar trombeta diante de ti, a exemplo dos hipócritas nas sinagogas e nas ruas, para serem glorificados pelos homens. Em verdade vos digo que eles já receberam sua recompensa. (Mt 6.2)

Para não mostrar aos homens que estás jejuando, mas a teu Pai, que está em secreto; e teu Pai, que vê o que é secreto, te recompensará. (Mt 6.18)

Cuidado para que ninguém saiba disso. (Mt 9.30)

É como dizes. (Mc 15.2; Lc 23.3)

É necessário que ele cresça e eu diminua. (Jo 3.30)

Monoteísmo

Ouve, ó Israel: O SENHOR, nosso Deus, é o único SENHOR. (Dt 6.4)

Não há ninguém santo como o SENHOR; não há outro além de ti; não há rocha como o nosso Deus. (1Sm 2.2).

Para que todos os povos da terra saibam que o SENHOR é Deus e que não há outro. (1Rs 8.60)

Ó SENHOR, Deus de Israel, que estás assentado acima dos querubins, tu mesmo; só tu és

Deus de todos os reinos da terra; tu fizeste o céu e a terra. (2Rs 19.15)

Aquietai-vos e sabei que eu sou Deus; sou exaltado entre as nações, sou exaltado na terra. (Sl 46.10)

Sabei que o SENHOR é Deus! Foi ele quem nos fez, e dele somos; somos seu povo e rebanho que ele pastoreia. (Sl 100.3)

E sabereis que eu sou o SENHOR. (Ez 25.5)

Vai-te, Satanás; pois está escrito: Ao SENHOR teu Deus adorarás e só a ele prestarás culto. (Mt 4.10)

Crês que Deus é um só? Fazes bem, pois os demônios também creem e estremecem. (Tg 2.19)

Morte

Do suor do teu rosto comerás o teu pão, até que tornes à terra, pois dela foste tirado; porque és pó, e ao pó tornarás. (Gn 3.19)

Agora posso morrer, já que vi o teu rosto e ainda vives. (Gn 46.30)

Eu morra a morte dos justos, e o meu fim seja como o deles. (Nm 23.10)

Em verdade vos digo: Alguns dos que estão aqui de modo nenhum provarão a morte até que vejam o Filho do homem vindo no seu reino. (Mt 16.28)

Pois onde estiver o cadáver, ali os abutres também se ajuntarão. (Mt 24.28)

Eu vos digo que não; antes, se não vos arrependerdes, todos vós também perecereis. (Lc 13.3)

Para que todo aquele que nele crê tenha a vida eterna. (Jo 3.15)

Em verdade, em verdade vos digo que, se alguém obedecer à minha palavra, nunca verá a morte. (Jo 8.51)

Dentro em pouco o mundo não me verá mais, mas vós me vereis. Porque eu vivo, vós também vivereis. (Jo 14.19)

E eu vou para ti. (Jo 17.11)

Está consumado. (Jo 19.30)

Motivação

Todo caminho do homem lhe parece correto, mas o SENHOR sonda os corações. (Pv 21.2)

Ó casa de Israel, não é por tua causa que faço isto, mas por causa do meu santo nome, que tendes profanado entre as nações para onde fostes. (Ez 36.22)

O leão rugirá no bosque sem que tenha presa? O leão forte rugirá da toca se não houver apanhado nada? (Am 3.4)

Porque do coração é que saem os maus pensamentos, homicídios, adultérios, imoralidade sexual, furtos, falsos testemunhos e calúnias. (Mt 15.19)

Pedis e não recebeis, porque pedis de modo errado, só para gastardes em vossos prazeres. (Tg 4.3)

Pastoreai o rebanho de Deus que está entre vós, cuidando dele não por obrigação, mas espontaneamente, segundo a vontade de Deus; nem por interesse em ganho ilícito, mas de boa vontade. (1Pe 5.2)

Mudança

Pode o etíope mudar a sua pele ou o leopardo as suas pintas? Podereis vós fazer o bem, estando treinados para fazer o mal? (Jr 13.23)

Portanto, se alguém está em Cristo, é nova criação; as coisas velhas já passaram, e surgiram coisas novas. (2Co 5.17).

Jesus Cristo é o mesmo ontem, hoje e eternamente. (Hb 13.8)

Mulheres

Não é bom que o homem esteja só; eu lhe farei uma ajudadora que lhe seja adequada. (Gn 2.18)

E da costela que o SENHOR Deus lhe havia tomado, formou a mulher e a trouxe ao homem. (Gn 2.22)

Esta é agora osso dos meus ossos e carne da minha carne; ela será chamada mulher, porquanto do homem foi tomada. (Gn 2.23)

Mundanismo

Ele, porém, voltando-se, disse a Pedro: Para trás de mim, Satanás! Tu és para mim motivo de tropeço, pois não pensas nas coisas de Deus, mas, sim, nas que são dos homens. (Mt 16.23)

E aquele senhor elogiou o administrador injusto por ter procedido com astúcia; pois os filhos deste mundo são mais astutos para com a sua geração do que os filhos da luz. (Lc 16.8)

Vós sois daqui de baixo, eu sou lá de cima; vós sois deste mundo, eu não sou daqui. (Jo 8.23)

E não vos amoldeis ao esquema deste mundo, mas sede transformados pela renovação da vossa mente, para que experimenteis qual seja a boa, agradável e perfeita vontade de Deus. (Rm 12.2)

Música

Louvai ao SENHOR com harpa, cantai-lhe louvores com saltério de dez cordas. (Sl 33.2)

Louvai-o ao som da trombeta; louvai-o com saltérios e harpas! (Sl 150.3)

Louvai-o com danças e tamborins; louvai-o com instrumentos de cordas e com flautas! (Sl 150.4)

Louvai-o com címbalos sonoros; louvai-o com címbalos retumbantes! (Sl 150.5)

■ N

Nascer de novo

Em verdade, em verdade te digo que ninguém pode ver o reino de Deus se não nascer de novo. (Jo 3.3)

Em verdade, em verdade te digo que, se alguém não nascer da água e do Espírito, não pode entrar no reino de Deus. (Jo 3.5)

Não te admires de eu te dizer: Necessário vos é nascer de novo. (Jo 3.7)

Portanto, se alguém está em Cristo, é nova criação; as coisas velhas já passaram, e surgiram coisas novas. (2Co 5.17)

Natureza

E Deus fez os dois grandes luminares: o luminar maior para governar o dia e o menor para governar a noite; fez também as estrelas. (Gn 1.16)

Assim não profanareis a terra da vossa habitação, porque o sangue profana a terra; e nenhuma expiação se poderá fazer pela terra por causa do sangue que nela for derramado, senão com o sangue daquele que o derramou. (Nm 35.33)

Não contaminareis a terra em que habitareis, no meio da qual eu também habitarei; pois eu, o SENHOR, habito no meio dos israelitas. (Nm 35.34)

Quando sitiares uma cidade por muitos dias, lutando contra ela para tomá-la, não destruirás o seu arvoredo, derrubando-o com o machado, porque poderás comer dele. Não o cortarás! Por acaso a árvore do campo é um homem, para que seja sitiada por ti? (Dt 20.19)

Ou fala com a terra, e ela te ensinará; até os peixes do mar te declararão. (Jó 12.8)

Jó, inclina os teus ouvidos para isso; para e reflete sobre as obras maravilhosas de Deus. (Jó 37.14)

As árvores do SENHOR estão satisfeitas, os cedros do Líbano que ele plantou. (Sl 104.16)

Ó SENHOR, que variedade há nas tuas obras! Fizeste todas com sabedoria; a terra está cheia das tuas riquezas. (Sl 104.24)

Pois ele dá ordens e faz levantar o vento tempestuoso, que eleva as ondas do mar. (Sl 107.25)

Grandes são as obras do SENHOR, e nelas meditam todos os que as admiram. (Sl 111.2)

Os montes saltaram como carneiros, e as colinas, como cordeiros. (Sl 114.4)

Tudo se mantém até hoje, conforme ordenaste, pois todas as coisas obedecem a ti. (Sl 119.91)

Louvem o nome do SENHOR; pois ele deu ordem, e logo foram criados. (Sl 148.5)

O sol nasce, o sol se põe e se apressa em voltar ao lugar de onde nasce novamente. (Ec 1.5)

Tudo tem uma ocasião certa, e há um tempo certo para todo propósito debaixo do céu. (Ec 3.1)

Tempo de nascer e tempo de morrer; tempo de plantar e tempo de arrancar o que se plantou. (Ec 3.2)

A luz é doce e ver o sol é agradável. (Ec 11.7)

Pelos montes levantarei choro e pranto, e pelas pastagens do deserto lamentação;

porque já estão queimadas, e ninguém passa por elas; nem já se ouve mugido de gado; desde as aves dos céus, até aos animais andaram vagueando e fugiram. (Jr 9.10)

O SENHOR demora para se irar, tem grande poder e não inocenta o culpado; o SENHOR tem o seu caminho no vendaval e na tempestade, e as nuvens são a poeira dos seus pés. (Na 1.3)

E por que andais ansiosos quanto ao que vestir? Olhai como os lírios do campo crescem; eles não trabalham nem tecem; mas eu vos digo que nem Salomão, em toda a sua glória, se vestiu como um deles. (Mt 6.28,29)

O vento sopra onde quer, e ouves o seu som; mas não sabes de onde ele vem nem para onde vai; assim é todo que é nascido do Espírito. (Jo 3.8)

Não foi a minha mão que fez todas essas coisas? (At 7.50)

Pois do SENHOR é a terra e a sua plenitude. Mas, se alguém vos disser: Isto foi oferecido em sacrifício, então não comais por causa daquele que vos advertiu e por motivo de consciência. (1Co 10.26,28)

Porque toda pessoa é como a relva, e toda sua glória, como a flor da relva. Seca-se a relva, e cai a sua flor, mas a palavra do SENHOR permanece para sempre. E essa é a palavra que vos foi evangelizada. (1Pe 1.24,25)

Natureza humana

O SENHOR sentiu o aroma suave e disse em seu coração: Não tornarei a amaldiçoar a terra por causa do homem, pois a imaginação do seu coração é má desde a infância; nem tornarei a ferir de morte todo ser vivo, como acabo de fazer. (Gn 8.21)

Este é o mal que há em tudo o que se faz debaixo do sol: o mesmo acontece a todos. Além disso, o coração dos homens está cheio de maldade e de insensatez durante toda a vida. No final, eles se juntarão aos mortos. (Ec 9.3)

Nos seus caminhos há destruição e miséria; e não conheceram o caminho da paz. (Rm 3.16,17)

Porque sabemos que a lei é espiritual; mas eu sou limitado pela carne, vendido como escravo do pecado. (Rm 7.14)

Porque eu sei que em mim, isto é, na minha carne, não habita bem algum; pois o querer o bem está em mim, mas não o realizá-lo. (Rm 7.18)

Porque a carne luta contra o Espírito, e o Espírito, contra a carne. Eles se opõem um ao outro, de modo que não conseguis fazer o que quereis. (Gl 5.17)

Necessidade

Não vos assemelheis a eles; pois vosso Pai conhece de que necessitais, antes de o pedirdes a ele. (Mt 6.8)

Os sãos não precisam de médico, mas, sim, os doentes. (Mt 9.12)

O Espírito e a noiva dizem: Vem! E quem ouve, diga: Vem! Quem tem sede, venha; e quem quiser, receba de graça a água da vida. (Ap 22.17)

Negação

Como sois perversos! Por acaso o oleiro é como o barro para que a obra diga acerca do artífice: Ele não me fez; e o vaso formado diga de quem o formou: Ele não tem entendimento? (Is 29.16)

Mas aquele que me negar diante dos homens, eu também o negarei diante de meu Pai, que está no céu. (Mt 10.33)

Antes que o galo cante, três vezes me negarás. E Pedro lembrou-se do que Jesus dissera: Antes que o galo cante, três vezes me negarás. Então, saindo dali, chorou amargamente. (Mt 26.34,75)

Pedro lhe respondeu: Ainda que seja necessário morrer contigo, de modo nenhum te negarei. E todos os discípulos disseram o mesmo. (Mt 26.35)

E imediatamente o galo cantou. Pedro negou outra vez, e imediatamente um galo cantou. (Mt 26.74; Jo 18.27)

Não conheço esse homem de quem falais. (Mc 14.71)

Vós não o conheceis; mas eu o conheço. Se eu dissesse que não o conheço, seria mentiroso como vós; mas eu o conheço e obedeço à sua palavra. (Jo 8.55)

Se o negamos, ele também nos negará. (2Tm 2.12)

Se somos infiéis, ele permanece fiel; pois não pode negar a si mesmo. (2Tm 2.13)

Todo o que nega o Filho também não tem o Pai; aquele que confessa o Filho, também tem o Pai. (1Jo 2.23)

Netos

O menino vai restaurar a tua vida e te consolar na tua velhice, pois é filho da tua nora, que te ama e o deu à luz. Ela é melhor do que sete filhos para ti. (Rt 4.15)

O homem de bem deixa uma herança para os filhos de seus filhos; mas a riqueza do pecador reserva-se para o justo. (Pv 13.22)

Os filhos dos filhos são coroa para os idosos, e os pais são o orgulho dos filhos. (Pv 17.6)

Neutralidade

Amaldiçoai seus habitantes; pois não vieram em socorro do SENHOR, em socorro do SENHOR, contra os valentes. (Jz 5.23)

Quem não está comigo, está contra mim; e quem comigo não ajunta, espalha. (Mt 12.30)

Não o proibais; pois quem não é contra vós é por vós. (Lc 9.50)

Conheço tuas obras, sei que não és frio nem quente. Antes fosses frio ou quente! (Ap 3.15)

Assim, porque tu és morno, e não és quente nem frio, estou a ponto de vomitar-te da minha boca. (Ap 3.16)

Notoriedade

Assim o SENHOR estava com Josué; e a sua fama corria por toda a terra. (Js 6.27)

Comer muito mel não é bom, assim como não é digno buscar a própria honra. (Pv 25.27)

Vós sois a luz do mundo. Não se pode esconder uma cidade situada sobre um monte. (Mt 5.14)

Nem os que acendem uma candeia a colocam debaixo de um cesto, mas no velador, e assim ilumina a todos que estão na casa. (Mt 5.15)

Assim resplandeça a vossa luz diante dos homens, para que vejam as vossas boas obras e glorifiquem vosso Pai, que está no céu. (Mt 5.16)

Mas quem pratica a verdade vem para a luz, a fim de que se manifeste que suas obras são feitas em Deus. (Jo 3.21)

Novas

Não, meus filhos, os comentários que ouço se espalhando entre o povo do SENHOR não são bons. (1Sm 2.24)

Não contes isso em Gate, nem o proclames nas ruas de Asquelom, para que não se alegrem as filhas dos filisteus, para que não exultem as filhas dos incircuncisos. (2Sm 1.20)

Pois eu fui enviado a ti com duras notícias. (1Rs 14.6)

Eu colocarei nele um espírito, e ele ouvirá uma notícia que o fará voltar para sua terra; e o matarei à espada na sua terra. (2Rs 19.7)

Como água fresca para quem tem sede, assim são as boas notícias da terra distante. (Pv 25.25)

Quem manda mensagens pelas mãos do tolo é como quem corta os pés e bebe veneno. (Pv 26.6)

Como são belos sobre os montes os pés do que anuncia as boas-novas, que proclama a paz, que anuncia coisas boas, que proclama a salvação, que diz a Sião: O teu Deus reina! (Is 52.7)

Anunciai e proclamai entre as nações, erguei uma bandeira, proclamai e não escondei; dizei: A Babilônia foi conquistada, Bel foi humilhado, Marduque está alvoroçado, seus ídolos estão humilhados, e os seus deuses, alvoroçados. (Jr 50.2)

Não temais, porque vos trago novas de grande alegria para todo o povo. (Lc 2.10)

■ O

Obediência

Podes comer livremente de qualquer árvore do jardim, mas não comerás da árvore do conhecimento do bem e do mal; porque no dia em que dela comeres, com certeza morrerás. (Gn 2.16,17)

Eu sou o Deus Todo-poderoso; anda na minha presença e sê íntegro. (Gn 17.1)

E todas as nações da terra serão abençoadas por meio da tua descendência, pois obedeceste à minha voz. (Gn 22.18)

Meu filho, caia sobre mim essa maldição; somente obedece à minha voz e traze-os para mim. (Gn 27.13)

Obras

O SENHOR é o Deus da sabedoria e julga os atos humanos. (1Sm 2.3)

Se a sua conduta é pura e correta, até a criança se revela por suas ações (Pv 20.11)

Porque Deus levará a juízo tudo o que foi feito e até tudo o que está oculto, quer seja bom, quer seja mau. (Ec 12.14)

Assim resplandeça a vossa luz diante dos homens, para que vejam as vossas boas obras e glorifiquem vosso Pai, que está no céu. (Mt 5.16)

Portanto, vós os conhecereis pelos frutos. (Mt 7.20)

Todo aquele, pois, que ouve estas minhas palavras e as põe em prática será comparado a um homem prudente, que edificou sua casa sobre a rocha. (Mt 7.24)

Porque o Filho do homem virá na glória de seu Pai, com os seus anjos, e então retribuirá a cada um segundo suas obras. (Mt 16.27)

Toda árvore é conhecida pelo fruto; pois não se colhem figos dos espinheiros nem uvas dos espinhos. (Lc 6.44)

E por que me chamais: SENHOR, SENHOR, e não fazeis o que eu vos mando? (Lc 6.46)

Mas não vos esqueçais de fazer o bem e de repartir com os outros, porque Deus se agrada de tais sacrifícios. (Hb 13.16)

Sede praticantes da palavra e não somente ouvintes, enganando a vós mesmos. (Tg 1.22)

Sê vigilante, e confirma os restantes, que estavam para morrer; porque não achei as tuas obras perfeitas diante de Deus. (Ap 3.2)

Obstáculos

O caminho dos ímpios é como a escuridão; tropeçam sem saber onde. (Pv 4.19)

Eu irei adiante de ti e deixarei planos os lugares acidentados; quebrarei as portas de bronze e despedaçarei os ferrolhos de ferro. (Is 45.2)

E se dirá: Aplanai, aplanai, preparai o caminho; tirai os tropeços do caminho do meu povo. (Is 57.14)

Estou pondo obstáculos a este povo; juntos, pais e filhos tropeçarão neles; o vizinho e o seu amigo perecerão. (Jr 6.21)

Portanto, eu lhe cercarei o caminho com espinhos e levantarei uma cerca contra ela, para que não ache suas veredas. (Os 2.6)

Todo vale será aterrado, e todo monte e colina serão aplanados; o que é sinuoso se endireitará, e os caminhos acidentados serão nivelados. (Lc 3.5)

Endireitai os caminhos para os vossos pés, para que o manco não se desvie, mas, pelo contrário, seja curado. (Hb 12.13)

Ódio

E sereis uma abominação para mim. (Lv 26.30)

Levanta-te, ó SENHOR, e sejam dispersados os teus inimigos. Fujam da tua presença os que te odeiam. (Nm 10.35)

O que encobre o ódio tem lábios falsos, e o que espalha a calúnia é insensato. (Pv 10.18)

O que despreza o próximo peca. (Pv 14.21)

Tempo de amar e tempo de odiar; tempo de guerra e tempo de paz. (Ec 3.8)

Eu, porém, vos digo: Amai os vossos inimigos e orai pelos que vos perseguem. (Mt 5.44)

Se o mundo vos odeia, sabei que primeiramente odiou a mim. (Jo 15.18)

Todo o que odeia seu irmão é homicida, e sabeis que nenhum homicida tem a vida eterna permanecendo em si. (1Jo 3.15)

Se alguém diz: Eu amo a Deus, e odeia seu irmão, é mentiroso. Pois quem não ama seu irmão, a quem viu, não pode amar a Deus, a quem não viu. (1Jo 4.20)

Ódio de nós mesmos

Por tua vida e por tua honra, não farei isso. (2Sm 11.11)

Ó SENHOR, longe de mim fazer tal coisa! Beberia eu o sangue dos homens que *arriscaram a vida? De maneira que não quis bebê-la. Assim fizeram aqueles três guerreiros.* (2Sm 23.17)

Se alguém quiser vir após mim, negue a si mesmo, tome a sua cruz e siga-me. (Mc 8.34)

Assim, todo aquele dentre vós que não renuncia a tudo quanto possui não pode ser meu discípulo. (Lc 14.33)

Mas revesti-vos do Senhor Jesus Cristo; e não fiqueis pensando em como atender aos desejos da carne. (Rm 13.14)

Opinião pública

Não fareis discriminação em julgamentos; da mesma forma ouvireis o pobre e o rico; não tenhais medo de ninguém, pois o julgamento é de Deus. Trazei a mim a causa que vos for difícil demais, e eu a ouvirei. (Dt 1.17)

O Senhor disse a Samuel: Atende-o e constitui-lhe um rei. Então Samuel disse aos homens de Israel: Volte cada um para sua cidade. (1Sm 8.22)

Pequei, pois transgredi a ordem do Senhor e as tuas palavras; porque temi o povo e dei ouvidos à sua voz. (1Sm 15.24)

Sem dúvida, vós sois o povo, e a sabedoria morrerá convosco. (Jó 12.2)

Por acaso o meu senhor me mandou dizer estas palavras somente ao teu senhor e a ti, e não aos homens que estão assentados sobre o muro, que juntamente convosco comerão o próprio excremento e beberão a própria urina? (Is 36.12)

Então, o capitão foi com os guardas e os trouxe sem violência, pois temiam ser apedrejados pelo povo. (At 5.26)

Oportunidade

Vê, o Senhor, teu Deus, tem posto esta terra diante de ti; sobe, toma posse dela, como te falou o Senhor, Deus de teus pais. Não temas e não te assustes. (Dt 1.21)

Buscai o Senhor enquanto se pode achar, invocai-o enquanto está perto. (Is 55.6)

E não ouvistes quando eu vos falei insistentemente, nem respondestes quando vos chamei. (Jr 7.13)

Pedi, e vos será dado; buscai, e achareis; batei, e a porta vos será aberta. (Mt 7.7; Lc 11.9)

Porque muitos são chamados, mas poucos, escolhidos. (Mt 22.14)

Oportunismo

Acaso não me odiastes e não me expulsastes da casa de meu pai? Por que me procurais, agora que estais em dificuldade? (Jz 11.7)

Queremos ajudar-vos a construir, pois, como vós, buscamos o vosso Deus e temos oferecido sacrifícios a ele desde os dias de Esar-Hadom, rei da Assíria, que nos trouxe para cá. (Ed 4.2)

As riquezas trazem muitos amigos, mas o pobre é abandonado até pelo amigo. (Pv 19.4)

Muitos procurarão o favor do nobre, e todos são amigos do que distribui presentes. (Pv 19.6)

Raça de víboras, quem vos ensinou a fugir da ira futura? (Mt 3.7; Lc 3.7)

Pois onde estiver o cadáver, ali os abutres também se ajuntarão. (Mt 24.28)

Opressão

Não deis palha para o povo fazer tijolos como antes; que eles mesmos vão e recolham palha para si. (Êx 5.7)

E os feitores os pressionavam: Acabai a tarefa diária todos os dias, como quando havia palha. (Êx 5.13)

Assim, se meu pai vos impôs jugo pesado, eu aumentarei ainda mais o vosso jugo; meu pai vos castigou com açoites; porém eu vos castigarei com escorpiões [...] falou-lhes conforme o conselho dos jovens: Meu pai fez pesado o vosso jugo, mas eu o aumentarei mais; meu pai vos castigou com açoites, mas eu vos castigarei com escorpiões. (2Cr 10.11,14)

Seja fiador do teu servo para o meu benefício; não permitas que os soberbos me oprimam. (Sl 119.122)

Resgata-me da opressão do homem; assim guardarei teus preceitos. (Sl 119.134)

Que defende os oprimidos e dá alimento aos famintos. O Senhor liberta os encarcerados. (Sl 146.7)

Oração

Ó SENHOR Deus! Lembra-te de mim e dá-me forças só mais esta vez, para que me vingue dos filisteus pelos meus dois olhos, ó Deus. (Jz 16.28)

Eu orava por este menino, e o SENHOR me concedeu o pedido que fiz. (1Sm 1.27)

Quanto a mim, longe de mim pecar contra o SENHOR, deixando de interceder por vós; eu vos ensinarei o caminho bom e direito. (1Sm 12.23)

Invoquei o SENHOR na minha angústia. (2Sm 22.7; Sl 18.6)

Orgulho

Tua glória, ó Israel, foi morta sobre tuas colinas! Como caíram os valentes! (2Sm 1.19)

Por isso, a soberba é para eles como um colar no pescoço; a violência os cobre como um vestido. (Sl 73.6)

Quando vem a arrogância, em seguida chega a desonra, mas a sabedoria está com os humildes. (Pv 11.2)

A arrogância antecede a destruição, e a altivez do espírito antecede a queda. (Pv 16.18)

A arrogância do homem o abaterá, mas o humilde de espírito obterá honra. (Pv 29.23)

Orientação

E o SENHOR ia à frente deles, de dia numa coluna de nuvem para os guiar pelo caminho, e de noite numa coluna de fogo para os iluminar, para que caminhassem de dia e de noite. (Êx 13.21)

Porque tu, SENHOR, és a minha lâmpada; e o SENHOR ilumina as minhas trevas. (2Sm 22.29)

Ele me faz deitar em pastos verdejantes; guia-me para as águas tranquilas. Renova a minha alma; guia-me pelas veredas da justiça por amor do seu nome. (Sl 23.2,3)

SENHOR, faze-me saber teus caminhos; ensina-me tuas veredas. (Sl 25.4)

Guia os humildes na justiça e lhes ensina seu caminho. (Sl 25.9)

O SENHOR firma os passos do homem de cujo caminho se agrada. (Sl 37.23)

Meu filho, atenta para as minhas palavras; inclina o ouvido às minhas instruções. (Pv 4.20)

Pois o mandamento é uma lâmpada, e a instrução, uma luz; e as repreensões da disciplina são o caminho da vida. (Pv 6.23)

Quando não há uma direção sábia, o povo cai, mas na multidão de conselheiros há segurança. (Pv 11.14)

O sol não te servirá mais para luz do dia, nem a lua te iluminará com o seu resplendor; mas o SENHOR será a tua luz para sempre, e o teu Deus será a tua glória. (Is 60.19)

Corrige-me, ó SENHOR, mas com justiça; não na tua ira, para que não me reduzas a nada. (Jr 10.24)

Não te alegres a meu respeito, inimiga minha; quando eu cair, me levantarei; quando eu estiver em trevas, o SENHOR será a minha luz. (Mq 7.8)

Eu sou a luz do mundo; quem me seguir jamais andará em trevas, mas terá a luz da vida. (Jo 8.12)

Eu sou o caminho, a verdade e a vida; ninguém chega ao Pai, a não ser por mim. (Jo 14.6)

Mas levanta-te e entra na cidade; lá te será dito o que precisas fazer. (At 9.6)

Em tudo vos dei o exemplo de que deveis trabalhar assim, a fim de socorrerdes os doentes, recordando as palavras do próprio Senhor Jesus: Dar é mais bem-aventurado que receber. (At 20.35)

A palavra de Cristo habite ricamente em vós, em toda a sabedoria; ensinai e aconselhai uns aos outros com salmos, hinos e cânticos espirituais, louvando a Deus com gratidão no coração. (Cl 3.16)

■ P

Paciência

Até quando sofrerei com esta comunidade perversa, que murmura contra mim? Tenho ouvido as murmurações dos israelitas contra mim. (Nm 14.27)

A vingança e a recompensa são minhas, quando lhes resvalar o pé; porque o dia da sua ruína está próximo, as coisas que lhes acontecerão se aproximam rapidamente. (Dt 32.35)

Não se acenda contra mim a tua ira se eu te fizer mais um pedido. Permite que eu faça só mais um teste com a lã. Peço-te que somente a lã fique seca e que o chão em volta se molhe com o orvalho. (Jz 6.39)

Por acaso esperaríeis até que eles crescessem? Esperaríeis por eles, sem se casar? Não, minhas filhas! A minha amargura é maior do que a vossa, pois a mão do SENHOR se voltou contra mim. (Rt 1.13)

Assim como vive o SENHOR, ou o SENHOR o ferirá, ou chegará o seu dia e morrerá, ou descerá para a batalha e morrerá. (1Sm 26.10)

Suportai-me, e falarei; depois de eu falar, então podereis zombar. (Jó 21.3)

Aguardei as vossas palavras, escutei as vossas considerações, enquanto buscáveis o que dizer. (Jó 32.11)

Espera pelo SENHOR; anima-te e fortalece teu coração; espera, pois, pelo SENHOR. (Sl 27.14)

Pais

Poderá um homem de cem anos gerar um filho? Dará à luz Sara, aos noventa anos? (Gn 17.17)

Eu sou José; meu pai ainda vive? E seus irmãos não conseguiam responder-lhe, pois estavam perplexos diante dele. (Gn 45.3)

Honra teu pai e tua mãe, para que tenhas vida longa na terra que o SENHOR teu Deus te dá. (Êx 20.12)

Quem ferir seu pai, ou sua mãe, certamente será morto. (Êx 21.15)

Quem amaldiçoar seu pai ou sua mãe certamente será morto. (Êx 21.17)

Cada um de vós respeitará sua mãe e seu pai; e guardareis os meus sábados. Eu sou o SENHOR vosso Deus. (Lv 19.3)

Honra teu pai e tua mãe, como o SENHOR, teu Deus, te ordenou, para que tenhas vida longa e para que vivas bem na terra que o SENHOR, teu Deus, te dá. (Dt 5.16)

Paz

A terra toda não está diante de ti? Peço-te que te separes de mim. Se escolheres a esquerda, irei para a direita; se escolheres a direita, irei para a esquerda. (Gn 13.9)

Vai em paz. (Êx 4.18)

E a terra descansou da guerra. (Js 11.23)

Então Abner gritou para Joabe: Tu continuarás matando à espada para sempre? Não sabes que isso levará à amargura? Até quando te demorarás em ordenar às tropas que desistam de perseguir seus irmãos? (2Sm 2.26)

Então Ezequias disse a Isaías: Boa é a palavra do SENHOR que proferiste. Pois ele havia entendido que haveria paz e segurança durante sua vida. (2Rs 20.19)

Não subireis, nem lutareis contra os vossos irmãos; volte cada um à sua casa, porque isto vem de mim. Então eles atenderam à palavra do SENHOR e desistiram de atacar Jeroboão. (2Cr 11.4; 1Rs 12.24)

Com Deus estão o domínio e o temor; ele faz reinar a paz nas suas alturas. (Jó 25.2)

Afasta-te do mal e faze o bem; busca a paz e segue-a. (Sl 34.14)

Pecado

Tomou do seu fruto, comeu. (Gn 3.6)

Se procederes bem, não se restabelecerá o teu semblante? Mas, se não procederes bem, o pecado jaz à porta, e o desejo dele será contra ti; mas tu deves dominá-lo. (Gn 4.7)

Mas, se não fizerdes isso, estareis pecando contra o SENHOR; e estai certos de que o vosso pecado vos atingirá. (Nm 32.23)

Pecamos, abandonando o SENHOR e servindo aos baalins e às astarotes; mas agora livra-nos da mão de nossos inimigos, e te serviremos. (1Sm 12.10)

Pois não há homem que não peque. (1Rs 8.46; 2Cr 6.36)

Mas mandou poupar os filhos dos assassinos, conforme o que está escrito no livro da lei de Moisés, de acordo com a ordem do SENHOR: Não serão mortos os pais por causa dos filhos, nem os filhos por causa dos pais; mas cada um será morto pelo seu próprio pecado. (2Rs 14.6)

Todo tipo de pecado e blasfêmia será perdoado aos homens; mas a blasfêmia contra o Espírito não será perdoada. (Mt 12.31)

O que torna o homem impuro não é o que entra pela boca, mas o que sai dela; é isso que o torna impuro. (Mt 15.11)

Porque do coração é que saem os maus pensamentos, homicídios, adultérios, imoralidade sexual, furtos, falsos testemunhos e calúnias. (Mt 15.19)

O espírito está pronto, mas a carne é fraca. (Mt 26.41)

Todas essas coisas más procedem de dentro do homem e o tornam impuro. (Mc 7.23)

Se o teu olho te fizer tropeçar, joga-o fora; pois é melhor entrares no reino de Deus com um olho só do que, tendo dois olhos, ser lançado no inferno. (Mc 9.47)

E perdoa-nos os nossos pecados. (Lc 11.4)

Nada há encoberto que não venha a ser revelado, nem escondido que não venha a ser conhecido. (Lc 12.2)

Não peques mais, para que não te aconteça coisa pior. (Jo 5.14)

Quem dentre vós estiver sem pecado seja o primeiro a atirar uma pedra nela. (Jo 8.7)

Levantando-se e não vendo ninguém senão a mulher, Jesus lhe perguntou: Mulher, onde estão eles? Ninguém te condenou? (Jo 8.10)

Vai e não peques mais. (Jo 8.11)

Em verdade, em verdade vos digo que todo aquele que comete pecado é escravo do pecado. (Jo 8.34)

Se fôsseis cegos, não teríeis pecado. Mas como agora dizeis: Nós vemos, o vosso pecado permanece. (Jo 9.41)

Se eu não viesse e não lhes tivesse falado, não teriam pecado. Agora, porém, não têm desculpa para o pecado deles. (Jo 15.22)

E bem sabeis que ele se manifestou para tirar os pecados; e não há pecado nele. (1Jo 3.5)

Todo o que permanece nele não vive pecando; todo o que vive pecando não o viu nem o conheceu. (1Jo 3.6)

Toda injustiça é pecado; e há pecado que não é para morte. (1Jo 5.17)

Para que não sejais participantes dos seus pecados e para que não incorrais nas suas pragas. (Ap 18.4)

Porque seus pecados se acumularam até o céu, e Deus se lembrou das maldades dela. (Ap 18.5)

Pecadores

Na verdade, a luz do ímpio se apagará, e a chama do seu fogo não resplandecerá. (Jó 18.5)

Porque o SENHOR recompensa o caminho dos justos, mas o caminho dos ímpios traz destruição. (Sl 1.6)

Sejam eliminados da terra os pecadores, e não subsistam mais os ímpios. Ó minha alma, bendize o SENHOR! Louvai o SENHOR! (Sl 104.35)

O mal persegue os pecadores, mas os justos são recompensados com o bem. (Pv 13.21)

Não tenhas inveja dos pecadores; pelo contrário, conserva-te todos os dias no temor do SENHOR. (Pv 23.17)

Os sãos não precisam de médico, mas, sim, os doentes. (Mt 9.12)

E se emprestardes àqueles de quem esperais receber, que mérito há nisso? Os pecadores também emprestam aos pecadores, para receber o que emprestaram. (Lc 6.34)

Ora, quando ainda éramos fracos, Cristo morreu pelos ímpios no tempo adequado. (Rm 5.6)

Pensamentos

Só tu conheces o coração de todos os filhos dos homens. (1Rs 8.39)

O SENHOR, conhece os pensamentos do homem; sabe que são fúteis. (Sl 94.11)

Antes mesmo que a palavra me chegue à língua, tu, SENHOR, já a conheces toda. (Sl 139.4)

O SENHOR odeia os desígnios dos maus, mas se agrada com as palavras dos puros. (Pv 15.26)

Porque os meus pensamentos não são os vossos pensamentos, nem os vossos caminhos são os meus caminhos, diz o SENHOR. (Is 55.8)

Até quando abrigarás em ti planos malignos? (Jr 4.14)

Ó casa de Israel, assim tendes dito; mas eu conheço o que tendes na mente. (Ez 11.5)

Pense de si com equilíbrio. (Rm 12.3)

O Senhor conhece os pensamentos dos sábios, que são fúteis. (1Co 3.20)

Portanto, com o entendimento pronto para entrar em ação, tende autocontrole e esperai inteiramente na graça que vos é oferecida na revelação de Jesus Cristo. Sou aquele que sonda as mentes e os corações. (Ap 2.23)

Perda

O SENHOR o deu, e o SENHOR o tirou; bendito seja o nome do SENHOR. (Jó 1.21)

Tempo de buscar e tempo de perder; tempo de guardar e tempo de jogar fora. (Ec 3.6)

Assim vos restituirei os anos consumidos pelo gafanhoto migrador, pelo assolador, pelo destruidor e pelo cortador, meu grande exército que enviei contra vós. (Jl 2.25)

Vós sois o sal da terra; mas se o sal perder suas qualidades, como restaurá-lo? Para nada mais presta, senão para ser jogado fora e pisado pelos homens. (Mt 5.13)

Mas muitos dos primeiros serão últimos; e os últimos serão os primeiros. (Mt 19.30)

Porque muitos são chamados, mas poucos, escolhidos. (Mt 22.14)

Pois a todo o que tem, mais lhe será dado, e terá com fartura; mas ao que não tem, até aquilo que tem lhe será tirado. (Mt 25.29)

Pois ao que tem, mais lhe será dado, mas ao que não tem, até o que tem lhe será tirado. (Mc 4.25)

Pois que adianta ao homem ganhar o mundo inteiro e perder a sua vida? (Mc 8.36)

Também desaparecerão os frutos que a tua alma cobiçava; todas as coisas delicadas e suntuosas desaparecerão e nunca mais serão encontradas. (Ap 18.14)

Perdão

Ouve a súplica do teu servo e do teu povo Israel, quando orarem voltados para este lugar. Sim, ouve tu do lugar da tua habitação no céu; ouve e perdoa. (1Rs 8.30)

Ouve então do céu, lugar da tua habitação, perdoa, retribuindo a cada um conforme todo o seu procedimento, segundo vires no coração. Só tu conheces o coração dos filhos dos homens. (2Cr 6.30)

Quando o SENHOR viu que eles haviam se humilhado, a palavra do SENHOR veio a Semaías: Não os destruirei porque eles se humilharam; mas lhes darei auxílio, e a minha ira não será derramada contra Jerusalém por intermédio de Sisaque. (2Cr 12.7)

Porém, alguma virtude se acha em ti. (2Cr 19.3)

Não sejais teimosos como vossos antepassados; mas sujeitai-vos ao SENHOR, e entrai no seu santuário que ele santificou para sempre, e cultuai o SENHOR, vosso Deus, para que a sua fúria se desvie de vós. (2Cr 30.8)

O SENHOR, que é bom, perdoe quem se dispôs a buscar a Deus, o SENHOR, o Deus de seus pais. (2Cr 30.18,19)

Não te lembres dos pecados da minha mocidade, nem das minhas transgressões; mas, SENHOR, lembra-te de mim segundo a tua misericórdia, por causa da tua bondade. (Sl 25.7)

Perfeição

Ele é a Rocha! Suas obras são perfeitas, porque todos os seus caminhos são justos. Deus é fiel, e nele não há pecado; ele é justo e reto. (Dt 32.4)

O SENHOR disse a Satanás: Observaste o meu servo Jó? Não há ninguém na terra como ele. É um homem íntegro e correto, que teme a Deus e se desvia do mal. Ele ainda se mantém íntegro, embora tu me houvesses incitado contra ele, para destruí-lo sem motivo. (Jó 2.3)

Quanto a Deus, o seu caminho é perfeito; a promessa do SENHOR é provada; ele é um escudo para todos os que nele se refugiam. (Sl 18.30; 2Sm 22.31)

Perigo

E a tua vida estará como que suspensa diante de ti. Estremecerás de noite e de dia, e não terás segurança da própria vida. (Dt 28.66)

Estou a um passo da morte. (1Sm 20.3)

Fica comigo, não temas; porque quem procura a minha morte também procura a tua; comigo estarás em segurança. (1Sm 22.23)

O ímpio espreita o justo e procura matá-lo. (Sl 37.32)

Mas por amor de ti somos entregues à morte todos os dias; somos considerados ovelhas para o matadouro. (Sl 44.22)

Fizeste com que os homens cavalgassem sobre nossa cabeça; passamos pelo fogo e pela água, mas nos levaste para um lugar de fartura. (Sl 66.12)

Embora eu enfrente angústias, tu me vivificas; estendes a mão contra a ira dos meus inimigos, e a tua mão direita me salva. (Sl 138.7)

Mas no final é amarga como o absinto, afiada como a espada de dois gumes. (Pv 5.4)

O nosso Deus, a quem cultuamos, pode nos livrar da fornalha de fogo ardente; e ele nos livrará da tua mão, ó rei. (Dn 3.17)

Eu vos envio como ovelhas no meio de lobos; portanto, sede astutos como as serpentes e sem malícia como as pombas. (Mt 10.16)

Permanência

Dou a ti, a teus filhos e tuas filhas, como porção para sempre, todas as ofertas alçadas das coisas sagradas que os israelitas oferecerem ao SENHOR. É uma aliança perpétua de sal diante do SENHOR, para ti e para tua descendência. (Nm 18.19)

Ah! Antes as minhas palavras fossem escritas! Ah! Antes fossem gravadas num livro! (Jó 19.23)

O plano do SENHOR permanece para sempre, e os intuitos do seu coração, por todas as gerações. (Sl 33.11)

Porque as riquezas não duram para sempre, nem a coroa se mantém de geração em geração. (Pv 27.24)

Gerações vêm, gerações vão, mas a terra permanece a mesma. (Ec 1.4)

Nem o sábio nem o tolo serão lembrados para sempre, pois tudo será esquecido nos dias futuros. Assim como morre o sábio, morrerá também o tolo! (Ec 2.16)

Eu sei que tudo que Deus faz durará eternamente; nada se pode acrescentar a isso e nada se pode tirar disso. Deus faz isso para que os homens o temam. (Ec 3.14)

Perseguição

Olha, meu pai. Vê aqui a ponta do teu manto na minha mão, pois eu cortei a ponta do manto, em vez de te matar. Reconhece e vê que não cometi nenhum mal nem transgressão alguma; eu não pequei contra ti, embora andes à minha caça para me tirares a vida. (1Sm 24.11)

Ele respondeu: Tenho sido muito zeloso pelo SENHOR, Deus dos Exércitos; porque os israelitas abandonaram a tua aliança, derrubaram os teus altares e mataram os teus profetas pela espada; e fiquei eu, somente eu, e procuram tirar minha vida. (1Rs 19.10,14)

Não imagines que, por estares no palácio do rei, serás a única a escapar entre os judeus. (Et 4.13)

Pois como poderei suportar a calamidade que sobrevirá ao meu povo? Como suportarei a destruição da minha família? (Et 8.6)

Deus procura motivos de inimizade contra mim, e considera-me seu inimigo. (Jó 33.10)

Na sua arrogância, os ímpios perseguem o pobre com fúria; que eles mesmos caiam nas ciladas que maquinaram. (Sl 10.2)

Pois cães me rodeiam; um bando de malfeitores me cerca; perfuraram-me as mãos e os pés. (Sl 22.16)

Não me entregues à vontade dos meus adversários; pois as falsas testemunhas e os que respiram violência levantaram-se contra mim. (Sl 27.12)

O ímpio maquina contra o justo e range os dentes contra ele. (Sl 37.32)

Perseverança

Pedi a Deus: Fortalece as minhas mãos! (Ne 6.9)

E depois que Jó intercedeu pelos seus amigos, o SENHOR o livrou e lhe deu o dobro do que possuía antes. (Jó 42.10)

Fizeste com que os homens cavalgassem sobre nossa cabeça; passamos pelo fogo e pela água, mas nos levaste para um lugar de fartura. (Sl 66.12)

Faço a tua testa como o diamante, mais dura do que a pederneira. Não os temas, nem te assustes com a presença deles, embora sejam casa rebelde. (Ez 3.9)

Feliz do que espera. (Dn 12.12)

Perspectiva

Estou a ponto de morrer; de que me servirá o direito de primogenitura? (Gn 25.32)

Se fossem sábios, entenderiam isso e saberiam seu destino. (Dt 32.29)

O que fiz em comparação com o que fizestes? O resto das uvas de Efraim não é melhor do que toda a colheita de Abiezer? (Jz 8.2)

Contra quem o rei de Israel saiu? A quem persegues? A um cachorro morto? A uma pulga! (1Sm 24.14)

Quantos anos viverei ainda, para que suba com o rei a Jerusalém? (2Sm 19.34)

Tu falas como uma louca. Por acaso receberemos de Deus apenas o bem e não também a desgraça? Em tudo isso Jó não pecou com os lábios. (Jó 2.10)

Pois nós surgimos ontem, e nada sabemos; nossos dias na terra são como uma sombra. (Jó 8.9)

Deste aos meus dias o comprimento de alguns palmos; o tempo da minha vida é como nada diante de ti. Na verdade, todo homem, por mais firme que esteja, é apenas um sopro. (Sl 39.5)

Persuação

Agora permanecei aqui, para que eu entre em juízo diante do SENHOR, com relação a todos os atos de justiça do SENHOR, que ele fez a vós e a vossos pais. (1Sm 12.7)

Como são poderosas as palavras corretas! Mas o que quereis provar com vosso argumento? (Jó 6.25)

Apresentai a vossa causa, diz o SENHOR. Trazei os vossos motivos, diz o Rei de Jacó. (Is 41.21)

Abraão, porém, lhe disse: Se não ouvem Moisés nem os Profetas, tampouco acreditarão, mesmo que alguém ressuscite dentre os mortos. (Lc 16.31)

Por pouco me convences a me tornar cristão. (At 26.28)

Uns criam nas suas palavras, mas outros as rejeitavam. (At 28.24)

Ninguém vos engane com palavras sem sentido; pois é por causa dessas coisas que a ira de Deus vem sobre os desobedientes. (Ef 5.6)

Prefiro pedir-te confiado no teu amor. Eu, Paulo, já velho e agora também prisioneiro de Cristo Jesus. (Fm 1.9)

Pesar

Se me forem tirados os filhos, sem filhos ficarei. (Gn 43.14)

Até quando terás dó de Saul, tendo eu o rejeitado para que não reine sobre Israel? Enche o teu vaso de azeite e vem; eu te enviarei a Jessé, o belemita, porque escolhi um de seus filhos para ser rei. (1Sm 16.1)

Então Davi e a tropa que o seguia choraram bem alto, até ficarem sem forças para chorar. (1Sm 30.4)

Os meus amigos zombam de mim, mas os meus olhos se desfazem em lágrimas diante de Deus. (Jó 16.20)

Ó povo, confiai nele em todo o tempo; derramai o coração perante ele; Deus é nosso refúgio. (Sl 62.8)

Tu os alimentaste com pão de lágrimas e, para beber, deste-lhes lágrimas à vontade. (Sl 80.5)

Filhas de Jerusalém, não choreis por mim; chorai, sim, por vós mesmas e por vossos filhos. (Lc 23.28)

Em verdade, em verdade vos digo que chorareis e vos lamentareis, mas o mundo se alegrará. Ficareis tristes, porém a vossa tristeza se transformará em alegria. (Jo 16.20)

Piedade

Bem-aventurado o povo a quem assim acontece! Bem-aventurado o povo cujo Deus é o SENHOR. (Sl 144.15)

Ninguém pode servir a dois senhores; porque ou odiará a um e amará o outro, ou se dedicará a um e desprezará o outro. Não podeis servir a Deus e às riquezas. (Mt 6.24; Lc 16.13)

Sem dúvida, grande é o mistério da fé: Aquele que se manifestou em carne foi justificado no Espírito, visto pelos anjos, pregado entre os gentios, crido no mundo e recebido acima na glória. (1Tm 3.16)

De fato, a piedade acompanhada de satisfação é grande fonte de lucro. (1Tm 6.6)

Na verdade, todos os que querem viver uma vida piedosa em Cristo Jesus sofrerão perseguições. (2Tm 3.12)

Aquele que é nascido de Deus não peca habitualmente, pois a semente de Deus permanece nele, e ele não pode continuar no pecado, porque é nascido de Deus. (1Jo 3.9)

Todo aquele que confessa que Jesus é o Filho de Deus, Deus permanece nele, e ele em Deus. (1Jo 4.15)

Pois todo o que é nascido de Deus vence o mundo; e esta é a vitória que vence o mundo: a nossa fé. (1Jo 5.4)

Amado, não imites o mal, mas sim o bem. Quem faz o bem é de Deus, mas quem faz o mal não viu a Deus. (3Jo 1.11)

Conservai-vos no amor de Deus, esperando a misericórdia de nosso SENHOR Jesus Cristo para a vida eterna. (Jd 1.21)

Planejamento

Refleti e pensai nisto! Dai o vosso parecer. (Jz 19.30)

O SENHOR frustra os planos das nações, anula os intuitos dos povos. (Sl 33.10)

O plano do SENHOR permanece para sempre, e os intuitos do seu coração, por todas as gerações. (Sl 33.11)

Observa por onde andas e todos os teus caminhos serão seguros. (Pv 4.26)

Pobreza

Pois nunca deixará de haver pobres na terra. Por isso, te ordeno: Livremente abrirás a mão para o teu irmão, para o necessitado e para o pobre na tua terra. (Dt 15.11)

Levanta o pobre do pó, ergue o necessitado do monte de cinzas, para fazê-los sentar entre os príncipes, para fazê-los herdar um trono de glória; porque as colunas da terra são do SENHOR; estabeleceu o mundo sobre elas. (1Sm 2.8)

Eu saí nu do ventre de minha mãe, e nu voltarei para lá. O SENHOR o deu, e o SENHOR o tirou; bendito seja o nome do SENHOR. (Jó 1.21)

Mas o necessitado, Deus o livra da espada que eles possuem na boca, e livra-o da mão dos poderosos. (Jó 5.15)

Assim, há esperança para o pobre. A maldade tapa a própria boca. (Jó 5.16)

Poder

Como amaldiçoarei a quem Deus não amaldiçoou? Como sentenciarei a quem o SENHOR não sentenciou? (Nm 23.8)

Tomará o melhor das vossas terras, das vossas vinhas e dos vossos olivais, e o dará aos seus servos. (1Sm 8.14)

Por acaso sou Deus, que pode matar ou dar vida, para que ele me envie um homem a fim de que eu o cure da lepra? Vede como busca um pretexto para me atacar. (2Rs 5.7)

Porta-vozes

Ele falará ao povo em teu lugar. Assim, ele será a tua boca, e tu serás como Deus para ele. (Êx 4.16)

Eu vim em nome de meu Pai, e não me recebeis; mas, se outro vier em seu próprio nome, a esse recebereis. (Jo 5.43)

Em verdade, em verdade vos digo: Quem receber aquele que eu enviar estará recebendo a mim; e quem me receber, estará recebendo aquele que me enviou. (Jo 13.20)

Vai, porque ele é para mim um instrumento escolhido para levar o meu nome perante os gentios, reis e israelitas. (At 9.15)

Pelo qual sou embaixador na prisão, para que nele eu tenha coragem para falar como devo. (Ef 6.20)

Posição social

O Senhor faz empobrecer e enriquecer; abate e também exalta. (1Sm 2.7)

O discípulo não está acima do seu mestre, nem o servo acima do seu senhor. (Mt 10.24)

O escravo não é maior que seu senhor, nem o mensageiro é maior que aquele que o enviou. (Jo 3.16)

Possibilidade

Há alguma coisa difícil para o Senhor? Voltarei a ti no tempo determinado, no ano que vem, e Sara terá um filho. (Gn 18.14)

Mesmo que Balaque quisesse me dar a sua casa cheia de prata e de ouro, eu não poderia ir contra a ordem do Senhor, meu Deus, para fazer coisa alguma, nem pequena nem grande. (Nm 22.18)

Isaías respondeu: Este será o sinal do Senhor, de que cumprirá o que disse: Queres que a sombra se adiante ou volte dez graus? (2Rs 20.9)

Considera as obras de Deus: Quem poderá endireitar o que ele fez torto? (Ec 7.13)

Eu sou o Senhor, o Deus de toda a humanidade; existe alguma coisa impossível para mim? (Jr 32.27)

O que o rei exige é difícil, e ninguém é capaz de declará-lo ao rei, senão os deuses, que não moram junto aos mortais. (Dn 2.11)

Por causa da vossa pequena fé; pois em verdade vos digo que, se tiverdes fé do tamanho de um grão de mostarda, direis a este monte: Passa daqui para lá, e ele passará; e nada vos será impossível. (Mt 17.20)

E outra vez vos digo que é mais fácil um camelo passar pelo fundo de uma agulha do que um rico entrar no reino de Deus. (Mt 19.24; Mc 10.25)

Jesus respondeu: Isso é impossível para os homens, mas para Deus tudo é possível. (Mt 19.26; Mc 10.27)

Não sabeis o que pedis; podeis beber o cálice que estou para beber? Eles lhe responderam: Podemos. (Mt 20.22; Mc 10.38)

Em verdade vos digo que, se tiverdes fé e não duvidardes, Não só fareis o que foi feito à figueira, mas até se disserdes a este monte: Ergue-te e lança-te no mar, isso será feito. (Mt 21.21)

Tudo é possível ao que crê. (Mc 9.23)

Isso é impossível para os homens, mas não para Deus; pois para Deus tudo é possível. (Mc 10.27)

Porque para Deus nada é impossível. (Lc 1.37)

Posteridade

E farei a tua descendência como o pó da terra; de maneira que, se o pó da terra puder ser contado, então também poderá ser contada a tua descendência. (Gn 13.16)

Eu sou o Deus Todo-poderoso; frutifica-te; uma nação e uma multidão de nações sairão de ti, e reis procederão da tua linhagem. (Gn 35.11)

Foi levado por juízo opressor; e a sua descendência, quem a considerou? Pois ele foi tirado da terra dos viventes, ferido por causa da transgressão do meu povo. (Is 53.8)

Porque a promessa é para vós, para vossos filhos e para todos os que estão longe, a quantos o Senhor nosso Deus chamar. (At 2.39)

Prazer

É possível comer sem sal o que é insípido? Há gosto na clara do ovo? (Jó 6.6)

As águas roubadas são doces, e o pão que se come às escondidas é gostoso. (Pv 9.17)

Quem ama os prazeres empobrecerá; quem ama o vinho e o azeite nunca enriquecerá. (Pv 21.17)

Precipitação

Logo que a viu, ele rasgou as vestes e gritou: Ai de mim, filha minha! Estou muito abatido e tu és a causa da minha desgraça, pois fiz um voto ao SENHOR e não posso voltar atrás. (Jz 11.35)

SENHOR, guarda a minha boca; vigia a porta dos meus lábios! (Sl 141.3)

Quem demora a irritar-se é grande em entendimento, mas o precipitado exalta a loucura. (Pv 14.29)

Não é bom agir sem pensar; quem tem pressa erra o caminho. (Pv 19.2)

Não te precipites com a boca, nem seja o teu coração impulsivo para fazer promessa alguma na presença de Deus; porque Deus está no céu, e tu estás na terra; portanto, sejam poucas as tuas palavras. (Ec 5.2)

Pregação

Ouve, ó Israel: O SENHOR, nosso Deus, é o único SENHOR. (Dt 6.4)

O Senhor proclama a palavra. Grande é a companhia dos que anunciam as boas-novas! (Sl 68.11)

Inclinai os ouvidos e ouvi a minha voz; escutai e ouvi o meu discurso. (Is 28.23)

Felizes sois vós, que semeais próximo a todas as águas, que deixais soltos o boi e o jumento. (Is 32.20)

Preguiça

O que trabalha com indolência empobrece, mas a mão do diligente enriquece. (Pv 10.4)

Aquele que colhe no verão é um filho sensato, mas o que dorme na colheita é um filho que envergonha. (Pv 10.5)

Como vinagre para os dentes e fumaça para os olhos, assim é o preguiçoso para aqueles que lhe dão ordens. (Pv 10.26)

Preocupação

Por que o seu carro tarda em vir? Por que demora o ruído dos seus carros? (Jz 5.28)

Entrega tuas ansiedades ao SENHOR, e ele te dará sustentação; nunca permitirá que o justo seja abalado. (Sl 55.22)

Ó povo, confiai nele em todo o tempo; derramai o coração perante ele; Deus é nosso refúgio. (Sl 62.8)

Preparo físico

Pois o exercício físico é proveitoso para pouca coisa, mas a piedade é proveitosa para tudo, visto que tem a promessa da vida presente e da futura. (1Tm 4.8)

Presentes

Israel amava mais José do que todos os seus filhos, porque ele era o filho da sua velhice; e fez para ele uma túnica longa. (Gn 37.3)

O presente que se dá em segredo aplaca a ira, e a dádiva às escondidas, a forte indignação. (Pv 21.14)

Quando entraram na casa, viram o menino com Maria, sua mãe, e, prostrando-se, o adoraram. Depois, abrindo seus tesouros, ofereceram-lhe presentes: ouro, incenso e mirra. (Mt 2.11)

Presunção

O homem prudente encobre o conhecimento, mas o coração dos tolos proclama a insensatez. (Pv 12.23)

Não te vanglories do dia de amanhã, porque não sabes o que ele trará. (Pv 27.1)

A fim de que, como está escrito: Quem se gloriar, glorie-se no Senhor. (1Co 1.31)

Mas longe de mim orgulhar-me, a não ser na cruz de nosso Senhor Jesus Cristo, pela qual o mundo está crucificado para mim, e eu para o mundo. (Gl 6.14)

Procrastinação

Se esperarmos até a luz da manhã, algum castigo nos sobrevirá; vamos agora e o anunciemos no palácio do rei.(2Rs 7.9)

Quem observa o vento não semeará, e o que olha para as nuvens não colherá. (Ec 11.4)

Buscai o SENHOR enquanto se pode achar, invocai-o enquanto está perto. (Is 55.6)

Antes, exortai uns aos outros todos os dias, durante o tempo que se chama Hoje, para que nenhum de vós seja endurecido pelo engano do pecado. (Hb 3.13)

Profanação

Mas, agora, livrai-vos de tudo isto: raiva, ódio, maldade, difamação, palavras indecentes do falar. (Cl 3.8)

Profecia

Tu tens ciúmes por mim? Quem me dera todos os membros do povo do SENHOR fossem profetas, que o SENHOR colocasse neles seu Espírito! (Nm 11.29)

Quando o profeta falar em nome do SENHOR e a palavra não se cumprir, nem acontecer como foi falado, é porque o SENHOR não falou essa palavra; o profeta falou por arrogância; não o temerás. (Dt 18.22)

Mas eu o odeio, porque nunca profetiza o bem a meu respeito, mas somente o mal. Então, Josafá disse: Não fale o rei assim. (1Rs 22.8)

Os profetas são unânimes em profetizar coisas favoráveis ao rei. Seja a tua palavra como a de um deles, e fala o que é bom. (1Rs 22.13)

Ouvi a palavra do SENHOR; assim diz o SENHOR: Amanhã, por estas horas, na entrada de Samaria, uma medida de farinha será vendida por um siclo, e duas medidas de cevada por um siclo. (2Rs 7.1)

Promessas

O SENHOR respondeu a Moisés: Por acaso a mão do SENHOR não tem mais poder? Agora mesmo verás se a minha palavra vai se cumprir ou não. (Nm 11.23)

Deus não é homem para que minta, nem filho do homem, para que se arrependa. Por acaso, tendo ele dito, não o fará? Ou, havendo falado, não o cumprirá? (Nm 23.19)

Quando fizeres algum voto ao SENHOR, teu Deus, não demorarás para cumpri-lo, porque o SENHOR, teu Deus, certamente o cobrará de ti, e haverá pecado em ti. (Dt 23.21)

Se, porém, não fizeres o voto, não haverá pecado em ti. (Dt 23.22)

Prontidão

Santificai-vos para amanhã, pois assim diz o SENHOR, o Deus de Israel: O anátema está no meio de ti, Israel; não poderás resistir diante dos teus inimigos, enquanto não tirares do meio de ti o anátema. (Js 7.13)

Fala, SENHOR, pois o teu servo ouve. Samuel foi e deitou-se no seu lugar. (1Sm 3.9)

Prepara-te; dispõe-te. (Ez 38.7)

Enviarei o meu mensageiro, que preparará o caminho diante de mim; e de repente o Senhor, a quem buscais, o mensageiro da aliança, a quem desejais, virá ao seu templo. E ele vem, diz o SENHOR dos Exércitos. (Ml 3.1)

Preparai o caminho do Senhor, endireitai as suas veredas. (Mt 3.3; Mc 1.3; Lc 3.4)

Este é aquele sobre quem está escrito: Estou enviando à tua frente o meu mensageiro, que preparará adiante de ti o teu caminho. (Mt 1.10; Lc 7.27)

Elias já veio, e eles não o reconheceram; mas fizeram-lhe tudo o que quiseram. Assim também o Filho do homem sofrerá nas mãos deles. (Mt 17.12)

Estai vós também preparados; pois o Filho do homem virá numa hora em que não o esperais. (Lc 12.40)

Levantai os olhos e vede os campos já prontos para a colheita. (Jo 4.35)

Propósito

Agora, não vos entristeçais, nem guardeis remorso por me terdes vendido para cá; pois foi para preservar vidas que Deus me enviou adiante de vós. (Gn 45.5)

O SENHOR fez tudo com um propósito; sim, até o ímpio para o dia do mal. (Pv 16.4)

E lhes darei um só propósito e procedimento, para que me temam para sempre, para seu bem e para o bem de seus filhos no futuro. O ladrão vem somente para roubar, matar e destruir; eu vim para que tenham vida, e a tenham com plenitude. (Jo 10.10)

Portanto, seja comendo, seja bebendo, seja fazendo qualquer outra coisa, fazei tudo para a glória de Deus. (1Co 10.31)

Propriedade

Não se venderão terras em definitivo, porque a terra é minha. Estais comigo como estrangeiros e peregrinos. (Lv 25.23)

Não removerás os marcos do teu próximo, que foram colocados pelos teus antecessores na herança que receberás, na terra que o SENHOR, teu Deus, te dá para possuir. (Dt 19.14)

Se eu tivesse fome, não te pediria, pois o mundo é meu e tudo que nele existe. (Sl 50.12)

Não removas os marcos antigos que teus pais fixaram. (Pv 22.28)

Prosperidade

Se andardes nos meus estatutos e guardardes os meus mandamentos e os cumprirdes, eu vos darei chuvas no tempo certo, a terra dará seu produto e as árvores do campo darão seus frutos. (Lv 26.3,4)

O SENHOR faça resplandecer o seu rosto sobre ti e tenha misericórdia de ti. (Nm 6.25)

O SENHOR faz empobrecer e enriquecer; abate e também exalta. (1Sm 2.7)

Envia chuva sobre a tua terra que deste ao teu povo por herança. (1Rs 8.36)

Prostituição

Não desonrarás tua filha, fazendo-a prostituir-se, para que a terra não se prostitua e não se encha de depravação. (Lv 19.29)

Não trarás o salário da prostituta nem o pagamento do prostituto para a casa do SENHOR, teu Deus, para pagar voto algum, pois essas duas coisas são abominação para o SENHOR, teu Deus. (Dt 23.18)

Porque os lábios da mulher imoral destilam mel, e sua boca é mais suave que o azeite. (Pv 5.3)

Para te guardarem da mulher má, e da sedução da língua da mulher adúltera. (Pv 6.24)

Mas o corpo não é para a imoralidade, e sim para o SENHOR, e o SENHOR, para o corpo. (1Co 6.13)

Fugi da imoralidade. Qualquer outro pecado que o homem comete é fora do corpo; mas quem pratica a imoralidade peca contra o seu corpo. (1Co 6.18)

Por causa da imoralidade, cada homem tenha sua mulher, e cada mulher, seu marido. (1Co 7.2)

Prova

Então, invocai o nome do vosso deus, e eu invocarei o nome do SENHOR. O deus que responder por meio de fogo, esse será Deus. E todo o povo respondeu: Está bem. (1Rs 18.24)

Responde-me, ó SENHOR, responde-me para que este povo reconheça que tu, ó SENHOR, és Deus e que fizeste voltar o seu coração para ti. (1Rs 18.37)

E saberás que eu sou o SENHOR. (1Rs 20.28)

Provação

Farei isso para pôr Israel à prova, para ver se guardará o caminho do SENHOR e se andará nele como seus pais o fizeram. (Jz 2.22)

Tequel: Foste pesado na balança e foste achado em falta. (Dn 5.27)

Proveito

Ó meu Deus, eu jamais faria tal coisa! Estaria eu bebendo o sangue destes homens? Eles arriscaram a vida para trazerem esta água para mim. De maneira que não a quis beber. Assim fizeram aqueles três guerreiros. (1Cr 11.19)

Os tesouros da maldade não servem para nada, mas a justiça livra da morte. (Pv 10.2)

Em todo trabalho há proveito; as meras palavras, porém, só levam à miséria. (Pv 14.23)

Provocação

De agora em diante, não serei culpado se fizer algum mal aos filisteus. (Jz 15.3)

Judá fez o que era mau perante o SENHOR; e, pelos pecados que cometeu, provocou seu zelo, mais do que fizeram os seus pais. (1Rs 14.22)

Não sigais outros deuses para servi-los e adorá-los, nem me provoqueis à ira com a obra de vossas mãos; e não trarei mal algum sobre vós. (Jr 25.6)

Próximo

Não cobiçarás a casa do teu próximo, não cobiçarás a mulher do teu próximo, nem o seu servo, nem a sua serva, nem o seu boi, nem o seu jumento, nem coisa alguma do teu próximo. (Êx 20.17)

Não te vingarás nem guardarás ódio contra gente do teu povo; pelo contrário, amarás o teu próximo como a ti mesmo. Eu sou o SENHOR. (Lv 19.18)

Quem despreza o seu próximo não tem bom senso, mas o homem de entendimento se cala. (Pv 11.12)

E ninguém planeje no coração o mal contra o próximo, nem ame o juramento falso; porque eu rejeito todas essas coisas, diz o SENHOR. (Zc 8.17)

O amor não faz o mal ao próximo. De modo que o amor é o cumprimento da lei. (Rm 13.10)

Prudência

Quem fica como fiador de um estranho sofrerá prejuízo, mas quem foge da fiança estará seguro. (Pv 11.15)

O que controla a sua boca preserva a vida, mas quem fala demais traz sobre si a ruína. (Pv 13.3)

A sabedoria do prudente está em entender o seu caminho, mas a tolice dos tolos está em enganar. (Pv 14.8)

Quem guarda sua boca e sua língua, guarda a si mesmo do sofrimento. (Pv 21.23)

Punição

Porque fizeste isso, serás maldita entre todo o gado e entre todos os animais do campo; andarás sobre o teu ventre e comerás pó todos os dias da tua vida. (Gn 3.14)

Multiplicarei grandemente a tua dor na gravidez; com dor darás à luz filhos; o teu desejo será para o teu marido, e ele te dominará. (Gn 3.16)

Do suor do teu rosto comerás o teu pão, até que tornes à terra, pois dela foste tirado; porque és pó, e ao pó tornarás. (Gn 3.19)

Quando cultivares a terra, ela não te dará mais sua força; serás fugitivo e vagarás pela terra. (Gn 4.12)

A minha punição é maior do que a que posso suportar. (Gn 4.13)

Pureza

Por isso os israelitas não puderam subsistir perante os seus inimigos, retrocederam diante deles, porque se fizeram anátema. Se não destruirdes o anátema do meio de vós, não estarei mais convosco. (Js 7.12)

Levanta-te, santifica o povo e dize-lhe: Santificai-vos para amanhã, pois assim diz o SENHOR, o Deus de Israel: O anátema está no meio de ti, Israel; não poderás resistir diante dos teus inimigos, enquanto não tirares do meio de ti o anátema. (Js 7.13)

■ **Q**

Queixas

Por isso, não calarei a boca e falarei da angústia do meu espírito; eu me queixarei da amargura da minha alma. (Jó 7.11)

E não murmureis. (1Co 10.10)

Fazei todas as coisas sem queixas nem discórdias. (Fp 2.14)

Tais homens vivem a reclamar e a se queixar, dominados por seus próprios desejos. A sua boca profere coisas muito arrogantes, adulando pessoas por interesse. (Jd 1.16)

■ **R**

Rancor

Quem perdoa a transgressão busca a amizade, mas quem traz o assunto de volta afasta os amigos íntimos. (Pv 17.9)

Entra logo em acordo com o teu adversário, enquanto estás com ele a caminho do tribunal; para que ele não te entregue ao juiz, e o juiz ao guarda, e sejas lançado na prisão. (Mt 5.25)

Quando estiverdes orando, se tendes alguma coisa contra alguém, perdoai, para que também o vosso Pai que está no céu vos perdoe as vossas ofensas. (Mc 11.25)

Mas, se não perdoardes, também vosso Pai, que está no céu, não vos perdoará as vossas ofensas. (Mc 11.26)

Quando sentirdes raiva, não pequeis; e não conserveis a vossa raiva até o pôr do sol. (Ef 4.26)

Rapidez

Eram mais velozes do que as águias, mais fortes do que os leões. (2Sm 1.23)

Montou num querubim e voou; sim, voou sobre as asas do vento. (Sl 18.10)

O que estás para fazer, faze-o depressa. (Jo 13.27)

Num momento, num abrir e fechar de olhos. (1Co 15.52)

Rebelião

Vai para uma terra que dá leite e mel. Mas não irei no meio de ti, para que eu não te destrua no caminho, porque és um povo muito obstinado. (Êx 33.3)

Pois a rebelião é como o pecado de adivinhação, e a obstinação, como a maldade da idolatria. Visto que rejeitaste a palavra do Senhor, ele também te rejeitou como rei. (1Sm 15.23)

Se hoje ouvirdes sua voz, não endureçais o coração como em Meribá, como no dia de Massá no deserto. (Sl 95.7,8)

Todos eles são os mais rebeldes e andam espalhando calúnias; são bronze e ferro; todos eles andam em corrupção. (Jr 6.28)

Tendes olhos e não vedes? Tendes ouvidos e não ouvis? Não vos lembrais? (Mc 8.18)

Reciprocidade

Mas, se causar dano, então pagarás vida por vida, olho por olho, dente por dente, mão por mão, pé por pé. (Êx 21.23-25)

Benditos sejam os que te abençoarem, e malditos, os que te amaldiçoarem. (Nm 24.9)

Tu lhe farás o que ela pretendia fazer a seu irmão. Assim exterminarás o mal do meio de ti. (Dt 19.19)

Só lhes fiz o que fizeram a mim. (Jz 15.11)

O Senhor está convosco, enquanto estais com ele; se o buscardes, o achareis; mas se o deixardes, ele vos deixará. (2Cr 15.2)

Eu lhes darei coração para que saibam que eu sou o Senhor. Eles serão o meu povo, e eu serei o seu Deus; pois se voltarão para mim de todo o coração. (Jr 24.7)

Portanto, dize-lhes: Assim diz o Senhor dos Exércitos: Voltai-vos para mim, diz o Senhor dos Exércitos, e eu me voltarei para vós, diz o Senhor dos Exércitos. (Zc 1.3)

Portanto, tudo o que quereis que os homens vos façam, fazei também a eles; porque esta é a Lei e os Profetas. (Mt 7.12)

Recompensa

Se procederes bem, não se restabelecerá o teu semblante? Mas, se não procederes bem, o pecado jaz à porta, e o desejo dele será contra ti; mas tu deves dominá-lo. (Gn 4.7)

E todas as nações da terra serão abençoadas por meio da tua descendência, pois obedeceste à minha voz. (Gn 22.18)

Agora, portanto, se ouvirdes atentamente a minha voz e guardardes a minha aliança, sereis minha propriedade exclusiva dentre todos os povos, porque toda a terra é minha. (Êx 19.5)

Andarei no meio de vós e serei o vosso Deus, e vós sereis o meu povo. (Lv 26.12)

Porém o Senhor recompense a cada um conforme a sua justiça e a sua lealdade; pois o Senhor te entregou hoje na minha mão, mas eu não quis ferir o ungido do Senhor. (1Sm 26.23)

Pede o que queres que eu te dê. (1Rs 3.5; 2Cr 1.7)

Também te dou o que não pediste: riquezas e glória, de modo que durante tua vida não haverá rei igual a ti. (1Rs 3.13)

Bem-aventurados os humildes, pois herdarão a terra. (Mt 5.5)

Alegrai-vos e exultai, pois a vossa recompensa no céu é grande; porque assim perseguiram os profetas que viveram antes de vós. (Mt 5.12)

Mas tu, quando orares, entra no teu quarto e, fechando a porta, ora a teu Pai que está em secreto; e teu Pai, que vê o que é secreto, te recompensará. (Mt 6.6; 6.18)

Pois todo o que pede, recebe; quem busca, acha; e ao que bate, a porta será aberta. (Mt 7.8; Lc 11.10)

Então Jesus lhes tocou os olhos, dizendo: Seja feito conforme a vossa fé. (Mt 9.29)

Curai os enfermos, ressuscitai os mortos, purificai os leprosos, expulsai os demônios; de graça recebestes, de graça dai. (Mt 10.8)

Porque o Filho do homem virá na glória de seu Pai, com os seus anjos, e então retribuirá a cada um segundo suas obras. (Mt 16.27)

Certamente bebereis do meu cálice; mas o sentar-se à minha direita e à minha esquerda, não me compete concedê-lo; isso será dado para quem está preparado por meu Pai. (Mt 20.23)

Pois ao que tem, mais lhe será dado, mas ao que não tem, até o que tem lhe será tirado. (Mc 4.25)

Antes, buscai o seu reino, e essas coisas vos serão acrescentadas. (Lc 12.31)

Mas, quando deres um banquete, convida os pobres, os aleijados, os mancos e os cegos; e serás bem-aventurado, pois eles não têm com que te retribuir. A tua retribuição será na ressurreição dos justos. (Lc 14.13,14)

Quem colhe já recebe recompensa e ajunta fruto para a vida eterna, para que se alegrem juntos o que semeia e o que colhe. (Jo 4.36)

Se alguém quiser me servir, siga-me; e onde eu estiver, lá também estará o meu servo. Se alguém me serve, o Pai o honrará. (Jo 12.26)

Quem tem ouvidos, ouça o que o Espírito diz às igrejas. Ao vencedor darei do maná escondido e uma pedra branca, na qual está escrito um novo nome que ninguém conhece, a não ser aquele que o recebe. (Ap 2.17)

Também lhe darei a estrela da manhã. (Ap 2.28)

Mas em Sardes também tens algumas pessoas que não contaminaram suas vestes; elas andarão comigo, vestidas de branco, pois são dignas. (Ap 3.4)

Farei do vencedor uma coluna no templo do meu Deus, de onde jamais sairá. Escreverei nele o nome do meu Deus, o nome da cidade do meu Deus, a nova Jerusalém, que desce do céu da parte do meu Deus, e também o meu novo nome. (Ap 3.12)

Reconhecimento

Reconhece-o em todos os teus caminhos, e ele endireitará tuas veredas. (Pv 3.6)

Vós, que estais longe, ouvi o que tenho feito; e vós, que estais perto, reconhecei o meu poder. (Is 33.13)

*E direi: É meu povo; e ela dirá: O S*enhor *é meu Deus.* (Zc 13.9)

É verdade, este era o Filho de Deus. (Mt 27.54)

E eu vos digo que todo aquele que me confessar diante dos homens, também o Filho do homem o confessará diante dos anjos de Deus. (Lc 12.8)

E toda língua confesse que Jesus Cristo é o Senhor, para glória de Deus Pai. (Fp 2.11)

Redenção

Levanta-te, socorre-nos e resgata-nos por causa do teu amor fiel. (Sl 44.26)

Não temas, porque eu te salvei. Chamei-te pelo teu nome; tu és meu. (Is 43.1)

Mas ele foi ferido por causa das nossas transgressões e esmagado por causa das nossas maldades; o castigo que nos traz a paz estava sobre ele, e por seus ferimentos fomos sarados. (Is 53.5)

Este é o Cordeiro de Deus que tira o pecado do mundo. (Jo 1.29)

Eu sou o pão vivo que desceu do céu; se alguém comer deste pão, viverá para sempre; e o pão que eu darei pela vida do mundo é a minha carne. (Jo 6.51)

Cristo nos resgatou da maldição da lei, tornando-se maldição em nosso favor, pois está escrito: Maldito todo aquele que for pendurado em um madeiro. (Gl 3.13)

Em quem temos a redenção, isto é, o perdão dos pecados. (Cl 1.14)

Mas, se andarmos na luz, assim como ele está na luz, temos comunhão uns com os outros, e o sangue de Jesus, seu Filho, nos purifica de todo pecado. (1Jo 1.7)

Reino de Deus

E outra vez vos digo que é mais fácil um camelo passar pelo fundo de uma agulha do que um rico entrar no reino de Deus. (Mt 19.24)

Em verdade vos digo que qualquer pessoa que não receber o reino de Deus como uma criança, jamais entrará nele. (Mc 10.15)

Ninguém que ponha a mão no arado e olhe para trás é apto para o reino de Deus. (Lc 9.62)

Curai os doentes que nela houver e dizei-lhes: O reino de Deus está próximo. (Lc 10.9)

Antes, buscai o seu reino, e essas coisas vos serão acrescentadas. (Lc 12.31)

Não temas, ó pequeno rebanho, porque é do agrado do vosso Pai dar-vos o reino. (Lc 12.32)

É comparável a um grão de mostarda que um homem pegou e semeou na sua horta; ele cresceu e transformou-se em árvore, e as aves do céu se aninharam em seus ramos. (Lc 13.19)

A lei e os profetas vigoraram até João; a partir de então, o evangelho do reino de Deus é anunciado, e todo homem se esforça por entrar nele. (Lc 16.16)

O reino de Deus não vem com aparência exterior. (Lc 17.20)

Nem dirão: Está aqui! ou: Está ali! Pois o reino de Deus está entre vós. (Lc 17.21)

Em verdade, em verdade te digo que, se alguém não nascer da água e do Espírito, não pode entrar no reino de Deus. (Jo 3.5)

Renovando o ânimo dos discípulos, exortando-os a perseverar na fé, dizendo que em meio a muitas tribulações nos é necessário entrar no reino de Deus. (At 14.22)

Porque o reino de Deus não consiste em comer e beber, mas em justiça, paz e alegria no Espírito Santo. (Rm 14.17)

Porque o reino de Deus não consiste em palavras, mas em poder. (1Co 4.20)

Não sabeis que os injustos não herdarão o reino de Deus? Não vos enganeis: nem imorais, nem idólatras, nem adúlteros, nem os que se submetem a práticas homossexuais, nem os que as procuram. (1Co 6.9)

Mas digo isto, irmãos: Carne e sangue não podem herdar o reino de Deus; nem o que é perecível pode herdar o imperecível. (1Co 15.50)

Reino do céu

Arrependei-vos, porque o reino do céu chegou. (Mt 4.17)

Bem-aventurados os pobres em espírito, pois deles é o reino do céu. (Mt 5.3)

Bem-aventurados os perseguidos por causa da justiça, pois deles é o reino do céu. (Mt 5.10)

Nem todo o que me diz Senhor, Senhor! entrará no reino do céu, mas aquele que faz a vontade de meu Pai, que está no céu. (Mt 7.21)

O reino do céu é semelhante a um tesouro escondido no campo, que um homem esconde, depois de achá-lo. Então, em sua alegria, vai e vende tudo que tem, e compra aquele campo. (Mt 13.44)

Eu te darei as chaves do reino do céu; o que ligares na terra terá sido ligado no céu, e o que desligares na terra terá sido desligado no céu. (Mt 16.19)

E disse: Em verdade vos digo que, se não vos converterdes e não vos tornardes como crianças, nunca entrareis no reino do céu. (Mt 18.3)

Em verdade vos digo que um rico dificilmente entrará no reino do céu. (Mt 19.23)

Rejeição

Eu me coloco contra ti; e executarei juízos no meio de ti à vista das nações. (Ez 5.8)

Porque não sois meu povo, nem sou vosso Deus. (Os 1.9)

Quem vos ouve, ouve a mim; e quem vos rejeita, rejeita a mim; e quem me rejeita, rejeita aquele que me enviou. (Lc 10.16)

Mas quem me negar diante dos homens, será negado diante dos anjos de Deus. (Lc 12.9)

Ele vos responderá: Não sei de onde sois; afastai-vos de mim, todos vós que praticais a iniquidade. (Lc 13.27)

E a sua palavra não permanece em vós; porque não credes naquele que ele enviou. (Jo 5.38)

Renovação

Frutificai, multiplicai-vos e enchei a terra. (Gn 9.1)

Renova a minha alma. (Sl 23.3)

Tempo de matar e tempo de curar; tempo de derrubar e tempo de edificar. (Ec 3.3)

*Vinde e uni-vos ao S*ENHOR *em aliança eterna que nunca será esquecida.* (Jr 50.5)

*Restaura-nos a ti para que voltemos a ti, S*ENHOR*; renova os nossos dias como antigamente.* (Lm 5.21)

E a vos renovar no espírito da vossa mente. (Ef 4.23)

Eu faço novas todas as coisas! E acrescentou: Escreve, pois estas palavras são fiéis e verdadeiras. (Ap 21.5)

Repreensão

Vós, porém, maquinais mentiras, e sois todos médicos que não servem para nada. (Jó 13.4)

Não repreendas o zombador, para que ele não te odeie; repreende o sábio, pois ele te amará. (Pv 9.8)

O que rejeita a repreensão vive errando. (Pv 10.17)

Reputação

Tua glória, ó Israel, foi morta sobre tuas colinas! Como caíram os valentes! (2Sm 1.19)

Melhor é o bom nome do que o perfume caro, e o dia da morte é melhor que o dia do nascimento. (Ec 7.1)

É somente em sua terra e em sua casa que um profeta não é honrado. (Mt 13.57)

Ai de vós, quando todos vos elogiarem, porque os antepassados deles fizeram o mesmo com os falsos profetas. (Lc 6.26)

Mas, quanto a Demétrio, todos dão testemunho dele, até a própria verdade. Nós também damos testemunho, e sabes que nosso testemunho é verdadeiro. (3Jo 1.12)

Respeito

Maior em dignidade e maior em poder. (Gn 49.3)

*Levanta-te diante dos idosos, honra a pessoa do ancião e teme o teu Deus. Eu sou o S*ENHOR*.* (Lv 19.32)

Portanto, o meu povo saberá o meu nome; naquele dia saberá que sou eu que falo: Aqui estou. (Is 52.6)

É somente em sua terra e em sua casa que um profeta não é honrado. (Mt 13.57)

Se eu glorificar a mim mesmo, a minha glória não tem valor. Quem me glorifica é meu Pai, do qual dizeis ser o vosso Deus. (Jo 8.54)

A fim de que andeis com dignidade diante dos que são de fora e não necessiteis de coisa alguma da parte deles. (1Ts 4.12)

Honrai a todos. Amai os irmãos. Temei a Deus. Honrai o rei. (1Pe 2.17)

Do mesmo modo, vós, os mais jovens, sujeitai-vos aos presbíteros. Tende todos uma disposição humilde uns para com os outros, porque Deus se opõe aos arrogantes, mas dá graça aos humildes. (1Pe 5.5)

Responsabilidade

*Por acaso não foste tu que fizeste isso a ti mesmo ao abandonares o S*ENHOR*, teu Deus, quando ele te guiava pelo caminho?* (Jr 2.17)

Aquele que pecar é que morrerá. [...] Aquele que pecar, esse morrerá. (Ez 18.4,20)

Deixa os mortos sepultarem seus próprios mortos. (Mt 8.22; Lc 9.60)

Digo-vos que, no dia do juízo, os homens terão de prestar contas de toda palavra inútil que proferirem. (Mt 12.36)

Mas o que não a conhecia, e fez coisas que mereciam castigo, será castigado com poucos açoites. A quem muito é dado, muito será exigido; e a quem muito se confia, mais ainda se pedirá. (Lc 12.48)

Quem é fiel no pouco, também é fiel no muito; quem é injusto no pouco, também é injusto no muito. (Lc 16.10)

Pai, perdoa-lhes, pois não sabem o que fazem. (Lc 23.34)

O empregado foge porque é empregado e não se importa com as ovelhas. (Jo 10.13)

E Jesus voltou a perguntar-lhe: Simão, filho de João, tu me amas? Ele respondeu: Sim, Senhor; tu sabes que te amo. Jesus lhe disse: Pastoreia as minhas ovelhas. (Jo 21.16,17)

Levai os fardos uns dos outros e assim estareis cumprindo a lei de Cristo. (Gl 6.2)

Porque cada um carregará o seu próprio fardo. (Gl 6.5)

Ressurreição

Aniquilará a morte para sempre, e assim o SENHOR Deus enxugará as lágrimas de todos os rostos e tirará de toda a terra a humilhação do seu povo; porque o SENHOR o disse. (Is 25.8)

Os teus mortos viverão, os seus corpos ressuscitarão; despertai e exultai, vós que habitais no pó. O teu orvalho é orvalho de luz, e a terra dará à luz os seus mortos. (Is 26.19)

Ao terceiro dia ele ressuscitará. (Mt 20.19; Mc 10.34; Lc 18.33)

Ele não é Deus de mortos, mas de vivos. (Mt 22.32)

Ressuscitou. (Mt 28.6; Mc 16.6)

O Filho do homem será entregue nas mãos dos homens, que o matarão; e depois de três dias ressuscitará. (Mc 9.31)

Irão zombar dele e cuspir nele, açoitá-lo e matá-lo. Depois de três dias, ele ressuscitará. (Mc 10.34)

Porque já não podem mais morrer; pois são iguais aos anjos e são filhos de Deus, filhos da ressurreição. (Lc 20.36)

Destruí este santuário, e eu o levantarei em três dias. (Jo 2.19)

Não vos admireis disso, porque virá a hora em que todos os que estão nos sepulcros ouvirão a sua voz e sairão. (Jo 5.28)

Os que tiverem feito o bem, para a ressurreição da vida, e os que tiverem feito o mal, para a ressurreição da condenação. (Jo 5.29)

Teu irmão ressuscitará. (Jo 11.23)

Eu sou a ressurreição e a vida; quem crê em mim, mesmo que morra, viverá. (Jo 11.25)

Lázaro, vem para fora! (Jo 11.43)

Eu sou o que vive; fui morto, mas agora estou aqui, vivo para todo o sempre e tenho as chaves da morte e do inferno. (Ap 1.18)

Restauração

O deserto e a terra sedenta se alegrarão; o ermo exultará e florescerá. (Is 35.1)

Então os olhos dos cegos serão abertos, e os ouvidos dos surdos se desobstruirão. (Is 35.5)

Então o coxo saltará como o cervo, e a língua do mudo cantará de alegria; porque águas arrebentarão no deserto, e ribeiros, no ermo. (Is 35.6)

Restituição

E favorecerei este povo aos olhos dos egípcios, de modo que, quando sairdes, não saireis de mãos vazias. (Êx 3.21)

Se alguém confiar ao seu próximo prata ou objetos para serem guardados, e isso for roubado de sua casa, o ladrão, se for achado, pagará o dobro. (Êx 22.7)

Aquele a quem os juízes condenarem pagará o dobro ao seu próximo. (Êx 22.9)

Assim fará restituição pelo pecado que tiver cometido em relação às coisas sagradas, e ainda lhe acrescentará um quinto, e o dará ao sacerdote. E, com o carneiro da oferta pela culpa, o sacerdote fará expiação em favor dele, e ele será perdoado. (Lv 5.16)

Enfim, se houver pecado e for culpado, restituirá o que roubou, ou o que obteve por extorsão, ou o depósito que lhe foi confiado, ou os bens perdidos que achou. (Lv 6.4)

E quem matar um animal fará restituição por ele, vida por vida. (Lv 24.18)

Revelação

Todas as coisas me foram entregues por meu Pai; e ninguém conhece o Filho, senão o Pai; e ninguém conhece o Pai, senão o Filho e aquele a quem o Filho o quiser revelar. (Mt 11.27)

Simão Barjonas, tu és bem-aventurado, pois não foi carne e sangue que te revelaram isso, mas meu Pai, que está no céu. (Mt 16.17)

Sou eu, o que está falando contigo. (Jo 4.26)

Tenho muitas coisas para dizer e julgar sobre vós; mas aquele que me enviou é verdadeiro; e o que dele ouvi, isso falo ao mundo. (Jo 8.26)

Pois não falei por mim mesmo; mas o Pai, que me enviou, ordenou-me o que dizer e o que falar. (Jo 12.49)

Quem vê a mim, vê o Pai. Como podes dizer: Mostra-nos o Pai? (Jo 14.9)

Já não vos chamo servos, pois o servo não sabe o que o seu senhor faz; mas eu vos chamo amigos, pois vos revelei tudo quanto ouvi de meu Pai. (Jo 15.15)

Mas levanta-te e põe-te em pé. Foi para isto que te apareci: para te fazer servo e testemunha, tanto das coisas que viste de minha parte como daquelas que te manifestarei. (At 26.16)

Reverência

Temerás o SENHOR, teu Deus; a ele cultuarás e te apegarás; pelo seu nome jurarás. (Dt 10.20)

Se temerdes o SENHOR, e o servirdes, e atenderdes à sua voz, e não fordes rebeldes às suas ordens, e se tanto vós como o rei que reina sobre vós seguirdes o SENHOR, vosso Deus, tudo vos irá bem. (1Sm 12.14)

Pois seu amor para com os que o temem é grande, tanto quanto o céu se eleva acima da terra. (Sl 103.11)

E toda língua confesse que Jesus Cristo é o Senhor, para glória de Deus Pai. (Fp 2.11)

Temei a Deus e dai-lhe glória; porque a hora do seu juízo chegou. Adorai aquele que fez o céu, a terra, o mar e as fontes das águas. (Ap 14.7)

Rico

E outra vez vos digo que é mais fácil um camelo passar pelo fundo de uma agulha do que um rico entrar no reino de Deus. (Mt 19.24)

Riquezas

Pelo contrário, tu te lembrarás do SENHOR, teu Deus, porque ele é quem te dá força para adquirires riquezas, a fim de confirmar sua aliança, que jurou a teus pais, como acontece hoje. (Dt 8.18)

O SENHOR faz empobrecer e enriquecer; abate e também exalta. (1Sm 2.7)

Também te dou o que não pediste: riquezas e glória, de modo que durante tua vida não haverá rei igual a ti. (1Rs 3.13)

Além disso, todas as taças de beber do rei Salomão eram de ouro, e todas as taças do palácio do bosque do Líbano eram de ouro puro. Não havia nenhuma de prata, porque nos dias de Salomão a prata não tinha valor algum. (1Rs 10.21)

Ó SENHOR, tua é a grandeza, o poder, a glória, a vitória e a majestade, porque tudo quanto há no céu e na terra é teu. Ó SENHOR, o reino é teu, e tu te exaltaste como chefe sobre todos. (1Cr 29.11)

Tanto riquezas como honra vêm de ti; tu dominas sobre tudo, e há força e poder na tua mão; na tua mão está a exaltação e o fortalecimento. (1Cr 29.12)

Mas quem sou eu, e quem é o meu povo, para que pudéssemos fazer ofertas tão voluntariamente? Porque tudo vem de ti, e damos a ti do que é teu. (1Cr 29.14)

Riso

Até no riso terá dor o coração, e o fim da alegria é a tristeza. (Pv 14.13)

Concluí que o riso é loucura, e que a alegria de nada vale. (Ec 2.2)

Tempo de chorar e tempo de rir; tempo de prantear e tempo de dançar. (Ec 3.4)

Melhor é a tristeza do que o riso, porque o rosto triste torna melhor o coração. (Ec 7.3)

O riso do tolo é como o estalo dos espinhos debaixo da panela; é um absurdo. (Ec 7.6)

Bem-aventurados sois vós que agora chorais, porque havereis de rir. (Lc 6.21)

Ai de vós que agora estais rindo, porque vos lamentareis e chorareis. (Lc 6.25)

Entristecei-vos, lamentai e chorai. Que o vosso riso se transforme em lamento, e a vossa alegria em tristeza. (Tg 4.9)

Roubo

Não furtarás. (Êx 20.15)

Se alguém confiar ao seu próximo prata ou objetos para serem guardados, e isso for roubado de sua casa, o ladrão, se for achado, pagará o dobro. (Êx 22.7)

Não roubes o pobre, porque é pobre; nem oprimas o oprimido no tribunal. (Pv 22.22)

■ **S**

Sábado

E Deus abençoou e santificou o sétimo dia, porque nele descansou de toda a obra que havia criado e feito. (Gn 2.3)

Lembra-te do dia de sábado, para o santificar. (Êx 20.8)

Trabalharás durante seis dias, mas no sétimo dia descansarás, para que o teu boi e o teu jumento descansem, e para que o filho da tua escrava e o estrangeiro recuperem as forças. (Êx 23.12)

Certamente guardareis os meus sábados, porque isso é um sinal entre mim e vós através de vossas gerações; para que saibais que eu sou o SENHOR que vos santifica. (Êx 31.13)

Sabedoria

E designei Aoliabe, filho de Aisamaque, da tribo de Dã, como seu auxiliar, e dei sabedoria ao coração de todos os homens hábeis, para fazerem tudo o que tenho ordenado a ti. (Êx 31.6)

Dá a teu servo entendimento para julgar teu povo, para discernir com sabedoria entre o bem e o mal; pois quem poderia julgar este teu povo tão numeroso? (1Rs 3.9)

O rei disse: Cortai em duas partes o menino vivo e dai metade a uma e metade a outra. (1Rs 3.25)

Dai à primeira o menino vivo e não o mateis. Ela é a mãe. (1Rs 3.27)

Todo o Israel ouviu a sentença do rei e passou a respeitá-lo, porque viu que ele tinha a sabedoria de Deus para julgar. (1Rs 3.28)

Dá-me agora sabedoria e conhecimento, para que eu possa conduzir este povo, pois quem poderá julgar este teu povo, que é tão grande? (2Cr 1.10)

Sacerdócio

Pois todos os primogênitos são meus. No dia em que matei todos os primogênitos na terra do Egito, santifiquei para mim todos os primogênitos em Israel, tanto de homens como de animais. Eles serão meus. Eu sou o SENHOR. (Nm 3.13)

Pois o sacerdócio do SENHOR é a herança deles. (Js 18.7)

Por isso também o dedico ao SENHOR; ele está entregue ao SENHOR por todos os dias que viver. E ali adoraram o SENHOR. (1Sm 1.28)

Ninguém deverá entrar no templo do SENHOR, senão os sacerdotes e os levitas que ministram; estes entrarão, porque são santos; mas todo o povo guardará a ordem do SENHOR. (2Cr 23.6)

Eu serei a sua herança. (Ez 44.28)

Os lábios do sacerdote devem guardar o conhecimento, e da sua boca os homens devem procurar a instrução na lei, porque ele é o mensageiro do SENHOR dos Exércitos. (Ml 2.7)

Sacrifício

Quem achar a sua vida irá perdê-la, e quem perder a sua vida por causa de mim a achará. (Mt 10.39)

Pois quem quiser preservar sua vida, irá perdê-la; mas quem perder a vida por minha causa, este a preservará. (Mt 16.25)

A exemplo do Filho do homem, que não veio para ser servido, mas para servir e para dar a vida em resgate de muitos. (Mt 20.28; Mc 10.45)

Porque Deus amou tanto o mundo, que deu o seu Filho unigênito, para que todo aquele que nele crê não pereça, mas tenha a vida eterna. (Jo 3.16)

Eu sou o pão vivo que desceu do céu; se alguém comer deste pão, viverá para sempre; e o pão que eu darei pela vida do mundo é a minha carne. (Jo 6.51)

Eu sou o bom pastor; o bom pastor dá a vida pelas ovelhas. (Jo 10.11)

Ninguém tem maior amor do que aquele que dá a própria vida pelos seus amigos. (Jo 15.13)

Chegou a hora. Glorifica teu Filho, para que também o Filho te glorifique. (Jo 17.1)

Isto é o meu corpo que é dado por vós. Fazei isto em memória de mim. (1Co 11.24)

Cristo morreu pelos nossos pecados, segundo as Escrituras. (1Co 15.3)

E ele morreu por todos. (2Co 5.15)

Sacrilégio

Se não ouvirdes com atenção e não disputserdes o coração para honrar o meu nome, enviarei maldição contra vós e amaldiçoarei as vossas bênçãos. Eu já as tenho amaldiçoado, porque não dedicais o coração para me honrar. (Ml 2.2)

A minha casa será casa de oração; vós, porém, a transformastes em antro de assaltantes. (Lc 19.46)

Tirai estas coisas daqui; não façais da casa de meu Pai um mercado. (Jo 2.16)

Se alguém destruir o santuário de Deus, este o destruirá; pois o santuário de Deus, que sois vós, é sagrado. (1Co 3.17)

Salários

Trabalharás de graça para mim, por ser meu parente? Diga-me qual será o teu salário. (Gn 29.15)

Que é isto que me fizeste? Eu não trabalhei para ti em troca de Raquel? Então, por que me enganaste? (Gn 29.25)

E que só a entreguem na mão dos mestres de obras que estão encarregados do templo do SENHOR; *e que estes o deem aos que fazem a obra, aos que estão no templo do* SENHOR *para consertar os estragos do templo.* (2Rs 22.5)

Do fruto das suas palavras o homem se farta de bem, e das obras das suas mãos vem a sua retribuição. (Pv 12.14)

Ide também vós para a vinha, e eu vos darei o que for justo. E eles foram. (Mt 20.4)

De ninguém tomeis nada à força, nem façais denúncia falsa; e contentai-vos com o vosso salário. (Lc 3.14)

O trabalhador é digno do seu salário. (1Tm 5.18)

Salvação

A salvação vem do SENHOR. *A tua bênção está sobre o teu povo.* (Sl 3.8)

Somente em Deus a minha alma descansa, dele vem a minha salvação. (Sl 62.1)

Pois a porta é estreita, e o caminho que conduz à vida, apertado, e são poucos os que a encontram. (Mt 7.14)

E indo, pregai, dizendo: O reino do céu chegou. (Mt 10.7)

Eu te darei as chaves do reino do céu; o que ligares na terra terá sido ligado no céu, e o que desligares na terra terá sido desligado no céu. (Mt 16.19)

Pois quem quiser preservar sua vida, irá perdê-la; mas quem perder a vida por minha causa, este a preservará. (Mt 16.25)

Porque o Filho do homem veio salvar o que se havia perdido. (Mt 18.11)

Quem, então, pode ser salvo? (Mt 19.25; Mc 10.26)

Mas quem perseverar até o fim será salvo. (Mt 24.13; Mc 13.13)

Completou-se o tempo, e o reino de Deus está próximo. Arrependei-vos e crede no evangelho. (Mc 1.15)

Pois o Filho do homem não veio para destruir a vida dos homens, mas para salvá-la. E foram para outro povoado. (Lc 9.56)

Sangue

Porque a vida da carne está no sangue, e eu o tenho dado a vós sobre o altar, para fazer expiação por vós, porque é o sangue que faz expiação pela vida. (Lv 17.11)

Pois a vida de toda a carne é o seu sangue. Por isso falei aos israelitas: Não comereis o sangue de nenhum animal, porque a vida de toda carne é o seu sangue; qualquer um que o comer será eliminado. (Lv 17.14)

Pois isto é o meu sangue, o sangue da aliança derramado em favor de muitos para perdão dos pecados. (Mt 26.28)

E, segundo a lei, quase todas as coisas são purificadas com sangue, e sem derramamento de sangue não há perdão. (Hb 9.22)

Mas, se andarmos na luz, assim como ele está na luz, temos comunhão uns com os outros, e o sangue de Jesus, seu Filho, nos purifica de todo pecado. (1Jo 1.7)

Santidade

E Moisés disse a Arão: Foi isto que o SENHOR falou: Manifestarei minha santidade entre aqueles que se aproximarem de mim e serei glorificado diante de todo o povo. Mas Arão ficou em silêncio. (Lv 10.3)

Fala a toda a comunidade dos israelitas: Sereis santos, porque eu, o SENHOR vosso Deus, sou santo. (Lv 19.2)

Entretanto, daquilo que alguém possui, nenhuma coisa consagrada ao SENHOR será vendida ou resgatada, seja homem, seja animal, seja propriedade da sua família; toda coisa consagrada será santíssima ao SENHOR. (Lv 27.28)

Não há ninguém santo como o SENHOR; não há outro além de ti; não há rocha como o nosso Deus. (1Sm 2.2)

Santo, santo, santo é o SENHOR dos Exércitos; toda a terra está cheia da sua glória. (Is 6.3)

Antes que eu te formasse no ventre te conheci, e antes que nascesses te consagrei e te designei como profeta às nações. (Jr 1.5)

Vós já estais limpos pela palavra que vos tenho falado. (Jo 15.3)

Santifica-os na verdade, a tua palavra é a verdade. (Jo 17.17)

Santo, Santo, Santo é o SENHOR Deus, o Todo-poderoso, aquele que era, que é e que há de vir. (Ap 4.8)

SENHOR, quem não te temerá e não glorificará o teu nome? Pois só tu és santo; por isso todas as nações virão e se prostrarão diante de ti, porque os teus juízos são manifestos. (Ap 15.4)

Santuário

A fim de que fuja para ali aquele que tiver matado alguém involuntariamente, sem premeditar; essas cidades vos servirão de refúgio contra o vingador do sangue. (Js 20.3)

Se o vingador do sangue o perseguir, eles não o entregarão, pois ele feriu o seu próximo sem premeditar e sem tê-lo odiado antes. (Js 20.5)

Não seja ela morta no templo do SENHOR. (2Rs 11.15)

Satanás

Se Satanás expulsa a Satanás, está dividido contra si mesmo. Como o seu reino sobreviverá? (Mt 12.26)

Para trás de mim, Satanás! Tu és para mim motivo de tropeço, pois não pensas nas coisas de Deus, mas, sim, nas que são dos homens. (Mt 16.23)

Eu vi Satanás cair do céu como um raio. (Lc 10.18)

O vosso pai é o Diabo, e quereis satisfazer-lhe os desejos. Ele foi homicida desde o princípio e não se firmou na verdade, pois nele não há verdade. Quando ele mente, fala do que lhe é próprio, pois é mentiroso e pai da mentira. (Jo 8.44)

Chegou a hora do julgamento deste mundo, e o seu príncipe será expulso agora. (Jo 12.31)

Satisfação

Deus viu que a luz era boa; e fez separação entre a luz e as trevas. (Gn 1.4)

E Deus viu tudo quanto fizera, e era muito bom. E foram-se a tarde e a manhã, o sexto dia. (Gn 1.31)

Gloria-te disso, mas fica em tua casa; pois, por que causarias ruína para ti e Judá? (2Rs 14.10)

O homem bom se contentará com os seus. (Pv 14.14)

A Sepultura e a Destruição nunca se fartam, e os olhos do homem nunca se satisfazem. (Pv 27.20)

Porque tu dizes: Sou rico, tenho prosperado e nada me falta, mas não sabes que és infeliz, miserável, pobre, cego e nu. (Ap 3.17)

Sede

Quem me dera beber da água da cisterna que está junto à porta de Belém! (2Sm 23.15; 1Cr 11.17)

Deram-me fel para comer, e quando senti sede me deram vinagre para beber. (Sl 69.21)

A língua do que mama fica presa ao céu da boca, de tanta sede; as crianças pedem pão, e ninguém lhes dá. (Lm 4.4)

Quem beber desta água voltará a ter sede; mas quem beber da água que eu lhe der nunca mais terá sede; pelo contrário, a água que eu lhe der se tornará nele uma fonte de água a jorrar para a vida eterna. (Jo 4.13,14)

Estou com sede. (Jo 19.28)

Segredo

Mas, se não fizerdes isso, estareis pecando contra o Senhor; e estai certos de que o vosso pecado vos atingirá. (Nm 32.23)

As coisas encobertas pertencem ao Senhor, nosso Deus, mas as reveladas pertencem a nós e a nossos filhos para sempre, para que obedeçamos a todas as palavras desta lei. (Dt 29.29)

E seus olhos foram abertos. E Jesus lhes ordenou terminantemente: Cuidado para que ninguém saiba disso. (Mt 9.30)

Porque não há nada encoberto que não venha a ser manifesto, nem coisa secreta que não venha a ser conhecida nem trazida à luz. (Lc 8.17)

Nada há encoberto que não venha a ser revelado, nem escondido que não venha a ser conhecido. (Lc 12.2)

Pois tudo o que dissestes no escuro será ouvido em plena luz; e o que falastes sussurrando em casa será proclamado dos telhados. (Lc 12.3)

Vós sois os que vos justificais diante dos homens, mas Deus conhece o vosso coração; pois o que é elevado entre os homens, perante Deus é abominação. (Lc 16.15)

Porque todo aquele que pratica o mal odeia a luz e não vem para a luz, para que as suas obras não sejam expostas. (Jo 3.20)

Já não vos chamo servos, pois o servo não sabe o que o seu senhor faz; mas eu vos chamo amigos, pois vos revelei tudo quanto ouvi de meu Pai. (Jo 15.15)

Deus, porém, revelou-as a nós pelo seu Espírito. Pois o Espírito examina todas as coisas, até mesmo as profundezas de Deus. (1Co 2.10)

Matarei os filhos dela, e todas as igrejas saberão que sou aquele que sonda as mentes e os corações; e darei a cada um de vós segundo suas obras. (Ap 2.23)

Segunda vinda

Mas ainda não é o fim. (Mt 24.6)

Porque, assim como o relâmpago sai do oriente e se mostra até o ocidente, assim também será a vinda do Filho do homem. (Mt 24.27)

Mas, quanto ao dia e à hora, ninguém sabe, nem os anjos do céu, nem o Filho, senão somente o Pai. (Mt 24.36)

Portanto, vigiai, pois não sabeis em que dia vem o vosso Senhor. (Mt 24.42)

Por isso, ficai também preparados, pois o Filho do homem virá numa hora que não esperais. (Mt 24.44)

Tende cuidado! Vigiai! Porque não sabeis quando chegará o tempo. (Mc 13.33)

Sabei, porém, isto: se o dono da casa souber a hora que o ladrão virá, ele vigiará e não o deixará entrar em casa. (Lc 12.39)

Estai vós também preparados; pois o Filho do homem virá numa hora em que não o esperais. (Lc 12.40)

E, se eu for e vos preparar lugar, virei outra vez e vos levarei para mim, para que onde eu estiver estejais vós também. (Jo 14.3)

Se eu quiser que ele fique até que eu venha, que te importa? Segue-me tu! (Jo 21.22)

Portanto, lembra-te daquilo que tens recebido e ouvido, obedece e arrepende-te. Pois se não estiveres alerta, virei como um ladrão, e tu não saberás a que hora virei contra ti. (Ap 3.3)

Venho em breve! (Ap 22.7,12)

Segurança

Não me entregues à vontade dos meus adversários; pois as falsas testemunhas e os que respiram violência levantaram-se contra mim. (Sl 27.12)

Deus é nosso refúgio e fortaleza, socorro bem presente na angústia. (Sl 46.1)

Sustenta-me, e serei salvo, e sempre respeitarei teus decretos. (Sl 119.117)

Então Jesus voltou a falar-lhes: Eu sou a luz do mundo; quem me seguir jamais andará em trevas, mas terá a luz da vida. (Jo 8.12)

Porque estou contigo e ninguém te atacará para te fazer mal algum, pois tenho muita gente nesta cidade. (At 18.10)

Sejam os teus ferrolhos de ferro e de bronze; a tua força seja como os teus dias. (Dt 33.25)

Porque o Senhor é nosso escudo, e o Santo de Israel é nosso Rei. (Sl 89.18)

As raposas têm tocas, e as aves do céu têm ninhos, mas o Filho do homem não tem onde descansar a cabeça. (Lc 9.58)

Senha

Então lhe pediam que dissesse a palavra "chibolete". Se, no entanto, dissesse "sibolete", porque não conseguia pronunciar corretamente a palavra, eles o prendiam e o matavam na passagem do Jordão. Naquela ocasião, quarenta e dois mil efraimitas foram mortos. (Jz 12.6)

Separação

Onde quer que morreres, ali também morrerei e serei sepultada. Que o Senhor me castigue, se outra coisa que não seja a morte me separar de ti! (Rt 1.17)

Saul e Jônatas, tão queridos e amáveis na sua vida, também não se separaram na sua morte; eram mais velozes do que as águias, mais fortes do que os leões. (2Sm 1.23)

Para onde vou, não podeis ir. (Jo 8.21; Jo 13.33)

Quem nos separará do amor de Cristo? Será tribulação, ou angústia, ou perseguição, ou fome, ou privação, ou perigo, ou espada? (Rm 8.35)

Serenidade

O Senhor é o meu pastor; nada me faltará. (Sl 23.1)

Os que amam tua lei têm grande paz, e ninguém os fará tropeçar. (Sl 119.165)

Não há paz para os ímpios, diz o Senhor. (Is 42.28)

Cumprimentai-vos uns aos outros com beijo de santo amor. Paz seja com todos vós que estais em Cristo. (1Pe 5.14)

Serpentes

Ora, a serpente era o mais astuto de todos os animais do campo que o Senhor Deus havia feito. E ela disse à mulher: Foi assim que Deus disse: Não comereis de nenhuma árvore do jardim? (Gn 3.1)

Porque fizeste isso, serás maldita entre todo o gado e entre todos os animais do campo; andarás sobre o teu ventre e comerás pó todos os dias da tua vida. (Gn 3.14)

Eu vos envio como ovelhas no meio de lobos; portanto, sede astutos como as serpentes e sem malícia como as pombas. (Mt 10.16)

Serviço a Deus

Ó Israel, o que é que o Senhor, teu Deus, exige de ti agora, exceto que temas o Senhor, teu Deus, que andes em todos os seus caminhos e ames e sirvas o Senhor, teu Deus, de todo o coração e de toda a alma... (Dt 10.12)

Agora, temei o Senhor e cultuai-o com sinceridade e com verdade; jogai fora os deuses a que vossos pais cultuaram além do Rio e no Egito. Cultuai o Senhor. (Js 24.14)

Eles clamaram ao SENHOR e disseram: Pecamos, abandonando o SENHOR e servindo aos baalins e às astarotes; mas agora livra-nos da mão de nossos inimigos, e te serviremos. (1Sm 12.10)

SENHOR, Deus de Abraão, de Isaque e de Israel, seja manifestado hoje que tu és Deus em Israel, e que eu sou teu servo, e que tenho feito todas essas coisas conforme a tua palavra. (1Rs 18.36)

E tu, meu filho Salomão, conhece o Deus de teu pai, e serve-o de coração íntegro e espírito voluntário, porque o SENHOR examina todos os corações, e conhece todas as intenções da mente. Se o buscares, tu o encontrarás; mas, se o deixares, ele te rejeitará para sempre. (1Cr 28.9)

Filhos meus, não sejais negligentes, pois o SENHOR vos escolheu para o servirdes em sua presença, e para serdes seus ministros e queimardes incenso. (2Cr 29.11)

Não sejais teimosos como vossos antepassados; mas sujeitai-vos ao SENHOR, e entrai no seu santuário que ele santificou para sempre, e cultuai o SENHOR, vosso Deus, para que a sua fúria se desvie de vós. (2Cr 30.8)

Cultuai o SENHOR com alegria e apresentai-vos a ele com cântico. (Sl 100.2)

Se alguém quiser me servir, siga-me; e onde eu estiver, lá também estará o meu servo. Se alguém me serve, o Pai o honrará. (Jo 12.26)

Mas agora fomos libertos da lei, tendo morrido para aquilo a que estávamos presos, para servir na novidade do Espírito, e não na velhice da letra. (Rm 7.6)

Pois quem foi chamado pelo Senhor, mesmo sendo escravo, é um liberto do Senhor; e assim também quem foi chamado sendo livre é escravo de Cristo. (1Co 7.22)

Há diversidade de ministérios, mas o Senhor é o mesmo. (1Co 12.5)

Severidade

A minha punição é maior do que a que posso suportar. (Gn 4.13)

Meu dedo mínimo é mais grosso do que a cintura de meu pai. (1Rs 12.10; 2Cr 10.10)

Quebraste um jugo de madeira, mas em vez dele farás um jugo de ferro. (Jr 28.13)

Contudo, eu te digo que, no dia do juízo, haverá menos rigor para a terra de Sodoma do que para ti. (Mt 11.24)

Silêncio

Naquele dia, as tropas entraram discretamente na cidade, como se faz quando se foge envergonhado da luta. (2Sm 19.3)

Quem iria disputar comigo? Nesse caso, eu me calaria e entregaria meu espírito. (Jó 13.19)

Se não, escuta-me; cala-te, e eu te ensinarei a sabedoria. (Jó 33.33)

Nas muitas palavras não falta transgressão, mas o que controla seus lábios é sensato. (Pv 10.19)

Quando se cala, até o tolo passa por sábio, e o que fecha os lábios, é visto como homem de entendimento. (Pv 17.28)

Tempo de rasgar e tempo de costurar; tempo de ficar calado e tempo de falar. (Ec 3.7)

Sinal

Este será o sinal do SENHOR, de que cumprirá o que disse: Queres que a sombra se adiante ou volte dez graus? (2Rs 20.9)

É fácil que a sombra se adiante dez graus; não seja assim; pelo contrário, que a sombra volte dez graus. (2Rs 20.10)

Ele livra e salva, e faz sinais e maravilhas no céu e na terra. Foi ele quem livrou Daniel do poder dos leões. (Dn 6.27)

Uma geração má e adúltera pede um milagre; mas nenhum milagre lhe será dado, senão o do profeta Jonas. (Mt 12.39)

E pela manhã dizeis: Hoje haverá tempestade, porque o céu está de um vermelho sombrio. Sabeis interpretar o aspecto do céu e não podeis interpretar os sinais dos tempos? (Mt 16.3)

Sinceridade

É melhor a repreensão declarada que o amor encoberto. (Pv 27.5)

Tempo de ficar calado e tempo de falar. (Ec 3.7)

Nem todo o que me diz Senhor, Senhor! entrará no reino do céu, mas aquele que faz a vontade de meu Pai, que está no céu. (Mt 7.21)

E por que me chamais: Senhor, Senhor, e não fazeis o que eu vos mando? (Lc 6.46)

Deus é Espírito, e é necessário que os que o adoram o adorem no Espírito e em verdade. (Jo 4.24)

Se Deus fosse o vosso Pai, vós me amaríeis, pois saí de Deus e dele procedo; não vim por mim mesmo, mas ele me enviou. (Jo 8.42)

Porque o reino de Deus não consiste em palavras, mas em poder. (1Co 4.20)

Sede praticantes da palavra e não somente ouvintes, enganando a vós mesmos. (Tg 1.22)

Antes, reverenciai a Cristo como Senhor no coração. (1Pe 3.15)

Soberania

O SENHOR reinará eterna e perpetuamente. (Êx 15.18)

Porque o reino é do SENHOR, é ele quem governa as nações. (Sl 22.28)

Pois Deus é o Rei de toda a terra; cantai louvores com conhecimento. (Sl 47.7)

O SENHOR reina, regozije-se a terra; alegrem-se as numerosas ilhas. (Sl 97.1)

Os vencedores subirão ao monte de Sião para julgar o monte de Esaú; e o reino será do SENHOR. (Ob 1.21)

Ele reinará eternamente sobre a descendência de Jacó, e seu reino não terá fim. (Lc 1.33)

Mas sobre o Filho diz: O teu trono, ó Deus, subsiste pelos séculos dos séculos, e o cetro do teu reino é cetro de equidade. (Hb 1.8)

Soberba

Não riam de mim os que por nada são meus inimigos, nem tramem com olhares os que me odeiam sem motivo. (Sl 35.19)

Quando teu inimigo cair, não te alegres; quando tropeçar, não se alegre o teu coração. (Pv 24.17)

O meu gemido é ouvido, mas não há quem me console; todos os meus inimigos souberam da minha tragédia; eles se alegram porque a determinaste; mas eles ficarão como eu estou, quando chegar o dia que prometeste. (Lm 1.21)

Sobrevivência

De tudo o que vive, de todos os seres, farás entrar na arca dois de cada espécie, macho e fêmea, para os conservares vivos contigo. (Gn 6.19)

Todavia, quanto mais os egípcios oprimiam o povo de Israel, mais este se multiplicava e se espalhava; de maneira que os egípcios ficaram com muito medo dos israelitas. (Êx 1.12)

Os meus ossos se colaram à minha pele e à minha carne, e escapei só com a pele dos meus dentes. (Jó 19.20)

Somos poucos que restaram de muitos. (Jr 42.2)

Eu vos envio como ovelhas no meio de lobos; portanto, sede astutos como as serpentes e sem malícia como as pombas. (Mt 10.16)

Sodomia

Sodoma e Gomorra. (Gn 18.20; 19.28)

Todo aquele que tiver relações sexuais com animal certamente será morto. (Êx 22.19)

Maldito aquele que se deitar com algum animal. E todo o povo dirá: Amém. (Dt 27.21)

Sofrimento

O ímpio vive em angústia todos os dias, assim como o opressor por todos os anos que lhe estão reservados. (Jó 15.20)

Que toda a sua maldade venha para a tua presença e faze-lhes como fizeste a mim por causa de todas as minhas transgressões; pois os meus gemidos são muitos, e o meu coração está desfalecido. (Lm 1.22)

Embora entristeça a alguém, terá compaixão segundo a grandeza da sua misericórdia. (Lm 3.32)

Meu Pai, se possível, afasta de mim este cálice; todavia, não seja como eu quero, mas como tu queres. (Mt 26.39)

Chamamos de felizes os que suportaram aflições. Ouvistes sobre a paciência de Jó e vistes o fim que o Senhor lhe deu. Porque o

Senhor é cheio de misericórdia e compaixão. (Tg 5.11)

Mas, ainda que venhais a sofrer por causa da justiça, sereis abençoados. Não temais suas ameaças, nem vos alarmeis. (1Pe 3.14)

Portanto, uma vez que Cristo sofreu na carne, armai-vos também desse mesmo pensamento; pois aquele que sofreu na carne já está livre do pecado. (1Pe 4.1)

Solidão

Não é bom que o homem esteja só; eu lhe farei uma ajudadora que lhe seja adequada. (Gn 2.18)

Os meus parentes se afastam, e os meus conhecidos se esquecem de mim. (Jó 19.14)

Tornei-me irmão dos chacais, e companheiro das avestruzes. (Jó 30.29)

Até quando, SENHOR? Tu te esquecerás de mim para sempre? Até quando esconderás o rosto de mim? (Sl 13.1)

Se meu pai e minha mãe me abandonarem, o SENHOR me acolherá. (Sl 27.10)

Solidariedade

Ouvi muitas coisas como essas; todos vós sois consoladores lastimáveis. (Jó 16.2)

Portanto, assim diz o SENHOR: Estou trazendo sobre eles uma calamidade de que não poderão escapar; clamarão a mim, mas não os ouvirei. (Jr 11.11)

Vós que passais pelo caminho, não vos comoveis? Olhai e vede se há sofrimento maior do que o que estou passando, com que o SENHOR me afligiu, no dia do furor da sua ira. (Lm 1.12)

Quem vos ouve, ouve a mim; e quem vos rejeita, rejeita a mim; e quem me rejeita, rejeita aquele que me enviou. (Lc 10.16)

Jesus chorou. (Jo 11.35)

Lembrai-vos dos presos, como se estivésseis presos junto com eles, e dos maltratados, como se vós mesmos também estivésseis sendo maltratados. (Hb 13.3)

Sonhos

Tu então me espantas com sonhos, e me atemorizas com visões. (Jó 7.14)

Mas se me revelardes o sonho e sua interpretação, recebereis de mim presentes, recompensas e grande honra. Portanto, dizei-me o sonho e sua interpretação. (Dn 2.6)

Mas há um Deus no céu que revela os mistérios. Ele revelou ao rei Nabucodonosor o que acontecerá nos últimos dias. O sonho e as visões que tiveste quando estavas deitado são estes. (Dn 2.28)

Velhos terão sonhos. (Jl 2.28)

Sono

Não darei sono aos meus olhos, nem repouso às minhas pálpebras, até que eu encontre um lugar para o SENHOR, uma morada para o Poderoso de Jacó. (Sl 132.4,5)

Não ames o sono, para que não empobreças; abre teus olhos e terás fartura de alimento. (Pv 20.13)

A sonolência cobrirá o homem de trapos. (Pv 23.21)

O sono do trabalhador é doce, quer coma pouco quer coma muito; mas a fartura do rico não o deixa dormir. (Ec 5.12)

Subitaneidade – brusquidão

Porque, assim como o relâmpago sai do oriente e se mostra até o ocidente, assim também será a vinda do Filho do homem. (Mt 24.27)

Suborno

Não violarás o direito; não farás discriminação de pessoas, nem aceitarás suborno; porque o suborno cega os olhos dos sábios e perverte a causa dos justos. (Dt 16.19)

Sucesso

Os justos herdarão a terra e habitarão nela para sempre. (Sl 37.29)

Vão sempre aumentando a força; cada um deles comparece perante Deus em Sião. (Sl 84.7)

Foi o SENHOR quem fez isso, e é maravilhoso aos nossos olhos. (Sl 118.23)

Mas muitos dos primeiros serão últimos, e os últimos serão primeiros. (Mc 10.31)

A pedra que os construtores rejeitaram, tornou-se a pedra angular. (Mc 12.10)

Cuidado! Evitai todo tipo de cobiça; pois a vida do homem não consiste na grande quantidade de coisas que ele possui. (Lc 12.15)

Mas o que não a conhecia, e fez coisas que mereciam castigo, será castigado com poucos açoites. A quem muito é dado, muito será exigido; e a quem muito se confia, mais ainda se pedirá. (Lc 12.48)

Contudo, a palavra de Deus crescia e se multiplicava. (At 12.24)

Superstição

Assim diz o SENHOR: Não aprendais o caminho das nações, nem vos espanteis com os sinais do céu; porque com eles espantam-se as nações. (Jr 10.2)

Os deuses desceram até nós em forma de homens. (At 14.11)

■ T

Tamanho

Naqueles dias os nefilins estavam na terra, e também depois, quando os filhos de Deus possuíram as filhas dos homens, as quais lhes deram filhos. Esses nefilins eram os valentes, os homens de renome da antiguidade. (Gn 6.4)

E éramos como gafanhotos aos nossos próprios olhos e também aos olhos deles. (Nm 13.33)

As formigas são um povo sem força, mas no verão preparam seu alimento. (Pv 30.25)

Qual de vós, por mais ansioso que esteja, pode acrescentar sequer uma hora à duração de sua vida? (Mt 6.27)

O vosso orgulho não é bom. Não sabeis que um pouco de fermento faz com que toda a massa fique fermentada? (1Co 5.6; Gl 5.9)

Temor

Quem entre os deuses é como tu, ó SENHOR? Quem é como tu, poderoso em santidade, admirável em louvores, capaz de maravilhas? (Êx 15.11)

Temor de Deus

Quem dera o coração deles fosse tal que me temessem e guardassem todos os meus mandamentos em todo o tempo, para que eles e seus filhos vivessem bem para sempre! (Dt 5.29)

Ó Israel, o que é que o SENHOR, teu Deus, exige de ti agora, exceto que temas o SENHOR, teu Deus, que andes em todos os seus caminhos e ames e sirvas o SENHOR, teu Deus, de todo o coração e de toda a alma... (Dt 10.12)

Toda a terra trema diante dele, pois firmou o mundo para que não seja abalado. (1Cr 16.30)

E disse ao homem: O temor do SENHOR é a sabedoria, e o afastar-se do mal é o entendimento. (Jó 28.28)

O conselho do SENHOR é para os que o temem, e ele lhes dá a conhecer a sua aliança. (Sl 25.14)

Quando ele os castigava com a morte, então o procuravam; arrependiam-se, e de madrugada buscavam a Deus. (Sl 78.34)

Um Deus tremendo na assembleia dos santos, mais temível do que todos os que estão ao seu redor? (Sl 89.7)

Temperamento

Não se acenda a ira do meu senhor. Tu conheces o povo, como se inclina para o mal. (Êx 32.22)

Deixa a ira e abandona o furor; não te aborreças, pois isso só lhe trará o mal. (Sl 37.8)

A ira do insensato logo se revela, mas o prudente encobre o insulto. (Pv 12.16)

Quem se irrita com facilidade cometerá erros, mas o homem discreto é paciente. (Pv 14.17)

Por um breve momento te deixei, mas te trarei de volta com grande compaixão. (Is 54.7)

Tempo

E Deus chamou à luz dia, e às trevas, noite. E foram-se a tarde e a manhã, o primeiro dia. (Gn 1.5)

Pois nós surgimos ontem, e nada sabemos; nossos dias na terra são como uma sombra. (Jó 8.9)

Assim como as águas desgastam as pedras; e as enchentes arrastam o solo, tu acabas com a esperança do homem. (Jó 14.19)

Porque, aos teus olhos, mil anos são como o dia de ontem que passou, como a vigília da noite. (Sl 90.4)

Nem o sábio nem o tolo serão lembrados para sempre, pois tudo será esquecido nos dias futuros. Assim como morre o sábio, morrerá também o tolo! (Ec 2.16)

Tudo tem uma ocasião certa, e há um tempo certo para todo propósito debaixo do céu. (Ec 3.1)

Tudo tem uma ocasião certa, e há um tempo certo para todo propósito debaixo do céu. Tempo de nascer e tempo de morrer; tempo de plantar e tempo de arrancar o que se plantou. (Ec 3.2)

Tempo de matar e tempo de curar; tempo de derrubar e tempo de edificar. (Ec 3.3)

O que é já existiu; e o que há de ser também já existiu; Deus trará de novo o que já passou. (Ec 3.15)

Mulher, que tenho eu contigo? A minha hora ainda não chegou. (Jo 2.4)

Não dizeis vós faltarem ainda quatro meses para a colheita? Mas eu vos digo: Levantai os olhos e vede os campos já prontos para a colheita. (Jo 4.35)

Enquanto é dia, é necessário que realizemos as obras daquele que me enviou; a noite vem, quando ninguém pode trabalhar. (Jo 9.4)

Tentação

Disse a serpente à mulher: Com certeza, não morrereis. (Gn 3.4)

Então, vendo a mulher que a árvore era boa para dela comer, agradável aos olhos e desejável para dar entendimento, tomou do seu fruto, comeu e deu dele a seu marido, que também comeu. (Gn 3.6)

Se procederes bem, não se restabelecerá o teu semblante? Mas, se não procederes bem, o pecado jaz à porta, e o desejo dele será contra ti; mas tu deves dominá-lo. (Gn 4.7)

Não coloqueis à prova o SENHOR, vosso Deus, como fizestes em Massá. (Dt 6.16)

Meu filho, se os pecadores quiserem te seduzir, não permitas. (Pv 1.10)

Não sigas a vereda dos ímpios, nem andes pelo caminho dos maus. (Pv 4.14)

Para te guardarem da mulher má, e da sedução da língua da mulher adúltera. (Pv 6.24)

Não tentarás o Senhor teu Deus. (Mt 4.7; Lc 4.12)

E não nos deixes entrar em tentação; mas livra-nos do mal. (Mt 6.13; Lc 11.4)

Entrai pela porta estreita; porque larga é a porta e espaçoso o caminho que conduz à perdição, e são muitos os que entram por ela. (Mt 7.13)

Para trás de mim, Satanás! Tu és para mim motivo de tropeço, pois não pensas nas coisas de Deus, mas, sim, nas que são dos homens. (Mt 16.23)

Ai do mundo, por causa dos escândalos! Pois é inevitável que eles venham; mas ai do homem por meio de quem o escândalo vier! Hipócritas, por que me colocais à prova? (Mt 22.18)

Vigiai e orai, para que não entreis em tentação; o espírito está pronto, mas a carne é fraca. (Mt 26.41)

Feliz é o homem que suporta a provação com perseverança, porque, depois de aprovado, receberá a coroa da vida que o Senhor prometeu aos que o amam. (Tg 1.12)

Quando tentado, ninguém deve dizer: Sou tentado por Deus, pois Deus não pode ser tentado pelo mal e a ninguém tenta. (Tg 1.13)

Assim, sujeitai-vos a Deus, mas resisti ao Diabo, e ele fugirá de vós. (Tg 4.7)

Terra

E ao continente Deus chamou terra, e ao ajuntamento das águas, mares. E Deus viu que isso era bom. (Gn 1.10)

Agora, portanto, se ouvirdes atentamente a minha voz e guardardes a minha aliança, sereis minha propriedade exclusiva dentre todos os povos, porque toda a terra é minha. (Êx 19.5)

Levanta o pobre do pó, ergue o necessitado do monte de cinzas, para fazê-los sentar entre os príncipes, para fazê-los herdar um trono de glória; porque as colunas da terra são do SENHOR; estabeleceu o mundo sobre elas. (1Sm 2.8)

Onde estão fundados os seus alicerces, ou quem lhe assentou a pedra fundamental. (Jó 38.6)

Terror

A espada devastará por fora, e o pavor, por dentro, atingindo tanto o jovem como a virgem, tanto a criança de peito como o idoso. (Dt 32.25)

Afasta a tua mão para bem longe de mim, e não me amedronte mais o teu terror. (Jó 13.21)

Pois para eles a escuridão profunda é a sua manhã; são amigos das densas trevas. (Jó 24.17)

Pois eu também coloquei o terror dele na terra dos viventes; pelo que estará no meio dos incircuncisos, com os que foram mortos pela espada, o próprio faraó e todo o seu exército, diz o SENHOR Deus. (Ez 32.32)

A abominação assoladora. (Mt 24.15; Mc 13.14)

Todas as ilhas fugiram, e os montes desapareceram. (Ap 16.20)

Testemunho

Pega a vara e reúne a comunidade, tu e teu irmão Arão. Falareis à rocha diante do povo, para que ela dê suas águas. Tirarás água da rocha e darás de beber à comunidade e aos seus animais. (Nm 20.8)

Vós sois as minhas testemunhas, diz o SENHOR. (Is 43.10,12)

Portanto, todo aquele que me confessar diante dos homens, eu também o confessarei diante de meu Pai, que está no céu. Mas aquele que me negar diante dos homens, eu também o negarei diante de meu Pai, que está no céu. (Mt 10.32,33)

Ide e contai a João o que tendes visto e ouvido: cegos veem, paralíticos andam, leprosos são purificados e surdos ouvem; mortos são ressuscitados, e o evangelho é anunciado aos pobres. (Lc 7.22)

E eu vos digo que todo aquele que me confessar diante dos homens, também o Filho do homem o confessará diante dos anjos de Deus. (Lc 12.8)

Eu mesmo vi e já vos dei testemunho de que este é o Filho de Deus. (Jo 1.34)

Se dou testemunho de mim mesmo, o meu testemunho não é verdadeiro. (Jo 5.31)

Eu já vos disse, mas não credes. As obras que eu faço em nome de meu Pai dão testemunho de mim. (Jo 10.25)

E vós também dareis testemunho, porque estais comigo desde o princípio. (Jo 15.27)

Foi para isso que nasci e vim ao mundo, a fim de dar testemunho da verdade. Todo aquele que é da verdade ouve a minha voz. (Jo 18.37)

Mas recebereis poder quando o Espírito Santo descer sobre vós; e sereis minhas testemunhas, tanto em Jerusalém como em toda a Judeia e Samaria, e até os confins da terra. (At 1.8)

Escreve em um livro o que vês e envia-o às sete igrejas. (Ap 1.11)

Portanto, escreve as coisas que tens visto, tanto as do presente como as que acontecerão depois destas. (Ap 1.19)

Moisés, porém, respondeu ao SENHOR: Se os próprios israelitas não me ouviram, como o faraó ouvirá a mim, que não falo com desenvoltura? (Êx 6.12)

Se fores comigo, irei; mas não irei se não fores. (Jz 4.8)

Basta por enquanto, retira-te! Eu te chamarei quando houver oportunidade. (At 24.25)

Porque Deus não nos deu espírito de covardia, mas de poder, de amor e de moderação. (2Tm 1.7)

Tiranos

Príncipes perseguem-me sem motivo, mas meu coração teme tuas palavras. (Sl 119.161)

Não tenhas inveja do homem violento, nem sigas nenhum de seus caminhos. (Pv 3.31)

Ai dos que decretam leis injustas e dos que escrevem decretos opressores. (Is 10.1)

Como caíste do céu, ó estrela da manhã, filha da alva! Como foste lançado por terra, tu que enfraquecias as nações! (Is 14.12)

Ele armará as tendas do seu palácio entre o mar grande e o glorioso monte santo; apesar disso, o seu fim virá, e ninguém o socorrerá. (Dn 11.45)

O dia do SENHOR está perto! Sobre todas as nações! Como fizeste, assim se fará contigo; o teu feito voltará sobre ti. (Ob 1.15)

Tolerância

Por isso a ira do SENHOR acendeu-se contra o seu povo, e o SENHOR estendeu a mão contra ele e o feriu; as montanhas tremeram e os seus cadáveres eram como lixo no meio das ruas. Mesmo assim, a sua ira não se afastou, e a sua mão continua estendida. (Is 5.25; Is 9.17)

Tu, que és tão puro de olhos, que não podes ver o mal e não podes contemplar a maldade! Por que ficas apenas olhando para os perversos e te calas enquanto o ímpio devora quem é mais justo do que ele? (Hc 1.13)

Ó geração incrédula e perversa! Até quando estarei convosco? Até quando terei de suportar-vos? Trazei-me o menino. (Mt 17.17)

Não julgueis, e não sereis julgados; não condeneis, e não sereis condenados; perdoai, e sereis perdoados. (Lc 6.37)

Tomar emprestado

O ímpio toma emprestado e não paga; mas o justo se compadece e dá. (Sl 37.21)

O rico domina sobre os pobres, e o que toma emprestado é servo do que empresta. (Pv 22.7)

É melhor não fazer voto do que fazer e não cumprir. (Ec 5.5)

Dá a quem te pedir e não voltes as costas a quem te pedir emprestado. (Mt 5.42)

Trabalho

Do suor do teu rosto comerás o teu pão, até que tornes à terra, pois dela foste tirado; porque és pó, e ao pó tornarás. (Gn 3.19)

Por isso, o SENHOR Deus o mandou para fora do jardim do Éden, para cultivar o solo, do qual fora tirado. E havendo expulsado o homem, pôs a leste do jardim do Éden os querubins e uma espada flamejante que se revolvia por todos os lados, para guardar o caminho da árvore da vida. (Gn 3.23,24)

Trabalharás de graça para mim, por ser meu parente? Diga-me qual será o teu salário. (Gn 29.15)

Tradição

Ele fez o que era mau perante o SENHOR, andando nos caminhos de seu pai e no pecado com que havia feito Israel pecar. (1Rs 15.26)

Assim, essas nações temiam o SENHOR mas também suas imagens esculpidas; seus filhos e seus descendentes também fazem até o dia de hoje como fizeram seus pais. (2Rs 17.41)

Abandonais o mandamento de Deus, e vos apegais à tradição dos homens. (Mc 7.8)

Sabeis muito bem rejeitar o mandamento de Deus para guardar a vossa tradição. (Mc 7.9)

Como fizeram os vossos pais, assim também fazeis. (At 7.51)

Traição

Eu não o ferirei, mas deixarei que os filisteus o façam. (1Sm 18.17)

O seu falar era macio como manteiga, mas havia rancor em seu coração; suas palavras eram mais brandas do que azeite, mas eram como espadas desembainhadas. (Sl 55.21)

A língua deles é uma flecha mortífera. As palavras da sua boca são enganosas. Cada um profere palavras de paz com o seu próximo, mas no coração arma-lhe ciladas. (Jr 9.8)

A luz da candeia não mais brilhará em ti, e a voz do noivo e da noiva não se ouvirá mais em ti. Pois teus comerciantes eram os nobres da terra, e todas as nações foram enganadas pelas tuas feitiçarias. (Ap 18.23)

Trama

Caiam os ímpios nas suas próprias redes, enquanto eu escapo ileso. (Sl 141.10)

O SENHOR [...] transtorna o caminho dos ímpios. (Sl 146.9)

A justiça dos perfeitos endireita-lhes o caminho, mas o ímpio cai por sua impiedade. (Pv 11.5)

Quem abre uma cova cairá dentro dela, e a pedra se voltará contra aquele que a rolar. (Pv 26.27)

Proclama e ninguém planeje no coração o mal contra o próximo, nem ame o juramento falso; porque eu rejeito todas essas coisas, diz o SENHOR. (Zc 8.17)

Tributação

Pois, se amardes quem vos ama, que recompensa tereis? Os publicanos também não fazem o mesmo? (Mt 5.46)

De quem os reis da terra cobram imposto ou tributo? Dos seus súditos ou dos estrangeiros? (Mt 17.25)

Mas, para que não os escandalizemos, vai ao mar, lança o anzol, tira o primeiro peixe que pegares e, ao abrires a boca dele, encontrarás um estáter; toma-o e entrega-o por mim e por ti. (Mt 17.27)

Dai a César o que é de César, e a Deus o que é de Deus. (Mt 22.21)

Não cobreis mais do que o prescrito. (Lc 3.13)

Por essa razão também pagais imposto; porque eles são servos de Deus, para atenderem a isso. (Rm 13.6)

Dai a cada um o que lhe é devido: a quem tributo, tributo; a quem imposto, imposto; a quem temor, temor; a quem honra, honra. (Rm 13.7)

Trindade

Portanto, ide, fazei discípulos de todas as nações, batizando-os em nome do Pai, do Filho e do Espírito Santo. (Mt 28.19)

A graça do Senhor Jesus Cristo, o amor de Deus e a comunhão do Espírito Santo sejam com todos vós. (2Co 13.13)

Pois os que dão testemunho são três: o Espírito, a água e o sangue; e os três concordam entre si. (1Jo 5.8)

■ U

Unidade

A terra toda tinha uma só língua e um só idioma. (Gn 11.1)

O povo é um só e todos têm uma só língua; agora que começaram a fazer isso, já não haverá restrição para tudo o que intentarem fazer. (Gn 11.6)

Como é bom e agradável os irmãos viverem em união! (Sl 133.1)

Um homem sozinho pode ser vencido, mas dois conseguem defender-se; e o cordão de três dobras não se rompe tão facilmente. (Ec 4.12)

Se um reino estiver dividido contra si mesmo, tal reino não poderá subsistir. (Mc 3.24)

Se uma casa estiver dividida contra si mesma, tal casa não poderá subsistir. (Mc 3.25)

Eu e o Pai somos um. (Jo 10.30)

Todos os que criam estavam unidos e tinham tudo em comum. (At 2.44)

Assim também nós, embora muitos, somos um só corpo em Cristo e, individualmente, membros uns dos outros. (Rm 12.5)

Há somente um pão, e nós, embora muitos, somos um só corpo, pois todos participamos do mesmo pão. (1Co 10.17)

Há um só Senhor, uma só fé, um só batismo. (Ef 4.5)

Pois todos vêm de um só, tanto o que santifica como os santificados. Por essa razão ele não se envergonha de chamá-los de irmãos. (Hb 2.11)

■ V

Valores

Quem matar um animal fará restituição por ele, mas quem matar um homem será morto. (Lv 24.21)

Não dê atenção à aparência ou à altura dele, porque eu o rejeitei; porque o SENHOR não vê como o homem vê, pois o homem olha para a aparência, mas o SENHOR, para o coração. (1Sm 16.7)

Estou morando num palácio de cedro, ao passo que a arca de Deus continua numa tenda. (2Sm 7.2)

Amando os que te odeiam, e odiando os que te amam. Porque hoje dás a entender que chefes e servos nada valem para ti; pois agora entendo que estarias bem contente se Absalão vivesse e todos nós fôssemos mortos hoje. (2Sm 19.6)

Quando os fundamentos são destruídos, que pode fazer o justo? (Sl 11.3)

Ensina-nos a contar nossos dias para que alcancemos um coração sábio. (Sl 90.12)

Para mim, a lei da tua boca vale mais do que milhares de peças de ouro e prata. (Sl 119.72)

A sabedoria é o principal; portanto, adquire a sabedoria; sim, adquire o entendimento com tudo o que possuis. (Pv 4.7)

Na casa do justo, há um grande tesouro, mas, nos lucros do ímpio, há perturbação. (Pv 15.6)

Não te fatigues para ser rico; sê sábio e te contém. (Pv 23.4)

Por que gastais o dinheiro naquilo que não é pão? E o produto do vosso trabalho naquilo que não pode satisfazer? Ouvi-me atentamente, comei o que é bom e deliciai-vos com finas refeições. (Is 55.2)

Mas quem se gloriar, glorie-se nisto: em me entender e me conhecer, pois eu sou o SENHOR, que pratico a fidelidade, o direito e a justiça na terra, porque me agrado dessas coisas, diz o SENHOR. (Jr 9.24)

Mas ajuntai tesouros no céu, onde nem traça nem ferrugem os consomem, e os ladrões não invadem nem roubam. (Mt 6.20)

Não fiqueis ansiosos quanto à vossa vida, com o que comereis, ou com o que bebereis; nem, quanto ao vosso corpo, com o que vestireis. Não é a vida mais do que o alimento, e o corpo, mais do que o vestuário? (Mt 6.25)

Quem ama seu pai ou sua mãe mais do que a mim não é digno de mim; e quem ama seu filho ou sua filha mais do que a mim não é digno de mim. (Mt 10.37)

Pois não pensas nas coisas de Deus, mas, sim, nas que são dos homens. (Mt 16.23)

Pois que adianta ao homem ganhar o mundo inteiro e perder a vida? Ou, que dará o homem em troca da sua vida? (Mt 16.26)

Pois que adianta ao homem ganhar o mundo inteiro e perder a sua vida? (Mc 8.36)

Se o teu pé te fizer tropeçar, corta-o; pois é melhor entrares na vida aleijado, do que, tendo dois pés, ser jogado no inferno. (Mc 9.45)

Se o teu olho te fizer tropeçar, joga-o fora; pois é melhor entrares no reino de Deus com um olho só do que, tendo dois olhos, ser lançado no inferno. (Mc 9.47)

Não fiqueis ansiosos quanto à vossa vida, com o que comereis, nem quanto ao corpo, com o que vestireis. (Lc 12.22)

Vós sois os que vos justificais diante dos homens, mas Deus conhece o vosso coração; pois o que é elevado entre os homens, perante Deus é abominação. (Lc 16.15)

Trabalhai não pela comida que se acaba, mas pela comida que permanece para a vida eterna, a qual o Filho do homem vos dará. Deus, o Pai, o aprovou, pondo nele o seu selo. (Jo 6.27)

Pois preferiam a glória dos homens à glória de Deus. (Jo 12.43)

Pois não fixamos o olhar nas coisas visíveis, mas naquelas que não se veem; pois as visíveis são temporárias, ao passo que as que não se veem são eternas. (2Co 4.18)

Mas o que para mim era lucro, passei a considerar perda, por amor de Cristo. (Fp 3.7)

E, acima de tudo, revesti-vos do amor, que é o vínculo da perfeição. (Cl 3.14)

Mas, examinando tudo, conservai o que é bom. (1Ts 5.21)

Porque o mesmo que disse: Não adulterarás, também disse: Não matarás. Se não cometes adultério, mas és homicida, tornas a ti mesmo transgressor da lei. (Tg 2.11)

Infiéis, não sabeis que a amizade do mundo é inimizade contra Deus? Portanto, quem quiser ser amigo do mundo se coloca na posição de inimigo de Deus. (Tg 4.4)

Eu te aconselho que compres de mim ouro refinado no fogo, para que te enriqueças; roupas brancas, para que te cubras e a vergonha da tua nudez não seja mostrada; e colírio, para que o apliques sobre teus olhos e enxergues. (Ap 3.18)

Velhice
Levanta-te diante dos idosos, honra a pessoa do ancião. (Lv 19.32)

Verdade
Falarei tão somente aquilo que o SENHOR me disser. (1Rs 22.14)

Porque seu amor para conosco é grande, e a fidelidade do SENHOR dura para sempre! Aleluia! (Sl 117.2)

Tua justiça é eterna, e tua lei é a verdade. (Sl 119.142)

A soma da tua palavra é a verdade, e cada uma das tuas justas ordenanças dura para sempre. (Sl 119.160)

Amai a verdade e a paz. (Zc 8.19)

Céu e terra passarão, mas as minhas palavras nunca. (Mt 24.35; Mr 13.31)

Porque a lei foi dada por meio de Moisés; a graça e a verdade vieram por meio de Jesus Cristo. (Jo 1.17)

Mas quem pratica a verdade vem para a luz, a fim de que se manifeste que suas obras são feitas em Deus. (Jo 3.21)

Mas o que aceita o seu testemunho, esse confirma que Deus é verdadeiro. (Jo 3.33)

Aquele que me enviou é verdadeiro, o qual vós não conheceis. (Jo 7.28)

Mas porque eu digo a verdade, não me credes. (Jo 8.45)

Essas palavras não são de um endemoninhado. Será que um demônio pode abrir os olhos aos cegos? (Jo 10.21)

Eu sou o caminho, a verdade e a vida; ninguém chega ao Pai, a não ser por mim. (Jo 14.6)

Santifica-os na verdade, a tua palavra é a verdade. (Jo 17.17)

Foi para isso que nasci e vim ao mundo, a fim de dar testemunho da verdade. Todo aquele que é da verdade ouve a minha voz. (Jo 18.37)

De modo nenhum! Seja Deus verdadeiro, e todo homem, mentiroso. Como está escrito: Para que sejas justificado em tuas palavras e venças quando fores julgado. (Rm 3.4)

Porque nada podemos fazer contra a verdade, mas somente em favor dela. (2Co 13.8)

Sobre tudo isso que vos escrevo, declaro diante de Deus que não estou mentindo. (Gl 1.20)

A verdade que está em Jesus. (Ef 4.21)

Vergonha
Meu Deus, eu confio em ti; que eu não me frustre; que os meus inimigos não triunfem sobre mim. (Sl 25.2)

Quando vem a arrogância, em seguida chega a desonra, mas a sabedoria está com os humildes. (Pv 11.2)

Ó SENHOR, esperança de Israel, todos aqueles que te abandonarem serão envergonhados. Os que se apartam de ti terão seus nomes escritos no solo; porque abandonam o SENHOR, a fonte de águas vivas. (Jr 17.13)

Pois, quando o Filho do homem vier na sua glória e na glória do Pai e dos santos anjos, ele se envergonhará de quem se envergonhar de mim e das minhas palavras. (Lc 9.26)

Vida
E o SENHOR Deus formou o homem do pó da terra e soprou-lhe nas narinas o fôlego da vida; e o homem tornou-se alma vivente. (Gn 2.7)

Pois a vida de toda a carne é o seu sangue. Por isso falei aos israelitas: Não comereis o sangue de nenhum animal, porque a vida de toda carne é o seu sangue; qualquer um que o comer será eliminado. (Lv 17.14)

Por que se concede luz ao aflito e vida aos amargurados de alma. (Jó 3.20)

Qual é a minha força, para que eu aguarde? Qual é o meu fim, para que eu tenha paciência? (Jó 6.11)

Por que me tiraste do ventre? Ah! se eu tivesse morrido e olho algum me tivesse visto! (Jó 10.18)

O homem, nascido da mulher, tem vida breve e cheia de inquietações. (Jó 14.1)

O Espírito de Deus me fez, e o sopro do Todo-poderoso me dá vida. (Jó 33.4)

Pois todos os nossos dias passam sob tua ira; nossos anos acabam-se como um suspiro. (Sl 90.9)

Vida e morte

Convoco hoje o céu e a terra como testemunhas contra ti de que coloquei diante de ti a vida e a morte, a bênção e a maldição. Portanto, escolhe a vida, para que vivas, tu e tua descendência. (Dt 30.19)

Vede agora que eu, eu o sou, e não há outro deus além de mim. Eu faço morrer e faço viver. Eu firo e curo; e não há quem possa livrar-se da minha mão. (Dt 32.39)

O SENHOR é quem tira a vida e a dá; faz descer à sepultura e faz ressurgir dali. (1Sm 2.6)

Eu saí nu do ventre de minha mãe, e nu voltarei para lá. O SENHOR o deu, e o SENHOR o tirou; bendito seja o nome do SENHOR. (Jó 1.21)

O nosso Deus é um Deus libertador; ele é o SENHOR, o SENHOR que nos livra da morte. (Sl 68.20)

Chegue à tua presença o gemido dos presos; segundo a grandeza do teu braço, preserva os condenados à morte. (Sl 79.11)

Teu amor será anunciado na sepultura, ou tua fidelidade no Abismo? (Sl 88.11)

Eu clamo: Meu Deus, tu, cujos anos se estendem a todas as gerações, não me leves na metade da minha vida. (Sl 102.24)

Não morrerei; pelo contrário, viverei e anunciarei as obras do SENHOR. (Sl 118.17)

O homem é como o vento; seus dias são como a sombra que passa. (Sl 144.4)

Quem guarda os mandamentos guarda sua vida, mas quem faz pouco caso dos seus caminhos morrerá. (Pv 19.16)

Tempo de nascer e tempo de morrer; tempo de plantar e tempo de arrancar o que se plantou. (Ec 3.2)

Vida eterna

Pois não deixarás a minha vida no túmulo, nem permitirás que teu santo sofra deterioração. (Sl 16.10)

Quem perder a sua vida por causa de mim a achará. (Mt 10.39)

Alguns dos que estão aqui de modo nenhum provarão a morte até que vejam o Filho do homem vindo no seu reino. (Mt 16.28)

Mas se queres entrar na vida, obedece aos mandamentos. (Mt 19.17)

Se queres ser perfeito, vai, vende tudo o que tens e dá-o aos pobres; e terás um tesouro no céu; depois vem e segue-me. (Mt 19.21)

Conheces os mandamentos: não matarás, não adulterarás, não furtarás, não dirás falso testemunho, a ninguém enganarás, honra teu pai e tua mãe. (Mc 10.19)

Depois vem e segue-me. (Mc 10.21)

Vigilância

É certo que o guarda de Israel não se descuidará nem dormirá. (Sl 121.4)

Se o SENHOR não edificar a casa, em vão trabalham os que a edificam; se o SENHOR não proteger a cidade, em vão vigia a sentinela. (Sl 127.1)

Vai e coloca um vigia que anuncie o que vir. (Is 21.6)

Desperta, desperta, levanta-te, ó Jerusalém, que bebeste da mão do SENHOR o cálice da sua ira; que bebeste da taça do atordoamento e a esvaziaste. (Is 51.17)

Tende cuidado para que ninguém vos engane. Porque virão muitos em meu nome, dizendo: Eu sou o Cristo; e enganarão a muitos. (Mt 24.4,5)

Portanto, vigiai, pois não sabeis em que dia vem o vosso Senhor. (Mt 24.42)

Vigiai e orai, para que não entreis em tentação; o espírito está pronto, mas a carne é fraca. (Mt 26.41)

Mas tende cuidado! Pois por minha causa vos entregarão aos tribunais e às sinagogas, e sereis espancados. Também sereis levados perante governadores e reis, para lhes servir de testemunho. (Mc 13.9)

Tende cuidado! Vigiai! Porque não sabeis quando chegará o tempo. (Mc 13.33)

Portanto, vigiai, pois não sabeis quando o senhor da casa chegará; se à tarde, se à meia-noite, se ao cantar do galo, se pela manhã. (Mc 13.35)

Sabei, porém, isto: se o dono da casa souber a hora que o ladrão virá, ele vigiará e não o deixará entrar em casa. (Lc 12.39)

Vigiai, pois, orando em todo o tempo, para que possais escapar de todas essas coisas que haverão de acontecer e ficar em pé na presença do Filho do homem. (Lc 21.36)

Portanto, tende cuidado de vós mesmos e de todo o rebanho sobre o qual o Espírito Santo vos constituiu bispos, para pastoreardes a igreja de Deus, que ele comprou com o próprio sangue. (At 20.28)

Fazei isso, compreendendo o tempo, que já é hora de despertardes do sono; porque a nossa salvação está agora mais perto do que no início, quando cremos. (Rm 13.11)

Portanto, não durmamos como os demais, mas estejamos atentos e sejamos sóbrios. (1Ts 5.6)

Porque os que dormem, dormem de noite, e os que se embriagam, embriagam-se de noite. (1Ts 5.7)

Tende bom senso e estai atentos. O Diabo, vosso adversário, anda em derredor, rugindo como leão que procura a quem possa devorar. (1Pe 5.8)

Tende cuidado de vós mesmos para não destruirdes o fruto do nosso trabalho, mas para que, pelo contrário, venhais a receber plena recompensa. (2Jo 1.8)

Eu venho como ladrão. Bem-aventurado aquele que está alerta e tem consigo suas vestes, para que não ande nu e não se veja a sua nudez. (Ap 16.15)

Vindicação

Por que me procurais, agora que estais em dificuldade? (Jz 11.7)

A pedra que os construtores rejeitaram, essa se tornou a pedra angular. (Sl 118.22)

Onde estão agora os vossos profetas, que vos profetizavam, dizendo: O rei da Babilônia não atacará a vós nem a esta terra? (Jr 37.19)

Lamberão o pó como serpentes; como animais rastejantes da terra, sairão tremendo dos seus esconderijos; virão ao SENHOR, nosso Deus, com pavor e terão medo de ti. (Mq 7.17)

Mas muitos dos primeiros serão últimos, e os últimos serão primeiros. (Mc 10)

Assenta-te à minha direita, até que eu ponha os teus inimigos como estrado dos teus pés. (At 2.34,35)

Vingança

Mas, se causar dano, então pagarás vida por vida, olho por olho, dente por dente, mão por mão, pé por pé, queimadura por queimadura, ferimento por ferimento, golpe por golpe. (Êx 21.23-25)

Ouve-nos, ó nosso Deus, pois somos tão desprezados, e faze recair sobre a cabeça deles o insulto que proferem. Faze também que eles sejam levados como despojo para uma terra de cativeiro. (Ne 4.4)

Ó Deus, condena-os; que eles caiam por suas próprias tramas; expulsa-os por causa de suas muitas transgressões, pois revoltaram-se contra ti. (Sl 5.10)

Ó Deus, não guardes silêncio; não te cales nem fiques impassível, ó Deus. (Sl 83.1)

Ó SENHOR, Deus vingador, ó Deus vingador, resplandece! (Sl 94.1)

Gritai contra ela, cercando-a; ela já se rendeu; caíram suas torres, os seus muros estão no chão. Pois esta é a vingança do SENHOR; vingai-vos dela; fazei-lhe o mesmo que ela fez aos outros. (Jr 50.15)

Que toda a sua maldade venha para a tua presença e faze-lhes como fizeste a mim por causa de todas as minhas transgressões; pois os meus gemidos são muitos, e o meu coração está desfalecido. (Lm 1.22)

O dia do SENHOR está perto! Sobre todas as nações! Como fizeste, assim se fará contigo; o teu feito voltará sobre ti. (Ob 1.15)

O SENHOR é um Deus zeloso e vingador; o SENHOR é vingador e cheio de indignação; o SENHOR se vinga de seus adversários e guarda ira contra seus inimigos. (Na 1.2)

Eu, porém, vos digo: Não resistais ao homem mau; mas a qualquer que te bater na face direita, oferece-lhe também a outra. (Mt 5.39)

Ao que te bater numa face, oferece-lhe também a outra; e ao que te houver tomado a capa, deixa que leve também a túnica. (Lc 6.29)

Pois o Filho do homem não veio para destruir a vida dos homens, mas para salvá-la. E foram para outro povoado. (Lc 9.56)

Minha é a vingança, eu retribuirei. E outra vez: O Senhor julgará o seu povo. (Hb 10.30)

O anjo passou sua foice pela terra, colheu as uvas da vinha e lançou-as no grande lagar da ira de Deus. (Ap 14.19)

Violência

Quem ferir seu pai, ou sua mãe, certamente será morto. (Êx 21.15)

E Sansão os feriu, impondo-lhes grande matança. Depois disso, desceu e foi habitar numa caverna da rocha de Etã. (Jz 15.8)

Agora a espada jamais se afastará da tua família, porque me desprezaste e tomaste para ti a mulher de Urias, o heteu. (2Sm 12.10)

Derramaste muito sangue e fizeste grandes guerras; não construirás um templo ao meu nome, porque derramaste muito sangue na terra diante de mim. (1Cr 22.8)

O Senhor prova o justo e o ímpio e odeia o que ama a violência. (Sl 11.5)

Que o caluniador não se estabeleça na terra; que o homem violento seja perseguido pelo mal, até ser exterminado. (Sl 140.11)

Não tenhas inveja do homem violento, nem sigas nenhum de seus caminhos. (Pv 3.31)

Faze uma algema, porque a terra está cheia de crimes de sangue, e a cidade, cheia de violência. (Ez 7.23)

Ai da cidade de sangue! Ela está toda cheia de mentiras e de roubo, e não solta a sua presa! (Na 3.1)

Ai daquele que edifica a cidade com sangue e a alicerça com maldade! (Hc 2.12)

Guarda a tua espada; porque todos os que lançarem mão da espada, à espada morrerão. (Mt 26.52)

De ninguém tomeis nada à força, nem façais denúncia falsa; e contentai-vos com o vosso salário. (Lc 3.14)

Viestes com espadas e pedaços de paus, como se eu fosse um bandido? (Lc 22.52)

Os seus pés se apressam para derramar sangue. (Rm 3.15)

Nos seus caminhos há destruição e miséria; e não conheceram o caminho da paz. (Rm 3.16,17)

A grande cidade da Babilônia será jogada com a mesma força e nunca mais será achada. (Ap 18.21)

Virtude

A mulher virtuosa é a coroa do marido, mas a que se comporta de modo vergonhoso é como podridão nos seus ossos. (Pv 12.4)

Mulher virtuosa, quem a achará? Ela vale muito mais do que joias preciosas. (Pv 31.10)

Muitas mulheres agem de maneira virtuosa, mas tu superas a todas. (Pv 31.29)

Quanto ao mais, irmãos, tudo o que é verdadeiro, tudo o que é honesto, tudo o que é justo, tudo o que é puro, tudo o que é amável, tudo o que é de boa fama, se há alguma virtude, e se há algum louvor, nisso pensai. (Fp 4.8)

Por isso mesmo, empregando todo o vosso esforço, acrescentai a virtude à vossa fé, e o conhecimento à virtude. (2Pe 1.5)

Visões

O menino Samuel continuava servindo ao Senhor, supervisionado por Eli. Naqueles dias a palavra do Senhor era muito rara, e as visões não eram frequentes. (1Sm 3.1)

Ossos secos, ouvi a palavra do Senhor. (Ez 37.4)

Depois disso, derramarei o meu Espírito sobre todas as pessoas; vossos filhos e vossas filhas profetizarão, vossos velhos terão sonhos, vossos jovens terão visões. (Jl 2.28)

Vejo o céu aberto, e o Filho do homem em pé, à direita de Deus. (At 7.56)

E os que estavam comigo viram a luz, mas não entenderam a voz daquele que falava comigo. (At 22.9)

Não achamos nenhum mal neste homem. Quem sabe não foi algum espírito ou um anjo que falou com ele? (At 23.9)

Quem é digno de abrir o livro e de romper seus selos? (Ap 5.2)

Vista

A candeia do corpo são os olhos. (Mt 6.22; Lc 11.34)

Arranca-o e joga-o fora. (Mt 18.9)

Se o teu olho te fizer tropeçar, joga-o fora; pois é melhor entrares no reino de Deus com um olho só do que, tendo dois olhos, ser lançado no inferno. (Mc 9.47)

Porque vivemos pela fé e não pelo que vemos. (2Co 5.7)

Eu te aconselho que compres de mim ouro refinado no fogo, para que te enriqueças; roupas brancas, para que te cubras e a vergonha da tua nudez não seja mostrada; e colírio, para que o apliques sobre teus olhos e enxergues. (Ap 3.18)

Vitalidade

Pois a vida de toda a carne é o seu sangue. Por isso falei aos israelitas: Não comereis o sangue de nenhum animal, porque a vida de toda carne é o seu sangue; qualquer um que o comer será eliminado. (Lv 17.14)

As árvores do SENHOR estão satisfeitas, os cedros do Líbano que ele plantou. (Sl 104.16)

Tudo quanto te vier à mão para fazer, faze-o com todas as tuas forças, porque na sepultura, para onde vais, não há trabalho, nem projeto, nem conhecimento, nem sabedoria. (Ec 9.10)

Portanto, firmai as mãos cansadas e os joelhos vacilantes. (Hb 12.12)

Vitória

Fujamos de Israel, pois o SENHOR combate por eles contra os egípcios. (Êx 14.25)

Cantarei ao SENHOR, pois triunfou gloriosamente; lançou no mar o cavalo e o seu cavaleiro. (Êx 15.1)

A tua mão direita, ó SENHOR, é gloriosa em poder; a tua mão direita, ó SENHOR, despedaça o inimigo. (Êx 15.6)

Na grandeza da tua excelência derrubas os que se levantam contra ti; envias o teu furor, que os devora como palha. (Êx 15.7)

Perseguireis os vossos inimigos, e eles cairão à espada diante de vós. (Lv 26.7)

Quando sairdes à guerra na vossa terra contra o inimigo que vos estiver oprimindo, fareis retinir as trombetas, e sereis lembrados diante do SENHOR, vosso Deus, e sereis salvos dos inimigos. (Nm 10.9)

Não é por causa da tua justiça nem da retidão do teu coração que entras na terra delas para possuí-la, mas é pela culpa destas nações que o SENHOR, teu Deus, as expulsa da tua frente, para confirmar a palavra que o SENHOR, teu Deus, jurou a teus pais, Abraão, Isaque e Jacó. (Dt 9.5)

E será vosso todo lugar que pisar a planta do vosso pé; o vosso território se estenderá do deserto ao Líbano, e do rio, o Eufrates, até o mar ocidental. (Dt 11.24)

Gritai, porque o SENHOR vos entregou a cidade. (Js 6.16)

Não tenhas medo deles, porque eu os entreguei na tua mão; nenhum deles te poderá resistir. (Js 10.8)

E não houve dia semelhante a esse, nem antes nem depois dele, quando o SENHOR atendeu à voz de um homem; pois o SENHOR batalhava por Israel. (Js 10.14)

Pois o SENHOR expulsou de diante de vós nações grandes e fortes, e, até o dia de hoje, ninguém pôde resistir-vos. (Js 23.9)

Um só homem de vós persegue mil, pois o SENHOR, vosso Deus, é quem batalha por vós, como já vos disse. (Js 23.10)

Atacai, porque amanhã eu os entregarei nas vossas mãos. (Jz 20.28)

Meu coração exulta no SENHOR; a minha força está exaltada por causa do SENHOR; a minha boca se ri dos meus inimigos, pois me alegro na tua salvação. (1Sm 2.1)

Assim Davi venceu o filisteu com uma funda e uma pedra, ferindo-o e matando-o; e Davi não levou nem sequer uma espada na mão. (1Sm 17.50)

Naquele dia, a vitória tornou-se motivo de tristeza para todas as tropas, porque as tropas ouviram dizer: O rei está muito triste por causa de seu filho. (2Sm 19.2)

Então eu os reduzi ao pó da terra; trilhei-os e os dissipei como a lama das ruas. (2Sm 22.43)

Então, invocai o nome do vosso deus, e eu invocarei o nome do Senhor. O deus que responder por meio de fogo, esse será Deus. E todo o povo respondeu: Está bem. (1Rs 18.24)

Por acaso os deuses das nações a quem meus ancestrais destruíram foram capazes de livrá-las, a saber, Gozã, Harã, Rezefe e os filhos de Éden que estavam em Telassar? (2Rs 19.12)

Sei que te agradas de mim por causa disto: meu inimigo não triunfa contra mim. (Sl 41.11)

Inclinem-se diante dele seus adversários, e seus inimigos lambam o pó. (Sl 72.9)

Assenta-te à minha direita, até que eu ponha teus inimigos debaixo dos teus pés. (Sl 110.1)

Este é o dia que o Senhor fez; vamos regozijar-nos e alegrar-nos nele. (Sl 118.24)

Sim, a ti, que dás a vitória aos reis e livras teu servo Davi da espada maligna. (Sl 144.10)

O cavalo prepara-se para o dia da batalha; mas a vitória vem do Senhor. (Pv 21.31)

O Senhor sai como um valente, desperta o zelo como guerreiro; clamará, fará grande ruído e se mostrará valente contra os seus inimigos. (Is 42.13)

O menor virá a ser mil, e o mínimo, uma nação forte; eu sou o Senhor, executarei isso depressa e a seu tempo. (Is 60.22)

Ele queimará os templos dos deuses do Egito e levará cativos os ídolos. Como um pastor tira piolhos de suas roupas, assim ele limpará o Egito e sairá dali em paz. (Jr 43.12)

Por que razão os vejo espantados e dando as costas? Os seus heróis estão abatidos e vão fugindo, sem olhar para trás; há terror por todos os lados, diz o Senhor. (Jr 46.5)

O ligeiro não consegue fugir, nem o herói, escapar. No norte, junto ao rio Eufrates, eles tropeçaram e caíram. (Jr 46.6)

Os vencedores subirão ao monte de Sião para julgar o monte de Esaú; e o reino será do Senhor. (Ob 1.21)

A tua mão será exaltada sobre teus adversários, e todos os teus inimigos serão exterminados. (Mq 5.9)

Eu vos tenho dito essas coisas para que tenhais paz em mim. No mundo tereis tribulações; mas não vos desanimeis! Eu venci o mundo. (Jo 16.33)

Porque Davi não subiu aos céus, mas ele próprio afirma: O Senhor disse ao meu Senhor: Assenta-te à minha direita, até que eu ponha os teus inimigos como estrado dos teus pés. (At 2.34,35)

Não sabeis que entre todos os que correm no estádio, na verdade, somente um recebe o prêmio? Correi de tal maneira que o alcanceis. (1Co 9.24)

Mas graças a Deus, que nos dá a vitória por meio de nosso Senhor Jesus Cristo. (1Co 15.57)

Pois todo o que é nascido de Deus vence o mundo; e esta é a vitória que vence o mundo: a nossa fé. (1Jo 5.4)

Quem tem ouvidos, ouça o que o Espírito diz às igrejas. Ao vencedor darei do maná escondido e uma pedra branca, na qual está escrito um novo nome que ninguém conhece, a não ser aquele que o recebe. (Ap 2.17)

Eles o venceram pelo sangue do Cordeiro e pela palavra do seu testemunho e, mesmo diante da morte, não amaram a própria vida. (Ap 12.11)

Combaterão contra o Cordeiro, que os vencerá, pois é o Senhor dos senhores e o Rei dos reis; os que estão com ele, os chamados, eleitos e fiéis, também vencerão. (Ap 17.14)

Aleluia! Porque o Senhor nosso Deus, o Todo-poderoso, já reina. (Ap 19.6)

Aquele que vencer herdará essas coisas; e eu serei seu Deus, e ele será meu filho. (Ap 21.7)

Viúvas e órfãos

Se de algum modo os tratares mal, e eles clamarem a mim, eu certamente ouvirei o seu clamor. (Êx 22.23)

Pai de órfãos e juiz de viúvas, é Deus na sua santa morada. (Sl 68.5)

Fazei justiça ao pobre e ao órfão; procedei com retidão para com o aflito e o desamparado. (Sl 82.3)

Aprendei a praticar o bem; buscai a justiça, acabai com a opressão, fazei justiça ao órfão, defendei a causa da viúva. (Is 1.17)

Deixa os teus órfãos, eu os guardarei em vida; e as tuas viúvas confiem em mim. (Jr 49.11)

A Assíria não nos salvará, não iremos montados em cavalos; e não diremos mais à obra das nossas mãos: Tu és o nosso Deus; porque em ti o órfão encontra a misericórdia. (Os 14.3)

E não oprimais a viúva, o órfão, o estrangeiro e o pobre; ninguém planeje no coração o mal contra seu irmão. (Zc 7.10)

Cuida das viúvas de fato necessitadas. (1Tm 5.3)

Visitar os órfãos e as viúvas nas suas dificuldades e não se deixar contaminar pelo mundo. (Tg 1.27)

Voluntários

Não deixes que ninguém se desanime por causa dele; teu servo lutará contra esse filisteu. (1Sm 17.32)

O SENHOR Deus dos céus me deu todos os reinos da terra e me encarregou de lhe construir um templo em Jerusalém, que fica em Judá. Que suba aquele dentre vós que pertencer a todo o seu povo, e o SENHOR, seu Deus, esteja com ele. (2Cr 36.23)

Quem entre vós for do seu povo, que Deus esteja com ele, suba para Jerusalém de Judá e reconstrua o templo do SENHOR, o Deus de Israel. Ele é o Deus que habita em Jerusalém. (Ed 1.3)

A quem enviarei? Quem irá por nós? Eu disse: Aqui estou eu, envia-me. (Is 6.8)

■ **Z**

Zelo

Não te curvarás diante delas, nem as cultuarás, pois eu, o SENHOR teu Deus, sou Deus zeloso. Eu castigo o pecado dos pais nos filhos até a terceira e quarta geração daqueles que me rejeitam. (Êx 20.5)

Vem comigo e vê o meu zelo para com o SENHOR. Ele o fez ir no carro com ele. (2Rs 10.16)

O que vos digo às escuras, dizei-o às claras; e o que vos é sussurrado ao ouvido, proclamai-o dos telhados. (Mt 10.27)

E, castigando-os muitas vezes em todas as sinagogas, obrigava-os a blasfemar. E, cada vez mais enfurecido contra eles, perseguia-os até nas cidades estrangeiras. (At 26.11)

Mas, tenho alcançado auxílio da parte de Deus e até hoje continuo testemunhando tanto a gente comum como a pessoas influentes, não dizendo nada senão o que os profetas e Moisés disseram que haveria de acontecer. (At 26.22)

Porque posso testemunhar de que eles têm zelo por Deus, mas não com entendimento. (Rm 10.2)

Agora, já pela terceira vez estou pronto para visitar-vos. Eu não serei um peso para vós, porque não procuro o que é vosso, mas sim a vós mesmos. Pois não são os filhos que devem guardar seus bens para os pais, mas os pais para os filhos. (2Co 12.14)

Apenas tinham ouvido dizer: Aquele que nos perseguia agora prega a fé que antes tentava destruir. (Gl 1.23)

É bom ser sempre objeto de interesse pessoal, e não só quando estou presente convosco. (Gl 4.18)

Amados, enquanto me empenhava para vos escrever acerca da salvação que nos é comum, senti a necessidade de vos escrever exortando-vos a lutar pela fé entregue aos santos de uma vez por todas. (Jd 1.3)

Eu repreendo e castigo a todos quantos amo: sê pois zeloso e arrepende-te. (Ap 3.19)

ENSINAMENTO BÍBLICO EM UM CATECISMO

O CATECISMO DE HEIDELBERG

■ Introdução

O Catecismo de Heidelberg é assim chamado devido ao fato de ter sua origem em Heidelberg, a capital do Eleitorado Germânico do Palatinado. Ele foi encomendado pelo devoto eleitor Frederico III. Para que a reforma calvinista pudesse se espalhar pelo seu país, Frederico III incumbiu Zacharias Ursinus, professor da Universidade de Heidelberg, e Caspar Olevianus, o pregador da corte, para prepararem um manual que pudesse ser usado para ensinar a fé cristã. O resultado desse trabalho foi o Catecismo de Heidelberg, publicado em 1563. O Catecismo de Heidelberg ainda é um dos mais influentes e mais amplamente aceitos entre os catecismos dos tempos da Reforma.

Questão 1

Q. Qual é o seu único conforto na vida e na morte?

R. Que eu, com corpo e alma, tanto na vida quanto na morte (Rm 14.8), não pertenço a mim (1Co 6.19), mas ao meu fiel salvador Jesus Cristo (1Co 3.23; Tt 2.14), a quem com seu precioso sangue satisfez completamente as exigências por todos os meus pecados (1Pe 1.18,19; 1Jo 1.7; 2.2,12), e me libertou (Hb 2.14; 1Jo 3.8; Jo 8.34-36) de todo o poder do diabo (Jo 6.39; 10.28,29; 2Ts 3.3; 1Pe 1.5), e me preserva de tal modo que, contra a vontade do meu Pai celestial, nem mesmo um fio de cabelo pode cair da minha cabeça (Mt 10.30; Lc 21.18); de fato, tudo se ajusta ao seu propósito para a minha salvação (Rm 8.28), assim como por seu Santo Espírito me assegura a vida eterna (1Co 1.22; 5.5; Ef 1.14; Rm 8.16) e me faz sinceramente desejoso e pronto, sempre, para viver por ele (Rm 8.14; 1Jo 3.3).

Questão 2

Q. Quantas coisas são necessárias para que você saiba que pode viver e morrer alegremente, desfrutando esse bem-estar?

R. Três (Mt 11.28-30; Ef 5.8). Primeiro, quão grandes são meus pecados e minha miséria (Jo 9.41; Mt 9.12; Rm 3.10; 1Jo 9,10); segundo, como fui liberto dos meus pecados e miséria (Jo 17.3; At 4.12; 10.43); terceiro, como tenho que expressar minha gratidão a Deus por tal libertação (Ef 5.10; Sl 50.14; Mt 5.16; 1Pe 2.12; Rm 6.13; 2Tm 2.15).

Questão 3

Q. Onde você aprende sobre os seus pecados e suas miseráveis consequências?

R. Na lei de Deus (Rm 3.20).

Questão 4

Q. O que Deus requer de você na sua lei?

R. Jesus Cristo resume em Mateus 22.37-40: *Amarás o Senhor teu Deus de todo o coração, de toda a alma e de todo o entendimento. Este é o maior e o primeiro mandamento. E o segundo, semelhante a este, é: Amarás o teu próximo como a ti mesmo. Toda a Lei e os Profetas dependem desses dois mandamentos* (Dt 6.5; Lv 19.18; Mc 12.30; Lc 10.27).

Questão 5

Q. Você é capaz de guardar a lei de Deus?

R. De modo nenhum (Rm 3.10,20,23; 1Jo 1.8,10). Por natureza sou inclinado a odiar a Deus e ao meu próximo, e quebrar os mandamentos de Deus em pensamento, palavras e ações (Rm 8.7; Ef 2.3; Tt 3.3; Gn 6.5; 8.21; Jr 17.9; Rm 7.23).

Questão 6
Q. Deus criou o homem fraco e perverso como é agora?

R. De modo nenhum. Ao contrário, Deus criou o homem bom (Gn 1.31) e à sua própria imagem (Gn 1.26,27), isto é, em verdadeira justiça e santidade, de forma que ele poderia corretamente saber que Deus é seu Criador, amá-lo com todo o seu coração, e viver para ele em eterna bem-aventurança, louvando-o e glorificando-o sempre (Ef 4.24; Cl 3.10; 2Co 3.18).

Questão 7
Q. De onde, então, vem a natureza depravada do homem?

R. Vem da queda e da desobediência dos nossos primeiros pais, Adão e Eva, no jardim do Éden (Gn 3; Rm 5.12,18,19); assim, nossa natureza se tornou tão corrupta que todos somos concebidos e nascemos em pecado (Sl 51.5; Gn 5.3).

Questão 8
Q. Mas nós somos tão corrompidos a ponto de sermos completamente incapazes de fazer o bem e inclinados para todo o mal?

R. Sim, de fato (Gn 8.21; 6.5; Jó 14.4; 15.14,16,35; Jo 3.6; Is 53.6), a menos que nasçamos novamente por meio do Espírito de Deus (Jo 3.3,5; 1Co 12.3; 2Co 3.5).

Questão 9
Q. Deus, então, não age de modo errado ao requerer do homem em sua lei aquilo que ele não é capaz de fazer?

R. De maneira nenhuma. Deus criou o homem com capacidade para fazê-las (Ef 4.24). Mas o homem, seguindo a sugestão do diabo (Gn 3.13; 1Tm 2.13,14), por desobediência deliberada, privou-se a si mesmo e a todos os seus descendentes desses dons (Gn 36; Rm 5.12).

Questão 10
Q. Deus permitirá que tal desobediência e rebelião fiquem impunes?

R. Certamente não, pois a ira de Deus se revela nos céus (Gn 2.17; Rm 5.12) tanto contra nossa pecaminosidade inata quanto contra os nossos atuais pecados, e ele os punirá de acordo com seu julgamento reto, tanto na história quanto na eternidade (Sl 50.20; 5.5; Na 1.2; Êx 20.5; 34.7; Rm 1.18; Ef 5.6). Assim ele declarou: Maldito todo aquele que não permanece em todas as coisas escritas no livro da lei, para praticá-las (Dt 27.26; Gl 3.10).

Questão 11
Q. Mas Deus não é também misericordioso?

R. Deus é, de fato, misericordioso e gracioso (Êx 34.6,7; 20.6), mas ele também é verdadeiro e justo (Sl 7.9; Êx 20.5; 23.7; 34.7; Sl 5.4,5; Na 1.2,3). E sua verdade e justiça exigem que ele puna os pecados cometidos contra sua suprema majestade de modo extremo, isto é, com a punição eterna do corpo e da alma.

Questão 12
Q. Desde que, devido ao justo julgamento de Deus, nós merecemos punição tanto nesta vida quanto na eternidade, não há alguma maneira pela qual possamos escapar dessa punição e novamente recebermos seu favor?

R. Deus terá sua justiça satisfeita (Gn 2.17; Êx 23.7; Ez 18.4; Mt 5.26; 2Ts 1.6; Lc 16.2). Portanto, o pagamento pleno deve ser feito à sua justiça, ou por nós mesmos ou por outro (Rm 8.4).

Questão 13
Q. Nós mesmos podemos fazer esse pagamento?

R. De modo nenhum. Ao contrário disso, nós aumentamos o nosso débito a cada dia

(Jó 9.2; 15.15,16; 4.18,19; Sl 130.3; Mt 6.12; 18.25; 16.26).

Questão 14
Q. Pode alguma mera criatura fazer o pagamento por nós?

R. Não. Em primeiro lugar, Deus não quer punir outro tipo de criatura pelo pecado que o homem tem cometido (Ez 18.4; Gn 3.17). E, além disso, nenhuma mera criatura pode sustentar o fardo da eterna ira de Deus contra o pecado e redimir outros por meio disso (Na 1.6; Sl 130.3).

Questão 15
Q. Então, que tipo de mediador e redentor nós devemos procurar?

R. Alguém que seja um homem verdadeiro (1Co 15.21) e justo (Hb 7.26) e mais poderoso que todas as criaturas, ou seja, alguém que seja ao mesmo tempo verdadeiro Deus (Is 7.14; 9.6; Jr 23.6; Lc 11.22).

Questão 16
Q. Por que ele tem que ser um homem verdadeiro e justo?

R. Porque a justiça de Deus requer que a mesma natureza humana que pecou deve fazer a satisfação pelo pecado (Ez 18.4,20; Rm 5.18; 1Co 15.21; Hb 2.14-16), mas alguém que seja ele mesmo pecador não pode fazer o pagamento por outros (Hb 7.26,27; Sl 49.8; 1Pe 3,18).

Questão 17
Q. Por que ele precisa ser ao mesmo tempo verdadeiro Deus?

R. Porque, pelo poder da sua divindade (Is 9.6; 63.3) ele seria capaz de suportar em sua natureza humana (Dt 4.24; Na 1.6; Sl 130.3) o fardo da ira de Deus (Is 53.4,11), resgatando-nos e restaurando-nos para a justiça e a vida (Is 53.5,11).

Questão 18
Q. Mas quem é o Mediador que é ao mesmo tempo verdadeiramente Deus (1Jo 5.20; Rm 9.5; 8.3; Gl 4.4; Is 9.6; Jr 23.6; Ml 3.1) e verdadeiramente homem (Lc 1.42; 2.6,7; Rm 1.3; 9.5; Fp 2.7; Hb 2.14-17; 4.15) e perfeitamente justo (Is 53.9,11; Jr 23.5; Lc 1.35; Jo 8.46; Hb 4.15; 7.26; 1Pe 1.19; 2.22; 3.18)?

R. Nosso Senhor Jesus Cristo (1Tm 2.5; Mt 1.23; 1Tm 3.16; Lc 2.11; Hb 2.9), que foi feito por nós sabedoria de Deus, justiça, santificação e redenção (1Co 1.30).

Questão 19
Q. E de onde você tira esse conhecimento?

R. Da Bíblia Sagrada que é a autorrevelação inspirada de Deus (Sl 19.1-3; 2Tm 3.15,16).

Questão 20
Q. O que você quer dizer com revelação inspirada?

R. Que o Espírito Santo moveu homens para escreverem as Escrituras e os guiou em seu trabalho de modo que escreveram a palavra de Deus sem qualquer tipo de erro (2Pe 1.21).

Questão 21
Q. Por que Deus nos deu essa verdadeira e completa revelação?

R. Para nos falar a respeito dele mesmo. Especialmente do seu santo evangelho que primeiro revelou no jardim do Éden (Gn 3.15), tendo mais tarde proclamado aos santos patriarcas (Gn 22.18; 12.3; 49.10) e profetas (Is 53; 42.1-4; 43.25; 49.5,6,22,23; Jr 23.5,6; 31.32,33; 32.39-41; Mq 7.18-20; At 10.43; 3.22-24; Rm 1.2; Hb 1.1), pressagiando por meio dos sacrifícios e outros ritos do Antigo Testamento (Hb 10.1,7; Cl 2.7; Jo 5.46) e finalmente completado por seu Filho unigênito (Rm 10.4; Gl 4.4; 3.24; Cl 2.17).

Questão 22

Q. Todos, então, serão salvos por meio desse evangelho assim como todos se perderam por meio de Adão?

R. Não (Mt 7.14; 22.14). Mas apenas aqueles que foram feitos para compartilhar de Cristo e de todos os seus benefícios por meio de uma fé verdadeira e viva (Mc 16.16; Jo 1.12; 3.16,18,36; Is 53.11; Sl 2.12; Rm 11.20; 3.22; Hb 4.3; 5.9; 10.39; 11.6).

Questão 23

Q. O que é uma fé verdadeira?

R. Não é apenas certo conhecimento por meio do qual eu aceito como verdadeiro tudo o que Deus revelou a nós na sua Palavra (Tg 2.19), mas também uma confiança firme (Hb 11.1,7; Rm 4.18-21; 10.10; Ef 3.12; Hb 4.16; Tg 1.6) de que o Espírito Santo (Gl 5.22; Mt 16.17; 2Co 4.13; Jo 6.29; Ef 2.8; Fp 1.19; At 16.14) criou em mim por meio do evangelho (Rm 1.16; 10.17; 1Co 1.21; At 10.44; 16.14) que, não apenas para os outros, mas também para mim, Deus concedeu perdão de pecados, justiça perpétua e salvação (Rm 1.17; Gl 3.11; Hb 10.10,38; Gl 2.16), totalmente de graça e unicamente por causa da obra salvífica de Cristo (Ef 2.8; Rm 3.24; 5.19; Lc 1.77,78).

Questão 24

Q. Em que, então, o cristão deve crer?

R. Em tudo o que Deus nos revelou sobre si mesmo como Pai, Filho e Espírito Santo (Mt 28.19); e sobre como ele nos criou e nos redimiu da queda (Gn 1.1; Mc 1.15; Jo 20.31); como também a razão, o resultado e a meta da sua grande e maravilhosa obra de salvação (2Tm 1.13; Hb 11.6; 1Jo 5.7; Lc 1.1).

Questão 25

Q. Desde que há apenas um ser divino (Dt 6.4; Ef 4.6; Is 44.6; 45.5; 1Co 8.4,6), por que você fala de três: Pai, Filho e Espírito Santo?

R. Porque Deus assim se revelou em sua Palavra (Is 61.1; Lc 4.18; Gn 1.2,3; Sl 33.6; Is 48.16; Mt 3.16,17; 28.19; 1Jo 5.7), que essas três pessoas distintas são o único, verdadeiro e eterno Deus (Is 6.1,3; Jo 14.26; 15.26; 2Co 13.14; Gl 4.6; Ef 2.18; Tt 3.5,6).

Questão 26

Q. O que você crê a respeito de Deus Pai Todo-Poderoso, Criador de todas as coisas?

R. Que o eterno Pai do nosso Senhor Jesus Cristo, além de ter criado céus e terra com tudo o que neles há (Gn 1–2; Êx 20.11; Jó 38–39; At 4.24; 14.15; Sl 33.6; Is 45.7), é, por causa de Cristo, seu Filho, meu Deus e meu Pai (Jo 1.12; Rm 8.15; Gl 4.5-7; Ef 1.5). Eu creio nele tão completamente que não tenho a menor dúvida de que ele me providenciará todas as coisas necessárias para o corpo e a alma (Sl 55.22; Mt 6.25,26; Lc 12.22). Além disso, qualquer mal que ele enviar sobre mim em minha vida atribulada e cheia de lágrimas, ele o fará para o meu bem (Rm 8.28); pois ele é capaz de fazer isso, por ser Deus Todo-Poderoso (Is 46.4; Rm 10.12), e está determinado a fazer isto de boa vontade, por ser um Pai fiel (Mt 6.32,33; 7.9-11).

Questão 27

Q. O que você quer dizer com providência de Deus?

R. O Todo-poderoso e onipresente poder de Deus (At 17.25-28; Jr 23.23,24; Is 29.15,16; Ez 8.12) por meio do qual ele ainda sustenta, como que por sua própria mão, os céus e a terra com todas as criaturas e comanda de tal modo (Hb 1.3) que plantas e animais, chuva e seca (Jo 9.3), anos frutíferos e infrutíferos, comida e bebida, saúde e doença (Jr 5.24; At 14.17), riqueza e pobreza (Pv 22.2) e tudo mais, vêm a nós não por acaso, mas por sua mão parternal (Mt 10.29; Pv 16.33).

Questão 28
Q. Que benefícios advêm do conhecimento da criação e da providência de Deus?

R. Nós aprendemos que temos que ser pacientes nas adversidades (Rm 5.3; Tg 1.3; Sl 39.9; Jó 1.21,22), gratos na prosperidade (1Ts 5.18; Dt 8.10), e confiar em nosso Deus e Pai fiel (Sl 55.22; Rm 5.4) a respeito do futuro, seguros de que nenhuma criatura pode nos separar do seu amor (Rm 8.38,39), conquanto todas as criaturas estejam tão completamente em suas mãos que, sem que seja por vontade de Deus, elas não podem sequer se mover (Jó 1.12; 2.6; Pv 21.1; At 17.25).

Questão 29
Q. Por que Jesus é chamado de Filho unigênito de Deus se nós também somos filhos de Deus?

R. Porque somente Jesus é Deus e ele é o próprio Filho natural de Deus (Jo 1.14; Hb 1.1,2; Jo 3.16; 1Jo 4.9; Rm 8.32), mas nós somos filhos de Deus por adoção, por meio da graça, pelos méritos de Cristo (Rm 8.16; Jo 1.12; Gl 4.6; Ef 1.5,6).

Questão 30
Q. Como o Filho eterno de Deus se tornou nosso Salvador?

R. O Filho de Deus, que sempre foi (1Jo 5.20; Jo 1.1; 17.3; Rm 1.3) e sempre é (Cl 1.15; Rm 9.5) o verdadeiro e eterno Deus, tomou sobre si nossa natureza humana de carne e sangue de uma virgem (Gl 4.4; Lc 1.31,42,43), por obra do Espírito Santo (Mt 1.20; Lc 1.35), tanto que pode ser verdadeiro descendente de Davi (Rm 1.3; Sl 132.11; 2Sm 7.12; Lc 1.32; At 2.30), tão humano como aqueles a quem estava para salvar (Fp 2.7; Hb 2.14,17), exceto pelo pecado (Hb 4.15).

Questão 31
Q. Que benefício há para você no fato de Cristo ter sido concebido e ter nascido milagrosamente?

R. Assim ele é nosso Mediador (Hb 7.26,27) e assim também ele cobre com sua inocência e santidade perfeita a pecaminosidade que eu tenho desde a minha concepção e nascimento (1Pe 1.18,19; 3.18; 1Co 1.30,31; Rm 8.3,4; Is 53.11; Sl 32.1).

Questão 32
Q. Por que ele é chamado de Jesus, que quer dizer Salvador?

R. Porque ele nos salva dos nossos pecados (Mt 1.21; Hb 7.25), e porque a salvação não pode ser buscada ou encontrada em mais ninguém (At 4.12; Jo 15.4,5; 1Tm 2.5; Is 43.11; 1Jo 5.11).

Questão 33
Q. E quanto aos que procuram a salvação e bem-estar por seus próprios esforços, em santos ou por outros meios, realmente creem em Jesus, o único Salvador?

R. Não. Em vez disso, com seus atos eles negam Jesus, o único Salvador e Mediador (1Co 1.13,31; Gl 5.4), mesmo que eles se vangloriem dele em palavras. Portanto, um ou outro tem que ser verdade: Ou Jesus Cristo não é um Salvador perfeito, ou aqueles que verdadeiramente o receberam possuem TUDO o que é necessário para a sua salvação (Hb 12.2; Is 9.6; Cl 1.19,20; 2.10; 1Jo 1.7).

Questão 34
Q. Por que Jesus é chamado de Cristo, que significa ungido?

R. Porque ele é ordenado por Deus Pai e ungido com o Espírito Santo (Sl 45.7; Hb 1.9; Is 61.1; Lc 4.18) para ser nosso Profeta-Mestre (Dt 18.15; At 3.22; 7.32; Is 55.4), revelando-nos completamente o mistério e o desígnio propostos por Deus concernentes à nossa redenção (Jo 1.18; 15.15), para ser nosso sumo sacerdote (Sl 110.4), tendo nos redimido pelo sacrifício do seu corpo (Hb 10.12,14; 9.12,14,28), intercedendo continuamente por nós diante do Pai (Rm 8.34; Hb 9.24; 1Jo 2.1; Rm 5.9,10), sendo nosso eterno rei, governando-nos pela sua palavra e seu Espírito e nos protegendo e preservando na redenção que conquistou para nós (Sl 2.6; Zc 9.9; Mt 21.5; Lc 1.33; Mt 28.18; Jo 10.28; Ap 12.10,11).

Questão 35
Q. Mas por que você é chamado de cristão (At 11.26)?

R. Porque ele fez de mim um profeta, um sacerdote e um rei (1Jo 2.27; At 2.17) por compartilhar dele e da sua unção (At 11.26); desse modo tenho que confessar seu nome (Mt 10.32; Rm 10.10), oferecer-me como um sacrifício vivo de gratidão a ele (Rm 12.1; 1Pe 2.5,9; Ap 1.6; 5.8,10) e lutar contra o pecado e contra o diabo com uma boa consciência ao longo desta vida (1Pe 2.11; Rm 6.12,13; Gl 5.16,17; Ef 6.11; 1Tm 1.18,20) e daí por diante reinar com ele na eternidade sobre todas as criaturas (2Tm 2.12; Mt 25.34).

Questão 36
Q. Por que você o chama de nosso Senhor?

R. Porque ele nos redimiu, corpo e alma, dos nossos pecados, não com ouro e prata, mas com seu precioso sangue, e nos libertou de todo o poder do diabo, e nos fez sua possessão (1Pe 1.18,19; 2.9; 1Co 6.20; 1Tm 2.6; Jo 20.28).

Questão 37
Q. Qual o significado do sofrimento do nosso Senhor?

R. Que em todo o tempo em que ele viveu na terra, especialmente no final da sua vida, ele suportou no corpo e na alma a ira de Deus contra os pecados de uma multidão de todos os tipos de pecadores (até mesmo os piores deles) do mundo todo e de todas as raças e eras da história humana (Is 53.4; 1Pe 2.24; 3.18; 1Tm 2.6), de forma que, por seu sofrimento, como único sacrifício de expiação (Is 53.10; Ef 5.2; 1Co 5.7; 1Jo 2.2; Rm 3.25; Hb 9.28; 10.14), ele pode redimir nosso corpo e alma da perdição eterna (Gl 3.13; Cl 1.13; Hb 9.12; 1Pe 1.18,19), e pode nos obter as bênçãos de Deus, a justiça e a vida eterna (Rm 3.25; 2Co 5.21; Jo 3.16; 6.51; Hb 9.15; 10.19).

Questão 38
Q. Por que ele foi julgado por homens como Pôncio Pilatos e os líderes judaicos?

R. Eles foram instrumentos do Senhor para provar a inocência de Cristo, executar seu juízo e mostrar a fraqueza da humanidade mesmo nas suas mais altas conquistas em termos de justiça e religião (Jo 18.38; 19.4-6; At 2.33).

Questão 39
Q. Há algo a mais na sua morte na cruz que não haveria em outro tipo de morte?

R. Sim, pois, dessa maneira, estou seguro de que ele tomou sobre si a maldição que estava sobre mim (Gl 3.13), visto que Deus considerava maldição a morte na cruz (Dt 21.23).

Questão 40
Q. Por que era necessário que Cristo morresse?

R. Porque a justiça e a verdade de Deus (Gn 2.17) são tais que nada mais poderia trazer satisfação pelos nossos pecados, exceto a morte do Filho de Deus (Rm 8.3,4; Hb 2.14,15).

Questão 41
Q. Qual é o mais profundo significado da morte?

R. Estar separado de Deus, o que é a grande agonia do inferno (Sl 16.10,11; 89.46).

Questão 42
Q. Cristo foi ao inferno em meu lugar?

R. Mesmo Jesus não tendo ido para o lugar dos perdidos, enquanto esteve na cruz do Calvário, ele suportou todos os horrores inomináveis, dores e agonias em seu corpo e alma, de forma que nunca houve nem nunca haveria naquele lugar (Sl 18.4,5; 116.3; Mt 26.38; 27.46; Hb 5.7), e assim ele me libertou de todos esses tormentos (Is 53.5).

Questão 43
Q. Já que Cristo sofreu e morreu por nós, por que nós também sofremos e morremos?

R. Nosso sofrimento e nossa morte não fazem propiciação por nossos pecados (Mc 8.37; Sl 49.7), mas subjugam as paixões malignas do nosso corpo mortal, mortificam os pecados, faz-nos entrar na vida eterna e fazem-nos deixar para trás a corrupção que assola nossa carne no mundo presente (Fp 1.23; Jo 5.24; Rm 7.24).

Questão 44
Q. Por quem Cristo suportou todo aquele sofrimento e sua terrível morte?

R. No seu sofrimento e morte Cristo tinha seu coração fixado em um povo particular (Mt 1.21), seu corpo, sua igreja (At 20.28), suas ovelhas (Jo 10.11), as quais escolheu desde a eternidade para ser sua propriedade (Ef 1.3-12) e que foram dadas a ele antes da criação do mundo (Jo 17.1-11,20,24-26).

Questão 45
Q. Que consolo há para você no fato do propósito da morte de Cristo ser definitivo e particular?

R. Muito, pois significa que Cristo não falhou em seus propósitos (Jo 6.35-40), nem perdeu qualquer um que lhe foi dado pelo Pai (Jo 10.14-18); e que seu amor por mim é eterno (Ef 5.25-27) e é imutável (Is 46.9-11); que a salvação por ele forjada é certa, e não uma mera possibilidade (Is 55.11); e que aquilo que ele adquiriu foi completo, não deixando nada por completar na minha salvação gratuita (Ef 1.3,4; Rm 5.8,9).

Questão 46
Q. Por que ele foi sepultado?

R. Visto que a sepultura é o lugar de corrupção, a finalidade da morte, o retorno ao pó, Cristo foi sepultado a fim de selar sua morte. Seu sepultamento completou sua morte e assim cumpriu toda a justiça (At 13.29; Mt 27.59,60; Lc 23.53; Jo 19.38).

Questão 47
Q. Que benefícios você recebe da ressurreição de Cristo?

R. Em primeiro lugar, pela sua ressurreição ele venceu a morte, de modo que ele poderia nos fazer compartilhar a justiça que ele obteve para nós por meio da sua morte (Rm 4.25; 1Pe 1.3; 1Co 15.16). Em segundo lugar, nós também somos agora ressurretos por seu poder para uma nova vida enquanto vivemos neste mundo (Rm 6.4; Cl 3.1,3; Ef 2.5,6). Em terceiro lugar, a ressurreição de Cristo é o penhor seguro para nós da nossa abençoada ressurreição.

Questão 48
Q. Onde está a natureza humana de Cristo neste momento?

R. Cristo foi elevado da terra para os céus (At 1.9; Mc 16.19; Lc 24.51) diante dos olhos dos seus discípulos e permanece lá advogando em nosso favor (Hb 9.24; 4.14; Rm 8.34; Cl 3.1) até que venha novamente para julgar os vivos e os mortos (At 1.11; Mt 24.30).

Questão 49

Q. Cristo não está conosco até a consumação dos séculos, como nos prometeu (Mt 28.20)?

R. Cristo é verdadeiramente homem e verdadeiramente Deus. Como homem ele não mais está na terra (Hb 8.4; Mt 26.11; Jo 16.28; 17.11; At 3.21), mas, em sua divindade, majestade, graça e Espírito, ele sempre está presente conosco (Jo 14.18; Mt 28.20).

Questão 50

Q. Mas não nenhum separadas as duas naturezas de Cristo caso sua humanidade não esteja presente onde quer que esteja sua divindade?

R. De modo algum. Visto que a natureza divina não tem limites e está presente em todo lugar (Jr 23.24; At 7.49), essa natureza está certamente além dos limites da humanidade que assumiu (Cl 2.9; Jo 3.13; 11.15; Mt 28.6). Não obstante, ela está tão ligada à humanidade e permanece tão pessoalmente unida a ela que as compaixões da sua natureza humana podem estar conosco neste mundo, mesmo que seu corpo não esteja.

Questão 51

Q. Que benefícios você tem do fato de Cristo ter ascendido aos céus?

R. Ele é, no céu, nosso Advogado junto a seu Pai (1Jo 2.1; Rm 8.34). Segundo, em Cristo temos nossa carne no céu, como garantia segura de que ele, como nosso cabeça, também nos levará para ele, como seus membros (Jo 14.2; 17.24; 20.17; Ef 2.6). Ele nos envia seu Espírito, como garantia (Jo 14.16; 16.7; At 2.33; 2Co 1.22; 5.5). Pelo poder do Espírito buscamos as coisas que são do alto, onde Cristo está sentado à direita de Deus, e não as coisas que são da terra (Cl 3.1).

Questão 52

Q. O que você quer dizer com Cristo assentado à destra de Deus; e que benefícios você tem advindo dessa glória de Cristo, nossa cabeça?

R. O fato de ele estar assentado à direita de Deus significa que ele é a cabeça reconhecida (Ef 1.20-23; Cl 1.18) sobre todas as coisas para o bem da sua Igreja (Mt 28.18; Jo 5.22) e, por intermédio dele, o Pai faz transbordar sobre seus membros todos os dons celestiais do Espírito Santo (At 2.33; Ef 4.8), que pelo seu absoluto poder e absoluta autoridade pode nos defender e nos guardar contra todos os nossos inimigos (Sl 2.9; 110.1,2; Jo 10.28; Ef 4.8).

Questão 53

Q. Que consolo você tem na volta de Cristo para julgar os vivos e os mortos?

R. Que em todos os meus lamentos e perseguições, de cabeça erguida, olho para a mesma pessoa que antes se ofereceu a si mesmo por causa da minha condenação diante de Deus e me retirou da minha maldição, e o vejo vir como Juiz celestial (Fp 3.20; Lc 21.28; Rm 8.23; Tt 2.13), e este lançará todos os seus e meus inimigos em uma condenação sem fim (Mt 25.41; 2Ts 1.6), mas me tomará para si junto com todos os seus eleitos para o regozijo e glória celestiais (Mt 25.34; 2Ts 1.7).

Questão 54

Q. Que consolo a ressurreição da carne dá a você?

R. Que depois desta vida minha alma será imediatamente levada até Cristo, o cabeça (Lc 16.22; 23.43; Fp 1.21,23), e descansarei ali aguardando o grande dia quando serei reunido ao meu corpo, que será ressuscitado pelo poder de Cristo e será transformado à semelhança do seu corpo glorificado (Jó 19.25,26; 1Jo 3.2; Fp 3.21).

Questão 55
Q. Que conforto há no ensino concernente à vida eterna dada a você?

R. Visto que agora já sinto em meu coração o começo da alegria eterna (2Co 5.2,3,6), eu terei, depois desta vida, bem-aventurança perfeita, que nenhum olho viu, nem ouvido nenhum ouviu, nem o coração do homem concebeu, e eu louvarei e me alegrarei eternamente em Deus (1Co 2.9).

Questão 56
Q. O que você crê a respeito do Espírito Santo?

R. Primeiro, que ele é igualmente eterno Deus com o Pai e o Filho (1Jo 5.7; Gn 1.2; Is 48.16; 1Co 3.16; 6.19; At 5.3,4; 1Co 2.10; 3.16; 6.19.); segundo que ele foi dado também a mim (Gl 4.6; Mt 28.19,20; 2Co 1. 22; Ef 1.13) a fim de, por meio da fé, me tornar participante de Cristo e de todos os seus benefícios (Gl 3.14; 1Pe 1.2; 1Co 6.16). Terceiro, que ele me consola e me guia (Jo 15.26; At 9.31) no caminho da verdade e da obediência e me sustentará eternamente (Jo 14.16; 1Pe 4.14).

Questão 57
Q. O que você crê a respeito da santa igreja universal?

R. Eu creio que, do princípio até o fim do mundo (Gn 26.4; Ap 5.9), dentre toda a raça humana (Sl 71.17,18; Is 59.21; 1Co 11.26), o Filho de Deus (Ef 5.26; Jo 10.11; At 20.28; Ef 4.11-13), pelo seu Espírito e palavra (Is 59.21; Rm 1.16; 10.14-17; Ef 5.26), reúne, protege e conserva para si (Mt 16.18; Jo 10.28-30; Sl 129.1-5), na unidade da fé (At 2.42; Ef 4.3-5), uma comunidade escolhida para a vida eterna (Rm 8.29; Ef 1.10-13). Também creio que sou e sempre serei um membro vivo dessa grande assembleia (Sl 23.6; 1Co 1.8,9; Jo 10.28; 1Jo 2.19; 1Pe 1.5).

Questão 58
Q. Quando a igreja foi escolhida para a vida eterna?

R. Deus escolheu cada um dos seus membros em Cristo antes da criação do mundo de acordo com o propósito da sua eterna e imutável vontade, tendo nos predestinado para a adoção de filhos por Jesus Cristo, de modo a sermos feitos um santo templo agradável, belo e glorioso para Cristo (Ef 1.4-23).

Questão 59
Q. Como essa igreja eleita do Senhor Jesus Cristo é manifesta no mundo?

R. O Filho de Deus, por sua palavra e Espírito, chama os eleitos para uma fé salvadora nele mesmo, e estes são reunidos e unidos em igrejas locais a fim de cultuar, serem instruídos na justiça, e proclamar e defender o evangelho (2Ts 2.13,14; 2Tm 1.8,9; At 2.41,42; Mt 28.20; Fp 1.27).

Questão 60
Q. O que você entende por comunhão dos santos?

R. Os cristãos, individual e coletivamente, são membros de Cristo, participam juntos de Cristo e de todos os seus tesouros e dons (1Jo 1.3; Rm 8.32; 1Co 12.12,13; 6.17); e, por causa dessa união, cada um deve saber que é obrigado a usar com liberalidade, prodigalidade e com alegria seus dons para o benefício e bem-estar dos outros membros (1Co 12.21; 13.1,5; Fp 2.4-8).

Questão 61
Q. O que você crê sobre o perdão dos pecados?

R. Creio que, devido à obra reconciliadora de Cristo, Deus não se lembrará mais dos meus pecados, nem da minha pecaminosidade, com a qual eu tenho que lutar por toda a minha vida (1Jo 2.2; 1.7; 2Co 5.19), e me concede graciosamente a justiça de Cristo (Rm 7.23-25; Jr 31.34; Mq 7.19; Sl 103.3,10,12) de modo que eu nunca sofra condenação (Jo 3.18; 5.24).

Questão 62
Q. De que modo você é justo perante Deus?

R. Sei que sou culpado de terríveis pecados contra os mandamentos de Deus e que não guardei nenhum deles (Rm 3.9); e sei que ainda tenho inclinações e desejos de todos os tipos de mal (Rm 7.23), mas Deus, por sua pura graça me dá todos os benefícios da perfeita propiciação de Cristo (Tt 3.5; Dt 9.6; Ez 36.22), imputando a mim toda a justiça e santidade (Rm 3.24; Ef 2.8); Deus olha para mim em Cristo e vê perfeição como se eu nunca tivesse cometido um só pecado ou como se jamais tivesse sido pecador (1Jo 2.2; 2Co 5.21), como se eu mesmo tivesse cumprido toda a obediência que Cristo levou a cabo por mim. Tudo isso somente me é dado por meio unicamente da fé (Rm 3.22; Jo 3.18).

Questão 63
Q. Por que você diz justificado unicamente pela fé?

R. Não é que a fé tenha alguma dignidade ou mérito para Deus, pois ela não é uma obra ou uma condição meritória, mas é um instrumento pelo qual Deus me dá a satisfação, a justiça e a santidade de Cristo (1Co 1.30; 2.2), e este é o único meio pelo qual ele faz isso (1Jo 5.10).

Questão 64
Q. Visto, portanto, que somente a fé nos faz participar de Cristo e de todos os seus benefícios, de onde a fé se origina?

R. Ela é um gracioso dom de Deus gerado em nosso coração pelo Espírito Santo (Ef 2.8; 6.23; Jo 3.5; Fp 1.29) junto com a pregação da Palavra (Mt 28.19; 1Pe 1.22,23).

Questão 65
Q. Mas por que nossas boas obras ou nossos esforços não podem ser nossa justiça diante de Deus, ou pelo menos uma parte dela?

R. Porque a justiça que pode nos suster diante do julgamento de Deus deve ser absolutamente perfeita e completamente idêntica a cada linha e ponto da lei de Deus (Gl 3.10; Dt 27.26). Mas até mesmo nossos melhores esforços nesta vida são todos imperfeitos e maculados pelo pecado (Is 64.6).

Questão 66
Q. Visto que Deus recompensa boas obras, tanto nesta vida quanto na futura, isso não quer dizer que temos algum mérito nelas?

R. De maneira nenhuma, pois isso é uma recompensa da graça (Lc 17.10). Até mesmo minhas boas obras são frutos que Cristo implantou em mim (Ef 2.8,9)

Questão 67
Q. Mas esse ensino não faz as pessoas andarem descuidadas e em pecado?

R. Não, pois é totalmente impossível para aquele que está unido a Cristo pela fé verdadeira, e regenerado pelo Espírito Santo, que não produza frutos de gratidão (Mt 7.18; Jo 15.5).

Questão 68
Q. Quais os dois frutos de gratidão que aquele regenerado pela fé verdadeira deve exibir publicamente?

R. O batismo (Mt 28.19) e a ceia do Senhor (At 2.42).

Questão 69
Q. O que são o batismo e a ceia do Senhor?

R. São ordenanças santas que declaram por meio de símbolos a verdade salvadora do evangelho, que foram designadas pelo Senhor Jesus para serem observadas até o final dos tempos (Mt 28.19).

Questão 70

Q. Eles são meros símbolos e não sacramentos?

R. Eles são a palavra de Deus simbolizada e devem sempre ser entendidos em conexão com essa palavra. Quando são recebidos pela fé, nos trazem à mente a crucificação e a ressurreição de Cristo e assim fortalecem nossa alma. Incrédulos e hipócritas professam por esse ato de comunhão que creem em algo que não possuem, recebendo assim nada além de culpa por tomar a palavra de Deus em vão (1Co 11.28,29).

Questão 71

Q. O que é o batismo?

R. É a imersão do cristão na água (Rm 6.3-5; Cl 2.11; Gl 3.27) como um sinal (1Pe 3.21) de que ele está unido a Cristo em sua morte e ressurreição (Rm 6.2,4), tendo a remissão de pecados e o lavar regenerador (Mc 1.4; At 26.16), e assim andar e viver como uma nova criatura (Cl 3.1-5).

Questão 72

Q. Como a lembrança da morte sacrificial e da ressurreição de Cristo no batismo ajuda você?

R. Da seguinte maneira: Cristo instituiu essa imersão e lavagem em água para simbolizar que, tão certo como sou introduzido na água e retirado novamente, sou um com ele (Rm 6.4) assim como ele foi subjugado pelo sofrimento e morte (Lc 12.50) e depois ressuscitou vitoriosamente (Rm 6.8-11); e, por meio dessa união, assim como meu corpo foi lavado externamente com água, também fui lavado da sujeira da minha alma e dos meus pecados pelo sangue e Espírito de Cristo, e assim obter vitória sobre a morte.

Questão 73

Q. O que quer dizer ser um com Cristo assim como ele foi batizado em sofrimento e morte, e assim como ele ressuscitou vitoriosamente?

R. Que Deus creditou em minha conta a morte de Cristo como se eu mesmo tivesse carregado o fardo da penalidade do pecado (Rm 4.24,25), e me faz participar na sua ressurreição de Cristo da vitória sobre o pecado, a morte e todos os inimigos espirituais (Ef 1.3,4), porque Cristo, meu Senhor ressurreto, habita em mim por seu Espírito com o mesmo poder com o qual ressuscitou da morte (Ef 1.19,20), dando-me forças para viver uma nova vida e finalmente ressuscitando meu corpo no último dia (Rm 6.8,9).

Questão 74

Q. O que quer dizer ser lavado no sangue e no Espírito de Jesus?

R. Significa que Deus, pela graça, oferece-nos o perdão dos pecados devido ao sangue de Cristo que ele derramou por nós no sacrifício da cruz (Hb 12.24; 1Pe 1.2; Ap 1.5; 7.14; Zc 13.1; Ez 36.25) e, por causa disso, ser regenerado pelo Espírito Santo e separado por Deus como membro de Cristo e assim poder mais e mais morrer para o pecado e viver de modo irrepreensível e consagrado (Jo 1.33; 3.5; 1Co 6.11; 12.13; Rm 6.4; Cl 2.12).

Questão 75

Q. Então quem deve ser batizado?

R. Apenas aqueles que já entendem o que ele representa (Mc 16.16). Caso contrário, declaramos outro evangelho que diz que alguém pode ser perdoado no batismo, por meio dele ou por causa dele, ou por herança dos pais (Jo 1.13), em lugar de ser perdoado somente pela obra de Cristo aplicada a nós pelo Espírito de Deus (Jo 3.6).

Questão 76

Q. O que é a ceia do Senhor?

R. É o ato de comer pão e beber vinho, em que os cristãos, como um memorial, revivem simbolicamente a libertação de pecados que Cristo fez por eles no Calvário (Mt 26.26-28; Mc 14.22-24; Lc 22.19,20). É uma alegre confissão e uma grata proclamação de que a obra que Cristo fez na cruz é fonte contínua da vida espiritual dos cristãos (1Co 10.16,17; 11.23-25; 12.13), e que eles são juntamente participantes nisso.

Questão 77

Q. O que significa comer o corpo crucificado de Cristo e beber seu sangue derramado?

R. Significa que nós abraçamos com um coração verdadeiro todo o sofrimento e a morte de Cristo na cruz e, por meio disso, recebemos perdão dos pecados e vida espiritual (Jo 6.35,40,47,48,50,51,53,54) e assim nos tornamos mais e mais unidos a ele pelo Espírito Santo que habita em ambos, em Cristo e em nós (Jo 6.55,56), de modo que, assim como pão e vinho fazem provisão das nossas necessidades físicas, a obra de Cristo na cruz faz provisão para as nossas necessidades espirituais (Cl 3.1; Ef 5.29; 1Jo 3.24).

Questão 78

Q. O pão e o vinho se tornam o corpo e o sangue de Cristo?

R. Não (Mt 26.26-28). Esses elementos apontam para o ato histórico do Calvário feito pelo nosso Senhor Jesus (1Co 11.23-26) e nossa incorporação ao que ele fez ali (1Co 10.16). Assim como o batismo não é de fato um enterro e uma ressurreição, nem o vinho se torna o sangue ou o Espírito de Cristo, sendo apenas um memorial, Cristo não é sacrificado, nem é feito qualquer sacrifício real na ceia do Senhor, mas nós revivemos, pela fé o evento do Calvário que foi fonte de vida para nós.

Questão 79

Q. Então por que Jesus chamou o pão de seu corpo, e o cálice de seu sangue, ou de nova aliança no seu sangue, e por que o apóstolo chamou a ceia do Senhor de comunhão no corpo e no sangue de Cristo?

R. Porque a ceia é um tempo especial reservado para nos levar memorialmente de volta ao Calvário pela fé para reviver aquele evento e relembrar-nos que recebemos a realidade da vida espiritual, por meio da obra de Cristo ali, da mesma forma que a boca espiritual, a nossa fé, recebe esses elementos físicos. Também porque o corpo e o sangue de Cristo sacrificado uma vez por todas na cruz é realmente a verdadeira comida e bebida espiritual para nossa alma (Jo 6.55; 1Co 10.16).

Questão 80

Q. As Escrituras usam alguma outra linguagem simbólica?

R. Sim. Sobre a Páscoa dos judeus está escrito: Esse é o pão de aflição que nossos pais comeram na terra do Egito (Dt 16.3); Jesus disse: O campo é o mundo, eu sou a porta (Mt 13.3,8; Jo 10.9); e o apóstolo Paulo disse que o véu sobre a face de Moisés é o mesmo que permanece sobre o coração de Israel (2Co 3.15); também o livro de Hebreus chamou o véu do templo de carne de Cristo (Hb 10. 20).

Questão 81

Q. Qual a diferença entre a ceia do Senhor e a missa católica romana?

R. A ceia do Senhor testemunha que temos completo perdão de todos os nossos pecados, pelo único sacrifício de Jesus Cristo, que ele mesmo, uma única vez, realizou na cruz (Hb 10.10,12; 7.26,27; 9.12,25; Jo

19.30; Mt 26.28; Lc 22.19); e também que, pelo Espírito Santo, somos incorporados a Cristo (1Co 10.16,17; 6.17), que agora, com seu verdadeiro corpo, não está na terra, mas no céu, à direita do Pai (Jo 20.17; Cl 3.1; Hb 1.3; 8.1) e lá quer ser adorado por nós (Mt 6.20,21; At 7.55; Fp 3.20; 1Ts 1.10). A missa, porém, ensina que Cristo deve ser sacrificado todo dia, pelos sacerdotes na missa, em favor dos vivos e dos mortos, e que estes, sem a missa, não têm perdão dos pecados pelo sofrimento de Cristo; e também que Cristo está corporalmente presente sob a forma de pão e vinho e, por isso, neles deve ser adorado. A missa, então, é a completa negação do único sacrifício e sofrimento de Cristo e uma idolatria condenável (Hb 9.26; 10.12,14).

Questão 82
Q. Quem deve vir à mesa do Senhor?

R. Somente cristãos, isto é, aqueles que se aborreçam de si mesmos por causa dos seus pecados, mas confiam que estes lhes foram perdoados por amor de Cristo e que, também, as demais fraquezas são cobertas por seu sofrimento e sua morte; e que desejam, cada vez mais, fortalecer a fé e corrigir-se na vida. Mas os pecadores impenitentes e os hipócritas comem e bebem para sua própria condenação (1Co 11.28,29; 10.19-22).

Questão 83
Q. Aqueles que se mostram incrédulos e inimigos de Deus pela sua confissão e vida devem ser admitidos a essa ceia?

R. Não, estes não devem ser recebidos pela igreja, nem bem-vindos à ceia, mas devem ser afastados da comunidade e alertados de que todo aquele que não se arrepende sinceramente está exposto à ira de Deus e à condenação eterna enquanto permanecem na incredulidade (1Co 11.20,34; Is 1.11; 66.3; Jr 7.21).

Questão 84
Q. Cristo requer que sua igreja se negue a ter plena comunhão com alguém que seja incrédulo?

R. Sim, qualquer um que persista em agir desregradamente ou que esteja arraigado em erros que tendem a destruir a unidade da fé, pensando não estar em um estado condenável, deve ser barrado da plena comunhão como um aviso contra tais modos desregrados. No entanto, tal ofensor deve ser considerado como um irmão, e não como um inimigo (2Ts 3.14,15).

Questão 85
Q. Visto que somos redimidos dos nossos pecados e da ira de Deus completamente pela graça por meio de Cristo sem qualquer mérito nosso, por que eu tenho que fazer boas obras?

R. Porque tão certo como Cristo nos redimiu pelo seu sangue, ele também nos transformou pelo Espírito Santo à sua própria imagem, e essa transformação interna sempre dará fruto (Ef 2.10; Jo 15.5; Mt 7.16-20), porque a fé verdadeira é a vida de Deus implantada na alma, e essa vida trabalha em humilde gratidão a Deus e procura glorificá-lo diante dos homens (Tg 2.26; 3.12).

Questão 86
Q. Aqueles que professam Cristo com sua boca, mas continuam andando em pecado e vivem sendo controlados pelos desejos carnais podem ser salvos?

R. *Certamente não! As Escrituras dizem: Não sabeis que os injustos não herdarão o reino de Deus? Não vos enganeis: nem imorais, nem idólatras, nem adúlteros, nem os que se submetem a práticas homossexuais, nem os que as procuram, nem ladrões, nem avarentos, nem bêbados, nem caluniadores, nem os que cometem fraudes herdarão o reino de Deus*

(1Co 6.9,10; Ef 5.5,6; 1Jo 3.14); *e que sem a santificação ninguém verá o Senhor* (Hb 12.14).

Questão 87
Q. O que é santificação?

R. Santificação é a obra contínua de Deus, que ele começou na regeneração, por meio do Espírito Santo que aplica sua Palavra no coração dos seus filhos (Fp 1.6; 2.12,13), separando-os assim de serem controlados por pensamentos e atos pecaminosos (Rm 6.12-14), e os separando para serem mais parecidos com ele, de modo que o glorifiquem por meio de boas obras (Ef 2.10; 1Tm 2.10; Tt 2.7,14; 3.14; 1Pe 2.12).

Questão 88
Q. O que são boas obras?

R. As únicas obras que são boas na visão de Deus são aquelas que fluem da gratidão a ele, vindas de um coração piedoso e grato (Rm 14.23; 1Co 10.31) por aquilo que ele tem feito a nós por intermédio de seu Filho, Jesus Cristo; e aquelas que refletem a sua imagem (Jo 17.23; 2Co 3.18; Cl 3.10; Rm 8.29).

Questão 89
Q. Como eu reflito a imagem de Deus?

R. Eu reflito a imagem de Deus pelo meu caráter e minha conduta, em um temor amoroso por meio do Espírito, moldado por sua vontade e por seus mandamentos (Cl 3.5-10)

Questão 90
Q. Como eu conheço o caráter e os mandamentos de Deus?

R. Deus revelou sua lei e seu caráter de várias maneiras: na vida dos seus santos, como Abraão, Moisés, Davi, Pedro, João e Paulo (2Ts 3.9; 1Co 10.11); nos seus atos e palavras dirigidos a Israel no Antigo Testamento e às igrejas no Novo Testamento (Rm 15.4); nos Dez Mandamentos dados a Israel por Moisés (Rm 14.9); nas mensagens dos santos profetas (Jr 31.10; Ez 20.47); mas especialmente em Cristo, que foi a plenitude de Deus vinda em carne, pois era a encarnação da imagem perfeita de Deus (Cl 3.9; Hb 1.1-3), e de quem o Espírito foi fonte de todas as outras revelações (1Pe 1.11

Questão 91
Q. Onde eu encontro o permanente, definitivo e inerrante registro dessas revelações?

R. Na Bíblia Sagrada, a Palavra de Deus, e a única suficiente, correta, infalível e completa regra da verdade que temos (Mt 4.4,7,10; 2Tm 3.16,17).

Questão 92
Q. Os Dez Mandamentos não são um resumo de como devemos ser santos?

R. Nós não devemos ignorar Moisés e o Antigo Testamento (1Tm 5.18; Ef 6.2), porque eles também são a palavra de Cristo. Entretanto, o padrão divino de santidade foi encarnado em Jesus Cristo, e a plenitude da lei de Deus incorporada em sua perfeita humanidade (Gl 4.4; Cl 2.9); então nosso uso do Antigo Testamento deve estar subordinado ao escopo total da completa revelação da eterna lei de Deus dada a nós por meio do seu Filho (Lc 9.35; Hb 3.3-7; 12.25; Jo 1,17,18).

Questão 93
Q. Então, você quer dizer que os santos do Antigo Testamento não eram tão plenamente filhos de Deus como nós o somos?

R. Realmente eles eram filhos de Deus, mas eles viviam nos tempos de sombras e da infância (Gl 4.1-5; Rm 3.25; Hb 8.8-13; 10.1; 11.40) e aguardavam a vinda da grande luz

(Lc 2.32; Jo 1.9,14), o evangelho de Jesus Cristo, que contém a substância e a glória de todas as leis que Deus já deu, vindas do seu trono (Cl 1.19).

Questão 94
Q. Então, o exemplo de Cristo e o evangelho são apenas regras mais novas ou mais completas que devemos seguir para sermos salvos?

R. Certamente não! Todas as coisas concernentes à nossa salvação foram vencidas e entesouradas para nós no Senhor Jesus Cristo (1Co 1.30; Cl 2.3), incluindo nossa santificação; e nós seguimos o exemplo de Cristo e seus mandamentos porque ele habita em nós (Cl 1.27; Jo 14.16,20), e trabalha em nós dando-nos sua mente e poder, assim como o Espírito Santo aplica sua Palavra em nosso coração (Rm 12.2; 1Co 2.16; Fp 2.5); tudo isso faz parte da grande salvação que ele obteve para nós na cruz (Rm 8.32-34).

Questão 95
Q. Você, então, anda em Cristo assim como o recebeu, somente pela fé?

R. Tendo começado no Espírito pela fé (Gl 3.2-5), não ponho minha confiança na carne para continuar, mas olho para a cruz de Cristo, não apenas para meu perdão, mas também para minha purificação (Gl 3.13,14; 6.14; Hb 12.2), pois há apenas um grande princípio da graça, por meio da fé que cobre toda a vida cristã (Gl 3.11; 1Jo 4.9).

Questão 96
Q. Isso significa que você não tem lutas e batalhas?

R. Ao contrário. Por temor a Deus, quem trabalhou em meu coração pelo seu Espírito na minha conversão (2Co 7.1; Ef 5.21; Fp 2.12; 1Pe 1.17) pela revelação do seu amor a mim por meio da cruz de Cristo, continuo motivado a obedecer à sua Palavra, lutar contra o pecado e crescer para a perfeição (1Jo 3.9; 5.4; Rm 8.16); e assim, luto para subjugar a velha vida de pecado e introduzir a nova vida de santidade (Ef 4.22; Cl 3.8-14).

Questão 97
Q. Tendo se tornado mais santo, você passa a precisar menos da obra de Cristo na cruz e da obra do seu Espírito?

R. Justamente o oposto. Minha santificação sempre permanece em Cristo (Jo 15.2-4), e, quanto mais eu cresço na graça, mais aprendo sobre minha pecaminosidade (Rm 7.18-20) e sobre minha necessidade de seu Espírito aplicar a mim os benefícios da sua crucificação e ressurreição. Em mim mesmo não há nada bom, e apenas em comunhão com ele é que sou conformado ao padrão e santidade de Deus.

Questão 98
Q. Algum dia você conseguirá se adequar perfeitamente aos padrões e à santidade de Deus?

R. Não, pois mesmo os mais santos dos filhos de Deus conseguem apenas dar os primeiros passos da obediência (1Jo 1.8; Rm 7.14,15; Ec 7.20; 1Co 13.9) nesta vida. Não obstante, eles dão tais passos com o sério propósito de viver sob os mandamentos de Deus em Cristo Jesus (Rm 7.22; Sl 1.2).

Questão 99
Q. Se fraqueza e imperfeição estão misturadas com todas nossas boas obras, como elas são aceitáveis a Deus?

R. Assim como todo o meu ser é aceito mediante Cristo, assim também minhas boas obras (2Co 8.12; Ef 1.6); não é que elas sejam nesta vida totalmente inculpáveis e perfeitas na visão de Deus, mas que ele, olhando através do seu Filho, agrada-se de aceitar e recompensar aquilo que é sincero, mesmo que acompanhado de muitas fraquezas e imperfeições.

Questão 100

Q. Por que, então, Deus nos deu um padrão de perfeição, já que ninguém pode atingi-lo nesta vida?

R. Primeiro, porque, por toda a nossa vida, devemos nos tornar mais e mais cônscios da nossa pecaminosidade (Rm 3.20; 1Jo 1.9; Sl 32.5), e, portanto, mais avidamente buscar o perdão dos pecados e a justiça em Cristo (Mt 5.6; Rm 7.24,25). Segundo, porque nós devemos constante e diligentemente orar a Deus pela graça do Espírito Santo, assim como devemos ser renovados na imagem de Deus, até atingirmos a perfeição depois desta vida (1Co 9.24; Fp 3.12-14). Terceiro, porque não devemos nos esquecer da maravilhosa graça de Deus concedida a nós, mas devemos continuamente louvar e agradecer a ele (Sl 103.1-3).

Questão 101

Q. Por que as orações e as ações de graças são necessárias para os cristãos?

R. Porque são o carro-chefe da gratidão pela qual Deus trabalha e requer de nós (Sl 50.14; Rm 14.6; Ef 5.4,20; Cl 3.17; Hb 13.5), e porque Deus dará sua graça e seu Espírito Santo apenas àqueles que sinceramente peçam a ele em oração incessante, agradecendo a ele por todas as bênçãos que nos deu por seu Filho (Mt 7.7; Lc 11.9,13; 1Ts 5.17).

Questão 102

Q. O que há na oração que agrada a Deus e que ele ouve?

R. Primeiro, que nós sinceramente (Jo 4.24; Sl 145.18) clamamos ao único Deus verdadeiro que se revelou a nós na sua Palavra (Ap 19.10; Jo 4.22-24) por tudo o que ele ordenou que pedíssemos a ele (Rm 8.26, 1Jo 5.14; Tg 1.5). Segundo, que nós reconheçamos completamente nossa necessidade e condição de maldade (2Cr 20.12) e assim nos humilhemos na presença da sua majestade (Sl 2.11; 34.18; Is 66.2). Terceiro, que nós descansemos seguros (Rm 10.13; Tg 1.6) de que, apesar da nossa indignidade, ele certamente ouvirá nossas orações (Jo 14.13; 16.23; Dn 9.18) por amor de Cristo, nosso Senhor, como prometeu em sua Palavra (Mt 7.8; Sl 27.8).

Questão 103

Q. Que diretriz Deus nos deu para nos dirigir em nossas orações?

R. Toda a Palavra de Deus serve como guia para a oração, mas há um guia especial no padrão da oração que Cristo ensinou aos seus discípulos, comumente chamada de "a Oração do Pai-nosso".

Questão 104

Q. Onde eu encontro isso?

R. Em Mateus 6.9-13, ou em Lucas 11.1-4.

Questão 105

Q. Por que Cristo ordenou que nos dirigíssemos a Deus como Pai?

R. Porque no início da oração devemos lembrar que somos filhos amados de Deus por meio de Cristo (Mt 7.9-11; Lc 11.11-13) e que, com um coração de ternura, de compaixão, de amável bondade e de misericórdia, ele, que deu gratuitamente seu Filho por nós, com certeza proverá o que necessitamos (Rm 8.16-21; Gl 3.26; Ef 5.1; Gl 4.5-7).

Questão 106

Q. Como você, filho de Deus, pode então se aproximar dele?

R. Eu devo vir a ele com reverência, expectativa e admiração de uma pequena criança (Sl 131.2) que o reconhece como o único Deus verdadeiro e fonte de todo bem (Sl 73.25; 37.7; Mt 11.28,29); encontrando confiança, conforto e descanso nele somente; amando-o, honrando-o e obedecendo-lhe com todo o meu coração (Mt 5.29; 10.37; At 5.29); e, em lugar de fazer coisas contra a vontade daquele que me ama, devo dar as costas para todas as criaturas.

Questão 107
Q. Quem nega a paternidade de Deus?

R. Todos aqueles que negam que Jesus Cristo é o único caminho para o Pai têm negado o Pai e erigido um ídolo (Jo 14.6; Ef 5.5) que criaram com sua imaginação e no qual confiam em lugar de Cristo, deixando de lado a verdade que ele nos revelou de si mesmo em sua Palavra (Fp 3.19; Gl 4.8; Ef 2.12; 1Jo 2.23; Jo 5.23).

Questão 108
Q. Por que Jesus disse: Pai NOSSO?

R. Para nos lembrar que não devemos orar apenas por nós mesmos, mas com nossos irmãos e irmãs em Cristo e por eles (2Co 1.11; 9.14; Fp 1.4,19; Cl 3.4).

Questão 109
Q. Por que foi adicionado "que estás nos céus"?

R. Para que não tenhamos uma concepção terrena da majestade celestial de Deus (Jr 23.23,24; At 17.24,25,27), e que possamos esperar do seu poder soberano tudo o que precisamos para o corpo e a alma (Rm 10.12).

Questão 110
Q. Nós não devemos, então, fazer qualquer imagem de Deus?

R. Deus não pode e não deve ser representado por qualquer tipo de imagem (Is 40.25). Embora as criaturas possam de fato ser representadas por imagens, Deus proíbe que se faça ou tenha qualquer tipo de imagens que sejam adoradas ou usadas no culto a ele (Êx 34.17; 23.24; 34.13; Nm 33.52).

ORAÇÃO

TODAS AS ORAÇÕES NA BÍBLIA

■ Introdução

Na *New American Standard Bible* (*NASB*):
- A palavra "oração" ocorre 112 vezes ("orações" = 27 vezes).
- O verbo "orar" ocorre 109 vezes ("ora" = 5; "orou" = 46; "orando" = 35).

Totalizando: a oração é usada 334 vezes.

As 221 orações da Bíblia

Estão listadas abaixo 176 orações no Antigo Testamento e 45 no Novo Testamento.

São incluídas apenas orações de fato, e não referências a orações, como declarações do tipo: "Ele orou".

■ Antigo Testamento

Gênesis: Seis orações

Outras referências a orações: Gênesis 12.7,8; 13.4; 16.11; 20.17,18; 25.21-23.

1. Abraão ora por um herdeiro (Gn 15.2,3). Respondida (Gn 21.1-8). Esta é a primeira oração na Bíblia.
2. Abraão ora por Ismael para ser seu herdeiro (Gn 17.18). Não respondida.
3. Abraão ora para Deus poupar Sodoma (Gn 18.23-32). Não respondida (Gn 19.24).
4. Eliezer, servo de Abraão, ora por uma noiva para Isaque (Gn.24.12-14). Respondida (Gn 24.15ss).
5. Jacó ora para ser abençoado (Gn 28.20-22). Respondida (Gn 31.1–33.17).
6. Jacó ora por livramento perante Esaú (Gn 32.9-12). Respondida (Gn 33).

Êxodo: Quatro orações

Outras referências a orações: Êxodo 2.11,23-25; 3.7,9; 10.16.

7. Moisés ora para Arão ir com ele (Êx 4.13). Respondida (Êx 4.14-17).
8. Moisés ora pela libertação de Israel (Êx 5.22,23). Respondida (Êx 3.8,12,17-22).
9. Moisés ora por perdão para Israel (Êx 32.11-13,31,32). Respondida (Êx 32.14,33-35).
10. Moisés ora pela presença de Deus para Canaã com Israel (Êx 33.12, 13,15,16,18). Respondida (Êx 33.14, 17,19-23).

Números: Nove orações

Outras referências a orações: Números 11.2; 21.7.

11. Arão ora pelas bênçãos de Deus sobre o povo (Nm 6.24-26). Respondida (Nm 6.27).
12. Moisés ora pela bênção de Deus na jornada (Nm 10.35,36). Respondida (Êx 32.32,33).
13. Moisés ora reclamando do fardo sobre ele (Nm 11.10-15). Respondida (Nm 11.16-20; 25-30).
14. Moisés ora para que o povo tenha carne (Nm 11.21,22). Respondida (Nm 11.21,23,31-33).
15. Moisés ora pela cura de Miriã (Nm 12.13). Respondida (Nm 12.14-16).
16. Moisés ora para Deus poupar Israel (Nm 14.13-19). Respondida (Nm 14.20).
17. Moisés ora por julgamento de pecados (Nm 16.15). Respondida (Nm 16.23,24).
18. Israel ora por perdão de pecados (Nm 21.7). Respondida (Nm 21.7-9).
19. Moisés ora por um novo líder para Israel (Nm 27.16,17). Respondida (Nm 27.18-23).

Deuteronômio: Duas orações

Outras referências a orações: Deuteronômio 9.20,26; 21.6-9; 26.5-15.

20. Moisés ora pedindo para entrar em Canaã (Dt 3.24,25). Não respondida (Dt 3.26; Nm 20.12).
21. Moisés ora para Deus poupar Israel (Dt 9.26-29). Respondida (Êx 32.11-14).

Josué: Duas orações

22. Josué ora perguntando por que Deus não lhes deu vitória (Js 7.7-9). Respondida (Js 7.10-15).
23. Josué ora para o sol e a lua pararem (Js 10.12). Respondida (Js 10.13).

Juízes: Nove orações

24. Israel ora para ser guiado por Deus (Jz 1.1). Respondida (Jz 1.2).
25. Gideão ora para ser guiado por Deus (Jz 6.13,15,17,18,22). Respondida (Jz 6.12,14,16,20,21(23).
26. Israel ora por livramento e perdão de pecados (Jz 10.10,15). Respondida (Jz 11.1-33).
27. Jefté ora por vitória (Jz 11.30,31). Respondida (Jz 11.32).
28. Manoá ora para um anjo aparecer e guiá-lo (Jz 13.8,11,12,15,17). Respondida (Jz 13.9,11,13,16,18).
29. Sansão ora por uma última vitória (Jz 16.28). Respondida (Jz 13.4,5; 16.22).
30. Israel ora para ser guiado por Deus (Jz 20.23). Respondida (Jz 20.23).
31. Israel ora para ser guiado por Deus (Jz 20.28). Respondida (Jz 20.28).
32. Israel ora por revelação (Jz 21.3). Não respondida.

1Samuel: Seis orações

Outras referências a orações: 1Samuel 7.9; 8.6; 12.18; 15.11; 28.6.

33. Ana ora por um filho (1Sm 1.11). Respondida (1Sm 1.20-23).
34. Ana expressa sua gratidão pela resposta de oração (1Sm 2.1-10).
35. Saul ora para ser guiado por Deus (1Sm 14.37). Não respondida (1Sm 14.37).
36. Davi ora para ser guiado por Deus (1Sm 23.2). Respondida (1Sm 23.2).
37. Davi ora por revelação (1Sm 23.10-12).
38. Davi ora por revelação (1Sm 30.8).

2Samuel: Quatro orações

Outras referências a orações: 2Samuel 5.23; 12.16; 15.7,8; 21.1.

39. Davi ora por revelação (2Sm 2.1).
40. Davi ora por revelação (2Sm 5.19). Respondida (2Sm 5.19).
41. Davi ora pelo cumprimento da aliança davídica (2Sm 7.18-29). Respondida em Cristo (Is 9.6,7; Lc 1.32,33; At 15.13-18; Ap 11.15; 20.1-10).
42. Davi ora por perdão de pecados (2Sm 24.10). Respondida, mas as consequências do pecado de Davi não foram removidas (2Sm 24.11-25).

1Reis: Cinco orações

Outras referências a orações: 1Reis 13.6; 18.42,43.

43. Salomão ora por sabedoria (1Rs 3.6-9). Respondida (1Rs 3.10-14).
44. Salomão, oração de dedicação (1Rs 8.23-53).
45. Elias ora pela ressurreição de um menino (1Rs 17.20,21). Respondida (1Rs 17.22-24; Hb 11.35).
46. Elias ora por fogo dos céus (1Rs 18.36,37). Respondida (1Rs 18.38).
47. Elias ora pedindo para morrer (1Rs 19.4). Não respondida, porque Deus depois o arrebatou aos céus sem que ele morresse (2Rs 2.9).

2Reis: Três orações

48. Eliseu ora pedindo para que os olhos do seu servo se abrissem (2Rs 6.17). Respondida (2Rs 6.17).
49. Ezequias ora por libertação (2Rs 19.15-19). Respondida (2Rs 19.35).
50. Ezequias ora por uma vida mais longa (2Rs 20.3). Respondida; ele viveu mais quinze anos (2Rs 20.3,5,6).

1Crônicas: Duas orações

Outras referências a orações: 1Crônicas 5.20; 21.26; 23.30.

51. Jabez ora pelo alargamento das fronteiras (1Cr 4.10). Respondida (1Cr 4.10).
52. Davi ora por Salomão e por Israel (1Cr 29.10-19). Respondida.

2Crônicas: Duas orações
Outras referências a orações: 2Crônicas 15.13; 33.13.
53. Asa ora por vitória (2Cr 14.11). Respondida (2Cr 14.12-14).
54. Josafá ora por vitória (2Cr 20.6-12). Respondida (2Cr 20.20-25).

Esdras: Duas orações
Outras referências a orações: Esdras 8.21-23.
55. Esdras, oração de agradecimento (Ed 7.27,28).
56. Esdras ora por perdão e auxílio (Ed 9.5-15). Respondida (Ed 10.1-19).

Neemias: Nove orações
Outras referências a orações: Neemias 2.4; 4.9; 8.6.
57. Neemias ora confessando pecados e pedindo auxílio (Ne 1.5-11).
58. Neemias ora por juízo (Ne 4.1-6).
59. Neemias ora por ajuda (Ne 6.9).
60. Neemias ora por ajuda (Ne 6.14).
61. Israel ora confessando pecados (Ne 9.5-38). Esta é a oração mais longa da Bíblia.
62. Neemias ora pedindo bênçãos (Ne 13.14).
63. Neemias ora pedindo bênçãos (Ne 13.22).
64. Neemias ora por juízo (Ne 13.29).
65. Neemias ora pedindo bênçãos (Ne 13.31).

Jó: Sete orações
66. Jó ora agradecendo e se resignando (Jó 1.20-22).
67. Jó ora reclamando da sua situação e pedindo por alívio e perdão (Jó 7.17-21). Respondida (Jó 42.10).
68. Jó ora reclamando da sua situação e pedindo por alívio (Jó 9.25-10.22). Respondida (Jó 42.10).
69. Jó ora reclamando da sua situação e pedindo por alívio e perdão (Jó 14.13-22). Respondida (Jó 42.10).
70. Jó ora por um julgamento justo (Jó 23.3-5). Respondida (Jó 38-42).
71. Confissão de Jó (Jó 40.3-5). Respondida (Jó 42.10).
72. Oração de arrependimento de Jó (Jó 42.1-6). Respondida (Jó 42.10).

Salmos: Setenta e duas orações, fora o fato de que são orações todos os 150 salmos
73-123. Davi ora. Em cinquenta salmos ele pede por bênçãos. A maior parte delas foi respondida (Sl 3-7; 9.12-13; 16-17; 19-20; 22; 25-31; 35-36; 38-41; 51; 54-61; 64; 69-70; 86; 108-109; 124; 132; 139-144).

124-138. Um salmista desconhecido ora pedindo bênçãos (Sl 10; 33; 43-44; 71; 85; 88; 102; 106; 118; 119; 120; 123; 125; 129; 137).

139-143. Asafe ora pedindo várias bênçãos a Deus (Sl 74; 79-80; 82-83).

144. Moisés ora fazendo pedidos a Deus (Sl 90).

145. Etã ora fazendo pedidos a Deus para lembrar da reprovação dos seus servos (Sl 89).

Vinte orações de angústia (Sl 3; 4; 6; 12; 13; 17; 25; 27; 31; 38; 43; 56; 57; 70; 80; 109; 120; 123; 130; 143).

Isaías: Três orações
Outras referências a orações: Isaías 1.15; 7.11; 16.12; 26.16; 55.6,7.
146. Isaías ora por purificação (Is 6.5). Respondida (Is 6.6,7).
147. Ezequias ora por libertação (Is 37.16-20). Respondida (Is 37.36).
148. Ezequias ora por cura e por aumento do número de dias (Is 38.3). Respondida (Is 38.5).

Jeremias: Onze orações
Outras referências a orações: Jeremias 7.16; 11.14; 14.11; 21.2; 29.7,12; 37.3; 42.2,4,20.
149. Jeremias ora confessando sua inabilidade para obedecer a Deus (Jr 1.6).
150. Jeremias ora acusando Deus (Jr 4.10).
151. Jeremias ora por juízo (Jr 10.23-25). Respondida (Dn 5).
152. Jeremias ora questionando Deus (Jr 12.1-4).
153. Jeremias ora por auxílio para Judá (Jr 14.7-9).
154. Jeremias ora por auxílio para Judá (Jr 14.20-22).
155. Jeremias ora por juízo (Jr 15.15-18).
156. Jeremias ora por juízo (Jr 17.13-18).
157. Jeremias ora por juízo (Jr 18.19-23).
158. Jeremias ora por juízo (Jr 20.7-12).
159. Jeremias ora acerca do cativeiro de Judá (Jr 32.17-25).

Lamentações: Quatro orações
160. Jeremias ora por juízo (Lm 1.20-22).
161. Jeremias ora por consideração (Lm 2.20-22).
162. Jeremias ora por juízo (Lm 3.55-66).
163. Jeremias ora pelo povo oprimido de Judá (Lm 5.1-22).

Ezequiel: Três orações
164. Ezequiel protesta contra o que Deus queria que ele fizesse (Ez 4.14).
165. Ezequiel ora pelo remanescente (Ez 9.8).
166. Ezequiel ora pelo remanescente (Ez 11.13).

Daniel: Duas orações
Outras referências a orações: Daniel 2.17,18; 6.10.
167. Daniel ora por perdão de pecados e pelo cumprimento da profecia (Dn 9.1-19).
168. Daniel ora por revelação (Dn 12.8).

Amós: Duas orações
169. Amós ora por perdão (Am 7.2).
170. Amós ora por auxílio (Am 7.5).

Jonas: Três orações
171. Marinheiros oram por misericórdia (Jn 1.14).
172. Jonas ora para ser libertado do peixe (Jn 2.1-9).
173. Jonas ora pela morte (Jn 4.2,3).

Habacuque: Três orações
174. Habacuque ora para Deus agir (Hc 1.1-5).
175. Habacuque ora por juízo (Hc 1.12-17).
176. Habacuque ora por reavivamento (Hc 3.2-19).

■ Novo Testamento

Mateus: Dezessete orações
Outras referências a orações: Mateus 6.5-13; 7.7-11; 9.37-39; 14.23; 18.19,20; 21.22; 23.14.
177. Jesus e a oração do Pai-nosso (Mt 6.9-13).
178. Leproso ora por cura (Mt 8.2). Respondida (Mt 8.3).
179. Centurião ora pela cura do seu servo (Mt 8.6-9). Respondida (Mt 8.13).
180. Discípulos oram por ajuda na tempestade (Mt 8.25). Respondida (Mt 8.26).
181. Demônios oram por liberdade temporária (Mt 8.29-31). Respondida (Mt 8.32).
182. Um chefe ora por cura (Mt 9.18). Respondida (Mt 9.25).
183. Uma mulher ora por cura (Mt 9.21). Respondida (Mt 9.22).
184. Dois homens cegos oram por cura (Mt 9.27). Respondida (Mt 9.29,30).
185. Jesus ora agradecendo a Deus (Mt 11.25).
186. Pedro ora para andar sobre as águas (Mt 14.28). Respondida (Mt 14.29).

187. Pedro ora por ajuda quando se afogava (Mt 14.30). Respondida (Mt 14.31).
188. Uma mulher ora pela cura da sua filha (Mt 15.22-27). Respondida (Mt 15.28).
189. Um homem ora pela cura do seu filho (Mt 17.15,16). Respondida (Mt 17.18).
190. A mãe de Tiago e João ora fazendo um pedido (Mt 20.21). Não respondida (Mt 20.23).
191. Dois homens cegos oram por cura (Mt 20.30-33). Respondida (Mt 20.34).
192. Jesus ora no jardim de Getsêmani (Mt 26.39-44).
193. Jesus ora na cruz (Mt 27.46).

Marcos: Duas orações
Outras referências a orações: Marcos 1.35; 6.41,46; 9.23; 11.22-24.
194. Um demônio ora por liberdade temporária (Mc 1.23,24).
195. Jesus ora para curar um surdo-mudo (Mc 7.34). Respondida (Mt 7.35). É a oração mais curta da Bíblia: uma palavra em grego com seis letras.

Lucas: Sete orações
Outras referências a orações: Lucas 3.21,22; 5.16; 6.12; 9.28,29; 11.1-13; 18.1-18; 22.31,32.
196. Simeão ora abençoando Jesus (Lc 2.29-32).
197. O rico ora no inferno (Lc 16.24-31).
198. Dez leprosos oram por cura (Lc 17.13). Respondida (Lc 17.14,19).
199. Um fariseu ora gloriando-se de sua justiça (Lc 18.11,12). Não respondida.
200. Um publicano ora por misericórdia (Lc 18.13). Respondida (Lc 18.14).
201. Jesus na cruz ora por perdão para seus assassinos (Lc 23.34).
202. Jesus morrendo na cruz ora entregando seu espírito a Deus (Lc 23.46).

João: Cinco orações
Outras referências a orações: João 7.37-39; 14.12-15; 15.7,16; 16.23-26.
203. Um oficial ora pela cura de uma criança (Jo 4.49). Respondida (Jo 4.50).
204. Pessoas oram pelo pão da vida (Jo 6.34).
205. Jesus ora pela ressurreição de Lázaro (Jo 11.41-43). Respondida (Jo 11.44).
206. Jesus ora por glorificação (Jo 12.27,28). Respondida (Jo 12.28).
207. Jesus ora pelos discípulos (Jo 17.1-26).

Atos: Seis orações
Outras referências a orações: Atos 1.14; 3.1; 6.4; 8.22,24,34; 10.9,31; 12.5; 16.13-16.
208. Discípulos oram por um sucessor para Judas (At 1.24,25). Respondida (At 1.26).
209. Pedro ora pela cura do homem coxo (At 3.6). Respondida (At 3.7,8).
210. Discípulos oram por coragem e poder (At 4.24-30). Respondida (At 4.31-33).
211. Estêvão ora pelos inimigos (At 7.59,60).
212. Paulo ora por instruções (At 9.5,6). Respondida (At 9.5,6).
213. Pedro ora pela ressurreição de Tabita/Dorcas (At 9.40). Respondida (At 9.40,41).

Cartas do Novo Testamento
(Rm 1.8-10; 16.20; Ef 1.15-20; 3.13-21; Fp 1.2-7; 4.6,7; Cl 1.3-14; 1Ts 1.2,3; 3.9-13; 1Tm 1.3-7; 2Tm 4.14-18; Tg 5.13-18).

Paulo foi o único escritor do Novo Testamento que pediu orações àqueles a quem escreveu (Rm 15.30; 2Co 1.11; Ef 6.18-20; Fp 1.19; Cl 4.3; Fm 22), além do autor de Hebreus (Hb 13.18). As orações escritas por Paulo nas suas cartas estão em Ef 1.15-23; 3.14-21; Fp 1.9-11; Cl 1.9-12.

Apocalipse: Oito orações
214. Anciãos oram louvando (Ap 4.11).
215. Anjos oram louvando (Ap 5.12).
216. Todas as criaturas oram louvando (Ap 5.13).
217. Mártires oram por vingança (Ap 6.10).
218. Grande multidão ora louvando (Ap 7.10).
219. Anjos oram louvando (Ap 7.12).
220. Os santos glorificados oram louvando (Ap 19.1-6).
221. João ora pela segunda vinda de Cristo (Ap 22.20).

Livros sem nenhuma oração
Muitos livros da Bíblia não têm de fato orações formuladas por personagens bíblicos: Levítico, Rute, Ester, Provérbios, Eclesiastes, Oseias, Joel, Obadias, Miqueias, Naum, Sofonias, Ageu, Zacarias, Malaquias, Romanos, 1Coríntios, Gálatas, Efésios, Filipenses, Colossenses, 1Tessalonicenses, 2Tessalonicenses, 1Timóteo, 2Timóteo, Tito, Filemom, Hebreus, Tiago, 1Pedro, 2Pedro, 1João, 2João, 3João, Judas.

PRINCIPAIS PALAVRAS DA BÍBLIA

GLOSSÁRIO DE PALAVRAS DOUTRINÁRIAS NA BÍBLIA

■ Introdução

Os tópicos a seguir são baseados em uma versão reduzida e revisada de alguns tópicos de um dos mais úteis e clássicos dicionários bíblicos, o *Easton's Bible Dictionary* [Dicionário bíblico de Easton]. Esse dicionário foi um pioneiro na exposição do significado de palavras-chaves da Bíblia.

■ A

Abadom

Abadom significa "destruição". É um nome hebraico (equivalente ao nome grego Apoliom, isto é, destruidor), do anjo do abismo (Ap 9.11). Essa destruição ou abismo aparece em Jó 28.22; 31.12; 26.6; Pv 15.11; 27.20. Abadom é a personificação da ideia de destruição, ou como o *Sheol*, o reino da morte.

Adoção

Adoção é o ato de dar a alguém o nome, o lugar e os privilégios de um filho, o qual não o é por nascimento.

ADOÇÃO NATURAL
A filha do faraó adotou Moisés (Êx 2.10), e Mordecai adotou Ester (Et 2.7).

ADOÇÃO NACIONAL
Deus adotou Israel (Êx 4.22; Dt 7.6; Os 11.1; Rm 9.4).

ADOÇÃO ESPIRITUAL
Adoção espiritual é o ato da graça de Deus trazer para si pessoas para sua família redimida, e de habilitá-las para tomar parte nas suas bênçãos, como: o amor de Deus (Jo 17.23; Rm 5.5-8), uma natureza espiritual (2Pe 1.4; Jo 1.13), a habitação do Espírito de Deus em nós tornando-nos filhos de Deus (1Pe 1.14; 2Jo 4; Rm 8.15-21; Gl 5.1; Hb 2.15), e uma herança futura (Rm 8.17,23; Tg 2.5; Fp 3.21).

Adorar

Adorar significa cultuar e expressar reverência e homenagem. Como um sinal de adoração religiosa, os judeus retiravam suas sandálias (Êx 3.5; Js 5.15) e se prostravam (Gn 17.3; Sl 95.6; Is 44.15,17,19; 46.6).

Adultério

Adultério se refere à infidelidade no casamento. Um adúltero era um homem que tinha relações sexuais com uma mulher casada, o que fazia da mulher também uma adúltera. Relações sexuais entre um homem casado e uma mulher solteira era fornicação. O adultério era considerado o pior mal social, como também um pecado.

Aflições

Aflições são comuns a todos (Jó 5.7; 14.1; Sl 34.19); são para as pessoas boas (Tg 1.2,3,12; 2Co 12.7) e para a glória de Deus (2Co 12.7-10; 1Pe 4.14).

Elas devem ser suportadas com paciência pelo povo de Deus (Sl 94.12; Pv 3.12).

Todas elas são dirigidas por Deus (Lm 3.33) e beneficiam seu povo (2Co 4.16-18), enquanto eles permanecem em Cristo Jesus (Rm 8.35-39).

Alegoria

O termo "alegoria" é usado somente em Gl 4.24, em que o apóstolo se refere à história de Isaque, o nascido livre, e Ismael, o nascido cativo, e faz uso disso alegoricamente.

Toda parábola é uma alegoria. Natã (2Sm 12.1-4) contou a Davi uma narrativa alegórica. O Salmo 80 é uma linda alegoria: "Trouxeste uma videira do Egito" etc. Em Ec 12.2-6 há uma descrição alegórica da velhice.

Aleluia

Aleluia é a forma grega (Ap 19.1,3,4,6) da palavra hebraica *Hallelujah,* que significa "Louvado seja o Senhor", a qual começa e termina alguns Salmos (106, 111, 112, 113).

Alfa

Alfa é a primeira letra do alfabeto grego, assim como o ômega é a última. Essas letras aparecem nos textos de Ap 1.8,11; 21.6; 22.13, e são representadas por "alfa" e "ômega". Elas significam "o primeiro e o último" (compare com Hb 12.2; Is 41.4; 44.6; Ap 1.11,17; 2.8).

Entre os símbolos da igreja cristã primitiva essas duas letras são frequentemente combinadas com a cruz ou com o monograma de Cristo a fim de representar sua divindade.

Aliança

Um contrato ou acordo entre duas partes. No Antigo Testamento, a palavra hebraica *berit* é derivada de uma raiz que significa "cortar" e estava ligada ao costume de cortar e dividir animais em duas partes. Os contratantes passavam entre as partes do animal, celebrando assim a aliança (Gn 15; Jr 34.18,19).

A palavra correspondente no Novo Testamento é *diatheke,* traduzida por "testamento". Ela deveria ser traduzida, assim como *berith,* por aliança.

Essa palavra é usada como uma aliança ou um pacto entre homens (Gn 21.32), ou entre tribos e nações (1Sm 11.1; Js 9.6,15). Ao fazer uma aliança, Deus era solicitado a agir como uma testemunha da transação (Gn 31.50), sendo, portanto, chamado de aliança do Senhor (1Sm 20.8). O casamento é chamado de "aliança com seu Deus" (Pv 2.17), porque era feito em nome de Deus. Afirma-se que os homens maus, pelo seu modo de agir, fizeram uma "aliança com a morte" (Is 28.15,18).

A palavra também se aplica à autorrevelação de Deus a homens e mulheres.

Assim, a promessa que Deus fez a Noé depois do dilúvio é chamada de "aliança" (Gn 9; Jr 33.20; "minha aliança"). Temos também a aliança de Deus com Abraão (Gn 17. Compare com Lv 26.42), a aliança sacerdotal (Nm 25.12,13; Dt 33.9; Ne 13.29) e a aliança do Sinai (Êx 34.27,28; Lv 26.15).

Mais tarde, ela foi renovada em diferentes ocasiões na história de Israel (Dt 29; Js 1.24; 2Cr 15; 23; 29; 34; Ed 10; Ne 9). A aliança de Deus deve ser confirmada com um juramento (Dt 4.31; Sl 89.3) e acompanhada por um sinal (Gn 9; 17). Portanto, a aliança é chamada de "deliberação", "juramento", "promessa" de Deus (Sl 89.3,4; 105.8-11; Hb 6.13-20; Lc 1.68-75). A aliança de Deus consiste completamente na concessão da sua bênção (Is 59.21; Jr 31.33,34).

O termo "aliança" é também usado para designar a sucessão regular de dia e noite (Jr 33.20), o *sabbath* (Êx 31.16), a circuncisão (Gn 17.9,10) e qualquer mandamento de Deus em geral (Jr 34.13,14).

A ALIANÇA DE SAL

A "aliança de sal" significa uma aliança eterna, por meio do selar ou do ratificar com sal, como um símbolo de perpetuidade, usada em Números 18.19, Levítico 2.13 e 2Crônicas 13.5.

Amém

Essa palavra hebraica significa "firme", portanto também *fiel* (Ap 3.14). Em Isaías 65.16 aparece *Deus da verdade,* que em hebraico é "o Deus de amém". Foi muito usado por Jesus para enfatizar suas palavras. Normalmente é traduzido por *em verdade* ou *em verdade vos digo.* Algumas vezes, apenas no evangelho de João, ela é repetida, *em verdade, em verdade.* É usada como um epíteto do Senhor Jesus Cristo (Ap 3.14). Encontra-se sozinha – e algumas vezes é repetida – no fim das orações (Sl 41.13; 72.19; 89.52), para confirmar as palavras e invocar o cumprimento destas. É usada quando se faz um juramento (Nm 5.22; Dt 27.15-26; Ne 5.13; 8.6; 1Cr 16.36). Na igreja primitiva, era comum para a audiência em geral dizer: *Amém*, para encerrar uma oração (1Co 14.16).

Costuma-se dizer que as promessas de Deus são Amém: ou seja, que são verdadeiras e certezas de cumprimento (2Co 1.20).

Ancião de Dias

Essa expressão é usada três vezes para se referir a Jeová na visão de Daniel (7.9,13,22). Cada uma das vezes, transmite o sentido de eternidade.

Anjo

A palavra "anjo", tanto no hebraico quanto no grego, significa "mensageiro", assim aplicada a qualquer um enviado por Deus para cumprir sua vontade.

É usada para:
- Mensageiros comuns (Jó 1.14; 1Sm 11.3; Lc 7.24; 9.52)
- Profetas (Is 42.19; Ag 1.13)
- Sacerdotes (Ml 2.7)
- Ministros no Novo Testamento (Ap 1.20)

A palavra é também aplicada a agentes impessoais como a praga (2Sm 24.16,17; 2Rs 19.35) ou o vento (Sl 104.4).

Em seu uso característico, aponta para seres celestiais a quem Deus usa enquanto governa o mundo. As aparições a Abraão em Manre (Gn 18.2,22; compare com 19.1), a Jacó em Peniel (Gn 32.24,30), a Josué em Gilgal (Js 5.13,15) do anjo do Senhor são, sem dúvida, manifestações da presença da Deus.

O NÚMERO E OS DIFERENTES TIPOS DE ANJOS

A existência pessoal de anjos é ensinada em Gn 16.7,10,11; Jz 13.1-21; Mt 28.2-5; Hb 1.4 etc.

Os anjos são muito numerosos, havendo "milhares de milhares" deles (Dn 7.10; Mt 26.53; Lc 2.13; Hb 12.22,23). Eles têm diferentes graus e variedade de poder (Zc 1.9,11; Dn 10.13; 12.1; 1Ts 4.16; Jd 9; Ef 1.21; Cl 1.16).

A NATUREZA DOS ANJOS

Anjos são seres espirituais (Hb 1.14). Eles não têm corpos como seres humanos. São chamados *santos* (Lc 9.26), *eleitos* (1Tm 5.21). Os redimidos na glória serão "iguais aos anjos" (Lc 20.36). Eles não devem ser adorados (Cl 2.18; Ap 19.10).

O PROPÓSITO DOS ANJOS

a. Anjos são agentes da providência de Deus (Êx 12.23; Sl 104.4; Hb 11.28; 1Co 10.10; 2Sm 24.16; 1Cr 21.16; 2Rs 19.35; At 12.23).

b. Anjos ajudam Deus a levar a cabo sua obra redentora. Não há registros de aparições angelicais a homens até o chamado de Abraão. A partir de então há frequentes referências ao ministério deles na terra (Gn 18; 19; 24.7,40; 28.12; 32.1). Eles aparecem para repreender a idolatria (Jz 2.1-4), para chamar Gideão (Jz 6.11,12) e para consagrar Sansão (Jz 13.3).

ANJOS E JESUS

Durante e depois do nascimento de Jesus os anjos foram muito ativos. Eles serviram seu Senhor enquanto ele esteve na terra.

Eles predisseram sua vinda (Mt 1.20; Lc 1.26-38), ministraram a ele depois das suas tentações (Mt 4.11), ministraram a ele depois da sua agonia no jardim de Getsêmani (Lc 22.43) e declararam sua ressurreição e ascensão (Mt 28.2-8; Jo 20.12,13; At 1.10,11).

Anticristo

Anticristo é alguém contra Cristo ou um opositor de Cristo no sentido de um rival. A palavra só é usada pelo apóstolo João.

Com referência aos falsos mestres, ele diz que "já muitos anticristos se têm levantado" (1Jo 2.18,22; 4.3; 2Jo 1.7).

Anticristos são identificados da seguinte forma:

1. Esse nome foi aplicado ao "chifre pequeno" do "rei de aparência feroz" (Dn 7.24,25; 8.23-25).
2. Também foi aplicado aos "falsos Cristos" mencionados por nosso Senhor (Mt 24.5,23,24).
3. Ao "homem do pecado, o filho da perdição" descrito por Paulo (2Ts 2.3,4,8-10).
4. E à besta que vem do mar (Ap 13.1; 17.1-18).

Apocalipse

Apocalipse é o nome grego do livro da revelação das últimas coisas.

Apoliom

Apoliom, o destruidor, é o nome dado ao rei das hostes representadas por gafanhotos (Ap 9.11). É a tradução grega da palavra hebraica "Abadom".

Apóstolo

Um apóstolo é uma pessoa enviada por outra, um mensageiro ou um enviado.

"Apóstolo" é usado uma vez como um título de Jesus Cristo, o enviado do Pai (Hb 3.1; Jo 20.21).

Apóstolos é o nome dado aos doze discípulos que Jesus escolheu. Eles são chamados de "os Doze". Há três listas dos apóstolos (Mt 10.2-4; Mc 3.16-19; Lc 6.14-16).

Nosso Senhor deu a eles as chaves do reino e, pelo dom do seu Espírito, capacitou-os para serem os fundadores e os primeiros líderes da sua igreja (Jo 14.16,17,26; 15.26,27; 16.7-15; At 2.4; 1Co 2.16; 2.7,10,13; 2Co 5.20; 1Co 11.2).

Judas Iscariotes, um dos doze, foi substituído por Matias (At 1.21). Saulo de Tarso foi posteriormente adicionado a esse número (At 9.3-20; 20.4; 26.15-18; 1Tm 1.12; 2.7; 2Tm 1.11).

Lucas dá algumas informações sobre Pedro, João e os dois Tiagos (At 12.2,17; 15.13; 21.18), mas, além disso, nada mais se registrou acerca dos doze apóstolos.

QUALIFICAÇÕES DE UM APÓSTOLO

1. Os doze apóstolos viram o Senhor e estavam aptos a testemunhar sobre ele e sobre sua ressurreição por conhecimento pessoal (Jo 15.27; At 1.21,22; 1Co 9.1; At 22.14,15).
2. Foram chamados para ser apóstolos por Cristo em pessoa (Lc 6.13; Gl 1.1).
3. Seu ensino era divinamente inspirado (Jo 14.26; 16.13; 1Ts 2.13).
4. A eles foi dado poder para realizar milagres (Mc 16.20; At 2.43; 1Co 12.8-11).

Arcanjo

Um arcanjo é um príncipe dos anjos (1Ts 4.16; Jd 9).

Armagedom

A palavra Armagedom ocorre somente em Ap 16.16, como uma designação simbólica do lugar onde a "batalha do grande dia do Deus Todo-poderoso" (16.14) será travada. A palavra significa "monte do Megido". É o cenário do conflito final entre Cristo e o anticristo.

Arrependimento

Há três palavras gregas usadas no Novo Testamento que denotam arrependimento.

1. O verbo *metamelomai* é usado como "mudar de ideia", o que produz arrependimento ou até mesmo remorso por causa do pecado, mas não necessariamente uma mudança no coração. Essa palavra é usada no arrependimento de Judas (Mt 27.3).
2. *Metanoeo* significa mudar a ideia e o propósito de alguém, à luz do conhecimento.
3. Esse verbo, com o substantivo cognato *metanoia*, é usado para o verdadeiro

arrependimento, uma mudança no pensamento, no propósito e na vida, para a qual a remissão do pecado é prometida. O arrependimento evangélico consiste em:
- Um senso real de sua própria culpa e pecaminosidade;
- Uma compreensão da misericórdia de Deus em Cristo;
- Um verdadeiro ódio do pecado (Sl 119.128; Jó 42.5,6; 2Co 7.10) e conversão a Deus; e
- Um esforço persistente seguido de uma vida santa na companhia do Senhor, no caminho dos seus mandamentos.

O verdadeiro penitente tem consciência da culpa (Sl 51.4,9), da mancha do pecado (Sl 51.5,7,10) e do abandono (Sl 51.11; 109.21,22). Portanto, ele compreende que é exatamente do modo como Deus o vê e como afirma que ele seja. O arrependimento reconhece não somente o senso de pecado, mas também a valorização da misericórdia, sem a qual não pode haver verdadeiro arrependimento (Sl 51.1; 130.4).

Astarote

Astarote era a deusa da Lua, dos fenícios, representando o princípio passivo na natureza, sua principal divindade feminina; era frequentemente associada ao nome de Baal, o deus-sol, a principal divindade masculina deles (Jz 10.6; 1Sm 7.4; 12.10). Esses nomes aparecem frequentemente no plural como astarote e baalins. Essa divindade é citada como astarote dos sodônios. Ela era a Ishtar dos acadianos e a Astarte dos gregos (Jr 44.17; 1Rs 11.5,33; 2Rs 23.13). Nos dias de Saul, os filisteus tinham um templo dedicado a ela. Salomão introduziu o culto a esse ídolo (1Rs 11.33). Os 400 sacerdotes de Jezabel provavelmente serviam a essa deusa (1Rs 18.19). Ela era chamada de *rainha do céu* (Jr 44.25).

B

Baal

Baal significa "senhor". Era o principal deus masculino dos fenícios e era muitas vezes usado no plural, baalins (Jz 2.11; 10.10; 1Rs 18.18; Jr 2.23; Os 2.17). Baal é identificado com Moloque (Jr 19.5).

Ele era conhecido dos israelitas como Baal-Peor (Nm 25.3; Dt 4.3), era cultuado nos dias de Samuel (1Sm 7.4) e, depois, tornou-se a religião das dez tribos dos dias de Acabe (1Rs 16.31-33; 18.19,22). O deus-sol, sob o título de Baal, ou "senhor", era cultuado pelos cananeus. Cada localidade tinha seu Baal específico.

Batismo cristão

O batismo cristão, que significa "imergir, mergulhar ou tingir", é uma ordenança instituída por Cristo (Mt 28.19,20) e, assim como a ceia do Senhor, deve ser observada "até que ele venha". As palavras "batizar" ou "batismo" são palavras gregas que foram simplesmente transliteradas para o português.

O BATISMO DE JOÃO
E O BATISMO DE JESUS
Há uma importante similaridade e uma importante diferença entre o batismo de João e o batismo do qual Jesus falou.

Ambos os batismos dão ênfase à necessidade da pessoa ser batizada em arrependimento. O batismo de João é descrito como *batismo de arrependimento para perdão dos pecados* (Mc 1.4).

Mas o batismo do qual Jesus falou introduziu uma modificação crucial ao batismo de João realizado no rio Jordão. Como João mesmo disse, referindo-se ao batismo de Jesus: *Ele vos batizará com o Espírito Santo e com fogo* (Mt 3.11).

Jesus batizaria com *fogo* e com o *Espírito*, e não apenas com água, como João fez. Assim, o batismo de Jesus nunca poderia ser considerado um simples ato mecânico. O batismo na água e o batismo com o Espírito devem andar unidos.

A COMISSÃO DE JESUS PARA O BATISMO REALIZADO POR SEUS DISCÍPULOS

A última ordem de Jesus no evangelho de Mateus foi que seus seguidores ensinassem e batizassem. Os batizados eram chamados de "discípulos". A partir disso, é razoável concluir que tais pessoas tinham se arrependido e crido em Jesus. Tal batismo era realizado em nome de Jesus ou em nome da Trindade. O batismo cristão era totalmente diferente do batismo pagão ou do batismo judaico, além de também ser qualitativamente diferente do batismo de João.

PAULO E O BATISMO

Paulo levou a cabo o ensino de Jesus sobre o batismo no seu próprio ministério. Fica claro que os convertidos pela pregação de Paulo eram batizados. "Será que Cristo está dividido? Foi Paulo crucificado em vosso favor? Fostes batizados em nome de Paulo? Dou graças a Deus por não haver batizado nenhum de vós, com exceção de Crispo e Gaio" (1Co 1.13,14).

Paulo nunca pode ser acusado de usar ou pensar no batismo como um ritual mágico. Paulo via o batismo cristão como um modo de entrar na comunidade cristã. "Pois todos fomos batizados por um só Espírito para ser um só corpo, quer judeus, quer gregos, quer escravos, quer livres; e a todos nós foi dado beber de um só Espírito" (1Co. 12.13).

Paulo enfatiza o sentido espiritual do batismo e ensina que somente pelo Espírito Santo o verdadeiro batismo acontece. O batismo cristão não deve, portanto, ser restrito a apenas uma única classe de pessoas: "Porque todos vós que em Cristo fostes batizados vos revestistes de Cristo. Não há judeu nem grego, não há escravo nem livre, não há homem nem mulher, porque todos vós sois um em Cristo Jesus" (Gl 3.27,28). Isso porque a igreja cristã não faz distinção entre raças (judeus e gregos), entre sexos (homem e mulher) nem entre classes sociais (escravos e libertos). Aqueles que foram "batizados em Cristo Jesus" foram revestidos "do Senhor Jesus Cristo". Veja Romanos 13.14, Efésios 4.24 e Colossenses 3.10.

Bênção

Deus abençoa seu povo quando ele concede a eles alguma dádiva temporal ou espiritual (Gn 1.22; 24.35; Jó 42.12; Sl 45.2; 104.24,35).

Nós abençoamos Deus quando agradecemos a ele por suas dádivas (Sl 103.1,2; 145.1,2).

Um homem abençoa a si mesmo quando ele invoca as bênçãos de Deus (Is 65.16), ou se alegra na bondade de Deus sobre ele (Dt 29.19; Sl 49.18).

Alguém abençoa outra pessoa quando expressa bons desejos ou ora a Deus por seu bem-estar (Gn 24.60; 31.55; 1Sm 2.20).

Algumas vezes bênçãos são proferidas sob inspiração divina, assim como no caso de Noé, Isaque, Jacó e Moisés (Gn 9.26,27; 27.28,29,40; 48.15-20; 49.1-28; Dt 33). Os sacerdotes eram divinamente autorizados a abençoar o povo (Dt 10.8; Nm 6.22-27). Nós temos muitos exemplos de bênçãos apostólicas (2Co 13.14; Ef 6.23,24; 3.16,18; Hb 13.20,21; 1Pe 5.10,11).

Entre os judeus, em suas ofertas de ações de graças, o dono da festa tomava uma taça de vinho em suas mãos e bendizia Deus por isso e por outras dádivas que eles usufruíam, junto com seus convidados que também partilhavam delas. Salmo 116.13 se refere a esse costume. Isso também é aludido em 1Coríntios 10.16, onde o apóstolo se refere ao "cálice da bênção".

Bíblia, sentido da, e aliança

TESTAMENTO

A palavra "testamento" significa pacto ou acordo. Deus fez um acordo com a humanidade a respeito da nossa salvação que foi baseada na lei (Dt 4.5).

A lei do Antigo Testamento demonstrou como a humanidade podia ser salva antes da vinda de Cristo. O novo acordo de Deus, o Novo Testamento, é um pacto de graça (Gl 3.17-25). Esse novo pacto descreve nossa salvação depois da vinda de Cristo.

A palavra "Bíblia" nunca aparece na Bíblia. Bíblia, a forma portuguesa da palavra grega "Bíblia", significa "livros". Foi assim que no século V o conjunto dos livros sagrados começou a ser disignado de "biblioteca da divina revelação". O nome Bíblia foi adotado por Wycliffe e, gradualmente, entrou em uso.

Bispo

Bispo significa supervisor. Nos tempos apostólicos não havia grandes diferenças entre bispos, anciãos e presbíteros (At 20.17-28; 1Pe 5.1,2; Fp 1.1; 1Tm 3).

O termo "bispo" nunca foi usado para se referir a algum ofício diferente do ancião ou do presbítero. Esses termos são palavras diferentes para designar o mesmo ofício, "bispo" designando a função de supervisor, e "presbítero" designando a dignidade concernente ao ofício.

Cristo foi figurativamente chamado "o bispo [*episcopos*] da vossa alma" (1Pe 2.25).

Blasfêmia

No sentido de falar mal de Deus, essa palavra é encontrada no Salmo 74.18, em Isaías 52.5, em Romanos 2.24 e em Apocalipse 13.1,6 e 16.9,11,21. Ela denota também qualquer tipo de calúnia, ou difamação, ou abuso (1Rs 21.10; At 13.45; 18.6). Nosso Senhor foi acusado de blasfêmia quando ele proclamou ser o Filho de Deus (Mt 26.65; compare com 9.3; Mc 2.7). Mas foram aqueles que negaram sua messianidade que realmente blasfemaram contra Jesus (Lc 22.65; Jo 10.36).

BLASFÊMIA CONTRA O ESPÍRITO SANTO

A blasfêmia contra o Espírito Santo (Mt 12.31,32; Mc 3.28,29; Lc 12.10) é considerada por alguns como uma contínua e obstinada rejeição do evangelho e, portanto, um pecado imperdoável, porque quando o pecador permanece em incredulidade, ele voluntariamente se exclui do perdão. Outros consideram essa blasfêmia como atribuir ao poder de Satanás aqueles milagres realizados por Cristo, ou aquelas obras cujos resultados são atingidos pela atuação do Espírito Santo.

Bondade de Deus

A perfeição do seu caráter com que trata suas criaturas (Sl 145.8,9; 103.8; 1Jo 4.8). É vista em conexão com a miséria das suas criaturas nas quais aplica sua misericórdia, piedade, compaixão e, no caso de pecadores impenitentes, paciência e longanimidade. Bondade e justiça são diferentes aspectos de uma imutável e infinita sabedoria e de uma soberania moral perfeita.

Deus não é misericordioso apenas algumas vezes, mas é eterna e infinitamente misericordioso. Deus é infinita e imutavelmente bom (Zc 3.17), e sua bondade é incompreensível para as mentes finitas (Rm 11.35,36). A bondade de Deus transparece em duas coisas: no doar e no perdoar.

Braço

A palavra "braço" é usada para denotar poder (Sl 10.15; Ez 30.21; Jr 48.25). É também usada para se referir à onipotência de Deus (Êx 15.16; Sl 89.13; 98.1; 77.15; Is 53.1; Jo 12.38; At 13.17).

■ C

Calvário

Encontrado apenas em Lucas 23.33, vem do latim *calvaria*, que era usado como uma transliteração da palavra grega *kranion*, que em hebraico é *gólgota*, "lugar chamado

Caveira". O nome provavelmente foi tomado da sua forma, sendo ele um monte pequeno ou baixo, arredondado, um elevado sem vegetação em forma de um crânio humano. Em nenhum lugar da Bíblia é chamado de "monte". A crucificação do nosso Senhor aconteceu fora dos muros da cidade (Hb 13.11-13) e próximo à via pública.

Certeza

A ressurreição de Jesus (At 17.31) é a "certeza" (gr. *pistis*, geralmente traduzido por "fé") ou o penhor que Deus nos deu de que sua revelação é verdadeira e pode ser aceita.

A "plena certeza (gr. *plerophoria*, 'completa certeza') da fé" (Hb 10.22) é uma confiança plena em Deus que não deixa espaço para dúvidas.

"Enriquecidos da plenitude do entendimento" (Cl 2.2) é uma completa convicção inabalável a respeito da veracidade das declarações das Escrituras.

A "completa certeza da esperança" (Hb 6.11) é uma certa e bem fundamentada expectativa da glória eterna (2Tm 4.7,8).

Essa certeza, que cada cristão pode experimentar, é fundamentada na verdade das promessas (Hb 6.18), na evidência interna das graças cristãs e no testemunho do Espírito de adoção (Rm 8.16).

Essa certeza, que deveria ser normal para um cristão, é vista: no testemunho das Escrituras (Rm 8.16; 1Jo 2.3;3.14), na ordem de buscá-la com diligência (Hb 6.11; 2Pe 1.10) e no fato de que isso foi alcançado (2Tm 1.12; 4.7-8; 1Jo 2.3; 4.16).

Céu

DEFINIÇÕES

A expressão "céus e a terra" é usada para indicar o universo como um todo (Gn 1.1; Jr 23.24; At 17.24). De acordo com as ideias judaicas, há três céus:
a. O firmamento, como em "aves do céu" (Gn 2.19; 7.3,23; Sl 8.8 etc.), "as águias do céu" (Lm 4.19) etc.
b. O céu com seus astros e estrelas (Dt 17.3; Jr 8.2; Mt 24.29).
c. "O céu dos céus", ou "o terceiro céu" (Dt 10.14, 1Rs 8.27; Sl 115.16; 148.4; 2Co 12.2).

SIGNIFICADO DAS
PALAVRAS NO ORIGINAL
a. A palavra usual em hebraico para "os céus" é *shamayim*, na forma plural, que significa "alturas", "elevações" (Gn 1.1; 2.1).
b. A palavra em hebraico *marom* é também usada (Sl 68.18; 93.4; 102.19, etc.) como equivalente a *shamayim*, "lugares altos", "alturas".
c. No hebraico *galgal*, literalmente significando "roda, rotação", é traduzida por "redemoinho" no Salmo 77.18.
d. No hebraico *shahak*, traduzida por "céu" (Dt 33.26; Jó 37.18; Sl 18.11), no plural "nuvens"(Jó 35.5; 36.28; Sl 68.34), provavelmente significa firmamento.
e. No hebraico *rakia*, está proximamente ligada ao item "d", e traduzida por *firmamentum* na *Vulgata*, da qual deriva nosso "firmamento"(Gn 1.6; Dt 33.26 etc.), visto como uma área estável.

SIGNIFICADO METAFÓRICO DO TERMO
Isaías 14.13,14; "portas do céu" (Sl 78.23); "o céu se fechar" (1Rs 8.35); os céus "abriram" (Ez 1.1). (Veja 1Cr 21.16.)

SIGNIFICADO ESPIRITUAL
O lugar da eterna felicidade dos justos; a residência dos falecidos.
a. Cristo chama-o de *a casa de meu Pai* (Jo 14.2).
b. É chamado de *paraíso* (Lc 23.43; 2Co 12.4; Ap 2.7).
c. A *Jerusalém celestial* (Gl 4.26; Hb 12.22; Ap 3.12).
d. O *reino do céu* (Mt 25.1, Tg 2.5).
e. O *reino eterno* (2Pe 1.11).
f. A *herança eterna*(1Pe 1.4; Hb 9.15).

g. A "pátria melhor" (Hb 11.14,16).

h. Os santos "se sentarão à mesa de Abraão, Isaque e Jacó ", e estarão "no reino do céu" (Lc 16.22; Mt 8.11); "com ele [Cristo] também reinaremos" (2Tm 2.12); e para desfrutar o "descanso" (Hb 4.10,11). No céu a felicidade dos justos consiste na posse da "vida eterna", "uma glória incomparável, de valor eterno" (2Co 4.17), eterna liberdade de todos os sofrimentos, liberdade de todo o mal (2Co 5.1,2), liberdade do Maligno (2Tm 4.18), alegria sem fim, a plenitude da alegria para sempre (Lc 20.36; 2Co 4.16; 1Pe 1.4; 5.10; 1Jo 3.2). O céu dos cristãos não é somente um estado de eterna felicidade, mas também um "lugar", um lugar preparado para eles (Jo 14.2).

Chamado

Uma profissão, ou como comumente se diz, uma vocação (1Co 7.20). A "esperança do vosso chamado", em Efésios 4.4, é a esperança decorrente de ter sido chamado para o reino de Deus.

Chave

Frequentemente mencionada nas Escrituras. Em hebraico, é chamada de *maphteah*, ou seja, abrir (Jz 3.25); e, no Novo Testamento, em grego, *kleis*, usada como fechar (Mt 16.19; Lc 11.52; Ap 1.18 etc.). No antigo Egito, figuras de chaves são frequentemente encontradas em monumentos, bem como chaves assírias e chaves de madeira, de grande tamanho (compare com Is 22.22).

A palavra "chave" é usada figurativamente como poder, autoridade ou trabalho (Is 22.22; Ap 3.7; Ap 1.8; compare com Ap 9.1; 20.1; compare também com Mt 16.19; 18.18). A "chave do conhecimento" (Lc 11.52; compare com Mt 23.13) significa alcançar o conhecimento considerando o reino de Deus. O "poder das chaves" é uma expressão de uso generalizado, usada para mostrar a amplitude da autoridade eclesiástica.

Cinzas

As cinzas de uma novilha vermelha (Nm 19.2,5,9) quando borrifados sobre o impuro o tornavam cerimonialmente limpo (Hb 9.13). Cobrir a cabeça com cinzas indicava repúdio de si mesmo e humilhação (2Sm 13.19; Et 4.3; Jr 6.26).

Circuncisão

A palavra significa "corte ao redor". Esse rito, previamente praticado por outros povos, foi designado por Deus para ser um sinal do seu povo eleito e da sua consagração a ele. Foi estabelecido como uma ordenança nacional (Gn 17.10,11). Seguindo a ordem de Deus, Abraão, aos 99 anos, foi circuncidado no mesmo dia em que Ismael também o foi, tendo este 13 anos. (Gn 17.24-27). Os escravos eram circuncidados (Gn 17.12,13). Todos os homens estrangeiros tinham que ser circuncidados a fim de usufruírem dos privilégios da cidadania judaica (Êx 12.48). Durante a jornada no deserto, a prática da circuncisão caiu em desuso, mas foi retomada por Josué antes de entrarem na terra prometida (Js 5.2-9). Foi observada depois entre as tribos de Israel, embora não tenha sido mencionada no tempo da permanência em Canaã até a vinda de Cristo, um período de cerca de 1.450 anos.

Os judeus se vangloriavam de possuir tal sinal da aliança (Jz 14.3; 15.18; 1Sm 14.6; 17.26; 2Sm 1.20; Ez 31.18).

A CIRCUNCISÃO E O NOVO TESTAMENTO
Como um ritual religioso, ela cessou quando chegou o tempo do Novo Testamento (Gl 6.15; Cl 3.11). Entretanto, alguns judeus cristãos buscaram impor tal prática a gentios convertidos, mas os apóstolos resistiram resolutamente a isso (At 15.1; Gl 6.12). Nosso Senhor foi circuncidado, pois isso tornou-o cumpridor de toda a justiça, como descendente de Abraão. Paulo tomou e circuncidou Timóteo (At 16.3), para evitar ofender os judeus. Isso

tornaria Timóteo mais aceitável a eles. Entretanto, Paulo não permitiu que Tito fosse circuncidado (Gl 2.3-5). O grande ponto pelo qual lutou foi a admissão livre dos gentios incircuncisos na igreja.

A DIMENSÃO ESPIRITUAL
DA CIRCUNCISÃO
No Antigo Testamento, um enfoque espiritual era visto na circuncisão. Era o símbolo da pureza (Is 52.1). Lemos sobre:
- Lábios incircuncisos (Êx 6.12,30);
- Ouvidos (Jr 6.10);
- Coração (Lv 26.41);
- O fruto de uma árvore impura é chamado de incircunciso (Lv 19.23).

Cobiça
Um forte desejo de possuir coisas terrenas (Cl 3.5; Ef 5.5; Hb 13.5; 1Tm 6.9,10; Mt 6.20). Ela assume algumas vezes a mais grave forma de avareza, a marca de um coração extremamente mundano.

Desejo pecaminoso; pecado interior que conduz para a queda, longe de Deus (Rm 1.21). Cobiça, a origem do pecado. Inicia-se no coração, não pela necessidade, mas porque é o centro de todas as forças e impulsos morais e de toda atividade espiritual. Em Marcos 4.19, "sedução das riquezas" é objeto do desejo.

Companheirismo
Com Deus consiste em:
- Conhecer sua vontade (Jó 22,21; Jo 17.3);
- Concordar com seus propósitos (Am 3.2);
- Alegrar-se com sua presença (Sl 4.6);
- Conformar-se à sua imagem (1Jo 2.6; 1.6);
- Participar do seu amor (1Jo 1.3,4; Ef 3.14-21).

Dos santos, uns com os outros, nos deveres (Rm 12.5; 1Co 12.1; 1Ts 5.17,18), nos mandamentos (Hb 10.25; At 2.46), na graça, no amor e na alegria (Ml 3.16; 2Co 8.4), no interesse mútuo, espiritual e temporal (Rm 12.4,13; Hb 13.16), nos sofrimentos (Rm 15.1,2; Gl 6.1,2; Rm 12.15) e na glória (Ap 7.9).

Comunhão
Companheirismo com Deus (Gn 18.17-33; Êx 33.9-11; Nm 12.7-8), entre Cristo e seu povo (Jo 14.23), pelo Espírito (2Co 13.14; Fp 2.1), dos cristãos uns com os outros (Ef 4.1-6).

A ceia do Senhor é assim chamada (1Co 10.16,17), porque nela há comunhão entre Cristo e seus discípulos, e entre os discípulos uns com os outros.

Consagração
Significa devotar ou separar qualquer coisa para o culto ou a adoração a Deus. A raça de Abraão e a tribo de Levi eram, assim, consagradas (Êx 13.2,12,15; Nm 3.12). Os hebreus consagravam seus campos e castelos, e, algumas vezes, os espólios de guerra ao Senhor (Lv 27.28,29). De acordo com a lei mosaica, todo primogênito, tanto homem quanto animal, era consagrado a Deus.

No Novo Testamento os cristãos são considerados como pessoas consagradas ao Senhor (1Pe 2.9).

Consciência
A faculdade mental, ou senso inato de certo e errado, pelo qual nós julgamos o caráter moral da conduta humana. Todos têm uma consciência. Como todas as nossas outras faculdades, ela também foi pervertida pela queda (Jo 16.2; At 26.9; Rm 2.15). É dito que ela ficou "contaminada" (Tt 1.15) e "insensível" (1Tm 4.2). Uma consciência "inculpável" deve ser cultivada (At 24.16; Rm 9.1; 2Co 1.12; 1Tm 1.5,19; 1Pe 3.21).

Consolador
O nome do Espírito Santo (Jo 14.16,26; 15.26; 16.7; ou advogado, ou ajudador; gr. *paracletos*).

A mesma palavra grega também é traduzida por *advogado* em 1João 2.1 e é aplicada a Cristo. Significa "alguém que é chamado para ficar ao lado de outro" a fim de ajudá-lo em um tribunal de justiça, defendendo-o, "alguém que é chamado a fazer as alegações de uma causa".

Advogado é a correta tradução da palavra em todas as ocorrências desse termo. Embora Paulo jamais tenha usado a palavra *paracletos*, ele lança mão da ideia quando fala que Cristo e o Espírito Santo intercedem por nós (Rm 8.27,34).

Contentamento

Um estado mental em que os desejos de alguém, quaisquer que sejam eles, estão confinados à sua sina (1Tm 6.6; 2Co 9.8). Ele é contrastado com a inveja (Tg 3.16), a ganância (Hb 13.5), a ambição (Pv 13.10), a ansiedade (Mt 6.25,34) e a murmuração (1Co 10.10). Ele vem de uma disposição interna, é fruto da humildade e de uma consciência da providência divina (Sl 96.1,2; 145), das promessas divinas (2Pe 1.4) e da nossa própria indignidade (Gn 32.10).

Conversão

A transformação de um pecador no sentido de ir a Deus (At 15.3). Em um sentido geral é dito "convertido" aquele que abandona o paganismo e abraça a fé cristã. Em um sentido mais específico, os homens são convertidos quando, pela influência da graça divina em sua alma, toda a sua vida é transformada, as coisas velhas ficam para trás e todas as coisas se tornam novas (At 26.18). Assim, nós falamos da conversão do carcereiro filipense (16.19-34), de Paulo (9.1-22), do eunuco etíope (8.26-40), de Cornélio (At 10), de Lídia (16.13-15) e outros.

Coração

De acordo com a Bíblia, o coração é o centro não somente das atividades espirituais, mas de toda a vida humana. "Coração e alma" são frequentemente usados com o mesmo significado (Dt 6.5; 26.16; compare com Mt 22.37; Mc 12.30,33), mas não é uma regra geral.

O coração é o "lar da vida pessoal", e, por isso, o homem ou a mulher são designados de acordo com seu coração sábio (1Rs 3.12 etc), puro (Sl 24.4; Mt 5.8 etc), reto e justo (Gn 20.5,6; Sl 11.2;78.72), piedoso e bondoso (Lc 8.15) etc. Nessas passagens a palavra "alma" não poderia ser substituída por "coração".

O coração também é o lugar da consciência (Rm 2.15). Ele é naturalmente mau (Gn 8.21) e, portanto, contamina a vida como um todo e o caráter (Mt 12.34; 15.18; compare com Ec 8.11; Sl 73.7). Portanto, o coração deve ser mudado, regenerado (Ez 36.26; 11.19; Sl 51.10-14), antes de a pessoa desejar obedecer a Deus.

O processo da salvação começa no coração pela acolhida da crença do testemunho de Deus, enquanto a rejeição a esse testemunho endurece o coração (Sl 95.8; Pv 28.14; 2Cr 36.13). A dureza do coração evidencia-se pela fraca visão de pecado; falta de reconhecimento ou confissão parcial do dele, orgulho e presunção; ingratidão; indiferença em relação à palavra e ordenanças de Deus; distração em relação às providências divinas; convicções firmes da consciência; abstenção de censura; arrogância e ignorância generalizada sobre as coisas divinas.

Couraça

É um peitoral, a peça da armadura que protege o peito. Essa palavra é usada figuradamente em Ef 6.14 e em Is 59.17.

Também é um ornamento que cobria o peito do sumo sacerdote, mencionado pela primeira vez em Êx 25.7. Era feito de uma roupa bordada, tendo nela acondicionada quatro fileiras de pedras preciosas, três em cada fileira. Em cada pedra estava gravado o nome de uma das tribos de Israel (Êx 28.15-29; 39.8-21). Tinha o tamanho de cerca de 25 centímetros quadrados. As duas quinas superiores eram presas à estola por fitas azuis. Não era para se separar da estola sacerdotal (Êx 28.28). As quinas inferiores eram presas ao cinto do sacerdote. Como lembrava ao sacerdote seu caráter representativo, era chamado memorial (Êx 28.29). Também era chamado de peitoral do juízo (Êx 28.15).

Criação

"No princípio" criou Deus, isto é, chamou à existência, todas as coisas do nada. Esse ato criativo da parte de Deus foi absolutamente gratuito e por motivos infinitamente sábios. A causa de todas as coisas existirem é unicamente a vontade de Deus.

A obra da criação é atribuída:
- Ao Deus trino (Gn 1.1,26);
- Ao Pai (1Co 8.6);
- Ao Filho (Jo 1.3; Cl 1.16,17);
- Ao Espírito Santo (Gn 1.2; Jó 26.13; Sl 104.30).

O fato de ser criador, distingue Jeová como o verdadeiro Deus (Is 37.16; 40.12,13; 54.5; Sl 96.5; Jr 10.11,12). Algo marcante que advém da obra da criação é a manifestação da glória do Criador (Cl 1.16; Ap 4.11; Rm 11.36). A obra de Deus e também de sua palavra são uma revelação dele. Assim, entre os ensinos de uma e de outra, quando corretamente entendidas, não há contradição.

Cristão

Nome dado por gregos ou por romanos, provavelmente com tom de reprovação, aos seguidores de Jesus. Foi primeiramente usado em Antioquia. O nome com o qual os discípulos eram conhecidos entre eles mesmos era "irmãos", "fiéis", "eleitos", "santos" e "cristãos". Mas, como uma forma de distinção em relação às multidões, o nome "cristão" passou a ser adotado e foi universalmente aceito. Ele aparece três vezes no Novo Testamento (At 11.26; 26.28; 1Pe 4.16).

■ D

Descanso

Aquele que é rejeitado pela sua própria indignidade (Jr 6.30; Hb 6.8; em grego, *adokimos*, rejeitado). Essa palavra também é usada para pessoas que falharam em fazer uso das oportunidades oferecidas a elas (1Co 9.27; 2Co 13.5-7).

Deus

Deus é o nome do Ser divino. É a tradução de:

Palavra hebraica *'El'* que significa "ser forte".

'Eloah, plural *'Elohim*. A forma singular *'Eloah* é usada apenas em poesias. A forma plural é mais comumente usada em outras partes da Bíblia. *Jehovah*, a única outra palavra hebraica geralmente usada para denotar o Ser divino, é traduzida por SENHOR, em letras maiúsculas. A existência de Deus é tida como certa na Bíblia. Não há qualquer argumento em outro lugar para provar isso. Aquele que duvida dessa verdade é chamado de insensato ou desprovido de entendimento (Sl 14.1).

ARGUMENTOS DA EXISTÊNCIA DE DEUS
Os argumentos geralmente defendidos pelos teólogos para provar a existência de Deus são:
- O argumento *a priori*, cujo testemunho é sugerido pela razão.
- O argumento *a posteriori*, no qual nós procedemos logicamente dos fatos para as causas. Esses argumentos são:
- Argumento cosmológico, que defende a ideia de uma primeira causa para tudo o que existe, para cada efeito é necessária uma causa.
- Argumento teleológico, ou argumento do propósito. Nós vemos em tudo os resultados do trabalho de uma causa inteligente na natureza.
- Argumento moral, também chamado de argumento antropológico, baseado na consciência moral e na história da

humanidade, que mostra ordem moral e propósito que só podem ser explicados mediante a existência de Deus. A consciência e a história humanas testificam que "há um Deus justo na terra".

Os atributos de Deus foram revelados por Moisés em Êxodo 34.6,7 (veja também Dt 6.4; 10.17; Nm 16.22; Êx 15.11; 33.19; Is 44.6; Hc 3.6; Sl 102.26; Jó 34.12). Eles também são sistematicamente classificados em Apocalipse 5.12 e 7.12.

Os atributos de Deus são absolutos, os que pertencem à sua essência como Jeová; e relativos, assim como descritos na sua relação com suas criaturas. Outros distinguem os atributos em "comunicáveis", aqueles que podem ser dados em certos graus às suas criaturas, como bondade, santidade, sabedoria etc.; e "incomunicáveis", aqueles que não são dados: independência, imutabilidade, imensidão e eternidade. Alguns têm dividido os atributos em "naturais", como eternidade e imensidão, e "morais", como santidade e bondade.

Dia do Senhor

Nas primeiras eras cristãs, é mencionado somente uma vez, em Ap 1.10, e essa expressão foi usada, no primeiro dia da semana que comemorava a ressurreição do Senhor. Dessa forma, há razão suficiente para concluir que João usou essa expressão.

Diabo

Do grego, *diabolos*. Um caluniador, o arqui-inimigo dos interesses espirituais do homem (Jó 1.6; Ap 2.10; Zc 3.1). Ele é também chamado de "o acusador de nossos irmãos" (Ap 12.10).

Em Levítico 17, a palavra "bode" (demônio) é a tradução do hebraico *sair*, que significa "bode" ou "sátiro" (Is 13.21; 34.14), fazendo alusão aos postes-ídolos, objeto de culto idólatra entre os pagãos.

Em Deuteronômio 32.17 e no Salmo 106.37 é a tradução da palavra hebraica *shed*, que significa senhor e ídolo, considerado pelos judeus como um "demônio", como é traduzido em algumas versões.

Nas narrativas dos evangelhos em conexão com a "expulsão de demônios", uma palavra grega diferente é usada (*daimon*). Nos tempos do nosso Senhor a possessão demoníaca era algo frequente (Mt 12.25-30; Mc 5.1-20; Lc 4.35; 10.18).

Direito de primogenitura

A expressão denota os privilégios especiais garantidos aos filhos promogênitos entre os judeus.

O primogênito recebia porção dobrada da herança do seu pai (Dt 21.15-17). Rúben foi privado do seu direito de primogenitura (Gn 49.4; 1Cr 5.1), e Esaú transferiu seu direito de primogenitura para Jacó (Gn 25.33).

O primogênito herdava a autoridade judicial do seu pai, qualquer que fosse (2Cr 21.3). Por decisão divina, entretanto, Davi preteriu Adonias em favor de Salomão.

Os judeus conferiam uma importância sagrada ao grau de "primogênito" aplicado ao Messias (Rm 8.29; Cl 1.18; Hb 1.4-6). Como primogênito, ele tinha uma herança superior à dos seus irmãos, e só ele era o verdadeiro sacerdote.

Discípulo

Um aluno. Esse termo, foi, algumas vezes, aplicado aos seguidores de João Batista (Mt 9.14) e dos fariseus (22.16), mas principalmente aos seguidores de Jesus.

Um discípulo de Cristo era aquele que:
- Cria em sua doutrina;
- Cria em seu sacrifício;
- Absorvia seu espírito;
- Imitava seu exemplo (Mt 10.24; Lc 14.26,27,33; Jo 6.69).

Divindade

A divindade (At 17.29; Rm 1.20; Cl 2.9) é a essência da natureza de Deus.

■ E

Encarnação

A encarnação aconteceu quando Cristo tomou nossa natureza humana sobre si e tornou-se um ser humano. Cristo é, ao mesmo tempo, homem e Deus. Uma pessoa divina foi unida a uma natureza humana (At 20.28; Rm 8.32; 1Co 2.8; Hb 2.11-14; 1Tm 3.16; Gl 4.4, etc.). A união é hipostática, ou seja, é pessoal; as duas naturezas não se mesclam, e é perpétua.

Escolhido

É dito de guerreiros (Êx 15.4; Jz 20.16), da nação de Israel (Sl 105.43; Dt 7.7), de Jerusalém como local do templo (1Rs 11.13). Cristo é o escolhido de Deus (Is 42.1), e os apóstolos foram predeterminados para efetuar seu trabalho (At 10.41). Também para se referir àqueles que não aproveitam as oportunidades, visto que "os últimos serão os primeiros, e os primeiros serão os últimos" (Mt 20.16).

Escritura

No Novo Testamento, essa palavra invariavelmente denota a coleção definida de livros sagrados, considerada como dada por inspiração de Deus, a qual nós usualmente chamamos de Antigo Testamento (2Tm 3.15,16; Jo 20.9; Gl 3.22; 2Pe 1.20). Era propósito de Deus entregar esse registro permanente de sua vontade revelada. De tempos em tempos, o Senhor levantava homens aos quais confiou escrever em um registro infalível a revelação dada por ele. A "Escritura", ou coleção de escritos sagrados, foi, dessa forma, crescendo de tempos em tempos à medida que Deus achava necessário. Agora temos uma "Escritura" completa, compreendendo o Antigo e o Novo Testamentos.

O cânon do Antigo Testamento, nos tempos de nosso Senhor, era precisamente o mesmo que possuímos agora sob aquele título. Ele colocou o selo de sua própria autoridade nessa coleção de escritos, como todos igualmente dados por sua inspiração (Mt 5.17; 7.12; 22.40; Lc 16.29,31).

Esmolas

A palavra "esmolas" não é encontrada no Antigo Testamento, mas é muito usada no Novo Testamento. A legislação mosaica (Lv 25.35; Dt 15.7) encorajava um espírito caridoso e desencorajava destituição entre as pessoas. Passagens como Sl 41.1; 112.9; Pv 14.31; Is 10.2; Am 2.7; Jr 5.28; Ez 22.29 deveriam, naturalmente, nutrir o mesmo espírito de cuidado e de generosidade.

Isso era comum nos dias de Jesus (Mc 10.46; At 3.2). Os fariseus ostentavam o ato de dar esmolas (Mt 6.2).

A atitude cristã de dar aparece em 1Jo 3.17. Dos cristãos, esperava-se que ajudassem os pobres e necessitados (Lc 3.11; 6.30; Mt 6.1; At 9.36; 10.2,4).

Esperança

Um dos três principais elementos do caráter cristão (1Co 13.13). É ligada à fé e ao amor, e é contrária às coisas visíveis ou bens materiais (Rm 8.24; 1Jo 3.2). "Esperança é um elemento essencial e fundamental na vida cristã, tão essencial que, como a fé e o amor, pode designar por si mesma a essência do cristianismo (1Pe 3.15; Hb 10.23). Nela toda a glória da vocação cristã é centrada (Ef 1.18; 4.4). Incrédulos não têm essa esperança (Ef 2.12; 1Ts 4.13). Cristo é o verdadeiro desígnio da esperança do cristão, porque é na sua segunda vinda que a esperança da glória será cumprida (1Tm 1.1; Cl 1.27; Tt 2.13). É mencionada como "viva". Por exemplo, uma esperança viva, uma esperança que não é frágil e perecível, mas tem a vida eterna (1Pe 1.3). Em Romanos 5.2, a "esperança" mencionada é provavelmente objetiva. Por exemplo, "a esperança estabelecida antes da criação" conhecida como vida eterna (compare com Rm 12.12). Em 1João 3.3, uma boa tradução é "tem nele essa esperança", uma esperança fundamentada em Deus.

Espírito

(Em hebraico *ruah*; em grego *pneuma*), refere-se a vento ou sopro. Em 2Tessalonicenses 2.8, significa "sopro" e, em Eclesiastes 8.8, significa o princípio vital do homem. Também denota a alma racional e imortal pela qual o homem é distinguido (At 7.59; 1Co 5.5; 6.20; 7.34), e a alma em seu estado isolado (Hb 12.23) e, por conseguinte, também uma aparição (Jó 4.15; Lc 24.37,39), um anjo (Hb 1.14) e um demônio (Lc 4.36; 10.20). Essa palavra também é usada metaforicamente para denotar uma disposição (Zc 12.10; Lc 13.11).

Em Romanos 1.4, 1Timóteo 3.16, 2Coríntios 3.17, 1Pedro 3.18, designa a natureza divina.

Espírito Santo

A terceira pessoa da Trindade.

SUA PERSONALIDADE É PROVADA:
1. Pelo fato de os atributos da personalidade, como inteligência e vontade, serem atribuídos a Deus (Jo 14.17,26; 15.26; 1Co 2.10,11; 12.11). Ele reprova, ajuda, glorifica, intercede (Jo 16.7-13; Rm 8.26);
2. Pelo fato de ele fazer coisas que só uma pessoa pode fazer (Lc 12.12; At 5.32; 15.28; 16.6; 28.25; 1Co 2.13; Hb 2.4; 7.2; 2Pe 1.21).

SUA DIVINDADE É ESTABELECIDA:
1. Pelo fato de os nomes de Deus serem atribuídos a Deus (Êx 17.7; Sl 95.7; compare a Hb 3.7-11);
2. Pelo fato de os atributos divinos serem sempre atribuídos a Deus: onipresença (Sl 139.7; Ef 2.17,18; 1Co 12.13); onisciência (1Co 2.10,11); onipotência (Lc 1.35; Rm 8.11); eternidade (Hb 9.4);
3. Pelo fato de a criação ser atribuída a ele (Gn 1.2; Jó 26.13; Sl 104.30), assim como os milagres (Mt 12.28; 1Co 12.9-11);
4. Pela adoração exigida por Deus e atribuída a ele (Is 6.3; At 28.25; Rm 9.1; Ap 1.4; Mt 28.19).

Estranho

Um estranho é um estrangeiro, uma pessoa nascida em outro país e, portanto, não tem seu nome entre os que têm direitos e privilégios no país onde vive. Estranhos podiam se tornar membros de uma congregação do povo de Deus se submetendo à circuncisão e abandonando a idolatria (Dt 23.3-8). Esse termo é usado (Ef 2.12) para denotar pessoas que não se interessam por Cristo.

Eterno

Aplicado a Deus (Gn 21.33; Dt 33.27; Sl 41.13; 90.2). Também lemos sobre "montes eternos" (Gn 49.26); um "sacerdócio eterno" (Ex 40.15; Nm 25.13).

Evangelho

Palavra de origem anglo-saxônica, cujo significado é Palavra de Deus, ou melhor, boas novas. É a tradução do grego *"evangelion"*, que significa boa mensagem. Ela denota:
1. A mensagem de salvação pregada pelo nosso SENHOR e seus seguidores.
2. Foi mais tarde aplicada a cada uma das quatro histórias da vida de nosso SENHOR, escritas por aqueles que são, por conseguinte, chamados de "evangelistas", escritores da história do evangelho (o *evangelion*).
3. O termo é frequentemente usado para declarar coletivamente as doutrinas evangélicas; e "pregando o evangelho" é frequentemente usado para incluir não somente a proclamação das boas novas, mas também o ensino aos homens e mulheres a aceitarem a oferta da salvação. É usado como:
   • O evangelho da graça de Deus (At 20.24),
   • O evangelho do reino (Mt 4.23),

- O evangelho de Cristo (Rm 1.16),
- O evangelho da paz (Ef 6.15),
- O evangelho glorioso,
- O evangelho eterno,
- O evangelho da vossa salvação (Ef 1.13).

Evangelista
Aquele que proclama as boas-novas; um pregador missionário do evangelho (Ef 4.11). Esse título é aplicado a Filipe (At 21.8), que, tendo deixado a cidade, pregava a palavra (At 8.4,40). A julgar pelo exemplo de Filipe, os evangelistas não tinham nem a autoridade dos apóstolos, nem o dom da profecia, nem a responsabilidade pastoral de supervisionar o rebanho. Eles eram pregadores itinerantes, tendo como função principal levar a mensagem do evangelho a locais que ainda não a conheciam. Os escritores dos quatro evangelhos são conhecidos como evangelistas.

Expiação
A palavra "expiação" tem o sentido de reconciliação. Expiação descreve o resultado da morte de Jesus. Também descreve como essa reconciliação é obtida, isto é, pela morte de Jesus. Assim, quando se diz que Jesus fez expiação por alguém, isso significa que ele pagou pelas ofensas dele contra Deus, reconciliando essa pessoa com Deus.

■ F

Favor
Compaixão pelo miserável. Seu desígnio é a imperfeição humana. Pelo sacrifício expiatório de Cristo um caminho é aberto para o exercício da clemência em direção a homens e mulheres, em harmonia com as exigências da verdade e justiça (Gn 19.19; Êx 20.6; 34.6,7; Sl 85.10; 86.15,16). Em Cristo, o favor e a verdade caminham juntos. O favor também é uma graça cristã (Mt 5.7; 18.33-35).

Fé
Fé é, em geral, a persuasão da mente de que certa declaração é verdadeira (Fp 1.27; 2Ts 2.13). Sua ideia primária é confiança. Algo é verdadeiro e, portanto, digno de confiança.

Fé é o resultado do ensino (Rm 10.14-17). Conhecimento é um elemento essencial para todos os tipos de fé, e afirma-se, algumas vezes, que é equivalente a ela (Jo 10.38; 1Jo 2.3). Entretanto, os dois são distintos nesse particular. A fé é um consentimento, ou seja, um ato voluntário mediante o ato de conhecer. Consentir com a verdade é a essência da fé; e também o campo em que se assentam quaisquer verdades reveladas e o campo em que nossa fé a quaisquer verdades reveladas repousa.

FÉ TEMPORÁRIA
Fé temporária é um estado mental que é despertado em homens e mulheres (ex: Félix) pela visão da verdade e pela influência da simpatia religiosa, ou por aquilo que é chamado de atuação comum do Espírito Santo.

FÉ SALVADORA
Fé salvadora é assim chamada porque ela é inseparavelmente conectada à vida eterna. Não é possível defini-la melhor que as palavras do *Breve catecismo* da Assembleia: "Fé em Jesus Cristo é uma graça salvadora, por meio de que nós recebemos a salvação e descansamos sob ele somente, assim como ele foi oferecido a nós pelo evangelho".

O objeto da fé salvadora é a revelação total da palavra de Deus. A fé aceita a palavra de Deus como verdadeira. Mas o ato especial de fé que nos une a Cristo tem seu objeto na pessoa e na obra do Senhor Jesus Cristo (Jo 7.38; At 16.31). Esse é o ato de fé específico pelo qual o pecador é justificado diante Deus (Rm 3.22,25; Gl 2.16; Fp 3.9; Jo 3.16-36; At 10.43; 16.31). Nesse ato de fé, o cristão se apropria e descansa somente em Cristo como Mediador.

Essa crença na verdade está sempre associada com:
- Um profundo senso de pecado;
- Uma visão distinta de Cristo;
- Um consentimento voluntário;
- Um coração amoroso, junto com a confiança, crença e descanso em Cristo.

Ela é o estado mental em que um pobre pecador, cônscio do seu pecado, foge da sua culpa por meio de Cristo e se livra do fardo de todos os seus pecados, lançando-os sobre seu Salvador. Não significa assentir no testemunho de Deus em sua palavra, mas em abraçar com fé o único Salvador que Deus revelou.

Essa certeza e confiança são essenciais à fé. Pela fé, o cristão direta e imediatamente se apropria de Cristo.

A fé faz com que Cristo seja nosso. Não é uma obra que Deus aceita em lugar de uma perfeita obediência, mas é apenas o caminho pelo qual nós tomamos a pessoa e a obra de Cristo como o único meio para nossa salvação.

A fé salvadora é um ato moral, provindo de uma vontade renovada, visto que tal vontade é necessária para crer nas verdades de Deus (1Co 2.14; 2Co 4.4). Fé, portanto, tem sua origem tanto na parte moral da nossa natureza como na intelectual. A mente precisa primeiramente ser iluminada pelo ensino divino (Jo 6.44; At 13.48; 2Co 4.6; Ef 1.17,18), antes que possa discernir as coisas do Espírito.

A fé é necessária para nossa salvação (Mc 16.16), não porque exista algum mérito nela, mas apenas porque representa o pecador assumindo o lugar designado a ele por Deus, o fato de que ele abraça o que Deus está fazendo.

A base da fé é o testemunho divino, não a razoabilidade do que Deus diz, mas o simples fato de ele ter dito. A fé repousa em "assim diz o Senhor". Mas para isso é necessário ter e apreciar a verdade, a sinceridade e a confiança em Deus, unidas em sua imutabilidade. A palavra de Deus encoraja o pecador a pessoalmente aceitar Cristo como uma dádiva de Deus, a abraçá-lo e a tomar Cristo para si.

A fé em Cristo assegura para o cristão:
- Libertação da condenação;
- Justificação perante Deus;
- Participação da vida que está em Cristo;
- Vida divina (Jo 14.19; Rm 6.4-10; Ef 4.15,16 etc.);
- Paz com Deus (Rm 5.1);
- Santificação (At 26.18; Gl 5.6; At 15.9).

Todos os que creem em Cristo certamente serão salvos (Jo 6.37,40; 10.27,28; Rm 8.1). A fé = o evangelho (At 6.7; Rm 1.5; Gl 1.23; 1Tm 3.9; Jd 3).

Fiel

Como nome dado aos cristãos, significa alguém cheio de fé, que confia, e não apenas alguém confiável (At 10.45; 16.1; 2Co 6.15; Cl 1.2; 1Tm 4.3,12; 5.16; 6.2; Tt 1.6; Ef 1.1; 1Co 4.17).

É também usado para se referir à palavra ou à aliança de Deus como verdadeira e digna de ser crida (Sl 119.86,138; Is 25.1; 1Tm 1.15; Ap 21.5; 22.6).

Filho de Deus

O plural, "filhos de Deus", é usado (Gn 6.2,4) para denotar os piedosos descendentes de Sete. Em Jó 1.6; 38.7, essa expressão é aplicada aos anjos. Oseias usa essa expressão (Os 1.10) para designar a relação graciosa na qual os homens permanecem em Deus.

No Novo Testamento, essa expressão é frequentemente usada para mostrar como Deus nos adotou (Rm 8.14,19; 2Co 6.18; Gl 4.5,6; Fp 2.15; 1Jo 3.1,2).

Ela aparece 37 vezes no Novo Testamento como o título característico de nosso Salvador. Ele não possui esse título por causa de seu nascimento miraculoso, nem por causa de sua encarnação, ressurreição e exaltação à mão direita do Pai. Este é um título de natureza, e não de ofício. A filiação de Cristo denota sua igualdade com o Pai. Chamar Cristo de Filho de Deus é declarar sua verdadeira e devida divindade.

A segunda pessoa da Trindade, por causa de sua eterna relação com a primeira pessoa, é o Filho de Deus. Ele é o Filho de Deus pela sua natureza divina, enquanto, pela sua natureza humana, ele é o Filho de Davi (Rm 1.3,4.Compare com Gl 4.4; Jo 1.1-14; 5.18-25; 10.30-38, os quais provam que Cristo era o Filho de Deus antes de sua encarnação, e que seu direito a esse título é um direito de igualdade com Deus.)

Quando usada com referência a criaturas, quer homens quer anjos, essa expressão está sempre no plural. No singular, ela é sempre usada para a segunda pessoa da Trindade, com a única exceção em Lucas 3.38, quando é usada para se referir a Adão.

Filho do homem

1. Denota, geralmente, a humanidade com referência especial à sua fragilidade e fraqueza (Jó 25.6; Sl 8.4; 144.3; 146.3; Is 51.12 etc.).
2. É um título dado frequentemente ao profeta Ezequiel, provavelmente para lembrá-lo de sua fraqueza humana.
3. No Novo Testamento, é usado 43 vezes como um título característico de Salvador. No Antigo Testamento, é usado somente no Salmo 80.7 e em Daniel 7.13 com essa conotação. Denota a verdadeira humanidade de nosso Senhor. Ele tinha um corpo verdadeiro (Hb 2.14; Lc 24.39) e uma alma racional. Ele era homem perfeito.

Fornicação

A fornicação em todas as suas formas foi condenada pela lei de Moisés (Lv 21.9; 19.29; Dt 22.20; 21.23-29; 23.18; Êx 22.16). Mas essa palavra é mais frequentemente utilizada em uma forma simbólica que em seu sentido comum. Frequentemente significa abandonar a Deus e seguir os ídolos (Is 1.2; Jr 2.20;Ez.16; Os 1.2; 2.1-5; Jr 3.8,9).

■ G

Glória

Do hebraico *kabhod* e do grego *doxa*.

Abundância, riqueza, tesouro e honra (Sl 49.12); glória (Gn 31.1; Mt 4.8; Ap 21.24,26).

Honra, dignidade (1Rs 3.13; Hb 2.7; 1Pe 1.24); de Deus (Sl 19.1; 29.1); da mente ou coração (Gn 49.6; Sl 7.5; At 2.46).

Esplendor, brilho, majestade (Gn 45.13; Is 4.5; At 22.11; 2Co 3.7); de Jeová (Is 59.19; 60.1; 2Ts 1.9).

Os gloriosos atributos morais, a infinita perfeição de Deus (Is 40.5; At 7.2; Rm 1.23; 9.23; Ef 1.12). Jesus é o "resplendor da sua glória" (Hb 1.3; Jo 1.14; 2.11).

A alegria dos céus (Rm 2.7,10; 5.2; 8.18; Hb 2.10; 1Pe 5.1,10).

A frase "dá glória ao SENHOR" (Js 7.19; Jr 13.16) é uma expressão hebraica que significa "confesse seus pecados". As palavras dos judeus a um homem cego, "Dá glória a Deus" (Jo 9.24), são uma ordem para confessar os pecados. São equivalentes a: "Confesse que você é um impostor". "Dá glória a Deus"; pois eles negavam que o milagre tivesse acontecido.

Graça

1. Como modelo ou pessoa (Pv 1.9; 3.22; Sl 45.2).
2. Favor, bondade, amizade (Gn 6.8; 18.3; 19.19; 2Tm 1.9).
3. O favor perdoador de Deus (Rm 11.6; Ef 2.5).
4. O evangelho diferenciado da lei (Jo 1.17; Rm 6.14; 1 Pe 5.12).
5. Dádivas gratuitas de Deus; como milagres, profecias, dons de línguas (Rm 15.15; 1Co 15.10; Ef 3.8).
6. Virtudes cristãs (2Co 8.7; 2Pe 3.18).
7. A glória na vida eterna a ser revelada (1Pe 1.13).

Graça, meios da
Expressão não usada nas Escrituras, mas usada:
1. Para denotar aquelas leis ordenadas por Deus para serem os canais normais da graça dirigida aos homens e mulheres. São a palavra, os sacramentos e a oração;
2. Para denotar, na linguagem popular em sentido mais abrangente, aquelas disciplinas nas quais nós nos engajamos com o propósito de obter bênçãos espirituais; como ouvir o evangelho, ler a palavra, meditar, fazer o autoexame, reunir-se com outros cristãos etc.

■ H

Heresia
Palavra grega que significa:
1. Uma escolha;
2. A opinião escolhida;
3. A doutrina sustentando a opinião.

Em Atos dos Apóstolos (At 5.17;15.5; 24.5,14; 26.5), denota uma seita, sem referência a seu caráter. Contudo, em outra parte do Novo Testamento, há um significado diferente ligado a ela. Paulo classifica "heresias" com crimes e revoltas (Gl 5.20). Essa palavra também denota divisões ou cismas na igreja (1Co 11.19). Em Tito 3.10, uma pessoa herege é aquela que segue suas "questões" por vontade própria e que deve ser evitada. Assim, heresias surgiram para significar doutrinas escolhidas por vontade própria, não vindas de Deus (2Pe 2.1).

Hipócrita
Alguém que coloca uma máscara e finge ser o que não é. Nosso Senhor severamente repreendeu os escribas e fariseus pela sua hipocrisia (Mt 6.2,5,16). "A esperança do ímpio se acabará" (Jó 8.13). Aqui a palavra em hebraico traduzida por "hipócrita" preferencialmente quer dizer "ímpio" ou "profanos", como traduzido em Jeremias 23.11, por exemplo, manchado por crimes.

Homem e mulher
1. *Adam* em hebraico, palavra usada para o nome do primeiro homem. O nome é derivado de uma palavra cujo significado é "ser vermelho", e assim o primeiro homem foi chamado de Adão porque foi formado da terra vermelha. Também é o nome genérico da raça humana (Gn 1.26,27; 5.2; 8.21; Dt 8.3). Palavras equivalentes são *homo* em latim, e *anthropos* em grego (Mt 5.13,16). Denota também o homem em oposição à mulher (Gn 3.12; Mt 19.10).
2. *Ish* em hebraico, assim como *vir* em latim, e *aner* em grego, significa um homem diferenciando-se de uma mulher (1Sm 17.33;Mt 14.21); um marido (Gn 3.16; Os 2.16).
3. *Enosh* em hebraico, homem como ser mortal, transitório e frágil (2Cr 14.11; Is 8.1; Jó 15.14; Sl 8.4; 9.19,20; 103.15). É usado também para designar mulher (Js 8.25).
4. *Geber* em hebraico, homem em relação a sua força, contrastando com mulheres (Dt 22.5) e crianças (Êx 12.37); marido (Pv 6.34).
5. *Methim* em hebraico, homem como ser mortal (Is 41.14).

O homem foi criado pela mão de Deus, e é genericamente diferente de todas as outras criaturas (Gn 1.26,27; 2.7). Sua natureza complexa é composta de dois elementos, duas substâncias distintas, corpo e alma (Gn 2.7; Ec 12.7; 2Co 5.1-8).

As palavras traduzidas por "espírito" e "alma", em 1Ts 5.23 e Hb 4.12, são usadas de forma intercambiável (Mt 10.28; 16.26; 1Pe 1.22). O "espírito" (*pneuma* em grego) é a alma racional; a "alma" (*psuche* em grego) tem o mesmo significado, considerada como o princípio animado e vital do corpo.

O homem foi criado à semelhança de Deus na perfeição de sua natureza, em conhecimento (Cl 3.10), justiça e santidade (Ef 4.24), tendo domínio sobre todas as criaturas inferiores (Gn 1.28). Ele teve, em seu estado original, a lei de Deus escrita em seu coração, e tinha capacidade para obedecer a ela, e ainda era apto para desobedecer, tendo a liberdade de escolher por seu próprio desejo. Ele foi criado com inclinações santas, com aptidão para ações santas; mas ele era falível e caiu (Gn 3.1-6).

Humildade

Uma eminente graça de Cristo (Rm 12.3; 15.17,18; 1Co 3.5-7; 2Co 3.5; Fp 4.11-13). É um estado de espírito muito agradável a Deus (1Pe 3.4); que preserva a alma em tranquilidade (Sl 69.32,33) e nos torna pacientes diante das provações (Jó 1.22).

Cristo nos deixou um exemplo de humildade (Fp 2.6-8). Deveríamos tornar-nos humildes quando reconhecemos nossos pecados (Lm 3.39), e ter em mente que este é um modo de honrar a Deus (Pv 16.18), lembrando-nos que as grandes promessas são feitas aos humildes (Sl 147.6; Is 57.15; 66.2; 1Pe 5.5). O "grande paradoxo no cristianismo é o que torna a humildade o caminho para a glória".

Humilhação de Cristo

(Fp 2.8), vista em:
1. Seu nascimento (Gl 4.4; Lc 2.7; Jo 1.46; Hb 2.9);
2. Suas circunstâncias;
3. Sua reputação (Is 53; Mt 26.59,67; Sl 22.6; Mt 26.68);
4. Sua alma (Sl 22.1; Mt 4.1-11; Lc 22.44; Hb 2.17,18; 4.15);
5. Sua morte (Lc 23; Jó 19; Mc 15.24,25);
6. Seu sepultamento (Is 53.9; Mt 27.57, 58,60).

Sua humilhação foi necessária:
1. Para executar o propósito de Deus (At 2.23,24; Sl 40.6-8),
2. Para cumprir os sinais e profecias do Antigo Testamento,
3. Para satisfazer a lei por causa dos pecadores (Is 53; Hb 9.12,15), alcançar sua eterna redenção,
4. E para nos dar um exemplo.

■ I

Idolatria

Adoração a imagens ou honra divina dada a qualquer objeto criado. Paulo descreve a origem da idolatria em Romanos 1.21-25: a humanidade abandonou Deus e afundou-se em ignorância e corrupção moral (Rm 1.28).

As formas de idolatria são:
1. Fetichismo, ou adoração de árvores, rios, montes, pedras etc;
2. Adoração à natureza, adoração ao sol, à lua e às estrelas, como os supostos poderes da natureza;
3. Adoração a heróis, adoração a ancestrais ou heróis falecidos.

Nas Escrituras, a idolatria é considerada de origem pagã e introduzida aos hebreus pelo contato com as nações pagãs. A primeira alusão à idolatria está no relato de Raquel roubando os ídolos de seu pai (Gn 31.19), os quais eram as relíquias da adoração de outros deuses feita pelos progenitores de Labão, que "habitavam além do Rio" (Js 24.2). Durante sua longa permanência no Egito, os hebreus caíram na idolatria (Js 24.14; Ez 20.7).

O primeiro e segundo mandamentos são direcionados contra qualquer forma de idolatria.

No Novo Testamento o termo idolatria é usado como cobiça (Mt 6.24; Lc 16.13; Cl 3.5; Ef 5.5).

Igreja

Derivado provavelmente do grego *kuriakon* ("a casa do Senhor"), termo usado por escritores antigos para denominar o local de adoração.

No Novo Testamento, refere-se à palavra grega *ecclesia*, o sinônimo de *kahal* no Antigo Testamento, significando ambas as palavras uma "assembleia", cujo caráter só pode ser conhecido mediante o contexto onde está inserida. Não há nenhum exemplo claro de que era usada para se referir a um lugar de encontro e de adoração, exceto nos tempos pós-apostólicos quando assumiu esse sentido.

Encontramos a palavra *ecclesia* nos seguintes sentidos no Novo Testamento:

Traduzido por "assembleia" no sentido clássico usual (At 19.32,39,41).

Denotando todo o corpo de redimidos, todos aqueles que o Pai deu ao Filho, a igreja invisível universal (Ef 5.23,25,27,29; Hb 12.23).

Um grupo de cristãos reunidos e observando as ordens do evangelho (Rm 16.5; Cl 4.15).

Todos os cristãos de uma cidade em particular, tanto quando estão todos reunidos em um local quanto quando estão reunidos em vários locais para adorar a Deus. Assim, todos os discípulos de Antioquia, reunidos em várias congregações, formavam uma única igreja (At 13.1). Assim também lemos sobre a *igreja de Deus em Corinto* (1Co 1.2), *a igreja de Jerusalém* (At 8.1), *a igreja de Éfeso* (Ap 2.1) etc.

O conjunto de todos os cristãos ao redor do mundo (1Co 15.9; Gl 1.13; Mt 16.18) é a Igreja de Cristo.

A IGREJA VISÍVEL

A igreja visível consiste em todos aqueles que, ao redor do mundo, professam a religião verdadeira, junto com suas crianças. É chamada "visível" porque seus membros são conhecidos e se reúnem publicamente. Aqui há uma mescla de "trigo e joio", de santos e pecadores. "Deus ordena que seu povo se organize em comunidades visíveis distintas, com leis, ofícios, ordenanças e disciplina, com o propósito de dar visibilidade ao seu reino, de tornar conhecido o evangelho desse reino, e unindo todos os eleitos. Cada uma dessas comunidades organizadas distintas, fiéis ao grande rei, é parte integrante da igreja visível." Uma confissão confiável da religião verdadeira faz de uma pessoa um membro dessa igreja. Esse é o "reino do céu" descrito nas parábolas registradas em Mateus 13.

A IGREJA E AS CRIANÇAS

As crianças de todos aqueles que professam a religião verdadeira são membros da igreja visível junto com seus pais.

As crianças estão incluídas em todas as alianças que Deus fez com o homem. Elas estão unidas aos seus pais (Gn 9.9-17; 12.1-3; 17.7; Êx 20.5; Dt 29.10-13).

Pedro, no dia de Pentecostes, no começo da dispensação do Novo Testamento, anunciou o mesmo princípio: "Porque a promessa é para vós, para vossos filhos e para todos os que estão longe, a quantos o Senhor nosso Deus chamar" (At 2.39). Os filhos de pais cristãos são "santos", um título que designa os membros da igreja cristã (1Co 7.14).

A IGREJA INVISÍVEL

A igreja invisível consiste no número total de eleitos que estão ou estarão sob Cristo, o Cabeça. Essa é uma sociedade pura, a igreja na qual Cristo habita. É o corpo de Cristo. É chamada "invisível" porque uma grande parte dos seus membros já está nos céus ou ainda não nasceu e porque os membros que estão na terra não podem ser distinguidos com plena certeza. A qualificação para tal membresia é interna e oculta. Não é vista, a não ser por aquele que sonda os corações. "O Senhor conhece os seus" (2Tm 2.19).

A igreja cujos atributos, prerrogativas e promessas pertencem ao reino de Cristo é um corpo espiritual formado por todos os cristãos verdadeiros, ou seja, a igreja invisível.

A UNIDADE DA IGREJA
Sua unidade
Deus criou apenas uma igreja na terra. Nós, algumas vezes, falamos da igreja do Antigo Testamento e da igreja do Novo Testamento, mas elas são uma e a mesma.

A igreja do Antigo Testamento não era para ser substituída, mas aumentada (Is 49.13-23; 60.1-14). Quando os judeus estiverem totalmente restaurados, eles não entrarão em uma nova igreja, mas serão enxertados novamente na sua "própria oliveira" (Rm 11.18-24; compare com Ef 2.11-22). Os apóstolos não iniciaram uma nova organização. Sob o seu ministério, discípulos eram acrescentados à "igreja" que já existia (At 2.47).

Sua universalidade
É a igreja "universal", não confinada a qualquer país específico ou qualquer organização, mas compreende todos os cristãos ao redor do mundo.

Sua perpetuidade
Ela continuará a existir por todas as eras até o final do mundo. Ela não pode ser destruída. É um reino sem fim.

Imortalidade
Perpetuidade da existência. A doutrina da imortalidade é ensinada no Antigo Testamento. É claramente sugerida nos escritos de Moisés (Gn 5.22,24; 25.8; 37.35; 47.9; 49.29, compare com Hb 11.13-16; Êx 3.6, compare com Mt 22.23). É mais clara e amplamente ensinada nos livros posteriores (Is 14.9; Sl 17.15; 49.15; 73.24). Assim, era uma doutrina muitíssimo conhecida pelos judeus.

Com a completa revelação do evangelho, essa doutrina "trouxe à luz" (2Tm 1.10; 1Co 15; 2Co 5.1-6; 1Ts 4.13-18).

Irmão
Aparece em seu uso natural e comum em Mateus 1.2 e Lucas 3.1,19.

Um parente próximo, um primo em Gênesis 13.8; 14.16; Mateus 12.46; João 7.3; Atos 1.14; Gálatas 1.19.

Como um simples compatriota em Mateus 5.47; Atos 3.22; Hebreus 7.5.

Um discípulo ou um seguidor em Mateus 25.40; Hebreus 2.11,12.

Alguém da mesma fé em Amós 1.9; Atos 9.30; 11.29; 1Coríntios 5.11. Daí, o fato de os primeiros discípulos do nosso Senhor serem conhecidos como "irmãos".

Um colega de ofício em Esdras 3.2; 1Coríntios 1.1; 2Coríntios 1.1.

Um companheiro em Gênesis 9.5; 19.7; Mateus 5.22-24; 7.5; Hebreus 2.17.

Alguém unido a outro por afeição em 2Samuel 1.26; Atos 6.3; 1Tessalonissenses 5.1.

■ J

Jornada diária no *Sabbath*
Era de aproximadamente uns 800 metros a distância que, de acordo com a tradição judaica, alguém tinha permissão para viajar no dia do *Sabbath* sem violar a lei (At 1.12; compare com Êx 16.29; Nm 35.5; Js 3.4).

Judeu
O nome procedeu do patriarca Judá, a princípio dado a um membro da tribo de Judá ou ao reino separado de Judá (2Rs 16.6; 25.25; Jr 32.12; 38.19; 40.11; 41.3), diferenciando-se daqueles pertencentes ao reino das dez tribos, os quais eram chamados israelitas.

Durante o cativeiro, e depois da restauração, o nome foi estendido a toda a nação judaica (Et 3.6,10; Dn 3.8,12; Ed 4.12; 5.1,5).

Originalmente, esse povo era chamado de hebreus (Gn 39.14; 40.15; Êx 2.7; 3.18; 5.3; 1Sm 4.6,9 etc.), mas após o exílio esse nome caiu em desuso. Mas Paulo foi chamado de hebreu (2Co 11.22; Fp 3.5).

Há três nomes usados no Novo Testamento para designar esse povo:
1. Judeus, referindo-se a sua nacionalidade, para distingui-los dos gentios.
2. Hebreus, referindo-se a sua língua e educação, para distingui-los dos helenistas, ou seja, judeus que falavam a língua grega.
3. Israelitas, referindo-se aos seus privilégios sagrados como o povo escolhido

de Deus. "A outras raças, devemos a esplêndida herança da civilização moderna e da cultura secular; mas a educação religiosa da humanidade foi um presente exclusivo dos judeus."

Judia
Mulher de nascimento hebreu, como Eunice, a mãe de Timóteo (At 16.1; 2Tm 1.5), e Drusila (At 24.24), esposa de Félix e filha de Herodes Agripa I.

Julgamento de Deus
1. As decisões secretas da vontade de Deus (Sl 110.5; 36.6)
2. As revelações de sua vontade (Êx 21.1; Dt 6.20; Sl 119.7-175)
3. A imposição da punição para os perversos (Êx 6.6; 12.12; Ez 25.11; Ap 16.7), como é mencionada em Gn 7; 19.24,25; Jz 1.6,7; At 5.1-10 etc.

Julgamento final, o
A sentença que será pronunciada sobre nossas ações no último dia (Mt 25; Rm 14.10,1; 2Co 5.10; 2Ts 1.7-10). O juiz é Jesus Cristo, o mediador. Todo julgamento será feito por meio dele (At 17.31; Jo 5.22,27; Ap 1.7). As pessoas a serem julgadas são:
1. Toda a raça de Adão sem nenhuma exceção (Mt 25.31-46; 1Co 15.51,52; Ap 20.11-15); e
2. Os anjos caídos (2Pe 2.4; Jd 6).

O grau de comparação do julgamento é o padrão da lei de Deus, conforme revelada a homens e mulheres,
- Os gentios pela lei, conforme foi escrita em seu coração (Lc 12.47,48; Rm 2.12-16).
- Os judeus que "sob a lei pecaram, pela lei serão julgados" (Rm 2.12).
- Os cristãos desfrutando da luz da revelação, pela vontade de Deus que se fez conhecida por ele (Mt 11.20-24; Jo 3.19).

Então os segredos de todos os corações serão trazidos à luz (1Co 4.5; Lc 8.17; 12.2,3) para justificar a justiça da sentença pronunciada.
O tempo do julgamento será depois da ressurreição (Hb 9.27; At 17.31).

Justiça de Deus
A perfeição de sua natureza na qual ele é infinitamente justo em si mesmo e em tudo o que faz, a justiça da natureza divina exercida em sua regra moral. Por princípio, Deus estabelece leis justas para suas criaturas e cumpre-as com justiça. Justiça não é um produto opcional de sua vontade, mas um princípio imutável de sua perfeita natureza. Ele não pode, por ser infinitamente justo, fazer outra coisa que não seja odiar o pecado, que deve ser punido. "Não pode negar a si mesmo" (2Tm 2.13). Sua justiça, essencial e eterna, ordena, de forma imutável, que todo pecado seja descoberto e receba a merecida punição.

Justificação
Termo forense, que se diferencia da condenação.

Em sua natureza, é um ato judicial de Deus, por meio do qual ele perdoa todos os pecados daqueles que creem em Cristo e julga, aceita e trata-os como justos pelo ponto de vista da lei; por exemplo, em conformação com todas as suas exigências. Além do perdão dos pecados, a justificação declara que todas as reivindicações da lei estão satisfeitas nos justificados. É a ação de um juiz, e não de um soberano.

A lei não é abrandada ou posta de lado, mas é declarada cumprida em estrito senso; e igualmente a pessoa justificada é declarada habilitada para receber todos os benefícios e recompensas originados da perfeita obediência à lei (Rm 5.1-10).

Isso acontece por intermédio da atribuição ou crédito da perfeita justiça dados ao cristão pelo próprio Deus ou seu representante Jesus Cristo (Rm 10.3-9). Justificação não é a absolvição de um homem sem justiça, mas a declaração de que ele possui a justiça que perfeitamente e para sempre satisfaz a lei, designada como a justiça de Cristo (2Co 5.21; Rm 4.6-8).

A única condição por meio da qual essa justiça é imputada ou creditada ao cristão é a fé em Jesus Cristo, o Senhor, ou por meio dele. A fé é chamada de "condição" não porque possua algum mérito, mas somente porque é o instrumento, o único instrumento pelo qual a alma adapta-se ou compreende Cristo e sua justiça (Rm 1.17; 3.25,26; 4.20,22; Fp 3.8-11; Gl 2.16).

O ato de fé que, dessa forma, assegura nossa justificação assegura também, ao mesmo tempo, nossa santificação; assim, a doutrina da justificação pela fé não nos conduz à devassidão (Rm 6.2-7).

Boas obras, ainda que feitas sem motivo aparente, são a consequência evidente da justificação (Rm 6.14; 7.6).

■ L

Livro
Essa palavra tem um sentido objetivo nas Escrituras. No Antigo Testamento é referente à palavra hebraica *sepher*, a qual propriamente significa um "escrito", um "volume" (Êx 17.14; Dt 28.58; 29.20; Jó 19.23), ou um rolo de um livro (Jr 36.2,4).

Livros eram originariamente escritos em peles, em linho ou pano de algodão e também em papiros egípcios, de onde provém nossa palavra "papel". As folhas do livro eram geralmente escritas em colunas, descritas por uma palavra hebraica que significa "portas" e "válvulas". Entre os hebreus os livros eram enrolados como nossos mapas, ou, em caso de serem muito longos, eram enrolados a partir das duas extremidades, formando assim dois rolos (Lc 4.17-20). Era desse modo que eram organizados quando escritos em materiais flexíveis. Mas quando os escritos estavam em tábuas de madeira, bronze ou barro, então várias tábuas eram unidas por anéis por onde uma vara passava.

UM LIVRO SELADO
Um livro selado é aquele que contém segredos (Is 29.11; Ap 5.1-3). Comer um livro (Jr 15.16; Ez 2.8-10; 3.1-3; Ap 10.9) é estudar seu conteúdo cuidadosamente.

O LIVRO DO JULGAMENTO
O livro do julgamento (Dn 7.10) toma o método das cortes de justiça humana como ilustração dos procedimentos que terão lugar no dia do julgamento final de Deus.

OUTROS LIVROS
O livro das guerras do Senhor (Nm 21.14), o livro de Jasar (Js 10.13) e o livro da história dos reis de Judá e Israel (2Cr 25.26) são provavelmente os documentos conhecidos mais antigos dos hebreus que não fazem parte do cânon.

O LIVRO DA VIDA
O livro da vida (Sl 69.28) sugere a ideia de que os redimidos formam uma comunidade ou uma cidadania (Fp 3.20; 4.3). Um catálogo de nomes de cidadãos é preservado (Lc 10.20; Ap 20.15). Seus nomes estão registrados nos céus (Lc 10.20; Ap 3.5).

O LIVRO DA ALIANÇA
O livro da aliança (Êx 24.7), que contém o texto de Êxodo 20.22–23.33, é o primeiro livro realmente mencionado como uma parte da palavra escrita. Ele contém uma série de leis civis, sociais e religiosas, dadas a Moisés no Sinai imediatamente depois de Deus lhe ter dado o Decálogo. Foram escritas nesse "livro".

■ M

Mártir
Aquele que é testemunha da verdade e sofre a morte pela causa de Cristo (At 22.20; Ap 2.13; 17.6). Nesse sentido, Estêvão foi o primeiro mártir. A palavra grega traduzida em todas as outras situações é "testemunha".

1. Sendo testemunha em um tribunal de justiça (Mt 18.16; 26.65; At 6.13; 7.58; Hb 10.28; 1Tm 5.19).
2. Sendo testemunha da verdade do que é visto ou conhecido (Lc 24.48; At 1.8,22; Rm 1.9; 1Ts 2.5,10; 1Jo 1.2).

Mediador

Aquele que intervém entre duas pessoas que estão em disputa, com o objetivo de reconciliá-las. Essa palavra não é encontrada no Antigo Testamento; mas a ideia que ela expressa é encontrada em Jó 9.33, na palavra "árbitro". Essa palavra é usada no Novo Testamento para denotar um *internuncius*, um embaixador, aquele que age como um meio de comunicação entre duas partes interessadas. Nesse sentido, Moisés é chamado de mediador em Gálatas 3.19.

Cristo é o único mediador entre Deus e a humanidade (1Tm 2.5; Hb 8.6; 9.15; 12.24). Ele faz a reconciliação entre Deus e os homens e mulheres pelo seu sacrifício completamente perfeito e expiatório. Tal mediador deve ser ao mesmo tempo divino e humano; divino de modo que sua obediência e seus sofrimentos possuam infinito valor, e de forma que ele possua sabedoria, conhecimento e poder infinitos para direcionar todas as coisas nos reinos da providência e graça, os quais estão entregues em suas mãos (Mt 28.18; Jo 5.22,25,26,27); e humano de modo que, em seu trabalho, ele possa representar homens e mulheres, e seja capaz de obedecer à lei e satisfazer as reivindicações de justiça (Hb 2.17,18; 4.15,16), e de forma que em sua humanidade glorificada ele possa ser o cabeça de uma igreja glorificada (Rm 8.29).

Esse ofício envolve as três funções de profeta, sacerdote e rei, todas elas são cumpridas por Cristo em ambos os seus estados de humilhação e exaltação. Essas funções são tão inerentes nesse único ofício que a qualidade de cada uma fornece o caráter para cada ato mediador. Elas nunca estão separadas no exercício do trabalho do mediador.

Mestre

Meu mestre, um título de dignidade dado pelos judeus aos seus doutores da lei e aos seus ilustres professores. Às vezes é aplicado a Cristo (Mt 23.7,8; Mc 9.5, *RV*; Jo 1.38,49; 3.2; 6.25 etc).; e também a João (Jo 3.26).

Misericórdia

Compaixão pelo miserável. Seu objeto é a miséria. Pelo sacrifício expiatório de Cristo, abre-se um caminho para o exercício da misericórdia em direção a homens e mulheres, em harmonia com as demandas da verdade e da justiça (Gn 19.19; Êx 20.6; 34.6,7; Sl 85.10; 86.15,16). Em Cristo, a misericórdia e a verdade se unem. A misericórdia é também uma graça cristã.

MISERICORDIOSO

A perfeição do seu caráter com que trata suas criaturas (Sl 145.8,9; 103.8; 1Jo 4.8). É vista em conexão com a miséria das suas criaturas nas quais aplica sua misericórdia, piedade, compaixão e, no caso de pecadores impenitentes, paciência e longanimidade. Bondade e justiça são diferentes aspectos de uma imutável e infinita sabedoria e de uma soberania moral perfeita.

Deus não é misericordioso apenas algumas vezes, mas é eterna e infinitamente misericordioso. Deus é infinita e imutavelmente bom (Zc 3.17), e sua bondade é incompreensível para as mentes finitas (Rm 11.35,36). A bondade de Deus transparece em duas coisas: no doar e no perdoar.

Mistério

O chamado dos gentios eleitos para a igreja cristã (Ef 1.9,10; 3.8-11; Cl 1.25-27); verdade oculta, exceto pela revelação, há muito escondida, mas agora revelada.

A ressurreição dos mortos (1Co 15.51) e outras doutrinas que precisam ser explanadas, mas que não podem ser completamente compreendidas pela inteligência finita (Mt 13.11; Rm 11.25; 1Co 13.2).

A união entre Cristo e seu povo simbolizada pela união do casamento (Ef 5.31,32; compare com Ef 6.19);

As sete estrelas e os sete candelabros (Ap 1.20).

A mulher vestida de vermelho (Ap 17.7). Todos são mistérios nesse sentido.

O poder anticristão que agia em sua época é chamado pelo apóstolo (2Ts 2.7) de "mistério da iniquidade".

Morte

A morte pode ser facilmente definida como a cessação da vida. Aparece de diferentes formas na Bíblia:
- E o pó volte à terra como era (Ec 12.7).
- Se lhes tiras a respiração, morrem e voltam ao pó (Sl 104.29).
- É a dissolução da *nossa tenda, nossa casa terrena* (2Co 5.1); é o deixar *este meu tabernáculo* (1Pe 1.13,14).
- Ser *despidos* (2Co 5.3,4).
- *Dormiram* (Sl 76.5; Jr 51.39; At 13.36; 2Pe 3.9).
- *Seja levado para o lugar de onde não voltarei* (Jó 10.21); *mostra-me meu destino e quantos dias viverei, para que eu saiba como sou frágil* (Sl 39.4); *partir* (Fp 1.23).
- A sepultura é representada como *as portas da morte* (Jó 38.17; Sl 9.13; 107.18). O silêncio da sepultura é chamado de *sombra da morte* (Is 9.2).
- Morte é o resultado do pecado (Hb 2.14), e não uma *falência da natureza*. Acontece apenas uma vez (Hb 9.27), é universal (Gn 3.19) e é necessária (Lc 2.28-30). Jesus, pela sua própria morte, retirou o aguilhão da morte de seus seguidores (1Co 15.55-57).
- Há uma morte espiritual em transgressões e pecados, ou seja, a morte da alma sob o poder do pecado (Rm 8.6; Ef 2.1,3; Cl 2.13).

A MORTE DE CRISTO

A morte de Cristo trouxe à tona todas as bênçãos que as pessoas usufruem na terra. Trouxe especialmente a salvação a todo o seu povo. Não fez a salvação deles ser apenas possível, mas certa (Mt 18.11; Rm 5.10; 2Co 5.21; Gl 1.4; 3.13; Ef 1.7; 2.16; Rm 8.32-35).

Morte eterna

O destino miserável dos ímpios no inferno (Mt 25.46; Mc 3.29; Hb 6.2; 2Ts 1.9; Mt 18.8; 25.41; Jd 7). A mesma palavra grega no Novo Testamento (*aion, aionios, aidios*) é também usada para expressar:
- A existência eterna de Deus (1Tm 1.17; Rm 1.20; 16.26);
- A existência eterna de Cristo (Ap 1.18);
- A existência eterna do Espírito Santo (Hb 9.14);
- A duração eterna do sofrimento dos perdidos (Mt 25.46; Jd 6).

De sua condição é dito:
- "Onde o seu verme não morre e o fogo não se apaga" (Mc 9.46).
- "Fogo que não se apaga" (Lc 3.17).
- "A fumaça do seu tormento sobe para todo o sempre" (Ap 14.11).

A suposição de que Deus assegurará o arrependimento e a restauração de todos os pecadores não encontra respaldo nas Escrituras. Não há nas Escrituras o mais leve traço de uma restauração desse tipo. A morte redentora de Cristo e o poder santificador do Espírito Santo são os únicos meios de trazer alguém ao arrependimento. No caso daqueles que perecem, significa que foram rejeitados, "já não resta mais sacrifício pelos pecados" (Hb 10.26).

■ N

Noiva

Frequentemente aplicado no sentido usual (Is 49.18; 61.10 etc.).

O relacionamento entre Cristo e sua igreja é comparado àquele entre o noivo e a noiva (Jo 3.29). A igreja é chamada de "a noiva" (Ap 21.9; 22.17).

O

Ódio

O ódio é designado como uma das ações da natureza humana pecaminosa (Gl 5.20). É totalmente diferente do significado da palavra em Deuteronômio 21.15, Mateus 6.24, Lucas 14.26 e Romanos 9.13, denotando somente um amor em menor intensidade.

Orgulho

O orgulho às vezes é visto de forma positiva na Bíblia, como em 2Coríntios 7.4, em que o deleite é levado em consideração: "A minha confiança em vós é grande, e orgulho-me muito de vós. Estou cheio de ânimo, transbordo de alegria em todas as nossas tribulações".

Contudo, o termo "orgulho" é frequentemente mais usado em um sentido negativo nas Escrituras. É uma atitude de rebelião contra Deus, a qual, em alguns momentos, pode até mesmo estar presente nos seguidores de Deus: "Mas, quando se tornou poderoso, seu coração se exaltou e isso o fez cair; ele pecou contra o SENHOR, seu Deus, pois entrou no templo do SENHOR para queimar incenso no altar do incenso" (2Cr 26.16).

P

Pai

- Qualquer ancestral (Dt 1.11; 1Rs 15.11; Mt 3.9; 23.30).
- Nome usado como um título respeitável de um chefe, regente, ou ancião (Jz 17.10; 18.19; 1Sm 10.12; 2Rs 2.12; Mt 23.9).
- O autor ou iniciador de qualquer coisa é assim chamado, como, por exemplo, Jabal e Jubal (Gn 4.20,21; conforme Jó 38.28).
- Aplicado a Deus (Êx 4.22; Dt 32.6; 2Sm 7.14; Sl 89.27,28).
- Denota a relação de Deus com os judeus mediante a aliança (Jr 31.9; Is 63.16; 64.8; Jo 8.41).
- Cristãos são chamados "filhos" de Deus (Rm 1.7; 1Co 1.3; 2Co 1.2; Gl 1.4).

Paixão

Encontrada somente uma vez, em Atos 1.13, com o significado de sofrimento, referindo-se aos sofrimentos de nosso Senhor.

Palavra de Deus

(Hb 4.12 etc.). Assim é chamada a Bíblia, porque seus escritores foram usados por Deus para se comunicar. É a sua "palavra", porque ele fala conosco em suas páginas sagradas. Por mais que os escritores inspirados aqui declarem-na verdadeira e obrigatória para nós, Deus declara sua verdade e obrigatoriedade.

Essa palavra é infalível, porque foi escrita sob a direção do Espírito Santo, e portanto está livre de qualquer erro de fato, doutrina ou preceito. Todo conhecimento preservado é obtido da palavra de Deus. É um indispensável meio de salvação, e é eficaz por causa do trabalho do Espírito Santo (Jo 17.17; 2Tm 3.15,16; 1Pe 1.23).

Pão

Entre os judeus era geralmente feito de trigo (Êx 29.2; Jz 6.19), assim também como com outros grãos (Gn 14.18; Jz 7.13). Grãos tostados eram algumas vezes usados como alimento sem qualquer outro tipo de preparo (Rt 2.14).

O pão era misturado em tigelas de madeira (Gn 18.6; Êx 12.34; Jr 7.18). A massa era misturada com fermento e recebia a forma de um bolo fino, redondo ou oval, e então era assado. O pão comido na Páscoa era feito sem fermento (Êx 12.15-20; Dt 16.3). Nas cidades havia fornos públicos que eram muito usados para assar pão. Havia também padeiros profissionais (Os 7.4; Jr 37.21). Seus fornos não eram como são os nossos de hoje. Mas, algumas vezes, o pão era assado sendo colocado sobre o piso onde havia sido aquecido pelo fogo e sendo coberto pelas cinzas (1Rs 19.6).

Este é provavelmente o modo pelo qual Sara preparou os pães na ocasião referida em Gn 18.6.

Em Levítico 2 há uma lista de diferentes tipos de pães e bolos usados pelos judeus.

PÃES DA PROPOSIÇÃO

Os pães da proposição consistiam em doze pães sem fermento preparados e apresentados quentes sobre a mesa de ouro todos os sábados. Eles eram quadrados ou retangulares e representavam as doze tribos de Israel. Os pães velhos eram retirados todos os sábados e eram comidos apenas pelos sacerdotes no pátio do santuário (Êx 25.30; Lv 24.8; 1Sm 21.1-6; Mt 12.4).

PÃO USADO FIGURADAMENTE

A palavra "pão" é usada figuradamente em algumas expressões como "pão de dores" (Sl 127.2) ou "pão de lágrimas" (Sl 80.5), representando o alimento conseguido em cada dia. O "pão da maldade" (Pv 4.17) e o pão "ganho com mentiras" (Pv 20.17) indicam um modo ímpio e fraudulento de se viver.

Pecado

É "qualquer falta de conformidade em relação à lei de Deus ou transgressão dela" (1Jo 3.4; Rm 4.15), no estado íntimo e temperamental da alma, bem como na conduta aparente da vida, seja por omissão, seja por comissão (Rm 6.12-17; 7.5-24). "Não é uma mera violação da lei de nossa constituição, nem do sistema das coisas em geral, mas uma ofensa contra um legislador pessoal e governador moral, o qual justifica sua lei com penalidades.

A alma que peca está sempre consciente que seu pecado é:
1. Intrinsecamente abominável e sujo, e
2. Que merece punição justa e invoca a justa ira de Deus.

Consequentemente, o pecado carrega consigo duas marcas inalienáveis:

1. Demérito, culpa (*reatus*); e
2. Mancha (mácula)", Hodge.

A marca moral das ações de um indivíduo é determinada pelo estado moral de seu coração. A disposição para pecar ou o hábito da alma que conduz ao ato pecaminoso também é por si só pecado (Rm 6.12-17; Gl 5.17; Tg 1.14,15).

A origem do pecado é um mistério, e sempre permanecerá como um mistério para nós. É evidente que, por alguma razão, Deus permitiu que o pecado entrasse neste mundo, e isso é tudo o que sabemos. Sua permissão para o pecado, contudo, de forma nenhuma faz de Deus o autor do pecado.

O pecado de Adão (Gn 3.1-6) consistiu em render-se aos ataques da tentação e comer o fruto proibido. Nisto foi envolvido:
- O pecado da descrença, praticamente tornando Deus um mentiroso; e
- O pecado da desobediência a uma ordem imperativa.

Pelo pecado ele tornou-se um apóstata de Deus, um rebelde contra seu Criador. Ele perdeu o favor de Deus e a comunhão com ele; toda a sua natureza tornou-se depravada, e ele ficou sujeito à penalidade relacionada à aliança das obras.

O PECADO ORIGINAL
- Desde a sua manifestação inicial (Sl 58.3; Pv 22.15).
- É provado também pela necessidade, absoluta e universal, da regeneração (Jo 3.3; 2Co 5.17).
- Da universalidade da morte (Rm 5.12-20).

VÁRIOS TIPOS DE PECADO
SÃO MENCIONADOS
- "Pecados insolentes", ou, na tradução literal, "pecados com a mão erguida", ou seja, atos audaciosos de pecado, em contraste com "erros" ou "inadvertências" (Sl 19.13).

- "Ocultos", ou seja, pecados escondidos (Sl 19.12); pecados que iludem o conhecimento da alma.
- "A blasfêmia contra o Espírito", ou "pecado para morte" (Mt 12.31,32; 1Jo 5.16), o qual equivale a uma rejeição voluntária da graça.

Perdão de pecados

Uma das partes da justificação. No perdão dos pecados, Deus absolve o pecador da condenação da lei com base na obra de Cristo, ou seja, ele remove a culpa dos pecados.

Todos os pecados são perdoados gratuitamente (At 5.31; 13.38; 1Jo 1.6-9). O pecador, por meio desse ato de graça, é liberto da culpa e da penalidade dos seus pecados. Essa é uma prerrogativa especial de Deus (Sl 130.4; Mc 2.5). É oferecido a todos no evangelho.

Perverso

Aquele que é rejeitado pela sua própria indignidade (Jr 6.30; Hb 6.8; em grego *adokimos*, rejeitado). Essa palavra também é usada para pessoas que falharam em fazer uso das oportunidades oferecidas a elas (1Co 9.27; 2Co 13.5-7).

Piedade

A completa prática da piedade (1Tm 4.8; 2Pe 1.6). Pressupõe conhecimento, veneração, afeição, dependência, submissão, gratidão e obediência. Em 1Tm 3.16 ela denota a substância da religião.

Predestinação

Essa palavra é usada somente como referência ao plano de Deus ou ao propósito da salvação. A palavra grega traduzida por "predestinar" é encontrada somente nestas seis passagens: Atos 4.28; Romanos 8.29,30; 1Coríntios 2.7; Efésios 1.5,11. Em todas elas o significado é o mesmo.

Ela ensina que a eterna, soberana, imutável e incondicional lei de Deus ou seu "propósito [...] segundo o desígnio da sua vontade" governa todos os eventos.

Essa doutrina da predestinação ou eleição é cercada de muitas dificuldades. Ela pertence às "coisas secretas" de Deus. Mas, se tomarmos a Palavra revelada de Deus como nosso guia, aceitaremos essa doutrina com todos os seus mistérios, e direcionaremos nossos questionamentos para o reconhecimento humilde e piedoso: "Sim, ó Pai, porque assim o quiseste". Para os ensinos das Escrituras sobre esse assunto, veja: Gn 21.12; Êx 9.16; 33.19; Dt 10.15; 32.8; Js 11.20; 1Sm 12.22; 2Cr 6.6; Sl 33.12; 65.4; 78.68; 135.4; Is 41.1-10; Jr 1.5; Mc 13.20; Lc 22.22; Jo 6.37; 15.16; 17.2,6,9; At 2.28; 3.18; 4.28; 13.48; 17.26; Rm 9.11,18,21; 11.5; Ef 3.11; 1Ts 1.4; 2Ts 2.13; 2Tm 1.9; Tt 1.2; 1Pe 1.2.

Presciência de Deus

Presciência de Deus (At 2.23; Rm 8.29; 11.2; 1Pe 1.2) é um dos atributos do Deus que não podemos entender completamente. Significa, no mais absoluto sentido, que seu conhecimento é infinito (1Sm 23.9-13; Jr 38.17-23; 42.9-22; Mt 11.21,23; At 15.18).

Providência

Literalmente significa previsão, mas é geralmente usada para mostrar como Deus preserva e governa todas as coisas por meio de causas secundárias (Sl 18.35; 63.8; At 17.28; Cl 1.17; Hb 1.3). As providências de Deus estendem-se ao mundo natural (Sl 104.14; 135.5-7; At 14.17), à criação animal (Sl 104.21-29; Mt 6.26; 10.29), e aos negócios de homens e mulheres (1Cr 16.31; Sl 47.7; Pv 21.1; Jó 12.23; Dn 2.21; 4.25) e de indivíduos (1Sm 2.6; Sl 18.30; Lc 1.53; Tg 4.13-15). Elas estendem-se também às ações livres de homens e mulheres (Êx 12.36; 1Sm 24.9-15; Sl 33.14,15; Pv 16.1; 19.21; 20.24; 21.1), às ações pecaminosas (2Sm 16.10; 24.1; Rm 11.32; At 4.27,28), bem como às suas boas ações (Fp 2.13; 4.13; 2Co 12.9,10; Ef 2.10; Gl 5.22-25).

Em relação às ações pecaminosas de homens e mulheres, elas são representadas ocorrendo de acordo com a permissão de Deus (Gn 45.5; 50.20. Compare com 1Sm 6.6; Êx 7.13; 14.17; At 2.3; 3.18; 4.27,28), sendo controladas (Sl 76.10) e sujeitas ao bem (Gn 50.20; At 3.13). Deus não produz ou aprova o pecado, mas apenas limita, restringe, controla-o para o bem.

O método de governo providencial de Deus é inexplicável. Nós apenas sabemos que é fato que Deus realmente governa todas as suas criaturas e todas as suas ações; que esse governo é universal (Sl 103.17-19), individual (Mt 10.29-31), eficaz (Sl 33.11; Jó 23.13), abrange eventos aparentemente inesperados (Pv 16.9,33;19.21; 21.1), é coerente com sua própria perfeição (2Tm 2.13) e com sua própria glória (Rm 9.17; 11.36).

■ R

Rabino
Meu mestre, um título de dignidade dado pelos judeus aos seus doutores da lei e aos seus ilustres professores. Às vezes é aplicado a Cristo (Mt 23.7,8; Mc 9.5, *RV*; Jo 1.38,49; 3.2; 6.25 etc); e também a João (Jo 3.26).

Racá
Vaidoso, estúpido, sem valor, encontrada somente em Mateus 5.22. Os judeus usavam-na como uma palavra de desprezo. É derivada de uma raiz com significado de "cuspir".

Ramo
Um símbolo de reis descendentes de ancestrais reais (Ez 17.3,10; Dn 11.7), de prosperidade (Jó 8.16), do Messias, o ramo (renovo) que saiu da raiz de Jessé (Is 11.1), o renovo cheio de beleza (Is 4.2), o renovo justo (Jr 23.5), o "Renovo" (Zc 3.8; 6.12).

Os discípulos eram ramos da videira verdadeira (Jo 15.5,6).

O "ramo odiado" é uma árvore na qual os malfeitores eram enforcados (Is 14.19).
O "mais alto ramo" em Ezequiel 17.3 representa o rei Jeoaquim.

Reconciliação
Mudança de inimizade para amizade. É algo mútuo, ou seja, é uma mudança entre ambas as partes interessadas, as que têm inimizade.

1. Em Colossenses 1.21,22, a palavra usada refere-se a uma mudança ocorrida no caráter pessoal do pecador, que deixa de ser inimigo de Deus ao praticar atos perversos, e entrega a ele toda a sua confiança e amor. Em 2Coríntios 5.20, o apóstolo roga aos coríntios "que vos reconcilieis com Deus", ou seja, que deixem de lado sua inimizade.

2. Romanos 5.10 não se refere a qualquer mudança em nossa disposição em relação a Deus, mas ao próprio Deus, como a parte reconciliatória. Romanos 5.11 ensina-nos a mesma verdade. De Deus, recebemos "a reconciliação", ou seja, ele nos concedeu o sinal de sua amizade. Igualmente 2Coríntios 5.18,19 fala de uma reconciliação vinda de Deus, consistindo na remoção de sua merecida ira. Em Efésios 2.16, fica claro que o apóstolo não se refere ao ganhar o pecador por amor e lealdade a Deus, mas à restauração do favor perdido de Deus. Isto é assegurado pela satisfação de sua justiça, e, portanto, ele pode, de acordo com sua própria natureza, ser favorável aos pecadores. A justiça requer a punição dos pecadores. A morte de Cristo satisfaz a justiça e então nos reconcilia com Deus. Essa reconciliação torna Deus nosso amigo e possibilita-o nos perdoar e salvar.

Redenção
Comprar de volta algo que havia sido perdido, pelo pagamento de um resgate. A palavra em grego é *apolutrosis*, a qual aparece

nove vezes nas Escrituras, e sempre com a ideia de um resgate ou preço pago, ou seja, redenção em resgate – do grego *lutron* (ver Mt 20.28; Mc 10.45). Há instâncias na versão *LXX* do Antigo Testamento no uso de *lutron* nas relações entre homens (Lv 19.20; 25.51; Êx 21.30; Nm 35.31,32; Is 45.13; Pv 6.35), e no mesmo sentido nas relações entre o homem e Deus (Nm 3.49; 18.15).

Há muitas passagens no Novo Testamento que apresentam os sofrimentos de Cristo usando a ideia de um resgate ou preço, resultando em uma compra ou redenção (compare At 20.28; 1Co 6.19,20; Gl 3.13; 4.4,5; Ef 1.7; Cl 1.14; 1Tm 2.5,6; Tt 2.14; Hb 9.12; 1Pe 1.18,19; Ap 5.9). A ideia que corre por meio de todos esses textos é a do pagamento feito pela nossa redenção. A dívida contra nós não é vista simplesmente como cancelada, mas como totalmente paga. O sangue ou a vida de Cristo, que foram entregues por ele, são o "resgate" pelo qual o livramento de seu povo da escravidão do pecado e de suas consequências penais é assegurado. As Escrituras ensinam que "Cristo não nos salva pelo mero exercício de seu poder, nem pela sua doutrina, nem pelo seu exemplo, nem pela influência moral que ele exerceu, nem por qualquer influência subjetiva sobre seu povo, seja ela natural, seja ela mística, mas por satisfazer a justiça divina, como expiação pelo pecado, e como resgate do castigo e autoridade da lei, reconciliando-nos assim com Deus, fazendo-o conforme sua perfeição, exercendo sua misericórdia aos pecadores" (Hodge).

Redentor

Em hebraico *goel*, ou seja, aquele que é encarregado na tarefa de restaurar os direitos de alguém e punir seus erros (Lv 25.48,49; Nm 5.8; Rt 4.1; Jó 19.25; Sl 19.14; 78.35 etc.). Esse título é peculiarmente aplicado a Cristo. Ele nos liberta de todo mal pelo pagamento de um resgate.

Reino de Deus

(Mt 6.33; Mc 1.14,15; Lc 4.43) = *reino de Cristo* (Mt 13.41; 20.21) = *reino de Cristo e de Deus* (Ef 5.5) = *o reino de nosso pai Davi* (Mc 11.10) = *o reino* (Mt 8.12; 13.19) = *o reino do céu* (Mt 3.2; 4.17; 13.41), todas as passagens denotam facetas do mesmo assunto:

1. A autoridade mediadora de Cristo, ou seu poder na terra;
2. As bênçãos e benefícios de todos os tipos vindos desse poder;
3. Os membros desse reino arrebatados coletivamente, ou a igreja.

Resgate

Preço ou pagamento feito por nossa redenção, como na passagem que diz que o Filho do homem "veio para [...] servir e para dar a vida em resgate de muitos"(Mt 20.28; compare com At 20.28; Rm 3.23,24; 1Co 6.19,20; Gl 3.13; 4.4,5; Ef 1.7; Cl 1.14; 1Tm 2.6; Tt 2.14; 1Pe 1.18,19. Em todas essas passagens, a mesma ideia é demonstrada). Essa palavra é derivada do francês *rancon*; do latin *redemptio*. A dívida é representada não como cancelada, mas como totalmente paga.

O escravo ou cativo não é liberto por um mero favor gratuito, mas um preço de resgate é pago, e, em razão disso, ele é posto em liberdade.

O proprietário original recebe de volta sua propriedade transferida e perdida porque ele comprou-a de volta "com um preço". Esse preço ou resgate (em grego *lutron*) é conhecido sempre como Cristo, seu sangue, sua morte. Ele assegura nossa redenção por meio do pagamento do resgate.

Retidão

Veja JUSTIFICAÇÃO

■ S

Sabactani

"Eli, Eli, lamá sabactani? Isto é, Deus meu, Deus meu, por que me desamparaste?", uma das palavras em aramaico proferidas por nosso Senhor na cruz (Mt 27.46; Mc 15.34).

Sabaoth

É a transliteração da palavra em hebraico *sebha'oth*, que significa exército, multidão (Rm 9.29; Tg 5.4). Na *LXX* a palavra em hebraico é traduzida por "Todo-Poderoso". (Ver Ap 4.8; compare com Is 6.3). Pode designar Jeová como:
- Deus dos exércitos da terra, ou
- Deus dos exércitos das estrelas, ou
- Deus dos exércitos invisíveis dos anjos; ou talvez possa incluir todas essas ideias.

Sacerdote

Compaixão pelo miserável. Seu desígnio é a imperfeição humana. Pelo sacrifício expiatório de Cristo, um caminho é aberto para o exercício da clemência em direção a homens e mulheres, em harmonia com as exigências da verdade e justiça (Gn 19.19; Êx 20.6; 34.6,7; Sl 85.10; 86.15,16). Em Cristo, o favor e a verdade caminham juntos. O favor também é uma graça cristã (Mt 5.7; 18.33-35).

Salvação

Alguém separado do mundo e consagrado a Deus; alguém considerado sagrado por profissão ou pacto; um cristão em Cristo (Sl 16.3; Rm 1.7; 8.27; Fp 1.1; Hb 6.10).

Os "santos" mencionados em Judas 14 provavelmente não são os discípulos de Cristo, mas o "incontável número de anjos" (Hb 12.22; Sl 68.17), com referência a Deuteronômio 33.2.

Essa palavra também é usada para os santos falecidos (Mt 27.52; Ap 18.24). Não foi usada como um título característico dos apóstolos e evangelistas e da "aristocracia espiritual" até o século IV. Nesse sentido, não é um título bíblico.

Sangue

Como alimento, foi proibido em Gênesis 9.4, quando, pela primeira vez, foi permitido que animais servissem de alimento (compare com Dt 12.23; Lv 3.17; 7.26; 17.10-14). A injunção de se abster de sangue é renovada no concílio de Jerusalém (At 15.29). Isso tem sido guardado por alguns, mas nós consideramos que essa lei proibitiva era apenas cerimonial e temporária. Sangue foi ingerido pelos israelitas depois da batalha no monte Gilboa (1Sm 14.32-34).

O sangue dos sacrifícios eram recolhidos em um vasilha pelos sacerdotes e aspergido sete vezes dobre o altar; o da Páscoa, nos batentes de porta e padieiras das casas (Êx 12; Lv 4.5-7; 16.14-19). Quando a lei foi dada (Êx 24.8), o sangue dos sacrifícios foi aspergido sobre o povo assim como no altar, e assim o povo foi consagrado a Deus, ou entrou em aliança com ele, daí ser chamado de o sangue da aliança (Mt 26.28; Hb 9.19,20; 10.29; 13.20).

Sangue humano

O assassinato deveria ser punido (Gn 9.5). O sangue do assassinato clamava "desde a terra" (Gn 4.10). O "vingador do sangue" era o parente mais próximo do morto e ele era requerido para vingar sua morte (Nm 35.24,27). Nenhuma satisfação poderia ser feita pelo culpado de assassinato (Nm 35.31).

A palavra "sangue" é usada metaforicamente para referir-se à raça (At 17.26), e como um símbolo de matança (Is 34.3). "Lavará os pés no sangue do ímpio" significa ter uma grande vitória (Sl 58.10). Vinho, devido à sua cor vermelha, é chamado de "sangue de uvas" (Gn 49.11). Sangue e água verteram do lado do nosso Salvador quando ele foi perfurado pelo soldado romano (Jo 19.34). Isso tem levado patologistas à conclusão de que a causa da morte de Cristo foi a ruptura do seu coração (comparar com Salmo 69.20).

Santidade

Em um sentido mais elevado, a santidade pertence a Deus (Is 6.3; Ap 15.4), e aos cristãos consagrados ao serviço do Senhor, à medida que se conformam em tudo à vontade de Deus (Rm 6.19.22; Ef 1.4; Tt 1.8; 1Pe 1.15). Santidade pessoal é um trabalho de desenvolvimento gradual. Geralmente é demorado, daí vem a frequente vigilância na atenção, oração e perseverança (1Co 1.30; 2Co 7.1; Ef 4.23,24).

Santificação

Envolve mais que uma mera transformação na moral e no caráter, produzida pelo poder da verdade: é o trabalho do Espírito Santo, conduzindo toda a natureza cada vez mais sob as influências dos novos princípios da graça, implantados na alma em regeneração.

Em outras palavras, santificação é a busca pela perfeição, o trabalho iniciado na regeneração, e ela se estende à pessoa como um todo (Rm 6.13; 2Co 4.6; Cl 3.10; 1Jo 4.7; 1Co 6.19). É o trabalho especial do Espírito Santo no plano da redenção (1Co 6.11; 2Ts 2.13).

A fé é útil para assegurar a santificação, visto que:
1. assegura a união com Cristo (Gl 2.20), e
2. conduz o cristão a um contato eficaz com a verdade, por meio da qual ele é levado a render-se à obediência "às ordenanças, tremendo diante das admoestações, e aceitando as promessas de Deus para essa vida e para a que virá".

A perfeita santificação não é alcançada nesta vida (1Rs 8.46; Pv 20.9; Ec 7.20; Tg 3.2; 1Jo 1.8). Veja o relato que Paulo fez de si mesmo em Rm 7.14-25; Fp 3.12-14; e 1Tm 1.15; também as confissões de Davi (Sl 19.12,13; 51), de Moisés (Sl 90.8), de Jó (Jó 42.5,6) e de Daniel (Dn 9.3-20).

"Quanto mais santo for o homem, mais humilde, renunciador de si mesmo, aterrorizado consigo mesmo e mais sensível a cada pecado ele se tornará, e mais intimamente se apegará a Cristo. As imperfeições morais que se apegam a ele são percebidas como pecado, as quais ele lamenta e esforça-se para superar. Os cristãos acham que sua vida é uma constante luta, e que precisam conquistar o reino dos céus com furor e vigiar enquanto oram. Eles estão sempre sujeitos aos constantes castigos da amorosa mão de seu Pai, o qual só pode ser designado para corrigir suas imperfeições e para confirmar seu perdão. E tem sido notório o fato de que os melhores cristãos são aqueles que têm sido os menos propensos a reivindicar a obtenção da perfeição para si mesmos."

Hodge

Santo

Alguém separado do mundo e consagrado a Deus; alguém considerado sagrado por profissão ou pacto; um cristão em Cristo (Sl 16.3; Rm 1.7; 8.27; Fp 1.1; Hb 6.10).

Os "santos" mencionados em Judas 14 provavelmente não são os discípulos de Cristo, mas o "incontável número de anjos" (Hb 12.22; Sl 68.17), com referência a Deuteronômio 33.2.

Essa palavra também é usada para os santos falecidos (Mt 27.52; Ap 18.24). Não foi usada como um título característico dos apóstolos e evangelistas e da "aristocracia espiritual" até o século IV. Nesse sentido, não é um título bíblico.

Satanás

Adversário; acusador. Quando usado como nome próprio, a palavra traduzida em hebraico tem o artigo, "o adversário" (Jó 1.6-12; 2.1-7). No Novo Testamento é usado alternadamente como diabo, ou o demônio, e é usado mais de trinta vezes.

Também é chamado:
- "o dragão";
- "antiga serpente" (Ap 12.9; 20.2);
- "o príncipe deste mundo" (Jo 12.31; 14.30);
- "o príncipe do poderio do ar" (Ef 2.2);

- "o deus deste século" (2Co 4.4)
- "espírito que agora age nos filhos da desobediência" (Ef 2.2).

A personalidade distinta de Satanás e sua atividade entre homens e mulheres são fáceis de perceber. Ele tentou nosso Senhor no deserto (Mt 4.1-11).

Ele é "Belzebu, o chefe dos demônios" (Mt 12.24).

Ele é "o inimigo constante de Deus, de Cristo, do reino divino, dos seguidores de Cristo, e de toda a verdade; cheio de falsidade e de toda malícia, e provocando e seduzindo ao mal de todas as formas possíveis".

Seu poder é muito grande no mundo.

Ele é um leão rugindo, "que procura a quem possa devorar" (1Pe 5.8).

É dito que homens e mulheres são "levados cativos por ele" (2Tm 2.26).

Os cristãos são avisados a respeito das suas "artimanhas" (2Co 2.11), e chamados a "resistir" a ele (Tg 4.7). Cristo redime seu povo daquele "que tem o poder da morte, isto é, o Diabo" (Hb 2.14). Satanás tem o "poder da morte", não como senhor, mas simplesmente como executor.

Selah, interlúdio

Essa palavra estranha aparece no começo de um número de salmos, e estudiosos da Bíblia ainda não estão certos sobre seu significado preciso.

Provavelmente é algum tipo de direção litúrgica ou notação musical. Ela aparece em 71 salmos e três vezes no livro de Habacuque.

Clamo ao SENHOR *com a minha voz, e ele me responde do seu santo monte* (Salmo 3.4).

A palavra *selah* é muitas vezes uma direção para os adoradores meditarem em silêncio, ou cantarem em voz alta.

Senhor

Há várias palavras em hebraico e em grego traduzidas por Senhor.

1. *Jehovah* em hebraico foi traduzida no português bíblico por SENHOR, em letras maiúsculas. Este é o nome próprio do Deus dos hebreus. A forma *Jehovah* é mantida apenas em Êx 6.3; Sl 83.18; Is 12.2; 26.4, nas versões em inglês *Revised Version* e *Authorized Version*.

2. *Adon* em hebraico significa aquele que possui controle absoluto. Denota um senhor, como de escravos (Gn 24.14,27), um governador de seus súditos (Gn 45.8), ou um marido, como senhor de sua esposa (Gn 18.12). A antiga forma plural dessa palavra hebraica é '*adonai*. Os judeus, por uma reverência supersticiosa em relação ao nome *Jehovah*, quando liam as Escrituras, sempre que este nome aparecia, pronunciavam-no *Adonai*.

3. *Kurios* em grego, um senhor supremo etc. Na *LXX – Septuaginta*, essa palavra é invariavelmente usada como *Jehovah* e *Adonai*.

4. *Ba'al*, em hebraico, um senhor com soberania. Essa palavra é aplicada para relacionamentos humanos, como do esposo e esposa, para pessoas com habilidades em alguma arte ou profissão e para deidades pagãs.

"Todos os cidadãos de Siquém", literalmente "os baais de Siquém"(Jz 9.2,3). Estes eram os habitantes israelitas que reduziram os cananeus a escravos (Js 16.10; 17.13).

5. *Seren*, em hebraico, empregada exclusivamente para os "líderes dos filisteus" (Jz 3.3). A *LXX* traduz essa palavra por sátrapas. Nesse período, os filisteus não estavam, como no período posterior (1Sm 21.10), sob o governo de um rei.(Veja Js 13.3; 1Sm 6.18.) Havia cinco jurisdições, ou seja, Gate, Asdode, Gaza, Asquelom e Ecrom.

Shaddai

O onipotente, o nome de Deus frequentemente usado nas Escrituras em hebraico, em geral traduzido por "o Todo-Poderoso".

Shekinah

Esta é uma palavra em hebraico que significa "aquele que habita". Refere-se à presença de Deus aparecendo de um modo visível ou especial. Um exemplo da *Shekinah* de Deus é visto na coluna de nuvem que ia adiante dos israelitas: "Então o anjo de Deus, que ia adiante do exército de Israel, retirou-se e colocou-se atrás dele. A coluna de nuvem também se retirou de diante deles e ficou atrás, colocando-se entre as divisões egípcias e as divisões israelitas, de modo que havia luz para Israel e escuridão para os egípcios. Assim, durante toda a noite, não se aproximaram uns dos outros" (Êxodo 14.19,20). A nuvem que encheu o templo de Salomão era a *shekinah*, a presença de Deus – 2 Crônicas 7.1.

Sheol

(Em hebraico "o mundo dos mortos" = em grego Hades, "a região desconhecida"), o mundo invisível das almas que partiram.

Soberania

De Deus, seu direito absoluto de fazer todas as coisas de acordo com sua própria e boa vontade (Dn 4.25,35; Rm 9.15-23; 1Tm 6.15; Ap 4.11).

Sonho

Deus frequentemente usou sonhos como um meio de comunicar sua vontade aos homens e às mulheres. As circunstâncias mais marcantes disso foram nas histórias de Jacó (Gn 28.12; 31.10), de Labão (31.24), José (37.9-11), Gideão (Jz 7) e Salomão (1Rs 3.5). Outros sonhos marcantes foram registrados, como o sonho de Abimeleque (Gn 20.3-7), os sonhos do padeiro e do copeiro do faraó (Gn 40.5), o sonho do faraó (Gn 41.1-8), o sonho dos midianitas (Jz 7.13), o sonho de Nabucodonosor (Dn 2.1; 4.10,18), o sonho do homem sábio do leste (Mt 2.12) e o sonho da mulher de Pilatos (Mt 27.19).

Para José "um anjo do Senhor apareceu-lhe em sonho" e lhe deu instruções a respeito do menino Jesus (Mt 1.20; 2.12,13,19). Em uma visão noturna, um "homem da Macedônia" ficou em pé perante Paulo e disse "Vem para a Macedônia e ajuda-nos " (At 16.9; ver também 18.9; 27.23).

Suar sangue

O sinal e o símbolo da grande agonia do nosso Senhor (Lc 22.44).

■ T

Temor do Senhor

O temor do Senhor é usado no Antigo Testamento para se referir a uma verdadeira piedade (Pv 1.7; Jó 28.28; Sl 19.9). É um temor unido ao amor e à esperança, não sendo, portanto, um medo servil, mas um amor reverente (conforme Dt 32.6; Os 11.1; Is 1.2; 63.16; 64.8). Deus é chamado de "temor de Isaque" (Gn 31.42,53), ou seja, o Deus que Isaque temia.

Um temor santo é ordenado também no Novo Testamento para evitar uma religião descuidada e como um incentivo à penitência (Mt 10.28; 2Co 5.11; 7.1; Fp 2.12; Ef 5.21; Hb 12.28,29).

Tradição

Qualquer tipo de ensino, escrito ou discurso, passado adiante de geração em geração. Em Marcos 7.3,9,13; Cl 2.8, essa palavra refere-se às interpretações arbitrárias dos judeus. Em 2Tessalonicenses 2.15; 3.6, é usada em um bom sentido, com sabedoria prática. Pedro (1Pe 1.18) usa essa palvra do judaísmo degenerado (compare com At 15.10; Mt 15.2-6; Gl 1.14).

■ U

Unção

A prática de ungir com óleo perfumado era comum entre os hebreus.
1. O ato de ungir significava "consagrar para um propósito santo ou sagrado".

Assim, o sumo sacerdote era ungido (Êx 29.29; Lv 4.3). Tanto o sumo sacerdote quanto o rei eram chamados de "ungidos" (Lv 4.3,5,16; 6.20; Sl 132.10). Ungir um rei era o equivalente a coroá-lo (1Sm 16.13; 2Sm 2.4 etc.). Profetas também eram ungidos (1Rs 19.16; 1Cr 16.22; Sl 105.15).
2. A unção também era um ato de hospitalidade (Lc 7.38,46). Judeus também ungiam a si mesmos com óleo para refrescar e revigorar seu corpo (Dt 28.40; Rt 3.3; 2Sm 14.2; Sl 104.15).
3. O óleo também era usado para fins medicinais. Era administrados aos doentes e ajudava a curar feridas (Sl 109.18; Is 1.6; Mc 6.13; Tg 5.14).
4. O corpo dos mortos era algumas vezes ungido (Mc 14.8; Lc 23.56).
5. O Libertador prometido foi duas vezes chamado de "Ungido" ou Messias (Sl 2.2; Dn 9.25,26), porque ele foi ungido com o Espírito Santo (Is 61.1), figuradamente nomeado de "óleo de alegria" (Sl 45.7; Hb 1.9). Jesus de Nazaré é esse "Ungido".

V

Verdade
Usada em vários sentidos nas Escrituras. Em Provérbios 12.17,19, denota oposição à falsidade. Em Isaías 59.14,15; Jeremias 7.28, significa fidelidade ou veracidade. O ensino de Cristo é chamado de *a verdade do evangelho* (Gl 2.5), *a verdade* (2Tm 3.7; 4.4).

Vida eterna
Essa expressão ocorre no Antigo Testamento apenas uma vez em Daniel 12.2. Ela ocorre frequentemente no Novo Testamento (Mt 7.14; 18.8,9; Lc 10.28; 18.18). Ela compreende todo o futuro dos redimidos (Lc 16.9), e é contrastada com a punição eterna (Mt 19.29; 25.46). É a recompensa e a glória final para os filhos de Deus (1Tm 6.12,19; Rm 6.22; Gl 6.8; 1Tm 1.16; Rm 5.21). Seu descanso (*sabbath*) eterno (Hb 4.9; 12.22).

A novidade de vida dos cristãos que vem de Cristo (Rm 6.4) é a essência da salvação; portanto, a vida de glória ou a vida eterna também deve pertencer a eles (Rm 6.8; 2Tm 2.11,12; Rm 5.17,21; 8.30; Ef 2.5,6).

É o "dom gratuito de Deus" (Rm 6.23). A vida do cristão aqui nesta terra (Jo 3.36; 5.24; 6.47,53-58) é inseparavelmente conectada à vida eterna posterior, a futura vida eterna, o feliz porvir dos santos nos céus (Mt 19.16,29; 25.46).

Vinda de Cristo
1. Com referência ao seu primeiro advento "na plenitude dos tempos" (1Jo 5.20; 2Jo 1.7).
2. Com referência à sua volta, a segunda vinda no último dia (At 1.11; 3.20,21; 1Ts 4.15; 2Tm 4.1; Hb 9.28).

A expressão é usada metaforicamente para:
- A introdução do evangelho em qualquer lugar (Jo 15.22; Ef 2.17);
- O estabelecimento visível do seu reino na terra (Mt 16.28);
- A outorga ao seu povo dos sinais peculiares do seu amor (Jo 14.18,23,28);
- Seu julgamento sobre os maus (2Ts 2.8).

PAI, FILHO E ESPÍRITO SANTO

OS ATRIBUTOS DE DEUS PAI

■ Resumo

Algumas das características mais importantes de Deus encontradas na Bíblia estão listadas abaixo:
- Deus e sua bondade
- Deus e sua graça
- Deus e sua santidade
- Deus e sua imanência
- Deus e sua imutabilidade
- Deus e sua natureza eterna
- Deus e seu amor
- Deus e sua misericórdia
- Deus e sua onipotência
- Deus e sua justiça
- Deus e sua onipresença
- Deus e sua onisciência
- Deus e sua existência própria
- Deus e sua soberania
- Deus e sua transcendência

Deus e sua bondade

Salmo 25.8 – *O Senhor é bom e justo.*

Tiago 1.17 – *Toda boa dádiva e todo dom perfeito vêm do alto e descem do Pai das luzes, em quem não há mudança nem sombra de variação.*

Romanos 8.28 diz que: *Sabemos que Deus faz com que todas as coisas concorram para o bem daqueles que o amam, dos que são chamados segundo o seu propósito.*

Deus e sua graça

Salmo 145.17 – *O Senhor é justo em todos os seus caminhos e bondoso em todas as suas obras.*

Romanos 1.5 – *Por meio dele recebemos graça e apostolado, por causa do seu nome, a fim de conduzir todos os gentios para a obediência da fé.*

Romanos 3.24 – *Sendo justificados gratuitamente pela sua graça, por meio da redenção que há em Cristo Jesus.*

Romanos 5.15,20 – *Mas a dádiva gratuita não é como o caso da transgressão; porque, se pela transgressão de um muitos morreram, muito mais a graça de Deus, e a dádiva pela graça de um só homem, Jesus Cristo, transbordou para muitos.* [...]
A lei, porém, veio para que a transgressão se ressaltasse; mas, onde o pecado se ressaltou, a graça ficou ainda mais evidente.

Efésios 4.7 – *Mas a graça foi concedida a cada um de nós conforme a medida do dom de Cristo.*

Hebreus 4.16 – *Portanto, aproximemo-nos com confiança do trono da graça, para que recebamos misericórdia e encontremos graça, a fim de sermos socorridos no momento oportuno.*

APRECIANDO UMA FACETA
DA NATUREZA DE DEUS

A graça é uma doação das bênçãos imerecidas ou não ganhas por trabalho próprio. Quando falamos da graça de Deus, falamos daqueles presentes maravilhosos (como, por exemplo, a salvação) que ninguém merece, mas que Deus concede de qualquer modo. Há muitas maneiras por meio das quais Deus demonstra sua graça para nós.

Deus e sua santidade

1Samuel 2.2 – *Não há ninguém santo como o Senhor.*

Salmo 99.2,3 – *O Senhor é grande em Sião; exaltado acima de todos os povos! Louvem teu grande e tremendo nome, pois tu és santo.*

Apocalipse 4.8 – *Santo, Santo, Santo é o Senhor Deus, o Todo-poderoso, aquele que era, que é e que há de vir.*

APRECIANDO UMA FACETA
DA NATUREZA DE DEUS

Santidade é sinônimo da total pureza de Deus e de sua separação do resto da criação.

A santidade de Deus separa-o dos seres humanos pecadores. A santidade de Deus está intimamente ligada com a primeira vinda de Jesus. E é só pelo resultado de nossa salvação que nós, pessoas perdoadas, somos capazes de nos aproximarmos de Deus em sua perfeita santidade.

Deus e sua imanência

Jeremias 23.23,24 – *Diz o* SENHOR: *Sou eu apenas Deus de perto? Não sou também Deus de longe? Pode alguém esconder-se em esconderijos sem que eu o veja?, diz o* SENHOR. *Não sou eu o que enche os céus e a terra?, diz o* SENHOR.

Atos 17.27,28 – *Para que buscassem a Deus e, mesmo tateando, pudessem encontrá-lo. Ele, de fato, não está longe de cada um de nós; pois nele vivemos, nos movemos e existimos, como também alguns dos vossos poetas disseram: Pois dele também somos geração.*

Ageu 2.5 – *Esta é a aliança que fiz convosco, quando saístes do Egito. O meu Espírito habita no meio de vós! Não temais!*

APRECIANDO UMA FACETA
DA NATUREZA DE DEUS

A imanência descreve um Deus perto de nós. Deus está trabalhando por meio dos detalhes incontáveis de sua criação. O Deus cristão não é um senhorio ausente. Ele está presente e participa ativamente do seu mundo. Por essa razão, os cristãos sabem que não há lugar ou situação que não estejam sob a mão protetora de Deus.

Deus e sua imutabilidade

Malaquias 3.6 – *Pois eu, o* SENHOR, *não mudo.*

Tiago 1.17 – *Toda boa dádiva e todo dom perfeito vêm do alto e descem do Pai das luzes, em quem não há mudança nem sombra de variação.*

APRECIANDO UMA FACETA
DA NATUREZA DE DEUS

A imutabilidade de Deus é uma grande fonte de conforto para o crente. A imutabilidade de Deus significa que Deus não muda suas ideias, suas características, seus planos nem qualquer outra coisa sobre ele mesmo. O caráter de Deus nunca muda, nem sua aliança, suas profecias ou suas promessas. Deus é, portanto, completamente fidedigno.

Deus e sua natureza eterna

Êxodo 3.14 – *Deus disse a Moisés: EU SOU O QUE SOU.*

Salmo 102.12 – *Mas tu,* SENHOR, *estás entronizado para sempre; teu nome será lembrado por todas as gerações.*

Deus e seu amor

Deuteronômio 7.7,8 – *O* SENHOR *não se agradou de vós nem vos escolheu porque fôsseis mais numerosos do que todos os outros povos, pois éreis menos numerosos do que qualquer outro povo; mas o* SENHOR *vos tirou com mão forte e vos resgatou da casa da escravidão, da mão do faraó, rei do Egito, porque vos amou e quis manter o juramento que havia feito a vossos pais.*

João 14.31 – *Mas faço aquilo que o Pai me ordenou, para que o mundo saiba que eu amo o Pai. Levantai-vos, vamos sair daqui!*

Romanos 5.5,8 – *E a esperança não causa decepção, visto que o amor de Deus foi derramado em nosso coração pelo Espírito Santo que nos foi dado. [...] Mas Deus prova o seu amor para conosco ao ter Cristo morrido por nós quando ainda éramos pecadores.*

Romanos 8.35,39 – *Quem nos separará do amor de Cristo? Será tribulação, ou angústia, ou perseguição, ou fome, ou privação, ou perigo, ou espada? [...] nem altura, nem profundidade, nem qualquer outra criatura poderá nos separar do amor de Deus, que está em Cristo Jesus, nosso Senhor.*

1João 4.8,16 – *Aquele que não ama não conhece a Deus, porque Deus é amor. [...] E conhecemos o amor que Deus tem por nós e cremos nesse amor. Deus é amor; quem permanece no amor permanece em Deus, e Deus nele.*

APRECIANDO UMA FACETA
DA NATUREZA DE DEUS
Todos nós temos um entendimento básico do que é o amor, mas nós somos incapazes de compreender as profundidades do amor verdadeiro. Este é o amor que Deus incorpora. Deus é a fonte do amor e é por meio dele que nós temos a experiência do amor. Deus nos ama. Apesar de quem nós somos, Deus ainda nos ama.

Deus e sua misericórdia
Salmo 6.4 – *Volta-te, Senhor, e livra-me; salva-me por tua misericórdia!.*

Hebreus 4.16 – *Portanto, aproximemo-nos com confiança do trono da graça, para que recebamos misericórdia e encontremos graça, a fim de sermos socorridos no momento oportuno.*

Romanos 9.23,24 – *Para que também desse a conhecer as riquezas da sua glória nos vasos de misericórdia, que preparou de antemão para a glória, os quais somos nós, a quem também chamou, não só dentre os judeus, mas também dentre os gentios?*

Efésios 2.4 – *Mas Deus, que é rico em misericórdia, pelo imenso amor com que nos amou...*

Tito 3.5 – *Não por méritos de atos de justiça que houvéssemos praticado, mas segundo a sua misericórdia, ele nos salvou mediante o lavar da regeneração e da renovação realizadas pelo Espírito Santo.*

1Pedro 1.3 – *Bendito seja o Deus e Pai de nosso Senhor Jesus Cristo, que nos regenerou para uma viva esperança, segundo a sua grande misericórdia, pela ressurreição de Jesus Cristo dentre os mortos.*

APRECIANDO UMA FACETA
DA NATUREZA DE DEUS
A misericórdia acontece quando o que é merecido é retido, de modo que isso beneficie a pessoa em questão. Nós merecíamos receber punição pelos nossos pecados, mas, por causa da misericórdia de Deus, recebemos o perdão em seu lugar.

Deus e sua onipotência
Romanos 11.36 – *Porque todas as coisas são dele, por ele e para ele. A ele seja a glória eternamente! Amém.*

Efésios 1.11 – *Nele também fomos feitos herança, predestinados conforme o propósito daquele que faz todas as coisas segundo o desígnio da sua vontade.*

Hebreus 1.3 – *Ele é o resplendor da sua glória e a representação exata do seu Ser, sustentando todas as coisas pela palavra do seu poder e tendo feito a purificação dos pecados, assentou-se à direita da Majestade nas alturas.*

Marcos 14.36 – *E dizia: Aba, Pai, tudo te é possível. Afasta de mim este cálice; todavia não seja o que eu quero, mas o que tu queres.*

Jeremias 32.17 – *Ah! Senhor Deus! Tu que fizeste os céus e a terra com o teu grande poder e com o teu braço estendido, nada é impossível para ti!*

Mateus 19.26 – *Fixando neles o olhar, Jesus respondeu: Isso é impossível para os homens, mas para Deus tudo é possível.*

Salmo 115.3 – *Mas o nosso Deus está nos céus; ele faz tudo de acordo com sua vontade.*

APRECIANDO UMA FACETA
DA NATUREZA DE DEUS
Deus tem o poder ilimitado para executar qualquer coisa que possa ser realizada – isto é conhecido como onipotência. As coisas que Deus faz não são nem difíceis nem fáceis para ele; elas são apenas realizadas ou não realizadas. Deus tem o poder para realizar tudo o que ele deseja fazer.

Deus e sua justiça
Gênesis 18.25 – *Longe de ti fazer tal coisa, matar o justo com o ímpio, igualando o justo ao ímpio; longe de ti fazer isso! Não fará justiça o juiz de toda a terra?*

Neemias 9.32,33 – *Mas agora, ó nosso Deus, Deus grande, poderoso e temível, fiel à tua aliança e misericordioso, não faças pouco de todo o sofrimento que se abateu sobre nós, nossos reis, nossos príncipes,* nossos sacerdotes, nossos profetas, nossos pais e sobre todo o teu povo, desde os dias dos reis da Assíria até o dia de hoje. Tu, porém, foste justo em tudo que se abateu sobre nós; tu agiste com lealdade, mas nós, com perversidade.

Romanos 9.14 – Que diremos? Há injustiça da parte de Deus? De modo nenhum.

Salmo 99.4 – És Rei poderoso que amas a justiça; estabeleces a equidade; executas juízo e justiça em Jacó.

Romanos 1.32 – Os quais, conhecendo bem o decreto de Deus, que declara dignos de morte os que praticam essas coisas, não somente as fazem, mas também aprovam os que as praticam.

1Pedro 1.17 – E andai com temor, durante o tempo da vossa peregrinação, se chamais de Pai aquele que julga segundo as obras de cada um, sem discriminação de pessoas.

APRECIANDO UMA FACETA DA NATUREZA DE DEUS

Uma vez que Deus é o Deus da justiça, ele é o supremo juiz sobre a vida e as ações dos homens. Parece haver tanta injustiça no mundo! Pessoas mentem, trapaceiam, roubam e matam o tempo todo e, frequentemente, parece que fazem isso com total impunidade! É assim que funciona nesta vida. Mas, no dia do julgamento, todos receberão seus justos merecimentos pelas mãos de um Deus imutável. Diferentemente de um juiz humano corrupto, a justiça de Deus será justa e perfeita em todos os sentidos. Deus não está aberto a persuasão ou subornos. Na justiça de Deus, podemos encontrar conforto por todos os erros cometidos contra nós e contra a humanidade. É somente por causa da fé cristã em Jesus que nós não precisamos temer a justiça de Deus, pois sabemos que somos eternamente salvos!

Deus e sua onipresença

Jó 11.7-9 – Poderás descobrir as profundezas de Deus? Poderás descobrir a perfeição do Todo-poderoso? A sabedoria de Deus é tão alta quanto o céu. Que poderás fazer? Ela é mais profunda do que o Sheol! Que poderás saber? Ela é mais extensa que a terra, e mais larga que o mar.

Jeremias 23.23,24 – Diz o SENHOR: Sou eu apenas Deus de perto? Não sou também Deus de longe? Pode alguém esconder-se em esconderijos sem que eu o veja?, diz o SENHOR. Não sou eu o que enche os céus e a terra?, diz o SENHOR.

Salmo 139.7-10 – Para onde me ausentarei do teu Espírito? Para onde fugirei da tua presença? Se eu subir ao céu, lá tu estás; se fizer a minha cama nas profundezas, tu estás ali também. Se tomar as asas da alvorada, se habitar nas extremidades do mar, ainda ali a tua mão me guiará, e a tua mão direita me sustentará.

Salmo 90.1,2 – Senhor, tu tens sido nosso refúgio de geração em geração. Antes que os montes nascessem, ou que tivesses formado a terra e o mundo, sim, de eternidade a eternidade, tu és Deus.

APRECIANDO UMA FACETA DA NATUREZA DE DEUS

Por causa da onipresença de Deus, ele está presente em todo lugar. Não há lugar algum para onde possamos ir e não estar em sua presença.

Deus e sua onisciência

Salmo 147.5 – Grande é o nosso SENHOR, forte em poder; não há limite para seu entendimento!

Ezequiel 11.5 – Então o Espírito do SENHOR veio sobre mim e disse-me: Fala: Assim diz o SENHOR: Ó casa de Israel, assim tendes dito; mas eu conheço o que tendes na mente.

1João 3.20 – Pois, se o coração nos condena, Deus é maior que nosso coração; ele conhece todas as coisas.

Hebreus 4.13 – E não há criatura alguma encoberta diante dele; antes todas as coisas estão descobertas e expostas aos olhos daquele a quem deveremos prestar contas.

Romanos 2.16 – *Isso acontecerá no dia em que Deus julgar os pensamentos secretos dos homens, por Cristo Jesus, segundo o meu evangelho.*

APRECIANDO UMA FACETA
DA NATUREZA DE DEUS
Quando dizemos que Deus é onisciente, significa que ele sabe tudo o que deve ser conhecido. Não há nada que fique de fora do alvo de sua concepção ou entendimento.

Deus e sua existência própria

Êxodo 3.14 – *Deus disse a Moisés: EU SOU O QUE SOU.*

Salmo 90.2 – *Antes que os montes nascessem, ou que tivesses formado a terra e o mundo, sim, de eternidade a eternidade, tu és Deus.*

João 5.26 – *Pois assim como o Pai tem vida em si mesmo, assim também concedeu ao Filho ter vida em si mesmo.*

Colossenses 1.15-17 – *Ele é a imagem do Deus invisível, o primogênito sobre toda a criação; porque nele foram criadas todas as coisas nos céus e na terra, as visíveis e as invisíveis, sejam tronos, sejam dominações, sejam principados, sejam poderes; tudo foi criado por ele e para ele. Ele existe antes de todas as coisas, e nele tudo subsiste.*

APRECIANDO UMA FACETA
DA NATUREZA DE DEUS
Existência própria de Deus significa que Deus possui um atributo único por meio do qual ele tem existido eternamente e continuará a existir sempre. Diferentemente de todas as outras coisas relacionadas a nossa existência, Deus não deve sua existência a nada nem a ninguém. Devo minha existência a minha mãe e ao meu pai e a todos meus ancestrais. Todos os eventos têm origens. Todas as criaturas foram e têm sido criadas. Exceto Deus. Deus é a origem do não originado e o Criador não criado.

Deus e sua soberania

Gênesis 14.19,20 – *E abençoou Abrão, dizendo: Bendito seja Abrão pelo Deus Altíssimo, Criador dos céus e da terra! E bendito seja o Deus Altíssimo, que entregou os teus inimigos nas tuas mãos.*

Êxodo 18.11 – *Agora sei que o SENHOR é maior do que todos os deuses, até naquilo em que foram arrogantes contra o seu povo.*

Salmo 115.3 – *Mas o nosso Deus está nos céus; ele faz tudo de acordo com sua vontade.*

Mateus 10.29 – *Não se vendem dois passarinhos por uma pequena moeda? Mas nenhum deles cairá no chão se não for da vontade de vosso Pai.*

Romanos 9.15 – *Porque ele diz a Moisés: Terei misericórdia de quem eu quiser ter misericórdia e compaixão de quem eu quiser ter compaixão.*

APRECIANDO UMA FACETA
DA NATUREZA DE DEUS
A soberania fala do controle divino de Deus sobre tudo o que acontece. Não há nada que fique fora do controle de sua mão amorosa. Romanos 8.28 nos diz que todas as coisas cooperam para o bem dos filhos de Deus, e os versículos 38 e 39 declaram que não há nada que fique fora do controle da mão soberana de Deus.

Deus e sua transcendência

Isaías 55.8,9 – *Porque os meus pensamentos não são os vossos pensamentos, nem os vossos caminhos são os meus caminhos, diz o SENHOR. Porque, assim como o céu é mais alto do que a terra, os meus caminhos são mais altos que os vossos caminhos, e os meus pensamentos mais altos que os vossos pensamentos.*

Isaías 57.15 – *Porque assim diz o Alto e o Sublime, que habita na eternidade e cujo nome é santo: Habito num lugar alto e santo, e também com o contrito e humilde de espírito, para vivificar o espírito dos humildes e o coração dos contritos.*

Salmo 113.5,6 – *Quem é semelhante ao S*ENHOR*, nosso Deus, que se assenta nas alturas, que se inclina para ver o que está no céu e na terra?*

APRECIANDO UMA FACETA
DA NATUREZA DE DEUS
Transcendência refere-se ao fato de que Deus é diferente de qualquer outro ser em nossa experiência e, dessa forma, nenhuma analogia ou comparação podem chegar perto de sua descrição perfeita. Seus caminhos são tão diferentes dos nossos que não podemos predizê-los, categorizá-los nem compreendê-los com nenhuma exatidão.

TÍTULOS, DESCRIÇÕES E NOMES DE CRISTO

■ Introdução

Na Bíblia, o título ou nome de uma pessoa era considerado como uma extensão da própria pessoa. Falar no nome de alguém era falar com a autoridade daquela pessoa, como se ele ou ela estivesse verdadeiramente falando.

Adão, segundo
1Coríntios 15.45

Advogado
Meus filhinhos, eu vos escrevo estas coisas para que não pequeis; mas, se alguém pecar, temos um Advogado junto ao Pai, Jesus Cristo, o justo. (1Jo 2.1)

Vivo para sempre
Eu sou o que vive; fui morto, mas agora estou aqui, vivo para todo sempre e tenho as chaves da morte e do inferno. (Ap 1.18)

Tudo, e está em todos
Nesse caso, não há mais grego nem judeu, nem circuncisão nem incircuncisão, bárbaro, cita, escravo ou homem livre, mas, sim, Cristo, que é tudo em todos. (Cl 3.11)

Todo-poderoso
Apocalipse 1.18

Alfa e Ômega
Apocalipse 1.8; 22.13

Amém
Apocalipse 3.14

Anjo
Escreve ao anjo da igreja em Laodiceia: Estas coisas diz o Amém, a testemunha fiel e verdadeira, o princípio da criação de Deus. (Ap 3.14)

Anjo
Gênesis 48.16; Êxodo 23.20,21

Anjo do Senhor
Êxodo 3.2; Juízes 13.15-18

Anjo da presença de Deus
Isaías 63.9

Apóstolo
Hebreus 3.1

Braço do Senhor
Isaías 51.9; 53.1

Autor e consumador de nossa fé
Fixando os olhos em Jesus, o Autor e Consumador da nossa fé, o qual, por causa da alegria que lhe estava proposta,

suportou a cruz, não fazendo caso da vergonha que sofreu, e está assentado à direita do trono de Deus. (Hb 12.2)

Bebê
Foram, então, com toda pressa, e acharam Maria e José, e o menino deitado na manjedoura. (Lc 2.16)

Antes de todas as coisas
Ele existe antes de todas as coisas, e nele tudo subsiste. (Cl 1.17)

Princípio
Ele também é a cabeça do corpo, que é a igreja; é o princípio, o primogênito dentre os mortos, para que em tudo tenha o primeiro lugar. (Cl 1.18)

Princípio e fim
Eu sou o Alfa e o Ômega, diz o Senhor Deus, aquele que é, que era e que há de vir, o Todo-poderoso. (Ap 1.8)

O princípio da criação de Deus
Escreve ao anjo da igreja em Laodiceia: Estas coisas diz o Amém, a testemunha fiel e verdadeira, o princípio da criação de Deus. (Ap 3.14)

Amado
Aqui está o meu servo que escolhi, o meu amado em quem meu ser se agrada; porei sobre ele o meu Espírito, e ele anunciará justiça aos gentios. (Mt 12.18)

Filho amado
E uma voz do céu disse: Este é o meu Filho amado, de quem me agrado. (Mt 3.17)

Bispo da vossa alma
Porque vivíeis como ovelhas desgarradas, mas agora retornastes ao Pastor e Bispo da vossa alma. (1Pe 2.25)

Bendito e único soberano
1Timóteo 6.15

Bendito para sempre
O Deus e Pai do Senhor Jesus, que é eternamente bendito, sabe que não estou mentindo. (2Co 11.31)

Bendita esperança
... aguardando a bendita esperança e o aparecimento da glória do nosso grande Deus e Salvador, Cristo Jesus. (Tt 2.13)

Renovo
Jeremias 23.5; Zacarias 3.8; Zacarias 6.12.

Renovo justo
Jeremias 33.15

Renovo do Senhor
Naquele dia, o renovo do SENHOR será cheio de beleza e glória, e o fruto da terra será o triunfo e a glória dos sobreviventes de Israel. (Is 4.2)

Pão
E os judeus começaram a criticá-lo, pois dissera: Eu sou o pão que desceu do céu. (Jo 6.41)

Pão de Deus
Porque o pão de Deus é aquele que desce do céu e dá vida ao mundo. (Jo 6.33)

Pão da vida
João 6.35,48

Noivo
João 3.29

Resplandecente estrela da manhã
Apocalipse 22.16

Resplendor da glória de Deus
Ele é o resplendor da sua glória e a representação exata do seu Ser, sustentando todas as coisas pela palavra

> do seu poder e tendo feito a purificação dos pecados, assentou-se à direita da Majestade nas alturas. (Hb 1.3)

Comandante do exército do Senhor
Josué 5.14,15

Autor da salvação
Hebreus 2.10

Carpinteiro
> Este não é o carpinteiro, filho de Maria, irmão de Tiago, de José, de Judas e de Simão? E suas irmãs não estão aqui entre nós? E escandalizavam-se por causa dele. (Mc 6.3)

Filho do carpinteiro
> Não é este o filho do carpinteiro? Sua mãe não se chama Maria, e seus irmãos, Tiago, José, Simão e Judas? (Mt 13.55)

Pedra de esquina
> Edificados sobre o fundamento dos apóstolos e dos profetas, sendo o próprio Cristo Jesus a principal pedra de esquina. (Ef 2.20)

> Por isso, a Escritura diz: Ponho em Sião uma pedra angular, eleita e preciosa. Quem nela crer não será desapontado. (1Pe 2.6)

Supremo Pastor
> Quando o Supremo Pastor se manifestar, recebereis a imperecível coroa da glória. (1Pe 5.4)

Menino
> Porque um menino nos nasceu, um filho nos foi concedido. O governo está sobre os seus ombros, e o seu nome será: Maravilhoso Conselheiro, Deus Forte, Pai Eterno, Príncipe da Paz. (Is 9.6)

Menino Jesus
> Assim, movido pelo Espírito foi ao templo; e quando os pais levaram o menino Jesus, para fazer por ele conforme ordena a lei... (Lc 2.27)

Escolhido por Deus
> Chegando-vos a ele, a pedra viva, rejeitada pelos homens, mas eleita e preciosa para Deus. (1Pe 2.4)

> E o povo estava ali, olhando. E as autoridades o ridicularizavam, dizendo: Salvou os outros, então salve a si mesmo, se é o Cristo, o escolhido de Deus. (Lc 23.35)

Cristo
> Jacó gerou José, marido de Maria, da qual nasceu Jesus, chamado Cristo. (Mt 1.16)

> Depois de convocar todos os principais sacerdotes e os mestres do povo, perguntou-lhes onde deveria nascer o Cristo. (Mt 2.4)

> Respondendo, Simão Pedro disse: Tu és o Cristo, o Filho do Deus vivo. (Mt 16.16)

> Todo aquele que crê que Jesus é o Cristo é nascido de Deus; e todo aquele que ama o que o gerou, ama também o que dele é nascido. (1Jo 5.1)

Cristo, um rei
> E começaram a acusá-lo, dizendo: Achamos este homem perturbando a nossa nação, proibindo pagar o imposto a César e dizendo ser ele mesmo o Cristo, um rei. (Lc 23.2)

Cristo crucificado
> Nós pregamos Cristo crucificado, que é motivo de escândalo para os judeus e absurdo para os gentios. (1Co 1.23)

Cristo Jesus
> Mas Paulo respondeu: João realizou o batismo do arrependimento, dizendo ao povo que cresse naquele

que viria depois dele, isto é, em Jesus.
(At 19.4)

Cristo Jesus, nosso Senhor
Nem altura, nem profundidade, nem qualquer outra criatura poderá nos separar do amor de Deus, que está em Cristo Jesus, nosso Senhor. (Rm 8.39)

Cristo Jesus, o Senhor
Pois não pregamos a nós mesmos, mas a Jesus Cristo, o Senhor, e a nós mesmos como vossos servos por causa de Jesus.
(2Co 4.5)

Cristo de Deus
Lucas 9.20

■ A palavra "Cristo"

Ungido, a tradução grega da palavra hebraica representando Messias, o título oficial de nosso Senhor, aparece 514 vezes no Novo Testamento.

Ela indica que ele foi ungido ou consagrado ao seu grande trabalho redentor como:
- Profeta,
- Sacerdote, e
- Rei de seu povo.

Ele é Jesus, o Cristo (At 17.3; 18.5; Mt 22.42), o Ungido. Ele é assim mencionado por Isaías (Is 61.1) e por Daniel (Dn 9.24-26), os quais o intitulam Messias, o Príncipe.

O Messias é a mesma pessoa que:
- A semente da mulher (Gn 3.15);
- A semente de Abraão (Gn 22.18);
- Um profeta como Moisés (Dt 18.15);
- O sacerdote, segundo a ordem de Melquisedeque (Sl 110.4);
- O ramo do tronco de Jessé (Is 11.1,10);
- O Emanuel, o filho da virgem (Is 7.14);
- O Renovo de Jeová (Is 4.2);
- O mensageiro da aliança (Ml 3.1).

As Escrituras do Antigo Testamento estão cheias de declarações proféticas relacionadas ao Grande Libertador e ao trabalho que ele teria que realizar. Jesus, o Cristo é Jesus:
- O Grande Libertador;
- O Ungido;
- O Salvador dos homens.

Esse nome denota que Jesus foi divinamente designado, autorizado e credenciado como o Salvador dos homens (Hb 5.4; Is 11.2-4; 49.6; Jo 5.37; At 2.22).

Acreditar que Jesus é o Cristo é crer que ele é:
- O Ungido;
- O Messias dos profetas;
- O Salvador enviado por Deus.

É acreditar que ele era quem ele afirmava ser. Isto é crer no evangelho, pela fé por meio da qual homens e mulheres abandonados podem ser trazidos a Deus.

A crença dos cristãos é a de que Jesus é o Cristo (1Co 12.3; 1Jo 5.1).

■ Características de Jesus Cristo

Os escritores dos quatro evangelhos e os escritores das cartas do Novo Testamento nos dão uma grande quantidade de informações sobre a pessoa e o trabalho de Jesus.

O exemplo de Jesus é perfeito. Hebreus 7.26

Os cristãos deveriam ser como Jesus, em:
- Santidade. 1Pedro 1.15,16; Romanos 1.6;
- Retidão. 1João 2.6;
- Pureza. 1João 3.3;
- Amor. João 13.34; Efésios 5.2; 1João 3.16;
- Humildade. Lucas 22.27; Filipenses 2.5,7;
- Submissão. Mateus 1.29;
- Obediência. João 15.10;
- Negação de si próprio. Mateus 16.24; Romanos 15.3;
- Ministração aos outros. Mateus 20.28; João 13.14,15;
- Perdão. Colossenses 3.13;

- Superar o mundo. João 16.33; 1João 5.4;
- Não ser deste mundo. João 17.16;
- Ser honesto. 1Pedro 2.21,22;
- Sofrer injustamente. 1Pedro 2.21-23;
- Sofrer pela justiça. Hebreus 12.3,4.

Consolação de Israel
Lucas 2.25

Governante
Isaías 55.4

Conselheiro
Porque um menino nos nasceu, um filho nos foi concedido. O governo está sobre os seus ombros, e o seu nome será: Maravilhoso Conselheiro, Deus Forte, Pai Eterno, Príncipe da Paz. (Is 9.6)

Davi
Jeremias 30.9; Ezequiel 34.23

Estrela da alva
Assim, temos ainda mais firme a palavra profética. E fazeis bem em estar atentos a ela, como a uma candeia que ilumina um lugar escuro, até que o dia amanheça e a estrela da alva surja em vosso coração. (2Pe 1.19)

Sol nascente
Lucas 1.78

Libertador
Romanos 11.26

Desejo de todas as nações
Ageu 2.7

Belo diadema
Naquele dia o SENHOR dos Exércitos será coroa de glória e formoso diadema para o restante de seu povo. (Is 28.5)

Porta
João 10.7

Porta das ovelhas
Então, Jesus voltou a falar-lhes: Em verdade, em verdade vos digo: Eu sou a porta das ovelhas. (Jo 10.7)

Eleito de Deus
Isaías 42.1

Fim da lei
Pois Cristo é o fim da lei para a justificação de todo aquele que crê. (Rm 10.4)

Bandeira para os povos
Naquele dia, a raiz de Jessé será como uma bandeira aos povos, para onde as nações recorrerão; o seu descanso será glorioso. (Is 11.10)

Vida eterna
1João 1.2; 5.20

Pai eterno
Isaías 9.6

Luz para sempre
O sol não te servirá mais para luz do dia, nem a lua te iluminará com o seu resplendor; mas o SENHOR será a tua luz para sempre, e o teu Deus será a tua glória. O teu sol nunca mais se porá, nem a tua lua minguará, porque o SENHOR será a tua luz para sempre, e os teus dias de luto terminarão. (Is 60.19,20)

Expressão exata do seu ser
Ele é o resplendor da sua glória e a representação exata do seu Ser, sustentando todas as coisas pela palavra do seu poder e tendo feito a purificação dos pecados, assentou-se à direita da Majestade nas alturas. (Hb 1.3)

Fiel
Quem vos chamou é fiel, e ele também o fará. (1Ts 5.24)

Fiel e verdadeiro
Apocalipse 19.11

Fiel e verdadeira testemunha
> Escreve ao anjo da igreja em Laodiceia: Estas coisas diz o Amém, a testemunha fiel e verdadeira, o princípio da criação de Deus. (Ap 3.14)

Fiel Criador
> Portanto, os que sofrem segundo a vontade de Deus devem confiar a vida ao fiel Criador, praticando o bem. (1Pe 4.19)

Sumo sacerdote misericordioso e fiel
> Por essa razão era necessário que em tudo se tornasse semelhante a seus irmãos, para que viesse a ser um sumo sacerdote misericordioso e fiel nas coisas que dizem respeito a Deus, a fim de fazer propiciação pelos pecados do povo. (Hb 2.17)

Testemunha fiel
Apocalipse 1.5; 3.14

Primeiro e último
Apocalipse 1.17; 2.8

Primogênito dentre os mortos
Apocalipse 1.5

Primogênito de toda a criação
Colossenses 1.15

Primogênito entre muitos irmãos
> Pois os que conheceu por antecipação, também os predestinou para serem conformes à imagem de seu Filho, a fim de que ele seja o primogênito entre muitos irmãos. (Rm 8.29)

Primogênito dentre os mortos
> Ele também é a cabeça do corpo, que é a igreja; é o princípio, o primogênito dentre os mortos, para que em tudo tenha o primeiro lugar. (Cl 1.18)

Primeiro
> Cada um, porém, na sua vez: Cristo primeiro, e depois os que lhe pertencem na sua vinda. (1Co 15.23)

Primícias dentre aqueles que dormiram
> Cada um, porém, na sua vez: Cristo primeiro, e depois os que lhe pertencem na sua vinda. (1Co 15.20)

Carne
> E o Verbo se fez carne e habitou entre nós, pleno de graça e de verdade; e vimos a sua glória, como a glória do unigênito do Pai. (Jo 1.14)

Conhecido antes da criação do mundo
> Conhecido já antes da fundação do mundo, mas manifestado no fim dos tempos em vosso favor. (1Pe 1.20)

Precursor
Hebreus 6.20

Alicerce
> Porque ninguém pode lançar outro alicerce, além do que já está posto, o qual é Jesus Cristo. (1Co 3.11)

Fonte
> Naquele dia haverá uma fonte aberta para a casa de Davi e para os habitantes de Jerusalém, para remover o pecado e a impureza. (Zc 13.1)

Fonte de água viva
> Ó Senhor, esperança de Israel, todos aqueles que te abandonarem serão envergonhados. Os que se apartam de ti terão seus nomes escritos no solo; porque abandonam o Senhor, a fonte de águas vivas. (Jr 17.13)

Amigo
O homem que tem muitos amigos pode ser arruinado por eles, mas há amigo mais chegado que um irmão. (Pv 18.24)

Amigo de publicanos e pecadores
E veio o Filho do homem, comendo e bebendo, e dizeis: É um glutão e bebedor de vinho, amigo de publicanos e pecadores. (Lc 7.34)

Sabão do lavandeiro
Mas quem suportará o dia da sua vinda? Quem permanecerá de pé quando ele aparecer? Pois ele será como o fogo do ourives e como o sabão do lavandeiro. (Ml 3.2)

Dom de Deus
Jesus lhe respondeu: Se conhecesses o dom de Deus e quem é o que te diz: Dá-me um pouco de água, tu lhe pedirias e ele te daria água viva. (Jo 4.10)

Glória do Senhor
A glória do SENHOR se revelará; e todos juntos a verão, pois foi o SENHOR quem falou. (Is 40.5)

Glória de Israel, teu povo
Luz para revelação aos gentios, e para a glória do teu povo Israel. (Lc 2.32)

Deus
Isaías 40.9; João 20.28

Deus bendito para sempre
Romanos 9.5

Deus, nosso Salvador
Isso é bom e agradável diante de Deus, nosso Salvador. (1Tm 2.3)

Deus conosco
A virgem engravidará e dará à luz um filho, a quem chamarão Emanuel, que significa: Deus conosco. (Mt 1.23)

Companheiro de Deus
Zacarias 13.7

Glória do Senhor
Isaías 40.5

■ A glória de Cristo

A glória de Jesus Cristo é explicada nos seguintes títulos, os quais foram dados a ele. Essa glória também foi revelada em seus milagres e em sua vida, como também em muitas de suas obras.
- Como Deus: João 1.1-5; Filipenses 2.6,9,10
- Como o Filho de Deus: Mateus 3.17; Hebreus 1.6,8
- Como um com o Pai: João 10.30,38
- Como o primogênito: Colossenses 1.15,18
- Como o primogênito: Hebreus 1.6
- Como Senhor dos senhores: Apocalipse 17.14
- Como a imagem de Deus: Colossenses 1.15; Hebreus 1.3
- Como criador: João 1.3; Colossenses 1.16; Hebreus 1.2
- Como o bendito de Deus: Salmo 45.2
- Como mediador: 1Timóteo 2.5; Hebreus 8.6
- Como profeta: Deuteronômio 18.15,16; Atos 3.22
- Como sacerdote: Salmo 110.4; Hebreus 4.15
- Como rei: Isaías 6.1-5; João 12.41.
- Como juiz: Mateus 16.27; 25.31,33.
- Como pastor: Isaías 40.10,11; João 10.11,14.
- Como cabeça da igreja: Efésios 1.22
- Como a luz verdadeira: Lucas 1.78,79; João 1.4,9
- Como a fundação da igreja: Isaías 28.16
- Como o caminho: João 14.6; Hebreus 10.19,20
- Como a verdade: 1João 5.20; Apocalipse 3.7

- Como a vida: João 11.25; Colossenses 3.4; 1João 5.11
- Como encarnado: João 1.14
- Em suas palavras: Lucas 4.22; João 7.46
- Em suas obras: Mateus 13.54; João 2.11
- Em sua perfeição sem pecado: Hebreus 7.26-28
- Na plenitude da sua graça e verdade: Salmo 45.2; João 1.14
- Em sua transfiguração: Mateus 17.2

Porque não seguimos fábulas engenhosas quando vos fizemos conhecer o poder e a vinda de nosso Senhor Jesus Cristo, pois fomos testemunhas oculares da sua majestade. Porque ele recebeu honra e glória de Deus Pai quando, pela glória majestosa, a seguinte voz lhe foi dirigida: Este é o meu Filho amado de quem me agrado. E nós mesmos ouvimos essa voz, dirigida do céu, quando estávamos com ele no monte santo. (2Pe 1.16-18)

- Em sua exaltação: Atos 7.55,56; Efésios 1.21
- Em seu triunfo: Isaías 63.1-3; Apocalipse 19.11,16
- Seguiu seus sofrimentos: 1Pedro 1.10,11

Os seguidores de Deus verão a glória de Cristo no céu – João 17.24.

Bom mestre
Aproximou-se dele um jovem e lhe disse: Mestre, que farei de bom para ter a vida eterna? (Mt 19.16)

Bom pastor
João 10.14

Grande sumo sacerdote
Hebreus 4.14

Governante
Mateus 2.6

Gracioso
... se é que já provastes que o Senhor é bom. (1Pe 2.3)

Grande Deus
Aguardando a bendita esperança e o aparecimento da glória do nosso grande Deus e Salvador, Cristo Jesus. (Tt 2.13)

Grande sumo sacerdote
Portanto, tendo um grande sumo sacerdote, Jesus, o Filho de Deus, que entrou no céu, mantenhamos com firmeza nossa declaração pública de fé. (Hb 4.14)

Grande rei
Nem pela terra, porque é o estrado de seus pés; nem por Jerusalém, porque é a cidade do grande Rei. (Mt 5.35)

Grande profeta
Então o medo dominou a todos; e glorificavam a Deus, dizendo: Um grande profeta se levantou entre nós; e: Deus visitou o seu povo. (Lc 7.16)

Grande pastor das ovelhas
O Deus de paz, que pelo sangue da aliança eterna trouxe dentre os mortos nosso Senhor Jesus, o grande Pastor das ovelhas. (Hb 13.20)

Maior do que Jonas
Os habitantes de Nínive se levantarão no juízo contra esta geração e a condenarão, pois se arrependeram com a pregação de Jonas. E aqui está quem é maior que Jonas. (Mt 12.41)

Maior do que Salomão
A rainha do Sul se levantará no juízo contra esta geração e a condenará, pois veio dos confins da terra para ouvir a sabedoria de Salomão. E aqui está quem é maior que Salomão. (Mt 12.42)

Guia
Porque este Deus é o nosso Deus para todo o sempre; ele será nosso guia até a morte. (Sl 48.14)

Inculpável
Porque precisávamos de um sumo sacerdote como este: santo, inocente, imaculado, separado dos pecadores, tendo-se tornado mais sublime que o céu. (Hb 7.26)

Cabeça
Efésios 4.15

Cabeça de todo poder e autoridade
E nele, a cabeça de todo principado e poder, tendes a vossa plenitude. (Cl 2.10)

Cabeça de todo homem
Todavia, quero que saibais que Cristo é o cabeça de todo homem; o homem, o cabeça da mulher; e Deus, o cabeça de Cristo. (1Co 11.3)

Cabeça da igreja
Efésios 5.23. Colossenses 1.18

Pedra angular
Assim, para vós, os que credes, ela é preciosa, mas, para os descrentes, a pedra que os construtores rejeitaram foi colocada como a principal, a pedra angular. (1Pe 2.7)

Cabeça de todas as coisas
Também sujeitou todas as coisas debaixo dos seus pés, para que seja cabeça sobre todas as coisas, e o deu à igreja. (Ef 1.22)

Herdeiro de todas as coisas
Hebreus 1.2

Sumo Sacerdote
Portanto, santos irmãos, participantes do chamado celestial, considerai com atenção o Apóstolo e Sumo Sacerdote que declaramos publicamente, Jesus. (Hb 3.1)

Onde Jesus entrou por nós, como precursor, tornando-se sumo sacerdote para sempre, segundo a ordem de Melquisedeque. (Hb 6.20)

Sumo sacerdote segundo a ordem de Melquisedeque
proclamado sumo sacerdote por Deus, segundo a ordem de Melquisedeque. (Hb 5.10)

Sumo sacerdote para sempre
Onde Jesus entrou por nós, como precursor, tornando-se sumo sacerdote para sempre, segundo a ordem de Melquisedeque. (Hb 6.20)

Seu Filho amado
Ele nos tirou do domínio das trevas e nos transportou para o reino do seu Filho amado. (Cl 1.13)

Seu Filho dos céus
... esperando do céu seu Filho, a quem ele ressuscitou dentre os mortos, Jesus, que nos livra da ira vindoura. (1Ts 1.10)

Santo Servo Jesus
Pois, nesta cidade, eles de fato se aliaram contra o teu santo Servo Jesus, a quem ungiste; não só Herodes, mas também Pôncio Pilatos com os gentios e os povos de Israel. (At 4.27)

Santo
Salmo 16.10; Atos 2.27,31

Santo de Deus
Marcos 1.24

O Santo e Justo
Mas vós negastes o Santo e Justo, e pedistes que um homicida fosse libertado. (At 3.14)

O Santo de Israel
Isaías 41.14

Santo
O anjo respondeu: O Espírito Santo virá sobre ti, e o poder do Altíssimo te cobrirá com a sua sombra; por isso aquele que nascerá será santo e será chamado Filho de Deus. (Lc 1.35)

Poderosa salvação
Lucas 1.69

Esperança da glória
A quem Deus, entre os gentios, quis dar a conhecer as riquezas da glória deste mistério, a saber, Cristo em vós, a esperança da glória. (Cl 1.27)

Esperança de Israel
Por essa razão vos convidei, para vos ver e falar. Pois estou preso com esta corrente por causa da esperança de Israel. (At 28.20)

Eu Sou
Jesus lhes respondeu: Em verdade, em verdade vos digo que, antes que Abraão existisse, Eu Sou. (Jo 8.58)

Imortal
Ora, ao rei dos séculos, imortal, invisível, ao único Deus, sejam honra e glória para todo o sempre. Amém. (1Tm 1.17)

Imagem do Deus invisível
Ele é a imagem do Deus invisível, o primogênito sobre toda a criação. (Cl 1.15)

Emanuel
Pois o SENHOR mesmo vos dará um sinal: A virgem ficará grávida e dará à luz um filho, e ele se chamará Emanuel. (Is 7.14)

A virgem engravidará e dará à luz um filho, a quem chamarão Emanuel, que significa: Deus conosco. (Mt 1.23)

Jeová
Isaías 26.4

Jesus
Mateus 1.21; 1Tessalonicenses 1.10

Jesus Cristo
Hebreus 13.8

Jesus Cristo, nosso Senhor
Graças a Deus por Jesus Cristo, nosso Senhor! Desse modo, com a mente eu mesmo sirvo à lei de Deus, mas com a carne, à lei do pecado. (Rm 7.25)

Jesus Cristo, nosso Salvador
Que ele derramou amplamente sobre nós por Jesus Cristo, nosso Salvador. (Tt 3.6)

Jesus Cristo, o Justo
1João 2.1

Jesus, o galileu
Pedro estava sentado do lado de fora, no pátio; uma criada aproximou-se dele e disse: Tu também estavas com Jesus, o galileu. (Mt 26.69)

Jesus de Nazaré
Filipe encontrou Natanael e disse-lhe: Achamos aquele de quem Moisés escreveu na Lei, sobre quem os profetas também escreveram: Jesus de Nazaré, filho de José. (Jo 1.45)

Jesus Nazareno, o rei dos Judeus
Pilatos ordenou também que se colocasse um letreiro sobre a cruz com esta inscrição: JESUS NAZARENO, O REI DOS JUDEUS. (Jo 19.19)

Jesus, o Filho de Deus
Portanto, tendo um grande sumo sacerdote, Jesus, o Filho de Deus, que entrou no céu, mantenhamos com firmeza nossa declaração pública de fé. (Hb 4.14)

Jesus, o filho de José
E perguntavam: Não é ele Jesus, filho de José? Acaso não conhecemos seu pai e sua mãe? Como pode estar dizendo: Desci do céu? (Jo 6.42)

Judeu
Disse-lhe, então, a mulher samaritana: Como tu, um judeu, pedes de beber a mim, que sou mulher samaritana? Pois os judeus não se davam bem com os samaritanos. (Jo 4.9)

Filho de José
Todos o aprovavam e, admirando-se das palavras de graça que saíam da sua boca, perguntavam: Este não é filho de José? (Lc 4.22)

Juiz
Ele nos ordenou que pregássemos ao povo e testemunhássemos que por Deus ele foi constituído juiz dos vivos e dos mortos. (At 10.42)

Juiz de toda a terra
Longe de ti fazer tal coisa, matar o justo com o ímpio, igualando o justo ao ímpio; longe de ti fazer isso! Não fará justiça o juiz de toda a terra? (Gn 18.25)

Juiz de Israel
Miqueias 5.1

Juiz de vivos e de mortos
Ele nos ordenou que pregássemos ao povo e testemunhássemos que por Deus ele foi constituído juiz dos vivos e dos mortos. (At 10.42)

Homem justo
E estando ele sentado no tribunal, sua mulher mandou dizer-lhe: Não te envolvas na questão desse justo, porque hoje em sonho sofri muito por causa dele. (Mt 27.19)

Justo
Atos 7.52

Pessoa justa
Percebendo que nada conseguia, mas, pelo contrário, que o tumulto aumentava, Pilatos mandou trazer água e, lavando as mãos diante da multidão, disse: Sou inocente do sangue deste homem; isso é problema vosso. (Mt 27.24)

Rei
Zacarias 9.9; Mateus 21.5

Rei eterno
Ora, ao Rei dos séculos, imortal, invisível, ao único Deus, sejam honra e glória para todo o sempre. Amém. (1Tm 1.17)

Rei em seu esplendor
Os teus olhos verão o rei na sua glória e a terra que se estende em amplidão. (Is 33.17)

Rei da Glória
Levantai, ó portas, as vossas cabeças; levantai-vos, ó entradas eternas, para que entre o Rei da Glória. Quem é o Rei da Glória? O SENHOR forte e poderoso, o SENHOR poderoso na batalha. (Sl 24.7,8)

Rei de Israel
João 1.49

Rei dos reis
1Timóteo 6.15; Apocalipse 17.14

Rei das nações
Eles cantavam o cântico de Moisés, servo de Deus, e o cântico do Cordeiro, dizendo: Grandes e admiráveis são as tuas obras, ó Senhor Deus Todo-poderoso; justos e verdadeiros são os teus caminhos, ó Rei das nações. (Ap 15.3)

Rei dos judeus
Mateus 2.2

Rei de toda a terra
> O Senhor será rei sobre toda a terra; naquele dia haverá um só Senhor, e o seu nome será único. (Zc 14.9)

Rei que vem em nome do Senhor
> dizendo: Bendito o Rei que vem em nome do Senhor! Paz no céu e glória nas alturas. (Lc 19.38)

Legislador
Isaías 33.22

Cordeiro
Apocalipse 5.6,12; 13.8; 21.22; 22.3

Cordeiro de Deus
João 1.29,36

Cordeiro que foi morto desde a criação do mundo
> Todos os habitantes da terra a adorarão, aqueles cujos nomes não estão escritos no livro do Cordeiro que foi morto desde a fundação do mundo. (Ap 13.8)

Cordeiro que foi morto
> Eles proclamavam em alta voz: O Cordeiro que foi morto é digno de receber o poder, a riqueza, a sabedoria, a força, a honra, a glória e o louvor. (Ap 5.12)

Cordeiro que está no centro do trono
> Porque o Cordeiro que está no meio, diante do trono, os apascentará e os conduzirá às fontes das águas da vida, e Deus lhes enxugará dos olhos toda lágrima.(Ap 7.17)

Último Adão
> Assim, também está escrito: Adão, o primeiro homem, tornou-se ser vivente, e o último Adão, espírito que dá vida. (1Co 15.45)

Líder
Isaías 55.4

Vida
João 14.6; Colossenses 3.4; 1João 1.2

Luz
> Ele veio como testemunha, a fim de dar testemunho da luz, para que todos cressem por meio dele. (Jo 1.7)

Luz do mundo
João 8.12

Luz para revelação aos gentios
> ... luz para revelação aos gentios, e para a glória do teu povo Israel. (Lc 2.32; ver também Is 42.6; 49.6; 60.3)

Leão da tribo de Judá
Apocalipse 5.5

Pão vivo
> Eu sou o pão vivo que desceu do céu; se alguém comer deste pão, viverá para sempre; e o pão que eu darei pela vida do mundo é a minha carne. (Jo 6.51)

Pedra viva
> Chegando-vos a ele, a pedra viva, rejeitada pelos homens, mas eleita e preciosa para Deus. (1Pe 2.4)

Senhor
> Vós me chamais Mestre e Senhor; e fazeis bem, pois eu o sou. (Jo 13.13)

Senhor até mesmo do sábado
> Porque o Filho do homem é Senhor do sábado. (Mc 2.28; ver também Mt 12.8)

Senhor e Salvador Jesus Cristo
> Pois assim vos será amplamente concedida a entrada no reino eterno do nosso Senhor e Salvador Jesus Cristo. (2Pe 1.11; ver também 2Pe 3.18)

Senhor de vivos e de mortos
> Porque foi com este propósito que Cristo morreu e tornou a viver: para ser

Senhor tanto de mortos como de vivos. (Rm 14.9)

Cristo, o Senhor
Sabendo que recebereis do Senhor a herança como recompensa; servi a Cristo, o Senhor. (Cl 3.24)

Senhor dos céus
O primeiro homem foi feito do pó da terra; o segundo homem é do céu. (1Co 15.47)

Senhor Deus Todo-poderoso
Apocalipse 15.3

Senhor Deus dos espíritos dos profetas
Apocalipse 22.6

Senhor Todo-poderoso
Também ouvi uma voz como a de grande multidão, como o som de muitas águas e fortes trovões, que dizia: Aleluia! Porque o Senhor nosso Deus, o Todo-poderoso, já reina. (Ap 19.6)

Senhor Jesus
Porque, se com a tua boca confessares Jesus como Senhor, e em teu coração creres que Deus o ressuscitou dentre os mortos, serás salvo. (Rm 10.9; ver também At 7.59; Cl 3.17)

Senhor Jesus Cristo
Meus irmãos, como tendes fé em nosso Senhor Jesus Cristo, Senhor da glória, não façais discriminação de pessoas. (Tg 2.1; ver também At 16.31; Rm 5.1)

Senhor Jesus Cristo, nosso Salvador
A Tito, meu verdadeiro filho na fé que nos é comum: Graça e paz da parte de Deus Pai e de Cristo Jesus, nosso Salvador. (Tt 1.4)

Senhor de todos
Atos 10.36

Senhor da glória
1Coríntios 2.8

Senhor dos Exércitos
Assim diz o SENHOR, rei de Israel, seu Redentor, o SENHOR dos Exércitos: Eu sou o primeiro, e sou o último, e além de mim não há Deus. (Is 44.6)

Rei dos reis
Ela, no tempo próprio, manifestará o bem-aventurado e único soberano, rei dos reis e Senhor dos senhores. (1Tm 6.15)

No manto, sobre a coxa, traz escrito o nome: Rei dos reis e Senhor dos senhores. (Ap 19.16)

Senhor da paz
O próprio Senhor da paz sempre vos dê paz de todas as maneiras. O Senhor esteja com todos vós. (2Ts 3.16)

Senhor da colheita
Mateus 9.38

O Senhor é a nossa justiça
Jeremias 23.6

Cristo do Senhor
E o Espírito Santo lhe havia revelado que ele não morreria antes de ver o Cristo da parte do Senhor. (Lc 2.26)

Homem, o
Então Jesus saiu, vestindo a coroa de espinhos e o manto de púrpura. E Pilatos lhes disse: Aqui está o homem. (Jo 19.5)

Homem aprovado por Deus
Homens israelitas, escutai estas palavras: Jesus, o Nazareno, homem aprovado por Deus entre vós com milagres, feitos extraordinários e sinais, que Deus realizou entre vós por meio dele, como bem sabeis. (At 2.22)

O homem Cristo Jesus
Porque há um só Deus e um só Mediador entre Deus e os homens, Cristo Jesus, homem. (1Tm 2.5)

Homem de dores
Foi desprezado e rejeitado pelos homens; homem de dores e experimentado nos sofrimentos; e, como um de quem os homens escondiam o rosto, foi desprezado, e não lhe demos nenhuma importância. (Is 53.3)

Homem designado para um propósito
Pois determinou um dia em que julgará o mundo com justiça, por meio do homem que estabeleceu com esse propósito. E ele garantiu isso a todos ao ressuscitá-lo dentre os mortos. (At 17.31)

Mestre
Vós, porém, não queirais ser chamados Rabi; porque um só é o vosso Mestre, e todos vós sois irmãos. (Mt 23.8)

Mediador
1Timóteo 2.5

Mediador de superior aliança
Mas agora tanto ele alcançou ministério mais excelente, quanto é mediador de uma aliança melhor, firmada sobre melhores promessas. (Hb 8.6)

Mediador da nova aliança
a Jesus, o mediador de uma nova aliança, e ao sangue da aspersão, que fala melhor do que o sangue de Abel. (Hb 12.24)

Mediador de uma nova aliança
Por isso, ele é mediador de uma nova aliança para que, tendo sofrido a morte para a redenção das transgressões cometidas sob a primeira aliança, os chamados recebam a promessa da herança eterna. (Hb 9.15)

Manso
Mateus 11.29

Sumo sacerdote misericordioso e fiel
Por essa razão era necessário que em tudo se tornasse semelhante a seus irmãos, para que viesse a ser um sumo sacerdote misericordioso e fiel nas coisas que dizem respeito a Deus, a fim de fazer propiciação pelos pecados do povo. (Hb 2.17)

Mensageiro da aliança
Malaquias 3.1

Messias
Daniel 9.25; João 1.41

Deus poderoso
Porque um menino nos nasceu, um filho nos foi concedido. O governo está sobre os seus ombros, e o seu nome será: Maravilhoso Conselheiro, Deus Forte, Pai Eterno, Príncipe da Paz. (Is 9.6)

Poderoso de Jacó
Isaías 60.16

Mais excelente nome
Tornando-se superior aos anjos, a ponto de herdar um nome mais excelente do que eles. (Hb 1.4)

Estrela da manhã
Apocalipse 22.16

Altíssimo
Quando ele viu Jesus, gritou, prostrou-se diante dele e exclamou em voz alta: Que tenho eu contigo, Jesus, Filho do Deus Altíssimo? Imploro-te que não me atormentes. (Lc 8.28)

Senhor meu e Deus meu
Tomé lhe respondeu: Senhor meu e Deus meu. (Jo 20.28)

Nazareno
Mateus 2.23

Oferta e sacrifício a Deus
E andai em amor como Cristo, que também nos amou e se entregou por nós a Deus como oferta e sacrifício com aroma suave. (Ef 5.2)

Descendente de Davi
Apocalipse 22.16

Ômega
Ver Alfa e Ômega.

Um dos profetas
Eles responderam: Alguns dizem que é João Batista; outros, Elias; outros, Jeremias, ou algum dos profetas. (Mt 16.14)

Unigênito do Pai
E o Verbo se fez carne e habitou entre nós, pleno de graça e de verdade; e vimos a sua glória, como a glória do unigênito do Pai. (Jo 1.14)

Filho unigênito
Porque Deus amou tanto o mundo, que deu o seu Filho unigênito, para que todo aquele que nele crê não pereça, mas tenha a vida eterna. (Jo 3.16)

Único soberano
1Timóteo 6.15

Deus único
Ora, ao rei dos séculos, imortal, invisível, ao único Deus, sejam honra e glória para todo o sempre. Amém. (1Tm 1.17)

Único Deus, nosso Salvador
Ao único Deus, nosso Salvador, por meio de Jesus Cristo, nosso Senhor, sejam glória, majestade, domínio e poder, antes de todos os séculos, agora e para todo o sempre. Amém. (Jd 25)

Nosso Cordeiro Pascal
1Coríntios 5.7

Nossa paz
Pois ele é a nossa paz. De ambos os povos fez um só e, derrubando a parede de separação, em seu corpo desfez a inimizade. (Ef 2.14)

Plantação memorável
Ezequiel 34.29

Soberano
Veja Bendito e único soberano.

Poder de Deus
Mas para os que foram chamados, tanto judeus como gregos, Cristo é poder de Deus e sabedoria de Deus. (1Co 1.24)

Precioso
Assim, para vós, os que credes, ela é preciosa, mas, para os descrentes, a pedra que os construtores rejeitaram foi colocada como a principal, a pedra angular. (1Pe 2.7)

Preciosa pedra angular
Portanto, assim diz o Senhor Deus: Ponho em Sião uma pedra como alicerce, pedra aprovada, pedra angular preciosa, de firme fundamento; aquele que crer nunca será abalado. (Is 28.16)

Sacerdote
Porque dele se dá este testemunho: Tu és sacerdote para sempre, segundo a ordem de Melquisedeque. (Hb 7.17)

Príncipe
Sim, Deus, com a sua destra, o elevou a Príncipe e Salvador, para conceder a Israel o arrependimento e o perdão de pecados. (At 5.31)

Autor da vida
Atos 3.15

Príncipe da Paz
Isaías 9.6

Príncipe dos príncipes
Fará o engano prosperar sob sua mão com sutileza; se engrandecerá e destruirá muitos que vivem em segurança; e se levantará contra o príncipe dos príncipes, mas será quebrado sem intervenção de mão humana. (Dn 8.25)

Soberano dos reis da terra
Apocalipse 1.5

Profeta
Lucas 24.19; João 7.40

Profeta poderoso em palavras e em obras
Lucas 24.19

Profeta de Nazaré da Galileia
E as multidões respondiam: Este é o profeta Jesus, de Nazaré da Galileia. (Mt 21.11)

Propiciação pelos nossos pecados
Ele é a propiciação pelos nossos pecados, e não somente pelos nossos, mas também pelos pecados de todo mundo. (1Jo 2.2)

Espírito vivificante
Assim, também está escrito: Adão, o primeiro homem, tornou-se ser vivente, e o último Adão, espírito que dá vida. (1Co 15.45)

Mestre
Ele foi encontrar-se de noite com Jesus e disse-lhe: Rabi, sabemos que és Mestre vindo de Deus, pois ninguém pode fazer os sinais que tu fazes, se Deus não estiver com ele. (Jo 3.2)

Raboni
Então Jesus lhe disse: Maria! Virando-se, ela lhe disse na língua dos hebreus: Raboni! (que significa Mestre). (Jo 20.16)

Resgate
1Timóteo 2.6

Redentor
Jó 19.25; Isaías 59.20; 60.16

Fogo do ourives
Malaquias 3.2

A ressurreição e a vida
João 11.25

Justo
Meus filhinhos, eu vos escrevo estas coisas para que não pequeis; mas, se alguém pecar, temos um Advogado junto ao Pai, Jesus Cristo, o justo. (1Jo 2.1)

Renovo justo
Jeremias 23.5.

Juiz justo
Desde agora a coroa da justiça me está reservada, a qual o Senhor, justo juiz, me dará naquele dia, e não somente a mim, mas a todos os que amarem a sua vinda. (2Tm 4.8)

Homem justo
Quando o centurião viu o que havia acontecido, glorificou a Deus, dizendo: É verdade, este homem era justo. (Lc 23.47)

Servo justo
Ele verá o fruto do trabalho da sua alma e ficará satisfeito; com o seu conhecimento, o meu servo justo justificará a muitos e levará sobre si as maldades deles. (Is 53.11)

Rocha
1Coríntios 10.4

Pedra de tropeço
Romanos 9.33

Ramo do tronco de Jessé
Um ramo brotará do tronco de Jessé, e um renovo frutificará das suas raízes. (Is 11.1)

Raiz e descendente de Davi
Eu, Jesus, enviei o meu anjo para vos testemunhar essas coisas em favor das igrejas. Eu sou a raiz e a geração de Davi, a resplandecente estrela da manhã. (Ap 22.16)

Raiz de Davi
Apocalipse 22.16

Raiz de Jessé
Isaías 11.10

Diadema real
Também serás uma coroa de adorno na mão do SENHOR, um diadema real na mão do teu Deus. (Is 62.3)

Governante de Israel
Miqueias 5.2

Salvação
Pois os meus olhos já viram a tua salvação. (Lc 2.30)

Salvação de Deus
E todos verão a salvação de Deus. (Lc 3.6)

O mesmo ontem, hoje e para sempre
Jesus Cristo é o mesmo ontem, hoje e eternamente. (Hb 13.8)

Salvador
2Pedro 2.20; 3.18

Salvador de todos os homens
Pois é para isso que trabalhamos e lutamos, porque temos colocado nossa esperança no Deus vivo, o Salvador de todos os homens, especialmente dos que creem. (1Tm 4.10)

Salvador do mundo
E diziam à mulher: Já não é pela tua palavra que cremos; pois agora nós mesmos temos ouvido e sabemos que este é verdadeiramente o Salvador do mundo. (Jo 4.42)

Segundo homem
O primeiro homem foi feito do pó da terra; o segundo homem é do céu. (1Co 15.47)

Separado dos pecadores
Porque precisávamos de um sumo sacerdote como este: santo, inocente, imaculado, separado dos pecadores, tendo-se tornado mais sublime que o céu. (Hb 7.26)

Servo
Isaías 42.1; 52.13

Pastor
E Jesus lhes disse: Todos vós desertareis, porque está escrito: Ferirei o pastor, e as ovelhas se dispersarão. (Mc 14.27)

Pastor e Bispo de almas
1Pedro 2.25

Siló
Gênesis 49.10

Filho
Todas as coisas me foram entregues por meu Pai; e ninguém conhece o Filho, senão o Pai; e ninguém conhece o Pai, senão o Filho e aquele a quem o Filho o quiser revelar. (Mt 11.27; ver também Cl 1.13)

Filho de Abraão
Livro da genealogia de Jesus Cristo, filho de Davi, filho de Abraão. (Mt 1.1)

Filho de Davi
Mateus 9.27

Filho de Deus
Lucas 1.35; João 1.49

Filho de José
João 1.45

Filho do homem
João 5.27; 6.37

Filho de Maria
> Este não é o carpinteiro, filho de Maria, irmão de Tiago, de José, de Judas e de Simão? E suas irmãs não estão aqui entre nós? E escandalizavam-se por causa dele. (Mc 6.3)

Filho do Deus bendito
Marcos 14.61

Filho do Pai
> Graça, misericórdia e paz da parte de Deus Pai e de Jesus Cristo, o Filho do Pai, serão conosco em verdade e amo. (2Jo 3)

Filho do Altíssimo
Lucas 1.32

Filho do Deus vivo
> Respondendo, Simão Pedro disse: Tu és o Cristo, o Filho do Deus vivo. (Mt 16.16)

Filho do Deus Altíssimo
Marcos 5.7

Filho sobre a casa de Deus
> Mas Cristo, como Filho, é fiel sobre a casa de Deus, casa que somos nós, se conservarmos firmes até o fim a nossa confiança e a glória da esperança. (Hb 3.6)

Estrela
Números 24.17

Pedra
> Portanto, assim diz o SENHOR Deus: Ponho em Sião uma pedra como alicerce, pedra aprovada, pedra angular preciosa, de firme fundamento; aquele que crer nunca será abalado. (Is 28.16)

Pedra de tropeço
> E como pedra de tropeço e rocha que causa a queda; porque eles tropeçam na palavra, por serem desobedientes; mas para isso também foram destinados. (1Pe 2.8)

Pedra que os construtores rejeitaram
> Jesus lhes disse: Nunca lestes nas Escrituras: A pedra que os construtores rejeitaram tornou-se a pedra angular; isso foi feito pelo Senhor e é maravilhoso aos nossos olhos. (Mt 21.42)

Sol da justiça
Malaquias 4.2

Garantia
Hebreus 7.22

Alicerce seguro
> Portanto, assim diz o SENHOR Deus: Ponho em Sião uma pedra como alicerce, pedra aprovada, pedra angular preciosa, de firme fundamento; aquele que crer nunca será abalado. (Is 28.16)

Garantia de uma aliança superior
Hebreus 7.22

Aroma agradável
> E andai em amor como Cristo, que também nos amou e se entregou por nós a Deus como oferta e sacrifício com aroma suave. (Ef 5.2)

Mestre vindo da parte de Deus
> Ele foi encontrar-se de noite com Jesus e disse-lhe: Rabi, sabemos que és Mestre vindo de Deus, pois ninguém pode fazer os sinais que tu fazes, se Deus não estiver com ele. (Jo 3.2)

Pedra já aprovada
Portanto, assim diz o SENHOR Deus: Ponho em Sião uma pedra como alicerce, pedra aprovada, pedra angular preciosa, de firme fundamento; aquele que crer nunca será abalado. (Is 28.16)

Verdadeiro
Então, vi no céu aberto um cavalo branco, e seu cavaleiro chama-se Fiel e Verdadeiro. Ele julga e luta com justiça. (Ap 19.11)

Verdadeiro pão do céu
Jesus lhes respondeu: Em verdade, em verdade vos digo: Não foi Moisés quem vos deu pão do céu; mas meu Pai é quem vos dá o verdadeiro pão do céu. (Jo 6.32)

Verdadeiro Deus
Sabemos também que o Filho de Deus já veio e nos deu entendimento, para conhecermos aquele que é verdadeiro; e estamos naquele que é verdadeiro, isto é, em seu Filho Jesus Cristo. Este é o verdadeiro Deus e a vida eterna. (1Jo 5.20)

Testemunha verdadeira
Escreve ao anjo da igreja em Laodiceia: Estas coisas diz o Amém, a testemunha fiel e verdadeira, o princípio da criação de Deus. (Ap 3.14)

Verdadeira luz
João 1.9

Videira verdadeira
João 15.1

Verdade
João 14.6

Puro
Porque precisávamos de um sumo sacerdote como este: santo, inocente, imaculado, separado dos pecadores, tendo-se tornado mais sublime que o céu. (Hb 7.26)

Dom inexprimível
Graças a Deus por seu dom inexprimível! (2Co 9.15)

Jesus é o Cristo
Saulo, porém, fortalecia-se cada vez mais e confundia os judeus que habitavam em Damasco, provando que Jesus era o Cristo. (At 9.22)

Videira
Eu sou a videira; vós sois os ramos. Quem permanece em mim e eu nele, esse dá muito fruto; porque sem mim nada podeis fazer. (Jo 15.5)

Caminho
João 14.6

Sabedoria
Provérbios 8.12

Sabedoria de Deus
Mas para os que foram chamados, tanto judeus como gregos, Cristo é poder de Deus e sabedoria de Deus. (1Co 1.24)

Testemunha
Isaías 55.4

Maravilhoso
Isaías 9.6

Verbo [Palavra]
No princípio era o Verbo, e o Verbo estava com Deus, e o Verbo era Deus. (Jo 1.1)

Verbo de Deus
Estava vestido com um manto salpicado de sangue, e seu nome é o Verbo de Deus. (Ap 19.13)

Verbo da vida

O que era desde o princípio, o que ouvimos, o que vimos com nossos olhos, o que contemplamos e nossas mãos apalparam, a respeito do Verbo da vida. (1Jo 1.1)

Menino

Quando entraram na casa, viram o menino com Maria, sua mãe, e, prostrando-se, o adoraram. Depois, abrindo seus tesouros, ofereceram-lhe presentes: ouro, incenso e mirra. (Mt 2.11)

"O nome Jesus não é somente luz, mas também alimento. É o óleo sem o qual o alimento para a alma é seco e sal sem o qual é insípido. É mel nos lábios, música nos ouvidos e alegria no coração."

Bernardo de Clairvaux

OS ATRIBUTOS DE DEUS, O ESPÍRITO SANTO

■ Os muitos ensinamentos

O Espírito Santo é chamado de "a pessoa esquecida" da Trindade. Mas isso não vem ao caso. A quantidade de ensinamentos sobre o Espírito Santo na Bíblia é realmente impressionante.

Referências gerais ao Espírito Santo

ANTIGO TESTAMENTO

Gn 1.2; Gn 6.3; Gn 41.38; Êx 31.3; Êx 35.31; Nm 27.18; Ne 9.20; Jó 16.19; Jó 32.8; Jó 33.4; Sl 51.11,12; Sl 103.9; Sl 139.7; Is 4.4; Is 6.8; Is 11.2; Is 28.6; Is 30.1; Is 32.15; Is 40.13; Is 42.1; Is 44.3,4; Is 48.16; Is 51.12; Is 54.13; Is 59.19; Is 59.21; Is 61.1; Lc 4.18; Is 63.10,11; Is 63.14; Ez 36.27; Ez 37.9; Ez 37.14; Ez 39.29; Jl 2.28,29; Mq 2.7; Mq 3.8; Ag 2.5; Zc 4.1-7; Zc 12.10

NOVO TESTAMENTO

Evangelhos

Mt 1.18; Mt 1.20; Mt 3.11; Mt 3.16,17; Jo 1.33; Mc 1.10; Lc 3.22; Jo 1.32; Mt 4.1; Mt 10.20; Mt 12.28; Mt 28.19; Mc 12.36; Mc 13.11; Lc 1.15; Lc 1.35; Lc 1.67; Lc 2.25-27; Lc 11.13; Lc 12.12; Lc 24.49; Jo 1.9; Jo 3.5,6; Jo 3.34; Jo 4.14; Jo 6.45; Jo 6.63; Jo 7.38,39; Jo 14.16,17; Jo 14.26; Jo 15.26; Jo 16.7-14; Jo 20.22

Atos

Os livros de Atos são corretamente chamados de "Os atos do Espírito Santo".
At 1.2; At 1.5; At 1.8; At 1.16; At 2.2-4; At 2.33; At 2.38; At 4.8; At 4.31; At 5.3,4; At 5.9; At 5.32; At 6.5; At 7.51; At 8.15-19; At 9.31; At 10.19,20; At 10.44-47; At 11.15-17; At 11.24; At 13.2; At 13.4; At 13.9; At 13.52; At 15.8; At 15.28; At 16.6,7; At 19.2-6; At 20.28

Cartas de Paulo

Rm 1.4; Rm 5.3-5; Rm 8.1-27; Rm 9.1; Rm 14.17; Rm 15.13; Rm 15.16; Rm 15.18,19; Rm 15.30; 1Co 2.4; 1Co 2.10-14; Rm 11.33,34; 1Co 3.16; 1Co 6.19; 1Co 6.11; 1Co 12.3-11; 2Co 1.22; 2Co 5.5; 2Co 3.3; 2Co 3.6; 2Co 3.8; 2Co 3.17,18; 2Co 6.4-6; 2Co 13.14; Gl 3.2,3; Gl 3.14; Gl 4.6; Gl 5.5; Gl 5.16-18; Gl 5.22,23; Gl 5.25; Gl 6.8; Ef 1.12-14; Ef 1.17; Ef 2.18; Ef 2.22; Ef 3.5; Ef 3.16; Ef 4.3,4; Ef 4.30; Ef 5.9; Ef 5.18; Ef 6.17,18; Fp 1.19; Fp 2.1; Cl 1.8; 1Ts 1.5,6; 1Ts 4.8,9; 1Ts 5.19; 2Ts 2.13; 1Tm 4.1; 2Tm 1.7; 2Tm 1.14; Tt 3.5,6

Cartas não paulinas

Hb 2.4; Hb 3.7; Hb 6.4; Hb 9.14; Hb 10.15; Hb 10.29; 1Pe 1.2; 1Pe 1.11,12; 1Pe 1.22; 1Pe 3.18; 1Pe 4.14; 2Pe 1.21; 1Jo 2.20; 1Jo 3.24; 1Jo 4.2; 1Jo 4.13; 1Jo 5.6-8; Jd 1.19,20

O livro de Apocalipse
Ap 2.7; Ap 2.11; Ap 2.29; Ap 11.11; Ap 14.13; Ap 19.10; Ap 22.17

■ Introdução

A terceira pessoa da adorável Trindade.

Sua personalidade é provada

Pelo fato de que os atributos da personalidade são atribuídos a ele – João 14.17,26; 15.26; 1Coríntios 2.10,11; 12.11. Ele repreende, ajuda, glorifica, intercede – João 16.7-13; Romanos 8.26.

Ele executa o trabalho que só pode ser atribuído a uma pessoa – Lucas 12.12; Atos 5.32; 15.28; 16.6; 28.25; 1Coríntios 2.13; Hebreus 2.4; 3.7; 2Pedro 1.21.

Sua divindade é demonstrada

Pelo fato de que os nomes de Deus são atribuídos a ele – Êxodo 17.7; Salmo 95.7; compare com Hebreus 3.7-11; e os atributos divinos também:
- Onipresença – Salmo 139.7; Efésios 2.17,18; 1Coríntios 12.13;
- Onisciência – 1Coríntios 2.10,11;
- Onipotência – Lucas 1.35; Romanos 8.11;
- Eternidade – Hebreus 9.14.

> *Quanto mais o sangue de Cristo, que, imaculado, por meio do Espírito eterno ofereceu a si mesmo a Deus, purificará das obras mortas a vossa consciência, para servirdes o Deus vivo!*
> (Hb 9.14)

A criação é atribuída a ele (Gn 1.2; Jó 26.13; Sl 104.30) e o trabalho dos milagres (Mt 12.28; 1Co 12.9-11).

A adoração é requerida e atribuída a ele – Isaías 6.3; Atos 28.25; Romanos 9.1; Apocalipse 1.4; Mateus 28.19.

O Espírito Santo é Deus

- Como Jeová. Êx 17.7; Hb 3.7-9; Nm 12.6; 2Pe1.21;
- Como Jeová dos Exércitos. Is 6.3,8-10; At 28.25;
- Como Jeová, o Altíssimo. Sl 78.17,21; At 7.51;
- Sendo invocado como Jeová. Lc 2.26-29; At 4.23-25; 1.16,20; 2Ts 3.5;
- Chamado como Deus. At 5.3,4;
- Como o Espírito da glória e de Deus. 1Pe 4.14;
- Como Criador. Gn 1.26,27; Jó 33.4;
- Como igual ao Pai, e sendo um com ele. Mt 28.19; 2Co 13.14;
- Como Soberano. Dn 4.35; 1Co 12.6,11;
- Como Autor do novo nascimento. Jo 3.5,6; 1Jo 5.4;
- Como aquele que ressuscitou Cristo dos mortos. At 2.24; 1Pe 3.18; Hb 13.20; Rm 1.4;
- Como inspirador das Escrituras. 2Tm 3.16; 2Pe 1.21;
- Como a fonte da sabedoria. 1Co 12.8; Is 11.2; Jo 16.13; 14.26;
- Unido ao Pai e ao Filho na fórmula batismal. Mt 28.19.

> "Sem o Espírito Santo, o discipulado dos verdadeiros cristãos seria inconcebível e, até mesmo, impossível."
> *John R. W. Stott*

- Como a fonte de poder miraculoso. Mt 12.28; Lc 11.20; At 19.11; Rm 15.19;
- Como aquele que designa ministros. At 13.2,4; 9.38; 20.28;
- Como direcionador do evangelismo. At 16.6,7,10;
- Como o que habita nos santos. Jo 14.17; 1Co 14.25; 3.16; 6.19;
- Como o Consolador da igreja. At 9.31; 2Co 1.3;

- Como o santificador da igreja. Ez 37.28; Rm 15.16;
- Como a testemunha. Hb 10.15; 1Jo 5.9;
- Como o que convence do pecado, da justiça e do julgamento. Jo 16.8-11.

A personalidade do Espírito Santo
- Ele cria e dá a vida. Jó 33.4
- Ele autoriza ministros. Is 48.16
- Ele instrui os ministros sobre o que pregar. 1Co 2.13
- Ele falou para profetas e por intermédio deles. At 1.16; 1Pe 1.11,12; 2Pe 1.21
- Ele luta com os pecadores. Gn 6.3
- Ele reprova. Jo 16.8
- Ele conforta. At 9.31
- Ele ajuda em nossas fraquezas. Rm 8.26
- Ele ensina. Jo 14.26; 1Co 12.3
- Ele guia. Jo 16.13
- Ele santifica. Rm 15.16; 1Co 6.11
- Ele testifica de Cristo. Jo 15.26
- Ele glorifica a Cristo. Jo 16.14
- Ele tem seu próprio poder. Rm 15.13
- Ele examina todas as coisas. Rm 11.33,34; 1Co 2.10,11
- Ele trabalha de acordo com sua própria vontade. 1Co 12.11
- Ele pode entristecer-se. Ef 4.30
- Ele pode sofrer resistência. At 7.51
- Ele pode ser posto à prova. At 5.9

O Espírito Santo como mestre
- Prometido. Pv 1.23
- Como o espírito de sabedoria. Isaías 11.2; 40.13,14

DADO
- Em resposta à oração. Ef 1.16,17;
- Aos santos. Ne 9.20; 1Co 2.12,13;
- Pela necessidade. 1Co 2.9,10.

DESSE MODO ELE
- Revela as coisas de Deus. 1Co 2.10,13;
- Revela as coisas de Cristo. Jo 16.14;
- Revela o futuro. Lc 2.26; At 21.11;
- Traz as palavras de Cristo à memória. Jo 14.26;
- Direciona no caminho da piedade. Is 30.21; Ez 36.27;
- Ensina os santos a responder aos perseguidores. Mc 13.11; Lc 12.12;
- Capacita os ministros a ensinar. 1Co 12.8;
- Guia através de toda a verdade. Jo 14.26; 16.13;
- Direciona as decisões da igreja. At 15.28;
- Fornece as instruções. Ap 2.7,11,29;
- O homem natural não receberá as coisas do Espírito. 1Co 2.14.

O Espírito Santo como o Consolador
- Procede do Pai. Jo 15.26

DADO
- Pelo Pai. Jo 14.16;
- Por Cristo. Is 61.3;
- Pela intercessão de Cristo. Jo 14.16;
- Enviado em nome de Cristo. Jo 14.26;
- Enviado por Cristo pelo Pai. Jo 15.26; 16.7.

DESSE MODO ELE
- Comunica alegria aos santos. Rm 14.17; Gl 5.22; 1Ts 1.6;
- Constrói a igreja. At 9.31;
- Testifica a respeito de Cristo. Jo 15.26
- Concede o amor de Deus. Rm 5.3-5;
- Concede esperança. Rm 15.13; Gl 5.5;
- Ensina os santos. Jo 14.26;
- Permanece para sempre com os santos. Jo 14.16;
- É conhecido pelos santos. Jo 14.17;
- O mundo não pode recebê-lo. Jo 14.17.

Exemplos da inspiração do Espírito Santo
ANTIGO TESTAMENTO
- José. Gn 41.38
- Bezalel. Êx 31.3; Êx 35.31
- Os setenta anciãos. Nm 11.17
- Balaão. Nm 24.2
- Josué. Nm 27.18

Os juízes
- Otoniel. Jz 3.10

- Gideão. Jz 6.34
- Jefté. Jz 11.29
- Sansão. Jz 13.25; Jz 14.6; Jz 14.19
- Rei Davi. 1Cr 28.11,12

Os profetas
- Azarias. 2Cr 15.1
- Zacarias. 2Cr 24.20; Zc 1.1
- Ezequiel. Ez 8.3; Ez 11.1; Ez 11.5; Ez 11.24
- Daniel. Dn 4.8

NOVO TESTAMENTO
- Zacarias. Lc 1.67
- Isabel. Lc 1.41
- Simeão. Lc 2.25,26
- Os discípulos. At 6.3; At 7.55; At 8.29; At 9.17; At 10.45

Blasfêmia/pecado contra o Espírito Santo
Is 63.10; Mt 12.31,32; Lc 12.10; Mc 3.29; Lc 2.10; 1Jo 5.16; At 5.3; At 5.9; At 7.51; At 8.18-22; Ef 4.30; Hb 10.29

Separando-se dos pecadores incorrigíveis
REFERÊNCIAS GERAIS
Gn 6.3; Dt 32.30; Sl 51.11; Pv 1.24-28; Jr 7.29; Os 4.17,18; Os 5.6; Os 9.12; Mt 15.14; Lc 13.7; Rm 1.24; Rm 1.26; Rm 1.28

EXEMPLOS DE
- Os que viveram antes do dilúvio. Gn 6.3-7
- Povo de Sodoma. Gn 19.13; Gn 19.24,25
- Israelitas. Nm 14.26-45; Dt 1.42; Dt 28.15-68; Dt 31.17,18
- Sansão. Jz 16.20
- Saul. 1Sm 16.14; 1Sm 18.10-12; 1Sm 19.9-11; 1Sm 20.30-33; 1Sm 22.7-19; 1Sm 28.15,16; 2Sm 7.15

"Somente quando o Espírito é muito desejado, pedido e suplicado, ele se torna presente e novamente ativo."

Karl Barth

A TRINDADE

■ Introdução

A palavra "Trindade" não é encontrada na Bíblia.

■ Resumo

A palavra "Trindade" é usada para expressar a doutrina da unidade de Deus como subsistindo em três pessoas distintas. Essa palavra é derivada do grego *trias*, ou do latim *trinitas*.

Primeiros usos da palavra
PRIMEIRO USO
DA PALAVRA "TRINDADE"
A primeira pessoa a usar o termo "Trindade" foi o bispo Teófilo de Antioquia, no final do século II, aproximadamente em 178. Ele o faz em sua *Carta a Autólico* 2.15.

SEGUNDO USO DA PALAVRA "TRINDADE"
Tertuliano, no começo do século III, foi o segundo a fazer uso do termo "Trindade". Ele o faz em sua carta *Contra Práxeas*.

Três outros teólogos do século III que usaram essa palavra são Novatio, Clemente de Alexandria e Orígenes.

Proposições dos antigos teólogos
As proposições apontadas pelos professores cristãos, os quais inventaram e usaram a palavra "Trindade" pela primeira vez, foram:

Que Deus é único, e que há somente um Deus (Dt 6.4; 1Rs 8.60; Is 44.6; Mc 12.29,32; Jo 10.30).

Que o Pai é uma pessoa distinta e divina (*hypostasis, subsistentia, persona, suppositum intellectuale*), distinta do Filho e do Espírito Santo.

Que Jesus Cristo era verdadeiramente Deus e, mesmo assim, era uma pessoa distinta do Pai e do Espírito Santo.

Que o Espírito Santo também é uma pessoa distinta e divina

Provado pela Bíblia

Os versículos-chave da Bíblia que verificam a doutrina da Trindade são: Mt 3.16,17; 28.19; Rm 8.9; 1Co 12.3-6; 2Co 13.14; Ef 4.4-6; 1Pe 1.2; Jd 1.20,21; Ap 1.4,5.

Títulos divinos aplicados às três pessoas em Êx 20.2; Jo 20.28; At 5.3,4.

CADA PESSOA DA TRINDADE,
DESCRITA COMO:
- Eterna. Rm 16.26; Ap 22.13; Hb 9.14;
- Santa. Ap 4.8; 15.4; At 3.14; 1Jo 2.20;
- Verdadeira. Jo 7.28; Ap 3.7;
- Onipresente. Jr 23.24; Ef 1.23; Sl 139.7;
- Onipotente. Gn 17.1; Ap 1.8; Rm 15.19; Jr 32.17; Hb 1.3; Lc 1.35;
- Onisciente. At 15.18; Jo 21.17; 1Co 2.10,11;
- Criadora. Gn 1.1; Cl 1.16; Jó 33.4; Sl 148.5; Jo 1.3; Jó 26.13;
- Fonte de todo o trabalho espiritual. Hb 13.21; Cl 1.29; 1Co 12.11.

> ... vos aperfeiçoe em toda boa obra, para fazerdes a sua vontade, realizando em nós o que perante ele é agradável, por meio de Jesus Cristo, a quem seja a glória para todo o sempre. Amém. (Hb 13.21)

> Para isso eu trabalho, lutando de acordo com a sua eficácia, que atua poderosamente em mim. (Cl 1.29)

> Mas um só Espírito realiza todas essas coisas, distribuindo-as individualmente conforme deseja. (1Co 12.11)

- Fonte da vida eterna. Rm 6.23; Jo 10.28; Gl 6.8;
- Mestre. Is 54.13; Lc 21.15; Jo 14.26; Is 48.17; Gl 1.12; 1Jo 2.20.

A Trindade e a inspiração dos profetas

Hb 1.1; 2Co 13.3; Mc 13.11

A Trindade e os ministros de Deus em sua igreja

Jr 3.15; Ef 4.11; At 20.28; Jr 26.5; Mt 10.5; At 13.2

Salvação é o trabalho da Trindade

> Mas, irmãos, amados do Senhor, devemos sempre agradecer a Deus por vós, pois ele vos escolheu desde o princípio para a salvação pela santificação feita pelo Espírito e pela fé na verdade, e para isso vos chamou pelo nosso evangelho, para alcançardes a glória de nosso Senhor Jesus Cristo. (2Ts 2.13,14)

> Mas quando apareceu a bondade de Deus, nosso Salvador, e o seu amor para com os homens, não por méritos de atos de justiça que houvéssemos praticado, mas segundo a sua misericórdia, ele nos salvou mediante o lavar da regeneração e da renovação realizadas pelo Espírito Santo, que ele derramou amplamente sobre nós por Jesus Cristo, nosso Salvador. (Tt 3.4-6)

> Eleitos segundo a presciência de Deus Pai, pela santificação do Espírito, para a obediência e a aspersão do sangue de Jesus Cristo: Graça e paz vos sejam. (1Pe 1.2)

O batismo deveria ser ministrado em nome da Trindade

> Portanto, ide, fazei discípulos de todas as nações, batizando-os em nome do Pai, do Filho e do Espírito Santo. (Mt 28.19)

As bênçãos eram dadas em nome da Trindade

> A graça do Senhor Jesus Cristo, o amor de Deus e a comunhão do Espírito Santo sejam com todos vós. (2Co 13.13)

"Toda ação divina começa no Pai, procede por intermédio do Filho e é completa no Espírito Santo."

Basílio

PERSEGUIÇÃO E MARTÍRIO

PERSEGUIÇÃO

■ Referências gerais

O volume de referências a perseguições aos seguidores de Deus encontrado na Bíblia possui eloquentes testemunhos das intenções e ações malignas dos perseguidores e a fidelidade de muitos daqueles que foram perseguidos.

Antigo Testamento
Gn 49.23; Jó 1.9; Jó 2.4,5; Jó 12.4,5; Pv 29.10; Pv 29.27; Is 26.20; Is 29.20,21; Is 51.12,13; Is 59.15; Jr 2.30; Jr 11.19; Jr 15.10; Jr 18.18; Jr 20.7,8; Jr 26.11-14; Jr 50.7; Am 5.10; Hc 1.13

PERSEGUIÇÃO NOS SALMOS
Sl 11.2; Sl 37.32; Sl 38.20; Sl 42.3; Sl 42.10; Sl 44.15-18; Sl 44.22; Sl 56.5; Sl 69.10-12; Sl 74.7,8; Sl 94.5; Sl 119.51; Sl 119.61; Sl 119.69; Sl 119.78; Sl 119.85-87; Sl 119.95; Sl 119.110; Sl 119.157; Sl 119.161

Novo Testamento
OS EVANGELHOS
Mt 5.10-12; Mt 5.44; Lc 6.26,27; Mt 10.16-18; Mt 10.21-23; Mt 10.28; Mt 20.22,23; Mt 23.34,35; Mt 24.8-10; Mc 8.35; Lc 17.33; Mc 9.42; Mc 13.9; Mc 13.11-13; Lc 6.22,23; Lc 21.12-19; Jo 12.42; Jo 15.18,19; Jo 16.1,2; Jo 17.14

Jesus e a perseguição
Jesus tornou abundantemente claro, em numerosas ocasiões, que seus seguidores enfrentariam severa perseguição.

> ¹¹ *Quando vos levarem para vos entregar ao tribunal, não vos preocupeis com o que haveis de dizer. Falai o que vos for dado falar naquela hora, porque não sois vós que falais, mas o Espírito Santo.*
> ¹² *Um irmão entregará à morte seu irmão; e um pai, seu filho. Filhos se levantarão contra os pais e os matarão.*
> ¹³ *Sereis odiados por todos por causa do meu nome, mas quem perseverar até o fim, esse será salvo.*
> (Mc 13.11-13)

DE ATOS A APOCALIPSE
At 4.16-20; At 5.29; At 5.40-42; At 7.52; At 8.4; At 28.22; Rm 8.17; Rm 8.35-37; 1Co 4.9-13; 1Co 13.3; 2Co 4.8-12; 2Co 6.4,5; 2Co 6.8-10; 2Co 11.23-27; 2Co 12.10; Gl 4.29; Gl 6.12; Gl 6.17; Fp 1.12-14; Fp 1.28,29; Cl 1.24; 1Ts 1.6; 1Ts 2.2; 1Ts 2.14,15; 2Ts 1.4; 2Tm 1.8; 2Tm 1.12; 2Tm 2.9,10; 2Tm 2.12; 2Tm 3.2,3; 2Tm 3.12; 2Tm 4.16,17; Hb 10.32-34; Hb 11.25-27; Hb 11.33-38; Hb 12.3,4; Hb 13.13; Tg 2.6; Tg 5.6; Tg 5.10; 1Pe 3.14; 1Pe 3.16,17; 1Pe 4.3,4; 1Pe 4.12-14; 1Pe 4.16; 1Pe 4.19; 1Jo 3.1; 1Jo 3.13; Ap 2.3; Ap 2.10; Ap 2.13; Ap 6.9-11; Ap 7.13-17; Ap 12.11; Ap 17.6; Ap 20.4

Paulo
O apóstolo Paulo nunca deixou os primeiros cristãos em dúvida de que eles experimentariam todos os tipos de perseguição.

> *Portanto, não te envergonhes do testemunho de nosso Senhor nem de mim, prisioneiro dele; pelo contrário, participa comigo dos sofrimentos do evangelho segundo o poder de Deus.* (2Tm 1.8)

PERSEGUIÇÕES PREDITAS
O Antigo Testamento, com frequência, predisse que o Messias vindouro sofreria grandemente.

Gn 3.15; Sl 2.1-5; Sl 22.1,2; Sl 22.6-8; Sl 22.11-21; Sl 69.1-21; Sl 69.26; Sl 109.25;

Is 49.7; Is 50.6; Is 52.14; Is 53.2-5; Is 53.7-10; Mq 5.1

PERSEGUIÇÃO DE TODOS OS LADOS
O próprio Jesus sofreu todos os tipos de oposição, os quais variavam de insultos verbais às mais severas perseguições físicas. Estes não vieram somente dos líderes religiosos hipócritas, mas também das mãos de seus amigos e até mesmo de sua família.

Lendo através dos evangelhos
Ao lermos através dos evangelhos, torna-se claro que Jesus sofreu ataques pessoais intermináveis.

Mateus
Mt 2.13; Mt 11.19; Mt 12.14; Mt 12.24; Mt 16.1; Mt 26.3,4; Mt 26.14-16; Mt 26.59; Mt 27.25-30; Mt 27.39-44

Marcos
Mc 3.6; Mc 3.21; Mc 3.22; Mc 14.1; Mc 14.48; Mc 15

Lucas
Lc 4.28,29; Lc 6.11; Lc 7.34; Lc 11.15; Lc 11.53,54; Lc 12.50; Lc 13.31; Lc 19.14; Lc 19.47; Lc 20.20; Lc 22.2-5; Lc 22.52,53; Lc 22.63-65; Lc 23.11; Lc 23.23

João
Jo 5.16; Jo 7.1; Jo 7.7; Jo 7.19,20; Jo 7.30; Jo 7.32; Jo 8.37; Jo 8.40; Jo 8.48; Jo 8.52; Jo 8.59; Jo 10.31; Jo 10.20; Jo 10.39; Jo 11.57; Jo 14.30; Jo 15.18; Jo 15.20,21; Jo 15.24,25; Jo 18.22,23; Jo 18.29,30

Atos
At 2.23; At 3.13-15; At 4.27; At 7.52; At 13.27-29

Cartas do Novo Testamento
Hb 12.2,3; 1Pe 4.1

Disseminando o evangelho
Um resultado positivo da perseguição aos primeiros cristãos foi o evangelho sendo espalhado de Jerusalém para cada canto do mundo conhecido e para a própria capital do Império Romano, Roma.
At 8.1; At 8.4; At 11.19-21; Fp 1.12-14

> [20] Os que foram dispersos pela tribulação que se deu por causa de Estêvão foram para a Fenícia, Chipre e Antioquia, anunciando a palavra apenas aos judeus.
> [20] Mas havia entre eles alguns que tinham vindo de Chipre e de Cirene, os quais, entrando em Antioquia, falaram também aos gregos, anunciando o evangelho do Senhor Jesus.
> [21] E a mão do Senhor era com eles, e um grande número de pessoas creu e se converteu ao Senhor.
> (At 11.19-21)

A perseguição influenciou Paulo grandemente
Só por testemunhar o martírio de Estêvão, Saulo nunca deveria tornar-se Paulo.

> E Saulo aprovou a sua morte. No mesmo dia, levantou-se grande perseguição contra a igreja que estava em Jerusalém; todos, exceto os apóstolos, foram dispersos pelas regiões da Judeia e Samaria. (At 8.1)

Oração pelo livramento da perseguição
Sl 70.1-4; Sl 83; Sl 140.1; Sl 140.4; Sl 142.6

Livramento da perseguição
Sl 124; Sl 129.1,2

Exemplos de perseguição no Antigo Testamento
- De Abel. Gn 4.8; Mt 23.35; 1Jo 3.12
- De Ló. Gn 19.9
- De Moisés. Êx 2.15; Êx 17.4
- De Davi. Sl 31.13; Sl 59.1,2
- Dos profetas martirizados por Jezabel. 1Rs 18.4
- De Gideão. Jz 6.28-32
- De Elias. 1Rs 18.10; 1Rs 19; 2Rs 1.9; 2Rs 2.23

- De Micaías. 1Rs 22.26; 2Cr 18.26
- De Eliseu. 2Rs 6.31
- De Hanani. 2Cr 16.10
- De Zacarias. 2Cr 24.21; Mt 23.35
- De Jó. Jó 13.4-13; Jó 16.1-4; Jó 17.2; Jó 19.1-5; Jó 30.1-10
- De Jeremias. Jr 15.10; Jr 15.15; Jr 17.15-18; Jr 18.18-23; Jr 26; Jr 32.2; Jr 33.1; Jr 36.26; Jr 37; Jr 38.1-6

JEREMIAS E A PERSEGUIÇÃO
Há mais detalhes sobre a perseguição de Jeremias, o profeta, do que de outro profeta do antigo Testamento.

> Ai de mim, minha mãe! Por que me deste à luz? Pois sou homem de conflitos e desavenças com toda a terra. Nunca lhes emprestei, nem eles me emprestaram, todavia cada um deles me amaldiçoa.
> (Jr 15.10)

> Ó SENHOR, tu me conheces; lembra-te de mim, visita-me e vinga-me dos meus perseguidores. Não permitas que eu pereça, por causa de tua paciência. Sabe que por tua causa tenho sofrido afronta.
> (Jr 15.15)

A QUEIXA DE JEREMIAS
¹⁵ E eles me dizem: Onde está a palavra do SENHOR? Que se cumpra!
¹⁶ Mas eu não insisti contigo para enviares o mal sobre eles. Tampouco desejei o dia da desgraça; tu o sabes; pois o que saiu dos meus lábios estava diante de ti.
¹⁷ Não sejas motivo de terror para mim; tu és o meu refúgio no dia da calamidade.
¹⁸ Que os meus perseguidores sejam envergonhados, mas não eu! Que fiquem aterrorizados, mas não eu! Traz sobre eles o dia da calamidade, e destrói-os com dupla destruição.
(Jr 17.15-18)

UMA CONSPIRAÇÃO CONTRA JEREMIAS
¹⁸ Então disseram: Vinde e façamos planos contra Jeremias; porque nem a instrução do sacerdote, nem o conselho do sábio, nem a palavra do profeta deixarão de existir. Vinde e levantemos acusações contra ele; não atendamos a nenhuma das suas palavras.
¹⁹ Atende-me, ó SENHOR, e ouve a voz dos que estão em conflito comigo.
²⁰ Por acaso se pagará mal por bem? Contudo, cavaram uma cova para mim. Lembra-te de que compareci na tua presença para falar em favor deles, para desviar deles a tua ira.
²¹ Portanto, entrega os filhos deles à fome, entrega-os ao poder da espada; fiquem suas mulheres sem filhos e viúvas; seus maridos sejam mortos, e seus jovens, mortos pela espada na batalha.
²² Seja ouvido o clamor que vem de suas casas, quando de repente trouxeres tropas sobre eles; pois cavaram uma cova para me prender e fizeram armadilhas para os meus pés.
²³ Mas tu, ó SENHOR, conhece-lhes todas as intenções de me matar. Não perdoes a maldade deles, nem apagues o seu pecado de diante da tua face; mas sejam derrubados diante de ti; trata-os assim no tempo da tua ira.
(Jr 18.18-23)

- De Urias. Jr 26.23
- Dos profetas. Mt 21.35,36
- Dos três judeus no cativeiro. Dn 3.8-23
- De Daniel. Dn 6
- Dos judeus. Ed 4; Ne 4

Exemplos de perseguição no Novo Testamento
- De João Batista. Mt 14.3-12
- De Tiago. At 12.2
- De Simão. Mc 15.21
- Dos discípulos. Jo 9.22; Jo 9.34; Jo 20.19
- De Lázaro. Jo 12.10
- Dos apóstolos. At 4.3-18; At 5.18-42; At 12.1-19; Ap 1.9

> E Saulo aprovou a sua morte [a de Estêvão]. (At 8.1)

¹⁸ prenderam os apóstolos e os colocaram na prisão pública.
¹⁹ Mas, de noite, um anjo do Senhor abriu as portas do cárcere e, tirando-os para fora, disse:
²⁰ Ide, apresentai-vos no templo e anunciai ao povo todas as palavras desta vida.
²¹ Depois que ouviram isso, eles entraram de manhã cedo no templo e começaram a ensinar. Chegando, porém, o sumo sacerdote e os que estavam com ele, convocaram o Sinédrio, com todos os líderes religiosos dos israelitas, e enviaram guardas ao cárcere para trazê-los.
²² Os guardas foram até lá, mas não os encontraram na prisão; então, voltando, anunciaram-lhes isso,
²³ dizendo: Encontramos o cárcere trancado com toda a segurança, e as sentinelas em pé junto às portas; mas, quando as abrimos, não encontramos ninguém.
²⁴ E, quando o capitão dos guardas do templo e os principais sacerdotes ouviram essas palavras, ficaram perplexos por causa deles e pelo que teria acontecido.
²⁵ Então chegou alguém e lhes avisou: Os homens que pusestes na prisão estão no templo, ensinando o povo.
²⁶ Então, o capitão foi com os guardas e os trouxe sem violência, pois temiam ser apedrejados pelo povo.
²⁷ E, depois de trazê-los, os apresentaram ao Sinédrio. E o sumo sacerdote os interrogou, dizendo:
²⁸ Não vos ordenamos expressamente que não ensinásseis nesse nome? Mas enchestes Jerusalém desse vosso ensino e quereis lançar sobre nós o sangue desse homem.
²⁹ Respondendo, Pedro e os apóstolos disseram: É mais importante obedecer a Deus que aos homens.
³⁰ O Deus de nossos pais ressuscitou Jesus, a quem vós matastes, pendurando-o num madeiro.
³¹ Sim, Deus, com a sua destra, o elevou a Príncipe e Salvador, para conceder a Israel o arrependimento e o perdão de pecados.
³² E nós somos testemunhas dessas coisas, e também o Espírito Santo, que Deus concedeu aos que lhe obedecem.
³³ Ouvindo isso, eles se enfureceram e queriam matá-los.
³⁴ Então, certo fariseu chamado Gamaliel, doutor da lei, respeitado por todo o povo, levantou-se no Sinédrio e mandou que aqueles homens saíssem por um momento.
³⁵ E prosseguiu: Homens israelitas, tende cuidado com o que estais para fazer a estes homens.
³⁶ Porque, há algum tempo, surgiu Teudas, dizendo ser alguém; a ele se ajuntaram uns quatrocentos homens; mas ele foi morto, e todos os que lhe obedeciam foram dispersos e reduzidos a nada.
³⁷ Depois dele, nos dias do recenseamento, surgiu Judas, o galileu, e desencaminhou muitos que o seguiram. Mas ele também morreu, e todos os que lhe obedeciam foram dispersos.
³⁸ Agora vos digo: Afastai-vos destes homens e deixai-os livres, pois, se este projeto ou esta obra for dos homens, se desfará.
³⁹ Mas, se é de Deus, não podereis derrotá-los; para que não sejais achados combatendo contra Deus.
⁴⁰ Então concordaram com ele. E, chamando os apóstolos, aplicaram-lhes chicotadas e ordenaram que não falassem em nome de Jesus. Então os soltaram.
⁴¹ E eles retiraram-se de diante do Sinédrio, alegres por terem sido julgados dignos de sofrer afronta por causa do nome de Jesus.
⁴² E todos os dias, no templo e de casa em casa, não cessavam de ensinar e de anunciar Jesus, o Cristo.

(At 5.18-42)

- De Estêvão. At 6.9-15; At 7
- Da igreja. At 8.1; At 9.1-14; Gl 1.13
- De Timóteo. Hb 13.23
- De João. Ap 1.9
- De Antipas. Ap 2.13
- Da igreja de Esmirna. Ap 2.8-10

MÁRTIRES BÍBLICOS

■ Definição

Um mártir é uma testemunha. Um mártir cristão pode ser definido como alguém que sofre como testemunha da verdade e suporta a morte por causa de Cristo (At 22.20; Ap 2.13; 17.6). Nesse sentido, Estêvão foi o primeiro mártir. A palavra grega da qual é derivada a palavra "mártir" significa "testemunha".

Cristãos como testemunhas

No Novo Testamento os cristãos são chamados a ser testemunhas de Jesus:
- em um tribunal de justiça (Mt 18.16; 26.65; At 6.13; 7.58; Hb 10.28; 1Tm 5.19);
- tornando-se testemunhas da verdade sobre o que foi visto ou conhecido (Lc 24.48; At 1.8,22; Rm 1.9; 1Ts 2.5,10; 1Jo 1.2).

■ Visão geral

Sl 44.22; Rm 8.36; Mt 10.21,22; Mc 13.12; Lc 21.16,17; Mt 10.39; Mt 16.25; Mt 23.34,35; Lc 11.50; Mt 24.9; Lc 9.24; Jo 12.25; 1Co 13.3; Ap 6.9-11; Ap 11.7-12; Ap 12.11; Ap 16.6; Ap 17.6

> *Um irmão entregará seu irmão à morte; e um pai, a seu filho; e filhos se rebelarão contra os pais e os matarão. E sereis odiados por todos por causa do meu nome, mas aquele que perseverar até o fim será salvo.*
> (Mt 10.21,22)

> *Como está escrito: Por amor de ti somos entregues à morte todos os dias; fomos considerados como ovelhas para o matadouro.* (Rm 8.36)

Exemplos de martírio
- Abel. Gn 4.3-8
- Profetas mortos por Jezabel. 1Rs 18.4; 1Rs 18.13
- Zacarias. 2Cr 24.21,22
- João Batista. Mc 6.18-28
- Estêvão. At 7.58-60
- Tiago, o Apóstolo. At 12.2
- Os profetas. Mt 22.6; Mt 23.35; Rm 11.3; 1Ts 2.15; Hb 11.32-37

Os seguidores de Jesus e o martírio
- Foram avisados por antecipação. Mt 10.21; 24.9; Jo 16.2
- Não deveriam ter medo. Mt 10.28; Ap 2.10
- Deveriam estar preparados. Mt 16.24, 25; At 21.13

■ Fatos sobre o martírio cristão

SERÁ RECOMPENSADO.
Ap 2.10; 6.11

É IMPOSTO POR SATANÁS.
Ap 2.10,13

TAIS APOSTASIAS PRATICADAS SÃO CULPADAS POR IMPOR O MARTÍRIO.
Ap 17.6; 18.24

Jesus e os martírios do Antigo Testamento

Jesus, certa vez, resumiu os martírios gravados no Antigo Testamento.

> *Por isso diz a sabedoria de Deus: Eu lhes mandarei profetas e apóstolos; e eles matarão uns e perseguirão outros; portanto, esta geração prestará contas do sangue derramado de todos os profetas, desde a fundação do mundo; desde o sangue de Abel, até o sangue de Zacarias, morto entre o altar e o santuário; sim, eu vos digo, esta geração prestará contas.*
> (Lc 11.49-51)

Os mártires e o livro de Apocalipse

Os mártires cristãos são geograficamente retratados no livro de Apocalipse.

> Quando ele abriu o quinto selo, vi debaixo do altar as almas dos que haviam sido mortos por causa da palavra de Deus e do testemunho que deram. (Ap 6.9)

Hebreus e os mártires

O autor da carta aos Hebreus resume como os fiéis seguidores de Deus nos tempos do Antigo Testamento foram perseguidos e martirizados.

> Todos esses morreram mantendo a fé, sem ter recebido as promessas; mas tendo-as visto e acolhendo-as de longe, declararam ser estrangeiros e peregrinos na terra. [...] Algumas mulheres receberam pela ressurreição os seus mortos. Alguns foram torturados e não aceitaram ser livrados, para alcançar uma melhor ressurreição; e outros experimentaram zombaria e espancamentos, correntes e prisões. Foram apedrejados e provados, serrados ao meio, morreram ao fio da espada, andaram vestidos de peles de ovelhas e de cabras, necessitados, aflitos e maltratados. O mundo não era digno dessas pessoas. Andaram vagando por desertos e montes, por cavernas e buracos da terra.
> (Hb 11.13; 35-38)

■ Mártires do Antigo Testamento

Obadias esclarece a Elias

> ¹ Depois de muito tempo, passados três anos, a palavra do Senhor veio a Elias, dizendo: Vai, apresenta-te a Acabe, e eu mandarei chuva sobre a terra.
> ² Então, Elias foi apresentar-se a Acabe. A fome era grande em Samaria.
> ³ Acabe chamou Obadias, o mordomo. Obadias temia muito o Senhor,
> ⁴ pois, quando Jezabel exterminou os profetas do Senhor, Obadias tomou cem profetas e os escondeu, cinquenta numa caverna e cinquenta em outra, e os sustentou com alimento e água.
> ⁵ Acabe disse a Obadias: Vai pela terra a todas as fontes de água e a todos os rios. Pode ser que achemos capim para salvar a vida dos cavalos e das mulas, de maneira que não percamos todos os animais.
> ⁶ Distribuíram entre si a terra, para a percorrerem; e foram a sós, Acabe por um caminho e Obadias por outro.
> ⁷ Quando Obadias já estava a caminho, Elias se encontrou com ele; e Obadias o reconheceu e se prostrou em terra e disse: És tu, meu senhor Elias?
> ⁸ Ele lhe respondeu: Sou eu. Vai, dize a teu senhor: Elias está aqui.
> ⁹ Ele, porém, disse: O que fiz de errado para entregares teu servo na mão de Acabe, para ele me matar?
> ¹⁰ Tão certo como vive o Senhor, teu Deus, não há nação nem reino onde o meu senhor não tenha mandado te procurar. Quando eles diziam: Aqui não está, ele os fazia jurar que não haviam te achado.
> ¹¹ Agora tu dizes: Vai, dize a teu senhor: Elias está aqui.
> ¹² Poderá acontecer que, quando eu te deixar, o Espírito do Senhor te levará não sei para onde; e, quando eu der a notícia a Acabe, e ele não te achar, me matará. Mas eu, teu servo, temo o Senhor desde a minha juventude.
> ¹³ Por acaso não disseram a meu senhor o que fiz, quando Jezabel matava os profetas do Senhor? Como escondi cem dos profetas do Senhor, cinquenta numa caverna e cinquenta em outra, e os sustentei com alimento e água?
> (1Rs 18.1-13)

Urias, o profeta

> ²⁰ Também houve outro homem que profetizou em nome do Senhor: Urias, filho de Semaías, de Quiriate-Jearim, que profetizou contra esta cidade e contra esta terra, nos mesmos termos de Jeremias.

²¹ *Quando o rei Jeoaquim, e todos os seus guerreiros, e todos os chefes, ouviram as palavras dele, o rei procurou matá-lo. Ouvindo isso, Urias temeu e fugiu para o Egito.*
²² *Mas o rei Jeoaquim enviou ao Egito alguns homens: Elnatã, filho de Acbor, e outros em sua companhia,*
²³ *os quais tiraram Urias do Egito e o trouxeram ao rei Jeoaquim, que o matou à espada e lançou o seu cadáver numa sepultura comum.*
²⁴ *Entretanto, Aicã, filho de Safã, defendeu Jeremias, de forma que ele não foi entregue na mão do povo, para ser morto.*

(Jr 26.20-24)

Zacarias, o sacerdote

¹⁷ *Depois da morte de Joiada, os chefes de Judá vieram e se prostraram diante do rei; então o rei lhes deu ouvidos.*
¹⁸ *Eles abandonaram o templo do Senhor, Deus de seus pais, e cultuaram aos postes-ídolos e aos ídolos; por isso veio grande ira sobre Judá e Jerusalém, por culpa deles.*
¹⁹ *Mas Deus enviou profetas entre eles para fazê-los voltar ao Senhor, os quais protestaram contra eles, mas eles não lhes deram ouvidos.*
²⁰ *O Espírito de Deus apoderou-se de Zacarias, filho do sacerdote Joiada, o qual ficou em pé diante do povo e disse: Assim diz Deus: Por que transgredis os mandamentos do Senhor, de modo que não possais prosperar? Já que abandonastes o Senhor, ele também vos abandonou.*
²¹ *Mas eles conspiraram contra ele, e o apedrejaram no pátio do templo do Senhor, por ordem do rei.*
²² *Assim, o rei Joás não se lembrou da bondade que Joiada, pai de Zacarias, lhe havia feito, mas matou seu filho, o qual disse ao morrer: Que o Senhor veja isto e lhe retribua.*

(2Cr 24.17-22)

■ Mártires do Novo Testamento

Santos inocentes

O terrível massacre de bebês do sexo masculino que viviam em Belém e em suas imediações, ordenado pelo rei Herodes, é frequentemente considerado como um exemplo de "martírio".

¹⁶ *Então Herodes, percebendo que havia sido enganado pelos magos, ficou furioso e mandou matar todos os meninos de dois anos para baixo, em Belém e nos arredores, de acordo com o tempo indicado com precisão pelos magos.*
¹⁷ *Cumpriu-se então o que o profeta Jeremias havia falado:*
¹⁸ *Em Ramá ouviu-se uma voz de lamento e grande pranto; era Raquel chorando por seus filhos e recusando-se a ser consolada, porque eles já não existem.*

(Mt 2.16-18)

João Batista

João Batista pregou destemidamente o evangelho e falou contra o pecado em todos os lugares em que o detectava.

¹ *Naquele tempo, Herodes, o governante, ouviu a fama de Jesus*
² *e disse aos seus servos: Ele é João Batista, que ressuscitou dentre os mortos! Por isso esses poderes miraculosos atuam nele.*
³ *Pois Herodes havia prendido e amarrado João, colocando-o no cárcere, por causa de Herodias, mulher de seu irmão Filipe.*
⁴ *Pois João lhe dizia: Não te é permitido possuí-la.*
⁵ *Embora desejasse matá-lo, Herodes temia o povo, porque este considerava João um profeta.*
⁶ *Na festa de aniversário de Herodes, a filha de Herodias dançou diante dos convidados e agradou a Herodes,*
⁷ *de modo que ele prometeu sob juramento dar-lhe tudo o que pedisse.*
⁸ *Instigada por sua mãe, ela disse: Dá-me aqui num prato a cabeça de João Batista.*

⁹ O rei, então, entristeceu-se, mas, por causa do juramento e dos que estavam à mesa com ele, ordenou que a entregassem a ela,
¹⁰ e mandou decapitar João no cárcere;
¹¹ e a cabeça foi trazida num prato e entregue à jovem; e ela a levou para a sua mãe.
¹² Então os discípulos de João vieram, levaram o corpo e o sepultaram. Depois, foram contar essas coisas a Jesus.

(Mt 14.1-12)

Estêvão

O diácono Estêvão é, geralmente, conhecido como o primeiro mártir cristão porque seu apedrejamento, até que morresse, foi a primeira morte de um cristão pela causa de Cristo registrado depois da morte de Jesus.

¹⁵ E todos os que estavam sentados no Sinédrio, fixando os olhos nele, viram que o seu rosto era como o de um anjo.
¹ Então o sumo sacerdote perguntou: Isso tudo é verdade?
² Estêvão respondeu: Irmãos e pais, ouvi. O Deus da glória apareceu a nosso pai Abraão, quando ele estava na Mesopotâmia, antes de habitar em Harã [...].
⁵¹ Homens teimosos e incircuncisos de coração e ouvido, vós sempre resistis ao Espírito Santo. Como fizeram os vossos pais, assim também fazeis.
⁵² Que profeta vossos pais não perseguiram? Mataram até mesmo os que anteriormente anunciaram a vinda do Justo, do qual agora vos tornastes traidores e homicidas.
⁵³ Vós, que recebestes a lei por meio de anjos, não a guardastes.
⁵⁴ Ouvindo isso, eles se enfureciam no coração e rangiam os dentes contra Estêvão.
⁵⁵ Mas Estêvão, cheio do Espírito Santo, com os olhos fixos no céu, viu a glória de Deus, e Jesus em pé à direita de Deus,
⁵⁶ e disse: Vejo o céu aberto, e o Filho do homem em pé, à direita de Deus.
⁵⁷ Então eles gritaram e, tapando os ouvidos, lançaram-se juntos contra ele
⁵⁸ e, empurrando-o para fora da cidade, o apedrejaram. E as testemunhas puseram as suas roupas aos pés de um jovem chamado Saulo.
⁵⁹ E enquanto o apedrejavam, Estêvão orava: Senhor Jesus, recebe o meu espírito.
⁶⁰ E pondo-se de joelhos, clamou em alta voz: Senhor, não lhes atribuas este pecado. Tendo dito isso, adormeceu.

(At 6.15–7.1,2,51-60)

Morte dos doze apóstolos e dos escritores do evangelho

TRADIÇÃO DA IGREJA

A Bíblia não registra muitos detalhes sobre o ministério dos apóstolos, exceto de Pedro e Paulo, e não dá detalhe algum a respeito da morte deles, exceto a de Tiago, que foi decapitado.

Algumas das tradições que surgiram sobre a morte dos apóstolos e dos evangelistas não são absolutamente confiáveis, enquanto algumas tradições são sustentadas por registros históricos. Mas uma coisa é certa: a igreja primitiva sofreu grande perseguição, e a maioria dos doze apóstolos de Jesus tornou-se mártir.

EVANGELISTAS
Mateus
Afirma-se que Mateus foi martirizado na Etiópia, morto por um golpe de espada.

Marcos
Acredita-se que Marcos morreu em Alexandria, Egito, arrastado por cavalos pelas ruas até a sua morte.

Lucas
Lucas, afirma a tradição, foi enforcado na Grécia como resultado de sua pregação.

OS APÓSTOLOS
João
A tradição declara que João, o único apóstolo a escrever um dos evangelhos, foi

queimado em um enorme vaso de óleo fervente durante uma onda de perseguição em Roma. Contudo, ele foi miraculosamente liberto da morte. Então, João foi condenado a trabalhar nas minas da prisão da ilha de Patmos, onde ele escreveu o livro de Apocalipse. O apóstolo João foi mais tarde libertado e voltou a servir como bispo na moderna Turquia. Ele faleceu idoso e foi o único apóstolo a morrer pacificamente.

Pedro
Pedro foi crucificado de cabeça para baixo em uma cruz em formato de X, de acordo com a tradição da igreja, porque disse aos seus carrascos que se sentia indigno de morrer da mesma maneira que Jesus Cristo morreu.

Tiago, o Justo
Afirma-se que Tiago, o Justo, o líder da igreja em Jerusalém e irmão de Jesus, foi jogado a mais de cem pés de altura a sudeste do pináculo do templo, quando ele se recusou a negar sua fé em Cristo. Ele sobreviveu à queda e foi espancado até a morte.

Tiago, o Maior
Tiago, um dos filhos de Zebedeu, foi decapitado em Jerusalém, de acordo com registros bíblicos.

> Naquela mesma ocasião, o rei Herodes decidiu maltratar alguns da igreja; e matou ao fio da espada Tiago, irmão de João. (At 12.1,2)

A tradição diz que o soldado romano que estava guardando Tiago assistiu perplexo quando Tiago defendeu sua fé no seu julgamento. Mais tarde, o oficial caminhou ao lado de Tiago até o local da execução. Conquistado por sua convicção, ele declarou sua nova fé ao juiz e ajoelhou-se ao lado de Tiago aceitando ser decapitado como um cristão.

Bartolomeu
Bartolomeu, também conhecido como Natanael, tornou-se um missionário na atual Turquia. Ele foi açoitado até a morte por causa de sua pregação na Armênia.

Tomé
Tomé foi morto atravessado por uma lança em uma de suas viagens missionárias à Índia.

Judas
Judas foi morto por flechas depois de se recusar a negar sua fé em Cristo.

Matias
Matias, o apóstolo escolhido para ficar no lugar do traidor Judas Iscariotes, foi apedrejado e decapitado.

Barnabé
Barnabé, do grupo dos setenta discípulos, foi apedrejado até a morte em Salônica.

Paulo
Paulo foi torturado e depois decapitado pelo imperador Nero em Roma, em 67 d.C.

PROFECIAS E PROFETAS

PROFECIAS

■ Visão geral

Deus é o autor das profecias. Is 44.7; 45.21

> Anunciai e apresentai as razões: Tomai conselho todos juntos. Quem mostrou isso desde a antiguidade? Quem o anunciou há muito tempo? Por acaso não fui eu, o SENHOR? Não há outro Deus senão eu; Deus justo e Salvador, não há outro além de mim. (Is 45.21)

Predição e profecia

As profecias bíblicas não se resumem a predizer eventos futuros (Gn 49.1; Nm 24.14), pois incluem mensagens divinas para a situação contemporânea.

Jacó diz a seus filhos, em um exemplo de profecia preditiva, o que acontecerá a cada um deles e a toda a sua família:

> Depois disso, Jacó chamou seus filhos e disse: Reuni-vos para que eu vos anuncie o que vos acontecerá nos dias vindouros. (Gn 49.1)

PROFETAS E DESONESTIDADE

Mas o profeta não estava sendo menos profético quando falou contra as práticas comerciais desonestas e os costumes imorais aos ouvintes daquela época:

> ⁵ Por isso atearei fogo a Judá, e ele consumirá os palácios de Jerusalém.
> ⁶ Assim diz o SENHOR: Pelas três transgressões de Israel, sim, e pela quarta, não retirarei o castigo; pois vendem o justo por prata, e o necessitado, por um par de sandálias.
> ⁷ Esmagam a cabeça dos pobres no pó da terra, pervertem o caminho dos oprimidos; um homem e seu pai deitam-se com a mesma moça, profanando assim o meu santo nome.
> (Am 2.5-7)

Aspectos da verdadeira profecia

- Deus dá as profecias por intermédio de Cristo. Ap 1.1
- A profecia é um presente de Cristo. Ef 4.11; Ap 11.3
- É um presente do Espírito Santo. 1Co 12.10
- A profecia nunca veio pelo desejo do homem. 2Pe 1.21
- A profecia foi dada desde o começo. Lc 1.70
- A profecia pode ser confiável. 2Pe 1.19
- Pessoas que falaram por meio das profecias foram:
  - Levantadas por Deus. Amós 2.11;
  - Designadas por Deus. 1Sm 3.20; Jr 1.5;
  - Enviadas por Deus. 2Cr 36.15; Jr 7.25;
  - Enviadas por Cristo. Mt 23.34;
  - Enchidas pelo Espírito Santo. Lc 1.67;
  - Movidas pelo Espírito Santo. 2Pe 1.21.
  - Falaram pelo Espírito Santo. At 1.16; 11.28; 28.25
  - Falaram no nome do Senhor. 2Cr 33.18; Tg 5.10
  - Falaram com autoridade. 1Rs 17.1

Fatos sobre as profecias

- Deus cumpre as profecias. Is 44.26; At 3.18
- Cristo, o grande tema das profecias. At 3.22-24; 10.43; 1Pe 1.10,11
- Cumpridas em relação a Cristo. Lc 24.44
- O dom das profecias foi prometido. Jl 2.28; At 2.16,17

- São para o benefício das gerações futuras. 1Pe 1.12
- São uma luz em meio às trevas. 2Pe 1.19
- Não deveriam ser interpretadas de acordo com interpretações pessoais.

> Saibam antes de tudo que nenhuma profecia das Escrituras é de interpretação particular. (2Pe 1.20)

Atitudes corretas em relação às profecias
- Não desprezá-las. 1Ts 5.20
- Dar atenção a elas. 2Pe 1.19
- Recebê-las pela fé. 2Cr 20.20

> De manhã cedo, eles se levantaram e saíram para o deserto de Tecoa. Ao saírem, Josafá ficou em pé e disse: Ó Judá, e vós, moradores de Jerusalém, ouvi-me. Crede no SENHOR, vosso Deus, e estareis seguros; crede nos seus profetas, e sereis bem-sucedidos. (2Cr 20.20)

Benefícios das profecias
- Bênçãos por lê-las, ouvi-las e guardá-las. Ap 1.3; 22.7
- Pessoas têm fingido ter o dom de profecia. Jr 14.14; 23.13,14; Ez 13.2,3

Profecias e punições
CASTIGOS POR:
- Não seguir as profecias. Ne 9.30;
- Acrescentar algo a ela ou retirar algo. Ap 22.18,19;
- Fingir ter o dom de profecia. Dt 18.20; Jr 14.15; 23.15.

Profecias falsas e verdadeiras
O dom de profecias foi, algumas vezes, dado a pessoas incrédulas: Nm 24.2-9; 1Sm 19.20,23; Mt 7.22; Jo 11.49-51; 1Co 13.2.

COMO PROVAR A
AUTENTICIDADE DAS PROFECIAS

> Se um profeta ou alguém que adivinha por meio de sonhos aparecer entre vós e vos anunciar um sinal ou prodígio, e o sinal ou prodígio de que tiver falado vier a acontecer, e ele disser: Vamos seguir outros deuses que nunca conhecestes e vamos cultuá-los, não dareis atenção às palavras desse profeta ou sonhador, pois o SENHOR, vosso Deus, vos está provando para saber se amais o SENHOR, vosso Deus, de todo o coração e de toda a alma. [...] Quando o profeta falar em nome do SENHOR e a palavra não se cumprir, nem acontecer como foi falado, é porque o SENHOR não falou essa palavra; o profeta falou por arrogância; não o temerás. (Dt 13.1-3; 18.22)

PROFETAS

■ Origem divina das mensagens proféticas

Deus falou por intermédio dos profetas do Antigo Testamento

> Também falei aos profetas e multipliquei as visões; usei de parábolas pelo ministério dos profetas. (Os 12.10)

> No passado, por meio dos profetas, Deus falou aos pais muitas vezes e de muitas maneiras. (Hb 1.1)

Nomes dados aos profetas
OS MENSAGEIROS DE DEUS
2Cr 36.15; Is 44.26

OS SERVOS DE DEUS
Jr 35.15

OS ATALAIAS DE ISRAEL
Ez 3.17

HOMENS DE DEUS
1Sm 9.6

PROFETAS DE DEUS
Ed 5.2

PROFETAS SANTOS
Lc 1.70; Ap 18.20; 22.6

HOMENS SANTOS DE DEUS
2Pe 1.21

VIDENTES
1Sm 9.9

Deus comunicou-se com os profetas
- A respeito de seus segredos. Am 3.7;
- Em tempos diferentes e de modos diferenciados. Hb 1.1;
- Por meio de voz audível. Nm 12.8; 1Sm 3.4-14;
- Por intermédio dos anjos. Dn 8.15-26; Ap 22.8,9;
- Por intermédio de sonhos ou visões. Nm 12.6; Jl 2.28.

Como os profetas falaram
- Os profetas estavam sob a influência direta do Espírito Santo quando profetizavam. Lc 1.67; 2Pe 1.21
- Os profetas falavam em nome do Senhor. 2Cr 33.18; Ez 3.11; Tg 5.10
- Falavam, com frequência, por parábolas e enigmas. 2Sm 12.1-6; Is 5.1-7; Ez 17.2-10
- Dramatizavam, com frequência, as parábolas ou faziam sinais para as pessoas. Is 20.2-4; Jr 19.1,10,11; 27.2,3; 43.9; 51.63; Os 1.2-9; At 21.11

Ezequiel e seus "sinais"
Ezequiel usou mais sinais do que qualquer outro profeta do Antigo Testamento. Alguns deles pareciam realmente estranhos, mas foram eficazes ao prender a atenção das pessoas e conduzi-las a algumas mensagens divinas que o profeta estava apresentando. Ez 4.1-13; 5.1-4; 7.23; 12.3-7; 21.6,7; 24.1-24

Profecias raras
- Os profetas explicavam por que o povo de Deus frequentemente era deixado sem nenhuma comunicação divina por meio dos próprios profetas. Era por causa dos pecados das pessoas. 1Sm 28.6; Lm 2.9; Ez 7.26

O menino Samuel continuava servindo ao Senhor, supervisionado por Eli. Naqueles dias a palavra do Senhor era muito rara, e as visões não eram frequentes. Certo dia, Eli, cujos olhos estavam enfraquecendo a ponto de não conseguir enxergar, estava deitado no seu aposento. (1Sm 3.1,2)

Dias virão, diz o Senhor Deus, em que enviarei fome sobre a terra, não fome de pão, nem sede de água, mas de ouvir as palavras do Senhor.

Andarão errantes de mar a mar, e do norte até o oriente; correrão por toda parte, buscando a palavra do Senhor, e não a acharão. (Am 8.11,12)

Diferentes tarefas foram dadas a diferentes profetas, mas de todos foi exigido
- Que fossem corajosos e não tivessem medo. Ez 2.6; 3.8,9;
- Que fossem vigilantes e tivessem fé. Ez 3.17-21;
- Que recebessem com atenção todas as comunicações de Deus. Ez 3.10;
- Que não falassem nada além do que tivessem recebido de Deus. Dt 18.20;
- Que declarassem tudo o que Deus ordenara. Jr 26.2.

Meios por intermédio dos quais as profecias foram comunicadas
- Às vezes, os profetas ficavam física e grandemente entristecidos ao receberem as mensagens divinas e passá-las

adiante. Jr 23.9; Ez 3.14,15; Dn 7.28; 10.8; Hc 3.2,16
- Às vezes, os profetas falavam suas profecias em versículo. Dt 32.44; Is 5.1

> Então Moisés veio e proferiu todas as palavras deste cântico na presença do povo, ele e Oseias, filho de Num. (Dt 32.44)

> ¹ Quero cantar ao meu amado uma canção de amor a respeito da sua vinha. O meu amado possuía uma vinha numa colina fértil.
> ² Ele preparou a terra, tirou as pedras, plantou excelentes vinhas e construiu uma torre no meio dela. Também construiu um lagar, esperando que desse uvas boas, mas deu uvas bravas.
> ³ Agora, ó moradores de Jerusalém e homens de Judá, peço-vos que julgueis entre mim e a minha vinha.
> ⁴ Que mais poderia se fazer à minha vinha, que eu não tenha feito? Por que veio a produzir uvas bravas, quando eu esperava que desse uvas boas?
> ⁵ E eu vos contarei o que hei de fazer à minha vinha: Tirarei a sua cerca para que sirva de pastagem; derrubarei a sua parede para que seja pisada;
> ⁶ e farei dela um deserto. Não será podada nem cavada; nela crescerão sarças e espinheiros; e darei ordem às nuvens para que não derramem chuva sobre ela.
> ⁷ Pois a vinha do SENHOR dos Exércitos é a casa de Israel, e os homens de Judá são sua plantação predileta. Ele esperou justiça, mas houve sangue derramado; retidão, mas houve clamor por socorro.
> (Is 5.1-7)

- As profecias tinham, em geral, um acompanhamento musical.

> Depois chegarás à colina de Deus, onde há um posto militar dos filisteus; ao entrares ali na cidade, encontrarás um grupo de profetas descendo do monte, e na frente deles haverá alguns tocando saltérios, tambores, flautas e harpas. Eles estarão se manifestando como profetas.
> (1Sm 10.5)

> Porém, agora, trazei-me um harpista. Enquanto o harpista tocava, o poder do SENHOR veio sobre Eliseu. Ele disse: Assim diz o SENHOR: Fazei muitos poços neste vale. Porque assim diz o SENHOR: Não vereis vento, nem vereis chuva; mas este vale se encherá de água, e vós, vossos servos e vossos animais beberão. Mas isso é pouco para o SENHOR; ele também entregará os moabitas nas vossas mãos. Destruireis todas as cidades fortificadas e as cidades principais, cortareis todas as boas árvores, tapareis todas as fontes de água e cobrireis de pedras todos os bons campos.
> (2Rs 3.15-19)

As profecias forneceram evidências sobre a presciência de Deus
Is 43.9

As profecias certamente seriam cumpridas
Ez 12.22-25; Ez 12.28; Hc 2.3; Mt 5.18; Mt 24.35; At 13.27; At 13.29

Avisos dos profetas
- Sobre a apostasia. 1Jo 2.18; Jd 1.17,18
- Sobre os falsos mestres. 2Pe 2.3
- Sobre as tribulações dos justos. Ap 2.10

Profetas ordinários e extraordinários
ORDINÁRIOS
- Numerosos em Israel. 1Sm 10.5; 1Rs 18.4
- Treinados e instruídos em escolas. 2Rs 2.3,5; 1Sm 19.20
- Os poetas sagrados dos judeus. Êx 15.20,21; 1Sm 10.5,10; 1Cr 25.1
- Grande paciência diante do sofrimento. Tg 5.10

EXTRAORDINÁRIOS
- Levantados especialmente em tempos de emergência. 1Sm 3.19-21; Is 6.8,9; Jr 1.5
- Possuíam, com frequência, poderes miraculosos. Êx 4.1-4; 1Rs 17.23; 2Rs 5.3-8

Fatos sobre os profetas

- Os profetas, em geral, eram homens casados. 2Rs 4.1; Ez 24.18
- Usavam roupas rústicas feitas de pelo. 2Rs 1.8; Zc 13.4; Mt 3.4; Ap 11.3
- Levavam, com frequência, uma vida nômade. 1Rs 18.10-12; 19.3,8,15; 2Rs 4.10
- Tinham, em geral, um estilo de vida simples. Mt 3.4
- Eles, com frequência, eram os historiadores da nação judaica. 1Cr 29.29; 2Cr 9.29
- Tinham, em geral, o dom de interpretar sonhos. Dn 1.17
- Eram consultados em todas as dificuldades. 1Sm 9.6; 28.15; 1Rs 14.2-4; 22.7
- Recebiam presentes daqueles que os consultavam. 1Sm 9.7,8; 1Rs 14.3
- Às vezes, achavam melhor rejeitar presentes. 2Rs 5.15,16

Ministério variado dos profetas

PROFETAS ERAM ENVIADOS PARA

- Reprovar os pecadores e exortá-los ao arrependimento. 2Rs 17.13; 2Cr 24.19; Jr 25.4,5;
- Denunciar as perversidades de reis. 1Sm 15.10,16-19; 2Sm 12.7-12; 1Rs 18.18; 21.17-22;
- Exortar as pessoas a serem fiéis no serviço de Deus. 2Cr 15.1,2,7;
- Predizer a vinda de Cristo. Lc 24.44; Jo 1.45; At 3.24; 10.43;
- Predizer a queda das nações. Is 15.1; 17.1; Jr 47.1-51.64;
- Ajudar os judeus em suas grandes aventuras nacionais. Ed 5.2.

Emoções dos profetas

- Os próprios profetas, com frequência, ficavam profundamente movidos pelo tema de suas próprias profecias. Is 16.9-11; Jr 9.1-7

Fatos sobre predições proféticas

- Proclamadas, em geral, junto à porta do templo do Senhor. Jr 7.2
- Proclamadas em público nas cidades e ruas. Jr 11.6
- Escritas em tábuas e penduradas em lugares públicos. Hc 2.2
- Escritas em rolos e lidas às pessoas. Is 8.1; Jr 36.2
- Foram todas cumpridas. 2Rs 10.10; Is 44.26; At 3.18; Ap 10.7
- Em geral, relacionadas à família do rei. 2Sm 24.11; 2Cr 29.25; 35.15
- Muitas profecias foram escritas. 2Cr 21.12; Jr 36.2
- Escritas em livros. Jr 45.1; Jr 51.60
- Os escritos dos profetas eram lidos em sinagogas em todos os *Sabbaths*. Lc 4.17; At 13.15
- Às vezes, as profecias eram escritas por um copista. Jr 45.1

Profetas bíblicos

Tendemos a restringir nosso pensamento sobre os profetas da Bíblia aos escritores dos livros proféticos do Antigo Testamento. Contudo, o termo "profeta" inclui muitos outros indivíduos. Algumas pessoas, como Noé e Arão, absolutamente não são consideradas por nós como profetas. De outros profetas, como Zadoque, Ido e Odede, talvez nunca tenhamos ouvido falar.

Enoque. Gn 5.21-24; Jd 1.14
Noé. Gn 9.25-27
Jacó. Gn 49.1
Arão. Êx 7.1
Moisés. Dt 18.18
Miriã. Êx 15.20
Débora. Jz 4.4
Profeta enviado a Israel. Jz 6.8
Profeta enviado a Eli. 1Sm 2.27
Samuel. 1Sm 3.20
Davi. Sl 16.8-11; At 2.25,30
Natã. 2Sm 7.2; 12.1; 1Rs 1.10
Zadoque. 2Sm 15.27
Gade. 2Sm 24.11; 1Cr 29.29
Aías. 1Rs 11.29; 12.15; 2Cr 9.29
Profeta de Judá. 1Rs 13.1
Ido. 2Cr 9.29; 12.15
Semaías. 1Rs 12.22; 2Cr 12.7,15

Azarias, filho de Odede. 2Cr 15.2,8
Hanani. 2Cr 16.7
Jeú, filho de Hanani. 1Rs 16.1,7,12
Elias. 1Rs 17.1
Eliseu. 1Rs 19.16
Micaías, filho de Inlá. 1Rs 22.7,8
Jonas. 2Rs 14.25; Jo 1.1; Mt 12.39
Isaías. 2Rs 19.2; 2Cr 26.22; Is 1.1
Oseias. Os 1.1
Amós. Am 1.1; 7.14,15
Miqueias. Mq 1.1
Odede. 2Cr 28.9
Naum. Na 1.1
Joel. Jl 1.1; At 2.16
Sofonias. Sf 1.1
Hulda. 2Rs 22.14
Jedutum. 2Cr 35.15
Jeremias. 2Cr 36.12,21; Jr 1.1,2
Habacuque. Hc 1.1
Obadias. Ob 1.1
Ezequiel. Ez 1.3
Daniel. Dn 12.11; Mt 24.15
Ageu. Ed 5.1; 6.14; Ag 1.1
Zacarias, filho de Ido. Ed 5.1; Zc 1.1
Malaquias. Ml 1.1
Zacarias, o pai de João. Lc 1.67
Ana. Lc 2.36
Ágabo. At 11.28; 21.10
Filhas de Filipe. At 21.9
Paulo. 1Tm 4.1
Pedro. 2Pe 2.1,2
João. Ap 1.1

Os judeus e os profetas
- Deveriam ouvir e acreditar nos profetas. Dt 18.15; 2Cr 20.20
- Muitas vezes, tentavam fazê-los entregar a mensagem que eles queriam ouvir. 1Rs 22.13; Is 30.10; Am 2.12
- Perseguiram os profetas. 2Cr 36.16; Mt 5.12
- Aprisionavam, com frequência, os profetas. 1Rs 22.27; Jr 32.2; 37.15,16
- Às vezes, matavam os profetas. 1Rs 18.13; 19.10; Mt 23.34-37

Mais fatos sobre os profetas
Talvez a característica mais típica dos fiéis profetas fosse sua fé dinâmica em Deus. Por causa disso, eles eram cheios de coragem física e integridade moral.

> *E que mais direi? Pois me faltará tempo se eu falar de Gideão, de Baraque, de Sansão, de Jefté, de Davi, de Samuel e dos profetas. Estes, por meio da fé, venceram reinos, praticaram a justiça, alcançaram promessas, fecharam a boca de leões, apagaram a força do fogo, escaparam ao fio da espada, da fraqueza tiraram força, tornaram-se poderosos na guerra, puseram em fuga exércitos estrangeiros. Algumas mulheres receberam pela ressurreição os seus mortos. Alguns foram torturados e não aceitaram ser livrados, para alcançar uma melhor ressurreição; e outros experimentaram zombaria e espancamentos, correntes e prisões. Foram apedrejados e provados, serrados ao meio, morreram ao fio da espada, andaram vestidos de peles de ovelhas e de cabras, necessitados, aflitos e maltratados. O mundo não era digno dessas pessoas. Andaram vagando por desertos e montes, por cavernas e buracos da terra. E todos eles, embora recebendo bom testemunho pela fé, não obtiveram a promessa; visto que Deus havia providenciado algo melhor a nosso respeito, para que, sem nós, eles não fossem aperfeiçoados.*
> (Hb 11.32-40)

Profetas
- Escola de. 1Rs 20.35; 2Rs 2.3-15; 2Rs 4.1; 2Rs 4.38; 2Rs 9.1
- Conservaram as crônicas. 1Cr 29.29; 2Cr 9.29; 2Cr 12.15
- Conselheiros de reis. Is 37.2,3
- Não foram honrados em seu próprio país. Mt 13.57; Lc 4.24-27; Jo 4.44
- Perseguições a eles. 2Cr 36.16; Am 2.12
- Mártires. Jr 2.30; MT 23.37; Mc 12.5; Lc 13.34; 1Ts 2.15; Hb 11.37; Ap 16.6

Advertências
O Novo Testamento é cheio de advertências sobre profecias de falsos profetas.

Referências gerais aos falsos profetas do Antigo Testamento

1Rs 13.18; Ne 6.12; Jr 23.25-27; Jr 23.30-32; Lm 2.14

ADMOESTAÇÕES AOS FALSOS PROFETAS
Dt 13.1-3

DENÚNCIAS CONTRA
Dt 18.20; Jr 14.15

PUNIÇÃO DOS
Jr 14.13-16; Jr 20.6; Jr 28.16,17; Jr 29.32; Zc 13.3

EXEMPLOS DE
- Noádia. Ne 6.14
- Quatrocentos em Samaria. 1Rs 22.6-12; 2Cr 18.5

Inspiração dos profetas

Os profetas eram mensageiros. Suas visões e profecias não se originaram em sua própria e fértil imaginação. Eles apenas passaram adiante a mensagem divina que haviam recebido. Foram inspirados por Deus. Diziam: "Assim diz o Senhor". A inspiração divina é o fator básico que sustenta tudo o mais sobre os profetas na Bíblia.

> "O profeta falso e o genuíno serão conhecidos por seus caminhos. Se um profeta ensina a verdade, mas não pratica o que ensina, ele é um falso profeta."
>
> *Didaquê*

■ Profetas inspirados

Elias
1Rs 17.8; 1Rs 21.17; 1Rs 21.28

Isaías
Is 2.1; Is 8.5; Is 13.1; Is 14.28; Is 38.4

Jeremias
Jr 1.4; Jr 7.1; Jr 11.1; Jr 13.8; Jr 16.1; Jr 18.1; Jr 25.1,2; Jr 26.1; Jr 27.1; Jr 29.30; Jr 30.1; Jr 30.4; Jr 32.1; Jr 32.6; Jr 32.26; Jr 33.1; Jr 33.19; Jr 33.23; Jr 34.12; Jr 35.12; Jr 36.1; Jr 37.6; Jr 40.1; Jr 43.8; Jr 44.1; Jr 46.1; Jr 49.34; Jr 50.1

Ezequiel
Ez 3.16; Ez 6.1; Ez 7.1; Ez 11.14; Ez 12.1; Ez 12.8; Ez 12.17; Ez 12.21; Ez 13.1; Ez 14.12; Ez 15.1; Ez 16.1; Ez 17.1; Ez 17.11; Ez 18.1; Ez 20.45; Ez 21.1; Ez 21.8; Ez 21.18; Ez 22.1; Ez 22.17; Ez 22.23; Ez 23.1; Ez 24.1; Ez 24.15; Ez 24.20; Ez 25.1; Ez 26.1; Ez 27.1; Ez 28.1; Ez 28.11; Ez 28.20; Ez 29.1; Ez 29.17; Ez 30.1; Ez 30.20; Ez 31.1; Ez 32.1; Ez 32.17; Ez 33.1; Ez 33.23; Ez 34.1; Ez 35.1; Ez 36.16; Ez 37.15; Ez 38.1

Amós
Am 7.14,15

Jonas
Jn 3.1

Ageu
Ag 2.1; Ag 2.10; Ag 2.20

Zacarias
Zc 1.7; Zc 4.8; Zc 6.9; Zc 7.1; Zc 7.4; Zc 7.8; Zc 8.1; Zc 8.18

Inspirados por anjos
Zc 1.9; Zc 1.13,14; Zc 1.19; At 7.53; Gl 3.19; Hb 2.2

As profecias bíblicas mais importantes relacionavam-se a Jesus. Mas havia muitos outros tipos de profecias além das profecias messiânicas.

Profecias preditas que foram cumpridas

- O nascimento e zelo de Josias. 1Rs 13.2; 2Rs 23.1-20
- Morte do profeta de Judá. 1Rs 13.21,22; 1Rs 13.24-30
- Extinção da casa de Jeroboão. 1Rs 14.5-17

- Extinção da casa de Baasa. 1Rs 16.2,3; 1Rs 16.9-13
- A respeito da reconstrução de Jericó. Js 6.26; 1Rs 16.34
- A seca, predita por Elias. 1Rs 17.14
- Destruição do exército de Ben-Hadade. 1Rs 20.13-30
- A morte de um homem que se recusou a golpear um profeta. 1Rs 20.35,36
- A morte de Acabe. 1Rs 20.42; 1Rs 21.18-24; 1Rs 22.31-38
- A morte de Acazias. 2Rs 1.3-17
- O translado de Elias. 2Rs 2.3-11
- Canibalismo em relação às crianças de Israel. Lv 26.29; Dt 28.53; 2Rs 6.28,29; Jr 19.9; Lm 4.10
- A morte do senhor samaritano. 2Rs 7.2; 2Rs 7.19,20
- O fim da fome em Samaria. 2Rs 7.1-18
- A morte trágica de Jezabel. 1Rs 21.23; 2Rs 9.10; 2Rs 9.33-37
- A derrota contra a Síria, por Jeoás. 2Rs 13.16-25
- Conquistas de Jeroboão. 2Rs 14.25-28
- As quatro gerações de Jeú que ocuparam o trono de Israel. 2Rs 10.30; 2Rs 15.12
- Destruição do exército de Senaqueribe e sua morte. 2Rs 19.6,7; 2Rs 19.20-37
- O cativeiro de Judá. 2Rs 20.17,18; 2Rs 24.10-16
- Sobre João Batista. Mt 3.3
- Raquel chorando por suas crianças. Jr 31.15; Mt 2.17,18
- Libertação de Jeremias. Jr 39.15-18
- Invasão de Judá pelos caldeus. Hc 1.6-11
- (Cumprida) 2Rs 25; 2Cr 36.17-21
- A vinda do Espírito Santo. Jl 2.28,29
- (Cumprida) At 2.16-21

PROFECIA SOBRE O
CATIVEIRO DOS JUDEUS
Jr 25.11,12; Jr 29.10; Jr 29.14; Jr 32.3-5; Dn 9.2; 2Rs 25.1-8; Ed 1

Zedequias, rei de Judá, o havia prendido, dizendo: Por que profetizas que o SENHOR *declarou que entregará esta cidade nas mãos do rei da Babilônia, que a conquistará? E que Zedequias, rei de Judá, não escapará das mãos dos babilônios, mas certamente será entregue nas mãos do rei da Babilônia e falará com ele face a face, e os seus próprios olhos o verão? E que o rei da Babilônia levará Zedequias para a Babilônia, o qual ficará ali até que eu me ocupe dele, diz o* SENHOR*? E que ainda que luteis contra os babilônios, não sereis vitoriosos?*
(Jr 32.3-5)

- Profecia sobre a destruição do navio no qual Paulo navegava. At 27.10; At 27.18-44

Profetisas

Há profetisas que podemos encontrar em ambos os Testamentos.

REFERÊNCIAS GERAIS
Ez 13.17; Jl 2.28,29

LISTA DE PROFETISAS
Miriã. Êx 15.20
Débora. Jz 4.4
Hulda. 2Rs 22.14
Noádia. Ne 6.14
A esposa de Isaías. Is 8.3
Isabel. Lc 1.41-45
Ana. Lc 2.36-38
As quatro filhas de Filipe. At 21.9
O símbolo do mal, Jezabel. Ap 2.20

"Deus deu as profecias, não para satisfazer a curiosidade dos homens, capacitando-os a prever coisas, mas, depois de terem sido cumpridas, devem ser interpretadas pelo evento e pela própria providência divina, e não a do intérprete, e, por meio delas, o Senhor deve ser manifesto ao mundo."

Isaac Newton

TIPOS DE LITERATURA E TIPOLOGIA

POESIA

■ Livros poéticos

Os livros da Bíblia classificados como poéticos são:
- Jó
- Salmos
- Provérbios
- Eclesiastes
- Cantares de Salomão, e
- Lamentações

Significado de "poético"

O termo "poético" não implica algo fantasioso ou irreal. Quando aplicado aos livros da Bíblia, o termo "poético" relaciona-se à construção e à forma daquele tipo particular de escrita.

Três categorias de poesia

Três tipos de poesia são encontrados na Bíblia hebraica:

1. POESIA DRAMÁTICA
O livro de Jó e Cantares de Salomão têm poesia dramática.

2. POESIA LÍRICA
Salmos tem poesia lírica.

3. POESIA DIDÁTICA
O livro de Eclesiastes tem poesia didática.

Poesia hebraica

A poesia hebraica é completamente diferente da maioria das poesias tradicionais com as quais estamos familiarizados.

Ela não possui nem métrica nem rima.

O ritmo hebraico não é alcançado combinando-se palavras com sons semelhantes, como no verso rimado; nem por acento rítmico como no verso branco, mas por repetição de ideias. Isso é chamado de paralelismo.

O paralelismo é caracterizado pelas ligações entre as sentenças ou orações, e às vezes é chamado de "rima de pensamento".

Paralelismo

Há vários tipos de paralelismo na poesia da Bíblia.
1. Paralelismo sinonímico
2. Paralelismo antitético
3. Paralelismo composto
4. Paralelismo emblemático

1. PARALELISMO SINONÍMICO
Aparece quando:
- A mesma ideia se repete nas mesmas palavras;

    O Senhor é também um alto refúgio para o oprimido, um alto refúgio em tempos de angústia. (Sl 9.9)

    Os rios levantaram, ó Senhor, os rios levantaram seu ruído, os rios levantaram seu fragor. (Sl 93.3)

    ... foste enganado pelos teus lábios; estás preso pelas palavras da tua boca. (Pv 6.2)

- A mesma ideia é repetida em palavras diferentes;

    O mar viu isso e fugiu; o Jordão recuou. Os montes saltaram como carneiros, e as colinas, como cordeiros. (Sl 114.3,4)

- A mesma ideia é, às vezes, expressa em três orações sucessivas;

    Sejam devastados por causa da sua afronta os que zombam de mim dizendo: Bem feito! Bem feito! Regozijem-se e alegrem-se em ti todos os que te buscam. Digam sempre os que amam tua salvação: O Senhor seja engrandecido. (Sl 40.15,16)

2. PARALELISMO ANTITÉTICO

Acontece quando o poeta expressa uma ideia em um versículo e uma ideia oposta no versículo seguinte.

O filho sábio alegra seu pai, mas o homem insensato despreza sua mãe. (Pv 15.20)

O próximo exemplo de poesia antitética aparece quando os pensamentos primário e secundário estão em contraste:

... porque o SENHOR recompensa o caminho dos justos, mas o caminho dos ímpios traz destruição. (Sl 1.6)

3. PARALELISMO COMPOSTO

Esse paralelismo também é chamado de paralelismo sintético, pois o pensamento na sentença é desenvolvido ou enriquecido pelo pensamento paralelo.

Isso acontece quando cada cláusula ou sentença contém uma ideia extra, a qual enfatiza a ideia principal.

Tu terás confiança, pois haverá esperança; olharás ao teu redor e descansarás tranquilo. (Jó 11.18)

Ver também Jó 3.3-9.

4. PARALELISMO EMBLEMÁTICO

Isso acontece quando uma ideia é repetida de um modo figurativo ou simbólico.

Como o carvão para a brasa e a lenha para o fogo, assim é o homem briguento para provocar discórdias. (Pv 26.21)

Outros tipos de poesia hebraica

1. POESIA ACRÓSTICA

Esse sistema alfabético nas primeiras palavras em cada verso da poesia conecta as sentenças umas com as outras.

Os vocábulos seguintes são tão ajustados que, no hebraico, as palavras iniciais de cada versículo começam com as letras subsequentes do alfabeto.

Pv 31.10-31; Lm 1,2,3,4; Sl 25,34,37,145

Cada oitavo versículo do Salmo 119 tem uma letra sucessiva do alfabeto.

2. REFRÃOS

Isso ocorre quando um versículo é repetido em intervalos.

No Salmo 42, a maior parte do versículo 5 é repetido no versículo 11.

Salmo 107.8, "Rendei graças ao SENHOR, por seu amor e por suas maravilhas para com os filhos dos homens!", é repetido nos versículos 15, 21 e 31.

3. CANÇÕES

Há um número considerável de canções muito bonitas encontradas no Antigo Testamento:
- A canção de Moisés (Êx 15)
- A canção de Débora (Jz 5)
- A canção de Ana (1Sm 2)
- A canção de Ezequias (Is 38.9-20)
- A canção de Habacuque (Hc 3)
- A canção de Davi, conhecida como lamento do arco (2Sm 1.19-27)

EXPRESSÕES IDIOMÁTICAS E FIGURAS DE LINGUAGEM

■ Definição

Expressão idiomática é uma declaração ou figura de linguagem que, frequentemente, não pode ser compreendida pelas palavras que a compõem.

Evitando as interpretações falsas

É útil saber que as páginas da Bíblia estão repletas de diferentes figuras de linguagem. Se alguém ignora isso, torna-se fácil fazer uma falsa interpretação de um versículo específico.

A figura de linguagem relaciona-se à forma pela qual as palavras são usadas. Refere-se a palavras ou frases nas quais os vocábulos não são usados em seu modo ou senso normais. Tais figuras de linguagem são um artifício usado para atrair nossa atenção para o que está sendo dito.

Figuras de linguagem deliberadamente divergem das regras normais da linguagem, a fim de enfatizar o que está sendo dito.

O perigo de interpretar tudo de um modo literal

Figuras de linguagem não deveriam ser interpretadas de um modo literal, nem o que é literal deveria ser considerado como figura de linguagem.

DR. BULLINGER

O maior trabalho clássico sobre figuras de linguagem na Bíblia foi publicado no final do século XIX pelo dr. Bullinger. Ele identificou 217 figuras de linguagem usadas na Bíblia. A lista a seguir mostra seu trabalho. Para cada exemplo de figura de linguagem é dado um nome descritivo. A isso, segue-se uma referência bíblica ilustrando a figura de linguagem.

O registro termina com algumas palavras explicando a figura de linguagem.

Recusa evidente (Mt 15.22-26)
É assim chamada por ser uma recusa evidente ou assumida. Inicialmente, Jesus não respondeu aos apelos da mulher de Canaã. O propósito de ajuda para essa recusa evidente torna-se claro no final do incidente.

Acróstica (Sl 119)
Repetição das mesmas letras sucessivas no começo das palavras ou orações.

Declaração obscura (Gn 49.10)
Uma verdade expressa em linguagem obscura.

Enigmas (Jz 14.14)

Explicando um motivo (Rm 1.16)
Declara a razão pela qual algo foi dito ou feito.

Afirmação (Fp 1.18)
Enfatiza palavras que confirmam o que ninguém contestou.

Indignação (Gn 3.13; At 13.10)
Expressão do sentimento de indignação.

Alegoria ou comparação constante
Pode ser alcançada pelo uso de uma metáfora (Gn 49.9; Gl 4.22,24), ou por conclusão/implicação (Mt 7.3-5). Essa figura de linguagem ensina uma verdade sobre algo, substituindo outra verdade por ela mesma, apesar de não ser como a anterior.

Refrão (Sl 136)
Repetição da mesma frase ao fim de sucessivos parágrafos.

Duplo significado (Ez 12.13)
Palavras ou frases abertas a duas interpretações, sendo ambas verdadeiras.

***Am'-phi-di-or-tho'-sis*, ou correção dupla** (1Co 11.22)
Correção designando como corretos tanto o ouvinte quanto o locutor.

Ascensão gradual (Sl 18.37,38)
Aumento na ênfase ou no sentido de sentenças sucessivas.

Regressão (Ef 3.14)
Volta ao tema original após uma digressão (desvio do assunto principal).

Causa comum (1Co 4.21)
Apelo a outros que têm interesses em comum.

Sem sequência (Gn 35.3; Mc 11.32)
Quebra na sequência do pensamento.

Finais e começos de sentenças semelhantes (Gn 1.1,2; Sl 121.1,2)
Palavra ou palavras que concluem uma sentença repetem-se no início de outra sentença.

Recordação (Rm 9.3)
Expressão que nos leva a relembrar algo em nossa mente.

Começos semelhantes nas sentenças (Dt 28.3-6)
Repetição da mesma palavra no começo de sucessivas sentenças.

Moderação (2Rs 5.1)
Adição de uma sentença conclusiva que diminui o efeito do que foi dito.

Pergunta de contraposição (Mt 21.23-25)
Responder a uma pergunta fazendo-se outra pergunta.

Antropomorfismo (Gn 1.2; 8.21; Sl 74.11; Jr 2.13; Os 11.10)
Atribuir características humanas a Deus.

Diálogo (1Co 7.16)
Dirigir-se ao leitor como se ele/ela estivesse realmente presente.

Antipersonificação (2Sm 16.9)
Pessoas representadas como coisas inanimadas.

Réplica (Mt 15.26,27)
Voltar as palavras do locutor contra si próprio.

Contraste (Pv 15.17)
Designar uma frase em contraste com outra.

Mudança de nome (Gn 31.21)
Mudar um nome.

Aporia ou dúvida (Lc 16.3)
Expressar uma dúvida.

Silêncio repentino
Pode estar associado com:
1. Uma grande promessa (Êx 32.32);
2. Raiva (Gn 3.22);
3. Aflição (Gn 25.22; Sl 6.3);
4. Indagação (Jo 6.62).

Apóstrofe
Ocorre quando o locutor muda a pessoa a quem está se dirigindo. Essa pessoa pode ser:
1. Deus (Ne 6.9);
2. Homens (2Sm 1.24,25);
3. Animais (Jl 2.22);
4. Coisas inanimadas (Jr 47.6).

Associação (At 17.27)
Ocorre quando o locutor associa-se com aqueles com quem fala, ou de quem ele fala.

Não usar "E" (Mc 7.21-23; Lc 14.13)
Deixar de usar a conjunção "e" e omiti-la para chegar ao ponto que está sendo enfatizado.

Vã repetição (1Rs 18.26)

Bênção (Gn 1.22,28; Mt 5.3-11)

Declínio gradual (Fp 2.6-8)
Usado para enfatizar humilhação ou tristeza.

Exclamação repentina (Ez 16.23)
Parênteses em forma de uma exclamação repentina.

Zombaria (Sl 2.4)

Descrição de tempo (Jo 10.22)
Ensino de algo importante mencionando-se o tempo quando tal fato ocorreu.

Gradação (2Pe 1.5-7)
Repetição em sentenças sucessivas.

Repetição combinada (Sl 118.8,9)
Repetição de duas frases diferentes, uma no começo e outra ao final de sucessivos parágrafos.

Repetição circular (Sl 80.3,7,19)
Repetição da mesma frase em intervalos regulares.

Rodeando (Gn 9.3; Sl 27.14)
Repetição da mesma palavra ou palavras no começo e no final de uma sentença.

Súplica (Dt 4.26)
Expressão de sentimento profundo por meio de juramento.

Exclamação (Rm 7.24)

Ironia
Expressão de pensamento de uma forma que naturalmente convence seu adversário.

Ironia divina
Quando o locutor é divino (Gn 3.22)

> *Ide e clamai aos deuses que escolhestes! Que eles vos livrem na hora da angústia! (Jz 10.14)*

Ironia humana
Quando o locutor é um ser humano.

> *Então Jó respondeu: Sem dúvida, vós sois o povo, e a sabedoria morrerá convosco. (Jó 12.2)*

Oração rápida (Os 9.14)
Pedidos ou orações curtos.

Sinceridade (Lc 13.32)
O locutor, sem a intenção de ofender, fala com total liberdade e coragem.

Retomada (1Co 10.29; Fp 1.24)
Repetição da mesma palavra depois de uma pausa ou parênteses.

Litotes
Frase que deprecia uma coisa para exaltar outra.

> *Antes vocês nem sequer eram povo, mas agora são povo de Deus; não haviam recebido misericórdia, mas agora a receberam.* (1Pe 2.10, NVI)

Inversão (Gn 10.1-31; Is 6.10)
Repetição da mesma palavra ou palavras em ordem inversa, sem mudar o sentido.

Repetição encoberta (Sl 29.3,4,7,8,9)
Repetição da mesma frase em intervalos irregulares.

Eufemismo
Substituir um termo ofensivo ou severo por um menos ofensivo.

> *E, tendo dito isso, acrescentou: Nosso amigo Lázaro adormeceu; mas vou despertá-lo do sono (Jesus estava falando da morte de Lázaro). (Jo 11.11)*

Julgamento (Jo 12.33)
Frase curta acrescentada no final para formar uma conclusão adicional.

Prolongação (Jo 21.15-17)
Repetição adicionada para dar mais ênfase.

Exclamação (Sl 135.21)
Exclamação na conclusão de uma sentença.

Epístrofe no argumento (2Co 11.22)
Repetição da mesma palavra ou palavras ao final de sucessivas sentenças usadas como argumento.

Término de frases (Gn 13.6; Sl 24.10)
Repetição da mesma palavra ou palavras ao final de sucessivas sentenças.

Amplificação (Êx 3.19)
Adicionar uma sentença conclusiva para dar mais ênfase.

Qualificação (Fp 4.10)
Sentença adicionada ao final para remediar, suavizar, abrandar ou modificar o que foi dito antes.

Epíteto (Gn 21.16; Lc 22.41)
Nomear algo por meio de sua descrição.

Admoestação (Lc 24.25)

Sumário (Hb 11.32)
Rápida passagem pelo resumo.

Admissão (Ec 11.9)
Admissão do incorreto, para ganhar o que é correto.

Duplicação (Gn 22.11; Sl 77.16)
Repetição da mesma palavra com o mesmo sentido.

Interrogação (Gn 13.9; Sl 35.10)
Fazer perguntas, mas não para obter-se informações nem respostas.

Eufemismo (Gn 15.15)
Ocorre quando uma expressão agradável é usada para alguém desagradável.

Exemplo (Lc 17.32)
Concluir uma sentença usando-se um exemplo.

Desprezo (2Sm 6.20)

Citação
Citação de declaração bem conhecida sem citar o nome do autor.
1. Quando a intenção original do sentido é preservada, apesar de as palavras poderem variar (Mt 26.31).
2. Quando o sentido original é modificado na citação ou referência (Mt 12.40).
3. Quando o sentido é completamente diferente daquele que foi proposto inicialmente (Mt 2.15).
4. Quando as palavras vêm do hebraico ou da *Septuaginta* (Lc 4.18).
5. Quando as palavras se alteram pela omissão, adição ou transposição (1Co 2.9).
6. Quando as palavras são modificadas por uma leitura, por inferência ou pelo número, pessoa, disposição ou tempo verbal (Mt 4.7).
7. Quando duas ou mais citações estão unidas (Mt 21.13).
8. Quando citações são retiradas de livros que não sejam a Bíblia (At 17.28).

Dois por um (Gn 2.9; Ef 6.18)
Quando duas palavras são usadas, mas há apenas um significado.

Três por um (Dn 3.7)
Quando três palavras são usadas, mas há apenas um significado.

Interpretação (Jo 7.39)
Explanação que imediatamente segue uma afirmação.

Hipérbole
Quando algo é dito extrapolando-se seu significado literário. Hipérbole é uma expressão idiomática de exagero. É um exagero feito para reforçar um detalhe (Gn 41.47; Dt 1.28).

Se o teu olho direito te faz tropeçar, arranca-o e joga-o fora; pois é melhor para ti perder um dos teus membros do que ter todo o corpo lançado no inferno. (Mt 5.29)

Hendíadis
É a combinação de duas ou três situações que expressam o mesmo significado.

Que o próprio Deus da paz os santifique inteiramente. Que todo o espírito, a alma e o corpo de vocês sejam preservados irrepreensíveis na vinda de nosso Senhor Jesus Cristo. (1Ts 5.23, NVI)

Implicação (Mt 15.13; 16.6)

Figura de palavra (Is 5.26-30)
Objetos ou ações representados por palavras.

Interjeição (Sl 42.2)

Depreciação (Gn 18.27; Nm 13.33)
Depreciar alguma coisa para exaltar outra.

Transição (1Co 12.31)
Passar de um assunto para outro.

Metonímia dupla (Gn 19.8; Ec 12.6; Os 14.2)
Duas metonímias, uma contida na outra, mas somente uma é demonstrada.

Mudança (Os 4.18)
Um assunto diferente é substituído pelo assunto original.

Metáfora (Mt 26.26)
Declaração de que uma coisa é (ou representa) outra. A metáfora, assim como o símile, é uma comparação entre duas coisas sem usar palavras como "igual" ou "como".

> *Vós sois o sal da terra.* (Mt 5.13)

Culpa contrária (1Rs 18.17,18).
Transferir a culpa de si mesmo para outra pessoa.

Metonímia, ou mudança de substantivo
Aqui, um nome ou substantivo é usado no lugar de outro.`

> *É ele que vai construir um templo para mim, e eu firmarei o trono dele para sempre.* (1Cr 17.12, NVI)

1. De causa
   Quando a causa é substituída pelo efeito (Gn 23.8; Lc 16.29).
2. De efeito
   Quando o efeito é substituído pela causa que o produziu (Gn 25.23; At 1.18).
3. Do sujeito
   Quando o sujeito é substituído por algo ligado a ele (Gn 41.13; Dt 28.50).
4. Do adjunto
   Quando algo ligado ao sujeito é colocado como o próprio sujeito (Gn 28.22; Jó 32.7).

Negação (Gl 2.5)
Negativa de algo que não foi afirmado.

Desejo (Sl 55.6)

Oximoro ou sábia insensatez (1Tm 5.6)
Sábio discurso que aparenta imprudência.

Exultação (Sf 3.14)
Chamar outros a regozijar-se por algo.

Parábola, símile ampliado (Lc 14.16-24)

Nem um nem outro (Êx 20.10; Rm 8.35, 38,39)
Repetição dos disjuntivos *nem* e *nem* e *ou* e *ou*.

Paralelismo
Repetição de pensamentos ou palavras semelhantes, sinônimos ou opostos, em versículos paralelos ou sucessivos.

1. Sinônimos simples, ou gradual
   Quando os versículos são paralelos em pensamento e no uso das palavras sinônimas (Gn 4.23,24; Sl 1.1).
2. Antitético simples, ou oposto
   Quando as palavras são contrastadas em duas ou mais linhas, sendo opostas em sentido consigo mesmas (Pv 10.1).
3. Sintético simples ou construtivo
   Quando o paralelismo consiste apenas na forma similar da construção (Sl 19.7-9).
4. Revezamento complexo
   Quando as linhas são posicionadas alternadamente (Gn 19.25; Pv 24.19,20).

5. Revezamento complexo repetido
Repetição de dois assuntos paralelos em diversos versículos (Is 65.21,22).
6. Revezamento complexo ampliado
Alternação ampliada de forma que componha-se de três ou mais linhas (Jz 10.17).
7. Introversão complexa
Quando as linhas paralelas são tão bem posicionadas que a primeira correlaciona-se à última, à segunda, à penúltima etc. (Gn 3.19; 2Cr 32.7,8).

Antítese
Contraste direto

> Pois a carne deseja o que é contrário ao Espírito; e o Espírito, o que é contrário à carne. Eles estão em conflito um com o outro, de modo que vocês não fazem o que desejam. (Gl 5.17, NVI)

Digressão (Gn 2.8-15)

Inserção (Fp 3.18,19)
Inserção de uma sentença entre outras, independente e completa em si mesma.

Parênteses (2Pe 1.19)
Inserção de uma palavra ou sentença parentética, ou intercaladamente, necessária para explicar o contexto.

Provérbio (Gn 10.9; 1Sm 10.12)
Declaração/dito popular bem conhecido.

Compaixão (Lc 19.41,42)

Circunlocução (Gn 20.16; Jz 5.10)
Quando uma descrição é usada no lugar de um nome.

Descrição de circunstâncias (Jo 4.6)

Desdobramento de palavras (Jr 34.17)
Repetição da mesma palavra em um sentido diferente, envolvendo mais do que seu sentido original.

Muitos nomes (Gn 26.34,35; 2Rs 23.13)

Pessoas ou lugares mencionados por nomes diferentes

Justificação (Mt 12.12)
Sentença adicionada no final por motivo de justificação.

Antecipação (Hb 2.8)
Antecipar o que ocorrerá, e falar de coisas futuras como se fossem do presente.
Responder a um argumento antecipando-o antes de ser pronunciado.
1. Aberta
Quando a objeção antecipada é igualmente respondida e declarada (Mt 3.9).
2. Fechada
Quando a objeção antecipada não é nem totalmente declarada nem respondida (Rm 10.18).

Merisma
Combinação de partes do todo para expressar a totalidade.

> Então, à meia-noite, o SENHOR matou todos os primogênitos do Egito, desde o filho mais velho do faraó, herdeiro do trono, até o filho mais velho do prisioneiro que estava no calabouço, e também todas as primeiras crias do gado. (Êx 12.29, NVI)

Personificação
Coisas ou conceitos representados como pessoas.
1. Partes do corpo humano (Gn 48.14; Sl 35.10)
2. Animais (Gn 9.5; Jó 12.7)
3. Produtos da terra (Na 1.4)
4. Coisas inanimadas (Gn 4.10)
5. Reinos, países e estados (Sl 45.12)
6. Ações humanas atribuídas a coisas (Gn 18.20; Sl 85.10)
7. Sabedoria (Pv 1.20,21)

Apóstrofe
Personificação por meio da qual o escritor indica o objeto ou conceito que ele personificou.

> *Onde está, ó morte, a tua vitória? Onde está, ó morte, o teu aguilhão?* (1Co 15.55)

Negação repetida (Jo 10.28)

Repetição de negativas

Símile
No símile uma coisa é comparada com outra. As palavras "tão" ou "como" são usadas frequentemente. Gn 25.25; Mt 7.24-27

> *Sua cabeça e seus cabelos eram brancos como a lã, tão brancos como a neve, e seus olhos eram como uma chama de fogo.*
> (Ap 1.14)

Omissão da conclusão (1Sm 17.4-7)
A conclusão, embora implícita, não é expressada, a fim de adicionar ênfase a ela.

Símbolo (Is 22.22)
Objeto material substituído por uma verdade moral ou espiritual.

Resumo conclusivo (Mt 1.17)
Quando o que foi dito é brevemente resumido.

Interação (1Co 15.42-44)
Repetição de diferentes palavras em sentenças sucessivas, na mesma ordem e com o mesmo sentido.

Elipse
Passagem que, gramaticalmente, está incompleta e que necessita do leitor para completá-la.

> *Têm todos os dons de curar? Falam todos em línguas? Todos interpretam?*
> (1Co 12.30, NVI)

Enumeração (1Tm 4.1-3)
Enumeração de partes de um todo que não foi mencionado.

Concessão (Hc 1.13)
Fazer concessão de um ponto a fim de ganhar outro.

Símile repetido (Is 32.2)

Sinédoque ou transferência
Mudança de uma ideia por outra ideia associada. Figura de linguagem na qual a parte representa o todo, ou o todo representa a parte.
1. De gênero
   Quando o gênero é considerado como a espécie; ou o geral, como o individual (Gn 6.12; Mt 3.5).
2. De espécie
   Quando a espécie é considerada como o todo; ou o individual, como o geral (Gn 3.19; Mt 6.11).
3. Do todo
   Quando o todo é considerado como a parte (Gn 6.12).
4. Da parte
   Quando a parte é considerada como o todo (Gn 3.19; Mt 27.4).

> *Que eles reconheçam que foi a tua mão, que foste tu, Senhor, que o fizeste.*
> (Sl 109.27, NVI)

Expandindo a narrativa
Não raramente, no Antigo Testamento, uma história é apresentada de modo semelhante a um artigo de jornal contemporâneo. Há uma linha ou parágrafo que resume o restante da história.

QUATRO EXEMPLOS
1. Gênesis 1.1-3.25
2. Jonas 3.5-9. O resultado da oração de Jonas pela infeliz cidade de Nínive aparece em Jonas 3.5. Jonas 3.6-9 continua a descrição expandindo a narrativa com muito mais detalhes.

3. Provérbios 1.10-19. O resumo de Provérbios 1.10-19 aparece no versículo 10, com o conselho: *Meu filho, se os pecadores quiserem te seduzir, não permitas.*

O restante da passagem mostra esse resumo em duas partes:
- 1.11-14 – Como os pecadores seduzem.
- 1.15-19 – Não os siga.

4. Eclesiastes 2.1-26. Em Eclesiastes 2.1, a cena é estabelecida para a totalidade de 2.1-26: "Eu disse a mim mesmo: Vem! Experimenta a alegria. Desfruta o prazer. Mas isso também era ilusão".

Os versículos seguintes dividem-se em duas partes:
- 2.2-10 – Testando com prazer para descobrir o que é bom.
- 2.11-26 – Tudo é inútil.

PARÁBOLAS DO ANTIGO TESTAMENTO

■ Visão geral

Parábola, do grego *parabole*, significa "colocar ao lado de"; é uma comparação. É equivalente à palavra em hebraico *mashal*, que significa semelhança.

Antigo Testamento
A palavra "parábola" no antigo Testamento
1. Provérbio (1Sm 10.12; 24.13; 2Cr 7.20)
2. Afirmação profética (Nm 23.7; Ez 20.49)
3. Declaração enigmática (Sl 78.2; Pv 1.6)

Novo Testamento
A palavra "parábola" no Novo Testamento
1. Provérbio (Mc 7.17; Lc 4.23)
2. Símbolo típico (Hb 9.9; 11.19)
3. Semelhança ou alegoria (Mt 15.15; 24.32; Mc 3.23; Lc 5.36; 14.7)
4. Mais frequentemente refere-se a uma comparação entre coisas terrenas e coisas celestiais. As parábolas de Jesus eram histórias terrenas com significados espirituais.

Todas as parábolas do Antigo Testamento
PARÁBOLA DE NATÃ

Após o adultério de Davi com Bate-Seba e após Davi ter planejado que Urias, esposo de Bate-Seba, fosse morto em batalha, o Senhor enviou Natã a Davi. Davi foi convencido de suas ações maldosas pela parábola que Natã contou a ele.

O Senhor enviou Natã a Davi. Quando ele chegou, disse a Davi: Numa cidade havia dois homens, um rico e outro pobre. O rico tinha rebanhos e manadas em grande número; mas o pobre não tinha coisa alguma, senão uma pequena cordeira que comprara e criara; ela crescera com ele e com seus filhos; comia da sua porção, bebia do seu copo e dormia em seus braços; e ele a considerava como filha. Certa vez, um viajante chegou à casa do rico; mas ele não quis pegar uma ovelha sua ou um boi seu para dar de comer ao viajante que o visitava, assim tomou a cordeira do pobre e a preparou para o seu hóspede. Então Davi se enfureceu por causa daquele homem, e disse a Natã: Assim como o Senhor vive, o homem que fez isso deve ser morto. Ele deverá restituir quatro vezes o preço da cordeira, porque agiu sem compaixão. Então Natã disse a Davi: Esse homem és tu! Assim diz o Senhor, Deus de Israel: Eu te ungi rei sobre Israel, livrei-te da mão de Saul, e te dei a casa e as mulheres de teu senhor; também te dei a nação de Israel e de Judá. E se isso fosse pouco, te acrescentaria outro tanto. Por que desprezaste a palavra do Senhor, fazendo o mal aos seus olhos? Tu mataste à espada Urias, o heteu, e tomaste para ti a sua mulher; sim, tu o mataste com a espada dos amonitas. (2Sm 12.1-9)

A VIDEIRA
Quando Jesus chamou a si mesmo de *a videira verdadeira* em João 15.1, seus ouvintes já deveriam estar familiarizados com a parábola de Isaías sobre a vinha infrutífera.

Quero cantar ao meu amado uma canção de amor a respeito da sua vinha. O meu amado possuía uma vinha numa colina fértil. Ele preparou a terra, tirou as pedras, plantou excelentes vinhas e construiu uma torre no meio dela. Também construiu um lagar, esperando que desse uvas boas, mas deu uvas bravas. Agora, ó moradores de Jerusalém e homens de Judá, peço-vos que julgueis entre mim e a minha vinha. Que mais poderia se fazer à minha vinha, que eu não tenha feito? Por que veio a produzir uvas bravas, quando eu esperava que desse uvas boas? (Is 5.1-4)

PARÁBOLAS, PROVÉRBIOS E DECLARAÇÕES DO ANTIGO TESTAMENTO			
DITO POR	**REFERINDO-SE A**	**DITO EM**	**REGISTRADO EM**
Balaão	Moabitas e israelitas	monte Pisga	Nm 23.14,24
Jotão	Árvores ungindo um rei	monte Gerizim	Jz 9.7-15
Sansão	Doçura saindo do que é forte	Timnate	Jz 14.5,14
Natã	A cordeirinha do homem pobre	Jerusalém	2Sm 12.1-4
Mulher de Tecoa	Dois irmãos lutando	Jerusalém	2Sm 14.1
Um dos filhos dos profetas	O prisioneiro que escapou	Próximo a Samaria	1Rs 20.35-43
Jeoás, rei de Israel	O espinheiro e o cedro do Líbano	Jerusalém	2Rs 14.9
Isaías	A vinha produzindo uvas azedas	Jerusalém	Is 5.1-6
Ezequiel	Filhotes de leão	Babilônia	Ez 19.2-9
Ezequiel	As grandes águias e a vinha	Babilônia	Ez 17.3-10
Ezequiel	A panela fervendo	Babilônia	Ez 24.3-5

TIPOLOGIA

■ Definindo o termo

Um "tipo" é definido como "uma relação preordenada representativa que certas pessoas, eventos e instituições do Antigo Testamento conduzem para corresponder às pessoas, eventos e instituições do Novo Testamento".

Bernard Ramm

Um tipo pode ser definido como "uma figura ou exemplo de algo futuro e mais ou menos profético, chamado de 'antítipo'".

E. W. Bullinger

Um tipo é "a relação representativa que certas pessoas, eventos e instituições do Antigo Testamento conduzem para corresponder às pessoas, eventos e instituições do Novo Testamento".

Muenscher

"Um tipo é uma sombra lançada nas páginas da história do Antigo Testamento por uma verdade cuja total personificação ou antítipo é encontrada na revelação do Novo Testamento."

Wick Broomall

"Um tipo é um acontecimento real e exaltado na história, o qual foi divinamente ordenado pelo Deus onisciente para ser uma figura profética das boas-novas que ele se propôs a trazer para realizarem-se em Cristo Jesus."

Wayne Jackson

■ Tipologia no Antigo Testamento

Uma pessoa como um tipo
MELQUISEDEQUE
O Novo Testamento dá ampla justificação para o uso da tipologia. Melquisedeque, em Hebreus 7, é um exemplo de uma pessoa sendo usada como um tipo. Melquisedeque corresponde a Jesus de muitas maneiras. Ele é, ao mesmo tempo, um rei e um sacerdote como Cristo.

Um evento como um tipo
O ÊXODO
O Êxodo do Egito é um exemplo de um evento servindo como um tipo. Assim que Israel foi libertado da escravidão pelo poder de Deus, o Novo Testamento ensina que os seguidores de Deus nos dias de hoje são libertos do pecado. O evento do Êxodo tem uma correspondência óbvia com nossa salvação.

Uma instituição dada por Deus como um tipo
OS SACRIFÍCIOS DO ANTIGO TESTAMENTO
Os sacrifícios de Levítico 1–5 são um exemplo de uma instituição que constitui um tipo. Por exemplo, Hebreus 9 desenha o paralelo entre o sangue derramado do animal e o sangue derramado de Cristo.

Palavras do Novo Testamento que indicam "tipo"

TUPOS
Tupos é a base de nossa palavra em português "tipo". Em Romanos 5.14 Paulo declara que Adão "é figura [*tupos*] daquele que havia de vir", ou seja, Cristo.

SKIA
A palavra *skia* é traduzida por "sombras" em Colossenses 2.17. Algumas partes do sistema mosaico são entendidas como "sombras das coisas que haveriam de vir". Veja também Hebreus 8.5; 10.1.

HUPODEIGMA
O termo *hupodeigma* é traduzido por "cópia" e é usado em associação com "sombra" em Hebreus 8.5.

> *... os quais servem naquilo que é figura e sombra das coisas celestiais, como Moisés foi avisado quando estava para construir o tabernáculo, porque lhe foi falado: Vê, faze conforme o modelo que te foi mostrado no monte.*
> (Hb 8.5)

Veja também Hebreus 9.23.

PARABOLE
A palavra grega *parabole* (daí a palavra em português "parábola") em Hebreus 9.9 declara que partes do tabernáculo são "uma figura para o tempo presente". Ver também Hebreus 11.19.

ANTITUPON
Antitupon é traduzida por "figura" (*A21*) ou "representação" (*NVI*) em Hebreus 9.24, e "prefigurando" (*A21*) ou "representado" (*NVI*) em 1Pedro 3.21.

Pessoas como tipos

Certo número de pessoas do Antigo Testamento são corretamente vistas como "tipos" por causa da ligação que têm com alguns aspectos da salvação de Deus.

ADÃO

Adão é um tipo de Cristo. Adão introduziu o pecado no mundo, e Cristo trouxe o remédio para o pecado.

> *Porque, assim como pela desobediência de um só homem muitos foram feitos pecadores, assim também pela obediência de um só muitos serão feitos justos.* (Rm 5.19)

MELQUISEDEQUE É UM TIPO DE CRISTO

Melquisedeque era rei de Salém e um sacerdote de Deus (Gn 14.18-20). Cristo em sua ascensão começou a reinar no trono de Davi e a ser nosso sumo sacerdote. Veja Sl 110.4; Zc 6.12,13; Hb 5.5-10; 6.20; 7.1-17.

> *Assim, Cristo também não glorificou a si mesmo para se tornar sumo sacerdote, mas sim aquele que lhe disse: Tu és meu Filho, eu hoje te gerei; e que também diz em outro lugar: Tu és sacerdote para sempre, segundo a ordem de Melquisedeque. Nos dias de sua vida, com grande clamor e lágrimas, Jesus ofereceu orações e súplicas àquele que podia livrá-lo da morte e, tendo sido ouvido por causa do seu temor a Deus, embora sendo Filho, aprendeu a obediência por meio das coisas que sofreu. Depois de aperfeiçoado, tornou-se a fonte da salvação eterna para todos os que lhe obedecem, proclamado sumo sacerdote por Deus, segundo a ordem de Melquisedeque.* (Hb 5.5-10)

Lugares como tipos

JERUSALÉM

Jerusalém é um tipo da igreja e também dos cristãos no paraíso.

> *Mas tendes chegado ao monte Sião, à cidade do Deus vivo, à Jerusalém celestial, ao incontável número de anjos em reunião festiva; à igreja dos primogênitos registrados nos céus...* (Hb 12.22,23a)

BABILÔNIA

A Babilônia atacou e capturou o povo de Deus no Antigo Testamento. No Novo Testamento, a Babilônia representa os membros apóstatas da igreja cristã.

> *O segundo anjo o seguiu, dizendo: Caiu a grande Babilônia, que deu de beber a todas as nações do vinho da ira da sua prostituição.* (Ap 14.8)

Objetos como tipos

A SERPENTE DE BRONZE

A serpente de bronze mencionada em Números 21.8 é apresentada por João como um tipo de Cristo, que traz a cura espiritual.

> *Assim como Moisés levantou a serpente no deserto, também é necessário que o Filho do homem seja levantado; para que todo aquele que nele crê tenha a vida eterna.* (Jo 3.14,15)

Eventos como tipos

Alguns eventos do Antigo Testamento são assinalados como "tipos" pelos escritores do Novo Testamento.

O DILÚVIO

O dilúvio dos dias de Noé, registrado em Gênesis 6–8, é visto como um tipo da destruição que ocorrerá no fim do mundo.

> *Pois a vinda do Filho do homem se dará à semelhança dos dias de Noé. Porque nos dias anteriores ao dilúvio, todos comiam, bebiam, casavam e davam-se em casamento, até o dia em que Noé entrou na arca; e não se deram conta até que veio o dilúvio e levou a todos; assim também será a vinda do Filho do homem.* (Mt 24.37-39)

ÁGUA DA ROCHA

Quando os israelitas estavam vagando no deserto, Deus proveu-os, miraculosamente, com água da rocha, em Êxodo 17.6.

Esta passagem aparece no Novo Testamento como um tipo da vida espiritual dada por Jesus.

> *e todos beberam da mesma bebida espiritual, porque bebiam da rocha espiritual que os acompanhava; e essa rocha era Cristo.* (1Co 10.4)

MANÁ NO DESERTO

Em resposta ao pedido de Moisés, o Senhor miraculosamente providenciou maná para os israelitas no deserto, em Êxodo 16.14-16. Essa passagem é apontada como um tipo de pão espiritual, que é Jesus, por meio do qual os cristãos são espiritualmente nutridos.

> *Jesus lhes respondeu: Em verdade, em verdade vos digo: Não foi Moisés quem vos deu pão do céu; mas meu Pai é quem vos dá o verdadeiro pão do céu. Porque o pão de Deus é aquele que desce do céu e dá vida ao mundo.* (Jo 6.32,33)

AS EXPERIÊNCIAS DO DESERTO

Paulo aponta para o tempo que os israelitas gastaram no deserto, a fim de que lições espirituais possam ser tiradas daí.

Observe a declaração de Paulo depois de discutir as experiências de Israel no deserto do Sinai.

> *Essas coisas aconteceram como exemplo para nós [tupoi], a fim de que não cobicemos as coisas más, como eles cobiçaram.* (1Co 10.6; compare com 10.11)

> *Essas coisas ocorreram como exemplos para nós, para que não cobicemos coisas más, como eles fizeram.* (1Co 10.6, NVI)

A libertação da família de Noé de um mundo corrupto, por meio da "água", prefigurou nossa salvação, por intermédio do batismo, do poder das trevas para o reino de Cristo (compare com1Pe 3.20,21; Cl 1.13).

Ofícios como tipos

Três ofícios no Antigo Testamento ingressaram como tipos por intermédio de uma consagração: profeta (1Rs 19.16), sacerdote (Êx 28.41) e rei (1Sm 10.1).

Cada um desses ofícios é visto como tipos de Jesus, o qual deveria ser o Ungido.

Jesus é um profeta: *Pois Moisés disse: O Senhor, vosso Deus, levantará dentre vossos irmãos um profeta semelhante a mim; a ele ouvireis em tudo que vos disser* (Atos 3.22).

Jesus é um sacerdote: *Portanto, santos irmãos, participantes do chamado celestial, considerai com atenção o Apóstolo e Sumo Sacerdote que declaramos publicamente, Jesus. Ele foi fiel àquele que o constituiu, assim como também foi Moisés em toda a casa de Deus* (Hebreus 3.1,2).

Jesus é um rei: *Combaterão contra o Cordeiro, que os vencerá, pois é o Senhor dos senhores e o Rei dos reis; os que estão com ele, os chamados, eleitos e fiéis, também vencerão.* (Apocalipse 17.14).

TIPOS DE CRISTO

■ Visão geral

Essa lista de alguns tipos principais de Cristo encontrados na Bíblia nos dá duas das mais importantes referências bíblicas sobre cada tipo.

Em cada exemplo, pelo menos uma referência do Antigo Testamento é equiparada com pelo menos um versículo relevante do Novo Testamento.

- Adão. Rm 5.14; 1Co 15.45
- Abel. Gn 4.8,10; Hb 12.24

- Abraão. Gn 17.5; Ef 3.15
- Arão. Êx 28.1; Hb 5.4,5; Lv 16.15; Hb 9.7,24
- Arca. Gn 7.16; 1Pe 3.20,21
- Arca da aliança. Êx 25.16; Sl 40.8; Is 42.6

E porás na arca o testemunho que te darei. (Êx 25.16)

Gosto de fazer a tua vontade, ó meu Deus; sim, tua lei está dentro do meu coração. (Sl 40.8)

Por isso, entrando no mundo, ele diz: Tu não quiseste sacrifício e oferta, mas me preparaste um corpo... (Hb 10.5)

- Expiação, sacrifícios oferecidos no Dia da Expiação. Lv 16.15,16; Hb 9.12,24
- Serpente de bronze. Nm 21.9; Jo 3.14,15
- Altar de bronze. Êx 27.1,2; Hb 13.10
- Oferta queimada. Lv 1.2,4; Hb 10.10
- Cidades de refúgio. Nm 35.6; Hb 6.18
- Davi. 2Sm 8.15; Ez 37.24; Sl 89.19,20; Fp 2.9
- Eliaquim. Is 22.20-22; Ap 3.7
- Primícias. Êx 22.29; 1Co 15.20
- Candelabro de ouro. Êx 25.31; Jo 8.12
- Altar de ouro. Êx 40.5,26,27; Ap 8.3; Hb 13.15
- Isaque. Gn 22.1,2; Hb 11.17-19
- Jacó. Gn 32.28; Jo 11.42; Hb 7.25
- Escada de Jacó. Gn 28.12; Jo 1.51
- Josué. Js 1.5,6; Hb 4.8,9; Js 11.23; At 20.32
- Jonas. Jo 1.17; Mt 12.40
- Bacia de bronze. Êx 30.18-20; Zc 13.1; Ef 5.26,27

Farás também uma pia de bronze com a base de bronze, para servir de lavatório. Tu a porás entre a tenda da revelação e o altar, e despejarás água nela, com a qual Arão e seus filhos lavarão as mãos e os pés. Quando entrarem na tenda da revelação, ou quando se aproximarem do altar para ministrar, para fazer oferta queimada ao SENHOR, eles se lavarão com água, para que não morram. (Êx 30.18-20)

Naquele dia haverá uma fonte aberta para a casa de Davi e para os habitantes de Jerusalém, para remover o pecado e a impureza. (Zc 13.1)

... a fim de santificá-la, tendo-a purificado com o lavar da água, pela palavra, para apresentá-la a si mesmo como igreja gloriosa, sem mancha, nem ruga, nem qualquer coisa semelhante, mas santa e irrepreensível. (Ef 5.26,27)

- Oferta do leproso. Lv 14.4-7; Rm 4.25
- Maná. Êx 16.11-15; Jo 6.32-35
- Melquisedeque. Gn 14.18-20; Hb 7.1-17
- Trono da graça. Êx 25.17-22; Rm 3.25; Hb 4.16
- Sacrifícios da manhã e da noite. Êx 29.38-41; Jo 1.29,36
- Moisés. Nm 12.7; Hb 3.2; Dt 18.15; At 3.20-22
- Noé. Gn 5.29; 2Co 1.5
- Cordeiro pascal. Êx 12.3-6,46; Jo 19.36; 1Co 5.7
- Ofertas de comunhão. Lv 3.1; Ef 2.14,16
- Novilha vermelha. Nm 19.2-6; Hb 9.13,14
- Rocha de Horebe. Êx 17.6; 1Co 10.4
- Sansão. Jz 16.30; Cl 2.14,15
- Bode expiatório. Lv 16.20-22; Is 53.6,12
- Oferta pelo pecado. Lv 4.2,3,12; Hb 13.11,12
- Salomão. 2Sm 7.12,13; Lc 1.32,33; 1Pe 2.5
- Tabernáculo. Êx 40.2,34; Cl 2.9; Hb 9.11

No primeiro dia do primeiro mês, levantarás o tabernáculo, a tenda da revelação...

Então a nuvem cobriu a tenda da revelação, e a glória do SENHOR encheu o tabernáculo. (Êx 40.2,34)

... pois nele habita corporalmente toda a plenitude da divindade... (Cl 2.9)

Mas Cristo, vindo como sumo sacerdote dos bens já presentes, por meio do tabernáculo maior e mais perfeito, não erguido por mãos humanas, isto é, não desta criação... (Hb 9.11)

- Mesa e manifestação do pão. Êx 25.23-30; Jo 1.16; 6.48
- Templo. 1Rs 6.1,38; Jo 2.19,21
- Árvore da vida. Gn 2.9; Jo 1.4; Ap 22.2
- Oferta de transgressão. Lv 6.1-7; Is 53.10

- Véu do tabernáculo e do templo. Êx 40.21; 2Cr 3.14; Hb 10.20

Depois colocou a arca dentro do tabernáculo e pendurou o véu de proteção, cobrindo-a conforme o SENHOR lhe havia ordenado. (Êx 40.21)

Também fez o véu de tecido azul, púrpura, vermelho e linho fino; e mandou bordar querubins nele. (2Cr 3.14)

... pelo novo e vivo acesso que ele nos abriu através do véu, isto é, do seu corpo. (Hb 10.20)

- Zorobabel. Zc 4.7-9; Hb 12.2,3

EVENTOS SOBRENATURAIS

MILAGRES

■ Ensino geral da Bíblia

Visão geral
Poder de Deus necessário para os milagres. João 3.2

Descritos como
- Coisas maravilhosas. Sl 78.12;
- Obras maravilhosas. Is 29.14; Sl 105.5;
- Sinais e prodígios. Jr 32.21; Jo 4.48; 2Co 12.12.

Os milagres demonstram
- A glória de Deus. Jo 11.4;.
- A glória de Cristo. Jo 2.11; 11.4;
- As obras de Deus. Jo 9.3.

FATOS SOBRE MILAGRES BÍBLICOS
- Foram evidências de um poder divino. Êx 4.1-5; Mc 16.20
- Esperava-se que o Messias os realizasse. Mt 11.2,3; Jo 7.31
- Provou-se, por intermédio deles, que Jesus era o Messias. Mt 11.4-6; Lc 7.20-22; Jo 5.36; At 2.22
- Jesus foi seguido por causa deles. Mt 4.23-25; 14.35,36; Jo 6.2,26; 12.18
- Considerados como dons do Espírito Santo. 1Co 12.10

Foram realizados
- Pelo poder de Deus. Êx 8.19; At 14.3; 15.12; 19.11;
- Pelo poder de Cristo. Mt 10.1;
- Pelo poder do Espírito Santo. Mt 12.28; Rm 15.19;
- Em nome de Cristo. Mt 16.17; At 3.16; 4.30.

Os milagres e o evangelho
- Primeira proclamação do evangelho confirmada por eles. Mc 16.20; Hb 2.4.
- Aqueles que os fizeram, negaram que todo o poder viesse deles mesmos. At 3.12
- Deveriam produzir fé. Jo 2.23; 20.30,31
- Deveriam produzir obediência. Dt 11.1-3; 29.2,3,9
- Útil para a propagação inicial do evangelho. At 8.6; Rm 15.18,19

A fé era exigida
- Daqueles que os realizassem. Mt 17.20; 21.21; Jo 14.12; At 3.16; 6.8;
- Naqueles para quem os milagres eram realizados. Mt 9.28; 13.58; Mc 9.22-24; At 14.9.

Milagres relatados
- Deveriam ser lembrados. 1Cr 16.12; Sl 105.5
- Deveriam ser contados às futuras gerações. Êx 10.2; Jz 6.13

■ Os pecadores e os milagres

Os pecadores
- Desejavam vê-los. Mt 27.42; Lc 11.29; 23.8;
- Frequentemente os reconheciam. Jo 11.47; At 4.16;
- Não compreendiam. Sl 106.7;
- Não consideravam. Mc 6.52;
- Esqueciam. Ne 9.17; Sl 78.1,11;
- Tinham provas contrárias. Nm 14.22; Jo 12.37.

Rejeição dos milagres
- Eram culpados por rejeitarem a evidência dos milagres. Mt 11.20-24; Jo 15.24

Então ele começou a denunciar as cidades onde se realizara a maior parte dos seus milagres, por não terem se arrependido, dizendo: Ai de ti, Corazim! Ai de ti, Betsaida! Porque se em Tiro e Sidom se realizassem os milagres que em vós se realizaram, há muito tempo elas teriam se arrependido com roupas de saco e cinza. Por isso eu vos digo que, no dia do juízo, haverá menos rigor para Tiro e Sidom do que para vós. E tu, Cafarnaum, serás elevada até o céu? Até o inferno descerás! Se em Sodoma se realizassem os milagres que em ti se realizaram, ela teria permanecido até hoje. Contudo, eu te digo que, no dia do juízo, haverá menos rigor para a terra de Sodoma do que para ti. (Mt 11.20-24.)

Se eu não tivesse realizado essas obras entre eles, como nenhum outro fez, não teriam pecado. Mas agora, não somente as viram, mas também odiaram a mim e a meu Pai. (Jo 15.24)

Milagres precisam de fé

Milagre, por eles mesmos, podem produzir fé em Deus ou não. Jesus advertiu que milagres são insuficientes por eles mesmos para produzir conversão.

Abraão, porém, lhe disse: Se não ouvem Moisés nem os Profetas, tampouco acreditarão, mesmo que alguém ressuscite dentre os mortos. (Lc 16.31)

A fé precisa ser acompanhada de milagres.

Milagres ímpios

Algumas pessoas ímpias são capazes de realizar milagres falsificados. Estes estão registrados e contra eles somos advertidos em muitas passagens na Bíblia.

- Alguns milagres são realizados por intermédio do poder do demônio. 2Ts 2.9; Ap 16.14
- Alguns milagres são realizados para dar suporte a falsas religiões. Dt 13.1,2
- Alguns milagres são realizados:
  – Por falsos cristos. Mt 24.24;
  – Por falsos profetas. Mt 24.24; Ap 19.20.

- Alguns milagres são a marca do perverso.

Ninguém vos engane de modo algum, pois isso não acontecerá sem que primeiro venha a apostasia e seja revelado o homem do pecado, o filho da perdição [...]. A vinda desse ímpio se dá por meio da força de Satanás com todo o poder, sinais e falsos milagres... (2Ts 2.3,9)

Ela realizava grandes sinais à vista dos homens, de maneira que fazia até descer fogo do céu para a terra. (Ap 13.13)

- Alguns milagres deveriam ser desconsiderados. Dt 13.3
- Alguns milagres enganam o incrédulo. 2Ts 2.10-12; Ap 13.14; 19.20

Exemplos de milagres ímpios

- Mágicos do Egito. Êx 7.11,22; 8.7
- Mulher que consulta os mortos de En-Dor. 1Sm 28.7-14
- Simão, o Mago. At 8.9-11

"Nós devemos lembrar que Satanás também faz seus milagres."

João Calvino

MILAGRES DO ANTIGO TESTAMENTO

UMA LISTA CRONOLÓGICA DOS MILAGRES DO ANTIGO TESTAMENTO	
1. O dilúvio	Gn 7–8
2. Destruição de Sodoma e Gomorra	Gn 19.24
3. A esposa de Ló transforma-se em uma coluna de sal	Gn 19.26
4. O nascimento de Isaque em Gerar	Gn 21.1
5. A sarça ardente que não se queimou	Êx 3.3
6. O cajado de Arão transformou-se em uma serpente	Êx 7.10-12
7. As dez pragas do Egito – (1) águas tornam-se em sangue, (2) rãs, (3) piolhos, (4) moscas, (5) morte dos rebanhos, (6) feridas purulentas, (7) granizo, (8) gafanhotos, (9) trevas, (10) morte dos primogênitos	Êx 7.20–12.30
8. O mar Vermelho dividido; Israel passa através do mar	Êx 14.21-31
9. As águas purificadas de Mara	Êx 15.23-25
10. O maná enviado diariamente, exceto aos sábados	Êx 16.14-35
11. Água saída da rocha em Refidim	Êx 17.5-7
12. Nadabe e Abiú são mortos	Lv 10.1,2
13. Algumas pessoas são mortas pelo fogo em Taberá	Nm 11.1-3
14. A terra se abre e engole Coré e seus homens; fogo e praga seguem-se em Cades	Nm 16.32
15. O cajado de Arão florescendo em Cades	Nm 17.8
16. Água da pedra, deserto de Zim	Nm 20.7-11
17. A serpente de bronze, deserto de Zim	Nm 21.8,9
18. A jumenta de Balaão fala	Nm 22.21-35
19. O rio Jordão dividido; Israel passa através dele em solo seco	Js 3.14-17
20. As muralhas de Jericó caem	Js 6.6-20
21. O sol e a lua param. Chuva de granizo	Js 10.12-14
22. A força de Sansão	Jz 14–16
23. Água saída da cavidade de uma rocha	Jz 15.19
24. Dagom cai duas vezes diante da arca. Tumores nos filisteus	1Sm 5.1-12
25. Os homens de Bete-Semes são mortos por olharem dentro da arca	1Sm 6.19
26. Trovões causam pânico entre os filisteus em Ebenézer	1Sm 7.10-12
27. Trovões e chuva sobre a colheita em Gilgal	1Sm 12.18
28. Som de passos nas amoreiras em Refaim	2Sm 5.23-25
29. Uzá é punido por segurar a arca em Perez-Uzá	2Sm 6.6,7
30. O braço de Jeroboão secou. Seu novo altar é destruído em Betel	1Rs 13.4-6
31. A farinha e o azeite da viúva de Sarepta não acabaram	1Rs 17.14-16
32. O filho da viúva se levanta dos mortos	1Rs 17.17-24
33. Seca, fogo e chuva após as orações de Elias, e Elias sendo alimentado pelos corvos	1Rs 17–18

34. Os soldados de Acazias são consumidos pelo fogo perto de Samaria	2Rs 1.10-12
35. O rio Jordão é dividido por Elias e Eliseu perto de Jericó	2Rs 2.7,8,14
36. Elias é levado aos céus	2Rs 2.11
37. As águas de Jericó são purificadas por Eliseu	2Rs 2.21,22
38. Ursas saíram do bosque e despedaçaram 42 meninos	2Rs 2.24
39. Água é providenciada para Josafá e o exército aliado	2Rs 3.16-20
40. O azeite da viúva é multiplicado	2Rs 4.2-7
41. O filho da sunamita, concedido e ressurreto em Suném	2Rs 4.32-37
42. O ensopado mortal torna-se saudável em Gilgal	2Rs 4.38-41
43. Cem homens são alimentados com vinte pães em Gilgal	2Rs 4.42-44
44. Naamã é curado de lepra; Geazi torna-se leproso	2Rs 5.10-27
45. O ferro do machado flutua no rio Jordão	2Rs 6.5-7
46. Os planos de Ben-Hadade são descobertos	2Rs 6.12
47. O exército sírio é ferido de cegueira em Dotã	2Rs 6.18
48. O exército sírio é curado da cegueira em Samaria	2Rs 6.20
49. Os ossos de Eliseu fazem reviver o morto	2Rs 13.21
50. O exército de Senaqueribe é destruído, em Jerusalém	2Rs 19.35
51. A sombra do sol recua dez graus na escadaria de Acaz em Jerusalém	2Rs 20.9-11
52. Uzias e sua lepra, em Jerusalém	2Cr 26.16-21
53. Sadraque, Mesaque e Abednego saíram da fornalha, na Babilônia	Dn 3.10-27
54. Daniel é salvo da cova dos leões	Dn 6.16-23
55. Jonas dentro do grande peixe	Jn 2.1-10

O sol e a lua param

Então Josué falou ao SENHOR, no dia em que o SENHOR entregou os amorreus na mão dos israelitas. Na presença de Israel, ele disse: Sol, para sobre Gibeão, e tu, lua, sobre o vale de Aijalom. E o sol parou, e a lua se deteve, até que o povo se vingou de seus inimigos. Isso não está escrito no livro de Jasar? E o sol parou no meio do céu, e não se apressou a se pôr, quase um dia inteiro.

E não houve dia semelhante a esse, nem antes nem depois dele, quando o SENHOR atendeu à voz de um homem; pois o SENHOR batalhava por Israel. (Js 10.12-14)

MILAGRES REALIZADOS PELOS SEGUIDORES DE DEUS

■ **Milagres do Antigo Testamento**

Moisés e Arão
- A vara transforma-se em uma serpente. Êx 4.3; 7.10
- A vara é restaurada. Êx 4.4
- A mão torna-se leprosa. Êx 4.6
- A mão é curada. Êx 4.7
- As dez pragas do Egito. Êx 7–12
- O mar Vermelho é dividido. Êx 14.21,22

Os egípcios, com todos os cavalos e carros do faraó, com seus cavaleiros e seu exército, os perseguiram e os alcançaram acampados junto ao mar, perto de Pi-Hairote, em frente de Baal-Zefom. Enquanto o faraó se aproximava, os israelitas levantaram os olhos e viram que os egípcios marchavam atrás deles. Então os israelitas ficaram apavorados e clamaram ao SENHOR. *E disseram a Moisés: Foi por falta de sepulturas no Egito que nos tiraste de lá para morrermos neste deserto? O que fizeste conosco, tirando-nos do Egito? Por acaso não foi isto que te dissemos no Egito: Deixa-nos servir os egípcios? Pois teria sido melhor servir os egípcios do que morrer no deserto. Moisés, porém, disse ao povo: Não temais. Acalmai-vos e vede o livramento que o* SENHOR *vos trará hoje; porque nunca mais vereis os egípcios que hoje vedes. O* SENHOR *guerreará por vós. Por isso, acalmai-vos.* [...] *Então, Moisés estendeu a mão sobre o mar; e, com um forte vento do leste, o* SENHOR *fez recuar o mar toda aquela noite, tornando o mar em terra seca. As águas se dividiram, e os israelitas entraram pelo meio do mar em terra seca; e as águas ficaram como um muro à direita e à esquerda deles.*

(Êx 14.9-14,21,22)

- Os egípcios submergiram. Êx 14.26-28
- A água tornou-se pura. Êx 15.25
- A água que jorrou da rocha em Horebe. Êx 17.6
- Os amalequitas são derrotados. Êx 17.11-13
- A destruição de Coré. Nm 16.28-32
- A água que jorrou da rocha em Cades. Nm 20.11
- A cura pela serpente de bronze. Nm 21.8,9

Josué
- As águas do rio Jordão se dividem. Js 3.10-17
- O rio Jordão é restaurado. Js 4.18
- Jericó é tomada. Js 6.6-20
- O sol e a lua param. Js 10.12-14

Gideão
- Os midianitas são destruídos. Jz 7.16-22

Sansão
- Um leão é morto. Jz 14.6
- Os filisteus são mortos. Jz 14.19; 15.15
- Os portões de Gaza são arrancados. Jz 16.3
- O templo de Dagom desaba. Jz 16.30

Samuel
- Trovão e chuva na colheita. 1Sm 12.18

O profeta de Judá
- O braço de Jeroboão secou. 1Rs 13.4
- O altar se fendeu. 1Rs 13.5
- O braço que secou é recuperado. 1Rs 13.6

Quando o rei Jeroboão ouviu a palavra que o homem de Deus clamara contra o altar de Betel, estendeu a mão, dizendo: Prendei-o! Mas a mão que estendera contra ele secou, e Jeroboão não conseguia mais recolhê-la. Então, o altar se partiu, e a cinza se derramou do altar, conforme o sinal que o homem de Deus havia anunciado por ordem do SENHOR. *Então o rei disse ao homem de Deus: Intercede ao* SENHOR, *teu Deus, por mim, para que minha mão volte ao que era. O homem de Deus suplicou ao* SENHOR, *e a mão do rei voltou a ser como antes.*

(1Rs 13.4-6)

Elias
- A seca determinada. 1Rs 17.1; Tg 5.17
- A farinha e o azeite aumentam. 1Rs 17.14-16
- Uma criança volta a viver. 1Rs 17.22,23

Pois assim diz o SENHOR, *Deus de Israel: A farinha da vasilha não acabará, e o azeite da botija não faltará, até o dia em que o* SENHOR *fizer chover sobre a terra. Ela foi e fez conforme a palavra de Elias. Assim, ele, ela e sua família comeram durante muitos dias. A farinha da vasilha não se acabou, e não faltou azeite na botija, conforme a palavra do* SENHOR, *que ele falara por intermédio de Elias.*

(1Rs 17.14-16)

- Sacrifício consumido pelo fogo. 1Rs 18.36,38
- Homens destruídos pelo fogo. 2Rs 1.10-12
- A chuva trazida. 1Rs 18.41-45; Tg 5.18
- As águas do rio Jordão são divididas. 2Rs 2.8
- Levado aos céus. 2Rs 2.11

Eliseu
- As águas do rio Jordão são divididas. 2Rs 2.14
- Águas purificadas. 2Rs 2.21,22
- Crianças despedaçadas por ursas. 2Rs 2.24
- Azeite providenciado. 2Rs 4.1-7
- Uma criança volta a viver. 2Rs 4.32-35

"Deus cria a videira e ensina-a a conduzir a água por suas raízes e, com a ajuda do sol, a transformar aquela água em um suco que fermentará e assumirá certas qualidades. Portanto todos os anos, desde o tempo de Noé até a nossa época, Deus transforma a água em vinho."

C. S. Lewis

Naamã é curado
- 2Rs 5.10,14

¹ Naamã, comandante do exército do rei da Síria, era um homem importante e muito respeitado diante de seu senhor, porque o SENHOR havia livrado os sírios por intermédio dele. Era um guerreiro valente, porém leproso.
² Numa das suas investidas militares, os sírios haviam levado cativa uma menina da terra de Israel, que passou a servir à mulher de Naamã.
³ Ela disse à sua senhora: Quem me dera o meu senhor procurasse o profeta que está em Samaria! Ele o curaria da sua lepra.
⁴ Então Naamã foi dizê-lo a seu senhor: Assim falou a menina da terra de Israel.
⁵ O rei da Síria respondeu: Vai depressa com esta carta ao rei de Israel. Ele foi e levou consigo dez talentos de prata, seis mil siclos de ouro e dez peças de roupas finas.
⁶ E levou também ao rei de Israel a carta que dizia: Assim que esta carta chegar a ti, saberás que te enviei meu servo Naamã, para que o cures da lepra.
⁷ Quando o rei de Israel leu a carta, rasgou suas roupas e disse: Por acaso sou Deus, que pode matar ou dar vida, para que ele me envie um homem a fim de que eu o cure da lepra? Vede como busca um pretexto para me atacar.
⁸ Quando Eliseu, o homem de Deus, ouviu que o rei de Israel havia rasgado as roupas, mandou dizer ao rei: Por que rasgaste as roupas? Envia-o a mim e saberás que há profeta em Israel.
⁹ Naamã foi com os seus cavalos e com o seu carro e parou na entrada da casa de Eliseu.
¹⁰ Então este lhe mandou um mensageiro para dizer: Vai, lava-te sete vezes no Jordão. Tua pele será restaurada e ficarás purificado.
¹¹ Porém Naamã retirou-se indignado, dizendo: Eu tinha certeza de que ele viria me encontrar, invocaria em pé o nome do SENHOR, seu Deus, colocaria a mão sobre as feridas e me curaria da lepra.
¹² Por acaso os rios Abana e Farfar de Damasco não são melhores do que todas as águas de Israel? Eu não poderia me lavar neles e ficar purificado? E foi embora indignado.
¹³ Porém seus servos foram até ele e lhe disseram: Meu pai, se o profeta tivesse te mandado fazer algo difícil, não o terias feito? Quanto mais se ele apenas diz: Lava-te e ficarás purificado.
¹⁴ Então ele desceu e mergulhou no Jordão sete vezes, conforme a palavra do homem de Deus; e a sua pele tornou-se como a pele de um menino, e ficou purificado.

(2Rs 5.1-14)

Geazi afetado pela lepra
- 2Rs 5.27

O ferro flutua
- 2Rs 6.6

Os sírios ficam cegos
- 2Rs 6.20

A visão dos sírios é restaurada
- 2Rs 6.20

Um homem volta a viver
- 2Rs 13.21

Ezequias é curado
- 2Rs 20.7

⁴ Mas antes de Isaías sair do pátio, veio a ele a palavra do SENHOR:
⁵ Volta e dize a Ezequias, príncipe do meu povo: Assim diz o SENHOR, Deus de teu pai Davi: Ouvi a tua oração e vi as tuas lágrimas. Eu te curarei; depois de três dias, subirás ao templo do SENHOR.
⁶ Acrescentarei quinze anos à tua vida; e livrarei a ti e a esta cidade das mãos do rei da Assíria; defenderei esta cidade por amor de mim e por amor do meu servo Davi.
⁷ Isaías disse mais: Pegai uma pasta de figos e aplicai-a sobre a úlcera; e ele se recuperou.

(2Rs 20.4-7)

A sombra recua na escadaria
- 2Rs 20.11

"Por que, perguntam eles, aqueles milagres que você prega como eventos passados não acontecem nos dias de hoje? Eu poderia responder que eles foram necessários antes que o mundo acreditasse, para fazer o mundo acreditar; mas quem quer que esteja procurando prodígios para fazê-lo acreditar, é ele mesmo um grande prodígio por recusar-se a crer quando o mundo crê."

Agostinho de Hipona

Milagres do Novo Testamento

Os setenta discípulos
- Vários milagres. Lc 10.9,17

Os apóstolos
- Muitos milagres. At 2.43; 5.12

¹² Muitos sinais e feitos extraordinários eram realizados entre o povo por meio dos apóstolos. E eles permaneciam juntos no pórtico de Salomão.
¹³ E, embora o povo os admirasse muito, ninguém mais tinha coragem de juntar-se a eles.
¹⁴ Cada vez mais agregava-se ao Senhor grande número de crentes, tanto homens como mulheres;
¹⁵ a ponto de os doentes serem levados para as ruas e colocados em leitos e macas, para que, quando Pedro passasse, ao menos sua sombra se projetasse sobre alguns deles.
¹⁶ Também das cidades ao redor ia muita gente para Jerusalém, levando doentes e atormentados por espíritos impuros, e todos eram curados.

(At 5.12-16)

Pedro
- O homem aleijado é curado. At 3.7
- Morte de Ananias. At 5.5
- Morte de Safira. At 5.10
- Os doentes curados. At 5.15,16
- Eneias é curado. At 9.34

³² Aconteceu que, viajando Pedro por toda parte, chegou também aos santos que habitavam em Lida.
³³ Encontrou ali certo homem, chamado Eneias, que havia oito anos estava deitado numa cama, pois era paralítico.
³⁴ E Pedro lhe disse: Eneias, Jesus Cristo te cura. Levanta-te e arruma a tua cama. Ele logo se levantou.
³⁵ E viram-no todos os que habitavam em Lida e Sarona, os quais se converteram ao Senhor.

(At 9.32-35)

- Dorcas volta a viver. At 9.40

36 Havia em Jope uma discípula chamada Tabita, que, traduzido, quer dizer Dorcas; ela fazia muitas boas obras e dava esmolas.
37 Aconteceu naqueles dias que ela adoeceu e morreu. E, tendo lavado o corpo, colocaram-na num quarto na parte superior da casa.
38 Como Lida era perto de Jope, quando os discípulos souberam que Pedro estava ali, enviaram-lhe dois homens, pedindo-lhe: Não te demores em vir até nós.
39 Pedro levantou-se e foi com eles. Quando chegou, levaram-no ao quarto de cima; e todas as viúvas o cercaram, chorando e mostrando-lhe as roupas e vestidos que Dorcas fizera enquanto estava com elas.
40 Depois de fazer sair a todos, Pedro pôs-se de joelhos e orou. E, voltando-se para o corpo, disse: Tabita, levanta-te. Ela abriu os olhos e, vendo Pedro, sentou-se.

(At 9.36-42)

Estêvão
- Grandes milagres. At 6.8

Filipe
- Vários milagres. At 8.6,7,13

Paulo
- Elimas fica cego. At 13.11
- O homem aleijado é curado. At 14.10

8 Em Listra, encontrava-se sentado um homem defeituoso dos pés, aleijado de nascença e que nunca havia andado.
9 E ouvia Paulo falar. Paulo, fixando nele os olhos e, vendo que tinha fé para ser curado,
10 disse em alta voz: Levanta-te e fica em pé! Ele, então, deu um salto e começou a andar.

(At 14.8-10)

- Um espírito imundo é expulso. At 16.18
- Milagres especiais. At 19.11,12
- Êutico volta a viver. At 20.10-12

10 Então Paulo desceu, debruçou-se sobre ele e, abraçando-o, disse: Não vos perturbeis, pois a vida está nele.
11 Em seguida subiu e, tendo partido e comido o pão, ainda lhes falou muito tempo, até o raiar do dia. Então, partiu.
12 E levaram vivo o jovem e ficaram muito consolados.

(At 20.10-12)

- A picada da víbora é inofensiva. At 28.5
- O pai de Públio é curado. At 28.8

7 Nos arredores daquele lugar, havia umas terras que pertenciam ao homem mais importante da ilha, cujo nome era Públio. Ele nos recebeu e nos hospedou bondosamente por três dias.
8 O pai de Públio estava de cama, sofrendo de febre e disenteria. Paulo foi visitá-lo e, tendo orado, impôs-lhe as mãos e o curou.
9 Feito isso, os demais doentes da ilha também vieram e foram curados.

(At 28.7-9)

Paulo e Barnabé
- Vários milagres. At 14.3.

"Apesar de, sabiamente, a moderna ingenuidade do meio-crente ter sido adulterada com interposições sobrenaturais, está claro para toda mente honesta e não adulterada que, se os milagres não têm credibilidade, o cristianismo é falso."

Frederic William Farrar

VISÕES

■ Introdução

As visões são um dos métodos de revelação de Deus. Nm 12.6; 1Sm 3.1; 2Cr 26.5; Sl 89.19; Pv 29.18; Jr 14.14; Jr 23.16; Dn 1.17; Os 12.10; Jl 2.28; Ob 1.1; Hc 2.2; At 2.17

> O menino Samuel continuava servindo ao SENHOR, supervisionado por Eli. Naqueles dias a palavra do SENHOR era muito rara, e as visões não eram frequentes. (1Sm 3.1)

> Ele buscou a Deus enquanto Zacarias, que o instruiu no temor de Deus, vivia; e enquanto buscou o SENHOR, Deus o fez prosperar. (2Cr 26.5)

Visões e sonhos
Visões são (Lc 1.22) aparições vívidas e devem diferenciar-se dos sonhos (compare com Lc 24.23; At 26.19; 2Co 12.1).

> Mas, ao sair, Zacarias não conseguia falar com eles; então perceberam que tivera uma visão no santuário. Ele lhes falava por gestos e continuava mudo. (Lc 1.22)

> E, não achando o corpo, voltaram, afirmando ter tido uma visão de anjos que diziam que ele está vivo. (Lc 24.23)

■ Visão geral

Deus frequentemente torna conhecida sua vontade por intermédio de visões

> Naquele tempo, falaste ao teu santo em visão e disseste: Coloquei a coroa num homem poderoso; exaltei um escolhido dentre o povo. (Sl 89.19)

Deus fez-se conhecido aos profetas especialmente por intermédio de visões

> Então disse: Ouvi agora as minhas palavras: Se houver um profeta entre vós, eu, o SENHOR, me revelarei a ele em visão e falarei com ele em sonhos. (Nm 12.6)

Seguem-se, com frequência, às visões
- Um representante da pessoa divina e sua glória. Is 6.1
- Uma voz audível vinda do céu. Gn 15.1; 1Sm 3.4,5
- Uma aparição de anjos. Lc 1.22,11; 24.23; At 10.3
- Uma aparição de seres humanos. At 9.12; 16.9
- Visões sempre deixavam perplexos aqueles que as recebiam. Dn 7.15; 8.15; At 10.17

Quando comunicadas
- À noite. Gn 46.2; Dn 2.19
- Em um momento de êxtase. Nm 24.16; At 11.5

Propósito das visões
- Sempre registradas para o benefício das pessoas. Hc 2.2
- Numerosas visões para o benefício do povo

> Também falei aos profetas e multipliquei as visões; usei de parábolas pelo ministério dos profetas. (Os 12.10)

■ Visões mencionadas na Bíblia

Antigo Testamento
- Para Abraão, relacionadas aos seus descendentes. Gn 15.1-17
- Para Jacó – em Berseba. Gn 46.2
- Para Moisés – da sarça ardente

> E o anjo do SENHOR apareceu-lhe em uma chama de fogo numa sarça. Moisés olhou e viu que a sarça estava em chamas, mas

não se consumia. Então disse: Vou me aproximar para ver essa coisa espantosa. Por que a sarça não se consome? (Êx 3.2,3)

Passados mais quarenta anos, apareceu-lhe um anjo no deserto do monte Sinai, numa chama de fogo em uma sarça. Vendo isso, Moisés admirou-se com a visão e, aproximando-se para observar, ouviu a voz do Senhor: Eu sou o Deus de teus pais, o Deus de Abraão, de Isaque e de Jacó. Moisés ficou trêmulo e não ousou olhar. (At 7.30-32)

- Da glória de Deus. Êx 24.9-11; Êx 33.18-23
- Dos israelitas, da manifestação da glória de Deus. Êx 24.10; Êx 24.17; Hb 12.18-21
- Para Josué, do comandante do exército do Senhor. Js 5.13-15
- Para Balaão, em um momento de êxtase. Nm 22.22-35; 2Pe 2.16
- Para Samuel. 1Sm 3.2-15
- Para Natã. 2Sm 7.4,17
- Para Eliseu, no traslado de Elias aos céus. 2Rs 2.11
- Para o servo de Eliseu, das carruagens do Senhor. 2Rs 6.17
- Para Micaías, da derrota dos israelitas; do Senhor em seu trono; e de um espírito mentiroso. 1Rs 22.17-23; 2Cr 18.16-22
- Para Davi, do anjo do Senhor na eira de Ornã. 1Cr 21.15-18
- Para Elifaz. Jó 4.13-16
- Para Isaías, do Senhor e sua glória no templo – Is 6; do vale da visão – Is 22
- Para Jeremias, do ramo de uma amendoeira – Jr 1.11; de uma panela fervendo – Jr 1.13
- Para Ezequiel, da glória de Deus – Ez 1.3; Ez 1.12-14; Ez 23; do rolo de um livro – Ez 2.9; do homem de fogo – Ez 8–9; das brasas ardentes – Ez 10.1-7; dos ossos secos – Ez 37.1-14; da cidade e do templo – Ez 40–48; das águas – Ez 47.1-12
- Para Nabucodonosor. Dn 2.28; Dn 4.5
- Para Daniel, dos quatro animais – Dn 7; do ancião bem idoso – Dn 7.9-27; do carneiro e do bode – Dn 8; do anjo – Dn 10
- Para Amós, dos gafanhotos – Am 7.1,2; do fogo – Am 7.4; do prumo – Am 7.7,8; das frutas maduras – Am 8.1,2; do templo – Am 9.1
- Para Zacarias, dos cavalos – Zc 1.8-11; dos chifres e artesãos – Zc 1.18-21; do sumo sacerdote – Zc 3.1-5; do candelabro de ouro – Zc 4; do pergaminho que voava – Zc 5.1-4; das montanhas e carruagens – Zc 6.1-8

Novo Testamento
- Para Zacarias, no templo. Lc 1.13-22
- Para João Batista, no batismo de Jesus. Mt 3.16; Mc 1.10; Lc 3.22; Jo 1.32-34
- Para Pedro, Tiago e João, na transfiguração de Jesus e na aparição de Moisés e Elias. Mt 17.1-9; Lc 9.28-36
- Para as pessoas, das línguas de fogo no Pentecostes. At 2.2,3
- Para Estêvão, de Cristo. At 7.55,56
- Para Paulo, de Cristo no caminho para Damasco – At 9.3-6; 1Co 9.1; de Ananias – At 9.12; de um homem da Macedônia, dizendo: *Vem para a Macedônia e ajuda-nos* – At 16.9; em Corinto – At 18.9,10; em um momento de êxtase – At 22.17-21; do paraíso

É necessário continuar a gloriar-me. Mesmo que isso não sirva para nada, passarei às visões e revelações do Senhor. Conheço um homem em Cristo que há catorze anos foi arrebatado ao terceiro céu. Se isso aconteceu no corpo, ou fora do corpo, não sei; Deus o sabe. E sei que esse homem, se isso aconteceu no corpo ou fora do corpo, não sei, Deus o sabe, foi arrebatado ao paraíso e ouviu palavras inexprimíveis, as quais não é permitido ao homem mencionar. (2Co 12.1-4)

- Para Ananias, de Cristo. At 9.10-12
- Para Cornélio, o centurião, de um anjo. At 10.3
- Para Pedro, de um lençol que descia dos céus. At 10.9-18
- Para João, na ilha de Patmos: de Cristo e dos candelabros de ouro – Ap 1.10-20; da porta aberta – Ap 4.1; de um arco-íris e do trono – Ap 4.2,3; dos 24 anciãos – Ap 4.4; das sete lâmpadas de fogo – Ap 4.5; do mar de vidro – Ap 4.6; Ap 15.2; dos quatro seres viventes – Ap 4.6-8; do livro com os sete selos – Ap 5.1-5; das taças de ouro – Ap 5.8; dos seis selos – Ap 6; dos quatro cavalos – Ap 6.2-8; do terremoto e fenômenos celestiais – Ap 6.12-14; dos quatro anjos – Ap 7.1; dos 144.000 selados – Ap 7.2-8; do sétimo selo e dos sete anjos – Ap 8–11; do incensário – Ap 8.5; do granizo e do fogo – Ap 8.7

"Muitas almas, para as quais visões nunca vieram, são incomparavelmente mais avançadas no caminho da perfeição do que outras, para as quais muitas visões têm sido dadas."

João da Cruz

PARA JOÃO, NA ILHA DE PATMOS

- Um terço do sol e da lua e das estrelas escureceu. Ap 8.12
- O poço do abismo. Ap 9.2
- Gafanhotos. Ap 9.3-11
- Os quatro anjos amarrados junto ao grande rio Eufrates são soltos. Ap 9.14
- O exército de cavaleiros. Ap 9.16-19
- O anjo segurando um livro. Ap 10.1-10
- Os sete trovões. Ap 10.3,4
- As medidas do templo. Ap 11.1,2
- As duas testemunhas. Ap 11.3-12
- O pátio dos gentios. Ap 11.2
- As duas oliveiras e os dois candelabros. Ap 11.4
- A besta que vem do poço do abismo. Ap 11.7
- A queda da cidade. Ap 11.13
- O segundo e o terceiro ais. Ap 11.14
- Uma mulher vestida de sol; o nascimento do filho homem. Ap 12
- Um dragão vermelho. Ap 12.3-17
- A guerra nos céus. Ap 12.7-9
- A besta que saiu do mar. Ap 13.1-10
- A besta que saiu da terra. Ap 13.11-18
- O Cordeiro sobre o monte Sião. Ap 14.1-5
- O anjo que tinha o evangelho eterno. Ap 14.6,7
- O anjo proclamando a queda da Babilônia. Ap 14.8-13
- O Filho do homem com uma foice. Ap 14.14-16
- O anjo fazendo a colheita sobre a terra. Ap 14.14-20
- O anjo saindo do santuário do templo. Ap 14.17-19
- Um anjo com autoridade sobre o fogo. Ap 14.18
- A videira e a prensa. Ap 14.18-20
- Os anjos com as sete últimas pragas. Ap 15
- O templo é aberto. Ap 15.5
- A praga sobre o homem que tinha a marca da besta. Ap 16.2
- O mar transforma-se em sangue. Ap 16.3
- Os sete anjos com os sete cálices da ira de Deus. Ap 16–17
- A destruição da Babilônia. Ap 18
- Da multidão louvando. Ap 19.1-9
- Dele, que é fiel e verdadeiro, o cavaleiro no cavalo branco. Ap 19.11-16
- O anjo no sol. Ap 19.17-21
- Satanás acorrentado por mil anos. Ap 20.1-3
- Os tronos do julgamento e a ressurreição; e Satanás é solto. Ap 20.1-10
- O grande trono branco. Ap 20.11
- O livro da vida é aberto. Ap 20.12
- A morte e o inferno. Ap 20.14
- A nova Jerusalém

¹ Então vi um novo céu e uma nova terra. Pois o primeiro céu e a primeira terra já se foram, e o mar já não existe.
² Vi a cidade santa, a nova Jerusalém, que descia do céu, da parte de Deus, enfeitada como uma noiva preparada para seu noivo.
³ E ouvi uma forte voz, que vinha do trono e dizia: O tabernáculo de Deus está entre os homens, pois habitará com eles. Eles serão o seu povo, e Deus mesmo estará com eles.
⁴ Ele lhes enxugará dos olhos toda lágrima; e não haverá mais morte, nem pranto, nem lamento, nem dor, porque as primeiras coisas já passaram.
⁵ O que estava assentado sobre o trono disse: Eu faço novas todas as coisas! E acrescentou: Escreve, pois estas palavras são fiéis e verdadeiras.
⁶ Disse-me ainda: Está cumprido: Eu sou o Alfa e o Ômega, o princípio e o fim. A quem tiver sede, darei de beber de graça da fonte da água da vida.
⁷ Aquele que vencer herdará essas coisas; e eu serei seu Deus, e ele será meu filho.
(Ap 21.1-7)

- O rio da vida. Ap 22.1
- A árvore da vida. Ap 22.2

Fatos sobre as visões

- Às vezes eram contidas por um longo tempo. 1Sm 3.1
- A retenção de uma grande calamidade
- A falta de visões poderia ser um sinal de aridez espiritual

Onde não há profecia, o povo se corrompe, mas quem obedece à lei é bem-aventurado.
(Pv 29.18)

Suas portas ficaram soterradas, ele destruiu e despedaçou suas trancas; seu rei e seus príncipes foram levados para outras nações. Não há lei, nem os seus profetas recebem visão alguma da parte do SENHOR. (Lm 2.9)

- Falsos profetas alegaram ter tido visões. Jr 14.14; 23.16
- Os profetas de Deus podiam interpretar visões perfeitamente

---

"Fiquei anos sem ver o sol, a lua, as flores, a neve, as estrelas, e nenhum outro homem, exceto o interrogador que rondava por lá, mas posso dizer que vi os céus abertos, Jesus Cristo e os anjos, e estávamos muito felizes lá."

Richard Wurmbrand, diante do Comitê Judiciário do Senado

SONHOS

■ Introdução

Deus, com frequência, fez uso dos sonhos para comunicar sua vontade aos homens e mulheres. Eles eram dados muitas vezes em momentos essenciais na vida de uma pessoa, como no caso de Jacó e de José, futuro esposo de Maria.

A Bíblia ensina que a influência do Espírito de Deus sobre a alma estende-se para seu sono, bem como para seus pensamentos enquanto em vigília.

Na dispensação cristã, enquanto lemos sobre êxtases e visões no Novo Testamento, os sonhos nunca são considerados como um método de revelação divina.

■ Visão geral

A vontade de Deus, com frequência, é revelada em sonhos. Nm 12.6; Jó 33.15

Em sonho ou em visão de noite, quando o sono profundo cai sobre os homens, quando dormem no leito; então abre os ouvidos dos homens, e os atemoriza com advertências, para afastar o homem do seu desígnio e dele tirar a soberba. (Jó 33.15-17)

Exemplos de sonhos na Bíblia
ANTIGO TESTAMENTO
- Abimeleque, relacionado a Sara. Gn 20.3
- Jacó, sobre a escada

  *E Jacó partiu de Berseba e foi em direção a Harã; e chegou a um lugar onde passou a noite, porque o sol já havia se posto; tomando uma das pedras do lugar, colocou-a debaixo da cabeça; e deitou-se ali para dormir. Então sonhou que havia uma escada colocada sobre a terra, cujo topo chegava ao céu; e os anjos de Deus subiam e desciam por ela; e acima dela estava o S*ENHOR*, que disse: Eu sou o S*ENHOR*, o Deus de teu pai Abraão e o Deus de Isaque; darei a ti e à tua descendência esta terra em que estás deitado; e a tua descendência será como o pó da terra. Tu te espalharás para o ocidente, para o oriente, para o norte e para o sul; todas as famílias da terra serão abençoadas por meio de ti e da tua descendência. Eu estou contigo e te guardarei por onde quer que fores; e te farei voltar a esta terra, pois não te deixarei até que haja cumprido o que te prometi. Quando Jacó acordou do sono, disse: Realmente o S*ENHOR* está neste lugar, e eu não sabia. E, cheio de temor, disse: Como este lugar é terrível! Este lugar não é outro senão a casa de Deus, a porta do céu.* (Gn 28.10-17)

- O rebanho listrado e malhado. Gn 31.10-13
- Sobre sua descida ao Egito. Gn 46.2
- Labão, relacionado a Jacó. Gn 31.24
- José e os feixes. Gn 37.5-10
- Os sonhos do copeiro e do padeiro. Gn 40.8-23
- Os sonhos do faraó. Gn 41.1-36
- Interpretados por José. Gn 40.12,13; Gn 40.18,19; Gn 41.25-32
- O midianita, em relação ao pão de cevada. Jz 7.13
- Salomão, relacionado a sua escolha pela sabedoria. 1Rs 3.3-15
- Nabucodonosor. Dn 2.1,31; 4.5,8
- Daniel, relacionado aos quatro animais. Dn 7

NOVO TESTAMENTO
- José, relacionado à inocência de Maria. Mt 1.20,21
- Relacionado à fuga para o Egito. Mt 2.13
- Relacionado à volta para a Palestina. Mt 2.19-22
- Os magos do oriente. Mt 2.11,12
- A esposa de Pilatos, relacionado a Jesus. Mt 27.19

Falsos Sonhos
- Sonhos que enganam.

  Será também como o faminto que sonha que está comendo, mas, ao acordar, percebe estar vazio; ou como o sedento que sonha que está bebendo, mas, ao acordar, encontra-se enfraquecido e ainda com sede; assim será a multidão de todas as nações que lutarem contra o monte Sião. (Is 29.8)

- Dt 13.1-5; Jr 23.25-32; Jr 27.9; Jr 29.8; Zc 10.2

Falsos profetas
- Os falsos profetas fingiam receber revelações por intermédio dos sonhos. Jr 23.25-28; 29.8
- Tais sonhos deveriam ser desconsiderados. Dt 13.1-3; Jr 27.9
- Profetas são condenados por declarar falsamente terem recebido os sonhos. Jr 23.32

Fatos sobre sonhos
- É errado confiar em sonhos naturais. Ec 5.7
- Pessoas colocavam sua fé em sonhos. Jz 7.15

- Os sonhos eram em geral confusos. Gn 40.6; 41.8; Jó 7.14; Dn 2.1; 4.5
- Magos eram consultados sobre os sonhos. Gn 41.8; Dn 2.2-4
- Deus é o único intérprete dos sonhos. Gn 40.8; 41.16; Dn 2.27-30; 7.16

Os sonhos ilustram
- Prosperidade dos pecadores. Jó 20.5-8; Sl 73.19,20;
- Imaginações impuras. Jd 1.8;
- I nimigos da igreja. Is 29.7,8.

PARTE TRÊS

FATOS DO ANTIGO TESTAMENTO

Sumário da parte três resumido

Cada livro do Antigo Testamento: visão geral	581
Encorajamento dos livros do Antigo Testamento	677
Personagens do Antigo Testamento	709
História e reis do Antigo Testamento	724
Crença, culto e juízes do Antigo Testamento	744

SUMÁRIO DA PARTE TRÊS DETALHADO

Cada livro do Antigo Testamento: visão geral
    Gênesis   581
    Êxodo   584
    Levítico   587
    Números   589
    Deuteronômio   592
    Josué   596
    Juízes   599
    Rute   602
    1Samuel   604
    2Samuel   608
    1Reis   609
    2Reis   613
    1Crônicas   614
    2Crônicas   618
    Esdras   619
    Neemias   621
    Ester   623
    Jó   625
    Salmos   628
    Provérbios   633
    Eclesiastes   637
    Cantares de Salomão   639
    Isaías   641
    Jeremias   644
    Lamentações   648
    Ezequiel   650
    Daniel   653
    Oseias   655
    Joel   657
    Amós   658
    Obadias   660
    Jonas   662
    Miqueias   664
    Naum   665
    Habacuque   667
    Sofonias   669
    Ageu   671
    Zacarias   672
    Malaquias   674

Encorajamento dos livros do Antigo Testamento
    Introdução   677
    Gênesis   680

Êxodo	681
Levítico	683
Números	683
Deuteronômio	684
Josué	685
Juízes	686
Rute	687
1Samuel	687
2Samuel	688
1Reis	688
2Reis	689
1Crônicas	689
2Crônicas	690
Esdras	691
Neemias	691
Ester	692
Jó	693
Salmos	694
Provérbios	696
Eclesiastes	697
Cantares de Salomão	698
Isaías	699
Jeremias	700
Lamentações	701
Ezequiel	701
Daniel	702
Oseias	703
Joel	703
Amós	704
Obadias	704
Jonas	704
Miqueias	705
Naum	705
Habacuque	705
Sofonias	706
Ageu	707
Zacarias	707
Malaquias	708

Personagens do Antigo Testamento

Noé	709
Abrão, Abraão	710
Esaú e Jacó, e José	714
Moisés	716
Samuel	718
Davi, rei de Israel	720
Salomão	722

História e reis do Antigo Testamento
　Passagens paralelas nos livros históricos　　　　　　　　　724
　Reis de Israel　　　　　　　　　　　　　　　　　　　　727
　Reis de Judá　　　　　　　　　　　　　　　　　　　　　734
　Os apócrifos　　　　　　　　　　　　　　　　　　　　　742

Crença, culto e juízes do Antigo Testamento
　A lei　　　　　　　　　　　　　　　　　　　　　　　　744
　O tabernáculo　　　　　　　　　　　　　　　　　　　　747
　O sacerdócio　　　　　　　　　　　　　　　　　　　　　750
　A adoração no tabernáculo　　　　　　　　　　　　　　753
　Os juízes　　　　　　　　　　　　　　　　　　　　　　754
　O início da monarquia hebraica　　　　　　　　　　　　756
　Solenidades, festividades e jejum　　　　　　　　　　　757

CADA LIVRO DO ANTIGO TESTAMENTO: VISÃO GERAL

GÊNESIS

■ Uma introdução

Os nomes de Gênesis

PENTATEUCO
Os cinco livros de Moisés foram coletivamente chamados de Pentateuco, uma palavra de origem grega, que significa "o livro de cinco partes".

TORÁ
Os judeus chamaram-no de Torá, que significa "a lei".

BERESHITH
O primeiro livro do Pentateuco é chamado, pelos judeus, de *Bereshith*, que significa "no começo", porque esta é a primeira palavra do livro.

GÊNESIS
É geralmente conhecido pelo nome de Gênesis, que significa "criação" ou "geração", sendo esse nome dado ao livro na *Septuaginta*, para designar sua característica, porque ele apresenta uma razão para a origem de todas as coisas.

Divisões

Gênesis é dividido em duas partes principais. A primeira parte (Gn 1–11) apresenta a história geral da humanidade até o tempo da diáspora.
   A segunda parte apresenta o começo da história de Israel até a morte e o funeral de José (Gn 12–50).

Pessoas

Há cinco pessoas principais nesse livro. A história dos sucessivos períodos é agrupada ao redor dessas pessoas:
- Adão (Gn 1–3)
- Noé (Gn 4–9)
- Abraão (Gn 10.1–25.18)
- Isaque (Gn 25.19–35. 29)
- Jacó (Gn 36–50)

Profecias

Nesse livro, temos diversas profecias relacionadas a Jesus (Gn 3.15; 12.3; 18.18; 22.18; 26.4; 28.14; 49.10).

Autoria

O autor desse livro foi Moisés. Sob liderança divina, ele pode inclusive ter usado, de um modo muito adequado, materiais já existentes – documentos ou, até mesmo, tradições que chegaram ao seu tempo – purificando-os de tudo que não fosse condizente; mas a mão de Moisés é claramente vista ao longo de toda a sua composição.

Nome, autor, data

SIGNIFICADO DO NOME DO LIVRO
O livro dos começos

AUTOR
Moisés

DATA APROXIMADA DA ESCRITA
1450-1410 a.C.

Estatísticas

LUGAR DO LIVRO NA BÍBLIA
Primeiro livro do Antigo Testamento; primeiro livro da lei

NÚMERO DE CAPÍTULOS
50

NÚMERO DE VERSÍCULOS
1.533

NÚMERO DE PALAVRAS
38.267

Tema principal do livro
A escolha de Deus de uma nação, por intermédio da qual ele abençoaria todas as nações

Chaves para o entendimento do livro
PALAVRA(S)-CHAVE
Começos; gerações; razão/causa

FRASE-CHAVE
No começo

PESSOA/PESSOAS-CHAVE
Adão, Eva, Noé, Abraão, Sara, Isaque, Rebeca, Esaú, Jacó, Raquel, José

CAPÍTULO/CAPÍTULOS-CHAVE
1; 12; 15; 17

VERSÍCULO/VERSÍCULOS-CHAVE
No princípio, Deus criou os céus e a terra.
(Gn 1.1)

Porei inimizade entre ti e a mulher, entre a tua descendência e a descendência dela; esta te ferirá a cabeça, e tu lhe ferirás o calcanhar. (Gn 3.15)

Abençoarei os que te abençoarem e amaldiçoarei quem te amaldiçoar; e todas as famílias da terra serão abençoadas por meio de ti. (Gn 12.3)

Jesus Cristo em Gênesis
QUEM É JESUS
A semente prometida

JESUS PREFIGURADO COMO
UM TIPO/RETRATOS DE CRISTO
- Adão é um tipo de Cristo. Rm 4.15
- O sacrifício de sangue de Abel que foi aceito remete ao sacrifício de Jesus
- Melquisedeque é um tipo de Cristo. Hb 12.3
- José também é um tipo de Cristo, pois eles eram semelhantes em várias maneiras: ambos eram amados por seus pais; ambos foram odiados, rejeitados e condenados, embora fossem inocentes.

Pensamento espiritual
Começar com Deus

Plano detalhado capítulo a capítulo
Capítulo 1: A primeira razão da criação
Capítulo 2: A segunda razão da criação
Capítulo 3: O registro da queda da humanidade
Capítulo 4: Caim e Abel
Capítulo 5: As histórias conservadas: de Adão a Noé
Capítulo 6: O julgamento do dilúvio
Capítulo 7: A entrada na arca e a terra inundada
Capítulo 8: A enchente retrocede
Capítulo 9: A aliança de Deus; o arco-íris
Capítulo 10: As linhagens da família após o dilúvio
Capítulo 11: A torre de Babel
Capítulo 12: Deus chama Abraão
Capítulo 13: Abraão e Ló separam-se
Capítulo 14: Abraão socorre Ló
Capítulo 15: A promessa de Deus sobre os filhos
Capítulo 16: Hagar e Ismael
Capítulo 17: A circuncisão
Capítulo 18: Sara e Abraão são testados
Capítulo 19: A destruição de Sodoma e Gomorra
Capítulo 20: Abimeleque é testado
Capítulo 21: O nascimento de Isaque
Capítulo 22: A difícil prova de Abraão
Capítulo 23: Abraão enterra Sara
Capítulo 24: A busca de uma esposa para Isaque
Capítulo 25: Abraão morre
Capítulo 26: Isaque na terra dos filisteus
Capítulo 27: Jacó ganha a bênção de Esaú
Capítulo 28: O sonho de Jacó
Capítulo 29: Os casamentos de Jacó
Capítulo 30: Jacó negocia com Labão
Capítulo 31: Jacó foge de Labão

Capítulo 32: Jacó luta com um anjo
Capítulo 33: Jacó faz as pazes com Esaú
Capítulo 34: Diná é desonrada
Capítulo 35: Jacó retorna a Betel
Capítulo 36: A história de Esaú
Capítulo 37: Os sonhos de José
Capítulo 38: Judá e Tamar
Capítulo 39: José e a esposa de Potifar
Capítulo 40: José na prisão
Capítulo 41: José interpreta os sonhos do faraó
Capítulo 42: Os irmãos de José buscam alimento no Egito
Capítulo 43: Os irmãos de José voltam ao Egito com Benjamim
Capítulo 44: A taça de José desaparece
Capítulo 45: José revela-se aos seus irmãos
Capítulo 46: Jacó e sua família vão para o Egito
Capítulo 47: A família de Jacó está salva no Egito
Capítulo 48: Jacó abençoa Efraim e Manassés
Capítulo 49: As últimas palavras de Jacó e sua morte
Capítulo 50: A morte de José

■ Percepções de Matthew Henry

Gênesis 1

VERSÍCULOS 1,2

O primeiro versículo da Bíblia nos dá uma razão satisfatória e útil para a origem da terra e dos céus. A fé dos humildes cristãos compreende esse fato melhor que o pensamento da maioria dos homens letrados. A partir do que vemos dos céus e da terra, aprendemos sobre o poder do grande Criador. E deixar nossa marca e lugar como homens, lembra-nos de nossa tarefa como cristãos, mantendo sempre nossos olhos nos céus e a terra sob nossos pés. O Filho de Deus, um com o Pai, estava com ele quando ele fez o mundo; e, ainda mais, somos muitas vezes lembrados que o mundo foi feito por ele, e nada foi feito sem ele. Oh, que pensamentos elevados deveriam estar em nossa mente, daquele grande Deus a quem adoramos, e daquele grande Mediador em cujo nome oramos! E aqui, no início do sagrado volume, lemos sobre aquele Espírito divino, cujo trabalho sobre o coração dos homens é mencionado com muita frequência em outras partes da Bíblia. Observe que, no princípio, não havia nada agradável para ser visto, pois o mundo era sem forma e vazio; havia confusão e vaziez. De qualquer maneira, o trabalho da graça na alma é uma nova criação; e, em uma alma sem a graça, naquele que não é nascido de novo, há desordem, confusão e todo o trabalho do Maligno – está vazio de toda a bondade, pois está sem Deus; é trevas, há escuridão nele mesmo; esta é nossa condição pela nossa natureza, até que a graça do Todo-poderoso comece uma mudança em nós.

VERSÍCULOS 3-5

Deus disse "Haja luz"; ele desejou assim, e imediatamente houve luz. Oh, o poder da palavra de Deus! E, na nova criação, a primeira coisa que é formada na alma é a luz – o Espírito bendito trabalha sobre a vontade e os sentimentos, iluminando o entendimento. Aqueles que pelo pecado eram escuridão, pela graça tornam-se luz no Senhor. A escuridão estaria sempre sobre o homem caído se o Filho de Deus não tivesse vindo e nos dado entendimento.

A luz que Deus desejou, esta ele aprovou. Deus separou a luz das trevas; pois que comunhão há entre luz e trevas? No céu há a luz perfeita, e nenhuma escuridão; no inferno, apenas trevas, e nenhum lampejo de luz. O dia e a noite são do Senhor; usaremos ambos para sua honra, trabalhando para ele todos os dias, descansando nele todas as noites e meditando em sua lei dia e noite.

VERSÍCULOS 6-13

A terra era vazia, mas, por uma palavra dita, tornou-se cheia das riquezas de Deus que ainda pertencem a ele. Embora o uso delas seja permitido ao homem, elas vêm de Deus e devem ser usadas para seu serviço e honra. A terra, ao seu comando, faz nascer a grama, as ervas e as frutas. A Deus, deve ser dada toda a glória por todos os benefícios que recebemos dos produtos da terra. Se temos, por intermédio da graça, um interesse nele que é a fonte, podemos nos regozijar nele quando as correntes dos temporais de misericórdia estão secas.

VERSÍCULOS 14-19
No quarto dia de trabalho, acontece a criação do sol, da lua e das estrelas. Todos estes são trabalhos de Deus. Vemos as estrelas assim que elas aparecem para nós, sem dizer-nos seu número, natureza, lugar, tamanho ou movimentos; pois as Escrituras não foram escritas para matar a curiosidade nem para nos transformar em astrônomos, mas para conduzir-nos a Deus e tornar-nos santos. As luzes dos céus são feitas para servi-lo; elas fazem isso com fidelidade e brilham na época certa, sem falhar. Somos colocados neste mundo como luzes para servir a Deus; mas respondemos a ele de acordo com seu querer? Não, nossa luz não brilha diante de Deus, como suas luzes brilham diante de nós. Usamos as velas de nosso Mestre, mas não nos importamos com o trabalho de nosso Mestre.

ÊXODO

■ Uma introdução

Os nomes de Êxodo
ÊXODO
Êxodo é um nome dado na *Septuaginta* ao segundo livro do Pentateuco. Significa "partida" ou "saída". Esse nome foi adotado na tradução para o latim, e daí para outras línguas.

VE-ELEH SHEMOTH
Os hebreus o chamavam pelas primeiras palavras, de acordo com seu costume, *Ve-eleh shemoth* (por exemplo, "e estes são os nomes").

Conteúdos
Ele contém:
- O relato do aumento e crescimento dos israelitas no Egito (Êx 1);
- As preparações para a saída do povo de Deus do Egito (Êx 2.1–12.36);
- A jornada do Egito ao Sinai (Êx 12.37–19.2);
- A entrega da lei e a fundação das instituições pelas quais a organização das pessoas estava completa, a teocracia, "reino de sacerdotes e nação santa" (Êx 19.3–40.1).

Período compreendido
O livro cobre o período da morte de José à construção do tabernáculo no deserto.

Autoria
A autoria desse livro, bem como dos outros livros do Pentateuco, deve ser atribuída a Moisés. A voz unânime da tradição e todas as evidências internas abundantemente confirmam essa opinião.

Nome, autor, data
SIGNIFICADO DO NOME DO LIVRO
Saída, partida, retirada

AUTOR
Moisés

DATA APROXIMADA DA ESCRITA
1450-1410 a.C.

Estatísticas
LUGAR DO LIVRO NA BÍBLIA
- Segundo livro do Antigo Testamento
- Segundo livro da lei

NÚMERO DE CAPÍTULOS
40

NÚMERO DE VERSÍCULOS
1.213

NÚMERO DE PALAVRAS
32.692

Tema principal do livro
A redenção é retratada na Páscoa; e a libertação, no êxodo.

Chaves para o entendimento do livro
PALAVRA(S)-CHAVE
Redenção. "Resgatar/libertar" é usada nove vezes.

FRASE-CHAVE
"Passarei adiante", Êx 12.13

PESSOA/PESSOAS-CHAVE
Moisés, Arão, Miriã, faraó

CAPÍTULO/CAPÍTULOS-CHAVE
12–14. Assim como a cruz é o evento central no Novo Testamento, o êxodo é o evento central no Antigo Testamento.

VERSÍCULO/VERSÍCULOS-CHAVE
Por isso, dize aos israelitas: Eu sou o SENHOR. *Eu vos tirarei do trabalho forçado sob os egípcios, vos livrarei da escravidão e vos resgatarei com braço estendido e com grandes feitos de juízo.* (Êx 6.6)

Agora, portanto, se ouvirdes atentamente a minha voz e guardardes a minha aliança, sereis minha propriedade exclusiva dentre todos os povos, porque toda a terra é minha; mas vós sereis para mim reino de sacerdotes e nação santa. Essas são as palavras que falarás aos israelitas. (Êx 19.5,6)

Jesus Cristo em Êxodo
QUEM É JESUS
O cordeiro pascal

JESUS PREFIGURADO COMO UM TIPO/RETRATOS DE CRISTO
1. Moisés
2. A Páscoa
3. As sete festividades
4. O Êxodo
5. O maná e a água
6. O tabernáculo
7. O sumo sacerdote

Pensamento espiritual
Saia para Deus.

Plano detalhado capítulo a capítulo
Capítulo 1: O novo rei no Egito
Capítulo 2: O nascimento de Moisés
Capítulo 3: Moisés e a sarça ardente
Capítulo 4: Moisés retorna ao Egito
Capítulo 5: Moisés em conflito com o faraó
Capítulo 6: A família de Moisés e Arão
Capítulo 7: O rio Nilo transforma-se em sangue
Capítulo 8: As rãs, os piolhos e as moscas
Capítulo 9: A morte dos rebanhos, as feridas purulentas e o granizo
Capítulo 10: Os gafanhotos e trevas
Capítulo 11: A morte dos primogênitos é anunciada
Capítulo 12: A Páscoa e o êxodo
Capítulo 13: A festa dos pães sem fermento
Capítulo 14: A travessia do mar Vermelho
Capítulo 15: O cântico de Moisés
Capítulo 16: O alimento providenciado miraculosamente
Capítulo 17: A água jorra da rocha
Capítulo 18: Jetro encontra-se com os israelitas
Capítulo 19: Os israelitas no monte Sinai
Capítulo 20: Os Dez Mandamentos
Capítulo 21: As leis acerca dos direitos das pessoas

Capítulo 22: As leis acerca da retribuição, e as leis morais e religiosas

Capítulo 23: O sétimo dia e o sétimo ano; e as três festividades nacionais

Capítulo 24: A aliança é confirmada

Capítulo 25: A arca da aliança, a mesa especial e o candelabro de ouro

Capítulo 26: A tenda da presença do Senhor

Capítulo 27: O recinto do altar e do tabernáculo

Capítulo 28: As vestes sacerdotais e o colete sacerdotal

Capítulo 29: As instruções para a ordenação de Arão e as ofertas diárias

Capítulo 30: As instruções para o uso do tabernáculo

Capítulo 31: As instruções para a construção do tabernáculo e o sinal da aliança

Capítulo 32: Moisés ora pela salvação de Israel

Capítulo 33: Deus mostra a Moisés a sua glória

Capítulo 34: As novas tábuas da lei e a renovação da aliança

Capítulo 35: As regras para o sábado, e os artesãos para o tabernáculo

Capítulo 36: A construção do tabernáculo

Capítulo 37: A confecção da mesa e os utensílios para o tabernáculo

Capítulo 38: A confecção do altar, das bacias de bronze e dos utensílios usados

Capítulo 39: As vestes sacerdotais

Capítulo 40: O tabernáculo é armado e preenchido com a glória do Senhor

■ Percepções de Matthew Henry

Êxodo 12

1. O cordeiro pascal era simbólico. Cristo é nossa Páscoa, 1Coríntios 5.7.

Cristo é o Cordeiro de Deus, João 1.29; em Apocalipse ele é com frequência chamado o Cordeiro. Isto deveria acontecer em sua juventude; Cristo ofereceu-se a si mesmo na metade de sua vida, e não quando era um bebê em Belém. Deveria ser sem mancha; o Senhor Jesus era um Cordeiro sem mácula; o juiz que condenou Cristo declarou-o inocente. Deveria ser separado quatro dias antes dos acontecimentos, denotando o fato de o Senhor Jesus ter sido separado para ser o Salvador, tanto de acordo com o propósito como com a promessa. Deveria ser morto e assado no fogo, denotando os sofrimentos dolorosos do Senhor Jesus, até a sua morte, a morte na cruz. O ódio de Deus é um fogo, e Cristo foi feito maldição por nós. Nem um osso dele deve ser quebrado, o que foi cumprido em Cristo, João 19.33, denotando a força inquebrável do Senhor Jesus.

2. O aspergir do sangue era simbólico. O sangue do cordeiro deve ser aspergido, denotando a aplicação dos méritos da morte de Cristo a nossa alma; devemos receber a redenção, Romanos 5.11. A fé é o galho de hissopo, por meio do qual aplicamos para nós as promessas e os benefícios que o sangue de Cristo depositou sobre eles. Deveria ser aspergido nos batentes das portas, denotando a profissão de fé em Cristo que deveremos fazer abertamente. Não deveria ser aspergido sobre a soleira da porta; o que nos alerta de termos cuidado ao pisar com a sola dos pés o sangue da aliança. É sangue precioso, e deve ser precioso para nós. O sangue, embora aspergido, era um meio de preservar os israelitas do anjo da destruição, que nada faria onde houvesse o sangue. O sangue de Cristo é a proteção do cristão contra a ira de Deus, a maldição da lei, e da condenação do inferno, Romanos 8.1.

3. O ato solene de comer o cordeiro era símbolo de nossa obediência ao evangelho de Cristo. O cordeiro pascal não deveria apenas ser visto com respeito, mas também como alimento. Portanto, pela fé, devemos receber Cristo e devemos receber força espiritual e sustento dele, assim como de nossa alimentação (ver João 6.53,55). Deveria ser comido por inteiro; aqueles que, pela fé, alimentam-se de Cristo, devem alimentar-se de Cristo por

inteiro; eles devem tomar Cristo e seu jugo, Cristo e sua cruz, bem como Cristo e sua coroa. Deveria ser comido imediatamente, sem deixar nenhuma sobra até o amanhecer. Hoje Cristo é oferecido, e deve ser aceito enquanto há tempo no dia de hoje, antes que durmamos o sono da morte. Deveria ser comido com ervas amargas, em memória da amargura de sua escravidão no Egito; devemos alimentar-nos de Cristo com pesar e coração quebrantado, recordando nosso pecado. Cristo será doce para nós, se o pecado for amargo. Deveria ser comido às pressas, com o cajado nas mãos, prontos para partir. Quando nos alimentamos de Cristo pela fé, devemos renunciar à regra e ao domínio do pecado, estar livres para o mundo e para qualquer coisa nele; renunciar a tudo por Cristo e calcular tudo como lucro, Hebreus 13.13,14.

4. A festa do pão sem fermento representava Cristo Jesus, o Senhor, e devemos continuamente nos deleitar em Jesus Cristo.

Nenhum tipo de trabalho deve ser executado, isto é, nenhuma preocupação consentida ou tolerada, a qual não concordaria com essa alegria santa e a diminuiria. Os judeus eram muito rigorosos a respeito da Páscoa, de forma que nenhum fermento deveria ser encontrado em suas casas. Esta deve ser uma festividade conservada pela misericórdia, sem o fermento da malícia; e, em sinceridade, sem o fermento da hipocrisia. Era uma ordenança para sempre; enquanto vivermos, devemos nos alimentar de Cristo, regozijando-nos nele sempre, com menção agradecida às grandes coisas que ele tem feito por nós.

LEVÍTICO

■ Uma introdução

Levítico, o terceiro livro do Pentateuco, recebeu esse nome na Vulgata, segundo a *Septuaginta*, porque se relaciona principalmente ao trabalho dos levitas.

Divisões

Na primeira parte do livro (Lv 1–17), que se concentra na adoração, há:
- As várias leis (Lv 1–7);
- Os sacrifícios, holocaustos, ofertas de cereal e ofertas de comunhão (Lv 1–3);
- As ofertas pelos pecados e as ofertas pela culpa (Lv 4–5);
- A lei dos serviços sacerdotais em relação às ofertas de sacrifícios (Lv 6–7);
- A seção histórica (Lv 8–10);
- A demonstração da importância da consagração de Arão e seus filhos (Lv 8);
- A primeira oferta de Arão por si mesmo e pelo povo (Lv 9);
- A presunção de Nadabe e Abiú em ofertar "fogo não permitido diante do Senhor" e sua punição (Lv 10).
- As leis acerca da pureza, e os sacrifícios e ordenanças para eliminar a impureza (Lv 11–16);
- As leis demarcando a separação entre Israel e os pagãos (Lv 17–20);
- As leis sobre a pureza pessoal dos sacerdotes e sua alimentação baseada nas coisas sagradas (Lv 20–21); sobre as ofertas de Israel que deveriam ser sem defeito (Lv 22.17-33); e sobre a celebração devida nas grandes festividades (Lv 23–25);
- As promessas e aconselhamentos ao povo sobre a obediência a esses mandamentos, encerrando com uma seção de votos/promessas.

As várias ordenanças contidas nesse livro foram todas entregues no espaço de um mês (compare com Êx 40.17; Nm 1.1), o primeiro mês do segundo ano depois do êxodo. É o terceiro livro de Moisés.

Nenhum livro contém como esse as exatas palavras de Deus. Ele é o locutor direto do livro em sua quase totalidade. Esse livro é uma profecia de coisas a acontecerem, uma sombra por meio da qual a substância é Cristo e seu reino. Os princípios por intermédio dos quais esse livro deve ser interpretado são descritos na epístola aos Hebreus. Ele contém, em seu complicado cerimonial, o evangelho da graça de Deus.

Nome, autor, data
SIGNIFICADO DO NOME DO LIVRO
Livro das leis

Autor
Moisés

Data aproximada da escrita
1450-1410 a.C.

Estatísticas
LUGAR DO LIVRO NA BÍBLIA
- Terceiro livro do Antigo Testamento
- Terceiro livro da Lei

NÚMERO DE CAPÍTULOS
27

NÚMERO DE VERSÍCULOS
859

NÚMERO DE PALAVRAS
24.546

Tema principal do livro
O povo escolhido de Deus deve achegar-se a Deus de um modo santo.

Chaves para o entendimento do livro
PALAVRA(S)-CHAVE
Santidade, 87 vezes; santo, 65 vezes

FRASE-CHAVE
"Portanto, santificai-vos e sede santos, porque eu sou santo", 11.44.

PESSOA/PESSOAS-CHAVE
Moisés e Arão

CAPÍTULO(S)-CHAVE
16 – O Dia da Expiação

VERSÍCULO(S)-CHAVE
Porque a vida da carne está no sangue, e eu o tenho dado a vós sobre o altar, para fazer expiação por vós, porque é o sangue que faz expiação pela vida. (Lv 17.11)

Jesus Cristo em Levítico
Quem é Jesus: o bode expiatório

JESUS PREFIGURADO COMO UM TIPO/ RETRATOS DE CRISTO
1. As cinco ofertas
2. O sumo sacerdote
3. As sete festas

Pensamento espiritual
Acertando-se com Deus

Plano detalhado capítulo a capítulo
Capítulo 1: O holocausto
Capítulo 2: As ofertas de cereal
Capítulo 3: As ofertas de comunhão
Capítulo 4: As ofertas pelo pecado
Capítulo 5: As ofertas pela culpa
Capítulo 6: As leis para a regulamentação do holocausto
Capítulo 7: As leis para a regulamentação das ofertas pela culpa e pela comunhão
Capítulo 8: A ordenação dos sacerdotes
Capítulo 9: Os sacrifícios são oferecidos
Capítulo 10: As regras para os sacerdotes
Capítulo 11: Os animais puros e impuros
Capítulo 12: A purificação após o parto
Capítulo 13: As leis acerca da lepra
Capítulo 14: A purificação da lepra
Capítulo 15: As impurezas do homem e da mulher

Capítulo 16: O Dia da Expiação
Capítulo 17: O sangue é sagrado e a proibição de comer sangue
Capítulo 18: As relações sexuais ilícitas
Capítulo 19: As regras para a vida: ame o seu próximo
Capítulo 20: As punições para o pecado
Capítulo 21: As regulamentações para a vida santa dos sacerdotes
Capítulo 22: A santidade das ofertas
Capítulo 23: O calendário religioso
Capítulo 24: A apresentação de um exemplo de pecado e punição
Capítulo 25: O sétimo ano e as restituições
Capítulo 26: A recompensa e a punição
Capítulo 27: As leis acerca das promessas e dízimos

■ **Percepções de Matthew Henry**

Levítico 2
VERSÍCULOS 10-16
O sangue agora é permitido para a nutrição de nosso corpo; e não demora a ser apontado como o que faz expiação pela alma. Agora o sangue de Cristo faz a expiação.

NÚMEROS

■ **Uma introdução**

Nomes para Números
NO DESERTO
O quarto dos livros do Pentateuco é chamado em hebraico *bemidbar*, que significa "no deserto".

NÚMEROS
Na versão da *Septuaginta*, esse livro é chamado "Números", e esse nome é agora o título habitual do livro. É assim chamado por conter um registro do número de pessoas no deserto do Sinai (Nm 1–4), e de seu número posteriormente na planície de Moabe (Nm 26).

Interesse histórico
Esse livro é especialmente interessante quanto ao aspecto histórico, pois nos fornece detalhes sobre a direção que os israelitas tomaram no deserto e seus principais acampamentos.

Divisões
Deve ser dividido em três partes:
1. O número de pessoas no Sinai e as preparações para prosseguir em sua marcha (Nm 1.1–10.10). O capítulo 6 mostra a importância do voto de nazireu.
2. A importância da jornada do Sinai até Moabe, o envio dos espias e o relatório que eles trouxeram de volta e as murmurações (oito vezes) das pessoas pelos sofrimentos que passaram (Nm 10.11–21.20).
3. Os eventos na planície de Moabe antes de atravessarem o Jordão (Nm 21.21–36.13).

Período coberto
O período coberto na história estende-se do segundo mês do segundo ano depois do êxodo até o começo do 11º mês do quadragésimo ano, tudo em aproximadamente 38 anos e 10 meses; um triste período de viagens, durante o qual aquela geração desobediente morreu toda no deserto. Eles estavam em número menor ao final de suas viagens do que quando saíram da terra do Egito. Vemos nessa história, por outro lado, o cuidado incessante do Altíssimo com seu povo escolhido durante suas viagens; e, por sua vez, os murmúrios e as rebeliões por meio dos quais eles ofenderam o seu Protetor celestial, demonstrando repetidas vezes seu desprazer e provocando-o a dizer que eles *não entrariam no seu descanso* por causa de sua incredulidade (Hb 3.18,19).

Autoria
Esse livro, como os outros livros do Pentateuco, traz evidências de ter sido escrito por Moisés.

O livro das guerras do Senhor
A expressão o "livro das guerras do Senhor", a qual aparece em Nm 21.14, tem dado abertura para muita discussão. Mas, afinal, exatamente o que era esse livro é algo incerto, se algum escrito de Israel que agora não mais existe, ou se algum escrito dos amorreus que continha canções e triunfos das vitórias sobre seu rei Siom, por meio dos quais Moisés pôde citar esse testemunho, assim como Paulo, às vezes, faz ao citar os poetas pagãos (At 17.28; Tt 1.12).

Nome, autor, data
SIGNIFICADO DO NOME DO LIVRO
Enumerando

AUTOR
Moisés

DATA APROXIMADA DA ESCRITA
1450-1410 a.C.

Estatísticas
LUGAR DO LIVRO NA BÍBLIA
- Quarto livro do Antigo Testamento
- Quarto livro da lei

NÚMERO DE CAPÍTULOS
36

NÚMERO DE VERSÍCULOS
1.288

NÚMERO DE PALAVRAS
32.902

Tema principal do livro
A viagem à Terra Prometida

Chaves para o entendimento do livro
PALAVRA(S)-CHAVE
Viagem/jornada

FRASE-CHAVE
"Foram estas as jornadas dos israelitas", 33.1

PESSOA/PESSOAS-CHAVE
Moisés, Arão, Miriã, Josué, Calebe, Balaque

CAPÍTULO/CAPÍTULOS-CHAVE
14, quando Israel se recusa a conquistar a Terra Prometida.

VERSÍCULO/VERSÍCULOS-CHAVE
Nenhum de todos os homens que viram a minha glória e os sinais que fiz no Egito e no deserto, e mesmo assim me testaram estas dez vezes, não obedecendo à minha voz, nenhum deles verá a terra que prometi a seus pais com juramento. Nenhum daqueles que me desprezaram a verá.
(Nm 14.22,23)

E o Senhor disse a Moisés e a Arão: Não fareis esta comunidade entrar na terra que lhes dei, porque não acreditastes em mim, não santificando-me diante dos israelitas.
(Nm 20.12)

Jesus Cristo em Números
QUEM É JESUS
A serpente de bronze

JESUS PREFIGURADO COMO UM TIPO/RETRATOS DE CRISTO
- A serpente que foi levantada
- A rocha que saciou a sede
- A coluna de nuvem e de fogo
- A novilha vermelha

Pensamento espiritual
Chegando pela graça de Deus

Plano detalhado capítulo a capítulo

Capítulo 1: O primeiro censo
Capítulo 2: A disposição das tribos no acampamento
Capítulo 3: O censo dos levitas
Capítulo 4: O ministério dos levitas
Capítulo 5: A lei acerca dos ciúmes
Capítulo 6: Os votos de nazireu
Capítulo 7: As ofertas dos líderes
Capítulo 8: A consagração dos levitas
Capítulo 9: A segunda Páscoa e a nuvem de fogo
Capítulo 10: Israel parte do monte Sinai
Capítulo 11: A reclamação de Moisés e as codornizes
Capítulo 12: A reclamação de Miriã e Arão
Capítulo 13: A missão e o relatório dos espias
Capítulo 14: A rebelião e o julgamento no acampamento
Capítulo 15: As regras para os sacerdotes
Capítulo 16: A rebelião contra Moisés e Arão
Capítulo 17: A vara de Arão floresce
Capítulo 18: As regras para os sacerdotes e levitas
Capítulo 19: A purificação da novilha vermelha
Capítulo 20: O povo reclama e a morte de Arão
Capítulo 21: A serpente de bronze
Capítulo 22: Balaque, Balaão e sua jumenta que fala
Capítulo 23: As primeiras profecias de Balaão
Capítulo 24: A terceira e quarta profecias de Balaão
Capítulo 25: Moabe seduz Israel
Capítulo 26: O segundo censo
Capítulo 27: Josué sucederá Moisés
Capítulo 28: As ofertas sazonais
Capítulo 29: As ofertas do ano-novo, Dia da Expiação e festa dos tabernáculos
Capítulo 30: As leis acerca dos votos
Capítulo 31: O julgamento de Midiã
Capítulo 32: A divisão da terra a leste do Jordão
Capítulo 33: O resumo das viagens de Israel
Capítulo 34: As fronteiras da terra
Capítulo 35: As cidades dos levitas e as cidades de refúgio
Capítulo 36: A herança das mulheres casadas

■ Percepções de Matthew Henry

Números 21

VERSÍCULOS 1-3
Antes de o povo iniciar sua marcha ao redor de Edom, o rei de Arade, um cananeu, que habitava a parte sul do país, atacou-os no deserto e levou alguns prisioneiros. Isso levaria os israelitas a procurar o Senhor mais profundamente.

VERSÍCULOS 4-9
Os filhos de Israel estavam exaustos por causa da longa viagem ao redor da terra de Edom. Falavam com descontentamento sobre o que Deus tinha feito por eles, e não tinham fé a respeito do que ele faria no futuro. Com o que eles estariam satisfeitos, já que o maná não os agradou?

Não deixemos que o desprezo que alguns lançam sobre a Palavra de Deus nos faça valorizá-la menos. Ela é o pão da vida, pão substancial, e nutrirá aqueles que pela fé se alimentarem dela, para a vida eterna, cada um que a chamar de pão da iluminação espiritual.

Vemos o justo julgamento do Senhor trazido ao povo por murmurar. Ele enviou serpentes venenosas sobre eles que picaram muitos, levando-os à morte.

É possível que eles não tivessem pecado se não houvessem sentido a dor do sofrimento; mas eles arrependeram-se por causa do castigo. E Deus proveu algo maravilhoso para o alívio deles.

Os judeus disseram que não era a imagem da serpente de bronze que os curava, mas, ao olhar para ela, eles olhavam para Deus como o Senhor que os curava.

Havia muito do evangelho nisto. Em João 3.14,15, nosso Salvador declarou que, da mesma forma que Moisés levantou a serpente no deserto, assim também o Filho do homem deveria ser levantado, para que todo o que nele crer não pereça. Compare a doença deles com a nossa.

O pecado morde como uma serpente, e pica como uma cobra. Compare a aplicação do remédio deles com o nosso.

Eles olharam e viveram, e nós, se crermos, não pereceremos.

É pela fé que olhamos para Jesus, Hebreus 12.2.

Qualquer um que olhasse, não importando quão desesperador fosse seu caso, quão fraca fosse sua visão ou quão distante fosse seu lugar, estaria certa e perfeitamente curado.

O Senhor nos alivia dos perigos e aflições, de um modo que a razão humana nunca imaginou.

Oh, se o veneno da velha serpente, inflamando as paixões dos homens, e levando-os a cometerem pecados que culminariam em sua eterna destruição, fosse sensivelmente percebido, e o perigo visto de modo pleno, da mesma forma que os israelitas sentiram a dor pelas picadas das serpentes venenosas e temeram a morte decorrente delas!

Então, nenhum deles fecharia seus olhos para Cristo nem viraria as costas para seu evangelho.

Assim, um Salvador crucificado teria tanto valor que, para ele, todas as demais coisas seriam como perda; e então, sem demora, e com seriedade e simplicidade, todos se voltariam para ele pelo caminho indicado e gritariam: "Senhor, salve-nos, nós estamos perecendo!" Ninguém abusaria da liberdade que Cristo dá em sua salvação, pois consideraria o preço que custou a ele.

VERSÍCULOS 10-20

Temos aqui os deslocamentos dos filhos de Israel, até sua chegada às planícies de Moabe, de onde eles atravessaram o Jordão para Canaã. O final de sua viagem estava próximo. "Os israelitas, então, partiram."

Seria bom se nós fizéssemos o mesmo, e quão mais próximos estivéssemos do céu, seríamos muito mais ativos e trabalharíamos mais para o Senhor.

O maravilhoso sucesso que Deus garantiu ao seu povo é narrado aqui, e, entre outras coisas, suas ações no rio Arnom, em Vaebe, em Sufa e em outros lugares próximos àquele rio.

DEUTERONÔMIO

■ Uma introdução

Volumes

Em todos os manuscritos hebraicos, o Pentateuco forma um rolo ou volume dividido em seções maiores e menores, chamadas *parshioth* e *sedarim*. Não é fácil dizer em que época ele foi dividido em cinco livros. Essa divisão foi provavelmente feita pela primeira vez pelos tradutores gregos do livro, a quem a Vulgata segue.

Nomes para Deuteronômio

DEUTERONÔMIO

O quinto desses livros foi chamado pelos gregos de *Deuteronomion*, que significa a segunda lei, daí o nome Deuteronômio ou uma segunda declaração da lei já promulgada.

ESTAS SÃO AS PALAVRAS

Os judeus designaram o livro pelas duas primeiras palavras em hebraico que ocorreram – *Elle haddabharim*, que significam: "Estas são as palavras". Eles dividiram o livro em onze *parshioth*. Na Bíblia em português, ele contém 34 capítulos.

Divisão
Ele compõe-se especialmente de três discursos apresentados por Moisés em um curto período de tempo antes de sua morte. Eles foram falados a todos os israelitas nas planícies de Moabe, no 11º mês do último ano de suas viagens.

O primeiro discurso (Dt 1.1–4.40) recapitula os eventos principais dos últimos quarenta anos no deserto, com sérias exortações para obedecer às ordenanças divinas, e advertências contra o perigo de abandonar o Deus de seus pais.

O segundo discurso (Dt 5.1–26.19), na verdade, é o corpo de todo o livro. O primeiro discurso é introdutório a ele. Ele contém, praticamente, uma recapitulação da lei já dada por Deus no monte Sinai, junto com muitas admoestações e determinações sobre como viver quando eles se estabeleceram em Canaã.

O discurso conclusivo (Dt 27–30) relaciona-se quase totalmente às sanções solenes da lei, as bênçãos aos obedientes, e a maldição que cairia sobre os rebeldes. Ele, solenemente, aconselha-os a aceitar fielmente a aliança que Deus fez com eles e, dessa forma, assegurar para eles mesmos e sua posteridade as bênçãos prometidas.

TRÊS APÊNDICES
Esses discursos ao povo são seguidos pelo que podemos chamar de três apêndices, a saber:
- A canção que Deus mandou Moisés escrever (Dt 32.1-47);
- As bênçãos que ele pronunciou sobre as tribos separadamente (Dt 33); e
- A história de sua morte (Dt 32.48-52) e seu funeral (Dt 34), escritos por algum outro autor, provavelmente Josué.

Esses discursos de despedida de Moisés para as tribos de Israel, as quais ele tinha por muito tempo conduzido pelo deserto,

"brilham em cada verso com as emoções de um grande líder recontando aos seus contemporâneos a maravilhosa história de sua experiência em comum. O entusiasmo que possuem, mesmo nos dias de hoje, apesar de obscurecidos pela tradução, revela sua incomparável adaptação às circunstâncias sob as quais eles foram apresentados pela primeira vez. A confiança para o futuro é evocada pela lembrança do passado. O mesmo Deus que havia realizado poderosos feitos para as tribos desde o êxodo cobriria sua cabeça no dia da batalha com as nações da Palestina, as quais, em breve, seriam invadidas. Seu grande legislador comparece perante nós, vigoroso em sua idade avançada, inflexível em sua repugnância pelo mal, determinado em seu zelo por Deus, mas experiente em relação a tudo o que é terreno pela sua proximidade com o céu. A sabedoria poderosa de seus decretos, a dignidade de sua posição como o fundador da nação e o primeiro dos profetas reforçam suas declarações. Mas ele toca profundamente nossas emoções pela ternura humana que transparece em todas as suas palavras. Estando no crepúsculo da vida, ele fala como um pai dando seus últimos conselhos àqueles a quem ele ama, desejando partir e estar com Deus, a quem ele serviu tão bem, mas carinhosamente prolongando seu último adeus aos queridos da terra. Nenhum livro pode comparar-se a Deuteronômio em sua combinação de sublimidade e ternura".

Geikie

Autoria
Todo estilo e método desse livro, seu tom e peculiaridades de concepção e expressão mostram que ele deve ter nascido das mãos de um autor. Está estabelecido pelas seguintes considerações que o autor não era ninguém mais além de Moisés:
- A tradição uniforme de ambas as igrejas judaica e cristã até os dias de hoje.

- O livro ensina que foi escrito por Moisés (Dt 1.1; 29.1; 31.1,9-11 etc.), e foi obviamente planejado para ser aceito como seu trabalho.
- O indiscutível testemunho de nosso Senhor e seus apóstolos (Mt 19.7,8; Mc 10.3,4; Jo 5.46,47; At 3.22; 7.37; Rm 10.19) estabelece a mesma conclusão.
- As referências frequentes ao livro nos últimos livros do cânon (Js 8.31; 1Rs 2.9; 2Rs 14.6; 2Cr 23.18; 25.4; 34.14; Ed 3.2; 7.6; Ne 8.1; Dn 9.11,13) provam sua origem e antiguidade.
- Os arcaísmos encontrados no livro estão em harmonia com a época em que Moisés viveu.
- O estilo e as alusões são igualmente impressionantes em suas compatibilidades com as circunstâncias e posição de Moisés e do povo naquele tempo.

Esse conjunto de evidências positivas não pode ser deixado de lado pelas conjecturas e pensamentos da crítica moderna, que argumentou ser o livro similar a uma ficção, introduzida entre os judeus sete ou oito séculos depois do êxodo.

Nome, autor e data
SIGNIFICADO DO NOME DO LIVRO
Segunda lei

AUTOR
Moisés

DATA APROXIMADA DA ESCRITA
1410 a.C.

Estatísticas
LUGAR DO LIVRO NA BÍBLIA
- Quinto livro do Antigo Testamento
- Quinto livro da lei

NÚMERO DE CAPÍTULOS
34

NÚMERO DE VERSÍCULOS
959

NÚMERO DE PALAVRAS
28.461

Tema principal do livro
O perigo de esquecer de Deus.

Chaves para o entendimento do livro
PALAVRA/PALAVRAS-CHAVE
- Aliança, 27 vezes
- Amor, 17 vezes
- Lembrem-se
- Obediência

FRASE-CHAVE
"... os estatutos e os preceitos aos quais tereis cuidado de obedecer", 12.1.

PESSOA/PESSOAS-CHAVE
Moisés e Josué

CAPÍTULO/CAPÍTULOS-CHAVE
27; 29

VERSÍCULO/VERSÍCULOS-CHAVE
Apenas ficai atentos. Ficai muito atentos para não vos esquecerdes das coisas que os vossos olhos viram, e para que elas não se apaguem do vosso coração durante todos os dias da vossa vida. Contai-as a vossos filhos e netos. (Dt 4.9)

Cuidado para não esquecerdes da aliança que o SENHOR, vosso Deus, fez convosco, e não façais nenhuma imagem esculpida, semelhante a alguma coisa que o SENHOR, vosso Deus, vos proibiu. (Dt 4.23)

Pois o SENHOR, vosso Deus, é Deus misericordioso e não vos desamparará, nem vos destruirá, nem se esquecerá da aliança que jurou a vossos pais. (Dt 4.31)

Amarás o SENHOR, teu Deus, de todo o teu coração, com toda a tua alma e com todas as tuas forças. (Dt 6.5)

Ó Israel, o que é que o SENHOR, teu Deus, exige de ti agora, exceto que temas o

SENHOR, teu Deus, que andes em todos os seus caminhos e ames e sirvas o SENHOR, teu Deus, de todo o coração e de toda a alma, que guardes os mandamentos do SENHOR e os seus estatutos, que hoje te ordeno para o teu bem? (Dt 10.12,13)

Convoco hoje o céu e a terra como testemunhas contra ti de que coloquei diante de ti a vida e a morte, a bênção e a maldição. Portanto, escolhe a vida, para que vivas, tu e tua descendência, amando o SENHOR, teu Deus, obedecendo à sua voz e te apegando a ele, pois ele é a tua vida e a extensão dos teus dias; para que habites na terra que o SENHOR prometeu com juramento dar a teus pais Abraão, Isaque e Jacó. (Dt 30.19,20)

Jesus Cristo em Deuteronômio
QUEM É JESUS
O Legislador

JESUS PREFIGURADO COMO UM TIPO/RETRATOS DE CRISTO
- Moisés como um tipo de Cristo, 18.15.
- Moisés como um profeta, 34.10-12; sacerdote, 32.31-35, e rei, 33.4,5.

Pensamento espiritual
Reflita em que ponto se encontra espiritualmente.

Plano detalhado capítulo a capítulo
Capítulo 1: Os juízes nomeados, espias enviados
Capítulo 2: O vaguear pelo deserto por 38 anos
Capítulo 3: A terra a leste do Jordão é conquistada
Capítulo 4: O resumo da aliança de Deus
Capítulo 5: Os Dez Mandamentos
Capítulo 6: A ordem para ensinar a lei
Capítulo 7: A ordem para conquistar Canaã
Capítulo 8: A ordem para se lembrar do Senhor
Capítulo 9: A desobediência de Israel a Deus
Capítulo 10: A aliança é renovada
Capítulo 11: A vitória depende da obediência
Capítulo 12: As instruções detalhadas para a adoração
Capítulo 13: A advertência contra a idolatria
Capítulo 14: As leis acerca dos alimentos e dízimos
Capítulo 15: As leis acerca de dívidas, escravos e os primogênitos
Capítulo 16: As leis acerca das festas
Capítulo 17: As instruções para um rei
Capítulo 18: As leis acerca das profecias
Capítulo 19: As cidades de refúgio e leis acerca de testemunhos
Capítulo 20: As leis acerca da guerra
Capítulo 21: As leis acerca dos homicídios não desvendados e outras leis
Capítulo 22: As leis acerca da pureza sexual
Capítulo 23: As leis acerca da exclusão do povo de Deus
Capítulo 24: O divórcio e o novo casamento
Capítulo 25: O dever para com um irmão falecido
Capítulo 26: As leis acerca dos dízimos, e os votos de Israel
Capítulo 27: A maldição da desobediência
Capítulo 28: As advertências da aliança
Capítulo 29: A aliança do Senhor na terra de Moabe
Capítulo 30: A promessa de arrependimento e perdão
Capítulo 31: Josué, o sucessor de Moisés
Capítulo 32: A canção de Moisés
Capítulo 33: Moisés abençoa Israel
Capítulo 34: A morte de Moisés

■ Percepções de Matthew Henry

Deuteronômio 6
VERSÍCULOS 4,5
Aqui encontramos um breve resumo da religião, contendo os primeiros princípios de fé e obediência.

JOSUÉ

Uma introdução

O livro de Josué contém a história dos israelitas desde a morte de Moisés até a morte de Josué.

Divisões

O livro compõe-se de três partes:
- A história da conquista da terra (Js 1–12).
- A divisão da terra para as diferentes tribos, com a designação das cidades de refúgio, a provisão para os levitas (Js 13–22) e a dispensa das tribos do leste para suas casas. Essa divisão tem sido comparada com o *Livro do dia do juízo final* da conquista da Inglaterra pelos normandos.
- Os discursos de despedida de Josué, com considerações sobre sua morte (Js 23–24).

Lugar no Antigo Testamento

Esse livro tem seu lugar primeiramente na segunda das três divisões do Antigo Testamento:
- A Lei,
- Os Profetas,
- Os "Outros Escritos" – Hagiógrafa, por meio da qual a igreja judaica dividiu o Antigo Testamento.

Autoria

Há todas as razões para concluir que a tradição uniforme dos judeus está correta quando eles atribuem a autoria do livro a Josué, todo o livro exceto a parte da conclusão; os últimos versículos (Js 24.29-33) foram adicionados por outro autor.

Duas dificuldades

Há duas dificuldades relacionadas a esse livro que têm levantado muitas discussões.

O milagre do sol e da lua que pararam em Gibeão. Esse fato ocorreu durante a fervorosa oração de fé de Josué, como citado (Js 10.12-15) no "livro de Jasar". Há muitas explicações dadas a essas palavras. Contudo, elas não representam nenhuma dificuldade a nós se acreditamos na possibilidade da interposição miraculosa de Deus a favor de seu povo. Se esse fato foi ocasionado por uma refração da luz, ou por algum outro meio, não sabemos.

Outra dificuldade surge da ordem dada por Deus para que exterminassem completamente os cananeus. "Não fará justiça o juiz de toda a terra?" (Gn 18.25). É notório que Josué sabia claramente que esta era a vontade de Deus, quem aplica suas terríveis intervenções, fome, pestes e guerra no governo justo deste mundo. Os cananeus afundaram-se em um estado de imoralidade e corrupção tão repugnante e degradante que eles teriam que ser exterminados da terra pelo fio da espada. A espada dos israelitas, nas suas mais sangrentas execuções, fez um trabalho de misericórdia para todos os países da terra até os confins do mundo.

Esse livro assemelha-se aos Atos dos Apóstolos em número e variedade de incidentes históricos que registra e em suas muitas referências a pessoas e lugares; e posteriormente as epístolas de Paulo confirmam sua exatidão histórica por suas alusões e coincidências casuais; portanto, no caso anteriormente descrito, descobertas modernas confirmam sua historicidade. As tábuas de Amarna estão entre as descobertas mais extraordinárias da época. Datando de aproximadamente 1480 a.C. até o tempo de Josué e compondo-se de comunicações oficiais dos chefes dos amorreus, fenícios e filisteus ao rei do Egito, essas tábuas fornecem um vislumbre da real condição da Palestina anterior à invasão do povo hebreu, ilustrando e confirmando a história da conquista. Uma carta, ainda existente, de um oficial militar, "mestre dos capitães do Egito", datando da era próxima ao final do reinado de Ramsés II, fornece não só um curioso relatório de uma viagem, provavelmente oficial, a qual ele empreendeu através da Palestina, até o norte de Alepo, mas também uma clara compreensão da condição social do país naquele tempo. Entre as coisas que foram trazidas à luz pela carta e as tábuas de Amarna, está o estado de confusão e decadência que havia tomado conta do Egito. As tropas egípcias que haviam tomado posse da Palestina na época de Tutmés III, cerca de duzentos anos antes, tinham agora se retirado. O caminho, desse modo, estava aberto aos hebreus. Na história da conquista não há nenhum indício de que Josué tenha se encontrado com qualquer força militar egípcia. As tábuas contêm muitas súplicas ao rei do Egito pedindo ajuda contra as invasões dos hebreus, mas nenhum socorro parece ter sido enviado. Não parece isso um conjunto de acontecimentos que pode ter sido antecipado como resultado do desastre do êxodo? Em muitos pontos, o progresso da conquista é notavelmente ilustrado pelas tábuas. O valor das descobertas modernas em relação à história do Antigo Testamento é bem descrito deste modo:

"A dificuldade de estabelecer a ordem da falta de credibilidade histórica, contrapondo-se ao testemunho do Antigo Testamento, tem aumentado grandemente nos últimos anos. O resultado de recentes escavações e explorações está totalmente contra isso.

Embora esses livros incluíssem, em sua maioria, os únicos relatos conhecidos dos eventos que mencionavam, havia alguma plausibilidade na teoria de que talvez esses relatos fossem escritos mais para ensinar lições de moral que preservar um conhecimento exato dos eventos.

Era fácil dizer que, naquele tempo, os homens não possuíam senso histórico. Mas as descobertas recentes tocam os eventos registrados na Bíblia em muitos pontos diferentes e em muitas gerações diferentes, mencionando as mesmas pessoas, países, povos, eventos mencionados na Bíblia e demonstrando, sem dúvida alguma, que tudo isso era absolutamente histórico. O caso não é que as descobertas confirmem a veracidade das declarações bíblicas, embora este seja normalmente o caso, mas que as descobertas demonstram que as pessoas daquelas épocas tinham o senso histórico e, especificamente, que as narrativas bíblicas com as quais entraram em contato são narrativas de fatos verdadeiros".

Nome, autor, data
SIGNIFICADO DO NOME DO LIVRO
O nome foi dado de acordo com sua figura central, Josué, significando salvação.

AUTOR
Josué

DATA APROXIMADA DA ESCRITA
1370 a.C.

Estatísticas
LUGAR DO LIVRO NA BÍBLIA
- Sexto livro do Antigo Testamento.
- Primeiro livro histórico.

NÚMERO DE CAPÍTULOS
24

NÚMERO DE VERSÍCULOS
658

NÚMERO DE PALAVRAS
18.858

Tema principal do livro
A conquista e a divisão da terra prometida

Chaves para entendimento do livro
PALAVRA/PALAVRAS-CHAVE
Conquista, possessão, vitória

FRASE-CHAVE
Dividindo a terra

PESSOA/PESSOAS-CHAVE
Josué, Raabe, Calebe

CAPÍTULO/CAPÍTULOS-CHAVE
1; 24; 27

VERSÍCULO/VERSÍCULOS-CHAVE
Não afastes de tua boca o livro desta lei, antes medita nele dia e noite, para que tenhas cuidado de obedecer a tudo o que nele está escrito; assim farás prosperar o teu caminho e serás bem-sucedido. Não te ordenei isso? Esforça-te e sê corajoso; não tenhas medo, nem te assustes; porque o SENHOR, teu Deus, está contigo, por onde quer que andares. (Js 1.8,9)

Assim Josué tomou toda esta terra, conforme tudo o que o SENHOR tinha dito a Moisés, e deu-a como herança a Israel, dividindo-a segundo as suas tribos; e a terra descansou da guerra. (Js 11.23)

E o SENHOR lhes deu descanso de todos os lados, conforme tudo quanto havia jurado a seus pais; nenhum de todos os seus inimigos pôde lhes resistir, mas a todos o SENHOR lhes entregou nas mãos. Nenhuma palavra falhou de todas as boas coisas que o SENHOR prometera à casa de Israel! Tudo se cumpriu! (Js 21.44,45)

Jesus Cristo em Josué
QUEM É JESUS
Profeta, Sacerdote, Rei

JESUS PREFIGURADO COMO UM TIPO/RETRATOS DE CRISTO
- Josué, como um tipo de Cristo
- Raabe, como um tipo de Cristo

Pensamento espiritual
Tenha suas propriedades

Plano detalhado capítulo a capítulo
Capítulo 1: Josué é nomeado líder de Israel
Capítulo 2: Os espias são enviados
Capítulo 3: A travessia do rio Jordão
Capítulo 4: A criação de um memorial
Capítulo 5: Josué prepara Israel espiritualmente
Capítulo 6: A vitória em Jericó
Capítulo 7: A derrota em Ai
Capítulo 8: A vitória sobre Ai
Capítulo 9: O fracasso com os gibeonitas
Capítulo 10: A vitória sobre os amorreus
Capítulo 11: A conquista do norte de Canaã, e o resumo das conquistas
Capítulo 12: Os reis derrotados por Moisés e Josué
Capítulo 13: As fronteiras das tribos
Capítulo 14: A terra para Calebe
Capítulo 15: As terras da tribo de Judá
Capítulo 16: As fronteiras das terras de José e Efraim
Capítulo 17: As fronteiras da metade da tribo de Manassés
Capítulo 18: As fronteiras de Benjamim
Capítulo 19: As fronteiras das sete tribos
Capítulo 20: As seis cidades de refúgio
Capítulo 21: As cidades dos levitas são demarcadas
Capítulo 22: O altar do testemunho
Capítulo 23: As lembranças da história
Capítulo 24: A renovação da aliança e as mortes de Josué e Eleazar

■ Percepções de Matthew Henry

Josué 1
VERSÍCULOS 5-9
Josué deveria fazer da lei de Deus a sua regra. Ele é desafiado, nesse sentido, a meditar dia e noite para que, um dia, viesse a entendê-la. Quaisquer que sejam os afazeres deste mundo com os quais devamos nos preocupar, não devemos nos esquecer da única coisa que nos é realmente necessária. Todas as suas ordens às pessoas e seus julgamentos devem estar de acordo com

a lei de Deus. O próprio Josué deve estar sob as ordens de Deus; nenhuma dignidade humana ou domínio coloca-o acima da lei de Deus. Ele deve encorajar-se a si mesmo com as promessas e a presença de Deus.

Não permita que o senso de suas próprias enfermidades o desanimem; Deus é autossuficiente. O Senhor disse que ordenou, chamou e denominou você para fazer isso, e estará sempre a defendê-lo em tudo isso.

JUÍZES

■ Uma introdução

Nomes para Juízes
JUÍZES
O livro de Juízes é assim chamado porque contém a história da libertação e dos estatutos de Israel dados pelos homens que receberam o título de "juízes". O livro de Rute originariamente fazia parte desse livro, mas, aproximadamente em 450 d.C., foi separado de seu original e colocado nas Escrituras hebraicas imediatamente após Cantares de Salomão.

Conteúdos
O livro contém:
- A introdução (Jz 1.1–3.6), que se conecta com a narrativa prévia em Josué como um "elo na cadeia de livros".
- A história dos treze juízes (Jz 3.7–16.31). Veja o quadro na página seguinte.

    Os atos de heroísmo de Sansão provavelmente sincronizam-se com o período que imediatamente precede o arrependimento nacional e a reforma sob as ordens de Samuel (1Sm 7.2-6).

    Após Sansão, veio Eli, que foi, ao mesmo tempo, sacerdote e juiz. Ele direcionou os afazeres civis e religiosos do povo por quarenta anos, ao final dos quais os filisteus novamente invadiram a terra e oprimiram-na por vinte anos. Samuel foi levantado para libertar seu povo da opressão e julgou Israel por aproximadamente doze anos, quando a direção dos afazeres caiu nas mãos de Saul, ungido rei. Se Eli e Samuel forem incluídos, então foram quinze o número de juízes. Mas a cronologia de todo esse período é incerta.

- A divisão histórica do livro é seguida por um apêndice (Jz 17–21) que não tem nenhuma conexão formal com os fatos anteriores, registrando:
    - A conquista (Jz 17–18) de Laís por uma parte da tribo de Dã e
    - A extinção, quase a total, da tribo de Benjamim pelas outras tribos, porque seus homens ajudaram os homens de Gibeá (Jz 19–21). Essa seção particularmente pertence ao período de alguns poucos anos após a morte de Josué. Ela mostra a degeneração religiosa e moral do povo.

Autoria
O autor desse livro provavelmente foi Samuel. A evidência interna de ambos os primeiros dezesseis capítulos e do apêndice garante essa conclusão. Provavelmente, foi escrito durante o reinado de Saul ou no começo do reinado de Davi. As palavras em Juízes 18.30,31 concluem que foi escrito após a tomada da arca pelos filisteus e após a ida de Davi para Nobe (1Sm 21). No reinado de Davi, a arca ficou em Gibeão (1Cr 16.39).

Nome, autor, data
SIGNIFICADO DO NOME DO LIVRO
O livro foi assim nomeado após os juízes tornarem-se os líderes que governaram Israel.

AUTOR
O livro dos Juízes é anônimo. Tradicionalmente, Samuel é designado como seu autor.

TREZE JUÍZES	ANOS
Primeiro período (Jz 3.7-15)	
Servidão sob o domínio de Cuchã-Risataim, rei da Mesopotâmia	8
Otoniel liberta Israel – descanso	40
Servidão sob o domínio de Eglom, rei de Moabe: Amnom, Amaleque	18
A libertação de Eúde – descanso	80
Sangar	desconhecido
Servidão sob o domínio de Jabim de Hazor em Canaã	20
Débora (Baraque)	40
Primeiro período – total de anos	206
Segundo período (Jz 6.1–10.5)	
Servidão sob Midiã, Amaleque e os filhos do leste	7
Gideão	40
Abimeleque, filho de Gideão, reina como rei sobre Israel	3
Tolá	23
Jair	22
Segundo período – total de anos	95
Terceiro período (Jz 10.6-12)	
Servidão sob o domínio dos amonitas com os filisteus	18
Jefté	6
Ibsã	7
Elom	10
Abdom	8
Terceiro período – total de anos	49
Quarto período (Jz 13–16)	
Servidão sob o domínio dos filisteus	40
Sansão	20
Quarto período – total de anos	60
Total dos quatro períodos	410

DATA APROXIMADA DA ESCRITA
1.043-1.004 a.C.

Estatísticas
LUGAR DO LIVRO NA BÍBLIA
- Sétimo livro do Antigo Testamento
- Segundo livro histórico

NÚMERO DE CAPÍTULOS
21

NÚMERO DE VERSÍCULOS
618

NÚMERO DE PALAVRAS
18.976

Tema principal do livro
Esse livro liga Josué e a chegada do povo de Deus à terra prometida até os reis Saul e Davi.

Chaves para o entendimento do livro

PALAVRA/PALAVRAS-CHAVE
- Libertos, 28 vezes
- Ciclos, 2.20,21
- Mal, 14 vezes
- Juiz, julgou, julgamento, 22 vezes

FRASE-CHAVE
"... não expulsou", 1.27

PESSOA/PESSOAS-CHAVE
Os juízes: Otoniel, Eúde, Sangar, Débora e Baraque, Gideão, Tolá e Jair, Jefté, Ibsã, Elom e Abdom e Sansão

CAPÍTULO/CAPÍTULOS-CHAVE
2, em que a apostasia de Israel é descrita

VERSÍCULO/VERSÍCULOS-CHAVE
A ira do SENHOR se acendeu contra Israel, e ele disse: Visto que esta nação desfez a aliança que fiz com seus pais e não deu ouvidos à minha voz, não expulsarei mais de diante dela nenhuma das nações que Josué deixou quando morreu. (Jz 2.20,21)

Naqueles dias não havia rei em Israel; cada um fazia o que lhe parecia certo.
(Jz 21.25)

Jesus Cristo em Juízes

QUEM É JESUS
Juiz de toda a terra

JESUS PREFIGURADO COMO UM TIPO/RETRATOS DE CRISTO
- Libertador, 3.9
- O anjo do Senhor, 6.12

Pensamento espiritual
Tenha cuidado, caso você venha a cair

Plano detalhado capítulo a capítulo

Capítulo 1: Israel falha ao completar a conquista
Capítulo 2: O julgamento de Deus por não completarem a conquista
Capítulo 3: A campanha do Sul
Capítulo 4: A campanha do Norte
Capítulo 5: A canção de Débora e Baraque
Capítulo 6: Gideão é chamado
Capítulo 7: A derrota dos midianitas
Capítulo 8: Gideão como juiz, e sua morte
Capítulo 9: Abimeleque
Capítulo 10: Os pecados de Israel
Capítulo 11: Jefté e sua filha
Capítulo 12: Ibsã, Elom e Abdom
Capítulo 13: O nascimento miraculoso de Sansão
Capítulo 14: O casamento pecaminoso de Sansão
Capítulo 15: Sansão como juiz
Capítulo 16: O declínio e a queda de Sansão
Capítulo 17: O relato de um exemplo de idolatria pessoal
Capítulo 18: O relato de um exemplo de idolatria tribal
Capítulo 19: A imoralidade pessoal e tribal
Capítulo 20: A guerra entre Israel e Dã
Capítulo 21: A necessidade de um rei

■ Percepções de Matthew Henry

Juízes 16
VERSÍCULOS 4-17
Sansão, por mais de uma vez, foi posto em perigo por causa do amor pelas mulheres, sofrendo prejuízo, e novamente não se precaveu, sendo pego mais uma vez na mesma cilada; e essa terceira vez foi fatal.

VERSÍCULOS 18-21
Veja os efeitos fatais da falsa segurança. Satanás arruína os homens exaltando-os para que tenham uma boa opinião relacionada a sua própria segurança e fazendo-os não se preocupar com nada e não temer coisa alguma; e, depois, rouba sua força e honra, e leva-os cativos como deseja. Enquanto dormimos, nossos inimigos espirituais não dormem. Os olhos de Sansão

eram as portas de entrada de seus pecados, (v. 1), e seu castigo começou aí. Agora os filisteus cegaram-no, e ele tinha tempo de lembrar-se de como sua própria luxúria o tinha cegado antes. O melhor modo de preservar os olhos é guardá-los de olhar para a vaidade. Tome cuidado e considere como exemplo a queda de Sansão, lutando cuidadosamente contra todas as concupiscências da carne; pois toda a nossa glória se vai, e nossa defesa nos deixa, quando nossa separação de Deus, como nazireus espirituais, é profanada.

VERSÍCULOS 22-24
As aflições de Sansão eram os meios de trazê-lo ao profundo arrependimento. Pela perda de sua visão carnal, os olhos de seu entendimento foram abertos; e o Senhor, privando-o de sua força corporal, agradou-se de renovar sua força espiritual. O Senhor permite que alguns se desviem de fato e afundem profundamente, mas, por fim, ele os recupera, e, ao marcar seu desprazer pelo pecado em seus sofrimentos temporais, ele preserva-os de afundar no poço da destruição. Os hipócritas podem abusar desses exemplos, mas os cristãos verdadeiros serão mais humildes e, dependentes do Senhor, mais fervorosos ao orar pedindo que sejam preservados, e, se caírem, serão guardados de afundarem no desespero.

VERSÍCULOS 25-31
Nada completa os pecados de qualquer pessoa ou pessoas mais rápido que zombar dos servos de Deus, apesar de que é por sua própria insensatez que estes caem. Deus colocou isso no coração de Sansão, como uma pessoa pública, para que, dessa forma, pudesse vingar nessas pessoas a disputa de Deus, de Israel e a sua própria. A força que ele havia perdido pelo seu pecado, ele a recupera pela oração. Isso não ocorreu por paixão nem vingança pessoal, mas pelo zelo sagrado para a glória de Deus e de Israel, e vem de Deus aceitando a sua oração. O templo caiu, não pela força natural de Sansão, mas pelo poder de Deus Todo-poderoso. Em seu caso, Sansão estava correto em vingar-se pela causa de Deus e de Israel. Ele não deve ser acusado de suicídio. Ele não buscou sua própria morte, mas a libertação de Israel e a destruição dos inimigos. Desse modo, Sansão morreu algemado e entre os filisteus, como uma terrível reprovação por seus pecados; mas morreu arrependido. Os efeitos de sua morte tipificam aqueles relacionados à morte de Cristo, que, por sua própria vontade, entregou sua vida entre os transgressores e, dessa forma, destruiu a fundação do reino de Satanás e providenciou a libertação de seu povo. Tão grande como era o pecado de Sansão e de forma tão justa como ele merecia, foi nos juízos que trouxe sobre si mesmo que ele finalmente achou misericórdia no Senhor; e todo penitente deve obter a misericórdia, aquele que corre para refugiar-se no Salvador, cujo sangue purifica de todo pecado. Mas aqui não há nada que encoraje alguém a tolerar o pecado, vindo de uma esperança para que eles finalmente se arrependam e sejam salvos.

RUTE

■ Uma introdução

O livro de Rute, originariamente, fazia parte do livro de Juízes, mas agora compõe um dos 24 livros separados da Bíblia hebraica.

A história que contém refere-se a um período de talvez 126 anos antes do nascimento de Davi. Ele fornece:

- Um relato da ida de Noemi para Moabe com seu esposo, Elimeleque, e de seu subsequente retorno a Belém com sua nora;
- O casamento de Boaz e Rute; e
- O nascimento de Obede, ancestral de Davi.

- O autor desse livro foi, provavelmente, Samuel de acordo com a tradição judaica.

"Breve como é esse livro, e simples como é sua história, é notavelmente rico em exemplos de fé, paciência, diligência e bondade, e não menos em indicações do cuidado que Deus tem para com aqueles que confiam nele."

Nome, autor, data
SIGNIFICADO DO NOME DO LIVRO
É dado esse nome em homenagem a Rute.

AUTOR
O livro de Rute é anônimo.

DATA APROXIMADA DA ESCRITA
1.000 a.C.

Estatísticas
LUGAR DO LIVRO NA BÍBLIA
- Oitavo livro do Antigo Testamento
- Terceiro livro histórico

NÚMERO DE CAPÍTULOS
4

NÚMERO DE VERSÍCULOS
85

NÚMERO DE PALAVRAS
2.587

Tema principal do livro
Da época dos Juízes, esse livro ilustra a lealdade e a fé.

Chaves para o entendimento do livro
PALAVRA/PALAVRAS-CHAVE
- Resgatador, 14 vezes
- Resgatar/libertar, 9 vezes

FRASE-CHAVE
Perto da família; parente próximo

PESSOA/PESSOAS-CHAVE
Rute, Noemi, Boaz

CAPÍTULO/CAPÍTULOS-CHAVE
4

VERSÍCULO/VERSÍCULOS-CHAVE
Mas Rute respondeu: Não insistas comigo para que te abandone e deixe de seguir-te. Pois aonde quer que fores, irei também; e onde quer que ficares, ali ficarei. O teu povo será o meu povo, e o teu Deus será o meu Deus. (Rt 1.16)

Agora não temas, minha filha; pois te farei tudo quanto me pedires. Toda a cidade do meu povo sabe que tu és mulher virtuosa. (Rt 3.11)

Então, as mulheres disseram a Noemi: Bendito seja o SENHOR, que hoje não te deixou sem resgatador! Que o seu nome se torne famoso em Israel! (Rt 4.14)

Jesus Cristo em Rute
QUEM É JESUS
Nosso Parente Redentor

JESUS PREFIGURADO COMO UM TIPO/RETRATOS DE CRISTO
O Parente Redentor retrata o trabalho de Cristo

Pensamento Espiritual
O cuidado providencial de Deus

Plano detalhado capítulo a capítulo
Capítulo 1: Rute volta para Belém
Capítulo 2: Rute encontra Boaz
Capítulo 3: Rute clama pela proteção do resgatador, por causa dos laços de parentesco
Capítulo 4: Boaz casa-se com Rute

■ Percepções de Matthew Henry

Rute 1
VERSÍCULOS 6-14
Noemi começa a pensar em retornar, após a morte de seus dois filhos. Quando a morte

chega a uma família, é necessário restaurar o que há de inoportuno por lá. O que a terra tornou amargo para nós, o céu tornará suave. Noemi parece ter sido uma pessoa de fé e piedade. Ela despediu suas noras com uma oração. É muito apropriado entre os amigos, quando estão de partida, despedir-se deles desse modo, em amor.

VERSÍCULOS 15-18
Veja a decisão de Rute e sua boa afeição para com Noemi. Orfa estava relutante em se separar de Noemi; contudo, ela não a amava o suficiente para deixar Moabe por causa da sogra. Da mesma maneira, muitos valorizam, e tem afeição por, Cristo, entretanto não alcançam a salvação trazida por Jesus, porque não renunciam a outras coisas por ele. Eles o amam, contudo o deixam, porque não o amam o suficiente, mas amam mais as outras coisas. Rute é um exemplo da graça de Deus, inclinando sua alma para escolher a melhor parte. Noemi não poderia desejar nada mais que a solene declaração que Rute fez. Veja o poder da decisão; ela silencia a tentação. Aqueles que seguem caminhos religiosos sem uma mente imperturbável são como uma porta semiaberta, a qual convida um ladrão a entrar; mas a decisão fecha e tranca a porta, resiste a Satanás e força-o a desaparecer.

VERSÍCULOS 19-22
Noemi e Rute chegam a Belém. As aflições trarão grandes e surpreendentes mudanças em pouco tempo. Possa Deus, pela sua graça, preparar-nos para todas essas mudanças, em especial a grande mudança! Noemi significa "agradável" ou "amável"; Mara, "amarga" ou "amargura". Agora ela era uma mulher de espírito pesaroso. Ela tinha voltado para casa vazia, pobre, uma viúva sem os filhos. Mas há uma plenitude para os crentes da qual eles nunca podem se esvaziar; uma boa parte que não será levada daqueles que a tem. O cálice da aflição é "amargo", mas ele reconhece que a aflição veio de Deus. A aflição torna nosso coração submisso às providências que nos tornam humildes. Não é a aflição em si, mas a aflição corretamente produzida que nos faz bem.

1SAMUEL

■ Uma introdução

Nomes para 1 e 2Samuel

LIVROS DO REINO
Os tradutores da *Septuaginta* consideraram os livros de Samuel e os de Reis como se formassem uma história contínua que eles dividiram em quatro livros, chamados "Livros do reino".

LIVROS DOS REIS
A versão da *Vulgata* seguiu essa divisão, mas intitulou-os "Livros dos Reis".

PRIMEIRO LIVRO DOS REIS
Esses livros de Samuel foram, consequentemente, chamados de "Primeiro" e "Segundo" Livros dos Reis, e não, como nas modernas versões do protestantismo, o "Primeiro" e "Segundo" Livros de Samuel.

Autoria
Os autores dos livros de Samuel foram, provavelmente, Samuel, Gade e Natã.

SAMUEL
Samuel escreveu os primeiros 24 capítulos do primeiro livro.

GADE
Gade, o companheiro de Davi (1Sm 22.5), continuou a história.

NATÃ
Natã finalizou a narrativa, provavelmente organizando a história completa no formato que hoje a temos (1Cr 29.29).

Conteúdos
Os conteúdos dos livros

1SAMUEL
O primeiro livro compreende um período de aproximadamente cem anos e coincidências próximas com a vida de Samuel. Ele contém:
- A história de Eli (1Sm 1–4);
- A história de Samuel (1Sm 5–12);
- A história de Saul e de Davi no exílio (1Sm 13–31).

2SAMUEL
O segundo livro, compreendendo um período de talvez cinquenta anos, contém a história do reinado de Davi:
- Sobre Judá (2Sm 1–4) e
- Sobre todo Israel (2Sm 5–24), principalmente em seus aspectos políticos. Os quatro últimos capítulos de 2Samuel podem ser considerados como um tipo de apêndice registrando vários eventos, mas não cronologicamente.

Intervalos
Esses livros não contêm histórias completas. Intervalos frequentes podem ser encontrados nos registros, porque seu objetivo é apresentar uma história do reino de Deus em seu desenvolvimento gradual, e não de eventos de reinados dos sucessivos governantes.

É notório que a divisão (2Sm 11.2–12.29) contendo um relato do pecado de Davi por causa de Bate-Seba é omitida na passagem correspondente em 1Crônicas 20.

Nome, autor, data
SIGNIFICADO DO NOME DO LIVRO
Originariamente um livro com 2Samuel e 1Samuel foi nomeado em homenagem ao último juiz e primeiro profeta, Samuel.

AUTOR
O livro de 1Samuel é anônimo.

DATA APROXIMADA DA ESCRITA
930 a.C.

Estatísticas
LUGAR DO LIVRO NA BÍBLIA
- Nono livro do Antigo Testamento
- Quarto livro histórico

NÚMERO DE CAPÍTULOS
31

NÚMERO DE VERSÍCULOS
810

NÚMERO DE PALAVRAS
25.061

Tema principal do livro
Um relato dos primeiros reis de Israel

Chaves para o entendimento do livro
PALAVRA/PALAVRAS-CHAVE
- Rei e reino
- Transição
- Ungido, 7 vezes
- Rejeitado, 7 vezes

FRASE-CHAVE
"... o teu servo ouve", 3.9.

PESSOA/PESSOAS-CHAVE
Samuel, Saul, Davi

CAPÍTULO/CAPÍTULOS-CHAVE
8, quando Israel exige um rei
15, quando o reinado passa de Saul para Davi

VERSÍCULO/VERSÍCULOS-CHAVE
Porém agora o teu reino não subsistirá; o SENHOR já encontrou para si um homem segundo o seu coração e já o destinou para ser príncipe sobre o seu povo, porque não obedeceste ao que o SENHOR te ordenou.
(1Sm 13.14)

> Mas Samuel disse: Por acaso o SENHOR tem tanto prazer em holocaustos e sacrifícios quanto em que se obedeça à sua voz? Obedecer é melhor que oferecer sacrifícios, e o atender, melhor que a gordura de carneiros.
> (1Sm 15.22)

Jesus Cristo em 1Samuel
QUEM É JESUS
O descendente de Davi, Romanos 1.3

JESUS PREFIGURADO COMO UM TIPO/RETRATOS DE CRISTO
- Samuel, como um tipo de Cristo
- Davi, como um tipo de Cristo

Pensamento espiritual
Mantenha a luz de Deus brilhando

Plano detalhado capítulo a capítulo
Capítulo 1: A oração de Ana e o nascimento de Samuel
Capítulo 2: Eli e sua família
Capítulo 3: O chamado de Samuel
Capítulo 4: Os filisteus capturam a arca da aliança
Capítulo 5: A arca da aliança na terra dos filisteus
Capítulo 6: O retorno da arca da aliança
Capítulo 7: Samuel julga Israel
Capítulo 8: O povo exige um rei
Capítulo 9: Saul é escolhido e ungido rei
Capítulo 10: Saul é aclamado como rei
Capítulo 11: Saul derrota os amonitas
Capítulo 12: Samuel fala com o povo
Capítulo 13: A guerra contra os filisteus
Capítulo 14: Jônatas e a derrota dos filisteus
Capítulo 15: A guerra contra Amaleque, e a rejeição de Saul como rei
Capítulo 16: Deus unge Davi como rei
Capítulo 17: Deus confirma Davi sobre Saul
Capítulo 18: Saul procura matar Davi
Capítulo 19: Saul continua sua tentativa de matar Davi
Capítulo 20: Davi foge, mas Jônatas continua seu amigo
Capítulo 21: Davi é protegido por Aquis em Gate
Capítulo 22: Saul mata os sacerdotes de Deus
Capítulo 23: Saul persegue Davi
Capítulo 24: Davi poupa a vida de Saul
Capítulo 25: Davi casa-se com Abigail
Capítulo 26: Saul admite sua culpa
Capítulo 27: Davi junta-se aos filisteus
Capítulo 28: Saul visita a mulher que consulta os mortos
Capítulo 29: Davi é poupado de lutar com Saul
Capítulo 30: Davi luta contra os amalequitas
Capítulo 31: Saul e Jônatas são mortos

■ Percepções de Matthew Henry

1Samuel 3
VERSÍCULOS 1-10
O chamado que a divina graça designa deve tornar-se efetivo; e repetir-se-á até que isso aconteça, até que atendamos ao chamado. Eli, entendendo que era a voz de Deus que Samuel ouvia, instruiu-o sobre o que deveria dizer. Embora fosse uma desgraça para Eli, para que o chamado de Deus chegasse diretamente a Samuel, ele mesmo contou ao menino como proceder. Que nunca falhemos ao ensinar aqueles que virão após nós, mesmo que estes tenham sido escolhidos antes de nós.

VERSÍCULOS 11-18
Quão grandes são a culpa e a corrupção que existem dentro de nós que podemos dizer que é a iniquidade que nosso próprio coração conhece; temos consciência de tudo isso. Aqueles que não impedem os pecados de outros, quando se há a possibilidade de fazê-lo, fazem de si mesmos cúmplices na culpa, e serão cobrados ao se juntarem a ela. Em sua resposta memorável a essa terrível sentença, Eli reconheceu

que o Senhor tinha o direito de fazer o que era certo, tendo a certeza de que ele nada faria de errado. A submissão, paciência e humildade contidas naquelas palavras mostraram que ele estava verdadeiramente arrependido; ele aceitou a punição pelo seu pecado.

1Samuel 20
VERSÍCULOS 1-10
As acusações que Davi enfrentou prepararam-no para progressos futuros. Dessa forma, o Senhor lida com aqueles que ele prepara para sua glória. Ele não os coloca em possessão imediata do reino, mas os conduz através de muitas tribulações, o modo pelo qual ele os prepara para o reino. Que não os deixemos murmurar por causa de suas escolhas graciosas nem desconfiar de seu cuidado; mas deixemos que eles anseiem com grande expectativa pela coroa que está preparada para eles. Às vezes parece-nos que só há um passo entre nós e a morte; em todos os tempos pode assim parecer, e deveríamos estar preparados para esse evento. Mas, embora os perigos pareçam mais desafiadores, não podemos morrer até que o propósito de Deus relacionado a nós esteja cumprido; não até que tenhamos servido a nossa geração de acordo com sua vontade, se somos cristãos. Jônatas generosamente oferece a Davi os seus serviços. Essa é a verdadeira amizade. Dessa forma, Cristo testifica seu amor por nós. Peça, e será feito por você; e devemos testificar nosso amor por ele, guardando seus mandamentos.

VERSÍCULOS 11-23
Jônatas, fielmente, promete que deixaria Davi saber como Saul, seu pai, estava se sentindo em relação a seu amigo Davi. Será muito bom para nós mesmos e para os nossos queridos se firmarmos interesse naqueles a quem Deus favorece e tornarmos seus amigos os nossos amigos. A amizade verdadeira descansa sobre uma base firme, e é capaz de silenciar a ambição, o amor próprio, e possui uma enorme consideração para com os outros. Mas quem pode entender completamente o amor de Jesus, que deu a si mesmo como um sacrifício pelos pecadores rebeldes e sujos! Então, quão grandes devem ser a força e os efeitos de nosso amor por ele, por sua causa e por seu povo!

VERSÍCULOS 24-34
Ninguém foi mais fiel do que Davi em executar tarefas sagradas; e nem foi ele faltoso, mas a preservação de si mesmo obrigou-o a fugir. Diante de grandes perigos, oportunidades presentes para ordenanças divinas podem aparecer. Mas é ruim para nós, exceto em caso de necessidade, perder uma oportunidade de atender a elas. Jônatas agiu sabiamente e muito bem por si mesmo e por sua família, ao assegurar seu interesse em Davi, e, no entanto, por isso mesmo ele tornou-se culpado. É bom considerarmos o povo de Deus como nosso povo. Será um grande benefício para nós, finalmente, apesar de parecer contra nosso interesse no presente momento.

VERSÍCULOS 35-42
A separação de dois amigos tão fiéis foi dolorosa para ambos, mas o caso de Davi foi o mais deplorável de todos, pois este estava deixando para trás todos os seus alívios, até mesmo os do santuário de Deus. Os cristãos não precisam de tristeza, como homens sem esperança; mas, sendo um com Cristo, eles serão um com os outros e se encontrarão em sua presença para sempre, para nunca mais partirem; para o encontro onde todas as lágrimas serão enxugadas de seus olhos.

2SAMUEL

■ Uma introdução
Veja esta seção em 1Samuel.

Nome, autor, data
SIGNIFICADO DO NOME DO LIVRO
Originariamente um livro com 1Samuel e 2Samuel foi nomeado em homenagem ao último juiz e primeiro profeta, Samuel.

AUTOR
O livro de 2Samuel é anônimo.

DATA APROXIMADA DA ESCRITA
930 a.C.

Estatísticas
LUGAR DO LIVRO NA BÍBLIA
- Décimo livro do Antigo Testamento
- Quinto livro histórico

NÚMERO DE CAPÍTULOS
24

NÚMERO DE VERSÍCULOS
695

NÚMERO DE PALAVRAS
20.612

Tema principal do livro
O reinado de Davi

Chaves para o entendimento do livro
PALAVRA/PALAVRAS-CHAVE
Davi, 267 vezes

FRASE-CHAVE
"Perante o SENHOR", 6.17

PESSOA/PESSOAS-CHAVE
Davi, Bate-Seba, Natã, Absalão, Joabe, Amnom e Aitofel

CAPÍTULO/CAPÍTULOS-CHAVE
- 5, Davi é rei sobre toda a nação de Israel
- 11, o pecado de Davi

VERSÍCULO/VERSÍCULOS-CHAVE
> Quando os teus dias se completarem e descansares com teus pais, providenciarei um sucessor da tua descendência, que procederá de ti; e estabelecerei o reino dele. Ele edificará uma casa ao meu nome, e para sempre estabelecerei o trono do seu reino. (2Sm 7.12,13)

> O SENHOR me recompensou conforme a minha justiça; retribuiu-me conforme a pureza das minhas mãos. (2Sm 22.21)

Jesus Cristo em 2Samuel
QUEM É JESUS
O Ungido

JESUS PREFIGURADO COMO UM TIPO/RETRATOS DE CRISTO
- Davi, como um tipo de Cristo
- Jesus é o Senhor de Davi, 7.4-17

Pensamento espiritual
Deus chama e unge

Plano detalhado capítulo a capítulo
Capítulo 1: A morte do rei Saul
Capítulo 2: A guerra entre Israel e Judá
Capítulo 3: O assassinato de Abner
Capítulo 4: O assassinato de Isbosete
Capítulo 5: O reinado de Davi em Jerusalém
Capítulo 6: A arca da aliança é levada para Jerusalém
Capítulo 7: A aliança de Davi
Capítulo 8: As vitórias militares de Davi
Capítulo 9: A bondade de Davi para com Mefibosete
Capítulo 10: Davi triunfa sobre Amnom e a Síria

Capítulo 11: Davi, Bate-Seba e Urias
Capítulo 12: Natã repreende Davi
Capítulo 13: Tamar é violentada: a vingança de Absalão sobre Amnom
Capítulo 14: Joabe planeja a volta de Absalão
Capítulo 15: Absalão se rebela, e Davi foge de Jerusalém
Capítulo 16: Davi, Ziba e Simei
Capítulo 17: O reinado de Absalão
Capítulo 18: O assassinato de Absalão
Capítulo 19: Davi retorna para Jerusalém
Capítulo 20: A rebelião de Sebá
Capítulo 21: A fome e a guerra contra os filisteus
Capítulo 22: Os salmos de louvor
Capítulo 23: Os feitos dos poderosos guerreiros de Davi
Capítulo 24: O recenseamento e a praga

■ Percepções de Matthew Henry

2Samuel 2
VERSÍCULOS 1-5
Observe as ocasiões do pecado de Davi; o que o levou a isso.

Negligência em relação a seu trabalho. Ele permaneceu em Jerusalém. Quando estamos fora do caminho de nosso trabalho, enfrentamos a tentação.

Amor ao sossego: o ócio apresenta grandes oportunidades para o tentador.

Olhos errantes. Ele não tinha, a exemplo de Jó, feito uma aliança com seus olhos, ou, nessa ocasião, ele a havia esquecido. E observe os passos do pecado. Veja como o caminho do pecado é uma ladeira abaixo; quando os homens começam a praticar o mal, não conseguem parar imediatamente.

VERSÍCULOS 14-27
Adultérios, em geral, levam a assassinatos, e uma maldade acaba sendo encoberta por outra. As origens do pecado devem ser muito temidas, pois quem sabe onde terminarão? Pode tal pessoa ser realmente um filho de Deus? Apesar de a graça não ser perdida nesse caso terrível, a segurança e a consolação delas são suspensas. Podemos ter a certeza de que toda a vida de Davi, a espiritualidade e o conforto na religião, perderam-se. Nenhum homem em tal caso pode, para tranquilizar-se, ter evidências de que é um crente. Quanto maior é a confiança que tem em si mesmo, que afundou em maldades, maior é a presunção e a hipocrisia. Não permitamos que ninguém que se assemelhe a Davi, em nada menos que em suas transgressões, encoraje sua confiança com esse exemplo. Deixemos que siga Davi em sua humilhação, em seu arrependimento e em suas outras notáveis virtudes, que pense antes de si mesmo ser somente um apóstata, e não um hipócrita. Não deixemos que alguém que se oponha à verdade diga: "Estes são os frutos da fé!". Não, estes são os efeitos da natureza corrompida. Vamos todos ter cuidado com as origens da autotolerância e nos manter a extrema distância de todo o mal.

1REIS

■ Uma introdução

Nomes para 1 e 2Reis
TERCEIRO E QUARTO LIVROS DOS REIS
Os dois livros de Reis formavam originariamente apenas um livro nas Escrituras em hebraico. A presente divisão em dois livros foi primeiramente feita pela *Septuaginta*, a qual agora, com a *Vulgata*, enumera-os como os terceiro e quarto livros dos Reis, sendo os dois livros de Samuel o primeiro e o segundo livros dos Reis.

Conteúdos
ANAIS
Eles contêm os anais da nação judaica, da ascensão de Salomão à subjugação do reino por Nabucodonosor e os babilônios

(aparentemente um período de cerca de 453 anos).

Comparação com Crônicas
Os livros de Crônicas são mais compreensíveis em seu conteúdo que os livros dos Reis. Os últimos sincronizam-se com 1Cr 28.1–2Cr 36.21. Enquanto nos livros de Crônicas é dada grande proeminência ao serviço sacerdotal ou trabalho dos levitas, nos livros dos Reis é dada grande proeminência ao trabalho real.

Autoria
INCERTA
A autoria desses livros é indefinida.

CONEXÃO COM O LIVRO DE JEREMIAS
Há algumas passagens dos livros dos Reis e de Jeremias que são quase idênticas; por exemplo, 2Reis 24.18-25 e Jr 52; 39.1-10; 40.7–41.10.

2REIS E JEREMIAS
Há também muitas coincidências entre Jeremias e Reis (2Reis 21–23 e Jr 7.15; 15.4; 19.3 etc.) e eventos registrados em Reis dos quais Jeremias tinha conhecimento pessoalmente. Seria Jeremias ou Esdras o autor?

Esses fatos apoiam em alguma proporção a tradição de que Jeremias foi o autor dos livros dos Reis. Mas a suposição mais provável é a de que Esdras, após o cativeiro, compilou-os de documentos escritos talvez por Davi, Salomão, Natã, Gade e Ido, organizando-os na ordem em que existem hoje.

Na divisão de três partes das Escrituras judaicas, esses livros são considerados como estando entre os "Profetas".

Frequentemente mencionados
Eles são frequentemente mencionados ou lembrados por nosso Senhor e seus apóstolos (Mt 6.29; 12.42; Lc 4.25,26; 10.4; compare com 2Rs 4.29; Mc 1.6; compare com 2Rs 1.8; Mt 3.4 etc.).

Fontes
Várias fontes das narrativas referem-se ao:
- "livro dos atos de Salomão" (1Rs 11.41);
- "livro das crônicas dos reis de Judá" (1Rs 14.29; 15.7,23 etc.);
- "livro das crônicas dos reis de Israel" (1Rs 14.19; 15.31; 16.14,20,27 etc.).

Data
A data de sua composição foi de alguma época entre 561 a.C., a data do último capítulo (2Rs 25), quando Joaquim foi libertado da prisão por Evil-Merodaque, e 538 a.C., a data do decreto de libertação ordenado por Ciro.

Nome, autor, data
SIGNIFICADO DO NOME DO LIVRO
1 e 2Reis eram originariamente um livro. O título original do livro foi tomado da palavra de abertura de 1Reis, "rei".

AUTOR
O livro de 1Reis é anônimo

DATA APROXIMADA DA ESCRITA
550 a.C.

Estatísticas
LUGAR DO LIVRO NA BÍBLIA
- Décimo primeiro livro do Antigo Testamento
- Sexto livro histórico

NÚMERO DE CAPÍTULOS
22

NÚMERO DE VERSÍCULOS
816

NÚMERO DE PALAVRAS
24.524

Tema principal do livro
Primeiro Reis, com 2Reis, é a história dos reis de Israel e de Judá, de Salomão até o cativeiro da Babilônia.

Chaves para o entendimento do livro

PALAVRA/PALAVRAS-CHAVE
- Reino, 357 vezes
- Divisão

FRASE-CHAVE
Davi, seu pai

PESSOA/PESSOAS-CHAVE
- Salomão
- Jeroboão
- Roboão
- Elias e Eliseu
- Acabe e Jezabel

CAPÍTULO/CAPÍTULOS-CHAVE
12 e a divisão do reino

VERSÍCULO/VERSÍCULOS-CHAVE

Se andares perante mim como andou Davi, teu pai, com integridade de coração e retidão, para fazer conforme tudo o que te ordenei e guardar os meus estatutos e as minhas normas, então confirmarei o trono de teu reino sobre Israel para sempre, como prometi a teu pai Davi, dizendo: Não te faltará sucessor sobre o trono de Israel.
(1Rs 9.4,5)

Então o SENHOR disse a Salomão: Visto que agiste assim e não guardaste a minha aliança e os meus estatutos que te ordenei, certamente tirarei de ti este reino e o darei a teu servo.
(1Rs 11.11)

Entretanto, não tirarei o reino todo; mas darei uma tribo a teu filho, por amor a meu servo Davi e por amor a Jerusalém, que escolhi. (1Rs 11.13)

Jesus Cristo em 1Reis
Quem é Jesus
O Rei dos reis

Pensamento espiritual
Um rei reina de seu trono

Plano detalhado capítulo a capítulo

Capítulo 1: Salomão é declarado rei
Capítulo 2: Salomão é estabelecido como rei
Capítulo 3: Salomão pede sabedoria
Capítulo 4: O governo de Salomão sobre Israel
Capítulo 5: Os materiais e trabalhadores usados para construir o templo
Capítulo 6: A conclusão do templo
Capítulo 7: O palácio de Salomão e os utensílios do templo
Capítulo 8: A dedicação do templo
Capítulo 9: O Senhor aparece a Salomão novamente
Capítulo 10: A visita da rainha de Sabá
Capítulo 11: A infidelidade de Salomão e sua morte
Capítulo 12: A causa da divisão do reino
Capítulo 13: Os caminhos maldosos de Jeroboão
Capítulo 14: O julgamento de Jeroboão
Capítulo 15: Os reinados de Abias e Asa em Judá
Capítulo 16: Os cinco reis de Israel: Baasa, Elá, Zinri, Onri e Acabe
Capítulo 17: O ministério de Elias na seca
Capítulo 18: O milagre do fogo no monte Carmelo
Capítulo 19: A ajuda de Deus para o depressivo Elias
Capítulo 20: A guerra contra a Síria
Capítulo 21: Acabe mata Nabote por causa de sua vinha
Capítulo 22: A derrota da Síria e a morte de Acabe

■ Percepções de Matthew Henry

1Reis 10
VERSÍCULOS 1-13
A rainha de Sabá veio a Salomão para ouvir seus conselhos de sabedoria e, por esse meio, obter sabedoria para si própria. Nosso Salvador menciona as perguntas dessa rainha sobre Deus a Salomão, mostrando

a ignorância daqueles que não perguntam sobre Deus, ao nosso Senhor Jesus Cristo. Por intermédio da espera e da oração, da busca diligente pelas Escrituras, da consulta a sábios e cristãos experientes e da prática do que temos aprendido, podemos ser libertos das dificuldades. A sabedoria de Salomão impressionou mais a rainha de Sabá que toda a sua prosperidade e grandeza. Há uma excelência espiritual nas coisas do céu e em cristãos firmes, aos quais nenhuma reputação pode fazer justiça. Aqui a verdade excede, e todo aquele que, por meio da graça, é trazido para a comunhão com Deus dirá que não viu nem metade dos prazeres e vantagens que os caminhos da sabedoria oferecem. Santos glorificados mais ainda dirão do céu, proclamando essa verdade com mais alegria que Salomão poderia fazer. Com mais razão ainda podemos dizer dos servos de Cristo, bendito sejam aqueles que habitam na casa do Senhor; eles ainda estarão lá glorificando-o. A rainha de Sabá trouxe um nobre presente a Salomão. O que levamos a Cristo para presenteá-lo, apesar de ele não necessitar de nada, representa uma necessidade para expressar nossa gratidão. O cristão que está com Jesus retornará ao seu lugar, cumprirá suas tarefas prontamente e, por motivos melhores, anseia pelo dia quando, estando já sem o corpo mortal, estará na presença do Senhor.

VERSÍCULOS 14-29
Salomão aumentou sua fortuna. A prata era sem importância. Tal é a natureza da riqueza do mundo, uma grande quantidade dela a torna menos valorosa; muito mais deveriam as riquezas espirituais diminuir nossa estima pelas possessões terrenas. Se o ouro em abundância faz a prata ser desprezada, não deveriam a sabedoria, e a graça, e as prelibações do céu, as quais são muito melhores que o ouro, fazer do ouro algo menos desejado? Veja nas grandezas de Salomão o cumprimento da promessa de Deus; devemos deixar que essa promessa nos encoraje a buscar primeiro a justiça do reino de Deus. Foi ele que, tendo provado todos os prazeres terrenos, escreveu um livro, para mostrar a inutilidade de todas as coisas terrenas, o desgosto do espírito que as busca e a tolice de pôr nosso coração nelas; e para recomendar séria piedade, a qual, de forma indescritível, fará mais para nos tornar felizes que toda riqueza e poder dos quais ele era senhor; e por intermédio da graça de Deus, tudo isso estará ao nosso alcance.

Capítulo 17
VERSÍCULOS 1-7
Deus maravilhosamente coloca o homem no trabalho por ele designado. Os tempos estavam preparados para Elias, e Elias estava preparado para eles.

O espírito do Senhor sabe como preparar homens para as ocasiões. Elias deixou que Acabe soubesse que Deus estava desgostoso com os idólatras, e os puniria pela falta de chuva, a qual estava fora do poder conferido aos deuses a quem eles serviam. Elias recebeu ordens para se esconder. Se a providência nos chama à solidão e ao retiro, devemos obedecer: quando não podemos ser úteis, devemos ser pacientes; e quando não podemos trabalhar para Deus, devemos ficar em silêncio esperando por ele. Os corvos foram designados para trazer-lhe comida, e assim o fizeram. Deixe aqueles que possuem plenas condições aprenderem a viver pela providência, e confiar que o pão de cada dia virá, no momento certo. Deus poderia ter enviado anjos para ministrar por ele; mas ele escolheu mostrar que ele pode cumprir seus propósitos por intermédio das criaturas mais desprezíveis, tão efetivamente como por meio das mais poderosas. Elias parece ter continuado desse modo por aproximadamente um ano.

2REIS

■ Uma introdução
Veja essa seção em 1Reis.

Nome, autor, data
SIGNIFICADO DO NOME DO LIVRO
Primeiro Reis e 2Reis eram originariamente um só livro. O título original do livro foi tirado da palavra de abertura de 1Reis, "rei".

AUTOR
O livro de 2Reis é anônimo

DATA APROXIMADA DA ESCRITA
550 a.C.

Estatísticas
LUGAR DO LIVRO NA BÍBLIA
- Décimo segundo livro do Antigo Testamento
- Sétimo livro histórico

NÚMERO DE CAPÍTULOS
25

NÚMERO DE VERSÍCULOS
719

NÚMERO DE PALAVRAS
23.532

Tema principal do livro
O livro de 2Reis, assim como 1Reis, narra a história dos reis de Israel e de Judá, de Salomão até o cativeiro da Babilônia.

Chaves para o entendimento do livro
PALAVRA/PALAVRAS-CHAVE
- Rei, mais de 400 vezes
- Profeta, 34 vezes
- Mal; cativeiro

FRASE-CHAVE
"... conforme o SENHOR havia falado", 1.17

PESSOA/PESSOAS-CHAVE
Elias, Eliseu, Josias, Naamã, Ezequias

CAPÍTULO/CAPÍTULOS-CHAVE:
25

VERSÍCULO/VERSÍCULOS-CHAVE
> Sabei agora que nada deixará de se cumprir da palavra do SENHOR proferida contra a família de Acabe, porque o SENHOR tem cumprido o que anunciou por meio do seu servo Elias. (2Rs 10.10)

> O SENHOR disse: Eu também expulsarei Judá da minha presença, como expulsei Israel, e rejeitarei esta cidade de Jerusalém que escolhi, como também o templo do qual eu prometi: O meu nome permanecerá ali para sempre. (2Rs 23.27)

Jesus Cristo em 2Reis
QUEM É JESUS
O Rei dos reis

JESUS PREFIGURADO COMO UM TIPO/ RETRATOS DE CRISTO
- Elias, como um tipo de João Batista, o precursor de Cristo
- Eliseu, como um tipo de Cristo

Pensamento espiritual
Orar por uma dupla porção do Espírito, 2.9

Plano detalhado capítulo a capítulo
Capítulo 1: O rei Acazias de Israel
Capítulo 2: Elias cede seu lugar a Eliseu
Capítulo 3: A rebelião de Moabe
Capítulo 4: O ministério miraculoso de Eliseu
Capítulo 5: A cura de Naamã

Capítulo 6: Os outros milagres de Eliseu
Capítulo 7: As profecias de Eliseu
Capítulo 8: Os reis da Síria, Israel e Judá
Capítulo 9: Jeú é ungido rei; a morte da família de Acabe
Capítulo 10: A morte dos ministros de Baal; a morte de Jeú
Capítulo 11: A rainha Atalia de Judá
Capítulo 12: O rei Joás de Judá
Capítulo 13: O rei Jeoacaz e o rei Jeoás de Israel
Capítulo 14: O rei Amazias de Judá
Capítulo 15: Azarias de Judá e os cinco reis maus de Israel
Capítulo 16: O rei Acaz de Judá
Capítulo 17: O rei Oseias de Israel
Capítulo 18: O reinado antecipado de Ezequias, e Jerusalém sitiada
Capítulo 19: A carta da Assíria e a fé de Ezequias em Deus
Capítulo 20: A doença de Ezequias, sua recuperação e sua morte
Capítulo 21: Os reinados maldosos de Manassés e Amom
Capítulo 22: Josias reconstrói o templo e o livro da lei é encontrado
Capítulo 23: Josias remove as adorações pagãs e celebra a Páscoa
Capítulo 24: Nabucodonosor captura Jerusalém
Capítulo 25: A destruição do templo e o exílio

■ Percepções de Matthew Henry

2Reis 20
VERSÍCULOS 1-11
Ezequias estava doente, à beira da morte, no mesmo ano em que o rei da Assíria sitiou Jerusalém. Isaías trouxe a Ezequias um aviso preparando-o para a morte. A oração é uma das melhores maneiras de nos preparar para a morte, porque por intermédio dela alcançamos força e graça de Deus, capacitando-nos para terminar bem a jornada. Ele chorou profundamente: alguns perceberam que ele não queria morrer; está na natureza humana o horror à separação da alma e do corpo. Havia igualmente algo de peculiar no caso de Ezequias; ele estava agora em meio a sua função e utilidade. Deixe a oração de Ezequias (veja em Isaías 38), interpretar suas lágrimas; não há nada pior do que seu sentimento de estar enfrentando o medo da morte que gera escravidão ou tormento. A devoção de Ezequias tornou o estar no leito de morte algo mais fácil. "Senhor, eu te suplico, lembra-te agora" — ele não fala como se Deus precisasse ser lembrado de algo por nós; tampouco, como se a recompensa fosse exigida como direito; é só a justiça de Cristo que pode obter a misericórdia e a graça. Ezequias não ora dizendo: "Senhor, poupa-me", mas sim: "Senhor, eu te suplico, lembra-te agora de como tenho procedido para contigo com fidelidade e integridade de coração, e de como tenho feito o que é correto diante de ti". Deus sempre ouve as orações de corações quebrantados, e dará saúde, dias prolongados e livramentos temporais, tanto quanto for bom para eles. Meios foram usados para a recuperação de Ezequias; dessa forma, considerando a que grau a doença poderia chegar, e quão rápido ela foi descoberta, a cura foi miraculosa.

1CRÔNICAS

■ Uma introdução

Nomes para Crônicas
ATOS DOS DIAS
Primeiro e 2Crônicas eram originariamente um livro. Eles receberam esse título na *Masoretic Hebrew Dibre hayyamim*, ou seja, "Atos dos dias".

CRÔNICAS
Esse título foi dado por Jerônimo em sua versão em latim *Chronicon* e, mais tarde, "Crônicas".

PARALEIPOMENA
Na versão da *Septuaginta*, o livro é dividido em dois e recebe o título *Paraleipomena*, ou seja, "coisas omitidas", ou "suplementos", porque contém muitas coisas que foram omitidas nos livros dos Reis.

Conteúdos
Os conteúdos desses livros dividem-se em quatro partes:
- Os primeiros nove capítulos do livro 1 contêm pouco menos que uma lista de genealogias da linhagem de Israel até o tempo de Davi.
- O restante do primeiro livro contém uma história do reinado de Davi.
- Os primeiros nove capítulos do livro 2 contêm a história do reinado de Salomão.
- Os capítulos restantes do segundo livro contêm a história do reino separado de Judá até o tempo do retorno do exílio na Babilônia.

Data
O tempo da composição de Crônicas, e há fundamentos para se concluir isso, foi subsequente ao exílio na Babilônia, provavelmente entre 450 e 435 a.C. Os conteúdos desse livro duplo, ambos no assunto e na forma, correspondem a essa ideia com muita proximidade. O final do livro registra a proclamação de Ciro permitindo aos judeus retornarem à sua própria terra, e isso forma a passagem de abertura do livro de Esdras, e este deve ser visto como uma continuação de Crônicas.

Linguagem
A forma peculiar da linguagem, o aramaico com suas características gerais, harmoniza-se igualmente com os livros que foram escritos após o exílio.

Autoria
O autor foi certamente contemporâneo de Zorobabel, cujos detalhes da história da família foram registrados (1Cr 3.19).

Se o tempo da composição for determinado, a questão da autoria pode ser mais facilmente decidida.

ESDRAS FOI O AUTOR?
De acordo com a tradição judaica, universalmente aceita até meados do século XVII, Esdras foi considerado o autor de Crônicas. Há muitos pontos de semelhança e de contato entre Crônicas e o livro de Esdras, os quais parecem confirmar essa opinião.

A conclusão de um e o começo do outro são quase idênticos. Em seu espírito e características, eles são muito parecidos, mostrando dessa forma uma identidade de autoria.

Em seu âmbito geral e projeto, esses livros não são tão históricos quanto didáticos. O principal objetivo do escritor parece ser a apresentação de verdades morais e religiosas. Ele não dá proeminência a eventos políticos, como acontece em Samuel e em Reis, mas sim a instituições eclesiásticas.

"As genealogias, tão desinteressantes para a maioria dos leitores modernos, eram realmente uma parte importante dos registros públicos do Estado hebreu. Elas eram as bases nas quais não só a terra era distribuída e ocupada, mas também, por elas, os serviços públicos do templo eram feitos e conduzidos, os levitas e seus descendentes por eles mesmos, como é de nosso conhecimento, eram designados, e as primícias separadas para aquele propósito."

As "Crônicas" são um epítome da história sagrada, dos dias de Adão até o retorno do exílio babilônico, um período de aproximadamente 3.500 anos. O escritor organiza "os fios da velha vida nacional quebrados pelo cativeiro".

Fontes
As fontes por intermédio das quais o historiador compilou seu trabalho eram

registros públicos, escritos e quadros genealógicos pertencentes aos judeus. Estes são mencionados no decorrer do livro (1Cr 27.24; 29.29; 2Cr 9.29; 12.15; 13.22; 20.34; 24.27; 26.22; 32.32; 33.18,19; 27.7; 35.25). Há em Crônicas, e nos livros de Samuel e Reis, quarenta paralelos, frequentemente verbais, provando que o escritor tanto conhecia esses registros como os usou (1Cr 17.18; compare com 2Sm 7.18-20; 1Cr 19; compare com 2Sm 10 etc.).

Comparação com Samuel e Reis
Comparado a Samuel e Reis, o livro das Crônicas omite muitos pormenores registrados nesses dois outros livros (2Sm 6.20-23; 9; 11; 14–19 etc.) e inclui muitas coisas peculiares a ele mesmo (1Cr 12; 22; 23–26; 27; 28; 29 etc.). Vinte capítulos inteiros e 24 partes dos capítulos ocupam-se com assuntos não encontrados em outros lugares. Ele também registra muitas coisas detalhadamente, como a lista dos heróis de Davi (1Cr 12.1-37), a retirada da arca de Quiriate-Jearim para o monte Sião (1Cr 13; 15.2-24; 16.4-43; compare com 2Sm 6), a lepra de Uzias e sua causa (2Cr 26.16-21; compare com 2Rs 15.5) etc.

Também foi observado que outra peculiaridade do livro é a substituição de expressões modernas e mais comuns por aquelas que tinham se tornado incomuns ou obsoletas. Isso é percebido particularmente na substituição dos nomes modernos de lugares, como eram usados na época do escritor, pelos nomes antigos; dessa forma Gezer (1Cr 20.4) é usado, em vez de Gobe (2Sm 21.18) etc.

HAGIÓGRAFA
Os livros de Crônicas são classificados entre os *khethubim* ou Hagiógrafa.

Alusões a
Faz-se referências a esses livros, apesar de não diretamente citados, no Novo Testamento (Hb 5.4; Mt 12.42; 23.35; Lc 1.5; 11.31,51).

Nome, autor, data
SIGNIFICADO DO NOME DO LIVRO
Primeiro e 2Crônicas eram originariamente um só livro.

São chamados de Crônicas no sentido de registrarem os eventos e as épocas de parte da história de Israel.

AUTOR
O livro de Crônicas é anônimo.

DATA APROXIMADA DA ESCRITA
450-425 a.C.

Estatísticas
LUGAR DO LIVRO NA BÍBLIA
- Décimo terceiro livro do Antigo Testamento
- Oitavo livro histórico

NÚMERO DE CAPÍTULOS
29

NÚMERO DE VERSÍCULOS
942

NÚMERO DE PALAVRAS
20.369

Tema principal do livro
História do reinado de Davi

Chaves para o entendimento do livro
PALAVRA/PALAVRAS-CHAVE
Reinado

FRASE-CHAVE
"... construir um templo ao teu santo nome", 29.16

PESSOA/PESSOAS-CHAVE
Davi, Natã, Bate-Seba e Urias

CAPÍTULO/CAPÍTULOS-CHAVE
17, a promessa de Deus para estabelecer seu trono para sempre

VERSÍCULO/VERSÍCULOS-CHAVE

Então todo o Israel se juntou a Davi em Hebrom, dizendo: Somos parentes de sangue. Antes, quando Saul ainda era rei, eras tu quem conduzias Israel na guerra. E o SENHOR, teu Deus, também te disse: Tu cuidarás do meu povo Israel, sim, serás príncipe sobre o meu povo Israel. Assim, todos os anciãos de Israel vieram ao rei, em Hebrom. Davi fez uma aliança com eles em Hebrom, diante do SENHOR. Eles ungiram Davi rei sobre Israel, conforme a palavra do SENHOR, dada por intermédio de Samuel. (1Cr 11.1-3)

Quando os teus dias se completarem e fores para os teus pais, providenciarei um sucessor da tua descendência, um dos teus filhos, e estabelecerei o seu reino. Ele edificará uma casa para mim, e estabelecerei o seu trono para sempre. Eu serei o seu pai, e ele será o meu filho. Não desviarei dele a minha misericórdia, como a desviei daquele que foi antes de ti; mas eu o confirmarei na minha casa e no meu reino para sempre, e o seu trono será estabelecido para sempre. (1Cr 17.11-14)

Ó SENHOR, tua é a grandeza, o poder, a glória, a vitória e a majestade, porque tudo quanto há no céu e na terra é teu. Ó SENHOR, o reino é teu, e tu te exaltaste como chefe sobre todos. (1Cr 29.11)

Jesus Cristo em 1Crônicas

QUEM É JESUS
Rei dos reis e Senhor dos senhores

JESUS PREFIGURADO COMO UM TIPO/RETRATOS DE CRISTO
Davi é um tipo de Cristo

Pensamento espiritual

Aprendendo com a história do povo de Deus

Plano detalhado capítulo a capítulo

Capítulo 1: A genealogia de Adão a Abraão, e de Abraão a Jacó

Capítulo 2: A genealogia de Jacó a Davi

Capítulo 3: A genealogia de Davi até o cativeiro

Capítulo 4: A genealogia de Judá e Simeão

Capítulo 5: A genealogia de Rúben, Gade e Manassés

Capítulo 6: A genealogia de Levi

Capítulo 7: A genealogia de Issacar, Benjamim, Naftali, Manassés, Efraim e Aser

Capítulo 8: A genealogia de Benjamim

Capítulo 9: A genealogia do remanescente

Capítulo 10: A morte de Saul

Capítulo 11: Davi torna-se rei, conquista Jerusalém, e os principais guerreiros desse rei

Capítulo 12: Os homens que vieram a Davi em Ziclague e quem veio de Hebrom para proclamá-lo rei

Capítulo 13: A falha na tentativa ao levar a arca para Jerusalém

Capítulo 14: O reinado próspero de Davi

Capítulo 15: Os preparativos para remover a arca e a sua remoção

Capítulo 16: A celebração da chegada da arca em Jerusalém

Capítulo 17: Davi não tem permissão para construir o templo

Capítulo 18: As vitórias de Davi e seus oficiais

Capítulo 19: A batalha contra os amonitas

Capítulo 20: A conquista de Rabá

Capítulo 21: O recenseamento pecaminoso de Davi

Capítulo 22: Os preparativos de Davi para o templo

Capítulo 23: O trabalho dos levitas

Capítulo 24: O trabalho dado aos sacerdotes

Capítulo 25: Os músicos do templo

Capítulo 26: Os guardas do templo

Capítulo 27: Os oficiais do governo

Capítulo 28: As últimas palavras de Davi aos seus oficiais e a Salomão

Capítulo 29: Davi glorifica a Deus, e o resumo de seu reinado

2CRÔNICAS

■ Uma introdução
Veja essa seção em 1Crônicas.

Nome, autor, data
SIGNIFICADO DO NOME DO LIVRO
Primeiro e 2Crônicas, originariamente, eram um só livro. São chamados de "Crônicas" no sentido de registrarem os eventos e as épocas de parte da história de Israel.

AUTOR
O livro de 1Crônicas é anônimo

DATA APROXIMADA DA ESCRITA
450-425 a.C.

Estatísticas
LUGAR DO LIVRO NA BÍBLIA
- Décimo quarto livro do Antigo Testamento
- Nono livro histórico

NÚMERO DE CAPÍTULOS
36

NÚMERO DE VERSÍCULOS
822

NÚMERO DE PALAVRAS
26.074

Tema principal do livro
A história do reinado de Salomão e dos reis de Judá

Chaves para o entendimento do livro
PALAVRA/PALAVRAS-CHAVE
Estabeleceu

FRASE-CHAVE
"... perdoe quem se dispôs a buscar a Deus", 30.18,19

PESSOA/PESSOAS-CHAVE
Josias, Jeroboão, Salomão

CAPÍTULO/CAPÍTULOS-CHAVE
34 e a descoberta do livro da lei

VERSÍCULO/VERSÍCULOS-CHAVE
E se o meu povo, que se chama pelo meu nome, se humilhar, orar e buscar a minha presença, e se desviar dos seus maus caminhos, então ouvirei dos céus, perdoarei os seus pecados e sararei a sua terra. (2Cr 7.14)

Que foi ao encontro de Asa e lhe disse: Ouvi-me, Asa, e todos de Judá e Benjamim: O Senhor está convosco, enquanto estais com ele; se o buscardes, o achareis; mas se o deixardes, ele vos deixará. (2Cr 15.2)

Porque os olhos do Senhor passam por toda a terra, para que ele se mostre forte para com aqueles cujo coração é íntegro para com ele. Procedeste loucamente nisso, pois agora haverá guerras contra ti. (2Cr 16.9)

Jesus Cristo em 2Crônicas
QUEM É JESUS
O Deus da história

JESUS PREFIGURADO COMO UM TIPO/RETRATOS DE CRISTO
O templo prefigura Cristo

Pensamento espiritual
Dê a devida honra ao Rei

Plano detalhado capítulo a capítulo
Capítulo 1: Salomão pede sabedoria
Capítulo 2: Os preparativos para a construção do templo
Capítulo 3: A construção do templo

Capítulo 4: Os utensílios do templo
Capítulo 5: A arca é levada para o templo
Capítulo 6: O sermão e a oração de Salomão
Capítulo 7: A dedicação do templo e a resposta de Deus a Salomão
Capítulo 8: Os outros feitos de Salomão
Capítulo 9: A rainha de Sabá visita Salomão e a morte de Salomão
Capítulo 10: A divisão de reino
Capítulo 11: Roboão fortifica Judá; a família de Roboão
Capítulo 12: Os egípcios invadem Judá
Capítulo 13: Abias, rei de Judá
Capítulo 14: As reformas de Asa e a vitória contra os etíopes
Capítulo 15: As reformas do rei Asa
Capítulo 16: O profeta Hanani e o fim do reinado de Asa
Capítulo 17: Josafá, rei de Judá
Capítulo 18: As profecias de Micaías contra Acabe; Acabe é morto
Capítulo 19: Josafá é admoestado e as reformas de Josafá
Capítulo 20: Josafá derrota Moabe e Amom
Capítulo 21: Jeorão, rei de Judá
Capítulo 22: Acazias, rei de Judá
Capítulo 23: Rebelião contra Atalia; as reformas de Joiada
Capítulo 24: Joás reforma o templo, mas cai na idolatria
Capítulo 25: Amazias, rei de Judá
Capítulo 26: Uzias, rei de Judá
Capítulo 27: Jotão, rei de Judá
Capítulo 28: Acaz, rei de Judá
Capítulo 29: O reinado bom de Ezequias em Judá e seu sacrifício de expiação
Capítulo 30: Os preparativos e as duas celebrações da Páscoa
Capítulo 31: As reformas religiosas de Ezequias
Capítulo 32: Os assírios ameaçam Jerusalém; a saúde e a doença de Ezequias e sua morte
Capítulo 33: Manassés, rei de Judá
Capítulo 34: As reformas religiosas positivas de Josias
Capítulo 35: A celebração da Páscoa é mantida por Josias; Josias é morto em batalha
Capítulo 36: Os últimos quatro reis de Judá; a queda de Jerusalém e o exílio

■ Percepções de Matthew Henry

2Crônicas 6

A ordem na oração de Salomão deve ser observada. Primeiramente e, sobretudo, ele ora por arrependimento e perdão, a bênção principal e a única fundação sólida de outras misericórdias; ele, a seguir, ora por misericórdias temporais e, por meio disso, nos ensina quais coisas devemos ter em mente e desejar acima de tudo em nossas orações. Isso também nos foi ensinado por Cristo em seu modelo e forma perfeitos de oração, em que há somente uma oração visível, e todo o restante é para bênçãos espirituais. O templo tipificou a natureza humana de Cristo, em quem habitou toda a plenitude da divindade pessoalmente. A arca tipificou sua obediência e sofrimentos, por meio dos quais os pecadores arrependidos têm acesso ao Deus reconciliador e comunhão com ele.

ESDRAS

■ Uma introdução

O livro de Esdras é o registro de eventos que ocorreram ao final do exílio na Babilônia.

Ele foi incluído uma vez em Neemias, pois os judeus consideravam-nos como um único volume. Na versão da Vulgata, os dois ainda estão especificados como 1 e 2Esdras.

DIVISÕES

O livro tem duas principais divisões:

- A história do primeiro retorno dos exílios, no primeiro ano do reinado de Ciro (536 a.C.), até a conclusão e dedicação do novo templo, no sexto ano de Dario (515 a.C.), Esdras 1–6. Do final do capítulo 6 até o início do 7, há um espaço em branco na história de aproximadamente sessenta anos.
- A história do segundo retorno sob o governo de Esdras, no sétimo ano de Artaxerxes, e dos eventos que aconteceram em Jerusalém após a chegada de Esdras lá (Esdras 7–10).
- O livro também contém coisas dignas de serem lembradas relacionadas aos judeus, do decreto de Ciro (536 a.C.) até a reforma de Esdras (456 a.C.), estendendo-se por um período de aproximadamente oitenta anos.

Nenhuma citação
Não há nenhuma citação desse livro no Novo Testamento, mas nunca houve qualquer dúvida sobre ele ser canônico.

Autoria
Esdras foi, provavelmente, o autor desse livro, ao menos da maior parte dele (compare com Esdras 7.27,28; 8.1 etc.), da mesma forma que foi o autor dos livros de Crônicas, cujo final forma a passagem de abertura de Esdras.

Nome, autor, data
SIGNIFICADO DO NOME DO LIVRO
O livro recebe esse nome por causa de Esdras, cujo nome significa "socorro".

AUTOR
O livro de Esdras é anônimo, mas, provavelmente, foi Esdras quem o escreveu.

DATA APROXIMADA DA ESCRITA
455-440 a.C.

Estatísticas
LUGAR DO LIVRO NA BÍBLIA
- Décimo quinto livro do Antigo Testamento
- Décimo livro histórico

NÚMERO DE CAPÍTULOS
10

NÚMERO DE VERSÍCULOS
280

NÚMERO DE PALAVRAS
7.441

Tema principal do livro
Esdras registra dois retornos do povo de Deus da Babilônia para Jerusalém e a reconstrução do templo.

Chaves para o entendimento do livro
PALAVRA/PALAVRAS-CHAVE
- Construir
- Templo, 25 vezes
- Jerusalém, 48 vezes

FRASE-CHAVE
"A palavra do Senhor", 1.1

PESSOA/PESSOAS-CHAVE
Ciro, Esdras, Jesua, Zorobabel

CAPÍTULO/CAPÍTULOS-CHAVE
6 e a dedicação do templo

VERSÍCULO/VERSÍCULOS-CHAVE
Esta é a lista dos homens exilados da província que voltaram do cativeiro. Nabucodonosor, rei da Babilônia, os tinha levado para a Babilônia, e agora voltaram para Jerusalém e para Judá, cada um para a sua cidade. (Ed 2.1)

Assim, os israelitas que tinham voltado do cativeiro comeram o cordeiro, junto com todos os que com eles se haviam separado das práticas impuras dos povos à sua volta para buscarem o SENHOR, o Deus de Israel. Durante sete dias, celebraram com alegria a festa dos pães sem fermento, pois o SENHOR os tinha enchido de alegria quando mudara o coração do rei da Assíria a favor deles, para lhes dar força na reconstrução do templo de Deus, o Deus de Israel. (Ed 6.21,22)

Porque Esdras tinha-se disposto no coração a estudar a Lei do SENHOR e a praticá-la, e a ensinar em Israel os seus estatutos e normas. (Ed 7.10)

Jesus Cristo em Esdras
QUEM É JESUS
O Senhor do céu e da terra

JESUS PREFIGURADO COMO UM TIPO/RETRATOS DE CRISTO
A restauração e o perdão de Cristo são retratados no livro inteiro.

Pensamento espiritual
Restaurando o templo espiritual de Deus

Plano detalhado capítulo a capítulo
Capítulo 1: Ciro permite que os exilados retornem
Capítulo 2: A lista dos exilados que voltaram
Capítulo 3: A adoração recomeça, e a fundação do templo é planejada
Capítulo 4: Os judeus encontram oposição
Capítulo 5: A busca pelos registros
Capítulo 6: A reconstrução do templo é terminada
Capítulo 7: Esdras chega em Jerusalém
Capítulo 8: A lista dos exilados que voltaram sob o governo de Esdras
Capítulo 9: A oração de Esdras após o aprendizado sobre o casamento com não judeus
Capítulo 10: Os planos de Esdras para acabar com os casamentos com não judeus

■ **Percepções de Matthew Henry**

Esdras 1
VERSÍCULOS 1-4
O Senhor moveu o espírito de Ciro. O coração dos reis está nas mãos do Senhor. Deus governa o mundo pela sua influência sobre o espírito dos homens; seja lá o que fizerem de bom, Deus toca o espírito destes para fazer o bem.

NEEMIAS

■ **Uma introdução**

Autoria
Não há dúvidas de que o autor desse livro foi o próprio Neemias. Há partes do livro escritas na primeira pessoa (Ne 1–7; 12.27-47; 13). Mas há também partes nas quais Neemias é descrito na terceira pessoa (Ne 8; 9; 10). Supõe-se que essas partes tenham sido escritas por Esdras; disso, contudo, não se tem evidências distintas. Essas partes tiveram seu lugar designado no livro por Neemias, sem sombra de dúvida. Ele foi o autor responsável pelo livro inteiro, com exceção de Neemias 12.11,22,23.

Data
A data da escrita do livro foi provavelmente entre 431 e 430 a.C., quando Neemias retornou pela segunda vez a Jerusalém, após sua visita à Pérsia.

Divisões
O livro, que pode ser visto historicamente como uma continuação do livro de Esdras, consiste em quatro partes.

- O relato da reconstrução dos muros de Jerusalém e do registro que Neemias encontrou daqueles que retornaram da Babilônia (Ne 1–7).
- O relato da situação da religião entre os judeus durante esse período (Ne 8–10).
- O aumento dos habitantes de Jerusalém; o censo da população adulta masculina, e os nomes dos chefes, junto com as listas dos sacerdotes e levitas (Ne 11.1–12.26).
- A dedicação dos muros de Jerusalém, a organização dos oficiais do templo e as reformas conduzidas por Neemias (Ne 12.27–Ne 13.31).

Encerra o Antigo Testamento
Esse livro encerra a história do Antigo Testamento. Malaquias, o profeta, era contemporâneo de Neemias.

Nome, autor, data
SIGNIFICADO DO NOME DO LIVRO
O livro recebe o nome de Neemias, cujo significado é "conforto do Senhor".

AUTOR
O livro de Neemias é atribuído a Neemias (1.1), e partes dele são claramente memórias de Neemias.

DATA APROXIMADA DA ESCRITA
445-425 a.C.

Estatísticas
LUGAR DO LIVRO NA BÍBLIA
Décimo sexto livro do Antigo Testamento
Décimo primeiro livro histórico

NÚMERO DE CAPÍTULOS
13

NÚMERO DE VERSÍCULOS
406

NÚMERO DE PALAVRAS
10.438

Tema principal do livro
Neemias liderando o terceiro retorno do povo de Deus da Babilônia para Jerusalém

Chaves para o entendimento do livro
PALAVRA/PALAVRAS -CHAVE
- Oração
- Trabalho
- Muro, muros – 33 vezes
- Jerusalém
- construir e reconstruir

FRASE-CHAVE
"... levantaremos e construiremos", 2.20

PESSOA/PESSOAS-CHAVE
Neemias, Artaxerxes, Sambalate, Esdras

CAPÍTULO/CAPÍTULOS-CHAVE
9 e a conclusão do templo e a reafirmação da lealdade à aliança de Deus

VERSÍCULO/VERSÍCULOS-CHAVE
Lembra-te agora do que disseste a teu servo Moisés: Se fordes infiéis, eu vos espalharei entre os outros povos. Mas, se voltardes para mim, e obedecerdes aos meus mandamentos e os praticardes, ainda que os vossos exilados estejam dispersos pelos lugares mais distantes debaixo do céu, de lá os ajuntarei e os trarei para o lugar que escolhi para estabelecer o meu nome. (Ne 1.8,9)

Desse modo leram no livro, na Lei de Deus, esclarecendo o que liam e explicando o seu sentido para que o povo entendesse a leitura. (Ne 8.8)

Jesus Cristo em Neemias
QUEM É JESUS
Senhor do céu e da terra

JESUS PREFIGURADO COMO UM TIPO/RETRATOS DE CRISTO
Neemias retrata Cristo por intermédio da reconstrução dos muros de Jerusalém

Pensamento espiritual
Tendo em mente como fazer o trabalho de Deus

Plano detalhado capítulo a capítulo
Capítulo 1: Neemias toma conhecimento da situação de Jerusalém
Capítulo 2: Neemias vai para Jerusalém
Capítulo 3: Neemias organiza o trabalho em Jerusalém
Capítulo 4: Neemias encontra oposição
Capítulo 5: Os pobres são oprimidos; a generosidade de Neemias
Capítulo 6: A reconstrução dos muros de Jerusalém se completa
Capítulo 7: A lista daqueles que retornaram do exílio com Zorobabel
Capítulo 8: Esdras lê a lei
Capítulo 9: Os judeus confessam seus pecados em oração
Capítulo 10: A aliança é renovada
Capítulo 11: Os residentes de Jerusalém e as pessoas nos vilarejos
Capítulo 12: A lista dos sacerdotes e levitas e outras listas de pessoas
Capítulo 13: As reformas de Neemias

■ Percepções de Matthew Henry

Neemias 1
Quando Deus tem trabalho a realizar, ele nunca usará instrumentos para fazê-lo.

Neemias vivia em paz, procurando honrar ao Senhor, mas não se esqueceu de que era um israelita e que seus irmãos estavam em aflição.

ESTER

■ Uma introdução

Autoria
A autoria desse livro é desconhecida. Obviamente, deve ter sido escrito após a morte de Assuero (o Xerxes dos gregos), o que aconteceu em 465 a.C. O relato particular do momento que também foi fornecido, cheio de muitos detalhes históricos, torna provável que o autor era contemporâneo de Mardoqueu e Ester. Por conseguinte, podemos concluir que o autor era um dos judeus da dispersão.

Livro histórico
Esse livro é mais puramente histórico que qualquer outro livro das Escrituras; e tem essa peculiaridade memorável, ou seja, que o nome de Deus não aparece de forma alguma do começo ao fim do livro. Contudo, como já foi bem observado, "apesar de o nome de Deus não constar no livro, sua mão está presente". O livro exibe, maravilhosamente, o governo providencial de Deus.

Nome, autor, data
SIGNIFICADO DO NOME DO LIVRO
Ao livro é dado o nome de Ester, o qual significa "murta".

AUTOR
O livro de Ester é anônimo.

DATA APROXIMADA DA ESCRITA
470-465 a.C.

Estatísticas
LUGAR DO LIVRO NA BÍBLIA
- Décimo sétimo livro do Antigo Testamento
- Décimo segundo livro histórico

NÚMERO DE CAPÍTULOS
10

NÚMERO DE VERSÍCULOS
167

NÚMERO DE PALAVRAS
5.637

Tema principal do livro
Os israelitas escapam da ameaça do extermínio

Chaves para o entendimento do livro
PALAVRA/PALAVRAS-CHAVE
- Providência
- Libertação

FRASE-CHAVE
"... para este momento", 4.14

PESSOA/PESSOAS-CHAVE
Ester, Hamã, Mardoqueu, Xerxes (Assuero)

CAPÍTULO/CAPÍTULOS-CHAVE
8, o qual declara que muitas pessoas tornaram-se judias

VERSÍCULO/VERSÍCULOS-CHAVE
Pois se te calares agora, socorro e livramento surgirão de outra parte para os judeus, mas tu e a tua família sereis eliminados. Quem sabe se não foi para este momento que foste conduzida à realeza?
(Et 4.14)

Havia alegria e júbilo, com banquetes e festas, em cada província e em cada cidade e em todo lugar onde chegavam a ordem e o decreto do rei. E muitos dentre os outros povos se tornaram judeus, pois o temor dos judeus tinha-se apossado deles.
(Et 8.17)

Jesus Cristo em Ester
QUEM É JESUS
O Salvador do povo de Deus

JESUS PREFIGURADO COMO UM TIPO/RETRATOS DE CRISTO
Ester é vista como um tipo de Cristo quando estava preparada para morrer por seu povo, a fim de trazer-lhe a salvação.

Pensamento espiritual
Devemos confiar no Deus único e verdadeiro.

Plano detalhado capítulo a capítulo
Capítulo 1: A rainha Vasti é deposta
Capítulo 2: Ester torna-se a nova rainha
Capítulo 3: Hamã planeja matar os judeus
Capítulo 4: Ester concorda em buscar a ajuda do rei
Capítulo 5: Ester apresenta-se perante o rei; Hamã planeja algo contra Mardoqueu
Capítulo 6: O rei honra Mardoqueu; Hamã é contrariado
Capítulo 7: Hamã cai em desgraça
Capítulo 8: O novo decreto do rei salva os judeus
Capítulo 9: Os judeus derrotam seus inimigos e instituem a festa do Purim
Capítulo 10: Mardoqueu é honrado

■ Percepções de Matthew Henry
Ester 4
VERSÍCULOS 5-17
Estamos propensos a recuar diante de tarefas que apresentam algum perigo ou perda. Mas, quando a causa de Cristo e seu povo pedem isso, devemos tomar nossa cruz e segui-lo. Quando os cristãos estão propensos a seguir o que é mais cômodo ou seguro para eles mesmos, em vez de pensar no bem comum, devem ser considerados culpados. A lei foi anunciada, todos a conheciam. Não é dessa forma na corte do Rei dos reis: devemos nos aproximar corajosamente do genuflexório de seu trono da graça e ter a certeza da resposta de paz que virá pela oração da fé. Somos bem-vindos, até mesmo no local mais sagrado, por meio do sangue de Jesus. A providência ordenara que, desde então, a afeição do rei estivesse moderada em relação a Ester; assim sua fé e coragem foram mais testadas por intermédio desse fato. E, por causa da bondade de Deus que ela achou em seu

favor por meio do rei, elas brilharam ainda mais. Hamã, sem dúvida, fez o que pôde para colocar o rei contra ela. Mardoqueu sugere que esta era uma causa pela qual ela deveria lutar, de uma forma ou de outra, e que ela poderia ousar enfrentar com segurança. Esta era a linguagem da fé forte, que não vacilou diante da promessa quando o perigo era ainda maior, mas mesmo contra a esperança acreditou na esperança. Aquele que, por planos pecaminosos, pensa que salvará sua vida e não confiará em Deus no caminho da obediência, deverá perder-se no caminho do pecado. A providência divina preocupou-se com esse fato, levantando Ester para ser rainha.

JÓ

■ Uma introdução

Autoria

Muitas opiniões diferentes existem sobre a autoria desse livro.

EVIDÊNCIA INTERNA
Pela evidência interna, tal como a semelhança de sentimento e linguagem comparadas aos Salmos e Provérbios (veja Sl 88; 89), o predomínio da ideia de "sabedoria", e o estilo e caráter da composição, alguns supõem que o livro foi escrito nos tempos de Davi e Salomão.

Outros argumentam que foi escrito pelo próprio Jó, Eliú, Isaías ou talvez, mais provavelmente, Moisés, pois este "foi instruído em toda a sabedoria dos egípcios e era poderoso em palavras e obras" (At 7.22). Ele teve oportunidades em Midiã de obter conhecimento dos fatos relatados. Mas a autoria é completamente incerta.

Poema histórico

Considerando o caráter do livro, pode-se dizer que é um poema histórico, um dos maiores e mais sublimes poemas em toda a literatura. Jó foi um personagem histórico, e os locais e nomes eram todos reais, e não fictícios.

É considerado "uma das grandes porções das Escrituras inspiradas, um tesouro celeste repleto de conforto e instrução, a Bíblia patriarcal, um monumento precioso da teologia primitiva. Esse livro está para o Antigo Testamento assim como a epístola aos Romanos está para o Novo Testamento".

É uma narrativa didática em uma forma dramática.

Citado no Novo Testamento

Esse livro, aparentemente, era bem conhecido nos dias de Ezequiel, 600 a.C. (Ez 14.14). Formou uma parte das Sagradas Escrituras usada por nosso Senhor e seus apóstolos, e é mencionado como uma parte da Palavra inspirada (Hb 12.5; 1Co 3.19).

Conteúdos

O assunto do livro é o sofrimento de Jó, sua ocasião, natureza, paciência e resultados.

Ele mostra a harmonia das verdades da revelação e as ações da providência, as quais são imediatamente consideradas inescrutáveis, justas e misericordiosas. Ele mostra as bênçãos do verdadeiro piedoso, até mesmo em meio às mais terríveis aflições e, dessa forma, ministra conforto e esperança a cristãos experimentados de todas as épocas.

Muitas lições importantes estão contidas nesse livro, proveitoso para doutrina, exortação, correção e instrução em justiça (2Tm 3.16).

Ele consiste em:
1. A introdução histórica em prosa (Jó 1–2).
2. A controvérsia e sua solução, em poesia (Jó 3.1–42.6).

A lamentação desesperada de Jó (Jó 3) é a ocasião da controvérsia, levada a termo em três etapas de diálogos entre Jó e seus três amigos.

A primeira parte fornece o início da controvérsia (Jó 4–14); a segunda mostra o crescimento da controvérsia (Jó 15–21); e a terceira, o apogeu da controvérsia (Jó 22–27).

A isso, segue-se a solução da controvérsia nos discursos de Eliú e o discurso de Jeová, seguido pela humilde confissão de Jó (Jó 42.1-6) de sua própria culpa e insensatez.

A terceira divisão é a conclusão histórica, em prosa (Jó 42.7-15).

J. W. Dawson
Sir J. W. Dawson diz:

> "Parece que agora a linguagem e a teologia do livro de Jó podem ser mais bem explicadas, supondo que são uma parte da literatura sudarábica (sul da Arábia) obtida por Moisés de algum modo em Midiã. Esse ponto de vista também concorda, melhor que qualquer outro, com suas referências a objetos naturais, a arte da mineração e outros assuntos".

Nome, autor, data
SIGNIFICADO DO NOME DO LIVRO
O livro recebe o nome de Jó, cujo significado é tanto "o perseguido" quanto "o arrepender-se".

AUTOR
O livro de Jó é anônimo

DATA APROXIMADA DA ESCRITA
Não é conhecida a época em que esse livro foi escrito, mas deve ter sido o primeiro livro do Antigo Testamento a ser escrito.

Estatísticas
LUGAR DO LIVRO NA BÍBLIA
- Décimo oitavo livro do Antigo Testamento
- Segundo livro poético

NÚMERO DE CAPÍTULOS
42

NÚMERO DE VERSÍCULOS
1.070

NÚMERO DE PALAVRAS
10.102

Tema principal do livro
Por que o aparente inocente sofre?

Chaves para o entendimento do livro
PALAVRA/PALAVRAS-CHAVE
- Soberania (conceito-chave)
- Tentou
- Aflição, sofrimento, miséria, 9 vezes
- Justo, justiça, 20 vezes

FRASE-CHAVE
"... bendito seja o nome do Senhor", 1.21

PESSOA/PESSOAS-CHAVE
Jó, Satanás, Elifaz, Bildade, Zofar e Eliú

CAPÍTULO/CAPÍTULOS-CHAVE
- 38, quando Jó torna-se ciente da presença de Deus
- 42, quando Jó curva-se diante da majestade de Deus

VERSÍCULO/VERSÍCULOS-CHAVE

Ele poderá matar-me; mas não tenho outra saída! Contudo, defenderei meus caminhos diante dele. (Jó 13.15)

Mas ele sabe o caminho por onde ando; se me colocasse à prova, sairia como o ouro. (Jó 23.10)

Quanto ao Todo-poderoso, não conseguimos compreendê-lo; ele é grande em poder e justiça, pleno de retidão.

> Ele não oprimiria ninguém. Por isso, os homens o temem; ele não respeita os que se julgam sábios. (Jó 37.23,24)

> Com os ouvidos eu tinha ouvido falar a teu respeito; mas agora os meus olhos te veem. Por isso me desprezo e me arrependo no pó e na cinza. (Jó 42.5,6)

> E depois que Jó intercedeu pelos seus amigos, o SENHOR o livrou e lhe deu o dobro do que possuía antes. (Jó 42.10)

Jesus Cristo em Jó
QUEM É JESUS
O amigo que é mais chegado que um irmão

JESUS PREFIGURADO COMO UM TIPO/RETRATOS DE CRISTO
Jó clama por um Mediador e reconhece o Redentor.

Pensamento espiritual
Permitir que Deus governe nossa vida

Plano detalhado capítulo a capítulo
Capítulo 1: As provações de Jó
Capítulo 2: O segundo ataque de Satanás; a chegada dos quatro amigos de Jó
Capítulo 3: O primeiro discurso de Jó
Capítulo 4: Elifaz diz que o inocente não sofre
Capítulo 5: Elifaz continua sua réplica
Capítulo 6: Jó expressa sua profunda angústia
Capítulo 7: Jó contende com Deus
Capítulo 8: O primeiro discurso de Bildade
Capítulo 9: Jó discute seu caso
Capítulo 10: Jó questiona sua opressão
Capítulo 11: O primeiro discurso de Zofar
Capítulo 12: Jó diz que somente Deus sabe todas as coisas
Capítulo 13: Jó reprova seus amigos e expressa sua confiança em Deus
Capítulo 14: Jó lamenta que o homem só tenha uma vida
Capítulo 15: O segundo discurso de Elifaz
Capítulo 16: Jó acusa seus amigos de serem miseráveis
Capítulo 17: Jó diz que sua esperança não está na vida, mas na morte
Capítulo 18: O segundo discurso de Bildade
Capítulo 19: Jó responde a Bildade
Capítulo 20: O segundo discurso de Zofar
Capítulo 21: Jó responde a Zofar
Capítulo 22: O terceiro discurso de Elifaz
Capítulo 23: Jó voltará refinado como o ouro puro
Capítulo 24: Jó diz que Deus parece indiferente à maldade
Capítulo 25: O terceiro discurso de Bildade
Capítulo 26: Jó responde a Bildade
Capítulo 27: Jó orgulha-se de sua justiça
Capítulo 28: Jó diz que os homens não podem alcançar a sabedoria
Capítulo 29: Jó recorda seu passado feliz
Capítulo 30: Jó resume sua humilhação presente
Capítulo 31: Jó mantém sua afirmação de que é inocente
Capítulo 32: Eliú intervém na discussão.
Capítulo 33: A primeira proposição de Eliú
Capítulo 34: A segunda proposição de Eliú
Capítulo 35: A terceira proposição de Eliú
Capítulo 36: Eliú diz que Deus está disciplinando Jó
Capítulo 37: Eliú observa o poder de Deus
Capítulo 38: Deus interroga Jó
Capítulo 39: Deus relembra Jó a respeito do reino animal
Capítulo 40: Deus mostra a Jó quão frágil ele é
Capítulo 41: Deus compara o poder de Jó com o do leviatã
Capítulo 42: Jó arrepende-se e é completamente restaurado

Percepção de Matthew Henry

Jó 42

VERSÍCULOS 7-9

Depois que Deus convenceu e humilhou Jó, trazendo-o ao arrependimento, ele o possuiu, confortou-o e honrou-o. Satanás havia tentado provar que Jó era um hipócrita, e seus três amigos condenaram-no como pecaminoso; mas se Deus diz: "Muito bem, servo bom e fiel", pouco importa o que os outros dizem.

Os amigos de Jó não entenderam o Senhor, à medida que faziam da prosperidade uma marca da igreja verdadeira, e da aflição certa prova do ódio de Deus.

Jó referiu-se às coisas do julgamento futuro e do estado futuro, mais que seus amigos, e, por conseguinte, falou de Deus sobre o que estava correto, melhor que seus amigos haviam feito.

E da mesma forma que Jó orou e fez sacrifícios por aqueles que haviam afligido e ferido seu espírito, assim fez Cristo, orando por seus perseguidores e intercedendo pelos transgressores.

Os amigos de Jó eram bons homens, e pertenciam a Deus, o ele não os deixaria permanecer em seu erro mais do que Jó; mas tendo-o humilhado por um discurso semelhante a um vendaval, ele encontra outra forma de humilhá-los. Eles não discutiram o problema novamente, mas concordaram em fazer sacrifícios e orações, para que essas coisas os reconciliassem com Deus.

Aqueles que diferem em julgamento sobre pequenas coisas ainda são um em Cristo pelo seu grande sacrifício, e devem, dessa forma, amar e suportar uns aos outros. Quando Deus estava zangado com os amigos de Jó, ele os colocou de modo a fazer as pazes com ele. Nossas brigas com Deus sempre iniciam de nossa parte, mas o fazer as pazes inicia-se da parte dele.

A paz com Deus deve acontecer a seu modo e de acordo com seu querer.

SALMOS

Uma introdução

Autoria

MAIS DE UM AUTOR

Salmos foi produzido por vários autores.

"Só uma porção do livro dos Salmos afirma que Davi é seu autor. Outros poetas inspirados em gerações sucessivas adicionaram novas contribuições à sagrada coleção, e, dessa forma, pela sabedoria da providência, o livro reflete de modo mais completo cada fase da emoção humana e circunstâncias, as quais, de outra forma, não poderiam ser descritas." No entanto, devemos, em especial, esse precioso livro a Davi e seus contemporâneos.

DAVI

Nos "títulos" dos salmos de cuja autenticidade não podemos duvidar, 73 são atribuídos a Davi.

Pedro e João (At 4.25) também atribuem a ele o segundo salmo, um dos 48 que são anônimos. Aproximadamente dois terços de toda a coleção são atribuídos a Davi.

JEDUTUM

Salmos 39, 62 e 77 são atribuídos a Jedutum, a serem cantados segundo o seu estilo ou em seu coral.

ASAFE

Salmos 50 e 73-83 são atribuídos a Asafe, como dirigente de seu coral, a serem cantados em louvor a Deus.

FILHOS DE CORÁ
Os "filhos de Corá", os quais formavam uma parte importante dos cantores coraítas (2Cr 20.19), foram incumbidos dos arranjos e canções dos Salmos 42, 44–49, 84, 85, 87 e 88.

Hagiógrafa
Em Lucas 24.44 a palavra "salmos" significa a Hagiógrafa, ou seja, os escritos sagrados, uma das partes em que os judeus dividiram o Antigo Testamento.

Data
Nenhum dos salmos, conforme se comprovou, é de data posterior ao tempo de Esdras e Neemias; por conseguinte, toda a coleção estende-se por um período de aproximadamente mil anos. Há no Novo Testamento 116 citações diretas do Saltério.

Divisões
O Saltério é dividido, como o Pentateuco, em cinco livros, e cada um deles se encerra com uma doxologia ou bênção:
- O primeiro livro compreende os primeiros 41 salmos, sendo todos eles atribuídos a Davi, exceto os Salmos 1, 2, 10 e 33, os quais, embora anônimos, podem igualmente ser atribuídos a ele.
- O segundo livro consiste em 31 Salmos (Sl 42–72), 18 dos quais atribuídos a Davi e um a Salomão (Sl 72). O restante é anônimo.
- O terceiro livro contém 17 salmos (Sl 73–89), dos quais o Salmo 86 é atribuído a Davi, o Salmo 88 a Hemã, o ezraíta, e o Salmo 89 a Etã, o ezraíta.
- O quarto livro também contém 17 salmos (Sl 90–106), dos quais Salmo 90 é atribuído a Moisés, e Salmos 101 e 103 a Davi.
- O quinto livro contém os salmos restantes, 44 deles. Destes, 15 são atribuídos a Davi, e Salmo 127 a Salomão.

O grande *hallel*
O Salmo 136, em geral, é chamado de "o grande *hallel*". Mas o Talmude inclui também os Salmos 120–135. Os Salmos 113–118, inclusive, constituem o *hallel* recitado nas três grandes festas, na lua nova, e nos oito dias da festa da Dedicação.

> "Presume-se que essas diversas coleções foram feitas nos tempos de uma vida religiosa em alta: a primeira, provavelmente, próxima ao fim da vida de Davi; a segunda nos dias de Salomão; a terceira pelos cantores de Josafá (2Cr 20.19); a quarta pelos homens de Ezequias (2Cr 29–31); e a quinta nos dias de Esdras."

Canções de louvor
O ritual mosaico não faz provisão para o serviço das canções no louvor a Deus. Primeiro, Davi ensinou a igreja a cantar louvores ao Senhor. Ele, a princípio, introduziu músicas e canções ao ritual do tabernáculo.
Diversos nomes são dados aos salmos.
- Há alguns salmos que possuem a designação em hebraico *shir* (em grego *ode*, uma canção). Treze possuem esse título. Seu significado é o fluir do discurso, por assim dizer, em uma linha reta ou em um som regular. Esse título inclui canções seculares e também as sagradas.
- Há 58 salmos que possuem a designação (em hebraico) *mitsmor* (em grego *psalmos*, um salmo), uma ode lírica, ou uma canção adaptada a uma música; uma canção sagrada acompanhada por um instrumento musical.
- Vemos também a designação (em hebraico) *tehillah* (em grego *hymnos*, um hino) para o Salmo 145 e muitos outros, significando uma canção de louvor; uma canção cujo pensamento proeminente é o louvor a Deus.
- Há seis salmos (Sl 16, 56–60) com o título (em hebraico) *michtam*.
- Temos o título (em hebraico) *shiggaion* para o Salmo 7 e Habacuque 3.

Nome, autor, data
SIGNIFICADO DO NOME DO LIVRO
Esse livro foi nomeado como "o livro dos louvores".

AUTOR
O próprio livro diz ter sido escrito por diversas pessoas, incluindo o rei Davi.

DATA APROXIMADA DA ESCRITA
Os salmos foram escritos durante muitos séculos, de 1410 a 430 a.C.

Estatísticas
LUGAR DO LIVRO NA BÍBLIA
- Décimo nono livro do Antigo Testamento
- Terceiro livro poético

NÚMERO DE CAPÍTULOS
150

NÚMERO DE VERSÍCULOS
2.461

NÚMERO DE PALAVRAS
43.743

Tema principal do livro
Salmos era o hinário de Israel.

Chaves para o entendimento do livro
PALAVRA/PALAVRAS-CHAVE
- Louvor, mais de 150 vezes
- Adoração
- Abençoar, bênção, consagrar, mais de 100 vezes

FRASE-CHAVE
"Eu louvarei o SENHOR", 7.17

PESSOA/PESSOAS-CHAVE
O foco do livro de Salmos é Deus, em vez de as pessoas. Davi e Corá são mencionados.

CAPÍTULO/CAPÍTULOS-CHAVE
- 23
- 100, quando a adoração e o louvor são centrais

VERSÍCULO/VERSÍCULOS-CHAVE
As palavras da minha boca e a meditação do meu coração sejam agradáveis na tua presença, SENHOR, minha rocha e meu redentor! (Sl 19.14)

Tributai ao SENHOR a glória devida ao seu nome; adorai o SENHOR na beleza da santidade. (Sl 29.2)

Vinde, cantemos ao SENHOR com alegria, cantemos com júbilo à rocha da nossa salvação. (Sl 95.1)

Que a minha boca pronuncie o louvor ao SENHOR, e todo ser vivo bendiga o seu santo nome para todo o sempre. (Sl 145.21)

Jesus Cristo em Salmos
QUEM É JESUS
Jesus é Senhor, 110.1

JESUS PREFIGURADO COMO UM TIPO/RETRATOS DE CRISTO
Em Salmos, Cristo é visto como um profeta, sacerdote, rei, o Filho do homem, e o Filho de Deus.

Pensamento espiritual
Seja como o salmista e venha conhecer o Senhor de modo mais profundo.

Plano detalhado capítulo a capítulo
Salmo 1: O contraste entre dois tipos de vida
Salmo 2: O ungido do Senhor
Salmo 3: A vitória em face da derrota
Salmo 4: A oração da noite por libertação
Salmo 5: A oração da manhã por direção
Salmo 6: A oração pela misericórdia de Deus

Salmo 7: A oração para pedir por justiça
Salmo 8: A glória de Deus e o domínio da raça humana
Salmo 9: O louvor pela vitória contra os inimigos
Salmo 10: O salmista queixa-se da maldade dos perversos
Salmo 11: Deus prova os filhos dos homens
Salmo 12: As palavras puras de Deus
Salmo 13: A oração para pedir uma resposta imediata de Deus
Salmo 14: As características dos ímpios
Salmo 15: As características dos piedosos
Salmo 16: A oração sobre a certeza da bondade de Deus
Salmo 17: O esconderijo sob as asas de Deus
Salmo 18: As ações de graças pela libertação concedida por Deus
Salmo 19: As ações e a palavra de Deus
Salmo 20: A confiança em Deus, não em carruagens e cavalos
Salmo 21: O triunfo do Rei
Salmo 22: O salmo da cruz
Salmo 23: O salmo do divino Pastor
Salmo 24: O salmo do Rei da Glória
Salmo 25: A oração acróstica pedindo por instrução
Salmo 26: O pedido para que o Senhor examine nosso ser
Salmo 27: A confiança no Senhor e a ausência de medo
Salmo 28: A oração para pedir por socorro
Salmo 29: A voz poderosa de Deus
Salmo 30: As ações de graças por uma libertação dramática
Salmo 31: A necessidade de ter coragem
Salmo 32: O fruto do perdão
Salmo 33: Deus considera todas as ações humanas
Salmo 34: A busca pelo Senhor
Salmo 35: O pedido pela intervenção de Deus
Salmo 36: A terna bondade de Deus.
Salmo 37: O descansar no Senhor
Salmo 38: A pesada carga do pecado
Salmo 39: A rememoração de seu longo período de vida
Salmo 40: O deleitar-se na vontade de Deus
Salmo 41: O alegrar-se por ajudar o pobre
Salmo 42: A pergunta: por que você está depressivo?
Salmo 43: A oração pela libertação de Deus
Salmo 44: Apelo pelo auxílio divino
Salmo 45: O salmo do grande Rei
Salmo 46: Deus é nosso refúgio e fortaleza
Salmo 47: O Senhor dominará todas as nações
Salmo 48: O louvor do monte Sião
Salmo 49: As riquezas não podem redimir
Salmo 50: A humanidade será julgada pelo Senhor
Salmo 51: A confissão e o perdão do pecado
Salmo 52: O Senhor julgará o enganoso
Salmo 53: A apresentação de um retrato dos ímpios
Salmo 54: A segurança do favor divino e proteção
Salmo 55: O lançar sua carga ao pés do Senhor
Salmo 56: O temor em meio às tribulações
Salmo 57: A oração em meio aos problemas
Salmo 58: Juízes perversos serão julgados
Salmo 59: A oração por libertação de pessoas violentas
Salmo 60: A oração pela libertação da nação
Salmo 61: A oração em momentos de opressão
Salmo 62: A espera em Deus
Salmo 63: A sede por Deus
Salmo 64: A oração pela proteção de Deus
Salmo 65: O cuidado de Deus com a natureza

Salmo 66: A lembrança do que Deus tem feito
Salmo 67: Deus governará a terra
Salmo 68: Deus é o Pai dos órfãos
Salmo 69: A oração para que Deus se aproxime
Salmo 70: A oração pelos pobres e necessitados
Salmo 71: As orações para que Deus liberte e salve
Salmo 72: O governo do Messias
Salmo 73: A perspectiva da eternidade
Salmo 74: A oração para pedir a Deus que se lembre de sua aliança
Salmo 75: Deus é o Juiz
Salmo 76: O poder maravilhoso de Deus
Salmo 77: A rememoração da grandeza de Deus
Salmo 78: Deus continua a guiar, apesar da incredulidade
Salmo 79: A corrupção de Jerusalém será punida
Salmo 80: A nação de Israel suplica pela misericórdia de Deus
Salmo 81: O desejo de Deus pela obediência de Israel
Salmo 82: Os juízes de Israel são repreendidos
Salmo 83: O clamor a Deus para a destruição dos inimigos de Israel
Salmo 84: A alegria de viver com Deus
Salmo 85: A oração por reavivamento
Salmo 86: Deus, ensina-me meu caminho
Salmo 87: A cidade de Deus, a gloriosa Sião
Salmo 88: O clamor das profundezas da aflição
Salmo 89: O clamor pelas promessas de Deus na aflição
Salmo 90: O pedido para que Deus nos ensine a contar nossos dias
Salmo 91: A vida sob a sombra do Todo-poderoso
Salmo 92: O louvor ao Senhor
Salmo 93: A majestade de Deus
Salmo 94: A vingança pertence só a Deus
Salmo 95: O chamado para adorar o Senhor
Salmo 96: A proclamação da glória de Deus
Salmo 97: O Senhor reina em poder, e ele é irresistível
Salmo 98: O cantar de uma nova canção ao Senhor
Salmo 99: O júbilo no Senhor, nosso Deus
Salmo 100: O serviço ao Senhor com alegria
Salmo 101: O compromisso com uma vida santa
Salmo 102: A oração de um crente oprimido
Salmo 103: O povo deve louvar ao Senhor!
Salmo 104: O salmo recorda a criação de Deus
Salmo 105: Deus cumpre suas promessas, não se esqueça disso
Salmo 106: Os seres humanos são pecadores
Salmo 107: Deus satisfaz a alma desejosa
Salmo 108: O clamor por socorro vindo da mão direita de Deus
Salmo 109: A canção daqueles que foram caluniados
Salmo 110: A vinda do Sacerdote-Rei-Juiz
Salmo 111: O louvor pelo cuidado de Deus
Salmo 112: As bênçãos daqueles que temem a Deus
Salmo 113: A graça maravilhosa de Deus
Salmo 114: O louvor a Deus pelo êxodo
Salmo 115: A glória seja dada só a Deus
Salmo 116: A rememoração de tudo o que Deus tem feito
Salmo 117: O louvor do povo de Deus
Salmo 118: Melhor é confiar em Deus que no ser humano
Salmo 119: O salmo acróstico em louvor às Escrituras
Salmo 120: O clamor de profunda tristeza
Salmo 121: Deus é nosso protetor

Salmo 122: A oração pela paz em Jerusalém
Salmo 123: O pedido pela misericórdia de Deus
Salmo 124: Deus está ao nosso lado
Salmo 125: A confiança no Senhor
Salmo 126: O derramar de lágrimas e o ceifar com alegria
Salmo 127: Os filhos são um presente de Deus
Salmo 128: Deus, que sua bênção possa descansar sobre aquele que o teme
Salmo 129: O clamor do perseguido
Salmo 130: A alma que espera pelo Senhor
Salmo 131: A fé como a da criança
Salmo 132: A confiança no Deus de Davi
Salmo 133: A beleza da unidade entre o povo de Deus
Salmo 134: Os louvores ao Senhor à noite
Salmo 135: Deus tem feito grandes coisas
Salmo 136: A misericórdia de Deus dura para sempre
Salmo 137: As lágrimas no exílio
Salmo 138: Deus respondeu à minha oração
Salmo 139: Deus, sonda-me
Salmo 140: A proteção contra as pessoas violentas
Salmo 141: Deus, guarda a minha boca
Salmo 142: A oração pedindo por socorro
Salmo 143: O pedido para que o Senhor me ensine a fazer sua vontade
Salmo 144: O homem, o que é ele?
Salmo 145: A proclamação dos grandes feitos do Senhor
Salmo 146: A confiança não deve ser depositada em príncipes
Salmo 147: Deus cura o coração quebrantado
Salmo 148: A criação toda deve louvar ao Senhor
Salmo 149: O Senhor tem prazer no seu povo
Salmo 150: Os louvores ao Senhor!

■ Percepções de Matthew Henry

Salmo 23

O crente é ensinado a expressar sua satisfação pelo cuidado do Grande Pastor do universo, o Redentor e Preservador dos homens. Com alegria, demonstra que tem um pastor, e que esse pastor é Jeová. Um rebanho de ovelhas, manso e inocente, alimentando-se nos pastos verdejantes, sob os cuidados de um sábio, atento e carinhoso pastor, forma um símbolo de crentes trazidos de volta pelo Pastor da alma deles. A grande abundância não é nada além de um pasto seco para um homem perverso, que tem prazer no que agrada seus sentidos; mas, para um homem piedoso que, pela fé, experimenta a bondade de Deus em todos os seus contentamentos, ensina-se que a ele pertence uma pequena parte deste mundo, o pasto verdejante. O Senhor aquieta e dá contentamento à mente, qualquer que seja a sua porção.

PROVÉRBIOS

■ Uma introdução

O livro de Provérbios é uma coleção de máximas morais e filosóficas, com uma grande variedade de assuntos apresentados de forma poética.

Esse livro apresenta a "filosofia da vida prática. É um sinal para nós de que a Bíblia não despreza o senso comum e a discrição. Ele nos apresenta de uma forma poderosa o valor da inteligência e da prudência e da boa educação. A força total da língua hebraica e da autoridade sagrada do livro vai ao encontro dessas simples verdades. Também lida com aquela visão cuidadosa, refinada e discriminativa das sombras distintas do caráter humano, com frequência ignorada pelos teólogos, mas tão necessário a qualquer estimativa verdadeira da vida humana". (*A Igreja Judaica de Stanley*).

Autoria
Em relação à origem desse livro, "é provável que Salomão tenha reunido e remodelado muitos provérbios, os quais nasceram da experiência humana em épocas precedentes e passaram por ele no fluxo do tempo, além de também elaborar muitos outros novos provérbios de materiais de sua própria experiência. Com relação ao final do livro, entretanto, algumas declarações de Salomão são preservadas, e parecem ter saído de seus lábios já em idade mais avançada e ter sido reunidas por outras mãos". (*As leis dos céus de Arnot*).

Divisões
Esse livro, em geral, é dividido em três partes:
1. Baseando-se em Provérbios 1–9, que contém uma exibição de sabedoria vista como grandemente boa.
2. Baseando-se em Provérbios 10–24.
3. Contendo provérbios de Salomão, "copiados pelos servos de Ezequias, rei de Judá" (Pv 25–29).

Dois complementos
A estes, seguem-se dois complementos:
- "Palavras de Agur" (Pv 30); e
- "Palavras do rei Lemuel" (Pv 31).

Salomão
Afirma-se que Salomão escreveu três mil provérbios, e aqueles contidos nesse livro podem ser uma seleção deles (1Rs 4.32).

Citações do Novo Testamento
No Novo Testamento, há 35 citações diretas desse livro ou alusões a ele.

Nome, autor, data
SIGNIFICADO DO NOME DO LIVRO
A palavra em hebraico para "provérbios" significa dirigir ou governar.

AUTOR
O livro de Provérbios foi escrito principalmente por Salomão.

DATA APROXIMADA DA ESCRITA
Os provérbios escritos por Salomão foram escritos na época de sua morte, em 931 a.C.

Estatísticas
LUGAR DO LIVRO NA BÍBLIA
- Vigésimo livro do Antigo Testamento
- Terceiro livro poético

NÚMERO DE CAPÍTULOS
31

NÚMERO DE VERSÍCULOS
915

NÚMERO DE PALAVRAS
15.043

Tema principal do livro
Discernimento moral

Chaves para o entendimento do livro
PALAVRA/PALAVRAS-CHAVE
- Sabedoria, sábio, 110 vezes
- Instrução, ensinando, ensinado, 23 vezes

FRASE-CHAVE
"O temor do SENHOR", 9.10

PESSOA/PESSOAS-CHAVE
O livro de Provérbios é uma diversa coleção de provérbios e não foca as pessoas.

CAPÍTULO/CAPÍTULOS-CHAVE
- 8 e o valor da sabedoria
- 31 e sua visão elevada sobre as mulheres

VERSÍCULO/VERSÍCULOS-CHAVE
Que os ouçam também o sábio, para que aumente seu conhecimento, e o que

entende, para que adquira habilidade para compreender provérbios e parábolas, as palavras dos sábios e seus enigmas. O temor do SENHOR *é o princípio do conhecimento. Os insensatos, porém, desprezam a sabedoria e a instrução.*
(Pv 1.5-7)

Confia no SENHOR *de todo o coração, e não no teu próprio entendimento. Reconhece-o em todos os teus caminhos, e ele endireitará tuas veredas.*
(Pv 3.5,6)

Acima de tudo que se deve guardar, guarda o teu coração, porque dele procedem as fontes da vida. (Pv 4.23)

O temor do SENHOR *é o princípio da sabedoria; e o conhecimento do Santo é o entendimento.* (Pv 9.10)

Jesus Cristo em Provérbios
QUEM É JESUS
A verdade

JESUS PREFIGURADO COMO
UM TIPO/RETRATOS DE CRISTO
- Capítulo 8 personifica a sabedoria.
- Jesus é nossa sabedoria, 1Coríntios 1.30.

Pensamento espiritual
Aprendendo a sabedoria na escola de Deus

Plano detalhado capítulo a capítulo
Capítulo 1: O propósito de provérbios
Capítulo 2: A busca pela sabedoria
Capítulo 3: Os benefícios da sabedoria
Capítulo 4: A necessidade de evitar os perversos e guardar seu coração
Capítulo 5: O adultério está em desacordo; a fé está nos padrões
Capítulo 6: Os homens não devem ser preguiçosos
Capítulo 7: Os homens não devem cometer adultério
Capítulo 8: O louvor à sabedoria
Capítulo 9: A sabedoria e a insensatez são contrastadas
Capítulo 10: Os piedosos e os perversos são contrastados
Capítulo 11: Os piedosos e os perversos são contrastados
Capítulo 12: Os piedosos e os perversos são contrastados
Capítulo 13: Os piedosos e os perversos são contrastados
Capítulo 14: Os piedosos e os perversos são contrastados
Capítulo 15: Os piedosos e os perversos são contrastados
Capítulo 16: O encorajamento da vida piedosa
Capítulo 17: O encorajamento da vida piedosa
Capítulo 18: O encorajamento da vida piedosa
Capítulo 19: O encorajamento da vida piedosa
Capítulo 20: O encorajamento da vida piedosa
Capítulo 21: O encorajamento da vida piedosa
Capítulo 22: O encorajamento da vida piedosa
Capítulo 23: Provérbios relativos a várias situações
Capítulo 24: Provérbios relativos a várias situações
Capítulo 25: Os relacionamentos com reis, vizinhos, inimigos e consigo mesmo
Capítulo 26: Os relacionamentos com tolos, preguiçosos e fofoqueiros
Capítulo 27: Provérbios relativos a várias atividades
Capítulo 28: Provérbios relativos a várias atividades
Capítulo 29: Provérbios relativos a várias atividades
Capítulo 30 Os provérbios de Agur
Capítulo 31: A mulher sábia

Percepções de Matthew Henry

Provérbios 8

VERSÍCULOS 1-11

A vontade de Deus é conhecida pelos trabalhos da criação e pela consciência dos homens, mas, mais claramente, por Moisés e pelos profetas. A principal dificuldade é fazer os homens seguirem as instruções. Dessa forma, a atenção dada às palavras de Cristo guiará os mais ignorantes ao conhecimento salvífico da verdade. Onde há um coração aberto ao entendimento e o desejo de receber a verdade em amor, a sabedoria é valorizada mais que a prata e o ouro.

VERSÍCULOS 12-21

A sabedoria está aqui em Cristo, em quem estão todos os tesouros de sabedoria e conhecimento; é Cristo na palavra, e Cristo no coração; não somente Cristo revelado a nós, mas Cristo revelado em nós. Toda a prudência e capacidade vêm do Senhor. Por intermédio da redenção do sangue precioso de Cristo, as riquezas de sua graça abundam em toda sabedoria e prudência. O homem descobriu muitas invenções para a ruína; Deus achou uma para nossa recuperação. Ele odeia o orgulho e arrogância, os caminhos malignos e conversas desobedientes; os homens rendidos, sem desejo de ouvir suas sagradas instruções de humildade e alerta. A verdadeira religião dá aos homens o melhor conselho em todos os casos difíceis, e ajuda-os a tornar seus caminhos retos. Sua sabedoria torna a todos os que a recebem no amor de Jesus Cristo verdadeiramente felizes. Procure-o logo, procure-o sinceramente, procure-o antes de qualquer coisa. Cristo nunca disse que procuraríamos em vão. Aqueles que amam a Cristo são os que têm experimentado a sua graça, e que tiveram seu amor derramado em seu coração; por isso são felizes. Deverão ser felizes neste mundo ou naquele que é incomparavelmente melhor. A prosperidade adquirida pela vaidade logo se dissipará, mas aquela que é adquirida corretamente será bem aceita, e o que é bem gasto em trabalhos de piedade e caridade durará para sempre. Se eles não têm riquezas e honra neste mundo, terão o que é infinitamente melhor. Eles serão felizes na graça de Deus. Cristo, por seu Espírito, guia os crentes em toda a verdade, e os conduz pelo caminho da justiça; e eles andam seguindo o Espírito. Igualmente, eles serão felizes pela glória de Deus no porvir. Nas promessas de sabedoria, os crentes têm seus bens armazenados, não por dias e anos, mas pela eternidade; seus frutos, consequentemente, são melhores do que o ouro.

VERSÍCULOS 22-31

O Filho de Deus declara-se engajado na criação do mundo. Que competência, e como se encaixa perfeitamente bem o Filho de Deus para ser o Salvador do mundo, aquele que foi o Criador de tudo! Ao Filho de Deus foi atribuído, antes da criação do mundo, aquele grande trabalho. Se ele se deleita em salvar pecadores miseráveis, não nos deleitaríamos nós em sua salvação?

VERSÍCULOS 32-36

Certamente deveríamos ouvir atentamente a voz de Cristo com a prontidão que as crianças têm. Sejamos todos sábios e não recusemos tal graça. Benditos são aqueles que ouvem a voz do Salvador, e esperam nele com a leitura diária, meditação e oração. Os filhos do mundo encontram tempo para distrações vãs, sem negligenciar o que consideram útil. Não nos parece desprezo pelas instruções de sabedoria, quando pessoas professando sua religiosidade buscam desculpas para negligenciar os meios da graça? Cristo é sabedoria, e ele é vida para todos os crentes; não podemos obter nenhum favor de Deus, a menos que achemos Cristo, e que sejamos achados nele. Aqueles que ofendem Cristo enganam a si mesmos; o pecado é um erro para a alma.

Pecadores morrem porque terão que morrer um dia, o que justifica Deus quando ele julga.

Provérbios 31
VERSÍCULOS 1-9
Quando os filhos estão sob o olhar da mãe, ela tem a oportunidade de moldar sua mente corretamente. Aqueles que já são crescidos deveriam sempre se lembrar dos bons ensinamentos que receberam quando crianças. Os muitos terríveis exemplos de personagens promissores, os quais foram arruinados por mulheres vis, e o amor ao vinho deveriam avisar todos para que evitassem essas maldades.

ECLESIASTES

■ Uma introdução

Nomes para Eclesiastes
COÉLET
O nome desse livro, Eclesiastes, vem da tradução para o grego do termo hebraico Coélet, que significa "pregador".

Autoria
A visão antiga e tradicional da autoria desse livro é atribuída a Salomão. Essa visão pode ser satisfatoriamente mantida, embora muitos a datem da época do cativeiro. O escritor apresenta-se implicitamente como Salomão (1.12).

A CONFISSÃO DO REI SALOMÃO
É apropriadamente intitulada de "A confissão do rei Salomão". "O escritor é um homem que pecou ao abrir caminho para o egoísmo e a sensualidade, e ele pagou a pena por aquele pecado por meio da satisfação e exaustão da vida, mas o qual esteve, por meio de tudo isso, sob disciplina de uma educação divina, aprendendo com isso uma lição que Deus queria ensinar-lhe."

"O escritor conclui mostrando que o segredo de uma vida verdadeira é que o homem deveria consagrar o vigor de sua juventude a Deus." A anotação-chave desse livro está em Ec 1.2.

"Diz o sábio: Que grande ilusão! Que grande ilusão! Tudo é ilusão!", ou seja, todos os esforços humanos para encontrar a felicidade longe de Deus não têm resultado.

Nome, autor, data
SIGNIFICADO DO NOME DO LIVRO
A palavra "Eclesiastes" significa pregador.

AUTOR
Salomão é o autor tradicional de Eclesiastes.

DATA APROXIMADA DA ESCRITA
935 a.C.

Estatísticas
LUGAR DO LIVRO NA BÍBLIA
- Vigésimo primeiro livro do Antigo Testamento
- Quarto livro histórico

NÚMERO DE CAPÍTULOS
12

NÚMERO DE VERSÍCULOS
222

NÚMERO DE PALAVRAS
5.584

Tema principal do livro
Nada no mundo, longe de Deus, satisfaz o coração humano.

Chaves para o entendimento do livro
PALAVRA/PALAVRAS-CHAVE
Ilusão, 37 vezes

FRASE-CHAVE
"Debaixo do sol", 29 vezes

PESSOA/PESSOAS-CHAVE
Eclesiastes não focaliza os nomes de pessoas.

CAPÍTULO/CAPÍTULOS-CHAVE
12 e sua resposta ao significado da vida

VERSÍCULO/VERSÍCULOS-CHAVE
Diz o sábio: Que grande ilusão! Que grande ilusão! Tudo é ilusão! Que vantagem tem o homem em todo o seu trabalho, em que tanto se esforça debaixo do sol? (Ec 1.2,3)

Não há nada melhor para o homem do que comer e beber e permitir-se ter prazer no seu trabalho. Vi que isso também vem da mão de Deus. (Ec 2.24)

E o pó volte à terra como era, e o espírito volte a Deus, que o deu. (Ec 12.7)

Porque Deus levará a juízo tudo o que foi feito e até tudo o que está oculto, quer seja bom, quer seja mau. (Ec 12.14)

Jesus Cristo em Eclesiastes
QUEM É JESUS
O grande pregador

JESUS PREFIGURADO COMO UM TIPO/RETRATOS DE CRISTO
A satisfação completa na vida só pode ser encontrada em Cristo.

Pensamento espiritual
A felicidade não é possível sem Deus.

Plano detalhado capítulo a capítulo
Capítulo 1: As ilustrações da ilusão
Capítulo 2: A experiência prova a seguinte verdade: "Tudo é ilusão"
Capítulo 3: Os planos de Deus não podem ser mudados
Capítulo 4: As desigualdades da vida
Capítulo 5: As insuficiências das riquezas
Capítulo 6: A vaidade da vida é inescapável
Capítulo 7: O contraste entre sabedoria e insensatez
Capítulo 8: A incapacidade de entender todas as ações de Deus
Capítulo 9: O Julgamento, o prazer na vida e o valor da sabedoria
Capítulo 10: As características da sabedoria
Capítulo 11: A sabedoria e o trabalho; a sabedoria e a juventude
Capítulo 12: A necessidade de nos lembrarmos de Deus em nossa juventude

■ **Percepções de Matthew Henry**

Eclesiastes 12
VERSÍCULOS 1-7
Deveríamos lembrar-nos de nossos pecados contra nosso Criador, arrepender-nos e procurar o perdão. Deveríamos lembrar-nos de nossos deveres e executá-los, dirigindo-nos a Deus, em busca de sua graça e força. Isso deveria ser feito logo, enquanto o corpo é forte, e o espírito é ativo. Quando um homem sente dor ao recordar uma vida que foi desperdiçada, o fato de não ter desistido de seus pecados e vaidades mundanas até que seja forçado a dizer: "Não tenho prazer neles", torna sua sinceridade muito questionável. Então, segue-se uma descrição figurativa da idade avançada e suas enfermidades, a qual tem algumas dificuldades; mas o significado é claro, para mostrar quão desconfortáveis geralmente são os dias da idade avançada. Como os quatro versículos (2-5) são uma descrição figurativa das enfermidades que geralmente acompanham a idade avançada, o versículo 6 mostra as circunstâncias que se apresentam na hora da morte. Se o pecado não tivesse entrado no mundo, essas enfermidades não seriam conhecidas. Certamente, então, o idoso refletiria a maldade do pecado.

CANTARES DE SALOMÃO

■ Uma introdução

Nomes para Cantares de Salomão
CÂNTICOS
Esse livro é chamado, segundo a Vulgata, de "Cânticos".

CÂNTICO DOS CÂNTICOS
É o "Cântico dos Cânticos" (Ct 1.1), como o mais fino e precioso de seu gênero; a canção mais nobre, *das Hohelied*, como Lutero a chama.

Autoria
A autoria salomônica desse livro tem sido posta em questão, mas evidências, internas e externas, convenientemente estabelecem a visão tradicional de que ele é um produto dos escritos de Salomão.

Tema
Este é um poema alegórico que mostra publicamente o amor mútuo de Cristo e da igreja, sob a representação do noivo e da noiva. (Compare com Mt 9.15; Jo 3.29; Ef 5.23,27,29; Ap 19.7-9; 21.2,9; 22.17. Compare também com Sl 45; Is 54.4-6; 62.4,5; Jr 2.2; 3.1,20; Ez 16; Os 2.16,19,20.).

Nome, autor, data
SIGNIFICADO DO NOME DO LIVRO
O título em hebraico vem do versículo de abertura. "Cântico dos cânticos" é um superlativo que se refere ao melhor cântico de Salomão.

AUTOR
Tradicionalmente é Salomão.

DATA APROXIMADA DA ESCRITA
965 a.C.

Estatísticas
LUGAR DO LIVRO NA BÍBLIA
- Décimo segundo livro do Antigo Testamento
- Quinto livro histórico

NÚMERO DE CAPÍTULOS
8

NÚMERO DE VERSÍCULOS
117

NÚMERO DE PALAVRAS
2.661

Tema principal do livro
A glória do amor conjugal

Chaves para o entendimento do livro
PALAVRA/PALAVRAS-CHAVE
- Amor
- Amado(a), 23 vezes

FRASE-CHAVE
"O meu amado é meu, e eu sou dele", 2.16

PESSOA/PESSOAS-CHAVE
A noiva, o rei e as filhas de Jerusalém

CAPÍTULO/CAPÍTULOS-CHAVE
1 e o amor entre a noiva e o noivo

VERSÍCULO/VERSÍCULOS-CHAVE
Eu sou do meu amado, e o desejo dele é por mim. (Ct 7.10)

Jesus Cristo em Cantares de Salomão
QUEM É JESUS
O amado supremo

JESUS PREFIGURADO COMO UM TIPO/RETRATOS DE CRISTO

No Novo Testamento, a igreja é descrita como a noiva de Cristo, e Cantares de Salomão ilustra o amor de Cristo por seu povo.

Pensamento espiritual
Ame a Cristo sinceramente.

Plano detalhado capítulo a capítulo
Capítulo 1: O primeiro cântico
Capítulo 2: O segundo cântico
Capítulo 3: O terceiro cântico
Capítulo 4: O noivo exalta a noiva
Capítulo 5: O quarto cântico
Capítulo 6: O quinto cântico
Capítulo 7: O quinto cântico
Capítulo 8: O sexto cântico

■ Percepções de Matthew Henry

Cantares de Salomão 1

VERSÍCULOS 7,8
Observe o título dado a Cristo, aquele a quem minha alma ama. Aqueles cuja alma ama a Jesus Cristo sinceramente desejam compartilhar os privilégios de seu rebanho.

VERSÍCULOS 9-17
O noivo exalta grandemente sua esposa. Na visão de Cristo, os crentes são a excelência da terra, feitos para ser instrumentos para promover a sua glória. Os dons espirituais e graças, os quais Cristo concede a cada cristão verdadeiro, são muitos para os santos, mas há dependência entre eles. Ele, o Autor, será o Finalizador do bom trabalho. A graça recebida da plenitude de Cristo nasce em direção a um exercício vivo da fé, afeição e gratidão. Dessa forma, Cristo é mais precioso para eles que seus dons e dádivas. A palavra traduzida por "flores de hena" significa "redenção ou propiciação".

Cristo é precioso para todos os crentes, porque ele é a propiciação por seus pecados. Nenhum fingidor terá lugar para ele em sua alma. Eles decidiram hospedá-lo em seu coração por toda a noite, durante a ação contínua dos problemas da vida. Cristo se deleita no bom trabalho, aquele que sua graça escreveu na alma dos cristãos. Esse fato deveria engajar todos os que são feitos santos para ser muito agradecidos pela graça que os tornou justos, os quais, pela natureza, eram perversos. A esposa (o cristão) tem um olhar humilde e modesto, demonstrando simplicidade e sinceridade divinas; olhos iluminados e guiados pelo Espírito Santo, aquela abençoada pomba. A igreja expressa seu valor por Cristo. Como é grande o original, mas não passa de uma cópia fraca e imperfeita. Muitos são formosos para se olhar, mas sua mente os torna desagradáveis. Mas Cristo é justo e igualmente agradável.

O crente, no versículo 16, fala com louvor daquelas sagradas ordenanças nas quais os verdadeiros cristãos têm comunhão com Cristo. Se o cristão está nos átrios do Senhor ou em sua intimidade, se está seguindo seus trabalhos diários ou confinado a uma cama pela doença, ou até mesmo em um calabouço, o senso da presença divina transformará o lugar em um paraíso.

Dessa forma, a alma, tendo diariamente comunhão com o Pai, o Filho e o Espírito Santo, desfruta de uma esperança viva, de uma herança incorruptível, inviolável, e imperecível.

ISAÍAS

■ Uma introdução

Consiste em profecias pronunciadas (Is 1).
- No reinado de Uzias (Is 1–5)
- No reinado de Jotão (Is 6)
- No reinado de Acaz (Is 7.1–14.28)
- Na primeira metade do reinado de Ezequias (Is 14.28-35)
- Na segunda metade do reinado de Ezequias (Is 36–66)

Sessenta e quatro anos
Desse modo, contando-se do quarto ano antes da morte de Uzias (762 a.C.) até o último ano de Ezequias (698 a.C.), o ministério de Isaías se estendeu por um período de 64 anos.

Divisões
O livro, como um todo, foi dividido em três partes principais:
1. Os primeiros 35 capítulos, quase totalmente proféticos, a Assíria como inimiga de Israel, apresenta o Messias como um poderoso Governador e Rei.
2. Quatro capítulos são históricos (Is 36–39), relacionando-se aos tempos de Ezequias.
4. Proféticos (Is 40–66), sendo a Babilônia a inimiga de Israel, descrevendo o Messias, manso e humilde, como uma vítima sofredora.

40–66
Críticos qualificados têm se oposto fortemente à autenticidade da divisão de Is 40–66. Eles afirmam que ela deve ser produto de um Isaías secundário, alguém que viveu nos tempos finais do cativeiro da Babilônia.

Essa teoria originou-se com Koppe, um escritor alemão do final do século XVIII. Há, igualmente, outras porções do livro (como, por exemplo, Is 13; 24–27; e certos versículos em Is 14 e Is 21), os quais eles atribuem a algum outro profeta que não seja Isaías. Dessa forma, eles dizem que alguns cinco ou sete profetas desconhecidos, ou até mais, tiveram uma parte na produção desse livro. As considerações que conduzem a tal resultado são várias:

Eles não podem, como alguns dizem, imaginar que seja possível que Isaías, tendo vivido em 700 a.C., pudesse predizer a aparência e a bravura de um rei chamado Ciro, o qual libertaria os judeus do cativeiro 170 anos mais tarde.

Eles alegam que o profeta considera o tempo do cativeiro sob seu ponto de vista, e fala dele no presente.

Alegam ainda que há uma grande diferença entre o estilo e a linguagem da parte final (Is 40–66) e dos capítulos precedentes como se necessitasse de uma autoria diferente, conduzindo a uma conclusão de que houve, pelo menos, dois Isaías. Mas, mesmo admitindo o fato da existência de uma grande diversidade de estilo e linguagem, não é necessário que uma conclusão seja fundamentada nesse fato. A diversidade de assuntos tratados e as peculiaridades da posição do profeta no tempo em que as profecias foram reveladas são responsáveis pela diferença de estilo.

A unidade de Isaías
Os argumentos a favor da unidade do livro são realmente conclusivos. Quando a versão da *Septuaginta* foi feita (aproximadamente 250 a.C.), os conteúdos completos do livro foram atribuídos a Isaías, o filho de Amoz. Além do mais, está fora de questão que, no tempo de nosso Senhor, o livro existia no formato que o temos hoje. Muitas profecias nas porções disputadas são citadas no Novo Testamento como palavras de Isaías (Mt 3.3; Lc 3.4-6; 4.16-41; Jo 12.38; At 8.28; Rm 10.16-21). A tradição universal e persistente atribuiu o livro inteiro a um autor.

Além disso, a evidência interna, a semelhança na linguagem e no estilo, nos pensamentos e imagens e ornamentos retóricos, tudo isso aponta para a mesma conclusão; e seu colorido local e alusões mostram que é obviamente de origem palestina. Portanto, a teoria de uma dupla autoria do livro, e muito menos a de uma autoria múltipla, não pode ser sustentada. O livro, com toda a sua diversidade de conteúdos, é único, além de ser, assim cremos, a produção de um grande profeta cujo nome serve de título a essa porção das Escrituras.

Nome, autor, data
SIGNIFICADO DO NOME DO LIVRO
Nomeado em homenagem ao profeta Isaías, cujo nome significa "a salvação de Jeová".

AUTOR
Isaías

DATA APROXIMADA DA ESCRITA
740-680 a.C.

Estatísticas
LUGAR DO LIVRO NA BÍBLIA
- Vigésimo terceiro livro do Antigo Testamento
- Primeiro profeta maior

NÚMERO DE CAPÍTULOS
66

NÚMERO DE VERSÍCULOS
1.292

NÚMERO DE PALAVRAS
37.044

Tema principal do livro
A salvação de Deus

Chaves para o entendimento do livro
PALAVRA/PALAVRAS-CHAVE
Salvação, 28 vezes

FRASE-CHAVE
"O Santo de Israel", 1.4

PESSOA/PESSOAS-CHAVE
Isaías, Ciro, Ezequias, Senaqueribe

CAPÍTULO/CAPÍTULOS-CHAVE
53 e sua profecia sobre a redenção do Messias

VERSÍCULO/VERSÍCULOS-CHAVE
*Porque um menino nos nasceu, um filho nos foi concedido. O governo está sobre os seus ombros, e o seu nome será: Maravilhoso Conselheiro, Deus Forte, Pai Eterno, Príncipe da Paz. O seu domínio aumentará, e haverá paz sem fim sobre o trono de Davi e sobre o seu reino, para estabelecê-lo e firmá-lo em retidão e em justiça, desde agora e para sempre. O zelo do S*ENHOR *dos Exércitos fará isso.* (Is 9.6,7)

*Todos nós andávamos desgarrados como ovelhas, cada um se desviava pelo seu caminho; mas o S*ENHOR *fez cair a maldade de todos nós sobre ele.* (Is 53.6)

Jesus Cristo em Isaías
QUEM É JESUS
Maravilhoso, Conselheiro, Pai Eterno, Príncipe da Paz

JESUS PREFIGURADO COMO
UM TIPO/RETRATOS DE CRISTO
Isaías descreve e profetiza muitos aspectos da vida e do ministério de Cristo, especialmente de sua morte.

Pensamento espiritual
O Messias está chegando.

Plano detalhado capítulo a capítulo
Capítulo 1: A doença de Judá
Capítulo 2: O dia do julgamento
Capítulo 3: O colapso da sociedade
Capítulo 4: O dia do Senhor: o renovo

Capítulo 5: A canção da vinha
Capítulo 6: A visão e o chamado de Isaías
Capítulo 7: O sinal de Emanuel
Capítulo 8: O conforto e a advertência
Capítulo 9: O sinal do Príncipe da Paz
Capítulo 10: O remanescente sobreviverá
Capítulo 11: O futuro rei de Deus
Capítulo 12: A canção da salvação
Capítulo 13: As profecias contra a Babilônia
Capítulo 14: As profecias contra a Assíria e a Filístia
Capítulo 15: As profecias contra Moabe
Capítulo 16: A situação da falta de esperança de Moabe
Capítulo 17: As profecias contra Damasco e Israel
Capítulo 18: As profecias contra o Egito
Capítulo 19: As profecias contra o Egito
Capítulo 20: As profecias contra o Egito
Capítulo 21: As profecias contra a Babilônia, Edom e a Arábia
Capítulo 22: As profecias contra Jerusalém
Capítulo 23: As profecias contra Tiro
Capítulo 24: A advertência sobre a vinda do julgamento
Capítulo 25: O louvor pelas bênçãos do reino
Capítulo 26: A canção de salvação de Israel
Capítulo 27: A restauração futura
Capítulo 28: As nações de Israel e Judá são advertidas
Capítulo 29: Jerusalém é advertida
Capítulo 30: Os obstinados são advertidos
Capítulo 31: A advertência contra uma aliança egípcia
Capítulo 32: O rei está chegando
Capítulo 33: O hino de ação de graças
Capítulo 34: A advertência às nações
Capítulo 35: A promessa de restauração e transformação
Capítulo 36: Senaqueribe ameaça Jerusalém
Capítulo 37: A libertação predita de Jerusalém
Capítulo 38: A doença de Ezequias
Capítulo 39: Os enviados da Babilônia
Capítulo 40: O consolo pela libertação de Israel
Capítulo 41: O consolo pela grandeza de Deus
Capítulo 42: O consolo pelo Servo do Senhor
Capítulo 43: Deus é o Redentor de Israel
Capítulo 44: A insensatez da idolatria
Capítulo 45: O consolo de Deus por intermédio de Ciro
Capítulo 46: A destruição dos ídolos da Babilônia
Capítulo 47: A destruição da Babilônia
Capítulo 48: Israel é obstinado
Capítulo 49: A missão do Messias
Capítulo 50: A obediência do Messias
Capítulo 51: O encorajamento do Messias para Israel
Capítulo 52: A redenção do Messias
Capítulo 53: A redenção do Messias
Capítulo 54: A promessa do Messias para a restauração de Israel
Capítulo 55: O convite mundial do Messias
Capítulo 56: A base da adoração
Capítulo 57: O Messias repreende os perversos
Capítulo 58: As bênçãos da verdadeira adoração
Capítulo 59: Os pecados de Israel
Capítulo 60: A visão da nova Jerusalém
Capítulo 61: O ano da bondade do Senhor
Capítulo 62: O futuro de Jerusalém
Capítulo 63: A salvação e o julgamento
Capítulo 64: A oração por libertação
Capítulo 65: A resposta do Senhor aos remanescentes
Capítulo 66: Os novos céus e a nova terra

■ **Percepções de Matthew Henry**

Isaías 53
VERSÍCULOS 1-3

Em nenhuma parte do Antigo Testamento está tão clara e completamente profetizado que Cristo deveria sofrer e, depois, entrar em sua glória, como nesse capítulo.

Mas, nos dias de hoje, poucos discernem ou reconhecem aquele poder divino que está na Palavra. O autêntico e mais importante relato da salvação para os pecadores, por intermédio do Filho de Deus, é desconsiderado. A baixa condição à qual ele se submeteu e sua vinda ao mundo não estavam em conformidade com as ideias que os judeus haviam formado do Messias. Era esperado que ele deveria chegar em pompa; mas, em vez disso, ele cresceu como uma planta, silenciosa e discretamente. Ele não tinha nada da glória que alguém poderia esperar que tivesse. Sua vida toda não só foi humilde, mas também pesarosa. Tendo sido feito pecado por nós, ele sofreu a sentença à qual o pecado nos expôs.

O coração carnal não vê nada no Senhor Jesus para desejá-lo e se interessar por ele. Que infelicidade! Por quantos de seu povo ele ainda será desprezado e rejeitado pela sua doutrina e autoridade!

VERSÍCULOS 4-9

Nesses versículos há um relato dos sofrimentos de Cristo; e também da intenção dos seus sofrimentos. Foi por nossos pecados, e em nosso lugar, que Nosso Senhor Jesus sofreu. Todos nós pecamos e nos afastamos da glória de Deus. Os pecadores têm seus pecados prediletos, seu modo maligno de viver, dos quais eles têm orgulho. Nossos pecados merecem todas as tristezas e pesares, até mesmo os mais severos.

JEREMIAS

■ Uma introdução

Conteúdo

O livro de Jeremias consiste em 23 seções separadas e independentes, organizadas em cinco livros.

1. A INTRODUÇÃO, CAPÍTULO 1

2. A REPROVAÇÃO DOS PECADOS DOS JUDEUS, CONSISTINDO EM SETE SEÇÕES
- Jr 2
- Jr 3–6
- Jr 7–10
- Jr 11–13
- Jr 14.1–17.18
- Jr 17.19,20
- Jr 21–24

3. A APRESENTAÇÃO DE UMA REVISÃO GERAL DE TODAS AS NAÇÕES, EM DUAS SEÇÕES
- Jr 46–49
- Jr 25; com um apêndice histórico de três seções:
- Jr 26
- Jr 27
- Jr 28–29

4. AS DUAS SEÇÕES RETRATANDO AS ESPERANÇAS POR TEMPOS MELHORES
- Jr 30–31
- Jr 32–33; às quais é adicionado um apêndice histórico em três seções:
- Jr 34.1-7
- Jr 34.8-22
- Jr 35

5. A CONCLUSÃO, EM DUAS SEÇÕES
- Jr 36
- Jr 45
- No Egito, após um intervalo, supõe-se que Jeremias tenha adicionado três seções, a saber, Jr 37–39; 40–43; 44.

Profecias messiânicas

As principais profecias messiânicas são encontradas em Jr 23.1-8; 31.31-40; 33.14-26. As profecias de Jeremias são notórias pelas repetições frequentes das mesmas palavras e frases e figuras encontradas nelas. Elas cobrem um período de aproximadamente trinta anos.

Não cronológico
Não são registradas na ordem do tempo em que ocorreram. Quando e sob quais circunstâncias esse livro assumiu sua presente forma, não sabemos.

Nome, autor, data
SIGNIFICADO DO NOME DO LIVRO
O livro recebe o nome de Jeremias, o profeta, cujo nome significa "aquele que Jeová designa".

AUTOR
Jeremias

DATA APROXIMADA DA ESCRITA
627-580 a.C.

Estatísticas
LUGAR DO LIVRO NA BÍBLIA
- Vigésimo quarto livro do Antigo Testamento
- Segundo profeta maior

NÚMERO DE CAPÍTULOS
52

NÚMERO DE VERSÍCULOS
1.364

NÚMERO DE PALAVRAS
42.659

Tema principal do livro
Advertências de Jeremias a respeito do julgamento de Deus sobre o povo de Jerusalém

Chaves para o entendimento do livro
PALAVRA/PALAVRAS-CHAVE
- Apostasia, 13 vezes
- Retorno, 47 vezes

FRASE-CHAVE
"Vai e clama aos ouvidos", 2.2

PESSOA/PESSOAS-CHAVE
Jeremias

CAPÍTULO/CAPÍTULOS-CHAVE
31, com suas promessas maravilhosas em meio às advertências sobre o julgamento

VERSÍCULO/VERSÍCULOS-CHAVE
Mas lhes ordenei isto: Dai ouvidos à minha voz, e eu serei o vosso Deus, e vós sereis o meu povo; andai em todo o caminho que eu vos ordenar, para que vos corra tudo bem. Mas não ouviram, nem prestaram atenção; antes, andaram nos seus próprios conselhos, no propósito do seu coração perverso. Andaram para trás, e não para diante. (Jr 7.23,24)

*E curam superficialmente a ferida da filha do meu povo, dizendo: Paz, paz! Mas não há paz. Por acaso se envergonharam por terem cometido abominação? Não, de maneira alguma; nem mesmo sabem o que é envergonhar-se. Portanto, cairão entre os que caem; quando eu os castigar, tropeçarão, diz o S*ENHOR*.* (Jr 8.11,12)

Jesus Cristo em Jeremias
QUEM É JESUS
O Profeta que lamenta

JESUS PREFIGURADO COMO
UM TIPO/RETRATOS DE CRISTO
- O trabalho do Messias é com frequência descrito em Jeremias 23.1-8.
- Jesus é o ramo justo.

Pensamento espiritual
Tenha cuidado para que você não caia.

Plano detalhado capítulo a capítulo
Capítulo 1: O chamado de Jeremias
Capítulo 2: Os pecados deliberados de Judá

Capítulo 3: Judá ignora os exemplos de Israel
Capítulo 4: A destruição de Judá pelo Norte
Capítulo 5: Os pecados de Judá
Capítulo 6: Jerusalém será destruída
Capítulo 7: As exteriorizações da religião
Capítulo 8: O julgamento de Judá é iminente
Capítulo 9: A descrição do julgamento de Judá
Capítulo 10: O Senhor é soberano
Capítulo 11: Judá e a aliança quebrada
Capítulo 12: A queixa de Jeremias e a resposta do Senhor
Capítulo 13: As advertências decretadas
Capítulo 14: A seca de Judá é descrita
Capítulo 15: Jeremias queixa-se novamente ao Senhor
Capítulo 16: O momento em que o Senhor se afasta
Capítulo 17: Os resultados do pecado
Capítulo 18: O aprendizado com o oleiro
Capítulo 19: O sinal do vaso quebrado
Capítulo 20: Jeremias preso no tronco
Capítulo 21: A derrota de Jerusalém é predita
Capítulo 22: Os reis são condenados
Capítulo 23: O renovo Justo
Capítulo 24: As duas cestas de figos
Capítulo 25: Os setenta anos de cativeiro
Capítulo 26: Jeremias no julgamento
Capítulo 27: Jeremias usa um jugo de boi
Capítulo 28: O conflito de Jeremias com o profeta Hananias
Capítulo 29: A carta de Jeremias aos judeus na Babilônia
Capítulo 30: A restauração da terra
Capítulo 31: Israel voltará para casa
Capítulo 32: A reconstrução de Jerusalém
Capítulo 33: A reafirmação da aliança
Capítulo 34: As profecias no reinado de Zedequias
Capítulo 35: A mensagem aos recabitas
Capítulo 36: O rolo queimando
Capítulo 37: Jeremias na prisão
Capítulo 38: Jeremias é confinado numa cisterna
Capítulo 39: Ebede-Meleque é resgatado; a queda de Jerusalém
Capítulo 40: A libertação de Jeremias
Capítulo 41: O assassinato e o massacre
Capítulo 42: A ordem para não fugir para o Egito
Capítulo 43: Jeremias é levado para o Egito
Capítulo 44: A mensagem de Deus para os judeus no Egito
Capítulo 45: A mensagem para Baruque
Capítulo 46: As profecias contra o Egito
Capítulo 47: As profecias contra a Filístia
Capítulo 48: As profecias contra Moabe
Capítulo 49: As profecias contra Amom, Edom, Damasco, Quedar e Hazor
Capítulo 50: A queda e a desolação da Babilônia
Capítulo 51: O destino da Babilônia
Capítulo 52: A queda de Jerusalém, o exílio e os sinais de esperança

■ Percepções de Matthew Henry

Jeremias 1
VERSÍCULOS 1-10

O chamado inicial de Jeremias para o trabalho e ofício de profeta é declarado. Ele deveria ser um profeta, não somente para os judeus, mas também para as nações vizinhas. Ele ainda é considerado um profeta para o mundo todo, e seria muito bom se todos atendessem a todas suas advertências. O Senhor que nos criou sabe para quais serviços e propósitos específicos ele nos designou. Mas, a menos que ele nos santifique pelo seu Espírito novo e criador, não serviremos nem para seu serviço santo na terra, nem para sua santa felicidade no céu. Cabe a nós pensar menos de nós mesmos. Aqueles que são jovens deveriam considerar essa situação e não se aventurar além de suas condições e limitações. Mas, embora um senso de nossa fraqueza e insuficiência nos faça andar humildemente em nosso serviço, não deveria nos fazer recuar quando Deus nos chama. Aqueles que têm mensagens de Deus que precisam ser anunciadas não devem temer a face do homem. O Senhor, por meio de um sinal, deu a Jeremias um dom de acordo com sua necessidade. A mensagem de Deus deveria ser revelada em suas próprias palavras. Não importa o que pensem os homens ou políticos em sua sabedoria de palavras, a segurança do reino é decidida de acordo com o propósito e a palavra de Deus.

VERSÍCULOS 11-19
Deus deu a Jeremias uma visão da destruição de Judá e de Jerusalém pelos caldeus. A amendoeira, que está em maior evidência na primavera que qualquer outra árvore, representa a rápida aproximação dos julgamentos. Deus igualmente mostrou de onde viria a ruína anunciada. Jeremias viu uma panela fervendo, representando Jerusalém e Judá em grande comoção. A boca da caldeira ou fornalha estava apontando para a direção norte, de onde o fogo e o combustível deveriam vir. Os poderes do Norte deveriam se unir. A causa desses julgamentos foi o pecado de Judá. O desígnio total de Deus deve ser declarado. O temor a Deus é o melhor remédio contra o temor ao homem. É melhor ter todos os homens como nossos inimigos do que Deus como nosso inimigo; aqueles que estão certos de ter Deus com eles não precisam – e não deveriam – ter medo de quem quer que esteja contra eles. Oremos para que estejamos desejosos de desistir de interesses pessoais, e que nada nos tire de nosso trabalho.

Jeremias 40
VERSÍCULOS 1-6
O capitão da guarda parece gloriar-se de ter sido instrumento de Deus para executar o que Jeremias, como mensageiro de Deus, tinha para declarar. Muitos podem ver a justiça e a verdade de Deus em relação aos outros, negligentes e cegos em relação a eles mesmos e a seus pecados. Contudo, mais cedo ou mais tarde, todos os homens sentirão que seus pecados são a causa de todas as suas misérias. Jeremias saiu para se dispor ao trabalho, mas é advertido de voltar a Gedalias, governante da terra sob o comando do rei da Babilônia. É duvidoso saber se Jeremias agiu certo tomando essa decisão. Mas aqueles que desejam a salvação dos pecadores e o bem da igreja estão aptos a esperar tempos melhores, algo que vá além das aparências, e preferirão a esperança de ser úteis às mais seguras situações sem esperança.

VERSÍCULOS 7-16
Jeremias, em suas profecias, nunca mencionou dias melhores para os judeus, os quais viriam imediatamente após o cativeiro; dessa forma a providência parecia encorajar tal expectativa. Mas com que rapidez essa perspectiva de esperança deteriora! Quando Deus começa um julgamento, ele o completa. Enquanto o orgulho, a ambição ou a vingança levam as regras ao coração, os homens formam novos projetos e ficam desassossegados em suas injúrias, as quais geralmente terminam em sua própria ruína. Quem poderia imaginar que, depois da destruição de Jerusalém, a rebelião logo recomeçaria? Não pode haver mudança completa, a não ser pela graça. E se os miseráveis, os quais permanecem acorrentados eternamente para o julgamento do grande dia, tivessem a permissão de voltar à terra, o pecado e o mal de sua natureza não mudariam.

LAMENTAÇÕES

■ Uma introdução

Nomes para Lamentações

COMO

O livro das Lamentações é chamado no cânon hebraico de *Ekhah*, que significa "como", sendo a fórmula para o início de uma canção de lamentação. É a primeira palavra do livro (veja 2Sm 1.19-27).

LAMENTAÇÕES

A *Septuaginta* adotou o nome conferido a "Lamentações" (grego *threnoi* = hebraico *qinoth*), agora de uso comum, para denotar o caráter do livro, no qual o profeta lamenta as desolações trazidas para a cidade e para a terra santa pelos babilônios. Na Bíblia em hebraico, está colocado entre o *Khethubim*.

Autoria

Em relação à autoria, não há espaço para a hesitação seguindo-se a *Septuaginta* e o Targum, ao atribuírem-na a Jeremias. O espírito, tom, linguagem e assuntos estão de acordo com o testemunho da tradição em atribuí-la a ele. De acordo com a tradição, ele partiu, após a destruição de Jerusalém por Nabucodonosor, para uma caverna que ficava do lado de fora do portão de Damasco, onde escreveu esse livro. Aquela caverna ainda é designada. "Na face de um monte rochoso, no lado oeste da cidade, a crença local instituiu 'a caverna de Jeremias'. Lá, naquela atitude fixa de tristeza na qual Michelangelo o imortalizou, o profeta deve ter lamentado a queda de sua nação." (*Stanley, Igreja judaica*)

Conteúdo

O livro consiste em cinco poemas separados.

- Em Lm 1, o profeta discorre longamente sobre as diversas misérias e opressões por meio das quais a cidade se apresenta como uma viúva solitária, chorando tristemente.
- Em Lm 2 essas misérias são descritas relacionadas aos pecados da nação que as causou.
- Lm 3 fala de esperança para o povo de Deus. A punição seria apenas para o bem deles; dias melhores viriam até eles.
- Lm 4 lamenta a ruína e a desolação que haviam chegado à cidade e ao templo, mas atribui tudo isso somente aos pecados das pessoas.
- Lm 5 é uma oração para que a desgraça de Sião seja retirada pelo arrependimento e restauração do povo.

Poemas acrósticos

Os primeiros quatro poemas (capítulos) são acrósticos, como alguns dos Salmos (Sl 25; 34; 37; 119), ou seja, cada versículo começa com uma letra do alfabeto hebraico, em ordem alfabética. O primeiro, o segundo e o quarto possuem, cada um, 22 versículos, o número de letras no alfabeto hebraico.

O terceiro tem 66 versículos, dos quais cada três versículos sucessivos começam com a mesma letra. O quinto não é acróstico.

O Muro das Lamentações

Falando a respeito do "o lugar onde os judeus lamentam", ou seja, Muro das Lamentações, em Jerusalém, uma parte do velho muro do templo de Salomão, Schaff diz: "Lá os judeus se reúnem todas as sextas-feiras à tarde para lamentar a queda da cidade santa, beijando o muro de pedra e lavando-o com suas lágrimas. Eles repetem, usando suas bem gastas Bíblias em hebraico e livros de oração, as lamentações de Jeremias e os salmos apropriados".

Nome, autor, data

SIGNIFICADO DO NOME DO LIVRO
Lamentações significa "hino fúnebre" ou "lamentos".

AUTOR
O livro das Lamentações é anônimo, mas há indicadores significativos em suas páginas que apontam que ele foi escrito por Jeremias.

DATA APROXIMADA DA ESCRITOA
586 a.C.

Estatísticas

LUGAR DO LIVRO NA BÍBLIA
- Vigésimo quinto livro do Antigo Testamento
- Terceiro profeta maior

NÚMERO DE CAPÍTULOS
5

NÚMERO DE VERSÍCULOS
154

NÚMERO DE PALAVRAS
3.415

Tema principal do livro
O grande amor de Deus por seu povo em meio ao seu desastre

Chaves para o entendimento do livro

PALAVRA/PALAVRAS-CHAVE
Lágrimas

FRASE-CHAVE
"... o pranto e a lamentação", 2.5

PESSOA/PESSOAS-CHAVE
O povo de Jerusalém

CAPÍTULO/CAPÍTULOS-CHAVE
3 e seu exemplo de esperança em Deus em uma situação de desesperança

VERSÍCULO/VERSÍCULOS-CHAVE
> *O Senhor se tornou como inimigo; devorou Israel, devorou todos os seus palácios, destruiu suas fortalezas e multiplicou o pranto e a lamentação na cidade de Judá. Demoliu com violência a sua tenda, como se fosse uma horta; destruiu o lugar da sua comunidade; o* SENHOR *entregou ao esquecimento as assembleias solenes e o sábado em Sião, e rejeitou com desprezo o rei e o sacerdote na indignação da sua ira.*
> (Lm 2.5,6)

Jesus Cristo em Lamentações

QUEM É JESUS
O Pregador do conforto

JESUS PREFIGURADO COMO UM TIPO/RETRATOS DE CRISTO
- O profeta que disse ao povo para prantear as profecias prenunciadas de Jesus
- Jesus foi um homem de dores

Pensamento espiritual
O senhor é misericordioso.

Plano detalhado capítulo a capítulo
Capítulo 1: A destruição de Jerusalém
Capítulo 2: A ira de Deus
Capítulo 3: A oração por misericórdia
Capítulo 4: Jerusalém após sua queda
Capítulo 5: A oração pela restauração

EZEQUIEL

Uma introdução

Conteúdo
O livro de Ezequiel consiste principalmente em três grupos de profecias. Após um relato de seu chamado para o trabalho profético (Ez 1.1–3.21), Ezequiel:
1. Profere palavras de denúncia contra os judeus (Ez 3.22-24), advertindo-os a respeito da destruição certa de Jerusalém, em oposição às palavras dos falsos profetas (Ez 4.1-3). Os atos simbólicos, por meio dos quais as situações desesperadoras às quais Jerusalém seria reduzida são descritas em Ez 4–5, mostram seu profundo conhecimento da legislação levítica. (Veja Êx 22.30; Dt 14.21; Lv 5.2; 7.18,24; 17.15; 19.7; 22.8 etc.)
2. Profetiza contra várias nações vizinhas: contra os amonitas (Ez 25.1-7), os moabitas (Ez 25.8-11), os edomitas (Ez 25.12-14), os filisteus (Ez 25.15-17), Tiro e Sidom (Ez 26–28) e contra o Egito (Ez 29–32).
3. Anuncia suas profecias após a destruição de Jerusalém por Nabucodonosor: os triunfos de Israel e do reino de Deus na terra (Ez 33–39); tempos messiânicos, e o estabelecimento e prosperidade do reino de Deus (Ez 40; Ez 48).

Citações no Novo Testamento
As visões finais desse livro são mencionadas no livro do Apocalipse (Ez 38 = Ap 20.8; Ez 47.1-8 = Ap 22.1,2). Outras referências a esse livro são também encontradas no Novo Testamento. (Compare Rm 2.24 com Ez 36.2; Rm 10.5 e Gl 3.12 com Ez 20.11; 2Pe 3.4 com Ez 12.22.)

Daniel, Noé e Jó
Deve-se observar que Daniel, quatorze anos após sua deportação de Jerusalém, é mencionado por Ezequiel (Ez 14.14) junto com Noé e Jó, mencionado por sua retidão, e cerca de cinco anos mais tarde Daniel é mencionado como alguém proeminente pela sua sabedoria (Ez 28.3).

Simbólico e alegórico
As profecias de Ezequiel caracterizam-se por representações simbólicas e alegóricas, "revelando uma rica série de visões grandiosas e símbolos colossais". Há também uma grande quantidade de "ações simbólicas reunindo concepções vívidas da parte do profeta" (Ez 4.1-4; 5.1-4; 12.3-6; 24.3-5; 37.16 etc.). "O modo de apresentação, no qual os símbolos e alegorias ocupam um lugar proeminente, fornece uma característica sombria e misteriosa às profecias de Ezequiel. Elas são obscuras e enigmáticas. Um mistério nebuloso pesa sobre elas, o qual é quase impossível de penetrar. Jerônimo chama o livro de 'um labirinto dos mistérios de Deus'. Foi por causa dessa obscuridade que os judeus proibiram qualquer um de lê-lo até que completasse a idade de 30 anos."

Ezequiel e outros livros do Antigo Testamento
Ezequiel é singular graças à frequência com que ele se refere ao Pentateuco (por ex., Ez 27; 28.13; 31.8; 36.11,34; 47.13 etc.). Ele também demonstra uma familiaridade com os escritos de Oseias (Ez 37.22), Isaías (Ez 8.12; 29.6), e especialmente com os escritos de Jeremias, seu contemporâneo mais velho (Jr 24.7,9; 48.37).

Nome, autor, data
SIGNIFICADO DO NOME DO LIVRO
Levou o nome do profeta Ezequiel, cujo significado é "Deus me fortalece".

AUTOR
Ezequiel

DATA APROXIMADA DA ESCRITA
593-571 a.C.

Estatísticas
LUGAR DO LIVRO NA BÍBLIA
- Vigésimo sexto livro do Antigo Testamento
- Quarto profeta maior

NÚMERO DE CAPÍTULOS
48

NÚMERO DE VERSÍCULOS
1.273

NÚMERO DE PALAVRAS
39.407

Tema principal do livro
A mensagem de Ezequiel ao povo de Deus no exílio na Babilônia

Chaves para o entendimento do livro
PALAVRA/PALAVRAS-CHAVE
- Restauração
- Visão

FRASE-CHAVE
"... saberão que eu sou o SENHOR", 63 vezes

PESSOA/PESSOAS-CHAVE
Ezequiel

CAPÍTULO/CAPÍTULOS-CHAVE
37 e sua mensagem de restauração

VERSÍCULO/VERSÍCULOS-CHAVE
No quinto dia do quarto mês do trigésimo ano, eu estava entre os exilados, junto ao rio Quebar; os céus se abriram, e tive visões de Deus. (Ez 1.1)

E eu, o SENHOR, serei o seu Deus, e o meu servo Davi será príncipe no meio delas; eu, o SENHOR, disse isso. Farei uma aliança de paz com elas e tirarei da terra os animais ferozes; e elas habitarão em segurança no deserto e dormirão nos bosques. Farei delas e dos lugares ao redor do meu monte uma bênção; e farei descer a chuva a seu tempo; serão chuvas de bênçãos. (Ez 36.24-26)

Assim diz o SENHOR Deus: No dia em que eu vos purificar de todos os vossos pecados, farei com que as cidades sejam habitadas e as ruínas sejam edificadas. E a terra que estava deserta será lavrada e não continuará desolada à vista de todos os que passam. E dirão: Esta terra que estava assolada tem-se tornado como o jardim do Éden; e as cidades solitárias, assoladas e destruídas estão agora fortalecidas e habitadas. (Ez 36.33-35)

Jesus Cristo em Ezequiel
QUEM É JESUS
Jesus (espiritualmente) reconstruiu o templo de Deus.

JESUS PREFIGURADO COMO UM TIPO/RETRATOS DE CRISTO
O Messias é descrito como o Rei que governa, 21.26,27, e como o verdadeiro Pastor, 34.11-31.

Pensamento espiritual
Deus é o grande Restaurador.

Plano detalhado capítulo a capítulo
Capítulo 1: Ezequiel vê a glória de Deus
Capítulo 2: Ezequiel é enviado a Israel.
Capítulo 3: Ezequiel é instruído a respeito de seu ministério
Capítulo 4: As três ações simbólicas
Capítulo 5: A quarta ação simbólica e as ações simbólicas explicadas
Capítulo 6: A destruição por causa da idolatria
Capítulo 7: O dia da destruição é descrito
Capítulo 8: As quatro abominações
Capítulo 9: A visão da matança em Jerusalém

Capítulo 10: A glória de Deus deixa o templo
Capítulo 11: A promessa da restauração
Capítulo 12: Os retratos do exílio
Capítulo 13: Os falsos profetas são condenados
Capítulo 14: A idolatria é condenada
Capítulo 15: A parábola da vinha
Capítulo 16: A parábola do casamento de Israel
Capítulo 17: A parábola das duas águias
Capítulo 18: O julgamento pessoal sobre o pecado pessoal
Capítulo 19: O lamento pelos príncipes de Israel
Capítulo 20: O olhar em retrospectiva para as rebeliões passadas de Israel
Capítulo 21: Os grandes pecados de Jerusalém
Capítulo 22: O julgamento de Deus sobre Jerusalém
Capítulo 23: A parábola das duas irmãs adúlteras
Capítulo 24: Jerusalém é sitiada
Capítulo 25: O julgamento contra Amom, Moabe, Edom e a Filístia
Capítulo 26: A destruição de Tiro
Capítulo 27: O lamento por Tiro
Capítulo 28: A queda do rei de Tiro
Capítulo 29: As profecias contra o Egito
Capítulo 30: O Egito será destruído
Capítulo 31: O Egito cairá como um cedro
Capítulo 32: As outras profecias contra o Egito
Capítulo 33: Ezequiel, a sentinela
Capítulo 34: As mensagens aos pastores
Capítulo 35: O julgamento contra Edom
Capítulo 36: O novo coração e o novo espírito
Capítulo 37: A vida nova para os ossos secos
Capítulo 38: A profecia contra Gogue
Capítulo 39: Os planos de Deus para Israel
Capítulo 40: O novo templo
Capítulo 41: O Lugar Santo, o Santo dos Santos e a mobília interior
Capítulo 42: Os quartos dos sacerdotes e dimensões gerais do templo
Capítulo 43: A glória de Deus retorna ao templo
Capítulo 44: As leis para o sacerdócio
Capítulo 45: As regras para o príncipe; os festivais
Capítulo 46: As tarefas adicionais relativas ao príncipe
Capítulo 47: O rio fluindo do templo
Capítulo 48: A divisão da terra entre as tribos

■ Percepções de Matthew Henry

Ezequiel 1
VERSÍCULOS 26-28

O Filho eterno, a segunda pessoa da Trindade, que posteriormente tomou a natureza humana, é aqui denotado. A primeira coisa a ser observada é o trono. É um trono de glória, um trono de graça, um trono de triunfo, um trono de governo, um trono de julgamento. Tudo isso são boas-novas para os homens, de que o trono que está acima do firmamento está ocupado por aquele que aparece, até mesmo lá na glória, em semelhança de homem. O trono é rodeado por um arco-íris, o tão conhecido símbolo da aliança, representando a misericórdia de Deus e seu amor comprometido com seu povo. O fogo da ira de Deus estava expandindo-se contra Jerusalém, mas limites seriam dados a ele; ele olharia para o arco-íris no céu e se lembraria da aliança.

Ezequiel 37
VERSÍCULOS 1-14

Nenhum poder criado poderia restaurar os ossos humanos de volta à vida. Deus, por si só, poderia fazê-los viver. Pele e carne cobriram-nos, e foi dito ao vento que soprasse sobre esses corpos; e eles voltaram a viver. O vento era um símbolo do Espírito de Deus e representava a atuação de seus poderes. A visão deveria encorajar os judeus desesperados, predizer sua restauração após o cativeiro e também sua recuperação pela dispersão presente e contínua. Era também uma intimação clara a respeito da ressurreição dos mortos; e representava o poder e a graça de Deus, na conversão dos pecadores mais desesperançados a ele. Vamos olhar para ele, que finalmente abrirá nossa sepultura, e nos trará a julgamento. Ele nos libertará do pecado e colocará seu Espírito em nós; e, por meio da fé, o Senhor nos conservará em seu poder para a salvação.

VERSÍCULOS 15-28
Esse símbolo serviu para mostrar ao povo que o Senhor uniria Judá e Israel. Cristo é o Davi verdadeiro, o Rei de Israel do passado; e aqueles que ele escolher no dia de seu poder, fará andar em seus julgamentos e os conservará em seus estatutos. Eventos que ainda estão por vir mais tarde explanarão essa profecia. Nada tem impedido mais o avanço do evangelho que as divisões. Devemos estudar para manter a unidade do Espírito no elo com a paz; devemos buscar a divina graça para que esta nos mantenha longe de coisas detestáveis; e devemos orar para que todas as nações possam ser sujeitas, obedientes e felizes, ao Filho de Davi, que o Senhor possa ser nosso Deus e que possamos ser seu povo para sempre!

DANIEL

■ Uma introdução
O livro de Daniel é colocado pelos judeus naquela divisão de sua Bíblia chamada de Hagiógrafa (em hebraico *Khethubim*).

Divisões
Consiste em duas partes distintas. A primeira parte, contendo os primeiros seis capítulos, é basicamente histórica; e a segunda parte, contendo os seis capítulos restantes, é basicamente profética.

HISTÓRICA
A parte histórica do livro trata do período do cativeiro. Daniel é o "historiador do cativeiro, o escritor que, sozinho, fornece uma série de eventos para aquele período sombrio e sinistro durante o qual a harpa de Israel ficou pendurada nas árvores que cresciam próximas ao rio Eufrates. Afirma-se que sua narrativa fica entre Reis e Crônicas, de um lado, e Esdras, de outro lado, ou (mais especificamente) para preencher o plano que o autor de Crônicas fornece em um único versículo em seu último capítulo: 'Quem escapou da espada, ele [Nabucodonosor] levou para Babilônia; e se tornaram servos dele e de seus filhos, até o tempo do reino da Pérsia' " (2Cr 36.20).

PROFÉTICA
A parte profética consiste em três visões e em uma comunicação profética prolongada.

Autenticidade disputada
A autenticidade desse livro tem sido muito disputada, mas os argumentos a seu favor estabelecem completamente sua reivindicação.
- O testemunho de Cristo (Mt 24.15; 25.31; 26.64) e de seus apóstolos (1Co 6.2; 2Ts 2.3) afirmam sua autoridade.
- O importante testemunho de Ezequiel (Ez 14.14,20; 28.3).
- O caráter e registros do livro estão totalmente em harmonia com as épocas e circunstâncias em que o autor viveu.
- O caráter linguístico do livro é, além disso, tal qual era esperado. Certas porções (Dn 2.4; 7) foram escritas na linguagem dos babilônios, e as porções escritas em hebraico estão em um estilo e forma que apresentam uma afinidade próxima com os últimos livros do

Antigo Testamento, em especial com o de Esdras. O escritor familiarizava-se igualmente com o hebraico, assim como com a linguagem dos babilônios, passando de uma para a outra sempre que o assunto exigisse isso. Isso está em rigoroso acordo com a posição do autor e do povo para quem seu livro foi escrito. Daniel é o escritor desse livro e é igualmente testificado por ele (Dn 7.1,28; 8.2; 9.2; 10.1,2; 12.4,5).

Nome, autor, data
SIGNIFICADO DO NOME DO LIVRO
O livro recebe o nome de Daniel, cujo significado é "Deus é meu juiz".

AUTOR
Daniel

DATA APROXIMADA DA ESCRITA
605-535 a.C.

Estatísticas
LUGAR DO LIVRO NA BÍBLIA
- Vigésimo sétimo livro do Antigo Testamento
- Quinto profeta maior

NÚMERO DE CAPÍTULOS
12

NÚMERO DE VERSÍCULOS
357

NÚMERO DE PALAVRAS
11.606

Tema principal do livro
As mensagens de Deus ao seu povo durante o cativeiro na Babilônia

Chaves para o entendimento do livro
PALAVRA/PALAVRAS-CHAVE
Reino, 57 vezes

FRASE-CHAVE
"... nos últimos dias", 2.28

PESSOA/PESSOAS-CHAVE
Daniel, Sadraque, Mesaque e Abednego (Hananias, Misael e Azarias). Nabucodonosor, Dario, Belsazar, Ciro e Miguel, o arcanjo.

CAPÍTULO/CAPÍTULOS-CHAVE
2; 9

VERSÍCULO/VERSÍCULOS-CHAVE
Mas, durante o reinado desses reis, o Deus do céu levantará um reino que não será jamais destruído. A soberania desse reino não passará a outro povo, mas ele destruirá e consumirá todos esses reinos, e subsistirá para sempre. (Dn 2.44)

Jesus Cristo em Daniel
QUEM É JESUS
Jesus é a pedra cortada sem o auxílio de mãos.

JESUS PREFIGURADO COMO UM TIPO/RETRATOS DE CRISTO
Cristo é retratado como o Filho do homem, a grande pedra e o Messias que haveria de vir.

Pensamento espiritual
Deus anunciará seu reino.

Plano detalhado capítulo a capítulo
Capítulo 1: A história pessoal de Daniel
Capítulo 2: O sonho de Nabucodonosor sobre a grande imagem
Capítulo 3: A imagem de ouro de Nabucodonosor
Capítulo 4: A visão de Nabucodonosor – a grande árvore
Capítulo 5: Belsazar e a escrita na parede
Capítulo 6: O tolo decreto de Dario
Capítulo 7: A visão de Daniel sobre os quatro animais

Capítulo 8: A visão de Daniel sobre o carneiro e o bode
Capítulo 9: A visão de Daniel sobre as setenta semanas
Capítulo 10: A aparência do mensageiro
Capítulo 11: A visão dos reis
Capítulo 12: O final dos tempos

Percepções de Matthew Henry

Daniel 3
VERSÍCULOS 1-7
O orgulho e o fanatismo fazem com que os homens exijam que seus subordinados sigam sua religião, sendo esta certa ou errada.

OSEIAS

Uma introdução

Visão geral
O livro de Oseias é o primeiro dos "profetas menores". "A causa provável da localização de Oseias pode ser o caráter nacionalista geral de seus oráculos, sua extensão, seu tom zeloso e representações vivas." Esse é o mais longo dos livros proféticos escrito antes do cativeiro. Oseias profetizou em um período sombrio e melancólico da história de Israel, o período do declínio e queda de Israel. Seus pecados trouxeram sobre eles grandes desastres nacionais.

"Seus homicídios e fornicações, seus perjúrios e furtos, sua idolatria e impiedade são censurados e satirizados com uma severidade fiel." Oseias foi contemporâneo de Isaías.

Divisões
O livro pode ser dividido em duas partes, a primeira de Oseias 1-3, representando simbolicamente a idolatria de Israel, usando imagens emprestadas de um relacionamento conjugal. As figuras do casamento e do adultério são comuns nos escritos do Antigo Testamento e representam os relacionamentos espirituais entre Jeová e o povo de Israel. Aqui vemos a apostasia de Israel e sua punição, com seu futuro arrependimento, perdão e restauração.

A segunda parte, Oseias 4-14, é um resumo dos discursos de Oseias, repletos de denúncias, ameaças, exortações, promessas e revelações de misericórdia.

Citações
Citações de Oseias são encontradas em Mt 2.15; 9.15; 12.7; Rm 9.25,26. Há, em adição a isso, várias alusões a ele em outros trechos (Lc 23.30; Ap 6.16, compare com Os 10.8; Rm 9.25,26; 1Pe 2.10, compare com Os 1.10 etc.).

Estilo de escrita
Levando-se em conta o estilo desse escritor, é dito que "cada versículo forma um todo por si mesmo, como um tanger pesado de sinos em um funeral". "Inversões (Os 7.8; 9.11,13; 12.8), anacolutos (Os 9.6; 12.8 etc.), elipses (Os 9.4; 13.9 etc.), paronomásias e jogo de palavras são muito característicos de Oseias (Os 8.7; 9.15; 10.5; 11.5; 12.11)."

Nome, autor, data
SIGNIFICADO DO NOME DO LIVRO
Esse livro recebe o nome do profeta Oseias, cujo significado é "salvação".

AUTOR
Oseias

DATA APROXIMADA DA ESCRITA
755-715 a.C.

Estatísticas
LUGAR DO LIVRO NA BÍBLIA
- Vigésimo oitavo livro do Antigo Testamento
- Primeiro profeta menor

NÚMERO DE CAPÍTULOS
14

NÚMERO DE VERSÍCULOS
197

NÚMERO DE PALAVRAS
5.175

Tema principal do livro
O adultério espiritual de Israel é representado por intermédio do adultério da esposa de Oseias.

Chaves para o entendimento do livro
PALAVRA/PALAVRAS-CHAVE
- Amor fiel
- Meretriz, prostituição, 19 vezes

FRASE-CHAVE
"... nos últimos dias", 3.5

PESSOA/PESSOAS-CHAVE
Oseias, Gômer

CAPÍTULO/CAPÍTULOS-CHAVE
4 e a infidelidade de Israel

VERSÍCULO/VERSÍCULOS-CHAVE

> O Senhor me disse: Vai outra vez, ama aquela mulher amada por outro e adúltera, como o Senhor ama os israelitas, embora eles se desviem atrás de outros deuses e amem uvas-passas.
> (Os 3.1)

> Israelitas, ouvi a palavra do Senhor; pois o Senhor tem uma acusação contra os habitantes da terra; porque não há verdade, nem bondade, nem conhecimento de Deus na terra. (Os 4.1)

> Porque o meu povo é inclinado a desviar-se de mim; embora clamem ao Altíssimo, nenhum deles o exalta.
> (Os 11.7)

Jesus Cristo em Oseias
QUEM É JESUS
Aquele que perdoa e ama, mesmo após ser rejeitado

JESUS PREFIGURADO COMO UM TIPO/RETRATOS DE CRISTO
A redenção de Gômer feita por Oseias espelha-se no trabalho de Cristo para nossa redenção.

Pensamento espiritual
O povo errante de Deus deve retornar ao Senhor.

Plano detalhado capítulo a capítulo
Capítulo 1: O casamento de Oseias
Capítulo 2: A infidelidade de Israel e a fidelidade de Deus
Capítulo 3: Oseias compra de volta sua esposa
Capítulo 4: Os pecados de Israel
Capítulo 5: A restauração final de Israel
Capítulo 6: A aliança é deliberadamente quebrada
Capítulo 7: A recusa deliberada de retornar ao Senhor
Capítulo 8: A idolatria deliberada
Capítulo 9: Deus rejeitará Israel
Capítulo 10: O julgamento de Deus sobre Israel
Capítulo 11: O amor de Deus por Israel
Capítulo 12: Israel e Judá são condenados
Capítulo 13: O amor de Deus – e só esse amor – pode salvar Israel
Capítulo 14: A promessa de Deus para restaurar Israel

■ **Percepções de Matthew Henry**

Oseias 2
VERSÍCULOS 8-12
Deus é tardio para irar-se, e é contrário ao abandono de um povo, aquele que é chamado pelo seu nome, para que seja arruinado. Quando Deus teve que fazer um sacrifício pelo pecado, ele não poupou seu próprio Filho.

JOEL

■ Uma Introdução

O profeta Joel
Joel era provavelmente um morador de Judá, uma vez que sua autoridade de profetizar foi direcionada àquelas pessoas. Menciona, com frequência, Judá e Jerusalém (Jl 1.14; 2.1,15,32; 3.1,12,17,20,21).

Conteúdo
Os conteúdos desse livro são:
- Uma profecia de uma grande calamidade pública ameaçando toda a terra, consistindo em falta de água e uma extraordinária praga de gafanhotos (Jl 1.1–2.11).
- O profeta chama seus conterrâneos ao arrependimento e a voltarem para Deus, assegurando-os de sua prontidão em perdoar (Jl 2.12-17) e predizendo a restauração da terra à sua costumeira fertilidade (Jl 2.18-26).
- Segue-se, então, uma profecia messiânica, citada por Pedro (At 2.39).
- Finalmente, o profeta prediz presságios e julgamentos destinados a caírem sobre os inimigos de Deus (Jl 3).

Nome, autor, data
SIGNIFICADO DO NOME DO LIVRO
Esse livro recebe o nome do profeta Joel, cujo significado é "Jeová é meu Deus".

AUTOR
Joel

DATA APROXIMADA DA ESCRITA
835 a.C.

Estatísticas
LUGAR DO LIVRO NA BÍBLIA
- Vigésimo nono livro do Antigo Testamento
- Segundo profeta menor

NÚMERO DE CAPÍTULOS
3

NÚMERO DE VERSÍCULOS
73

NÚMERO DE PALAVRAS
2.034

Tema principal do livro
O dia do Senhor virá como o julgamento de Deus.

Chaves para o entendimento do livro
PALAVRA/PALAVRAS-CHAVE
Arrependimento

FRASE-CHAVE
O dia do Senhor

CAPÍTULO/CAPÍTULOS-CHAVE
2

VERSÍCULO/VERSÍCULOS-CHAVE

> O Senhor levanta a voz diante do seu exército, porque o seu acampamento é muito grande; quem executa a sua ordem é poderoso; pois o dia do Senhor é grande e terrível! Quem o suportará? (Jl 2.11)

> E todo aquele que invocar o nome do Senhor será salvo; pois os que escaparem estarão no monte Sião e em Jerusalém, como o Senhor prometeu, e aqueles que o Senhor chamar estarão entre os sobreviventes. (Jl 2.32)

Jesus Cristo em Joel
QUEM É JESUS
"... o Senhor é o refúgio do seu povo", 3.16

JESUS PREFIGURADO COMO UM TIPO/RETRATOS DE CRISTO
O Espírito Santo prometido, igualmente prometido por Jesus, é consumado no dia de Pentecostes.

Pensamento espiritual
Um alarme precisa ser soado.

Plano detalhado capítulo a capítulo
Capítulo 1: A devastadora praga dos gafanhotos
Capítulo 2: O dia do Senhor trará destruição
Capítulo 3: O julgamento das nações

■ Percepções de Matthew Henry

Joel 1
VERSÍCULOS 1-7
Os mais idosos não podiam se lembrar de calamidades tão grandes como as que estavam para acontecer. Uma grande massa de insetos vinha em direção à terra para devorar seus frutos. Essa imagem pode ser aplicada à destruição do país por um inimigo estrangeiro, e parece referir-se às devastações dos caldeus. Deus é o Senhor dos exércitos, tem todas as criaturas sob seu comando e, quando lhe agrada, pode humilhar e atormentar um povo orgulhoso e rebelde, usando as mais frágeis e desprezíveis criaturas. Depende de Deus retirar os confortos que são mal usados levando à luxúria e excessos; e quanto mais os homens colocam sua felicidade nas gratificações dos sentidos, mais aflições severas e temporais cairão sobre eles. Quanto mais prazeres terrenos nós precisarmos para nos satisfazer, mais estaremos expostos a problemas.

VERSÍCULOS 8-13
Todo aquele que trabalha somente pela carne que perece, mais cedo ou mais tarde se envergonhará de seu trabalho. Aqueles que colocam sua felicidade nos prazeres dos sentidos, quando privados deles, ou perturbados em sua alegria, perdem essa alegria; ao passo que a alegria espiritual floresce mais do que nunca. Veja que perdição: coisas duvidosas passam a ser nossos confortos. Veja como precisamos viver em dependência contínua de Deus e de sua providência. Veja que trabalho destruidor faz o pecado! A pobreza causa a deterioração da piedade; e a fome, a da religiosidade entre um povo. Isso é um julgamento muito sofrido. Mas quão abençoados são os julgamentos atentos de Deus, em levantar seu povo e chamá-lo de volta ao lar, com o coração voltado a Cristo e à sua salvação!

VERSÍCULOS 14-20
A tristeza do povo é transformada em arrependimento e humilhação diante de Deus. Com todas as marcas do pesar e da vergonha, o pecado deve ser confessado e lamentado.

AMÓS

■ Uma introdução

O profeta Amós
Amós nasceu em Tecoa, uma cidade que fica a quase 20 quilômetros a sudeste de Belém. Ele foi um homem humilde de nascimento, não foi nem um "profeta, nem seguidor de profeta", mas "criador de gado e cultivador de sicômoros". Ele profetizou nos dias de Uzias, rei de Judá, e foi contemporâneo de Isaías e Oseias (Am 1.1; 7.14,15; Zc 14.5), os quais viveram mais que ele alguns anos. Sob Jeroboão II, o reino de Israel subiu ao apogeu de sua prosperidade; mas seguiu-se a tudo isso a prevalência da luxúria, vícios e idolatria. Nesse período, Amós foi chamado de sua obscuridade para lembrar as pessoas da lei da justiça de Deus e chamá-las ao arrependimento.

Divisões
O livro de Amós consiste em três partes:
1. As nações ao redor são convocadas ao julgamento por causa de seus pecados (Am 1.1–2.3). Ele cita Joel 3.16.
2. A condição espiritual de Judá e especialmente de Israel é descrita (Am 2.4-6.14).
3. Em Amós 7.1–9.10 estão registradas cinco visões proféticas.
   - As duas primeiras (Amós 7.1-6) referem-se aos julgamentos contra o povo culpado.
   - As duas seguintes (Amós 7.7-9; 8.1-3) mostram que o momento para os julgamentos ameaçadores do povo já havia chegado.
   - Amós 7.10-17 consiste em uma conversa entre o profeta e o sacerdote de Betel.
   - A quinta visão descreve a derrota e a ruína de Israel (Amós 9.1-10), à qual é adicionada a promessa da restauração do reino e sua glória final no reino do Messias.

Alusões
O estilo é peculiar no número de alusões feitas a objetos naturais e a ocupações agrícolas. Outras alusões mostram também que Amós era um estudante da lei, bem como "um filho da natureza". Estas expressões são peculiares a ele: "dentes limpos" [ou seja, falta de pão] (Am 4.6); "a arrogância de Jacó" (Am 6.8; 8.7); "os altares de Isaque" (Am 7.9); "a casa de Isaque" (Am 7.16); "é ele quem [...] cria o vento" (Am 4.13). Citado em Atos 7.42.

Nome, autor, data
SIGNIFICADO DO NOME DO LIVRO
Esse livro recebe o nome do profeta Amós, cujo significado é "oprimido".

AUTOR
Amós

DATA APROXIMADA DA ESCRITA
760-753 a.C.

Estatísticas
LUGAR DO LIVRO NA BÍBLIA
- Trigésimo livro do Antigo Testamento
- Terceiro profeta menor

NÚMERO DE CAPÍTULOS
9

NÚMERO DE VERSÍCULOS
146

NÚMERO DE PALAVRAS
4.217

Tema principal do livro
O julgamento de Israel

Chaves para o entendimento do livro
PALAVRA/PALAVRAS-CHAVE
- Julgamento
- Prumo

FRASE-CHAVE
"Pelas três transgressões [...], sim, e pela quarta", 1.3

PESSOA/PESSOAS-CHAVE
Amós

CAPÍTULO/CAPÍTULOS-CHAVE
9 e a restauração futura prometida

VERSÍCULO/VERSÍCULOS-CHAVE
> Dias virão, diz o SENHOR Deus, em que enviarei fome sobre a terra, não fome de pão, nem sede de água, mas de ouvir as palavras do SENHOR. Andarão errantes de mar a mar, e do norte até o oriente; correrão por toda parte, buscando a palavra do SENHOR, e não a acharão.
> (Am 8.11,12)

Jesus Cristo em Amós
QUEM É JESUS
"Deus dos Exércitos", 4.13

JESUS PREFIGURADO COMO UM TIPO/RETRATOS DE CRISTO
- Jesus é Juiz
- Jesus é o Restaurador

Pensamento espiritual
Faça uso do prumo.

Plano detalhado capítulo a capítulo
Capítulo 1: Os pecados de Damasco, Filístia, Fenícia, Edom e Amom
Capítulo 2: Moabe, Judá e Israel são condenadas
Capítulo 3: O julgamento de Deus
Capítulo 4: A rebelião de Israel
Capítulo 5: O julgamento de Israel é merecido
Capítulo 6: O fim de Israel está próximo
Capítulo 7: As visões de julgamento: gafanhotos, fogo e prumo
Capítulo 8: A visão de um cesto de frutas maduras
Capítulo 9: A destruição causada por Deus e a esperança para o futuro

■ Percepções de Matthew Henry
Amós 4
VERSÍCULOS 1-5
O que é adquirido pela extorsão é geralmente usado para suprir as necessidades da carne. O que é conseguido pela opressão não pode ser aproveitado com satisfação. Quão miseráveis são aqueles cuja confiança está nas observâncias não bíblicas, e essa atitude só prova que acreditam em uma mentira! Devemos vigiar para que nossa fé, esperança e adoração estejam garantidas pela divina palavra.

OBADIAS

■ Uma introdução
Divisões
O livro de Obadias consiste em um capítulo, "a respeito de Edom", seu julgamento iminente (Ob 1-16) e a restauração de Israel (Ob 17-21). Esse livro é o mais curto do Antigo Testamento.

Edom
Edom é um tipo de Israel e do último adversário de Deus (Is 63.1-4). Todos eles serão derrotados, e o reino será do Senhor (compare com Sl 22.28).

Nome, autor, data
SIGNIFICADO DO NOME DO LIVRO
Esse livro recebe o nome do profeta Obadias, cujo significado é "um servo".

AUTOR
Obadias

DATA APROXIMADA DA ESCRITA
848-841 a.C.

Estatísticas
LUGAR DO LIVRO NA BÍBLIA
- Trigésimo primeiro livro do Antigo Testamento
- Quarto profeta menor

NÚMERO DE CAPÍTULOS
1

NÚMERO DE VERSÍCULOS
21

NÚMERO DE PALAVRAS
670

Tema principal do livro
O julgamento de Edom é predito.

Chaves para o entendimento do livro

PALAVRA/PALAVRAS-CHAVE
Julgamento

FRASE-CHAVE
"... os da casa de Jacó possuirão suas heranças", versículo 17

PESSOA/PESSOAS-CHAVE
Obadias

VERSÍCULO/VERSÍCULOS-CHAVE
O dia do SENHOR está perto! Sobre todas as nações! Como fizeste, assim se fará contigo; o teu feito voltará sobre ti.
(Ob 15)

Jesus Cristo em Obadias

QUEM É JESUS
Seu galardão

JESUS PREFIGURADO COMO UM TIPO/RETRATOS DE CRISTO
Em Obadias, Cristo é o juiz das nações, o Salvador de Israel e o Possuidor do reino.

Pensamento espiritual
Possua as suas heranças.

Plano detalhado capítulo a capítulo
Capítulo 1: O julgamento de Edom

■ Percepções de Matthew Henry

Obadias 17

Depois que a destruição dos inimigos da igreja é profetizada, e essa destruição será completamente realizada no grande dia da recompensa e no julgamento pelo qual Cristo veio uma vez, e virá novamente, neste mundo, seguem-se aqui preciosas promessas de salvação da igreja, com a qual essa profecia conclui, e aquelas feitas por Joel e Amós igualmente concluíram, as quais, contudo, serão em parte cumpridas no retorno dos judeus da Babilônia; apesar dos triunfos de Edom durante o cativeiro do povo de Deus, como se fossem perpétuos, serão na verdade, indubitavelmente, cumpridas na grande salvação descrita por Jesus Cristo, da qual todos os profetas foram testemunhas. É prometido aqui:

Que haverá salvação sobre o monte Sião, aquele monte sagrado onde Deus estabeleceu seu rei ungido (Sl 2.6). No monte Sião haverá libertação (v. 17). Haverá aqueles que escaparão; e estarão às margens. O remanescente de Israel sobre o monte sagrado deve ser salvo (v. 16). Cristo disse: "a salvação vem dos judeus" (Jo 4.22). Deus providenciou libertações para os judeus, semelhantes à nossa redenção por Cristo. Mas o monte Sião é a igreja evangélica, da qual a lei do Novo Testamento saiu (Is 2.3). Aquela salvação deve ser pregada e devemos orar por ela. À igreja evangélica são acrescentados aqueles que deverão ser salvos; e para aqueles que vêm pela fé e pela esperança a esse monte Sião, a libertação da ira e da maldição, do pecado e da morte, e do inferno deverá ser trabalhada, enquanto aqueles que continuam longe devem ser deixados para perecer.

Lá, onde há salvação, deve haver também santificação; e deve haver santidade, para preparar e qualificar os filhos de Sião para sua libertação; pois onde Deus designa a glória, ele dá a graça. Libertações temporais são, de fato, trabalhadas em nós pela misericórdia quando, junto com elas, há santidade, quando é trabalhada em nós uma disposição para recebê-las com amor e gratidão a Deus; quando somos santificados, elas são santificadas em nós. Santidade é, por si mesma, uma grande libertação e uma garantia daquela eterna salvação, a qual nós tanto buscamos. Lá, sobre o monte Sião, na igreja evangélica, deve haver santidade, pois esta se torna a casa de Deus para sempre, e o grande desígnio do evangelho e de sua graça é plantar e promover a santidade. Deve haver o Espírito Santo, as sagradas ordenanças, o santo Jesus e um seleto remanescente de almas santas, nas quais e entre as quais o santo Deus se deleitará em habitar. Note que, onde há santidade deve haver redenção.

Lá, essa salvação e santificação devem espalhar-se e prevalecer, além de se fixar no mundo. A casa de Jacó, e até mesmo o monte Sião, com a redenção e sua santidade trabalhadas, devem possuir suas heranças; ou seja, a igreja evangélica deve ser estabelecida entre os gentios, e deverá preencher a terra; os apóstolos de Cristo, por suas orações, devem obter a posse do coração dos homens.

JONAS

■ Uma introdução

Esse livro é uma parábola?

Esse livro declara ter relatos do que realmente aconteceu na experiência do profeta. Alguns críticos têm procurado interpretar o livro como uma parábola ou alegoria, e não como uma história. Eles fazem isso por várias razões.

Assim:
- Alguns rejeitam-no em suas bases, alegando que os elementos miraculosos são tão proeminentes no livro, e que ele não é profético, mas sim uma narrativa em sua forma.
- Outros, negando a possibilidade de todos os milagres, asseguram que, por conseguinte, não pode ser uma história verdadeira.

Jonas e Jesus

Nosso Senhor refere-se a Jonas e a sua história (Mt 12.39,40; Lc 11.29), e um grande peso deve ser dado a esse fato. É impossível interpretar essa referência sobre qualquer outra teoria. Esse único argumento é de suficiente importância para determinar toda a questão. Nenhuma teoria inventada com o propósito de livrar-se das dificuldades poderá estar contra tal prova, ou seja, de que o livro é uma história verídica.

Autoria

Há muitas razões para acreditar que esse livro foi escrito pelo próprio Jonas. Ele apresenta:

- O chamado divino de Jonas para ir a Nínive, sua desobediência e a punição que se segue (Jn 1.1-17).
- A oração de Jonas e sua miraculosa libertação (Jn 1.17–2.10).
- O segundo chamado feito a ele e sua pronta obediência em comunicar a mensagem de Deus e os resultados de sua pregação, que levou os ninivitas ao arrependimento, e a grande e cuidadosa misericórdia de Deus por eles (Jn 3).
- O desprazer de Jonas pela decisão misericordiosa de Deus e a repreensão dada ao impaciente profeta (Jn 4). Nínive foi poupada após a missão de Jonas por mais de um século. A história de Jonas pode muito bem ser considerada "uma parte daquele grande movimento progressivo, o que ocorreu antes da lei e sob a lei, o qual ganhou força e volume assim que a plenitude dos tempos aproximou-se". (*Jonas de Perowne*).

Nome, autor, data

SIGNIFICADO DO NOME DO LIVRO
O livro recebe o nome do profeta Jonas, cujo significado é "uma pomba".

AUTOR
Jonas

DATA APROXIMADA DA ESCRITA
782-753 a.C.

Estatísticas
LUGAR DO LIVRO NA BÍBLIA
- Trigésimo segundo livro do Antigo Testamento
- Quinto profeta menor

NÚMERO DE CAPÍTULOS
4

NÚMERO DE VERSÍCULOS
48

NÚMERO DE PALAVRAS
1.321

Tema principal do livro
A salvação é proclamada aos gentios.

Chaves para o entendimento do livro
PALAVRA/PALAVRAS-CHAVE
Pregar

FRASE-CHAVE
"Vai agora [...] e prega", Jn 1.2

PESSOA/PESSOAS-CHAVE
Jonas, o povo de Nínive

CAPÍTULO/CAPÍTULOS-CHAVE
3 e o arrependimento de Nínive

VERSÍCULO/VERSÍCULOS-CHAVE
> Os que se apegam aos ídolos inúteis afastam de si a misericórdia. Mas eu te oferecerei sacrifício com voz de ação de graças; pagarei o meu voto. A salvação pertence ao SENHOR. (Jn 2.8,9)

Jesus Cristo em Jonas
QUEM É JESUS
O doador da salvação

JESUS PREFIGURADO COMO UM TIPO/RETRATOS DE CRISTO
- Jesus comparou-se somente a Jonas e a nenhum outro profeta.
- A ressurreição de Jesus é representada por Jonas quando estava dentro do grande peixe e sendo devolvido a terra firme.

Pensamento espiritual
Estou perdido se não prego o evangelho. Ver 1Coríntios 9.16.

Plano detalhado capítulo a capítulo
Capítulo 1: Jonas é lançado ao mar
Capítulo 2: As orações de Jonas de dentro do grande peixe
Capítulo 3: Jonas vai para Nínive
Capítulo 4: O povo de Nínive se arrepende

■ Percepções de Matthew Henry

Jonas 2
VERSÍCULOS 1-9
Observe quando Jonas orou. No momento em que ele estava em dificuldades, sob os sinais do desprazer de Deus contra ele por causa do pecado: quando estamos em aflição, devemos orar. Sendo mantido vivo por milagre, ele orou. Um senso da boa vontade de Deus por nós, apesar de nossas ofensas, abre nossos lábios para orar, os quais estavam fechados pelo medo da ira. E também, onde ele orou: na barriga do peixe. Nenhum lugar é inoportuno para orar. Homens podem proibir-nos de ter comunhão com outras pessoas, mas não de ter comunhão com Deus. Para quem ele orou: para o Senhor, seu Deus. Isso encoraja até mesmo os apóstatas a retornarem. A que se referia a sua oração? Parece relacionar-se às suas experiências e reflexões, do momento e do porvir, mais do que à forma ou substância de sua oração. Jonas reflete sobre a seriedade de sua oração e sobre a prontidão de Deus em ouvir e responder.

MIQUEIAS

■ Uma introdução

Sobrescrito
O sobrescrito desse livro demonstra que o profeta exercitou seu ofício nos reinados de Jotão, Acaz e Ezequias. É considerado como notório que esse livro inicia-se com as últimas palavras de outro profeta, Micaías, o filho de Inlá: "Ouvi, todos os povos!" (1Rs 22.28).

Divisões
O livro consiste em três seções, cada uma delas iniciando com uma reprovação, "Ouvi..." etc. e encerrando com uma promessa:
- Miqueias 1–2;
- Miqueias 3–5, especialmente endereçado aos príncipes e líderes do povo;
- Miqueias 6–7, em que Jeová é representado presidindo a uma controvérsia com seu povo. O livro inteiro encerra com uma canção de triunfo na grande libertação que o Senhor alcançará para seu povo. O versículo de encerramento é citado na canção de Zacarias (Lc 1.72,73).

Belém
A profecia relacionada ao local onde Cristo deveria nascer, "sairá de ti para mim aquele que reinará sobre Israel" (Mq 5.2), uma das mais notáveis profecias messiânicas, é citada em Mt 2.6.

Existem as seguintes referências a esse livro no Novo Testamento: Miqueias 5.2 (compare com Mt 2.6; Jo 7.42), Miqueias 7.6 (compare com Mt 10.21,35,36), Miqueias 7.20 (compare com Lc 1.72,73).

Nome, autor, data
SIGNIFICADO DO NOME DO LIVRO
Esse livro recebe o nome do profeta Miqueias, cujo significado é "Quem é como Jeová?"

AUTOR
Miqueias

DATA APROXIMADA DA ESCRITA
735-700 a.C.

Estatísticas
LUGAR DO LIVRO NA BÍBLIA
- Trigésimo terceiro livro do Antigo Testamento
- Sexto profeta menor

NÚMERO DE CAPÍTULOS
7

NÚMERO DE VERSÍCULOS
105

NÚMERO DE PALAVRAS
3.153

Tema principal do livro
A injustiça de Judá é contrastada com a justiça de Deus.

Chaves para o entendimento do livro
PALAVRA/PALAVRAS-CHAVE
- Julgamento
- Restauração

FRASE-CHAVE
"... porque o Senhor tem uma acusação contra o seu povo", 6.2

PESSOA/PESSOAS-CHAVE
Miqueias

CAPÍTULO/CAPÍTULO-CHAVE
6 e 7 e a cena do tribunal

VERSÍCULO/VERSÍCULOS-CHAVE
Ouvi, todos os povos; presta atenção, ó terra e tudo o que nela há; e seja o Senhor

Deus testemunha contra vós, o Senhor desde o seu santo templo. (Mq 1.2)

Jesus Cristo em Miqueias
QUEM É JESUS
Aquele que nascerá em Belém

JESUS PREFIGURADO COMO UM TIPO/RETRATOS DE CRISTO
A profecia sobre o lugar do nascimento de Jesus é uma das mais claras no Antigo Testamento.

Pensamento espiritual
Confie em Deus se você quer viver.

Plano detalhado capítulo a capítulo
Capítulo 1: Samaria será destruída; o inimigo se aproxima de Jerusalém
Capítulo 2: As pessoas que exploram o pobre serão punidas
Capítulo 3: Os líderes são julgados
Capítulo 4: O futuro reino do Senhor e o retorno do exílio
Capítulo 5: A promessa sobre a vinda do Rei.
Capítulo 6: O Senhor exige arrependimento
Capítulo 7: A promessa da salvação final

■ Percepções de Matthew Henry
Miqueias 5
VERSÍCULOS 1-6
Tendo mostrado quão abatida estaria a casa de Davi, a profecia do Messias e de seu reino é adicionada para encorajar a fé do povo de Deus. Sua existência desde a eternidade como Deus e seu trabalho como Mediador são notados. Aqui é predito que Belém deveria ser seu lugar de nascimento. Por conseguinte, esse fato era universalmente conhecido entre os judeus, Mateus 2.5. O governo de Cristo deverá ser muito feliz para seus sujeitos; eles serão seguros e tranquilos. Sob a sombra de proteção dos assírios, existe a promessa de proteção, à igreja evangélica e a todos os cristãos, dos desígnios e ataques dos poderes das trevas. Cristo é nossa Paz como sacerdote, fazendo expiação pelos pecados e reconciliando-nos com Deus; e ele é nossa Paz como Rei, vencendo nossos inimigos. Por isso, nossa alma pode habitar tranquilamente nele. Cristo achará instrumentos para proteger e libertar. Aqueles que ameaçam arruinar a igreja de Deus, logo trarão ruína sobre si mesmos. Isso inclui os efeitos poderosos do passado do evangelho pregado, sua expansão futura e a ruína de todos os poderes anticristãos. Esta é, talvez, a mais importante e singular profecia do Antigo Testamento: ela respeita o caráter pessoal do Messias, e as revelações dele para o mundo. Ela distingue seu nascimento humano de sua existência desde a eternidade.

NAUM

■ Uma introdução

Nínive
O assunto dessa profecia é a aproximação da destruição completa e final de Nínive, a capital do grande e, naquele tempo, próspero Império Assírio. Nínive era uma cidade grande e, naquele tempo, também era o centro da civilização e do comércio do mundo, "cidade de sangue! Ela está toda cheia de mentiras e de roubo" (Na 3.1), pois havia despojado e saqueado todas as nações vizinhas. Ela era fortificada por todos os lados, desafiando todos os inimigos; todavia, deveria ser completamente destruída como

punição pela grande perversidade de seus habitantes.

Jonas e Sofonias
Jonas já havia revelado sua mensagem de advertência, e Naum foi seguido por Sofonias, o qual também profetizou (Sf 2.4-15) a destruição da cidade, profecias que foram notavelmente cumpridas (625 a.C.) quando Nínive foi destruída aparentemente pelo fogo, e o Império Assírio chegou ao fim, um evento que mudou a face da Ásia.

Nome, autor, data
SIGNIFICADO DO NOME DO LIVRO
Esse livro recebeu o nome do profeta Naum, cujo significado é "Consolador" ou "Confortador".

AUTOR
Naum

DATA APROXIMADA DA ESCRITA
664-654 a.C.

Estatísticas
LUGAR DO LIVRO NA BÍBLIA
- Trigésimo quarto livro do Antigo Testamento
- Sétimo profeta menor

NÚMERO DE CAPÍTULOS
3

NÚMERO DE VERSÍCULOS
47

NÚMERO DE PALAVRAS
1.285

Tema principal do livro
A destruição de Nínive é predita

Chaves para o entendimento do livro
PALAVRA/PALAVRAS-CHAVE
Justiça

FRASE-CHAVE
"... acabará de uma vez", 1.8,9

PESSOA/PESSOAS-CHAVE
Naum

CAPÍTULO/CAPÍTULOS-CHAVE
1 e o julgamento e libertação divinos

VERSÍCULO/VERSÍCULOS-CHAVE
> O Senhor é um Deus zeloso e vingador; o Senhor é vingador e cheio de indignação; o Senhor se vinga de seus adversários e guarda ira contra seus inimigos. O Senhor demora para se irar, tem grande poder e não inocenta o culpado; o Senhor tem o seu caminho no vendaval e na tempestade, e as nuvens são a poeira dos seus pés. (Na 1.2,3)

> Coloco-me contra ti, diz o Senhor dos Exércitos, e levantarei tuas vestes até o teu rosto; e mostrarei a tua nudez às nações, e a tua vergonha, aos reinos. Jogarei sobre ti impurezas e te tratarei com desprezo, e te farei um espetáculo. Todos os que te virem fugirão de ti e dirão: Nínive está destruída! Quem terá compaixão dela? De onde trarei consoladores para ti? (Na 3.5-7)

Jesus Cristo em Naum
QUEM É JESUS
O Senhor é bom

JESUS PREFIGURADO COMO UM TIPO/RETRATOS DE CRISTO
Não há profecias messiânicas diretas em Naum.

Pensamento espiritual
O julgamento de Deus é uma realidade.

Plano detalhado capítulo a capítulo
Capítulo 1: A apresentação de um retrato de Deus
Capítulo 2: A destruição de Nínive é descrita

Capítulo 3: A destruição de Nínive é merecida

■ Percepções de Matthew Henry

Naum 2
VERSÍCULOS 1-10
Nínive não deverá ignorar esse julgamento; não há conselho ou força contra o Senhor. Deus olha para essa cidade orgulhosa e a derruba. Um relato particular é fornecido a respeito dos terrores por meio dos quais o inimigo invasor deverá aparecer contra Nínive. O Império da Assíria é representado como uma rainha, prestes a ser levada cativa para a Babilônia. A culpa na consciência preenche os homens com terror em um dia mau; e o que os tesouros ou a glória farão por nós em tempos de aflição ou no dia da ira? Todavia, por tais coisas, quantos perdem sua alma!

VERSÍCULOS 11-13
O rei da Assíria foi, por muito tempo, terrível e cruel com seus vizinhos, mas o Senhor destruiria seu poder. Muitos alegam, como uma desculpa pelo roubo e pela fraude, que eles têm família para sustentar, mas, dessa forma, o que é obtido nunca fará nenhum bem a eles. Aqueles que temem ao Senhor e ganham honestamente o que possuem não vão querer isso para si mesmos e para os seus. Só mesmo Deus para privar aqueles que tomam caminhos pecaminosos para se enriquecer de ser feitos filhos de Deus ou ter o conforto que o Senhor nos dá. Não vale a pena ouvir novamente aqueles que falam com opróbrio a respeito de Deus. Devemos, portanto, aproximar-nos de Deus por intermédio de seu trono da graça, pois, tendo paz com ele por meio de Nosso Senhor Jesus Cristo, podemos saber que ele é por nós, e que todas as coisas trabalham juntas para o eterno bem daqueles que o amam.

HABACUQUE

■ Uma introdução

Conteúdo
As profecias de Habacuque consistem em três capítulos, conteúdo esse que é assim compreensivelmente descrito: "Quando o profeta em espírito viu o formidável poder dos babilônios aproximando-se e ameaçando sua terra, e viu os grandes males que causariam na Judeia, levou seus lamentos e dúvidas diante de Jeová, o justo e puro (Hc 1.2-17). E, nessa ocasião, a futura punição dos babilônios foi revelada a ele (Hc 2). Em Habacuque 3, um pressentimento da destruição de seu país, no coração inspirado do profeta, contende com sua esperança de que o inimigo seria punido".

O capítulo 3 é uma canção sublime dedicada ao mestre de música e, portanto, aparentemente designada para ser usada em louvor a Deus. Ele é "inigualável em majestade e esplendor de linguagem e imagens".

Citações
A passagem em Hc 2.4, *o justo viverá por sua fé*, é citada pelo apóstolo Paulo em Rm 1.17 (compare com Gl 3.12; Hb 10.37,38).

Nome, autor, data
SIGNIFICADO DO NOME DO LIVRO
Esse livro recebe o nome do profeta Habacuque, cujo significado é "abraço".

AUTOR
Habacuque

DATA APROXIMADA DA ESCRITA
609-605 a.C.

Estatísticas

LUGAR DO LIVRO NA BÍBLIA
- Trigésimo quinto livro do Antigo Testamento
- Oitavo profeta menor

NÚMERO DE CAPÍTULOS
3

NÚMERO DE VERSÍCULOS
56

NÚMERO DE PALAVRAS
1.476

Tema principal do livro
O justo viverá por sua fé.

Chaves para o entendimento do livro

PALAVRA/PALAVRAS-CHAVE
Fé

FRASE-CHAVE
"Por que razão me fazes [...]?", 1.3

PESSOA/PESSOAS-CHAVE
Habacuque

CAPÍTULO/CAPÍTULOS-CHAVE
3 e a fé de Habacuque

VERSÍCULO/VERSÍCULOS-CHAVE
Vede o arrogante! A sua alma não é correta; mas o justo viverá por sua fé. (Hc 2.4)

Jesus Cristo em Habacuque

QUEM É JESUS
O Santo

JESUS PREFIGURADO COMO UM TIPO/RETRATOS DE CRISTO
Palavras referentes à salvação ("salvará", "salvamento" e "salvação"), as quais aparecem três vezes em Habacuque, representam a raiz do significado da palavra "Jesus".

Pensamento espiritual
Deus traz a luz, 3.4

Plano detalhado capítulo a capítulo
Capítulo 1: As queixas de Habacuque
Capítulo 2: A aversão de Deus à injustiça
Capítulo 3: A oração de Habacuque

■ Percepções de Matthew Henry

Habacuque 2
VERSÍCULOS 1-4
Quando estivermos abalados e perplexos diante de dúvidas sobre os métodos da Providência, devemos lutar contra as tentações de sermos impacientes. Quando derramamos nossos lamentos diante de Deus, devemos observar as respostas que Deus nos dá por meio de sua palavra, seu Espírito e providências; o que o Senhor dirá a respeito de nosso caso. Deus não frustrará as expectativas dos que creem e daqueles que esperam para ouvir o que ele lhes dirá. Tudo isso se relaciona às verdades da palavra de Deus. Embora o favor prometido demore a chegar, ele chegará afinal, e o Senhor nos recompensará abundantemente por termos esperado. Os humildes, os de coração quebrantado e pecadores arrependidos buscam por si mesmos obter um interesse pela salvação. Eles descansarão sua alma na promessa e em Cristo, em quem e por meio de quem a salvação nos é dada. Embora eles andem e trabalhem, bem como vivam pela fé, perseveram até o final e são exaltados à glória; ao passo que aqueles que não confiam na onipotência de Deus e a desprezam não andarão em honestidade com ele. Os justos deverão viver pela fé nessas promessas preciosas, enquanto o cumprimento delas ainda está por acontecer. Somente aqueles feitos justos pela fé deverão viver, deverão ser felizes aqui e para sempre.

VERSÍCULOS 5-14
O profeta lê a condenação de todos os poderes orgulhosos e opressivos que fazem o

povo de Deus sofrer. A concupiscência da carne, a concupiscência dos olhos e o orgulho da vida são as armadilhas que envolvem os homens, e encontramos aquele que levou Israel cativo por todos esses pecados. Nada além do que temos deve ser considerado nosso, a não ser o que possuímos honestamente. Os ricos são como o barro, barro espesso; e o que seria como o ouro e a prata senão a terra branca e amarela? Aqueles que viajam pelo barro espesso atrasam-se e tornam-se sujos em sua viagem; e assim são aqueles que atravessam a vida no centro da abundância de riquezas.

E quão tolos são aqueles que se sobrecarregam com cuidados contínuos em relação às riquezas; com uma grande quantidade de culpa para ganhar, economizar e gastar essas riquezas, e com prestações de contas que devem ser feitas por eles! Sobrecarregam-se a si mesmos com esse barro espesso para, depois, afundar na destruição e na perdição. Veja qual será o fim disso; o que é obtido dos outros pela violência, outros tomarão pela violência. A cobiça traz desassossego e preocupação para uma família; aquele que é ganancioso acaba por trazer problemas para sua própria casa.

SOFONIAS

■ Uma introdução

Sofonias, o profeta
Sofonias significa "Jeová ocultou", ou "Jeová das trevas". Filho de Cuchi, e bisneto de Ezequias, Sofonias profetizou nos dias de Josias, rei de Judá (641-610 a.C.), e foi contemporâneo de Jeremias, com quem ele tinha muito em comum.

Conteúdo
O livro de suas profecias consiste em:
- A introdução (Sf 1.1-6), na qual se anuncia o julgamento do mundo e o julgamento de Israel por causa de suas transgressões.
- A descrição do julgamento (Sf 1.7-18).
- A exortação para procurarem Deus enquanto ainda há tempo (Sf 2.1-3).
- O anúncio do julgamento sobre os pagãos (Sf 2.4-15).
- A miséria desesperançada de Jerusalém (Sf 3.1-7).
- A promessa da salvação (Sf 3.8-20).

Nome, autor, data
SIGNIFICADO DO NOME DO LIVRO
Esse livro recebe o nome do profeta Sofonias, cujo significado é "escondido de Jeová".

AUTOR
Sofonias

DATA APROXIMADA DA ESCRITA
640-612 a.C.

Estatísticas
LUGAR DO LIVRO NA BÍBLIA
- Trigésimo sexto livro do Antigo Testamento
- Nono profeta menor

NÚMERO DE CAPÍTULOS
3

NÚMERO DE VERSÍCULOS
53

NÚMERO DE PALAVRAS
1.617

Tema principal do livro
O dia do Senhor trará julgamento e bênçãos.

Chaves para o entendimento do livro
PALAVRA/PALAVRAS-CHAVE
Buscar

FRASE-CHAVE
"O dia do Senhor", 1.7

PESSOA/PESSOAS-CHAVE
Sofonias

CAPÍTULO/CAPÍTULOS-CHAVE
3 e o julgamento e a restauração

VERSÍCULO/VERSÍCULOS-CHAVE
> Buscai o SENHOR, vós todos os humildes da terra, que cumpris o seu juízo; buscai a justiça, buscai a humildade; talvez sejais poupados no dia da ira do SENHOR.
> (Sf 2.3)

Jesus Cristo em Sofonias
QUEM É JESUS
O Senhor que está com seu povo

JESUS PREFIGURADO COMO UM TIPO/RETRATOS DE CRISTO
Jesus cumpre as promessas mencionadas em Sofonias, 3.9-20

Pensamento espiritual
Cante, enquanto você faz sua jornada espiritual, 3.14

Plano detalhado capítulo a capítulo
Capítulo 1: Judá é julgado
Capítulo 2: Os oráculos contra as nações
Capítulo 3: A salvação no dia do Senhor

■ Percepções de Matthew Henry

Sofonias 3
VERSÍCULOS 8-13
As doutrinas purificadoras do evangelho ou a pura linguagem da graça do Senhor ensinariam os homens a usar a linguagem da humildade, do arrependimento e da fé. A pureza e a piedade são agradáveis em nossas conversas comuns. O estado puro e piedoso da igreja nos últimos dias parece intencional. O Senhor acabará com nosso orgulho e não deixará aos homens nada para se gloriarem, salvo o Senhor Jesus, criado por Deus para nossa sabedoria, justiça, santificação e redenção. Humilhações pelo pecado e obrigações ao Redentor tornarão os verdadeiros cristãos honestos e sinceros, qualquer que seja o caso entre meros professores.

VERSÍCULOS 14-20
Após as promessas de acabar com o pecado, seguem-se as promessas de acabar com os problemas. Quando a causa é removida, o efeito cessará. O que torna as pessoas santas também as tornará felizes. As preciosas promessas feitas ao povo purificado tiveram sua completa realização no evangelho. Esses versículos parecem, em especial, relacionar-se com a futura conversão e restauração de Israel e também com os tempos gloriosos que viriam a seguir. Eles mostram a paz abundante, o conforto e a prosperidade da igreja nos tempos felizes que ainda estão por vir. Ele salvará, ele será Jesus, ele fará jus ao nome, pois os salvará seu povo de seus pecados. Antes dos tempos gloriosos preditos, os crentes estariam pesarosos e seriam objetos de reprovação. Mas o Senhor salvará os crentes mais fracos e tornará os verdadeiros cristãos grandemente honrados onde estes tiverem sido tratados com desprezo. Um ato de piedade e graça servirá ao mesmo tempo para ajuntar Israel de sua dispersão e liderá-lo para sua própria terra. Então o Israel de Deus terá um nome e uma glória para a eternidade. Os eventos por si sós podem responder completamente à linguagem dessa profecia. Muitos são os problemas dos justos, mas eles podem regozijar-se no amor de Deus. Certamente, quando ouvimos tais palavras de condescendência e graça, nosso coração deveria honrar o Senhor e regozijar-se nele. Se agora somos preservados de suas ordenanças, e isto é para nós motivo de acusação e tristeza, no devido tempo seremos ajuntados em seu templo nos céus. A glória e a felicidade do cristão serão perfeitas!

AGEU

■ Uma introdução

Conteúdo
O livro de Ageu consiste em dois capítulos breves e abrangentes. O objetivo do profeta era, em geral, impulsionar o povo a prosseguir com a reconstrução do templo.

O capítulo 1 consiste no primeiro discurso (Ag 1.2-11) e seus efeitos (Ag 1.12-15).

O capítulo 2 contém:
- A segunda profecia (Ag 2.1-9), pronunciada um mês após a primeira.
- A terceira profecia (Ag 2.10-19), pronunciada dois meses e três dias após a segunda; e
- A quarta profecia (Ag 2.20-23), pronunciada no mesmo dia em que a terceira.

Esses discursos aparecem em Esdras 5.1; 6.14; Hb 12.26 (compare com Ag 2.7,8,22).

Nome, autor, data
SIGNIFICADO DO NOME DO LIVRO
Esse livro recebe o nome do profeta Ageu, cujo significado é "festival" ou "minha festa".

AUTOR
Ageu

DATA APROXIMADA DA ESCRITA
520 a.C.

Estatísticas
LUGAR DO LIVRO NA BÍBLIA
- Trigésimo sétimo livro do Antigo Testamento
- Décimo profeta menor

NÚMERO DE CAPÍTULOS
2

NÚMERO DE VERSÍCULOS
38

NÚMERO DE PALAVRAS
1.131

Tema principal do livro
A reconstrução do templo em Jerusalém

Chaves para o entendimento do livro
PALAVRA/PALAVRAS-CHAVE
Construir

FRASE-CHAVE
"... esforça-te, todo o povo da terra [...] e trabalhai", 2.4

PESSOA/PESSOAS-CHAVE
Ageu, Zorobabel e Josué (o sumo sacerdote)

CAPÍTULO/CAPÍTULOS-CHAVE
2 e a impressionante profecia messiânica

VERSÍCULOS-CHAVE
Assim diz o Senhor dos Exércitos: Considerai o vosso passado. Subi ao monte para trazer madeira e edificai o templo; eu me agradarei dele e serei glorificado, diz o Senhor. (Ag 1.7,8)

Farei tremer todas as nações; as coisas preciosas de todas as nações serão trazidas, e encherei este templo de glória, diz o Senhor dos Exércitos. A prata e o ouro pertencem a mim, diz o Senhor dos Exércitos. A glória deste novo templo será maior que a do primeiro, diz o Senhor dos Exércitos; e estabelecerei a paz neste lugar, diz o Senhor dos Exércitos. (Ag 2.7-9)

Jesus Cristo em Ageu
QUEM É JESUS
A palavra do Senhor

JESUS PREFIGURADO COMO UM TIPO/RETRATOS DE CRISTO
Zorobabel prefigura Cristo.

Pensamento espiritual
As coisas principais deveriam ser colocadas em primeiro lugar.

Plano detalhado capítulo a capítulo
Capítulo 1: O chamado para construir a casa do Senhor
Capítulo 2: O olhar para o futuro

■ Percepções de Matthew Henry

Ageu 1
VERSÍCULOS 1-11
Observe o pecado dos judeus, após seu retorno do cativeiro da Babilônia. Aqueles que estão a serviço de Deus devem ser guiados em seu trabalho por uma tempestade e, novamente, voltar a ele. Eles não disseram que não construiriam o templo, mas que ainda não era hora. Assim também os homens não dizem que eles nunca se arrependerão e se corrigirão ou que nunca serão religiosos, mas apenas afirmam que ainda não chegou a hora. E, dessa formas o grande trabalho para o qual fomos enviados ao mundo para fazer não é feito. Há uma predisposição em nós para pensarmos erroneamente a respeito do desencorajamento em nosso trabalho, como se essa atitude fosse uma libertação de nossa tarefa, enquanto esse trabalho não passa de uma provação de nossa coragem e fé. Eles negligenciaram a construção da casa de Deus, de forma que pudessem ter mais tempo e dinheiro para as coisas do mundo. Deus trouxe sobre eles a punição que responderia ao pecado por não construírem o templo, pois tentaram evitar a escassez não o construindo. Muitos tiveram a boa intenção de realizar trabalhos bons, mas não os realizaram, porque os homens acharam que o tempo propício ainda não havia chegado. Desse modo, os cristãos deixam escapar oportunidades proveitosas, e pecadores demoram a entender os perigos que sua alma corre, até que seja tarde demais. Se trabalharmos somente pela carne que perece, como os judeus aqui faziam, há perigo de perdermos nosso trabalho; mas temos a certeza de que ele não será em vão no Senhor, se trabalharmos pela carne que dura para a vida eterna. Se tivermos o conforto e a permanência das alegrias temporais, devemos ter Deus como nosso amigo. Veja também Lucas 12.33. Quando Deus atravessa nossos afazeres temporais, e nós nos deparamos com problemas e desapontamentos, devemos descobrir o porquê disso, pois o trabalho que temos que fazer para Deus e para nossa alma é deixado de lado, e passamos a procurar nossas próprias coisas mais que as coisas de Cristo. Quantos argumentam que não podem dispor de dinheiro para trabalhos piedosos de caridade e, com frequência, desperdiçam dez vezes mais em despesas desnecessárias em suas casas e consigo mesmos! Mas aqueles são estranhos a seus próprios interesses, pois estão cheios de cuidados para enfeitar e enriquecer suas próprias casas, enquanto o templo de Deus em seu coração fica abandonado.

ZACARIAS

■ Uma introdução

Zacarias, o profeta
Zacarias era um profeta de Judá e, como Ezequiel, pertencia a uma família de sacerdotes. Ele descreve a si mesmo (Zc 1.1) como "filho de Berequias". Em Esdras 5.1 e 6.14, ele é chamado de "filho de Ido", o qual era propriamente seu avô. Sua carreira profética começou no segundo ano do

reinado de Dario (520 a.C.), aproximadamente dezesseis anos após o retorno do primeiro grupo do exílio. Ele era contemporâneo de Ageu (Ed 5.1).

Conteúdo

Seu livro consiste em duas partes distintas: capítulos 1 a 8, inclusive; e do capítulo 9 até o final do livro. Começa com um prefácio (Zc 1.1-6) que relembra a história do passado da nação, com o propósito de apresentar uma advertência solene à presente geração. Depois, segue-se uma série de oito visões (Zc 1.7–6.8), sucedendo-se uma após outra em uma noite, o que pode ser considerado uma história simbólica de Israel, com o objetivo de trazer consolação e esperança aos exilados que retornaram. A ação simbólica, a coroação de Josué (Zc 6.9-15), descreve como os reinos do mundo tornam-se o reino do Cristo de Deus. Zacarias 7 e 8, proferidos dois anos mais tarde, são uma resposta à questão de se os dias de pranto pela destruição da cidade deveriam durar por mais tempo, e um encorajamento endereçado ao povo, assegurando-o da presença e da bênção de Deus.

A segunda parte do livro (Zc 9–14) não possui data. É provável que um intervalo considerável a separe da primeira parte. Consiste em dois temas.

O primeiro tema (Zc 9–11) fornece um esboço do curso da relação providencial de Deus com seu povo até o tempo do advento.

O segundo tema (Zc 12–14) aponta para a glória que espera por Israel nos últimos dias, o conflito final e o triunfo do reino de Deus.

Nome, autor, data

SIGNIFICADO DO NOME DO LIVRO
Esse livro recebe o nome do profeta Zacarias, cujo significado é "aquele que é lembrado por Jeová".

AUTOR
Zacarias

DATA APROXIMADA DA ESCRITA
520-480 a.C.

Estatísticas

LUGAR DO LIVRO NA BÍBLIA
- Trigésimo oitavo livro do Antigo Testamento
- Décimo primeiro profeta menor

NÚMERO DE CAPÍTULOS
14

NÚMERO DE VERSÍCULOS
211

NÚMERO DE PALAVRAS
6.444

Tema principal do livro

As futuras bênçãos de Israel são preditas.

Chaves para o entendimento do livro

PALAVRA/PALAVRAS-CHAVE
Retornar

FRASE-CHAVE
- A palavra do Senhor, 13 vezes
- O Senhor dos Exércitos, 53 vezes

PESSOA/PESSOAS-CHAVE
Zacarias

CAPÍTULO/CAPÍTULOS-CHAVE
14 e o cerco de Jerusalém

VERSÍCULO/VERSÍCULOS-CHAVE
Assim diz o Senhor: *Voltarei para Sião e habitarei no meio de Jerusalém, que então se chamará a cidade da Verdade, e o monte do* Senhor *dos Exércitos, o monte Santo.*
(Zc 8.3)

Jesus Cristo em Zacarias

QUEM É JESUS
O ramo

JESUS PREFIGURADO COMO UM TIPO/RETRATOS DE CRISTO
- "O anjo do Senhor", 3.1,2
- "O Renovo", 3.8
- "A pedra [na qual] estão sete olhos", 3.9
- O Sacerdote no trono, 6.13
- O Rei que revelou sua humildade, 9.9,10
- O Bom Pastor que é rejeitado, 11.4-13
- O Rei justo, capítulo 14

Pensamento espiritual
O Senhor tornará a consolar Sião, 1.17.

Plano detalhado capítulo a capítulo
Capítulo 1: As duas visões: o homem no cavalo vermelho; os quatro chifres
Capítulo 2: O homem com a corda de medir
Capítulo 3: Josué, o sacerdote, é acusado e absolvido
Capítulo 4: O candelabro de ouro e as oliveiras
Capítulo 5: O pergaminho que voava, e a mulher no cesto
Capítulo 6: A visão das quatro carruagens.
Capítulo 7: O chamado ao arrependimento
Capítulo 8: O futuro maravilhoso de Jerusalém
Capítulo 9: O julgamento das nações vizinhas e o Messias Rei
Capítulo 10: O Senhor promete libertação
Capítulo 11: O bom pastor e os maus pastores
Capítulo 12: Jerusalém é salva, e o caminho da salvação
Capítulo 13: A impureza é abolida; e o remanescente, refinado
Capítulo 14: O reinado do Messias

Percepções de Matthew Henry

Zacarias 7
VERSÍCULOS 8-14
Os julgamentos de Deus sobre Israel a respeito de seus antigos pecados foram escritos para advertir os cristãos. A lei de Deus impõe restrições ao coração.

MALAQUIAS

Uma introdução

Divisões
O conteúdo do livro consiste em três seções, precedidas por uma introdução (Ml 1.1-5), na qual o profeta relembra Israel a respeito do amor de Jeová por ele.

A primeira seção (Ml 1.6–2.9) contém uma severa repreensão direcionada aos sacerdotes que haviam desprezado o nome de Jeová e eram líderes no abandono da adoração ao Senhor e da aliança com ele, e por sua parcialidade em administrar a lei.

Na segunda seção (Ml 2.9-16), o povo é repreendido por seu casamento com povos pagãos idólatras.

Na terceira seção (Ml 2.17–4.6), ele adverte o povo como um todo e avisa-o da vinda do Deus da justiça, precedido pelo advento do Messias.

Citações
Esse livro é com frequência citado no Novo Testamento (Mt 11.10; 17.12; Mc 1.2; 9.11,12; Lc 1.17; Rm 9.13).

Nome, autor, data
SIGNIFICADO DO NOME DO LIVRO
Esse livro recebe o nome do profeta Malaquias, cujo significado é "o mensageiro de Jeová".

AUTOR
Malaquias

DATA APROXIMADA DA ESCRITA
432-424 a.C.

Estatísticas
LUGAR DO LIVRO NA BÍBLIA
- Trigésimo nono livro do Antigo Testamento
- Décimo segundo profeta menor

NÚMERO DE CAPÍTULOS
4

NÚMERO DE VERSÍCULOS
55

NÚMERO DE PALAVRAS
1.783

Tema principal do livro
Apelo aos apóstatas

Chaves para o entendimento do livro
PALAVRA/PALAVRAS-CHAVE
Mensageiro

FRASE-CHAVE
"E ainda perguntais", 2.17

PESSOA/PESSOAS-CHAVE
Malaquias

CAPÍTULO/CAPÍTULOS-CHAVE
3 e o prenúncio da vinda do Senhor

VERSÍCULO/VERSÍCULOS-CHAVE
Tendes aborrecido o Senhor com vossas palavras. E ainda perguntais: Como o temos aborrecido? Quando dizeis que todo aquele que faz o mal passa por bom aos olhos do Senhor, e que é deste que o Senhor se agrada, e ainda quando perguntais: Onde está o Deus da justiça?
(Ml 2.17)

Enviarei o meu mensageiro, que preparará o caminho diante de mim; e de repente o Senhor, a quem buscais, o mensageiro da aliança, a quem desejais, virá ao seu templo. E ele vem, diz o Senhor dos Exércitos. (Ml 3.1)

Mas para vós, os que temeis o meu nome, nascerá o sol da justiça, trazendo cura nas suas asas; e vós saireis e saltareis como bezerros soltos no curral. (Ml 4.2)

Eu vos enviarei o profeta Elias, antes que venha o grande e temível dia do Senhor; e ele converterá o coração dos pais aos filhos, e o coração dos filhos aos pais; para que eu não venha e fira a terra com maldição.
(Ml 4.5,6)

Jesus Cristo em Malaquias
QUEM É JESUS
O sol da justiça

JESUS PREFIGURADO COMO
UM TIPO/RETRATOS DE CRISTO
A profecia do mensageiro que preparará o caminho para o Senhor.

Pensamento espiritual
Ouçam os mensageiros de Deus.

Plano detalhado capítulo a capítulo
Capítulo 1: Deus ama Israel, mas acusa os sacerdotes
Capítulo 2: A infidelidade de Israel na adoração e no casamento
Capítulo 3: O povo rouba a Deus, o pagamento do dízimo e a bênção de Deus
Capítulo 4: O dia do Senhor e a vinda de Elias

■ Percepções de Matthew Henry

Malaquias 4
VERSÍCULOS 1-3
Há aqui uma referência à primeira e à segunda vinda de Cristo: Deus já determinou o dia de ambas. Aqueles que agem

pecaminosamente e que não temem a ira de Deus viverão essa experiência. Ela certamente será aplicada no dia do julgamento, quando Cristo será revelado em fogo ardente; para executar o julgamento sobre os orgulhosos e sobre todos os que agem pecaminosamente. Em ambas as vindas, Cristo é a luz regozijante para aqueles que o servem fielmente. Entendemos Jesus Cristo pelo sol da justiça. Os cristãos, por intermédio dele, são justificados e santificados; e também são trazidos para ver a luz. As influências de Cristo apresentam o pecador santo, alegre e frutífero. Isso se aplica às graças e aos confortos do Espírito Santo, trazidos para a alma dos homens.

Cristo deu o Espírito àqueles que são dele, para brilhar no coração deles, e para ser o Consolador, um sol e um escudo para eles. Aquele dia que, para os pecadores, queimará como um forno, será, para os justos, brilhante como a manhã; é por isso que eles esperam por isso mais do que aqueles que esperam pela manhã. Cristo veio como o sol, para trazer não somente luz para um mundo escuro, mas saúde para um mundo doente. A alma de seus seguidores crescerá em conhecimento e força espiritual. Esse crescimento é similar aos dos bezerros soltos em um curral, e não como a flor no campo, pequena e fraca, que logo murcha.

ENCORAJAMENTO DOS LIVROS DO ANTIGO TESTAMENTO

INTRODUÇÃO

■ Classificação dos livros do Antigo Testamento

O Antigo Testamento possui 39 livros, os quais estão classificados em quatro categorias:
- Os livros da lei
- Os livros históricos
- Os livros poéticos
- Os livros proféticos

■ Gênero literário

Uma grande variedade de gêneros literários é encontrada entre os livros do Antigo Testamento:
- Narrativas históricas
- Canções
- Romances
- Estudos didáticos
- Correspondência pessoal
- Memórias
- Sátiras
- Biografias
- Autobiografias
- Leis
- Profecias
- Parábolas
- Alegorias

■ Autores do Antigo Testamento

Os escritores do Antigo Testamento vieram de diferentes circunstâncias históricas.
- Reis – Davi, Salomão
- Líder político – Moisés
- Governador – Daniel
- Sacerdote – Esdras
- General – Josué
- Pastor – Amós
- Copeiro – Neemias

Autores de livros individuais

Alguns dos livros do Antigo Testamento possuem autores identificados facilmente, mas outros são ainda desconhecidos.

A autoria de alguns livros ainda é incerta. A lista abaixo fornece os autores tradicionais dos livros do Antigo Testamento.
- Gênesis: Moisés
- Êxodo: Moisés
- Levítico: Moisés
- Números: Moisés
- Deuteronômio: Moisés
- Josué: autores desconhecidos
- Juízes: autores desconhecidos
- Rute: autores desconhecidos
- 1 e 2Samuel: autores desconhecidos
- 1 e 2Reis: autores desconhecidos
- 1 e 2Crônicas: autores desconhecidos
- Esdras: Esdras
- Neemias: Neemias
- Ester: autor desconhecido
- Jó: autor desconhecido
- Salmos: os salmos foram escritos por um número de pessoas: rei Davi, Moisés, Salomão, os filhos de Corá, os filhos de Asafe, e Etã, o ezraíta. Alguns salmos permanecem anônimos.
- Provérbios: rei Salomão, com o provérbio 30 escrito por Agur e o provérbio 31 escrito pelo rei Lemuel.
- Eclesiastes: autor desconhecido
- Cantares de Salomão: rei Salomão
- Isaías: Isaías
- Jeremias: Jeremias
- Lamentações: Jeremias
- Ezequiel: Ezequiel
- Daniel: Daniel
- Oseias: Oseias
- Joel: Joel
- Amós: Amós
- Obadias: Obadias
- Jonas: Jonas
- Miqueias: Miqueias

- Naum: Naum
- Habacuque: Habacuque
- Sofonias: Sofonias
- Ageu: Ageu
- Zacarias: Zacarias
- Malaquias: Malaquias

■ Palavra de Deus

A Palavra de Deus é chamada por uma grande variedade de nomes na Bíblia.

Livro
Sl 40.7; Ap 22.19

Livro do SENHOR
Is 34.16

Livro da Lei
Ne 8.3; Gl 3.10

Boa Palavra de Deus
Hb 6.5

Santas Escrituras
Rm 1.2

Sagradas Letras
2Tm 3.15

Lei do Senhor
Sl 1.2; Is 30.9

Palavras de Deus
Rm 3.2; 1Pe 4.11

Escrituras
1Co 15.3

Livro da Verdade
Dn 10.21

Espada do Espírito
Ef 6.17

A Palavra
Tg 1.21-23

Palavra de Deus
Lc 11.28; Hb 4.12

Palavra de Cristo
Cl 3.16

Palavra da Vida
Fp 2.16

Palavra da Verdade
2Tm 2.15; Tg 1.18

■ Equivalente a

Semente
Mt 13.3-8; Mt 13.18-23; Mt 13.37,38; Mc 4.3-20; Mc 4.26-32; Lc 8.5-15

Espada de Dois Gumes
Hb 4.12

■ Para ser lida publicamente

Referências gerais
Dt 31.11-13; Js 8.33-35; 2Rs 23.2; 2Cr 17.7-9; Ne 8.1-8; Ne 8.13; Ne 8.18; Jr 36.6; At 13.15; At 13.27; Cl 4.16; 1Ts 5.27

As pessoas ouviram e responderam dizendo: "Amém".
Ne 8.5,6; Êx 24.7; Dt 27.12-26

Explicada
Ne 8.8

Explicada por Jesus
Lc 4.16-27; Lc 24.27; Lc 24.45

Procurada
At 17.11
Busca de, ordenado
Jo 5.39; Jo 7.52

Textos a serem escritos nos batentes das portas
Dt 6.9; Dt 11.20

Nada a ser acrescentado ou retirado
Dt 4.2; Dt 12.32; Ap 22.18,19

Convicção do pecado pela leitura
2Rs 22.9-13; 2Cr 17.7-10; 2Cr 34

Cumprida por Jesus
Mt 5.17; Lc 24.27; Jo 19.24

Testifica de Jesus
REFERÊNCIAS GERAIS
Jo 5.39; At 10.43; At 18.28; 1Co 15.3

Introduções
As páginas seguintes fornecem introduções para cada livro do Antigo Testamento, bem como alguns versículos da maioria dos livros.

A maioria das introduções é extraída de uma das traduções mais clássicas da Bíblia, a *Bíblia de Genebra*, publicada inicialmente no ano de 1599. Esta foi a primeira Bíblia de estudos a ser publicada, e as introduções são tiradas de suas introduções para cada livro do Antigo Testamento. Algumas das introduções são de Adam Clarke, e outras são do grande comentarista bíblico não conformista, Matthew Henry.

Há muitos versículos distintos no Antigo Testamento, os quais, apesar de não conhecermos seu contexto, aquecem o coração. Uma seleção desses versículos vem com as introduções citadas acima, embora os versículos sejam retirados da versão da Bíblia em português, *A21*.

■ Lista alfabética dos livros da Bíblia

Ageu
Amós
Apocalipse
Atos

Cantares de Salomão
Colossenses
1Coríntios
2Coríntios

1 e 2Crônicas
Daniel
Deuteronômio

Eclesiastes
Efésios
Esdras
Ester
Êxodo
Ezequiel

Filemom
Filipenses

Gálatas
Gênesis

Habacuque
Hebreus

Isaías

Jeremias
Jó
João
1, 2, 3João
Joel
Jonas
Josué
Judas
Juízes

Lamentações
Levítico
Lucas

Malaquias
Marcos
Mateus
Miqueias

Naum
Neemias
Números

Obadias
Oseias

1 e 2Pedro
Provérbios

1 e 2Reis
Romanos
Rute

Salmos
1 e 2Samuel
Sofonias

1 e 2Tessalonicenses
Tiago
1 e 2Timóteo
Tito

Zacarias

GÊNESIS

■ Introdução

Moisés, com efeito, declara três coisas, as quais estão nesse livro principalmente para serem consideradas:

Primeiro, que o mundo e todas as coisas que nele há foram criados por Deus, e para louvar o seu nome pelas graças infinitas, com as quais ele o vestiu, e caiu prontamente da graça de Deus por intermédio da desobediência, e a quem, por causa de suas próprias misericórdias, restaurou-o à vida, e confirmou-o pela promessa da vinda de Cristo, por meio de quem ele venceria Satanás, a morte e o inferno.

Segundo, que os maus e negligentes dos mais excelentes benefícios de Deus permaneceram em suas maldades, e continuaram caindo da forma mais terrível de pecado em pecado, provocando finalmente Deus (aquele que por meio de seus pregadores chamaram-nos continuamente ao arrependimento) para que este destruísse, enfim, o mundo todo.

Terceiro, ele nos assegura pelos exemplos de Abraão, Isaque, Jacó e dos outros patriarcas que suas misericórdias nunca falham para aqueles que ele escolhe para ser sua igreja e para confessar seu nome na terra, mas, em todas as suas aflições e perseguições, ele os assiste, enviando conforto e libertando-os, de forma que o início, o crescimento, a preservação e o sucesso de tudo isso devem ser atribuídos só a Deus.

Moisés demonstra pelos exemplos de Caim, Ismael, Esaú e outros, nobres de acordo com o julgamento humano, que essa igreja não depende da grandeza e nobreza deste mundo; e igualmente pela escassez daqueles, os quais o têm adorado em todo o tempo puramente de acordo com sua palavra que não permanece na multidão, mas nos pobres e desprezados, no pequeno rebanho e no pequeno número, que o homem em sua sabedoria pode ser confundido, e o nome de Deus louvado para sempre.

1599 – Bíblia de Estudo de Genebra

Versículos de encorajamento

E disse Deus: Façamos o homem à nossa imagem, conforme nossa semelhança; domine ele sobre os peixes do mar, sobre as aves do céu, sobre o gado, sobre os animais selvagens e sobre todo animal rastejante que se arrasta sobre a terra. (Gn 1.26)

E farei de ti uma grande nação, te abençoarei e engrandecerei o teu nome; e tu serás uma bênção. Abençoarei os que te abençoarem e amaldiçoarei quem te amaldiçoar; e todas as famílias da terra serão abençoadas por meio de ti. (Gn 12.2,3)

Depois dessas coisas, a palavra do SENHOR veio a Abrão numa visão, dizendo: Abrão, não temas; eu sou o teu escudo, o teu galardão será muito grande. (Gn 15.1)

E Abrão creu no SENHOR*; e o* SENHOR *atribuiu-lhe isso como justiça.* (Gn 15.6)

... eu te farei frutificar imensamente; de ti farei nações, e reis procederão de ti. Firmarei minha aliança contigo e com tua descendência, como aliança perpétua em suas futuras gerações, para ser o teu Deus e o Deus da tua descendência. (Gn 17.6,7)

Há alguma coisa difícil para o SENHOR? (Gn 18.14)

Então o SENHOR *disse: Esconderei de Abraão o que faço...* (Gn 18.17)

Longe de ti fazer tal coisa, matar o justo com o ímpio, igualando o justo ao ímpio; longe de ti fazer isso! Não fará justiça o juiz de toda a terra? (Gn 18.25)

Naquela mesma ocasião, Abimeleque, juntamente com Ficol, chefe do seu exército, falou a Abraão: Deus está contigo em tudo o que fazes. (Gn 21.22)

Ao que ele me disse: O SENHOR*, em cuja presença tenho andado, enviará o seu anjo contigo e dará sucesso à tua missão; e tomarás mulher para meu filho dentre os meus parentes e da casa de meu pai.* (Gn 24.40)

Fica vivendo nesta terra, e serei contigo e te abençoarei, porque darei todas estas terras a ti e aos que descenderem de ti; e confirmarei o juramento que fiz a teu pai Abraão... (Gn 26.3)

ÊXODO

■ Introdução

Depois de Jacó, após a ordem de Deus em Gênesis 46.3, ter levado sua família para o Egito, onde permaneceram por quatrocentos anos, e onde o povo cresceu de setenta pessoas para um número infinito, de forma que o rei e o país empenharam-se para eliminá-los por meio da tirania e da escravidão cruel, o Senhor, de acordo com sua promessa em Gênesis 15.14, teve compaixão de sua igreja e libertou-os, mas enviou pragas aos seus inimigos dos modos mais estranhos e variados.

Quanto mais a tirania dos perversos levantava-se contra a igreja, mais os pesados julgamentos de Deus contra eles aumentavam, até que o faraó e seu exército afundaram no mar, e esse mesmo mar deu abertura e passagem para os filhos de Deus. Como a ingratidão do homem é grande, eles, imediatamente, esqueceram os maravilhosos benefícios de Deus, e, embora o Senhor tivesse dado a eles a Páscoa como um sinal e memorial desses benefícios, novamente caíram em desconfiança e puseram Deus à prova com várias reclamações e ressentimentos contra o Senhor e seus ministros: algumas vezes, por mera ambição; outras vezes por falta de bebida ou carne para satisfazer suas luxúrias; outras vezes ainda por causa da idolatria ou coisas semelhantes.

Por essa razão, Deus os castigou com punições e pragas severas, a fim de que eles, por intermédio da correção divina, retornassem ao Senhor e pedissem socorro pelas suas punições e, com sinceridade, se arrependessem de sua rebelião e maldade. Por Deus amá-los até o fim – e foi ele quem começou amando-os –, o Senhor não os puniu como mereciam, mas lidou com eles misericordiosamente, e, com novos benefícios, trabalhou para superar a maldade deles: pois Deus ainda os governava e deu a eles sua palavra e a lei, ambas relacionadas ao modo de servi-lo, e também as formas de julgamento e diretrizes civis: com a intenção de que não servissem a Deus da forma que lhes agradasse, mas de acordo com a ordem que sua sabedoria celeste havia determinado.

> 1599 – Bíblia de Estudo de Genebra

Moisés, porém, disse ao povo: Não temais. Acalmai-vos e vede o livramento que o SENHOR vos trará hoje; porque nunca mais vereis os egípcios que hoje vedes. O SENHOR guerreará por vós. Por isso, acalmai-vos. (Êx 14.13,14)

Versículos de encorajamento

Quem entre os deuses é como tu, ó SENHOR? Quem é como tu, poderoso em santidade, admirável em louvores, capaz de maravilhas? (Êx 15.11)

Ó SENHOR, tu os conduzirás e os plantarás no monte da tua herança, no lugar que preparaste para a tua habitação, no santuário que as tuas mãos estabeleceram, ó SENHOR. (Êx 15.17)

Agora, portanto, se ouvirdes atentamente a minha voz e guardardes a minha aliança, sereis minha propriedade exclusiva dentre todos os povos, porque toda a terra é minha. (Êx 19.5)

Se achei favor aos teus olhos, rogo-te que agora me mostres os teus caminhos, para que eu te conheça, a fim de que continue a achar favor aos teus olhos; e considera que esta nação é teu povo. O SENHOR respondeu-lhe: Eu mesmo irei contigo e te darei descanso. (Êx 33.13,14)

Os Dez Mandamentos e os ensinos de Jesus

O Novo Testamento registra alguns ensinamentos de Jesus, os quais podem ser ligados a cada um dos Dez Mandamentos.

O primeiro mandamento e Mateus 22.37:
> Jesus lhe respondeu: Amarás o Senhor teu Deus de todo o coração, de toda a alma e de todo o entendimento. (Mt 22.37)

O segundo mandamento e João 4.24:
> Deus é Espírito, e é necessário que os que o adoram o adorem no Espírito e em verdade. (Jo 4.24)

O terceiro mandamento e Mateus 5.34:
> Eu, porém, vos digo: De maneira nenhuma jureis; nem pelo céu, porque é o trono de Deus. (Mt 5.34)

O quarto mandamento e Marcos 2.27:
> E prosseguiu: O sábado foi feito por causa do homem, e não o homem por causa do sábado. (Mc 2.27)

O quinto mandamento e Mateus 15.4-6; 19.19; Marcos 7.10:
> Pois Moisés disse: Honra teu pai e tua mãe; e: Quem amaldiçoar seu pai ou sua mãe certamente morrerá. (Mc 7.10)

O sexto mandamento e Mateus 5.21:
> Ouvistes que foi dito aos antigos: Não matarás; e: Quem matar estará sujeito a julgamento. (Mt 5.21)

O sétimo mandamento e Mateus 5.28; 19.9,18.

O oitavo mandamento e Mateus 15.19.

O nono mandamento e Mateus 12.34-37.

O décimo mandamento e Mateus 5.28:
> Eu, porém, vos digo que todo aquele que olhar com desejo para uma mulher já cometeu adultério com ela no coração. (Mt 5.28)

LEVÍTICO

■ **Introdução**

Como Deus, pelos mais singulares benefícios, declarou-se diariamente cuidadoso com sua igreja: ele não queria que tivessem a oportunidade de confiar em si mesmos ou que dependessem de outros, até mesmo quando houvesse falta de bens materiais ou de qualquer coisa que pertencesse a seu serviço divino ou religião. Por essa razão, ele ordenou vários tipos de obrigações e sacrifícios, para assegurá-los do perdão por suas ofensas (se eles se oferecessem com verdadeira fé e obediência).

Igualmente ele determinou quem seriam os sacerdotes e os levitas, sua vestimenta, trabalhos, linguajar e porção; ele mostrou quais festas eles deveriam observar e quando. Além disso, ele declara por intermédio desses sacrifícios e cerimônias que o salário do pecado é a morte e que, sem o sangue de Cristo, o Cordeiro inocente, não pode haver perdão de pecados. Porque eles não poderiam dar prioridade a suas próprias invenções (as quais Deus detestava, como se demonstra por intermédio do terrível exemplo de Nadabe e Abiú), ele prescreveu, até mesmo para as coisas mais simples, o que eles deveriam fazer, quais os animais que deveriam oferecer e comer, quais doenças eram contagiosas e que deveriam ser evitadas, como deveriam purificar-se de todos os tipos de impurezas e poluição, quais companhias deveriam evitar, quais casamentos seriam lícitos e quais costumes seriam proveitosos.

Após declarar essas coisas, ele prometeu favor e bênção àqueles que guardassem suas leis e ameaçou com suas pragas aqueles que as transgredissem.

1599 – Bíblia de Estudos de Genebra

Versículos de encorajamento

Fala aos israelitas: Quando tiverdes entrado na terra que vos dou, e fizerdes a colheita, levareis ao sacerdote um feixe dos primeiros frutos da vossa colheita; e ele moverá o feixe diante do SENHOR, para que sejais aceitos. O sacerdote moverá o feixe no dia seguinte ao sábado. (Lv 23.10,11)

Não se venderão terras em definitivo, porque a terra é minha. Estais comigo como estrangeiros e peregrinos. (Lv 25.23)

Eu me voltarei para vós e vos farei frutificar, e vos multiplicarei, e confirmarei a minha aliança convosco. (Lv 26.9)

Andarei no meio de vós e serei o vosso Deus, e vós sereis o meu povo. (Lv 26.12)

NÚMEROS

■ **Introdução**

Assim como Deus demonstrou que sua igreja neste mundo deve estar sob a cruz, eles devem aprender a não pôr sua confiança nas coisas do mundo, e também sentir seu conforto quando outro tipo de ajuda falha; ele não trouxe seu povo de volta imediatamente, após sua partida do Egito, para a terra que ele havia prometido a eles: mas conduziu-os de lá para cá pelo espaço de quarenta anos, e manteve-os em exercícios contínuos antes de se deleitarem na terra, para testar a fé de seu povo, ensiná-los a esquecer o mundo, e depender dele. Tal processo foi grandemente proveitoso para separar os perversos e os hipócritas dos fiéis e verdadeiros servos de Deus, os quais serviam-no com o coração puro, enquanto os outros, preferindo suas luxúrias terrenas à glória de Deus, e fazendo a religião servir a seu propósito, reclamavam quando havia falta de algo para satisfazer suas concupiscências e desprezavam aqueles que Deus havia apontado como governantes sobre eles. Por essa razão eles provocaram Deus, que enviou seus terríveis juízos contra eles, e foram colocados como um exemplo notável para todas as idades, para acautelar-se do modo como abusam da palavra de Deus e preferem suas próprias luxúrias à vontade dele, ou desprezam seus ministros. Não obstante, Deus é sempre fiel às suas promessas, e governa seu povo pelo Espírito Santo, para que eles não caiam em tais inconveniências e voltem-se para ele em verdadeiro arrependimento. Além disso, ele continua derramando suas graças sobre eles, dando-lhes suas ordenanças e instruções, bem como para a religião, como uma diretriz exterior. Ele os preserva de toda falsidade e conspiração, e dá a eles muitas vitórias contra seus inimigos. Para evitar todas as controvérsias que podem surgir, ele retira as causas, dividindo entre todas as tribos a terra que eles haviam conquistado e que o Senhor havia prometido, como parecia melhor pela sua divina sabedoria.

1599 – Bíblia de Estudos de Genebra

Versículos de encorajamento

O Senhor te abençoe e te guarde; o Senhor faça resplandecer o seu rosto sobre ti e tenha misericórdia de ti; o Senhor levante sobre ti o seu rosto e te dê a paz. (Nm 6.24-26)

Se o Senhor se agradar de nós, então nos estabelecerá nessa terra e a dará para nós, terra que dá leite e mel. (Nm 14.8)

Mas, tão certo como eu vivo, e como a glória do Senhor encherá toda a terra. (Nm 14.21)

DEUTERONÔMIO

■ Introdução

O maravilhoso amor de Deus para com sua igreja é demonstrado vivamente nesse livro, apesar de sua ingratidão e muitas rebeliões contra Deus, pelo espaço de quarenta anos (Dt 9.7). Eles mereciam ter seu número de pessoas reduzido, e para sempre serem privados do uso de sua santa palavra e ordenanças; mesmo assim ele sempre preservou sua igreja, principalmente por causa de sua própria misericórdia, e ainda teria seu nome invocado no meio deles. Esta é a razão pela qual ele os traz para a terra de Canaã, destrói seus inimigos, dá a eles seu país, cidades e pertences e exorta-os pelo exemplo de seus pais (cuja infidelidade, idolatria, adultérios, reclamações e rebeliões ele já havia punido severamente) a temer e obedecer ao Senhor, para guardar e seguir sua lei, sem nada adicionar a ela ou sem nada diminuir dela.

Pois pela sua palavra ele seria conhecido por ser seu Deus, e eles o seu povo; pela sua palavra ele governaria sua igreja e por ela eles aprenderiam a obedecer a ele. Pela sua palavra ele discerniria o falso profeta do verdadeiro, a luz das trevas, a ignorância do conhecimento e seu próprio povo de todas as outras nações e descrentes. E, por meio disso, ensinando-os a recusar e a detestar o que não fosse agradável à sua santa vontade, destruindo e abolindo todas as coisas que não agradassem ao Senhor; aliás, que isso nunca pareça tão bom ou precioso aos olhos do homem. Por esse motivo, Deus prometeu levantar reis e governantes, para o estabelecimento de sua palavra e preservação de sua igreja, dando a eles uma incumbência especial para executá-la, a quem, portanto, ele deseja exercitar diligentemente no contínuo estudo e meditação dela: que eles devem aprender a temer o Senhor, amar seus estatutos, detestar a cobiça e os vícios e tudo o que ofender a majestade de Deus. Como ele já havia instruído os pais deles a respeito de todas as coisas pertencentes a seu serviço espiritual e à manutenção daquela sociedade que está entre os homens, ele prescreve aqui novamente todas as leis e ordenanças, as quais igualmente referem-se ao serviço divino ou, ainda, são necessárias para o bem comum. Aponta para cada condição e grau suas incumbências e trabalhos, bem como o modo de governar e viver no temor do Senhor, para nutrir a amizade entre seus vizinhos e preservar a ordem que Deus estabeleceu entre eles enviando as mais terríveis pragas àqueles que transgredissem os seus mandamentos e prometendo bênçãos e felicidade àqueles que os observassem e obedecessem.

1599 – Bíblia de Estudo de Genebra

Versículos de encorajamento

E guardareis os seus estatutos e os seus mandamentos, que hoje vos ordeno, para que vivais bem, vós e vossos filhos, e para que prolongueis os vossos dias na terra que o Senhor, vosso Deus, vos dá para sempre. (Dt 4.40)

E estas palavras, que hoje te ordeno, estarão no teu coração; e as ensinarás a teus filhos e delas falarás sentado em casa e andando pelo caminho, ao deitar-te e ao levantar-te. (Dt 6.6,7)

Porque tu és povo santo para o Senhor, teu Deus. O Senhor, teu Deus, te escolheu, para que sejas o seu povo particular, dentre todos os que há sobre a terra. (Dt 7.6)

Saberás que o Senhor, teu Deus, é que é Deus, o Deus fiel, que guarda a aliança e a misericórdia por até mil gerações para com os que o amam e obedecem aos seus mandamentos. (Dt 7.9)

Sim, ele te humilhou, te deixou ter fome e te sustentou com o maná, que nem tu nem teus pais conhecíeis, para que entendesses que o homem não vive só de pão, mas de tudo o que sai da boca do Senhor; disso vive o homem. (Dt 8.3)

Porque és povo santo para o Senhor, teu Deus, e o Senhor te escolheu para seres o seu povo particular entre todos os povos sobre a face da terra. (Dt 14.2)

Então, guardai e cumpri as palavras desta aliança, para que prospereis em tudo o que fizerdes. (Dt 29.9)

As coisas encobertas pertencem ao Senhor, nosso Deus, mas as reveladas pertencem a nós e a nossos filhos para sempre, para que obedeçamos a todas as palavras desta lei. (Dt 29.29)

JOSUÉ

■ Introdução

Nesse livro, o Espírito Santo mostra-nos vivamente o cumprimento da promessa de Deus, como ele havia prometido pela boca de Moisés, que um profeta como ele seria levantado para o povo, a quem ele deseja obedecer (Dt 18.15). Dessa forma, ele mostra que sua promessa é verdadeira, pois, em todos os outros tempos, e após a morte de Moisés, seu servo fiel, ele levanta Josué para ser o dirigente e o governador de seu povo, a fim de que eles não fossem desencorajados pela falta de um capitão nem tivessem motivo para desconfiar das promessas de Deus mais tarde. Desse modo, Josué deve ser confirmado em seu chamado, e o povo, igualmente, não deve ter oportunidade de murmurar, como se ele não fosse aprovado por Deus. Ele é adornado com os mais maravilhosos presentes e graças de Deus, tanto para governar o povo com conselho como para defendê-los com força, e nele não há falta alguma do que deve possuir um valente capitão ou um ministro fiel. Dessa forma, ele supera todas as dificuldades e os leva para a terra de Canaã, a qual, de acordo com as ordenanças de Deus, ele divide entre as pessoas e determina suas fronteiras. Ele estabelece leis e ordenanças e coloca-os como lembranças dos benefícios revelados de Deus, assegurando-os de sua graça e favor se obedecessem a Deus, e de suas pragas e vingança se desobedecessem a ele. Essa história representa Jesus Cristo como o verdadeiro Josué, o qual os conduz em eterna felicidade, representada para nós como a terra de Canaã.

1599 – Bíblia de Estudo de Genebra

Versículos de encorajamento
Apenas esforça-te e sê corajoso, cuidando de obedecer a toda a lei que meu servo Moisés te ordenou, não te desvies dela, nem para a direita nem para a esquerda; assim serás bem-sucedido por onde quer que andares. Não afastes de tua boca o livro desta lei, antes medita nele dia e noite, para que tenhas cuidado de obedecer a tudo o que nele está escrito; assim farás prosperar o teu caminho e serás bem-sucedido. Não te ordenei isso? Esforça-te e sê corajoso; não tenhas medo, nem te assustes; porque o SENHOR, teu Deus, está contigo, por onde quer que andares. (Js 1.7-9)

Lembrai-vos da palavra que Moisés, servo do SENHOR, vos ordenou: O SENHOR, vosso Deus, vos dá descanso e vos dá esta terra. (Js 1.13)

JUÍZES

■ Introdução

Após a morte de Josué os israelitas decidiram atacar os cananeus restantes, e a tribo de Judá foi direcionada a atacar primeiro, 1-2.

Judá e Simeão uniram-se, atacaram os cananeus e os perizeus, mataram dez mil homens, levaram Adoni-Bezeque prisioneiro, cortaram os polegares das mãos e dos pés deles e trouxeram-no para Jerusalém, onde ele veio a morrer, 3-7.

Jerusalém conquistada, 8.

Uma nova guerra contra os cananeus sob a direção de Calebe, 9-11.

Quiriate-Sefer é conquistada por Otoniel, onde ele recebe, como recompensa, Acsa, a filha de Calebe, e com ela terras do sul com fontes de água, 12-15.

Os queneus habitaram entre o povo, 16.

Judá e Simeão destroem os cananeus em Zefate, Gaza etc, 17-19.

Hebrom é dada a Calebe, 20.

Dos benjamitas, casa de José, tribo de Manassés, 21-27.

Os israelitas impõem trabalhos forçados aos cananeus, 28.

Das tribos de Efraim, Zebulom, Aser e Naftali, 29-33.

Os amorreus confinaram a tribo de Dã à serra central, 34-36.

Adam Clarke

RUTE

■ Introdução

Esse livro é chamado de Rute, a personagem principal desses escritos. Nele, igualmente, o estado da igreja é estabelecido figurativamente, estando sujeita a muitas aflições, embora, por fim, Deus lhe dê bons e alegres filhos, ensinando-nos a suportar com paciência até que Deus nos liberte dos problemas. Nesse livro também é descrito como Jesus Cristo, de acordo com a carne, veio de Davi, descendência de Rute, pois o Senhor Jesus prometeu vir da linhagem desse rei. Contudo, ela era uma moabita de baixa condição e uma estrangeira no meio do povo de Deus. Tal exemplo nos mostra que os gentios seriam santificados por ele, ao seu povo e que haveria um só rebanho e um só pastor. Parece-nos que essa descrição pertence ao tempo dos Juízes.

1599 – Bíblia de Estudo de Genebra

Versículo de encorajamento

Mas Rute respondeu: Não insistas comigo para que te abandone e deixe de seguir-te. Pois aonde quer que fores, irei também; e onde quer que ficares, ali ficarei. O teu povo será o meu povo, e o teu Deus será o meu Deus. (Rt 1.16)

1SAMUEL

■ Introdução

Assim como Deus havia ordenado em Dt 17.14 que, quando os israelitas entrassem na terra de Canaã, ele designaria um rei para eles, em 1Samuel o estado do povo sob o reinado de seu primeiro rei, Saul, é aqui declarado. Não contentes com a ordem que Deus temporariamente havia designado para o governo de sua igreja, eles exigiram um rei para que, dessa forma, pudessem ser como as outras nações. E, igualmente, pensaram que estariam em melhor situação, não porque poderiam servir melhor a Deus com isso, mas porque estariam sob os cuidados dele, que representaria Jesus Cristo, o verdadeiro libertador. Por essa razão, Deus deu a eles um tirano e hipócrita para governar sobre eles a fim de que aprendessem que um rei não seria suficiente para defendê-los, a menos que Deus, por seu poder, preservasse e guardasse todos. Por isso ele pune a ingratidão de seu povo e envia a eles guerras consecutivas, dentro e fora de sua terra. Igualmente, porque Saul, a quem Deus, sem razão aparente, tinha dado a honra de ser rei, não reconheceu a misericórdia de Deus por ele, mas, em vez disso, desobedeceu à palavra de Deus e não foi zeloso por sua glória, ele foi removido de sua posição por Deus, e Davi, a verdadeira figura do Messias, foi colocado em seu lugar. Sua paciência, modéstia, constância, perseguição por inimigos públicos, falsos amigos e bajuladores enganosos, tudo isso representa o legado deixado para a igreja e para cada membro dela, como um modelo e exemplo de seu estado e profissão.

1599 – Bíblia de Estudo de Genebra

Versículo de encorajamento

Assim lhe direis: Paz seja contigo e com a tua família, e com tudo o que tens.
(1Sm 25.6)

2SAMUEL

■ Introdução

Esse livro e o autor são chamados de Samuel, porque contém a concepção, nascimento e o curso inteiro de sua vida, e também a vida e os atos de dois reis, Saul e Davi, a quem ele ungiu e consagrou pela ordenança de Deus. O primeiro livro contém as coisas que Deus trouxe para serem passadas entre este povo sob o governo de Samuel e Saul. Esse segundo livro declara os atos nobres de Davi, após a morte de Saul, quando ele começou a reinar, chegando até o final de seu reinado, e como seu reino foi expandido por ele. Também contém os grandes problemas e perigos que ele suportou, quer os internos, com sua família, quer os externos, as terríveis e perigosas revoltas, tumultos e traições forjados contra ele, em parte por falsos conselheiros, amigos dissimulados e bajuladores, e em parte por seus próprios filhos e povo. Com a ajuda de Deus, ele superou todas as dificuldades e desfrutou de seu reinado em descanso e paz. Na pessoa de Davi, as Escrituras apontam Jesus Cristo como o rei chefe, que veio de Davi de acordo com a carne e foi perseguido por todos os lados por inimigos internos e externos, bem como em sua própria pessoa, e em seus membros, mas finalmente ele vence todos os seus inimigos e dá à sua igreja vitória contra todo poder espiritual e temporal e, dessa forma, reina com eles, sendo rei para sempre.

1599 – Bíblia de Estudo de Genebra

Versículos de encorajamento

O SENHOR é a minha rocha, a minha fortaleza e o meu libertador. É o meu Deus, o meu rochedo, nele confiarei; é o meu escudo e a força da minha salvação, minha torre de proteção e o meu refúgio. Ó meu Salvador! Tu me livras da violência.
(2Sm 22.2,3)

Trouxe-me para um lugar seguro; livrou-me, porque se agradou de mim. O SENHOR me recompensou conforme a minha justiça; retribuiu-me conforme a pureza das minhas mãos.
(2Sm 22.20,21)

Porque tu, SENHOR, és a minha lâmpada; e o SENHOR ilumina as minhas trevas. Pois contigo enfrento uma tropa; com o meu Deus salto uma muralha. Quanto a Deus, o seu caminho é perfeito, e a palavra do SENHOR é fiel. Ele é um escudo para todos os que nele se refugiam. Pois, quem é Deus, senão o SENHOR? Quem é rocha, senão o nosso Deus? Deus é a minha grande fortaleza; ele torna perfeito o meu caminho. Ele faz os meus pés rápidos como as gazelas e me firma os passos nas alturas.
(2Sm 22.29-34)

O SENHOR vive. Bendita seja a minha rocha, e exaltado seja Deus, a rocha da minha salvação.
(2Sm 22.47)

1REIS

■ Introdução

Uma vez que os filhos de Deus não devem esperar descanso contínuo e tranquilidade neste mundo, o Espírito Santo mostra nesse livro, diante de nossos olhos, a variedade e a mudança nas coisas que chegaram até o povo de Israel desde a morte do rei Davi, Salomão e o restante dos reis até a morte de Acabe. Declarando aqueles reinos brilhantes, a menos que sejam preservados pela proteção de Deus (aquele que os favorece quando sua palavra é verdadeiramente levada a sério, estimada com eficiência, a maldade é punida e a harmonia é mantida), estão fadados a cair e a ser nada, da forma como vemos por intermédio da divisão do reino sob o reinado de Roboão e Jeroboão, aqueles que antes eram um só povo, agora, pela justa punição de Deus, foram divididos em dois. Judá e Benjamim estavam sob as ordens de Roboão, e estes foram chamados de Reino de Judá. As outras dez tribos estavam sob o domínio de Jeroboão e foram chamadas de Reino de Israel. O rei de Judá tinha seu trono em Jerusalém, e o rei de Israel em Samaria, após ser construída por Onri, pai de Acabe. Porque nosso Salvador Jesus Cristo, de acordo com a carne, vem da linhagem de Davi, a genealogia dos reis de Judá é aqui descrita, de Salomão a Jeorão, filho de Josafá, que reinou sobre Judá em Jerusalém, assim como Acabe o fez sobre Israel em Samaria.

1599 – Bíblia de Estudo de Genebra

Versículo de encorajamento

Mas o SENHOR, meu Deus, me tem dado descanso de todos os lados: não tenho adversário, nem sofremos ameaça alguma. (1Rs 5.4)

2REIS

■ Introdução

Esse segundo livro contém os atos dos reis de Judá e Israel; ou seja, de Israel, desde a morte de Acabe até o último rei, Oseias, o qual foi aprisionado pelo rei da Síria, e sua cidade, Samaria, foi tomada, e as dez tribos foram levadas ao cativeiro pelos justos flagelos de Deus, por causa de sua idolatria e desobediência ao Senhor. Também de Judá, do reinado de Jeorão, filho de Josafá, até Zedequias, quem – por desprezar os mandamentos do Senhor dados por seus profetas e negligenciar suas muitas admoestações por intermédio da fome e outros meios – foi levado por seus inimigos, viu seus filhos serem assassinados da forma mais cruel diante de sua face, e seus olhos feridos de cegueira, como o Senhor havia declarado a ele tempos antes por intermédio de seu profeta Jeremias. Pela justa vingança de Deus, pelo desprezo de sua palavra, Jerusalém foi destruída; o templo, queimado; e ele e todo o seu povo, levados cativos para a Babilônia. Nesse livro, há notáveis exemplos do favor de Deus para aqueles governantes e pessoas que obedeciam a seus profetas e acolhiam sua palavra e, por outro lado, as pragas sobre aqueles que negligenciavam seus ministros e não obedeciam a seus mandamentos.

1599 – Bíblia de Estudo de Genebra

1CRÔNICAS

■ Introdução

As leis abrangiam esses dois livros em um, os quais os gregos, por causa da extensão, dividiram em dois. São chamados de Crônicas porque descrevem de forma breve a história desde Adão até o retorno de seu cativeiro na Babilônia. Mas estes não são os livros de Crônicas mencionados nos livros dos reis de Judá e Israel, os quais apresentam a história de ambos os reinados que mais tarde acabam no cativeiro, mas são um resumo desses livros, reunidos por Esdras, como escrevem os judeus após seu retorno da Babilônia. Esse primeiro livro contém uma breve repetição a respeito dos filhos de Adão a Abraão, Isaque, Jacó e os doze patriarcas, em especial os de Judá, e o reinado de Davi, pois Cristo veio de sua linhagem de acordo com a carne. Igualmente ele mostra seus atos relacionados ao governo civil e também à administração relacionada à religião, pois pelo grande sucesso de tudo isso ele regozija-se e dá graças ao Senhor.

1599 – Bíblia de Estudo de Genebra

Versículos de encorajamento

Jabes invocou o Deus de Israel, dizendo: Que tu me abençoes e aumentes minha propriedade; que a tua mão me proteja e não permita que eu seja afligido pelo mal! E Deus lhe concedeu o que pediu. (1Cr 4.10)

Glória e majestade estão diante dele; força e alegria na sua habitação. (1Cr 16.27)

Ó Senhor, tua é a grandeza, o poder, a glória, a vitória e a majestade, porque tudo quanto há no céu e na terra é teu. Ó Senhor, o reino é teu, e tu te exaltaste como chefe sobre todos. (1Cr 29.11)

2CRÔNICAS

■ Introdução

Esse segundo livro contém, em resumo, os conteúdos dos dois livros dos reis, ou seja, do reinado de Salomão até a destruição de Jerusalém e o cativeiro da Babilônia. Nessa história, algumas coisas são contadas em mais detalhes que nos livros dos reis e, por isso, ajudam grandemente no entendimento dos profetas. Sobretudo, três coisas devem ser consideradas aqui: primeiro, que quando os reis religiosos viram as pragas de Deus preparadas contra seu país por causa dos pecados, eles se voltaram ao Senhor e por suas orações fervorosas foram ouvidos, e as pragas foram retiradas; segundo, enquanto os bons governantes sempre amavam os profetas de Deus e eram zelosos em propagar sua religião através de seus domínios, muito ofendeu a Deus o fato de que os perversos odiavam seus ministros, depuseram-nos e instituíram a idolatria e aventuraram-se a servir a Deus de acordo com as fantasias dos homens; terceiro, desse modo, temos os principais atos desde o começo do mundo até a reconstrução de Jerusalém, no 32º ano de Dario, em um total de 3.568 anos e seis meses.

1599 – Bíblia de Estudo de Genebra

Versículos de encorajamento

Bendito seja o Senhor, teu Deus, que se agradou de ti, colocando-te sobre o seu trono para ser rei pelo Senhor, teu Deus! Porque teu Deus amou Israel, para estabelecê-lo perpetuamente, por isso te constituiu rei sobre eles, para executares juízo e justiça. (2Cr 9.8)

Os etíopes e os líbios não tinham um grande exército, com muitíssimos carros e cavaleiros? Mas tu confiaste no Senhor, e ele os entregou nas tuas mãos. Porque os olhos do Senhor passam por toda a terra, para que ele se mostre forte para com aqueles cujo coração é íntegro para com ele. Procedeste loucamente nisso, pois agora haverá guerras contra ti. (2Cr 16.8,9)

... e disse: Dai ouvidos, todo o Judá, e vós, moradores de Jerusalém, e tu, ó rei Josafá. Assim diz o Senhor: Não temais, nem vos assusteis por causa dessa grande multidão, porque a luta não é vossa, mas de Deus. (2Cr 20.15)

Não tereis que lutar nesta batalha; tomai posição, ficai parados e vede o livramento que o Senhor vos concederá, ó Judá e Jerusalém. Não temais, nem vos assusteis.

Saí amanhã para encontrá-los, porque o SENHOR está convosco. (2Cr 20.17)

De manhã cedo, eles se levantaram e saíram para o deserto de Tecoa. Ao saírem, Josafá ficou em pé e disse: Ó Judá, e vós, moradores de Jerusalém, ouvi-me. Crede no SENHOR, vosso Deus, e estareis seguros; crede nos seus profetas, e sereis bem-sucedidos. (2Cr 20.20)

Ele buscou a Deus enquanto Zacarias, que o instruiu no temor de Deus, vivia; e enquanto buscou o SENHOR, Deus o fez prosperar. (2Cr 26.5)

ESDRAS

■ Introdução

Assim como o Senhor é sempre misericordioso com sua igreja, e não pune seu povo, eles deveriam enxergar suas próprias misérias e se instruírem de acordo com a cruz, pois deviam desprezar o mundo e aspirar aos céus; dessa forma, após ele ter visitado os judeus e os mantido em escravidão por setenta anos em um país estranho entre infiéis e idólatras, lembrou-se de suas amáveis misericórdias e das fraquezas de seu povo e, portanto, para sua própria glória, levantou um libertador e, ao mesmo tempo, moveu o coração do principal governador para compadecer-se deles, e também por intermédio dele puniu aqueles que os manteve em escravidão. Não obstante, a fim de que não crescessem em desrespeito em relação aos grandes benefícios que Deus lhes havia dado, ele ainda os mantém em exercício, e levanta inimigos do próprio país, os quais tentam a todo custo impedir suas iniciativas mais valiosas; e, ainda, pela exortação do profeta eles foram em frente pouco a pouco, até que seu trabalho estivesse terminado. O autor desse livro foi Esdras, sacerdote e escriba da lei, como está escrito em Esdras 7.6. Ele voltou para Jerusalém no sexto ano de Dario, e este sucedeu Ciro, ou seja, aproximadamente cinquenta anos após o primeiro retorno do povo sob o governo de Zorobabel, quando o templo foi construído. Ele trouxe consigo uma grande corporação e muitas riquezas, com cartas para os oficiais do rei acerca de todas as coisas necessárias para o templo; e, na sua chegada, consertou o que estava errado e colocou as coisas em ordem.

1599 – Bíblia de Estudo de Genebra

Versículos de encorajamento

Assim, os líderes dos judeus continuaram a construir com êxito, encorajados pela profecia do profeta Ageu e do profeta Zacarias, filho de Ido. Construíram e concluíram o templo conforme a ordem do Deus de Israel e conforme os decretos de Ciro, de Dario e de Artaxerxes, reis da Pérsia. (Ed 6.14)

Porque Esdras tinha-se disposto no coração a estudar a Lei do SENHOR e a praticá-la, e a ensinar em Israel os seus estatutos e normas. (Ed 7.10)

NEEMIAS

■ Introdução

Deus, em todas as eras e em todos os tempos, estabelece pessoas valiosas para a conveniência e benefício de sua igreja, assim como agora no período de setenta anos ele levantou vários homens excelentes para a preservação de seu povo após seu retorno da Babilônia. Zorobabel, Esdras e Neemias, dos quais o primeiro foi o capitão que os trouxe para casa, quem providenciou para que o templo fosse reconstruído; o segundo reformulou seus costumes e plantou a religião; e o terceiro reconstruiu os muros, libertou o povo da opressão e providenciou para que a lei de Deus fosse executada entre eles. Ele era um homem de Deus e tinha grande autoridade diante dos reis, de forma que o rei favoreceu-o grandemente e deu-lhe cartas para realizar todas as coisas que desejasse. Esse livro também é chamado de segundo livro de Esdras pelos povos latinos, porque ele foi o autor dele.

1599 – Bíblia de Estudo de Genebra

Versículos de encorajamento

Lembra-te agora do que disseste a teu servo Moisés: Se fordes infiéis, eu vos espalharei entre os outros povos. Mas, se voltardes para mim, e obedecerdes aos meus mandamentos e os praticardes, ainda que os vossos exilados estejam dispersos pelos lugares mais distantes debaixo do céu, de lá os ajuntarei e os trarei para o lugar que escolhi para estabelecer o meu nome. Eles são os teus servos e o teu povo, que resgataste com o teu grande poder e com o teu braço forte. Ó Senhor, que os teus ouvidos estejam atentos à oração deste teu servo, e à oração dos teus servos cujo prazer está em temer o teu nome. Faze com que teu servo seja bem-sucedido hoje, concedendo-lhe a benevolência deste homem. Nessa época, eu era copeiro do rei. (Ne 1.8-11)

Respondi-lhes então: O Deus do céu é quem fará com que sejamos bem-sucedidos, *e nós, seus servos, nos levantaremos e construiremos. Mas vós não tendes parte, nem direito, nem memorial em Jerusalém.* (Ne 2.20)

E eu prossegui: Não é bom o que fazeis! Acaso não devíeis andar no temor do nosso Deus, para evitar a zombaria dos outros povos, os nossos inimigos? (Ne 5.9)

Por isso, enviei-lhes mensageiros com a seguinte resposta: Estou empenhado numa grande obra e não posso descer. Por que eu deveria parar e deixar a obra para encontrar-me convosco? (Ne 6.3)

E o muro foi concluído no vigésimo quinto dia do mês de elul, em cinquenta e dois dias. Quando os nossos inimigos souberam disso, todos os povos ao nosso redor ficaram atemorizados e muito abatidos, pois perceberam que tínhamos feito esta obra com o auxílio do nosso Deus. (Ne 6.15,16)

Desse modo leram no livro, na Lei de Deus, esclarecendo o que liam e explicando o seu sentido para que o povo entendesse a leitura. (Ne 8.8)

*E ele lhes disse ainda: Ide, comei e bebei do melhor que tiverdes e enviai algo aos que não têm nada preparado para si, pois este dia é consagrado ao nosso S*ENHOR*. Portanto, não vos entristeçais, pois a alegria do S*ENHOR *é a vossa força.* (Ne 8.10)

ESTER

■ Introdução

Por causa da variedade de nomes pelos quais costumavam chamar seus reis, e o número de anos nos quais os hebreus e os gregos divergem, vários autores escrevem a respeito de Assuero, mas parece que, em Daniel 9.1, aquele chamado Dario, rei dos medos, era filho de Astíages, também chamado de Assuero, um nome de honra que significava grande e chefe, como o chefe principal. Nesse livro, são declaradas as grandes misericórdias de Deus para com sua igreja: aquele que nunca abandona seu povo quando este enfrenta os maiores perigos.

Mas, quando toda a ajuda mundana falha, ele levanta uma pessoa especial, por intermédio de quem envia conforto e libertação. Nesse livro também são descritos a ambição, o orgulho e a crueldade dos perversos quando procuram a honra e a queda repentina deles, quando estão no topo, e o modo como Deus preserva e escolhe aqueles que são zelosos pela sua glória e têm carinho e amor por seus irmãos.

1599 – Bíblia de Estudo de Genebra

Versículo de encorajamento

... pois se te calares agora, socorro e livramento surgirão de outra parte para os judeus, mas tu e a tua família sereis eliminados. Quem sabe se não foi para este momento que foste conduzida à realeza?
(Et 4.14)

JÓ

■ Introdução

Nessa história, o exemplo de paciência nos é apresentado para nós.

Jó, esse santo homem, não foi somente afligido em coisas externas e em seu corpo, mas também em sua mente e consciência, pela tentação aguçada de sua esposa e amigos, os quais, por suas palavras veementes e sutis discussões, quase o levaram ao desespero.

Eles apresentaram Deus como um juiz sincero, e inimigo mortal de Jó, pois Deus o havia deixado cair, portanto em vão ele procuraria o Senhor por socorro.

Esses amigos vieram a ele com a pretensão de consolá-lo e, desse modo, atormentaram-no mais que todas as suas aflições. Mesmo assim, Jó constantemente resistia a eles e, por fim, era bem-sucedido em seu intento.

Nessa história, devemos notar que Jó mantém uma boa causa, mas a conduz de forma errada. Seus adversários têm causas más, mas defendem-nas astuciosamente. Jó assegurou que Deus nem sempre punia os homens de acordo com seus pecados, mas que ele tinha julgamentos secretos, dos quais os homens não conheciam as causas e, dessa forma, não poderiam argumentar contra Deus, mas deveriam ser condenados por isso.

Além disso, Jó tinha certeza de que Deus não o havia rejeitado, embora ele, por meio de seus grandes tormentos e aflições, fale coisas inconvenientes e mostre-se como um homem desesperado em muitas situações, e como alguém que resistiria a Deus, e esta é sua boa causa, a qual ele defendia bem.

De novo, os adversários mantêm, com muitos bons argumentos, a opinião de que Deus pune continuamente de acordo com a transgressão, fundamentado na providência de Deus, em sua justiça e nos pecados dos homens e, mais uma vez, sua intenção é maligna, pois trabalham para levar Jó ao desespero e, dessa forma, mantêm uma causa má.

Ezequiel apresenta Jó como um homem justo (Ez 14.14), e Tiago destaca sua paciência como um exemplo (Tg 5.11).

1599 – Bíblia de Estudo de Genebra

Versículos de encorajamento

De seis angústias te livrará, e em sete o mal não te tocará. Na fome, ele te livrará da morte, e, na guerra, te livrará do poder da espada. Estarás protegido do açoite da língua e, quando a devastação chegar, nada temerás. Rirás da devastação e da fome; não terás medo dos animais selvagens. [...] Também saberás que a tua descendência e a tua posteridade se multiplicarão como a relva que cobre a terra. (Jó 5.19-22,25)

Embora o teu começo tenha sido humilde, contudo o teu futuro será grandioso. (Jó 8.7)

Contudo, o justo prossegue no seu caminho e o que tem mãos puras vai se fortalecendo. (Jó 17.9)

Apega-te a Deus e viva em paz; assim te sobrevirá o bem. Aceita a lei da sua boca e põe as suas palavras no coração. Se te voltares para o Todo-poderoso, serás edificado; se afastares a maldade para longe da tua tenda e puseres o teu tesouro no pó, e o ouro de Ofir entre as pedras dos ribeiros, então o Todo-poderoso será o teu tesouro, e a tua prata será preciosa. Então te deleitarás no Todo-poderoso e levantarás o teu rosto para Deus. (Jó 22.21-26)

E disse ao homem: O temor do SENHOR é a sabedoria, e o afastar-se do mal é o entendimento. (Jó 28.28)

... porque eu livrava o pobre que clamava e o órfão que não tinha quem o socorresse.

A bênção do que estava para morrer vinha sobre mim, e eu fazia alegrar-se o coração da viúva. (Jó 29.12,13)

Não afasta seus olhos dos justos; pelo contrário, faz com que se sentem para sempre com os reis no trono, e assim são exaltados. (Jó 36.7)

Se o ouvirem e o servirem, acabarão seus dias em prosperidade e os seus anos em prazer. (Jó 36.11)

E depois que Jó intercedeu pelos seus amigos, o SENHOR o livrou e lhe deu o dobro do que possuía antes. [...] Assim, o SENHOR abençoou o último estado de Jó mais do que o primeiro; pois Jó chegou a ter catorze mil ovelhas, seis mil camelos, mil juntas de bois e mil jumentas. [...] Em toda a terra não se achavam mulheres tão belas como as filhas de Jó; e seu pai lhes deu herança entre seus irmãos. Depois disso, Jó viveu cento e quarenta anos e viu seus filhos e descendentes até a quarta geração. Então Jó morreu, velho e de idade avançada. (Jó 42.10,12,15-17)

SALMOS

■ Introdução

Esse livro dos Salmos nos é dado pelo Espírito Santo, para ser considerado como um precioso tesouro, no qual todas as coisas que estão nele contidas nos trazem a verdadeira felicidade nessa vida presente, bem como na vida que há de vir. Pois as riquezas do conhecimento verdadeiro e da sabedoria celestial estão aqui estabelecidas abertamente para nós, para aproveitarmos com abundância tudo isso. Se procurarmos conhecer a grande e elevada majestade de Deus, aqui podemos ver seu brilho com mais clareza. Se procurarmos sua sabedoria incompreensível, aqui está a escola para ensiná-la. Se compreendermos sua inestimável generosidade e nos aproximarmos dela, enchendo nossas mãos com esse tesouro, aqui podemos provar de forma mais viva e confortável tudo isso. Se soubermos onde nossa salvação repousa e como alcançar a vida eterna, aqui está Cristo, nosso Redentor e Mediador descrito da forma mais evidente possível. O homem rico deve aprender o verdadeiro uso de suas riquezas. O homem pobre deve encontrar contentamento completo. Aquele que se regozijar conhecerá a verdadeira alegria e como manter a medida dela. Aqueles que estão aflitos e oprimidos verão que seu conforto existe nele, e como devem louvar a Deus quando ele lhes envia libertação. Os perversos e perseguidores dos filhos de Deus verão como a mão de Deus está sempre contra eles; e, embora ele permita que prosperem por algum tempo, ainda assim ele os refreia, de tal forma que não podem tocar em um fio de cabelo de alguém sem que ele o permita, e de como, no final, a destruição dos perversos é a mais miserável. De forma breve, temos aqui os remédios mais atuais contra todas as tentações e problemas da mente e da consciência, de forma que, se praticarmos tudo isso de maneira correta, devemos estar seguros contra todos os perigos desta vida, viver no verdadeiro temor e amor a Deus, e finalmente alcançar a incorruptível coroa da glória, a qual está guardada para todos os que amam a vinda de nosso Senhor Jesus Cristo.

1599 – Bíblia de Estudo de Genebra

Versículos de encorajamento

Sabei que o SENHOR *distingue para si o piedoso; o* SENHOR *me ouve quando clamo a ele.* (Sl 4.3)

Em paz me deito e durmo, porque só tu, SENHOR, *fazes com que eu viva em segurança.* (Sl 4.8)

SENHOR, *meu Deus, em ti me refugio. Salva-me de todos os que me perseguem e livra-me.* (Sl 7.1)

As palavras do SENHOR *são palavras puras, como prata refinada numa fornalha de barro, purificada sete vezes.* (Sl 12.6)

Cantarei ao SENHOR, *porque ele me tem feito muito bem.* (Sl 13.6)

Protege-me, ó Deus, porque em ti me refugio. (Sl 16.1)

Meu quinhão caiu em lugares agradáveis; sim, fiquei com uma bela herança. Bendigo o SENHOR *que me aconselha, pois até durante a noite meu coração me ensina. Sempre tenho o* SENHOR *diante de mim; não serei abalado, porque ele está ao meu lado direito.* (Sl 16.6-8)

Tu me farás conhecer o caminho da vida; na tua presença há plenitude de alegria; à tua direita há eterno prazer. (Sl 16.11)

Eu te amo, ó SENHOR, *minha força. O* SENHOR *é a minha rocha, a minha fortaleza e o meu libertador; o meu Deus, o meu rochedo, em quem me refugio; o meu escudo, a força da minha salvação e a minha torre de proteção.* (Sl 18.1,2)

As palavras da minha boca e a meditação do meu coração sejam agradáveis na tua presença, SENHOR, *minha rocha e meu redentor!* (Sl 19.14)

Ao SENHOR *pertencem a terra e tudo o que nela existe, o mundo e os que nele habitam.* (Sl 24.1)

O SENHOR *é a minha luz e a minha salvação; a quem temerei? O* SENHOR *é a força da minha vida; de quem terei medo?* (Sl 27.1)

Pedi uma coisa ao SENHOR, *e a buscarei: que eu possa morar na casa do* SENHOR *todos os dias da minha vida, para contemplar o esplendor do* SENHOR *e meditar no seu templo.* (Sl 27.4)

Espera pelo SENHOR; *anima-te e fortalece teu coração; espera, pois, pelo* SENHOR. (Sl 27.14)

PROVÉRBIOS

■ Introdução

O maravilhoso amor de Deus para com sua igreja é declarado nesse livro, pois, da mesma forma, a importância e o efeito de toda a Escritura são aqui apresentados nessas breves sentenças, as quais contêm, em parte, a doutrina e, em parte, os costumes, e também exortações em relação a esses dois assuntos: dos quais os primeiros nove capítulos são como um prefácio repleto de sentenças pesadas e profundos mistérios, para assegurar ao coração dos homens a importância da leitura diligente das parábolas que se seguem, as quais são deixadas como joias preciosas para a igreja, daquelas três mil parábolas mencionadas em 1Rs 4.32 e que foram reunidas e confiadas para serem escritas pelos servos de Salomão e encorajadas por ele.

1599 – Bíblia de Estudo de Genebra

Versículos de encorajamento

Mas quem me der ouvidos viverá seguro e estará tranquilo, sem medo do mal. (Pv 1.33)

... guardando as veredas dos justos e protegendo o caminho dos seus santos. (Pv 2.8)

Pois a sabedoria entrará no teu coração, e o conhecimento te será agradável; o bom senso te protegerá, e o discernimento te guardará. (Pv 2.10,11)

Meu filho, não te esqueças da minha instrução, e guarda os meus mandamentos no teu coração; porque eles te darão longevidade e anos de vida e paz. (Pv 3.1,2)

Confia no SENHOR de todo o coração, e não no teu próprio entendimento. Reconhece-o em todos os teus caminhos, e ele endireitará tuas veredas. [...] Isso te trará saúde ao corpo e vigor aos ossos. Honra o SENHOR com teus bens e com as primícias de toda a tua renda; assim os teus celeiros se encherão com fartura, e os teus lagares transbordarão de vinho. (Pv 3.5,6,8-10)

Feliz é quem encontra sabedoria, e quem adquire entendimento. (Pv 3.13)

Na sua mão direita há longevidade, e na esquerda, riquezas e honra. Seus caminhos são agradáveis, e suas veredas são todas de paz. É árvore de vida para os que a alcançam, e todo aquele que a conserva é feliz. (Pv 3.16-18)

A sabedoria é o principal; portanto, adquire a sabedoria; sim, adquire o entendimento com tudo o que possuis. Se a estimares, ela te exaltará; se a abraçares, ela te honrará. Ela dará à tua cabeça um diadema de graça, e te entregará uma coroa de glória. Meu filho, ouve e aceita as minhas palavras, para que se prolonguem os anos da tua vida. (Pv 4.7-10)

Pois a sabedoria é melhor que as joias; e de tudo o que é desejável nada se compara a ela. (Pv 8.11)

Riquezas e honra estão comigo; sim, riquezas duradouras e justiça. (Pv 8.18)

Feliz é o homem que me dá ouvidos e que a cada dia fica vigiando diante das minhas entradas, esperando junto ao portal de entrada. Pois aquele que me achar achará a vida e alcançará o favor do SENHOR. (Pv 8.34,35)

Pois por mim os teus dias se multiplicam e anos de vida te serão acrescentados. (Pv 9.11)

A boca do justo é manancial de vida, mas a dos ímpios esconde a violência. (Pv 10.11)

Aquele que confia em suas riquezas cairá; mas os justos se renovarão como a folhagem. (Pv 11.28)

A vida se encontra na vereda da justiça; não há morte em seu caminho. (Pv 12.28)

No temor do SENHOR, há firme confiança, e seus filhos terão lugar de refúgio. O temor do SENHOR é uma fonte de vida que afasta o homem dos laços da morte. (Pv 14.26,27)

A resposta branda desvia o furor, mas a palavra dura provoca a ira. (Pv 15.1)

O filho sábio alegra seu pai, mas o homem insensato despreza sua mãe. (Pv 15.20)

Entrega tuas obras ao SENHOR, e teus planos serão bem-sucedidos. (Pv 16.3)

O coração alegre é um bom remédio, mas o espírito abatido adoece os ossos. (Pv 17.22)

A recompensa da humildade e do temor do SENHOR são as riquezas, a honra e a vida. (Pv 22.4)

Instrui a criança no caminho em que deve andar, e mesmo quando envelhecer não se desviará dele. (Pv 22.6)

Como maçãs de ouro em salvas de prata, assim é a palavra dita na hora certa. (Pv 25.11)

Quem leva os justos pelo mau caminho acabará caindo na cova que abriu, mas os íntegros herdarão o bem. (Pv 28.10)

ECLESIASTES

■ Introdução

Salomão, como pregador e como aquele que desejava instruir a todos no caminho da salvação, descreve as vaidades enganosas deste mundo, declarando que o homem não deveria entregar-se a nada debaixo do sol, mas, ao contrário, deveria inflamar-se com o desejo da vida celestial – por essa razão, ele rebate essas opiniões, as quais determinam sua felicidade pela sabedoria ou pelos prazeres, ou pela dignidade e riquezas, desejando que a verdadeira felicidade do homem venha de sua união com Deus, e que o homem se agrade na presença do Senhor: dessa forma, todas as outras coisas devem ser rejeitadas, exceto pelo modo como nos ajudam a alcançar esse tesouro celestial, certo e permanente, que não pode ser encontrado em nenhum outro, exceto no próprio Deus.

1599 – Bíblia de Estudo de Genebra

Versículos de encorajamento

Diz o sábio: Que grande ilusão! Que grande ilusão! Tudo é ilusão! Que vantagem tem o homem em todo o seu trabalho, em que tanto se esforça debaixo do sol? (Ec 1.2,3)

Não há nada melhor para o homem do que comer e beber e permitir-se ter prazer no seu trabalho. Vi que isso também vem da mão de Deus. (Ec 2.24)

Aqui está o que concluí: o bom e agradável na vida é comer e beber, desfrutar o resultado de todo o seu duro trabalho debaixo do sol todos os dias da vida que Deus lhe deu. Essa é a sua recompensa. (Ec 5.18)

E, quanto ao homem a quem Deus deu riquezas e bens e capacidade para desfrutá-las, receba a sua parte e alegre-se com o seu trabalho, isso é um presente de Deus. (Ec 5.19)

Lança o teu pão sobre as águas, porque depois de muitos dias o reencontrarás. (Ec 11.1)

... e o pó volte à terra como era, e o espírito volte a Deus, que o deu. (Ec 12.7)

Agora que já se disse tudo, aqui está a conclusão: Teme a Deus e obedece aos seus mandamentos; porque este é o propósito do homem. Porque Deus levará a juízo tudo o que foi feito e até tudo o que está oculto, quer seja bom, quer seja mau. (Ec 12.13,14)

CANTARES DE SALOMÃO

■ Introdução

Esse livro é uma alegoria divina, a qual representa o amor entre Cristo e sua igreja de cristãos verdadeiros, por intermédio de figuras de linguagem retiradas da relação e da afeição que subsiste entre um noivo e sua noiva desposada; um símbolo frequentemente empregado nas Escrituras, como descrevendo a relação mais próxima, mais sólida e mais segura. Não há nenhum personagem na igreja de Cristo, e nenhuma situação na qual o cristão é posto, mas isso é o que pode ser observado nesse livro, como humildes pesquisadores encontrarão em resposta às suas súplicas – pela assistência de Deus, o Espírito Santo – comparando-o com outras Escrituras. Contudo, a maior parte da linguagem foi mal compreendida pelos intérpretes e tradutores. As diferenças entre os costumes e estilos na Europa e no Oriente devem ser especialmente consideradas. A pequena familiaridade com os costumes do Oriente que possui a maioria de nossos primeiros intérpretes e tradutores tem, em muitos casos, impedido uma versão correta. Igualmente, as mudanças em nossa língua, durante os últimos dois ou três séculos, afetaram o modo como algumas expressões são vistas, e não devem ser julgadas por noções modernas. Mas os grandes resumos, se interpretados da forma correta, estão completamente de acordo com as afeições e experiências do cristão sincero.

Matthew Henry

Versículos de encorajamento

O meu amado é meu, e eu sou dele; ele cuida do seu rebanho entre os lírios. (Ct 2.16)

O meu amado brilha e está moreno; ele se destaca entre dez mil. A sua cabeça é como o ouro mais refinado, os seus cabelos são ondulados como ramos de palmeira; são pretos como o corvo. Os seus olhos são como pombas junto à beira de um riacho; lavados em leite, postos em engaste. (Ct 5.10-12)

Eu sou do meu amado, e o meu amado é meu; ele cuida do rebanho entre os lírios. (Ct 6.3)

Eu sou do meu amado, e o desejo dele é por mim. (Ct 7.10)

As muitas águas não podem apagar o amor, nem os rios afogá-lo. Se alguém oferecesse todos os bens de sua casa pelo amor, seria totalmente desprezado. (Ct 8.7)

ISAÍAS

■ Introdução

Deus, de acordo com sua promessa em Dt 18.15, de que ele nunca deixaria sua igreja destituída de um profeta, realizou sua promessa de tempos em tempos. O trabalho desses profetas não só era declarar ao povo as coisas que viriam, das quais eles tiveram uma revelação especial, mas também interpretar e declarar a lei, e, em especial, aplicar, de forma breve, a doutrina contida nela, para o uso e proveito daqueles para quem eles acharam, sobretudo, que ela pertencesse e conforme o tempo e o estado das coisas exigiam. Principalmente na declaração da lei, em que havia três coisas que fundamentavam sua doutrina: primeiro, tudo que dizia respeito à doutrina estava contida brevemente nas tábuas da lei; segundo, tudo que dizia respeito às promessas e às ameaças da lei; e terceiro, tudo que dizia respeito à aliança da graça e à reconciliação baseada em nosso Salvador Jesus Cristo, a finalidade da lei. À qual, eles nem adicionaram nem diminuíram fatos, mas fielmente interpretaram o sentido e significado dela.

Assim que Deus deu-lhes entendimento a respeito das coisas, eles puseram em prática as promessas, particularmente para o conforto da igreja e dos seus membros dela, e igualmente denunciaram as ameaças contra os inimigos dela: não por cuidado ou respeito pelos inimigos, mas para assegurar a igreja de sua segurança pela destruição de seus inimigos. Em relação à doutrina da reconciliação, eles suplicaram de forma mais clara que Moisés, e procuraram mais vivamente Jesus Cristo, em quem essa aliança de reconciliação foi feita. Em todas essas coisas, Isaías superou todos os profetas e foi diligente em apresentá-las, com admoestações veementes, repreensões e consolações, constantemente aplicando a doutrina assim que percebia a doença do povo escolhido.

Ele igualmente declara muitas profecias notáveis, as quais recebera de Deus, relacionadas às promessas do Messias, seu trabalho e seu reino, o favor de Deus para com sua igreja, o chamado dos gentios e sua união com os judeus. Estes são os principais pontos contidos nesse livro e uma reunião de sermões que ele pregou. Esses últimos, após alguns dias em que estavam pregados à porta do templo (pois o costume dos profetas era afixar o resumo de sua doutrina por alguns dias, o qual as pessoas deveriam observar como está em Is 8.1, Hc 2.2), o sacerdote o retirava e o guardava entre seus registros. Pela providência de Deus, esses livros foram preservados como um monumento da igreja para sempre. Em relação a sua pessoa e época em que ele foi da família do rei e profetizou por mais de 64 anos, desde o tempo de Uzias até o reinado de Manassés, seu genro, por intermédio de quem ele foi morto.

Lendo a respeito dos profetas, deve ser observado um aspecto entre outros: de que eles falavam de coisas que estavam por vir como se pertencessem ao passado, por causa da certeza de que aconteceriam, e do fato de que essas profecias só poderiam ser cumpridas porque Deus ordenou-lhes em seu plano secreto e, depois, revelou-as a seus profetas.

Versículos de encorajamento

Vinde e raciocinemos, diz o SENHOR: ainda que os vossos pecados sejam como a escarlata, eles se tornarão brancos como a neve; ainda que sejam vermelhos como o carmesim, se tornarão como a lã. Se estiverdes prontos a ouvir, comereis o melhor desta terra.
(Is 1.18,19)

Pois o Senhor mesmo vos dará um sinal: A virgem ficará grávida e dará à luz um filho, e ele se chamará Emanuel. Ele comerá manteiga e mel até que saiba rejeitar o mal e escolher o bem. (Is 7.14,15)

Porque um menino nos nasceu, um filho nos foi concedido. O governo está sobre os seus ombros, e o seu nome será: Maravilhoso Conselheiro, Deus Forte, Pai Eterno, Príncipe da Paz. (Is 9.6)

E naquele dia a sua carga será tirada do teu ombro, e o seu jugo do teu pescoço; e o jugo será quebrado por causa da vossa gordura. (Is 10.27)

Deus é a minha salvação. Confiarei e não temerei, porque o SENHOR Deus é a minha força e o meu cântico; ele é a minha salvação. Tirareis águas das fontes da salvação com alegria. (Is 12.2,3)

JEREMIAS

■ Introdução

O profeta Jeremias, nascido na cidade de Anatote, no território de Benjamim, era filho de Hilquias, aquele que, assim pensam alguns, achou o livro da lei e deu-o a Josias. Esse profeta recebeu excelentes presentes de Deus e revelações mais evidentes de profecias, de forma que, por ter assim sido ordenado pelo Senhor, ele começou a profetizar quando era bem jovem, isto é, no 13º ano do reinado de Josias, e continuou por dezoito anos sob esse rei, três meses sob Jeoacaz e onze anos sob Jeoaquim, três meses sob Joaquim e onze anos sob Zedequias, até o tempo em que foram levados cativos para a Babilônia. Dessa forma, esse período compreende um pouco mais que quarenta anos, além do tempo em que ele profetizou após o cativeiro. Nesse livro, ele declara, com lágrimas e lamentações, a destruição de Jerusalém e o cativeiro do seu povo, pois a idolatria, avareza, falsidade, crueldade, desregramento, rebelião e desprezo desse povo pela palavra de Deus e pela consolação da igreja revelam o tempo exato de sua libertação. Aqui, sobretudo, três coisas devem ser consideradas. Primeiro, a rebelião dos perversos, os quais se tornaram mais inflexíveis e obstinados, quando os profetas lhes exortaram mais claramente sobre sua destruição. A seguir, como os profetas e ministros de Deus não deveriam ser desencorajados em sua vocação, embora fossem perseguidos e rigorosamente controlados pelos perversos, pela causa de Deus. Em terceiro lugar, apesar de Deus mostrar seu justo julgamento contra os perversos, ele, ainda assim, sempre se mostrará como o preservador de sua igreja, e quando todos os meios parecem, ao julgamento dos homens, que devem ser abolidos, então ele se declarará vitorioso por preservar o que é seu.

1599 – Bíblia de Estudo de Genebra

Versículos de encorajamento

Mas lhes ordenei isto: Dai ouvidos à minha voz, e eu serei o vosso Deus, e vós sereis o meu povo; andai em todo o caminho que eu vos ordenar, para que vos corra tudo bem. (Jr 7.23)

Eu te livrarei das mãos dos homens ímpios e te resgatarei das garras dos cruéis. (Jr 15.21)

Bendito o homem que confia no SENHOR, cuja esperança é o SENHOR. Ele é como a árvore plantada junto às águas, que estende suas raízes para o riacho; não temerá quando vier o calor, pois sua folhagem sempre estará verde, e no ano da seca não ficará preocupada, nem deixará de dar fruto. (Jr 17.7,8)

Pois eu bem sei que planos tenho a vosso respeito, diz o SENHOR; planos de prosperidade e não de mal, para vos dar um futuro e uma esperança. Então me invocareis e vireis orar a mim, e eu vos ouvirei. Vós me buscareis e me encontrareis, quando me buscardes de todo o coração. (Jr 29.11-13)

Eu restaurarei a tua saúde e sararei as tuas feridas, diz o SENHOR. Chamaram-te a abandonada, Sião, a quem ninguém mais procura. (Jr 30.17)

Eu sou o SENHOR, o Deus de toda a humanidade; existe alguma coisa impossível para mim? (Jr 32.27)

Clama a mim, e te responderei, e te anunciarei coisas grandes e inacessíveis, que não conheces. (Jr 33.3)

... a voz de regozijo e a voz de alegria, a voz do noivo e da noiva, e as vozes dos que dizem: Dai graças ao SENHOR dos Exércitos, porque o SENHOR é bom, porque o seu amor dura para sempre. Também se ouvirá a voz dos que levam ofertas de ação de graças à casa do SENHOR. Pois mudarei o destino desta terra, tornando-a como era no princípio, diz o SENHOR. (Jr 33.11)

LAMENTAÇÕES

■ Introdução

É evidente que Jeremias foi o autor de Lamentações, um livro que leva seu nome. O livro não havia sido escrito até a destruição de Jerusalém pelos caldeus. Que sejamos guiados a considerar o pecado como a causa de todas as nossas calamidades, e sob as provações exercitar a submissão, arrependimento, fé e oração, com a esperança da libertação prometida por intermédio da misericórdia de Deus.

Matthew Henry

Versículos de encorajamento

A bondade do SENHOR é a razão de não sermos consumidos, as suas misericórdias não têm fim; renovam-se cada manhã. Grande é a tua fidelidade. (Lm 3.22,23)

Digo a mim mesmo: A minha herança é o SENHOR, portanto esperarei nele. (Lm 3.24)

Bom é o SENHOR para os que esperam nele, para quem o busca. (Lm 3.25)

EZEQUIEL

■ Introdução

Após Joaquim, pelo conselho de Jeremias e Ezequiel, ter se entregado a Nabucodonosor e ido para o cativeiro com sua mãe e vários de seus príncipes e de seu povo, alguns começaram a arrepender-se e a murmurar, dizendo que haviam obedecido aos conselhos do profeta, embora as coisas que haviam profetizado não mudassem a situação em que se encontravam, e, consequentemente, seu estado ainda seria de miséria sob os caldeus. Por essa razão, ele confirma suas antigas profecias, declarando por meio de novas visões e revelações mostradas a ele que a cidade certamente seria destruída, e as pessoas seriam dolorosamente atormentadas pelas pragas enviadas por Deus, de tal forma que os remanescentes seriam levados a uma cruel escravidão. A fim de que os fiéis não se desesperassem por causa desses grandes problemas, ele assegura-os de que Deus libertaria sua igreja em seu devido tempo, e também destruiria seus inimigos, os quais ainda os afligiam ou regozijavam em ver suas misérias. O efeito de um fato e de outro seria especialmente realizado sob Cristo, de quem, nesse livro, são as mais notáveis promessas, e em quem a glória do novo templo seria perfeitamente restaurada. Ele profetizou essas coisas na Caldeia, ao mesmo tempo que Jeremias profetizara em Judá, e tudo aconteceu no quinto ano do cativeiro de Joaquim.

1599 – Bíblia de Estudo de Genebra

Versículo de encorajamento

Também multiplicarei homens e animais entre vós, e eles se multiplicarão e frutificarão. E farei que sejais habitados como antes e vos tratarei melhor do que nos tempos passados. Então sabereis que eu sou o SENHOR.
(Ez 36.11)

DANIEL

■ Introdução

A grande providência de Deus e sua misericórdia singular para com sua igreja são mostradas aqui mais vivamente, por aquele que nunca deixa os seus desamparados, mas agora, em suas grandes aflições, envia-lhes profetas como Ezequiel e Daniel, a quem ele presenteou com graças especiais de seu Santo Espírito. E Daniel, sobre todos os outros, tinha as mais especiais revelações de certas coisas que ocorreriam com a igreja, até mesmo no tempo em que estavam no cativeiro, até o final dos tempos, e na grande ressurreição, e das quatro monarquias e impérios de todo o mundo, ou seja, dos babilônios, persas, gregos e romanos. Igualmente de determinado número de tempo até Cristo, quando todas as cerimônias e sacrifícios cessariam, porque ele seria o cumprimento deles; além disso, ele mostra o trabalho de Cristo e a razão de sua morte, a qual por seu sacrifício levou todos os pecados e trouxe vida eterna. E como Deus, desde o começo, sempre exercita seu povo sob a cruz, dessa mesma forma ele ensina aqui, ou seja, que após Cristo ser ofertado, ele ainda deixará esse exercício para sua igreja, até que os mortos se levantem de novo, e Cristo reúna os seus em seu reino nos céus.

1599 – Bíblia de Estudo de Genebra

Versículos de encorajamento

Mas, durante o reinado desses reis, o Deus do céu levantará um reino que não será jamais destruído. A soberania desse reino não passará a outro povo, mas ele destruirá e consumirá todos esses reinos, e subsistirá para sempre.
(Dn 2.44)

E foi-lhe dado domínio, e glória, e um reino, para que todos os povos, nações e línguas o servissem; o seu domínio é um domínio eterno, que não passará, e o seu reino é tal que não será destruído.
(Dn 7.14)

Ele perverterá com engano os que tiverem violado a aliança; mas o povo que conhece o seu Deus se tornará forte e mostrará resistência. (Dn 11.32)

Aqueles que são sábios reluzirão como o fulgor do céu, e aqueles que conduzem muitos à justiça serão como as estrelas, para todo o sempre. (Dn 12.3)

OSEIAS

■ Introdução

Após as dez tribos terem se separado de Deus pelo conselho maldoso e perspicaz de Jeroboão, o filho de Neba, que, em lugar de seu trabalho verdadeiro comandado por sua palavra, adorou-o de acordo com suas próprias imaginações e tradições de homens, entregando-lhes às mais desprezíveis idolatrias e superstições, o Senhor, de tempos em tempos, enviou-lhes profetas para chamá-los ao arrependimento. Mas eles tornavam-se cada vez pior e ainda continuavam abusando da graça de Deus.

Desse modo, agora que sua prosperidade estava em alta sob o reinado de Jeroboão, o filho de Joás, Deus enviou Oseias e Amós aos israelitas (como havia feito ao mesmo tempo em que enviou Isaías e Miqueias para aqueles de Judá) para condená-los por sua ingratidão. E, visto que se consideravam grandes pelo favor de Deus e por ser seu povo, o profeta chama-os de bastardos e filhos nascidos em adultério; e, dessa forma, mostra-lhes que Deus tiraria deles seu reino e daria tudo aos assírios, para que fossem levados cativos.

Portanto, Oseias fielmente desempenhou seu trabalho pelo espaço de setenta anos, embora eles permanecessem ainda em seus vícios e maldades e na condenação dos julgamentos de Deus. E por eles não serem desencorajados apenas pelas ameaças nem animados pela doçura das promessas de Deus, ele apresenta-lhes as duas partes principais da lei, as quais são a promessa de salvação e a doutrina da vida. Para a primeira parte, ele direciona os fiéis ao Messias, por meio de quem teriam a verdadeira libertação; e para a segunda parte ele usa ameaças e advertências para tirá-los de seus costumes maldosos e vícios; e esta é a principal tarefa de todos os profetas, seja pelas promessas de Deus para convencê-los a ser santos, seja ainda pelas ameaças de seus julgamentos para espantá-los do vício. E embora toda a lei contenha estes dois pontos, igualmente os profetas notam a distinção entre o tempo dos julgamentos de Deus e o costume.

1599 – Bíblia de Estudo de Genebra

Versículo de encorajamento

*Vinde e voltemos para o S*ENHOR*, porque ele nos despedaçou, mas haverá de nos curar; ele nos feriu, mas cuidará das feridas. Depois de dois dias, ele nos revivificará; no terceiro dia nos levantará, e viveremos diante dele. Conheçamos e prossigamos em conhecer o S*ENHOR*; como o sol nascente, a sua vinda é certa; ele virá a nós como a chuva, como a primeira chuva que rega a terra.* (Os 6.1-3)

JOEL

■ Introdução

O profeta Joel, primeiramente, repreende aqueles de Judá, os quais, sendo agora punidos com uma grande calamidade de fome, ainda permaneciam obstinados. Em segundo lugar, ele os ameaça com pragas ainda maiores, pois eles continuavam, dia após dia, com um coração cada vez mais endurecido e rebelando-se contra Deus, apesar de suas punições. Em terceiro lugar, ele os exorta ao arrependimento, mostrando-lhes que isso deve ser feito com seriedade, e vindo do coração, pois eles haviam ofendido gravemente a Deus. E fazendo isso, Joel promete que Deus seria misericordioso e não esqueceria sua aliança, a qual ele havia feito com seus pais, mas enviaria seu Cristo, aquele que juntaria as ovelhas dispersas e as restauraria à vida e à liberdade, apesar de parecerem mortas.

1599 – Bíblia de Estudo de Genebra

Versículo de encorajamento

Comereis à vontade e vos fartareis, e louvareis o nome do SENHOR, vosso Deus, que agiu em favor de vós de maneira maravilhosa; e o meu povo nunca será envergonhado. (Jl 2.26)

AMÓS

■ Introdução

Entre os muitos profetas que Deus levantou para admoestar os israelitas com suas pragas por suas maldades e idolatria, ele levantou e encorajou Amós, um pastor de uma pobre cidade, e deu-lhe tanto sabedoria como constância para reprovar todos os estados e condições, tornando conhecidos todos os terríveis julgamentos de Deus contra eles, a menos que se arrependessem a tempo. Ele mostrou-lhes que, se Deus não poupou as outras nações vizinhas que viviam como se estivessem em estado de ignorância em relação a Deus, comparadas a eles, mas que, por seus pecados, foram punidas, então eles não deveriam esperar nada mais que uma terrível destruição, a menos que eles se voltassem para o Senhor em verdadeiro arrependimento. E, por fim, ele conforta os fiéis com a esperança da vinda do Messias, por quem eles teriam perfeita libertação e salvação.

1599 – Bíblia de Estudo de Genebra

Versículo de encorajamento

Certamente o SENHOR Deus não fará coisa alguma sem a revelar aos seus servos, os profetas. (Am 3.7)

OBADIAS

■ Introdução

Os edomitas, descendentes de Esaú, sempre foram inimigos mortais dos israelitas, descendentes de Jacó, e, por essa razão, não só os atormentavam continuamente, com vários tipos de crueldades, mas também levantavam outros para que lutassem contra eles. Por conseguinte, quando estavam em sua maior prosperidade e haviam obtido seu maior triunfo contra Israel, que estava em grande aflição e miséria, Deus levantou seu profeta para confortar os israelitas. Pois Deus agora havia determinado destruir seus adversários que tão severamente os atormentaram e enviar-lhes aquele que os libertaria e estabeleceria o reino do Messias que ele havia prometido.

1599 – Bíblia de Estudo de Genebra

JONAS

■ Introdução

Quando Jonas já havia profetizado em Israel e obtivera pouco crédito, Deus deu-lhe um trabalho específico para ir e proclamar seus julgamentos contra Nínive, a principal cidade dos assírios, pois ele havia declarado que aqueles que fossem dos povos pagãos deveriam converter-se pelo imenso poder de sua palavra.

E tudo aconteceu de forma que, em três dias de pregação, Israel veria quão terrível seria para eles terem provocado a ira de Deus, aqueles que pelo espaço de tantos anos não haviam se convertido ao Senhor, por tantos profetas enviados e tão diligente pregação. Ele profetizou sob Jonas e Jeroboão (2Rs 14.25).

1599 – Bíblia de Estudo de Genebra

MIQUEIAS

■ **Introdução**

Miqueias, o profeta da tribo de Judá, serviu no trabalho ao Senhor em Judá e Israel por pelo menos trinta anos, durante o tempo em que Isaías profetizou. Ele declara primeiro a destruição de um reino, e depois de outro, por causa de suas diversas maldades, mas principalmente por causa de sua idolatria. E, ao final, ele nota a maldade do povo, a crueldade dos príncipes e governantes, a tolerância aos falsos profetas e seu prazer neles. Então ele anuncia a vinda de Cristo, de seu reino e da felicidade que está nele. Esse profeta não foi o Miqueias que resistiu a Acabe e a todos os seus falsos profetas (1Rs 22.8), mas um outro com o mesmo nome.

1599 – Bíblia de Estudo de Genebra

Versículo de encorajamento

Ó homem, ele te declarou o que é bom. Por acaso o Senhor exige de ti alguma coisa além disto: que pratiques a justiça, ames a misericórdia e andes em humildade com o teu Deus? (Mq 6.8)

NAUM

■ **Introdução**

O povo de Nínive motivou que Deus mandasse seus justos julgamentos contra ele, pois afligiam seu povo. Dessa forma, sua cidade, Nínive, foi destruída, e Merodaque-Baladã, rei de Babel (ou conforme alguns creem, Nabucodonosor) possuiu o império dos assírios. Mas porque Deus tem um cuidado contínuo por sua igreja, ele levanta seu profeta para confortar os fiéis, mostrando-lhes que a destruição de seus inimigos seria para sua consolação; e como parece, ele profetiza durante o tempo de Ezequias, e não no tempo de seu filho Manassés, como os judeus escrevem.

1599 – Bíblia de Estudo de Genebra

Versículo de encorajamento

O Senhor é bom, uma fortaleza no dia da angústia; ele conhece os que confiam nele. (Na 1.7)

HABACUQUE

■ **Introdução**

O profeta queixa-se a Deus, considerando a grande felicidade dos perversos e a opressão miserável dos fiéis, os quais sofrem todos os tipos de aflição e crueldade e, por ora, não veem o final de tudo isso. Por conseguinte ele recebeu essa revelação apresentada a ele por Deus, de que os caldeus viriam e os levariam cativos, de forma que eles ainda não podiam ver o fim de seus problemas, por causa de sua obstinação e rebelião contra o Senhor. E a fim de que os fiéis não se desesperassem, vendo essa terrível confusão, ele os conforta com esta verdade – de que Deus puniria os caldeus, seus inimigos, quando seu orgulho e crueldade estivessem no apogeu. Por essa razão, ele exorta os fiéis a ter paciência, levando em conta seu próprio exemplo, e mostra-lhes uma forma de oração por meio da qual confortariam uns aos outros.

1599 – Bíblia de Estudo de Genebra

Versículos de encorajamento

Pois, assim como as águas cobrem o mar, a terra se encherá do conhecimento da glória do Senhor. (Hc 2.14)

... mesmo assim, eu me alegrarei no Senhor, exultarei no Deus da minha salvação. (Hc 3.18)

O Senhor Deus é a minha força! Ele fará os meus pés como os da corça e me fará andar sobre os meus lugares altos. (Hc 3.19)

SOFONIAS

■ Introdução

Vendo a grande rebelião do povo, e que agora não haveria esperança de regeneração, ele anuncia o grande julgamento de Deus, já prestes a acontecer, mostrando que seu país seria totalmente destruído, e eles seriam levados cativos pelos babilônios. Novamente, para o conforto dos fiéis, ele profetiza a vingança de Deus contra seus inimigos, como os filisteus, moabitas, assírios e outros, para assegurá-los de que Deus cuidava continuamente deles. E como os perversos seriam punidos por seus pecados e transgressões, então ele exorta os fiéis a ter paciência e confiar que encontrariam misericórdia pela simples razão da livre promessa de Deus feita a Abraão; e, dessa forma, esperar calmamente até que Deus mostrasse os efeitos daquela graça, pela qual, ao final de tudo, eles se juntariam a ele e seriam contados como seu povo e filhos.

1599 – Bíblia de Estudo de Genebra

Versículos de encorajamento

Buscai o Senhor, vós todos os humildes da terra, que cumpris o seu juízo; buscai a justiça, buscai a humildade; talvez sejais poupados no dia da ira do Senhor. (Sf 2.3)

Mas deixarei no meio de ti um povo humilde e pobre; e eles confiarão no nome do Senhor. O remanescente de Israel não praticará o mal, nem proferirá mentira, e não se achará língua enganosa na sua boca; pois se alimentarão e se deitarão, e não haverá quem os espante. (Sf 3.12,13)

Naquele tempo vos trarei, naquele tempo vos recolherei; farei com que sejais reconhecidos e honrados entre todos os povos da terra, quando, diante dos vossos olhos, eu trouxer vossos cativos de volta, diz o Senhor. (Sf 3.20)

AGEU

■ Introdução

Quando o tempo dos setenta anos de cativeiro profetizado por Jeremias terminou, Deus levantou Ageu, Zacarias e Malaquias para dar conforto aos judeus e para exortá-los a construir o templo, um símbolo do templo espiritual e da igreja de Deus, cuja perfeição e excelência estavam sob o domínio de Cristo. E porque tudo lhes foi dado para seus próprios prazeres e benefícios, ele declara que aquela praga de fome, a qual Deus havia enviado entre eles, era uma justa recompensa por sua ingratidão, pela qual eles rejeitaram a honra de Deus, que os havia libertado. Novamente ele os conforta, se eles se voltarem para o Senhor, com a promessa de grande felicidade, uma vez que o Senhor terminará o trabalho que começou, e enviará Cristo, a quem havia prometido e por quem eles alcançariam a perfeita alegria e glória.

1599 – Bíblia de Estudo de Genebra

Versículos de encorajamento

Subi ao monte para trazer madeira e edificai o templo; eu me agradarei dele e serei glorificado, diz o SENHOR. (Ag 1.8)

Farei tremer todas as nações; as coisas preciosas de todas as nações serão trazidas, e encherei este templo de glória, diz o SENHOR *dos Exércitos. A prata e o ouro pertencem a mim, diz o* SENHOR *dos Exércitos. A glória deste novo templo será maior que a do primeiro, diz o* SENHOR *dos Exércitos; e estabelecerei a paz neste lugar, diz o* SENHOR *dos Exércitos.* (Ag 2.7-9)

ZACARIAS

■ Introdução

Dois meses após Ageu ter começado a profetizar, Zacarias também foi enviado pelo Senhor para ajudá-lo no trabalho e para confirmar a mesma doutrina. Por isso, em primeiro lugar, ele os faz lembrar por qual razão Deus havia punido tão severamente os seus pais; e de novo os conforta se eles verdadeiramente se arrependessem, e não abusassem desse grande benefício de Deus em sua libertação, a qual era um símbolo daquela verdadeira libertação, da qual todos os fiéis deveriam ter da morte e do pecado por intermédio de Cristo. Mas porque eles ainda permaneciam em suas maldades e na falta de desejo de ver a glória de Deus, não sendo transformados por seu longo desterro, ele os repreende de modo veemente; e, mais uma vez, para o conforto dos arrependidos, ele continuamente une a promessa da graça, de que eles devem, desse modo, estar preparados para receber Cristo, em quem todos seriam santificados para o Senhor.

1599 – Bíblia de Estudo de Genebra

Versículos de encorajamento

Pois o SENHOR *diz: Eu mesmo serei um muro de fogo ao seu redor e serei a glória no meio dela.* (Zc 2.5)

Naquele dia, o SENHOR, *seu Deus, os salvará como rebanho do seu povo; porque serão como as pedras de uma coroa, elevadas sobre sua terra. Quanta bondade! Quanta beleza! O trigo dará vigor aos jovens, e o vinho novo, às moças.* (Zc 9.16,17)

Farei passar essa terceira parte pelo fogo e a purificarei como se purifica a prata e a provarei como se prova o ouro. Ela invocará o meu nome e eu a ouvirei; e direi: É meu povo; e ela dirá: O SENHOR *é meu Deus.* (Zc 13.9)

MALAQUIAS

■ Introdução

Esse profeta foi um dos três que Deus levantou para confortar sua igreja após o cativeiro; e, após ele, não houve mais ninguém que profetizasse até que João Batista fosse enviado, e sua vinda era um símbolo da ira de Deus ou uma admoestação para que eles, com os mais fervorosos desejos, esperassem pela vinda do Messias. Ele confirma a mesma doutrina que os dois principais profetas sustentavam: sobretudo ele reprova os sacerdotes por sua cobiça e por terem servido a Deus de acordo com suas próprias fantasias, e não de acordo com a direção de sua palavra. Ele também nota certos pecados distintos, os quais estavam naquela época entre eles, como casar com idólatras e ter muitas esposas, murmurar contra Deus, demonstrar impaciência, e coisas como essas. Todavia, para o conforto dos santos, ele declara que Deus não esqueceria de sua promessa feita aos seus pais, mas enviaria Cristo, seu mensageiro, em quem a aliança seria completa, cuja vinda seria terrível para os perversos e traria toda consolação e alegria aos fiéis.

1599 – Bíblia de Estudo de Genebra

Versículos de encorajamento

Pois eu, o SENHOR, não mudo; por isso, vós, ó filhos de Jacó, não sois destruídos.
(Ml 3.6)

Trazei todos os dízimos ao tesouro do templo, para que haja mantimento na minha casa, e provai-me nisto, diz o SENHOR dos Exércitos, e vede se não abrirei as janelas do céu e não derramarei sobre vós tantas bênçãos, que não conseguireis guardá-las. Por vossa causa também repreenderei a praga devoradora, e ela não destruirá os frutos da vossa terra, nem as vossas videiras no campo perderão o seu fruto, diz o SENHOR dos Exércitos. E todas as nações vos chamarão bem-aventurados; pois a vossa terra será aprazível, diz o SENHOR dos Exércitos.
(Ml 3.10-12)

Então aqueles que temiam o SENHOR falaram uns com os outros; e o SENHOR os ouviu com atenção, e diante dele se escreveu um memorial, para os que temiam o SENHOR, para os que honravam o seu nome. E naquele dia que prepararei, eles serão meus, diz o SENHOR dos Exércitos, minha propriedade exclusiva; terei compaixão deles, como um homem tem compaixão de seu filho, que o serve.
(Ml 3.16,17)

PERSONAGENS DO ANTIGO TESTAMENTO

NOÉ

■ Visão geral de Noé

Referências gerais
Gn 5.28,29

Constrói uma arca e salva sua família do dilúvio
Gn 6.14-22; Gn 7–8; Mt 24.38; Lc 17.27; Hb 11.7; 1Pe 3.20

Constrói um altar e oferece sacrifícios
Gn 8.20,21

A aliança e o arco-íris
Recebe a aliança de Deus. Não haverá mais dilúvios. O arco-íris é dado como um símbolo dessa aliança.
Gn 8.20; Gn 8.22; Gn 9.9-17

Noé fica bêbado e amaldiçoa Canaã
Gn 9.20-27

Sua bênção sobre Sem e Jafé
Gn 9.26,27

Falece com a idade de 950 anos
Gn 9.28,29

A vida de Noé
NOÉ ERA NETO DE MATUSALÉM
Por 250 anos, Matusalém foi contemporâneo de Adão, e Noé, que tinha cerca de 50 anos de idade quando Adão morreu, era filho de Lameque (Gn 5.25-29).

PATRIARCA
Como um patriarca, Adão é o elo entre o antigo e o novo mundo.

SEGUNDO PROGENITOR
Ele é o segundo grande progenitor da família humana.

TIPO DE JESUS
As palavras de seu pai Lameque, por ocasião de seu nascimento (... *a quem chamou Noé, dizendo: Este nos consolará de nossas obras e do trabalho de nossas mãos, que provêm da terra que o* S<small>ENHOR</small> *amaldiçoou.* Gn 5.29), foram proféticas e designaram Noé como um tipo de Jesus, ele que é o verdadeiro "descanso e conforto" dos homens sob as cargas da vida (Mt 11.28).

TRÊS FILHOS
Após ter vivido por quinhentos anos, ele teve três filhos, Sem Cam e Jafé (Gn 5.32).

SEU CARÁTER
Noé era "homem justo e íntegro em sua geração", e "andava com Deus" (compare com Ez 14.14,20).

A corrupção por todo o mundo
Porque as pessoas tornaram-se cada vez mais corruptas, então Deus decidiu eliminá-las da terra (Gn 6.7).

A promessa da libertação
Mas Deus fez uma aliança com Noé para libertá-lo da enchente ameaçadora (Gn 6.18).

A arca
Então foi ordenado a Noé que construísse uma arca (Gn 6.14-16) para salvar a si mesmo e a sua família.

PROJETO DE CONSTRUÇÃO PESADO
Levou 120 anos para construir a arca (Gn 6.3), e Noé, durante esse tempo, foi constantemente ridicularizado por pessoas maldosas (1Pe 3.18-20; 2Pe 2.5).

CONSTRUÍDA COM MADEIRA DE GÔFER
Quando a arca de "madeira de gôfer" (mencionada só aqui) estava pronta, as criaturas

viventes que haviam sido selecionadas entraram nela; então Noé e sua esposa e seus filhos e noras entraram nela, e *o SENHOR o fechou dentro*. (Gn 7.16).

Julgamento

O julgamento que havia sido pronunciado como ameaça agora havia caído sobre o mundo culpado, e foi "pelas águas que o mundo daquela época foi destruído pelo dilúvio" (2Pe 3.6).

A arca flutuou sobre as águas por 150 dias e, depois, pousou nos montes de Ararate (Gn 8.3,4). Mas muitas semanas se passaram antes que a permissão de Deus fosse dada a Noé para sair da arca (Gn 8.6-14).

O primeiro altar

Ao sair da arca, a primeira coisa que Noé fez foi erguer um altar, o primeiro a ser mencionado.

Ele ofereceu sacrifícios de gratidão e louvor a Deus, e o Senhor fez uma aliança com Noé, a primeira aliança entre Deus e a humanidade, garantindo a Noé a possessão da terra por uma nova e especial provisão, a qual permanece em força até o tempo presente (Gn 8.21–9.17). Como um sinal e testemunho dessa aliança, o arco-íris foi estabelecido por Deus, como uma garantia certa de que nunca mais a terra seria destruída por um dilúvio.

A promessa do arco-íris

Deus também disse a Noé e seus filhos: Faço agora a minha aliança convosco e com a vossa descendência [...].
E Deus disse: Este é o sinal da aliança que firmo entre mim e vós e com todo ser vivo que está convosco, por gerações perpétuas: Coloquei o meu arco nas nuvens; ele será o sinal de uma aliança entre mim e a terra. E acontecerá que, quando eu trouxer nuvens sobre a terra, e o arco aparecer nelas, então me lembrarei da minha aliança, que firmei entre mim e vós e com todo ser vivo de todas as criaturas; e as águas jamais se transformarão em dilúvio para destruir todas as criaturas. O arco estará nas nuvens, e olharei para ele a fim de me lembrar da aliança perpétua entre Deus e todo ser vivo de todas as espécies sobre a terra. (Gn 9.8,9,12-16)

Noé após o dilúvio

E Noé viveu trezentos e cinquenta anos, depois do dilúvio. Todos os dias de Noé foram novecentos e cinquenta anos; e morreu. (Gn 9.28,29)

ABRÃO, ABRAÃO

■ Sumário

Nascimento

Ele nasceu em Ur dos caldeus, e foi um descendente direto de Sem (Gn 11.10-32).

Seu chamado

O Senhor falou pela primeira vez com ele em Ur dos caldeus (Gn 12.1; At 7.1-5).

As promessas

Deus deu a Abraão duas grandes promessas:

- Que faria dele uma grande nação, abençoando-o, tornando seu nome grande, fazendo dele uma bênção, abençoando aqueles que o abençoassem, e amaldiçoando aqueles que o amaldiçoassem;
- Que nele todas as famílias da terra seriam abençoadas (Gn 12.1-3).

Essas promessas foram subsequentemente renovadas no monte Moriá (Gn 22.1-18).

CUMPRIMENTO DAS PROMESSAS
Essas promessas foram subsequentemente cumpridas:
- na aliança dedicada no monte Sinai (Êx 24.1-8);
- na nova aliança (Gl 4.22-31).

■ Visão geral

- Filho de Terá. Gn 11.26,27
- Casa-se com Sarai. Gn 11.29
- Mora em Ur, mas muda-se para Harã. Gn 11.31, Ne 9.7; At 7.4
- Mora em Canaã. Gn 12.4-6; At 7.4
- Chamado por Deus. Gn 12.1-3; Js 24.3; Ne 9.7; Is 51.2; At 7.2,3; Hb 11.8
- Canaã é dada a ele. Gn 12.1; Gn 12.7; Gn 15.7-21; Ez 33.24
- Mora em Betel. Gn 12.8
- Viaja para o Egito. Gn 12.10-20; Gn 26.1
- Concede a Ló a primeira escolha de terra. Gn 13; Gn 14.13; Gn 35.27
- Mora em Gerar. Gn 20; Gn 21.22-34
- Derrota Quedorlaomer. Gn 14.5-24; Hb 7.1
- É abençoado por Melquisedeque. Gn 14.18-20; Hb 7.1-10
- A aliança de Deus com ele. Gn 15; Gn 17.1-22; Mq 7.20; Lc 1.73; Rm 4.13; Rm 15.8; Hb 6.13,14; Gl 3.6-18; Gl 3.29; Gl 4.22-31
- Seu nome foi mudado para Abraão. Gn 17.5; Ne 9.7
- Sua circuncisão. Gn 17.10-14; Gn 17.23-27
- Anjos aparecem a ele. Gn 18.1-16; Gn 22.11; Gn 22.15; Gn 24.7
- Seus questionamentos sobre a destruição dos justos e perversos em Sodoma. Gn 18.23-32
- Testemunha a destruição de Sodoma. Gn 19.27,28
- Nasce Ismael. Gn 16.3; Gn 16.15
- Mora em Gerar; engana Abimeleque em relação a Sara, sua esposa. Gn 20
- Nasce Isaque. Gn 21.2,3; Gl 4.22-30
- Expulsa Agar e Ismael. Gn 21.10-14; Gl 4.22-30
- A prova de sua fé pelo sacrifício de Isaque. Gn 22.1-19; Hb 11.17; Tg 2.21
- Sara, sua esposa, morre. Gn 23.1,2
- Ele compra um local para seu sepultamento e enterra-a em uma caverna. Gn 23.3-20
- Casa-se com Quetura. Gn 25.1
- Provê uma esposa para Isaque. Gn 24
- Seus filhos. Gn 16.15; Gn 21.2,3; Gn 25.1-4; 1Cr 1.32-34
- Seu testamento. Gn 25.5,6
- Suas riquezas. Gn 13.2; Gn 24.35; Is 51.2
- Sua idade, em diferentes períodos. Gn 12.4; Gn 16.16; Gn 21.5; Gn 25.7
- Sua morte. Gn 15.15; Gn 25.8-10
- Amigo de Deus. Is 41.8; 2Cr 20.7; Tg 2.23
- Sua devoção/fidelidade. Gn 12.7,8; Gn 13.4; Gn 13.18; Gn 18.19; Gn 20.7; Gn 21.33; Gn 22.3-13; Gn 26.5; Ne 9.7,8; Rm 4.16-18; 2Cr 20.7; Is 41.8; Tg 2.23
- Um profeta. Gn 20.7
- Sua fé. Gn 15.6; Rm 4.1-22; Gl 3.6-9; Hb 11.8-10; Hb 11.17-19; Tg 2.21-24
- Sua generosidade. Gn 13.9; Gn 21.25-30
- Muito considerado/estimado. Mt 3.9; Lc 13.16; Lc 13.28; Lc 19.9; Jo 8.33-40; Jo 8.52-59

■ A vida de Abraão

Nomeado

Abraão, pai de uma grande nação, filho de Terá, foi nomeado (Gn 11.27) antes de seus irmãos mais velhos Naor e Harã, porque ele era o herdeiro das promessas. Até que completasse 70 anos, Abrão permaneceu no local de seu nascimento. Depois, junto com seu pai e sua família e parentes, deixou a cidade de Ur e viajou 480 quilômetros em direção ao norte, para Harã, onde viveu por quinze anos.

Ele saiu de sua terra por causa do chamado de Deus (At 7.2-4). Não há menção a esse primeiro chamado no Antigo Testamento; ele está implícito, contudo, em Gn 12.

O segundo chamado

Enquanto permaneceram em Harã, Terá morreu com a idade de 205 anos. Abrão, agora, recebe um segundo e mais definitivo chamado, acompanhado de uma promessa de Deus (Gn 12.1,2). Assim, ele sai de Harã, levando seu sobrinho Ló consigo, *sem saber para onde ia* (Hb 11.8). Ele confiou claramente na direção de Deus que o havia chamado.

Vida nômade

Abrão agora começava sua vida migratória e morava em tendas. Atravessando o vau de Jaboque, em Canaã, ele estabeleceu seu primeiro acampamento em Siquém (Gn 12.6), no lugar do carvalho de Moré, entre Ebal, ao norte, e Gerizim, ao sul. Aqui ele recebera a grande promessa: "E farei de ti uma grande nação, te abençoarei e engrandecerei o teu nome; e tu serás uma bênção" etc. (Gn 12.2,3,7).

Bênçãos espirituais

Essa promessa inclui não só bênçãos temporais, mas também espirituais. Deixa implícito que ele era o antepassado escolhido do grande Libertador, cuja vinda havia sido predita muito tempo atrás (Gn 3.15). Logo após esse fato, ele se muda para a região da montanha entre Betel, então chamada de Luz, e Ai, cidades que ficavam a duas milhas de distância, onde ele construiu um altar para "o SENHOR". Novamente ele se mudou para a parte sudeste da Palestina, chamada pelos hebreus de Negueb; mas foi forçado a ir para o Egito por causa da fome. Isso aconteceu quando os hicsos, uma raça de semitas, influenciaram os egípcios pelo seu poder. Aqui Abrão tentou enganar o faraó e foi repreendido por ele por isso (Gn 12.18). Sarai foi devolvida a Abrão, e o faraó regou-o de presentes, avisando-o que deixasse o país. Ele retornou para Canaã mais rico do que quando deixara a cidade, *em gado, prata e ouro* (Gn 12.8; 13.2; compare com Sl 105.13,14).

A generosidade de Abrão

Então Abrão mudou-se para a região norte e retornou para um lugar próximo a Betel. Aqui a disputa cresceu entre os pastores de Ló e de Abrão em relação ao abastecimento de água e pastoreio de seus animais. Abrão generosamente deu a Ló sua escolha a respeito das pastagens (compare com 1Co 6.7). Ele escolheu a planície bem irrigada, a qual incluía a cidade de Sodoma e mudou-se para lá. Desse modo, o tio e o sobrinho ficaram separados. Imediatamente após esse fato, Abrão foi encorajado, pois as promessas já feitas a ele foram repetidas. Depois, ele mudou-se para a planície de Manre, em Hebrom. Ele, por fim, estabeleceu-se ali, montando sua tenda sob uma famosa árvore de carvalho ou terebinto, chamada de "os carvalhos de Manre" (Gn 13.18). Este foi seu terceiro lugar de descanso na terra.

Resgate de seu sobrinho

Cerca de quatorze anos antes desses acontecimentos, enquanto Abrão ainda estava na Caldeia, a Palestina havia sido invadida por Quedorlaomer, rei de Elão, o qual forçou as cinco cidades na planície, para as quais Ló havia se mudado, a pagar tributos a ele. Esse tributo tornou-se um encargo pesado, e, após doze anos, as pessoas dessas cidades se rebelaram. Como resultado disso, Quedorlaomer, que tinha um tratado com outros quatro reis, dizimou todo o país, saqueando as cidades e levando os habitantes como escravos. Entre aqueles que foram tratados dessa maneira, estava Ló.

Ao ouvir sobre o desastre que havia caído sobre seu sobrinho, Abrão imediatamente reuniu um grupo de 318 homens armados, e a ele juntaram-se os chefes dos amorreus Manre, Aner e Escol. Eles perseguiram

Quedorlaomer, e o pegaram próximo das nascentes do Jordão. Eles atacaram e guiaram seu exército, trazendo de volta todos os espólios que haviam sido levados embora. Retornando pelo caminho de Salém, ou seja, Jerusalém, o rei daquele lugar, Melquisedeque, veio ao encontro deles com refeições e refrescos. Abrão presenteou-o com um décimo dos espólios, em reconhecimento ao seu caráter como um sacerdote do Deus altíssimo (Gn 14.18-20).

Agar

Tendo retornado a sua casa em Manre, as promessas de Deus já feitas a ele repetiram-se e ampliaram-se (Gn 13.14). *A palavra do SENHOR* (uma expressão que ocorre aqui pela primeira vez) "veio a Abrão" (Gn 15.1). Agora ele entendera a respeito do futuro da nação que se originaria dele. Sarai, agora com 75 anos de idade, em sua impaciência, persuade Abrão para tomar Agar, sua serva egípcia, como concubina, pretendendo que a criança que nascesse desse ato fosse reconhecida como sua. Ismael, desse modo, foi trazido ao mundo, e pensaram que era ele o herdeiro das promessas (Gn 16). Quando Ismael completou 13 anos de idade, Deus novamente revelou, ainda mais explicitamente, seu propósito.

De Abrão a Abraão

Como um sinal adicional dos cumprimentos evidentes desse propósito, o nome do patriarca foi agora mudado de Abrão para Abraão (Gn 17.4,5), e o ritual da circuncisão foi instituído como um sinal da aliança. Foi então anunciado que o herdeiro dessas promessas da aliança seria o filho de Sarai, apesar de ela ter agora 90 anos de idade. Também foi dito que seu nome seria Isaque. Ao mesmo tempo, o nome de Sarai foi mudado para Sara. Naquele dia, quando Deus revelou seus propósitos desse modo, Abraão e seu filho Ismael e todos os homens de sua casa foram circuncidados (Gn 17).

Visitantes angelicais

Três meses após esses acontecimentos, quando Abraão havia se sentado à entrada de sua tenda, viu três homens aproximando-se. Eles aceitaram sua hospitalidade e sentaram-se sob um carvalho.

Um dos três visitantes era ninguém menos que o Senhor, e os outros dois eram anjos em forma de homens. O Senhor renovou sua promessa de um filho para Sara, e ela foi censurada por sua descrença. Abraão acompanhou os três assim que eles retomaram sua jornada. Os dois anjos foram em direção a Sodoma; enquanto o Senhor ficou para trás e falou com Abraão, contando-lhe sobre a destruição que estava prestes a acontecer com aquela cidade culpada. O patriarca orou seriamente em favor da cidade condenada. Mas como nem mesmo dez justos foram encontrados na cidade, por amor dos quais a cidade seria poupada, a ameaçadora destruição caiu sobre ela; e bem cedo, na manhã seguinte, Abraão viu a fumaça do fogo que a consumiu como o fogo "de uma fornalha" (Gn 19.1-28).

Abimeleque

Após ter permanecido por quinze anos em Manre, Abraão mudou-se para o sul e montou sua tenda entre os filisteus, próximo a Gerar. Lá, ocorreu o triste exemplo de prevaricação de Abraão para com Abimeleque, o rei (Gn 20). Logo após esse evento, o patriarca deixou a vizinhança de Gerar e mudou-se para o vale fértil, a cerca de 40 quilômetros de Berseba. Foi aqui que, provavelmente, Isaque nasceu quando Abraão estava com 100 anos de idade.

Ciúmes

Sara e Agar tinham ciúmes uma da outra, pois o filho de Agar, Ismael, já não era mais o herdeiro de Abraão. Sara insistiu que ambos, Agar e seu filho, deveriam ser mandados embora. Isso aconteceu, mas não com a aprovação de Abraão (Gn 21.12).

Lacuna

Nesse ponto há uma lacuna na biografia do patriarca de, aproximadamente, 25 anos. Esses anos de paz e felicidade foram passados em Berseba. Depois, quando o encontramos novamente, sua fé é severamente testada.

Provação severa

É ordenado a ele, repentinamente, que ofereça Isaque, o herdeiro de todas as promessas, como um sacrifício em uma das montanhas de Moriá. Sua fé passou no teste (Hb 11.17-19). Ele obedeceu com um espírito de obediência, sem hesitação; e quando estava prestes a matar seu filho, o qual ele havia deitado sobre o altar, um carneiro, entre os arbustos, foi capturado e oferecido em seu lugar.

O Senhor proverá

Como resultado disso, aquele lugar foi chamado de Jeová-Jiré, ou seja, "No monte do SENHOR se proverá". As promessas feitas a Abraão foram novamente confirmadas (e esta foi a última palavra registrada de Deus ao patriarca); e desceu o monte com seu filho, e retornou a sua casa em Berseba (Gn 22.19), onde ele ficou por alguns anos; depois, mudou-se para o norte, para Hebrom.

A morte de Sara

Alguns anos após esse acontecimento, Sara morreu em Hebrom, com a idade de 127 anos. Abraão agora precisava adquirir um lugar para que ela fosse enterrada.

A caverna de Macpela

Então ele comprou a caverna de Macpela, de Efrom, um heteu (Gn 23), e lá enterrou Sara.

Em seguida, ele deveria providenciar uma esposa para Isaque e, portanto, envia seu servo, Eliezer, para Harã (ou Mesopotâmia, At 7.2), onde seu irmão Naor e sua família moravam (Gn 11.31).

O resultado foi que Rebeca, a filha do filho de Naor, Betuel, tornou-se a esposa de Isaque (Gn 24). Com a idade de 175 anos, 100 anos após ele ter entrado pela primeira vez na terra de Canaã, ele morreu e foi enterrado no antigo local da família em Macpela (Gn 25.7-10).

Nomes de Abraão

Abraão é chamado:
- "Amigo de Deus" (Tg 2.23),
- "Abraão, homem que creu" (Gl 3.9),
- "Pai de todos nós" (Rm 4.16).

ESAÚ E JACÓ, E JOSÉ

■ Esaú e Jacó

A esposa de Isaque, Rebeca, era estéril, e então Isaque orou ao Senhor, e, como resultado disso, Rebeca concebeu (Gn 25.21). Rebeca teve meninos gêmeos, Esaú e Jacó. Antes deles nascerem, o Senhor escolheu Jacó, como havia feito com Isaque, para ser o sucessor de todas as promessas feitas a Abraão (Gn 25.21-23; Rm 9.9-12).

Jacó subsequentemente
- Comprou o direito de primogenitura de Esaú (Gn 25.24-34).
- Enganou-o para que não recebesse a bênção patriarcal (Gn 27.1-40).
- Jacó foi enviado como fugitivo a Harã (Gn 27.41-28.7).
- Durante essa viagem, as duas grandes promessas foram renovadas (Gn 13.1-3; Gn 28.10-15).
- Esaú estabeleceu-se nos montes de Seir (Gn 36.8; Dt 2.1-5).
- Jacó permaneceu em Padã-Arã por vinte anos (Gn 29.1-15; Gn 31.36-41) e depois retornou para Canaã (Gn 31.1-55; Gn 35.27).
- Jacó foi o pai de doze patriarcas (Gn 35.21-26; At 7.8).

José

- O filho favorito de seu pai. Gn 33.2; Gn 37.3,4; Gn 37.35; Gn 48.22; 1Cr 5.2; Jo 4.5.
- Seus sonhos proféticos. Gn 37.5-11
- Vendido no Egito. Gn 37.27,28.
- Seu pai recebe a notícia de que ele fora morto por amimais selvagens. Gn 37.29-35
- É comprado por Potifar, um dos oficiais do faraó. Gn 37.36.
- Prospera por causa da ajuda de Deus. Gn 39.2-5; Gn 39.21; Gn 39.23.
- É acusado falsamente e lançado na prisão. Gn 39–40; Sl 105.18
- Interpreta os sonhos do faraó. Gn 41.1-37
- É promovido à segunda pessoa mais importante naquela terra, com a idade de 30 anos. Gn 41.37-46; Sl 105.19-22
- Provê para a nação nos anos vindouros da fome. Gn 41.46-57

O caráter de José

- Sua bondade. Gn 40.7,8
- Sua integridade. Gn 39.7-12
- Sua humildade. Gn 41.16; Gn 45.7-9
- Sua sabedoria. Gn 41.33-57
- Sua piedade. Gn 41.51,52
- Sua fé. Gn 45.5-8

O filho de Jacó e Raquel

O mais velho dos dois filhos de Jacó e Raquel (Gn 30.23,24), a qual, no seu nascimento disse: *Deus tirou-me a humilhação.*

Acrescente-me o SENHOR ainda outro filho. (Gn 30.24).

A túnica "de diversas cores" (*NVI*, nota de rodapé); *Israel amava mais José do que todos os seus filhos, porque ele era o filho da sua velhice; e fez para ele uma túnica longa* (Gn 37.3), ou seja, uma vestimenta usada por filhos de nobres. A frase também pode ser traduzida por "uma túnica com muitas peças", ou seja, um trabalho de retalhos com muitos pequenos pedaços e de várias cores.

Ódio mortal

Quando tinha aproximadamente 17 anos de idade, José descobriu que seus irmãos estavam cheios de ódio mortal por ele. *Vendo seus irmãos que seu pai o amava mais do que todos eles, passaram a odiá-lo; e não conseguiam falar com ele pacificamente* (Gn 37.4). Seu ódio aumentou quando ele contou-lhes seus sonhos (Gn 37.11).

Vendido como escravo

Jacó, querendo saber notícias de seus filhos, os quais haviam ido para Siquém com seus rebanhos, a quase 100 quilômetros de Hebrom, enviou José até eles. Assim que os irmãos viram José chegando, armaram um plano, e o teriam matado-o se Rúben não interviesse.

E eles, por conseguinte, venderam-no para negociantes midianitas por vinte siclos de prata, dez peças a menos do que o preço de um escravo, pois eles pouco se importavam com o que fariam com ele e, desse modo, ficariam livres dele. Esses negociantes levaram José para o Egito, onde o venderam como um escravo para *Potifar, oficial do faraó, capitão da guarda* (Gn 37.36).

A promoção de José

O faraó estava maravilhado com a sabedoria de José em interpretar seus sonhos e com seus conselhos sábios. Ele o promoveu a governador do Egito (Gn 41.46) e deu-lhe o nome de Zafenate-Paneia. Ele casou-se com Asenate, a filha do sacerdote de Om, e, desse modo, tornou-se um membro da classe dos sacerdotes. José estava agora com aproximadamente 30 anos de idade.

A família de José vai para o Egito

Durante esse período de fome, os irmãos de José também desceram ao Egito para comprar milho. Em seu devido tempo (Gn 42–45), José disse aos seus irmãos que trouxessem Jacó e sua família para as terras do Egito, dizendo: ... *tomai o vosso pai e as vossas famílias e vinde a mim; eu vos darei o melhor da terra do Egito e comereis da fartura da terra*. Então, Jacó e sua família, em número de setenta pessoas, junto com *o seu gado e os seus bens que haviam adquirido na terra de Canaã*, desceram ao Egito. Foi-lhes permitido estabelecerem-se em Gósen, onde José encontrou seu pai, e, *quando o encontrou, lançou-se ao seu pescoço e chorou muito sobre ele* (Gn 46.29).

A morte de José

José e Asenate tiveram dois filhos, Manassés e Efraim (Gn 41.50). José disse a seus irmãos que, quando chegasse o tempo em que Deus certamente os visitaria e os faria "subir desta terra para a terra que jurou a Abraão, a Isaque e a Jacó", que eles deveriam carregar seus ossos para fora do Egito. José morreu, com a idade de 110 anos, e *depois de o embalsamar, colocaram-no num caixão no Egito* (Gn 50.26). Na época do Êxodo, os descendentes de José levaram seus restos mortais consigo durante os quarenta anos de peregrinação e, por fim, enterraram-no em Siquém, no pedaço de terra que Jacó havia comprado dos filhos de Hamor (Js 24.32; cf. Gn 33.19).

Com a morte de José, a era patriarcal da história de Israel chegou ao fim.

MOISÉS

■ Os primeiros quarenta anos de sua vida

Os importantes acontecimentos deste período de sua vida

- Ele foi escondido por sua mãe (Êx 2.1,2).
- Ele foi colocado em um cesto feito de junco (Êx 2.3).
- Ele foi descoberto pela filha do faraó e lhe recebeu o nome de Moisés, porque fora tirado das águas (Êx 2.3-10).
- Ele foi adotado e educado pela filha do faraó (Êx 2.9,10; At 7.20-22).
- Ele recusou-se a ser chamado de filho da filha do faraó (Hb 11.24).
- Ele visitou seus irmãos (At 7.23).
- Ele matou um egípcio (Êx 2.11,12; At 7.24,25).
- Seus irmãos não o compreenderam (Êx 2.14; At 7.22-28).
- Ele fugiu para Midiã (Êx 2.15; At 7.29).

■ Os segundos quarenta anos de sua vida

Os importantes acontecimentos deste período de sua vida

- Ele conheceu as filhas de Jetro, o sacerdote de Midiã, no poço, dando de beber aos seus rebanhos (Êx 2.16,17).
- Ele foi convidado para comer na casa de Jetro (Êx 2.17-20).
- Ele casou-se com Zípora (Êx 2.21).
- O nascimento de seu filho Gérson (Êx 2.22).
- A morte do rei do Egito (Êx 2.23-25).
- Um anjo aparece a ele em uma sarça em chamas no monte Horebe (Êx 3.1-16; At 7.30).

■ Os terceiros quarenta anos de sua vida

Os importantes acontecimentos deste período de sua vida

- Moisés foi designado como o libertador de seus irmãos (Êx 2.7-22; Êx 3.1-6; At 7.31-35).
- Moisés retornou ao Egito com sua família, e com as bênçãos de Jetro (Êx 4.18-20).
- O Senhor apareceu a ele e confirmou seu chamado (Êx 4.21-23).
- Moisés encontrou seu irmão Aarão (Êx 4.27).
- Moisés contou a seus irmãos sobre sua missão (Êx 4.29-31).
- O faraó recusou-se a libertar os hebreus (Êx 5.1-4).

- A Páscoa foi instituída (Êx 12.1-29).
- O faraó dá seu consentimento para os hebreus saírem do Egito (Êx 12.31-36).
- O milagre no mar Vermelho (Êx 14.9-22).
- A destruição dos egípcios (Êx 14.23-31).
- A canção do triunfo (Êx 15.1-19).
- O milagre em Mara (Êx 15.23-26).
- A provisão do maná (Êx 16.1-15).
- A guarda do sábado (Êx 16.16-35).
- A visita de Jetro e o retorno de sua família (Êx 18.1-6).
- Moisés aceitou o conselho de Jetro (Êx 18.13-26).
- A chegada ao Sinai (Êx 19.1).
- A aliança de Deus com o povo (Êx 19.3-8).
- A entrega dos Dez Mandamentos (Êx 20.1-17).
- Moisés recebeu instruções sobre o tabernáculo (Êx 25.1-40).
- Moisés destruiu a adoração idólatra iniciada por Arão (Êx 32.1-33).
- Moisés montou seu tabernáculo ou tenda do encontro do lado de fora do acampamento (Êx 33.1-11).
- Moisés esteve diante da glória de Deus (Êx 33.12-23).
- A segunda visita ao monte e a substituição das tábuas de pedra (Êx 34.1-28).
- A face de Moisés resplandece (Êx 34.29-35).
- A requisição do material para a construção do tabernáculo (Êx 35.1-35).
- O tabernáculo é armado (Êx 40.1-38).
- Moisés agiu como um sacerdote na consagração de Arão e seus filhos (Lv 8.1-36).
- Moisés contou o povo (Nm 1.1-46).
- A consagração dos levitas (Nm 8.1-26).
- A segunda Páscoa (Nm 9.1-15).
- A saída do Sinai (Nm 10.11-13).
- Os setenta anciãos designados para ajudá-lo (Nm 11.16-30).
- As críticas de Miriã e Arão (Nm 12.1-13).
- Moisés envia doze espias à terra de Canaã (Nm 13.1-16).
- A rebelião no acampamento (Nm 14.1-35).
- A rebelião de Coré (Nm 16.1-40).
- A praga no acampamento (Nm 16.41-50).
- A vara de Arão floresce (Nm 17.1-13).
- Moisés pecou em Meribá (Nm 20.1-13).
- A morte de Arão (Nm 20.22-29).
- Os irmãos dele foram picados por serpentes (Nm 21.1-9).
- A derrota dos amorreus (Nm 21.21-35).
- Balaque e Balaão resistem a ele (Nm 22.1-41; Nm 23.1-30; Nm 24.1-25).
- A idolatria no acampamento de Israel (Nm 25.1-15).
- O segundo recenseamento (Nm 26.1-65).
- A escolha do sucessor (Nm 27.15-23).
- Guerra com os midianitas (Nm 31.1-54).
- Moisés dá às tribos de Rúben, Gade e meia-tribo de Manassés o privilégio de se estabelecerem ao lado leste do Jordão (Nm 32.1-42).
- Moisés registrou as viagens dos filhos de Israel (Nm 33.1-49).
- Moisés descreveu as fronteiras da terra prometida (Nm 34.1-29).
- Moisés relembrou a lei nas planícies de Moabe (Dt 1.1-5).
- Moisés enfatizou a lei sobre as promessas (Dt 23.21-23).
- Moisés implorou ao Senhor que permitisse sua entrada na terra prometida, mas seu pedido foi recusado (Dt 3.21-28).
- Moisés terminou recordando a lei e colocando o livro na arca da aliança (Dt 31.24-26).
- Moisés compôs sua última canção (Dt 32.1-44).
- Moisés deu sua bênção de despedida às tribos (Dt 33.1-29).
- Moisés subiu ao topo do Pisga e avistou a terra prometida a Abraão, Isaque e Jacó (Dt 34.1-4).

Moisés como líder
Ele conduziu a nação hebraica como seu líder por quarenta anos (Êx 7.7; Dt 29.1-5; Dt 34.1-7; At 7.30-36).

Moisés como sacerdote
Ele agiu como um sacerdote durante a adoração temporária no monte Sinai (Êx 24.1-8) e na consagração de Arão e seus filhos (Lv 8.1-30).

O caráter de Moisés
Bons aspectos de seu caráter:
- Sua recusa em ser chamado de o filho da filha de faraó e sua escolha de passar por aflições com o povo de Deus demonstram quanto ele amou seus irmãos (Êx 2.11,12; Hb 11.23-27).
- Sua tentativa em desculpar-se por não querer aceitar ser o líder de seu povo revela sua humildade (Êx 3.7-22; Êx 4.1-13).
- Seu discurso ao povo diante do mar Vermelho, enquanto os egípcios estavam se aproximando deles, demonstra sua extraordinária fé (Êx 14.13-18).
- O fato de ouvir todas as queixas de Israel e de fazer os julgamentos sobre esses casos desde o amanhecer até o anoitecer demonstra sua grande perseverança (Êx 18.13).
- Seu consentimento em aceitar o conselho de seu sogro demonstra que ele estava aberto a mudanças (Êx 18.17-27).
- Sua atitude de destruir o bezerro de ouro revela seu desejo de honrar somente a Deus (Êx 32.19-28).
- Sua recusa em repreender Eldade e Medade por profetizarem demonstra que ele não era uma pessoa ciumenta (Nm 11.27-29).
- Sua oração ao Senhor para perdoar sua irmã Miriã revela seu espírito humilde e perdoador (Nm 12.1-13).
- Sua supressão pela revolta iniciada por Coré revela sua coragem (Nm 16.1-40).

A desobediência de Moisés
- Deus não permitiu que ele entrasse na terra prometida por causa de um pecado (Nm 20.1-13).
- Mas Moisés esteve no monte na terra amada, em companhia de Elias, Pedro, Tiago, João e do Senhor Jesus (Mt 17.1-13).

A morte de Moisés
Ele morreu no monte Pisga e foi sepultado pelo Senhor em um vale na terra de Moabe, mas a localização exata de sua sepultura nunca foi conhecida (Dt 34.1-7).

SAMUEL

■ Visão geral
- Seu miraculoso nascimento. 1Sm 1.7-20
- Consagrado a Deus antes de seu nascimento. 1Sm 1.11; 1Sm 1.22; 1Sm 1.24-28
- A canção de agradecimento de sua mãe. 1Sm 2.1-10

¹ Então Ana orou: Meu coração exulta no SENHOR; a minha força está exaltada por causa do SENHOR; a minha boca se ri dos meus inimigos, pois me alegro na tua salvação.

² Não há ninguém santo como o SENHOR; não há outro além de ti; não há rocha como o nosso Deus.

³ Não faleis mais palavras tão altivas, nem a arrogância saia da vossa boca; porque o SENHOR é o Deus da sabedoria e julga os atos humanos.

⁴ Os arcos dos fortes estão quebrados, mas os fracos são revestidos de força.

⁵ Os que tinham com fartura agora trabalham por comida, mas os famintos não passam mais fome; até a estéril teve sete

filhos, mas a que tinha muitos filhos se enfraqueceu.
⁶ *O Senhor é quem tira a vida e a dá; faz descer à sepultura e faz ressurgir dali.*
⁷ *O Senhor faz empobrecer e enriquecer; abate e também exalta.*
⁸ *Levanta o pobre do pó, ergue o necessitado do monte de cinzas, para fazê-los sentar entre os príncipes, para fazê-los herdar um trono de glória; porque as colunas da terra são do Senhor; estabeleceu o mundo sobre elas.*
⁹ *Ele guardará os pés dos seus santos, mas os ímpios ficarão mudos nas trevas, pois não é pela força que o homem prevalecerá.*
¹⁰ *Os que lutam contra o Senhor serão despedaçados; trovejará desde os céus contra eles. O Senhor julgará as extremidades da terra; dará força ao seu rei e exaltará o poder do seu ungido.*
(1Sm 2.1-10)

- Serviu na casa do Senhor. 1Sm 2.11; 1Sm 2.18,19
- Abençoado por Deus

Enquanto isso, o menino Samuel crescia diante do Senhor. (1Sm 2.21)

Samuel crescia, e o Senhor estava com ele e não deixou falhar nenhuma de todas as suas palavras. E todo o Israel, desde Dã até Berseba, reconheceu que Samuel estava confirmado como profeta do Senhor.
(1Sm 3.19,20)

- Sua visão sobre a casa de Eli. 1Sm 3.1-18
- Um profeta dos israelitas. 1Sm 3.20,21; 1Sm 4.1
- Como um juiz de Israel, seu julgamento tem lugar em Betel, Gilgal, Mispá e Ramá. 1Sm 7.15-17
- Organiza o serviço do tabernáculo. 1Cr 9.22; 1Cr 26.28; 2Cr 35.18
- Os israelitas arrependem-se por causa de suas repreensões. 1Sm 7.4-6
- Os filisteus são derrotados como resultado de suas orações e sacrifícios. 1Sm 7.7-14
- Faz com que seus filhos corruptos sejam juízes em Israel. 1Sm 8.1-3
- Ele contesta o povo que pedia por um rei. 1Sm 8.4-22
- Unge Saul como rei de Israel. 1Sm 9–10

Então Samuel pegou um vaso com azeite e o derramou sobre a cabeça de Saul. E o beijou e disse: Por acaso o Senhor não te ungiu para seres príncipe sobre a sua herança? (1Sm 10.1)

- Reprova Saul. 1Sm 13.11-15; 1Sm 15
- Unge Davi para ser o rei. 1Sm 16
- Abriga Davi quando este fugia de Saul. 1Sm 19.18
- Sua morte; o lamento por ele

Samuel faleceu, e todo o Israel se ajuntou e chorou por ele. Eles o sepultaram na cidade onde morava, em Ramá. (1Sm 25.1)

- Sua integridade como juiz e governador. 1Sm 12.1-5; Sl 99.6; Jr 15.1; Hb 11.32

¹ *Então Samuel disse a todo o Israel: Eu atendi a tudo quanto pedistes e estabeleci um rei sobre vós.*
² *Agora, o rei está entre vós; quanto a mim, já estou velho e de cabelos brancos, e meus filhos estão convosco; eu vos tenho liderado desde a minha mocidade até o dia de hoje.*
³ *Eu estou aqui! Testemunhai contra mim diante do Senhor e do seu ungido. De quem tomei um boi? Ou de quem tomei um jumento? Ou a quem defraudei? Ou a quem tenho oprimido? Ou da mão de quem tenho recebido suborno para encobrir os meus olhos com ele? Se fiz uma dessas coisas, eu vos restituirei.*
⁴ *Eles responderam: Em nada nos defraudaste, nem nos oprimiste, nem tomaste coisa alguma da mão de ninguém.*
⁵ *Ele lhes disse: O Senhor é testemunha contra vós, e o seu ungido é hoje testemunha de que nada achastes na minha mão. Ao que o povo respondeu: Ele é testemunha.*
(1Sm 12.1-5)

DAVI, REI DE ISRAEL

■ Visão geral

- Sua genealogia. Rt 4.18-22; 1Sm 16.11; 1Sm 17.12; 1Cr 2.3-15; Mt 1.1-6; Lc 3.31-38
- Um pastor. 1Sm 16.11
- Mata um leão e um urso. 1Sm 17.34-36
- É ungido rei, enquanto jovem, por Samuel. 1Sm 16.1; 1Sm 16.13; Sl 89.19-37
- Escolhido por Deus. Sl 78.70
- Escudeiro e músico na corte do rei Saul. 1Sm 16.21-23
- Mata Golias. 1Sm 17
- Demonstra amor por Jônatas. 1Sm 18.1-4
- Uma pessoa popular e discreta. 1Sm 18
- A inveja de Saul. 1Sm 18.8-30
- É enganado por Merabe, e Mical torna-se sua esposa. 1Sm 18.17-27
- Jônatas ora por ele. 1Sm 19.1-7
- Derrota os filisteus. 1Sm 19.8
- Saul tenta matá-lo; ele foge para Ramá e permanece em Naiote. 1Sm 19.9-24
- Jônatas faz uma aliança com ele. 1Sm 20
- Foge para Nobe e recebe de Aimeleque o pão consagrado e a espada de Golias. 1Sm 21.1-6; Mt 12.3,4
- Foge para Gate. 1Sm 21.10-15
- Liberta Queila. 1Sm 23.1-13
- Faz uma segunda aliança com Jônatas. 1Sm 23.16-18
- Vai para o deserto de Zife e é traído pelos zifeus, que o delatam a Saul. 1Sm 23.13-26
- Escreve um salmo sobre a traição. Sl 54
- Vai para En-Gedi. 1Sm 23.29
- Poupa a vida de Saul. 1Sm 24
- Casa-se com viúva Abigail, de Nabal e Ainoã. 1Sm 25
- Vive no deserto de Zife, tem a oportunidade de matar Saul, mas apenas toma sua lança. 1Sm 26
- Foge para Aquis e permanece em Ziclague. 1Sm 27
- Lista de homens que se juntaram a ele. 1Cr 12.1-22
- Recusam sua companhia entre os filisteus para lutar contra os israelitas. 12Sm 28.1,2; 1Sm 29
- Resgata o povo de Ziclague, que havia sido capturado pelos amalequitas. 1Sm 30
- Morte e sepultamento de Saul e seus filhos. 1Sm 31; 2Sm 21.1,2; 2Sm 21.14
- Mata a pessoa que havia matado Saul. 2Sm 1.1-16
- Lamentação por Saul. 2Sm 1.17-27
- Mora por um ano e quatro meses em Ziclague. 1Sm 27.7
- Vai para Hebrom, e é ungido rei de Judá. 2Sm 2.1-4; 2Sm 2.11; 2Sm 5.5; 1Rs 2.11; 1Cr 3.4; 1Cr 11.1-3
- Lista daqueles que se juntaram a ele em Hebrom. 1Cr 12.23-40
- Isbosete, filho de Saul, é coroado. 2Sm 2-4
- Davi derrota Isbosete. 2Sm 2.13-32; 2Sm 3.4
- Ordenou a libertação de Mical. 2Sm 3.14-16
- Abner junta-se a Davi, mas é morto por Joabe. 2Sm 3
- Pune os assassinos de Isbosete. 2Sm 4
- É ungido rei sobre todo o Israel, após reinar sobre Judá em Hebrom por sete anos e meio, e reina por 33 anos. 2Sm 2.11; 2Sm 5.5; 1Cr 3.4; 1Cr 11.1-3; 1Cr 12.23-40; 1Cr 29.27
- Conquista Jerusalém. 2Sm 5.6; 1Cr 11.4-8; Is 29.1
- Constrói um palácio. 2Sm 5.11; 2Cr 2.3
- Amizade com Hirão, rei de Tiro. 2Sm 5.11; 1Rs 5.1
- Sua fama. 1Cr 14.17
- Derrota os filisteus. 2Sm 5.17-25
- A arca é levada para Jerusalém. 2Sm 6.1-16; 1Cr 13

- Organizou o serviço no tabernáculo. 1Cr 9.22; 1Cr 15.16-24; 1Cr 16.4-6; 1Cr 16.37-43
- Oferece sacrifícios, distribui presentes e abençoa o povo. 2Sm 6.17-19
- Deseja construir um templo, é proibido por Deus, mas recebe a promessa de que sua semente reinaria para sempre. 2Sm 7.12-16; 2Sm 23.5; 1Cr 17.11-14; 2Cr 6.16; Sl 89.3,4; Sl 132.11,12; At 15.16; Rm 15.12
- Conquista os filisteus, os moabitas e a Síria. 2Sm 8
- Trata Mefibosete com grande bondade. 2Sm 9.6; 2Sm 19.24-30
- Derrota os exércitos unidos dos amonitas e dos sírios. 2Sm 10; 1Cr 19
- Comete adultério com Bate-Seba. 2Sm 11.2-5
- Provoca a morte de Urias. 2Sm 11.6-25
- Toma Bate-Seba como sua esposa. 2Sm 11.26,27
- É repreendido pelo profeta Natã. 2Sm 12.1-14
- Arrepende-se e confessa seu pecado. Sl 6; Sl 32; Sl 38–40; Sl 51
- A morte de seu filho recém-nascido. 2Sm 12.15-23
- Nasce Salomão. 2Sm 12.24,25
- Os amonitas são derrotados. 2Sm 12.26-31
- O crime de Amnom, seu assassinato por Absalão e a fuga de Absalão. 2Sm 13
- O retorno de Absalão. 2Sm 14.1-24
- Davi foge de Jerusalém. 2Sm 15.13-37
- Simei o amaldiçoa. 2Sm 16
- Atravessa o Jordão. 2Sm 17.21-29
- A derrota e a morte de Absalão. 2Sm 18
- Lamenta a morte de Absalão. 2Sm 18.33; 2Sm 19.1-4
- Retorna a Jerusalém. 2Sm 20.1-3
- Enterra os ossos de Saul e de seus filhos. 2Sm 21.12-14
- Derrota os filisteus. 2Sm 21.15-22; 1Cr 20.4-8
- Casa-se com Abisague. 1Rs1.1-4
- Reorganiza o serviço no tabernáculo. 1Cr 22–26; 2Cr 7.6; 2Cr 8.14
- Salomão é designado para o trono. 1Rs 1; 1Cr 23.1
- Dá instruções ao seu filho Salomão. 1Rs 2.1-11; 1Cr 22.6-19; 1Cr 28,29
- Suas últimas palavras. 2Sm 23.1-7
- Sua morte. 1Rs 2.10; 1Cr 29.28; At 2.29,30
- Seu sepulcro. At 2.29

Características de Davi

SUA DEVOÇÃO
1Sm 13.14; 2Sm 6.5; 2Sm 6.14-18; 2Sm 7.18-29; 2Sm 8.11; 2Sm 24.25; 1Rs 3.14; 1Cr 17.16-27

JUSTIÇA EM SUA ADMINISTRAÇÃO
2Sm 8.15; 1Cr 18.14

SUA DISCRIÇÃO
1Sm 18.14; 1Sm 18.30

SUA HUMILDADE
1Sm 24.7; 1Sm 26.11; 2Sm 16.11; 2Sm 19.22,23

MISERICORDIOSO
2Sm 19.23

Davi como

MÚSICO
1Sm 16.21-23; 1Cr 15.16; 1Cr 23.5; 2Cr 7.6; 2Cr 29.26; Ne 12.36; Am 6.5

PROFETA
2Sm 23.2-7; 1Cr 28.19; Mt 22.41-46; At 2.25-38; At 4.25

Tipo de Cristo

Sl 2; Sl 16; Sl 18.43; Sl 69.7-9; Sl 69.20,21; Sl 69.26; Sl 69.29; Sl 89.19-37

JESUS CHAMADO DE FILHO DE DAVI
Mt 9.27; Mt 12.23; Mt 15.22; Mt 20.30,31; Mt 21.9; Mt 22.42; Mc 10.47,48; Lc 18.37; Lc 18.39

PROFECIAS RELACIONADAS
A ELE E A SEU REINO
Nm 24.17; Nm 24.19; 2Sm 7.11-16; 1Cr 17.9-14; 1Cr 22; 2Cr 6.5-17; 2Cr 13.5; 2Cr 21.7; Sl 89.19-37; Is 9.7; Is 16.5; Is 22.20-25; Jr 23.5; Jr 33.15-26; Lc 1.32,33

SALOMÃO

■ Visão geral

- Filho de Davi com Bate-Seba. 2Sm 12.24; 1Rs 1.13; 1Rs 1.17; 1Rs 1.21
- Recebeu o nome de Jedidias pelo profeta Natã. 2Sm 12.24,25
- Ancestral de José. Mt 1.6
- Sucede Davi no trono de Israel. 1Rs 1.11-48; 1Rs 2.12; 1Cr 23.1; 1Cr 28; Ec 1.12
- Ungido rei pela segunda vez. 1Cr 29.22
- Sua oração por sabedoria e sua visão. 1Rs 3.5-14; 2Cr 1.7-12
- Aliança renovada em uma visão após a dedicação do templo. 1Rs 9.1-9; 2Cr 7.12-22
- Seu rigoroso reinado. 1Rs 2
- Constrói o templo. 1Rs 5–6; 1Rs 9.10; 1Cr 6.10; 2Cr 2–4; 2Cr 7.11; Jr 52.20; At 7.45-47
- Dedica o templo. 1Rs 8; 2Cr 6
- Renova o ministério dos sacerdotes e dos levitas, e as formas de serviço em sintonia com a ordem de Moisés e as regulamentações de Davi. 2Cr 8.12-16; 2Cr 35.4; Ne 12.45
- Constrói seu palácio. 1Rs 3.1; 1Rs 7.1; 1Rs 7.8; 1Rs 9.10; 2Cr 7.11; 2Cr 8.1; Ec 2.4
- Constrói sua casa no bosque do Líbano. 1Rs 7.2-7
- Constrói um palácio para a filha do faraó. 1Rs 7.8-12; 1Rs 9.24; 2Cr 8.11; Ec 2.4
- O trono de marfim. 1Rs 7.7; 1Rs 10.18-20
- O salão do trono onde julgava. 1Rs 7.7
- Constrói Milo, o muro de Jerusalém, as cidades de Hazor, Megido, Gezer, Bete-Horom Baixa, Baalate, Tadmor, cidades-armazéns e cidades para os carros de guerra e para a cavalaria. 1Rs 9.15-19; 2Cr 9.25
- Providenciou armamento. 1Rs 10.16,17
- Planta vinhas e pomares. Ec 2.4-6
- Importa macacos e pavões. 1Rs 10.22
- Músicos e instrumentos musicais de sua corte. 1Rs 10.12; 2Cr 9.11; Ec 2.8
- O esplendor de sua corte. 1Rs 10.5-9; 1Rs 10.12; 2Cr 9.3-8; Ec 2.9; Mt 6.29; Lc 12.27
- Seus negócios. 1Rs 9.28; 1Rs 10.11,12; 1Rs 10.22; 1Rs 10.28,29; 2Cr 1.16,17; 2Cr 8.17,18; 2Cr 9.13-22; 2Cr 9.28
- É visitado pela rainha de Sabá. 1Rs 10.1-13; 2Cr 9.1-12
- Sua riqueza. 1Rs 9.1; 1Rs 10.10; 1Rs 10.14,15; 1Rs 10.23; 1Rs 10.27; 2Cr 1.15; 2Cr 9.1,2; 2Cr 9.9; 2Cr 9.13; 2Cr 9.24; 2Cr 9.27; Ec 1.16
- Tem setecentas esposas e trezentas concubinas. 1Rs 11.3; Dt 17.17
- A influência delas sobre ele. 1Rs 11.4
- Casa-se com uma das filhas do faraó. 1Rs 3.1
- Constrói templos idólatras. 1Rs 11.1-8; 2Rs 23.13
- Extensão de suas conquistas. 1Rs 4.21; 1Rs 4.24; 1Rs 8.65; 2Cr 7.8; 2Cr 9.26
- Recebe tributos. 1Rs 4.21; 1Rs 9.21; 2Cr 8.8
- Seus oficiais. 1Rs 2.35; 1Rs 4.1-19; 2Cr 8.9,10
- Seus equipamentos militares. 1Rs 4.26; 1Rs 4.28; 1Rs 10.16,17; 1Rs 10.26; 1Rs 10.28; 2Cr 1.14; 2Cr 9.25; Dt 17.15,16
- Sua sabedoria e fama. 1Rs 4.29-34; 1Rs 10.3,4; 1Rs 10.8; 1Rs 10.23,24;

1Cr 29.24,25; 2Cr 9.2-7; 2Cr 9.22,23; Ec 1.16; Mt 12.42
- Sua piedade. 1Rs 3.5-15; 1Rs 4.29; 1Rs 8
- O amado de Deus. 2Sm 12.24
- Sua justiça, ilustrada em seu julgamento das duas prostitutas. 1Rs 3.16-28
- Suas opressões. 1Rs 12.4; 2Cr 10.4
- Reina quarenta anos. 2Cr 9.30
- Sua morte. 2Cr 9.29-31
- Profecias em relação a ele. 2Sm 7.12-16; 1Rs 11.9-13; 1Cr 17.11-14; 1Cr 28.6,7; Sl 132.11
- Um tipo de Cristo. Sl 45.2-17; Sl 72.7-19

HISTÓRIA E REIS DO ANTIGO TESTAMENTO

PASSAGENS PARALELAS NOS LIVROS HISTÓRICOS

■ Sobreposição

Até mesmo uma leitura superficial dos livros históricos do Antigo Testamento – 1 e 2Samuel, 1 e 2Reis e 1 e 2Crônicas – revela muita sobreposição do material contido nesses livros.

Passagens paralelas

As seguintes listas de referências mostram as passagens paralelas entre os livros de Samuel e Reis, por um lado, e os livros de Crônicas, por outro lado.

A lista de referências enfatiza diferentes pontos de vista:
1. Por intermédio dessa lista de referências torna-se fácil identificar as seções semelhantes nos diferentes livros.
2. As listas destacam os diferentes pontos de vista desses livros.

Diferentes pontos de vista

Primeiro e 2Samuel e 1 e 2Reis tem um ponto de vista semelhante sobre os eventos históricos que eles registram, e estes são diferentes daqueles encontrados em 1 e 2Crônicas.

PONTO DE VISTA HUMANO
Primeiro e 2Samuel e 1 e 2Reis veem a história sob o ponto de vista humano, como deveriam ser vistos pelo olho natural.

PONTO DE VISTA DIVINO
Primeiro e 2Crônicas veem os mesmos eventos por um ponto de vista divino. Estes livros os enxergam sob uma perspectiva espiritual.

Primeiro e 2Samuel e 1 e 2Reis visualizam eventos em seu contexto histórico, enquanto 1 e 2Crônicas frequentemente adicionam o aspecto moral visto nos eventos registrados. Nos primeiros, temos o registro histórico; nos últimos, temos a razão divina para tal registro, a qual, com frequência, aparece na forma de "palavras" divinas e julgamento sobre o evento.

A MORTE DE SAUL
Um exemplo desses dois diferentes caminhos é visto na forma como a morte de Saul é registrada.

Assim, naquele dia, morreram juntos Saul, seus três filhos, seu escudeiro e todos os seus soldados. (1Sm 31.6)

Assim Saul morreu por causa da sua infidelidade para com o SENHOR, porque não havia obedecido à palavra do SENHOR; e também porque procurou a mulher que consulta os mortos, e não buscou o SENHOR; por isso ele o matou e transferiu o reino a Davi, filho de Jessé. (1Cr 10. 13,14)

Diferente quantidade de espaço dada aos mesmos eventos

Os diferentes pontos de vista de 1 e 2Samuel e 1 e 2Reis e também os pontos de vista de 1 e 2Crônicas são responsáveis pela quantidade de espaço que dedicam ao mesmo evento histórico.

Por exemplo, naqueles primeiros livros, há três capítulos (ou seja, 88 versículos) dados para os eventos seculares do reinado de Ezequias (registrados em 2Reis 8, 19 e 20), mas só três versículos (em 2Reis 18.4-6) dados para sua grande reforma religiosa.

[4] *Ele retirou os altares das colinas, quebrou as colunas e destruiu os postes-ídolos. Despedaçou a serpente de bronze que Moisés havia feito, porque os israelitas lhe queimavam incenso até aquele dia, e deu-lhe o nome de Neustã.*

⁵ *Ele confiou no SENHOR, Deus de Israel, de modo que não houve ninguém semelhante a ele entre todos os reis de Judá, nem antes nem depois dele.*
⁶ *Porque se apegou ao SENHOR, não se desviou de segui-lo e guardou os mandamentos que o SENHOR havia ordenado a Moisés.*

(2Rs 18.4-6)

Em Crônicas acontece exatamente o oposto. Três capítulos (os quais compreendem 84 versículos) são dedicados à sua reforma (2Cr 29–31), enquanto um capítulo (ou 32 versículos) é suficiente para os eventos seculares de seu reinado.

Da mesma forma, as três alianças de Josafá com Acabe podem ser espiritual e moralmente compreendidas só por intermédio de 2Cr 17, sobre as quais não há sequer uma palavra em 1 e 2Reis.

ORDEM DOS EVENTOS

Os dois pontos de vista diferentes de 1 e 2Samuel, 1 e 2Reis e 1 e 2Crônicas igualmente determinam a ordem na qual os eventos registrados são tratados.

Nos livros de Reis, os eventos são registrados em ordem cronológica, enquanto em Crônicas essa ordem é, às vezes, ignorada, para que as causas morais ou consequências dos dois eventos sejam apresentadas juntas para que, dessa forma, possa haver uma comparação ou contraste entre ambas. Exemplos disso são a lista dos homens poderosos de Davi, o recenseamento de Davi e a causa da praga.

Primeiro e 2Samuel e 1 e 2Reis fornecem a história completa do reino de Israel.

Primeiro e 2Crônicas só registram os eventos que são relacionados com a casa de Davi e a tribo de Judá.

Quadro de passagens paralelas em 1 e 2Samuel, 1 e 2Reis e 1 e 2Crônicas

1SAMUEL	1CRÔNICAS
27	12.1-7
29.1-3	12.19-22
31	10
2SAMUEL	**1CRÔNICAS**
5.1-5	11.1-3
5.6-10	11.4-9
5.11-16	14.1-7
5.17-25	14.8-17
6.1-11	13
6.12-23	15–16
7	17
8	18
10	19
11.1-27	20.1
12.29-31	20.1-3
23.8-39	11.10-47
24.1-9	21.1-6
24.1-9	27.23,24
24.10-17	21.7-17
24.18-24	21.18–22.1
1REIS	**1CRÔNICAS**
2.1	23.1
2.1-4	28.20,21
2.10-12	29.23-30
1REIS	**2CRÔNICAS**
2.46	1.1
3.4-15	1.2-13
5	2
6	3.1-14; 4.9
7.15-21	3.15-17
7.23-26	4.2-5
7.38-46	4.6,10,17
7.47-50	4.18-22
7.51	5.1

8	5.2–7.10
9.1-9	7.11-22
9.10-28	8
10.1-13	9.1-12

Primeiro Reis e 2Crônicas

Primeiro Reis 10.1-13 e 2Crônicas 9.1-12 são um bom exemplo das semelhanças entre as passagens de 1Reis e 2Crônicas.

> Quando a rainha de Sabá soube da fama de Salomão, por causa do nome do SENHOR, veio testá-lo com questões difíceis. Ela chegou a Jerusalém com uma grande comitiva, com camelos carregados de especiarias, muitíssimo ouro e pedras preciosas; e, tendo-se apresentado a Salomão, conversou com ele acerca de tudo o que havia pensado. Salomão lhe deu resposta a todas as perguntas; não houve nada que o rei não lhe soubesse explicar. A rainha de Sabá ficou muito impressionada ao ver toda a sabedoria de Salomão, o palácio que havia construído, a comida de sua mesa, o lugar de seus oficiais, as funções e os trajes de seus servos, seus copeiros, e os sacrifícios que ele oferecia no templo do SENHOR. Então ela disse ao rei: Era verdade o que ouvi no meu país a respeito dos teus feitos e da tua sabedoria. Porém, eu não acreditava nisso, até que vim e meus olhos o viram. Não me contaram nem metade; tu superaste em sabedoria e bens a fama que ouvi. Bem-aventurados os homens que trabalham para ti! Bem-aventurados estes teus servos, que estão sempre te servindo, que ouvem a tua sabedoria!
>
> (1Rs 10.1-8)

> A rainha de Sabá ouviu falar da fama de Salomão e veio a Jerusalém para testá-lo com perguntas difíceis; trazia consigo uma grande comitiva, camelos carregados de especiarias, muito ouro e pedras preciosas. Encontrando-se com Salomão, discutiu com ele sobre tudo o que pensava. Salomão lhe respondeu a todas as perguntas; não houve nada que Salomão não lhe soubesse explicar. A rainha de Sabá ficou impressionada ao ver a sabedoria de Salomão, o palácio que havia construído, as iguarias da sua mesa, o lugar dos seus oficiais, o serviço e os trajes dos seus criados e copeiros e os sacrifícios que ele oferecia no templo do SENHOR. Então disse ao rei: O que ouvi na minha terra acerca dos teus feitos e da tua sabedoria era verdade. Mas eu não o acreditava, até que vim e os meus olhos o viram. Não me contaram metade da grandeza da tua sabedoria. Tu ultrapassaste a fama que ouvi.
>
> (2Cr 9.1-6)

1REIS	2CRÔNICAS
10.14-25	9.13-24
10.26-29	9.25-28; 1.14-17
11.41-43	9.29,31
12.1-19	10
12.21-24	11.1-4
12.25	11.5-12
12.26-31	11.13-17
14.22-24	12.1
14.25-28	12.2-12
14.21,29-31	12.13-16
15.1	13.1,2
15.6	13.2-21
15.7,8	13.22; 14.1
15.11,12	14.1-5
15.13-15	15.16-18
15.16-22	16.1-6
15.23,24	16.11-14
22.1-20,44	18
22.41-43	17.1; 20.31-33
22.45	20.34
22.47-49	20.35-37
22.50	21.1

2REIS	2CRÔNICAS
1.1; 3.4,5	20.1-3
8.16-19	21.2-7
8.20-22	21.8-15
8.23,24	21.18-20
8.25-27	22.1-4
8.28,29; 9.1-28	22.5-7,9
10.11-14	22.8
11.1-3	22.10-12
11.4-20	23
11.21; 12.1-3	24.1-3
12.6-16	24.4-14
12.17,18	24.23,24
12.19-21	24.25-27
14.1-6	25.1-4
14.7	25.11-16
14.8-14	25.17-24
14.17-20	25.25-28
14.21,22	15.1-42; 6.1-15
15.6,7,27,28	26.22,23
15.32-35	27.1-8
15.38	27.9
16.1,2	28.1,2
16.3,4,6	28.2-8
16.7	28.16-19
15.29	28.20
16.8-18	28.21-25
16.19,20	28.26,27

18.1-3	29.1,2
18.13	Is 36.1
18.14-16	2Cr 32.2-8
20.1-11	32.24; Is 38
20.12-19	Is 39.1-8
18.17-37	2Cr 32.9-19; Is 36.2-22
19.1-5	2Cr 32.20; Is 37.1-4
19.6,7	Is 37.6,7
19.8-19	2Cr 32.17; Is 37.8-20
19.20-37	2Cr 32.21; Is 37.21-38
20.20,21	2Cr 32.32,33
21.1-16	33.1-9
21.17,18	33.18-20
21.19-26	33.21-25
22.1,2	34.1-7
22.3-20	34.8-28
23.1-3	34.29-32
23.21-23	35.1-19
23.24-26	34.33
23.28-30	35.20-27
23.30-33	36.1-3
23.34-37	36.4,5
24.8,9	36.9
24.15-17	36.10
24.18,19	36.11,12
24.20	36.13-16
25.8-21	36.18-21

REIS DE ISRAEL

■ Reis de Israel e Judá

Reis de Israel
Esta lista cronológica dos reis de Israel mostra por quanto tempo cada um reinou.

Jeroboão – 22 anos
Nadabe – aproximadamente dois anos
Baasa – 24 anos
Elá – dois anos
Zinri – sete dias
Onri – doze anos
Acabe – 22 anos
Acazias – dois anos
Jeorão – doze anos
Jeú – 28 anos
Jeoacaz – dezessete anos
Joás – dezesseis anos
Jeroboão II – 41 anos
Zacarias – seis meses

Salum – um mês
Menaém – dez anos
Pecaías – dois anos
Peca – vinte anos
Oseias – nove anos

Reis de Judá
Esta lista cronológica dos reis de Judá mostra por quanto tempo cada um reinou.
Roboão – dezessete anos
Abias – três anos
Asa – 41 anos
Josafá – 25 anos
Jeorão – oito anos
Acazias – um ano
A usurpação de Atalia – seis anos
Joás – quarenta anos
Amazias – 29 anos
Azarias – 52 anos
Jotão – dezesseis anos
Acaz – dezesseis anos
Ezequias – 29 anos
Manassés – 55 anos
Amom – dois anos
Josias – 31 anos
Joanã, filho de Josias – três meses
Jeoaquim, filho de Josias – onze anos
Joaquim ou Jeconias, filho de Jeoaquim – três meses
Zedequias ou Matanias, filho de Josias – onze anos

■ Reino de Israel

JEROBOÃO, O PRIMEIRO REI DE ISRAEL
Resumo
- 1Reis 11.26-40, 1Reis 12–14, 2Crônicas 10
- Fugiu para o Egito para escapar de Salomão
- Retornou quando Roboão tornou-se rei
- Tornou-se o primeiro rei de Israel
- Construiu bezerros de ouro em Dã e Betel
- Estabeleceu um sacerdócio e adoração para os bezerros
- Reinou por 22 anos
- Foi um mau rei

Detalhes de seu reinado
- Durante os projetos de construção de Salomão, ele conheceu um jovem chamado Jeroboão, o filho de Nebate, um efrateu, que era diligente, e colocou-o como encarregado do serviço na casa de José (1Rs 11.26-29).
- Mais tarde, Jeroboão estava saindo de Jerusalém e encontrou-se com o profeta Aías, que assegurou-lhe que reinaria sobre dez das tribos de Israel (1R 11.29-39).
- Salomão, ao saber disso, decidiu matar Jeroboão. Então Jeroboão fugiu para o Egito (1Rs 11.40).
- Após a ascensão de Roboão ao trono, o povo mandou buscar Jeroboão. Jeroboão juntou-se aos seus compatriotas para exigir que o novo rei diminuísse seu pesado jugo, o que ele se recusou a fazer. Dessa forma, Jeroboão liderou a revolta contra ele (1Rs 11.1-24; 2Cr 10.1-19).
- Jeroboão estabeleceu-se em Siquém. Para evitar que o povo fosse a Jerusalém para adorar ao Senhor, Jeroboão fez dois bezerros de ouro, um em Betel e o outro em Dã, assegurando ao povo que esses dois ídolos eram os deuses que os haviam tirado do Egito (1Rs 12.25-30).
- Jeroboão reinou por 22 anos (1Rs 14.19,20). Ele reinou concomitantemente com Roboão por dezessete (1Rs 12.1-20; 1Rs 14.20; 2Cr 14.20), com Abias por três anos (1Rs 14.31–15.2), e com Asa por dois anos (1Rs 14.20,31; 1Rs 15.1,2,8-10; 2Cr 12.13).

AÍAS, O PROFETA
O profeta Aías ministrou durante o reinado de Jeroboão (1Rs 14.1-18).

NADABE, O SEGUNDO REI DE ISRAEL
Resumo
- 1Reis 15.25-32
- Filho de Jeroboão

- Morto por Baasa
- Reinou por dois anos
- Foi um mau rei

Detalhes
Jeroboão foi sucedido por seu filho Nadabe. Seu monótono reinado durou apenas dois anos (1Rs 15.25).

BAASA, O TERCEIRO REI DE ISRAEL
Resumo
- 1Reis 15.33-16.7
- Matou Nadabe e toda a família de Jeroboão
- Lutou com Asa, rei de Judá
- Reinou por 24 anos
- Foi um mau rei

Detalhes
- Segunda dinastia.
- Nadabe foi destronado e sucedido por Baasa, que, logo que se tornou rei, exterminou a casa de Jeroboão (1Rs 15.2-30).
- Ele reinou concomitantemente com Asa (1Rs 15.9,10,33).

JEÚ, O PROFETA
O profeta Jeú viveu durante o reinado de Baasa, (1Rs 16.1-4).

ELÁ, O QUARTO REI DE ISRAEL
Resumo
- 1Reis 16.8-14
- Filho de Baasa
- Reinou por dois anos
- Morto por Zinri
- Foi um mau rei

Detalhes
Rei. Baasa foi sucedido por seu filho Elá, e este reinou por dois anos concomitantemente com Asa, rei de Judá (1Rs 15.9,10; 1Rs 16.6-8).

ZINRI, O QUINTO REI DE ISRAEL
Resumo
- 1Reis 16.8-20
- Matou Elá e toda a família de Baasa
- Reinou por sete dias
- Suicidou-se
- Foi um mau rei

Detalhes
- Terceira dinastia.
- Elá foi assassinado por seu servo Zinri, o qual, assim que assumiu o trono, destruiu toda a casa de Baasa.
- Zinri reinou concomitantemente com Asa por sete dias (1Rs 15.9,10; 1Rs 16.8-30).

ONRI, O SEXTO REI DE ISRAEL
Resumo
- 1Reis 16.15-28
- Comandante do exército
- Edificou Samaria
- Reinou por doze anos (seis em Tirza)
- Foi um mau rei

Detalhes
- Quarta dinastia.
- Zinri foi sucedido por Onri. Ele reinou por seis anos com indisputável autoridade. Reinou concomitantemente com Asa (1Rs 15.9,10; 1Rs 16.21-23). O maior acontecimento do reinado de Onri foi a fundação da cidade de Samaria (1Rs 16.23,24). Seu reinado foi caracterizado pelo mal (1Rs 16.25-27).

ACABE, O SÉTIMO REI DE ISRAEL
Resumo
- 1Reis 16–22; 2Crônicas 18
- Casou-se com Jezabel, uma mulher sidônia
- Serviu a Baal e fez, mais do que qualquer outro antes dele, o que o Senhor reprova
- Cobiçou a vinha de Nabote
- Matou em batalha contra Arã

- Reinou por 22 anos
- Foi um mau rei

Detalhes
- Onri foi sucedido por seu filho Acabe (1Rs 16.28). Ele introduziu a idolatria na corte de Israel, e seu reinado foi marcado por sua grande desconsideração pela lei de Deus (1Rs 16.9–17.24).
- Ele reinou concomitantemente com Asa por quatro anos (1Rs 15.9,10; 1Rs 16.29) e com Josafá por dezoito anos (1Rs 22.41,42).

MICAÍAS E ELIAS, OS PROFETAS
Durante o reinado de Acabe, dois notáveis profetas ministraram.

MICAÍAS
Acabe fez uma aliança militar com Josafá e foram para a guerra contra o rei da Síria. Antes de irem para a batalha, Acabe chamou Micaías, cujas profecias sobre a guerra foram cumpridas (2Cr 18.1-34).

ELIAS
Elias era um profeta fiel a Deus, em um tempo em que a idolatria imperava na corte de Acabe, e quando Israel parecia ter abandonado o Senhor (1Rs 16.29–17.1).
  Os maiores eventos na vida de Elias:
- Sua profecia, na frente do rei Acabe, de que não haveria mais chuva até que ele dissesse o contrário (1Rs 17.1; Tg 5.17).
- Ele foi alimentado por corvos às margens do ribeiro Querite (1Rs 17.2-7).
- Ele ficou em Sarepta (1Rs 17.8-16).
- Ele ressuscitou o filho da viúva (1Rs 17.17-24).
- Ele reconstruiu o altar do Senhor e destruiu os profetas de Baal (1Rs 18.20-40).
- Ao final da seca, ele correu do Carmelo até Jezreel (1Rs 18.41-46).
- Ele fugiu da ira de Jezabel (1Rs 19.1-3).
- Ele sentou-se debaixo de um arbusto e orou pedindo a morte (1Rs 19.4).
- O anjo do Senhor apareceu a ele, alimentou-o e fortaleceu-o (1Rs 19.5-8).
- O Senhor falou com ele no monte Sinai e assegurou-lhe que havia sete mil em Israel que não haviam dobrado seus joelhos a Baal (1Rs 19.9-18).
- Pela autoridade do Senhor, ele ungiu Eliseu de Abel-Meolá como seu sucessor (1Rs 19.15-21).
- Ele profetizou o terrível fim de Acabe e sua esposa (1Rs 21.17-29).
- Ele fez cair fogo do céu (1Rs 1.1-12; Lc 9.54).
- Ele profetizou a morte de Acazias (2Rs 1.13-18).
- Ele foi levado aos céus em uma carruagem de fogo (2Rs 2.1-18).

ACAZIAS, O OITAVO REI DE ISRAEL
Resumo
- 1Reis 22.51-53; 2Reis 1
- Fez o mal, adorando Baal
- Caiu da sacada de seu quarto e ficou muito ferido
- Enviou mensageiros para consultar Baal sobre seu ferimento, mas ouviu uma mensagem de Elias
- Reinou por dois anos
- Foi um mau rei

Detalhes
Acabe foi sucedido por seu filho Acazias. Ele seguiu os caminhos de seus maus ancestrais (1Rs 22.51-53). Como resultado de um acidente, ele ficou muito ferido. Ele enviou mensageiros para consultar Baal-Zebube, o deus de Ecrom, para saber se ele se recuperaria. O anjo do Senhor disse a Elias para encontrar-se com os mensageiros e dizer ao rei que ele morreria.

Quando Acazias reconheceu a identidade do profeta Elias, enviou um grupo de soldados para pedir-lhe que viesse vê-lo imediatamente. No devido tempo, o profeta foi até o rei e profetizou sua morte iminente (2Rs 1.1-16).

Acazias reinou concomitantemente com Josafá por dois anos (1Rs 22.42-51; 2Rs 3.1).

JORÃO, O NONO REI DE ISRAEL
Resumo
- 2Reis 3,9
- Juntou-se a Judá e Edom para lutar contra Moabe
- Foi morto em Jezreel por Jeú
- Reinou por doze anos
- Foi um mau rei

Detalhes
- Acazias foi sucedido por seu irmão Jorão (2Rs 1.17; 2Rs 3.1). Seu reinado foi caracterizado pelo mal (2Rs 3.1,2).
- Ele lutou sem sucesso contra o rei de Moabe (2Rs 3.1-27). Ele reinou concomitantemente com Josafá (2Rs 3.1), Jorão (1Rs 22.42; 2Rs 3.1; 2Rs 9.29; 2Cr 21.1,5) e Acazias (2Rs 9.29).

ELISEU, O PROFETA
Os principais eventos de sua vida:
- Ele foi ungido por Elias como seu sucessor (1Rs 19.19-21).
- Ele recebeu uma dupla porção do espírito de Elias (2Rs 2.9-15).
- Ele disse ao rei Jorão como conseguir água durante sua campanha contra os moabitas (2Rs 3.10-20).
- Ele fez aumentar o azeite da viúva (2Rs 4.1-7).
- Ele ressuscitou o filho da sunamita (2Rs 4.8-38).
- Ele realizou um grande milagre em Gilgal (2Rs 4.39-41).
- Ele miraculosamente alimentou um grande grupo de pessoas (2Rs 4.42-44).
- Ele curou a lepra de Naamã (2Rs 5.1-19).
- Ele trouxe a lepra para a família de Geazi (2Rs 5.20-27).
- Ele foi capturado pelos sírios (2Rs 6.13-18).
- Ele conduziu os sírios para Samaria, mandou-os embora e, portanto, obteve grande vitória sobre eles (2Rs 6.19-24).
- Ele profetizou a repentina provisão de uma grande quantidade de alimento, durante a fome em Samaria (2Rs 7.1,2).
- Sua profecia foi cumprida (2Rs 7.3-20).
- Ele executou a ordem dada originariamente a Elias (1Rs 19.15-18; 2Rs 8.1-15; 2Rs 9.1-13).

JEÚ, O DÉCIMO REI DE ISRAEL
Resumo
- 2Reis 9–10
- Ungido por Eliseu
- Matou Jorão e feriu Acazias, rei de Judá
- Matou Jezabel
- Matou os setenta filhos de Acabe
- Matou os parentes de Acazias, rei de Judá
- Destruiu o templo de Baal e matou seus adoradores
- Reinou por 28 anos
- Foi um mau rei

Detalhes
- Quinta dinastia.
- Jorão foi morto e sucedido por Jeú, o filho de Josafá, o filho de Ninsi.
- Ele começou uma reforma matando Jezabel, os filhos de Acabe e os profetas de Baal (2Rs 9.1–10.28).
- Por causa de seu sucesso em destruir o mal, o Senhor prometeu-lhe que seus filhos o sucederiam pelas próximas quatro gerações (2Rs 10.29-34).
- Jeú reinou concomitantemente com Atalia por sete anos (2Rs 10.36; 2Rs 11.1-4) e com Joás por 21 anos (2Rs 12.1).

JEOACAZ, O DÉCIMO PRIMEIRO REI DE ISRAEL

Resumo
- 2Reis 13.1-9
- Deus entregou Israel a Arã por causa de seu pecado
- Reinou por dezessete anos
- Foi um mau rei

Detalhes
Jeú foi sucedido por seu filho Jeoacaz, e este reinou na Samaria por dezessete anos (2Reis 18.1). Seu reinado foi caracterizado pelas contínuas práticas de idolatria inauguradas por Jeroboão. O Senhor entregou Israel nas mãos dos sírios. Jeoacaz parecia sentir-se penitente, mas não reparou seus erros (2Rs 12.2-8).

Ele reinou concomitantemente com Joás por dezessete anos (2Rs 12.1; 2Rs 13.1).

JEOÁS, O DÉCIMO SEGUNDO REI DE ISRAEL

Resumo
- 2Reis 13.10-25
- Deliberou com Eliseu sobre Arã
- Golpeou o chão três vezes com flechas
- Venceu Arã por três vezes
- Foi um mau rei

Detalhes
Jeoacaz foi sucedido por seu filho Jeoás, e este seguiu os caminhos de seus perversos predecessores.

Durante a última doença de Eliseu, este foi visitado por Jeoás. Eliseu disse a Jeoás que ele venceria os sírios por três vezes (2Rs 13.14-19).

Jeoás reinou por dezesseis anos e reinou concomitantemente com Joás por dois anos (2Rs 13.9,10; 2Rs 12.1; 2Rs 14.1) e com Amazias por quatorze anos (2Rs 14.1,2).

JEROBOÃO II, O DÉCIMO TERCEIRO REI DE ISRAEL

Resumo
- 2Reis 14.23-29
- Restaurou as fronteiras de Israel, conforme Jonas havia dito
- Reinou por 41 anos
- Foi um mau rei

Detalhes
Jeoás foi sucedido por seu filho Jeroboão, a quem nós conhecemos como Jeroboão II. Ele restabeleceu as fronteiras de Israel, "desde Lebo-Hamate até o mar da Arabá, conforme o Senhor, Deus de Israel, havia falado por meio de seu servo Jonas, filho do profeta Amitai, de Gate-Héfer (2Rs 14.23-25).

Ele reinou concomitantemente com Amazias por quinze anos (2Rs 14.1,2,23) e Uzias por quatorze anos (2Rs 15.1).

JONAS, O PROFETA

Jonas, o profeta, ministrou durante o reinado de Jeroboão II (2Rs 14.23-25).

Os principais eventos de sua vida:
- Ele recebeu a incumbência, dada pelo Senhor, de ir para a grande cidade de Nínive e lá pregar (Jn 1.1,2).
- Ele foi jogado ao mar e engolido por um grande peixe (Jn 1.3-17).
- Ele orou ao Senhor e foi liberto (Jn 2.1-10).
- O povo de Nínive arrependeu-se como resultado de sua pregação (Jn 4.1-11).

INTERREGNO

Passaram-se mais ou menos 24 anos desde a morte de Jeroboão II e a ascensão de Zacarias (2Rs 14.23; 2Rs 15.1,8).

ZACARIAS, O DÉCIMO QUARTO REI DE ISRAEL

Resumo
- 2Reis 15.8-12
- Cumpriu a profecia relacionada a seus filhos

- Foi morto por Salum
- Foi um mau rei

Detalhes

Jeroboão II foi sucedido por seu filho Zacarias. Nele, foi cumprida a promessa do Senhor a Jeú (2Rs 14.29; 2Rs 15.8-12).

Ele reinou por seis meses, concomitantemente com Uzias (2Rs 15.1,2,8).

SALUM, O DÉCIMO QUINTO REI DE ISRAEL

Resumo
- 2Reis 15.10-16
- Reinou por um mês
- Foi morto por Menaém
- Foi um mau rei

Detalhes
- Sexta dinastia.
- Zacarias foi morto e sucedido por Salum, o qual reinou concomitantemente com Uzias (2Rs 15.1,2,10,13).

MENAÉM, O DÉCIMO SEXTO REI DE ISRAEL

Resumo
- 2Reis 15.14-22
- Pagou mil talentos de tributo para a Assíria
- Reinou por dez anos
- Foi um mau rei

Detalhes
- Sétima dinastia.
- Salum foi morto e sucedido por Menaém.
- Seu reinado foi caracterizado por grandes perversidades, guerras e impostos excessivos (2Rs 15.14-22).
- Ele reinou concomitantemente com Uzias (2Rs 15.1,2,17).

PECAÍAS, O DÉCIMO SÉTIMO REI DE ISRAEL

Resumo
- 2Reis 15.22-26
- Reinou por dois anos
- Foi morto por Peca
- Foi um mau rei

Detalhes
- Menaém foi sucedido por seu filho Pecaías. Seu reinado também foi caracterizado por perversidades.
- Ele reinou concomitantemente com Uzias (2Rs 15.1,2,22-24).

PECA, O DÉCIMO OITAVO REI DE ISRAEL

Resumo
- 2Reis 15.25-37
- Oficial de Pecaías
- Matou Pecaías
- Parte da terra foi tomada pela Assíria durante seu reinado
- Reinou por vinte anos
- Foi morto por Oseias
- Foi um mau rei

Detalhes
- Oitava dinastia.
- Pecaías foi morto e sucedido por Peca (2Rs 15.25-27).
- Ele seguiu os caminhos de seus predecessores (2Rs 15.28).
- Ele reinou concomitantemente com Uzias por aproximadamente um ano (2Rs 15.1,2) e com Jotão por dezesseis anos (2Rs 15.32,33; 2Rs 16.1).

INTERREGNO

Houve um interregno de aproximadamente oito anos entre a morte de Peca e a ascensão de Oseias (2Rs 15.27; 2Rs 16.1,2; 2Rs 17.1).

OSEIAS, O DÉCIMO NONO REI DE ISRAEL

Resumo
- 2Reis 15.29,30; 2Reis 17.1-6
- Pagou tributo à Assíria

- Aliou-se ao Egito para conspirar contra a Assíria
- Foi levado cativo
- Reinou por nove anos, e depois Israel foi destruída
- Foi um mau rei

Detalhes
- Nona dinastia.
- Peca foi morto e sucedido por Oseias (2Rs 15.30).
- Durante o reinado de Oseias, Israel foi levado para o cativeiro pelos assírios, e seu país foi ocupado por seus inimigos (2Rs 17.1-41).

REIS DE JUDÁ

■ Reino de Judá

ROBOÃO, O PRIMEIRO REI DE JUDÁ
Resumo
- 1Reis 12.1-24; 1Reis 14.21-31; 2Crônicas 10–12
- Dividiu o reino
- Tentou lutar contra Israel
- Abandonou a lei do Senhor
- Serviu a Sisaque
- Construiu altares ou postes-ídolos
- Reinou por dezessete anos
- Foi um mau rei

Detalhes
- Salomão foi sucedido por seu filho Roboão (1Rs 12.43).
- Ele ignorou o conselho dos homens mais velhos e seguiu o conselho dos jovens, recusando-se a reduzir os impostos (1Rs 12.1-15; 2Cr10.1-15).
- Isto fez com que dez das doze tribos se rebelassem contra sua autoridade. Ele decidiu reprimir a rebelião, mas foi advertido por Deus de que não guerreasse contra seus irmãos (1Rs 12.16-24; 2Cr 10.16-19).
- Roboão mudou-se para Jerusalém, construiu e fortificou cidades (2Cr 11.5-12).
- Roboão teve muitas esposas (Dt 14.14-18; 2Cr 11.18-23).
- Depois de estabelecer seu reinado, ele ignorou a lei do Senhor e foi punido por Sisaque, rei do Egito (2Cr 12.1-12).
- Havia guerra constante entre Jeroboão e Roboão (1Rs 15.6).
- Ele reinou concomitantemente com Jeroboão (1Rs 12.1-20; 1Rs 14.20).

SEMAÍAS, O PROFETA
Semaías, o profeta, ministrou durante o reinado de Roboão. Ele proferiu a Roboão a ordem do Senhor para que não guerreasse contra as dez tribos quando estas se rebelaram contra sua autoridade (1Rs 12.22-24).

ABIAS, O SEGUNDO REI DE JUDÁ
Resumo
- 1Reis 15.1-8; 2Crônicas 13
- Lutou contra Jeroboão com a ajuda de Deus
- Teve muitas esposas e filhos
- Fez o mal como seu pai
- Reinou por três anos
- Foi um mau rei

Detalhes
- Roboão foi sucedido por seu filho Abias. Ele andou nos caminhos de seu pai e pecou contra Deus (1Rs 15.1-5). A guerra que havia começado entre os dois reinos continuou durante o reinado de Abias e, finalmente, resultou na derrota de Jeroboão (2Cr 13.1-20).
- Durante a última parte do reinado de Abias, ele casou-se com quatorze esposas (2Cr 13.21,22).
- Ele reinou concomitantemente com Jeroboão (1Rs 14.20; 1Rs 15.1,2).

ASA, O TERCEIRO REI DE JUDÁ
Resumo
- 1Reis 15.9-24; 2Crônicas 14-16
- Retirou os ídolos e voltou-se para Deus
- Lutou contra a Etiópia com a ajuda do poder de Deus
- Teve descanso na terra por muitos anos
- Fez uma aliança com o povo para seguirem a Deus
- Ficou doente, mas buscou a ajuda dos médicos, e não a de Deus
- Reinou por 41 anos
- Foi um bom rei

Detalhes
- Abias foi sucedido por seu filho Asa (1Rs 15.8). Ele inaugurou uma reforma e removeu todos os ídolos que seu pai havia feito; ele impediu que sua mãe se tornasse rainha e destruiu seu ídolo.
- Ele seguiu o Senhor (1Rs 15.9-15).
- Asa aumentou seu exército (2Cr 14.1-8).
- Ele derrotou as poderosas tropas de Zerá, o etíope (2Cr 14.9-15).
- Foi grandemente encorajado por Odede, o profeta, e fez uma aliança para buscar e servir ao Senhor (2Cr 15.8-19).
- Asa foi repreendido por Hanani porque havia confiado nos sírios para ajudá-lo durante a guerra. O rei ficou tão irado que mandou prendê-lo e também oprimiu alguns de seu povo (2Cr 16.7-10).
- Os últimos anos de Asa foram nublados por doenças e pesares; ele buscou a ajuda de médicos, mas não a de Deus.
- Asa reinou concomitantemente com sete dos reis de Israel:
- Jeroboão, por dois anos (1Rs 14.20,31; 1Rs 15.1,2; 2Cr 12.13);
- Nadabe, por dois anos (1Rs 14.20; 1Rs 15.25);
- Baasa, por 24 anos (1Rs 15.33);
- Elá, por dois anos (1Rs 16.8);
- Zinri, por sete anos (1Rs 16.8-10,15);
- Onri, por seis anos (1Rs 16.23,28,29);
- Acabe, por três anos (1Rs 16.29).
- Tibni e Onri disputaram o trono (1Rs 16.21-22).

AZARIAS, ODEDE E HANANI, OS PROFETAS
Os profetas Azarias (2Cr 15.1,2), Odede (2Cr 15.8) e Hanani ministraram durante o reinado de Asa (2Cr 15.1-8; 2Cr 16.7-10).

JOSAFÁ, O QUARTO REI DE JUDÁ
Resumo
- 1Reis 22; 2Crônicas 17–20
- Deleitou-se nos caminhos do Senhor
- Recebeu tributos dos filisteus e dos árabes
- Aliou-se com Acabe pelo casamento
- Reinou por 25 anos
- Foi um bom rei

Detalhes
- Asa foi sucedido por seu filho Josafá (1Rs 15.24).
- Ele continuou o trabalho de seu pai fortalecendo a terra e destruindo os remanescentes da adoração idólatra.
- Ele também determinou que os levitas fossem para as cidades a fim de ensinar ao povo as leis do Senhor (2Cr 17.1-9).
- O reinado de Josafá foi bem pacífico (2Cr 17.10).
- Ele ajudou Acabe em uma guerra contra Ramote-Gileade, a qual resultou na morte do rei de Israel (2Cr 18.1-34).
- Josafá reinou concomitantemente com Acabe por dezessete anos (1Rs 16.29; 1Rs 22.41,50,51), com Acazias por dois anos (1Rs 22.51) e com Jeorão por seis anos (2Rs 3.1).

JEÚ E JAAZIEL, OS PROFETAS
Os profetas Jeú, filho de Hanani (2Cr 19.1-3), e Jaaziel ministraram durante o reinado de Josafá (2Cr 20.14-17).

JEORÃO, O QUINTO REI DE JUDÁ
Resumo
- 2Reis 8.16-24; 2Crônicas 21
- Casou-se com a filha de Acabe
- Construiu altares ou postes-ídolos em Judá
- Reinou por oito anos
- Foi um mau rei

Detalhes
- Josafá foi sucedido por seu filho Jeorão (2Cr 21.1). Seu reinado foi caracterizado por assassinatos, guerras, devastação e grandes problemas (2Cr 21.1-20).
- Ele reinou concomitantemente com Jorão, rei de Israel (1Rs 22.42; 2Rs 3.1; 2Rs 9.29).

ACAZIAS, SEXTO REI DE JUDÁ
Resumo
- 2Reis 8.25-29; 2Crônicas 22.1-9
- Fez o mal, conforme fora aconselhado pela família de Acabe
- Aliou-se a Jorão para lutar contra Hazael
- Reinou por um ano
- Foi morto por Jeú quando visitava Jorão
- Foi um mau rei

Detalhes
- Jeorão foi sucedido por Acazias. Seu reinado foi caracterizado por suas perversidades (2Cr 22.1-4).
- Ele foi para Jezreel para visitar Jorão, rei de Israel, o qual havia se ferido na guerra contra os sírios, e lá foi morto por Jeú, filho de Ninsi (2Cr 22.5-9).
- Acazias reinou concomitantemente com Jeorão (2Rs 3.1; 2Rs 8.24-26).

ATALIA, SÉTIMA RAINHA DE JUDÁ
Resumo
- 2Reis 11; 2Crônicas 22.10–23.21
- Matou toda a família real
- Foi morta por Joiada
- Reinou por seis anos
- Foi uma rainha má

Detalhes
- Atalia, a usurpadora, resolveu matar toda a família real assim que Acazias morreu (2Rs 11.1-3; 2Cr 22.10-12).
- Ela reinou concomitantemente com Jeú por aproximadamente seis anos (2Rs 9.1-12; 2Rs 10.36; 2Rs 11.1-4).

JOÁS, O OITAVO REI DE JUDÁ
Resumo
- 2Reis 12; 2Crônicas 24
- Filho de Acazias com Zíbia de Berseba
- Tinha 7 anos de idade quando se tornou rei
- Foi escondido de Atalia por Joiada, o sacerdote
- Comandou as reformas do templo
- Abandonou o Senhor após a morte de Joiada
- Foi morto por seus servos
- Reinou por quarenta anos
- Foi um bom rei

Detalhes
- Atalia foi sucedido por Joás, filho de Acazias. Joiada impediu que ele fosse morto por Atalia, e Joás ficou escondido por seis anos (2Rs 11.1-3).
- Em seu sétimo ano, liderado por Joiada, o sacerdote, o povo o consagrou rei e matou Atalia (2Rs 11.4-16).
- Em sua coroação o povo destruiu e pôs abaixo o altar de Baal, destruiu ídolos e matou o sacerdote idólatra (2Rs 11.17-21).
- O jovem rei, sob as instruções de Joiada, o sacerdote, honrou o Senhor (2Rs 12.1,2).
- O evento mais importante no reinado de Joás foi a reconstrução da casa do Senhor (2Rs 12.4-18; 2Cr 24.1-4).
- Após a morte de Joiada, o povo e o rei foram infiéis ao Senhor. O Senhor

enviou profetas até eles, mas estes não ouviram aos profetas.
- Zacarias, o filho de Joiada, foi apedrejado até a morte (2Cr 24.15-22).
- Joás foi assassinado por seus próprios servos (2Rs 12.20,21; 2Cr 24.23-26).
- Joás reinou concomitantemente com Jeú, por cerca de 21 anos (2Rs 10.36; 2Rs 12.1), com Jeoacaz por dezessete anos (2Rs 13.1), e com Jeoás por dois anos (2Rs 13.10).

AMAZIAS, O NONO REI DE JUDÁ
Resumo
- 2Reis 14.1-22; 2Crônicas 25
- Matou os homens que assassinaram seu pai
- Fez o que era bom, mas não foi totalmente sincero
- Matou edomitas em batalha com a ajuda de Deus
- Trouxe de volta os ídolos de Edom e adorou-os
- Foi morto por conspiradores
- Reinou por 29 anos
- Foi um bom rei

Detalhes
- Jeoás foi sucedido por seu filho Amazias (2Cr 24.27).
- O reinado de Amazias foi uma mistura de acontecimentos bons e ruins. Ele defendeu os edomitas em batalha. Subsequentemente, ele desafiou o rei de Israel, mas foi vencido (2Cr 25.1-28).
- Amazias reinou concomitantemente com Joás por quatorze anos (2Rs 13.10; 2Rs 14.1,2) e com Jeroboão II por quinze anos (2Rs 14.23).

INTERREGNO
Houve um interregno de doze anos entre a morte de Amazias e a sucessão de Uzias (2Rs 14.1,2,23; 2Rs 15.1,2).

AZARIAS, OU UZIAS, O DÉCIMO REI DE JUDÁ
Resumo
- 2Reis 15.1-7; 2Crônicas 26
- Buscou a Deus e fez o que era correto
- Conquistou os filisteus e os árabes
- Recebeu tributos dos amonitas
- Após ter se tornado forte, começou a agir corruptamente
- Foi ferido com lepra por ter queimado incenso no templo
- Reinou por 52 anos e morreu leproso
- Foi um bom rei

Detalhes
Amazias foi sucedido por seu filho Uzias. Seu reinado foi semelhante aos de seus predecessores. Ele possuía um exército muito grande e era bem-sucedido nas batalhas porque o Senhor o ajudava (2Cr 26.1-15).
Por causa de seu grande sucesso, ele tornou-se desobediente à lei de Deus e resolveu fazer os trabalhos de um sacerdote, e o Senhor tornou-o leproso (2Cr 26.16-21).

AMÓS E JOEL, OS PROFETAS
O profeta Amós ministrou durante o reinado de Uzias, rei de Judá, e Jeroboão II, rei de Israel (Am 1.1). Provavelmente, Joel também ministrou nessa mesma época (Jl 1.1). A profecia mais importante de Joel relaciona-se ao início da propagação do evangelho (Jl 2.28-32; At 2.1-41).

JOTÃO, O DÉCIMO PRIMEIRO REI DE JUDÁ
Resumo
- 2Reis 15.32-38; 2Crônicas
- Fez o que era correto
- Lutou e subjugou os amonitas
- Reinou por dezesseis anos
- Foi um bom rei

Detalhes
- Uzias foi sucedido por seu filho Jotão, cujo reinado foi caracterizado por um conflito bem-sucedido contra os

amonitas. Seu sucesso é atribuído a sua fé no Senhor, seu Deus (2Cr 27.1-7).
- Jotão reinou por dezesseis anos, concomitantemente com Peca (2Rs 15.27,32,33).

ACAZ, O DÉCIMO SEGUNDO REI DE JUDÁ
Resumo
- 2Reis 16; 2Crônicas 28
- Fez o mal, até mesmo realizando sacrifícios de crianças
- Deus entregou seu reino a Arã e a Israel
- Israel levou 200.000 cativos, mas devolveu-os
- Buscou ajuda na Assíria, mas eles o atacaram
- Voltou-se para os deuses de Damasco
- Reinou por 16 anos
- Foi um mau rei

Detalhes
Jotão foi sucedido por seu filho Acaz, cujo reinado foi caracterizado pelos mais assustadores atos perversos já realizados por qualquer rei de Judá (2Cr 28.1-27).

EZEQUIAS
Resumo
- 2Reis 18-20; 2Crônicas 29–32; Isaías 36–39
- Filho de Acaz
- Purificou o templo e consagrou os sacerdotes levitas
- Ofereceu ofertas queimadas a Deus
- Celebrou a Páscoa
- Destruiu ídolos e seus altares
- Confiou em Deus para salvá-lo das ameaças dos assírios
- Ficou doente e orou, e Deus deu-lhe mais quinze anos de vida
- Reinou por 29 anos

Detalhes
- Acaz foi sucedido por seu filho Ezequias (2Rs 18.1). Ele seguiu os caminhos de seu antepassado Davi (2Rs 18.1-3).
- Seu reinado foi notável pelos seguintes fatos:
- a destruição dos altares ou postes-ídolos e imagens (2Rs 18.4);
- a abertura da casa do Senhor (2Cr 29.1-18);
- a subjugação dos filisteus (2Rs 18.8);
- o cativeiro de Israel (2Rs 18.9-12);
- o conforto trazido a ele por Isaías, o filho de Amoz, quando ele estava diante de um enorme problema pelas ameaças de Rabsaqué, o servo do rei da Assíria, e a libertação final da opressão assíria por meio da destruição do exército pelo anjo do Senhor (2Rs 18.13-37; 2Rs 19.1-37);
- sua miraculosa cura e o recuar da sombra na escadaria (2Rs 20.1-11);
- seu erro em mostrar seus tesouros aos embaixadores do rei da Babilônia (2Rs 20.12-19);
- a manutenção da Páscoa do Senhor (2Cr 30.1-27);
- fortificou e fez melhorias na cidade de Jerusalém (2Cr 32.1-31).

CATIVEIRO
- 2Reis 17
- Os israelitas são levados cativos pelos assírios

Isaías, Oseias, Miqueias e Naum, os profetas
Os profetas Isaías, Oseias, Miqueias e Naum ministraram durante os reinados dos últimos três ou quatro reis de Judá (Is 1.1; Os 1.1; Mq 1.1; Na 1.1).

ISAÍAS
Os principais eventos na vida de Isaías:
- O começo de seu ministério público nos dias de Uzias, rei de Judá, quando ele denunciou as perversidades de Judá e Israel (Is 1.1-31).
- Ele profetizou que a palavra do Senhor sairia de Jerusalém e que, por fim, as nações substituiriam seus suprimentos

de guerra por suprimentos de paz, e não mais tornariam a preparar-se para a guerra (Is 2.1-4).
- Sua visão da glória de Deus (Is 6.1-12).
- Ele confortou Acaz o, rei de Judá, e assegurou-lhe que uma virgem conceberia e daria à luz um filho cujo nome seria Emanuel (Is 7.1-16).
- Ele profetizou o nascimento de Jesus Cristo e os triunfos de seu reino (Is 9.1-7).
- Ele profetizou o fato de que Israel voltaria a se reunir (Is 10.20-27; Is 11.11-16; Is 14.1-3).
- Ele profetizou a queda da Babilônia (Is 13.1-22).
- Ele profetizou a destruição de Moabe (Is 15.1-9; Is 16.1-14).
- Ele profetizou a queda de Damasco (Is 17.1-3).
- Ele profetizou a queda do Egito (Is 19.1-25).
- Ele confortou Ezequias e profetizou a derrota dos assírios (2Rs 19.6-37; Is 37.6-38).
- Sua profecia sobre a doença e a restauração de Ezequias e o sinal dado a ele (2Rs 20.1-11; Is 38.1-8).
- Ele condenou Ezequias por ter mostrado seus tesouros aos embaixadores do rei da Babilônia e profetizou o cativeiro do povo de Judá (2Rs 20.12-19; Is 39.1-8).
- Ele profetizou a volta dos cativos e a reconstrução do templo sob o reinado de Ciro (Is 44.28; Is 45.1-13).
- Ele profetizou a humilhação e os sofrimentos do Messias (Is 53.1-12).
- Ele profetizou o chamado dos gentios (Is 54.1-4; Is 60.1-11).
- Ele ouviu com ouvidos proféticos o convite do evangelho (Is 55.1-5; Mt 11.28-30).
- Ele profetizou o novo nome de Sião (Is 62.1-4; At 11.1-26).
- Ele descreveu a marcha da conquista do Messias (Is 63.1-9).

OSEIAS

O aspecto mais importante da profecia de Oseias refere-se a sua denúncia dos pecados de seus compatriotas e à razão para todos os seus problemas, a falta de conhecimento do povo (Os 4.1-6).

MIQUEIAS

Miqueias profetizou a proclamação da palavra do Senhor vinda de Jerusalém e a destruição dos implementos de guerra (Mq 4.1-5) e também profetizou o nascimento do Messias em Belém (Mq 5.2).

NAUM

Naum profetizou a destruição de Nínive (Na 1.1–3.19).

MANASSÉS, O DÉCIMO QUARTO REI DE JUDÁ

Resumo
- 2Reis 21.1-18; 2Crônicas 33.10-20
- Reconstruiu os altares e postes-ídolos
- Colocou ídolos no templo
- Foi levado pelos assírios para a Babilônia
- Retornou para Jerusalém e destruiu os ídolos
- Ordenou o povo para que servissem a Deus
- Reinou por 55 anos
- Foi um mau rei

Detalhes
Ezequias foi sucedido por seu filho Manassés (2Rs 20.21). Na primeira parte de seu reinado, ele restaurou a prática da idolatria que havia sido destruída por Ezequias (2Cr 33.1-10). Como punição, o Senhor permitiu que o rei da Assíria levasse Manassés como prisioneiro acorrentado para a Babilônia.

Durante sua estada lá, ele tornou-se humilde diante de Deus.

Ele foi restaurado ao seu trono e, durante a última parte de seu reinado, ele honrou o Senhor (2Cr 33.11-20).

AMOM, O DÉCIMO QUINTO REI DE JUDÁ

Resumo

- 2Reis 21.19-36; 2Crônicas 33.21-25
- Praticou o mal
- Foi morto por seus servos
- Reinou por dois anos
- Foi um mau rei

Detalhes

Manassés foi sucedido por seu filho Amom, e este reinou perversamente por dois anos (2Rs 21.18-22; 2Cr 33.20-24).

JOSIAS, O DÉCIMO SEXTO REI DE JUDÁ

Resumo

- 2Reis 22.1–23.30; 2Crônicas 34–35
- Tinha 8 anos de idade quando se tornou rei
- Fez o que era correto e purgou a idolatria
- Reconstruiu o templo
- Leu o livro da lei
- Celebrou a Páscoa
- Atacou o faraó Neco do Egito e foi morto
- Sua morte foi lamentada por Jeremias
- Reinou por 31 anos
- Foi um bom rei

Detalhes

- Amom foi sucedido por seu filho Josias (2Rs 21.26).
- Muitos anos antes de seu nascimento, o profeta do Senhor havia profetizado que ele seria um reformador (2Rs 13.1,2).
- Josias viveu e trabalhou em severa obediência à lei de Deus.
- No décimo oitavo ano de seu reinado, ele começou a reformar o templo do Senhor. Durante o trabalho, Hilquias, o sacerdote, descobriu o livro da lei, e Safã, o escriba, leu-o diante do rei. Quando o rei ouviu a leitura, expressou seu grande entendimento acerca da condição de Israel.
- O Senhor, contudo, assegurou-lhe que ele viveria e morreria em paz (2Rs 22.3-20).
- Depois disso, Josias levou adiante o trabalho da reforma com grande zelo.
- Ele, por fim, destruiu o altar em Betel e queimou os ossos dos sacerdotes de acordo com as profecias do profeta (2Rs 23.1-20).
- Após a terra ter sido limpa da idolatria, Josias manteve a festa da Páscoa (2Cr 35.1-19).
- Josias foi morto em uma batalha com o faraó Neco, o rei do Egito, e foi enterrado em Jerusalém (2Rs 23.29,30; 2Cr 35.20-27).

Sofonias e Habacuque, os profetas

O profeta Sofonias ministrou durante o reinado de Josias (Sf 1.1), como o fez, provavelmente, Habacuque (Hc 1.1).

JEOACAZ, O DÉCIMO SÉTIMO REI DE JUDÁ

Resumo

- 2Reis 23.31-35; 2Crônicas 26.1-4
- Fez o que era mau
- Foi aprisionado pelo rei do Egito
- Reinou por três meses e morreu no Egito
- Foi um rei perverso

Detalhes

O povo daquela terra fez de Jeoacaz rei no lugar de seu pai. Ele reinou por três meses e depois foi destronado pelo rei do Egito (2Cr 36.1-3).

JEOAQUIM, O DÉCIMO OITAVO REI DE JUDÁ

Resumo

- 2Reis 23.36–24.7; 2Crônicas 36.5-8
- Filho de Josias, irmão de Jeoacaz
- Também chamado de Eliaquim
- Fez o mal
- A Babilônia sitiou Jerusalém
- Reinou por 11 anos
- Foi um mau rei

Detalhes

Jeoacaz foi sucedido por Jeoaquim, cujo reinado perverso durou onze anos. Ele foi levado ao cativeiro por Nabucodonosor, o rei da Babilônia (2Cr 36.5-8).

JOAQUIM, O DÉCIMO NONO REI DE JUDÁ

Resumo
- 2Reis 24.8-12; 2Reis 25.27-30; 2Crônicas 36.9,10
- Foi levado cativo por Nabucodonosor, rei da Babilônia
- No 37º ano do exílio foi liberto para comer à mesa do rei
- Reinou por três meses e dez dias
- Foi um mau rei

Detalhes
Jeoaquim foi sucedido por Joaquim, cujo reinado perverso durou três meses e dez dias, e, após esse período, ele foi levado cativo pelo rei da Babilônia (2Cr 36.9,10).

ZEDEQUIAS, O VIGÉSIMO REI DE JUDÁ

Resumo
- 2Reis 24.18–25.7; 2Crônicas 36.11-14
- Também chamado de Matanias
- Rebelou-se contra a Babilônia após prometer fidelidade
- Foi capturado pela Babilônia
- Seus filhos foram mortos diante de seus olhos
- Cego, sem destino, foi trazido para a Babilônia
- Reinou por 11 anos e, logo após, Jerusalém caiu nas mãos dos babilônios
- Foi um mau rei

Detalhes
- Joaquim foi sucedido por Zedequias, o qual reinou perversamente por onze anos.
- Ele fez uma tentativa frustrada de livrar-se do governo babilônio. O mal que imperava por séculos culminou na destruição da casa do Senhor e no cativeiro de seu povo (2Cr 36.11-21).

Jeremias e Obadias, os profetas

O profeta Jeremias e, provavelmente, o profeta Obadias ministraram durante os últimos anos do reino de Judá (Jr 1.1-3; Ob 1.1).

JEREMIAS
- Ele foi chamado para o ofício profético nos dias de Josias (Jr 1.1,2).
- Ele denunciou Jerusalém e Judá por causa de seus pecados (Jr 2.1-37; Jr 3.1-10).
- Ele contou ao povo sobre o desejo do Senhor de aceitá-los se todos se arrependessem (Jr 3.11-25).
- Ele foi levado à prisão por Pasur (Jr 20.1,2).
- Ele profetizou os setenta anos de cativeiro (Jr 25.11,12).
- Ele fugiu de Jeoaquim para o Egito (Jr 26.12-21).
- Ele condenou o falso profeta Hananias (Jr 28.1-16).
- Ele profetizou a restauração de Judá e de Israel (Jr 30.1-3).
- Ele profetizou o estabelecimento de uma nova aliança (Jr 31.31-34).
- Ele profetizou a queda de Jerusalém (2Cr 36.11-21; Jr 39.1-10).
- Ele foi bem tratado por Nebuzaradã (Jr 39.11-14; Jr 40.1-5).
- Ele foi para o Egito com alguns de seus compatriotas (Jr 43.5-7).
- Ele profetizou a derrota do Egito pelo rei da Babilônia, e a destruição de todos os judeus que foram para o Egito, exceto um pequeno remanescente (Jr 43.8-13; Jr 44.1-28).
- Ele profetizou a queda da Babilônia (Jr 50.1-46; Jr 51.1-64).

OBADIAS
Obadias profetizou contra Edom (Ob 1.1-21).

CATIVEIRO
2Reis 25; 2Crônicas 36.15-23; Jeremias 39–43; Judá foi levada cativa pelos babilônios.

OS APÓCRIFOS

■ Os apócrifos do Antigo Testamento

Os apócrifos do Antigo Testamento consistem nos seguintes livros:
- O primeiro livro de Esdras
- O segundo livro de Esdras
- Tobias
- Judite
- Adições ao Livro de Ester
- Sabedoria de Salomão
- Eclesiástico, ou Sabedoria de Jesus, filho de Sirac
- Baruque
- Carta de Jeremias
- Adições ao Livro de Daniel: a oração de Azarias; a canção dos três judeus; Susana; Bel e o Dragão
- 1Macabeus
- 2Macabeus
- 3Macabeus
- 4Macabeus
- 1Esdras
- 2Esdras
- Oração de Manassés
- Salmo 151

O que é um apócrifo?

Apcrypha significa, em grego, "coisas escondidas" ou "espúrias", e é o nome dado aos livros não canônicos, os quais são encontrados nas versões da *Septuaginta*, em grego, e da Vulgata, em latim, do Antigo Testamento, incluídos em todas as traduções em inglês feitas no século XVI, mas que realmente não fazem parte da inspirada Palavra de Deus.

Não são aceitos pelos protestantes como escritos inspirados. A Igreja Católica Romana aceita doze desses livros como "deuterocanônicos", ou seja, inspirados, mas não da mesma forma que os outros livros do Antigo e do Novo Testamentos.

Eles foram escritos entre os anos 200 a.C. e 200 d.C.

Os protestantes, às vezes, referem-se a esses livros como os "pseudepigráfico", o que significa "falsos escritos".

Razões para rejeitar os apócrifos

Os protestantes desenvolveram as seguintes razões para rejeitar esses livros adicionais na Bíblia:

Embora seja possível encontrar algumas poucas e possíveis alusões aos livros apócrifos pelos escritores do Novo Testamento (Hb 11.35 compara-se a 2Macabeus 7.12), não há uma citação direta que venha deles.

Nenhum escritor do Novo Testamento referiu-se a quaisquer desses quatorze ou quinze livros como autoridade para afirmar algo.

Cristo nunca citou nenhum desses livros.

Os apóstolos nunca citaram nenhum desses livros.

Os apócrifos nunca foram citados por nenhum escritor do Novo Testamento, embora eles, com frequência, façam citações da *Septuaginta*.

Nosso Senhor e seus apóstolos confirmaram por sua autoridade o cânon judaico do Antigo Testamento, o mesmo em todos os aspectos e do mesmo modo como o temos hoje.

Os apócrifos nunca foram parte do cânon hebreu do Antigo Testamento.

Os livros apócrifos não mencionam ser a palavra de Deus ou obra dos profetas.

Esses livros não foram escritos em hebraico, mas em grego, durante o "período de silêncio", depois do tempo de Malaquias, após o qual oráculos e revelações diretas de Deus cessaram até a era cristã.

O conteúdo dos próprios livros demonstra que eles nunca foram parte das Escrituras.

A Confissão belga
ARTIGO 6: A DIFERENÇA ENTRE OS LIVROS CANÔNICOS E OS APÓCRIFOS
Nós distinguimos esses livros sagrados dos apócrifos, a saber:

A igreja pode ler e tomar instruções destes desde que concordem com os livros canônicos. Eles estão, contudo, longe de ter tal poder e autoridade para que possamos confirmá-los como testemunho de qualquer ponto de fé ou da religião cristã; e menos ainda devem ser usados para prejudicar a autoridade dos livros sagrados.

Até mesmo os líderes católicos mais recentes, familiarizados com os textos hebraicos, claramente distinguiram os escritos canônicos dos apócrifos. Os escritos de Cirilo de Jerusalém, de Jerônimo e do bispo Melito de Sardis (170 a.C.) indicam um reconhecimento da diferença entre textos sagrados e inspirados e os apócrifos. Os líderes da igreja, como Orígenes, Tertuliano e Hilário de Poitiers, excluíram os apócrifos do cânon sagrado em suas próprias listas de livros canônicos.

Ensino oficial católico romano
O ensino oficial católico romano declara que "Jerônimo distinguiu entre livros canônicos e livros eclesiásticos. Os últimos, ele julgou estarem circulando pela igreja como uma boa leitura espiritual, mas não foram reconhecidos como Escritura autoritativa. A situação permaneceu obscura nos séculos seguintes. [...] Por exemplo, João de Damasco, Gregório, o Grande, Walfrido, Nicolau de Lira e Tostado continuaram a duvidar da canonicidade dos livros deuterocanônicos. De acordo com a doutrina católica, o critério imediato do cânon bíblico é a decisão infalível da igreja. Essa decisão não foi tomada até tempos mais tarde na história da igreja, no Concílio de Trento. O Concílio de Trento definitivamente estabeleceu a questão do cânon do Antigo Testamento. E isso não foi feito antes aparentemente por causa da incerteza que persistia até os tempos do Concílio de Trento".

Nova enciclopédia católica, O cânon

CRENÇA, CULTO E JUÍZES DO ANTIGO TESTAMENTO

A LEI

■ A aliança da circuncisão

Após Abrão ter estado na terra da promessa por 24 anos, o Senhor fez uma aliança com ele e mudou seu nome para Abraão (Gn 12.4,5; Gn 17.1-5).

O Senhor decidiu fazer dele uma grande nação (Gn 17.6,7).

Circuncisão
- Era uma marca visível no corpo.
- Era restrita aos homens da família de Abraão.
- As crianças eram circuncidadas no oitavo dia após o nascimento.
- Os incircuncisos deveriam ser excluídos da aliança (Gn 17.6-14).

Esta é a minha aliança, que guardareis entre mim, vós e tua futura descendência: todo aquele do sexo masculino dentre vós será circuncidado. Fareis a circuncisão na pele do prepúcio; este será o sinal da aliança entre mim e vós. Com a idade de oito dias, todo menino dentre vós será circuncidado, por todas as vossas gerações, incluindo o servo nascido em casa e o comprado por dinheiro de algum estrangeiro, que não for da tua linhagem. De fato, o servo nascido em tua casa e o comprado por dinheiro serão circuncidados; assim a minha aliança estará na vossa carne como aliança perpétua. Mas quem for incircunciso, quem não tiver sido circuncidado na pele do prepúcio, será extirpado do seu povo, pois violou a minha aliança. (Gn 17.10-14)

■ Recebendo a lei no monte Sinai

Os eventos importantes no monte Sinai:
- As pessoas entraram em uma aliança com o Senhor (Êx 19.1-8).
- O povo e os sacerdotes eram santificados (Êx 19.9-25).
- Os Dez Mandamentos foram entregues (Êx 19.1-25; Êx 20.1-17; Dt 5.1-22).
- O povo ficou amedrontado com a voz do Senhor e pediu a Moisés que falasse por eles (Êx 20.18-21).
- Moisés passou quarenta dias e quarenta noites com o Senhor no monte Sinai (Êx 24.1,2,9-18).
- Moisés recebeu instruções relativas ao tabernáculo (Êx 25.1-40).
- O Senhor disse a Moisés para separar Arão e seus filhos para o trabalho sacerdotal (Êx 28.1).
- Bezalel e Aoliabe foram instruídos a liderar a construção da casa do Senhor (Êx 31.1-6).
- O Senhor deu a Moisés duas tábuas de pedra com os Dez Mandamentos escritos nelas (Êx 31.18).
- O povo, liderado por Arão, caiu na idolatria (Êx 32.1-6).
- Moisés suplicou por eles, mas quebrou as tábuas de pedra após descer do monte (Êx 32.7-24).
- Os levitas demonstraram sua devoção pela causa do Senhor (Êx 32.25-35).
- Moisés teve um vislumbre da glória do Senhor (Êx 33.12-23).
- As tábuas de pedra foram refeitas (Êx 34.1-28).
- Moisés retornou do monte, construiu um altar e fez sacrifícios nele (Êx 24.3-5; Êx 35.29-35).
- O povo entrou em aliança com o Senhor novamente (Êx 24.7,8; Hb 9.18-21).
- Moisés chamou o povo para oferecer uma oferta de coração, doando material para a construção do tabernáculo (Êx 35.1-29).

- O povo ofereceu com tanta generosidade que as ofertas tiveram que ser refreadas (Êx 36.1-7).
- O tabernáculo foi armado (Êx 40.1-38).
- Arão e seus filhos foram consagrados, e fogo desceu ao altar de bronze (Lv 8.1-36; Lv 9.1-24).
- Nadabe e Abiú foram mortos por desonrar Deus (Lv 10.1,2).
- Os levitas foram consagrados (Nm 8.1-26).
- A segunda Páscoa foi observada (Nm 9.1-15).
- Regulamentos para todo o acampamento foram dados (Nm 2.1-34).
- Os líderes fizeram suas ofertas (Nm 7.1-9).
- O povo foi contado (Nm 1.1-46).

■ Entregando a lei

Os Dez Mandamentos

Esses mandamentos foram proclamados pelo Senhor, em pessoa, no monte Sinai (Êx 19.1-25; Êx 20.1-17; Hb 12.18-20). Eles:
- Exigiram rigorosa submissão ao único e vivo Deus;
- Proibiram a idolatria em todas as suas formas;
- Proibiram tomar o nome do Senhor em vão;
- Exigiram a guarda do sábado;
- Exigiram do povo que honrassem seus pais;
- Proibiram o assassinato;
- Proibiram o adultério;
- Proibiram o roubo;
- Proibiram levantar falso testemunho;
- Proibiram a cobiça (Êx 20.1-17).

Esses mandamentos foram dados a Moisés em tábuas de pedra, de forma que ele poderia ensiná-los ao povo (Êx 24.12), e preservá-los (Êx 31.18). Essas tábuas foram colocadas na arca do Senhor para que fossem guardadas em segurança (Dt 10.1-5; Hb 9.4).

Nomes dados a esses mandamentos

Esses mandamentos foram chamados de:
- "as palavras da aliança", porque constituíram a base da aliança entre o Senhor e seu povo (Êx 20.1-17; Êx 34.28);
- "o testemunho", porque constantemente testificavam o fato que o Senhor havia falado com eles (Êx 20.1-17; Êx 25.16);
- "as tábuas da aliança", porque as palavras da aliança foram escritas por Deus (Êx 31.18; Êx 32.15,16; Dt 9.7-11).

Leis previamente dadas

A lei proclamada por Jeová no monte Sinai foi a primeira que foi dada para a nação inteira. Leis haviam sido previamente dadas apenas a indivíduos:
- A lei proibindo comer o fruto da árvore da vida (Gn 2.16,17);
- A lei do casamento (Gn 2.24);
- A lei do sacrifício (Gn 4.1-7; Hb 11.4);
- A lei contra alimentar-se com sangue, e o assassinato (Gn 9.4-6);
- A lei da circuncisão (Gn 17.1-14).

Duas razões são dadas para a guarda do dia do sábado:
- O descanso do Senhor no sétimo dia;
- A libertação dos hebreus da escravidão (Êx 20.8-11; Dt 5.12-15).

Aspectos únicos da lei de Moisés

SEUS ASPECTOS NACIONAIS

A lei de Moisés foi dada para uma única nação e por meio dela (Êx 19.1-25; Êx 20.1-17; Dt 5.1-33; Ml 4.4). Ela desenvolveu uma adoração nacional. Antes dessa lei ser dada a toda uma nação, a adoração estava restrita à família (Gn 12.6,7; Gn 46.1-3).

Na lei de Moisés, Deus gravou seu nome no altar (Êx 20.24-26) e exigiu que todo o Israel se reunisse lá e adorasse por intermédio das ordens divinas dadas aos sacerdotes (Nm 18.1-7; Dt 12.12-16). A lei de Moisés foi dada oralmente (Êx 20.1-23) e perpetuada por ter sido escrita em tábuas de pedra (Êx 24.12; Êx 31.18), por ter sido escrita em um livro (Êx 24.4,7,8; Dt 31.24-26; Hb 9.18,19) e por ter se tornado parte da vida da nação, sendo ensinada para cada nova geração, falada em suas casas, amarrada em suas frontes, escrita nos batentes de suas casas, em seus portões (Dt 27.1-8) e proclamada publicamente à nação (Dt 11.26-32; Dt 31.9-13).

SUA SIMPLICIDADE
A lei de Moisés foi dada a uma nação que havia estado recentemente em escravidão, e foi apropriada para aquela situação. Deus pretendeu que eles a entendessem e obedecessem, pois:
- Muitas pessoas eram ignorantes a respeito dela e inclinadas a ser infiéis a ele (Êx 20.1-5; Dt 27.1-8);
- Por intermédio dela eles recebiam conhecimento sobre o pecado (Êx 20.1-7; Nm 25.1-15; Rm 3.19-21); ela os uniu a Deus e uns aos outros (Dt 7.12-16);
- Ela carregou consigo bênção e maldição (Dt 11.26-32);
- Ela previu o evangelho de Cristo (Cl 2.17; Hb 10.1).

SUAS GRANDES BÊNÇÃOS
As bênçãos da lei foram:
- Possessão da terra prometida a seus pais (Dt 7.1-13;Dt 30.16);
- Vida longa (Dt 30.20);
- Prosperidade neste mundo (Dt 28.1-14);
- Proteção contra seus inimigos (Dt 20.10-18; 23.14);
- Autoridade sobre outras nações (Dt 15.5,6; Dt 26.19; Dt 28.12,13).

SUAS TERRÍVEIS MALDIÇÕES
As maldições da lei eram muitas e terríveis (Dt 27.11-26; Dt 28.15-68). E, além disso, muitos crimes eram punidos com a morte ou a expulsão da congregação de Israel:

- Assassinato (Êx 21.12-14; Nm 35.30)
- Alguém, em desacordo com a lei, ferir um escravo (Êx 21.20,21)
- Morte por animais descontrolados (Êx 21.28-30)
- Roubo à noite (Êx 22.2-4)
- Idolatria (Êx 22.20; Lv 20.1-5)
- Feitiçaria (Êx 22.18; Lv 20.27)
- Opressão à viúva ou ao órfão (Êx 22.22-24)
- Desobediência aos sacerdotes ou juízes (Êx 22.28; Dt 17.12)
- Negligência de certos rituais (Êx 30.18-21)
- Não guardar o sábado (Êx 31.15,16; Nm 15.32-36)
- Adultério (Lv 20.10)
- Incesto (Lv 20.11,12)
- Sodomia (Lv 20.13)
- Bestialidade (Lv 20.15,16)
- Desrespeito aos pais (Lv 20.9)
- Blasfêmia (Lv 24.16)
- Aproximar-se do tabernáculo de maneira incorreta (Nm 1.51)
- Falsa profecia (Dt 13.1-5)
- Incitar as pessoas à idolatria (Dt 13.6-11)
- Glutonaria e bebedice (Dt 21.18-21)
- Estupro (Dt 22.13-27)
- Rapto (Dt 24.7)
- Comer pão com fermento na festa dos pães sem fermento (Êx 12.15-17)
- Fazer ou usar o óleo santo para ungir (Êx 30.23-33)
- Fazer ou usar os incensos sagrados (Êx 30.34-38)
- Comer os sacrifícios de ofertas de paz, estando a pessoa imunda (Lv 17.10-14)
- Expor a nudez de parentes próximos (Lv 18.6-18,29)
- Comer os sacrifícios das ofertas de paz no terceiro dia (Lv 19.5-8)
- Realizar algum trabalho no Dia da Expiação (Lv 23.27-30)
- Negligenciar a guarda da Páscoa (Nm 9.13)

Eleição
Abraão (Gn 12.1-3), Isaque (Gn 26.1-5), Jacó (Gn 28.10-14) e a nação de Israel foram eleitos de forma que os propósitos de Deus poderiam ser vistos por todos.

A lei, contudo, protegeu os estrangeiros (Êx 20,.10; Lv 19.33,34). Providenciou um lar para os edomitas (Dt 2.1-5) e, por exemplo, permitiu que os edomitas e os egípcios entrassem em sua congregação (Dt 23.7,8).

O TABERNÁCULO

■ Uma revelação e um tipo

O tabernáculo, com tudo o que se relacionava a ele, foi uma revelação de Deus e era algo típico do novo modo de se viver (Hb 8.4,5; Hb 9.1-10).
Essa construção não foi um produto de um pensamento humano, mas foi ao mesmo tempo uma revelação e uma profecia. O Senhor disse: "Toma o cuidado de fazer tudo conforme o modelo que te foi mostrado no monte" (Êx 25.40).
O Senhor deu a Moisés o plano e o fez responsável por executá-lo (Êx 25.9).

Os trabalhadores do tabernáculo
O Senhor chamou especificamente Bezalel, o filho de Uri da tribo de Judá, e Aoliabe, o filho de Aisamaque da tribo de Dã, e inspirou-os para o trabalho (Êx 31.1-7). Eles também foram designados para ensinar outros (Êx 35.30-35). Eles eram assistidos pelos homens e mulheres de Israel (Êx 35.25,26; Êx 36.1,2).

Os materiais do tabernáculo
- Metais: ouro, prata, bronze;
- Tecidos: linho roxo, escarlate e branco, e tecidos feitos de pelo de cabra;
- Madeira: madeira de acácia.
- Todas essas coisas foram providenciadas pelo povo por meio das ofertas dadas de coração. Eles também fizeram as roupas para os sacerdotes (Êx 25.1-40; Êx 35.1-35).
- A liberalidade do povo foi tão grande que Moisés teve que refreá-lo em suas doações (Êx 36.5-7).

O pátio do tabernáculo
O pátio era um tipo de cerca ou proteção para o tabernáculo, cercando-o (Êx 27.9-18).
Os materiais usados em sua construção foram:
- bronze;
- prata;
- linho (Êx 27.9-19).

A FUNDAÇÃO DO PÁTIO
A fundação do pátio foi feita com sessenta colunas de bronze, as quais foram colocadas como se segue:
- vinte no lado norte;
- dez no lado oeste;
- vinte no lado sul;
- dez no lado leste.

Nesses sessenta pilares de bronze, nos quais ganchos de prata foram colocados, e as cortinas de linho estavam penduradas nesses ganchos.
As cortinas para as portas eram de linho fino trançado, enquanto as outras cortinas eram lisas (Êx 38.8-20).

MEDIDAS DO PÁTIO
O pátio, após sua construção, tinha 45 metros de comprimento e 22 metros e meio de largura, com cortinas de linho fino trançado de 2 metros e 25 centímetros de altura e bases de bronze (Êx 27.18).

A MOBÍLIA DO PÁTIO
O único mobiliário do pátio consistia em:
- Um altar para sacrifícios queimados;
- Uma bacia de bronze (Êx 40.28-30).

Entrando no tabernáculo

Entrava-se no tabernáculo através de uma porta, no lugar santo através de uma porta, e no santo dos santos também através de uma porta.

Era permitido ao povo entrar no pátio (Êx 40.28,29; Lv 1.1-3; Sl 5.7; Sl 84.2,10; Sl 100.4), mas não podiam entrar no tabernáculo, sob pena de morte (Nm 1.51).

Os sacerdotes, filhos de Arão, possuíam permissão para entrar no lugar santo (Lv 1.1-17; Hb 9.6), mas só o sumo sacerdote possuía permissão para entrar no santo dos santos, e apenas uma vez ao ano (Lv 16.1-34; Hb 9.7).

■ O tabernáculo como um tipo

O pátio era um tipo do mundo, o lugar santo era um tipo da igreja, e o santo dos santos era um tipo do céu.

As salas do tabernáculo

O tabernáculo era dividido em duas salas separadas por uma cortina ricamente trançada chamada de véu ou cortina (Êx 26.31-33).

> *Farás também um véu de tecido azul, púrpura e carmesim, de linho fino torcido, com querubins bordados nele [...]. Pendurarás o véu debaixo dos colchetes e levarás a arca do testemunho para dentro do véu. Este véu fará separação entre o lugar santo e o lugar santíssimo.*
> (Êx 26.31,33)

A PRIMEIRA SALA ERA CHAMADA DE:
- Lugar santo (Êx 26.34);
- Tenda da congregação (Êx 40.26);
- Primeiro tabernáculo (Hb 9.6).

A MOBÍLIA NO LUGAR SANTO
- Mesa dos pães da presença;
- Candelabro;
- Altar do incenso (Êx 40.24-27).

A SEGUNDA SALA ERA CHAMADA DE:
- Lugar santíssimo (Êx 26.33);
- Lugar santíssimo atrás do véu (Lv 16.2);
- Santo dos santos.

AS COBERTURAS DO TABERNÁCULO
O tabernáculo possuía quatro coberturas distintas:
- A primeira, ou cobertura interna;
- A cobertura de pele de cabra;
- A cobertura de pele de carneiro tingida de vermelho;
- A cobertura de couro (Êx 26.1-14).

Significado do tabernáculo como um tipo

Está claro que os escritores do Novo Testamento visualizavam o tabernáculo e seus pertences como um tipo espiritual.

Visto à luz dos ensinamentos de Jesus e de sua morte, é fácil perceber como a lei e o tabernáculo prefiguraram ou previram as boas coisas que viriam (Hb 8.1-5; Hb 9.1-10; Hb 10.1).

> *O ponto principal do que estamos dizendo é este: Temos um sumo sacerdote que se assentou à direita do trono da Majestade no céu, ministro do santuário e do verdadeiro tabernáculo que o Senhor ergueu, não o homem. Pois todo sumo sacerdote é constituído para apresentar ofertas e sacrifícios; por isso era necessário que este sumo sacerdote também tivesse alguma coisa a oferecer. Se ele estivesse na terra nem seria sacerdote, uma vez que existem os que apresentam ofertas segundo a lei, os quais servem naquilo que é figura e sombra das coisas celestiais, como Moisés foi avisado quando estava para construir o tabernáculo, porque lhe foi falado: Vê, faze conforme o modelo que te foi mostrado no monte.*
> (Hb 8.1-5)

A primeira aliança tinha ordenanças para o culto e um santuário terreno. Pois foi erguida uma tenda, em cuja parte exterior, chamada lugar santo, estavam o candelabro, a mesa e os pães da proposição. Mas atrás do segundo véu estava a tenda que se chama o lugar santíssimo, que continha o altar de ouro para o incenso e a arca da aliança, toda coberta de ouro. Nela estavam um vaso de ouro com o maná, a vara de Arão, que tinha brotado, e as tábuas da aliança. Sobre a arca estavam os querubins da glória, cobrindo o propiciatório. Mas não falaremos disso agora em detalhes. Estando essas coisas assim preparadas, os sacerdotes entravam continuamente na primeira tenda, a fim de realizar os atos de culto. Mas na segunda tenda somente o sumo sacerdote entrava, uma vez por ano, nunca sem sangue, o qual ele oferecia por si mesmo e pelos pecados do povo, cometidos por ignorância. Com isso, o Espírito Santo mostra que o caminho para o lugar santíssimo não está revelado, enquanto a primeira tenda ainda existe. Isso é uma figura para o tempo presente e, segundo ela, quanto à consciência, tanto ofertas como sacrifícios que se oferecem não podem aperfeiçoar quem presta o culto. Essas coisas se referiam somente à comida, bebida e às diversas lavagens cerimoniais, ordenanças humanas impostas até o tempo de uma reforma.

(Hb 9.1-10)

Vários tipos

O PÁTIO
O pátio era um tipo do mundo (Êx 27.9-18; Ap 11.1,2).

O ALTAR DE SACRIFÍCIOS QUEIMADOS
O altar de sacrifícios queimados era um tipo da cruz de Cristo (Êx 40.29; Jo 12.32,33).

A BACIA
A bacia era um tipo de Cristo (Êx 30.18-21; 1Jo 1.7; 1Pe 1.22).

A PRIMEIRA CORTINA
A primeira cortina ou porta era um tipo de linha divisória entre o mundo e a igreja (Êx 26.36,37; Jo 3.5; At 2.38; 1Co 12.13).

O LUGAR SANTO
O lugar santo era um tipo da igreja (Êx 26.33; Hb 8.2).

OS PÃES DA PRESENÇA
Os pães da presença eram um tipo de Cristo (Êx 40.4; Lv 24.5-9; Mt 28.20; Jo 6.48-63).

O CANDELABRO
O candelabro era um tipo de Cristo e da luz do evangelho na igreja (Êx 40.7; Lv 24.1,2; Jo 1.4-9; Jo 3.20,21; 2Co 4.4-6).

O ALTAR DO INCENSO
O altar do incenso era um tipo de nossa adoração (Êx 30.1-10; Ml 1.11; Ap 8.3).

A SEGUNDA CORTINA
A segunda cortina era um tipo da linha divisória entre a igreja e os céus (Êx 26.39; Hb 10.19-21).

O SANTO DOS SANTOS
O santo dos santos era um tipo dos céus (Êx 26.33; Hb 9.24).

Portanto, irmãos, tendo coragem para entrar no lugar santíssimo por meio do sangue de Jesus, pelo novo e vivo acesso que ele nos abriu através do véu, isto é, do seu corpo.
(Hb 10.19,20)

O TRONO DA GRAÇA
O trono da graça era um tipo do nosso trono da graça, o qual está no céu (Êx 25.10-22; 1Tm 2.5,6; Hb 4.14-16).

Portanto, tendo um grande sumo sacerdote, Jesus, o Filho de Deus, que entrou no céu, mantenhamos com firmeza nossa declaração pública de fé. Porque não temos um sumo sacerdote que não possa compadecer-se das nossas fraquezas, mas alguém que, à nossa semelhança, foi tentado em todas as coisas, porém sem pecado. Portanto, aproximemo-nos com confiança do trono da graça, para que recebamos misericórdia e encontremos graça, a fim de sermos socorridos no momento oportuno.

(Hb 4.14-16)

LUZ
A luz que preenchia o tabernáculo era um tipo do Espírito Santo que preenche a igreja (Êx 40.33-38; 1Co 3.16,17).

O SACERDÓCIO

■ Visão geral

Desde a época em que a fumaça do sacrifício de Abel subiu até Deus até a morte de Jesus Cristo na cruz, a história da raça humana está intimamente ligada a altares, sacerdotes e sacrifícios. No começo, cada homem era seu próprio sacerdote. Caim e Abel "trouxeram" seus sacrifícios e apresentaram-nos a Jeová (Gn 4.1-5). Após o dilúvio, Noé, reconhecendo a bondade de Deus, ergueu um altar sobre a terra purificada e ofereceu sacrifícios ao seu grande Libertador (Gn 8.20). Mais tarde, o cabeça da família fez as vezes de sacerdote no altar e conduziu a família à adoração.

Exemplos de altares e sacrifícios
- Abraão construiu altares em Siquém, entre Betel e Ai (Gn 12.6-8; Gn 13.1-3) e no monte Moriá (Gn 22.1-9).
- Isaque construiu um altar em Berseba (Gn 26.18,23-25).
- Jacó ofereceu sacrifícios em Berseba em seu caminho para o Egito (Gn 46.1).
- Antes do Êxodo, não havia sacerdócio. Nenhuma lei especial regulamentava as ofertas de sacrifícios; mas os sacrifícios eram, sem dúvida, oferecidos em obediência à ordem de Deus (Gn 4.1-5; Gn 22.1-9; Gn 35.1-3; Rm 10.17; Hb 11.4).

Deus estava gradualmente preparando o povo que ele havia escolhido. Ele estava separando-o de outras nações. Durante o tempo em que esteve no Egito, o povo escolhido absorveu os maus caminhos do povo que o rodeava.

A Páscoa
Durante sua última noite no Egito, o anjo do Senhor passou pela terra do Egito, matando todos os primogênitos, tanto de homens como de animais, entre os egípcios (Êx 12.1-29). Para comemorar o fato de que Deus havia preservado todos os primogênitos dos filhos de Israel, ele ordenou que todos os primogênitos de homens e animais deveriam ser dedicados a ele (Êx 13.2,11-16). Mais tarde, Deus escolheu toda a tribo de Levi no lugar dos primogênitos dos filhos de Israel, e o gado dos levitas no lugar do gado do povo (Nm 3.40-43).

Os levitas
O primeiro sinal da seleção dos levitas é visto na escolha de Moisés e Arão (Êx 3.1-10; Êx 4.14-16). Os levitas primeiramente demonstraram sua devoção a Deus quando Moisés retornou da montanha e encontrou todo o Israel engajado na adoração de um ídolo. Em resposta ao convite de Moisés, eles foram até ele e, ao seu comando, mataram muitos dos idólatras (Êx 32.1-28).

A TRIBO DOS LEVITAS
ESTAVA DIVIDIDA COMO SE SEGUE:
- Arão e seus filhos eram os sacerdotes (Êx 28.1; Nm 18.1-7).

- Aos coatitas, foi dada a responsabilidade de transportar as coisas santíssimas do tabernáculo e do pátio (Nm 4.1-15).
- Os gersonitas cuidavam das coberturas, cortinas, cordões e tecidos do tabernáculo (Nm 4.21-28).
- Os meraritas cuidavam das armações, travessões, colunas e bases da tenda e do pátio, bem como suas bases, estacas e cordas, e os instrumentos necessários para montá-los (Nm 4.29-33).

CONSAGRAÇÃO DOS LEVITAS

Os ritos nos quais os levitas foram consagrados ao serviço do Senhor foram: primeiro, eles receberam água purificada aspergida sobre eles; depois rasparam todos os pelos do corpo e lavaram suas vestes. A seguir, ofereceram um novilho como uma oferta queimada e um segundo novilho como oferta pelos pecados; os israelitas colocaram suas mãos sobre a cabeça dos levitas como uma oferta dos israelitas; os levitas, a seguir, colocaram suas mãos sobre sua oferta queimada e sobre a oferta pelos pecados que seriam mortas, e a expiação foi feita por eles (Nm 8.5-15).

As roupas sacerdotais

As roupas dos sacerdotes comuns eram feitas de linho fino e consistiam em uma túnica, cinturões e gorros (Êx 28.40-42; Êx 39.27-29).

As roupas do sumo sacerdote

E Moisés disse à comunidade: Foi isto o que o Senhor ordenou que se fizesse. Então Moisés trouxe Arão e seus filhos, e os lavou com água, e vestiu Arão com a túnica, colocou-lhe o cinto, vestiu-lhe o manto e pôs sobre ele o colete sacerdotal, prendendo-o com o cinto. Colocou-lhe também o peitoral, no qual pôs o Urim e o Tumim; e colocou-lhe a mitra sobre a cabeça, e sobre esta, na parte dianteira, pôs a lâmina de ouro, a coroa sagrada, conforme o Senhor havia ordenado.
(Lv 8.5-9)

O COLETE SACERDOTAL

O colete sacerdotal foi feito de ouro, de tecido azul, púrpura e carmesim, de linho fino torcido. Bateram o ouro em lâminas finas, que foram cortadas em fios, para entretecê-lo no tecido azul, na púrpura, no carmesim e no linho fino, obra artesanal. Fizeram para o colete ombreiras que se juntavam, para que pudesse ser unido pelos seus dois cantos superiores. O cinto que ficava sobre o colete sacerdotal formava com ele uma só peça e era feito de modo semelhante; era de ouro, de tecido azul, púrpura e carmesim, de linho fino torcido, conforme o Senhor havia ordenado a Moisés. Também prepararam as pedras de berilo, engastadas em ouro, e as lavraram como um lapidário grava um selo, com os nomes dos filhos de Israel, e as puseram sobre as ombreiras do colete sacerdotal, para servir de pedras de memorial para os israelitas, conforme o Senhor havia ordenado a Moisés. O peitoral também era obra artesanal, semelhante ao colete sacerdotal, feito de ouro, de tecido azul, púrpura e carmesim, de linho fino torcido. E fizeram o peitoral, quadrado e dobrado. O seu comprimento e a sua largura eram de um palmo. Nele foram engastadas quatro fileiras de pedras: a primeira era de um rubi, um topázio e uma esmeralda; a segunda fileira era de uma turquesa, uma safira e um ônix; a terceira era de um jacinto, uma ágata e uma ametista; e a quarta fileira era de uma crisólita, um berilo e um jaspe; todas colocadas nos seus engastes de ouro. Eram doze pedras, segundo os nomes dos filhos de Israel, gravadas como um lapidário grava um selo, cada uma com o nome de uma das doze tribos. Também fizeram sobre o peitoral correntes de ouro puro, trançadas como cordas. Fizeram também de ouro dois engastes e duas argolas, as quais fixaram nas duas extremidades do peitoral. E passaram as duas correntes de ouro trançadas pelas duas argolas, nas extremidades do peitoral. Fixaram as outras duas pontas das duas correntes nos dois engastes e as puseram sobre as ombreiras do colete sacerdotal, na parte dianteira. Fizeram outras duas argolas de ouro, que puseram nas duas extremidades do peitoral, na sua borda, junto ao colete sacerdotal, por dentro. Fizeram mais duas argolas de ouro, que puseram nas duas ombreiras do colete sacerdotal, por baixo, na parte dianteira, junto à sua costura, acima do cinto do colete sacerdotal. E uniram o peitoral ao colete sacerdotal, pelas suas argolas, por meio de um cordão azul, para que ficasse sobre o cinto do colete sacerdotal e o peitoral não se separasse dele, conforme o SENHOR *havia ordenado a Moisés.*

(Êx 39.2-21)

O COLETE SACERDOTAL
Um colete sacerdotal era um dos trajes sagrados usados pelo sumo sacerdote.
- Descrição. Êx 28.6-14; Êx 28.31-35; Êx 25.7
- Criação. Êx 39.2-26
- Peitoral preso a ele. Êx 28.22-29
- Usado por Arão. Êx 39.5
- Usado como um oráculo. 1Sm 23.9; 1Sm 23.12; 1Sm 30.7,8

UM INFERIOR FOI USADO
- Por sacerdotes comuns. 1Sm 22.18
- Por Samuel. 1Sm 2.18
- Por Davi. 2Sm 6.14
- Era chamado de "túnicas". Êx 28.40; Êx 29.8; Êx 39.27; Êx 40.14; Lv 8.13; Lv 10.5

PROFECIA RELACIONADA
À SUA AUSÊNCIA
- O colete de Israel. Os 3.4

Duração de seu trabalho
Todos os sacerdotes permaneceram em seu ofício desde o tempo de sua consagração até sua morte (Hb 7.23,28).

O primogênito da família de Aarão tornou-se o sumo sacerdote.

As vestes sagradas de Arão ficarão para seus descendentes, para serem ungidos e consagrados com elas (Êx 29.29). Veja também Nm 20.20-29.

Nome dado ao sumo sacerdote
O sumo sacerdote era conhecido como o sacerdote ungido (Lv 4.3-16; Sl 133.1-3).

Na consagração de Arão e seus filhos, o óleo da unção foi derramado profusamente sobre a cabeça de Arão (Lv 8.12).

Ele igualmente foi ungido com uma combinação de óleo e sangue, enquanto os outros sacerdotes foram ungidos somente com o sangue e o óleo (Lv 8.30).

Deveres dos sacerdotes
Os sacerdotes, filhos de Arão, entravam regularmente no altar de bronze e no lugar santo para exercer seu ministério (Lv 1.1-17; Hb 9.6).

DEVERES PÚBLICOS
DO SUMO SACERDOTE
O sumo sacerdote deveria:
- Cuidar do candelabro de ouro;
- Queimar incenso pela manhã e à noite (Êx 30.1-10);
- Permanecer na frente da arca da aliança e fazer expiação pelos filhos de Israel uma vez por ano (Lv 16.1-34; Hb 10.9);
- Ensinar ao povo a lei de Deus (Lv 10.8-11; Dt 17.8-13).

Sacerdotes como tipos
TIPOS DE CRISTÃOS
Os sacerdotes eram tipos de cristãos (Êx 29.38-42; Rm 12.1; Hb 10.5-7).

TIPOS DE JESUS
O sumo sacerdote era um tipo de Jesus Cristo (Lv 16.1-34; Hb 10.7-14).

A ADORAÇÃO NO TABERNÁCULO

■ Adoração constante

Quando houve a inauguração dos trabalhos do tabernáculo pela consagração de Arão e seus filhos (Êx 40.1-38; Lv 8.1-36), fogo caiu do céu sobre o altar dos sacrifícios.

> No oitavo dia, Moisés chamou Arão, seus filhos e os anciãos de Israel; e disse a Arão: Toma um bezerro para oferta pelo pecado, e um carneiro para holocausto, ambos sem defeito, e oferece-os diante do SENHOR. E falarás aos israelitas: Trazei um bode para oferta pelo pecado, e um bezerro e um cordeiro para holocausto, ambos de um ano e sem defeito. Trazei também um boi e um carneiro para ofertas pacíficas, para sacrificar diante do SENHOR, e oferta de cereais, amassada com azeite, porque hoje o SENHOR vos aparecerá. [...] Em seguida, Moisés disse a Arão: Chega-te ao altar e apresenta a tua oferta pelo pecado e o teu holocausto, e faz expiação por ti e pelo povo. Apresenta também a oferta do povo, e faz expiação por ele, conforme o SENHOR ordenou.
> (Lv 9.1-4,7)

Eles deveriam manter aceso o fogo do altar continuamente (Lv 6.12,13).

Eles também deveriam manter continuamente acesos os candelabros de ouro no lugar santo (Lv 24.1-3).

Os pães da presença eram postos "diante do SENHOR todo sábado, continuamente" (Lv 24.5-9).

A adoração constante era composta de sacrifícios e ofertas de pães.

Sacrifícios diários

Todos os dias os sacerdotes ofereciam no altar de bronze dois cordeiros, um pela manhã e o outro à noite. Juntamente com cada cordeiro, eles ofereciam farinha, óleo e vinho (Êx 29.38-43; Nm 28.1-8). Como muitas ofertas, estas eram feitas duas vezes no sábado (Nm 28.9,10).

■ Tipo de ofertas

O holocausto

O holocausto era um sacrifício de um animal e era totalmente consumido sobre o altar de bronze (Lv 1.1-17).

A oferta de cereal

Somente parte da oferta de cereal era queimada, e o restante dela pertencia a Arão e seus filhos (Lv 2.1-16).

A oferta de comunhão

Parte da oferta de comunhão era queimada no altar, e o restante era comido pelos sacerdotes e pelo adorador (Lv 3.1-17; Lv 7.11-38).

A oferta pelo pecado

Parte da oferta pelo pecado era queimada no altar das ofertas queimadas, e o restante era queimado fora do acampamento (Lv 4.1-35).

A oferta pela culpa

A oferta pela culpa era oferecida de modo semelhante à oferta pelo pecado (Lv 7.1-7). Ela diferenciava-se de todas as outras ofertas porque uma restituição deveria ser feita pelo adorador (Lv 5.1-19; Lv 6.1-7; Lv 7.1-7).

> E o SENHOR disse a Moisés: Se alguém pecar e cometer uma transgressão contra o SENHOR, enganando seu próximo sobre um depósito, ou penhor, ou roubo, ou tiver praticado extorsão contra o próximo; se achar algo perdido, e enganar ou jurar com falsidade sobre isso, ou se fizer qualquer coisa em que o homem costuma

pecar; enfim, se houver pecado e for culpado, restituirá o que roubou, ou o que obteve por extorsão, ou o depósito que lhe foi confiado, ou os bens perdidos que achou, ou qualquer coisa sobre a qual jurou com falsidade. Restituirá tudo e mais um quinto. E devolverá ao legítimo dono, no dia em que trouxer a sua oferta pela culpa.
(Lv 6.1-5)

Três vezes por ano
Todos os homens hebreus tinham que comparecer perante o Senhor três vezes por ano:
- Na Páscoa,
- Na Festa das Semanas e
- Na Festa dos Tabernáculos (Êx 23.14-19; Lv 23.1-44).

Nessas festas muitos sacrifícios eram oferecidos (Nm 28.16-31; Nm 29.1-40).

O Dia da Expiação
Este, certamente, era o dia mais importante do calendário hebreu. Era o dia em que a reconciliação com Deus era feita por toda a nação. Após uma manhã comum, o sacrifício era apresentado (Êx 28.38-42), uma oferta especial era feita, consistindo em um novilho, sete cordeiros, um carneiro, um cabrito, acompanhados por ofertas de cereais de farinha amassada com óleo (Nm 29.7-11).

O novilho
O sumo sacerdote retirava o sangue do novilho da oferta do pecado e aspergia-o sobre o trono da graça e sete vezes sobre o chão diante do trono da graça. Esta era a oferta pelo pecado por si próprio e por sua família.

O primeiro cordeiro
Após ter feito essa expiação por si mesmo e por sua família, ele sacrificava o bode como oferta de pecado pelo povo. Ele retirava seu sangue e aspergia-o sobre o trono da graça e sete vezes sobre o chão diante do trono da graça. Após sair do santo dos santos, ele colocava um pouco do sangue do bode nos chifres do altar do incenso e nos chifres do altar de bronze. Ele igualmente aspergia sangue com seus dedos sobre o altar de bronze por sete vezes. Essa expiação era feita pelos sacerdotes, pelo tabernáculo e pelo povo.

O segundo cordeiro
O segundo cordeiro sacrificial era a oferta pelo pecado do povo e era chamado de bode expiatório. O sumo sacerdote confessava os pecados do povo sobre o bode colocando suas mãos em sua cabeça. A seguir, o bode era solto no deserto por um homem escolhido para essa tarefa.

OS JUÍZES

Os líderes tribais
Após a morte de Josué, os filhos de Israel pediram ao Senhor um líder, e ele lhes deu Judá.

Depois da morte de Josué, os israelitas perguntaram ao SENHOR: Quem de nós será o primeiro a guerrear contra os cananeus? O SENHOR respondeu: Judá será o primeiro, pois entreguei a terra em suas mãos.
(Jz 1.1,2)

Judá, subsequentemente, fez uma aliança com Simeão e ganhou certo número de batalhas (Jz 1.3-20).

As outras tribos, entretanto, não expulsaram os habitantes da terra, mas estes tiveram que pagar tributos a eles (Jz 1.21-36).

Destruição dos cananeus

O Senhor destruiu os cananeus por causa de seus pecados e para cumprir sua promessa feita a Abraão, Isaque e Jacó (Dt 7.1-5; Dt 9.5).

A visita do anjo

Após o povo ter falhado em expulsar os habitantes de Canaã, o Senhor enviou-lhes um anjo em Boquim.

O anjo disse-lhes que seus inimigos seriam seu tormento, e que seus deuses seriam armadilhas para eles.

> O anjo do SENHOR subiu de Gilgal a Boquim e disse: Eu vos tirei do Egito e vos trouxe para a terra que prometi a vossos pais com juramento; e vos disse: Nunca desfarei minha aliança convosco. E vós não fareis aliança com os habitantes desta terra; pelo contrário, derrubareis os seus altares. Mas não obedecestes à minha voz. Por que fizestes isso? Por isso eu disse: Não os expulsarei da vossa presença, mas serão vossos adversários, e os deuses deles serão uma armadilha para vós. Depois que o anjo do SENHOR falou isso a todos os israelitas, o povo chorou em alta voz. Por isso chamaram aquele lugar de Boquim e ali ofereceram sacrifícios ao SENHOR.
> (Jz 2.1-5)

Idolatria

O povo serviu ao Senhor nos dias de Josué e durante o tempo da geração seguinte.

Mas após aquela geração ter morrido, eles voltaram-se contra o Senhor e serviram a Baal e a Astarote. O Senhor, portanto, os entregou aos seus inimigos. Então os israelitas clamaram ao Senhor, e ele lhes enviou juízes (Jz 2.6-23).

Rodeados por estrangeiros

Dessa época em diante, os filhos de Israel estavam rodeados por:
- Cananeus;
- Heteus;
- Amorreus;
- Perizeus;
- Heveus;
- Jebuseus (Jz 3.1-5).

Contrariando as ordens de Deus, eles casaram-se com pessoas dessas nações (Dt 7.1-6) e se esqueceram do Senhor, o seu Deus, e serviram aos baalins e a Aserá.

> Tomaram as filhas deles por mulheres e deram suas filhas em casamento aos filhos deles; e cultuavam os seus deuses. Os israelitas fizeram o que era mau aos olhos do SENHOR, esquecendo-se do SENHOR, seu Deus, e cultuando os baalins e Aserá.
> (Jz 3.6,7)

Lista dos juízes de Israel

REFERÊNCIAS GERAIS
Juízes 2.16-19

> Depois de destruir as sete nações na terra de Canaã, deu-lhes o território delas por herança. Isso tudo levou cerca de quatrocentos e cinquenta anos. Depois disso, deu-lhes juízes até o profeta Samuel.
> (At 13.19,20)

JUÍZES:
- Otoniel – Jz 3.9-11
- Eúde – Jz 3.15-30
- Sangar – Jz 3.31
- Débora – Jz 4–5
- Gideão – Jz 6.11-40; Jz 7–8
- Abimeleque – Jz 9.1-54
- Tolá – Jz 10.1,2
- Jair – Jz 10.3-5
- Jefté – Jz 11; Jz 12.1-7
- Ibsã – Jz 12.8-10
- Elom – Jz 12.11,12
- Abdom – Jz 12.13,14
- Sansão – Jz 13–16
- Eli julgou Israel – 1Sm 4.18
- Samuel como juiz – 1Sm 7.6; 1Sm 7.15-17
- Os filhos de Samuel – 1Sm 8.1-5

Rute

Durante a época dos juízes, Elimeleque de Belém, junto com sua esposa, Noemi, e seus dois filhos, Malom e Quiliom, foram viver na terra de Moabe. Os dois filhos casaram-se com mulheres moabitas. Então, o pai e os dois filhos morreram, e Noemi decidiu retornar para sua própria terra, sugerindo às suas duas noras que seria melhor para ambas permanecerem no local onde haviam nascido. Orfa, a esposa de Quiliom, concordou com essa ideia, mas Rute ficou com Noemi (Rt 1.1-18).

Elas retornaram a Belém, e Rute cuidou de Noemi, fazendo a colheita nas plantações (Rt 1.19–2.23).

Ela casou-se com Boaz e teve um filho, Obede. Obede era o pai de Jessé, o qual, por sua vez, era o pai de Davi, e também um ancestral de Cristo (Rt 3.1-4.22; Mt 1.1-17).

O INÍCIO DA MONARQUIA HEBRAICA

■ Razões que conduziram à monarquia

Desconsideração pelas leis de Deus

Quando Samuel já era idoso, seus filhos Joel e Abias tornaram-se juízes em Berseba, mas desconsideraram a lei do Senhor (Dt 16.18,19) e recusaram-se a andar nos caminhos de seu renomado pai (1Sm 8.1-3). Os anciãos reuniram-se em Ramá, expressaram sua insatisfação a Samuel e pediram-lhe que trouxessem a eles um rei que os julgassem como era feito nas outras nações (1Sm 8.4,5).

> ... e lhe disseram: Tu já estás velho, e teus filhos não andam nos teus caminhos. Constitui-nos agora um rei para nos julgar, como o têm todas as nações. (1Sm 8.5)

Pedido concedido

O Senhor já havia previamente dito por intermédio de Moisés que viria o tempo em que o povo pediria um rei (Dt 17.14-20; 26.19).

O pedido dos anciãos desagradou grandemente a Samuel, e ele orou pedindo a direção do Senhor. O Senhor disse a ele para atender ao pedido do povo, mas também para avisá-lo que isto acabaria trazendo problemas a eles.

Saul é ordenado rei

Samuel ungiu Saul para ser o rei (1Sm 10.1). Tão logo Saul saiu da presença de Samuel, Deus deu-lhe um novo coração.

VISÃO GERAL DA VIDA DE SAUL
- Um benjamita, filho de Quis – 1Sm 9.1,2
- Seus filhos – 1Cr 8.33
- Sua aparência pessoal – 1Sm 9.2; 1Sm 10.23
- Ungido rei de Israel – 1Sm 9–10; 1Sm 11.12-15; Os 13.11
- Viveu em Gibeá – 1Sm 14.2; 1Sm 15.34; Is 10.29
- Derrotou os filisteus – 1Sm 13.1; 1Sm 14.46; 1Sm 14.52
- Derrotou os amalequitas – 1Sm 15
- Foi reprovado por Samuel por usurpar as funções de sacerdote – 1Sm 13.11-14
- Foi reprovado por desobediência por não ter matado os amalequitas; foi predita a perda de seu reino – 1Sm 15
- Dedicou os espólios de guerra – 1Sm 15.21-25; 1Cr 26.28
- Enviou mensageiros a Jessé, pedindo que Davi fosse enviado a ele como músico e escudeiro – 1Sm 16.17-23
- Derrotou os filisteus após Golias ser morto por Davi – 1Sm 17
- Seus ciúmes de Davi; deu sua filha Mical como esposa para Davi; tornou-se inimigo de Davi – 1Sm 18

No dia seguinte, o espírito mau da parte de Deus se apoderou de Saul, que começou a ter manifestações proféticas no meio da casa enquanto Davi tocava a harpa, como de costume. Saul trazia na mão uma lança. E Saul arremessou a lança, pensando: Vou encravar Davi na parede. Mas Davi desviou-se dele por duas vezes. E Saul temia Davi, porque o SENHOR estava com Davi e havia se retirado dele. Por isso Saul o afastou de sua companhia e o fez comandante de mil; e Davi comandava as guerras à frente do exército. Davi era bem-sucedido em todos os seus caminhos, pois o SENHOR estava com ele. Vendo que ele era tão bem-sucedido, Saul tinha receio dele. Mas todo o Israel e Judá amavam Davi, porque os comandava nas batalhas.

(1Sm 18.10-16)

- Tentou matar Davi; Jônatas defende Davi, mas atrai sobre si o desprazer de Saul; a lealdade de Davi a ele; o arrependimento de Saul; profecias – 1Sm 19
- Ouviu Doegue falar contra Aimeleque e matou o sacerdote e sua família. Perseguiu Davi até o deserto de Zife – 1Sm 23
- Perseguiu Davi até o deserto de En-Gedi – 1Sm 24.1-6
- Sua vida foi salva por Davi – 1Sm 24.5-8
- Davi foi novamente traído por Saul, pelos zifeus; Saul o perseguiu até o monte de Haquila; sua vida foi novamente poupada por Davi; e sua bênção sobre Davi – 1Sm 26
- Seu reino foi invadido pelos filisteus; procurou conselhos com a médium de En-Dor, a qual profetizou sua morte – 1Sm 28.3-25; 1Sm 29.1
- Foi derrotado, e foi morto junto com seus filhos – 1Sm 31
- Seus corpos foram expostos em Bete-Seã; foram resgatados pelo povo de Jabes e queimados; seus ossos foram enterrados sob uma árvore em Jabes – 1Sm 31; 2Sm 1–2; 1Cr 10
- Sua morte foi um julgamento por conta de seus pecados

Assim Saul morreu por causa da sua infidelidade para com o SENHOR, porque não havia obedecido à palavra do SENHOR; e também porque procurou a mulher que consulta os mortos, e não buscou o SENHOR; por isso ele o matou e transferiu o reino a Davi, filho de Jessé. (1Cr 10.13,14)

SOLENIDADES, FESTIVIDADES E JEJUM

■ Visão geral

Festividades anuais instituídas por Moisés

- Chamadas de festas solenes – Nm 15.3; 2Cr 8.13; Lm 2.6; Ez 46.9
- Festas estabelecidas – Nm 29.39; Ed 3.5
- Festas decretadas – Is 1.14
- Para serem lembradas com regozijo – Lv 23.40; Dt 16.11-14; 2Cr 30.21-26; Ed 6.22; Ne 8.9-12; Ne 8.17; Sl 42.4; Sl 122.4; Is 30.29; Zc 8.19
- A proteção divina dada durante as festas – Êx 34.24

As três maiores festas

As três maiores festividades eram Páscoa, Pentecostes e Tabernáculos:

- Todos os homens deveriam participar – Êx 23.17; Êx 34.23; Dt 16.16; Sl 42.4; Sl 122.4; Ez 36.38; Lc 2.44; Jo 4.45; Jo 7
- Estrangeiros recebiam a permissão para participar – Jo 12.20; At 2.1-11
- Mulheres podiam participar – 1Sm 1.3; 1Sm 1.9; Lc 2.41

OBSERVADAS

No livro de Levítico Deus ordenou que os israelitas observassem as seguintes festas e festividades.

Por Jesus
Mt 26.17-20; Lc 2.41,42; Lc 22.15; Jo 2.13; Jo 2.23; Jo 5.1; Jo 7.10; Jo 10.22

Por Paulo
At 18.21; At 19.21; At 20.6; At 20.16; At 24.11; At 24.17

O sábado
Este acontecia no sétimo dia da semana e nenhum trabalho era permitido de ser executado no sábado. Era um dia de descanso e um sinal da aliança de Deus (Êx 20.8-11).

Não era permitido aos israelitas saírem de suas casas (Êx 16.29), ou acender fogueiras em suas casas no dia de sábado (Êx 35.1-3).

Quem quebrasse a regra do sábado era punido com a pena de morte (Nm 15.32-36).

O ANO SABÁTICO
A terra, bem como o povo, deveriam descansar todo sétimo ano (Lv 25.1-7,18-22).

O Jubileu
Este acontecia a cada cinquenta anos. Escravos eram libertos, e todos recebiam de volta suas propriedades. Todos os débitos eram cancelados. A terra tinha que permanecer desocupada. O preço de tudo em Israel era avaliado com base no número de anos até o Jubileu (Lv 25.14-17).

> *Contarás sete sábados de anos, sete vezes sete anos, de modo que os dias dos sete sábados de anos serão quarenta e nove anos. Então, no décimo dia do sétimo mês, farás soar alto a trombeta; no Dia da Expiação fareis soar a trombeta por toda a vossa terra. E declarareis santo o quinquagésimo ano, e proclamareis liberdade na terra a todos os seus habitantes. Esse vos será um ano de jubileu, pois cada um de vós retornará à sua propriedade, e cada um à sua família. Esse ano quinquagésimo será para vós jubileu; não semeareis, nem colhereis o que nele nascer por si mesmo, nem colhereis nele as uvas das vides não tratadas, porque é jubileu; será santo para vós; comereis o que brotar nos campos. Nesse ano do jubileu, cada um retornará à sua propriedade.*
> (Lv 25.8-13)

A Páscoa
Essa festa, originada no Egito, recebeu esse nome porque o anjo da morte passou pelas casas dos hebreus.

Para comemorar esse evento, o símbolo de sua salvação e de como Deus os conduziu para fora do Egito, eles preservaram a festa dos pães sem fermento (Êx 12.1-29).

A lei de Moisés estabeleceu regulamentações acerca de como a festa deveria ser observada.

O cordeiro era comido na noite do 15° dia do mês de abibe, assim que o dia hebraico terminasse com o pôr do sol (Lv 23.32).

Eles sacrificavam o cordeiro pascal ao pôr do sol do 14° dia de abibe (Êx 12.1-6; Dt 16.1-8).

A festa dos pães sem fermento iniciava-se com a Páscoa e terminava no 21° dia do mês ao pôr do sol (Êx 12.14-19; Lv 23.1-8).

Não era permitido que pessoas incircuncisas tomassem parte na festa pascal (Êx 12.43-51).

Ofertas especiais eram feitas durante a festa, consistindo em:
- Dois novilhos;
- Um carneiro;
- Sete cordeiros;
- Um bode.

Os onze animais descritos acima eram oferecidos todos os dias por sete dias, chegando-se ao total de 77 animais (Nm 28.16-25).

Eles igualmente comiam pães sem fermento por sete dias.

O primeiro dia de cada mês
No primeiro dia de cada mês, durante o ano, os israelitas deveriam oferecer:

- Dois novilhos;
- Um carneiro;
- Sete cordeiros;
- Um cabrito (Nm 28.11-15).

Festa das Semanas

Essa festa era conhecida como:
- Festa da colheita (Êx 23.16);
- Festa das Semanas (Êx 34.22);
- Dia das primícias (Nm 28.26);
- Pentecostes (At 2.1).

CINQUENTA DIAS
Essa festa era observada cinquenta dias após a Páscoa (Lv 23.15,16; Dt 16.9-12).

Eles começavam a contar os cinquenta dias a partir do dia que vinha logo após o primeiro sábado da festa dos pães sem fermento, ou seja, no 16º dia de abibe (Êx 12.11-20; Lv 23.4-16).

Durante essa festa eles ofereciam:
- Dois jarros com os primeiros frutos da terra;
- Sete cordeiros;
- Um novilho;
- Dois carneiros;
- Um bode macho;
- Dois cordeiros machos de um ano de idade.

Isso totalizava 13 animais (Lv 23.15-21; Nm 28.26-31).

A Festa das Semanas era uma celebração dos primeiros frutos da colheita.

Festa das trombetas

Essa festa acontecia no primeiro dia do sétimo mês de cada ano. Era um dia de descanso marcado pelo soar das trombetas (Nm 29.1).

Durante essa festa eles ofereciam:
- Um novilho;
- Um carneiro;
- Sete cordeiros de 1 ano de idade;
- Um cabrito (Nm 29.1-6).

Festa dos Tabernáculos

Essa festa também era conhecida como a festa do ajuntamento, e Festa das Cabanas, e celebrava a colheita.

Era a terceira das festas anuais que deveria ser lembrada, e todos os homens judeus deveriam participar (Êx 23.16).

Era comemorada cinquenta dias após a festa dos primeiros frutos, no 15º dia do sétimo mês (tisri), e durava sete dias (Lv 23.33-44).

Era comemorada como se segue:
- O povo vivia em cabanas (tendas) feitas dos galhos das árvores.
- Isso celebrava seus lares temporários durante suas viagens pelo deserto.

*O S*ENHOR *disse a Moisés: Fala aos israelitas: No primeiro dia do sétimo mês, haverá descanso solene, um memorial com som de trombetas para uma assembleia santa. Não fareis trabalho algum e apresentareis oferta queimada ao S*ENHOR. *O S*ENHOR *disse a Moisés: O décimo dia desse sétimo mês será o Dia da Expiação; tereis assembleia santa; então vos humilhareis e apresentareis uma oferta queimada ao S*ENHOR. *Nesse dia não fareis trabalho algum, porque é o Dia da Expiação, o dia de fazer expiação por vós diante do S*ENHOR *vosso Deus. Todo aquele que não se humilhar nesse dia será eliminado do seu povo. Todo aquele que fizer algum trabalho nesse dia, eu o destruirei do meio do seu povo. Não fareis trabalho algum nesse dia. Isso será um estatuto perpétuo através das vossas gerações, em todas as vossas habitações. Será um sábado de descanso para vós, e vos humilhareis. Guardareis o vosso sábado desde o entardecer do nono dia do mês até a tarde seguinte. O S*ENHOR *disse a Moisés: Fala aos israelitas: Desde o dia quinze desse sétimo mês haverá a festa dos tabernáculos do S*ENHOR, *durante sete dias. No primeiro dia, haverá assembleia santa; não fareis nenhum trabalho.*

Apresentareis ofertas queimadas ao SENHOR por sete dias. No oitavo dia, tereis assembleia santa e apresentareis oferta queimada ao SENHOR. Será uma assembleia solene; não fareis trabalho algum. Essas são as festas fixas do SENHOR, que proclamareis como assembleias santas, para apresentar ao SENHOR oferta queimada, holocausto e oferta de cereais, sacrifícios e ofertas de libação, cada qual em seu dia próprio; além dos sábados do SENHOR, e das vossas dádivas, de todos os vossos votos, e além de todas as ofertas voluntárias que apresentardes ao SENHOR. Desde o dia quinze do sétimo mês, quando tiverdes colhido os frutos da terra, celebrareis a festa do SENHOR durante sete dias. No primeiro e no oitavo dia, haverá descanso solene. No primeiro dia, pegareis frutos de árvores ornamentais, folhas de palmeiras, ramos de árvores frondosas e salgueiros dos ribeiros, e vos alegrareis diante do SENHOR vosso Deus durante sete dias. Tereis de celebrá-la todo ano como festa do SENHOR, no sétimo mês, durante sete dias. Este é um estatuto perpétuo através das vossas gerações. Durante sete dias habitareis em tendas feitas de ramos. Todos os naturais de Israel habitarão em tendas de ramos, para que as vossas gerações saibam que eu fiz os israelitas habitarem em tendas feitas de ramos quando os tirei da terra do Egito. Eu sou o SENHOR vosso Deus.

(Lv 23.23-43)

Jejuns

A única festa determinada pela lei de Moisés ocorreu no Dia da Expiação (Lv 23.26-32). É chamada de "o Jejum" (At 27.9).

A outra única festa periódica mencionada no Antigo Testamento está em Zacarias 7.1-7; 8.19, de onde parece que, durante seu cativeiro, os judeus observavam quatro festas anuais. Veja Êx 32.19; Jr 52.12,13; Jr 41.1,2; Jr 52.4; Ez 33.21; 2Rs 25.1.

Adicionalmente, há o jejum mencionado em Ester 4.16.

JEJUNS NACIONAIS

Jejuns públicos nacionais foram estabelecidos por causa do pecado ou para pedir ao Senhor algum favor divino: 1Sm 7.6; 2Cr 20.3; Jr 36.6-10; Ne 9.1.

JEJUNS LOCAIS

Havia também jejuns locais: Jz 20.26; 2Sm 1.12; 1Sm 31.13; 1Rs 21.9-12; Ed 8.21-23; Jn 3.5-9.

JEJUNS PARTICULARES

Há muitos exemplos de jejuns particulares ocasionais (1Sm 1.7; 20.34; 2Sm 3.35; 12.16; 1Rs 21.27; Ed 10.6; Ne 1.4; Dn 10.2,3).

Moisés jejuou por quarenta dias (Êx 24.18; 34.28), e assim também o fez Elias (1Rs 19.8).

Nosso Senhor jejuou quarenta dias no deserto (Mt 4.2).

JEJUNS MAL APLICADOS

Em algumas ocasiões, a prática dos jejuns era abusiva (Is 58.4; Jr 14.12; Zc 7.5).

Nosso Senhor repreendeu os fariseus pelo seu modo hipócrita de jejuar (Mt 6.16). O próprio Jesus ordenou que não houvesse jejum.

Os primeiros cristãos, contudo, observavam as festas comuns da lei (At 13.3; 14.23; 2Co 6.5).

PARTE QUATRO

FATOS DO NOVO TESTAMENTO

Sumário da parte quatro resumido

Cada livro do Novo Testamento: visão geral	767
Estudos sobre o Novo Testamento	824
Encorajamento de cada livro do Novo Testamento	836
Profecias messiânicas	883
Milagres e parábolas	904
A ressurreição de Jesus	909
Conversões em Atos	912
A igreja primitiva	917

SUMÁRIO DA PARTE QUATRO DETALHADO

Cada livro do Novo Testamento: visão geral

Mateus	767
Marcos	770
Lucas	773
João	777
Atos	778
Romanos	782
1Coríntios	785
2Coríntios	788
Gálatas	789
Efésios	792
Filipenses	795
Colossenses	797
1Tessalonicenses	799
2Tessalonicenses	801
1Timóteo	802
2Timóteo	804
Tito	806
Filemom	808
Hebreus	809
Tiago	811
1Pedro	813
2Pedro	815
1João	816
2João	818
3João	819
Judas	820
Apocalipse	822

Estudos sobre o Novo Testamento

Análise dos livros do Novo Testamento	824
Autores do Novo Testamento	828
Os evangelhos sinóticos	829
As cartas do Novo Testamento e as palavras em aramaico	831
A harmonia dos registros sobre a ressurreição, as aparições após a ressurreição e a ascensão	833

Encorajamento de cada livro do Novo Testamento

Mateus	836
Marcos	837
Lucas	838
João	839
Atos	842

Romanos	843
1Coríntios	845
2Coríntios	847
Gálatas	849
Efésios	851
Filipenses	854
Colossenses	855
1Tessalonicenses	856
2Tessalonicenses	858
1Timóteo	859
2Timóteo	861
Tito	862
Filemom	863
Hebreus	864
Tiago	867
1Pedro	869
2Pedro	871
1João	872
2João	873
3João	874
Judas	874
Apocalipse	875
Símbolos encontrados em Apocalipse	879

Profecias messiânicas

Profecias messiânicas no Antigo Testamento	883
Profecias sobre o nascimento e a vida do Messias	892
Profecias a respeito do ministério de Jesus	894
Profecias a respeito da morte do Messias	896
Profecias a respeito da ressurreição e da ascensão do Messias	900
A volta do Messias	902

Milagres e parábolas

Todos os milagres de Jesus	904
Todas as parábolas de Jesus	906

A ressurreição de Jesus

A ressurreição de Jesus e as dez aparições	909

Conversões em Atos

Introdução	912

A igreja primitiva

A igreja	917
A igreja de Cristo	919
Adoração	922

Louvor	924
Batismo	925
A ceia do Senhor	927
Paulo	929
A perseguição a Paulo	932
Os ensinamentos de Paulo	933

CADA LIVRO DO NOVO TESTAMENTO: VISÃO GERAL

MATEUS

■ Uma introdução

Autoria

O autor desse livro foi, sem dúvida, Mateus, um apóstolo de nosso Senhor, cujo nome é dado ao livro. Ele escreveu o evangelho de Cristo de acordo com seus próprios planos e objetivos, levando em conta seu próprio ponto de vista, e assim também o fizeram os outros "evangelistas".

Data dos escritos

Tratando-se da época dessa composição, há poucos indícios no evangelho sobre ela. O livro foi evidentemente escrito antes da destruição de Jerusalém (Mt 24) e algum tempo após os eventos nele registrados. A probabilidade é que tenha sido escrito entre os anos 60 e 65 d.C.

Leitura

As formas de raciocínio e expressões usadas pelo escritor demonstram que esse evangelho foi escrito para judeus cristãos e palestinos.

Propósito do evangelho

Seu grande objetivo é provar que Jesus de Nazaré era o Messias prometido e que, nele, as antigas profecias foram cumpridas. O evangelho está cheio de alusões àquelas passagens do Antigo Testamento nas quais há previsões e profecias sobre Cristo.

O único objetivo que se difunde por todo o livro é mostrar que Jesus é aquele sobre quem "os profetas haviam falado". Esse evangelho contém não menos do que 65 referências ao Antigo Testamento, sendo 43 dessas citações verbais diretas; excedendo, desse modo, grandemente em número aquelas encontradas nos outros evangelhos. O principal ponto desse evangelho pode ser expresso com o lema: "Não penseis que vim abolir a Lei ou os Profetas; não vim abolir, mas cumprir".

Características do evangelho

A característica marcante desse evangelho é a apresentação da liderança gloriosa de Cristo, além de mostrá-lo como o verdadeiro herdeiro do trono de Davi. É o evangelho do reino. Mateus usa a expressão "reino do céu" (32 vezes), enquanto Lucas usa a expressão "reino de Deus" (33 vezes).

Uso do latim

Algumas formas latinizadas ocorrem nesse evangelho, como [*kodrantes*] (Mt 5.26), para o latim *quadrans* e, na A21, "centavo"; e [*phragello*] (Mt 27.26), para o latim *flagellatum* e, em português, "açoitar" (*NVI*) ou "espancar" (*A21*). Deve-se lembrar que Mateus era um cobrador de impostos para o governo romano e estava constantemente em contato com aqueles que usavam a língua latina.

Escrito independente

Tratando-se das relações entre os evangelhos, devemos sustentar que cada escritor dos sinóticos (os primeiros três evangelhos) escreveram independentemente dos outros dois, sendo Mateus provavelmente o primeiro em cronologia.

Mateus, Marcos e Lucas

De um total de 1.071 versículos, Mateus tem 387 passagens em comum com Marcos e Lucas, 130 com Marcos; 184 com Lucas e somente 387 sendo únicas de seu evangelho.

Divisões

O livro é corretamente dividido nestas quatro partes:

1. A genealogia, o nascimento e a infância de Jesus (Mt 1; 2).
2. Os discursos e ações de João Batista, preparatórios para o ministério público de Jesus (Mt 3; 4.11).
3. Os discursos e ações de Cristo na Galileia (Mt 4.12–20.16).
4. Os sofrimentos, a morte e ressurreição de Nosso Senhor (Mt 20.17-28).

Nome, autor, data
AUTOR
Mateus, um dos doze apóstolos de Jesus

DATA APROXIMADA DA ESCRITA
58-68 d.C.

Estatísticas
LUGAR DO LIVRO NA BÍBLIA
- Primeiro no Novo Testamento
- Primeiro evangelho

NÚMERO DE CAPÍTULOS
28

NÚMERO DE VERSÍCULOS
1.071

NÚMERO DE PALAVRAS
23.684

Tema principal do livro
Explicar aos judeus que Jesus era seu Messias

Chaves para o entendimento do livro
PALAVRA/PALAVRAS-CHAVE
Rei, reino (50 vezes), Messias

FRASE-CHAVE
- Rei dos Judeus
- Que deve ser cumprido

CAPÍTULO/CAPÍTULOS-CHAVE
- 12, com os fariseus rejeitando Jesus
- 16 e a confissão de Pedro a Cristo

VERSÍCULO/VERSÍCULOS-CHAVE
Livro da genealogia de Jesus Cristo, filho de Davi, filho de Abraão. (Mt 1.1)

A virgem engravidará e dará a luz um filho, a quem chamarão Emanuel, que significa: Deus conosco. (Mt 1.23)

Respondendo, Simão Pedro disse: Tu és o Cristo, o Filho do Deus vivo. E Jesus lhe disse: Simão Barjonas, tu és bem-aventurado, pois não foi carne e sangue que te revelaram isso, mas meu Pai, que está no céu. E digo-te ainda que tu és Pedro, e sobre esta pedra edificarei a minha igreja, e as portas do inferno não prevalecerão contra ela. Eu te darei as chaves do reino do céu; o que ligares na terra terá sido ligado no céu, e o que desligares na terra terá sido desligado no céu. (Mt 16.16-19)

E, aproximando-se Jesus, falou-lhes: Toda autoridade me foi concedida no céu e na terra. Portanto, ide, fazei discípulos de todas as nações, batizando-os em nome do Pai, do Filho e do Espírito Santo; ensinando-lhes a obedecer a todas as coisas que vos ordenei; e eu estou convosco todos os dias, até o final dos tempos. (Mt 28.18-20)

Cristo é visto como
Rei

Pensamento espiritual
A necessidade do arrependimento

Plano detalhado capítulo a capítulo
Capítulo 1: A árvore genealógica de Jesus e seu nascimento
Capítulo 2: A infância de Jesus
Capítulo 3: João Batista e o batismo de Jesus
Capítulo 4: A tentação de Jesus
Capítulo 5: As bem-aventuranças, sal e luz, e a lei
Capítulo 6: Jesus rejeita as práticas dos fariseus

Capítulo 7: Jesus encoraja a verdadeira religião
Capítulo 8: As curas milagrosas e a demanda por um discipulado
Capítulo 9: Os outros milagres
Capítulo 10: A missão dos Doze
Capítulo 11: A resposta de Jesus acerca de João Batista
Capítulo 12: A oposição dos fariseus
Capítulo 13: As parábolas do reino
Capítulo 14: A execução de João Batista
Capítulo 15: A rejeição dos escribas e fariseus.
Capítulo 16: Os conselhos sobre líderes religiosos e a confissão de Pedro
Capítulo 17: A transfiguração de Jesus e o ensino aos Doze
Capítulo 18: O estilo de vida da igreja
Capítulo 19: O divórcio, filhos e o jovem rico
Capítulo 20: A parábola dos trabalhadores na vinha, e Jesus na Judeia
Capítulo 21: Jesus entra em Jerusalém e seu ministério público nessa cidade
Capítulo 22: Parábolas e questionamentos
Capítulo 23: Jesus denuncia os fariseus e mestres da lei e chora sobre Jerusalém
Capítulo 24: Jesus ensina sobre o fim dos tempos
Capítulo 25: Jesus prediz o julgamento em sua vinda
Capítulo 26: A última ceia e o julgamento de Jesus
Capítulo 27: Jesus diante de Pilatos, sua morte e funeral
Capítulo 28: A ressurreição de Jesus

Percepções de Matthew Henry

Mateus 28

VERSÍCULOS 11-15

Aqueles homens prometeram mais do que poderiam cumprir, pois quem se comprometeria a salvar um homem inocente cometendo um pecado por vontade própria? Mas essa hipocrisia contesta a si mesma. Se todos os soldados estivessem dormindo, eles não saberiam dizer o que havia se passado. Se algum deles estivesse acordado, levantaria os outros, e juntos evitariam a retirada do corpo; e, certamente, se estivessem dormindo, eles nunca ousariam confessá-lo; pois os governantes judaicos seriam os primeiros a querer punição para eles. Novamente, se houvesse alguma verdade no fato relatado, os governantes teriam executado os apóstolos com severidade por essa ação. Todo o contexto demonstra que a história era totalmente falsa. E não devemos imputar tais coisas à fragilidade do entendimento, mas à maldade do coração. Deus deixou-os para que mostrassem seu próprio caminho. O grande argumento para provar que Cristo é o Filho de Deus é sua ressurreição; e ninguém poderia ter provas mais convincentes da verdade do que esses soldados; mas eles aceitaram o suborno para impedir que outros acreditassem. A evidência mais clara, sem a atuação do Espírito Santo, não afetará os homens.

VERSÍCULOS 16-20

Esse evangelista omite outras aparições de Cristo, registradas por Lucas e João, e apressa-se a demonstrar a mais solene – aquela apontada antes de sua morte e após sua ressurreição. Todos os que veem o Senhor Jesus com os olhos da fé o adorarão. Contudo, a fé dos que são sinceros pode ser muito fraca e oscilante. Mas Cristo forneceu tais provas convincentes de sua ressurreição, da mesma forma que fez a fé deles triunfar sobre as dúvidas. Agora ele solenemente comissionou os apóstolos e seus ministros para irem adiante pregando a todas as nações. A salvação que deveriam pregar é uma salvação comum; aquele que quiser, deve vir e levar consigo o benefício; todos são bem-vindos a Jesus Cristo. O cristianismo é a religião de um pecador que recorre à salvação por causa do ódio merecido e do pecado; ele recorre à misericórdia do Pai, por intermédio da expiação do Filho encarnado, e pela santificação do Espírito Santo, e desiste de si mesmo para ser o adorador e servo de Deus, como o Pai, o Filho e o Espírito Santo, três pessoas, mas um só Deus, em todas as suas ordenanças e mandamentos. O batismo é um sinal externo daquela limpeza interior, ou santificação do Espírito, o qual sela e evidencia a justificação do cristão. Devemos nos examinar, se realmente possuímos a graça interna e espiritual de uma morte para o pecado, e um novo nascimento para a justiça, pelo qual aqueles que eram filhos da ira tornaram-se filhos de Deus. Os cristãos devem ter a constante presença de seu Senhor consigo; todos os dias, sempre. Não há dia, nem hora do dia na qual Nosso Senhor Jesus não esteja presente com suas igrejas e com seus ministros; se houvesse, naquele dia, naquela hora, eles estariam incompletos. O Deus de Israel, o Salvador, é por algumas vezes um Deus que se esconde, mas nunca um Deus distante. A estas preciosas palavras, o "Amém" é incluído. Mesmo assim, Senhor Jesus, esteja conosco e com todo o seu povo, para que seu caminho seja conhecido em toda a terra, trazendo salvação para todas as nações.

MARCOS

■ Uma introdução

Marcos e Pedro

A tradição corrente e aparentemente bem fundamentada diz que Marcos obteve suas informações principalmente dos discursos de Pedro. Na casa de sua mãe, teve muitas oportunidades de obter informações sobre os outros apóstolos e seus coadjutores, além de ser especialmente "o discípulo e intérprete de Pedro".

Data dos escritos

Em relação ao período em que foi escrito, o evangelho não nos fornece nenhuma informação definitiva. Marcos não menciona a destruição de Jerusalém, portanto deve ter sido escrito antes daquele evento, e provavelmente por volta de 63 d.C.

Leitores

Foi redigido especificamente para os romanos. Isso é demonstrado provavelmente quando consideramos que não há referências à lei judaica e que o escritor toma cuidado ao interpretar palavras que um gentio não entenderia, tais como *Boanerges* (Mc 3.17); *Talitha cumi* (Mc 5.41); *corbã* (Mc 7.11); *Bartimeu* (Mc 10.46); *Aba* (Mc 14.36); *Eloí* etc. (Mc 15.34). Costumes judaicos também são explanados (Mc 7.3; 14.3; 14.12; 15.42). Marcos também faz uso de certas palavras em latim não encontradas em qualquer outro evangelho, como [*speculatora*] (Mc 6.27, traduzida por "carrasco" na NVI, "soldado da sua guarda" na A21), [*xalkion*] (uma corrupção da palavra *sextarius*, traduzida por "vasos de bronze", Mc 7.4), [*kodrantes*], *quadrans*, em latim (Mc 12.42, traduzida para o português por "um quadrante" na A21, e "pequeninas moedas de cobre" na NVI), [*kenturion*]; *centurio*, em latim e, na A21, "centurião" (Mc 15.39, 44,45). Esse livro cita o Antigo Testamento apenas duas vezes (Mc 1.2; 15.28).

Características do evangelho

- A genealogia de nosso Senhor não está presente.
- A pessoa que ele representa revestida de poder, "o Leão da tribo de Judá".
- Marcos também registra com maravilhosa exatidão as muitas palavras (Mc 3.17; 5.41; 7.11,34; 14.36), bem como a posição (Mc 9.35) e os gestos (Mc 3.5,34; 5.32; 9.36; 10.16) de nosso Senhor.

- Ele também é cuidadoso em registrar particularidades do povo (Mc 1.29,36; 3.6,22 etc.), número (Mc 5.13; 6.7 etc.), lugar (Mc 2.13; 4.1; 7.31 etc.), e época (Mc 1.35; 2.1; 4.35 etc.), os quais os outros evangelistas omitem.
- A expressão "e imediatamente" ou similares ocorrem aproximadamente quarenta vezes nesse evangelho, enquanto que, no evangelho de Lucas, o maior deles, é usada somente sete vezes e, em João, apenas quatro vezes.

"O evangelho de Marcos", diz Westcott, "é essencialmente uma transcrição da vida. O curso e questão dos fatos estão retratados nele de forma realmente clara". "Em Marcos não percebemos a tentativa de apresentar uma narrativa contínua. Seu evangelho é uma rápida sucessão de imagens vivas ampla e fortemente unidas sem muitas condições de conectá-las a um todo ou de mostrar os eventos em sua sequência natural. Essa força peculiar é o que caracteriza especialmente esse evangelista, de forma que qualquer pessoa, 'se desejar conhecer um fato evangélico, não apenas em suas feições principais e em seu grandes resultados, mas também em suas maiores minúcias e, por assim dizer, em suas delimitações mais gráficas, deve recorrer ao evangelho de Marcos.'"

Lema
O princípio orientador que percorre esse evangelho pode ser expresso no lema *Jesus foi [...] pregando o evangelho de Deus*. (Mc 1.14).

Mateus, Marcos e Lucas
De um total de 662 versículos, Marcos possui 406 deles em comum com Mateus e Lucas, 145 com Mateus, 60 com Lucas e, quando muito, 51 unicamente pertencentes a ele.

Nome, autor, data
AUTOR
Marcos

DATA APROXIMADA DA ESCRITA
55-65 d.C.

Estatísticas
LUGAR DO LIVRO NA BÍBLIA
- Segundo livro do Novo Testamento
- Segundo evangelho

NÚMERO DE CAPÍTULOS
16

NÚMERO DE VERSÍCULOS
678

NÚMERO DE PALAVRAS
15.171

Tema principal do livro
Jesus é o servo de Deus e o Redentor.

Chaves para o entendimento do livro
PALAVRA/PALAVRAS-CHAVE
Servo, imediatamente (rapidamente), 42 vezes

FRASE-CHAVE
Servo do Senhor

CAPÍTULO/CAPÍTULOS-CHAVE
- 8 e a mudança na ênfase do ministério de Jesus
- 10 e o propósito de Cristo em seu trabalho

VERSÍCULO/VERSÍCULOS-CHAVE
E, chamando a multidão com os discípulos, disse-lhes: Se alguém quiser vir após mim, negue a si mesmo, tome a sua cruz e siga-me. Pois quem quiser preservar sua vida, irá perdê-la; mas quem perder a vida por causa de mim e do evangelho, irá preservá-la. Pois que adianta ao homem

ganhar o mundo inteiro e perder a sua vida? Ou, que daria o homem em troca da sua vida?
(Mc 8.34-37)

Pois o próprio Filho do homem não veio para ser servido, mas para servir e para dar a vida em resgate de muitos.
(Mc 10.45)

Cristo é visto como
O servo justo de Deus

Pensamento espiritual
As obras de Jesus mostram quem ele é.

Plano detalhado capítulo a capítulo

Capítulo 1: O batismo de Jesus, a tentação e os primeiros seguidores

Capítulo 2: Jesus cura um homem paralítico, chama Levi e responde a perguntas

Capítulo 3: Jesus escolhe os Doze

Capítulo 4: As quatro parábolas e apaziguamento do mar

Capítulo 5: Os quatro milagres

Capítulo 6: Os Doze; João Batista é decapitado, e 5.000 são alimentados

Capítulo 7: A pureza interna e dois milagres de cura

Capítulo 8: Jesus alimenta 4.000 pessoas e a confissão de Pedro

Capítulo 9: A transfiguração, possessão demoníaca e a predição de sua morte

Capítulo 10: Jesus ensina seus discípulos e cura Bartimeu

Capítulo 11: Jesus entra em Jerusalém e a figueira improdutiva

Capítulo 12: A oposição dos líderes em Jerusalém

Capítulo 13: A destruição do templo é profetizada e outras profecias de Jesus

Capítulo 14: A última ceia e o Getsêmani

Capítulo 15: Pilatos e a crucificação e o funeral de Jesus

Capítulo 16: A ressurreição de Jesus

Percepções de Matthew Henry

Marcos 14

VERSÍCULOS 32-42

Agora ele experimenta a morte em toda a sua amargura. Este era o medo sobre o qual os apóstolos falavam, o medo natural da dor e da morte, com o qual os seres humanos naturalmente se assustam. Podemos manter pensamentos favoráveis ao pecado ou até mesmo desprezá-los, quando enxergamos os sofrimentos dolorosos que o pecado, tendo sido imputado a ele, trouxe sobre o Senhor Jesus? Pode isso ser um peso leve sobre nossa alma, se foi um fardo pesado sobre ele? Cristo esteve em agonia pelos nossos pecados, e não devemos estar em agonia por eles? Como podemos considerar aquele que nós trespassamos e pranteamos! Devemos estar tremendamente tristes pelo pecado, porque ele também agiu assim, e nunca zombar de nossos pecados. Cristo, como homem, implorou que, se fosse possível, seus sofrimentos fossem poupados. Como mediador, submeteu-se à vontade de Deus, dizendo: "Todavia, não seja feita a minha vontade, mas a tua. Que seja uma oferta agradável ao Senhor". Veja como a fraqueza pecaminosa dos discípulos de Cristo retorna e os derruba. Que fardo pesado nosso corpo é para nossa alma! Mas, quando vemos os problemas baterem à nossa porta, deveríamos estar preparados para ele. Bem, até mesmo os cristãos frequentemente olham para os sofrimentos do Redentor de uma forma entorpecida, e, em vez de estarem prontos para morrer com Cristo, nem mesmo estão preparados para vigiar com ele por uma hora.

VERSÍCULOS 43-52

Porque Cristo surgiu não como um príncipe temporal, mas pregou o arrependimento, transformação e uma vida santa e dirigiu os pensamentos, afeições e objetivos dos homens para outro mundo, os governantes judeus procuraram destruí-lo. Pedro feriu um dos homens do grupo. É mais fácil lutar por Cristo do que morrer por ele. Mas há uma grande diferença entre discípulos imperfeitos e hipócritas. Os últimos, impetuosamente e sem pensar, chamam Cristo de Mestre e expressam grande afeição por ele, contudo o traem diante de seus inimigos. Por conseguinte, apressam sua própria destruição.

VERSÍCULOS 53-65
Temos aqui a condenação de Cristo antes do grande conselho dos judeus. Pedro seguiu-o, mas ficar ao lado do fogo no pátio do sumo sacerdote não era um lugar apropriado; nem seus servos, uma companhia apropriada; para Pedro, era uma entrada para a tentação. Uma grande diligência foi usada para procurar falsos testemunhos contra Jesus, mas, mesmo assim, seus testemunhos não estavam em conformidade com a acusação de um crime capital, pela máxima extensão de sua lei. Foi-lhe perguntado: "Tu és o Cristo, o Filho do Deus bendito?", ou seja, o Filho de Deus. Para provar ser o Filho de Deus, ele refere-se à sua segunda vinda. Nesses ultrajes, temos provas da inimizade do homem para com Deus e também do amor livre e indescritível de Deus para com o homem.

VERSÍCULOS 66-72
A negação de Pedro a Cristo começou quando ele manteve distância do Mestre. Aqueles que são sinceros em amar e obedecer a Deus estão longe do caminho de negar a Cristo. Aqueles que acham perigoso estar em companhia dos discípulos de Cristo, pois, por esse motivo, podem ser conduzidos ao sofrimento por causa dele, acharão muito mais perigoso estar em companhia de seus inimigos, porque, desse modo, podem ser conduzidos ao pecado contra ele. Quando Cristo era admirado e andava com a multidão, Pedro prontamente o confessou; mas não confessaria ter nenhuma relação com ele agora que estava abandonado e desprezado. Contudo, observamos que o arrependimento de Pedro chegou muito rápido. Aquele que está de pé, tome cuidado para que não caia. E aquele que caiu, pense nessas coisas e retorne ao Senhor arrependido.

LUCAS

■ Uma introdução

Autoria
Esse evangelho foi escrito por Lucas. Ele não declara ter sido uma testemunha ocular do ministério de Nosso Senhor, mas, sim, que buscou as melhores fontes de informações que estavam ao seu alcance, escrevendo uma narrativa ordenada dos fatos (Lc 1.1-4). Os autores dos três primeiros evangelhos escreveram sob a direção do Espírito Santo.

Estilo de escrita
Cada escritor possui algumas peculiaridades próprias, ambas em assunto e estilo, portanto todos os três têm muito em comum.

Nomes para o evangelho de Lucas
O evangelho de Lucas tem sido chamado de:
- O evangelho das nações, cheio de misericórdia e esperança, garantido ao mundo pelo amor de um Salvador sofredor;
- O evangelho de uma vida santificada;
- O evangelho para os gregos;
- O evangelho do futuro;
- O evangelho do cristianismo progressivo, da universalidade e da gratuidade do evangelho;
- O evangelho histórico;
- O evangelho de Jesus como o bom médico e Salvador da humanidade;
- O evangelho da paternidade de Deus e da irmandade do homem;

EVANGELHOS SINÓTICOS	PECULIARIDADES	COINCIDÊNCIAS	TOTAL
Marcos	7	93	100
Mateus	42	58	100
Lucas	59	41	100

- O evangelho da feminilidade;
- O evangelho dos marginalizados, do samaritano, do publicano, da meretriz e do pródigo;
- O evangelho da tolerância.

Características do evangelho
A principal característica desse evangelho, como cita Farrar, é expressa no lema *Ele andou por toda parte, fazendo o bem e curando todos os oprimidos pelo Diabo, porque Deus era com ele* (At 10.38; cf. Lc 4.18). Lucas escreveu para o "mundo helenizado". Esse evangelho é realmente "rico e precioso".

Mateus, Marcos e Lucas
De um total de 1.151 versículos, Lucas tem 389 em comum com Mateus e Marcos, 176 em comum com Mateus somente, 41 em comum com Marcos somente, sendo o restante de 544 exclusivos ao evangelho de Lucas. Em muitos exemplos todos os três usam linguagem idêntica.

Parábolas exclusivas
Há dezessete parábolas de nosso Senhor peculiares a esse evangelho.

Milagres
Lucas também registra sete milagres de Nosso Senhor, omitidos por Mateus e Marcos.

Sinóticos
Os evangelhos sinóticos estão relacionados uns com os outros de acordo com o esquema a seguir. Se os conteúdos de cada evangelho são representados por 100, então esse resultado, quando comparado, é obtido no quadro a seguir.

Ou seja, treze quatorze avos de Marcos, quatro sétimos de Mateus e dois quintos de Lucas são utilizados para descrever as mesmas situações em uma linguagem muito semelhante.

Escritor refinado
O estilo de Lucas é mais bem acabado e mais clássico do que o de Mateus e Marcos. Há menos vocábulos em hebraico, e ele usa algumas palavras em latim (Lc 12.6; 7.41; 8.30; 11.33; 19.20), mas não há nenhuma palavra em siríaco ou em hebraico, exceto *sikera*, uma bebida estimulante da natureza do vinho, mas não feita de uvas (do hebraico *shakar*, *Nem tu nem teus filhos bebereis vinho nem bebida forte quando entrardes na tenda da revelação*, Lv 10.9), sendo, provavelmente, um vinho de palmeira.

Referências ao Antigo Testamento
Esse evangelho contém 28 referências distintas ao Antigo Testamento.

Data da escrita
A data de sua composição é incerta. Deve ter sido escrito antes de Atos, cuja data de composição geralmente é determinada em cerca de 63 ou 64 d.C. Esse evangelho, portanto, foi provavelmente escrito por volta de 60 ou 63 d.C., quando Lucas pode ter estado em Cesareia ajudando Paulo, que, nessa época, era prisioneiro. Outros supõem que ele foi escrito em Roma durante o encarceramento de Paulo lá. Mas, quanto a esse ponto, nenhuma certeza positiva pode ser alcançada.

Lucas e Paulo
É comumente suposto que Lucas tenha escrito sob a direção, se não sob o ditado, de Paulo. Muitas palavras e frases são comuns a ambos; veja o quadro:

COMPARE	COM
Lc 4.22	Cl 4.6
Lc 4.32	1Co 2.4
Lc 6.36	2Co 1.3
Lc 6.39	Rm 2.19
Lc 9.56	2Co 10.8
Lc 10.8	1Co 10.27
Lc 11.41	Tt 1.15
Lc 18.1	2Ts 1.11
Lc 21.36	Ef 6.18
Lc 22.19,20	1Co 11.23-29
Lc 24.46	At 17.3
Lc 24.34	1Co 15.5

Nome, autor, data
AUTOR
Lucas

DATA APROXIMADA DA ESCRITA
Começo dos anos 60 d.C.

Estatísticas
LUGAR DO LIVRO NA BÍBLIA
- Terceiro livro do Novo Testamento
- Terceiro evangelho

NÚMERO DE CAPÍTULOS
24

NÚMERO DE VERSÍCULOS
1.151

NÚMERO DE PALAVRAS
25.944

Tema principal do livro
Apresentar um relato preciso da vida, morte e ressurreição de Jesus

Chaves para o entendimento do livro
PALAVRA/PALAVRAS-CHAVE
Buscar, salvar

FRASE-CHAVE
Filho do Homem

CAPÍTULO/CAPÍTULOS-CHAVE
15 e suas três parábolas

VERSÍCULO/VERSÍCULOS-CHAVE
Porque o Filho do homem veio buscar e salvar o que se havia perdido.
(Lc 19.10)

Cristo é visto como
O Filho do homem

Pensamento espiritual
Jesus é o amigo dos pecadores

Plano detalhado capítulo a capítulo
Capítulo 1: Os eventos ocorridos antes do nascimento de Jesus e o nascimento de João Batista
Capítulo 2: O nascimento de Jesus e eventos ocorridos durante sua infância
Capítulo 3: O ministério de João Batista e o batismo de Jesus
Capítulo 4: A tentação de Jesus, sua rejeição em Nazaré e os primeiros milagres
Capítulo 5: Os milagres de Jesus e o chamado de Levi
Capítulo 6: Jesus escolhe os Doze e os ensina
Capítulo 7: Os dois milagres, João Batista e na casa de um fariseu
Capítulo 8: A parábola do semeador e os três milagres
Capítulo 9: A alimentação de 5.000 pessoas, a transfiguração de Jesus e a confissão de Pedro
Capítulo 10: A missão dos 72 discípulos e a parábola do bom samaritano
Capítulo 11: A oração do Senhor e outros ensinamentos
Capítulo 12: Jesus ensina uma grande multidão
Capítulo 13: O relato de uma cura, a parábola dos três reinos e chorando sobre Jerusalém

Capítulo 14: Jesus ensina os fariseus, e também sobre o discipulado

Capítulo 15: A ovelha perdida, a moeda perdida e o filho pródigo

Capítulo 16: Jesus ensina acerca do dinheiro

Capítulo 17: Os dez leprosos são curados e o ensino sobre sua segunda vinda

Capítulo 18: Jesus e a oração, crianças, sacrifícios e sua própria morte e ressurreição

Capítulo 19: Zaqueu, entrando em Jerusalém e limpando o templo

Capítulo 20: O ensino público de Jesus em Jerusalém

Capítulo 21: Jesus enaltece uma viúva, profecias e recomendações para que todos vigiem

Capítulo 22: A última ceia, o Getsêmani e a negação de Pedro

Capítulo 23: O julgamento de Jesus, sua crucificação e sepultamento

Capítulo 24: A ressurreição de Jesus e sua ascensão

■ **Percepções de Matthew Henry**

Lucas 15

VERSÍCULOS 1-10

A parábola da ovelha perdida é muito aplicada ao grande trabalho da redenção do homem. A ovelha perdida representa o pecador separado de Deus e exposto à ruína certa se não for trazido de volta a ele, apesar de não estar desejoso de voltar. Cristo é especialista em trazer pecadores de volta para casa. Na parábola da moeda de prata perdida, o que está perdido é apenas uma porção de pequeno valor se comparada com o resto. Contudo, a mulher procura-a diligentemente até encontrá-la. Essa busca representa os vários modos e métodos dos quais Deus faz uso para trazer as almas perdidas para casa junto de si, e a alegria do Salvador quando estas voltam para ele. Dessa forma, deveríamos ser muito cuidadosos em entender que nossa salvação depende de nosso arrependimento!

VERSÍCULOS 11-16

A parábola do filho pródigo mostra a natureza do arrependimento e a prontidão do Senhor em receber e abençoar todos os que retornam para ele. Ela demonstra completamente as riquezas da graça do evangelho, e esta tem sido e será, enquanto o mundo existir, de valor indescritível aos pobres pecadores, para dirigi-los e encorajá-los ao arrependimento e ao retorno a Deus. É ruim, e torna-se ainda pior, quando os homens olham para as dádivas de Deus como obrigações devidas a eles próprios. A grande loucura cometida pelos pecadores, o que os leva à ruína, é contentar-se durante sua vida em receber coisas boas. Nossos primeiros pais arruinaram-se a si mesmos e a toda a sua raça por uma ambição tola de serem independentes, e isso é a origem da persistência dos pecadores em seus pecados. Todos nós devemos discernir a respeito de alguns aspectos de nossas próprias características comparadas às do filho pródigo. Um estado pecaminoso está separado e distante de Deus. Um estado pecaminoso é um estado de exaustão: pecadores obstinados desviam seus pensamentos e as forças de sua alma, gastando seu tempo e todas as suas oportunidades. Um estado de pecado é um estado de querer permanecer assim. Pecadores querem itens essenciais para sua alma; não possuem alimentos nem vestimentas para si próprios, nem qualquer provisão para o futuro. Um estado pecaminoso é um estado depravado e de escravidão. O trabalho dos servos de Satanás é ter provisão para a carne e executar suas luxúrias, e isso não é melhor do que alimentar porcos. Um estado pecaminoso é um estado de constante descontentamento. As riquezas do mundo e os prazeres dos sentidos nunca satisfarão nosso corpo, mas o que são eles para a alma preciosa! Um estado pecaminoso é um estado que não consegue alcançar alívio de nenhuma espécie. Em vão clamamos ao mundo e à carne; eles têm aquele que envenena a alma, mas não têm nada a fornecer que possa alimentá-la ou nutri-la. Um estado pecaminoso é um estado de morte. Um pecador está morto em suas transgressões e pecados, destituído da vida espiritual.

JOÃO

Uma introdução

Autoria
A legitimidade desse evangelho – por exemplo, o fato de o apóstolo João ser seu autor – está acima de qualquer dúvida. Em tempos recentes, desde 1820 aproximadamente, muitas tentativas têm sido feitas para impugnar sua legitimidade, mas sem sucesso.

Propósito do evangelho
O formato que João escolheu para escrever esse evangelho foi determinado por ele mesmo (Jo 20.31). Certa vez, supôs-se que ele havia escrito para suprir as omissões dos evangelhos sinóticos, mas não houve evidências para essa afirmação.

> "Aqui não há nenhuma história sobre Jesus e seu ensinamento de acordo com o estilo dos outros evangelistas. Mas há, na forma histórica, uma representação da fé cristã em relação à pessoa de Cristo como seu ponto central; e nessa representação há, por um lado, uma figura do antagonismo do mundo à verdade revelada nele e, por outro lado, uma figura dos abençoados espiritualmente, os poucos que se entregaram a ele como a "Luz da vida" (Reuss).

Conteúdo
Após o prefácio (Jo 1.1-5), a parte histórica do livro começa com João 1.6 e consiste em duas partes. A primeira parte (Jo 1.6-12) contém a história do ministério público de nosso Senhor, da época de sua introdução por João Batista até seu término. A segunda parte (Jo 13–21) apresenta nosso Senhor na intimidade de sua vida privada e seu relacionamento com seus primeiros seguidores (Jo 13–17) e fornece um relato de seus sofrimentos e de suas aparições aos discípulos após sua ressurreição (Jo 18–21).

Aspectos especiais
As peculiaridades desse evangelho são o espaço que é dado:
- À relação mística do Filho com o Pai;
- À relação do Redentor com os cristãos;
- Ao anúncio do Espírito Santo como o Consolador;
- À proeminência dada ao amor como um elemento do caráter cristão. Este, é óbvio, foi atribuído primariamente aos cristãos.

Nome, autor, data
AUTOR
João, um dos doze apóstolos de Jesus

DATA APROXIMADA DA ESCRITA
69-90 d.C.

Estatísticas
LUGAR DO LIVRO NA BÍBLIA
- Quarto livro do Novo Testamento
- Quarto evangelho

NÚMERO DE CAPÍTULOS
21

NÚMERO DE VERSÍCULOS
879

NÚMERO DE PALAVRAS
25.944

Tema principal do livro
O significado espiritual da vida e dos ensinamentos de Jesus

Chaves para o entendimento do livro

PALAVRA/PALAVRAS-CHAVE
- Crer – 98 vezes
- Testemunha – 21 vezes
- Amor – 20 vezes

FRASE-CHAVE
Vida eterna, 35 vezes

CAPÍTULO/CAPÍTULOS-CHAVE
- 3 e a conversa de Jesus com Nicodemos
- 17 e a oração de Jesus ao seu Pai

VERSÍCULO/VERSÍCULOS-CHAVE
Porque Deus amou tanto o mundo, que deu o seu Filho unigênito, para que todo aquele que nele crê não pereça, mas tenha a vida eterna. (Jo 3.16)

Cristo é visto como
O Filho de Deus

Pensamento espiritual
Deus mostrou seu grande amor enviando Jesus.

Plano detalhado capítulo a capítulo
Capítulo 1: A introdução especial, João Batista e os primeiros discípulos
Capítulo 2: A água transformada em vinho e a purificação do templo
Capítulo 3: Jesus e Nicodemos
Capítulo 4: Jesus e a mulher samaritana
Capítulo 5: A oposição durante a festa em Jerusalém
Capítulo 6: Jesus é o pão da vida
Capítulo 7: Jesus é a água viva
Capítulo 8: A mulher pega em adultério; Jesus, a Luz do mundo
Capítulo 9: Jesus cura um homem cego
Capítulo 10: Jesus é o bom pastor
Capítulo 11: Jesus ressuscita Lázaro
Capítulo 12: Jesus entra em Jerusalém e ensina nessa cidade
Capítulo 13: Jesus lava os pés de seus discípulos
Capítulo 14: Jesus ensina sobre a promessa do Espírito Santo
Capítulo 15: Jesus é a videira verdadeira
Capítulo 16: Jesus dá o Espírito Santo e profetiza sobre sua própria morte e ressurreição
Capítulo 17: Jesus ora ao seu Pai
Capítulo 18: A prisão e o julgamento de Jesus
Capítulo 19: A morte e o funeral de Jesus
Capítulo 20: A ressurreição de Jesus e as primeiras aparições após a ressurreição
Capítulo 21: As outras aparições de Jesus após a ressurreição

■ Percepções de Matthew Henry

João 3
VERSÍCULO 16
Aqui está representado o amor de Deus em dar seu Filho pelos pecados do mundo. Deus amou tanto o mundo, tão realmente, tão ricamente. Veja e surpreenda-se: como o grande Deus poderia amar um mundo tão sem valor!

ATOS

■ Uma introdução

Nomes para Atos
OBRA
O autor define seu evangelho como *o primeiro relato* (At 1.1).

OS ATOS
Foi, a princípio, chamado de "Os Atos".

O EVANGELHO DO ESPÍRITO SANTO
"O evangelho do Espírito Santo", e

O EVANGELHO DA RESSURREIÇÃO
"O Evangelho da ressurreição".

ALGUNS ATOS DE CERTOS APÓSTOLOS
Não contém registros de nenhum dos apóstolos, exceto Pedro e Paulo. João é mencionado somente três vezes; e tudo o que é registrado sobre Tiago, o filho de Zebedeu, é sua execução feita por Herodes. Por essa razão, não é exatamente a história dos "Atos dos Apóstolos", um título que foi dado ao livro em uma data posterior, mas dos "Atos de Apóstolos", ou mais corretamente, "Alguns Atos de Certos Apóstolos".

Autoria
Em relação à autoria, foi certamente um trabalho de Lucas, o "médico amado" (cf. Lc 1.1-4; At 1.1; Cl 4.14). Essa é a tradição uniforme da Antiguidade, embora o autor não mencione a si mesmo pelo nome em nenhuma passagem. O estilo e idioma do evangelho de Lucas e o de Atos e o uso das palavras e frases comuns a ambos reforçam essa opinião. O escritor aparece pela primeira vez na narrativa em Atos 16.11 e, depois, desaparece até o retorno de Paulo a Filipos, dois anos após, quando ele e Paulo deixaram juntos aquele lugar (At 20.6); e, doravante, os dois, assim parece, foram companhia constante um do outro até o final. Ele certamente estava com Paulo em Roma (At 28; Cl 4.14). Dessa forma, ele escreveu uma grande porção daquela história por meio da observação pessoal. Daquilo que ia além de sua própria experiência, ele recebia instruções de Paulo. Se, como parece bastante provável, 2Timóteo foi escrita durante a segunda prisão de Paulo em Roma, Lucas estava com ele, dessa vez como sua companhia fiel até o fim (2Tm 4.11). Sobre sua história subsequente, não temos informações precisas.

Propósito do evangelho
A intenção do evangelho de Lucas era exibir o caráter e o trabalho de Jesus Cristo como visto em sua história até que ele fosse retirado da presença de seus discípulos e levado aos céus; e de Atos, como sequência, para ilustrar o poder e o trabalho do evangelho quando pregado entre as nações, começando "em Jerusalém".

As sentenças de abertura de Atos são apenas uma expansão e explicação das palavras finais do evangelho. Nesse livro, temos exatamente a continuação da história da igreja após a ascensão de Cristo. Aqui, Lucas relata a história no mesmo espírito em que ele a havia iniciado. Este é somente um livro de começos, uma história das fundações das igrejas, os passos iniciais na formação da sociedade cristã nos diferentes lugares visitados pelos apóstolos. Ele registra um ciclo de "eventos representativos".

O poder de Jesus
Ao longo de toda a narrativa podemos ver a força sempre presente e toda poderosa do Salvador que vive para sempre. Ele age em tudo e em todos, espalhando sua verdade entre homens e mulheres por intermédio de seu Espírito Santo e por meio do trabalho de seus apóstolos.

Data da escrita
A época dos escritos dessa história pode ser pressumida levando-se em conta que a narrativa estende-se até o final do segundo ano do primeiro aprisionamento de Paulo em Roma. Portanto, não poderia ser escrita antes de 61 ou 62 d.C., nem após o final do ano 63 d.C., aproximadamente. É provável que Paulo tenha sido morto em seu segundo encarceramento, por volta de 64 d.C. ou, como pensam alguns, em 66 d.C.

Local onde foi escrito
O local da escrita do livro foi provavelmente Roma, onde Lucas acompanhou Paulo.

Chave do conteúdo
A chave para o conteúdo do livro está em Atos 1.8: *Mas recebereis poder quando o*

Espírito Santo descer sobre vós; e sereis minhas testemunhas, tanto em Jerusalém como em toda a Judeia e Samaria, e até os confins da terra. Após referir-se ao que foi registrado em um "primeiro relato" das palavras e ações de Jesus Cristo antes de sua ascensão, o autor prossegue em dar um relato das circunstâncias relacionadas com aquele evento e, depois, registra os fatos principais com referência à divulgação e ao triunfo do cristianismo em todo o mundo, durante um período de aproximadamente trinta anos. O registro começa com Pentecostes (33 d.C.) e termina com a primeira prisão de Paulo (63 ou 64 d.C.). Todo o conteúdo do livro pode ser dividido nestas três partes:

Divisões
1. Capítulos 1–12, descrevendo os primeiros doze anos da igreja cristã. Essa seção foi intitulada "De Jerusalém a Antioquia". Ela contém a história da fundação e a expansão da igreja entre os judeus pelo ministério de Pedro.
2. Capítulos 13–21, as viagens missionárias de Paulo, fornecendo a história da expansão e fundação da igreja entre os gentios.
3. Capítulos 21–28, Paulo em Roma, e os eventos que o levaram a esse local. Os capítulos 13–28 foram intitulados "De Antioquia a Roma".

Nenhuma menção dos escritos de Paulo
É digno de nota lembrar que, nesse livro, não há nenhuma menção aos escritos de Paulo relativos às suas epístolas. Isso deve ter ocorrido pelo fato de que o escritor permaneceu confinado à história da fundação da igreja, e não em seu treinamento ou edificação.

Contudo, a relação entre essa história e as epístolas de Paulo é evidente, por exemplo, trazendo à luz tantas coincidências para provar a genuinidade e a autenticidade de ambas, como é demonstrado habilmente por Paley em seu *Horce Paulince*.

"Nenhum trabalho antigo requer tantos testes de veracidade; pois nenhum outro possui tantos pontos em comum, em todas as direções, com a história contemporânea, política e topográfica, seja ela judia, seja ela grega, seja ela romana."

Lightfoot

Nome, autor, data
AUTOR
Lucas

DATA APROXIMADA DA ESCRITA
62 d.C.

Estatísticas
LUGAR DO LIVRO NA BÍBLIA
- Quinto livro do Novo Testamento
- Primeiro livro histórico

NÚMERO DE CAPÍTULOS
28

NÚMERO DE VERSÍCULOS
1.007

NÚMERO DE PALAVRAS
24.250

Tema principal do livro
Traçar o crescimento do cristianismo de Jerusalém por todo o Império Romano

Chaves para o entendimento do livro
PALAVRA/PALAVRAS-CHAVE
Testemunha, testemunhas, Espírito Santo

FRASE-CHAVE
Promessa do Pai

CAPÍTULO/CAPÍTULOS-CHAVE
2 e o derramamento do Espírito Santo no dia de Pentecostes

VERSÍCULO/VERSÍCULOS-CHAVE

Mas recebereis poder quando o Espírito Santo descer sobre vós; e sereis minhas testemunhas, tanto em Jerusalém como em toda a Judeia e Samaria, e até os confins da terra. (At 1.8)

E eles perseveravam no ensino dos apóstolos e na comunhão, no partir do pão e nas orações. (At 2.42)

Cristo é visto como
O Senhor que ascendeu ao céu

Pensamento espiritual
O poder espiritual de Deus agora está completamente disponível.

Plano detalhado capítulo a capítulo

Capítulo 1: A ascensão de Jesus e a espera pelo Espírito Santo
Capítulo 2: A vinda do Espírito Santo e o sermão de Pedro
Capítulo 3: Pedro cura e prega
Capítulo 4: Pedro e João são presos, e Pedro perante o Sinédrio
Capítulo 5: Ananias e Safira, milagres e perseguições
Capítulo 6: Os diáconos são escolhidos, e Estêvão diante do Sinédrio
Capítulo 7: O sermão de Estêvão e seu martírio
Capítulo 8: A expansão da igreja
Capítulo 9: A conversão de Saulo
Capítulo 10: Pedro e Cornélio
Capítulo 11: Pedro defende seu ministério e a igreja de Antioquia
Capítulo 12: A perseguição de Herodes
Capítulo 13: A primeira parte da primeira viagem missionária de Paulo
Capítulo 14: A segunda parte da primeira viagem missionária de Paulo
Capítulo 15: O concílio de Jerusalém
Capítulo 16: A primeira parte da segunda viagem missionária de Paulo
Capítulo 17: A segunda parte da segunda viagem missionária de Paulo
Capítulo 18: O ministério de Paulo em Corinto
Capítulo 19: O ministério de Paulo em Éfeso
Capítulo 20: A segunda parte da terceira viagem missionária de Paulo
Capítulo 21: Paulo é preso
Capítulo 22: A defesa de Paulo diante do povo
Capítulo 23: O plano para matar Paulo
Capítulo 24: Paulo diante de Félix
Capítulo 25: Paulo perante o imperador
Capítulo 26: Paulo é posto à prova diante de Agripa
Capítulo 27: Paulo viaja para Roma e naufraga
Capítulo 28: Paulo chega a Roma e permanece em prisão domiciliar por dois anos

■ Percepções de Matthew Henry

Atos 1
VERSÍCULOS 6-11
Eles foram zelosos em perguntar seu Mestre sobre algo que ele nunca os havia orientado nem encorajado a buscar. Nosso Senhor sabia que sua ascensão e os ensinos do Espírito Santo logo acabariam com essas expectativas e, dessa forma, apenas repreendeu-lhes; mas é um aviso para a sua igreja, em todas as épocas, para tomar cuidado com o desejo de conhecer a sabedoria proibida. Ele tinha dado a seus discípulos instruções para o cumprimento de seu trabalho, ambos antes de sua morte e desde sua ressurreição, e esse conhecimento é suficiente para um cristão. Foi suficiente a sua preocupação em dar aos cristãos uma força que se equiparasse às suas lutas e aos serviços; e que, sob a influência do Espírito Santo, eles poderiam, de uma forma ou de outra, ser testemunhas de Cristo na terra, enquanto este, no céu, governa seus interesses com perfeita sabedoria, verdade e amor. Quando permanecemos em pé fitando e perdendo tempo com nossos pensamentos, a ideia da segunda vinda de nosso

Mestre deveria nos sacudir e nos acordar – quando permanecemos com os olhos fixos e temerosos, ela deveria nos confortar e nos encorajar. Possa nossa expectativa por esse acontecimento ser firme e alegre, dando-nos o cuidado de sermos achados sem culpa pelo Senhor.

ROMANOS

■ Uma introdução

Local onde foi escrita
Essa epístola foi provavelmente escrita em Corinto. Febe (Rm 16.1) de Cencreia trouxe-a para Roma, Gaio de Corinto recebeu o apóstolo na época em que a escreveu (Rm 16.23; 1Co 1.14) e Erasto era o tesoureiro da cidade de Corinto (2Tm 4.20).

Data da escrita
A data precisa em que foi escrita não é mencionada na epístola, mas foi obviamente escrita quando o apóstolo estava prestes a ir "para Jerusalém, para servir aos santos", ou seja, no final de sua segunda visita à Grécia, durante o inverno que precedeu sua última visita àquela cidade (Rm 15.25; cf. At 19.21; 20.2,3,16; 1Co 16.1-4), nos primórdios de 58 d.C.

Panorama da carta
É muito provável que o cristianismo tenha sido plantado em Roma por alguns daqueles que haviam estado em Jerusalém no dia de Pentecostes (At 2.10). Nessa época, os judeus eram muito numerosos em Roma, e suas sinagogas, provavelmente, eram muito frequentadas também pelos romanos, os quais, desse modo, familiarizaram-se com os grandes fatos relacionados a Jesus, assim que estes foram divulgados entre os judeus. Por conseguinte, uma igreja composta de judeus e gentios foi formada em Roma. Muitos dos irmãos foram ao encontro de Paulo quando este chegou a Roma. Há evidências de que os cristãos viviam em Roma em número considerável e, provavelmente, tinham mais de um local para seus encontros (Rm 16.14,15).

Propósito da carta
O objetivo do apóstolo em escrever para essa igreja era explicar aos cristãos as grandes doutrinas do evangelho. Sua epístola era uma palavra de época. Estando ele mesmo impressionado com um senso de valor das doutrinas da salvação, ele divulga de forma clara e relacionada todo o sistema do evangelho em relação a ambos os povos, judeus e gentios. Essa epístola é peculiar nisto: é uma exposição sistemática do evangelho de aplicação universal. O assunto é aqui tratado argumentativamente, e é um argumento para os gentios endereçado aos judeus. Na epístola aos Gálatas, o mesmo assunto é discutido, mas lá o apóstolo defende sua própria autoridade, porque a igreja da Galácia havia sido fundada por ele.

Conteúdo
Após a introdução (Rm 1.1-15), o apóstolo apresenta no livro vários aspectos da doutrina da justificação pela fé (Rm 1.16–11.36) na área da justiça imputada por Cristo. Ele mostra que a salvação é de graça, e somente pela graça. Essa seção principal de sua carta é seguida por várias exortações práticas (Rm 12.1–15.13), as quais são seguidas pela conclusão contendo explanações pessoais e saudações, contendo os nomes de 24 cristãos em Roma, uma bênção e uma doxologia (Rm 15.14-16).

Autor, data
AUTOR
Paulo

DATA APROXIMADA DA ESCRITA
57 d.C.

Estatísticas
LUGAR DO LIVRO NA BÍBLIA
- Sexto livro do Novo Testamento
- Primeira carta escrita por Paulo

NÚMERO DE CAPÍTULOS
16

NÚMERO DE VERSÍCULOS
433

NÚMERO DE PALAVRAS
9.447

Tema principal do livro
Uma explanação sistemática do evangelho cristão

Chaves para o entendimento do livro
PALAVRA/PALAVRAS-CHAVE
- Lei, 78 vezes
- Justiça e justo, 66 vezes
- Fé, 62 vezes
- Pecado, 60 vezes
- Morte, 42 vezes
- Justificação e justificar, 17 vezes

FRASE-CHAVE
- Em Cristo, 33 vezes
- "A justiça de Deus", 1.17

CAPÍTULO/CAPÍTULOS-CHAVE
3 e sua declaração sobre o pecado universal.

VERSÍCULO/VERSÍCULOS-CHAVE

Porque não me envergonho do evangelho, pois é o poder de Deus para a salvação de todo aquele que crê; primeiro do judeu e também do grego. Pois a justiça de Deus se revela no evangelho, de fé em fé, como está escrito: O justo viverá pela fé. (Rm 1.16,17)

Mas agora a justiça de Deus se manifestou, sem a lei, atestada pela Lei e pelos Profetas; isto é, a justiça de Deus por meio da fé em Jesus Cristo para todos os que creem; pois não há distinção. Porque todos pecaram e estão destituídos da glória de Deus. (Rm 3.21-23)

Portanto, justificados pela fé, temos paz com Deus, por meio de nosso Senhor Jesus Cristo. (Rm 5.1)

Cristo é visto como
O Senhor de nossa justiça

Pensamento espiritual
Podemos nos aproximar de Deus revestidos por sua justiça.

Plano detalhado capítulo a capítulo
Capítulo 1: As saudações, as orações e o tema
Capítulo 2: Deus será nosso juiz
Capítulo 3: A razão por que os judeus não acreditaram e a descrição da justiça
Capítulo 4: A justiça ilustrada
Capítulo 5: A paz com Deus e a salvação da ira de Deus
Capítulo 6: A santificação e o pecado
Capítulo 7: A santificação e a lei
Capítulo 8: A santificação e o Espírito Santo
Capítulo 9: Os judeus, e quanto a eles?
Capítulo 10: Israel rejeitou Jesus e os profetas
Capítulo 11: O futuro de Israel e sua restauração
Capítulo 12: O comportamento do cristão na igreja e no mundo
Capítulo 13: Os cristãos e as autoridades e o próximo
Capítulo 14: Os princípios da liberdade cristã
Capítulo 15: Os planos missionários de Paulo
Capítulo 16: Paulo saúda seus muitos amigos em Roma

■ Percepções de Matthew Henry
Romanos 5
VERSÍCULOS 1-5

Uma mudança abençoada acontece no estado do pecador, quando este se torna um verdadeiro cristão, sem importar qual tenha sido seu estado anteriormente. Sendo justificado pela fé, ele tem paz com Deus. O santo e justo Deus não pode estar em paz com um pecador enquanto este estiver sob a culpa do pecado. A justificação acaba com a culpa e abre caminho para a paz. E isso acontece por intermédio de nosso Senhor Jesus Cristo; por intermédio dele como o grande pacificador, o mediador entre Deus e o homem. O estado de alegria dos santos é um estado de graça. Para essa graça, somos trazidos, a qual nos ensina que não nascemos nesse estado.

Não poderíamos entrar nesse estado por nós mesmos, mas somos conduzidos a ele, como ofensores perdoados. E lá nós ficamos, em uma postura que demonstra perseverança; ficamos firmes e seguros, defendidos do poder do inimigo. E aqueles que têm esperança na glória de Deus na vida futura têm motivos suficientes para regozijar-se nela agora.

A tribulação produz paciência, não de si mesma ou em si mesma, mas é a poderosa graça de Deus trabalhando na tribulação e por intermédio dela. Sofredores pacientes recebem mais das divinas consolações, as quais abundam assim que as aflições afluem. É uma experiência necessária que precisamos adquirir.

Essa esperança não nos desapontará, porque é selada pelo Espírito Santo como o Espírito do amor.

É o trabalho gracioso do bendito Espírito que derrama o amor de Deus no coração de todos os santos. Um senso correto do amor de Deus para conosco não nos tornará envergonhados, nem de nossa esperança nem de nossos sofrimentos por ele.

VERSÍCULOS 6-11

Cristo morreu pelos pecadores, não apenas pelos que eram inúteis, mas por aqueles que eram culpados e detestáveis; de tal forma que sua destruição perpétua seria para a glória da justiça de Deus.

Cristo morreu para nos salvar de nossos pecados, ele não morreu em nossos pecados; e nós ainda éramos pecadores quando ele morreu por nós. Não, a mente carnal não só é inimiga de Deus, mas também é a própria inimizade.

Mas o desígnio de Deus era nos libertar do pecado e realizar uma grande mudança. Enquanto o estado pecaminoso permanece, Deus aborrece o pecador, e o pecador aborrece a Deus (ver Zacarias 11.8). E foi por essa causa que Cristo deveria morrer; isso é um mistério. Nenhum outro tipo de amor como esse é conhecido, amor que tenha o emprego da eternidade para adorá-lo e maravilhar-se com ele.

E, mais uma vez, pensamos: qual era a ideia do apóstolo quando imaginou o caso de alguém morrendo por um homem justo?

Mesmo assim, ele somente colocou a situação como uma suposição. Não era suportar esse sofrimento que libertaria a pessoa que intencionava ser beneficiada?

Mas do que os cristãos em Cristo são libertos quando chega a sua morte?

Não são libertos da morte corporal pois todos eles passarão por ela e deverão enfrentá-la. O mal, cuja libertação poderia ser realizada só dessa maneira surpreendente, deve ser mais temível do que a morte natural. Não há nenhum mal ao qual o argumento possa ser aplicado, exceto aquele que o apóstolo realmente afirma, como o pecado e o ódio, a punição do pecado, determinada pela inerrante justiça de Deus. E se, pela graça divina, eles, depois, eram trazidos ao arrependimento e à crença em Jesus, sendo, dessa forma, justificados pelo preço de seu sangue derramado e pela fé naquele sacrifício; muito mais, por intermédio dele que morreu por eles e ressuscitou, eles seriam guardados de cair no poder do pecado e de Satanás ou finalmente afastarem-se do Senhor.

O único Deus vivo completará o propósito de seu amor sacrificial, salvando os verdadeiros cristãos até o fim.

O apóstolo, tendo tal promessa de salvação pelo amor de Deus por intermédio de Cristo, declara que os cristãos não apenas regozijaram na esperança dos céus, porém mais ainda nas tribulações para a glória de Cristo, como seu amigo imutável e porção onipotente, somente através de Cristo.

1 CORÍNTIOS

■ Uma introdução

Local e data do escrito

Essa carta foi escrita em Éfeso (1Co 16.8), aproximadamente na época da Páscoa, no terceiro ano em que o apóstolo esteve por lá (At 19.10; 20.31) e quando ele tomou o propósito de visitar a Macedônia e, depois, retornar a Corinto (provavelmente em 57 d.C.).

Notícias indesejáveis

As notícias que chegaram até ele vindas de Corinto, contudo, frustraram seus planos. Ele tinha ouvido falar dos abusos e contendas que haviam acontecido entre eles, primeiramente vindas de Apolo (At 19.1), e depois de uma carta que eles haviam escrito a Paulo sobre o assunto e também de alguns "da família de Cloé", e de Estéfanas e seus dois amigos que o haviam visitado (1Co 1.11; 16.17). Então, Paulo escreveu essa carta, com o propósito de verificar o espírito faccioso que havia entre eles e corrigir as opiniões errôneas que haviam nascido entre eles, remediando os muitos abusos e práticas desordenadas que prevaleciam no local. Tito e um irmão cujo nome não é mencionado, provavelmente, foram os portadores da carta (2Co 2.13; 8.6,16-18).

Divisões

A epístola pode ser dividida em quatro partes:
1. O apóstolo lida com o assunto das lamentáveis divisões e contendas partidárias que haviam nascido entre eles (1Co 1–4).
2. Ele, a seguir, trata de certos casos de imoralidade que haviam se tornado notórios entre eles. Ao que parece, eles haviam desconsiderado totalmente os primeiros princípios de moralidade (1Co 5–6).
3. Na terceira parte, ele discute várias questões sobre a doutrina e sobre a ética do cristianismo, em resposta a certos comunicados que haviam sido enviados a ele. Ele, em especial, retifica certos flagrantes de abusos relacionados à celebração da ceia do Senhor (1Co 7–14).
4. A parte conclusiva (1Co 15–16) contém uma defesa elaborada sobre a doutrina da ressurreição dos mortos, a qual havia sido posta em dúvida por alguns deles, seguida de algumas instruções gerais, intimações e saudações.

Características da carta

Essa epístola "demonstra o poderoso domínio próprio do apóstolo, apesar de sua fraqueza física, suas circunstâncias de aflição, seus problemas incessantes e sua natureza emocional. Essa carta foi escrita, conforme ele mesmo nos relata, em amarga angústia: *Porque vos escrevi em meio a muita tribulação e angústia de coração, com muitas lágrimas* (2Co 2.4); e, ainda assim, ele refreia a expressão de seus sentimentos e escreve com uma dignidade e calma santas, as quais ele entendeu que eram preparadas para ganhar de volta seus filhos errantes".

Autor, data

AUTOR
Paulo

DATA APROXIMADA DA ESCRITA
55, 56 d.C.

Estatísticas

LUGAR DO LIVRO NA BÍBLIA
- Sétimo livro do Novo Testamento.
- Segunda carta escrita por Paulo.

NÚMERO DE CAPÍTULOS
16

NÚMERO DE VERSÍCULOS
437

NÚMERO DE PALAVRAS
9.489

Tema principal do livro

A correção dada aos coríntios por seu comportamento não cristão

Chaves para o entendimento do livro

PALAVRA/PALAVRAS-CHAVE
Sabedoria, 29 vezes

FRASE-CHAVE
"Sabedoria [e] justiça", 1.30

CAPÍTULO/CAPÍTULOS-CHAVE
- 13 e o amor como sendo o modo cristão de viver
- 15 e a ressurreição de Jesus

VERSÍCULO/VERSÍCULOS-CHAVE

Mas vós sois dele, em Cristo Jesus, o qual, da parte de Deus, se tornou para nós sabedoria, justiça, santificação e redenção. (1Co 1.30)

Não veio sobre vós nenhuma tentação que não fosse humana. Mas Deus é fiel e não deixará que sejais tentados além do que podeis resistir. Pelo contrário, juntamente com a tentação providenciará uma saída, para que a possais suportar. (1Co 10.13)

Cristo é visto como
... o primeiro entre os que faleceram, 15.20.

Pensamento espiritual
Deus é a fonte de todos os dons espirituais.

Plano detalhado capítulo a capítulo

Capítulo 1: A introdução e as divisões
Capítulo 2: A verdadeira sabedoria e o Espírito Santo
Capítulo 3: A natureza dos ministros
Capítulo 4: O ministério de Paulo é mal compreendido
Capítulo 5: A imoralidade sexual entre os cristãos
Capítulo 6: O levar um irmão cristão a julgamento e a imoralidade sexual
Capítulo 7: Os conselhos sobre o casamento
Capítulo 8: A liberdade cristã e o cristão mais fraco
Capítulo 9: A liberdade cristã de Paulo
Capítulo 10: O uso correto da liberdade cristã
Capítulo 11: A oração em público e a desordem na ceia do Senhor
Capítulo 12: A importância e o uso correto dos dons espirituais
Capítulo 13: Paulo e o hino ao amor
Capítulo 14: As profecias, os dons de línguas e a adoração na congregação
Capítulo 15: O ensino sobre a ressurreição

■ Percepções de Matthew Henry

1Coríntios 13
VERSÍCULOS 1-3
Sem esse amor, as mais gloriosas dádivas não têm valor algum para nós, não possuem nenhuma estima aos olhos de Deus. Uma mente limpa e um entendimento

aprofundado não têm valor algum sem um coração benevolente e caridoso. Deve haver uma mão aberta e pródiga onde não há um coração caridoso e liberal. Fazer o bem aos outros de nada nos servirá, se não for feito em amor a Deus, e de boa vontade em relação aos homens. Se entregarmos tudo o que temos enquanto não entregamos o coração a Deus, isso de nada nos servirá. Nem mesmo os mais dolorosos sofrimentos. Como se iludem aqueles que procuram a aceitação e as recompensas por suas boas obras, as quais são tão escassas e defeituosas quanto corruptas e egoístas!

VERSÍCULOS 4-7
Alguns dos efeitos da caridade são tão definidos que devemos saber se realmente possuímos essa graça, e, se não a possuímos, não podemos descansar até obtê-la. Esse amor é uma prova clara de regeneração, além de ser um marco de nossa fé professada em Cristo. Nessa linda descrição da natureza e dos efeitos do amor, foi significativo mostrar aos coríntios que a conduta deles, em muitos aspectos, estava em desacordo com o que estava sendo ensinado. A caridade é inimiga absoluta do egoísmo; ela não procura nem deseja sua própria vanglória, ou honra ou lucro, ou prazer. Não que a caridade destrua tudo o que está relacionado a nós mesmos, ou que o homem caridoso deva negar-se a si mesmo e a todos os seus interesses. Mas a caridade nunca busca seus interesses para ferir os outros, ou para negligenciá-los. Ela até mesmo prefere a felicidade dos outros à sua própria vantagem. Quão amável e de boa natureza é a caridade cristã! Quão excelente o cristianismo se apresentaria ao mundo se aqueles que o professam estivessem mais sob os princípios divinos e prestassem a devida honra à ordem a qual seu autor bendito deu a ênfase principal! Devemos nos perguntar se esse amor divino habita em nosso coração. Esse princípio tem nos guiado para sermos modelos para todos os homens? Estamos desejosos de colocar de lado objetivos e alvos egoístas? Aqui está um chamado para a vigilância, diligência e oração.

VERSÍCULOS 8-13
A caridade é o dom que deveria ser mais desejado pelos coríntios, ao orgulharem-se de si mesmos. Pela sua longa duração, é considerada uma graça, perdurando pela eternidade. A presente condição é uma condição infantil, diferente da condição do futuro que deveria ser adulta. Essa é a diferença entre terra e céu. Que visão limitada, que noção confusa das coisas, as crianças têm quando comparadas aos adultos! Portanto, devemos ter em mente que, quando chegarmos ao céu, nossas dádivas lá serão mais valiosas que as mais valiosas dádivas que encontramos aqui na terra. Todas as coisas são escuras e confusas agora, comparadas às que encontraremos no porvir. Elas só podem ser vistas como um reflexo no espelho ou como a descrição de um enigma; mas, no porvir, nosso conhecimento estará livre de toda obscuridade e de todo erro. Apenas a luz do céu é capaz de remover todas as nuvens e escuridão que escondem a face de Deus de nós. E, para resumir as excelências da caridade, ela não só é mais desejada que as dádivas, mas também é mais desejada que outras graças como a fé e a esperança. A fé fixa-se na revelação divina e a aprova, confiando no divino Redentor. A esperança foca a felicidade futura e espera por ela; mas, no céu, a fé será consumida pela visão real e a esperança, pelo regozijo. Não há espaço para crer e esperar quando podemos ver e regozijar. Mas, lá, o amor será perfeito. Lá, amaremos a Deus perfeitamente. E, lá, também amaremos perfeitamente uns aos outros.

2CORÍNTIOS

Uma introdução

Paulo, logo após escrever sua primeira carta aos coríntios, deixou Éfeso, onde grandes contendas levantaram-se contra ele, a evidência de seu grande sucesso, e seguiu para a Macedônia. Seguindo pela rota de costume, ele chegou a Trôade, o porto de partida para a Europa. Lá, ele esperava encontrar-se com Tito, o qual ele havia enviado de Éfeso para Corinto, com notícias dos efeitos produzidos pela primeira epístola na igreja de lá, mas desapontou-se (1Co 16.9; 2Co 1.8; 2.12,13). Então, ele deixou Trôade e seguiu para a Macedônia; e, em Filipos, onde ele permaneceu, logo encontrou-se com Tito (2Co 7.6,7), o qual trouxe-lhe boas notícias de Corinto, e também com Timóteo. Sob a influência dos sentimentos que surgiram em sua mente pelo relato favorável que Tito havia trazido de Corinto, essa segunda epístola foi escrita. Foi provavelmente escrita em Filipos, ou, como alguns pensam, em Tessalônica, no início do ano 58 d.C., e foi enviada a Corinto por Tito. Paulo endereça essa carta não só à igreja de Corinto, mas também aos santos em toda a Acaia, isto é, Atenas, Cencreia e outras cidades na Grécia.

Conteúdo

O conteúdo dessa epístola pode ser organizado dessa forma:
- Paulo fala de seus trabalhos espirituais e do curso de sua vida, expressando sua grande afeição pelos coríntios (2Co 1–7).
- Ele fornece orientações específicas relacionadas à coleta que deveria ser feita em favor dos irmãos pobres na Judeia (2Co 8–9).
- Ele defende sua própria reivindicação apostólica (2Co 10–13) e justifica-se das acusações e insinuações dos falsos mestres e de seus seguidores.

Percepções a respeito de Paulo

Essa epístola, segundo comentários bem formulados, mostra a individualidade do apóstolo mais do que qualquer outra. "A fraqueza humana, a força espiritual, a mais profunda e carinhosa afeição, sentimentos feridos, inflexibilidade, ironia, repreensão, autojustificação ardente, humildade, respeito próprio justo, zelo pelo bem-estar dos fracos e sofredores, bem como pelo progresso da igreja de Cristo e pelo crescimento espiritual de seus membros, todos esses aspectos estão revelados em ordem no curso de suas súplicas." (Lias, *Segunda aos Coríntios*).

Resultado ou carta?

Não temos informações definidas sobre os efeitos produzidos na igreja de Corinto por essa epístola. Sabemos que Paulo visitou Corinto após tê-la escrito (At 20.2,3) e que, naquela ocasião, ele permaneceu lá por três meses. Nessa carta endereçada a Roma, escrita nessa época, ele envia recomendações de alguns dos principais membros da igreja aos romanos.

Autor, data
AUTOR
Paulo

DATA APROXIMADA DA ESCRITA
56 d.C.

Estatísticas
LUGAR DO LIVRO NA BÍBLIA
- Oitavo livro do Novo Testamento
- Terceira carta escrita por Paulo

NÚMERO DE CAPÍTULOS
13

NÚMERO DE VERSÍCULOS
257

NÚMERO DE PALAVRAS
6.092

Tema principal do livro
A defesa de Paulo contra os ataques dos falsos apóstolos

Chaves para o entendimento do livro
PALAVRA/PALAVRAS-CHAVE
Orgulho, glória

FRASE-CHAVE
"... renovado todos os dias", 4.16

CAPÍTULO/CAPÍTULOS-CHAVE
5 e a promessa de estar com Cristo eternamente

VERSÍCULO/VERSÍCULOS-CHAVE
Por isso não nos desanimamos. Ainda que o nosso exterior esteja se desgastando, o nosso interior está sendo renovado todos os dias. (2Co 4.16)

Portanto, se alguém está em Cristo, é nova criação; as coisas velhas já passaram, e surgiram coisas novas. (2Co 5.17)

Cristo é visto como
Nossa suficiência

Pensamento espiritual
A graça de Deus é tudo o que precisamos.

Plano detalhado capítulo a capítulo
Capítulo 1: Ação de graças pelo conforto de Deus
Capítulo 2: A punição e o perdão
Capítulo 3: A certeza de que toda a habilidade vem de Deus e a superioridade da nova aliança
Capítulo 4: O ministério de Paulo, o apóstolo mais improvável, e a esperança cristã
Capítulo 5: A morte e a glória futura
Capítulo 6: A reconciliação entre os cristãos e a separação dos descrentes
Capítulo 7: O encontro com Tito e a resposta à carta de Paulo
Capítulo 8: A pergunta: vocês seguirão o exemplo da Macedônia na contribuição financeira?
Capítulo 9: A contribuição financeira é um dom espiritual
Capítulo 10: A disciplina
Capítulo 11: O apóstolo e seus sofrimentos
Capítulo 12: O regozijo em sua fraqueza e a terceira visita planejada de Paulo
Capítulo 13: O conselho para que se examinassem a si mesmos e saudações

GÁLATAS

■ Uma introdução

Autoria
A autenticidade dessa epístola está fora de cogitação. Sua origem paulina é reconhecida universalmente.

Motivo para escrever
As igrejas da Galácia foram fundadas por Paulo (At 16.6; Gl 1.8; 4.13,19). Elas parecem ter sido formadas principalmente por convertidos do paganismo (Gl 4.8), mas também, em parte, por judeus convertidos, os quais provavelmente, sob a influência dos mestres judaizantes, lutaram para incorporar os ritos do judaísmo ao cristianismo e, por seu zelo ativo, eles obtiveram sucesso em induzir a maioria das igrejas a adotar seu ponto de vista (Gl 1.6; 3.1). Essa epístola foi escrita com o propósito de opor-se a essa tendência judaizante, de sensibilizar os gálatas para a simplicidade do evangelho e, ao mesmo tempo, também de vindicar o clamor de Paulo para tornar-se um apóstolo divinamente chamado.

Data e local da escrita

A epístola foi, provavelmente, escrita logo após a segunda visita de Paulo à Galácia (At 18.23). As referências da epístola parecem concordar com essa conclusão. A visita a Jerusalém, mencionada em Gl 2.1-10, era idêntica àquela de At 15, e é mencionada como algo do passado, e, por conseguinte, a epístola foi escrita subsequentemente ao Concílio de Jerusalém. A semelhança entre essa epístola e a de Romanos levou à conclusão de que ambas foram escritas ao mesmo tempo, na mesma época, a saber, no inverno de 57-58 d.C., durante a estada de Paulo em Corinto (At 20.2,3). Ela é escrita aos gálatas, levando-se em conta a urgência da ocasião, com notícias chegando até ele a respeito de diversos assuntos; e a epístola aos Romanos é escrita de um modo mais deliberado e sistemático, expondo as mesmas grandes doutrinas do evangelho.

Conteúdo do livro

A grande questão discutida aqui é: a lei judaica dificultava a vida dos cristãos? A epístola tem a intenção de provar aos judeus que os homens são justificados pela fé, sem as práticas relacionadas à lei de Moisés. Após um discurso introdutório (Gl 1.1-10), o apóstolo discute os assuntos que ocasionaram a escrita da epístola.
- Ele defende sua autoridade apostólica (Gl 1.11-19; 2.1-14).
- Mostra a influência maligna dos judaizantes em querer destruir a genuína essência do evangelho (Gl 3–4).
- Exorta os gálatas cristãos a permanecerem firmes na fé que está em Jesus, a ser cheios do fruto do Espírito e a usar corretamente sua liberdade cristã (Gl 5.1–6.10).
- A seguir, conclui com um resumo dos tópicos discutidos e com a bênção.

Gálatas e Romanos

As epístolas aos Gálatas e aos Romanos juntas "reúnem uma prova completa de que a justificação não deve ser obtida por méritos, trabalhos de moralidade ou ritos e cerimônias, embora sejam um compromisso divino, mas, sim, que ela é uma dádiva gratuita, procedendo totalmente da misericórdia de Deus para aqueles que a recebem pela fé em Jesus, nosso Senhor."

Conclusão

Na conclusão da epístola (Gl 6.11) Paulo diz: "Vede com que grandes letras vos escrevo de próprio punho". Está implícito que isso foi diferente de seu costume normal, o qual era simplesmente escrever a saudação conclusiva de próprio punho, indicando que o restante da epístola havia sido escrito pelas mãos de outra pessoa. Em relação a essa conclusão, Lightfoot, em seu comentário sobre essa epístola, diz: "Nesse ponto, o apóstolo toma a pena de seus amanuenses, e o parágrafo conclusivo é escrito por seu próprio punho. Da época em que as cartas começaram a ser escritas em seu nome (2Ts 2.2; 3.17), esta parece ser a sua prática ao encerrar com algumas palavras de seu próprio punho, como uma precaução contra determinadas falsificações. [...] No presente caso, ele escreve um parágrafo inteiro, resumindo as principais lições da epístola em frases concisas, entusiásticas e disjuntas. Ele também escreve em letras grandes e em negrito (em grego *pelikois grammasin*), pois sua escrita pode refletir a energia e determinação de sua alma".

Autor, data

AUTOR
Paulo

DATA APROXIMADA DA ESCRITA
49 d.C.

Estatísticas

LUGAR DO LIVRO NA BÍBLIA
- Nono livro do Novo Testamento
- Quarta carta escrita por Paulo

NÚMERO DE CAPÍTULOS
6

NÚMERO DE VERSÍCULOS
149

NÚMERO DE PALAVRAS
3.098

Tema principal do livro
O ataque de Paulo aos cristãos que se voltavam ao legalismo

Chaves para o entendimento do livro
PALAVRA/PALAVRAS-CHAVE
Liberdade

FRASE-CHAVE
Justificação pela fé

CAPÍTULO/CAPÍTULOS-CHAVE
3 e a justificação pela fé

VERSÍCULO/VERSÍCULOS-CHAVE
> Sabemos, contudo, que o homem não é justificado pelas obras da lei, mas pela fé em Jesus Cristo. Nós também temos crido em Cristo Jesus, para sermos justificados pela fé em Cristo e não pelas obras da lei, pois ninguém será justificado pelas obras da lei.
> (Gl 2.16)

> Para a liberdade foi que Cristo nos libertou. Portanto, permanecei firmes e não vos sujeiteis novamente a um jugo de escravidão.
> (Gl 5.1)

Cristo é visto como
Aquele que nos liberta da força e das consequências do pecado

Pensamento espiritual
Nós fomos redimidos da maldição da lei.

Plano detalhado capítulo a capítulo
Capítulo 1: Paulo explica por que ele tinha autoridade para pregar o evangelho
Capítulo 2: A autoridade de Paulo e seu evangelho
Capítulo 3: Paulo fornece o conteúdo do evangelho
Capítulo 4: A salvação vem por intermédio da fé, e não por intermédio da obediência à lei judaica
Capítulo 5: A descrição de Paulo da liberdade cristã
Capítulo 6: O evangelho e o serviço; a separação do mundo

■ Percepções de Matthew Henry

Gálatas 6
VERSÍCULOS 1-5
Devemos levar as cargas uns dos outros. E, dessa forma, cumpriremos a lei de Cristo. Isso nos obriga a termos tolerância mútua e compaixão uns pelos outros, de acordo com seu exemplo. Isso nos leva a carregar as cargas uns dos outros como companheiros de viagem. É muito comum um homem achar-se mais sábio e melhor que outro homem, e perfeito para comandar os outros. Tal homem engana-se a si mesmo, fingindo ser o que não é, torna-se um impostor e, mais cedo ou mais tarde, descobrirá os tristes efeitos de tudo isso. Ele nunca receberá o apreço de Deus nem dos homens. Cada um é advertido de responder por suas próprias práticas. Quanto mais conhecemos nosso próprio coração e caminhos, menos devemos desprezar os outros, e mais devemos estar dispostos a ajudá-los em condições de enfermidades e aflições. Quão leves parecem a qualquer homem seus pecados quando são cometidos, e novamente encontrarão uma carga muito pesada quando forem computados diante de Deus. Nenhum homem pode pagar um resgate por seu irmão, e o pecado é uma carga para a alma; é uma carga espiritual. Quanto menos o homem se preocupar com isso, mais

culpado ele deverá se achar. Os homens, na maioria, estão mortos em seu pecados e, portanto, não têm visão nem sensibilidade a respeito da carga espiritual do pecado. Se sentimos o peso e a carga de nossos pecados, devemos buscar o alívio por intermédio do Salvador e ser advertidos contra todo tipo de pecado.

VERSÍCULOS 6-11
Muitos se desculpam usando as práticas religiosas, apesar de representarem e professarem essa fé. Eles podem se impor sobre outros, mas novamente se iludem se pensam que podem impor-se sobre Deus, o qual conhece o coração, bem como as ações deles; e, como ele não pode ser enganado, não há como zombar dele. Nossa presente época é um período de semear; na era vindoura, devemos colher o que semeamos agora. Como há duas formas de semear, uma pela carne e a outra pelo Espírito, então o cálculo será no porvir. Aqueles que vivem uma vida carnal e sensual não devem esperar outro fruto de tal curso de vida, a não ser a miséria e a ruína. Mas aqueles que – sob a direção e influências do Espírito Santo, vivem uma vida de fé em Cristo e abundam nas graças cristãs – devem por intermédio do Espírito receber a vida eterna. Todos nós somos muito propensos a ficar cansados em nosso trabalho, em particular em fazer o bem. Mas deveríamos observar atentamente essa situação e nos guardar dela. Somente para aqueles que perseveram em fazer o bem é que vem a recompensa prometida. Aqui está uma exortação a todos os que praticam o bem no local onde estão estabelecidos. Deveríamos nos preocupar em fazer o bem durante a nossa vida e fazer disso o trabalho de nossa vida. Em especial, quando novas oportunidades aparecem e até onde nossa força puder alcançar.

EFÉSIOS

■ Uma introdução

Visão geral
Essa carta foi escrita por Paulo quando estava em Roma, aproximadamente na mesma época em que escreveu a carta aos Colossenses, as quais se assemelham em muitos pontos.

Conteúdo da carta
A epístola aos Colossenses é essencialmente polêmica, escrita para contestar certos erros teosóficos que haviam sido implantados na igreja daquele local. A carta de Paulo aos efésios não parece ter sido originada em nenhuma circunstância especial, mas é uma carta simples que desabrochou do amor de Paulo pela igreja de lá, e demonstra seu desejo sincero de instruir completamente os irmãos nas profundas doutrinas do evangelho.

Conteúdo
- A saudação (Ef 1.1,2).
- Uma descrição geral das bênçãos que o evangelho revela, como sua fonte, meios por meio dos quais elas são obtidas, propósito pelo qual são outorgadas e seu resultado final, com uma oração fervorosa pelo futuro crescimento espiritual dos efésios (Ef 1.3–2.10).
- "Um registro daquela mudança distinta na posição espiritual, a qual os cristãos gentios agora tinham, terminando com um relato da seleção do escritor e a qualificação para o apostolado aos gentios, um fato aqui considerado para mantê-los ligados ao espírito, e para conduzi-lo a orar para que as obras beneficentes se expandissem entre seus simpatizantes ausentes" (Ef 2.12–3.21).

- Um capítulo na uniformidade como imperturbável pela diversidade de dons (Ef 4.1-16).
- Injunções especiais a respeito da vida comum (Ef 4.17–6.10).
- As imagens de uma guerra espiritual, missão de Tíquico e as bênçãos de despedida (Ef 6.11-24).

A implantação da igreja de Éfeso:
- A primeira e mais apressada visita de Paulo a Éfeso, a qual durou três meses, está registrada em Atos 18.19-21. O trabalho que ele começou nessa ocasião teve continuidade com Apolo (At 18.24-26) e Áquila e Priscila. Em sua segunda visita, nos primórdios do ano seguinte, ele ficou em Éfeso por "três anos", pois entendeu ser este o local-chave para as províncias do oeste da Ásia Menor. Aqui, uma *uma porta grande e promissora* foi aberta a ele (1Co 16.9), e a igreja foi estabelecida e fortificada pelos seus trabalhos assíduos naquele local (At 20.20,31).
- De Éfeso como um centro o evangelho espalhou-se para o exterior, para *quase toda a Ásia* (At 19.26). A *palavra do Senhor crescia e prevalecia com poder* (At 19.20), apesar de toda a oposição e perseguição que ele encontrou.

A igreja em Éfeso

Em sua última viagem para Jerusalém o apóstolo desembarcou em Mileto e, convocando os mais antigos da igreja de Éfeso, entregou-lhes sua memorável carta de despedida (At 20.18-35), pois não tinha esperança de ver outra vez esses irmãos.

Paralelos

Os seguintes paralelos entre essa epístola e as instruções milesianas devem ser traçados:
- At 20.19 = Ef 4.2. A palavra "humildade" não ocorre em nenhum outro trecho.
- At 20.27 = Ef 1.11. A palavra "propósito", denotando o plano divino, ocorre somente aqui e em Hb 6.17.
- At 20.32 = Ef 3.20. A divina habilidade.
- At 20.32 = Ef 2.20. A edificação sobre o fundamento.
- At 20.32 = Ef 1.14,18. "A garantia da nossa herança"; "herança nos santos".

Local e data da escrita dessa carta: Essa carta foi evidentemente escrita em Roma, durante a primeira prisão de Paulo (Ef 3.1; 4.1; 6.20) e, provavelmente, logo após sua chegada naquele local, cerca do ano 62, quatro anos após sua partida para encontrar os efésios mais idosos em Mileto.

Ocasião da carta

Parece não ter havido nenhuma ocasião especial para a escrita dessa carta, como já foi mencionado. O objetivo de Paulo era claramente não polêmico. Nenhum erro havia acontecido na igreja que merecia ser apontado ou refutado. O objetivo do apóstolo era "estabelecer o fundamento, a causa, o objetivo e o fim da igreja dos fiéis em Cristo. Ele fala aos efésios como um tipo de exemplo da igreja universal". Os fundamentos da igreja, seu curso e seu fim são seu tema. "Em toda parte o fundamento da igreja é a vontade do Pai; o curso da igreja é pela satisfação do Filho; o fim da igreja é a vida no Espírito Santo." Na epístola aos Romanos, Paulo escreve sob o ponto de vista da justificação pela justiça imputada de Cristo; aqui ele escreve sob o ponto de vista especialmente da união com o Redentor e, portanto, da unidade da verdadeira igreja de Cristo. "Este é, talvez, o mais profundo livro que já existiu." É um livro "que sonda as profundezas da doutrina cristã e escala as maiores alturas da experiência cristã".

O fato de que o apóstolo evidentemente esperava que os efésios entendessem essa carta é uma evidência da "capacidade que os convertidos haviam obtido por intermédio das pregações de Paulo em Éfeso".

Efésios e Colossenses

A relação entre essa epístola e a aos Colossenses:

"As cartas do apóstolo são uma intensa explosão de um zelo e ligação sentimental pastoral, escritas sem reservas e com uma simplicidade sem influências; os sentimentos vêm direto do coração, sem a disposição amoldada, aprumada e meticulosa de um discurso formal. Há uma transcrição familiar e atual de sentimentos, e, de forma frequente, uma introdução ao idioma coloquial, além de muita franqueza e vivacidade nas conversações, de forma que o leitor pode associar a imagem do escritor com cada parágrafo, e os ouvidos podem perceber e reconhecer os muitos tons desse vívido discurso."

"É de espantar que uma carta se assemelhe a outra, ou que dois escritos da mesma época possam ter tanto em comum e tantas coisas peculiares? A relação próxima referente ao estilo e ao assunto entre as epístolas aos Colossenses e aos Efésios deve surpreender cada leitor. A relação precisa entre elas levantou muitas discussões. A grande probabilidade é que a epístola aos Colossenses tenha sido escrita primeiro; as passagens paralelas em Efésios, as quais somam 42 em número, parecem ser expansões da epístola aos Colossenses. Veja o quadro de comparações:

COMPARE	COM
Efésios 1.7	Colossenses 1.14
Efésios 1.10	Colossenses 1.20
Efésios 3.2	Colossenses 1.25
Efésios 5.19	Colossenses 3.16
Efésios 6.22	Colossenses 4.8
Efésios 1.19–2.5	Colossenses 2.12,13
Efésios 4.2-4	Colossenses 3.12-15
Efésios 4.16	Colossenses 2.19
Efésios 4.32	Colossenses 3.13
Efésios 4.22-24	Colossenses 3.9,10
Efésios 5.6-8	Colossenses 3.6-8
Efésios 5.15,16	Colossenses 4.5
Efésios 6.19,20	Colossenses 4.3,4
Efésios 5.22–6.9	Colossenses 3.18–4.1

"O estilo dessa epístola é tremendamente animado e corresponde ao estado de espírito do apóstolo sobre o relato que seu mensageiro havia trazido a ele sobre a fé e a santidade dos efésios (Ef 1.15) e transmitido com a consideração de uma sabedoria insondável de Deus revelada na obra da redenção do homem, bem como de seu amor surpreendente para com os gentios em torná-los participantes, por intermédio da fé, de todos os benefícios da morte de Cristo; ele voa alto em seus sentimentos sobre aqueles assuntos, e dá aos seus pensamentos um discurso em sublime e copiosa expressão."

Autor, Data
AUTOR
Paulo

DATA APROXIMADA DA ESCRITA
61, 62 d.C.

Estatísticas
LUGAR DO LIVRO NA BÍBLIA
- Décimo livro do Novo Testamento.
- Quinta carta escrita por Paulo.

NÚMERO DE CAPÍTULOS
6

NÚMERO DE VERSÍCULOS
155

NÚMERO DE PALAVRAS
3.098

Tema principal do livro
A posição espiritual do cristão vivendo em Cristo

Chaves para o entendimento do livro
PALAVRA/PALAVRAS-CHAVE
- Completo
- Andar

- Guerra
- Riqueza

FRASE-CHAVE
"... nas regiões celestiais", 2.6

CAPÍTULO/CAPÍTULOS-CHAVE
6

VERSÍCULO/VERSÍCULOS-CHAVE
Bendito seja o Deus e Pai de nosso Senhor Jesus Cristo, que nos abençoou com todas as bênçãos espirituais nas regiões celestiais em Cristo. (Ef 1.3)

Porque pela graça sois salvos, por meio da fé, e isto não vem de vós, é dom de Deus; não vem das obras, para que ninguém se orgulhe. Pois fomos feitos por ele, criados em Cristo Jesus para as boas obras, previamente preparadas por Deus para que andássemos nelas. (Ef 2.8-10)

Finalmente, fortalecei-vos no Senhor e na força do seu poder. Revesti-vos de toda a armadura de Deus, para que possais permanecer firmes contra as ciladas do Diabo. (Ef 6.10,11)

Cristo é visto como
O cabeça da igreja

Pensamento espiritual
A vida completa está em Cristo.

Plano detalhado capítulo a capítulo
Capítulo 1: As saudações e a oração
Capítulo 2: A ressurreição da vida e a unidade
Capítulo 3: O mistério revelado
Capítulo 4: A natureza da igreja de Cristo
Capítulo 5: O desafio do mal; esposas e maridos
Capítulo 6: A luta na batalha espiritual

■ Percepções de Matthew Henry

Efésios 6
VERSÍCULOS 19-24
O evangelho era um mistério até que se tornasse conhecido pela revelação divina; e isso é o trabalho dos ministros de Cristo para declará-lo. Os melhores e mais iminentes ministros precisam das orações dos cristãos. Aqueles, em particular, deveriam ser motivos de oração, pois estão expostos a grandes dificuldades e perigos em seu trabalho. A paz esteja com os irmãos, e que o amor seja acompanhado pela fé. Por paz, entende-se toda forma de paz: a paz com Deus, a paz da consciência, a paz entre todos. E a graça do Espírito, produzindo fé e amor, e toda a graça. Isso ele deseja para aqueles com quem havia iniciado seus ensinos.

FILIPENSES

■ Uma introdução

Visão geral
Essa carta foi escrita por Paulo durante os dois anos em que estava na prisão em Roma (Fp 1.7-13), provavelmente no começo do ano 62 d.C. ou no final de 61 d.C.
Os filipenses haviam enviado Epafrodito, seu mensageiro, com contribuições para suprir as necessidades do apóstolo; e, em seu retorno, Paulo enviou por intermédio dele sua carta. Com essa preciosa mensagem, Epafrodito prepara-se para sua jornada de volta ao lar. "A alegria que seu retorno causou e os efeitos dessa maravilhosa carta, quando lida pela primeira vez na igreja de Filipos, não nos são conhecidos. E quase podemos afirmar que, com essa carta, a própria igreja nos transmite outra visão. Atualmente, em prados silenciosos, o gado silencioso pasta entre as ruínas que marcam o local em que era um dia

a florescente colônia romana de Filipos, o lar das igrejas mais atrativas da era apostólica. Mas o nome e a fama e a influência espiritual daquela igreja nunca passarão. Para muitos homens e mulheres de todas as épocas e nações, a carta escrita em uma masmorra em Roma, e levada pela Via Egnatia por um obscuro mensageiro cristão, tem sido uma luz divina e um guia alegre nos mais difíceis caminhos da vida." (*Professor Beet*)

A igreja em Filipos era as primícias da cristandade europeia. Sua ligação ao apóstolo era muito intensa, da mesma forma que este dedicava profunda afeição por ela. Ela, separadamente de todas as outras igrejas, ajudou-o com suas contribuições, as quais ele reconhece com grande gratidão (At 20.33-35; 2Co 11.7-12; 2Ts 3.8). A generosidade financeira dos filipenses aflora de modo conspícuo (Fp 4.15). "Esta era uma característica das missões macedônicas, como prova 2Coríntios 8 e 9 de forma ampla e bela. É memorável que os convertidos da Macedônia eram, como uma classe, muito pobres (2Co 8.2); e os fatos paralelos, sua miséria e suas mãos abertas que deram suporte aos grandes missionários e ao seu trabalho são profundamente harmoniosos. Nos dias atuais, a generosidade missionária dos pobres cristãos é, em proporção, realmente maior do que a dos ricos." (*Os filipenses*, de Moule).

Conteúdo

O conteúdo dessa epístola fornece uma visão interessante sobre a condição da igreja em Roma na época em que foi escrita. A prisão de Paulo, assim como nos foi dito, não foi obstáculo para sua pregação sobre o evangelho, mas, sim, todas essas coisas "contribuíram para o avanço do evangelho". O evangelho espalhou-se muito intensivamente entre os soldados romanos, com quem ele estava sempre em contato, e os cristãos cresceram em "grande número". É verdade que o cristianismo estava, nessa época, avançando de forma rápida em Roma.

Filipenses e Romanos

Os relatos doutrinários dessa epístola possuem uma relação próxima àqueles da epístola aos Romanos. Compare também Fp 3.20 com Ef 2.12,19, em que a igreja é apresentada sob a ideia de uma cidade ou nação pela primeira vez nos escritos de Paulo. A glória pessoal de Cristo é também apresentada em quase todas as formas paralelas de expressão em Fp 2.5-11, comparadas com Ef 1.17-23; 2.8; Cl 1.15-20. "Essa exposição da graça e maravilha de sua majestade pessoal, de sua própria humilhação, e exaltação pessoal após todo o ocorrido", encontrada nessas epístolas, "é, em grande parte, um novo desenvolvimento nas revelações dadas por intermédio de Paulo" (Moule). Outras analogias imediatas em formas de expressão e de pensamento também são encontradas nessas epístolas sobre o cativeiro.

Autor, data

AUTOR
Paulo

DATA APROXIMADA DA ESCRITA
62, 63 d.C.

Estatísticas

LUGAR DO LIVRO NA BÍBLIA
- Décimo primeiro livro do Novo Testamento
- Sexta carta escrita por Paulo

NÚMERO DE CAPÍTULOS
4

NÚMERO DE VERSÍCULOS
104

NÚMERO DE PALAVRAS
2.002

Tema principal do livro

Na alegre carta Paulo motiva os filipenses a estarem unidos e a ser humildes.

Chaves para o entendimento do livro

PALAVRA/PALAVRAS-CHAVE
Alegria, regozijo, 16 vezes

FRASE-CHAVE
Regozijem-se no Senhor

CAPÍTULO/CAPÍTULOS-CHAVE
2 e a humildade de Jesus

VERSÍCULO/VERSÍCULOS-CHAVE
Pois para mim o viver é Cristo, e o morrer é lucro. (Fp 1.21)

Sei passar necessidade e sei também ter muito; tenho experiência diante de qualquer circunstância e em todas as coisas, tanto na fartura como na fome; tendo muito ou enfrentando escassez. (Fp 4.12)

Posso todas as coisas naquele que me fortalece. (Fp 4.13)

Cristo é visto como
Nossa força

Pensamento espiritual
Podemos ter a mente de Cristo.

Plano detalhado capítulo a capítulo
Capítulo 1: As circunstâncias presentes de Paulo
Capítulo 2: A mente de Cristo
Capítulo 3: Conhecer a Cristo
Capítulo 4: A alegria no contentamento

COLOSSENSES

■ Uma introdução

Visão geral

Essa carta foi escrita por Paulo, em Roma, durante sua primeira prisão naquele local (At 28.16,30), provavelmente na primavera do ano 57 d.C., ou, como alguns pensam, 62, logo após ele ter escrito sua epístola aos Efésios. Assim como algumas de suas outras epístolas (como, por exemplo, aquelas aos coríntios), a carta aos Colossenses parece ter sido escrita em consequência da informação que havia, de alguma forma, sido entregue a ele sobre o estado interno da igreja de lá (Cl 1.4-8). Seu objetivo era combater os falsos ensinamentos. Uma grande parte dela é direcionada contra certos especuladores que tentavam combinar as doutrinas do misticismo oriental e do asceticismo com o cristianismo e, com isso, prometer aos discípulos a alegria de uma vida espiritual mais elevada e um profundo discernimento do mundo dos espíritos. Paulo argumenta contra tais ensinamentos, mostrando que, em Cristo, eles possuíam todas as coisas. Ele apresenta a majestade de sua redenção. A menção da "lua nova" e "de sábados" (Cl 2.16) também demonstra que lá havia mestres judaizantes, os quais procuravam desviar os discípulos da simplicidade do evangelho.

Divisões

Assim como a maioria das epístolas de Paulo, essa carta consiste em duas partes, uma doutrinária e outra prática.
1. A parte doutrinária compreende os dois primeiros capítulos. Seu tema principal é desenvolvido no capítulo 2. Ele os adverte para que não sejam separados de Cristo, em quem reside toda a plenitude da divindade, e que era o cabeça de todos os poderes espirituais. Cristo era o cabeça do corpo, do qual eles eram membros; e, se realmente estivessem unidos a ele, o que mais precisariam?
2. A parte prática dessa epístola (Cl 3–4) reforça várias obrigações que naturalmente fluíam das doutrinas expostas.

Eles são exortados a preocupar-se com as coisas do alto (Cl 3.1-4), a mortificar todo princípio mal de sua natureza e a revestir-se do novo homem (Cl 3.5-14). Muitas responsabilidades especiais da vida cristã também são apresentadas com insistência como a prova da evidência de um caráter cristão. Tíquico foi o mensageiro da carta e também o mensageiro das cartas aos Efésios e a Filemom, sendo ele que lhes contou a respeito da situação do apóstolo (Cl 4.7-9). Após saudações amigáveis (Cl 4.10-14), ele os convida a compartilhar essa carta com aquela que ele havia enviado à igreja vizinha de Laodiceia. E ele, a seguir, encerra essa breve, mas impressionante, epístola com sua usual saudação de próprio punho.

Colossenses e Efésios
Há uma semelhança impressionante entre essa epístola e a aos Efésios.

Autor, data
AUTOR
Paulo

DATA APROXIMADA DA ESCRITA
60, 61 d.C.

Estatísticas
LUGAR DO LIVRO NA BÍBLIA
- Décimo segundo livro do Novo Testamento
- Sétima carta escrita por Paulo

NÚMERO DE CAPÍTULOS
4

NÚMERO DE VERSÍCULOS
95

NÚMERO DE PALAVRAS
1.998

Tema principal do livro
Cristo é a criação central, a redenção e a vida cristã

Chaves para o entendimento do livro
PALAVRA/PALAVRAS-CHAVE
- Supremacia
- Suficiência
- Plenitude

FRASE-CHAVE
Com Cristo

CAPÍTULO/CAPÍTULOS-CHAVE
1 e Cristo vivendo nos cristãos

VERSÍCULO/VERSÍCULOS-CHAVE
> Pois nele habita corporalmente toda a plenitude da divindade, e nele, a cabeça de todo principado e poder, tendes a vossa plenitude.
> (Cl 2.9,10)

> Já que fostes ressuscitados com Cristo, buscai as coisas de cima, onde Cristo está assentado à direita de Deus. Pensai nas coisas de cima e não nas que são da terra.
> (Cl 3.1,2)

Cristo é visto como
Sendo preeminente.

Pensamento espiritual
Jesus deve ser coroado como o Senhor de todos.

Plano detalhado capítulo a capítulo
Capítulo 1: As saudações, oração e a preeminência de Cristo
Capítulo 2: A liberdade em Jesus
Capítulo 3: A vida santa com Cristo
Capítulo 4: A oração e sabedoria; saudações pessoais

■ Percepções de Matthew Henry

Colossenses 4
VERSÍCULOS 2-6
Nenhuma obra pode ser feita corretamente, a menos que perseveremos em oração constante e persistamos nisso com ações de graças. O povo deve orar particularmente por seus ministros. Os cristãos são exortados a dar bom testemunho perante os descrentes. Seja cuidadoso em todas as conversas com eles, faça o bem a eles e mostre que a religião encaixa-se em todos os assuntos. A diligência no tempo da redenção eleva a religião na opinião dos outros. Até mesmo o que pode ser descuido pode causar um preconceito duradouro contra a verdade. Permita que todo discurso seja discreto e na hora certa, por ser um discurso cristão. Apesar de não falarmos sempre da graça, que possamos falar com graça. Apesar de nosso discurso ser geralmente comum, deve ser feito de maneira cristã. A graça é o sal que tempera o discurso e o mantém afastado da corrupção.

1 TESSALONICENSES

■ Uma introdução

Primeira carta

A primeira epístola aos Tessalonicenses foi a primeira de todas as epístolas de Paulo. Provavelmente, ela foi escrita em Corinto, onde ele esteve por "um ano e seis meses" ou "muitos dias" (At 18.11,18), no início do período de sua estada naquele local, aproximadamente no final do ano 52 d.C.

Razão para escrever essa carta

O fato aconteceu com o retorno de Timóteo da Macedônia, trazendo notícias de Tessalônica a respeito do estado em que a igreja de lá se encontrava (At 18.1-5; 1Ts 3.6). Enquanto, como um todo, as notícias trazidas por Timóteo foram encorajadoras, também mostraram que vários erros e mal-entendidos, relativos ao método que Paulo usava para lhes ensinar, haviam se espalhado entre eles. Ele envia-lhes essa carta com o objetivo de corrigir esses erros e, especialmente, de exortá-los a ter uma vida pura, lembrando-lhes que sua santificação era o grande fim esperado por Deus para eles.

2 Tessalonicenses

A segunda epístola aos Tessalonicenses também foi, provavelmente, escrita em Corinto e não muitos meses após a primeira. A razão para escrever essa epístola foi a chegada de notícias de que o assunto da primeira epístola havia sido mal compreendido, em especial no que se referia à segunda vinda de Cristo. Os tessalonicenses haviam abraçado a ideia que Paulo ensinara, dizendo que o "Senhor está perto", ou seja, que a vinda de Cristo já estava para acontecer. Esse erro é corrigido (2Ts 2.1-12), e o apóstolo profeticamente anuncia o que deveria acontecer em primeiro lugar. A "apostasia" deveria acontecer em primeiro lugar. Várias explanações sobre essa expressão haviam sido dadas, mas a que é mais satisfatória refere-se à igreja de Roma.

Autor, data

AUTOR
Paulo

DATA APROXIMADA DA ESCRITA
51 d.C.

Estatísticas

LUGAR DO LIVRO NA BÍBLIA
Décimo terceiro livro do Novo Testamento. Oitava carta escrita por Paulo.

NÚMERO DE CAPÍTULOS
5

NÚMERO DE VERSÍCULOS
89

NÚMERO DE PALAVRAS
1.857

Tema principal do livro
Na luz da vinda de Cristo, reside uma vida pura.

Chaves para o entendimento do livro
PALAVRA/PALAVRAS-CHAVE
Santificação

FRASE-CHAVE
A vinda do Senhor

CAPÍTULO/CAPÍTULOS-CHAVE
4 e a segunda vinda de Jesus

VERSÍCULO/VERSÍCULOS-CHAVE
Porque eles mesmos anunciam de que maneira fomos recebidos entre vós, de que forma vos convertestes dos ídolos a Deus, para servirdes ao Deus vivo e verdadeiro, esperando do céu seu Filho, a quem ele ressuscitou dentre os mortos, Jesus, que nos livra da ira vindoura. (1Ts 1.9,10)

Por isso, nós também não deixamos de agradecer a Deus, pois quando ouvistes de nós a sua palavra, não a recebestes como palavra de homens, mas como a palavra de Deus, como de fato é, a qual também atua em vós, os que credes. (1Ts 2.13)

Por isso, não podendo mais suportar a preocupação em relação a vós, achamos melhor ficar sozinhos em Atenas e enviamos Timóteo, nosso irmão e ministro de Deus no evangelho de Cristo, para vos fortalecer e vos dar ânimo na fé, para que ninguém fraqueje diante dessas tribulações; porque bem sabeis que fomos destinados para isso. (1Ts 3.1-3)

Cristo é visto como
O Senhor que retornará

Pensamento espiritual
Devemos andar na luz.

Plano detalhado capítulo a capítulo
Capítulo 1: Paulo elogia o crescimento espiritual dos tessalonicenses
Capítulo 2: Os fundamentos de Paulo para a igreja e o ataque de Satanás
Capítulo 3: A grande preocupação de Paulo
Capítulo 4: A moralidade sexual, ganhando uma vida, e os mortos
Capítulo 5: O Dia do Senhor e a vida santa

■ Percepções de Matthew Henry

1Tessalonicenses 5
VERSÍCULOS 23-28
O apóstolo ora para que eles sejam santificados com mais perfeição, pois, para seu próprio bem, são santificados somente em parte enquanto estiverem neste mundo; dessa forma, deveríamos orar e lutar pela completa santidade.

E como estamos sujeitos a cair, se Deus não continuar sua boa obra em nossa alma, devemos orar ao Senhor para que aperfeiçoe sua obra, até que sejamos apresentados sem culpa diante do trono de sua glória. Deveríamos orar uns pelos outros; e os irmãos deveriam também expressar amor fraternal. Essa epístola deveria ser lida para todos os irmãos. As pessoas comuns devem não só ler as Escrituras, mas fazer disso seu trabalho e ser persuadidas a fazê-lo. A palavra de Deus não deveria ser mantida em uma língua desconhecida, mas sim traduzida, para que todos os indivíduos pudessem conhecer as Escrituras, e, desse modo, todos seriam capazes de lê-la. As Escrituras deveriam ser lidas em público nas congregações, para o bem dos iletrados, especialmente.

2TESSALONICENSES

■ Uma introdução
Veja a seção de 1Tessalonicenses

Autor, data
AUTOR
Paulo

DATA APROXIMADA DA ESCRITA
51 d.C.

Estatísticas
LUGAR DO LIVRO NA BÍBLIA
- Décimo quarto livro do Novo Testamento.
- Nona carta escrita por Paulo.

NÚMERO DE CAPÍTULOS
3

NÚMERO DE VERSÍCULOS
47

NÚMERO DE PALAVRAS
1.042

Tema principal do livro
Paulo corrige as más interpretações a respeito da segunda vinda de Jesus.

Chaves para o entendimento do livro
PALAVRA/PALAVRAS-CHAVE
- Destruição
- Julgamento
- Retribuição
- Perseverança

FRASE-CHAVE
Em Cristo

CAPÍTULO/CAPÍTULOS-CHAVE
2 e seu ensino para corrigir o entendimento equivocado sobre a volta de Jesus

VERSÍCULO/VERSÍCULOS-CHAVE
Ninguém vos engane de modo algum, pois isso não acontecerá sem que primeiro venha a apostasia e seja revelado o homem do pecado, o filho da perdição. (2Ts 2.3)

Mas, irmãos, amados do Senhor, devemos sempre agradecer a Deus por vós, pois ele vos escolheu desde o princípio para a salvação pela santificação feita pelo Espírito e pela fé na verdade, e para isso vos chamou pelo nosso evangelho, para alcançardes a glória de nosso Senhor Jesus Cristo. (2Ts 2.13,14)

E, quanto a vós, confiamos no Senhor que não só estais fazendo como também fareis o que vos ordenamos. Que o Senhor guie o vosso coração no amor de Deus e na perseverança de Cristo. (2Ts 3.4,5)

Cristo é visto como
O Senhor que retornará

Pensamento espiritual
Viva à luz da volta de Cristo.

Plano detalhado capítulo a capítulo
Capítulo 1: O encorajamento na perseguição
Capítulo 2: As explicações a respeito do Dia do Senhor
Capítulo 3: O pedido de oração por nós, Deus é fiel e exortação contra o ócio

■ Percepções de Matthew Henry

2Tessalonicenses 3
VERSÍCULOS 1-5
Aqueles que estão separados ainda podem se encontrar diante do trono da graça; e aqueles que não podem fazer nem receber nenhum carinho, podem, dessa forma, fazer e receber um carinho real e muito grande. Os inimigos da pregação do evangelho,

e os perseguidores de seus fiéis pregadores, são homens não razoáveis e maldosos. Muitos não acreditam no evangelho; e não devemos nos admirar que sejam incansáveis e demonstrem malícia em seus esforços para se oporem a ele.

A maldade do pecado é o grande mal, mas há outros males dos quais precisamos nos guardar, e temos encorajamento para depender da graça de Deus. Uma vez que a promessa é feita, sua realização será clara e certa.

O apóstolo tinha confiança neles, mas esta estava fundamentada na confiança em Deus; pois não há como confiar no homem. Ele ora por eles para que recebam bênçãos espirituais. Nosso pecado e nossa miséria reside no fato de colocarmos nossas afeições em objetos errados. Não há verdadeiro amor a Deus sem a fé em Jesus Cristo. Se, pela graça especial de Deus, temos essa fé, a qual multidões não possuem, deveríamos orar seriamente para que possamos ser capacitados, sem reservas, a obedecer a seus mandamentos e também a estar capacitados, sem reservas, ao amor de Deus e à paciência de Cristo.

VERSÍCULOS 6-15

Aqueles que receberam o evangelho deveriam viver de acordo com o evangelho. Aqueles que podiam trabalhar e não o faziam, não deveriam permanecer em ociosidade. O cristianismo não deve permitir a preguiça, o que consumiria o que seria para encorajar o trabalhador e para dar suporte ao doente e ao aflito. O trabalho, em nosso chamado como homens, é uma tarefa requisitada por nosso chamado como cristãos. Mas alguns esperavam ser mantidos em ociosidade e entregaram-se a um curioso e prepotente temperamento. Eles intrometeram-se nos assuntos dos outros e causaram muitos danos.

É um grande erro e abuso da religião torná-la um disfarce para a ociosidade ou qualquer outro pecado. O servo que espera pela vinda de seu Senhor de modo correto deverá estar trabalhando como seu Senhor ordenou. Se somos ociosos, Satanás e um coração corrompido logo nos mostrarão algo para fazer.

A mente do homem é muito ocupada: se não está empenhada em fazer o bem, fará o mal. É uma excelente, mas rara, união, estarmos ativos em nossos próprios interesses, mas estarmos em paz para os interesses dos outros. Se alguém se recusar a trabalhar em paz, este deveria ser chamado à atenção, censurado e separado da companhia dos outros; todavia, deveriam buscar o bem dele por meio de admoestações amorosas.

O Senhor está com você enquanto você está com ele. Mantenha-se em seu caminho e caminhe até o fim.

1 TIMÓTEO

■ Uma introdução

Visão geral

Paulo, nessa epístola, fala de si mesmo tendo deixado Éfeso e ido para a Macedônia (1Tm 1.3), e não para Laodiceia, como mencionado na subscrição; mas provavelmente Filipos, ou alguma outra cidade naquela região, foi o local onde essa epístola foi escrita. Durante o intervalo entre sua primeira e segunda prisões, ele provavelmente visitou os cenários de seus trabalhos anteriores na Grécia e na Ásia e, depois, seguiu caminho para a Macedônia, onde escreveu sua carta a Timóteo, quem ele havia deixado em Éfeso.

Data da escrita

Foi, provavelmente, escrita em 66 ou 67 d.C.

Conteúdo
A epístola consiste, principalmente:
- Em conselhos a Timóteo referentes ao culto e organização da igreja, e as responsabilidades exigidas de seus diversos membros;
- Em exortações à fidelidade em sustentar a verdade em meio a tantos erros que rodeavam a igreja.

Autor, data
AUTOR
Paulo

DATA APROXIMADA DA ESCRITA
62-66 d.C.

Estatísticas
LUGAR DO LIVRO NA BÍBLIA
- Décimo quinto livro do Novo Testamento
- Décima carta escrita por Paulo

NÚMERO DE CAPÍTULOS
6

NÚMERO DE VERSÍCULOS
113

NÚMERO DE PALAVRAS
2.269

Tema principal do livro
Um manual de liderança para os cristãos que trabalham na obra do Senhor

Chaves para o entendimento do livro
PALAVRA/PALAVRAS-CHAVE
Piedade

FRASE-CHAVE
Em Cristo

CAPÍTULO/CAPÍTULOS-CHAVE
3 e as qualificações para os líderes de Deus

VERSÍCULO/VERSÍCULOS-CHAVE
Mesmo esperando encontrar-te em breve, escrevo-te estas coisas para que, se eu demorar, saibas como se deve proceder na casa de Deus, que é a igreja do Deus vivo, coluna e alicerce da verdade.
(1Tm 3.14,15)

Mas tu, ó homem de Deus, foge dessas coisas e segue a justiça, a piedade, a fé, o amor, a constância e a mansidão. Trava o bom combate da fé. Apodera-te da vida eterna, para a qual foste chamado, tendo já feito boa confissão diante de muitas testemunhas. (1Tm 6.11,12)

Cristo é visto como
Aquele que agora vive na glória

Pensamento espiritual
Guarde o evangelho.

Plano detalhado capítulo a capítulo
Capítulo 1: Os falsos mestres e a correta doutrina cristã
Capítulo 2: A oração em público e as mulheres no culto público
Capítulo 3: As qualificações para a liderança cristã
Capítulo 4: Os falsos mestres
Capítulo 5: A disciplina na igreja
Capítulo 6: A demonstração da atitude correta

■ Percepções de Matthew Henry
1Timóteo 6
VERSÍCULOS 11-16
Torna-se enfermo qualquer homem, mas especialmente os homens de Deus que colocarem seu coração nas coisas deste mundo; homens de Deus deveriam preocupar-se com as coisas de Deus. Deve haver um conflito com a corrupção, e as tentações, e os poderes das trevas. A vida eterna é a coroa proposta para nosso encorajamento. Somos chamados a aquietar-nos nisso. Aos

ricos, devem ser apontados, especialmente, seus perigos e obrigações, assim como o uso correto de sua riqueza. Mas quem pode dar tal declaração, de que não é o amor a si mesmo e às coisas que a riqueza pode comprar? A vinda de Cristo é certa, mas não nos cabe saber a hora. Olhos mortais não podem suportar o brilho da glória divina. Ninguém pode aproximar-se dele, exceto quando ele se faz conhecido entre os pecadores em Cristo e por Cristo. A divindade é aqui adorada sem distinção de pessoas, assim como todas essas coisas são propriamente ditas, quer sejam do Pai, quer sejam do Filho, quer sejam do Espírito Santo. Deus é revelado a nós. Somente na natureza humana de Cristo e por intermédio dela, como o único Filho gerado do Pai.

VERSÍCULOS 17-21
Ser rico neste mundo é completamente diferente de ser rico em Deus. Nada é mais incerto do que a riqueza do mundo. Aqueles que são ricos devem entender que Deus lhes dá a riqueza, e ele somente a dá para torná-los ricos em alegria; pois muitos têm riquezas, mas aproveitam muito pouco delas, sem ter um coração para usá-las. O que vale mais a pena, mais do que ter a oportunidade de fazer o bem cada vez mais? Mostrar a fé em Cristo pelos frutos do amor permite-nos esperar pela vida eterna, quando os autoindulgentes, os ambiciosos e os ateus levantam seus olhos em tormento. Esse ensino que se opõe à verdade do evangelho não é ciência verdadeira nem conhecimento real, ou ele mesmo aprovaria o evangelho e consentiria nele. Aqueles que promovem a razão acima da fé estão em perigo de abandonar a fé. A graça inclui tudo o que é bom, e a graça é um penhor, um começo da glória; onde quer que Deus dê graça, ele dará também a glória.

2TIMÓTEO

■ Uma introdução

Visão geral
Essa carta foi, provavelmente, escrita um ano ou um pouco mais após 1Timóteo, e escrita em Roma, onde Paulo estava como prisioneiro pela segunda vez, e foi enviada por Timóteo pelas mãos de Tíquico. Nela, ele roga a Timóteo que venha visitá-lo antes do inverno e que traga Timóteo com ele (compare Fp 2.22). Ele estava antecipando que "o tempo da [...] [sua] partida est[ava] próximo" (2Tm 4.6), e ele exorta seu "filho Timóteo" que seja diligente e equilibrado, que tenha paciência diante das perseguições (2Tm 1.6-15) e que seja fielmente moderado em todas as tarefas de seu ministério (2Tm 4.1-5), com toda a solenidade de alguém que está prestes a aparecer diante do Juiz dos vivos e dos mortos.

Autor, data
AUTOR
Paulo

DATA APROXIMADA DA ESCRITA
67 d.C.

Estatísticas
LUGAR DO LIVRO NA BÍBLIA
- Décimo sexto livro do Novo Testamento
- Décima primeira carta escrita por Paulo

NÚMERO DE CAPÍTULOS
4

NÚMERO DE VERSÍCULOS
83

NÚMERO DE PALAVRAS
1.703

Tema principal do livro
Como engajar-se com sucesso na batalha espiritual

Chaves para o entendimento do livro
PALAVRA/PALAVRAS-CHAVE
Carga

FRASE-CHAVE
Sofrimentos pelo evangelho, 1.8

CAPÍTULO/CAPÍTULOS-CHAVE
2 e o ministério cristão

VERSÍCULO/VERSÍCULOS-CHAVE
Porque Deus não nos deu espírito de covardia, mas de poder, de amor e de moderação. (2Tm 1.7)

Procura apresentar-te aprovado diante de Deus, como obreiro que não tem de que se envergonhar, que maneja bem a palavra da verdade. (2Tm 2.15)

Cristo é visto como
Aquele que julga com justiça

Pensamento espiritual
Temos responsabilidades na comunhão cristã.

Plano detalhado capítulo a capítulo
Capítulo 1: O falar como um pai espiritual
Capítulo 2: As características de um ministro fiel
Capítulo 3: O breve vislumbre dos últimos dias
Capítulo 4: O martírio iminente de Paulo

■ Percepções de Matthew Henry

2Timóteo 4
VERSÍCULOS 6-8
O sangue dos mártires, apesar de não ser um sacrifício de expiação, igualmente era um sacrifício de reconhecimento da graça de Deus e de sua verdade. A morte, para um bom homem, é o alívio de seu cárcere neste mundo, e, em sua partida, verá as alegrias do outro mundo. Paulo, como cristão e ministro, havia conservado a fé e as doutrinas do evangelho. Que conforto teremos se formos capazes de falar dessa maneira sobre o fim de nossos dias! A coroa dos cristãos é uma coroa de justiça, comprada pela justiça de Cristo. Os cristãos não a têm no presente, embora estejam certos de que ela já está preparada para eles. O cristão, em meio a misérias, sofrimentos, doenças e as agonias da morte, poderá regozijar-se.

VERSÍCULOS 9-13
O amor a este mundo, com frequência, é a causa para que a pessoa se volte contra as verdades e os caminhos de Jesus Cristo. Paulo foi guiado pela inspiração divina, caso contrário não teria escrito seus livros. À medida que vivemos, aprendemos dia a dia. Os apóstolos não desprezaram os meios humanos em buscar o que fosse necessário para a vida ou sua própria instrução. Agradeceremos ao divino Deus por nos ter dado tantos escritos redigidos por homens sábios e piedosos em todas as épocas; e pediremos que, por lê-los, nosso benefício possa atingir a todos.

VERSÍCULOS 14-18
Há perigo para nós, tanto da parte de falsos irmãos como da parte de inimigos declarados. Seria perigoso ter de lidar com aqueles que seriam inimigos de um homem como Paulo. Os cristãos em Roma estavam entusiasmados para encontrá-lo, mas, quando pareceu surgir o perigo de sofrer com ele, então todos o abandonaram. Deus poderia estar corretamente irado com eles, mas Paulo ora para que Deus os perdoe.

O apóstolo foi liberto da boca do leão, ou seja, Nero, e de alguns de seus juízes. Se o Senhor é por nós, ele nos fortalecerá nas dificuldades e perigos, e sua presença mais do que suprirá a falta de qualquer um.

VERSÍCULOS 19-22
Não necessitamos de mais nada para que sejamos felizes, a não ser do Espírito do Senhor Jesus Cristo conosco, pois nele todas as bênçãos espirituais são somadas.

A melhor oração que podemos oferecer por nossos amigos é que o Espírito de nosso Senhor Jesus Cristo esteja com eles, para santificá-los, salvá-los e, por fim, recebê-los como seus. Muitos que creram, como aconteceu com Paulo, estão agora diante do trono, dando glórias ao seu Senhor – possamos nós sermos como eles.

TITO

■ Uma introdução

Essa carta foi, provavelmente, escrita na mesma época da primeira epístola a Timóteo, com a qual possui muitas semelhanças.

Horce Paulince de Paley

"Ambas as cartas foram dirigidas a pessoas deixadas pelo escritor para presidir em suas respectivas igrejas durante a sua ausência. Ambas as cartas estão ocupadas, principalmente, em descrever as qualificações a serem buscadas naqueles que devem ser nomeados para cargos na igreja, e os componentes dessa descrição são, em ambas as cartas, quase os mesmos. Timóteo e Tito são, igualmente, advertidos contra as mesmas corrupções que prevaleciam e, em especial, contra a mesma desorientação em relação aos seus cuidados e estudos. Essa afinidade é obtida não só em relação aos assuntos das cartas, que a partir da semelhança da situação das pessoas para quem estava escrevendo poderia se esperar que fossem de alguma maneira semelhante, mas estende-se em uma grande variedade de exemplos às frases e expressões. O escritor saúda seus dois amigos com a mesma saudação e segue para o objetivo de sua carta pela mesma transição (compare 1Tm 1.2,3 com Tt 1.4,5; 1Tm 1.4 com Tt 1.13,14; 3.9; 1Tm 4.12Com Tt 2.7,15)."

Data da escrita

A data de sua composição pode ser definida pelas circunstâncias que foram relatadas após a visita de Paulo a Creta (Tt 1.5). Aquela visita não seria a mesma narrada em Atos 27.7, quando Paulo estava em viagem para Roma, como prisioneiro, e onde continuou como prisioneiro por dois anos. Podemos supor que Paulo, após sua libertação, tenha navegado de Roma para a Ásia e tenha parado em Creta em seu caminho a fim de lá deixar Tito para pôr "em boa ordem o que faltava". De lá foi para Éfeso, onde deixou Timóteo, e de Éfeso foi para a Macedônia, onde escreveu 1Timóteo, e de lá para Nicópolis, em Épiro, de onde escreveu para Tito, aproximadamente em 66 ou 67 d.C.

Autor, data

AUTOR
Paulo

DATA APROXIMADA DA ESCRITA
63 d.C.

Estatísticas

LUGAR DO LIVRO NA BÍBLIA
- Décimo sétimo livro do Novo Testamento
- Décima segunda carta escrita por Paulo

NÚMERO DE CAPÍTULOS
3

NÚMERO DE VERSÍCULOS
46

NÚMERO DE PALAVRAS
921

Tema principal do livro
Como um presbítero poderia ministrar a seu companheiro cristão

Chaves para o entendimento do livro
PALAVRA/PALAVRAS-CHAVE
- Fé
- Graça
- Eficaz

FRASE-CHAVE
Boas ações

CAPÍTULO/CAPÍTULOS-CHAVE
2 e as instruções para a fé e comportamento cristãos

VERSÍCULO/VERSÍCULOS-CHAVE
> Foi por isso que te deixei em Creta, para que pusesses em boa ordem o que faltava, e que em cada cidade estabelecesses presbíteros, como já te orientei. (Tt 1.5)

> Não por méritos de atos de justiça que houvéssemos praticado, mas segundo a sua misericórdia, ele nos salvou mediante o lavar da regeneração e da renovação realizadas pelo Espírito Santo. (Tito 3.5)

Cristo é visto como
O Salvador

Pensamento espiritual
Viva de acordo com suas crenças cristãs.

Plano detalhado capítulo a capítulo
Capítulo 1: A nomeação dos presbíteros
Capítulo 2: O ensino sadio
Capítulo 3: As boas ações devem ser conservadas

■ Percepções de Matthew Henry
Tito 3
VERSÍCULOS 1-7
Privilégios espirituais não invalidam nem enfraquecem, mas confirmam obrigações civis. Meras boas palavras e boas intenções não são suficientes sem as boas obras.

Não devem promover contendas, mas sim mostrar submissão em todas as ocasiões, não apenas para amigos, mas para todos os homens, por meio da sabedoria, Tiago 3.13.

Deixemos esse texto nos ensinar quão errado é para os cristãos ser mal-educado com os perversos, com os mais fracos e os mais infames.

Os servos do pecado têm muitos mestres, sua cobiça os apressa para diferentes caminhos; o orgulho comanda uma área, e a ambição comanda a outra.

Desse modo, são detestáveis, merecendo ser odiados. Essa é a miséria dos pecadores, pois eles odeiam uns aos outros, e o dever e a felicidade dos santos é amar uns aos outros.

E nós somos libertos de nossa condição miserável somente pela misericórdia e pela graça acessível de Deus, pelos méritos e sofrimentos de Cristo e as obras de seu Espírito. Deus Pai é Deus nosso Salvador.

Ele é a fonte de onde o Espírito flui, para ensinar, regenerar e salvar suas criaturas caídas; e essa bênção chega à humanidade por intermédio de Cristo.

O nascimento e crescimento dessa bênção são a bondade e o amor de Deus pelos homens. O amor e a graça têm, por intermédio do Espírito, grande poder para mudar e voltar o coração para Deus. As obras devem estar presentes nos salvos, mas não estão entre as causas de sua salvação.

FILEMOM

■ Uma introdução

Visão geral
Essa carta foi escrita em Roma, na mesma época das epístolas aos Colossenses e aos Efésios, e também foi enviada por Onésimo. Foi endereçada a Filemom e aos membros de sua família.

Propósito dessa carta
Foi escrita com o propósito de interceder por Onésimo, o qual havia desertado de seu amo Filemom e sido considerado "inútil" a ele. Paulo havia encontrado Onésimo em Roma e, lá, foi um instrumento da conversão de Onésimo; agora, enviava-o de volta a seu senhor com essa carta.

Carta particular
Essa epístola tem a característica de uma carta estritamente particular, e é a única de tais epístolas que foi preservada para nós. "Ela mostra o apóstolo sob uma nova luz. Ele derrama sobre seus convertidos, na medida do possível, sua dignidade apostólica e sua autoridade paternal. Ele fala com simplicidade de cristão para cristão. Fala, desse modo, com aquela graça peculiar de humildade e cortesia, as quais têm, sob o reinado do cristianismo, desenvolvido o espírito de cavalheirismo ou, como é chamado, o 'caráter de um homem gentil', certamente muito pouco conhecido nas antigas civilizações gregas e romanas." (Dr. Barry)

Autor, data
AUTOR
Paulo

DATA APROXIMADA DA ESCRITA
60, 61 d.C.

Estatísticas
LUGAR DO LIVRO NA BÍBLIA
- Décimo oitavo livro do Novo Testamento
- Décima terceira carta escrita por Paulo

NÚMERO DE CAPÍTULOS
1

NÚMERO DE VERSÍCULOS
25

NÚMERO DE PALAVRAS
445

Tema principal do livro
O pedido pessoal de Paulo a Filemom para aceitar de volta seu escravo fugitivo

Chaves para o entendimento do livro
PALAVRA/PALAVRAS-CHAVE
- Receber
- Perdoar

FRASE-CHAVE
Em Cristo

VERSÍCULO/VERSÍCULOS-CHAVE
> Eles afirmam que conhecem a Deus, mas o negam por suas obras; são detestáveis, desobedientes e incapazes de qualquer boa obra. (Fm16)

Cristo é visto como
Aquele que paga nossas dívidas

Pensamento espiritual
Os princípios cristãos estão acima dos padrões da sociedade.

Plano detalhado capítulo a capítulo
Capítulo 1: O pedido para receber de volta seu escravo fugitivo

Percepções de Matthew Henry

VERSÍCULOS 1-7

A fé em Cristo e o amor a ele deveriam unir os santos com maior proximidade do que qualquer relação externa poderia unir as pessoas do mundo. Paulo, em suas orações particulares, foi específico em se lembrar de seus amigos. Devemos nos lembrar mais e com maior frequência de nossos amigos cristãos, de acordo com suas necessidades, sustentando-os em nossos pensamentos e considerando-os acima de nosso coração, diante de nosso Deus. Diferentes sentimentos e caminhos no que não é essencial não devem fazer diferença em relação à afeição, assim como para a verdade. Ele pediu por seus amigos e em consideração a eles, considerando a verdade, crescimento e os frutos de suas bênçãos, sua fé em Cristo e seu amor a ele, e para com todos os santos. As boas atitudes que Filemom teve foram motivo de alegria e conforto para ele e para outros, os quais, portanto, desejaram que ele continuasse e abundasse em seus bons frutos, cada vez mais, para a glória de Deus.

VERSÍCULOS 8-14

Que ninguém se sinta diminuído a suplicar, e muitas vezes rogar, sempre que, com o rigor do que é certo, deveríamos ordenar. O apóstolo argumenta pelo amor, mais do que pela autoridade, em benefício daquele que havia se convertido por intermédio de suas pregações; e este era Onésimo. Em alusão a esse nome, que significa "útil", o apóstolo argumenta que, no passado, ele havia sido inútil para Filemom, mas apressa-se a mencionar a mudança por meio da qual ele havia se tornado útil. Pessoas não convertidas são improdutivas; elas não compreendem o grande significado de sua vida. Mas que mudança feliz a conversão faz! Transforma o mal em bem; o inútil em útil. Nenhuma perspectiva de inutilidade deveria conduzir alguém a negligenciar suas obrigações ou a faltar com a obediência a seus superiores. Uma grande evidência de verdadeiro arrependimento consiste em voltar a praticar os afazeres que haviam sido negligenciados. Em seu estado de não convertido, Onésimo havia fugido, para o prejuízo de seu senhor; mas, agora, ele havia reconhecido seu pecado e se arrependido, estando desejoso de voltar para seu trabalho e concordando com isso. Os homens sabem muito pouco a respeito dos propósitos sempre que o Senhor permite que mudanças aconteçam em sua situação de vida, ou até mesmo a se engajar em tarefas, às vezes por motivos maus. Devemos refletir a respeito de casos em que, se o Senhor não rejeitasse alguns de nossos projetos egoístas, nossa destruição seria certa.

VERSÍCULOS 15-22

Quando falamos a respeito da natureza de qualquer pecado ou ofensa contra Deus, o mal de tudo isso não é ser rebaixado, mas, para um pecador arrependido, assim que Deus o reveste, é assim que deve ser. Tais características que foram mudadas frequentemente tornam-se uma bênção para todos os que vivem com aquela pessoa.

HEBREUS

Uma introdução

Sua canonicidade

Todos os resultados de pesquisas críticas e históricas aos quais essa epístola foi, em especial, sujeitada vindicaram abundantemente seu direito a um lugar no cânon do Novo Testamento entre os outros livros inspirados.

Sua autoria

Uma considerável variedade de opiniões sobre esse assunto tem sido promovida em épocas diferentes. Alguns têm sustentado que seu autor foi Silas, o companheiro de Paulo. Outros atribuíram sua autoria a Clemente de Roma, Lucas, Barnabé, Apolo ou a algum alexandrino cristão desconhecido.

Data e local dos escritos
Essa carta foi, certamente, escrita antes da destruição de Jerusalém (Hb 13.10).

A quem foi endereçada
Certamente foi endereçada aos judeus convertidos à fé do evangelho, provavelmente à igreja em Jerusalém.

Propósito
Foi planejada para mostrar o verdadeiro fim e significado do sistema mosaico e seu caráter simbólico e transitório. Ela prova que o sacerdócio levítico era uma "sombra" de Cristo e que os sacrifícios legais prefiguravam o grande e totalmente perfeito sacrifício que ele ofereceu por nós. A carta explica que o evangelho foi designado não para modificar a lei de Moisés, mas para substituí-la e aboli-la. Seu ensino foi preparado, como havia sido designado, para controlar aquela tendência de apostatar do cristianismo e retornar ao judaísmo, o qual tentava sobressair entre certos judeus cristãos.

A suprema autoridade e a glória transcendente do evangelho são claramente apresentadas, e de tal modo que fortaleça e confirme sua fidelidade a Cristo.

Divisões
Possui duas partes:
1. doutrinária (Hb 1.1–10.18), e
2. prática (Hb 10.19–13.25). Foram encontradas nessa carta muitas referências a trechos do Antigo Testamento. Ela pode ser considerada como um elo suplementar às epístolas aos Romanos e aos Gálatas e como um comentário inspirado sobre o livro de Levítico.

Autor, data
AUTOR
Essa carta é anônima

DATA APROXIMADA DA ESCRITA
64-68 d.C.

Estatísticas
LUGAR DO LIVRO NA BÍBLIA
- Décimo nono livro do Novo Testamento
- Primeira carta não escrita por Paulo

NÚMERO DE CAPÍTULOS
13

NÚMERO DE VERSÍCULOS
303

NÚMERO DE PALAVRAS
6.913

Tema principal do livro
Cristo é superior a todo o judaísmo

Chaves para o entendimento do livro
PALAVRA/PALAVRAS-CHAVE
- Melhor, 13 vezes
- Céu, celestial, 15 vezes
- Perfeito

FRASE-CHAVE
... *a palavra de Deus é viva e eficaz*, 4.12

CAPÍTULO/CAPÍTULOS-CHAVE
11 e os exemplos de fé dos seguidores de Deus no Antigo Testamento

VERSÍCULO/VERSÍCULOS-CHAVE
A fé é a garantia do que se espera e a prova do que não se vê. (Hb 11.1)

Portanto, também nós, rodeados de tão grande nuvem de testemunhas, depois de eliminar tudo que nos impede de prosseguir e o pecado que nos assedia, corramos com perseverança a corrida que nos está proposta, fixando os olhos em Jesus, o Autor e Consumador da nossa

fé, o qual, por causa da alegria que lhe estava proposta, suportou a cruz, não fazendo caso da vergonha que sofreu, e está assentado à direita do trono de Deus.
(Hb 12.1,2)

Cristo é visto como
Nosso eterno sumo sacerdote

Pensamento espiritual
Cristãos são aqueles que olham para Jesus.

Plano detalhado capítulo a capítulo
Capítulo 1: A preeminência de Jesus Cristo
Capítulo 2: O plano de salvação de Deus
Capítulo 3: Cristo é superior a Moisés
Capítulo 4: O descanso dos cristãos e Jesus, o sumo sacerdote
Capítulo 5: Jesus, o grande sumo sacerdote
Capítulo 6: A maturidade cristã
Capítulo 7: Melquisedeque
Capítulo 8: A nova aliança
Capítulo 9: O sacrifício superior
Capítulo 10: A finalidade do sacrifício de Jesus
Capítulo 11: Os exemplos de fé
Capítulo 12: O viver pela fé
Capítulo 13: A exortação ao amor

■ Percepções de Matthew Henry

Hebreus 11
VERSÍCULOS 1-3
A fé tem sido sempre a marca dos servos de Deus, desde o começo do mundo. Quando o princípio é plantado pelo regenerador Espírito Santo de Deus, a verdade será bem recebida, considerando-se a justificação pelos sofrimentos e méritos de Cristo. E as mesmas coisas que são o objeto de nossa esperança são o objeto de nossa fé. Temos uma firme convicção e expectativa de que Deus fará acontecer tudo o que prometeu para nós em Cristo.

TIAGO

■ Uma introdução

Autoria
O autor foi Tiago, o Menor, irmão do Senhor, um dos doze apóstolos. Ele foi um dos três pilares da igreja (Gl 2.9).

Leitores
Essa carta foi endereçada aos judeus da Dispersão: "... às doze tribos da Dispersão".

Propósito
O objetivo do escritor era reforçar as tarefas práticas da vida cristã. "As maldades praticadas pelos judeus, contra as quais Tiago os adverte, são o formalismo que transformou o serviço de Deus em cerimônias de purificação e exteriores, e ele, com isso, lembra a todos (Tg 1.27) que, na verdade, o serviço a Deus consiste em amor ativo e pureza; o fanatismo que, sob o disfarce de um zelo religioso, estava destruindo Jerusalém (Tg 1.20); o fatalismo que lançava seus pecados sob a responsabilidade de Deus (Tg 1.13); a avareza que os levava a se curvar diante dos ricos (Tg 2.2); a falsidade que tornou palavras e juramentos em brincadeiras (Tg 3.2-12); o partidarismo (Tg 3.14); o falar mal dos outros (Tg 4.11); a vanglória (Tg 4.16); a opressão (Tg 5.4). A grande lição que ele lhes ensina como cristãos é a paciência: paciência nas tribulações (Tg 1.2), paciência nas boas obras (Tg 1.22-25), paciência sob provocações (Tg 3.17), paciência sob opressão (Tg 5.7), paciência sob perseguição (Tg 5.10); e o fundamento de sua paciência é que a vinda do Senhor está próxima, a qual virá para os bons e para os maus (Tg 5.8)."

Fé e obras
A justificação pelas obras, algo que Tiago sustenta, é a justificação diante dos homens, a justificação de nossa profissão de fé por intermédio de uma vida coerente com nossa profissão de fé. Paulo sustenta a doutrina da justificação pela fé; mas esta é a justificação diante de Deus, ou seja, ser visto e aceito como justo pelas virtudes da justiça de Cristo, as quais são recebidas pela fé.

Autor, data
AUTOR
Tiago

DATA APROXIMADA DA ESCRITA
45-49 d.C.

Estatísticas
LUGAR DO LIVRO NA BÍBLIA
- Vigésimo livro do Novo Testamento
- Segunda carta não escrita por Paulo

NÚMERO DE CAPÍTULOS
5

NÚMERO DE VERSÍCULOS
108

NÚMERO DE PALAVRAS
2.309

Tema principal do livro
Maneiras práticas de como viver a vida cristã

Chaves para o entendimento do livro
PALAVRA/PALAVRAS-CHAVE
- Fé, 16 vezes
- Obras, trabalhando

FRASE-CHAVE
Sejam os obreiros do mundo

CAPÍTULO/CAPÍTULOS-CHAVE
1 e sendo testado e tentado

VERSÍCULO/VERSÍCULOS-CHAVE
Mas, ó homem insensato, queres ser convencido de que a fé sem obras é inútil?
(Tg 2.20)

Cristo é visto como
Aquele que nos atrai para perto de si

Pensamento espiritual
Deus está próximo de nós quando buscamos estar próximos dele.

Plano detalhado capítulo a capítulo
Capítulo 1: O teste da fé
Capítulo 2: A fé e a discriminação; as boas obras
Capítulo 3: O controle da língua e a aquisição de sabedoria
Capítulo 4: A humildade e a dependência de Deus
Capítulo 5: O triunfo da fé

■ Percepções de Matthew Henry
Tiago 3
VERSÍCULOS 1-12
Somos ensinados a temer uma língua incontrolável, como um dos maiores males que existem. Os negócios da humanidade são postos em confusão pelas línguas dos homens. Todas as épocas do mundo e toda condição de vida, pública ou privada, permitem ter exemplos como esses. O inferno ocupa-se mais em promover o fogo da língua do que os homens geralmente pensam; e todas as vezes que a língua dos homens é usada de modo pecaminoso, é colocada no fogo do inferno. Nenhum homem pode temer a língua sem a graça e a assistência divinas. O apóstolo não diz que isso seja impossível, mas sim que é extremamente difícil. Outros pecados decaem com a idade, mas este muitas vezes torna-se pior; crescemos mais rebeldes e irritados, assim como a força natural decai, e chegam os dias em que não há mais prazer em coisa alguma. Quando outros pecados

são domados e submetidos às fraquezas da idade, o espírito frequentemente cresce com mais acidez, a natureza é atraída para o que é sujo, e as palavras usadas tornam-se mais apaixonadas. A língua desse tipo de homem contraria a si mesmo, a qual, em um momento finge adorar as perfeições de Deus e tributar todas as coisas a ele; e, em outro momento, condena todos os homens bons, se estes não usarem as mesmas palavras e expressões. A verdadeira religião não admitirá contradições. Quantos pecados seriam evitados se os homens fossem sempre perseverantes! A linguagem piedosa e edificante é o produto genuíno de um coração santificado; e ninguém que entenda o cristianismo espera ouvir maldições, mentiras, ostentações e ofensas da boca de um cristão verdadeiro; seria o mesmo que procurar o fruto de uma árvore em outra árvore. Mas os fatos provam que mais mestres têm sucesso em conter seus sentimentos e paixões do que em realmente refrear sua língua.

1PEDRO

■ Uma introdução

Visão geral

Essa epístola é endereçada "aos eleitos peregrinos da Dispersão", ou seja, aos judeus da Dispersão (a Diáspora).

Seu objetivo era firmar seus leitores nas doutrinas que eles acabavam de aprender. Pedro é chamado de o apóstolo da esperança, porque essa epístola está repleta de palavras de conforto e encorajamento preparadas para suster uma esperança viva.

Ela contém aproximadamente 35 referências ao Antigo Testamento.

Conteúdo
Ele aconselha:
- A permanecer estável e perseverante nas perseguições (1Pe 1.1–2.10);
- Que sejam praticados os serviços de uma vida santa (1Pe 2.11–3.13);
- Ele dá o exemplo de Cristo e outros motivos para conservarem a paciência e a santidade (1Pe 3.14–4.19);
- Conclui com conselhos aos pastores e ao povo (1Pe 5).

Autor, data
AUTOR
Pedro

DATA APROXIMADA DA ESCRITA
63, 64 d.C.

Estatísticas
LUGAR DO LIVRO NA BÍBLIA
- Vigésimo primeiro livro do Novo Testamento
- Terceira carta não escrita por Paulo

NÚMERO DE CAPÍTULOS
5

NÚMERO DE VERSÍCULOS
105

NÚMERO DE PALAVRAS
2.482

Tema principal do livro
Encare o sofrimento imerecido e a perseguição com esperança cristã.

Chaves para o entendimento do livro
PALAVRA/PALAVRAS-CHAVE
Sofrer, sofrimento, 16 vezes

FRASE-CHAVE
Sofrer por Cristo

CAPÍTULO/CAPÍTULOS-CHAVE
4 e enfrentando a perseguição

VERSÍCULO/VERSÍCULOS-CHAVE
Nisso exultais, ainda que agora sejais necessariamente afligidos por várias provações por um pouco de tempo, para que a comprovação da vossa fé, mais preciosa do que o ouro que perece, embora provado pelo fogo, redunde em louvor, glória e honra na revelação de Jesus Cristo.
(1Pe 1.6,7)

Amados, não estranheis a provação que como fogo vos sobrevém, como se vos estivesse acontecendo alguma coisa estranha. Mas alegrai-vos por serdes participantes dos sofrimentos de Cristo, para que também vos alegreis e exulteis na revelação da sua glória. (1Pe 4.12,13)

Cristo é visto como
O perfeito Cordeiro sacrificial, 1.19

Pensamento espiritual
A esperança cristã é fundamentada nas promessas de Deus.

Plano detalhado capítulo a capítulo
Capítulo 1: A esperança e a santidade
Capítulo 2: As pedras vivas, servos de Deus, e o exemplo do sofrimento de Jesus
Capítulo 3: A forma como devemos sofrer
Capítulo 4: A forma de sofrer como um cristão
Capítulo 5: A submissão a Deus

■ Percepções de Matthew Henry

1Pedro 5
VERSÍCULOS 1-4
O apóstolo Pedro não ordena, mas exorta. Ele não usa seu poder para dominar sobre todos os pastores e igrejas. Foi uma honra peculiar de Pedro, e um pouco mais, o fato de ter sido uma testemunha dos sofrimentos de Cristo; mas é um privilégio de todos os verdadeiros cristãos participar da glória que será revelada. Esses pobres, dispersos e sofridos cristãos foram o rebanho de Deus, redimidos para Deus pelo grande Pastor, vivendo no amor e na comunhão sagrados, de acordo com a vontade de Deus. Eles igualmente são honrados com o título de herança ou sacerdócio de Deus; sua grande e peculiar porção, escolhida para seu próprio povo, para receber seu favor especial, e para fazer por ele um trabalho especial. Cristo é o Pastor-chefe de todo o rebanho e herança de Deus. E todos os ministros fiéis receberão uma coroa de glória que não desvanece, infinitamente melhor e mais honrável do que toda a autoridade, riqueza e prazeres do mundo.

VERSÍCULOS 5-9
A humildade preserva a paz e a ordem em todas as igrejas cristãs e sociedades; já o orgulho as destrói. Onde Deus dá a graça para sermos humildes, ele dará sabedoria, fé e santidade. Ser humilde e sujeitar-se ao nosso Deus reconciliador trará grande conforto à alma, muito mais do que a gratificação do orgulho e da ambição. Mas isso ocorrerá no tempo devido; não em seu tempo imaginário, mas no próprio e sabiamente determinado tempo de Deus. Ele espera e não desfalece? Quais dificuldades não serão superadas pela firme crença de sua sabedoria, poder e bondade! Portanto, seja humilde em suas mãos. Lance "sobre ele [Deus] toda a vossa ansiedade" – ansiedades pessoais, ansiedades familiares, ansiedades com o tempo presente e ansiedades com o futuro, por vocês mesmos, por outros, pela igreja. Estas são pesadas e, com frequência, muito pecaminosas, quando nascem de uma descrença e de uma desconfiança, quando torturam e distraem a mente, tornando-nos inadequados para serviços e impedindo nosso deleite no serviço de Deus.

2PEDRO

■ Uma introdução

Autenticidade

A questão da autenticidade dessa epístola foi muito discutida, mas o peso da evidência está totalmente a favor de sua afirmação de ser a produção do apóstolo, cujo nome ela leva. Parece ter sido escrita pouco antes da morte do apóstolo (2Pe 1.14). Essa epístola contém onze referências ao Antigo Testamento. Também contém (2Pe 3.15,16) uma memorável referência às epístolas de Paulo. Alguns pensam que essa referência diz respeito a 1Ts 4.13–5.11. Alguns anos atrás, entre outros documentos, um fragmento de um pergaminho, chamado de *O evangelho de Pedro*, foi descoberto em uma tumba cristã em Akhmim, no Alto Egito. Orígenes, Eusébio e Jerônimo referem-se a tal trabalho e, portanto, concluiu-se que foi provavelmente escrito em meados do século II, aproximadamente. Esse trabalho professa relatar a história da ressurreição e ascensão de nosso Senhor. Enquanto difere em não poucos detalhes dos evangelhos canônicos, o escritor demonstra claramente que estava familiarizado com os sinóticos e com o evangelho de João. Embora seja apócrifo, é de considerável valor ao mostrar que os principais fatos da história de nosso Senhor tornaram-se, naquela época, largamente conhecidos.

Autor, data
AUTOR
Pedro

DATA APROXIMADA DA ESCRITA
65, 66 d.C.

Estatísticas
LUGAR DO LIVRO NA BÍBLIA
- Vigésimo segundo livro do Novo Testamento
- Quarta carta não escrita por Paulo

NÚMERO DE CAPÍTULOS
3

NÚMERO DE VERSÍCULOS
61

NÚMERO DE PALAVRAS
1.559

Tema principal do livro
Como derrotar falsos e perigosos mestres

Chaves para o entendimento do livro
PALAVRA/PALAVRAS-CHAVE
- Conhecimento
- Falsos mestres

FRASE-CHAVE
... *conhecimento de Deus*, 1.2

CAPÍTULO/CAPÍTULOS-CHAVE
1 e a divina inspiração da Escritura

VERSÍCULO/VERSÍCULOS-CHAVE
Saibam antes de tudo que nenhuma profecia das Escrituras é de interpretação particular. Pois a profecia nunca foi produzida por vontade humana, mas homens falaram da parte de Deus, conduzidos pelo Espírito Santo.
(2Pe 1.20,21)

... para que vos recordeis das palavras ditas anteriormente pelos santos profetas e do mandamento do Senhor e Salvador, dado por meio de vossos apóstolos.
(2Pe 3.2)

Cristo é visto como
O Senhor da glória

Pensamento espiritual
Os cristãos nunca devem parar de crescer.

Plano detalhado capítulo a capítulo
Capítulo 1: Cultivar o caráter cristão
Capítulo 2: Os falsos mestres são condenados
Capítulo 3: A crença na volta de Jesus

■ Percepções de Matthew Henry

2Pedro 1
VERSÍCULOS 1-11
A fé une o cristão fraco a Cristo, da mesma forma que faz com o cristão forte, e purifica o coração de um tão verdadeiramente como faz com o outro, e cada cristão sincero é, por sua fé, justificado pelo ponto de vista de Deus. A fé produz santidade e igualmente produz efeitos que nenhuma outra graça pode produzir na alma. Em Cristo reside toda satisfação, todo perdão, toda paz, toda graça e todo conhecimento, e novos princípios são, portanto, dados por intermédio do Espírito Santo. As promessas para aqueles que são participantes da natureza divina nos farão questionar se estamos realmente renovados no espírito de nossa mente; transformaremos todas essas promessas em orações pela graça transformadora e purificadora do Espírito Santo. O cristão deve adicionar conhecimento a sua virtude, aumentando seu conhecimento sobre toda a verdade e vontade de Deus. Devemos adicionar temperança à sabedoria, bem como moderação em relação às coisas do mundo, e acrescentar à temperança a paciência, ou a alegre submissão à vontade de Deus. A tribulação produz paciência, por meio da qual suportamos todas as calamidades e cruzes com silêncio e submissão.

À paciência, devemos adicionar a santidade: isso inclui o santo amor e a disposição encontrados no verdadeiro servo de Deus; com terna afeição por todos os companheiros cristãos, os quais são filhos do mesmo Pai, servos do mesmo Mestre, membros da mesma família, viajantes em direção ao mesmo local, herdeiros da mesma herança.

Esta é a razão pela qual os cristãos trabalham para alcançar a segurança de seu chamado e de sua eleição, pela fé e boas obras, e, desse modo, lutam cuidadosamente – este é um argumento firme da graça e da misericórdia de Deus, sustentando-os de forma que absolutamente nenhum caia.

Aqueles que são diligentes no trabalho do Senhor deverão ter uma entrada triunfante no reino celestial onde Cristo reina para sempre e, igualmente, reinarão com ele para todo o sempre; e é na prática de toda boa obra que devemos esperar entrar no céu.

VERSÍCULOS 12-15
Devemos nos firmar na crença da verdade, pois, dessa forma, não seremos abalados por todo vento de doutrina; e especialmente na verdade necessária ao nosso conhecimento diário, à qual pertence a nossa paz e à qual contrapõe-se a nossa época.

1JOÃO

■ Uma introdução

Autoria
Essa carta, é óbvio, foi escrita por João, o evangelista, e também foi, provavelmente, escrita em Éfeso quando o escritor já estava em idade avançada.

Propósito
O propósito do apóstolo (1Jo 1.1-4) é proclamar o "Verbo da vida" àqueles para quem ele escreve, a fim de que se unam em comunhão ao Pai e a seu Filho Jesus Cristo.

UNIÃO COM DEUS
Ele mostra que os meios para a união com Deus são, da parte de Cristo, sua obra expiatória (1Jo 1.7; 2.2; 3.5; 4.10,14; 5.11,12) e sua intercessão (1Jo 2.1); e da parte do homem,
- Santidade (1Jo 1.6),
- Obediência (1Jo 2.3),

- Pureza (1Jo 3.3),
- Fé (1Jo 3.23; 4.3; 5.5) e
- Amor (1Jo 2.7,8; 3.14; 4.7; 5.1).

Autor, data
AUTOR
João

DATA APROXIMADA DA ESCRITA
86-90 d.C.

Estatísticas
LUGAR DO LIVRO NA BÍBLIA
- Vigésimo terceiro livro do Novo Testamento
- Quinta carta não escrita por Paulo

NÚMERO DE CAPÍTULOS
5

NÚMERO DE VERSÍCULOS
105

NÚMERO DE PALAVRAS
2.523

Tema principal do livro
Como saber, com certeza, que você é um seguidor de Cristo

Chaves para o entendimento do livro
PALAVRA/PALAVRAS-CHAVE
- Conhecimento
- Amor
- Comunhão
- Obediência
- Justiça

FRASE-CHAVE
Se dissermos

CAPÍTULO/CAPÍTULOS-CHAVE
1 e a restauração da comunhão com Deus

VERSÍCULO/VERSÍCULOS-CHAVE
Sim, o que vimos e ouvimos, isso vos anunciamos, para que também tenhais comunhão conosco; e a nossa comunhão é com o Pai e com seu Filho Jesus Cristo. Estas coisas vos escrevemos para que a nossa alegria seja completa. (1Jo 1.3,4)

Se confessarmos os nossos pecados, ele é fiel e justo para nos perdoar os pecados e nos purificar de toda injustiça. (1Jo 1.9)

Eu vos escrevo essas coisas, a vós que credes no nome do Filho de Deus, para que saibais que tendes a vida eterna. (1Jo 5.13)

Cristo é visto como
O Filho de Deus

Pensamento espiritual
Devemos ser tranquilamente confiantes por sermos cristãos.

Plano detalhado capítulo a capítulo
Capítulo 1: A testemunha ocular e a comunhão
Capítulo 2: A obediência e o amor a Deus; a forma como lidar com os hereges
Capítulo 3: O tornar-se filho de Deus e a demonstração do amor cristão
Capítulo 4: O discernimento de espíritos e a prova de amor
Capítulo 5: Os fundamentos para a segurança

■ Percepções de Matthew Henry

1João 5
VERSÍCULOS 9-12
Nada pode ser mais absurdo do que a conduta daqueles que duvidam da verdade do cristianismo, enquanto os que, nos afazeres comuns da vida, não hesitam em prosseguir com suas declarações humanas e consideram qualquer um fora de si caso se recusem a fazer o mesmo. O verdadeiro

cristão já viu sua culpa e miséria e também sua necessidade por um Salvador. Ele reconhece a necessidade de tal Salvador para todos os seus desejos espirituais e circunstâncias. Encontrou e sentiu o poder da palavra e da doutrina de Cristo, humilhando, curando, avivando e confortando sua alma. Ele tem uma nova disposição e novos deleites, e não é mais o ser humano que costumava ser. Todavia, ele ainda encontra-se em conflito consigo mesmo, com o pecado, com a carne, com o mundo e com poderes do Maligno. Mas ele encontra essa força pela fé em Cristo, e pode superar o mundo, e seguir em uma melhor direção. Tal segurança tem o cristão no evangelho, pois tem uma testemunha em si mesmo, a qual coloca o problema fora de cogitação para ele, exceto em horas de escuridão ou conflito, mas ninguém pode argumentar com ele a respeito das verdades que encabeçam o evangelho. E aqui está o que torna o pecado do incrédulo tão terrível: o pecado da incredulidade. Ele faz Deus mentiroso, porque não acredita no testemunho que Deus deu de seu Filho. É em vão para um homem alegar que acredita na declaração de Deus a respeito de outras coisas, enquanto rejeita sua declaração nesse ponto. Ele – que se recusa a confiar e honrar a Cristo como o Filho de Deus, que despreza a submissão aos seus ensinamentos como Profeta, que despreza a confiança em sua expiação e intercessão como sumo sacerdote ou que se nega a obedecer a Cristo como rei – está morto em seus pecados e sob condenação; nenhuma moralidade exterior, aprendizado, forma, noções ou crenças poderão ajudá-lo.

VERSÍCULOS 13-17
Diante de toda essa evidência, é certo que creiamos no nome do Filho de Deus. Os cristãos têm a vida eterna pela aliança do evangelho.

2JOÃO

■ Uma introdução

Essa carta é endereçada "à senhora eleita" e encerra-se com as palavras: "Os filhos da tua irmã eleita enviam saudações"; mas alguns poderiam ler, em vez de "senhora" o nome próprio Kyria. Dos treze versículos que compõem essa epístola, sete estão em 1João. A pessoa a quem é endereçada a carta é conhecida por sua piedade e é avisada acerca dos falsos mestres.

Autor, data
AUTOR
João

DATA APROXIMADA DA ESCRITA
86-90 d.C.

Estatísticas
LUGAR DO LIVRO NA BÍBLIA
- Vigésimo quarto livro do Novo Testamento
- Sexta carta não escrita por Paulo

NÚMERO DE CAPÍTULOS
1

NÚMERO DE VERSÍCULOS
13

NÚMERO DE PALAVRAS
303

Tema principal do livro
A verdade é de extrema importância

Chaves para o entendimento do livro

PALAVRA/PALAVRAS-CHAVE
Amor

FRASE-CHAVE
... ensino de Cristo, versículo 9

VERSÍCULO/VERSÍCULOS-CHAVE
> E este é o amor: que vivamos segundo seus mandamentos. Esse é o mandamento, como já desde o princípio ouvistes, para que nele andeis.
> (2Jo 6)

Cristo é visto como
A verdade

Pensamento espiritual
Os cristãos devem andar na verdade.

Plano detalhado capítulo a capítulo
Capítulo 1: Permanecer nos mandamentos de Deus.

■ Percepções de Matthew Henry

VERSÍCULOS 1-3
A fé transforma os louvores em expressões reais de respeito e amor. Um velho discípulo é honrável; um velho apóstolo e líder dos discípulos é ainda mais honrável. A carta é endereçada a uma nobre e cristã senhora e seus filhos; é bom ver que o evangelho também atingiu tais pessoas: indivíduos nobres são chamados. As famílias devem ser encorajadas e direcionadas em seu amor e deveres em casa. Aqueles que amam a verdade e a piedade em si mesmas deveriam amá-las nos outros; e os cristãos amavam essa senhora, não por sua posição na sociedade, mas por sua santidade. E onde a fé verdadeiramente reside, ali permanecerá para sempre. Das divinas pessoas da Trindade, o apóstolo suplica a graça, o favor divino e a boa vontade, onde nascem todas as boas obras. É realmente a graça que deveria ser dada como bênção espiritual aos pecadores mortais. Misericórdia, absolvição gratuita e perdão para aqueles já ricos na graça que necessitam de contínuo perdão.

3 JOÃO

■ Uma introdução

Essa carta é endereçada a Gaio ou Caio, mas não há certeza se foi para um cristão com esse nome da Macedônia (At 19.29), de Corinto (Rm 16.23) ou de Derbe (At 20.4). Ela foi escrita com o propósito de recomendar a Gaio alguns cristãos que eram estrangeiros no local onde ele morava, os quais haviam ido para lá com o propósito de pregar o evangelho (3Jo 7).

Autor, data

AUTOR
João

DATA APROXIMADA DA ESCRITA
86-90 d.C.

Estatísticas

LUGAR DO LIVRO NA BÍBLIA
- Vigésimo quinto livro do Novo testamento
- Sétima carta não escrita por Paulo

NÚMERO DE CAPÍTULOS
1

NÚMERO DE VERSÍCULOS
13

NÚMERO DE PALAVRAS
299

Tema principal do livro
Quem deve ser bem-vindo e quem deve ser rejeitado

Chaves para o entendimento do livro

PALAVRA/PALAVRAS-CHAVE
Verdade

FRASE-CHAVE
... anda[r] *na verdade*, versículo 4

VERSÍCULO/VERSÍCULOS-CHAVE
> Amado, não imites o mal, mas sim o bem. Quem faz o bem é de Deus, mas quem faz o mal não viu a Deus. (3Jo 11)

Cristo é visto como
Cristo, embora não seja mencionado por seu nome nessa carta, é sem dúvida a fonte da verdade.

Pensamento espiritual
A verdade deve ser divulgada.

Plano detalhado capítulo a capítulo
Capítulo 1: A comunhão cristã.

■ Percepções de Matthew Henry

VERSÍCULOS 13,14
Aqui está o caráter de Demétrio. Um nome no evangelho ou uma boa notícia na igreja é melhor do que a honra do mundo. Poucos recebem bons comentários dos outros; e, às vezes, é difícil receber bons comentários. Felizes são aqueles cujo espírito e cuja conduta os recomendam diante de Deus e dos homens. Devemos estar prontos para dar nosso testemunho a eles, e é bom quando aqueles que recomendam podem recorrer à consciência de tais como conhecidos, mais do que aqueles que são recomendados. Uma conversa pessoal geralmente requer tempo e gera problemas, e erros que aparecem nas cartas, e bons cristãos devem ficar felizes por se encontrarem. A bênção é esta: a paz esteja com você; que toda a felicidade o acompanhe. Todos devem saudar e cumprimentar uns aos outros na terra, pois esperam viver juntos no céu. Estando associados a tais cristãos e imitando o exemplo deles, devemos ter paz em nós mesmos e viver em paz com os irmãos.

JUDAS

■ Uma introdução

Autoria
O autor dessa carta foi "Judas, [...] irmão de Tiago", o Menor (Jd 1), também chamado de Lebeu (Mt 10.3, *ARC*) e Tadeu (Mc 3.18).

Autenticidade da carta
A autenticidade dessa epístola foi questionada nos primórdios, e dúvidas relacionadas a ela foram despertadas na época da Reforma; mas as evidências que defendem suas declarações são completas. Ela possui todas as características de ter sido escrita pelo escritor cujo nome ela leva.

Época e local da escrita
Não há nada muito definido para determinar a época e o local em que foi escrita. Ela foi aparentemente escrita no último período da era apostólica, pois, quando foi escrita, havia pessoas ainda vivas que tinham ouvido os apóstolos pregar (Jd 17). Portanto, deve ter sido escrita por volta de 66 ou 70 d.C., aparentemente na Palestina.

Leitores
A epístola é endereçada aos cristãos em geral (Jd 1), e seu propósito é resguardá-los acerca de alguns falsos mestres aos quais estavam expostos. O estilo dessa epístola é o de uma "injúria comovente, no impetuoso redemoinho no qual o escritor se apressa,

coletando exemplo após exemplo da divina vingança sobre os incrédulos; juntando título após título, acumulando imagem após imagem e, por assim dizer, trabalhando por palavras e imagens com força suficiente para descrever o caráter maldoso dos apóstatas imorais, contra quem ele aconselhava a igreja; voltando por diversas vezes ao assunto, como se toda a linguagem usada fosse insuficiente para dar uma ideia adequada de sua depravação e para expressar seu ódio ardente contra a distorção das doutrinas do evangelho".

Judas e 2Pedro
A semelhança impressionante que essa epístola tem com 2Pedro sugere a ideia de que o autor de uma havia visto a epístola do outro.

Doxologia
A doxologia com a qual a epístola é concluída é considerada a mais admirável do Novo Testamento.

Autor, data
AUTOR
Judas

DATA APROXIMADA DA ESCRITA
67-80 d.C.

Estatísticas
LUGAR DO LIVRO NA BÍBLIA
- Vigésimo sexto livro do Novo Testamento
- Oitava carta não escrita por Paulo

NÚMERO DE CAPÍTULOS
1

NÚMERO DE VERSÍCULOS
25

NÚMERO DE PALAVRAS
613

Tema principal do livro
Os falsos mestres são revelados

Chaves para o entendimento do livro
PALAVRA/PALAVRAS-CHAVE
Guardado

FRASE-CHAVE
... *conservai-vos no amor de Deus*, versículo 21.

VERSÍCULO/VERSÍCULOS-CHAVE
> Àquele que é poderoso para vos impedir de tropeçar e para vos apresentar imaculados e com grande júbilo diante da sua glória, ao único Deus, nosso Salvador, por meio de Jesus Cristo, nosso Senhor, sejam glória, majestade, domínio e poder, antes de todos os séculos, agora e para todo o sempre. Amém. (Jd 24,25)

Cristo é visto como
O *único Deus*, versículo 25

Pensamento espiritual
Falsos mestres devem ser confrontados.

Plano detalhado capítulo a capítulo
Capítulo 1: A forma de derrotar os falsos mestres

■ Percepções de Matthew Henry

VERSÍCULOS 1-4
Os cristãos são chamados para fora do mundo, do espírito maligno e de sua intemperança; são chamados para além do mundo, para coisas melhores e mais altas, para o céu, para coisas eternas e que ainda não foram vistas; são chamados do pecado para Cristo, da vaidade para a seriedade, da impureza para a santidade, e tudo isso de acordo com o propósito e a graça divinos.

Se santificadas e glorificadas, toda honra e glória devem ser dadas a Deus, e somente a ele. Como é Deus quem começa o trabalho da graça na alma dos homens, é ele mesmo quem dá continuidade e aperfeiçoa estes.

Não devemos confiar em nós mesmos nem em nosso estoque de graça já recebida, mas nele, e somente nele. A misericórdia de Deus é o nascer e a fonte de toda a bondade que temos ou esperamos, e a misericórdia não é só para os miseráveis, mas também para os culpados. Próxima à misericórdia está a paz, a qual temos pela sensação de termos obtido a misericórdia. Da paz nasce o amor; o amor de Cristo por nós, nosso amor por ele, e nosso amor fraternal uns pelos outros.

O apóstolo ora, não para que os cristãos estejam satisfeitos com o pouco, mas para que sua alma e associações estejam cheias dessas coisas. Ninguém está impedido de receber os convites e ofertas do evangelho, mas sim aqueles que obstinada e maldosamente impedem-se a si mesmos. Mas a aplicação é para todos os cristãos, e somente para eles.

Ela é para os fracos e também para os fortes. Aqueles que são recebidos na doutrina tão simples dessa salvação devem sustentá-la, de forma séria, e não furiosa. Mentir para a verdade é ruim; censurá-la é pior. Aqueles que receberam a verdade devem sustentá-la.

APOCALIPSE

■ Uma introdução

Visão geral
O Apocalipse é o livro que encerra o cânon do Novo Testamento e também o único livro profético do Novo Testamento.

Autoria
O autor desse livro foi, sem dúvida, João, o apóstolo. Seu nome aparece quatro vezes no próprio livro (Ap 1.1,4,9; 22.8), e há muitas razões para concluir que o "João" aqui mencionado era o apóstolo. Em um manuscrito do século XII, aproximadamente, ele é chamado de "João, o divino", mas não há nenhuma razão determinada para essa denominação.

Data da escrita
A data da escrita desse livro, em geral, é fixada no ano 96 d.C., no reinado de Domiciano. Contudo, há alguns que sustentam uma data mais antiga, como 68 ou 69 d.C., no reinado de Nero. Aqueles que são a favor da data mais recente apelam para o testemunho do pai cristão Irineu, o qual recebeu informações relativas a esse livro daqueles que haviam visto João face a face. Ele diz que o Apocalipse "foi visto não muito tempo atrás".

O Apocalipse e o evangelho de João
Em relação à conexão entre esse livro e o evangelho de João, observou-se muito bem que "as ideias dominantes em ambos são as mesmas. Um deles nos dá uma visão impressionante, e o outro, em um grande drama histórico, mostra-nos o supremo conflito entre o bem e o mal e suas consequências. Em ambos, Jesus Cristo é a figura central, cuja vitória contra a derrota é a consequência do conflito. Em ambos, a dispensação judaica é a preparação para o evangelho, e a luta e o triunfo de Cristo são descritos em uma linguagem saturada pelo Antigo Testamento. A diferença de datas percorre um longo caminho em direção à explicação sobre a diferença de estilos". (*O evangelho de João*, por Plummer).

Autor, data
AUTOR
João

DATA APROXIMADA DA ESCRITA
90-96 d.C.

Estatísticas
LUGAR DO LIVRO NA BÍBLIA
- Vigésimo sétimo livro do Novo Testamento
- Primeiro livro apocalíptico

NÚMERO DE CAPÍTULOS
22

NÚMERO DE VERSÍCULOS
404

NÚMERO DE PALAVRAS
12.000

Tema principal do livro
As profecias sobre a redenção de Deus e o julgamento

Chaves para o entendimento do livro
PALAVRA/PALAVRAS-CHAVE
Superar

FRASE-CHAVE
Aqueles que tem ouvidos, ouçam

CAPÍTULO/CAPÍTULOS-CHAVE
19 e a vinda de Cristo em glória

VERSÍCULO/VERSÍCULOS-CHAVE
Ele vem com as nuvens, e todo olho o verá, até mesmo aqueles que o traspassaram, e todas as tribos da terra se lamentarão por causa dele. Sim. Amém. (Ap 1.7)

Eu sou o Alfa e o Ômega, diz o Senhor Deus, aquele que é, que era e que há de vir, o Todo-poderoso. (Ap 1.8)

Portanto, escreve as coisas que tens visto, tanto as do presente como as que acontecerão depois destas. (Ap 1.19)

Estou à porta e bato; se alguém ouvir a minha voz e abrir a porta, entrarei em sua casa e cearei com ele e ele comigo. (Ap 3.20)

Cristo é visto como
O primeiro e o último

Pensamento espiritual
Jesus Cristo revelou a nós tudo o que precisamos saber

Plano detalhado capítulo a capítulo
Capítulo 1: A revelação de Jesus
Capítulo 2: As cartas às quatro primeiras das sete igrejas
Capítulo 3: As últimas três cartas às igrejas das sete delas
Capítulo 4: O trono de Deus
Capítulo 5: O pergaminho selado
Capítulo 6: Os seis selos são abertos
Capítulo 7: Os selos e os mártires
Capítulo 8: O sétimo selo, o incensário e as primeiras quatro trombetas
Capítulo 9: A quinta e a sexta trombetas
Capítulo 10: O pequeno pergaminho
Capítulo 11: As duas testemunhas e a sétima trombeta
Capítulo 12: A mulher, a guerra no céu e na terra
Capítulo 13: A besta que saiu do mar e da terra
Capítulo 14: A visão do Cordeiro e da colheita
Capítulo 15: A canção da vitória dos redimidos
Capítulo 16: As taças da ira de Deus
Capítulo 17: A queda da grande prostituta
Capítulo 18: A queda da Babilônia
Capítulo 19: As bodas do Cordeiro e o cavaleiro no cavalo branco
Capítulo 20: Satanás acorrentado e o reino dos mártires, Gogue e Magogue, e o julgamento final
Capítulo 21: A nova Jerusalém
Capítulo 22: O rio da vida

■ **Percepções de Matthew Henry**

Apocalipse 3
VERSÍCULOS 14-22

Laodiceia era a última e a pior das sete igrejas da Ásia. Aqui nosso Senhor Jesus apresenta-se como "o Amém", firme e imutável em todos os seus propósitos e promessas. Se a religião vale alguma coisa, vale tudo. Cristo espera que os homens sejam mais cuidadosos e sinceros. Quantos mestres da doutrina do evangelho não são nem quentes nem frios!

ESTUDOS SOBRE O NOVO TESTAMENTO

ANÁLISE DOS LIVROS DO NOVO TESTAMENTO

Esse quadro mostra:
- O número de capítulos em cada livro do Novo Testamento;
- O número de versículos em cada capítulo;
- O número total de versículos em cada livro;
- O número total de palavras em cada livro;

Livro	Total de caps.	1	2	3	4	5	6	7	8	9	10	11	12	13	14
Mt	28	25	23	17	25	48	34	29	34	38	42	30	50	58	36
Mc	16	45	28	35	41	43	56	37	38	50	52	33	44	37	72
Lc	24	80	52	38	44	39	49	50	56	62	42	54	59	35	35
Jo	21	51	25	36	54	47	71	53*	59	41	42	57	50	38	31
At	28	26	47	26	37	42	15	60	40	43	48	30	25	52	28
Rm	16	32	29	31	25	21	23	25	39	33	21	36	21	14	23
1Co	16	31	16	23	21	13	20	40	13	27	33	34	31	13	40
2Co	13	24	17	18	18	21	18	16	24	15	18	33	21	13	.
Gl	6	24	21	29	31	26	18	.	.	.	.	.	.	.	.
Ef	6	23	22	21	32	33	24	.	.	.	.	.	.	.	.
Fp	4	30	30	21	23	.	.	.	.	.	.	.	.	.	.
Cl	4	29	23	25	18	.	.	.	.	.	.	.	.	.	.
1Ts	5	10	20	13	18	28	.	.	.	.	.	.	.	.	.
2Ts	3	12	17	18	.	.	.	.	.	.	.	.	.	.	.
1Tm	6	20	15	16	16	25	21	.	.	.	.	.	.	.	.
2Tm	4	18	26	17	22	.	.	.	.	.	.	.	.	.	.
Tt	3	16	15	15	.	.	.	.	.	.	.	.	.	.	.
Fm	1	25	.	.	.	.	.	.	.	.	.	.	.	.	.
Hb	13	14	18	19	16	14	20	28	13	28	39	40	29	25	.
Tg	5	27	26	18	17	20	.	.	.	.	.	.	.	.	.
1Pe	5	25	25	22	19	14	.	.	.	.	.	.	.	.	.
2Pe	3	21	22	18	.	.	.	.	.	.	.	.	.	.	.
1Jo	5	10	29	24	21	21	.	.	.	.	.	.	.	.	.
2Jo	1	13	.	.	.	.	.	.	.	.	.	.	.	.	.
3Jo	1	15	.	.	.	.	.	.	.	.	.	.	.	.	.
Jd	1	25	.	.	.	.	.	.	.	.	.	.	.	.	.
Ap	22	20	29	22	11	14	17	17	13	21	11	19	17	18	20
Total	260														

- O número total de capítulos, versículos e palavras em todo o Novo Testamento.
- Esses números são baseados nas palavras gregas do Novo Testamento, como encontradas no *Analytical Greek New Testament* [Análise do Novo Testamento grego], e não são baseadas na tradução em português do Novo Testamento.

15	16	17	18	19	20	21	22	23	24	25	26	27	28	Total de versículos	Total de palavras
39	28	27	35	30	34	46	46	39	51	46	75	66	20	1.071	18.345
47	20*	.	.	.	.	.	.	.	.	.	.	.	.	678	11.304
32	31	37	43	48	47	38	71	56	53	.	.	.	.	1.151	19.482
27	33	26	40	42	31	25	.	.	.	.	.	.	.	879	15.635
40	40	34	28	40*	38	40	30	35	27	27	32	44	31	1.005	18.451
33	27	.	.	.	.	.	.	.	.	.	.	.	.	433	7.111
58	24	.	.	.	.	.	.	.	.	.	.	.	.	437	6.829
.	.	.	.	.	.	.	.	.	.	.	.	.	.	256	4.477
.	.	.	.	.	.	.	.	.	.	.	.	.	.	149	2.230
.	.	.	.	.	.	.	.	.	.	.	.	.	.	155	2.422
.	.	.	.	.	.	.	.	.	.	.	.	.	.	104	1.629
.	.	.	.	.	.	.	.	.	.	.	.	.	.	95	1.582
.	.	.	.	.	.	.	.	.	.	.	.	.	.	89	1.481
.	.	.	.	.	.	.	.	.	.	.	.	.	.	47	823
.	.	.	.	.	.	.	.	.	.	.	.	.	.	113	1.591
.	.	.	.	.	.	.	.	.	.	.	.	.	.	83	1.238
.	.	.	.	.	.	.	.	.	.	.	.	.	.	46	659
.	.	.	.	.	.	.	.	.	.	.	.	.	.	25	335
.	.	.	.	.	.	.	.	.	.	.	.	.	.	303	4.953
.	.	.	.	.	.	.	.	.	.	.	.	.	.	108	1.742
.	.	.	.	.	.	.	.	.	.	.	.	.	.	105	1.684
.	.	.	.	.	.	.	.	.	.	.	.	.	.	61	1.099
.	.	.	.	.	.	.	.	.	.	.	.	.	.	105	2.141
.	.	.	.	.	.	.	.	.	.	.	.	.	.	13	245
.	.	.	.	.	.	.	.	.	.	.	.	.	.	15	219
.	.	.	.	.	.	.	.	.	.	.	.	.	.	25	461
8	21	18	24	21	15	27	21	.	.	.	.	.	.	404	9.852
.	.	.	.	.	.	.	.	.	.	.	.	.	.	7.955	138.020

Os quatro evangelhos

NOME	NÚMERO DE CAPÍTULOS	AUTOR
Mateus	28	Mateus
Marcos	16	Marcos
Lucas	24	Lucas
João	21	João
Atos	28	Lucas

As 21 cartas

NOME	NÚMERO DE CAPÍTULOS	AUTOR
Romanos	16	Paulo
1Coríntios	16	Paulo
2Coríntios	13	Paulo
Gálatas	6	Paulo
Efésios	6	Paulo
Filipenses	4	Paulo
Colossenses	4	Paulo
1Tessalonicenses	5	Paulo
2Tessalonicenses	3	Paulo
1Timóteo	6	Paulo
2Timóteo	4	Paulo
Tito	3	Paulo
Filemom	1	Paulo
Hebreus	13	Desconhecido
Tiago	5	Tiago
1Pedro	5	Pedro
2Pedro	3	Pedro
1João	5	João
2João	1	João
3João	1	João
Judas	1	Judas

O livro de Apocalipse

NOME	NÚMERO DE CAPÍTULOS	AUTOR
Apocalipse	22	João

A ordem dos livros do Novo Testamento

Pode ser confuso abrir o Novo Testamento pela primeira vez.

Os seguintes fatos sobre a organização canônica do Novo Testamento são úteis para relembrarmos.

■ Livros do Novo Testamento por categoria

Biográficos
Mateus
Marcos
Lucas
João

Históricos
Atos

Cartas de Paulo

Romanos	1Tessalonicenses
1Coríntios	2Tessalonicenses
2Coríntios	1Timóteo
Gálatas	2Timóteo
Efésios	Tito
Filipenses	Filemom
Colossenses	

Cartas não paulinas

Hebreus	1João
Tiago	2João
1Pedro	3João
2Pedro	Judas

Profético
Apocalipse

A ORDEM NÃO É CRONOLÓGICA
Os 27 livros do Novo Testamento não estão em ordem cronológica. Os livros, como foram dispostos no Novo Testamento, não estão na ordem em que foram escritos.

UMA VISÃO GERAL DOS
LIVROS DO NOVO TESTAMENTO
O Novo Testamento inicia-se com quatro registros sobre a vida de Jesus, escritos

nos evangelhos de Mateus, Marcos, Lucas e João.

Em seguida, vem o crescimento da igreja cristã, conforme está registrado em Atos, seguido pelas cartas do Novo Testamento.

O último livro do Novo Testamento, Apocalipse, descreve simbolicamente o fim dos tempos.

LUCAS E ATOS

Lucas

O evangelho de Lucas e o livro de Atos, também conhecido como Atos dos Apóstolos, foram ambos escritos por Lucas.

Atos é o segundo volume do trabalho de dois volumes de Lucas, mas agora o evangelho de João os separa.

Atos

O livro de Atos dos Apóstolos não contém registros de nenhum dos apóstolos, exceto Pedro e Paulo. João é mencionado somente três vezes; e tudo o que é registrado sobre Tiago, o filho de Zebedeu, é sua execução por Herodes. Dessa forma, não é propriamente a história dos "Atos dos Apóstolos", um título que foi dado ao livro em uma data mais tardia, mas sim dos "Atos de Apóstolos" ou, mais corretamente, de "Alguns atos de certos Apóstolos".

AS CARTAS DE PAULO

As cartas de Paulo podem ser divididas em dois grupos. Há as cartas que ele escreveu para as comunidades cristãs e aquelas que ele escreveu para certas pessoas em particular.

Cidadãos cristãos

As cartas de Paulo para cidadãos cristãos são Romanos, 1Coríntios, 2Coríntios, Gálatas, Efésios, Filipenses, Colossenses, 1Tessalonicenses, 2Tessalonicenses.

Cartas individuais

As cartas de Paulo para pessoas em particular são 1Timóteo, 2Timóteo, Tito e Filemom. As cartas de Paulo, como dispostas no Novo Testamento não estão em ordem cronológica. Elas estão (quase) dispostas em ordem decrescente pela sua extensão.

A CARTA AOS HEBREUS

Essa carta é anônima e é a primeira que se segue após as treze cartas de Paulo no Novo Testamento.

A ORDEM DAS CARTAS NO NOVO TESTAMENTO

As cartas escritas por Tiago, Pedro João e Judas são, algumas vezes, chamadas de epístolas católicas ou epístolas gerais. Estas estão classificadas em ordem decrescente pela sua extensão, embora as cartas escritas pelo mesmo apóstolo estejam agrupadas juntas.

O LIVRO DE APOCALIPSE

O Novo Testamento não se encerra com uma carta, mas com um livro de uma categoria totalmente diferente, apocalíptico, com suas descrições de novos céus, da nova terra e da nova Jerusalém.

AUTORES DO NOVO TESTAMENTO

Os autores tradicionais dos livros do Novo Testamento, com os livros atribuídos a eles são os que se seguem:

ESCRITOR	LIVRO
Mateus	Evangelho de Mateus
Marcos	Evangelho de Marcos
Lucas	Evangelho de Lucas
	Atos
João	Evangelho de João
	1 João
	2 João
	3 João
	Apocalipse
Pedro	1 Pedro
	2 Pedro
Tiago	Tiago
Judas	Judas
Paulo	Romanos
	1 Coríntios
	2 Coríntios
	Gálatas
	Efésios
	Filipenses
	Colossenses
	1 Tessalonicenses
	2 Tessalonicenses
	1 Timóteo
	2 Timóteo
	Tito
	Filemom
Anônimo	Hebreus

Esboços dos autores do Novo Testamento

Muito pouco se sabe a respeito de alguns autores do Novo Testamento, enquanto muito se sabe a respeito de outros autores.

MATEUS

Mateus, que é a mesma pessoa conhecida como Levi, era um coletor de impostos comerciais. Como cobrador de impostos, Mateus seria alguém letrado e realmente capaz de escrever um evangelho. Ele foi escolhido por Jesus para ser um dos doze apóstolos.

MARCOS

Marcos é a mesma pessoa conhecida como "João, também chamado Marcos". Marcos era seu sobrenome latino; e João, seu nome judeu. João Marcos trabalhou para a expansão do evangelho com seu primo Barnabé, uma figura importante na igreja primitiva, bem como Pedro e Paulo. Sua relação próxima com os apóstolos qualificou-o para escrever seu evangelho.

LUCAS

Lucas não é mencionado por seu nome em seu evangelho nem em seu outro escrito, o livro de Atos. Contudo, ele é mencionado momentaneamente em Colossenses 4.14; Filemom 24.2 e 2Timóteo 4.11, em que aprendemos que Lucas era médico; e também cooperador e companheiro de Paulo, acompanhando Paulo em algumas de suas viagens missionárias. Os escritos de Lucas revelam-no como um historiador cuidadoso, bem como um discípulo de Jesus espiritualmente motivado.

JOÃO

João, junto com seu irmão Tiago, era um dos doze apóstolos. Ele é o único escritor do Novo Testamento a ter escrito cartas do Novo Testamento que perduraram, bem como um evangelho. Ele também é o autor tradicional do livro de Apocalipse. João era chamado de o discípulo "a quem Jesus amava", e acredita-se que tenha sido alguém muito próximo de Jesus.

PEDRO

Pedro tornou-se o líder e o porta-voz dos doze apóstolos. Assim como seu irmão André, outro dos Doze, ele também era um pescador. Pedro, junto com Tiago e João, era um membro dos três discípulos mais íntimos de Jesus.

PAULO

O apóstolo Paulo não é mencionado nos evangelhos e não era, originariamente, um dos doze apóstolos. Após sua conversão, o próprio Jesus ressurreto escolheu Paulo para pregar o evangelho para povos não judeus. Paulo, em suas viagens missionárias, usou seus muitos dons e talentos em seu ministério incansável de fundar igrejas e de construir igrejas por intermédio de seus discursos, sermões e cartas.

TIAGO

Tiago, o autor tradicional da carta de Tiago, era também um meio-irmão de Jesus. Embora não fosse um dos doze apóstolos, era líder na igreja primitiva de Jerusalém e presidiu ao importante concílio que aconteceu nessa cidade, no qual foi confirmado que aspectos cerimoniais da lei de Moisés não precisariam mais ser observados – Atos 12.17; 15.13,19; Gálatas 2.9.

JUDAS

Judas também era um meio-irmão de Jesus, irmão mais novo de Tiago, e o autor da carta que leva seu nome.

A impressão de uma carta

As cartas do Novo Testamento frequentemente são bem compreendidas em paráfrases modernas. Aqui está uma parte de 3João:

O presbítero ao amado Gaio, a quem amo por causa da verdade. Amado, desejo que sejas bem-sucedido em todas as coisas e que tenhas saúde, assim como a tua alma vai bem. Pois alegrei-me muito quando os irmãos vieram e em teu favor testemunharam de como andas na verdade. Não tenho maior alegria do que esta: ouvir que os meus filhos andam na verdade. [...] Amado, não imites o mal, mas sim o bem. Quem faz o bem é de Deus, mas quem faz o mal não viu a Deus. Mas, quanto a Demétrio, todos dão testemunho dele, até a própria verdade. Nós também damos testemunho, e sabes que nosso testemunho é verdadeiro. Eu tinha muitas coisas para te dizer, mas não quero fazer isso com tinta e pena. Espero, porém, ver-te em breve, e falaremos face a face. Paz seja contigo. Os amigos te cumprimentam. Cumprimenta os amigos daí um a um.

OS EVANGELHOS SINÓTICOS

Os primeiros três evangelhos, Mateus, Marcos e Lucas, são frequentemente chamados de evangelhos sinóticos, o que significa "ver o mesmo" (*Sin* = mesmo, *óptico* = ver). Os evangelhos sinóticos veem com o mesmo ponto de vista. Eles, em contraste com o evangelho de João, tendem a ver o ministério de Jesus pela mesma perspectiva.

Quarenta e duas passagens comuns

Há 42 passagens nos sinóticos, as quais são encontradas em mais de um evangelho.

1. João Batista, Marcos 1.2-8; Lucas 3.1-18; Mateus 3.1-12.
2. O batismo de Jesus, Marcos 1.9-11; Lucas 3.21,22; Mateus 3.13-17.
3. A tentação de Jesus, Marcos 1.12,13; Lucas 4.1-13; Mateus 4.1-11.
4. O retorno de Jesus à Galileia e sua chegada em Cafarnaum, Marcos 1.14; Lucas 4.14; Mateus 4.12,13.
5. A sogra de Pedro é curada, Marcos 1.29-34; Lucas 4.38-41; Mateus 8.14-17.

6. Um leproso é curado, Marcos 1.40-45; Lucas 5.12-16; Mateus 8.2-4.
7. O paralítico é curado, Marcos 2.1-12; Lucas 5.17-26; Mateus 9.1-8.
8. O chamado de Mateus, Marcos 2.13-22; Lucas 5.27-39; Mateus 9.9-17.
9. Jesus passa com seus discípulos pelas lavouras de cereais, Marcos 2.23-28; Lucas 6.1-5; Mateus 12.1-8.
10. O homem com uma das mãos atrofiada é curado, Marcos 3.1-6; Lucas 6.6-11; Mateus 12.9-15.
11. A preparação para o sermão do monte, Marcos 3.7-19; Lucas 6.12-16; Mateus 4.23-25.
12. Jesus é acusado de expulsar demônios por Belzebu, Marcos 3.20-30; Mateus 12.22-45.
13. A chegada da mãe e da família de Jesus, Marcos 3.31-35; Lucas 8.19-21; Mateus 12.46-50.
14. A parábola do semeador, Marcos 4.1-34; Lucas 8.4-18; Mateus 13.1-34.
15. Jesus atravessa o mar e repreende a tempestade, Marcos 4.35-41; Lucas 8.22-25; Mateus 8.18-27.
16. Os eventos na região dos gadarenos, Marcos 5.1-20; Lucas 8.26-39; Mateus 8.28-34.
17. A filha de Jairo é ressuscitada, Marcos 5.21-43; Lucas 8.40-56; Mateus 9.18-26.
18. Jesus envia os doze apóstolos, Marcos 6.7-13; Lucas 9.1-6; Mateus 10.1-42.
19. A fama de Jesus alcança a corte de Herodes, Mateus 14.1-12; Marcos 6.14-29; Lucas 9.7-9.
20. Os cinco mil homens são alimentados, Mateus 14.13-21; Marcos 6.30-44; Lucas 9.10-17.
21. Jesus é reconhecido como o Messias pelos apóstolos, Mateus 16.13-28; Marcos 8.27; 9.1; Lucas 9.18-27.
22. A transfiguração de Jesus, Mateus 17.1-10; Marcos 9.2-9; Lucas 9.28-36.
23. Jesus cura um endemoninhado que seus apóstolos foram incapazes de curar, Mateus 17.14-21; Marcos 9.14-29; Lucas 9.37-43.
24. Jesus prediz sua morte, Mateus 17.22, 23; Marcos 9.30-32; Lucas 9.43-45.
25. A discussão entre os discípulos sobre precedência, Mateus 18.1-5; Marcos 9.33-37; Lucas 9.46-48.
26. Jesus abençoa as crianças que são trazidas a ele, Mateus 19.13-30; Marcos 10.13-31; Lucas 18.15-30.
27. Jesus prediz novamente sua morte, Mateus 20.17-19; Marcos 10.32-34; Lucas 18.31-34.
28. O homem cego é curado em Jericó, Mateus 20.29-34; Marcos 10.46-52; Lucas 18.35-43.
29. A entrada pública de Jesus em Jerusalém, Mateus 21.1-11; Marcos 11.1-10; Lucas 19.29-44.
30. Jesus expulsa os comerciantes do templo, Mateus 21.12-14; Marcos 11.15-17; Lucas 19.45,46.
31. A autoridade de Jesus é questionada pelos chefes dos sacerdotes e pelos líderes religiosos por ensinar publicamente no templo, Mateus 21.23-27, 33-46; Marcos 11.27; 12.12; Lucas 20.1-19.
32. O pagamento de impostos a César, e a respeito do casamento com a viúva do irmão, Mateus 22.15-33; Marcos 12.13-34; Lucas 20.20-40.
33. A discussão de Jesus com os fariseus sobre o Messias ser chamado de Senhor por Davi, Mateus 22.41-46; Marcos 12.35-37; Lucas 20.41-44.
34. Os fariseus são censurados por Jesus, Mateus 23.1 etc.; Marcos 12.38-40; Lucas 20.45-47.
35. Jesus prediz a destruição de Jerusalém, Mateus 24.1-36; Marcos 13.1-36; Lucas 21.5-36.
36. O prelúdio à paixão de Jesus, Mateus 26.1-5; Marcos 14.1,2; Lucas 22.1,2.
37. O suborno de Judas e a celebração da Páscoa, Mateus 26.14-29; Marcos 14.10-25; Lucas 22.3-23.
38. Jesus vai ao monte das Oliveiras, Mateus 26.30-46; Marcos 14.26-42; Lucas 22.39-46.

39. Jesus é preso, Mateus 26.47-58; Marcos 14.43-54; Lucas 22.47-55.
40. Pedro nega Jesus, Mateus 26.69; 27.19; Marcos 14.66; 15.10; Lucas 22.56; 23.17.
41. A crucificação e morte de Jesus, Mateus 27.20-66; Marcos 15.11-47; Lucas 23.18-56.
42. A ressurreição de Jesus, Mateus 28.1, etc.; Marcos 16.1, etc.; Lucas 24.1 etc.

AS CARTAS DO NOVO TESTAMENTO E AS PALAVRAS EM ARAMAICO

▪ As cartas do Novo Testamento

As epístolas diferem em sua natureza de qualquer outra parte das Escrituras. Elas são uma série de cartas endereçadas às novas igrejas plantadas do século I, ou para membros específicos de cada igreja. A maioria delas foi escrita pelos apóstolos. Há 21 cartas no Novo Testamento.

Quadro das cartas do Novo Testamento

NOME DA CARTA	NÚMERO DE CAPÍTULOS
Romanos	16
1Coríntios	16
2Coríntios	13
Gálatas	6
Efésios	6
Filipenses	4
Colossenses	4
1Tessalonicenses	5
2Tessalonicenses	3
1Timóteo	6
2Timóteo	4
Tito	3
Filemom	1
Hebreus	13
Tiago	5
1Pedro	5
2Pedro	3
1João	5
2João	1
3João	1
Judas	1

Os autores

Os escritores dessas cartas foram Pedro, Tiago, João, Judas e Paulo. Alguns dos outros apóstolos podem ter escrito cartas, mas, se o fizeram, estas não mais existem.

O propósito

Essas cartas foram escritas, algumas para uma congregação de cristãos em particular; outras para a igreja como um todo, e outras ainda para pessoas específicas, a fim de encorajar, reprovar, corrigir falsos ensinamentos e dar instruções especiais em doutrina e em como viver como cristão.

A fonte

Os autores das cartas do Novo Testamento foram os apóstolos ou estiveram proximamente ligados ao círculo apostólico, estando sob a direção do Espírito Santo enquanto escreviam.

Classificação

As cartas do Novo Testamento são classificadas do seguinte modo:
- O grupo de cartas conhecido como "as epístolas paulinas" obviamente refere-se àquelas escritas pelo apóstolo Paulo. Estas podem ser subdivididas da seguinte forma:

1. Doutrinárias, endereçadas às igrejas especiais – Romanos, Coríntios, Gálatas, Filipenses, Colossenses, Tessalonicenses.
2. Pastorais, endereçadas aos evangelistas – Timóteo e Tito.
3. Especiais, endereçadas a determinada pessoa – Filemom.

- Epístolas gerais, endereçadas às igrejas como um todo. Estas são:
1. Uma de Tiago
2. Duas de Pedro
3. Três de João
4. Uma de Judas

- A carta aos Hebreus

■ Palavras em aramaico no Novo Testamento

- Aba – Mc 14.36; Rm 8.15; Gl 4.6
- Eneias – At 9.33,34
- Acéldama – At 1.19
- Alfeu – Mt 10.3; Mc 2.14; 3.18; Lc 6.15; At 1.13
- Anás – Lc 3.2; Jo 18.13,24; At 4.6
- Barrabás – Mt 27.16,17,20,21,26; Mc 15.7, 11, 15; Lc 23.18; Jo 18.40
- Bartolomeu – Mt 10.3; Mc 3.18; Lc 6.14; At 1.13
- Barjesus – At 13.6
- Barjonas – Mt 16.17
- Barnabé – At 4.36; 1Co 9.6; Gl 2.1,9,13; Cl 4.10
- Barsabás – At 1.23; 15.22
- Bartimeu – Mc 10.46
- Belzebu – Mt 10.25; 12.24,27; Mc 3.22; Lc 11.15,18,19
- Betesda – Jo 5.2
- Betsaida – Mt 11.21; Mc 6.45; 8.22; Lc 9.10; 10.13; Jo 1.44; 12.21
- Betfagé – Mt 21.1; Mc 11.1; Lc 19.29
- Boanerges – Mc 3.17
- Getsêmani – Mt 26.36; Mc 14.32
- Gólgota – Mt 27.33; Mc 15.22; Jo 19.17
- Eloí – Mc 15.34
- Efatá – Mc 7.34
- Zaqueu – Lc 19.2,5,8
- Zebedeu – Mt 4.21; 10.2; 20.20; 26.37; 27.56; Mc 1.19,20; 3.17; 10.35; Lc 5.10; Jo 21.2
- Elias – Mt 27.46
- Tadeu – Mt 10.3; Mc 3.18
- Tomé – Mt 10.3; Mc 3.18; Lc 6.15; Jo 11.16; 14.5; 20.24,26,27,28,29; 21.2; At 1.13
- João – Jo 1.42; 21.15,16,17
- Cefas – Jo 1.42; 1Co 1.12; 3.22; 9.5; 15.5; Gl 2.9
- Cleopas – Lc 24.18
- Clopas – Jo 19.25
- Lamá – Mt 27.46; Mc 15.34
- Mamom (*ARC* = riquezas) – Mt 6.24; Lc 16.9,11,13
- Maranata (*ARC*) – 1Co 16.22 (= Vem, Senhor!)
- Marta – Lc 10.38,40,41; Jo 11.1
- Mateus – Mt 9.9; 10.3; Mc 3.18; Lc 6.15; At 1.13,26
- Nazaré – Mt 2.23; 4.13; 21.11; Mc 1.9; Lc 1.26; 2.4,39,51; 4.16; Jo 1.45,46; At 10.38
- Páscoa – Mt 26.2,17,18,19; Mc 14.1, 12,14,16; Lc 2.41; 22.1,7,8,11,13,15; Jo 2.13,23; 6.4; 11.55; 12.1; 13.1; 18.28,39; 19.14; At 12.4; 1Co 5.7; Hb 11.28
- Raboni (Mestre) – Mc 10.51; Jo 20.16
- Racá (*NVI*) – Mt 5.22
- Sabactani – Mt 27.46; Mc 15.34
- Sábado – Mt 12.1,5,10-12
- Tabita – At 9.36,40
- Talita cumi – Mc 5.41
- Hosana – (em aramaico = Salve-nos; em hebraico = Ajude-nos); Mt 21.9,15; Mc 11.9,10; Jo 12.13

A HARMONIA DOS REGISTROS SOBRE A RESSURREIÇÃO, AS APARIÇÕES APÓS A RESSURREIÇÃO E A ASCENSÃO

■ Pontos gerais

Variações no conteúdo

Uma coisa deveria estar sempre na mente de todos os que leem os evangelhos – o registro de cada evento é exatamente o que está escrito por todos os evangelistas. A simples omissão de um detalhe em uma história por um dos evangelistas não prova a falsidade de nenhum dos evangelhos. Cada evangelho é uma testemunha independente dos grandes fatos da vida e da morte de Jesus.

A ordem dos eventos nos evangelhos

Os evangelhos não se contradizem apenas porque cada um registra certos eventos em uma ordem diferente em relação aos outros. Na verdade, nenhum dos quatro evangelistas alguma vez declarou que os eventos que havia apresentado em seus evangelhos estivesse em ordem cronológica.

■ A ressurreição

Jesus foi colocado no sepulcro na noite de sexta-feira, sendo rapidamente envolto em faixas de linho com uma mistura de mirra e aloés – Jo 19.39,40.

As mulheres também prepararam perfumes e especiarias aromáticas na mesma noite para embalsamá-lo – Lc 23.56. Como já era muito tarde naquela noite para completar a preparação, elas adiaram tudo até o primeiro dia da semana, descansando no sábado – Lc 23.56.

Bem cedo, no primeiro dia da semana, as mulheres completaram a preparação dos perfumes e especiarias. *Passado o sábado, Maria Madalena, Maria, mãe de Tiago, e Salomé compraram essências aromáticas para ungir o corpo de Jesus* – Mc 16.1.

Elas foram até o túmulo assim que o dia estava amanhecendo, assim que o sol apareceu no leste, embora ainda escuro o suficiente para ver as coisas claramente. *Depois do sábado, quando já despontava o primeiro dia da semana, Maria Madalena e a outra Maria foram ver o sepulcro* – Mt 28.1. *No primeiro dia da semana, bem cedo, ao nascer do sol*, ou quando o sol estava prestes a nascer – Mc 16.2. *No primeiro dia da semana, bem de madrugada* – Lc 24.1. *No primeiro dia da semana, estando ainda escuro* – Jo 20.1.

As pessoas que foram até o sepulcro:
- Maria Madalena, Mt 28.1; Jo 20.1;
- Maria, mãe de Tiago e de José, Mt 28.1; Lc 24.10; Mc 15.40;
- Salomé, a esposa de Zebedeu, e mãe de Tiago e João; compare com Mt 27.56; Mc 15.40;
- Joana, esposa de Cusa, administrador da casa de Herodes; compare com Lc 24.10; 8.3;
- Outras que não estão especificadas, Lc 24.1,10.

As razões para irem ao sepulcro:
- Ver o túmulo, Mt 28.1.
- Embalsamar Jesus ou terminar de embalsamá-lo, Mc 16.1; Lc 24.1.

Enquanto estavam a caminho para o sepulcro, discutiam a respeito de quem rolaria a pedra da entrada para elas, para que pudessem ter acesso ao corpo de Jesus – Mc 16.3.

Quando chegaram, descobriram que houve um terremoto, e, dessa forma, a pedra havia sido rolada – Mt 28.2; Mc 16.4.

O anjo que rolara a pedra estava sentado sobre ela e fora visto pelos guardas e os havia amedrontado. Contudo, ele não apareceu para as mulheres, mas só para os guardas – Mt 28.2-4.

Quando chegaram ao túmulo, Maria Madalena, com grande tristeza pelo que havia visto, e provavelmente achando que o corpo havia sido roubado, deixou as outras mulheres e correu para a cidade, para informar aos discípulos o que ocorrera – Jo 20.2.

Enquanto Maria Madalena estava ausente, as outras mulheres provavelmente olharam pelo jardim, pois estavam procurando pelo corpo.

O sepulcro era grande o suficiente para que elas entrassem. Lá, *o anjo disse às mulheres* – Mt 28.5.

> *Ao entrarem no sepulcro, viram um moço sentado à direita, vestido com um manto branco, e ficaram com medo.* (Mc 16.5)

Quando entraram, ele estava assentado; assim que entraram, ele se levantou – Lc 24.4. Lucas acrescenta que havia um outro anjo com ele – Lc 24.4; esse outro anjo não foi visto quando elas entraram no sepulcro, como foi mencionado em Marcos, mas foi visto quando entraram no sepulcro, como mencionado em Lucas.

O anjo disse-lhes para contarem aos discípulos e a Pedro – Mt 28.7; Mc 16.7; e para assegurá-los de que Jesus os veria na Galileia. Ele também as lembrou do que Jesus havia dito quando estavam na Galileia – Lc 24.6,7.

Elas foram imediatamente em direção à cidade, mas tomaram um caminho diferente daquele que Maria havia tomado, de forma que elas não a encontraram quando estava retornando da cidade com Pedro e João – Mt 28.8, Mc 16.8; *E não disseram nada a ninguém* – Mc 16.8.

Após terem partido, Maria Madalena retornou ao sepulcro, acompanhada de Pedro e João, que chegaram correndo – Jo 20.2-9. Eles examinaram o sepulcro e descobriram que o corpo realmente havia desaparecido, mas não sabiam o porquê de tudo isso. Eles não haviam encontrado as outras mulheres que sabiam a razão desse acontecimento, pois foram alertadas pelo anjo. Maria Madalena havia deixado as mulheres antes que o anjo tivesse falado com elas. Dessa forma, naquele momento, ela não sabia por que o corpo de Jesus não estava lá.

Então, Pedro e João deixaram o sepulcro, retornaram à cidade e deixaram Maria sozinha – Jo 20.10.

Enquanto Maria estava lá sozinha, ela olhou para o sepulcro e viu dois anjos, provavelmente os mesmos que apareceram para as outras mulheres – Jo 20.11-13.

Jesus apareceu para Maria enquanto ela estava sozinha – Jo 20.14-18.

> *Ao dizer isso, ela se virou para trás e viu Jesus em pé, mas não o reconheceu. Jesus lhe perguntou: Mulher, por que choras? A quem procuras? Pensando ela que fosse o jardineiro, respondeu-lhe: Senhor, se tu o levaste, dize-me onde o puseste, e eu o levarei. Então Jesus lhe disse: Maria! Virando-se, ela lhe disse na língua dos hebreus: Raboni! (que significa Mestre) E Jesus disse-lhe ainda: Não me segures, pois ainda não voltei para o Pai. Mas vai a meus irmãos e dize-lhes que estou voltando para meu Pai e vosso Pai, meu Deus e vosso Deus. E Maria Madalena foi anunciar aos discípulos: Vi o Senhor! E relatou as coisas que ele lhe dissera.*
> (Jo 20.14-18)

Portanto, de acordo com Marcos 16.9, ele apareceu "primeiramente" a Maria Madalena.

Então Maria foi contar aos discípulos que ela o havia visto, mas eles não acreditaram nela – Jo 20.18; Mc 16.10,11.

Mais tarde, Jesus apareceu às outras mulheres – Mt 28.9: *E Jesus foi ao encontro delas, dizendo: Salve! E elas, aproximando-se, abraçaram-lhe os pés e o adoraram.* Provavelmente, esse fato não ocorreu muito depois de sua aparição a Maria Madalena. Elas, naturalmente, retornariam aos discípulos e descobririam se ele tinha sido visto por alguém. Em Lucas 24.10 é dito que foi Maria Madalena, junto com Joana e Maria, mãe de Tiago, que contaram essas coisas aos discípulos.

■ Aparições de Jesus após a ressurreição

- Para Maria Madalena – Jo 20.14; Mc 16.9
- Para as outras mulheres – Mt 28.9
- Para Pedro – 1Co 15.5; Lc 24.34
- Para dois discípulos, enquanto estavam no caminho para Emaús – Mc 16.12,13; Lc 24.13-32
- No mesmo dia, à noite, para os apóstolos, mas sem Tomé – 1Co 15.5; Mc 16.14; Lc 24.36; Jo 20.19,24
- Para os apóstolos quando Tomé estava presente – Jo 20.24-29
- Na Galileia, no mar de Tiberíades, para Pedro, Tomé, Natanael, Tiago, João e dois outros – Jo 21.1-14
- É dito que esta é a terceira vez que ele se apresentou aos discípulos – ou seja, aos apóstolos quando estavam juntos – Jo 21.14
- Para os discípulos em uma montanha na Galileia – Mt 28.16
- Para mais de 500 irmãos de uma vez – 1Co 15.6
- Para Tiago, um dos apóstolos – 1Co 15.7
- Para todos os apóstolos juntos – 1Co 15.7. Ele foi visto por eles durante quarenta dias após sua ressurreição
- Para os apóstolos em sua ascensão – Lc 24.50,51; At 1.9,10
- Para Paulo – 1Co 15.8; At 9.3-5; 22.6-10

■ Ascensão

- Esse fato ocorreu quarenta dias após sua ressurreição – At 1.3.
- Jesus ascendeu do monte das Oliveiras, próximo de Betânia – Lc 24.50; At 1.12.
- Esse episódio ocorreu na presença de todos os apóstolos – Lc 24.50; At 1.9,10.
- Jesus foi recebido nas nuvens e ascendeu aos céus – At 1.9,11; Lc 24.51; Ef 1.20-22.

ENCORAJAMENTO DE CADA LIVRO DO NOVO TESTAMENTO

MATEUS

■ **Introdução**

O primeiro dos evangelhos foi designado pela igreja, nos tempos mais remotos, como o de Mateus, um dos doze apóstolos, e, em todas as épocas, tem sido dado a ele o primeiro lugar no Novo Testamento. Ele era filho de Alfeu, de acordo com Lucas, e este também o chama de Levi (Lc 5.27-29). Mateus chama a si próprio de "Mateus, o publicano", recusando-se a ocultar em sua própria história o chamado desprezível no qual tinha se engajado antes de entrar para o serviço do Senhor. Ele era judeu, mas já havia perdido o sentimento nacionalista, pois era coletor dos detestáveis impostos romanos em Cafarnaum e, quando foi chamado por nosso Senhor para deixar tudo e segui-lo, estava sentado na coletoria. Sua história sobre o Salvador demonstra, contudo, que ele era mais dominado pelas ideias judaicas do que os escritores dos outros três evangelhos. A respeito da vida de Mateus, após a morte do Salvador, não temos informações, pois nenhuma confiança pode ser depositada sobre as tradições relacionadas a sua história passada.

O evangelho de Mateus mostra os hábitos metódicos de um homem de negócios, pois ele, de todos os escritores, é o mais sistemático em suas disposições. Ele fornece, sem dúvida, os mais completos registros do Sermão do Monte, o envio dos apóstolos (Mt 10), o discurso sobre a blasfêmia contra o Espírito Santo, a acusação sobre os escribas e fariseus, as parábolas e as profecias relacionadas à queda do Estado judaico. Sempre foi dito que Mateus escrevera seu evangelho antes dos outros escritores do Novo Testamento, e que escrevera em especial para os judeus cristãos. Portanto, supõe-se que ele escreveu, primeiramente, usando tanto a língua corrente da Judeia naquela época, o aramaico, falada pelo Salvador e seus apóstolos, ou ainda usando o puro hebraico, em geral bem compreendido. Esta, contudo, é uma questão incerta, e o grego ao qual hoje temos acesso foi, quase certamente, escrito durante a vida de Mateus. Não há dados para determinar a época e o local exatos onde isso ocorreu, mas provavelmente foi criado em meados do século I, cerca de vinte anos depois da crucificação.

Se foi originariamente escrito em hebraico ou não, resta o fato de que não se pode duvidar que Mateus escreveu para leitores judeus. Ele aceita verdadeiramente sua familiaridade com costumes, leis e localidades dos judeus muito mais do que os outros escritores. Dean Alford diz: "Toda a narrativa procede de um ponto de vista bem mais judaico e está mais voltada para estabelecer esse ponto de vista, o que para um judeu convertido seria mais importante, ou seja, que Jesus é o Messias profetizado no Antigo Testamento. Portanto, daí vem o início de sua genealogia de Abraão a Davi; e também a frequente advertência a respeito da necessidade de acontecimentos desse ou daquele evento, pois foram profetizados pelos profetas; e, igualmente, a constante oposição dos ensinamentos éticos e espirituais de nosso Senhor à ética formalista e carnal dos escribas e fariseus".

B. W. Johnson, *The People's New Testament*
[*O Novo Testamento do povo*]

Versículos de encorajamento

Mas Jesus lhe respondeu: Está escrito: Nem só de pão o homem viverá, mas de toda palavra que sai da boca de Deus.
(Mt 4.4)

Assim resplandeça a vossa luz diante dos homens, para que vejam as vossas boas obras e glorifiquem vosso Pai, que está no céu. (Mt 5.16)

mas ajuntai tesouros no céu, onde nem traça nem ferrugem os consomem, e os ladrões não invadem nem roubam. Porque onde estiver teu tesouro, aí estará também teu coração. (Mt 6.20,21)

Mas buscai primeiro o seu reino e a sua justiça, e todas essas coisas vos serão acrescentadas. (Mt 6.33)

Pedi, e vos será dado; buscai, e achareis; batei, e a porta vos será aberta. Pois todo o que pede, recebe; quem busca, acha; e ao que bate, a porta será aberta. (Mt 7.7,8)

E, aproximando-se Jesus, falou-lhes: Toda autoridade me foi concedida no céu e na terra. Portanto, ide, fazei discípulos de todas as nações, batizando-os em nome do Pai, do Filho e do Espírito Santo; ensinando-lhes a obedecer a todas as coisas que vos ordenei; e eu estou convosco todos os dias, até o final dos tempos. (Mt 28.18-20)

MARCOS

■ Introdução

EM RELAÇÃO A ESSA TESTEMUNHA: SEU NOME É MARCOS

Marcos era um nome romano bem comum na época, todavia sabemos que ele nasceu judeu; mas, como Saulo, quando esteve entre as nações, tomou o nome romano de Paulo Marcos, da mesma forma, adotou esse nome, pois seu nome judeu talvez fosse Mardoqueu ou, quem sabe, Grotius. Lemos sobre João, cujo sobrenome era Marcos, o filho da irmã de Barnabé, com quem Paulo se desentendeu (At 15.37,38), mas, posteriormente, teve uma grande afeição por ele, e não só ordenou às igrejas que o recebessem (Cl 4.10), mas também o enviou para ser seu assistente, com esta recomendação: *Toma a Marcos e traze-o contigo, pois ele me é muito útil para o ministério* (2Tm 4.11); e ele o conta como um de seus cooperadores – Fm 24. Lemos sobre Marcos, a quem Pedro chama de seu filho, tendo ele sido um instrumento para sua conversão (1Pe 5.13); se este era o mesmo mencionado anteriormente ou não, e qual deles foi o escritor desse evangelho, é também incerto para nós.

É uma tradição muito comum entre os mais velhos dizer que Marcos escreveu esse evangelho sob a direção de Pedro, e que isto foi confirmado por sua autoridade. Hieron escreveu: "Marcos, o discípulo e intérprete de Pedro, sendo enviado de Roma por seus irmãos, escreveu um evangelho conciso". E Tertuliano escreveu: "Marcos, o intérprete de Pedro, forneceu em seus escritos as coisas que haviam sido pregadas por Pedro". Mas, como dr. Whitby sugere muito bem: "Por que deveríamos recorrer à autoridade de Pedro para sustentar esse evangelho?", ou dizer, como Jerônimo, que Pedro aprovou-o e recomendou-o por sua autoridade para a igreja a fim de ser lido quando, apesar de ser verdadeira a afirmativa de que Marcos não era apóstolo, ainda assim temos todas as razões do mundo para pensar que ambos, ele e Lucas, faziam parte do número dos setenta discípulos, os quais estiveram o tempo todo com os apóstolos (At 1.21), homens que tinham um chamado como o dos apóstolos (Lc 10.19, comparado com Mc 16.18) e que, conforme é muitíssimo provável, receberam o Espírito Santo quando os apóstolos também o receberam (At 1.15; 2.1-4), de forma que não há diminuição alguma em relação à validade ou ao valor desse evangelho, só porque Marcos não era um dos Doze, assim como Mateus e João o eram. Jerônimo disse que, após a escrita desse evangelho, ele foi ao Egito, sendo o primeiro a pregar o evangelho em Alexandria, onde fundou uma igreja, para a qual foi um grande exemplo de vida de santidade. Dessa forma, ele adornou, por intermédio de sua doutrina e de sua vida, a igreja que fundou, e seu exemplo influenciou todos os seguidores de Cristo.

EM RELAÇÃO A ESSE TESTEMUNHO

O evangelho de Marcos repete muitas coisas que estão no evangelho de Mateus, mas muitas circunstâncias memoráveis foram adicionadas às histórias que lá foram relatadas, mas sem muitos assuntos novos. Quando muitas testemunhas são chamadas para provar o mesmo fato, sobre o qual um julgamento deve ser dado, não deve ser visto como tedioso, mas sim como altamente necessário, o fato de que cada uma delas relata os acontecimentos em suas próprias palavras, vez após vez, e que, pela concordância de tal testemunho, o assunto possa ser estabelecido. Portanto, não devemos pensar que esse livro das Escrituras é desnecessário, pois foi escrito não só para confirmar nossa crença de que Jesus é o Cristo, o Filho de Deus, mas também para nos lembrar de coisas que temos lido no evangelho precedente, de que devemos dar a mais cuidadosa atenção aos dois, para que não deixemos passar as coisas despercebidas; e até mesmo mentes purificadas têm a necessidade de se movimentar pelo caminho da lembrança. Foi determinado que grandes coisas como estas deveriam ser faladas e escritas, não só uma vez, mas até duas, porque o homem é tão inapto a percebê-las e tão apto a esquecê-las. Não há embasamento para a tradição de que esse evangelho fora escrito primeiramente em latim, apesar de ter sido escrito em Roma; ele foi escrito em grego, da mesma forma que foi escrita a epístola de Paulo aos romanos, sendo o grego a língua mais universal.

Matthew Henry

Versículos de encorajamento

Também lhes disse: Dai atenção ao que ouvis; com a medida com que medis também vos medirão, e ainda vos acrescentarão. (Mc 4.24)

Por isso vos digo que tudo o que pedirdes em oração, crede que já o recebestes, e o tereis. (Mc 11.24)

LUCAS

■ Introdução

O terceiro evangelho é atribuído pela voz comum da igreja primitiva a Lucas, "o médico amado" e companheiro de Paulo. Sobre sua história mais recente, nada está registrado. Não há nenhuma prova de que, alguma vez, ele tenha visto o Senhor ou de que tenha se tornado cristão algum tempo após a morte de Jesus. Ele não era judeu, seu nome é grego, seu estilo e linha de pensamento apontam para sua educação grega, e, em geral, acredita-se que ele era um dos gregos que se voltaram ao Senhor na grande cidade comercial de Antioquia, onde a primeira igreja dos gentios além da Palestina fora fundada. De suas referências casuais em Atos aprendemos que ele era uma companhia constante do último ministro do grande apóstolo dos gentios, e isso é confirmado pelas alusões feitas a ele nas epístolas. Em Cl 4.14; Fm 24; 2Tm 4.11 aprendemos que ele era gentio, médico e que permaneceu com Paulo em sua prisão em Cesareia e cuidou dele em Roma, onde foi sua companhia durante seus longos sofrimentos.

O evangelho de Lucas difere dos outros três em suas fontes de informação. Mateus escreveu como uma testemunha ocular; Marcos provavelmente recorreu às memórias de Pedro; João recorreu às suas memórias pessoais da vida e das palavras do Senhor, mas Lucas fundamenta-se nas fontes autênticas de informação acessíveis naquela época e, cuidadosamente, apresenta os resultados em uma narrativa ordenada. Há razões para crer que, durante o período em que Paulo era prisioneiro em Cesareia, Lucas, sob sua direção, colocou em ordem os fatos da vida de Cristo, a fim de fornecer um registro apropriado para o uso dos gentios convertidos que desejassem aprender a respeito do Senhor. "Como Paulo era o apóstolo, o gentio Lucas, dessa forma, era, em um menor grau, o evangelista dos gentios. Ele traça a genealogia não só até Abraão, mas também até Adão, o filho de Deus. Ele relata os fatos mostrando que os primeiros ensinamentos de Cristo em Nazaré comemoram a extensão da graça de Deus além dos limites de Israel – Lc 4.16-30.

Ele mostra como o pecador é perdoado sob a condição da fé obediente – Lc 7.36-50. O publicano é, no termo favorito de Paulo, justificado. Evidentemente, suas narrativas sobre a ceia do Senhor têm a mesma tradição – Lc 24.34; 1Co 15.5.

Os dois livros de Lucas, seu evangelho e o livro de Atos, são propriamente duas partes sucessivas de uma história cristã; e como o último encerra-se no ponto em que Paulo havia morado dois anos em Roma, no ano 64, então o evangelho deve ter sido escrito antes dessa época, ou seja, durante os 27 anos após a morte de Cristo. Porque Lucas encerra seu livro de Atos prontamente com o relato dos dois anos da prisão de Paulo, sem adicionar uma sílaba ao final da história desse apóstolo, é completamente correto que Atos foi publicado naquela época. Dessa forma, sabemos, ao ler o prefácio de Atos, que o evangelho já tinha sido escrito. Portanto, é evidente que foi escrito 27 anos após a crucificação.

B. W. Johnson, *The People's New Testament*
[*O Novo Testamento do povo*]

Versículos de encorajamento

[...] *porque para Deus nada é impossível.*
(Lc 1.37)

Dai, e vos será dado; recebereis uma boa medida, cheia, generosa e transbordante; pois sereis medidos com a mesma medida com que medis. (Lc 6.38)

Se, pois, o teu corpo todo estiver iluminado, sem parte alguma em trevas, ele será todo luminoso, à semelhança da candeia que te ilumina com o seu resplendor. (Lc 11.36)

Qual de vós, possuindo cem ovelhas e perdendo uma delas, não deixa as noventa e nove no campo e não vai atrás da que se perdeu, até encontrá-la? E quando a encontra, coloca-a sobre os ombros, cheio de alegria; e, chegando em casa, reúne os amigos e vizinhos e lhes diz: Alegrai-vos comigo, pois encontrei a minha ovelha perdida. Digo-vos que no céu haverá mais alegria por um pecador que se arrepende do que por noventa e nove justos que não precisam de arrependimento. (Lc 15.4-7)

Ele lhes respondeu: As coisas impossíveis aos homens são possíveis para Deus.
(Lc 18.27)

JOÃO

■ Introdução

O autor do quarto evangelho foi João, o filho de Zebedeu e Salomé, o irmão de Tiago, no início de sua vida um pescador galileu, mas, tempos depois, um apóstolo de Jesus Cristo. Em menos de cem anos após sua morte, escritores cristãos vivos na época, em diferentes partes do mundo, cujos escritos ainda são existentes, mostram-nos que esta era a crença universal da igreja. De fato, o testemunho dessa autoria é mais forte do que as evidências fornecidas de que Josefo escreveu sua história judaica, César escreveu seus comentários, ou em defesa de qualquer escrito não inspirado da Antiguidade, e nunca teria sido questionado se não houvesse uma classe de críticos racionalistas que se levantara, desejando desprezar as eminentes visões da personalidade e missão do Salvador, as quais representam a tão proeminente característica do quarto evangelho. Sabemos, por intermédio de João 21.24, que esse evangelho foi escrito por uma testemunha ocular e por um discípulo amado. Havia apenas três discípulos que foram aceitos para o relacionamento mais íntimo com Jesus – Pedro, Tiago e João. Como não foi escrito por nenhum dos dois primeiros discípulos, João deve ser o autor. Dessa forma, a igreja primitiva unanimemente testemunha. Irineu, que aprendeu com alguém que fora próximo de João e que escreveu aproximadamente em meados do século II, afirma que ele foi o autor. É creditado a João, no cânon muratoriano, o primeiro catálogo dos escritos do Novo Testamento, escrito em 175 d.C. Também é citado por Teófilo de Antioquia, em 175 d.C., e por Clemente de Alexandria, aproximadamente no mesmo período, e, na última parte do século II, foi traduzido nas versões siríaca e latina do Novo Testamento. Além desses reconhecimentos diretos, há alusões evidentes a ele e a citações dele em um número de epístolas e tratados de Inácio, Hermas, Policarpo, Papias e outros, os quais pertencem à primeira metade do século II. E, verdadeiramente, ele é citado em um espaço de vinte anos da morte de João.

LOCAL E ÉPOCA

Não sabemos com certeza quando ou onde o quarto evangelho foi escrito. Irineu – o qual viveu no século II, o pupilo religioso de Policarpo, mártir que foi ensinado aos pés de João – declara que esse evangelho foi escrito em Éfeso, após os outros três terem sido escritos. Suas características internas indicam que foi escrito fora da Judeia, após a queda do templo e depois que certas heresias começaram a ser desenvolvidas. João ainda estava em Jerusalém – 50 d.C. (Gl 2); é quase certo que ele não foi para Éfeso até após a morte de Paulo, aproximadamente em 67 d.C., e é provável que ele não tenha deixado a cidade de Jerusalém permanentemente até que a tempestade da destruição começasse a se formar, o que aconteceu em 70 d.C. Como o testemunho da igreja primitiva é unânime na posição de que seus últimos anos foram passados em Éfeso e naquela região, ele provavelmente foi para lá aproximadamente nessa data. Após esse acontecimento e antes de sua morte, ocorrida perto do fim do século I, o evangelho foi escrito.

JOÃO

João, o autor, foi criado seguindo o chamado de seu pai, e seguiu esse caminho após seu primeiro encontro com Cristo. Enquanto ele era considerado um homem "sem erudição" (At 4.13), no sentido de nunca ter participado das escolas dos rabinos, possuía um grande conhecimento do hebraico e das Escrituras, tal qual toda respeitável família judaica desejaria dar aos seus filhos. Em conexão com toda sinagoga, havia uma escola, na qual as crianças eram ensinadas a ler, escrever e a aprender os rudimentos da ciência.

Os filhos das famílias judias mais simples recebiam uma melhor educação do que as crianças de qualquer outra região do mundo. Jesus encontrou João entre os discípulos de João Batista, o qual imediatamente conduziu-o e também aos seus companheiros a Cristo. A seguir, encontramos João no mar da Galileia, pescando, e lá Jesus chamou-o decisivamente. Dessa época em diante, ele seguiu o Mestre firmemente, e ele, Tiago e Pedro formaram o círculo íntimo mais próximo ao Senhor. Só esses três testemunharam a ressurreição da filha de Jairo, viram a glória da transfiguração e a agonia do jardim. João e Pedro seguiram Cristo após sua prisão, e o primeiro foi abertamente à casa de Caifás, ao julgamento diante de Pilatos e à cruz, até que tudo estava consumado. Quando as notícias da ressurreição chegaram, ele e Pedro foram os primeiros a chegar ao sepulcro.

A ele, Jesus entregou o cuidado de sua própria mãe, enquanto morria na cruz, e é provável que ele tenha permanecido na Judeia para cumprir sua sagrada tarefa enquanto ela vivesse. Aproximadamente na época da queda de Jerusalém, ele mudou sua residência para Éfeso, onde provavelmente teria vivido até sua morte, perto do fim do século I. O testemunho da igreja primitiva estabelece sua morte após o ano 98 d.C. Foi durante esse último período que ele escreveu seu evangelho, suas epístolas, foi exilado para Patmos e lá escreveu o Apocalipse.

CARACTERÍSTICAS DO EVANGELHO

As características do evangelho de João, escrito após seus companheiros apóstolos terem falecido, diferem em alguns aspectos dos outros. Esse evangelho segue a ordem cronológica dos eventos, fornece registros do ministério de nosso Senhor na Judeia, mostra que seu ministério durou por aproximadamente três anos e fornece registros da ressurreição de Lázaro e do maravilhoso discurso feito aos discípulos na noite em que foi traído. Ele omite muitas coisas com as quais a igreja já havia se familiarizado por intermédio dos outros evangelhos, apresenta muitas outras que não haviam sido registradas nos outros evangelhos e reconhece certas falsas doutrinas, as quais começavam a ser ensinadas. É o evangelho da encarnação, do amor, e o mais espiritual dos evangelhos. Por si só, revela completamente a grande doutrina do Consolador. Contudo, o grande final que o escritor tinha diante de si em tudo o que escrevera é fornecido em suas próprias palavras: "[Essas palavras], porém, foram registrada[s] para que possais crer que Jesus é o Cristo, o Filho de Deus, e para que, crendo, tenhais vida em seu nome".

B. W. Johnson, *The People's New Testament*
[*O Novo Testamento do povo*]

Versículos de encorajamento

Mas a todos que o receberam, aos que creem no seu nome, deu-lhes a prerrogativa de se tornarem filhos de Deus. (Jo 1.12)

Porque a lei foi dada por meio de Moisés; a graça e a verdade vieram por meio de Jesus Cristo. (Jo 1.17)

Jesus lhe respondeu: Em verdade, em verdade te digo que ninguém pode ver o reino de Deus se não nascer de novo. (Jo 3.3)

Porque Deus amou tanto o mundo, que deu o seu Filho unigênito, para que todo aquele que nele crê não pereça, mas tenha a vida eterna. (Jo 3.16)

Quem crê no Filho tem a vida eterna; quem, porém, mantém-se em desobediência ao Filho não verá a vida, mas sobre ele permanece a ira de Deus. (Jo 3.36)

Em verdade, em verdade vos digo que quem ouve a minha palavra e crê naquele que me enviou tem a vida eterna e não vai a julgamento, mas já passou da morte para a vida. (Jo 5.24)

O Espírito é o que dá vida, a carne não serve para nada; as palavras que eu vos tenho falado são espírito e vida. (Jo 6.63)

Então Jesus voltou a falar-lhes: Eu sou a luz do mundo; quem me seguir jamais andará em trevas, mas terá a luz da vida. (Jo 7.38)

... e conhecereis a verdade, e a verdade vos libertará. (Jo 8.32)

Eu sou o bom pastor; conheço as minhas ovelhas, e elas me conhecem. (Jo 10.14)

Jesus declarou: Eu sou a ressurreição e a vida; quem crê em mim, mesmo que morra, viverá; e todo aquele que vive, e crê em mim, jamais morrerá. Crês nisso? (Jo 11.25,26)

Não se perturbe o vosso coração. Crede em Deus, crede também em mim. Na casa de meu Pai há muitas moradas; se não fosse assim, eu vos teria dito; pois vou preparar-vos lugar. E, se eu for e vos preparar lugar, virei outra vez e vos levarei para mim, para que onde eu estiver estejais vós também. (Jo 14.1-3)

Mas o Consolador, o Espírito Santo a quem o Pai enviará em meu nome, ele vos ensinará todas as coisas e vos fará lembrar de tudo o que eu vos tenho dito. Deixo-vos a paz, a minha paz vos dou. Eu não a dou como o mundo a dá. Não se perturbe o vosso coração nem tenha medo. (Jo 14.26,27)

Não rogo que os tires do mundo, mas que os guardes do Maligno. (Jo 17.15)

ATOS

■ Introdução

Esse livro une os evangelhos às epístolas. Ele contém muitas particularidades referentes aos apóstolos Pedro e Paulo e à igreja cristã, desde a ascensão de nosso Salvador até a chegada de Paulo em Roma, em um espaço de aproximadamente trinta anos. Lucas foi o escritor desse livro; ele estava presente em muitos dos eventos que relata e cuidou de Paulo em Roma. Mas a narrativa não fornece uma história completa da igreja durante a época a que o livro se refere e não relata sobre a vida de Paulo.

PROPÓSITO DE ATOS
O objetivo desse livro é:
Relatar por meio de quais maneiras os dons do Espírito Santo foram distribuídos no dia de Pentecostes, e os milagres realizados pelos apóstolos, para confirmar a verdade do cristianismo, bem como para mostrar que as declarações de Cristo foram realmente cumpridas.

Provar o clamor dos gentios para serem admitidos na igreja de Cristo. Isso é demonstrado em muitos dos conteúdos do livro. Uma grande porção do livro de Atos ocupa-se com os discursos ou sermões de várias pessoas, a linguagem e os costumes dos quais diferem, e tudo o que foi encontrado de acordo com as pessoas por meio das quais foram entregues, e as ocasiões nas quais foram apresentados. Parece que a maioria desses discursos refere-se apenas à substância do que foi realmente passado para o povo. Sem dúvida, eles se referem completamente a Jesus como o Cristo, o Messias ungido.

Matthew Henry

Versículos de encorajamento

Mas recebereis poder quando o Espírito Santo descer sobre vós; e sereis minhas testemunhas, tanto em Jerusalém como em toda a Judeia e Samaria, e até os confins da terra. (At 1.8)

Pois Davi fala sobre isso: Eu sempre via o Senhor diante de mim, pois está à minha direita, para que eu não seja abalado. Por isso o meu coração se alegrou, e a minha língua exultou; e, além disso, o meu corpo repousará em esperança. (At 2.25,26)

Fizeste-me conhecer os caminhos da vida; tu me encherás de alegria na tua presença. (At 2.28)

E, tomando a palavra, Pedro disse: Na verdade, reconheço que Deus não trata as pessoas com base em preferências. Mas, em qualquer nação, aquele que o teme e pratica o que é justo lhe é aceitável. (At 10.34,35)

... como Deus o ungiu com o Espírito Santo e com poder. Ele andou por toda parte, fazendo o bem e curando todos os oprimidos pelo Diabo, porque Deus era com ele. (At 10.38)

Eles responderam: Crê no Senhor Jesus, e tu e tua casa sereis salvos. (At 16.31)

... pois nele vivemos, nos movemos e existimos, como também alguns dos vossos poetas disseram: Pois dele também somos geração. (At 17.28)

Em tudo vos dei o exemplo de que deveis trabalhar assim, a fim de socorrerdes os doentes, recordando as palavras do próprio Senhor Jesus: Dar é mais bem-aventurado que receber. (At 20.35)

ROMANOS

■ Introdução

A profundidade do pensamento, a razão lógica e a profunda compreensão do governo divino mostrados nessa epístola são sempre reconhecidos.

Lutero diz: "É a parte principal do Novo Testamento".

Para Meyer, esta é a "mais sublime, arrojada e mais completa composição de Paulo".

Godet a denomina como "a catedral da fé cristã".

Poderia ser o que Coleridge diz: "O mais profundo trabalho já existente", mas não é maravilhoso quando temos em mente que essa carta foi escrita pelo maior dos apóstolos – no completo vigor de sua idade, no ponto mais alto de suas atividades – e endereçada à igreja da grande cidade imperial, a qual era o centro da influência e do poder de todo o mundo?

Nessa poderosa capital, uma congregação de cristãos havia se formado. É certo que, muito tempo antes de qualquer apóstolo colocar seus pés na Itália, igrejas haviam sido formadas em Putéoli e em Roma (At 28.14,15). Possivelmente, "todos os que esta[vam] em Roma", os quais ouviram Pedro no dia de Pentecostes, haviam assimilado o evangelho e formado os núcleos; mas é provável que o constante influxo de estrangeiros vindos de todas as partes do império havia levado muitos dos convertidos, originários do leste mediterrâneo, para o grande centro político do mundo.

As saudações do último capítulo dessa epístola mostram que Paulo tinha muitos conhecidos entre aquelas pessoas, e os nomes parecem dizer que a maioria deles era grega. E realmente, enquanto houvesse um elemento judeu na igreja, podemos dificilmente duvidar que a maioria dos cristãos fosse de origem gentílica. Várias passagens nas epístolas – como 1.5-7; 11.13,25,28; 14.1; 15.15,16 – fornecem indicações de uma preponderância gentílica.

RAZÃO PARA ESCREVER

A razão para escrever essa epístola foi o desejo do apóstolo de trabalhar na grande cidade, um desejo que havia muito tinha sido impedido, e a oportunidade surgiu pela partida de Febe de Corinto para Roma. Ainda firme em seu propósito de ver Roma e pregar nessa cidade, uma carta à igreja prepararia o caminho.

Como nunca haviam sido visitados por nenhum apóstolo, e como naquele tempo não havia nenhum Novo Testamento que poderia ser usado para sua instrução, não é de estranhar o fato de que havia uma imperfeita compreensão, da parte de muitos, dos grandes princípios da doutrina cristã, e havia, sem dúvida, uma necessidade de que as relações entre judeus e gentios, e entre a lei e o evangelho, deveriam ser apresentadas com toda a clareza possível.

O grande tema da epístola é apresentado 1.16: "Porque não me envergonho do evangelho, pois é o poder de Deus para a salvação de todo aquele que crê; primeiro do judeu e também do grego". A grande doutrina diz que a salvação não vem por intermédio da lei nem pelas boas obras da lei, mas por meio do evangelho aceito pela fé. A justiça de Deus, a qual traz justificação pelo ponto de vista de Deus, não vem pelas boas obras, mas de Deus, e este dá sua justiça àqueles que creem e aceitam seu Filho. Esse grande tema doutrinário é discutido com muitas ilustrações e em várias fases através dos capítulos 1-11, e, também nos capítulos 12-14, o apóstolo discorre com exortações e aplicações práticas, enquanto o 16 e o último capítulos são direcionados às saudações aos muitos santos de Roma, conhecidos pelo apóstolo.

B. W. Johnson, *The People's New Testament*
[O Novo Testamento do povo]

Versículos de encorajamento

Pois a justiça de Deus se revela no evangelho, de fé em fé, como está escrito: O justo viverá pela fé. (Rm 1.17)

Contudo, diante da promessa de Deus, não vacilou em incredulidade; pelo contrário, foi fortalecido na fé, dando glória a Deus, plenamente certo de que ele era poderoso para realizar o que havia prometido. (Rm 4.20,21)

Portanto, justificados pela fé, temos paz com Deus, por meio de nosso Senhor Jesus Cristo. (Rm 5.1)

... e a esperança não causa decepção, visto que o amor de Deus foi derramado em nosso coração pelo Espírito Santo que nos foi dado. (Rm 5.5)

Porque, se a morte reinou pela transgressão de um só, então os que recebem da transbordante suficiência da graça e da dádiva da justiça reinarão muito mais em vida por meio de um só, Jesus Cristo. (Rm 5.17)

Pois o pecado não terá domínio sobre vós, pois não estais debaixo da lei, mas debaixo da graça. (Rm 6.14)

Porque o salário do pecado é a morte, mas o dom gratuito de Deus é a vida eterna em Cristo Jesus, nosso Senhor. (Rm 6.23)

Portanto, agora já não há condenação alguma para os que estão em Cristo Jesus. Porque a lei do Espírito da vida, em Cristo Jesus, te livrou da lei do pecado e da morte. (Rm 8.1,2)

E, se o Espírito daquele que ressuscitou Jesus dentre os mortos habita em vós, aquele que ressuscitou Cristo Jesus dentre os mortos há de dar vida também aos vossos corpos mortais, pelo seu Espírito, que em vós habita. (Rm 8.11)

Sabemos que Deus faz com que todas as coisas concorram para o bem daqueles que o amam, dos que são chamados segundo o seu propósito. (Rm 8.28)

Portanto, que poderemos dizer diante dessas coisas? Se Deus é por nós, quem será contra nós? Aquele que não poupou nem o próprio Filho, mas, pelo contrário, o entregou por todos nós, como não nos dará também com ele todas as coisas? (Rm 8.31,32)

Portanto, a fé vem pelo ouvir, e o ouvir, pela palavra de Cristo. (Rm 10.17)

Não te deixes vencer pelo mal, mas vence o mal com o bem. (Rm 12.21)

1 CORÍNTIOS

▪ Introdução

As epístolas de Paulo, assim como as profecias de Jeremias e de Amós, foram frequentemente confrontadas pelos erros e pecados das igrejas que ele havia implantado, tendo assim a intenção de corrigi-los. As igrejas recém-fundadas estavam em meio aos gentios e eram compostas, em grande parte, por aqueles que possuíam desde cedo uma educação gentia. Não é de esperar que convertidos de tais povos, não acostumados à moralidade cristã, conhecendo bem pouco sobre as Escrituras do Antigo Testamento, e sem possuir o Novo Testamento, algumas vezes se desviassem do caminho ou se tornassem vítimas dos falsos mestres. Desse modo, as igrejas de todas as épocas têm motivos para ser gratas pelas circunstâncias que originaram a coleção de cartas inspiradas sobre a vida cristã prática, tão essencial por suas instruções, como podemos ver nas epístolas de Paulo. A fim de obter o máximo delas, é necessário que o leitor esteja informado sobre as condições que originaram cada carta, as circunstâncias de cada igreja, as necessidades que o apóstolo lutou para suprir e os pecados que lutou para corrigir.

CONDIÇÕES EM CORINTO

Eu me esforçarei para explicar, no caso da igreja de Corinto, quais eram essas condições. Embora as cartas fossem escritas para outras igrejas implantadas por Paulo anteriormente à que consideramos agora, 1Coríntios é a primeira das cartas desse grupo a que podemos ter acesso na disposição atual do Novo Testamento. No capítulo 18 de Atos, encontra-se o registro da fundação dessa igreja.

Naquela época, aproximadamente em 54 d.C., o apóstolo residiu temporariamente naquela grande cidade pelo tempo de um ano e seis meses, pregando, a princípio, na sinagoga e, posteriormente, na casa de Justo. Uma grande congregação foi formada como resultado de seu trabalho, composta em parte por judeus, mas com um número muito maior de gentios. Após a partida de Paulo para outros campos de trabalho, Apolo, um eloquente e estudioso judeu de Alexandria, instruído no evangelho por Priscila e Áquila, companheiros de Paulo, visitou Corinto e continuou seu trabalho. Paulo "plantou", e Apolo "regou" (1Co 3.6).

A congregação que havia começado sua carreira de modo tão promissor encontrava-se no grande centro comercial, com uma população miscigenada e dissoluta, estando sempre diante de muitas tentações. A cidade, situada em um istmo que conectava a parte sul da Grécia com o continente europeu, com a vantagem de possuir um porto em cada mar, e uma fortaleza tão intransponível quanto Gibraltar no alto de Acrocorintos, foi, por séculos, a grande influência na história grega, mas foi tomada em 146 a.C. pelos romanos e reduzida a ruínas. Cem anos mais tarde, Júlio César fundou-a pela segunda vez, criando uma colônia militar romana na parte mais antiga da cidade, e logo a situação em relação ao controle exercido pelo governador restaurou sua antiga prosperidade e esplendor. Foi mais ou menos um século após sua segunda fundação que Corinto foi visitada por Paulo. Ela era, portanto, o grande centro comercial da Europa, com exceção de Roma, e nenhuma cidade do leste a superou, salvo Antioquia e Alexandria. Estima-se que essa cidade possuiu uma população de aproximadamente quatrocentas mil pessoas, tão cosmopolita como deve ser um grande centro comercial, composta de romanos, gregos, judeus, sírios, egípcios, marinheiros, negociantes e escravos.

Seria estranho se houvesse um alto padrão de moralidade na população mista de uma metrópole comercial, quando nem mesmo a moral era considerada de grande importância em qualquer parte no mundo pagão. Um fato ilustrará a condição vergonhosa da cidade. Na época em que fora escrita essa epístola, havia naquele local um enorme e renomado templo de Vênus, chamado de templo de Afrodite Pandemos, "a Vênus de todo o povo", o qual possuía mil sacerdotisas, sendo cada uma delas dedicada ao serviço de Afrodite, ou, em outras palavras, à prostituição cultual. O templo de adoração, consagrado à religião, era um gigantesco bordel! E, de fato, até mesmo naquela época de libertinagem, quando a imoralidade era a regra em todo o mundo pagão, Corinto possuía uma má fama tão grande que o verbo "corintianizar" havia se tornado um sinônimo de uma vida impura. Não é de espantar que, entre tantas influências, alguns dos gentios que haviam se tornado membros da igreja de Corinto mostrassem a influência de seus velhos hábitos, e que o apóstolo achasse necessário repreender tais atitudes licenciosas vez após vez.

Mas os principais motivos que originaram essa epístola foram as correntes de divisões na igreja, as quais haviam chegado até ele em Éfeso trazidas por membros da casa de Cloé, um dos principais da igreja. Paulo, enquanto estava em Corinto, havia se reservado aos simples princípios do evangelho e, meticulosamente, absteve-se de discussões filosóficas, tão apreciadas pelas mentes gregas (1Co 1.17-22; 2.1-5). Apolo, ensinado na filosofia de Alexandria, e ainda não tão firme no evangelho como Paulo, evidentemente engajou-se em algumas especulações filosóficas. Foi igualmente demonstrado que alguns dos mestres judaizantes, os quais constantemente seguiam os passos do grande apóstolo e procuravam judaizar as igrejas, haviam chegado a Corinto e, exaltando Pedro, a fim de depreciar Paulo, tinham formado outro partido. Portanto, havia várias facções cujas discordâncias dividiram o corpo de Cristo – uma parte clamando ser paulina, outra fazendo de Apolo seu líder, outra clamando ser de Cefas, e ainda uma quarta, qualquer que tenha sido, clamando ser de Cristo. Quatro primeiros capítulos da epístola constituem uma vigorosa indignação e exortação por essas divisões.

Outras questões discutidas foram sugeridas a ele em uma carta que lhe foi trazida até Éfeso por irmãos de Corinto, clamando por uma solução em várias dificuldades: no casamento, no uso do véu pelas mulheres nas assembleias, nas festas de sacrifícios e, talvez, a respeito da natureza da ressurreição dos mortos.

A epístola foi escrita em Éfeso, enquanto Paulo estava engajado em seu ministério de três anos naquela cidade (At 19.1-41; At 20.31; 1Co 16.8). A época em que foi escrita pode ser determinada, não com muita certeza, como a primavera de 57 d.C. Todos os respeitáveis críticos, tanto os antigos como os mais modernos, consideraram essa epístola genuína.

B. W. Johnson, *The People's New Testament*
[*O Novo Testamento do povo*]

Versículos de encorajamento

Mas vós sois dele, em Cristo Jesus, o qual, da parte de Deus, se tornou para nós sabedoria, justiça, santificação e redenção.
(1Co 1.30)

Mas falamos do mistério da sabedoria de Deus, que esteve oculto, o qual Deus preordenou antes dos séculos para nossa glória. (1Co 2.7)

Mas, como está escrito: As coisas que olhos não viram, nem ouvidos ouviram, nem penetraram o coração humano, são as que Deus preparou para os que o amam.
(1Co 2.9)

> *O homem natural não aceita as coisas do Espírito de Deus, pois lhe são absurdas; e não pode entendê-las, pois se compreendem espiritualmente.* (1Co 2.14)
>
> *Pois, quem jamais conheceu a mente do Senhor para que possa instruí-lo? Mas nós temos a mente de Cristo.* (1Co 2.16)
>
> *Portanto, ninguém se glorie nos homens, porque todas as coisas são vossas. Seja Paulo, seja Apolo, seja Cefas, seja o mundo, a vida, a morte, as coisas presentes, as futuras; todas as coisas são vossas,e vós sois de Cristo, e Cristo, de Deus.* (1Co 3.21-23)
>
> *Porque o reino de Deus não consiste em palavras, mas em poder.* (1Co 4.20)
>
> *Deus não somente ressuscitou o Senhor, mas também nos ressuscitará pelo seu poder.* (1Co 6.14)
>
> *Acaso o cálice da bênção que abençoamos não é a comunhão do sangue de Cristo? Acaso o pão que partimos não é a comunhão do corpo de Cristo?* (1Co 10.16)
>
> *Mesmo que eu falasse as línguas dos homens e dos anjos, mas não tivesse amor, seria como o metal que soa ou como o prato que retine. E mesmo que eu tivesse o dom de profecia, e conhecesse todos os mistérios, e tivesse todo o conhecimento, e mesmo que tivesse fé suficiente para mover montanhas, mas não tivesse amor, eu nada seria. E mesmo que eu distribuísse todos os meus bens para o sustento dos pobres, e entregasse meu corpo para ser queimado, mas não tivesse amor, nada disso me traria benefício algum. O amor é paciente; o amor é benigno. Não é invejoso; não se vangloria, não se orgulha, não se porta com indecência, não busca os próprios interesses, não se enfurece, não guarda ressentimento do mal; não se alegra com a injustiça, mas congratula-se com a verdade; tudo sofre, tudo crê, tudo espera, tudo suporta.* (1Co 13.1-7)
>
> *Mas graças a Deus, que nos dá a vitória por meio de nosso Senhor Jesus Cristo. Portanto, meus amados irmãos, sede firmes e constantes, sempre atuantes na obra do Senhor, sabendo que nele o vosso trabalho não é inútil.* (1Co 15.57,58)

2CORÍNTIOS

■ Introdução

A carta 2Coríntios é o complemento da primeira. Foi escrita em razão das mesmas circunstâncias que originaram a primeira carta e dos efeitos que foram produzidos na igreja em Corinto pela recepção da primeira carta. Podemos quase ser agradecidos pelas desordens que ocasionaram a escrita dessas duas cartas, não só pelo rico tesouro de instruções práticas que elas contêm, mas também pelo quadro que apresentaram de uma igreja de gentios, composta por aqueles que recentemente eram gentios, no século I do cristianismo. Elas nos lembram da imoralidade que deveria ser superada, dos obstáculos no caminho da vida cristã e do triunfo poderoso que o evangelho teve sobre a própria natureza humana, estabelecendo o reino espiritual de Cristo onde a sensualidade da adoração gentia antes prevalecia.

A primeira carta foi escrita em Éfeso, na primavera de 57 d.C.; a segunda foi escrita alguns meses mais tarde, em algum lugar da Macedônia, para onde Paulo havia viajado, a fim de visitar as igrejas daquela província, antes de continuar sua viagem até Corinto. Aprendemos em Atos 19–20 que, não muito tempo após a primeira carta ser escrita, Demétrio e seus amigos artesãos iniciaram um terrível tumulto em Éfeso, no qual Paulo quase perdeu sua vida (2Co

1.8-10), e que logo após esse acontecimento, pela urgência dos irmãos, ele iniciou sua longa e esperada viagem, a fim de visitar as igrejas da Europa. Ele esperava encontrar Tito em Trôade, com notícias de Corinto relacionadas ao efeito de sua primeira carta, e ficou muito desapontado quando não o encontrou lá (2Co 2.13). Dessa forma, embora uma boa oportunidade para disseminar o evangelho tenha sido apresentada, ele apressou-se em voltar para a Macedônia. E lá ele encontra Tito, que estava indo ao encontro dele, e ficou muito feliz quando soube que sua carta havia sido bem recebida, e suas ordens, obedecidas (2Co 7.5-7). Mesmo assim, as circunstâncias exigiram outra carta antes de sua chegada, e a segunda carta foi escrita, não só para expressar sua alegria pela melhora da situação na igreja, mas também para transmitir os próximos conselhos.

DIVISÕES

A epístola naturalmente divide-se em três partes. Na primeira parte, contendo os capítulos 1–7, o apóstolo retrata seus sentimentos relacionados às condições dos problemas em Corinto, sua ansiedade e seu alívio após a chegada de Tito; nos capítulos 8–9, na segunda parte, ele recolhe a grande coleta feita nas igrejas gentias para os pobres de Jerusalém, por quem ele tinha grande afeição; na terceira parte, nos capítulos 10–13, ele reprime as insinuações dos mestres judaizantes, os quais procuravam, não só em Corinto, mas em qualquer local, destruir a influência de Paulo, a fim de manter as igrejas sujeitas à lei judaica. Nessa parte, ele apresenta aqueles maravilhosos detalhes relacionados ao seu serviço a Cristo e ao alto custo de seus sofrimentos terrenos.

Toda essa carta é escrita na expectativa de ele brevemente estar em Corinto, uma expectativa que nós sabemos que em Atos, capítulo 20, foi realizada.

B. W. Johnson – *The People's New Testament* [O Novo Testamento do povo]

Versículos de encorajamento

Mas, graças a Deus, que em Cristo sempre nos conduz em triunfo e por meio de nós manifesta em todo lugar o aroma do seu conhecimento. (2Co 2.14)

Foi ele quem também nos capacitou para sermos ministros de uma nova aliança, não da letra, mas do Espírito; porque a letra mata, mas o Espírito dá vida. (2Co 3.6)

O Senhor é o Espírito; e onde está o Espírito do Senhor aí há liberdade. Mas todos nós, com o rosto descoberto, refletindo como um espelho a glória do Senhor, somos transformados de glória em glória na mesma imagem, que vem do Espírito do Senhor. (2Co 3.17,18)

... pois não fixamos o olhar nas coisas visíveis, mas naquelas que não se veem; pois as visíveis são temporárias, ao passo que as que não se veem são eternas. (2Co 4.18)

... porque vivemos pela fé e não pelo que vemos. (2Co 5.7)

Portanto, se alguém está em Cristo, é nova criação; as coisas velhas já passaram, e surgiram coisas novas. (2Co 5.17)

Daquele que não tinha pecado Deus fez um sacrifício pelo pecado em nosso favor, para que nele fôssemos feitos justiça de Deus. (2Co 5.21)

GÁLATAS

■ Introdução

Essa epístola difere da maioria escrita por Paulo, pois não foi destinada especialmente a uma igreja em alguma cidade grande, mas às igrejas próximas de uma cidade do Império Romano. A Galácia pode ser vista em qualquer mapa do império no período apostólico, no interior da grande península chamada Ásia Menor, a qual era o palco da maior parte dos trabalhos de Paulo. O povo era descendente dos gauleses, que haviam marchado do Reno até a Grécia, e de lá foi até a Ásia aproximadamente no ano 280 a.C., conquistando um lar no interior da Ásia Menor, o qual, de agora em diante, ganhara um novo nome dado pelo povo (gálatas ou gauleses), onde se estabeleceu. Eles aprenderam a língua grega, mas guardaram em parte sua antiga língua e as características de sua raça. César descreve os gauleses como incansáveis e inconstantes, características encontradas nos franceses, e essa epístola mostra que os gálatas não eram parecidos com seus parentes de sangue europeu.

Foi na segunda grande viagem missionária de Paulo, aproximadamente em 51 d.C., que, em companhia de Silas e Timóteo, ele passou pela Licaônia, Frígia e Galácia e plantou as sementes da fé cristã (At 16.6). Em sua terceira viagem missionária, aproximadamente em 54 ou 55 d.C., ele "partiu, passando sucessivamente pela região da Galácia e da Frígia, encorajando todos os discípulos" (At 18.23). O evangelho foi recebido com grande prontidão; e o próprio apóstolo foi recebido como *um anjo de Deus* (Gl 4.14). Uma parte dos convertidos era, sem dúvida, constituída de judeus, dos quais, de acordo com Josefo, haviam muitos na Galácia, mas a grande parte era de gentios.

As epístolas de Paulo surgiram por causa das maldades existentes nas igrejas que ele havia plantado, e que suplicavam pela sua correção. A epístola aos Gálatas não é uma exceção. Em uma época não muito distante de sua segunda visita, notícias chegaram até ele, deixando-o alarmado e indignado. Aquela parte revoltosa da igreja, a qual aderiu ao judaísmo, bem como ao cristianismo, havia perturbado também a igreja de Antioquia (At 15.1), tornando necessário o concílio de Jerusalém (At 15.5-30). A péssima influência judaizante em Corinto é mencionada em ambas as epístolas, mas em especial na segunda. Essa situação ocasionou uma das mais pesarosas aflições de Paulo, os "perigos entre falsos irmãos". Estes haviam enviado seus emissários para a Galácia e ensinado que seria necessário que os cristãos gentios fossem circuncidados e se submetessem à lei de Moisés para que fossem salvos. A fim de levar até o fim seus ideais, eles também insistiram na afirmação de que Paulo não era um apóstolo verdadeiro, ou ao menos seria inferior aos Doze originariamente escolhidos, os quais haviam visto Cristo e sido instruídos por ele pessoalmente. É verdade que no Concílio de Jerusalém eles haviam sido derrotados, mas continuaram com seu trabalho, e isso requereu, por parte de Paulo, uma luta que durou sua vida inteira a fim de emancipar a igreja do judaísmo. Esses homens pareciam segui-lo em todo lugar, e uma parte considerável de suas epístolas é dedicada à correção dos erros que surgiram pela influência deles.

A carta aos Gálatas é um protesto indignado e uma refutação contra os mestres judaizantes. Nos primeiros dois capítulos, ele mostra que seu apostolado não derivou dos outros apóstolos, mas de Cristo; que o evangelho que ele havia ensinado não fora revelado a ele por aqueles, mas pelo Senhor; que ele nunca havia se comparado a eles como inferior, mas de igual para igual; que fora acordado entre eles que Pedro, Tiago e João direcionariam seus trabalhos aos circuncisos, enquanto ele e Barnabé iriam aos incircuncisos, e que, na ocasião, era necessário que ele repreendesse e corrigisse Pedro a respeito da questão de sua atitude em relação aos cristãos gentios.

Na segunda parte da carta, nos capítulos 3 e 4, ele contrasta a salvação do evangelho livre pela fé viva em Cristo com o legalismo escravista dos falsos mestres, os quais praticamente colocariam Moisés no lugar de Cristo. A terceira parte, nos capítulos 5 e 6, é dedicada principalmente a trabalhos práticos, os quais provêm do evangelho.

O local onde foi escrita e a data dessa epístola podem ser determinados apenas aproximadamente. Ela deve ter sido escrita após as duas visitas de Paulo à Galácia, sendo a última delas em 54 ou 55 d.C. Deve ter sido escrita não muito tempo após sua segunda visita.

Há muitos pontos de semelhança entre essa epístola e a de Romanos, a qual indica que haviam sido escritas aproximadamente na mesma época; uma vez que essa epístola é a menos elaborada, provavelmente foi a primeira a ser escrita. Há, de igual modo, pontos de semelhança relacionados a 2Coríntios, os quais indicam que pertencem ao mesmo período. Todos esses fatos apontam para o último ano da terceira viagem missionária, ou aproximadamente em 57 d.C. Como vimos em Atos que esse período foi passado em Éfeso, Macedônia e em Corinto, essa epístola deve ter sido escrita em um desses locais.

O que permanece concretamente em relação a sua autenticidade vem das palavras de Schaff: "As evidências internas da autoria de Paulo são tão fortes que nenhum teólogo sensato ousou negá-las ou até mesmo colocá-las em dúvida. Não há nenhum outro escritor dos primórdios da igreja que poderia ter escrito essa epístola. Ela possui o selo paulino em cada linha".

B. W. Johnson, The People's New Testament
[O Novo Testamento do povo]

Paulo escreveu essa epístola porque, após sua saída das igrejas da Galácia, judeus cristãos fanáticos se infiltraram nelas e perverteram o evangelho de Paulo da livre justificação do homem pela fé em Jesus Cristo.

O mundo encara o evangelho com rancor, pois o evangelho condena a sabedoria religiosa do mundo. Com ciúmes por suas próprias visões religiosas, o mundo, por sua vez, declara que o evangelho é uma doutrina subversiva e desenfreada, ofensiva a Deus e ao homem, uma doutrina a ser perseguida como a pior praga da terra.

Como resultado disso, temos esta situação paradoxal: o evangelho supre o mundo com a salvação de Jesus Cristo, com a paz de consciência e toda sorte de bênçãos. E, por causa disso, o mundo abomina o evangelho.

Os judeus cristãos fanáticos que se infiltraram nas igrejas da Galácia após a partida de Paulo vangloriavam-se de ser os descendentes de Abraão, verdadeiros ministros de Cristo, tendo sido treinados pelos próprios apóstolos, e de ser capazes de realizar milagres.

Contra essa vanglória e esses falsos apóstolos, Paulo defende corajosamente sua autoridade apostólica e seu ministério. Apesar de ser um homem humilde, não se coloca em posição inferior. Ele lembra a todos da época em que se opôs a Pedro e suas ideias e repreendeu o chefe dos apóstolos.

Martinho Lutero

Versículos de encorajamento

Portanto, não sou mais eu quem vive, mas é Cristo quem vive em mim. E essa vida que vivo agora no corpo, vivo pela fé no Filho de Deus, que me amou e se entregou por mim.
(Gl 2.20)

Sabei, então, que os da fé é que são filhos de Abraão. [...] Desse modo, os da fé são abençoados juntamente com Abraão, homem que creu. (Gl 3.7,9)

É evidente que ninguém é justificado diante de Deus pela lei, porque: O justo viverá pela fé. (Gl 3.11)

Cristo nos resgatou da maldição da lei, tornando-se maldição em nosso favor, pois está escrito: Maldito todo aquele que for pendurado em um madeiro. Isso aconteceu para que a bênção de Abraão chegasse aos gentios em Jesus Cristo, a fim de que recebêssemos a promessa do Espírito pela fé. (Gl 3.13,14)

E, se sois de Cristo, então sois descendência de Abraão e herdeiros conforme a promessa. (Gl 3.29)

Portanto, tu não és mais escravo, mas filho; e, se és filho, és também herdeiro por obra de Deus. (Gl 4.7)

Irmãos, fostes chamados para a liberdade. Mas não useis da liberdade como pretexto para a carne; antes, sede servos uns dos outros pelo amor. Pois toda a lei se resume numa só ordenança, a saber: Amarás ao próximo como a ti mesmo. (Gl 5.13,14)

Mas eu afirmo: Andai pelo Espírito e nunca satisfareis os desejos da carne. (Gl 5.16)

Mas o fruto do Espírito é: amor, alegria, paz, paciência, benignidade, bondade, fidelidade, amabilidade e domínio próprio. Contra essas coisas não existe lei. (Gl 5.22,23)

Não vos enganeis: Deus não se deixa zombar. Portanto, tudo o que o homem semear, isso também colherá. Pois quem semeia para a sua carne, da carne colherá ruína; mas quem semeia para o Espírito, do Espírito colherá a vida eterna. E não nos cansemos de fazer o bem, pois, se não desistirmos, colheremos no tempo certo. Assim, enquanto temos oportunidade, façamos o bem a todos, principalmente aos da família da fé. (Gl 6.7-10)

EFÉSIOS

■ Introdução

Estudantes da crítica do Novo Testamento não estão de acordo em relação à epístola sobre a qual estudaremos a seguir. Sua diferença não é em relação ao direito que lhe cabe de possuir um lugar nas Sagradas Escrituras nem em relação a sua autoria, mas se foi endereçada por Paulo à igreja de Éfeso ou a alguma outra igreja. As razões que sugestionaram essa dúvida são resumidas a seguir: Em um dos três mais antigos e confiáveis manuscritos, o Vaticano, omite-se "em Éfeso" no versículo 1; o herético Marcião, no século III, relaciona essa epístola aos de Laodiceia; Basi, no século IV, fala a respeito da falta de palavras em Éfeso no manuscrito; em 1.15, Paulo fala como se seu conhecimento a respeito dos efésios houvesse sido obtido por intermédio de relatos, e não por conhecimento pessoal; e em Cl 4.16, Paulo fala a respeito de uma epístola para os laodicenos, a qual se perdeu, a menos que esta seja a epístola sobre a qual ele fala. Esses fatos tiveram tamanho peso sobre os autores de Life of Paul [A vida de Paulo], de Conybeare e Howson, que eles afirmam o seguinte: "Uma coisa é certa dizer: essa epístola não foi endereçada aos efésios".

Mas, no Vaticano, bem como em outros manuscritos muito valiosos, o título é A epístola de Paulo aos Efésios; no Vaticano, as palavras "em Éfeso" não se encontram no versículo 1 e são apenas fornecidas na margem.

Não existe nenhum manuscrito que forneça essas palavras sob qualquer outro nome; no século II, em uma época quando não havia dúvida alguma sobre os fatos, foi dito pelos pais da igreja que esta era a "Epístola aos Efésios", como se o problema não estivesse sob discussão; a observação de Paulo em 1.15, sobre ter ouvido a respeito de sua fé, tem um paralelo exato em Filemom 5, e, além disso, Filemom converteu-se por sua pregação (versículo 19), algo muitíssimo natural quando nos lembramos que muitos anos haviam se passado desde que ele os vira pela última vez; a falta da expressão "em Éfeso" em alguns manuscritos do século IV e no Vaticano, bem como todas as outras dificuldades, podem ser explicadas sem a necessidade de negar que a epístola foi endereçada aos efésios. Dessa forma, a grande maioria de críticos concordou em seguir a autoridade dos manuscritos existentes e da igreja primitiva no relato de que a epístola foi endereçada à grande congregação fundada por seu escritor na capital da Ásia proconsular, a qual desfrutou de seus trabalhos apostólicos por um longo período, mais do que qualquer outra cujos registros tenham chegado até nós.

A cidade de Éfeso, uma cidade grega na costa asiática, quase chegando a leste de Atenas, era uma grande metrópole comercial no século I, e a capital da província romana chamada pelo nome de Ásia. Sua grande distinção até aqui era não só sua preeminência comercial, mas o esplêndido templo de Diana, considerado uma das sete maravilhas do mundo. A cidade ficava à beira de uma planície que se estendia até o mar, e, em seu porto artificial, eram vistos os navios de todos os portos do Mediterrâneo oriental. Em nossa época, ruínas semienterradas são as únicas relíquias de sua grandeza original. Ainda podemos ver as provas de sua glória original nos contornos do grande teatro (At 19.29) e nas ruínas do templo de Diana (At 19.27). A moderna vila turca de Agasalouk, um pequeno e pobre vilarejo, fica aproximadamente a três quilômetros de distância do local onde ficava Éfeso, nos tempos de Paulo.

A igreja de Éfeso foi verdadeiramente fundada por Paulo. Cerca do final de sua segunda viagem missionária (At 18.19-21), ele aportou em Éfeso em seu caminho para Jerusalém e pregou na sinagoga israelita. Deixando Priscila e Áquila para seguirem as direções que ele havia deixado, ele seguiu em sua viagem, mas retornou em sua terceira viagem missionária (At 19.1), na qual passou por volta de três anos (At 20.31), pregando o evangelho com um sucesso que ameaçou refletir uma total revolução na cidade e na província (At 19.17-20) e, por fim, provocando avarentos temores de certos comércios que lucravam pelas velhas superstições a tal ponto que uma revolta se levantou, levando-o a deixar a cidade. Desde aquela época, ele não voltou a Éfeso, embora tenha se encontrado com os anciãos da igreja em Mileto quando estava a caminho de Jerusalém (At 20.17).

Não é possível determinar a data dessa epístola com exatidão. Ela foi escrita no tempo em que Paulo era um prisioneiro (6.20) e, portanto, deve ter sido escrita ou em Cesareia ou em Roma. Meyer mostra sua tendência para o primeiro local, mas o consenso geral de opinião é que ela pertence ao grupo de epístolas expedidas de sua prisão em Roma. Tíquico foi o mensageiro a quem, na mesma viagem, foi confiada essa carta (6.21) e a epístola aos Colossenses (Cl 4.7).

Ela foi, provavelmente, escrita para resolver certas dificuldades que estavam surgindo na igreja. Foi questionado o porquê das imperfeições do judaísmo e dos erros das religiões dos gentios existirem por tanto tempo antes de o evangelho ser revelado. Será que o evangelho era uma ideia tardia de Deus? Provavelmente, o pensamento predominante é este: "A igreja de Jesus Cristo, na qual judeus e gentios são feitos um, é uma criação do Pai, por intermédio do Filho, no Espírito Santo, decretada pela eternidade, e destinada à eternidade." Nos capítulos 1–3, ele mostra que a igreja foi predeterminada por Deus, e que ela foi redimida, e que judeus e gentios foram feitos um em Cristo. Nos capítulos 4–6, o apóstolo entra em uma aplicação prática, reforçando a unidade, o amor, a renovação da vida, o andar na força do Senhor, e a armadura de Deus.

B. W. Johnson – *The People's New Testament* [O Novo Testamento do povo]

Versículos de encorajamento

Bendito seja o Deus e Pai de nosso Senhor Jesus Cristo, que nos abençoou com todas as bênçãos espirituais nas regiões celestiais em Cristo. (Ef 1.3)

[Peço] para que o Deus de nosso Senhor Jesus Cristo, o Pai da glória, vos dê o espírito de sabedoria e de revelação no pleno conhecimento dele, sendo iluminados os olhos do vosso coração, para que saibais qual é a esperança do chamado que ele vos fez, quais são as riquezas da glória da sua herança nos santos. (Ef 1.17,18)

... e nos ressuscitou juntamente com ele, e com ele nos fez assentar nas regiões celestiais em Cristo Jesus, para mostrar nos séculos vindouros a suprema riqueza da sua graça, pela sua bondade para conosco em Cristo Jesus. Porque pela graça sois salvos, por meio da fé, e isto não vem de vós, é dom de Deus; não vem das obras, para que ninguém se orgulhe. (Ef 2.6-8)

Pois fomos feitos por ele, criados em Cristo Jesus para as boas obras, previamente preparadas por Deus para que andássemos nelas. (Ef 2.10)

A mim, o menor entre todos os santos, foi concedida a graça de anunciar aos gentios as riquezas insondáveis de Cristo. (Ef 3.8)

Por essa razão, dobro meus joelhos perante o Pai, [...] para que, segundo as riquezas da sua glória, vos conceda que sejais interiormente fortalecidos com poder pelo seu Espírito. E que Cristo habite pela fé em vosso coração, a fim de que, arraigados e fundamentados em amor, vos seja possível compreender, juntamente com todos os santos, a largura, o comprimento, a altura e a profundidade desse amor, e assim conhecer esse amor de Cristo, que excede todo o entendimento, para que sejais preenchidos até a plenitude de Deus. Àquele que é poderoso para fazer bem todas as coisas, além do que pedimos ou pensamos, pelo poder que age em nós. (Ef 3.14,16-20)

... pelo contrário, seguindo a verdade em amor, cresçamos em tudo naquele que é a cabeça, Cristo. (Ef 4.15)

... nem deis lugar ao Diabo. (Ef 4.27)

Não saia da vossa boca nenhuma palavra que cause destruição, mas só a que seja boa para a necessária edificação, a fim de que transmita graça aos que a ouvem. E não entristeçais o Espírito Santo de Deus, com o qual fostes selados para o dia da redenção. (Ef 4.29,30)

Pelo contrário, sede bondosos e tende compaixão uns para com os outros, perdoando uns aos outros, assim como Deus vos perdoou em Cristo. (Ef 4.32)

...e sempre dando graças por tudo a Deus, o Pai, em nome de nosso Senhor Jesus Cristo. (Ef 5.20)

... pois não é contra pessoas de carne e sangue que temos de lutar, mas sim contra principados e poderios, contra os príncipes deste mundo de trevas, contra os exércitos espirituais da maldade nas regiões celestiais. Por isso, tomai toda a armadura de Deus, para que possais resistir no dia mau e, havendo feito tudo, permanecer firmes. (Ef 6.12,13)

... e usando principalmente o escudo da fé, com o qual podereis apagar todos os dardos em chamas do Maligno. (Ef 6.16)

FILIPENSES

■ Introdução

Essa carta é a emanação do amor do fundador da igreja de Filipos para uma das mais amorosas, fiéis e abnegadas de todas as congregações que ele havia plantado. Tem sido observado que não há nenhum momento de censura em relação aos santos de Filipos, com exceção, assim como está implícito, da terna exortação a Evódia e Síntique, encontrada no capítulo 4.2. A história da origem da igreja e a lembrança das adoráveis recordações dos filipenses ajudam a explicar a grande afeição e ternura dessa carta.

O registro da fundação da igreja em Filipos, a qual ocorreu em 50 ou 51 d.C., é fornecida no capítulo 16 de Atos. Direcionado por uma visão em Trôade, o apóstolo, em sua segunda grande viagem missionária, cruzou a Europa, aportando em Neápolis e, de lá, foi imediatamente para Filipos, "a cidade mais importante desse distrito da Macedônia". Essa cidade já possuía algumas exigências para ter um lugar na história. Recebeu esse nome de Filipe da Macedônia, o pai de Alexandre, o Grande, que acrescentou aos seus domínios a pequena cidade da Trácia, a qual já existia naquele local, e a reconstruiu e fortificou, dando-lhe esse novo nome no ano 358 a.C. Em 42 a.C., aproximadamente 92 anos antes de Paulo tê-la visitado, ela foi o campo da decisiva batalha entre Bruto e Cássio, os líderes dos republicanos, e o triunvirato dos imperialistas, um dos quais foi, subsequentemente, Augusto César. Mas o local possui um maior interesse para o mundo cristão, pelo fato de que aqui foi fundada a primeira congregação de cristãos em solo europeu.

Ela não foi apenas o cenário dos triunfos do evangelho, mas dos sofrimentos da cruz de Cristo. Foi aqui que Paulo e Silas foram vencidos, jogados nos calabouços das prisões da cidade e, pela graça de Deus, usados na conversão e no batismo de seu carcereiro e de sua família antes do amanhecer. Depois, foram honradamente libertos pelos magistrados ao amanhecer, como cidadãos romanos, injustamente agredidos e aprisionados. Quando Paulo continuou sua jornada em direção ao ocidente, a recém-fundada igreja de Filipos ajudou-o com suporte financeiro, contribuindo muitas vezes para suas necessidades (4.15,16), e, quando as notícias chegaram dizendo que ele era um prisioneiro em Roma, a antiga afeição da igreja aflorou novamente, enviando um de seus membros, Epafrodito, com as ofertas da igreja como provisão para suas necessidades (2.25; 4.10-18). Parece-nos ter sido o retorno de Epafrodito dessa ministração de amor desses membros a quem somos agradecidos por essa carta.

Ela foi escrita na cidade de Roma, durante a primeira prisão de Paulo, e provavelmente até o final de seu tempo na prisão, talvez no ano de 63 d.C. A menção de seus laços de afeição (1.12), da guarda pretoriana do palácio de César (4.22), bem como outras alusões (1.25; 2.24), tudo isso mostra que Paulo estava na capital romana na época em que a carta foi escrita.

Essa epístola sempre foi aceita pela igreja. Ela é paulina em sua doutrina e, em seu estilo, descreve com abundância detalhes pessoais, muito mais que as outras epístolas, estando em total concordância com todos os fatos históricos que podem ser reunidos da história das épocas e das alusões em Atos e em outras epístolas.

Ela traz todas as marcas de ter sido escrita por Paulo, desde a cena de sua prisão até a igreja amada que ele fundou e pela qual sofreu.

B. W. Johnson, *The People's New Testament*
[*O Novo Testamento do povo*]

Versículos de encorajamento

E estou certo disto: aquele que começou a boa obra em vós irá aperfeiçoá-la até o dia de Cristo Jesus. (Fp 1.6)

Meus irmãos, quanto às outras coisas, alegrai-vos no Senhor. Para mim não é difícil escrever-vos as mesmas coisas, e isso vos dá segurança. (Fp 3.1)

... prossigo para o alvo, pelo prêmio do chamado celestial de Deus em Cristo Jesus.

Por isso, todos os que somos aperfeiçoados tenhamos esse mesmo modo de pensar; e, se em alguma coisa pensais de outro modo, Deus também vos revelará isso. (Fp 3.14,15)

Portanto, meus irmãos, a quem amo e de quem tenho saudades, minha alegria e coroa, permanecei assim, firmes no Senhor, amados. (Fp 4.1)

Alegrai-vos sempre no Senhor; e digo outra vez: Alegrai-vos! (Fp 4.4)

COLOSSENSES

■ Introdução

Colossos era uma cidade de dimensões consideráveis, há mais de quatrocentos anos antes da data de escrita dessa carta, quando visitada por Xenofonte assim que os dez mil marcharam em direção à Ásia central, sendo mencionada por Heródoto em data anterior a esses acontecimentos. Nessa época, contudo, ela teve sua importância diminuída por Laodiceia, e, no tempo presente, suas ruínas são menos impressionantes do que as de Laodiceia ou Hierápolis.

Em Atos 16, aprendemos que Paulo, em sua segunda viagem missionária, passou pela Cilícia através do caminho da grande cadeia de montanhas Taurus, a qual sempre foi a estrada para os que vinham da costa para o interior; permaneceu por algum tempo em Lídia; levou Timóteo em seu treinamento para servos e, depois, passou pela Frígia e pela Galácia. E, em uma segunda oportunidade, após sua viagem pela Europa, ele retornou e "partiu, passando sucessivamente pela região da Galácia e da Frígia, encorajando todos os discípulos" (At 18.23). Todavia, é provável que ele não tenha, pessoalmente, introduzido o evangelho em Colossos, e possivelmente nem mesmo tenha passado através do vale do Lico. Compreendemos as palavras em 2.1, com o significado de que ele nunca esteve pessoalmente na igreja, e, de fato, há uma diferença notória entre a forma de apresentação dessa carta e os apelos familiares pessoais de cartas endereçadas às igrejas que ele certamente havia fundado, como as de Filipos e da Galácia.

Além disso, Epafras parece ser citado (1.7) como o fundador ou, ao menos, o evangelista dessa igreja. Mesmo assim, uma vez que Epafras pode ter sido um daqueles que se convertera ouvindo sua pregação e trabalhava sob sua supervisão, Paulo considerava-se responsável por sua condição e cuidava de seu bem-estar, bem como de todas as igrejas fundadas dentro da esfera de seus trabalhos.

É fácil descobrir, por intermédio de certos trechos da carta, por que ela foi escrita. A Frígia era um tipo de fronteira entre as religiões. A inspiração, jubiloso politeísmo dos gregos, aqui encontrou o profundo e solene misticismo do Leste. Além disso, grandes colônias de judeus haviam sido transplantadas da Babilônia para essa região, por um dos monarcas macedônios da Síria, e trouxeram com elas um judaísmo que havia sido muitíssimo modificado pelas doutrinas de Zoroastro. A epístola nos dá um amplo campo para concluir que havia perigo de essas filosofias miscigenadas corromperem a simplicidade do evangelho de Cristo, e que o objetivo de Paulo era fortificar a igreja contra as doutrinas que resultariam em coisas malignas.

Em relação à autenticidade dessa epístola, ela sempre possuiu um lugar no cânon do Novo Testamento e nunca foi questionada, exceto por Baur e alguns outros críticos da escola de Tübingen, os quais achavam que ela exaltava grandemente a Cristo. Essa questão pode ser respondida da seguinte maneira: essa epístola exalta a Cristo da mesma forma que Filipenses e outras epístolas o fazem, as quais são consideradas como de origem paulina. Suas teorias foram desbancadas não só por argumentos históricos, mas também por evidências internas da própria epístola. Sem dúvida, como Meyer observa, "a produção de uma epístola como essa seria, de longe, mais maravilhosa do que sua autenticidade".

Ela foi escrita em Roma, durante a prisão de Paulo, provavelmente em 62 d.C., na mesma data das epístolas aos Efésios e Filemom, sendo enviada à igreja pelas mãos de Tíquico (4.7) e Onésimo (4.9).

B. W. Johnson, *The People's New Testament*
[*O Novo Testamento do povo*]

Versículos de encorajamento

Ele nos tirou do domínio das trevas e nos transportou para o reino do seu Filho amado, em quem temos a redenção, isto é, o perdão dos pecados.
(Cl 1.13,14)

... e, havendo feito a paz pelo sangue da sua cruz, por meio dele reconciliasse consigo mesmo todas as coisas, tanto as que estão na terra como as que estão no céu. (Cl 1.20)

... em quem estão ocultos todos os tesouros da sabedoria e da ciência.
(Cl 2.3)

Portanto, assim como recebestes Cristo Jesus, o Senhor, também andai nele, arraigados e edificados nele e confirmados na fé, como fostes ensinados, sempre cheios de ações de graças.
(Cl 2.6,7)

... e, tendo despojado os principados e poderes, os expôs em público e na mesma cruz triunfou sobre eles.
(Cl 2.15)

1 TESSALONICENSES

■ Introdução

Essa epístola sustenta a distinção de ser a primeira, em ordem cronológica, das cartas escritas pelo apóstolo Paulo que foi preservada. Verdadeiramente, ela foi a primeira de qualquer livro epistolar do Novo Testamento, o início daquele corpo de escritos aos quais as igrejas são tão agradecidas. Escrita pelo menos cinco ou seis anos antes dos grandes tratados eclesiásticos doutrinários conhecidos, como as cartas aos Romanos, aos Gálatas e aos Coríntios, e, com 2Tessalonicenses, a qual seguiu-a por somente alguns meses, ela compartilha a distinção de ser a única epístola que veio a existir antes do início da terceira grande viagem missionária de Paulo. Essas epístolas antecedem em muito as outras e diferem também entre si em caráter.

Escrita apenas pouco tempo depois da igreja de Tessalônica ter sido fundada e seguindo adiante pelas experiências e necessidades de uma jovem congregação, à qual ele sentiu em seu coração que deveria visitar novamente, mas foi prevenido a respeito disso, ilustra a instrução apostólica dada a uma nova e organizada igreja, composta por gentios, sofrendo sob a perseguição de ambos, judeus e adversários gentios. Esses cristãos são recém-convertidos, e Paulo, em alusão a suas experiências enquanto estava entre eles, revela a profunda solicitude deles quando é forçado a deixá-los.

Quando o apóstolo, em sua terceira viagem missionária, passou pela Europa, fundou primeiramente uma igreja em Filipos, mas, após um curto espaço de tempo, foi direcionado até o local em questão por perseguição dos gentios. Em seguida, auxiliado por Silas e Timóteo, seguiu em direção ocidental, através da grande Via Egnatia, a estrada romana que unia a Grécia à Macedônia.

Ele não descansou até alcançar Tessalônica, aproximadamente a cem milhas a oeste, a principal cidade da Macedônia, situada ao redor de um nobre porto, na parte superior do mar Egeu. Sua situação na grande via romana, sua posição na extremidade do mar e o rico país em suas costas contribuíram para torná-la um grande centro comercial, com uma população mista, formada por gregos, romanos e judeus, sendo os primeiros os mais numerosos.

Lá, onde havia uma sinagoga, o apóstolo fazia uma pausa, arrumava um emprego para suprir suas necessidades básicas e começava a pregar entre seus próprios conterrâneos. *Alguns deles foram convencidos e uniram-se a Paulo e Silas, bem como um grande número de gregos tementes a Deus e muitas mulheres de posição* (At 17.4).

Mas, logo em seguida, os judeus incrédulos provocaram uma confusão, tornando necessária a saída de Paulo e Silas, e os irmãos os enviaram para fora da cidade à noite. Partindo daquele local para Bereia e em direção sudoeste, os dois primeiramente trabalharam naquele lugar, e, mais tarde, o trabalho apostólico estendeu-se a Atenas e a Corinto. Pouco tempo após a partida de Paulo de Tessalônica, as perseguições que o expulsaram de lá se voltaram para a igreja (2.14; 3.3), uma circunstância que o fez sentir vontade de retornar (3.5). Por duas vezes decidiu fazê-lo, mas foi impedido (2.18). Por fim, enviou Timóteo de volta, vindo de Atenas (3.1,2), e quando Timóteo retornou a ele em Corinto, para onde havia prosseguido, a mensagem que Timóteo trouxera tornou-se a razão dessa epístola, uma epístola cheia de conforto, instrução e encorajamento, mas, além disso, contendo também a instrução em justiça, tão necessária a uma congregação cujos membros havia tão pouco tempo ainda eram pagãos e viciados em ritos pagãos.

É interessante saber que essa igreja, honrada com a primeira das epístolas apostólicas, por muito tempo continuou a aproveitar sua história gloriosa. Ela foi, tempos mais tarde, visitada pelo apóstolo mais de uma vez; e é frequentemente mencionada na história da igreja.

Contudo, por mais de quatrocentos anos sob o domínio dos turcos, a maioria de sua população sempre continuou professando a religião de Cristo. A cidade ainda era grande e próspera, a ponto de ser a terceira em comércio no Império Turco, possuindo uma população estimada em aproximadamente 75.000 a 100.000 habitantes. Destes, aproximadamente metade era de cristãos gregos, e o restante quase igualmente dividido entre muçulmanos e judeus. A excelência do porto torna-a um constante objeto de diplomacia oriental, e, naquele tempo, um dos obstáculos no caminho de estabelecer a "Questão oriental" era determinar que tipo de poder deveria ser outorgado a Tessalônica.

Em relação à data da epístola, ela pode ser quase determinada. Aproximadamente em 52 d.C., a igreja foi fundada. Depois disso, o apóstolo foi para Bereia e Atenas. Tempos mais tarde, provavelmente vários meses após deixar Tessalônica, ele enviou Timóteo de volta.

Muitos meses depois teriam se passado antes que Timóteo voltasse para Corinto. É, portanto, provável que a carta tenha sido escrita em 53 d.C., talvez pelo menos um ano após a fundação da igreja.

B. W. Johnson, *The People's New Testament*
[*O Novo Testamento do povo*]

Versículos de encorajamento

Porque, ouvida a voz do arcanjo e ressoada a trombeta de Deus, o próprio Senhor descerá do céu com grande brado, e os que morreram em Cristo ressuscitarão primeiro. Depois nós, os que estivermos vivos, seremos arrebatados com eles nas nuvens, ao encontro do Senhor nos ares, e assim estaremos para sempre com o Senhor. (1Ts 4.16,17)

Porque Deus não nos destinou para a ira, mas para alcançarmos a salvação por nosso Senhor Jesus Cristo, que morreu por nós, para que, quer atentos, quer dormindo, com ele vivamos. (1Ts 5.9,10)

Cuidem para que ninguém retribua o mal com o mal, mas segui sempre o bem uns para com os outros e para com todos. Alegrai-vos sempre. Orai sem cessar. Sede gratos por todas as coisas, pois essa é a vontade de Deus em Cristo Jesus para convosco. (1Ts 5.15-18)

2TESSALONICENSES

■ Introdução

As circunstâncias relacionadas com a fundação da igreja em Tessalônica, a característica dos arredores e as experiências da jovem irmandade cristã, tudo isso é explicado na introdução da epístola precedente, para a qual chamo a atenção do leitor. Essas circunstâncias clamaram por uma segunda carta, a qual deve ter seguido a primeira após um intervalo de apenas alguns meses, o único exemplo, exceto o das cartas aos Coríntios, por intermédio das quais o apóstolo direcionou duas epístolas sucessivas à mesma congregação.

A segunda epístola surge logo após a primeira, como é indicado a seguir: (1) pelo fato de que quase o mesmo tipo de assunto é descrito em cada uma – houve perseguição e julgamento, houve uma ávida expectativa pelo rápido advento do Senhor, com exceção de que, na segunda epístola, a ansiedade havia conduzido a grandes extremos, e, em cada uma delas, certos indivíduos são descritos, pois estavam negligenciando seus trabalhos cotidianos como desnecessários em vista da vinda do Senhor. Compare 2Ts 3.6-14 com 1Ts 4.10-12 e 1Ts 2.9. (2) tanto Silas e Timóteo estavam presentes com Paulo durante a escrita de cada uma dessas epístolas. Compare as saudações de abertura das epístolas.

As razões para que a carta fosse escrita são evidentes. As condições que clamaram pela carta precedente ainda existiam, e as informações trazidas pelo mensageiro que entregara a carta mostraram a necessidade de receberem mais instruções. O principal objetivo era corrigir a crença errônea de que o dia da vinda do Senhor estava prestes a acontecer. Essa crença havia recebido a maior adesão por parte de todos, pois alguns reportaram que Paulo havia declarado isso e, até mesmo, registrado esse fato em uma carta. Dessa forma, ele agora mostra que determinados grandes eventos devem preceder aquele dia, e que esses eventos são, todavia, futuros. Ele novamente reforça o ensino do Senhor de que a hora certa é desconhecida e desafia a todos para que voltem aos seus trabalhos habituais.

Essa epístola, assim como a primeira, foi evidentemente escrita durante a longa estada de Paulo em Corinto, e ambas podem ter sido escritas no mesmo ano.

B. W. Johnson, *The People's New Testament*
[*O Novo Testamento do povo*]

Versículos de encorajamento

Por isso, também oramos sempre por vós, para que o nosso Deus vos faça dignos do chamado e cumpra com poder todo bom desejo e toda ação que resulta da fé. Para que o nome de nosso Senhor Jesus seja glorificado em vós, e vós nele, segundo a graça de nosso Deus e do Senhor Jesus Cristo. (2Ts 1.11,12)

Mas, irmãos, amados do Senhor, devemos sempre agradecer a Deus por vós, pois ele vos escolheu desde o princípio para a salvação pela santificação feita pelo Espírito e pela fé na verdade, e para isso vos chamou pelo nosso evangelho, para alcançardes a glória de nosso Senhor Jesus Cristo. Assim, irmãos, ficai firmes e conservai as tradições que vos foram ensinadas oralmente ou por carta nossa. E o próprio Jesus Cristo, nosso Senhor, e Deus, nosso Pai, que nos amou e pela graça nos deu uma eterna consolação e boa esperança, confortem o vosso coração e vos fortaleçam em toda boa ação e palavra. (2Ts 2.13-17)

Mas o Senhor é fiel e vos fortalecerá e guardará do Maligno. (2Ts 3.3)

1 TIMÓTEO

■ Introdução

Quatro das epístolas de Paulo são endereçadas a pessoas; uma delas é a de Filemom, a respeito de problemas pessoais; as outras três são para evangelistas que, por muito tempo, haviam trabalhado sob sua direção e que foram cobrados, na época em que foram escritas, em relação a cargos de confiança e responsabilidade, para os quais eles precisavam das instruções de Paulo. Por causa da circunstância em que Timóteo e Tito se encontravam, cada um deles exercitando o cuidado para com as igrejas de uma região, estas receberam o nome de epístolas pastorais. Além disso, as palavras "pastor de almas" ou "pastor", "rebanho" e "alimento" não aparecem nelas, da forma como aparecem em João 21.16; Atos 20.28; Efésios 4.11; 1Pedro 5.2, mas, ao mesmo tempo, as tarefas implícitas naquelas relações são fortemente encorajadas. Elas, mais do que qualquer outra epístola, lidam mais intimamente com a organização da igreja e com a cultura da igreja.

Se a visão geralmente aceita da data dessas três epístolas estiver correta, elas possuem o traço comum de pertencerem aos últimos anos de vida do apóstolo. As epístolas aos Efésios, Filipenses, Colossenses e Filemom são as epístolas da prisão.

Na hipótese da libertação de Paulo de sua primeira prisão em Roma, de acordo com a declaração universal da igreja primitiva, essas epístolas sustentam o fato de terem sido escritas após sua libertação e depois ele ter feito mais uma vez uma visita pelas igrejas que havia fundado na Ásia e Europa. Certas alusões nessas epístolas podem somente ser explicadas atribuindo-lhes uma data tão tardia quanto essa. O apóstolo, após uma passagem pelas igrejas da Ásia Menor, havia chegado à Macedônia e, de lá, enviou Timóteo de volta, o qual havia sido colocado a cargo do trabalho na cidade e na região de Éfeso, recebendo instruções e admoestações que seriam muito úteis para ele em seus trabalhos. Estando ciente das dificuldades que ele encontraria em Éfeso, do espírito faccioso de certos falsos mestres, a epístola é escrita não só para mostrar-lhe como deveria agir, mas para dar-lhe suporte por sua autoridade. Ela foi, provavelmente, escrita em um pouco mais de um ano antes de o apóstolo ser martirizado em Roma.

Timóteo, para quem ela é dirigida, foi seu próprio "filho na fé". De Atos até as epístolas, os resumos de sua história são facilmente reunidos. Ele nasceu na região asiática da Licaônia. Seu pai era grego, mas sua mãe era judia.

Em sua infância, foi instruído por sua mãe e por sua avó, cujos nomes foram preservados nas Escrituras em hebraico, mas permaneceu, provavelmente, incircunciso, conforme ordem de seu pai. Convertido pela pregação de Paulo e demonstrando possuir bons dons entre as igrejas da Licaônia, Paulo determinou fazer dele um assistente de viagens e, como isso ajudaria muito em capacitá-lo a alcançar judeus, ele o circuncidou. Realmente um *mamzer*, um "bastardo", como era chamado pelos judeus o filho de uma mãe judia e de um pai gentio, não teria acesso algum à sinagoga sem a circuncisão.

Nessa época, as alusões a Timóteo em relação ao trabalho de Paulo eram tão frequentes que, se o espaço permitisse, poderíamos facilmente traçar seu caminho. Por fim, o encontramos auxiliando Paulo em Jerusalém, na ocasião em que Paulo foi feito um prisioneiro. Durante a prisão em Cesareia, provavelmente ele estava ausente, enviado às igrejas por Paulo, mas, após a chegada em Roma, como vemos nas epístolas da prisão, ele novamente junta-se a Paulo. Timóteo, provavelmente, auxiliou Paulo em sua última viagem às igrejas da Ásia, sendo deixado em Éfeso, e lá foi o receptor de duas cartas, as quais descrevem as últimas alusões a ele no Novo Testamento, a menos que ele seja o "anjo da igreja em Éfeso", citado em Ap 2.1, conforme alguns supõem.

A autenticidade das epístolas pastorais nunca foi questionada pela igreja primitiva. Apenas devemos acrescentar que nada, nunca, foi escrito que contenha, no mesmo espaço, tantas informações indispensáveis ao pregador, ao pastor e a cada cooperador da igreja.

B. W. Johnson, *The People's New Testament*
[*O Novo Testamento do povo*]

Versículos de encorajamento

Esta palavra é fiel e digna de toda aceitação: Cristo Jesus veio ao mundo para salvar os pecadores, dos quais eu sou o principal. (1Tm 1.15)

Ora, ao Rei dos séculos, imortal, invisível, ao único Deus, sejam honra e glória para todo o sempre. Amém. (1Tm 1.17)

Porque há um só Deus e um só Mediador entre Deus e os homens, Cristo Jesus, homem. (1Tm 2.5)

Pois o exercício físico é proveitoso para pouca coisa, mas a piedade é proveitosa para tudo, visto que tem a promessa da vida presente e da futura. (1Tm 4.8)

De fato, a piedade acompanhada de satisfação é grande fonte de lucro. (1Tm 6.6)

Mas tu, ó homem de Deus, foge dessas coisas e segue a justiça, a piedade, a fé, o amor, a constância e a mansidão. (1Tm 6.11)

Ordena aos ricos deste mundo que não sejam orgulhosos, nem ponham a esperança na incerteza das riquezas, mas em Deus, que nos concede amplamente todas as coisas para delas desfrutarmos; que pratiquem o bem e se enriqueçam com boas obras, sejam solidários e generosos. (1Tm 6.17,18)

2 TIMÓTEO

■ Introdução

Segunda Timóteo tem uma importância melancólica, como a última carta que Paulo escreveu, sendo escrita durante sua segunda prisão em Roma, um pouco antes de seu martírio. Na Introdução de 1Timóteo, registrou-se o primeiro testemunho unificado da igreja primitiva de que Paulo fora liberto, pouco tempo após o final de Atos, e engajado por muitos anos em trabalho missionário. Nesse ponto, o testemunho é claro e chega até mesmo a Clemente de Roma, um companheiro de Paulo citado em uma de suas epístolas, registrando em sua epístola aos Coríntios que Paulo fora capacitado a levar adiante seu propósito de pregar o evangelho no extremo oeste. Esse veredito da Antiguidade é apoiado pela crítica, e as alusões encontradas nas três epístolas pastorais só podem ser explicadas aceitando-se que houve uma libertação, um período de atividade missionária e, por fim, uma segunda prisão em Roma.

Logo após a primeira epístola ter sido escrita, supõe-se que Paulo tenha visitado Éfeso novamente e que tenha partido de lá para Creta, em companhia de Tito. Este ficou responsável pelo trabalho desse local, quando Paulo partiu para a Europa (Tt 1.5). Não podemos saber, com precisão, quando a epístola a Tito foi escrita, mas isso ocorreu em algum ponto do caminho de Creta para Nicópolis, uma cidade situada na costa grega do mar Adriático (Tt 3.12). Se Paulo chegara lá no inverno, como ele havia planejado, é provável que ele tenha sido preso novamente, e de lá partido para Roma para o julgamento.

O único escrito existente que veio desse segundo período de sua prisão é essa carta. Timóteo, seu "filho amado" na fé, ainda estava trabalhando na distante Éfeso, mas o idoso apóstolo, prestes a ir para seu descanso de seus trabalhos fatigantes, desejara vê-lo mais uma vez estando ainda vivo. Portanto, ele pede que o amigo venha, o mais rápido possível; mas receoso de que seu filho amado chegasse tarde demais para receber suas últimas palavras, ele envia sua impressionante carta, com a seriedade de seu último dever, com as diversas atividades de seu trabalho e, em especial, opondo-se às perigosas heresias que ameaçaram destruir a vitalidade do cristianismo.

B. W. Johnson, *The People's New Testament*
[O Novo Testamento do povo]

Versículos de encorajamento

Porque Deus não nos deu espírito de covardia, mas de poder, de amor e de moderação. (2Tm 1.7)

Procura apresentar-te aprovado diante de Deus, como obreiro que não tem de que se envergonhar, que maneja bem a palavra da verdade. (2Tm 2.15)

Todavia, o firme fundamento de Deus permanece e tem este selo: O Senhor conhece os seus, e: Aparte-se da injustiça todo aquele que profere o nome do Senhor. (2Tm 2.19)

Foge também das paixões da juventude e segue a justiça, a fé, o amor e a paz com os que invocam o Senhor de coração puro. (2Tm 2.22)

Toda a Escritura é divinamente inspirada e proveitosa para ensinar, para repreender, para corrigir, para instruir em justiça; a fim de que o homem de Deus tenha capacidade e pleno preparo para realizar toda boa obra. (2Tm 3.16,17)

... prega a palavra, insiste a tempo e fora de tempo, aconselha, repreende e exorta com toda paciência e ensino. (2Tm 4.2)

Combati o bom combate, terminei a carreira, guardei a fé. Desde agora a coroa da justiça me está reservada, a qual o Senhor, justo juiz, me dará naquele dia, e não somente a mim, mas a todos os que amarem a sua vinda. (2Tm 4.7,8)

O Senhor me livrará de toda obra má e me levará a salvo para o seu reino celestial. A ele seja a glória para todo o sempre. Amém. (2Tm 4.18)

TITO

■ Introdução

A epístola a Tito foi escrita antes de 2Timóteo, e há uma boa razão para crer que foi escrita também após 1Timóteo. Ela pertence a um período em que Paulo não era prisioneiro, e dificilmente pode ser relacionada à época de sua vida coberta pela história de Atos. Não há em Atos qualquer alusão a uma visita a Creta ou às igrejas naquela grande ilha, fato esse que não pode ser levado em consideração, exceto pela razão de registrar sua viagem missionária a Creta após sua primeira prisão. É provável que as igrejas tivessem sido fundadas antes de sua visita, como a de Roma e de muitos outros lugares; e que, após 1Timóteo, ele tenha retornado a Éfeso e, de lá, passado pela ilha. Quando ele partiu, o trabalho de organização foi deixado incompleto, e Tito ficou responsável por colocar "em boa ordem o que faltava" (1.5), e tempos depois Paulo escreveu-lhe uma carta para fornecer mais instruções relativas ao trabalho. Consequentemente, a data dessa carta vem de algum período entre 65 d.C. e 68 d.C.

Creta é uma grande ilha, que se estende por 240 quilômetros de leste a oeste, mas possui somente 56 quilômetros de largura, aproximadamente, um local montanhoso, mas fértil, e que, em 1867, possuía uma população de 210.000 habitantes, em sua maioria gregos. Ela é proximamente relacionada às antigas lendas e histórias gregas e, embora sob domínio turco, está em total harmonia com o reino da Grécia. Sua história moderna é, principalmente, um registro de resistência ao poder dos turcos.

Tito, a quem a carta é endereçada, era grego. Ele auxiliou Paulo em Jerusalém, na época em que a questão dos cristãos gentios era considerada (At 15). Paulo recusou-se a permitir que ele fosse circuncidado (Gl 2.1-5.2; 2Co 2.12; 7.5-16). Ele foi o portador da carta 1Coríntios de Paulo e, frequentemente, é citado nas epístolas, embora seu nome não seja mencionado em Atos. Em 2Tm 4.10, aprendemos que ele estava na Dalmácia, na época em que Paulo escreveu na prisão, e entendemos que (Tt 3.15) Paulo ordenara que partisse de Creta para Nicópolis, situada na mesma costa da Dalmácia. Alega-se ainda na Dalmácia que ele era o missionário daquela região.

A autenticidade dessa carta, assim como a de Timóteo, nunca fora questionada até um período recente, mas cada objeção feita pelos críticos racionalistas da escola alemã tem sido satisfatoriamente respondida, e não há fundamento razoável para duvidar de que todas as três cartas pastorais foram escritas nos últimos anos de vida do grande apóstolo.

B. W. Johnson, *The People's New Testament*
[*O Novo Testamento do povo*]

Versículos de encorajamento

Tudo é puro para os puros, mas, para os corrompidos e incrédulos, nada é puro; pelo contrário, tanto a mente como a consciência deles estão contaminadas. Eles afirmam que conhecem a Deus, mas o negam por suas obras; são detestáveis, desobedientes e incapazes de qualquer boa obra. (Tt 1.15,16)

Que a tua conduta seja exemplar em tudo; na doutrina, mostra integridade, sobriedade, linguagem sadia e irrepreensível, para que todo adversário seja envergonhado, não tendo como nos criticar. (Tt 2.7,8)

Porque a graça de Deus se manifestou, trazendo salvação a todos os homens e ensinando-nos para que, renunciando à impiedade e às paixões mundanas, vivamos neste mundo de maneira sóbria, justa e piedosa, aguardando a bendita esperança e o aparecimento da glória do nosso grande Deus e Salvador, Cristo Jesus, que se entregou a si mesmo por nós para nos remir de toda a maldade e purificar para si um povo todo seu, consagrado às boas obras. (Tt 2.11-14)

Recorda-lhes que devem estar sujeitos aos governantes e às autoridades, ser obedientes e estar preparados para toda boa obra; não devem difamar ninguém, nem ser dados a brigas, mas equilibrados, mostrando genuína mansidão para com todos (Tt 3.1,2)

... não por méritos de atos de justiça que houvéssemos praticado, mas segundo a sua misericórdia, ele nos salvou mediante o lavar da regeneração e da renovação realizadas pelo Espírito Santo. (Tt 3.5)

Os nossos também aprendam a aplicar-se às boas obras, para suprir as coisas necessárias, a fim de que não deixem de dar fruto. (Tt 3.14)

FILEMOM

■ Introdução

Esta é a quarta das cartas pessoais que Paulo escreveu, a qual difere das outras três, bem como das outras epístolas de Paulo, pois não é nem doutrinária nem escrita para fornecer instruções gerais à igreja. Ela tem sua importância por mostrar, por intermédio de um exemplo particular, a aplicação dos grandes princípios da irmandade cristã na vida social. Ela foi escrita para Filemom, um cristão ativo de Colossos, um convertido pela pregação de Paulo, em favor de Onésimo, um escravo fugitivo de Filemom, o qual encontrou refúgio em Roma, e que, de alguma forma, recebeu instruções e ensinos de Paulo durante sua primeira prisão em Roma, e foi levado a Cristo. Em Cl 4.9, ele é mencionado como pertencente a Colossos, recomendado como um fiel e amado irmão, que havia prestado um grande serviço, e lá está registrado que ele retornaria de Roma para sua antiga casa, juntamente com Tíquico, enquanto essa epístola explica a causa de seu retorno e dá uma nova e prática direção às novas relações entre senhor e escravo, as quais não poderiam acontecer somente por preceitos.

Algumas palavras relativas à antiga forma de escravidão ajudarão a entender a lição dessa epístola. A escravidão era algo universal. Aristóteles, um dos gregos mais instruídos, assegurou que o Criador havia feito a maioria da raça humana para ser escrava. Até mesmo a lei mosaica permitiu essa relação, mas aliviou a condição de escravo por meio de regulamentações de proteção, as quais tornaram a escravidão judaica de longe a mais compassiva do mundo. Sob a lei romana, o escravo não era considerado um homem, mas um bem sem nenhum direito civil, completamente à mercê de seu senhor. O senhor poderia vendê-lo, dá-lo para outra pessoa, torturá-lo, crucificá-lo, matá-lo, dá-lo como comida aos peixes, e não havia nenhuma lei que interferisse em sua defesa. Mas, quando Cristo veio ao mundo, ele introduziu novas relações entre os homens. Todos na igreja formavam a irmandade. Em Cristo Jesus, não havia escravo ou livre, homem ou mulher. Todos estavam em igualdade diante do Senhor; todos eram irmãos; todos eram filhos de Deus e estavam unidos uns aos outros pelos laços do amor fraternal.

Tais ideias revolucionárias certamente, ao longo dos anos, destruiriam a condição da escravidão, mas, nesse ínterim, o cristianismo procurou preparar os homens para a revolução antes de ela ser declarada, e, por conseguinte, esse tipo de relação continuou sob novos regulamentos.

O servo deveria permanecer fiel a serviço de seu senhor, um irmão amado, e o senhor deveria amar e confiar em seu servo como um irmão, e tratá-lo como tal, por causa desse tipo de relação. Dessa forma, na igreja primitiva, milhares de senhores e escravos encontravam-se em igualdade, e, com frequência, os escravos tornavam-se bispos, os quais governavam a igreja e eram responsáveis pelo bem-estar espiritual de seus senhores.

Onésimo, um escravo não convertido de Filemom, havia fugido, mas sem sabermos se isso ocorreu antes ou após a conversão de seu senhor, pois esse fato é desconhecido. Quando ele se converteu, os princípios do ensino cristão fizeram com que ele retornasse, mas as condições para sua volta podem ser explicadas por intermédio da carta afetuosa que ele entregou a Filemom. Ele retorna como servo, mas, na realidade, como mais que um servo, como "irmão amado, particularmente por mim, e ainda mais por ti, tanto humanamente como também no Senhor", e Filemom é aconselhado a recebê-lo de uma forma afetuosa, conscientizando-o de quanto ele é devedor ao seu senhor. Ele é lembrado que Onésimo é filho de Paulo na fé, bem como ele mesmo o é. Um sentimento pelo erro é aqui demonstrado, e o perdão ao ofensor é requisitado, não pela autoridade do poder apostólico, mas pelo amor.

Essa epístola deve ter sido escrita aproximadamente no mesmo tempo que a de Colossenses e foi levada pelos mesmos mensageiros. Sua autenticidade é aceita por quase todas as autoridades críticas, sendo o racionalista Baur a única exceção notável.

B. W. Johnson, *The People's New Testament*
[*O Novo Testamento do povo*]

Versículos de encorajamento

... venho interceder por meu filho Onésimo, que gerei quando estava na prisão. Anteriormente ele te foi inútil, mas agora é muito útil para ti e para mim. Eu o envio de volta a ti, como se estivesse enviando o meu próprio coração. Gostaria de mantê-lo comigo, para que em teu lugar me servisse na prisão por amor do evangelho. (Fm 10-13)

HEBREUS

■ Introdução

Tem-se discutido se essa epístola tem direito a um espaço nas Escrituras do Novo Testamento, mas muito pouco acerca da questão de sua autoria. Ela é citada de forma abrangente por Clemente de Roma, antes do final do século I, por Inácio, Policarpo, Justino Mártir, Irineu e outros do século II; é encontrada em versões do século II; é nomeada nos antigos cânones, sendo considerada parte das Escrituras Sagradas pelo Concílio de Antioquia (269 d.C.) e pelo Concílio de Niceia (325 d.C.), bem como pelos concílios posteriores.

Por outro lado, tanto a igreja antiga e moderna tem sido dividida em relação ao escritor a quem ela é endereçada. Contrário ao costume natural, o nome do escritor não é fornecido nos versículos iniciais, nem nas saudações finais. Ela difere, de alguma forma, em estilo de qualquer outra porção do Novo Testamento. Alguns acharam improvável que Paulo, o Apóstolo dos Gentios, poderia ter endereçado uma epístola aos hebreus; por essa razão e talvez por outras mais, muitos críticos piedosos têm assegurado que ela foi escrita ou por Barnabé, Apolo ou Lucas, e, até mesmo, Clemente de Roma já foi citado como um possível autor. Na igreja antiga, o Oriente em consenso declarou-se a favor de Paulo, enquanto o Ocidente assegurou que ela pertencia a algum outro escritor, embora, nos tempos modernos, a igreja latina tenha decidido a questão pelo peso da infalibilidade em favor do apóstolo dos gentios.

Lutero e Calvino afirmaram que ela não era paulina, e eles foram seguidos em sua opinião por muitos críticos modernos.

Ela é endereçada aos hebreus, evidentemente aos hebreus cristãos; provavelmente não muitos daqueles de Jerusalém da "Dispersão", as multidões de judeus cristãos em terras gentias. Ela mostra que aqueles que a receberam foram perseguidos, estavam em perigo de serem tentados a desistir, ainda não tinham entregue sua vida ao sangue de Cristo e, a fim de dar-lhes força, demonstra-se a superioridade do cristianismo em relação ao judaísmo, apresentando-se a superioridade e excelência de Cristo. Ele é: (1) superior aos profetas; (2) superior aos anjos; (3) superior a Moisés. (4) Seu sacerdócio é superior ao de Arão, sendo um sacerdote da ordem de Melquisedeque. (5) Dessa forma, a superioridade da nova aliança em relação à antiga aliança é demonstrada, sendo a primeira uma aliança melhor, baseada em promessas melhores. Isso é demonstrado nos capítulos 8, 9 e 10, e, além disso, segue-se nos capítulos restantes uma exortação à firmeza, baseada na fé e reforçada pelos exemplos dos heróis da fé.

É evidente, considerando-se as palavras finais, que quaisquer que tenham sido as razões do escritor para não citar seu nome nessa epístola, ele era bem conhecido por aqueles a quem endereçou a epístola. Ele pede suas orações, ora por eles, fala em visitá-los com Timóteo e encerra com a já conhecida bênção paulina de despedida.

B. W. Johnson, *The People's New Testament*
[O Novo Testamento do povo]

Versículos de encorajamento

... nestes últimos dias, porém, ele nos falou pelo Filho, a quem designou herdeiro de todas as coisas e por meio de quem também fez o universo. Ele é o resplendor da sua glória e a representação exata do seu Ser, sustentando todas as coisas pela palavra do seu poder e tendo feito a purificação dos pecados, assentou-se à direita da Majestade nas alturas.
(Hb 1.2,3)

Não são todos eles espíritos ministradores, enviados para servir em favor dos que herdarão a salvação? (Hb 1.14)

Porque era preciso que aquele para quem são todas as coisas e por meio de quem tudo existe, ao trazer muitos filhos à glória, aperfeiçoasse por meio do sofrimento o autor da salvação deles. Pois todos vêm de um só, tanto o que santifica como os santificados. Por essa razão ele não se envergonha de chamá-los de irmãos.
(Hb 2.10,11)

E outra vez: Porei nele a minha confiança. E ainda: Aqui estou, e os filhos que Deus me deu. (Hb 2.13)

Portanto, ainda resta um repouso sabático para o povo de Deus. (Hb 4.9)

Em vista disso, esforcemo-nos por entrar naquele descanso, para que ninguém caia no mesmo exemplo de desobediência.
(Hb 4.11)

Porque a palavra de Deus é viva e eficaz, mais cortante que qualquer espada de dois gumes; penetra até o ponto de dividir alma e espírito, juntas e medulas, e é capaz de perceber os pensamentos e intenções do coração. (Hb 4.12)

Portanto, aproximemo-nos com confiança do trono da graça, para que recebamos misericórdia e encontremos graça, a fim de sermos socorridos no momento oportuno. (Hb 4.16)

Assim, Deus, querendo mostrar mais claramente aos herdeiros da promessa a imutabilidade de seu propósito, interveio com juramento, para que nós, que nos refugiamos no acesso à esperança proposta, tenhamos grande ânimo por meio de duas coisas imutáveis, nas quais é impossível que Deus minta. (Hb 6.17,18)

Pois serei misericordioso para com suas obras más e não me lembrarei mais de seus pecados. (Hb 8.12)

E, como está ordenado aos homens morrerem uma só vez, vindo depois o juízo. (Hb 9.27)

Pois com uma só oferta aperfeiçoou para sempre os que estão sendo santificados. (Hb 10.14)

Portanto, irmãos, tendo coragem para entrar no lugar santíssimo por meio do sangue de Jesus. (Hb 10.19)

... aproximemo-nos com coração sincero, com a plena certeza da fé, com o coração purificado da má consciência e tendo o corpo lavado com água limpa. Sem vacilar, mantenhamos inabalável a confissão da nossa esperança, pois quem fez a promessa é fiel. (Hb 10.22,23)

Mas o meu justo viverá da fé. Se recuar, a minha alma não se agradará dele. (Hb 10.38)

A fé é a garantia do que se espera e a prova do que não se vê. (Hb 11.1)

Pela fé, entendemos que o universo foi criado pela palavra de Deus, de modo que o visível não foi feito do que se vê. (Hb 11.3)

Sem fé é impossível agradar a Deus, pois é necessário que quem se aproxima de Deus creia que ele existe e recompensa os que o buscam. (Hb 11.6)

Portanto, também nós, rodeados de tão grande nuvem de testemunhas, depois de eliminar tudo que nos impede de prosseguir e o pecado que nos assedia, corramos com perseverança a corrida que nos está proposta, fixando os olhos em Jesus, o Autor e Consumador da nossa fé, o qual, por causa da alegria que lhe estava proposta, suportou a cruz, não fazendo caso da vergonha que sofreu, e está assentado à direita do trono de Deus. (Hb 12.1,2)

O amor fraternal seja contínuo. (Hb 13.1)

Seja a vossa vida isenta de ganância e contentai-vos com o que tendes; porque ele mesmo disse: Nunca te deixarei, jamais te desampararei. Desse modo, com plena confiança, digamos: O Senhor é quem me ajuda, não temerei. Que poderá me fazer o homem? (Hb 13.5,6)

Jesus Cristo é o mesmo ontem, hoje e eternamente. (Hb 13.8)

O Deus de paz, que pelo sangue da aliança eterna trouxe dentre os mortos nosso Senhor Jesus, o grande Pastor das ovelhas, vos aperfeiçoe em toda boa obra, para fazerdes a sua vontade, realizando em nós o que perante ele é agradável, por meio de Jesus Cristo, a quem seja a glória para todo o sempre. Amém. (Hb 13.20,21)

TIAGO

■ Introdução

Essa epístola é a primeira de um grupo de sete, as quais são chamadas "gerais", vindas de um período anterior, pelo fato de não serem endereçadas, como as de Paulo, às igrejas específicas ou individuais, na maioria dos casos, mas direcionadas às igrejas de um modo geral. Essa epístola é direcionada às "doze tribos da Dispersão", uma dedicação que mostra que foi escrita para fornecer instruções aos judeus cristãos espalhados nas terras dos gentios.

Todavia, havia alguma disputa a respeito da personalidade de Tiago, quem escreveu essa carta. Há três discípulos distintos que possuem esse nome: Tiago, o irmão de João, um dos filhos de Zebedeu, um dos doze apóstolos; Tiago, filho de Alfeu, também um apóstolo, chamado de Tiago, o Menor (Mc 15.40); e Tiago, chamado por Paulo em Gálatas de "irmão do Senhor", o homem que aparece em Atos 15 como o precursor de uma influência proeminente na igreja de Jerusalém. A epístola não poderia ser escrita por Tiago, o irmão de João, pois ele fora morto por Herodes (At 12.2) antes dessa data. A autoria dessa epístola deve ser atribuída ou a Tiago, filho de Alfeu, ou a Tiago, "irmão do Senhor".

Desde as épocas mais remotas, esse último Tiago tem sido nomeado como o escritor. Todos os fatos conhecidos apontam para essa conclusão. Ele era um morador permanente em Jerusalém e proeminente na igreja; parece ser a figura principal no Concílio de Jerusalém, descrito em Atos 15; ele foi um dos pilares da igreja (Gl 2.9) e, por conseguinte, podia falar com autoridade aos judeus cristãos dispersos na região. Contudo, muitos afirmam que ele é o mesmo Tiago, o filho de Alfeu, e o primo de Cristo, em vez de seu irmão. O argumento a favor dessa hipótese é engenhoso.

ARGUMENTOS A FAVOR DA TEORIA DO PRIMO

Afirma-se que Maria nunca teve outro filho além de Jesus e, portanto, que "os irmãos do Senhor" eram seus sobrinhos.

Afirma-se que Maria, a esposa de Clopas (Jo 19.25), era a irmã de Maria, a mãe de Jesus.

Afirma-se que Alfeu e Clopas eram formas diferentes para um mesmo nome.

Afirma-se que os irmãos de Jesus, "Tiago, José, Simão e Judas", eram os primos de Jesus, e que pelo menos dois deles, Tiago e Judas, eram apóstolos.

Afirma-se isso pelo fato de que Jesus na cruz entrega sua mãe aos cuidados de João, fato que justifica a prova de que ela não tinha outros filhos.

ARGUMENTOS A FAVOR DE SER O IRMÃO DE JESUS

Em resposta a essa teoria, deve ser dito que:

É improvável que a esposa de Clopas tenha sido a irmã de Maria, situação essa que precisaria de duas irmãs que possuíssem o mesmo nome. João nomeia dois grupos, Maria e sua irmã, e Maria, a esposa de Clopas e Maria Madalena. A irmã era, sem dúvida, Salomé, a mãe de João, citada como uma das quatro mulheres nos outros evangelhos, a quem João evita citar pelos mesmos motivos que o fizeram nunca citar seu próprio nome. Dessa forma, João era o sobrinho de Maria, e isso relacionado ao fato de que os irmãos de Jesus não eram cristãos, torna-se uma explicação suficiente para João ter sido designado para cuidar da mãe de Jesus.

Declara-se firmemente que os irmãos de Jesus não eram cristãos, e isso, na parte final do último ano do ministério de nosso Senhor, é um fato que revela claramente que nenhum desses irmãos poderia ser do grupo dos apóstolos.

Sabe-se que eles nunca são chamados de primos de Jesus, nem há prova alguma de que a palavra grega que os designa como "irmãos" tenha sido usada no sentido de primos no Novo Testamento.

Distinguem-se esses irmãos do grupo dos Doze, quando, após a ressurreição, os irmãos do Senhor tornaram-se cristãos (At 1.14; 1Co 9.5), fato esse que não pode ser explicado se, ao menos, dois dos quatro fizessem parte dos Doze. É verdade que se menciona Tiago em Gl 1.19 como apóstolo, contudo nem ele nem Paulo, o maior dos apóstolos, eram um dos Doze. Esses fatos parecem-me indicar claramente a ideia de que "Tiago, irmão do Senhor", o autor dessa epístola, não era um dos Doze, e era irmão do Senhor Jesus no sentido de que era filho de Maria.

Contudo, sua importância na igreja primitiva pode ser reconhecida nas seguintes referências: At 12.17; At 15.19; At 21.18; Gl 1.19; Gl 2.9; Gl 2.12. O Novo Testamento silencia a respeito de sua história posterior, mas Josefo, o historiador judeu, possui a seguinte informação sobre ele.

Josefo diz que pouco tempo antes da guerra que terminou com a destruição de Jerusalém, aproximadamente em 63 d.C., "Ananias, o sumo sacerdote, reuniu o Sinédrio e trouxe diante dele o irmão de Jesus, chamado de Cristo, cujo nome era Tiago, e alguns de seus companheiros e libertou-os para serem apedrejados" (Antiguidades, XX 9.1). Foi permitido que ele permanecesse não por muito tempo antes da derrota do Estado judeu e depois foi transferido. Apesar de não exigir que os gentios cristãos obedecessem à lei, ele continuou a ensinar aos judeus cristãos que deveriam guardar a lei mosaica e considerar o cristianismo como o cumprimento e perfeição da antiga aliança, não como a derrota dessa lei. Nesse aspecto, ele não teve uma visão muito clara como Paulo, mas talvez tenha sido, nessas condições, o homem mais indicado para conduzir sua própria nação a Cristo.

A epístola, com certeza quase absoluta, foi escrita em Jerusalém e, provavelmente, durante a última década de vida do escritor, foi endereçada a judeus cristãos; não é doutrinária, mas repleta de instruções práticas nas tarefas da vida.

B. W. Johnson, *The People's New Testament*
[*O Novo Testamento do povo*]

Versículos de encorajamento

Meus irmãos, considerai motivo de grande alegria o fato de passardes por várias provações, sabendo que a prova da vossa fé produz perseverança; e a perseverança deve ter ação perfeita, para que sejais aperfeiçoados e completos, sem vos faltar coisa alguma. (Tg 1.2-4)

Se algum de vós tem falta de sabedoria, peça a Deus, que a concede livremente a todos sem criticar, e lhe será dada. Peça-a, porém, com fé, sem duvidar, pois quem duvida é semelhante à onda do mar, movida e agitada pelo vento. (Tg 1.5,6)

Quando tentado, ninguém deve dizer: Sou tentado por Deus, pois Deus não pode ser tentado pelo mal e a ninguém tenta. (Tg 1.13)

Toda boa dádiva e todo dom perfeito vêm do alto e descem do Pai das luzes, em quem não há mudança nem sombra de variação. (Tg 1.17)

Meus amados irmãos, tende certeza disto: todo homem deve estar pronto a ouvir, ser tardio para falar e tardio para se irar. (Tg 1.19)

Sede praticantes da palavra e não somente ouvintes, enganando a vós mesmos. (Tg 1.22)

Entretanto, aquele que atenta bem para a lei perfeita, a lei da liberdade, e nela persevera, não sendo ouvinte esquecido, mas praticante zeloso, será abençoado no que fizer. (Tg 1.25)

A religião pura e imaculada diante do nosso Deus e Pai é esta: visitar os órfãos e as viúvas nas suas dificuldades e não se deixar contaminar pelo mundo. (Tg 1.27)

Pois assim como o corpo sem o espírito está morto, também a fé sem obras está morta. (Tg 2.26)

Todos tropeçamos em muitas coisas. Se alguém não tropeça no falar, esse homem é perfeito e capaz de refrear também seu corpo inteiro. (Tg 3.2)

Quem entre vós é sábio e tem conhecimento? Mostre suas obras pelo seu bom procedimento, em humildade de sabedoria. (Tg 3.13)

Mas a sabedoria que vem do alto é, em primeiro lugar, pura, depois pacífica, moderada, tratável, cheia de misericórdia e de bons frutos, imparcial e sem hipocrisia. (Tg 3.17)

O fruto da justiça semeia-se em paz para aqueles que promovem a paz. (Tg 3.18)

Cobiçais e nada conseguis. Matais e invejais, e não podeis obter; brigais e fazeis guerras. Nada tendes porque não pedis. (Tg 4.2)

Todavia, ele nos dá maior graça. Portanto, ele diz: Deus se opõe aos arrogantes, porém dá graça aos humildes. (Tg 4.6)

Assim, sujeitai-vos a Deus, mas resisti ao Diabo, e ele fugirá de vós. (Tg 4.7)

Achegai-vos a Deus, e ele se achegará a vós. Pecadores, limpai as mãos, e vós, que sois vacilantes, purificai vosso coração. (Tg 4.8)

Humilhai-vos diante do Senhor, e ele vos exaltará. (Tg 4.10)

Portanto, confessai vossos pecados uns aos outros e orai uns pelos outros para serdes curados. A súplica de um justo é muito eficaz. (Tg 5.16)

1 PEDRO

■ Introdução

Simão Pedro, o autor dessa epístola, era por profissão um pescador da Galileia – o filho de Jonas, o irmão de André, que o levou primeiro a Cristo – e associou-se em seus negócios com os filhos de Zebedeu. Ele estava em Jerusalém quando Paulo chegou lá, vindo de Damasco (Gl 1.18; At 9.26); e igualmente, quatorze anos mais tarde, estava no Concílio de Jerusalém (At 15; Gl 2.9), e Paulo encontrou-o mais uma vez em Antioquia (Gl 2.11), sendo a primeira vez que ele aparecia em algum lugar que não fosse a Judeia. Depois disso, só suas epístolas nos dão pistas de sua vida posterior e de seus trabalhos, mas torna-se evidente por intermédio de suas epístolas e das tradições da igreja primitiva que, como apóstolo do "evangelho da circuncisão", ele, finalmente, retornou à Judeia para evangelizar sua própria raça em outras terras.

LEITORES E LOCAL DE ESCRITA
Isso nos faz questionar para quem essa epístola foi escrita, qual o objetivo em escrevê-la para eles e o local de onde ele a escreveu. Nossos limites nos permitem dar apenas as respostas mais breves.

A carta foi direcionada para os "peregrinos da Dispersão", os quais viviam em cinco províncias do Império Romano, e todos eles haviam sido evangelizados pelo apóstolo Paulo. Veja 1Pedro 1. A Dispersão foi um termo aplicado à raça judia que se encontrava em terras fora da Judeia. Dessa forma, não se esquecendo de seu apostolado da circuncisão (Gl 2.8), ele endereçou seus escritos aos judeus, mas aos judeus cristãos, os "eleitos".

O objetivo dessa carta, aparentemente, foi encorajá-los a perseverar corajosamente diante dos julgamentos e da perseguição. Esse encorajamento e exortação são apresentados em forma de uma torrente impetuosa, uma característica clara do impetuoso Pedro. Seu estilo é vívido, dinâmico e agradável, apesar de ser, de certa forma, falho na conexão lógica e precisão do grande apóstolo aos gentios. Um objetivo indireto de Pedro em escrever essa epístola foi, sem dúvida, dar seu suporte à autoridade de Paulo. As igrejas que receberam a epístola foram fundadas por Paulo, mas nelas apareceram, subsequentemente, judaizantes (veja a introdução aos Gálatas), os quais tentaram questionar sua liderança. Pedro reconhece seu trabalho, e seu ensino é um endosso indireto a Paulo. Serviu para mostrar aos judeus cristãos que os dois grandes apóstolos estavam em sintonia.

A pergunta que ainda resta: onde essa epístola foi escrita? O capítulo 5, versículo 13, mostra que Pedro estava na Babilônia naquele tempo. Parece estranho que houvesse qualquer indagação em vista do fato de que, em todo o mundo antigo, a palavra Babilônia, sem qualquer outro tipo de explicação, sempre significou "a grande cidade do Eufrates, ou o território adjacente, recebendo esse nome da cidade. Verdadeiramente, sua grandeza original havia terminado e, agora, era uma província romana, mas havia sido o lar de milhares e milhares da circuncisão, o grupo para o qual Pedro direcionou seus trabalhos, desde a época do cativeiro. Sabemos que na última parte do século I e no século II, as escolas rabínicas da Babilônia competiam em importância com a de Tiberíades, e que "o Príncipe do Cativeiro" era um soberano formidável como pessoa. É oposto a todos os fatos da história afirmar que não houve, na época dessa epístola, uma grande população judaica às margens do Eufrates, e uma passagem indefinida de Josefo, pertencente a um período de uma geração anterior, nunca seria usada para esse propósito se não fosse por sua importância para o argumento do papado em dar a Pedro uma longa estada em Roma. É igualmente fora de questão declarar que Pedro, em uma carta sincera e trivial, fale sobre Roma usando um nome que foi somente aplicado a ela mais tarde em um livro dos símbolos, com a declaração de que era usada como símbolo. A Babilônia levou Israel para o cativeiro; quando a Roma pagã fez o mesmo, tornou-se uma Babilônia mística; e a Roma espiritual igualmente recebeu, com mérito, essa designação quando levou ao cativeiro a igreja de Deus. Não há razão fundamentada para duvidar que Pedro levou seus trabalhos para sua própria raça à Mesopotâmia e, de lá, escreveu essa epístola. Ela foi, provavelmente, escrita ao final do tempo da primeira prisão de Paulo em Roma. Há razões para pensar que Pedro havia lido a carta aos Efésios, uma das epístolas de Paulo quando esteve aprisionado, e, dessa forma, essa epístola foi provavelmente escrita mais tarde, pelo menos em 63 d.C.

B. W. Johnson, The People's New Testament
[O Novo Testamento do povo]

Versículos de encorajamento

Bendito seja o Deus e Pai de nosso Senhor Jesus Cristo, que nos regenerou para uma viva esperança, segundo a sua grande misericórdia, pela ressurreição de Jesus Cristo dentre os mortos, para uma herança que não perece, não se contamina nem se altera, reservada nos céus para vós, que sois protegidos pelo poder de Deus, mediante a fé, para a salvação preparada para se revelar no último tempo. (1Pe 1.3-5)

... pois está escrito: Sereis santos, porque eu sou santo. (1Pe 1.16)

Assim, já que tendes a vossa vida purificada pela obediência à verdade que leva ao amor fraternal não fingido, amai uns aos outros de todo coração. Fostes regenerados não de semente perecível, mas imperecível, pela palavra de Deus, que vive e permanece. (1Pe 1.22,23)

... mas a palavra do Senhor permanece para sempre. E essa é a palavra que vos foi evangelizada. (1Pe 1.25)

Cristo [...] vós também, como pedras vivas, sois edificados como casa espiritual para serdes sacerdócio santo, a fim de oferecer sacrifícios espirituais aceitáveis a Deus, por meio de Jesus Cristo. (1Pe 2.5)

Mas vós sois geração eleita, sacerdócio real, nação santa, povo de propriedade exclusiva de Deus, para que anuncieis as grandezas daquele que vos chamou das trevas para sua maravilhosa luz. (1Pe 2.9)

Porque os olhos do Senhor estão sobre os justos, e os seus ouvidos, atentos à sua súplica; mas o rosto do Senhor está contra os que praticam o mal. (1Pe 3.12)

Do mesmo modo, vós, os mais jovens, sujeitai-vos aos presbíteros. Tende todos uma disposição humilde uns para com os outros, porque Deus se opõe aos arrogantes, mas dá graça aos humildes. Portanto, humilhai-vos sob a poderosa mão de Deus, para que ele a seu tempo vos exalte, lançando sobre ele toda vossa ansiedade, pois ele tem cuidado de vós.
(1Pe 5.5-7)

2PEDRO

■ Introdução

A epístola de 2Pedro é colocada, por Eusébio, entre os escritos cuja autenticidade foi questionada por muitos, e não se deve negar que houve diferenças na igreja primitiva em relação ao seu direito a um lugar no cânon. Todavia, parece ter sido citada por diversos dos pais no século II, e, no século III, o grande Orígenes foi mais longe ao escrever um comentário a respeito dela. Ela foi, finalmente, recebida por todas as igrejas, com exceção da igreja da Síria, em cuja tradução do Novo Testamento não estava incluída. Parece provável que ela tenha sido escrita por ele, cujo nome aparece na saudação, mas escrita algum tempo depois da primeira, próximo ao final de sua vida e especialmente direcionada contra certas heresias que estavam começando a aparecer.

B. W. Johnson, *The People's New Testament*
[*O Novo Testamento do povo*]

Versículos de encorajamento

Graça e paz vos sejam multiplicadas pelo pleno conhecimento de Deus e de Jesus nosso Senhor. Seu divino poder nos tem dado tudo que diz respeito à vida e à piedade, pelo pleno conhecimento daquele que nos chamou por sua própria glória e virtude, pelas quais ele nos deu suas preciosas e mais sublimes promessas para que, por meio delas, vos torneis participantes da natureza divina, tendo escapado da corrupção que há no mundo por causa da cobiça. Por isso mesmo, empregando todo o vosso esforço, acrescentai a virtude à vossa fé, e o conhecimento à virtude, e o domínio próprio ao conhecimento, e a perseverança ao domínio próprio, e a piedade à perseverança, e a fraternidade à piedade, e o amor à fraternidade.
(2Pe 1.2-7)

Mas vós, amados, não ignoreis uma coisa: um dia para o Senhor é como mil anos, e mil anos, como um dia. O Senhor não retarda a sua promessa, ainda que alguns a considerem demorada. Mas ele é paciente convosco e não quer que ninguém pereça, mas que todos venham a se arrepender.
(2Pe 3.8,9)

Antes, crescei na graça e no conhecimento de nosso Senhor e Salvador Jesus Cristo. A ele seja dada glória, agora e na eternidade. Amém. (2Pe 3.18)

1 JOÃO

■ Introdução

Essa epístola foi escrita por João, o filho de Zebedeu, o amado discípulo, um dos apóstolos de Jesus Cristo. As linhas gerais de sua história e caráter foram largamente traçadas na introdução ao evangelho de João (*The People's New Testament* [O Novo Testamento do povo], vol. 1), obra que recomendo ao leitor. Proeminente no ministério terreno do Salvador e ativo companheiro de Pedro na fundação da igreja na Judeia, ele logo foi encoberto em Atos dos Apóstolos pelas personalidades sublimes de Pedro e Paulo. Ele é citado apenas quatro vezes em Atos, e seu nome aparece apenas uma vez nas epístolas de Paulo (Gl 2.9), em uma passagem que, provavelmente, cita a única ocasião em que ele e Paulo se encontraram face a face. Segundo a opinião da igreja primitiva, sua residência encontrava-se na Palestina, até que se aproximou o tempo da derrota do Estado judeu, e provavelmente até que ele estivesse livre da incumbência sagrada de cuidar da mãe de Jesus, até a morte de Maria; a partir desse fato, ele mudou-se para a Ásia Menor para estabelecer sua casa em Éfeso, entre o grande grupo de igrejas gentias, privadas dos cuidados de seu fundador, o grande apóstolo dos gentios, por causa de seu martírio, e, em Éfeso, ele escreveu as epístolas que são atribuídas a ele no Novo Testamento.

Assim como o evangelho desse mesmo escritor, a epístola não menciona o nome de seu autor, e estamos em dívida quanto ao conhecimento da autoria pelo testemunho unânime da igreja primitiva, bem como pelas semelhanças de pensamentos e expressões no evangelho e nessa epístola. Não considero que a hipótese daqueles destrutivos críticos alemães, os quais possuem uma tal mania por novidades, de que o escritor de Éfeso não era o apóstolo João, mas um presbítero João do século II, deva merecer alguma séria consideração. Tal invenção é incrível em vista do fato de que o século II testifica que João, o Apóstolo, viveu por muitos anos em Éfeso, e faleceu naquele local, deixando o legado de sua vida e escritos às igrejas. Ainda temos documentos existentes daqueles que afirmam que eles foram treinados pelos homens de Deus, os quais foram treinados sob a direção do apóstolo em idade avançada, durante o tempo em que residiu em Éfeso. Deve-se adicionar a esse comentário que essa epístola é repetidamente citada nos escritos dos pais pertencentes ao século II, sendo mencionada, bem como as outras duas epístolas de João, no primeiro cânon dos escritos do Novo Testamento, o cânon muratoriano, da última metade do século II.

Sua data é apenas um problema de conjectura. É evidente, pelas várias falsas doutrinas que o escritor evidentemente tinha em vista, que ela pertence a um período mais recente que alguns outros escritos do Novo Testamento, salvo aqueles do próprio João. Ela foi, provavelmente, escrita quando João permaneceu como o único sobrevivente do grupo apostólico, após seu evangelho, e quando certas heresias começaram a assumir alguma forma. Há incertezas quanto a essa epístola aparecer sem os nomes de seu autor ou das igrejas para as quais foi endereçada, mas ela demonstra ser uma epístola genuína.

Uma epístola forjada seria atribuída a um escritor apostólico a fim de ganhar aceitação. Os exemplos demonstrados por certas epístolas falsificadas dos primeiros séculos, como a tão famosa epístola aos Laodicenos, determinam esse ponto de vista. As peculiaridades da epístola, as quais não podem ser discutidas em nosso espaço limitado, serão mais bem estudadas pelas notas encontradas nos textos.

B. W. Johnson, *The People's New Testament*
[*O Novo Testamento do povo*]

Versículos de encorajamento

... mas, se andarmos na luz, assim como ele está na luz, temos comunhão uns com os outros, e o sangue de Jesus, seu Filho, nos purifica de todo pecado. (1Jo 1.7)

Se confessarmos os nossos pecados, ele é fiel e justo para nos perdoar os pecados e nos purificar de toda injustiça. (1Jo 1.9)

... mas todo o que guarda a sua palavra, neste o amor de Deus tem de fato se aperfeiçoado. E assim sabemos que estamos nele. (1Jo 2.5)

Aquele que ama seu irmão permanece na luz, e nele não há tropeço. (1Jo 2.10)

Crianças, eu vos escrevi porque conheceis o Pai. Pais, eu vos escrevi porque conheceis aquele que é desde o princípio. Jovens, eu vos escrevi porque sois fortes, e a palavra de Deus permanece em vós, e já vencestes o Maligno. (1Jo 2.14)

Porque tudo o que há no mundo, o desejo da carne, o desejo dos olhos e o orgulho dos bens, não vem do Pai, mas sim do mundo. (1Jo 2.16)

quem vive habitualmente no pecado é do Diabo, pois o Diabo peca desde o princípio. Para isto o Filho de Deus se manifestou: para destruir as obras do Diabo. (1Jo 3.8)

... e qualquer coisa que lhe pedirmos, dele a receberemos, pois guardamos seus mandamentos e fazemos o que é agradável à sua vista. (1Jo 3.22)

Filhinhos, vós sois de Deus e já tendes vencido os falsos profetas, pois aquele que está em vós é maior do que aquele que está no mundo. (1Jo 4.4)

No amor não há medo, pelo contrário, o perfeito amor elimina o medo, pois o medo implica castigo, e quem tem medo não está aperfeiçoado no amor. Nós amamos porque ele nos amou primeiro.(1Jo 4.18,19)

Pois todo o que é nascido de Deus vence o mundo; e esta é a vitória que vence o mundo: a nossa fé. Quem vence o mundo, senão aquele que crê que Jesus é o Filho de Deus? (1Jo 5.4,5)

E esta é a confiança que temos nele: se pedirmos alguma coisa segundo sua vontade, ele nos ouve. Se sabemos que nos ouve em tudo o que pedimos, sabemos que já alcançamos o que lhe temos pedido. (1Jo 5.14,15)

Sabemos que todo o que é nascido de Deus não vive pecando; pelo contrário, aquele que nasceu de Deus o guarda, e o Maligno não o toca. (1Jo 5.18)

2JOÃO

■ Introdução

Sempre houve uma diferença de opinião e discussões relacionadas às epístolas 2João e 3João, atribuídas ao apóstolo de mesmo nome. Nem os críticos da igreja antiga nem os da moderna estão completamente de acordo em relação ao escritor, às pessoas a quem a carta foi endereçada ou até mesmo em relação ao seu direito a um lugar no cânon. O espaço limitado ao qual estou confinado não me permitirá tratar profundamente dessas controvérsias posso apenas dizer que cada hipótese que atribui a autoria a qualquer um, menos a João, o Apóstolo, repousa sobre nebulosos fundamentos. A conjectura de que foram escritas por um "presbítero João" – alguém contemporâneo do apóstolo, e que, igualmente, viveu em Éfeso – é baseada em um fragmento preservado de Papias, um pai do século II, o qual menciona o que havia aprendido com "os mais antigos", ou anciãos, e entre eles cita "João, o mais velho", um discípulo pessoal de Cristo. Uma vez que, na mesma sentença, ele cita sete apóstolos e afirma que não são apóstolos, mas "anciãos", aqueles sentem-se pressionados a assumir que ele chamou de "João, o mais velho" algum outro discípulo pessoal de Cristo, e não o filho de Zebedeu. Não há evidência que algum "João, o mais velho" tenha vivido na era dos apóstolos uma vida separada de João, o Apóstolo. Além disso, a linguagem, a doutrina e o estilo das duas epístolas apontam para o autor do quarto evangelho e, especialmente, para o escritor da epístola 1João.

B. W. Johnson, *The People's New Testament*
[*O Novo Testamento do povo*]

Versículos de encorajamento

Alegro-me muito por haver encontrado alguns de teus filhos andando na verdade, segundo o mandamento que recebemos do Pai. (2Jo 4)

3JOÃO

■ Introdução

Há que se concordar que essa terceira epístola foi escrita pelo autor da segunda. O escritor é "o mais velho" Tudo o que foi dito em relação à autoria da segunda epístola, portanto, aplica-se à terceira. A única hipótese que é mais uma conjectura sem fundamento é aquela que é atribuída a João, o apóstolo, em sua idade avançada, durante sua permanência em Éfeso. Assim como a segunda epístola, esta é endereçada a um indivíduo cuja identidade não conhecemos, de nome Gaio, ou Caio, o qual aparece várias vezes no Novo Testamento.

B. W. Johnson, *The People's New Testament*
[*O Novo Testamento do povo*]

Versículos de encorajamento

Amado, desejo que sejas bem-sucedido em todas as coisas e que tenhas saúde, assim como a tua alma vai bem. (3Jo 1.2)

Não tenho maior alegria do que esta: ouvir que os meus filhos andam na verdade. (3Jo 1.4)

JUDAS

■ Introdução

O autor dessa epístola apresenta-se como "Judas, [...] irmão de Tiago". Entre os apóstolos havia um "Judas (Judá) Tiago, contudo a palavra filho ou irmão não é mencionada, e alguns concluíram que o "Judas, não o Iscariotes" dos Doze é o escritor dessa carta. É mais provável que, no entanto, ele fosse o irmão do Tiago de Jerusalém, o qual tornou-se muito proeminente na história da igreja da Palestina, a quem Paulo se refere como uma das "colunas". Nos últimos quinze anos antes da derrota de Jerusalém, ele tornou-se o personagem mais influente entre os judeus cristãos, e seria completamente natural que Judas, se fosse seu irmão, se referisse a essa relação a fim de assegurar uma audiência mais favorável. Aquele Tiago era o *irmão do Senhor* (Gl 1.19), mas entre os irmãos do Senhor havia também um Judas, aquele que temos todas as razões para crer ser o escritor dessa epístola. Para uma discussão mais completa da questão, veja a introdução à epístola de Tiago. Nela, razões serão encontradas para concluir que Tiago não era um dos apóstolos, e a isso segue-se que Judas não era um dos Doze. Uma vez que os autores do segundo e do terceiro evangelhos e de Atos não eram apóstolos, não seria estranho pensar que duas das epístolas seriam escritas por outros homens santos.

Outra questão de algum interesse surge da comparação de Judas com 2Pedro. O leitor achará que Judas 3-18 é quase idêntico a 2Pedro 1.5 e 2.1-18. O primeiro ou o segundo escritor já havia obtido, antes de Judas, o trabalho do outro escritor. Os críticos estão divididos em relação a quem seria o escritor mais antigo, e razões podem ser dadas para dar a prioridade a cada um deles. Para mim, parece provável que o "comentário do discursador" esteja certo em decidir a favor de Pedro, e que Judas foi escrita em uma data não muito posterior. É provável que ele tenha achado uma parte da epístola de Pedro expressando suas ideias tão bem que ele a modificara de alguma forma e a tenha inserido em sua carta. Dessa forma, é mais provável que ele honrasse uma carta apostólica do renomado Pedro, em vez de Pedro tê-la tomado emprestada dele. Nessa hipótese, essa epístola foi escrita entre 65 e 70 d.C., ou um pouco antes do cerco de Jerusalém.

Não temos dados para determinar onde ela foi escrita, mas parece não haver dúvidas de que, como as epístolas de Pedro e Tiago, ela foi, primeiramente, endereçada aos judeus cristãos. Ela contém uma saudação com as razões para escrevê-la (versículo 4). Portanto, há três exemplos da justiça punitiva de Deus, seguindo-se a isso um registro particular dos caminhos perversos de certos falsos mestres, contra os quais ele adverte; e, a seguir, há a conclusão da epístola, na qual os discípulos são advertidos e exortados, encerrando-se com uma das mais sublimes doxologias da Bíblia.

B. W. Johnson, *The People's New Testament*
[*O Novo Testamento do povo*]

Versículos de encorajamento

Mas vós, amados, edificando-vos sobre a vossa fé santíssima, orando no Espírito Santo, conservai-vos no amor de Deus, esperando a misericórdia de nosso Senhor Jesus Cristo para a vida eterna.
(Jd 1.20,21)

Àquele que é poderoso para vos impedir de tropeçar e para vos apresentar imaculados e com grande júbilo diante da sua glória, ao único Deus, nosso Salvador, por meio de Jesus Cristo, nosso Senhor, sejam glória, majestade, domínio e poder, antes de todos os séculos, agora e para todo o sempre. Amém. (Jd 1.24,25)

APOCALIPSE

■ Introdução

Quando abrimos o livro de Apocalipse descobrimos, imediatamente, uma diferença marcante entre ele e qualquer outra porção do Novo Testamento. Não é um livro de história como os evangelhos e Atos, nem um livro de discussões e instruções práticas como as epístolas, mas, prontamente, parecemos respirar a atmosfera de profetas como Ezequiel e Daniel. Como Ezequiel e Daniel receberam permissão para ter visões, as quais revelavam certos grandes eventos do futuro, em uma série de imagens simbólicas, dessa mesma forma, diante dos olhos de João, passam uma série de visões maravilhosas, as quais ele registra, e deixa esses registros para a igreja interpretar. Esse livro é de profecias. "Deus lhe deu para mostrar a seus servos as coisas que em breve devem acontecer." Para se ter um claro entendimento a respeito do livro, não devemos, de maneira alguma, perder de vista seu objetivo, conforme declarado na frase de abertura. Seu objetivo é revelar o futuro. Não é seu objetivo revelar alguns eventos limitados a respeito do futuro, mas, sim, mostrar as coisas que estariam para acontecer. Em outras palavras, seu objetivo é desvelar o perfil da história que está por vir, tão logo essa história afete o futuro da igreja.

O AUTOR

Não há nenhum livro do Novo Testamento para cuja autoria o testemunho da história seja mais definido do que o livro de Apocalipse. Apenas alguns anos se passaram após a morte de João, o apóstolo, até que essa epístola fosse citada e atribuída a ele por escritores que o conheciam pessoalmente ou que receberam suas informações daqueles que haviam estado a seus pés, aprendendo. Entre aquelas primeiras testemunhas está Papias, nascido em aproximadamente 70 d.C., um discípulo do próprio João ("um ouvinte" de João, de acordo com Irineu) de cujos escritos somente fragmentos foram preservados, mas que é conhecido por ter citado o Apocalipse como um trabalho de João. A ele deve ser adicionado Irineu, nascido entre 115 d.C. e 125 d.C., o qual nos conta que foi, por muito tempo, um pupilo de Policarpo, e este, conforme declara Irineu, aprendeu muitas coisas do já idoso apóstolo, aos pés do qual ele havia se sentado por muito tempo. É claro que, com tais oportunidades, ele não poderia desconhecer o que João havia escrito, declarando ainda explicitamente que ele é o autor de Apocalipse.

Diversos pais do século II são citados por darem o mesmo testemunho, mas é satisfatório acrescentar que esse livro recebeu esse nome no cânon muratorianos, o primeiro cânon das Escrituras do Novo Testamento, datado de 170 d.C., e todas as dúvidas relativas à sua autenticidade parecem pertencer a épocas posteriores. E, igualmente, nenhum fato da história foi mais bem estabelecido do que os últimos anos que João passou naquela parte da Ásia, com a qual o livro do Apocalipse está associado.

DATA DA ESCRITA

Creio que todos os fatos apontam para "cerca do final do reinado de Domiciano, ou aproximadamente no ano 96 d.C.". Deve ser útil acrescentar que a perseguição de Nero, pelo que sabemos, foi local e restrita a Roma; que a morte, em vez do banimento, era o método favorito de punição para ele; que não é provável que ele tivesse ordenado a morte de Paulo e Pedro e banido João; e que não há evidências de que João, nos remotos tempos de 68 d.C., tenha alguma vez visitado a região das sete igrejas. Por outro lado, a perseguição de Domiciano não era local; e sabemos também que ele enviou outros cristãos para o exílio; sabemos igualmente que os últimos anos da vida de João foram passados em Éfeso e na região em que essa cidade era considerada o centro.

LOCAL DA ESCRITA

Sabemos que as visões do Apocalipse aconteceram na ilha de Patmos, e isso é um fato que repousa sobre o testemunho do próprio escritor. É o testemunho universal da igreja primitiva que João sobrevivera à destruição de Jerusalém e que, quando a tempestade da guerra estava se aproximando daquela devota cidade, ele, em obediência à advertência do Senhor (Mt 24.16), fugiu da desolação que estava por vir e, por fim, estabeleceu residência em Éfeso, em meio às igrejas da Ásia, fundadas pelo apóstolo Paulo. Durante sua longa permanência nessa região, que se estendeu até o final de sua vida, ele foi banido na perseguição da última parte do reinado de Domiciano. Patmos, o local do exílio, é simplesmente uma prisão rochosa no mar.

MÉTODOS DE INTERPRETAÇÃO

Provavelmente, não há outra porção das Escrituras da qual os intérpretes diferem largamente entre si quanto a seu significado. Isso fez com que alguns leitores concluíssem que o trabalho é como se fosse um papel com expressões confusas e talvez até incoerentes, jogadas em êxtase profético, cuja interpretação é uma tentativa inútil;

e eles supõem que os esforços em dar as explicações apenas ilustram as excentricidades e as falhas dos comentaristas. As diferenças se devem aos diferentes sistemas de interpretação empregados. Destes, há três que são os principais, todos contendo alguma verdade, mas estando todos igualmente em perigo de se direcionarem a conclusões errôneas extremas, e é provável que cada intérprete que não for racionalista aceite alguns desses resultados de todos os três sistemas mencionados.

Os preteristas
De acordo com esse sistema, as sucessivas visões aplicam-se principalmente a eventos da história da nação judaica e da Roma pagã. Esses eventos já ocorreram muito tempo atrás, no passado. Muitos escritores racionalistas insistem que todos esses eventos descritos devem ter ocorrido antes que as visões fossem escritas, e que não há nada que se compare à profecia. Dessa forma, esses críticos são chamados de preteristas, mas essa visão não está delimitada a eles.

Os futuristas
Estes insistem que as profecias aplicam-se principalmente aos eventos que ainda ocorrerão no futuro e serão cumpridas na história futura do Israel literal. Eles declaram que Israel ocupará de novo a Palestina, que o templo será literalmente reconstruído; que a cidade santa será literalmente tomada pelos gentios por 1.260 dias etc. O sistema preterista é correto em afirmar que muito do que há em Apocalipse aplica-se ao que agora é passado, e o sistema futurista também está correto, ou seja, declarando que uma parte aplica-se ao que ainda é futuro.

Os históricos
Em minha opinião, esse sistema está mais próximo do que seria o correto, precisando ainda ser modificado pelos outros e cuidadosamente guardado. Ele afirma que uma sucessão de eventos históricos, futuros no momento em que João escreveu o livro, mas agora em parte no passado, são retratados por uma série de visões. O erro de supor que o livro é continuamente histórico, do começo ao fim, deve ser evitado. Se colocarmos em nossa mente que há mais de uma série de visões; que, quando uma série termina, outra segue os fatos que estão, ao menos em parte, em sincronia; que uma parte dos eventos retratados pelos símbolos não está no passado, enquanto outra porção está no futuro, acho que o resultado do sistema histórico terá se mostrado claro, harmonioso e surpreendentemente correlacionado com as visões do profeta. Talvez não possamos esperar que, até mesmo aqueles que adotam esse sistema, concordem em cada detalhe, mas, de fato, achamos que os grandes expositores da escola histórica, abraçando o pensamento da maioria dos comentaristas ingleses, estão em substancial acordo.

UM LIVRO DE PROFECIAS
Contudo, devemos sempre conservar em mente que esse livro é um livro de profecias, cuja intenção é "mostrar [...] as coisas que em breve devem acontecer". João era profeta. Ele registrou o que viu. O futuro foi apresentado a ele em uma série de visões. As figuras que passaram diante de seus olhos representavam eventos futuros. Dessa forma, cada uma delas é uma representação simbólica do que seria, naquela época, o futuro, e que agora deve ser história passada. Assim, quando o primeiro selo é aberto em 6.1,2, e um guerreiro é visto com um arco em sua mão, montando um cavalo branco como vencedor, isso deve ser interpretado como uma imagem lógica que, apropriadamente, representa um evento ou época da história futura quando João estava no exílio em Patmos. Figuras simbólicas seguem-se em rápida sucessão assim que os selos são abertos; e

as trombetas, soadas, uma interpretação correta do que está por acontecer não em cumprimento literal, mas em eventos nos quais as visões lógicas devem ser símbolos apropriados.

O TEMA DE APOCALIPSE

João declara que o livro é um registro das "coisas que em breve devem acontecer". Ele viu delineado em sua visão eventos que, naquele tempo, estavam no futuro, mas que "em breve" se tornariam história. Ninguém poderia supor que era um propósito divino revelar toda a mudança histórica das nações, raças e reinos pelos últimos 1.800 anos, e ainda há uma pergunta necessária para interpretar isso: a qual países e séries de eventos essas profecias se aplicam? Se nos voltarmos para os profetas do Antigo Testamento, seremos guiados para a resposta correta. O pensamento central em todas essas profecias é a história futura do povo de Deus. Tudo o que é expresso é relacionado, quer de forma direta quer de modo indireto, com os destinos de Israel, temporais e espirituais, a nação típica e a nação espiritual, ou, em outras palavras, ao destino dos judeus e da igreja. Com esse grande objetivo diante deles, os profetas anunciaram a destruição das grandes nações dos gentios, com quem os judeus tiveram contato, os quais influenciaram seus destinos, ou tornaram-se seus opressores. Dessa forma, temos a Assíria, a Babilônia, Tiro, Egito etc., que se tornaram a aflição dessa profecia.

Exatamente o mesmo acontece na profecia do Novo Testamento. Os profetas falam sobre o futuro de Israel e da igreja e, necessariamente, revelam muitos fatos relacionados às nações opositoras e perseguidoras. Não estava na mente de Cristo fornecer em Apocalipse o resumo de toda a história, mas delinear o destino, as tribulações e os triunfos da igreja.

A igreja estava, nos primeiros séculos, quase completamente dentro dos limites do vasto e perseguidor império pagão de Roma. Por conseguinte, esse poder de oposição veio antes da visão profética, e descobriremos que o simbolismo frequentemente refere-se ao poder romano. Relembramos ao leitor que João foi uma vítima da perseguição romana e esteve no exílio em Patmos, onde escreveu esse livro; que ele nunca esteve além dos limites do Império Romano, e que não há nenhuma autoridade histórica para supor que qualquer apóstolo alguma vez tenha estado em um solo que um cidadão romano chamaria de estrangeiro. Uma vez que esse poderoso império afetara tão profundamente os interesses da igreja, estando em harmonia com tudo o que sabemos a respeito da profecia para esperar que seja o tema da visão profética. O escopo geral do livro de Apocalipse é similar ao dos profetas do Antigo Testamento; seu objetivo primordial é delinear a história da igreja; em subordinação ao seu objetivo primário, ele retrata os destinos dos dois grandes poderes de perseguição de Roma – o pagão e o papal. As mudanças no destino da igreja são retratadas, correndo como um fio de ouro por intermédio do escuro panorama da história até que, finalmente, no tempo certo de Deus, a batalha acontece até o final, a vitória é obtida e a igreja triunfante rejubila no usufruto de todos os sofrimentos e labores e das glórias da nova Jerusalém.

B. W. Johnson, *The People's New Testament*
[*O Novo Testamento do povo*]

Versículos de encorajamento

Eu sou o que vive; fui morto, mas agora estou aqui, vivo para todo sempre e tenho as chaves da morte e do inferno. (Ap 1.18)

Estou à porta e bato; se alguém ouvir a minha voz e abrir a porta, entrarei em sua casa e cearei com ele e ele comigo. (Ap 3.20)

... e os constituíste reino e sacerdotes para nosso Deus; e assim reinarão sobre a terra. (Ap 5.10)

... dizendo: Amém. Louvor, glória, sabedoria, ações de graças, honra, poder e força sejam ao nosso Deus, pelos séculos dos séculos. Amém. (Ap 7.12)

Então, ouvi uma forte voz no céu, que dizia: Agora chegaram a salvação, o poder, o reino do nosso Deus e a autoridade do seu Cristo; porque o acusador de nossos irmãos já foi expulso; ele, que dia e noite os acusava diante do nosso Deus. Eles o venceram pelo sangue do Cordeiro e pela palavra do seu testemunho e, mesmo diante da morte, não amaram a própria vida. (Ap 12.10,11)

Eles cantavam o cântico de Moisés, servo de Deus, e o cântico do Cordeiro, dizendo: Grandes e admiráveis são as tuas obras, ó Senhor Deus Todo-poderoso; justos e verdadeiros são os teus caminhos, ó Rei das nações. (Ap 15.3)

Senhor, quem não te temerá e não glorificará o teu nome? Pois só tu és santo; por isso todas as nações virão e se prostrarão diante de ti, porque os teus juízos são manifestos. (Ap 15.4)

Alegremo-nos, exultemos e demos glória a ele, porque chegou o momento das bodas do Cordeiro, e sua noiva já se preparou. (Ap 19.7)

Disse-me ainda: Está cumprido: Eu sou o Alfa e o Ômega, o princípio e o fim. A quem tiver sede, darei de beber de graça da fonte da água da vida. Aquele que vencer herdará essas coisas; e eu serei seu Deus, e ele será meu filho. (Ap 21.6,7)

Eu, Jesus, enviei o meu anjo para vos testemunhar essas coisas em favor das igrejas. Eu sou a raiz e a geração de Davi, a resplandecente estrela da manhã. O Espírito e a noiva dizem: Vem! E quem ouve, diga: Vem! Quem tem sede, venha; e quem quiser, receba de graça a água da vida. (Ap 22.16,17)

SÍMBOLOS ENCONTRADOS EM APOCALIPSE

■ Visão geral

A lista a seguir fornece os mais importantes símbolos usados por João, com seus significados.

A haste de ouro como medida para medir – O padrão pelo qual a igreja é avaliada. A palavra.

Adultério – Idolatria ou apostasia; mais especificamente o último item. Como Cristo é representado como o noivo; e a igreja, como a noiva, a apostasia ou a infidelidade a ele seriam um adultério espiritual, e uma igreja falsa representada propriamente como uma meretriz.

Amarrado – Esse símbolo significa reprimir, segurar e também desprover de poder; relacionando-se com paralisado, sem solução, tornar inútil.

Anciãos – Provavelmente príncipes da justiça.

Animal, ser vivente – O termo que refere-se ao termo traduzido por animal na *ARC* significa um animal selvagem e feroz. Dessa forma, é um símbolo de um poder cruel, tirânico e perseguidor. O termo usado no capítulo 4, traduzido por animal, não é o mesmo. Em vez de "quatro animais", deveria constar "quatro seres viventes", como na *A21*.

Anjo – Qualquer agente ou mensageiro da vontade divina. O termo pode ser um símbolo de qualquer movimento nas nações ou na história, pois esta carrega os propósitos divinos.

Arco – O arco, uma arma pronta para o combate na guerra, quando seguro nas mãos, é um símbolo de guerra.

Ascensão ao Paraíso – Exaltação em poder e em glória. Prosperidade.

Babilônia – A cidade que levou Israel ao cativeiro. Dessa forma, é um símbolo de qualquer poder que os leve cativos, seja ele pagão, seja ele papal romano.

Balança – Um símbolo de justiça, mas, quando usado para representar a pesagem de alimentos, é símbolo de escassez.

Branco – Estar vestido de branco é ser inocente, puro e triunfante.

Candelabro – Um símbolo de uma igreja que deveria ser luz no mundo. Os sete candelabros de ouro são as sete igrejas. Um símbolo de qualquer interferência divina.

Cavalo – Usado somente para propósitos de guerra pelos anciãos, é, dessa forma, um símbolo de guerra. A cor do cavalo indica a condição de seu cavaleiro e o estado da guerra.

Cavalo amarelo – Uma imagem da guerra desoladora e de um reinado de morte.

Cavalo branco – Guerra triunfante e gloriosa.

Cavalo preto – O cavalo não era usado como animal de carga pelos anciãos, mas, sim, com propósitos de guerra. Dessa forma, é um símbolo de guerra, e um cavalo negro é um símbolo de calamidade na guerra desastrosa.

Cavalo vermelho – Uma imagem da guerra cruel e sangrenta, caracterizada por uma terrível carnificina.

Cetro – O símbolo da autoridade. O cetro de ferro é um símbolo de poder irresistível.

Céus e terra – O mundo. O universo político e religioso. Os novos céus e nova terra significam a morte da antiga ordem das coisas e o estabelecimento de uma nova ordem.

Chave – Um símbolo de poder para libertar ou para aprisionar, para abrir o céu ou o inferno, ou para fechá-los; poder para salvar ou destruir.

Chifres – ... *e o grande chifre que tinha entre os olhos é o primeiro rei*, Daniel 8.21. Um símbolo de reis, reinos ou poder. Sete chifres indicam um enorme poder.

Comerciantes – Um símbolo daqueles que ganham com as coisas divinas e traficam a favor de seus privilégios religiosos.

Cordeiro – O símbolo de uma oferta sacrificial sem pecado. O Cordeiro de Deus é Cristo morto como um cordeiro, desde a fundação do mundo.

Coroa – O símbolo da majestade real. Para receber exaltação e honra. Receber a coroa da vida é receber as honras da vida eterna.

Corrente – Um símbolo de cativeiro ou aflição. Acorrentar é tornar sem poder. Amarrar Satanás com uma corrente é destruir seu poder.

Correnteza/enchente – Símbolo de perigo/sofrimento opressor vindo de uma perseguição ou de qualquer causa.

Dia – "... um dia para cada ano". Uma rotação da terra em seu eixo é um símbolo de seu ciclo anual em sua órbita. "Mil duzentos e sessenta dias" significa muitos anos.

Dragão – O antigo Império Romano pagão.

Eclipse – Ou a escuridão dos corpos celestes, significa o obscurecimento da glória dos reis e potestades, dos quais o Sol, a Lua e as estrelas são símbolos.

Egito – O local do cativeiro espiritual. Uma condição de iniquidade. Oposição a Cristo.

Escuridão – O tão conhecido símbolo da calamidade e da aflição.

Espada – Um símbolo de massacre. Também um símbolo de conquista. Uma espada na mão indica armas carnais. Uma espada saindo da boca indica conquistas pela palavra de Deus.

Estrelas – Luzes brilhantes no mundo. Homens proeminentes, quer na igreja quer no Estado.

Falsos profetas – Um falso poder espiritual que falsamente declara ter autoridade divina em seus ensinamentos.

Fogo – Destruição bárbara. Nunca usado como um símbolo de bênção, mas de maldição.

Fogo dos céus – Destruição divina; mas fogo trazido dos céus pelos dois dragões com chifres significa excomunhão e anatematização de um falso poder espiritual.

Gafanhotos – Os gafanhotos, uma peste devoradora gerada nos desertos da Arábia, são um símbolo dos destruidores exércitos árabes. Os árabes sujeitos a Maomé.

Granizo – Roubo e destruição.

Ilhas – Estados europeus. De acordo com os profetas, as "ilhas do mar" significavam os países do Mediterrâneo e seus arredores, ou seja, a Europa.

Incenso – As orações dos santos.

Jerusalém – A capital da Judeia e o local do templo tornam-se um símbolo da igreja de Cristo. Contrasta-se a "cidade santa" com a "grande cidade", Jerusalém com a Babilônia, ou a verdadeira com a falsa igreja.

Jezabel – Uma mulher não sagrada é um símbolo de uma influência não sagrada na igreja.

Leão – Um símbolo de poder real.

Livro – O registro da vontade divina. Selar um livro significa ocultar seu significado, uma vez que os livros mais antigos apresentavam-se em forma de rolos, e não podiam ser lidos quando selados. Abrir esses selos significa revelar o significado. Devorar um livro significa tornar-se mestre a respeito de seu conteúdo. O livro com sete selos é o livro do destino da humanidade, um resumo dos grandes eventos que estão conectados com a igreja até seu triunfo final. A abertura desses selos é a revelação da história futura.

Lua – Um símbolo de poderes, regras e grandes homens, os quais não são superiores. Uma luz que brilha refletindo outra luz.

Maná – O pão da vida. A verdade de Cristo.

Mão – Uma marca na mão significa o modo de viver, ou as práticas da vida.

Montanha – Alguma pessoa ou poder evidente entre os homens. Altamente elevado. Um grande príncipe ou governo. Uma montanha queimando é um poder maldoso e destrutivo.

Morte – Um símbolo de destruição.

Noiva – A esposa de Cristo, a igreja, a nova Jerusalém.

Noivo – Jesus Cristo.

Nuvem – Um emblema de poder e majestade. Subir para as nuvens é aparecer em glória e exaltação.

Palmeira – Um símbolo de alegria ou vitória.

Lagar – Um símbolo de uma efusão de sangue e de sofrimento.

Preto – A cor do luto; portanto, um símbolo de calamidade e pesar.

Prostituta – Uma comunidade idólatra. A grande prostituta é a igreja apóstata.

Rei – Poder supremo de qualquer espécie. Um governo; um reino.

Rio da vida – Cristo é a fonte da vida. A vida abundante e plena que Cristo concede é, no tempo certo, simbolizada por um rio. O rio e a árvore da vida simbolizam, essencialmente, a mesma coisa.

Sangue – Um símbolo de guerra.

Sepultura – Colocar na sepultura significa transferir para o esquecimento. "... não permitirão que sejam sepultados", significa que eles serão lembrados.

Sete – O número perfeito. Integridade, perfeição.

Sol – Como o doador da grande luz, de certo modo, é um símbolo de Cristo. Também significa supremo governador. A Lua e as estrelas indicam grandes luzes da sociedade, mas inferiores ao Sol.

Templo de Deus – A igreja da qual o tabernáculo e o templo foram modelos. O templo de Deus no céu, aberto, é a morada de Deus, e o céu, por si só, é a igreja acima de tudo.

Tempo – Tempo, tempos e meio tempo é a rotação anual da Terra, um ano, dois anos, meio ano ou três anos e meio. "... sete tempos" passaram por Nabucodonosor, ou sete anos.

Terra – O antigo mundo civilizado, correspondendo, na época de João, ao Império Romano. Poderes políticos.

Terremoto – Revoluções políticas e morais e convulsões na sociedade. O estremecimento da ordem estabelecida das coisas. A subversão dos Estados e das riquezas.

Testa – Uma marca na fronte significa uma declaração pública.

Testemunha – As duas testemunhas são os dois Testamentos, o significado dessa última palavra.

Trombeta – O soar de uma trombeta significa a marcha dos exércitos que vão adiante, carnais ou espirituais. Também significa a proclamação da guerra ou da paz.

Trono – Um símbolo de autoridade.

Ventos – Símbolo de comoção; de movimentos poderosos. Os "quatro ventos" são quatro invasões do Império Romano.

Vermelho – Essa cor, a cor do sangue, simboliza crueldade sangrenta. Uma "mulher [...] embriagada com o sangue dos santos" é uma perseguidora da igreja.

PROFECIAS MESSIÂNICAS

PROFECIAS MESSIÂNICAS NO ANTIGO TESTAMENTO

■ Versículo-chave da Bíblia

Porque um menino nos nasceu, um filho nos foi concedido. O governo está sobre os seus ombros, e o seu nome será: Maravilhoso Conselheiro, Deus Forte, Pai Eterno, Príncipe da Paz. (Is 9.6)

Você já notou?

Na Bíblia, as profecias cobrem uma vasta área de tópicos. Mas isso não exclui profecias de previsão.

Uma faceta da profecia bíblica pode ser definida como: "Uma profecia é o futuro contado antecipadamente por Deus por intermédio de um profeta".

Profecias messiânicas

A palavra "Messias" significa "o ungido". Em grego é Cristo e, para os cristãos, refere-se a Jesus como o Filho de Deus e o escolhido. Para os judeus do tempo de Jesus, ela referia-se à esperança por um novo profeta ou rei.

Há centenas de profecias sobre Jesus no Antigo Testamento. Cada detalhe sobre a vida de Jesus é contado antecipadamente, desde o seu nascimento em Belém até a sua morte na cruz.

APROXIMADAMENTE
300 PROFECIAS MESSIÂNICAS
No Antigo Testamento há, pelo menos, 300 profecias que predizem algo sobre o esperado e tão longamente aguardado Messias.

Localizando as profecias messiânicas

Às vezes nos surpreendemos em ver como os escritores do Novo Testamento interpretam certos versículos do Antigo Testamento como profecias sobre o Messias.

GÊNESIS

Gn 3.15 – Ele ferirá a cabeça de Satanás. Hb 2.14; 1Jo 3.18

Gn 9.26,27 – O Deus de Sem será o Filho de Sem. Lc 3.36

Gn 12.3 – Como semente de Abraão, todas as nações serão abençoadas. At 3.25,26

Gn 12.7 – A promessa feita aos descendentes de Abraão. Gl 3.16

Gn 14.18 – Um sumo sacerdote, segundo a ordem de Melquisedeque. Hb 6.20

Gn 14.18 – Um rei. Hb 7.2

Gn 14.18 – O prenúncio da última ceia. Mt 26.26-29

Gn 17.19 – O descendente de Isaque. Rm 9.7

Gn 22.8 – O Cordeiro de Deus prometido. Jo 1.29

Gn 22.18 – Como descendente de Isaque, abençoará todas as nações. Gl 3.16

Gn 26.2-5 – O descendente de Isaque prometido como o Redentor. Hb 11.18

Gn 49.10 – O tempo de sua vinda. Lc 2.1-7; Gl 4.4

Gn 49.10 – O descendente de Judá. Lc 3.33

Gn 49.10 – Chamado de Siló ou o enviado. Jo 17.3

ÊXODO

Êx 3.13,14 – O grande "Eu Sou". Jo 4.26

Êx 12.5 – Um Cordeiro sem defeito. 1Pe 1.19

Êx 12.13 – O sangue do Cordeiro salva da ira de Deus... Rm 5.8

Êx 12.21-27 – Cristo é a nossa Páscoa. 1Co 5.7

Êx 12.46 – Nenhum osso do Cordeiro será quebrado. Jo 19.31-36

Êx 15.11 – Sua natureza santa. Lc 1.35; At 4.27

Êx 17.6 – A rocha espiritual de Israel. 1Co 10.4

Êx 33.19 – Sua natureza misericordiosa. Lc 1.72

LEVÍTICO

Lv 16.15-17 – O prenúncio da morte de Cristo por todos. Hb 9.7-14

Lv 16.27 – Sofrimento fora do acampamento. Mt 27.33; Hb 13.11,12

Lv 17.11 – O sangue e a vida da carne. Mt 26.28; Mc 10.45

Lv 17.11 – O sangue que faz expiação. 1Jo 3.14-18

Lv 23.36,37 – A oferta derramada e *Se alguém tem sede...*. Jo 7.37

NÚMEROS

Nm 9.12 – Nenhum osso lhe será quebrado. Jo 19.31-36.

Nm 21.9 – A serpente no poste e Cristo levantado no madeiro. Jo 3.14-18.

Nm 24.17 – No tempo certo, *Eu o vejo, mas não agora...*. Gl 4.4

DEUTERONÔMIO

Dt 18.15 – *Este é verdadeiramente o profeta que haveria de vir ao mundo*. Jo 6.14

Dt 18.15,16 – *Pois se crêsseis em Moisés, creríeis em mim*. Jo 5.45-47

Dt 18.18 – Enviado pelo Pai para anunciar sua palavra. Jo 8.28,29

Dt 18.19 – Aquele que não ouvir suas palavras deve prestar contas de seus pecados. Jo 12.15

Dt 21.23 – Amaldiçoado seja qualquer um que for pendurado em um madeiro. Gl 3.10-13

... seu cadáver não passará toda a noite no madeiro, mas certamente o enterrarás no mesmo dia; pois aquele que é pendurado foi amaldiçoado por Deus. Assim, não contaminarás tua terra, que o SENHOR, teu Deus, te dá como herança. (Dt 21.23)

Cristo nos resgatou da maldição da lei, tornando-se maldição em nosso favor, pois está escrito: Maldito todo aquele que for pendurado em um madeiro. (Gl 3.13)

RUTE

Rt 4.4-9 – Cristo, nosso parente, nos redimiu. Ef 1.3-7

1 E 2SAMUEL

1Sm 2.10 – Deve ser ungido rei. Mt 28.18; Jo 12.15

2Sm 7.12 – O descendente de Davi. Mt 1.1

2Sm 7.14a – O Filho de Deus. Lc 1.32

2Sm 7.16 – A casa de Davi é estabelecida para sempre. Lc 3.31; Ap 22.16

"Deus deu as profecias não para satisfazer a curiosidade dos homens, permitindo que conhecessem previamente as coisas, mas para que, depois de cumpridas, fossem interpretadas pelos seus eventos e por sua própria providência, e não pelo intérprete, e que fossem, por intermédio disso, manifestas ao mundo."

Isaac Newton

■ **Versículo-chave da Bíblia**

Até meu próprio amigo pessoal em quem eu tanto confiava, com quem eu comia o pão, traiu-me. (Sl 41.9)

2REIS

2Rs 2.11 – A ascensão corporal aos céus ilustrada. Lc 24.51

1CRÔNICAS

1Cr 17.11 – O descendente de Davi. Mt 1.1; 9.27

1Cr 17.12,13a – Para reinar no trono de Davi para sempre. Lc 1.32,33

1Cr 17.13a – *Eu serei o seu pai, e ele será o meu filho*. Hb 1.5

JÓ

Jó 19.23-27 – A ressurreição profetizada. Jo 5.24-29

SALMO

Sl 2.1-3 – A inimizade de reis predestinados. At 4.25-28

Sl 2.2 – Ter o título, o Ungido (Cristo). At 2.36

Sl 2.6 – Sua natureza santa. Jo 8.46; Ap 3.7

Sl 2.6 – Ter o título de Rei. Mt 2.2

Sl 2.7 – Declarado o Filho amado. Mt 3.17

Sl 2.7, 8 – A crucificação e a ressurreição declaradas. At 13.29-33

Sl 2.12 – A vida acontece por intermédio da fé no Senhor. Jo 20.31

Sl 8.2 – Os lábios das crianças louvam a ele. Mt 21.16

Sl 8.5, 6 – Sua humilhação e exaltação. Lc 24.50-53; 1Co 15.27

Sl 16.10 – Não deveria sofrer corrupção/decomposição em seu corpo. At 2.31

Sl 16.9-11 – Deveria ressuscitar dos mortos. Jo 20.9

Sl 17.15 – A ressurreição foi profetizada. Lc 24.6

Sl 22.1 – Desamparado por causa dos pecados dos outros. 2Co 5.21

Sl 22.1 – Palavras ditas no Calvário: *Deus meu...* . Mc 15.34

Sl 22.2 – Escuridão sobre o Calvário. Mt 27.45

Sl 22.7 – Eles lançavam-lhe insultos e balançavam a cabeça. Mt 27.39

Sl 22.8 – *Confiou em Deus; que ele o livre agora.* Mt 27.43

Sl 22.9 – Nasceu o Salvador. Lc 2.7

Sl 22.14 – Morreu com um coração partido (dilacerado). Jo 19.34

Sl 22.14,15 – Sofreu agonias no Calvário. Mc 15.34-37

Sl 22.15 – Ele teve sede. Jo 19.28

Sl 22.16 – Eles pregaram suas mãos e seus pés. Jo 19.34,37; 20.27

Sl 22.17, 18 – Desnudaram-no na frente do povo. Lc 23.34,35

Sl 22.18 – Dividiram e lançaram sorte sobre suas roupas. Jo 19.23,24

Sl 22.20,21 – Ele se entregou a Deus. Lc 23.46

Sl 22.20,21 – O poder satânico feria o calcanhar do Redentor. Hb 2.14

Sl 22.22 – Sua ressurreição foi declarada. Jo 20.17

Sl 22.27 – Ele deverá ser o governador das nações. Cl 1.16

Sl 22.31 – *Está consumado.* Jo 19.30

Sl 23.1 – *Eu sou o bom pastor.* Jo 10.11

Sl 24.3 – Sua exaltação foi profetizada. At 1.11; Fp 2.9

Sl 30.3 – Sua ressurreição foi profetizada. At 2.32

Sl 31.5 – *Pai, nas tuas mãos entrego o meu espírito.* Lc 23.46

Sl 31.11 – Todos o abandonaram e fugiram. Mc 14.50

Sl 31.13 – Eles reuniram-se e resolveram tirar-lhe a vida. Jo 11.53

Sl 31.14,15 – *Confiou em Deus; que ele o livre agora.* Mt 27.43

Sl 34.20 – Nenhum osso do seu corpo foi quebrado. Jo 19.31-36

Sl 35.11 – Falsos testemunhos levantaram-se contra ele. Mt 26.59

Sl 35.19 – Ele foi odiado sem razão. Jo 15.25

Sl 38.11 – Seus amigos ficaram de longe observando. Lc 23.49

Sl 40.2-5 – A alegria de sua ressurreição é profetizada. Jo 20.20

Sl 40.6-8 – Seu deleite: fazer a vontade do Pai. Jo 4.34

Sl 40.9 – Ele começou a pregar a justiça em Israel. Mt 4.17

Sl 40.14 – Foi confrontado por seus adversários no jardim. Jo 18.4-6

Sl 41.9 – Foi traído por um amigo próximo. Jo 13.18

Sl 45.2 – Palavras de graça saem de seus lábios. Lc 4.22

Sl 45.6 – Para levar o título de Deus ou *Eloim.* Hb 1.8

Sl 45.7 – Uma unção especial feita pelo Espírito Santo. Mt 3.16; Hb 1.9

Sl 45.7,8 – Foi chamado de Cristo (Messias ou Ungido). Lc 2.11

Sl 55.12-14 – Foi traído por um amigo, não um inimigo. Jo 13.18

Sl 55.15 – A morte do traidor sem arrependimento. Mt 27.3-5; At 1.16-19

Sl 68.18 – Deu dons e dádivas aos homens. Ef 4.7-16

Sl 68.18 – Subiu aos céus. Lc 24.51

Sl 69.4 – Foi odiado sem justa causa. Jo 15.25

Sl 69.8 – Foi um estranho em meio aos seus irmãos. Lc 8.21

Sl 69.9 – Foi zeloso pela casa do Senhor. Jo 2.17

Sl 69.14-20 – A angústia na alma do Messias antes da crucificação. Mt 26.36-45

Sl 69.20 – *A minha alma está tão triste que estou a ponto de morrer*. Mt 26.38

Sl 69.21 – Foi-lhe dado vinagre quando teve sede. Mt 27.34

Sl 69.26 – O Salvador dado e castigado por Deus. Jo 17.4; 18.11

Sl 72.10,11 – Pessoas importantes visitaram-no. Mt 2.1-11

Sl 72.16 – O grão de trigo que cai na terra para morrer. Jo 12.24

Sl 72.17 – Todas as nações deverão ser abençoadas por ele. At 2.11,12,41

Sl 78.1,2 – Ele ensinaria em parábolas. Mt 13.34,35

Sl 78.2b – Falava da sabedoria de Deus com autoridade. Mt 7.29

"Hoje precisamos desesperadamente da visão profética. Estudiosos podem interpretar o passado; mas precisamos de profetas para interpretar o presente."

A. W. Tozer

■ Versículo-chave da Bíblia

Pois a profecia nunca foi produzida por vontade humana, mas homens falaram da parte de Deus, conduzidos pelo Espírito Santo. (2Pe 1.21)

O teste de Deus em relação às profecias

Deus usou profetas para falar e escrever suas profecias. Deus, para mostrar que eram verdadeiras, enviou este teste:

E, se disseres no coração: Como reconheceremos a palavra que o SENHOR falou? Quando o profeta falar em nome do SENHOR e a palavra não se cumprir, nem acontecer como foi falado, é porque o SENHOR não falou essa palavra; o profeta falou por arrogância; não o temerás. (Dt 18.21,22)

A profecia cumprida dava autenticidade à mensagem e ao mensageiro.

Sl 88.8 – Todos ficaram de longe observando. Lc 23.49

Sl 89.27 – Emanuel estará acima das coisas terrenas. Lc 1.32,33

Sl 89.35-37 – O descendente de Davi; seu trono e seu reino durarão para sempre. Lc 1.32,33

Sl 89.36,37 – Sua natureza fiel. Ap 1.5

Sl 90.2 – Ele sempre existiu. Jo 1.1

Sl 91.11,12 – Identificado como messiânico; usado para tentar Cristo. Lc 4.10,11

Sl 97.9 – Sua exaltação foi profetizada. At 1.11; Ef 1.20

Sl 100.5 – Sua natureza de bondade. Mt 19.16,17

Sl 102.1-11 – O sofrimento e acusação do Calvário. Jo 21.16-30

Sl 102.25-27 – O Messias é o Filho preexistente. Hb 1.10-12

Sl 109.25 – Foi zombado. Mt 27.39

Sl 110.1 – O Filho de Davi. Mt 22.43

Sl 110.1 – Para assentar-se à direita do Pai. Mc 16.19

Sl 110.1 – O Filho de Davi, chamado de Senhor. Mt 22.44,45
Sl 110.4 – Um sacerdote da ordem de Melquisedeque. Hb 6.20
Sl 112.4 – Sua natureza de compaixão e graça. Mt 9.36
Sl 118.17,18 – A ressurreição do Messias é assegurada. Lc 24.5-7; 1Co 15.20
Sl 118.22,23 – A pedra rejeitada é a pedra angular. Mt 21.42,43
Sl 118.26a – O bendito do Senhor é apresentado a Israel. Mt 21.9
Sl 118.26b – Venham a ele enquanto o templo está de pé. Mt 21.12-15
Sl 132.11 – O descendente de Davi. Lc 1.32
Sl 138.1-6 – A supremacia do descendente de Davi impressiona os reis. Mt 2.2-6
Sl 147.3,6 – O ministério terreno de Cristo é descrito. Lc 4.18
Sl 1.23 – Ele enviará o Espírito de Deus. Jo 16.7

CANTARES
Ct 5.16 – O Todo-poderoso e Amado. Jo 1.17

ISAÍAS
Is 6.1 – Quando Isaías viu sua glória. Jo 12.40,41
Is 6.9,10 – Parábolas chegam aos ouvidos surdos. Mt 13.13-15
Is 6.9-12 – Cego para Cristo e surdo para suas palavras. At 28.23-29
Is 7.14 – Nascido de uma virgem. Lc 1.35
Is 7.14 – Para ser o Emanuel – o Deus conosco. Mt 1.18-23
Is 8.8 – Chamado de Emanuel. Mt 28.20
Is 8.14 – Uma pedra de tropeço, uma rocha que faz cair. 1Pe 2.8
Is 9.1,2 – Seu ministério começou na Galileia. Mt 4.12-17
Is 9.6 – Uma criança nasce: sua humanidade. Lc 1.31
Is 9.6 – Um Filho dado: sua divindade. Lc 1.32; Jo 1.14; 1Tm 3.16
Is 9.6 – Declarado ser o Filho, com poder, de Deus. Rm 1.3,4
Is 9.6 – O Maravilhoso. Lc 4.22
Is 9.6 – O Conselheiro. Mt 13.54
Is 9.6 – O Poderoso Deus. Mt 11.20
Is 9.6 – O Pai da Eternidade. Jo 8.58
Is 9.6 – O Príncipe da Paz. Jo 16.33
Is 9.7 – Para estabelecer um reino eterno. Lc 1.32,33
Is 9.7 – Sua natureza justa. Jo 5.30
Is 9.7 – Seu governo, trono e paz não terão fim. Lc 1.32,33
Is 11.1 – Chamado de o Nazareno; o ramo. Mt 2.23
Is 11.1 – Um ramo do tronco de Jessé: filho de Jessé. Lc 3.23,32
Is 11.2 – O ungido pelo Espírito. Mt 3.16,17
Is 11.2 – Sua natureza sábia e cheia de entendimento. Jo 4.4-26
Is 11.4 – Sua natureza leal. Jo 14.6
Is 11.10 – Os gentios o procuram. Jo 12.18-21
Is 12.2 – Chamado de *Deus é a minha salvação*. Mt 1.21
Is 25.8 – A ressurreição é profetizada. 1Co 15.54
Is 26.19 – Seu poder para ressuscitar é profetizado. Jo 11.43,44
Is 28.16 – O Messias é a preciosa pedra angular. At 4.11,12
Is 29.13 – Ele mostrou que havia uma obediência hipócrita à sua Palavra. Mt 15.7-9
Is 29.14 – Os sábios são confundidos pela Palavra. 1Co 1.18-31
Is 32.2 – Um refúgio: um homem será como um esconderijo. Mt 23.37
Is 35.4 – Ele virá e salvará vocês. Mt 1.21
Is 35.5 – Para ter um ministério de milagres. Mt 11.4-6
Is 40.3,4 – Precedido por um precursor. Jo 1.23
Is 40.9 – *Aqui está o vosso Deus*. Jo 1.36; 19.14
Is 40.11 – Um pastor – um misericordioso doador de sua própria vida. Jo 10.10-18

Is 42.1-4 – O Servo, como um fiel e paciente redentor. Mt 12.18-21
Is 42.2 – Manso e humilde. Mt 11.28-30

> "A expectativa pela vinda do Messias é tão grande em Isaías que Jerônimo chama seu livro não de profético, mas de evangelho: 'Ele não é tanto um profeta, mas sim um evangelista'."

■ Versículo-chave da Bíblia

Todos nós andávamos desgarrados como ovelhas, cada um se desviava pelo seu caminho; mas o S<small>ENHOR</small> fez cair a maldade de todos nós sobre ele. (Is 53.6)

Visão panorâmica das profecias messiânicas em Isaías

O profeta Isaías profetizou que o futuro Messias:
- Seria rejeitado como a pedra rejeitada na construção do templo.
- Teria seu caminho preparado por um profeta do deserto.
- Passaria algum tempo na Galileia, ensinando o povo dessa região.
- Exortaria pessoas a evitar a hipocrisia.
- Restauraria a visão aos cegos e a audição aos surdos.
- Faria o aleijado andar.
- Seria um servo gentil, de espírito completo.
- Ensinaria a judeus e gentios.
- Ensinaria as pessoas a cuidarem dos famintos e das demais necessidades dos outros.
- Pregaria aos pobres e realizaria um trabalho de cura para confortar aqueles que estivessem em sofrimento e para trazer desconforto aos negligentes.
- Seria levado como um prisioneiro e injustamente receberia a pena de morte.
- Estaria em silêncio em sua própria defesa quando outros estivessem procurando matá-lo.
- Passaria por sofrimentos que mudariam sua aparência.
- Permitiria que chicoteassem suas costas.
- Permitiria que cuspissem em sua face.
- Morreria, não pelas crueldades do povo, mas pelo peso dos pecados do mundo.
- Morreria com criminosos.
- Teria um local para seu sepultamento providenciado por uma pessoa rica.

Is 42.3 – Ele traz esperança para os desesperançados. Jo 4
Is 42.4 – As nações terão esperança em seus ensinamentos. Jo 12.20-26
Is 42.6 – A luz dos gentios. Lc 2.32
Is 42.1,6 – Sua compaixão é pelo mundo inteiro. Mt 28.19,20
Is 42.7 – Os olhos cegos são abertos. Jo 9.25-38
Is 43.11 – Ele é o único Salvador. At 4.12
Is 44.3 – Ele enviará o Espírito de Deus. Jo 16.7,13
Is 45.23 – Ele será o juiz. Jo 5.22; Rm 14.11
Is 48.12 – O primeiro e o último. Jo 1.30; Ap 1.8,17
Is 48.17 – Ele veio como mestre. Jo 3.2
Is 49.1 – Chamado desde o nascimento: sua humanidade. Mt 1.18
Is 49.5 – Um servo formado no ventre. Lc 1.31; Fp 2.7
Is 49.6 – Ele é a salvação de Israel. Lc 2.29-32
Is 49.6 – Ele é a luz dos gentios. At 13.47
Is 49.6 – Ele é a salvação até os confins da terra. At 15.7-18
Is 49.7 – Ele é desprezado pela nação. Jo 8.48,49
Is 50.3 – Os céus são revestidos de trevas em sua humilhação. Lc 23.44,45
Is 50.4 – Ele é um conselheiro instruído para os cansados. Mt 11.28,29
Is 50.5 – O servo devotado de todo o coração à obediência. Mt 26.39

Is 50.6a – *Ofereci as minhas costas aos que me feriam.* Mt 27.26

> *Ofereci as minhas costas aos que me feriam, e a minha face, aos que me arrancavam a barba; não escondi o rosto dos que me afrontavam e me cuspiam.* (Is 50.6)

> *Então lhes soltou Barrabás; mas mandou espancar Jesus e o entregou para ser crucificado.* (Mt 27.26)

Is 50.6b – Bateram-lhe na face. Mt 26.67
Is 50.6c – Cuspiram nele. Mt 27.30
Is 52.7 – Veio para proclamar boas-novas de paz. Lc 4.14,15
Is 52.13 – O servo é exaltado. At 1.8-11; Ef 1.19-22
Is 52.13 – Contemplem o meu servo. Mt 17.5; Fp 2.5-8
Is 52.14 – O servo maltratado. Lc 18.31-34; Mt 26.67,68
Is 52.15 – Nações sentir-se-ão atemorizadas pela mensagem do servo. Rm 15.18-21
Is 52.15 – Seu sangue será aspergido para fazer a expiação. Ap 1.5
Is 53.1 – Seu povo não acreditará nele. Jo 12.37,38
Is 53.2a – Ele cresceria em uma família pobre. Lc 2.7
Is 53.2b – Teria a aparência de um homem comum. Fp 2.7,8
Is 53.3a – Foi desprezado. Lc 4.28,29
Is 53.3b – Foi rejeitado. Mt 27.21-23
Is 53.3c – Um homem de dores e sofrimento. Lc 19.41.42
Is 53.3d – Alguém de quem os homens escondem o rosto para não serem associados com ele. Mc 14.50-52
Is 53.4a – Ele teria um ministério de cura. Lc 6.17-19
Is 53.4b – Ele tomaria para si os pecados do mundo. 1Pe 2.24
Is 53.4c – Considerado como alguém amaldiçoado por Deus. Mt 27.41-43
Is 53.5a – Ele foi transpassado pelas transgressões da humanidade. Lc 23.33
Is 53.5b – Seu sacrifício traria paz entre o homem e Deus. Cl 1.20
Is 53.5c – Suas costas seriam açoitadas. Mt 27.26
Is 53.6a – Ele seria o receptor do pecado de toda a humanidade. Gl 1.4
Is 53.6b – A vontade de Deus era que ele tomasse sobre si os pecados de toda a humanidade. 1Jo 4.10
Is 53.7a – Foi oprimido e afligido. Mt 27.27-31
Is 53.7b – Esteve em silêncio diante de seus acusadores. Mt 27.12-14
Is 53.7c – Foi o cordeiro sacrificial. Jo 1.29
Is 53.8a – Foi preso e perseguido. Mt 26.47–27.31
Is 53.8b – Foi julgado. Jo 18.13-22

> "A profecia ou predição era uma das funções do profeta. Ela foi definida como um 'milagre de sabedoria, uma declaração, descrição ou representação de algo futuro, além do poder da sagacidade humana de antever, discernir ou presumir'."
>
> *M. G. Easton*

■ Versículo-chave da Bíblia

> *Dias virão, diz o SENHOR, em que farei uma nova aliança com a casa de Israel e com a casa de Judá.* (Jr 31.31)

Is 53.8c – Foi morto. Mt 27.35
Is 53.8d – Morreu pelos pecados do mundo. 1Jo 2.2
Is 53.9a – Foi sepultado no túmulo de um homem rico. Mt 27.57
Is 53.9b – Era inocente e não havia praticado violência alguma. Mc 15.3
Is 53.9c – Não havia engano em sua boca. Jo 18.38
Is 53.10a – Era a vontade de Deus que ele morresse pela humanidade. Jo 18.11

Is 53.10b – Ele foi uma oferta pelo pecado. Mt 20.28
Is 53.10c – Ele ressuscitou e vive para sempre. Mc 16.16
Is 53.10d – Ele prosperaria. Jo 17.1-5
Is 53.11a – Deus se satisfez com seus sofrimentos. Jo 12.27
Is 53.11b – Ele era o servo de Deus. Rm 5.18,19
Is 53.11c – Ele justificaria o homem diante de Deus. Rm 5.8,9
Is 53.11d – Ele sofreu todos os pecados por toda a humanidade. Hb 9.28
Is 53.12a – Ele foi exaltado por Deus por causa de seu sacrifício. Mt 28.18
Is 53.12b – Ele daria sua vida para salvar a humanidade. Lc 23.46
Is 53.12c – Ele foi contado com os criminosos. Lc 23.32
Is 53.12d – Ele levou os pecados de toda a humanidade. 2Co 5.21
Is 53.12e – Ele intercede a Deus em favor da humanidade. Lc 23.34
Is 55.3 – Foi ressuscitado por Deus. At 13.34
Is 55.4 – Foi uma testemunha. Jo 18.37
Is 59.15-16a – Ele viria para providenciar a salvação. Jo 6.40
Is 59.15,16b – É o intercessor entre o homem e Deus. Mt 10.32
Is 59.20 – Ele viria até Sião como seu Redentor. Lc 2.38
Is 61.1,2a – O Espírito de Deus estava sobre ele. Mt 3.16,17
Is 61.1-2b – O Messias pregaria as boas-novas. Lc 4.17-21
Is 61.1-2c – Ele traria liberdade do cativeiro do pecado e da morte. Jo 8.31,32
Is 61.1,2 – Proclamou um período de graça. Jo 5.24

JEREMIAS

Jr 23.5,6a – O descendente de Davi. Lc 3.23-31
Jr 23.5,6b – O Messias seria Deus. Jo 13.13
Jr 23.5,6c – O Messias seria ao mesmo tempo Deus e homem. 1Tm 3.16
Jr 31.22 – Nascido de uma virgem. Mt 1.18-20
Jr 31.31 – O Messias seria a nova aliança. Mt 26.28
Jr 33.14,15 – O descendente de Davi. Lc 3.23-31

EZEQUIEL

Ez 17.22-24 – O descendente de Davi. Lc 3.23-31
Ez 34.23,24 – O descendente de Davi. Mt 1.1

DANIEL

Dn 7.13,14a – Ele subiria aos céus. At 1.9-11
Dn 7.13,14b – Altamente exaltado. Ef 1.20-22
Dn 7.13,14c – Seu domínio seria para sempre. Lc 1.31-33
Dn 9.24a – Daria fim aos pecados. Gl 1.3-5
Dn 9.24b – Ele seria santo. Lc 1.35
Dn 9.25 – Foi anunciado ao seu povo após o decreto para a reconstrução da cidade de Jerusalém. Jo 12.12,13
Dn 9.26a – Foi morto. Mt 27.35
Dn 9.26b – Morreu pelos pecados do mundo. Hb 2.9
Dn 9.26c – Foi morto antes da destruição do templo. Mt 27.50,51
Dn 10.5,6 – É um Messias em estado de glória. Ap 1.13-16

OSEIAS

Os 13.14 – Ele venceria a morte. 1Co 15.55-57

JOEL

Jl 2.32 – Oferece a salvação a toda a humanidade. Rm 10.12,13

MIQUEIAS

Mq 5.2a – Nascido em Belém. Mt 2.1,2
Mq 5.2b – É o servo de Deus. Jo 15.10
Mq 5.2c – Ele é para sempre. Jo 8.58

AGEU

Ag 2.6-9 – Ele visitaria o segundo templo. Lc 2.27-32
Ag 2.23 – Descendente de Zorobabel. Lc 3.23-37

ZACARIAS

Zc 3.8 – O servo de Deus. Jo 17.4
Zc 6.12,13 – Sacerdote e rei. Hb 8.1
Zc 9.9a – Recebido com regozijo em Jerusalém. Mt 21.8-10
Zc 9.9b – Contemplado como rei. Jo 12.12,13
Zc 9.9c – O Messias seria justo. Jo 5.30
Zc 9.9d – O Messias traria salvação. Lc 19.10
Zc 9.9e – O Messias seria humilde. Mt 11.29
Zc 9.9f – Foi apresentado em Jerusalém montado em um jumento. Mt 21.6-9
Zc 10.4 – É a pedra angular. Ef 2.20
Zc 11.4-6a – Em sua vinda, Israel possuía líderes inadequados. Mt 23.1-4
Zc 11.4-6b – A rejeição por parte deles fez com que Deus retirasse a sua proteção. Lc 19.41-44
Zc 11.4-6c – Foi rejeitado em favor de outro rei. Jo 19.13-15
Zc 11.7 – Ministrou aos pobres. Mt 9.35,36
Zc 11.8a – A incredulidade força o Messias a rejeitá-los. Mt 23.33

"Tenho sempre dito, e sempre digo, que a leitura atenta e persistente do volume sagrado formará melhores cidadãos, melhores pais e melhores esposos."

Thomas Jefferson, 1743-1826, o terceiro presidente dos Estados Unidos da América

---

A "impossibilidade" das profecias messiânicas

"Em uma tentativa de determinar o significado científico desses cumprimentos proféticos, um matemático californiano, Peter Stoner, realizou um experimento interessante com uma de suas classes. Para cada membro da classe, designou-se uma profecia messiânica especial para ser estudada, com o propósito de determinar, por intermédio da estatística, a chance de que aquele evento em particular poderia ter sido profetizado sem a inspiração sobrenatural.

AS LEIS DA PROBABILIDADE MATEMÁTICA

"As leis da probabilidade matemática mostram que a probabilidade de diversas ocorrências casuais, independentes entre si, acontecerem simultaneamente é o produto das probabilidades de todas as ocorrências individuais. Desse modo, a probabilidade de todas essas 48 profecias serem cumpridas simultaneamente em um indivíduo, o Messias prometido e o Salvador, foi calculada como o produto de todas as probabilidades separadas.

QUARENTA E OITO PROFECIAS

"Stoner considera as 48 profecias e declara: 'Achamos que a chance de um único homem cumprir todas as 48 profecias é de 1 em 10^{157} (uma entre dez elevado a 157) – um número que seria escrito como um único número, seguido por 181 zeros – 1 em 10.000.000.000.000.000.000.000.000.000.
000.000.000.000.000.000.000.000.000.
000.000.000.000.000.000.000.000.000.
000.000.000.000.000.000.000.000.000.
000.000.000.000.000.000.000.000.000.
000.000.000.000.000.000.000.000.000.
000.000.000.000.000.000'.

"Tudo isso se resume para esclarecer a prova matemática de que as Escrituras devem ter sido divinamente inspiradas."

Henry M. Morris

Zc 11.8b – Foi desprezado. Mt 27.20
Zc 11.9 – Parou de ministrar àqueles que o rejeitaram. Mt 13.10,11

Zc 11.10,11a – A rejeição do povo faz com que Deus retire sua proteção. Lc 19.41-44

Zc 11.10,11b – O Messias seria Deus. Jo 14.7

Zc 11.12,13a – Foi traído por trinta moedas de prata. Mt 26.14,15

ZACARIAS PROFETIZOU A TRAIÇÃO DE JESUS POR TRINTA MOEDAS DE PRATA

Zacarias, em 11.12,13, escrevendo aproximadamente em 520 e 518 a.C., falou a respeito de uma pessoa que receberia trinta moedas de prata por trair alguém.

> *Eu lhes disse: Se parece bem aos vossos olhos, dai-me o que me é devido; caso contrário, deixai-o. Pesaram para meu salário trinta moedas de prata. O SENHOR me disse: Lança isso ao oleiro, esse belo preço pelo qual fui avaliado por eles. E peguei as trinta moedas de prata e as lancei ao oleiro no templo do SENHOR.*

Esse fato profetizou um evento que ocorreu aproximadamente quinhentos anos mais tarde. Mateus 26.15 explica que Judas recebeu trinta moedas de prata por ter traído Jesus. Judas fez com que fosse possível para Jesus ser levado preso sem ser rodeado por uma grande multidão de seus próprios seguidores.

> *... e disse: O que me dareis se eu o entregar a vós? E pesaram-lhe trinta moedas de prata. A partir de então, ele procurava uma oportunidade para entregá-lo.* (Mt 26.15,16)

> *O SENHOR me disse: Lança isso ao oleiro, esse belo preço pelo qual fui avaliado por eles. E peguei as trinta moedas de prata e as lancei ao oleiro no templo do SENHOR.* (Zc 11.13)

Mateus, em 27.5-7, registra como essa profecia de quinhentos anos foi precisamente cumprida quando Judas atirou o dinheiro no templo (a casa do Senhor) e este foi usado para comprar o campo do oleiro, como um local para sepultar estrangeiros.

> *E depois de atirar as moedas de prata para dentro do santuário, retirou-se e foi enforcar-se. Os principais sacerdotes pegaram as moedas de prata e disseram: Não é permitido colocá-las no cofre das ofertas, porque é preço de sangue. E, tendo resolvido em conselho, compraram com elas o campo do oleiro, para servir de cemitério para estrangeiros.* (Mt 27.5-7)

> "Conheço muitas religiões contraditórias, e, consequentemente, todas são falsas, exceto uma. Cada uma delas quer receber créditos por sua própria autoridade e enganar os incrédulos. Realmente não acredito nelas. Todos podem dizer isso; todos podem intitular-se profetas. Mas vejo que a religião cristã tem suas profecias cumpridas; e isso ninguém consegue fazer."
>
> Blaise Pascal

PROFECIAS SOBRE O NASCIMENTO E A VIDA DO MESSIAS

■ **Versículo-chave da Bíblia**

> *Este é aquele sobre quem está escrito: Estou enviando à tua frente o meu mensageiro, que preparará adiante de ti o teu caminho.* (Lc 7.27)

Você já notou?

Mateus usou a seguinte frase, ou alguma outra semelhante, dezesseis vezes em relação aos eventos relacionados à vida de Jesus: "Tudo isso aconteceu para que se cumprisse o que o Senhor havia declarado pelo profeta..."

Apenas para registro

O MESSIAS SERIA A "DESCENDÊNCIA" DE UMA MULHER
- Profecia – Gênesis 3.15
- Cumprimento – Gálatas 4.4; Apocalipse 12.5

O MESSIAS SERIA DA LINHAGEM DE SEM
- Profecia – Gênesis 9.26,27
- Cumprimento – Lucas 3.36

O MESSIAS SERIA DA LINHAGEM DE ABRAÃO
- Profecia – Gênesis 18.18
- Cumprimento – Gálatas 3.16; Mateus 1.1

O MESSIAS SERIA DA LINHAGEM DE ISAQUE
- Profecia – Gênesis 17.19; Gênesis 21.11, NVI
- Cumprimento – Mateus 1.2

O MESSIAS SERIA DA LINHAGEM DE JACÓ
- Profecia – Números 24.17
- Cumprimento – Mateus 1.2

O MESSIAS SERIA DESCENDENTE DA TRIBO DE JUDÁ
- Profecia – Gênesis 49.10
- Cumprimento – Lucas 3.33; Hebreus 7.14; Apocalipse 5.5

O MESSIAS SERIA DESCENDENTE DE DAVI E GOVERNARIA EM SEU TRONO
Profecias

> Um ramo brotará do tronco de Jessé, e um renovo frutificará das suas raízes. O Espírito do Senhor repousará sobre ele, o espírito de sabedoria e de entendimento, o espírito de conselho e de fortaleza, o espírito de conhecimento e de temor do Senhor. (Is 11.1,2)

> Jurei por minha santidade de uma vez para sempre; não mentirei a Davi. Sua descendência subsistirá para sempre, e seu trono será como o sol diante de mim.
> (Sl 89.35,36)

> O seu domínio aumentará, e haverá paz sem fim sobre o trono de Davi e sobre o seu reino, para estabelecê-lo e firmá-lo em retidão e em justiça, desde agora e para sempre. O zelo do Senhor dos Exércitos fará isso.
> (Is 9.7)

Cumprimento

> Livro da genealogia de Jesus Cristo, filho de Davi, filho de Abraão.
> (Mt 1.1)

> Ele será grande e se chamará Filho do Altíssimo; o Senhor Deus lhe dará o trono de Davi, seu pai. (Lc 1.32)

> Eu, Jesus, enviei o meu anjo para vos testemunhar essas coisas em favor das igrejas. Eu sou a raiz e a geração de Davi, a resplandecente estrela da manhã.
> (Ap 22.16)

O MESSIAS NASCERIA DE UMA VIRGEM
- Profecia – Isaías 7.14
- Cumprimento – Mateus 1.18

O MESSIAS NASCERIA EM BELÉM
Profecia

> Mas tu, Belém Efrata, embora sejas pequena entre os milhares de Judá, sairá de ti para mim aquele que reinará sobre Israel, cujas origens são desde os tempos antigos, desde os dias da eternidade.
> (Mq 5.2)

Cumprimento

> Depois de Jesus ter nascido em Belém da Judeia, no tempo do rei Herodes, vieram alguns magos do oriente a Jerusalém.
> (Mt 2.1)

Profecias a respeito de eventos específicos na vida do Messias

O MESSIAS NASCERIA DURANTE O TEMPO DE UM MASSACRE
- Profecia – Jeremias 31.15
- Cumprimento – Mateus 2.16

O MESSIAS VIRIA DO EGITO QUANDO CRIANÇA

Profecia

> Quando Israel era menino, eu o amei, e do Egito chamei o meu filho. (Os 11.1)

Cumprimento

> José levantou-se durante a noite, tomou o menino e a mãe, e partiu para o Egito; e permaneceu lá até a morte de Herodes, para que se cumprisse o que o Senhor havia falado pelo profeta: Do Egito chamei o meu Filho. (Mt 2.14,15)

O MESSIAS SERIA CHAMADO DE O "NAZARENO"
- Profecia – Isaías 11.1
- Cumprimento – Mateus 2.23

O MESSIAS SERIA PRECEDIDO POR UM PROFETA
- Profecias – Isaías 40.3; Malaquias 3.1; Malaquias 4.5
- Cumprimento – Mateus 3.1-3; João 1.23; Lucas 7.27

> *Voz do que clama: Preparai o caminho do SENHOR no deserto; endireitai ali uma estrada para o nosso Deus.* (Is 40.3)

> *Ele respondeu, citando o profeta Isaías: Eu sou a voz do que clama no deserto: Endireitai o caminho do Senhor.* (Jo 1.23)

O MESSIAS COMEÇARIA SEU MINISTÉRIO NA GALILEIA
- Profecia – Isaías 9.1,2
- Cumprimento – Mateus 4.12-14

> "O Antigo Testamento contém aproximadamente 300 referências ao Messias que foram cumpridas em Jesus."
>
> *Josh McDowell*

PROFECIAS A RESPEITO DO MINISTÉRIO DE JESUS

■ Versículo-chave da Bíblia

> *E, começando por Moisés e todos os profetas, explicou-lhes o que constava a seu respeito em todas as Escrituras.* (Lc 24.27)

Você já notou?
Todo o conteúdo do Novo Testamento claramente mostra que Jesus cumpriu as profecias do Antigo Testamento a respeito do Messias profetizado.

Uma perspectiva sobre o Novo Testamento
As profecias messiânicas podem ser estudadas olhando-se para os versículos nos evangelhos, os quais são os cumprimentos das profecias do Antigo Testamento.

- Mateus 4.12-16 relacionado com Isaías 9.1,2 – falam da humanidade sendo iluminada.
- Lucas 4.16-21 relacionado com Isaías 61.1-3 – em que a visão é dada ao cego.
- Mateus 12.17-21 relacionado com Isaías 42.1-4 – a justiça é proclamada.
- Lucas 2.32 relacionado com Isaías 42.6; Isaías 49.6 – a luz é dada aos gentios.
- João 6.45 relacionado com Isaías 54.13 – todos serão ensinados por Deus.
- Mateus 8.16,17 relacionado com Isaías 53.4 – os doentes serão curados.

- Mateus 13.34,35 relacionado com Salmo 78.2 – os ensinamentos serão em forma de parábolas.

Apenas para registro

O MESSIAS TRARIA SALVAÇÃO PARA JUDEUS E GENTIOS
- Profecias – Jeremias 50.6; Isaías 42.1
- Cumprimento – Mateus 15.24; Mateus 12.21

Aqui está o meu servo, a quem sustento; o meu escolhido, em quem me alegro; pus o meu Espírito sobre ele; ele trará justiça às nações. (Is 42.1)

... e os gentios terão esperança em seu nome. (Mt 12.21)

O ESPÍRITO SANTO REPOUSARIA SOBRE O MESSIAS
Profecias

O Espírito do Senhor repousará sobre ele, o espírito de sabedoria e de entendimento, o espírito de conselho e de fortaleza, o espírito de conhecimento e de temor do Senhor. (Is 11.2)

O Espírito do Senhor Deus está sobre mim, porque o Senhor me ungiu para pregar boas-novas aos oprimidos; enviou-me a restaurar os de coração abatido, a proclamar liberdade aos cativos e a pôr os presos em liberdade. (Is 61.1)

Cumprimento

Depois de batizado, Jesus saiu logo da água. E viu o céu se abrir e o Espírito de Deus descer como uma pomba, vindo sobre ele. (Mt 3.16)

O Espírito do Senhor está sobre mim, porque me ungiu para anunciar boas-novas aos pobres; enviou-me para proclamar libertação aos presos e restauração da vista aos cegos, para pôr em liberdade os oprimidos. (Lc 4.18)

O MESSIAS PROCLAMARIA AS MENSAGENS DE DEUS
- Profecias – Salmo 40.7,9; Isaías 61.1
- Cumprimento – Lucas 4.17-21; Lucas 8.1

O MESSIAS SERIA UM MESTRE
- Profecias – Isaías 50.4; Jó 36.22
- Cumprimento – Lucas 4.22; João 3.2; João 8.2

O MESSIAS ENSINARIA POR INTERMÉDIO DE PARÁBOLAS
- Profecia – Salmo 78.2
- Cumprimento – Mateus 13.3

O MESSIAS REALIZARIA MILAGRES
- Profecia – Isaías 35.5,6
- Cumprimento – Mateus 11.3-5

O MESSIAS SUPORTARIA NOSSOS SOFRIMENTOS
- Profecia – Isaías 53.4,5
- Cumprimento – Mateus 8.16,17

Verdadeiramente ele tomou sobre si as nossas enfermidades e levou sobre si as nossas dores; e nós o consideramos aflito, ferido por Deus e oprimido. Mas ele foi ferido por causa das nossas transgressões e esmagado por causa das nossas maldades; o castigo que nos traz a paz estava sobre ele, e por seus ferimentos fomos sarados. (Is 53.4,5)

Ao cair da tarde, trouxeram-lhe muitos endemoninhados; e com a sua palavra ele expulsou os espíritos e curou todos os enfermos; para que se cumprisse o que havia sido falado pelo profeta Isaías: Ele tomou sobre si as nossas enfermidades e carregou as nossas doenças. (Mt 8.16,17)

O MESSIAS SERIA REJEITADO PELO POVO
- Profecia – Isaías 53.3
- Cumprimento – João 1.11

O MESSIAS SOFRERIA GRANDEMENTE

Profecia

> ... homem de dores e experimentado nos sofrimentos; [...] Ele foi oprimido e afligido. (Is 53.3,7)

Cumprimento

> E levando consigo Pedro e os dois filhos de Zebedeu, começou a entristecer-se e a angustiar-se. Então ele lhes disse: A minha alma está tão triste que estou a ponto de morrer; ficai aqui e vigiai comigo. (Mt 26.37,38)

> Jesus começou a mostrar aos discípulos que era necessário [...] que sofresse muitas coisas. (Mt 16.21)

> ... e disse-lhes: Está escrito que o Cristo sofreria, e ao terceiro dia ressuscitaria dentre os mortos. (Lc 24.46)

> ... embora sendo Filho, aprendeu a obediência por meio das coisas que sofreu. (Hb 5.8)

O MESSIAS ORARIA

- Profecia – Isaías 53.12
- Cumprimento – Lucas 6.12; Hebreus 5.7; Hebreus 7.25

O MESSIAS SERIA LOUVADO AO CHEGAR MONTADO EM UM JUMENTO

- Profecia – Zacarias 9.9
- Cumprimento – João 12.12-15

"Jesus é a figura central da Bíblia. Seu nascimento como o Messias judeu e Salvador do mundo foi profetizado pelos autores do Antigo Testamento. Cristo cumpriu 100% de todas as profecias do Antigo Testamento a respeito do nascimento, vida, morte e ressurreição do Messias. O Novo Testamento traz uma declaração ainda mais revolucionária: que Jesus Cristo é o centro de toda a profecia bíblica."

Campus Cruzada por Cristo

PROFECIAS A RESPEITO DA MORTE DO MESSIAS

■ Versículo-chave da Bíblia

> Depois lhes disse: São estas as palavras que vos falei, estando ainda convosco: Era necessário que se cumprisse tudo o que estava escrito sobre mim na Lei de Moisés, nos Profetas e nos Salmo. Então lhes abriu o entendimento para compreenderem as Escrituras. (Lc 24.44,45)

Você já notou?

Há mais profecias a respeito da morte de Jesus no Antigo Testamento do que a respeito de qualquer outro assunto.

Visão geral

Uma maneira de observar a Bíblia é relacionando seus livros com o tema do Messias. O Messias, palavra hebraica que significa Ungido, ou Cristo em grego, pode ser encontrado:

NO ANTIGO TESTAMENTO

Os livros da lei fornecem o FUNDAMENTO para Cristo. Os livros históricos apresentam a PREPARAÇÃO para Cristo. Os livros poéticos expressam a ASPIRAÇÃO por Cristo. Os livros proféticos declaram a ESPECTATIVA por Cristo.

NO NOVO TESTAMENTO

Os evangelhos descrevem a MANIFESTAÇÃO de Cristo. Atos detalha a PROPAGAÇÃO de Cristo. As cartas proclamam a INTERPRETAÇÃO de Cristo. O livro de Apocalipse é a CONSUMAÇÃO de todas as coisas em Cristo.

Apenas para registro: Salmos, com exceção do Salmo 22

O MESSIAS SERIA
TRAÍDO POR UM AMIGO
- Profecias – Salmo 41.9; Salmo 55.12-14
- Cumprimento – Mateus 26.21; João 13.18,21

O MESSIAS SERIA ACUSADO
POR FALSAS TESTEMUNHAS
- Profecias – Salmo 35.11; Salmo 109.2
- Cumprimento – Mateus 26.59

O MESSIAS ESTARIA EM SILÊNCIO
DIANTE DE SEUS ACUSADORES
- Profecia – Salmo 38.13,14
- Cumprimento – 1Pedro 2.23

O MESSIAS SERIA RIDICULARIZADO
- Profecias – Salmo 109.25; Salmo 42.10; Lucas 4.23
- Cumprimento – Mateus 27.39; Marcos 15.29-31; Marcos 15.32; Lucas 23.35,36

O MESSIAS ESTARIA
EXTREMAMENTE SEDENTO
- Profecias – Salmo 69.21; Salmo 69.3
- Cumprimento – Mateus 27.34; Mateus 27.48

O MESSIAS ENTREGARIA
SEU ESPÍRITO A DEUS
Profecia
> Entrego o meu espírito nas tuas mãos.
> (Sl 31.5)

Cumprimento
> Então, exclamando em alta voz, Jesus disse: Pai, nas tuas mãos entrego o meu espírito. E, dizendo isso, expirou.
> (Lc 23.46)

OS AMIGOS DO MESSIAS
FICARIAM LONGE DELE
- Profecias – Salmo 38.11; Salmo 87.8
- Cumprimento – Lucas 23.49

Você já notou?
Os detalhes perfeitos registrados em Salmo 22 destacam a impressionante exatidão da descrição profética de Davi a respeito da crucificação do Messias.

Perguntas e respostas
Em que passagem o apóstolo Paulo identifica Jesus como "nosso cordeiro da Páscoa" que "já foi sacrificado"? Em 1Coríntios 5.7

Apenas para registro: profecias a respeito da morte do Messias no Salmo 22

O MESSIAS TERIA SUAS
MÃOS E PÉS PERFURADOS
Profecia – Salmo 22.16
Cumprimento – João 20.27

O MESSIAS SERIA RIDICULARIZADO
Profecia
> Todos os que me veem zombam de mim, mexem os lábios e balançam a cabeça, dizendo: Ele confiou no SENHOR. Que ele o livre e o salve, pois ele quer o seu bem.
> (Sl 22.7,8)

Cumprimento
> E Jesus não lhe respondeu a uma pergunta sequer, de modo que o governador ficou muito admirado. [...] Confiou em Deus; que ele o livre agora, se lhe quer bem; porque disse: Sou o Filho de Deus.
> (Mt 27.14,43)

AS ROUPAS DO MESSIAS
SERIAM DIVIDIDAS
- Profecia – Salmo 22.18
- Cumprimento – João 19.23,24

O MESSIAS SERIA ENCARADO
COM DESPREZO EM PÚBLICO
- Profecia – Salmo 22.17
- Cumprimento – Lucas 23.35

O MESSIAS SERIA
ABANDONADO POR DEUS
Profecia
> Deus meu, Deus meu, por que me desamparaste? (Sl 22.1)

Cumprimento
> Por volta da hora nona, Jesus bradou em alta voz: Eli, Eli, lamá sabactani? Isto é, Deus meu, Deus meu, por que me desamparaste? (Mt 27.46)

O MESSIAS ESTARIA
EXTREMAMENTE SEDENTO
- Profecia – Salmo 22.15
- Cumprimento – João 19.28

O ESTADO DO CORAÇÃO DO MESSIAS
Profecia
> Como água me derramei, e todos os meus ossos se deslocaram; meu coração é como cera, derreteu-se dentro de mim. (Sl 22.14)

Cumprimento
João 19.34 e
> Este é aquele que veio pela água e pelo sangue, isto é, Jesus Cristo; não só pela água, mas pela água e pelo sangue. (1Jo 5.6)

■ **Versículo-chave da Bíblia**

> Segundo o seu costume, Paulo compareceu à reunião deles, e por três sábados examinou com eles as Escrituras, explicando e demonstrando que era necessário que o Cristo sofresse e ressuscitasse dentre os mortos. E dizia: Este Jesus que eu vos anuncio é o Cristo. (At 17.2,3)

Visão geral
Profecias a respeito da morte do Messias encontradas no Antigo Testamento, com exceção do livro de Salmo

Apenas para registro
O MESSIAS SERIA TRAÍDO
POR TRINTA MOEDAS DE PRATA
Profecia
> Eu lhes disse: Se parece bem aos vossos olhos, dai-me o que me é devido; caso contrário, deixai-o. Pesaram para meu salário trinta moedas de prata. (Zc 11.12)

Cumprimento
> ... e disse: O que me dareis se eu o entregar a vós? E pesaram-lhe trinta moedas de prata. (Mt 26.15)

AS TRINTA MOEDAS DE PRATA
SERIAM USADAS NA COMPRA
DO CAMPO DO OLEIRO
- Profecia – Zacarias 11.13
- Cumprimento – Mateus 27.5-7

O MESSIAS SERIA ABANDONADO
POR SEUS DISCÍPULOS
- Profecia – Zacarias 13.7
- Cumprimento – Marcos 14.27

O MESSIAS FICARIA EM SILÊNCIO
DIANTE DE SEUS ACUSADORES
- Profecia – Isaías 53.7
- Cumprimento – Mateus 27.2,14

O MESSIAS SERIA FERIDO EM SUA FACE
- Profecia – Zacarias 13.7; Miqueias 5.1
- Cumprimento – Mateus 27.30; Mateus 26.67

CUSPIRIAM E BATERIAM NO MESSIAS
- Profecia – Isaías 50.6
- Cumprimento – Mateus 26.67,68; Mateus 27.30

O MESSIAS SERIA
CHICOTEADO EM SUAS COSTAS
- Profecia – Isaías 50.6
- Cumprimento – Marcos 15.15

O CORPO DO MESSIAS
SERIA DESFIGURADO
- Profecia – Isaías 52.14
- Cumprimento – Lucas 22.64

O CORPO DO MESSIAS
SERIA PERFURADO
- Profecia – Zacarias 12.10
- Cumprimento – João 19.34; João 19.37

O MESSIAS SERIA MORTO
JUNTO COM TRANSGRESSORES
- Profecia – Isaías 53.9,12
- Cumprimento – Marcos 15.27,28

O MESSIAS ORARIA PELOS
SEUS PERSEGUIDORES
- Profecia – Isaías 53.12
- Cumprimento – Lucas 23.34

O MESSIAS SERIA VISTO
E OBSERVADO EM PÚBLICO
- Profecia – Isaías 52.14
- Cumprimento – Mateus 27.36

OS OSSOS DO MESSIAS
NÃO SERIAM QUEBRADOS
Profecias

... e não quebrareis nenhum de seus ossos. (Êx 12.46)

Dela não deixarão nada para a manhã seguinte, nem lhe quebrarão osso algum. (Nm 9.12)

Cumprimento

Mas, chegando a Jesus, vendo que já estava morto, não lhe quebraram as pernas. [...] Porque isso aconteceu para que se cumprisse a Escritura: Nenhum dos seus ossos será quebrado. (Jo 19.33,36)

TREVAS COBRIRIAM A TERRA
- Profecia – Amós 8.9
- Cumprimento – Mateus 27.45

O MESSIAS SERIA
SEPULTADO COM OS RICOS
Profecia

Deram-lhe uma sepultura com os ímpios, e ficou com o rico na sua morte... (Is 53.9)

Cumprimento

Ao cair da tarde, um homem rico chamado José, que também era discípulo de Jesus, veio de Arimateia. E foi a Pilatos e pediu o corpo de Jesus. Então Pilatos mandou que o corpo lhe fosse entregue. E José, tomando o corpo, envolveu-o num pano limpo, de linho, e depositou-o em seu sepulcro novo, que havia escavado na rocha; e, fazendo rolar uma grande pedra sobre a entrada do sepulcro, retirou-se. (Mt 27.57-60)

A MORTE DO MESSIAS SERIA
VOLUNTÁRIA E SUBSTITUTIVA
Profecia

... porque derramou a sua vida até a morte e foi contado com os transgressores; mas ele levou sobre si o pecado de muitos e intercedeu pelos transgressores. (Is 53.12b)

Mas ele foi ferido por causa das nossas transgressões e esmagado por causa das nossas maldades; o castigo que nos traz a paz estava sobre ele, e por seus ferimentos fomos sarados. Todos nós andávamos desgarrados como ovelhas, cada um se desviava pelo seu caminho; mas o SENHOR fez cair a maldade de todos nós sobre ele. [...] Ele verá o fruto do trabalho da sua alma e ficará satisfeito; com o seu conhecimento, o meu servo justo justificará a muitos e levará sobre si as maldades deles. (Is 53.5,6,11)

Ofereci as minhas costas aos que me feriam, e a minha face, aos que me

arrancavam a barba; não escondi o rosto dos que me afrontavam e me cuspiam.
(Is 50.6)

Cumprimento
João 10.11; Mateus 20.28; e:
Ele mesmo levou nossos pecados em seu corpo sobre o madeiro, para que, mortos para os pecados, pudéssemos viver para a justiça; pelas suas feridas fostes sarados.
(1Pe 2.24)

"Jesus literalmente morreu com o coração partido. Não somente foi perfurado pelo golpe da espada do soldado, mas a extrema tortura mental e espiritual foi tão intensa que seu coração rasgou-se antes do momento em que a espada o teria perfurado. O surgimento de sangue e de água indicou que o fluido linfático aparentemente havia se separado do sangue vermelho, produzindo 'sangue e água'."

Herbert Lockyer

PROFECIAS A RESPEITO DA RESSURREIÇÃO E DA ASCENSÃO DO MESSIAS

■ Versículo-chave da Bíblia

Por que se considera inacreditável, entre vós, que Deus ressuscite os mortos?
(At 26.8)

Você já notou?

O Salmo 110 só pode referir-se, tal como os judeus completamente reconhecem, à dignidade real, ao sacerdócio, às vitórias e triunfos do Messias.

¹ *Salmo de Davi. O Senhor disse ao meu Senhor: Assenta-te à minha direita, até que eu ponha teus inimigos debaixo dos teus pés.*
² *O Senhor enviará de Sião o cetro do teu poder, e dominarás sobre teus inimigos.*
³ *Com vestes santas, teu povo se apresentará de livre vontade no dia das tuas batalhas; teus jovens serão como orvalho ao amanhecer.*
⁴ *O Senhor jurou e não se arrependerá: Tu és sacerdote para sempre, segundo a ordem de Melquisedeque.*
⁵ *À tua direita, o Senhor destituirá reis no dia da sua ira.*
⁶ *Julgará as nações; ele as encherá de cadáveres; esmagará os chefes por toda a terra.*
⁷ *No caminho, beberá água da torrente e prosseguirá de cabeça erguida.*
(Sl 110.1-7)

O Senhor
Veja Sl 8.1; Mt 22.42-46; Mc 12.35-37; Lc 22.41.

Assentar-se
Veja Mc 16.19; At 2.34; Ef 1.20-22; Hb 12.2; 1Pe 3.22.

Até
Veja Sl 2.6-9; Sl 45.6,7; 1Co 15.25; Hb 1.3,13; Hb 10.12,13.

Apenas para registro

O MESSIAS NÃO ESTARIA AMARRADO AO PODER DA MORTE
- Profecias – Salmo 16.10; Salmo 30.3
- Cumprimento – Marcos 16.5,6; Atos 13.35

O MESSIAS DESTRUIRIA O PODER DA MORTE PARA OUTRAS PESSOAS
Profecias

> Os teus mortos viverão, os seus corpos ressuscitarão; despertai e exultai, vós que habitais no pó. O teu orvalho é orvalho de luz, e a terra dará à luz os seus mortos. (Is 26.19)

> Muitos dos que dormem no pó da terra ressuscitarão, uns para a vida eterna, e outros para vergonha e desprezo eterno. (Dn 12.2)

> Eu os redimirei do poder da sepultura, eu os resgatarei da morte. Onde estão, ó morte, as suas pragas? Onde está, ó sepultura, a sua destruição? (Os 13.14)

> Aniquilará a morte para sempre, e assim o SENHOR Deus enxugará as lágrimas de todos os rostos e tirará de toda a terra a humilhação do seu povo; porque o SENHOR o disse. (Is 25.8)

Cumprimento

> Jesus declarou: Eu sou a ressurreição e a vida; quem crê em mim, mesmo que morra, viverá. (Jo 11.25)

> ... e que agora se manifestou pelo aparecimento de nosso Salvador Cristo Jesus, que destruiu a morte e trouxe à luz a vida e a imortalidade pelo evangelho. (2Tm 1.10)

> Mas, quando o que perece se revestir do que é imperecível, e o que é mortal se revestir do que é imortal, então se cumprirá a palavra escrita: A morte foi engolida pela vitória. Onde está, ó morte, a tua vitória? Onde está, ó morte, o teu aguilhão? (1Co 15.54,55)

> ... vemos, porém, Jesus, que foi feito um pouco menor que os anjos, coroado de glória e honra por causa do sofrimento da morte, para que, pela graça de Deus, sofresse a morte em favor de todos. [...] Portanto, visto que os filhos compartilham de carne e sangue, ele também participou das mesmas coisas, para que pela morte destruísse aquele que tem o poder da morte, isto é, o Diabo; e livrasse todos os que estavam sujeitos à escravidão durante toda a vida, por medo da morte. (Hb 2.9,14,15)

O MESSIAS RESSUSCITARIA NO TERCEIRO DIA
- Profecias – Jonas 1.17; João 2.19; Mateus 12.40; Marcos 8.31
- Cumprimento – Lucas 24.1-3,6; Lucas 24.45,46

O MESSIAS SUBIRIA AOS CÉUS
- Profecia – Salmo 68.18
- Cumprimento – Marcos 16.19; Lucas 24.51; Atos 1.9

"O Salmo 110 fornece uma visão especial em relação à ascensão de Cristo, após sua ressurreição. 'O Senhor disse ao meu Senhor: Assenta-te à minha direita, até que eu ponha os teus inimigos como estrado dos teus pés' (At 2.34,35). Literalmente, isso significa: 'Jeová disse para Adonai', utilizando os dois nomes de Deus. O Pai está aparentemente falando com o Filho. Esse versículo em particular é aplicado a Cristo não menos do que cinco vezes no Novo Testamento."

Henry M. Morris

A VOLTA DO MESSIAS

■ Versículo-chave da Bíblia

Quando, pois, o Filho do homem vier na sua glória, e todos os anjos com ele, então se sentará no seu trono glorioso; e todas as nações serão reunidas diante dele; e ele separará uns dos outros, à semelhança do pastor que separa as ovelhas dos cabritos.
(Mt 25.31,32)

Você já notou?
A segunda vinda de Cristo é mencionada aproximadamente 318 vezes no Novo Testamento. Isto é mais do que qualquer outra doutrina básica.

■ Profecias a respeito da segunda vinda do Messias

Apenas para registro
CRISTO RETORNARÁ
PELA SEGUNDA VEZ
Profecias

Então verão o Filho do homem vindo com poder e grande glória numa nuvem.
(Lc 21.27)

... que lhes disseram: Homens galileus, por que estais olhando para o céu? Esse Jesus, que dentre vós foi elevado ao céu, virá do mesmo modo como o vistes partir.
(At 1.11)

Ele vem com as nuvens, e todo olho o verá, até mesmo aqueles que o traspassaram, e todas as tribos da terra se lamentarão por causa dele. Sim. Amém. (Ap 1.7)

Porque, assim como o relâmpago sai do oriente e se mostra até o ocidente, assim também será a vinda do Filho do homem. [...] Então aparecerá no céu o sinal do Filho do homem, e todas as nações da terra se lamentarão e verão o Filho do homem vindo com poder e grande glória sobre as nuvens do céu.
(Mt 24.27,30)

Porque, ouvida a voz do arcanjo e ressoada a trombeta de Deus, o próprio Senhor descerá do céu com grande brado, e os que morreram em Cristo ressuscitarão primeiro. (1Ts 4.16)

CRISTO RETORNARÁ
PARA JULGAR AS NAÇÕES
• Profecias: Mateus 25.31,32; 1Coríntios 4.5; 2Timóteo 4.1; 2Coríntios 5.10; João 5.22

Quando, pois, o Filho do homem vier na sua glória, e todos os anjos com ele, então se sentará no seu trono glorioso; e todas as nações serão reunidas diante dele; e ele separará uns dos outros, à semelhança do pastor que separa as ovelhas dos cabritos.
(Mt 25.31,32)

A HORA EXATA DE SEU
RETORNO É DESCONHECIDA
• Profecias: Mateus 24.36,44; 1Tessalonicenses 5.2; Apocalipse 16.15; Mateus 25.13

■ Profecias a respeito dos sinais que acompanharão a volta do Messias

Versículo-chave da Bíblia
Porque surgirão falsos cristos e falsos profetas, que realizarão grandes sinais e milagres, a tal ponto que, se fosse possível, enganariam até os escolhidos. (Mt 24.24)

Você já notou?
Algumas das mais bizarras e admiravelmente inexatas declarações sobre a fé cristã são feitas em relação ao fim do mundo. Para ter certeza a respeito do que Jesus disse ou não disse em relação

a esse tema, leia tudo o que há em Mateus 24 e 25.

Apenas para registro

SERÁ UMA ÉPOCA EM QUE
AS PESSOAS SERÃO ENGANADAS
Profecias
> Jesus lhes respondeu: Tende cuidado para que ninguém vos engane. Porque virão muitos em meu nome, dizendo: Eu sou o Cristo; e enganarão a muitos. (Mt 24.4,5)

FALSOS CRISTOS SURGIRÃO
- Profecia: Mateus 24.24

SERÁ UM TEMPO EM QUE
AS PESSOAS IGNORARÃO DEUS
- Profecia: Mateus 24.37

A APARIÇÃO DO "HOMEM DO PECADO"
- Profecia: 2Tessalonicenses 2.3,4

OS ENSINOS DEMONÍACOS
SERÃO ABUNDANTES
- Profecia: 1Timóteo 4.1

SERÁ UMA ÉPOCA EM
QUE A VERDADEIRA RELIGIÃO
SERÁ REJEITADA
- Profecia: 2Timóteo 3.1,4,5

UMA ÉPOCA EM QUE OS SEGUIDORES
DE DEUS DEVEM ESTAR ALERTAS
- Profecia: 1Tessalonicenses 5.4

SINAIS INDICARÃO
A PROXIMIDADE DA VOLTA DE JESUS
Profecia
> Aprendei, pois, a parábola da figueira: Quando os ramos se renovam e as folhas brotam, sabeis que o verão está próximo. Da mesma forma, quando virdes todas essas coisas, sabei que ele está próximo, às portas. (Mt 24.32,33)

"Creio que, assim como Jesus Cristo veio uma vez em graça, igualmente ele virá uma segunda vez em glória."

Benjamin B. Warfield

MILAGRES E PARÁBOLAS

TODOS OS MILAGRES DE JESUS

Quatro palavras gregas
No Novo Testamento, estas quatro palavras gregas são usadas para descrever milagres:

- *Semeion*, um "sinal", ou seja, uma evidência de uma comissão divina; uma declaração de uma mensagem divina (Mt 12.38,39; 16.1; Mc 8.11; Lc 11.16; 23.8; Jo 2.11,18,23; At 6.8, etc.); evidência da presença de Deus.
- *Terata*, "milagres"; eventos que evocam assombro naqueles que os observam (At 2.19).
- *Dunameis*, "feitos extraordinários"; feitos executados por um poder sobre-humano (At 2.22; Rm 15.19; 2Ts 2.9).
- *Erga*, "atos"; os feitos de Jesus (Jo 5.20,36).

Milagres são selos de uma missão divina

MILAGRES REGISTRADOS NOS EVANGELHOS	
EXCLUSIVOS DE MATEUS	
1. Dois homens cegos são curados	Mt 9.27-31
2. A moeda na boca do peixe	Mt 17.24-27
EXCLUSIVOS DE MARCOS	
1. O homem surdo e mudo	Mc 7.31-37
2. O homem cego de Betsaida	Mc 8.22-26
EXCLUSIVOS DE LUCAS	
1. Jesus passa sem ser visto pela multidão	Lc 4.28-30
2. A pesca milagrosa	Lc 5.4-11
3. A ressurreição do filho da viúva em Naim	Lc 7.11-18
4. A mulher curada na sinagoga	Lc 13.11-17
5. Cura de um hidrópico	Lc 14.1-6
6. Os dez leprosos	Lc 17.11-19
7. A cura de Malco	Lc 22.50,51
EXCLUSIVOS DE JOÃO	
1. A água transformada em vinho	Jo 2.1-11
2. O filho de um oficial é curado em Cafarnaum	Jo 4.46-54
3. O homem paralítico é curado em Jerusalém	Jo 5.1-9
4. O homem cego de nascença é curado	Jo 9.1-7
5. Lázaro ressuscita dos mortos	Jo 11.38-44
6. A pesca maravilhosa	Jo 21.1-14

ENCONTRADOS EM MATEUS E MARCOS		
1. A filha da mulher cananeia é curada	Mt 15.28	Mc 7.24
2. Quatro mil pessoas são alimentadas	Mt 15.32	Mc 8.1
3. A figueira é amaldiçoada	Mt 21.18	Mc 11.12
ENCONTRADOS EM MATEUS E LUCAS		
1. O servo do centurião é curado	Mt 8.5	Lc 7.1
2. O endemoninhado cego e mudo é curado	Mt 12.22	Lc 11.14
ENCONTRADOS EM MARCOS E LUCAS		
O homem endemoninhado é curado na sinagoga em Cafarnaum	Mc 1.23	Lc 4.33

ENCONTRADOS EM MATEUS, MARCOS E LUCAS			
1. A mãe da esposa de Pedro é curada	Mt 8.14	Mc 1.30	Lc 4.38
2. Jesus acalma a tempestade	Mt 8.23	Mc 4.37	Lc 8.22
3. Os endemoninhados gadarenos são curados	Mt 8.28	Mc 5.1	Lc 8.26
4. O leproso é curado	Mt 8.2	Mc 1.40	Lc 5.12
5. A filha de Jairo é ressuscitada	Mt 9.23	Mc 5.23	Lc 8.41
6. A mulher com uma grave hemorragia é curada	Mt 9.20	Mc 5.25	Lc 8.43
7. O homem paralítico é curado	Mt 9.2	Mc 2.3	Lc 5.18
8. O homem com a mão atrofiada é curado	Mt 12.10	Mc 3.1	Lc 6.6
9. O menino epilético é curado	Mt 17.14	Mc 9.14	Lc 9.37
10. Dois homens cegos são curados	Mt 20.29	Mc 10.46	Lc 18.35
Encontrados em Mateus, Marcos e João			
Jesus anda sobre o mar	Mt 14.25	Mc 6.48	Jo 6.15

ENCONTRADOS EM TODOS OS EVANGELHOS				
1. Jesus alimenta 5.000	Mt 14.15	Mc 6.30	Lc 9.10	Jo 6.1-14

EM ADIÇÃO AOS MILAGRES RELATADOS ACIMA, HÁ QUATRO EVENTOS MIRACULOSOS LIGADOS À VIDA DE JESUS	
1. A concepção pelo Espírito Santo	Lc 1.35
2. A transfiguração	Mt 17.1-8
3. A ressurreição	Jo 21.1-14
4. A ascensão	Lc 2.42-51

Alimentando 5.000 pessoas: a multiplicação dos pães

Esse milagre é o único registrado em todos os quatro evangelhos.

10 Quando os apóstolos voltaram, contaram-lhe tudo o que haviam feito. Levando-os consigo, Jesus retirou-se para uma cidade chamada Betsaida.

11 Mas, sabendo disso, as multidões o seguiram, e ele as recebeu; e falava-lhes do reino de Deus e curava os que precisavam de cura.

12 Quando o dia começava a declinar, os Doze aproximaram-se dele e disseram:

Manda embora a multidão, para que possa ir aos povoados e campos próximos hospedar-se e achar o que comer; pois estamos em lugar deserto.
¹³ *Mas ele lhes disse: Vós mesmos dai-lhes de comer. Eles responderam: Temos apenas cinco pães e dois peixes, a não ser que compremos comida para todo este povo.*
¹⁴ *Pois eram cerca de cinco mil homens. Então ele disse a seus discípulos: Fazei-os sentar-se em grupos de cerca de cinquenta.*
¹⁵ *Eles assim fizeram, mandando que todos se sentassem.*
¹⁶ *E, tomando os cinco pães e os dois peixes, Jesus ergueu os olhos ao céu, abençoou-os e os partiu. Depois entregou-os aos discípulos para que os servissem à multidão.*
¹⁷ *Todos comeram e ficaram satisfeitos; e dos pedaços que sobraram foram recolhidos doze cestos.*

(Lc 9.10-17)

TODAS AS PARÁBOLAS DE JESUS

Parábolas e alegorias

As parábolas contadas por Jesus estão todas registradas nos evangelhos sinóticos (os três primeiros). O quarto evangelho não contém parábolas como essas, embora a ilustração do bom pastor (Jo 10.1-6) tenha todas as características de uma parábola.

A alegoria de João

⁷ *Então, Jesus voltou a falar-lhes: Em verdade, em verdade vos digo: Eu sou a porta das ovelhas.*
⁸ *Todos os que vieram antes de mim são ladrões e assaltantes; mas as ovelhas não os ouviram.*
⁹ *Eu sou a porta. Se alguém entrar por mim, será salvo. Entrará e sairá, e achará pastagem.*
¹⁰ *O ladrão vem somente para roubar, matar e destruir; eu vim para que tenham vida, e a tenham com plenitude.*
¹¹ *Eu sou o bom pastor; o bom pastor dá a vida pelas ovelhas.*
¹² *Mas o empregado, que não é pastor e a quem as ovelhas não pertencem, quando vê o lobo se aproximar, abandona as ovelhas e foge. E o lobo as ataca e dispersa.*
¹³ *O empregado foge porque é empregado e não se importa com as ovelhas.*
¹⁴ *Eu sou o bom pastor; conheço as minhas ovelhas, e elas me conhecem,*
¹⁵ *assim como o Pai me conhece e eu conheço o Pai; e dou a minha vida pelas ovelhas.*
¹⁶ *Tenho ainda outras ovelhas que não são deste aprisco. É necessário que eu também as conduza. Elas ouvirão a minha voz; e haverá um rebanho e um pastor.*

(Jo 10.7-16)

Todas as parábolas do Novo Testamento

PARÁBOLAS REGISTRADAS NOS EVANGELHOS	
EXCLUSIVAS EM MATEUS	
1. O joio	Mt 13.24-30
2. O tesouro escondido	Mt 13.44
3. A pérola de grande valor	Mt 13.45,46
4. A rede	Mt 13.47-50
5. O servo impiedoso	Mt 18.23-35

6. Os trabalhadores na vinha	Mt 20.1-16
7. Os dois filhos	Mt 21.28-32
8. O casamento do filho do rei	Mt 22.1-14
9. As dez virgens	Mt 25.1-3
10. Os talentos	Mt 25.14-30
11. Ovelhas e bodes	Mt 25.31-46
EXCLUSIVAS EM MARCOS	
1. A semente crescendo secretamente	Mc 4.26-29
2. Vigilância	Mc 13.34-35
EXCLUSIVAS EM LUCAS	
1. Os dois devedores	Lc 7.41-43
2. O bom samaritano	Lc 10.25-37
3. O amigo importuno à meia-noite	Lc 11.5-8
4. O rico insensato	Lc 12.16-21
5. Os servos observadores	Lc 12.35-40
6. O administrador	Lc 12.42-48
7. A figueira infrutífera	Lc 13.6-9
8. O grande banquete	Lc 14.16-24
9. Construindo uma torre, e um rei indo para a guerra	Lc 14.28-33
10. A moeda perdida	Lc 15.8-10
11. O filho pródigo	Lc 15.11-32
12. O administrador astuto	Lc 16.1-13
13. O homem rico e Lázaro	Lc 16.19-31
14. O senhor e o servo	Lc 17.7-10
15. O juiz injusto e a viúva persistente	Lc 18.1-8
16. O fariseu e o publicano	Lc 18.10-14
17. As minas (o equivalente a ½ quilo de prata)	Lc 19.12-27
Não há parábolas encontradas em João que estejam ligadas a uma forma especial de alegoria. A palavra traduzida por "parábola" em João 10.6 (*ARA*; "comparação", *A21*, *NVI*) não é a mesma palavra traduzida nos sinóticos. A palavra que João usa (*paroimia*) pode ser mais bem traduzida por "alegoria". Esta ocorre em outros trechos só em João 16.25,29 e em 2Pedro 2.22, em que é traduzida por "figuras" e "provérbio", respectivamente.	

ENCONTRADAS EM MATEUS E LUCAS		
1. A casa na rocha e na areia	Mt 7.24-27	Lc 6.46-49
2. O fermento	Mt 13.33,34	Lc 13.18-21
3. A ovelha perdida	Mt 18.12-14	Lc 15.1-10

ENCONTRADAS EM MATEUS, MARCOS E LUCAS			
1. A candeia debaixo da cama	Mt 5.15	Mc 4.21	Lc 8.16
2. A roupa nova e o remendo velho	Mt 9.16	Mc 2.21	Lc 5.36

3. O vinho novo em recipiente de couro velho	Mt 9.17	Mc 2.22	Lc 5.37,38
4. O semeador	Mt 13.1-23	Mc 4.1-9	Lc 8.4-15
5. A semente de mostarda	Mt 13.31,32	Mc 4.30-34	Lc 13.18-20
6. A vinha	Mt 21.33-46	Mc 12.1-12	Lc 20.9-19
7. A figueira	Mt 24.32-35	Mc 13.28-31	Lc 21.29-33

Interpretando as parábolas

Uma parábola é uma história de acordo com a realidade, contada para ilustrar uma verdade central. Em geral, os detalhes não têm significado independente, mas são simplesmente inseridos para tornar a história mais real. É errado relacionar significados doutrinários a cada detalhe, a menos que a Bíblia o faça.

A RESSURREIÇÃO DE JESUS

A RESSURREIÇÃO DE JESUS E AS DEZ APARIÇÕES

■ Visão geral

Toda a revelação do Novo Testamento repousa sobre o fato histórico da ressurreição de Jesus.

O primeiro sermão de Pedro

No dia de Pentecostes, Pedro argumenta a respeito da necessidade da ressurreição de Cristo, de acordo com a profecia do Salmo 16 (At 2.24-28).

Os ensinos de Jesus

Em seus próprios ensinamentos Jesus, frequentemente, fala com grande clareza a respeito de sua ressurreição (Mt 20.19; Mc 9.9; 14.28; Lc 18.33; Jo 2.19-22).

> ¹⁹ Jesus lhes respondeu: Destruí este santuário, e eu o levantarei em três dias.
> ²⁰ Os judeus prosseguiram: Este santuário levou quarenta e seis anos para ser edificado, e tu o levantarás em três dias?
> ²¹ Mas o santuário ao qual ele se referia era o seu corpo.
> ²² Quando ressuscitou dentre os mortos, seus discípulos se lembraram disso que ele dissera e creram na Escritura e na palavra que Jesus havia falado.
> (Jo 2.19-22)

■ Dez aparições

Dez diferentes aparições do Senhor Jesus Cristo ressuscitado são registradas no Novo Testamento.
Elas podem ser divididas como segue:

1. PARA MARIA MADALENA SOZINHA NO SEPULCRO

Essa passagem é registrada de forma mais extensa só em João (Jo 20.11-18), mas é relembrada em Marcos (Mc 16.9-11).

2. PARA ALGUMAS MULHERES

A "outra Maria", Salomé, Joana e outras, assim que retornavam do sepulcro. Apenas Mateus (Mt 28.1-10) fornece um registro dessa passagem. (Compare Mc 16.1-8 e Lc 24.1-11.)

3. PARA PEDRO

Para Simão Pedro quando estava sozinho no dia da ressurreição. (Veja Lc 24.34; 1Co 15.5.)

4. PARA OS DOIS DISCÍPULOS

Para os dois discípulos no caminho para Emaús, no dia da ressurreição, registrado na íntegra somente por Lucas (Lc 24.13-35; cf. Mc 16.12,13).

5. PARA OS DEZ DISCÍPULOS

Tomé não estava presente. Esse fato ocorreu à noite, em Jerusalém, no dia da ressurreição de Jesus. João registra essa passagem (Jo 20.19-24).

6. PARA OS ONZE DISCÍPULOS

Dessa vez, Tomé estava presente com os outros dez apóstolos. Isso aconteceu em Jerusalém (Mc 16.14-18; Lc 24.33-40; Jo 20.26-28). Veja também 1Co 15.5.

7. PARA OS DISCÍPULOS QUANDO ESTAVAM PESCANDO NO MAR DA GALILEIA

Somente João (Jo 21.1-23) registra esse evento.

8. PARA MAIS DE QUINHENTAS PESSOAS

Para os Onze e para mais de quinhentos irmãos cristãos ao mesmo tempo, na Galileia (1Co 15.6; cf. Mt 28.16-20).

9. PARA TIAGO

Não nos foram dados detalhes a respeito dessa aparição após a ressurreição (1Co 15.7).

> ... e foi sepultado; e ressuscitou ao terceiro dia, segundo as Escrituras; e apareceu a Cefas, e depois aos Doze. Depois apareceu a mais de quinhentos irmãos de uma só vez, e a maior parte deles ainda vive, mas alguns já faleceram. Depois apareceu a Tiago, e a todos os apóstolos. E, depois de todos, apareceu também a mim, como a um nascido fora do tempo certo.
> (1Co 15.4-8)

10. PARA OS APÓSTOLOS UM POUCO ANTES DA ASCENSÃO

Eles foram com ele de Jerusalém ao monte das Oliveiras, e lá viram-no ascender – "... foi levado às alturas enquanto eles olhavam, e uma nuvem o encobriu de seus olhos" (Mc 16.19; Lc 24.50-52; At 1.4-10).

NENHUMA APARIÇÃO

Não é preciso dizer que, na maioria dessas aparições após a ressurreição, Jesus permite que seus discípulos tenham ampla oportunidade de verificar que sua ressurreição foi verdadeira.

Ele falou com eles face a face

- Eles o tocaram (Mt 28.9; Lc 24.39; Jo 20.27).
- Ele comeu pão com eles (Lc 24.42,43; Jo 21.12,13).

Aparição para Paulo

Paulo declarou ter presenciado uma aparição pessoal de Jesus ressurreto em Damasco. Paulo refere-se a ela como uma aparição do Salvador ressurreto (At 9.3-9,17; 1Co 15.8; 9.1).

Evidência adicional

Está implícito, de acordo com Lucas (At 1.3), que podem ter ocorrido outras aparições de Jesus sobre as quais não temos registros.

Ato trinitário

A ressurreição é conhecida como uma obra:

1. de Deus Pai (Sl 16.10; At 2.24; 3.15; Rm 8.11; Ef 1.20; Cl 2.12);

> O Deus de paz, que pelo sangue da aliança eterna trouxe dentre os mortos nosso Senhor Jesus, o grande Pastor das ovelhas.
> (Hb 13.20)

2. do próprio Cristo (Jo 2.19);

> Ninguém a tira de mim, mas eu a dou espontaneamente. Tenho autoridade para dá-la e para retomá-la. Essa ordem recebi de meu Pai. (Jo 10.18)

3. do Espírito Santo

> Porque também Cristo morreu uma única vez pelos pecados, o justo pelos injustos, para levar-nos a Deus; morto na carne, mas vivificado pelo Espírito. (1Pe 3.18)

O que significa a ressurreição

A ressurreição de Jesus é uma vitória sobre a morte e o sepulcro para todos os seus seguidores.

A importância da ressurreição de Cristo pode ser verificada pelo fato de que, se ele realmente ressurgiu dos mortos, o evangelho é verdadeiro, mas, se ele não ressurgiu, o evangelho é falso.

A ressurreição de Jesus é evidência de que o Pai aceitou a obra redentora de Jesus.

A ressurreição comprova que Jesus fez expiação por nossos pecados.

A ressurreição de Jesus também nos assegura que a ressurreição de todos os cristãos acontecerá (Rm 8.11; 1Co 6.14; 15.47-49; Fp 3.21; 1Jo 3.2).

A ressurreição de Jesus mostrou que ele era realmente o Filho de Deus. Ela autenticou todas as suas declarações (Jo 2.19; 10.17).

Como seria se Jesus não tivesse ressuscitado?

"Se Jesus não ressuscitou, o esquema completo da redenção é uma farsa, e todas as profecias e antecipações de seus gloriosos resultados para este tempo e para a eternidade, para homens e para anjos de toda posição e ordem, não passam de fantasias. 'Cristo ressuscitou dentre os mortos, sendo ele o primeiro entre os que faleceram.' Portanto, a Bíblia é verdadeira, de Gênesis a Apocalipse. O reino das trevas já foi vencido, Satanás caiu como um raio dos céus, e o triunfo da verdade sobre o erro, do bem sobre o mal, da alegria sobre a miséria, está para sempre assegurado."

Hodge

Talvez os discípulos tenham roubado o corpo de Jesus?

"Os soldados romanos foram orientados a fazer circular uma notícia a respeito da ressurreição de Jesus, na qual eles diziam: 'Os discípulos dele vieram de noite e levaram o corpo, enquanto dormíamos'.

"Os tecidos usados no sepulcro com os quais Cristo havia sido sepultado foram encontrados muito bem organizados, o que serve como evidência de que seu corpo não foi roubado enquanto os homens dormiam.

"Ladrões de sepulcros são conhecidos como pessoas que roubam 'as roupas e tecidos' e deixam o corpo; mas ninguém nunca levou o corpo e deixou as roupas e tecidos, especialmente quando se tratava de 'linho' fino e novo (Mc 16.46).

"Qualquer um preferiria escolher carregar um corpo enrolado em seus tecidos a um corpo nu.

"Ou se eles, no local, pretendiam roubá-lo deixando os tecidos do sepulcro para trás, não podemos supor que achariam tempo para 'dobrar o linho'."

Matthew Henry,
comentando sobre João 20.1-10

CONVERSÕES EM ATOS

INTRODUÇÃO

■ **As conversões na Bíblia consistiram em:**

- Ouvir: Rm 10.13-17
- Crer: At 2.44
- Arrepender-se: At 2.38
- Confessar o nome de Jesus: Rm 10.10; At 8.37
- Ser batizado: At 2.38
- Viver fielmente até a morte: Ap 2.10

■ **Conversões no livro de Atos**

O que eles fizeram:
- Ouviram
- Creram
- Arrependeram-se
- Confessaram
- Foram batizados

Quem se converteu

OS JUDEUS NO PENTECOSTES
At 2.37-41

O EUNUCO ETÍOPE
At 8.37,38

OS SAMARITANOS
At 8.6; At 8.12

SAULO DE TARSO
Gl 2.16; At 9.18; At 22.16

CORNÉLIO
At 10.34-48

LÍDIA
At 16.14,15

O CARCEREIRO FILIPENSE
At 16.31-33

OS CORÍNTIOS
At 18.8

■ **Batismo e conversão**

Todas as pessoas, cuja conversão foi registrada no Novo Testamento, foram batizadas.

O dia de Pentecostes
- At 2.36-47
- Cerca de 3.000 pessoas creram naquele dia.

RESUMO
Eles ouviram, creram, arrependeram-se, foram batizados e permaneceram firmes na fé cristã.

REGISTRO BÍBLICO
36 *Portanto, toda a casa de Israel fique absolutamente certa de que esse mesmo Jesus, a quem crucificastes, Deus o fez Senhor e Cristo.*
37 *Ao ouvirem isso, eles ficaram com o coração pesaroso e perguntaram a Pedro e aos demais apóstolos: Irmãos, que faremos?*
38 *Pedro então lhes respondeu: Arrependei-vos, e cada um de vós seja batizado em nome de Jesus Cristo, para o perdão de vossos pecados; e recebereis o dom do Espírito Santo.*
39 *Porque a promessa é para vós, para vossos filhos e para todos os que estão longe, a quantos o Senhor nosso Deus chamar.*
(At 2.36-39)

A IGREJA VITAL CRESCE
40 *E os aconselhava e exortava com muitas outras palavras, dizendo: Salvai-vos desta geração perversa.*
41 *Desse modo, os que acolheram a sua palavra foram batizados; e naquele dia juntaram-se a eles quase três mil pessoas.*

⁴² E eles perseveravam no ensino dos apóstolos e na comunhão, no partir do pão e nas orações.
⁴³ Em cada um havia temor, e muitos sinais e feitos extraordinários eram realizados pelos apóstolos.
⁴⁴ Todos os que criam estavam unidos e tinham tudo em comum.
⁴⁵ Vendiam suas propriedades e bens, e os repartiam com todos, segundo a necessidade de cada um.
⁴⁶ E perseverando de comum acordo todos os dias no templo, e partindo o pão em casa, comiam com alegria e simplicidade de coração,
⁴⁷ louvando a Deus e contando com o favor de todo o povo. E o Senhor lhes acrescentava a cada dia os que iam sendo salvos.

(At 2.40-47)

Samaria
- At 8.4-13
- Homens e mulheres foram salvos

RESUMO
Eles ouviram, creram e foram batizados

REGISTRO BÍBLICO
Cristo é pregado em Samaria
⁴ No entanto, os que foram dispersos iam por toda parte, anunciando a palavra.
⁵ E descendo à cidade de Samaria, Filipe passou a pregar-lhes Cristo.
⁶ Unânimes, as multidões escutavam atentamente as coisas que Filipe dizia, ouvindo-o e vendo os sinais que ele realizava.
⁷ Pois os espíritos impuros saíam de muitos possessos, gritando muito; e vários paralíticos e aleijados foram curados.
⁸ E houve grande alegria naquela cidade.
⁹ Havia na mesma cidade certo homem chamado Simão, que praticava artes mágicas, causando a admiração do povo de Samaria. Ele afirmava ser de grande importância,
¹⁰ e todos o ouviam atentamente, desde o menor até o maior, dizendo: Este é o Poder de Deus que se chama Grande Poder.
¹¹ E davam-lhe atenção porque já fazia muito tempo que ele os deixava admirados com suas artes mágicas.
¹² Mas, quando creram em Filipe, que lhes pregava acerca do reino de Deus e do nome de Jesus, deixaram-se batizar tanto homens quanto mulheres.
¹³ E até o próprio Simão creu. E, sendo batizado, passou a acompanhar Filipe, admirando-se dos sinais e grandes milagres que eram realizados.

(At 8.4-13)

"A conversão é um grande e glorioso trabalho do poder de Deus, mudando imediatamente o coração e derramando vida no espírito morto, embora a graça implantada nesse momento mostre-se mais gradualmente em alguns que em outros."

Jonathan Edwards

O eunuco etíope
- At 8.26-39

RESUMO
Ele ouviu, creu, confessou e foi batizado

REGISTRO BÍBLICO
Cristo é pregado a um etíope
²⁶ Mas um anjo do Senhor falou a Filipe: Levanta-te e vai em direção ao sul, pelo caminho deserto que desce de Jerusalém para Gaza.
²⁷ Ele se levantou e foi. Um eunuco etíope, administrador de Candace, rainha dos etíopes, e superintendente de todos os seus tesouros, que tinha ido a Jerusalém para adorar,
²⁸ voltava para casa e, sentado na sua carruagem, lia o profeta Isaías.

²⁹ E o Espírito disse a Filipe: Aproxima-te e acompanha essa carruagem.
³⁰ Filipe correu e ouviu que o homem lia o profeta Isaías; e perguntou: Entendes o que estás lendo?
³¹ Ele respondeu: Como poderei entender, a não ser que alguém me ensine? E pediu a Filipe que subisse e se sentasse.
³² A passagem da Escritura que ele estava lendo era esta: Foi levado como ovelha ao matadouro e, como um cordeiro mudo diante de quem o tosquia, não abriu a boca.
³³ Na sua humilhação a justiça lhe foi tirada. Quem relatará a sua geração? Porque a sua vida é tirada da terra.
³⁴ Tomando a palavra, o eunuco disse a Filipe: Por favor, de quem o profeta está falando isso? De si mesmo ou de outro?
³⁵ Então Filipe passou a falar e, começando por essa passagem da Escritura, anunciou-lhe o evangelho de Jesus.
³⁶ E prosseguindo, chegaram a um lugar onde havia água, e o eunuco perguntou: Aqui há água; que me impede de ser batizado?
³⁷ (Filipe disse: É permitido, se crês de todo o coração. E ele respondeu: Creio que Jesus Cristo é o Filho de Deus.)
³⁸ Então ele mandou parar a carruagem, e desceram ambos à água, tanto Filipe quanto o eunuco, e Filipe o batizou.
³⁹ Quando saíram da água, o Espírito do Senhor arrebatou Filipe. O eunuco não mais o viu e, alegre, seguiu o seu caminho.

(At 8.26-39)

Paulo (Saulo)
- At 9.1-20; 22.6-16

RESUMO
Ele ouviu, creu e foi batizado

REGISTRO BÍBLICO
⁶ Quando, porém, estava a caminho e já próximo de Damasco, por volta do meio-dia, de repente, do céu, brilhou uma intensa luz ao meu redor.
⁷ Caí por terra e ouvi uma voz que me dizia: Saulo, Saulo, por que me persegues?
⁸ Eu respondi: Quem és tu, Senhor? Ele me disse: Eu sou Jesus, o Nazareno, a quem persegues.
⁹ E os que estavam comigo viram a luz, mas não entenderam a voz daquele que falava comigo.
¹⁰ Então eu disse: Senhor, que farei? E o Senhor me disse: Levanta-te e vai para Damasco, onde te será dito tudo o que precisas fazer.
¹¹ Como eu não enxergava nada, por causa do esplendor daquela luz, cheguei a Damasco guiado pela mão dos que me acompanhavam.
¹² Um homem piedoso segundo a lei, chamado Ananias, que tinha bom testemunho de todos os judeus que ali moravam,
¹³ veio ao meu encontro e, pondo-se de pé ao meu lado, disse-me: Saulo, irmão, volta a ver. Naquela mesma hora eu o vi.
¹⁴ Então ele disse: O Deus de nossos pais te designou de antemão para conhecer a sua vontade, ver o Justo e ouvir a voz da sua boca.
¹⁵ Pois serás sua testemunha do que tens visto e ouvido para todos os homens.
¹⁶ Agora, por que te demoras? Levanta-te, sê batizado e lava os teus pecados, invocando o seu nome.

(At 22.6-16)

Cornélio
- At 10.1-48; 11.1-18
- Cornélio e toda a sua família

RESUMO
Eles ouviram, creram e foram batizados

REGISTRO BÍBLICO
Pregando à família de Cornélio
³⁴ E, tomando a palavra, Pedro disse: Na verdade, reconheço que Deus não trata as pessoas com base em preferências.
³⁵ Mas, em qualquer nação, aquele que o teme e pratica o que é justo lhe é aceitável.

³⁶ *Ele enviou a palavra aos israelitas, anunciando o evangelho da paz por meio de Jesus Cristo; este é o Senhor de todos.*
³⁷ *Essa palavra, vós bem sabeis, foi proclamada por toda a Judeia, começando pela Galileia, depois do batismo que João pregou,*
³⁸ *e diz respeito a Jesus de Nazaré, como Deus o ungiu com o Espírito Santo e com poder. Ele andou por toda parte, fazendo o bem e curando todos os oprimidos pelo Diabo, porque Deus era com ele.*
³⁹ *E somos testemunhas de tudo quanto ele fez, tanto na terra dos judeus como em Jerusalém; mas eles o mataram, pendurando-o num madeiro.*
⁴⁰ *Deus o ressuscitou ao terceiro dia e lhe concedeu que se manifestasse*
⁴¹ *não a todo o povo, mas às testemunhas predeterminadas por Deus, a nós, que comemos e bebemos com ele, depois que ressuscitou dentre os mortos.*
⁴² *Ele nos ordenou que pregássemos ao povo e testemunhássemos que por Deus ele foi constituído juiz dos vivos e dos mortos.*
⁴³ *Todos os profetas dão sobre ele testemunho de que, por meio do seu nome, todo o que nele crê receberá o perdão dos pecados.*
⁴⁴ *Enquanto Pedro dizia essas coisas, o Espírito Santo desceu sobre todos os que ouviam a palavra.*
⁴⁵ *Os crentes que eram da circuncisão, todos os que tinham vindo com Pedro, admiraram-se de que o dom do Espírito Santo também fosse derramado sobre os gentios;*
⁴⁶ *porque os ouviam falar em línguas e engrandecer a Deus. Então Pedro disse:*
⁴⁷ *Será que alguém lhes pode recusar a água para que não sejam batizados, estes que, como nós, também receberam o Espírito Santo?*
⁴⁸ *E ordenou que fossem batizados em nome de Jesus Cristo. Então lhe suplicaram que ficasse com eles durante alguns dias.*
(At 10.34-48)

"A conversão marca o começo consciente, não só de se despojar do velho homem, a fuga do pecado, mas também de revestir-se do novo homem, um esforço por uma vida de santidade."
Louis Berkhof

Lídia
- At 16.13-15
- Lídia e toda a sua família

RESUMO
Eles ouviram, creram e foram batizados

REGISTRO BÍBLICO
¹³ *No sábado, saímos da cidade para a beira do rio, onde julgávamos haver um lugar de oração. E, sentados, falávamos às mulheres ali reunidas.*
¹⁴ *Uma das mulheres que nos ouviam, chamada Lídia, vendedora de tecidos de púrpura, da cidade de Tiatira, era temente a Deus. O Senhor lhe abriu o coração para acolher as coisas que Paulo dizia.*
¹⁵ *Depois de batizada com as pessoas de sua casa, ela nos suplicou: Se me considerais crente no Senhor, entrai e permanecei em minha casa. E nos compeliu a isso.*
(At 16.13-15)

O carcereiro filipense
- At 16.23,34
- Ele e toda a sua família

RESUMO
Eles ouviram, creram e foram batizados.

REGISTRO BÍBLICO
²³ *Depois de espancá-los muito, colocaram-nos na prisão, ordenando ao carcereiro que os guardasse com segurança.*
²⁴ *Tendo recebido essa ordem, ele os colocou na prisão interna e prendeu-lhes os pés ao tronco.*

²⁵ *Por volta de meia-noite, Paulo e Silas oravam e cantavam hinos a Deus, enquanto os presos os escutavam.*
²⁶ *De repente, houve um terremoto tão intenso que os alicerces do cárcere foram abalados, e logo todas as portas se abriram, e as correntes de todos se soltaram.*
²⁷ *O carcereiro acordou e, vendo abertas as portas da prisão, sacou a espada para suicidar-se, supondo que os presos haviam fugido.*
²⁸ *Mas Paulo gritou para ele: Não te faças nenhum mal, porque estamos todos aqui.*
²⁹ *Ele pediu luz, correu para dentro e, trêmulo, prostrou-se diante de Paulo e Silas.*
³⁰ *Levando-os para fora, disse: Senhores, que preciso fazer para ser salvo?*
³¹ *Eles responderam: Crê no Senhor Jesus, e tu e tua casa sereis salvos.*
³² *Então pregaram a palavra de Deus a ele e a todos os que eram de sua casa.*
³³ *E, levando-os consigo, naquela mesma hora da noite, lavou-lhes os ferimentos; e logo foi batizado, ele e todos os seus.*
³⁴ *Então os fez subir para sua casa, pôs a mesa para eles e alegrou-se muito com toda a sua casa, por haver crido em Deus.*
(At 16.23-34)

Os coríntios

- At 18.8
- Esse fato envolveu "muitas" pessoas

RESUMO
Eles ouviram, creram e foram batizados

REGISTRO BÍBLICO
⁵ *Quando Silas e Timóteo desceram da Macedônia, Paulo dedicou-se inteiramente à palavra, testemunhando aos judeus que Jesus era o Cristo.*
⁶ *Mas como eles se opuseram e proferiram ofensas, ele sacudiu as suas roupas e disse-lhes: O vosso sangue seja sobre a vossa cabeça; estou inocente, e a partir de agora vou para os gentios.*
⁷ *E saindo dali, entrou na casa de um homem temente a Deus, chamado Tício Justo; a casa ficava ao lado da sinagoga.*
⁸ *Crispo, chefe da sinagoga, creu no Senhor com toda a sua casa. Também muitos coríntios, quando o ouviam, criam e eram batizados.*

(At 18.5-8)

A IGREJA PRIMITIVA

A IGREJA

■ Visão geral

Antigo Testamento
A CONGREGAÇÃO
Êx 12.3; Êx 12.6; Êx 12.19; Êx 12.47; Êx 16.1,2; Êx 16.9,10; Êx 16.22; Lv 4.13; Lv 4.15; Lv 10.17; Lv 24.14

Novo Testamento
A IGREJA
Mt 16.18; Mt 18.17; At 2.47; 1Co 11.18; 1Co 14.19; 1Co 14.23; 1Co 14.28; 1Co 14.33,34; 1Co 15.9; Gl 1.13

Variedade de nomes

O corpo coletivo de crentes, a igreja, recebe uma variedade de nomes no Antigo Testamento e no Novo Testamento, os quais descrevem seus diferentes aspectos.

- Assembleia dos santos – Sl 89.7
- Assembleia dos justos – Sl 111.1
- Corpo de Cristo – Ef 1.22,23; Cl 1.24
- Renovo plantado por Deus – Is 60.21
- Noiva de Cristo – Ap 21.9

> *Então um dos sete anjos que traziam as sete taças cheias das sete últimas pragas veio e me falou: Vem, eu te mostrarei a noiva, a esposa do Cordeiro.* (Ap 21.9)

- Igreja de Deus – At 20.28
- Igreja do Deus vivo – 1Tm 3.15
- Igreja dos primogênitos – Hb 12.23
- Cidade do Deus vivo – Hb 12.22
- Congregação dos santos – Sl 149.1
- Congregação do povo indefeso do Senhor – Sl 74.19
- Família no céu e na terra – Ef 3.15
- Rebanho, rebanho de Deus – Ez 34.15; 1Pe 5.2

> *... pastoreai o rebanho de Deus que está entre vós, cuidando dele não por obrigação, mas espontaneamente, segundo a vontade de Deus; nem por interesse em ganho ilícito, mas de boa vontade.* (1Pe 5.2)

- Aprisco, aprisco de Deus – Jo 10.16
- Assembleia geral dos primogênitos – Hb 12.23

> *... à igreja dos primogênitos registrados nos céus, a Deus, o juiz de todos, aos espíritos dos justos aperfeiçoados.* (Hb 12.23)

- Candelabro dourado – Ap 1.20
- Edifício de Deus – 1Co 3.9
- Lavoura de Deus – 1Co 3.9
- Herança de Deus – Jl 3.2; 1Pe 5.3
- Habitação de Deus – Ef 2.22
- Jerusalém celestial – Gl 4.26; Hb 12.22
- Cidade santa – Ap 21.2
- Monte sagrado – Zc 8.3
- Monte santo – Sl 2.6; Sl 15.1
- Casa de Deus – 1Tm 3.15; Hb 10.21

> *... à igreja dos primogênitos registrados nos céus, a Deus, o juiz de todos, aos espíritos dos justos aperfeiçoados.* (1Tm 3.15)

> *Tendo um grande sacerdote sobre a casa de Deus.* (Hb 10.21)

- O Deus de Jacó – Is 2.3
- Casa de Cristo – Hb 3.6
- Família de Deus – Ef 2.19
- Herança – Sl 28.9; Is 19.25
- Israel de Deus – Gl 6.16

> *Que a paz e misericórdia estejam sobre todos que andarem conforme essa norma, e também sobre o Israel de Deus.* (Gl 6.16)

- Reino de Deus – Mt 6.33; Mt 12.28; Mt 19.24; Mt 21.31
- Reino dos céus – Mt 3.2; Mt 4.17; Mt 10.7; Mt 5.3; Mt 5.10; Mt 5.19,20

- Seu reino – Sl 103.19; Sl 145.12; Mt 16.28; Lc 1.33
- Meu reino – Jo 18.36
- Vosso reino – Sl 45.6; Sl 145.11; Sl 145.13; Mt 6.10; Lc 23.42
- A noiva do Cordeiro – Ap 22.17
- A esposa do Cordeiro – Ap 19.7-9; Ap 21.9
- Porção da herança do Senhor – Dt 32.9
- Monte Sião – Hb 12.22
- Monte do templo do Senhor – Is 2.2
- Nova Jerusalém – Ap 21.2
- Coluna e fundamento da verdade – 1Tm 3.15

> ... para que, se eu demorar, saibas como se deve proceder na casa de Deus, que é a igreja do Deus vivo, coluna e alicerce da verdade. (1Tm 3.15)

- Lugar do trono de Deus – Ez 43.7
- Preciosa propriedade – Jr 12.10
- Santuário de Deus – Sl 114.2
- Casa espiritual – 1Pe 2.5

> ... vós também, como pedras vivas, sois edificados como casa espiritual para serdes sacerdócio santo, a fim de oferecer sacrifícios espirituais aceitáveis a Deus, por meio de Jesus Cristo. (1Pe 2.5)

- Força e glória de Deus – Sl 78.61
- Procurada, a cidade não abandonada – Is 62.12
- A porção do Senhor – Dt 32.9
- O templo de Deus – 1Co 3.16,17

> Não sabeis que sois santuário de Deus e que o seu Espírito habita em vós? Se alguém destruir o santuário de Deus, este o destruirá; pois o santuário de Deus, que sois vós, é sagrado. (1Co 3.16,17)

- Templo do Deus vivo – 2Co 6.16
- A vinha – Jr 12.10; Mt 21.41

Fatos sobre a igreja cristã

- O amor de Cristo por ela – Jo 10.8; Jo 10.11,12; Ef 5.25-32; Ap 3.9

> Todos os que vieram antes de mim são ladrões e assaltantes; mas as ovelhas não os ouviram. [...] Eu sou o bom pastor; o bom pastor dá a vida pelas ovelhas. Mas o empregado, que não é pastor e a quem as ovelhas não pertencem, quando vê o lobo se aproximar, abandona as ovelhas e foge. E o lobo as ataca e dispersa. (Jo 10.8,11,12)

> 25 Maridos, cada um de vós ame a sua mulher, assim como Cristo amou a igreja e a si mesmo se entregou por ela,
> 26 a fim de santificá-la, tendo-a purificado com o lavar da água, pela palavra,
> 27 para apresentá-la a si mesmo como igreja gloriosa, sem mancha, nem ruga, nem qualquer coisa semelhante, mas santa e irrepreensível.
> 28 Assim, o marido deve amar sua mulher como ao próprio corpo. Quem ama sua mulher, ama a si mesmo.
> 29 Pois ninguém jamais odiou o próprio corpo; antes, alimenta-o e dele cuida; e assim também Cristo em relação à igreja;
> 30 porque somos membros do seu corpo.
> 31 Por isso o homem deixará pai e mãe e se unirá a sua mulher, e os dois serão uma só carne.
> 32 Esse mistério é grande, mas eu me refiro a Cristo e à igreja.
> (Ef 5.25-32)

> Farei aos da sinagoga de Satanás, aos que se dizem judeus e não são, mas mentem, sim, farei que venham adorar prostrados aos teus pés e saibam que eu te amo. (Ap 3.9)

- Amada pelos crentes – Sl 87.7; Sl 137.5; 1Co 12.25; 1Ts 4.9
- Faz-se oração por ela – Sl 122.6; Is 62.6
- É querida de Deus – Is 43.4
- Está segura sob seus cuidados – Sl 46.1,2; Sl 46.5
- É sal e luz para o mundo – Mt 5.13
- É militante – Ct 6.10; Fp 2.25; 2Tm 2.3; 2Tm 4.7; Fm 1.2
- Deus a defende – Sl 89.18; Is 4.5; Is 49.25; Mt 16.18
- Deus provê ministros para ela – Jr 3.15; Ef 4.11,12

- É gloriosa – Sl 45.13; Ef 5.27
- É revestida de justiça – Ap 19.8
- Crentes são continuamente acrescentados a ela pelo Senhor – At 2.47; At 5.14; At 11.24
- Sua unidade – Rm 12.5; 1Co 10.17; 1Co 12.12; Gl 3.28; Ef 4.4
- Seus privilégios – Sl 36.8; Sl 87.5
- Sua adoração; os crentes devem participar dela – Hb 10.25
- Sua harmoniosa confraternidade – Sl 133; Jo 13.34; At 4.32; Fp 1.4; Fp 2.1; 1Jo 1.3,4

> Sim, o que vimos e ouvimos, isso vos anunciamos, para que também tenhais comunhão conosco; e a nossa comunhão é com o Pai e com seu Filho Jesus Cristo. Estas coisas vos escrevemos para que a nossa alegria seja completa. (1Jo 1.3,4)

- Suas divisões devem ser evitadas – Rm 16.17; 1Co 1.10; 1Co 3.3
- Aqueles que são batizados em um só Espírito – 1Co 12.13
- Os ministros são ordenados para pastoreá-la – At 20.28
- É edificada pela Palavra – Rm 12.6; 1Co 14.4; 1Co 14.13; Cl 3.16

- É fortalecida por Cristo – Ef 4.15,16

> pelo contrário, seguindo a verdade em amor, cresçamos em tudo naquele que é a cabeça, Cristo. Nele o corpo inteiro, bem ajustado e ligado pelo auxílio de todas as juntas, segundo a correta atuação de cada parte, efetua o seu crescimento para edificação de si mesmo no amor. (Ef 4.15,16)

- A perseguição dos ímpios – At 8.1-3; 1Ts 2.14,15

> ¹ E Saulo aprovou a sua morte. No mesmo dia, levantou-se grande perseguição contra a igreja que estava em Jerusalém; todos, exceto os apóstolos, foram dispersos pelas regiões da Judeia e Samaria. ² E alguns homens piedosos sepultaram Estêvão e lamentaram muito por ele. ³ Saulo, porém, assolava a igreja; entrando pelas casas, arrastava homens e mulheres e os colocava na prisão. (At 8.1-3)

- Não deve ser desprezada – 1Co 11.22
- A sua mancha será punida – 1Co 3.17
- Sua extensão foi profetizada – Is 2.2; Ez 17.22-24; Dn 2.34,35

A IGREJA DE CRISTO

■ Profecias sobre ela

Isaías e Miqueias

Isaías e Miqueias profetizaram que a lei viria de Sião e a palavra do Senhor de Jerusalém (Is 2.1-3; Mq 4.1-3).

Jeremias

Jeremias profetizou que o Senhor estabeleceria uma nova aliança com a casa de Israel e a casa de Judá, diferente da aliança que ele fizera com seus pais quando os tirou do Egito, pondo suas leis na mente de seu povo e escrevendo essas leis no coração deles, profetizando também que eles conheceriam o Senhor e que seus pecados brevemente não seriam lembrados (Jr 31.31-34; Hb 8.7-13).

Daniel

Daniel profetizou que Deus estabeleceria um reino que nunca seria destruído e que destruiria todos os outros reinos, e este permaneceria para sempre (Daniel 2.44).

■ Fundação da igreja

Isaías

Isaías profetizou que a pedra fundamental seria estabelecida em Sião (Is 28.16).

Essa pedra é Cristo (Mt 16.13-20; Rm 9.32,33; 1Co 3.10,11; Ef 2.19-22).

Assim, não sois mais estrangeiros, nem imigrantes; pelo contrário, sois concidadãos dos santos e membros da família de Deus, edificados sobre o fundamento dos apóstolos e dos profetas, sendo o próprio Cristo Jesus a principal pedra de esquina. (Ef 2.19,20)

■ Cabeça da igreja

Jesus Cristo

Jesus Cristo é a cabeça da igreja (Cl 1.18; Ef 5.23).

... ele também é a cabeça do corpo, que é a igreja; é o princípio, o primogênito dentre os mortos, para que em tudo tenha o primeiro lugar. (Cl 1.18)

■ No futuro

A tendência geral de um ensino bíblico sobre o reino de Deus ou a igreja, anterior à morte de Cristo, está no futuro. Foi para o futuro que Deus fez as promessas a Abraão (Gn 12.1-3) e Isaque (Gn 26.1-5; Gn 28.10-14); foi para o futuro que Jacó profetizou a vinda da Paz (Gn 49.1,8-10; Hb 2.14; Ap 1.1-5); foi para o futuro que Moisés profetizou a vinda daquele cuja autoridade seria suprema (Dt 18.15-18); foi para o futuro que Isaías profetizou o ajuntamento dos gentios (Is 54.1-3; Is 62.1-4); foi para o futuro que João Batista pregou no deserto judeu (Mt 3.1-13); foi para o futuro que Jesus anunciou aos seus discípulos que alguns deles viveriam para ver sua vinda em poder (Mc 9.1); foi para o futuro que Jesus visitou a região de Cesareia de Filipe (Mt 16.13-17); foi para o futuro, próximo do final da vida terrena de Jesus, que os discípulos estavam esperando sua aparição imediata (Lc 19.11-27); foi para o futuro que Jesus esteve na cruz (Lc 23.42,43); foi para o futuro, após a morte de Jesus na cruz (Mc 15.43); foi para o futuro, um pouco antes de sua ascensão (At 1.6,7).

■ Pentecostes e o nascimento da igreja

Antes de Pentecostes, fala-se da igreja ou do reino como um tempo futuro, mas, após o dia de Pentecostes, declara-se que esse tempo já chegou e realmente existe (At 2.41; At 5.11; At 8.1; Hb 12.28).

Foi necessário abolir a primeira instituição a fim de que a segunda fosse estabelecida (Hb 10.9).

... agora disse: Estou aqui para fazer a tua vontade. Assim, ele invalida o primeiro, para estabelecer o segundo. (Hb 10.9)

Mas a primeira instituição não foi abolida durante a vida de Jesus, pois a cortina do templo não se rasgou de alto a baixo base até que ele desse seu último suspiro (Mt 27.51; Ef 2.13-16).

A nova instituição seria caracterizada pela retirada completa da mancha dos pecados (Jr 31.31-34), e, como o sangue dos animais sacrificados nunca poderia apagar os pecados, foi imperativo para Jesus morrer antes que essa obra pudesse ser feita (Mt 26.28; Rm 5.9; Hb 10.4; 1Pe 1.18,19).

A igreja foi comprada por Jesus, e não seria dele até que ele pagasse o preço (Mt 20.28; 1Co 6.19,20).

O corpo não poderia existir sem o espírito (1Co 6.19,20; Tg 2.26), e o Espírito não foi dado até que Jesus fosse glorificado (Jo 7.38,39; At 1.5).

Os profetas, Jesus Cristo e seus apóstolos, todos eles declararam que a igreja de Deus ou o reino iniciariam em Jerusalém (Sl 110.1-4; Is 2.1-3; Is 62.1,2; Jl 2.28-32; Mq 4.1,2; Lc 24.45-53; At 1.5-8; At 2.1-47; At 8.1; Gl 4.21-31).

[1] *Ao chegar o dia de Pentecostes, todos estavam reunidos no mesmo lugar.*

[2] *De repente, veio do céu um som, como de um vento impetuoso, e encheu toda a casa onde estavam sentados.*

³ E apareceram umas línguas como de fogo, distribuídas entre eles, e sobre cada um pousou uma.
⁴ Todos ficaram cheios do Espírito Santo e começaram a falar em outras línguas, conforme o Espírito lhes concedia que falassem.

(At 2.1-4)

Um dia único
O trabalho foi inaugurado no primeiro Pentecostes após a ascensão de Cristo.
Esse dia é único. Não há outro dia na história como o dia de Pentecostes.

O começo
O Espírito Santo veio ao mundo de um modo novo e especial, assim que os apóstolos começaram a evangelizar o mundo (Jo 14.16-18; Jo 16.7-11; At 2.1-4).

Profecias cumpridas
As profecias foram cumpridas no dia de Pentecostes (Is 2.1-3; Sl 110.1-4; Jl 2.28-32; Mq 4.1,2; At 2.1-47).
Pedro e os outros apóstolos começaram a amarrar e a libertar o povo em nome de Jesus (Mt 16.18; Mt 18.18; At 2.37,38).
Os apóstolos proclamaram a lei de remissão de pecados em nome de Jesus (Mt 28.18-20; At 2.37).
Os apóstolos começaram a pregar no despertar da última e grande comissão (Mc 16.15,16; At 2.14-36).

Entrando para a igreja
Em termos gerais, o caminho para a igreja é o evangelho.
Jesus e seus inspirados apóstolos determinaram certas condições sobre como entrar para a igreja.

Uma condição é a fé
FÉ
- Sua importância (Hb 11.6).
- É aceitar a Deus por sua palavra (Rm 4.21).
- Sua unidade (Ef 4.5-13).
- Seu fundamento é Jesus Cristo (Jo 8.24; 1Co 3.10,11).
- É produzida ouvindo-se o evangelho (Jo 20.30,31; Rm 10.17).

Portanto, a fé vem pelo ouvir, e o ouvir, pela palavra de Cristo. (Rm 10.17)

- Ela purifica o coração (At 15.9).
- Seus efeitos sobre a vida (Tg 2.17-26).

Outra condição é o arrependimento.

ARREPENDIMENTO
- Deus deseja que os homens se arrependam (Ez 18.25-32; 2Pe 3.9).
- Pessoas que possuem a graça de Deus são capazes de arrepender-se, pois a salvação depende disso (Lc 13.1-5).
- Os motivos que produzem o arrependimento são a bondade de Deus (Rm 2.4) e o temor do julgamento (At 17.30,31; 2Co 7.10).
- É uma mudança na mente, resultando em mudança ou restauração da vida (Is 55.7; Is 7.5; Mt 3.7; Tg 3.7-10).

Batismo
O Novo Testamento ensina que os membros da igreja cristã deveriam ser batizados (Mt 3.14-17; Mt 28.18-20; Mc 16.15,16; Jo 3.5; At 2.38; Rm 6.1-3; 1Co 12.13; Gl 3.26,27; Ef 4.5; Ef 5.26; Cl 2.12; Hb 10.22; 1Pe 3.21).

A vida cristã
Cada membro do corpo de Cristo é conclamado a viver uma vida santa neste mundo (Tt 2.11-14; 2Pe 1.5-7).

Testemunho
Membros da igreja de Deus são chamados a ser testemunhas de Jesus. Às vezes, essa atitude é chamada de "confessando a fé". Os membros da igreja são requisitados a confessar Cristo (Mt 10.32,33). Isso pode ser feito de várias maneiras, incluindo-se a forma oral (Rm 10.9,10).

Testemunhar nossa fé em Jesus inclui algum tipo de testemunho público na presença de outras pessoas (Jo 12.42; At 19.18; 1Tm 6.12-14).

Reunião de todos
Os primeiros cristãos reuniam-se no primeiro dia da semana para partir o pão (At 20.7). Além do batismo, a ceia do Senhor é a outra única ordenança instituído por Jesus.

Contribuição financeira
Os cristãos primitivos foram ensinados a contribuir com o trabalho do Senhor na proporção de seus recursos dados pelo Senhor (1Co 16.1,2).

Nomes para a igreja
Nos tempos do Novo Testamento, a igreja era chamada de a igreja de Cristo (Rm 16.16) ou a igreja de Deus (1Co 1.1,2).

Nomes dos membros da igreja
Os membros da igreja de Cristo eram chamados, individualmente, de:

- Santos (Rm 1.7);
- Filhos de Deus (Rm 8.16);
- Herdeiros de Deus (Rm 8.16);
- Irmãos (Rm 12.1);
- Filhos de Deus (1Jo 3.2);
- Cristãos (At 11.26; 1Pe 4.16).

A propagação da igreja
A igreja primitiva cresceu com o evangelismo. Os apóstolos iniciaram com pregações em Jerusalém e, a seguir, nos países vizinhos (At 2.37-42; At 4.1-4; At 5.14; At 6.7). Logo, Filipe, o evangelista, introduziu o evangelho na cidade de Samaria com grande sucesso (At 8.1-25), e Pedro levou-o aos gentios quando visitou a casa de Cornélio (At 10.1-48; At 11.1-26). No final do livro de Atos, fica claro que o evangelho havia se espalhado como material inflamável por todo o mundo conhecido, e Paulo havia conquistado uma de suas grandes ambições, chegado a Roma, onde passou dois anos disseminando as boas-novas sobre Jesus.

ADORAÇÃO

■ Adorar somente a Deus

A verdadeira adoração somente pode ser oferecida a Deus. A adoração prestada a qualquer objeto ou a outros seres espirituais é pecaminosa. Não deve ser oferecida a nenhum ser vivente (Êx 34.14; Is 2.8).

*... porque não adorarás nenhum outro deus; pois o S*ENHOR*, cujo nome é Zeloso, é Deus zeloso.* (Êx 34.14)

Veja também Êx 20.3; Dt 5.7; Dt 6.13; Mt 4.10; Lc 4.8; At 10.26; At 14.15; Cl 2.18; Ap 19.10; Ap 22.8.
Pedro recusou-se a ser adorado (At 10.25,26). O mesmo fez um anjo (Ap 22.8,9).

Adorando a Jesus
Não há dúvida de que devemos adorar a Jesus.

REFERÊNCIAS DO ANTIGO TESTAMENTO
Js 5.14,15; Sl 45.11; Sl 45.17; Sl 72.15

REFERÊNCIAS DO NOVO TESTAMENTO
Mt 2.2; Mt 2.11; Mt 9.18; Mt 14.33; Mt 15.25; Mt 20.20; Mt 28.9; Mt 28.16,17; Mc 3.11; Mc 5.6,7; Mc 11.9,10; Mt 21.9; Jo 12.13; Lc 4.41; Lc 5.8; Lc 23.42; Lc 24.52; Jo 5.23; Jo 9.38; At 7.59,60; At 1.24; 1Co 1.2; 2Co 12.8,9; Fp 2.10,11; 1Tm 1.12; Hb 1.6; 2Pe 3.18; Ap 5.8,9; Ap 5.12-14; Ap 7.10

¹² Eles proclamavam em alta voz: O Cordeiro que foi morto é digno de receber o poder, a riqueza, a sabedoria, a força, a honra, a glória e o louvor.
¹³ Também ouvi todas as criaturas que estão no céu, na terra, debaixo da terra, no mar e tudo que neles existem, dizerem: Ao que está assentado no trono e ao Cordeiro sejam o louvor, a honra, a glória e o domínio pelos séculos dos séculos!
¹⁴ E os quatro seres viventes diziam: Amém. Os anciãos também se prostraram e adoraram.
(Ap 5.12-14)

Adorando a Deus

Não é possível medir a devoção de uma pessoa a Deus pela duração de tempo que passa orando ou pelo número de serviços que possui na igreja. Contudo, é interessante notar que adorar a Deus era um ato muito importante na vida dos seguidores de Deus no Antigo Testamento.

Tempo disponível somente para Deus

Os filhos de Israel foram libertos pelo Senhor (Êx 15.1-19) e, dessa forma, pertenciam a ele. A lei exigia que eles oferecessem uma grande parte de seu tempo a seu serviço.

Tempo oferecido:

PARA A PÁSCOA
Contando-se um dia para o sábado, os israelitas deveriam gastar seis dias para as festividades da Páscoa e dos pães sem fermento a cada ano (Lv 23.4-8).

PARA A FESTA DAS SEMANAS
Eles deveriam oferecer um dia para essa festa a cada ano (Lv 23.15-21).

PARA A FESTA DOS TABERNÁCULOS
Contando-se um dia para o sábado, eles deveriam oferecer seis dias para essa festa a cada ano (Lv 23.34-42).

PARA O SÁBADO
Eles deveriam oferecer 51 dias para o sábado a cada ano (Lv 23.3).

PARA O DIA DA EXPIAÇÃO
Eles deveriam oferecer um dia para o Dia da Expiação a cada ano (Lv 23.26-32).

PARA A FESTA DA LUA NOVA
Contando-se um dia para a Festa das Trombetas, eles deveriam oferecer onze dias para essa festa a cada ano (Nm 28.11-15; Nm 29.1-5; Am 8.5).

TOTAL
Isto dá um total de 76 dias a cada ano.

O salmista

O salmista frequentemente expressa seu desejo de adorar a Deus e seu amor sincero pela adoração ao Senhor.

> Pedi uma coisa ao SENHOR, e a buscarei: que eu possa morar na casa do SENHOR todos os dias da minha vida, para contemplar o esplendor do SENHOR e meditar no seu templo. (Sl 27.4)

⁶ Glória e majestade estão diante dele; há força e formosura no seu santuário.
⁷ Tributai ao SENHOR, ó famílias dos povos, tributai glória e força ao SENHOR.
⁸ Tributai ao SENHOR a glória devida ao seu nome; trazei ofertas e entrai nos seus átrios.
⁹ Adorai o SENHOR na beleza da sua santidade; tremei diante dele todos os habitantes da terra.
¹⁰ Dizei entre as nações: O SENHOR reina; ele firmou o mundo, para que não seja abalado. Ele julgará os povos com justiça.
¹¹ Alegrem-se os céus, e regozije-se a terra; ruja o mar e tudo o que nele existe.
¹² Exulte o campo, e tudo o que nele há; então todas as árvores do bosque cantarão de júbilo
¹³ na presença do SENHOR, porque ele vem, vem julgar a terra, e julgará o mundo com justiça, e os povos, com fidelidade.
(Sl 96.6-13)

LOUVOR

■ Visão geral

Um dos principais componentes da adoração cristã deveria ser sempre o louvor.

Louvor no Antigo Testamento
CANÇÃO DE MOISÉS
Após atravessar o mar Vermelho – Êx 15.1-19

CANÇÃO DE MIRIÃ
Êx 15.21

CANÇÃO DE DÉBORA
Após vencer os cananeus – Jz 5

CANÇÃO DE ANA
1Sm 2.1-10

CANÇÕES DE DAVI
*Celebrando sua libertação
das mãos de Saul*
2Sm 22

Levando a arca da aliança para Sião
1Cr 16.8-36

No final do reinado de Davi
1Cr 29.10-19

A CANÇÃO ENTOADA QUANDO SALOMÃO LEVOU A ARCA PARA DENTRO DO TEMPLO
2Cr 5.13

Salmo de Israel
PELA BONDADE DE DEUS
Sl 46; Sl 48; Sl 65–66; Sl 68; Sl 76; Sl 81; Sl 85; Sl 98; Sl 105; Sl 124; Sl 126; Sl 129; Sl 135–136

PELA BONDADE DE DEUS
PARA COM OS HOMENS JUSTOS
Sl 23; Sl 34; Sl 36; Sl 91; Sl 100; Sl 103; Sl 107; Sl 117; Sl 121

PELA BONDADE DE DEUS
PARA COM CADA INDIVÍDUO
Sl 9; Sl 18; Sl 22; Sl 30; Sl 40; Sl 75; Sl 103; Sl 108; Sl 116; Sl 118; Sl 138; Sl 144

PELOS ATRIBUTOS DE DEUS
Sl 8; Sl 19; Sl 22; Sl 24; Sl 29; Sl 33; Sl 47; Sl 50; Sl 65–66; Sl 76–77; Sl 92–93; Sl 95–99; Sl 104; Sl 111; Sl 113–115; Sl 134; Sl 139; Sl 147–148; Sl 150

Passagens adicionais relacionadas ao louvor
É difícil exagerar quanto a Bíblia ensina a respeito do louvor a Deus.

ANTIGO TESTAMENTO
Gn 14.20; Êx 15.1,2; Dt 10.21; Jz 5.3; 2Sm 22.4; Sl 18.3; 1Cr 16.31; 1Cr 16.33,34; 1Co 16.36; 1Cr 23.30; 2Cr 7.3; Ne 9.5,6; Jó 36.24

Salmo
Os grupos de hinos de louvor no livro de Salmo podem ser classificados de várias maneiras:
- Salmo de ações de graças individuais
  Nestes, o salmista publicamente dá graças a Deus pelo auxílio a algo que Deus fez para ele ou que ainda fará. Tais Salmo de ação de graças incluem:
  - Uma proclamação de louvor
  - Um resumo de seu louvor
  - Um testemunho sobre sua libertação
  - Um voto para continuar a louvar a Deus. Veja os Salmos 18; 30; 32; 34; 40; 41; 66; 106; 116 e 138.

- Salmo de ações de graças em público
  Há um número de Salmo nos quais a nação, em vez de um indivíduo, está dando louvor a Deus. Veja os Salmos 124 e 129.

- Salmo de louvor gerais
  Esses Salmo concentram-se mais no louvor a Deus que nas ações de graças,

em que o salmista louva a Deus por sua grandeza. Veja os Salmos 8, 19, 29, 103, 104, 139, 148 e 150.

- Salmo de louvor descritivo
Esses Salmo concentram-se nos atributos e nas ações de Deus e dão louvor por tudo isso. Veja os Salmos 33, 36, 105, 111, 113, 117, 135, 136, 146 e 147.

Profetas
Is 12.1-6; Is 24.14-16; Is 25.1; Is 35.10; Is 38.18,19; Is 42.10-12; Is 43.21; Is 49.13; Is 51.3; Is 52.7-10; Is 61.3; Jr 31.7; Jr 33.11; Dn 2.20; Dn 2.23; Dn 4.37; Jn 2.9

NOVO TESTAMENTO
Evangelhos
Mt 26.30; Mc 14.26; Lc 1.46-55; Lc 1.67-75; Lc 2.20; Lc 17.15,16; Lc 19.37,38; Lc 24.52,53.

Atos
At 2.46,47; At 4.24; At 16.25

Cartas
Rm 11.36; Rm 16.27; 1Co 14.15; 1Co 15.57; Ef 1.3; Ef 3.20,21; Ef 5.19; Fp 4.20; 1Tm 1.17; Hb 2.12; Hb 13.15; Tg 5.13; 1Pe 1.3; 1Pe 2.9; 1Pe 4.11; 1Pe 5.11; 2Pe 3.18; Jd 1.25.

Livro de Apocalipse
Ap 1.6; Ap 14.7

Louvor nos céus
Ne 9.6; Jó 38.7; Sl 103.20,21; Sl 148.2; Sl 148.4; Is 6.3; Ez 3.12; Lc 2.13,14; Lc 15.10; Lc 15.7; Ap 1.6; Ap 4.8-11; Ap 5.9-14; Ap 7.9-12; Ap 11.16,17; Ap 14.2,3; Ap 15.3,4; Ap 19.1-7

⁹ *Depois dessas coisas, vi uma grande multidão, que ninguém podia contar, de todas as nações, tribos, povos e línguas, em pé diante do trono e na presença do Cordeiro, todos vestidos com túnicas brancas e segurando palmas nas mãos;*
¹⁰ *e clamavam em alta voz: Salvação ao nosso Deus, que está assentado no trono, e ao Cordeiro.*
¹¹ *Todos os anjos que estavam em pé ao redor do trono dos anciãos e dos quatro seres viventes prostraram-se diante do trono com o rosto em terra e adoraram a Deus,*
¹² *dizendo: Amém. Louvor, glória, sabedoria, ações de graças, honra, poder e força sejam ao nosso Deus, pelos séculos dos séculos. Amém.*

(Ap 7.9-12)

BATISMO

■ A instituição do batismo

O batismo cristão foi instituído por Jesus (Mt 28.19,20).

Portanto, ide, fazei discípulos de todas as nações, batizando-os em nome do Pai, do Filho e do Espírito Santo; ensinando-lhes a obedecer a todas as coisas que vos ordenei; e eu estou convosco todos os dias, até o final dos tempos.
(Mt 28.19,20)

Significado de batismo e imersão

Os termos "batizar" e "batismo" são de origem grega.

Elas significam mergulhar algo em um elemento ou líquido.

AS LAVAGENS NO ANTIGO TESTAMENTO
Na *Septuaginta*, a versão grega do Antigo Testamento, são encontradas as lavagens e os batismos exigidos pela lei mosaica. Estes eram realizados por imersão, e a mesma palavra "lavagens" (Hb 9.10,13,19,21) ou

"batismos" é usada para todas essas situações.

BATISMOS REGISTRADOS EM ATOS
Todos os exemplos de batismos registrados em Atos dos Apóstolos (At 2.38-41; 8.26-39; 9.17,18; 22.12-16; 10.44-48; 16.32-34) sugerem a ideia de que foi por imersão que a pessoa foi batizada na água.

O propósito e o resultado do batismo

VISÃO GERAL
O batismo cristão significa ser nascido de Deus, ou seja, nascer de novo. João 1.12,13; 3.1-7.

JESUS E NICODEMOS
¹ Havia entre os fariseus um homem chamado Nicodemos, autoridade entre os judeus.
² Ele foi encontrar-se de noite com Jesus e disse-lhe: Rabi, sabemos que és Mestre vindo de Deus, pois ninguém pode fazer os sinais que tu fazes, se Deus não estiver com ele.
³ Jesus lhe respondeu: Em verdade, em verdade te digo que ninguém pode ver o reino de Deus se não nascer de novo.
⁴ Então lhe perguntou Nicodemos: Como um homem velho pode nascer? Poderá entrar no ventre de sua mãe e nascer pela segunda vez?
⁵ Jesus respondeu: Em verdade, em verdade te digo que, se alguém não nascer da água e do Espírito, não pode entrar no reino de Deus.
⁶ O que é nascido da carne é carne, e o que é nascido do Espírito é espírito.
⁷ Não te admires de eu te dizer: Necessário vos é nascer de novo.
(Jo 3.1-7)

TORNAR-SE FILHOS DE DEUS PELA FÉ
Pois todos sois filhos de Deus pela fé em Cristo Jesus.
Porque todos vós que em Cristo fostes batizados vos revestistes de Cristo.
(Gl 3.26,27)

LIBERTAR UMA PESSOA DE SEUS PECADOS
Pedro então lhes respondeu: Arrependei-vos, e cada um de vós seja batizado em nome de Jesus Cristo, para o perdão de vossos pecados; e recebereis o dom do Espírito Santo. (At 2.38)

Agora, por que te demoras? Levanta-te, sê batizado e lava os teus pecados, invocando o seu nome. (At 22.16)

SER SALVO
1Pedro 3.21; Marcos 16.16; Tito 3.5-7

TORNAR-SE UM DISCÍPULO
Mateus 28.19,20

PODER ENTRAR NO REINO DE DEUS
João 3.3

ESTAR UNIDO A JESUS
Pois todos fomos batizados por um só Espírito para ser um só corpo, quer judeus, quer gregos, quer escravos, quer livres; e a todos nós foi dado beber de um só Espírito.
(1Co 12.13)

TORNAR-SE VIVO EM JESUS
¹¹ Nele também fostes circuncidados com a circuncisão que não é feita por mãos humanas, o despojar da carne pecaminosa, isto é, a circuncisão de Cristo,
¹² sepultados com ele no batismo, com quem também fostes ressuscitados pela fé no poder de Deus, que o ressuscitou dentre os mortos.
¹³ E a vós, quando ainda estáveis mortos nos vossos pecados e na incircuncisão da vossa carne, Deus vos deu vida juntamente com ele, perdoando todos os nossos pecados;
¹⁴ e, apagando a escrita de dívida, que nos era contrária e constava contra nós em

seus mandamentos, removeu-a do nosso meio, cravando-a na cruz.
(Cl 2.11-14)

INVOCAR O NOME DO SENHOR, A FIM DE QUE NOSSOS PECADOS SEJAM LAVADOS
Agora, por que te demoras? Levanta-te, sê batizado e lava os teus pecados, invocando o seu nome. (At 22.16)

TER UMA CONSCIÊNCIA LIMPA
... aproximemo-nos com coração sincero, com a plena certeza da fé, com o coração purificado da má consciência e tendo o corpo lavado com água limpa.
(Hb 10.22)

Veja também 1Pedro 3.21.

MORRER PARA UM ESTILO DE VIDA PECAMINOSO
Romanos 6.2-18

RESSUSCITAR PARA VIVER UMA VIDA NOVA
Romanos 6.4; Colossenses 2.12; 3.1-17

A CEIA DO SENHOR

■ Nomes para a ceia do Senhor

Ceia do Senhor
Refere-se a ela como a "ceia do Senhor".

Portanto, quando vos reunis no mesmo lugar, não é para comer a ceia do Senhor.
(1Co 11.20)

A mesa do Senhor
Refere-se a ela como a "mesa do Senhor".

Não podeis beber do cálice do Senhor e do cálice de demônios. Não podeis participar da mesa do Senhor e da mesa de demônios.
(1Co 10.21)

Comunhão e cálice da bênção
Refere-se a ela como "comunhão" e "cálice da bênção".

Acaso o cálice da bênção que abençoamos não é a comunhão do sangue de Cristo? Acaso o pão que partimos não é a comunhão do corpo de Cristo?
(1Co 10.16)

Partir do pão
Refere-se a ela como "partir o pão".

E eles perseveravam no ensino dos apóstolos e na comunhão, no partir do pão e nas orações. (At 2.42)

Eucaristia
Na igreja primitiva também era chamada de "Eucaristia", ou ação de graças (compare com Mt 26.27).

E, tomando um cálice, rendeu graças e o deu a eles, dizendo: Bebei dele todos.
(Mt 26.27)

Missa
Hoje a Igreja Católica Romana usa o nome "missa", uma palavra derivada de vocábulos usados ao final do culto: Ite, missa est, ou seja, "Vá, está [você está] absolvido".

■ A instituição

A descrição da instituição da ceia do Senhor é fornecida por três escritores dos evangelhos sinóticos, em:
- Mt 26.26-29;
- Mc 14.22-25;
- Lc 22.19,20.

A descrição completa é fornecida por Mateus.

O relato de Mateus

²⁶ *Enquanto comiam, Jesus tomou o pão e, abençoando-o, partiu-o e o deu aos discípulos, dizendo: Tomai e comei; isto é o meu corpo.*
²⁷ *E, tomando um cálice, rendeu graças e o deu a eles, dizendo: Bebei dele todos;*
²⁸ *pois isto é o meu sangue, o sangue da aliança derramado em favor de muitos para perdão dos pecados.*
²⁹ *Mas digo-vos que desde agora não mais beberei deste fruto da videira até aquele dia em que beberei o vinho novo convosco, no reino de meu Pai.*

(Mt 26.26-29)

Não encontrada no evangelho de João

No evangelho de João, a real instituição da ceia do Senhor não é mencionada. Mas João, especificamente, inclui o importante acontecimento que ocorreu durante a ceia do Senhor – Jesus lavando os pés dos discípulos.

Paulo

Mas Paulo também fornece uma descrição da instituição da ceia do Senhor.

²⁴ *e, depois de ter dado graças, o partiu e disse: Isto é o meu corpo que é dado por vós. Fazei isto em memória de mim.*
²⁵ *Do mesmo modo, depois de comer, tomou o cálice, dizendo: Este cálice é a nova aliança no meu sangue. Fazei isto todas as vezes que o beberdes, em memória de mim.*
²⁶ *Porque todas as vezes que comerdes deste pão e beberdes do cálice proclamais a morte do Senhor, até que ele venha.*

(1Co 11.24-26)

■ Propósito da ceia do Senhor

A ceia do Senhor foi instituída:
1. Para comemorar a morte de Cristo: *... fazei isto em memória de mim.*
2. Para dar sentido e selar todos os crentes e aplicar todos os benefícios da nova aliança a eles. Nessa ordenança, Cristo confirma suas promessas ao seu povo, e este, de sua parte, solenemente consagra-se a ele e ao seu serviço.

■ Pão e vinho

Pão

Os elementos usados para representar o corpo e o sangue de Cristo são o pão e o vinho. O tipo de pão, se possui fermento ou não, não é especificado. Cristo teria usado o pão sem fermento porque era o tipo de pão usado naquela época, na mesa pascal.

Vinho

O vinho também foi usado (Mt 26.26-29).

■ Alimentando-se de Jesus

Os crentes dizem que se "alimentam" do corpo e do sangue de Cristo:
- Não com a boca, nem de alguma forma física, mas
- De um modo espiritual,
- Pela fé – a boca ou a mão da alma. Eles fazem isto:
- Pelo poder do Espírito Santo. Esse "alimentar-se" de Cristo, contudo, não só acontece na ceia do Senhor, mas onde quer que exercite-se a fé em Jesus.

■ Até que ele venha

A ceia do Senhor é uma ordenança permanente na igreja cristã e deve ser observada "até que ele venha".

PAULO

■ Histórico de Paulo

- Seu nome era Saulo – At 8.1; At 9.1; At 13.9
- Foi membro da tribo de Benjamim – Rm 11.1; Fp 3.5
- Sua aparência pessoal – 2Co 10.1; 2Co 10.10; 2Co 11.6
- Nascido em Tarso – At 9.11; At 21.39; At 22.3
- Educado em Jerusalém, na escola de Gamaliel – At 22.3; At 26.4
- Foi um fariseu zeloso – At 22.3; At 23.6; At 26.5; 2Co 11.22; Gl 1.14; Fp 3.5
- Era romano – At 16.37; At 22.25-28
- Perseguiu os cristãos; esteve presente no apedrejamento de Estêvão e consentiu nessa punição – At 7.58; At 8.1; At 8.3; At 9.1; At 22.4
- Foi enviado a Damasco com cartas que permitiam a prisão e o retorno a Jerusalém de cristãos – At 9.1,2

■ A conversão de Paulo

- Sua visão e conversão – At 9.3-22; At 22.4-19; At 26.9-15; 1Co 9.1; 1Co 15.8; Gl 1.13; 1Tm 1.12,13
- Ele é batizado – At 9.18; At 22.16
- É chamado a ser um apóstolo – At 22.14-21; At 26.16-18; Rm 1.1; 1Co 1.1; 1Co 9.1,2; 1Co 15.9; Gl 1.1; Gl 1.15,16; Ef 1.1; Cl 1.1; 1Tm 1.1; 1Tm 2.7; 2Tm 1.1; 2Tm 1.11; Tt 1.1; Tt 1.3.

■ O ministério de Paulo

- Ele prega em Damasco – At 9.20; At 9.22
- É perseguido pelos judeus – At 9.23,24
- Foge com a ajuda dos discípulos, que o fazem descer em um cesto, por intermédio de uma abertura na muralha; vai para Jerusalém – At 9.25,26; Gl 1.18,19
- É bem recebido pelos discípulos em Jerusalém – At 9.26-29
- Vai para Cesareia – At 9.30; At 18.22
- É enviado aos gentios – At 13.2,3; At 13.47,48; At 22.17-21; Rm 11.13; Rm 15.16; Gl 1.15-24
- Tem como seu companheiro Barnabé – At 11.25,26
- Ensina em Antioquia – At 11.26
- Leva as contribuições dos cristãos de Antioquia para os cristãos de Jerusalém – At 11.27-30
- Retorna com João para Antioquia – At 12.25
- Visita a Selêucia – At 13.4
- Visita Chipre – At 13.4
- Prega em Salamina – At 13.5
- Prega em Pafos – At 13.6
- Sérgio Paulo, procônsul do local, converte-se mediante sua pregação – At 13.7-12
- Desafia Elimas, o mágico – At 13.6-12
- Visita Perge na Panfília – At 13.13
- Visita Antioquia na Pisídia e prega na sinagoga – At 13.14-41
- Sua mensagem é recebida com alegria pelos gentios – At 13.42; At 13.49
- Foi perseguido e expulso – At 13.50,51
- Visita Icônio e prega aos judeus e aos gregos; é perseguido; foge para Listra; vai para Derbe – At 14.1-6
- Cura um homem aleijado – At 14.8-10
- O povo começou a adorá-lo – At 14.11-18
- É perseguido pelos judeus de Antioquia e de Icônio é apedrejado – At 14.19; 2Co 11.25; 2Tm 3.11
- Foge para Derbe, onde prega o evangelho, e retorna para Listra, para Icônio e para Antioquia, ensina os cristãos e designa presbíteros – At 14.19-23
- Visita novamente a Pisídia, a Panfília, Perge, Atália e Antioquia, na Síria, onde ele permaneceu – At 14.24-28
- Argumenta contra os judeus cristãos que lutavam para impor a circuncisão – At 15.1,2

- Relata a questão a respeito da circuncisão aos apóstolos e presbíteros em Jerusalém – At 15.2; At 15.4
- Ele conta aos apóstolos em Jerusalém sobre os milagres que Deus havia realizado entre os gentios por intermédio dele e seus companheiros – At 15.12
- Retorna a Antioquia, acompanhado por Barnabé, Judas e Silas, com cartas para os gentios – At 15.22; At 15.25
- Faz sua segunda viagem missionária pelas igrejas – At 15.36
- Escolhe Silas como seu companheiro e passa pela Síria e pela Cilícia – At 15.36-41
- Visita Listra; circuncida Timóteo – At 16.1-5
- Vai para a Frígia e a Galácia; é proibido pelo Espírito Santo de pregar na Ásia; visita a Mísia; planeja ir para a Bitínia, mas é impedido pelo Espírito; vai para Trôade, onde ele tem uma visão de um homem dizendo: *Vem para a Macedônia e ajuda-nos*; e imediatamente ele dirige-se para a Macedônia – At 16.6-10
- Visita a Samotrácia e Neápolis; vai para Filipos, a principal cidade da Macedônia; visita um lugar de oração próximo a um rio; prega a Palavra; a comerciante Lídia de Tiatira converte-se e é batizada – At 16.11-15
- Expulsa um espírito demoníaco de uma garota escrava que praticava adivinhações – At 16.16-18
- É perseguido, açoitado e jogado na prisão com Silas; canta hinos de louvor na prisão; um terremoto abala a prisão; ele prega ao carcereiro aterrorizado, este crê e é batizado com sua família – At 16.19-34
- É libertado pelas autoridades civis por ser um cidadão romano – At 16.35-39; 2Co 6.5; 2Co 11.25; 1Ts 2.2
- É bem recebido na casa de Lídia – At 16.40
- Visita Anfípolis, Apolônia e Tessalônica, e prega na sinagoga – At 17.1-4
- É perseguido – At 17.5-9; 2Ts 1.1-4
- Foge para Bereia à noite; prega na sinagoga; muitos creram – At 17.10-12
- Foi perseguido pelos judeus que vieram de Tessalônica; é levado pelos irmãos cristãos até Atenas – At 17.13-15
- Debate a respeito do Deus desconhecido com os gregos – At 17.16-34
- Visita Corinto; permanece com Áquila e sua esposa, Priscila, os quais eram fazedores de tendas; junta-se ao trabalho de fazer tendas; debate na sinagoga todo sábado; é rejeitado pelos judeus; volta-se para os gentios; permanece com Justo; ensina a Palavra de Deus nesse local por dezoito meses – At 18.1-11
- Perseguido pelos judeus, navega para a Síria, acompanhado por Áquila e Priscila – At 18.12-18
- Visita Éfeso, onde deixa Áquila e Priscila; entra em uma sinagoga, onde debate com os judeus; começa sua viagem de volta para Jerusalém; visita Cesareia; passa pela Galácia e pela Frígia, fortalecendo os discípulos – At 18.18-23
- Retorna para Éfeso; batiza em nome do Senhor Jesus, e impõe suas mãos sobre os discípulos, os quais são batizados com o Espírito Santo; prega na sinagoga; permanece em Éfeso por dois anos; cura os doentes – At 19.1-12
- Reprova os exorcistas; expulsa um espírito demoníaco de um homem, e muitos creem, levando seus livros de feitiçaria para serem queimados – At 19.13-20; 1Co 16.8,9
- Envia Timóteo e Erasto para a Macedônia, mas ele mesmo permanece na Ásia – At 19.21,22
- Sua pregação do evangelho atrapalha os fazedores de ídolos; ele é perseguido – At 19.23-41; 2Co 1.8; 2Tm 4.14
- Muda-se para a Macedônia; vai para a Grécia e permanece lá por três meses; retorna passando pela Macedônia, acompanhado por Sópatro, Aristarco, Secundo, Gaio, Timóteo, Tíquico e Trófimo – At 20.1-6

- Visita Trôade; prega até o amanhecer do dia seguinte; ressuscita o jovem que havia caído de uma janela – At 20.6-12
- Visita Assôs, Mitilene, Quio, Samos, Trogílio e Mileto, planejando chegar em Jerusalém a tempo para o Pentecostes – At 20.13-16
- Despede-se dos presbíteros da igreja de Éfeso; avisa-os para tomarem conta de si mesmos e do rebanho que o Espírito Santo lhes tinha dado para cuidar; ajoelha-se, ora e parte – At 20.17-38
- Visita Cós, Rodes, Pátara; navega para Tiro; permanece em Tiro por sete dias; navega para Ptolemaida; saúda os irmãos, e lá permanece por um dia – At 21.1-7
- Parte para Cesareia; vai para a casa de Filipe, o evangelista; é advertido por Ágabo para não ir até Jerusalém; mas mesmo assim, continua sua viagem para Jerusalém – At 21.8-15
- É bem recebido pelos irmãos cristãos; reporta-lhes sobre tudo o que foi feito entre os gentios por intermédio de seu ministério; entra no templo; um alvoroço é criado pelos judeus da Ásia; ele é arrastado para fora do templo; o capitão-chefe da guarnição se interpõe e o leva preso – At 21.17-33
- Sua defesa – At 21.33-40; At 22.1-21
- É levado prisioneiro – At 22.24-30
- É levado diante do concílio; sua defesa – At 22.30; At 23.1-5
- É levado de volta à prisão – At 23.10
- Em uma visão, o Senhor lhe diz que testemunhará em Roma – At 23.11
- Judeus conspiram para matá-lo – At 23.12-15
- A conspiração é descoberta e frustrada por seu sobrinho – At 23.16-22
- É escoltado até Cesareia sob a guarda militar – At 23.23-33
- É mantido sob custódia no palácio de Herodes, para julgamento – At 23.35
- Seu julgamento perante Félix – At 24
- Permanece em custódia por dois anos – At 24.27
- Seu julgamento perante Festo – At 25.1-12
- Apela para César – At 25.10-12
- Diante de Agripa – At 25.13-27; At 26
- É levado para Roma sob custódia de Júlio, o centurião, navega ao longo da costa da Ásia; parando em Sidom e em Mirra – At 27.1-5
- É transferido para um navio de Alexandria; navega pelo caminho de Cnido, Creta, Salmona e Bons Portos – At 27.6-8
- Profetiza a fatalidade que ocorrerá com o navio; seu conselho não é ouvido, e a viagem é interrompida – At 27.9-13
- O navio na tempestade; os soldados pretendem matar os prisioneiros; o centurião intervém, e todas as 276 pessoas que estão a bordo são salvas – At 27.14-44
- O navio naufraga, mas todos os que estavam a bordo alcançam a ilha de Malta em segurança – At 27.14-44
- É tratado gentilmente pelos habitantes da ilha – At 28.1,2
- É picado por uma cobra, mas, miraculosamente, sobrevive – At 28.3-6
- Cura o pai do governante da ilha e outros habitantes – At 28.7-10
- Demora-se em Malta por três meses; continua sua viagem; passa certo tempo em Siracusa; navega para Régio e Putéoli; encontra-se com irmãos que o acompanham da praça de Ápio até Roma; chega em Roma; é entregue ao capitão da guarda; recebe a permissão de morar por conta própria, em prisão domiciliar, sob a custódia de um soldado – At 28.11-16
- Convida os líderes judeus; expõe sua situação; é gentilmente recebido; prega o evangelho; testemunha a respeito do reino dos céus – At 28.17-29
- Mora por dois anos em sua própria casa alugada, pregando e ensinando – At 28.30,31
- Sustenta-se a si mesmo – At 18.3; At 20.33-35
- Sofre tribulações na Ásia – 2Co 1.8-11
- É levado ao terceiro céu – 2Co 12.1-4
- Tem um "espinho na carne" – 2Co 12.7-9; Gl 4.13,14

A PERSEGUIÇÃO A PAULO

■ Paulo e a perseguição

Os ensinos de Paulo a respeito da perseguição

ESPERAR PELA PERSEGUIÇÃO
Paulo disse aos irmãos cristãos para esperarem pela perseguição.

> Na verdade, todos os que querem viver uma vida piedosa em Cristo Jesus sofrerão perseguições. (2Tm 3.12)

ATITUDE DIANTE DOS PERSEGUIDORES
Ele também lhes contou a respeito da atitude que deveriam ter diante de seus perseguidores.

> Abençoai os que vos perseguem; abençoai, e não amaldiçoeis. (Rm 12.14)

A experiência de Paulo em relação à perseguição

O próprio Paulo experimentou grandes perseguições.

PERSEGUIÇÕES VIVIDAS POR PAULO
> Depois de muito tempo, os judeus, entre si, decidiram matá-lo. Mas os seus planos chegaram ao conhecimento de Saulo. E como vigiavam as portas da cidade dia e noite para tirar-lhe a vida, os discípulos, levando-o de noite, desceram-no pelo muro, dentro de um cesto. (At 9.23-35)

PAULO E SILAS NA PRISÃO
> Aconteceu que, quando íamos ao lugar de oração, veio ao nosso encontro uma jovem que tinha um espírito adivinhador e que, adivinhando, dava grande lucro a seus senhores. Seguindo Paulo e a nós, ela gritava: Estes homens são servos do Deus Altíssimo. Eles vos anunciam o caminho da salvação. Ela fez isso por muitos dias. Mas Paulo, já aborrecido com isso, voltou-se e disse ao espírito: Eu te ordeno em nome de Jesus Cristo que saias dela. E na mesma hora ele saiu. Quando viram que a esperança do seu lucro havia desaparecido, seus senhores prenderam Paulo e Silas e os arrastaram para a praça, perante as autoridades. E, apresentando-os aos magistrados, disseram: Estes homens, que são judeus, estão perturbando a nossa cidade. Eles divulgam costumes que a nós, romanos, não é permitido acatar nem praticar. A multidão investiu contra eles, e os magistrados, rasgando-lhes as roupas, mandaram espancá-los com varas. Depois de espancá-los muito, colocaram-nos na prisão, ordenando ao carcereiro que os guardasse com segurança. Tendo recebido essa ordem, ele os colocou na prisão interna e prendeu-lhes os pés ao tronco.
> (At 16.16-24)

Veja também At 2.24; At 20.22-24; At 21.13; At 21.27-33; At 22.22-24; At 23.10; At 23.12-15; Rm 8.35-37; 1Co 4.9; 1Co 4.11-13; 2Co 1.8-10; 2Co 4.8-12; 2Co 6.4,5.

OS SOFRIMENTOS DE
PAULO COMO APÓSTOLO
> São servos de Cristo? Sou ainda mais (falo como se estivesse louco), muito mais em trabalhos; muito mais em prisões; em chicotadas sem medida; em perigo de morte muitas vezes; cinco vezes recebi dos judeus trinta e nove chicotadas. Três vezes fui espancado com varas, uma vez fui apedrejado, três vezes sofri naufrágio, passei um dia e uma noite em mar aberto. Muitas vezes passei por perigos em viagens, perigos em rios, perigos entre bandidos, perigos entre os do meu próprio povo, perigos entre gentios, perigos na cidade, perigos no deserto, perigos no mar, perigos entre falsos irmãos; em trabalho e cansaço, muitas vezes em noites sem dormir, com fome e com sede, muitas

vezes sem comida, com frio e com falta de roupas. Além de outras coisas, ainda pesa diariamente sobre mim a preocupação com todas as igrejas. Quem se enfraquece, que eu também não me enfraqueça? Quem se escandaliza, que eu também não fique indignado?

(2Co 11.23-29)

Se é preciso orgulhar-me, haverei de me orgulhar de minha fraqueza. O Deus e Pai do Senhor Jesus, que é eternamente bendito, sabe que não estou mentindo. Em Damasco, o governador da cidade, sob a autoridade do rei Aretas, vigiava a cidade dos damascenos a fim de prender-me. Mas desceram-me muralha abaixo, num cesto por intermédio de uma janela. Assim, escapei das mãos dele.

(2Co 11.30-33)

Veja também 2Co 12.10; Gl 5.11; Gl 6.17; 1Ts 3.4; Fp 1.30; Fp 2.17,18; Cl 1.24; 1Ts 2.2; 1Ts 2.14,15; 2Tm 1.12; 2Tm 2.9,10; 2Tm 3.11,12.

Na minha primeira defesa ninguém me ajudou; pelo contrário, todos me desampararam. Que isto não lhes seja cobrado. Mas o Senhor esteve ao meu lado e me fortaleceu, para que por meu intermédio a pregação fosse anunciada e todos os gentios a ouvissem; e fui livrado da boca do leão. (2Tm 4.16,17)

OS ENSINAMENTOS DE PAULO

■ A lei de Moisés

A expressão "lei de Moisés" refere-se a tudo o que foi revelado por intermédio de Moisés. Este é um tópico importante no Novo Testamento. Paulo ensinou mais a respeito da lei de Moisés que todos os outros escritores do Novo Testamento reunidos.

Apontando para o porvir
A lei de Moisés era apenas uma sombra das boas-novas que estavam por vir (Cl 2.17; Hb 10.1).

Cumprimento
Jesus Cristo declarou sua intenção de cumprir cada palavra da lei (Mt 5.17,18), e ele o fez (Lc 24.44).

Suas limitações
A lei não podia:
- Trazer justificação (At 13.39);
- Produzir justiça (Gl 2.21);
- Produzir vida (Gl 3.21);
- Fazer surgir a perfeição (Hb 7.19);
- Libertar a consciência de um conhecimento pecador (Hb 10.1-4).

Impossível de ser guardada por qualquer um
A lei foi dada para Israel e por Israel somente (Êx 19.1–20.17; Ml 4.4; Jo 1.1-17).

Há muitos exemplos a respeito desse fato:
- Todos os hebreus do sexo masculino deveriam comparecer diante do Senhor em um local designado três vezes por ano (Êx 23.14-17; Êx 12.4-16).
- A lei exigia, sob pena de morte, que ninguém poderia acender fogo no dia de *sábado* (Êx 35.1-3).

A lei é abolida
É declarado que:
- A lei é abolida (2Co 3.6-13; Ef 2.15);
- Cristo é o fim da lei (Rm 10.4);
- Ela era o ministério da morte (Êx 32.1-28; 2Co 3.7);
- Jesus havia abolido a primeira aliança e ele deveria estabelecer a segunda (Hb 10.5-9);
- Ela havia sido pregada na cruz (Cl 2.14-16);
- Aqueles outrora sob a lei tinham sido libertos dela (Rm 7.6);

- Eles estavam mortos para ela (Rm 7.4);
- Eles não estavam mais sob a lei, mas debaixo da graça (Rm 6.14);
- Eles não mais estariam, por muito tempo, sob a custódia da lei (Gl 3.24,25);
- Eles não mais deveriam servir à lei (At 15.1-24; Gl 3.19);
- O cristão que procurasse por justificação sob a lei cairia da graça (Gl 5.4);
- Agora a justiça de Deus é revelada sem a ajuda da lei (Rm 3.21,22).

É comparada ao evangelho

UMA NAÇÃO: TODOS

A lei foi feita para uma nação – Israel (Êx 20.1-17; Ml 4.4); o evangelho de Cristo foi feito para toda a criação (Mt 28.18-20; Mc 16.15,16).

O SANGUE DE ANIMAIS:
O SANGUE DE JESUS

A primeira aliança foi feita com o sangue de animais (Êx 24.6-8); a nova aliança foi feita com o sangue de Jesus Cristo (1Pe 1.18,19).

ADMINISTRADA PELO POVO: POR JESUS

A primeira instituição foi administrada por homens frágeis – os levitas (Lv 16.1-34; Hb 7.11-23); a segunda foi administrada por Jesus Cristo, o qual foi feito sacerdote, não por qualquer comando humano, mas *segundo o poder de uma vida indestrutível* (Hb 7.16).

CIRCUNCISÃO DA CARNE:
CIRCUNCISÃO DO CORAÇÃO

A circuncisão da carne era um símbolo da primeira instituição (Gn 17.1-14; Lv 12.1-13); a circuncisão do coração e do espírito é o símbolo da segunda (Rm 2.25).

BÊNÇÃOS TEMPORAIS:
BÊNÇÃOS ESPIRITUAIS

A lei de Moisés garantia aos obedientes hebreus as bênçãos temporais (Dt 28.1-6); o evangelho de Cristo garante as bênçãos espirituais (1Pe 1.4).

A TERRA NA TERRA: NOS CÉUS

A lei de Moisés prometia a terra de Canaã aos hebreus (Dt 30.5-10); o evangelho garante a vida eterna além do túmulo para aqueles que honrarem o Senhor (1Jo 5.20).

TOMAR O NOME DE DEUS EM VÃO

A lei de Moisés proibia o povo de tomar o nome de Deus em vão (Êx 20.7); o evangelho ensina que qualquer coisa dita que vá além de "sim" e "não" é maligna (Mt 5.37).

O SÁBADO

A lei de Moisés exigia que os hebreus se lembrassem do dia do sábado (Êx 20.8-11); nos tempos apostólicos, o povo de Deus lembrou-se de seu Salvador na festa que ele ordenou (Mt 26.26-30; 1Co 11.23-29), no primeiro dia da semana (At 20.7).

ASSASSINATO

A lei de Moisés proibia o assassinato (Êx 20.13); o evangelho proíbe o ódio (1Jo 3.15).

ADULTÉRIO

A lei de Moisés proibia o adultério (Êx 20.14); o evangelho proíbe até mesmo a cobiça (Mt 5.28).

ROUBO E FALSO TESTEMUNHO

A lei de Moisés proíbe roubar (Êx 20.15); o evangelho proíbe roubar e exige a bondade (Ef 4.28).

A lei de Moisés proibia dar falso testemunho (Êx 20.16); o evangelho exige que falemos a verdade em amor (Ef 4.15)

COBIÇA

A lei de Moisés proibia a cobiça (Êx 20.17); o evangelho exige que façamos o bem aos homens sempre que tivermos oportunidades para isso (Gl 6.10) e amar nosso próximo como a nós mesmos (Rm 13.10).

PARTE CINCO

FATOS BÍBLICOS FASCINANTES

Sumário da parte cinco resumido

Símbolos bíblicos	939
Tópicos bíblicos obscuros	942
Contradições bíblicas	947
Promessas bíblicas	950

SUMÁRIO DA PARTE CINCO DETALHADO

Símbolos bíblicos
Significado, uso, categoria, tipo e exemplos   939

Tópicos bíblicos obscuros
Pecado sexual   942
Feitiçaria   944
Bruxaria   945

Contradições bíblicas
Afirmações, contradições aparentes e soluções   947

Promessas bíblicas
Promessas de bênçãos temporais   950
Promessas relacionadas aos problemas da vida   951
Promessas de bênçãos espirituais nesta vida   952
Promessas bíblicas em tempos de necessidade   954
Promessas do Novo Testamento   955

SÍMBOLOS BÍBLICOS

SIGNIFICADO, USO, CATEGORIA, TIPO E EXEMPLOS

Significado da palavra "símbolo"

"Símbolo" vem de duas palavras gregas – *syn* significando "junto", e *ballein* significando "jogar". "Símbolo", portanto, significa literalmente "jogado junto". Um símbolo é uma representação, uma coisa representando outra.

O uso de símbolos na Escritura

Símbolos são usados na Bíblia para explicar conceitos. Um símbolo familiar pode, algumas vezes, comunicar mais efetivamente do que centenas de palavras.

Categorias dos símbolos usados na Bíblia

TIPO DE SÍMBOLO	EXEMPLO DE SÍMBOLO	REFERÊNCIAS BÍBLICAS
Ações simbólicas	Sentar-se	Sl 110.1; Hb 10.11-18
Cores simbólicas	Branco	Ap 3.4,5; 19.8; Is 1.18
Criaturas simbólicas	Dragão	Ap 12.9
	Raposa	Lc 13.32
Nomes simbólicos	Nabal	1Sm 25.25
Números simbólicos	Três	2Co 13.1; 1Jo 5.7
Objetos simbólicos	Cálice	Mt 26.39

Como os símbolos deveriam ser interpretados

Inadvertidamente, alguns estudiosos da Bíblia chegaram a erros ou até mesmo a interpretações totalmente erradas a respeito de trechos da Bíblia, porque interpretaram incorretamente o significado de alguns símbolos.

TOME NOTA DO CONTEXTO

Cada símbolo deveria ser avaliado de acordo com os versículos, capítulos e com o livro nos quais aparece.

Certo número de símbolos possui significados diferentes em diferentes trechos da Bíblia; portanto, observar cuidadosamente o contexto de cada ocorrência do símbolo ajuda a determinar seu significado.

Leão

Um leão, por exemplo, representa:
- O demônio – veja 1Pedro 5.8, em que o demônio é comparado a um leão que ruge;
- Jesus – veja Apocalipse 5.5, em que Jesus é descrito como o Leão da Tribo de Judá;
- Os seguidores fiéis de Deus – veja Provérbios 28.1, em que os justos são descritos como tão corajosos quanto o leão.

PROCURE POR UMA CARACTERÍSTICA ÚNICA

Geralmente é melhor pensar em um símbolo que represente apenas uma característica que é comum a ele, e relacioná-lo ao fato sendo descrito.

Exemplos de características únicas nos símbolos:

Leite
- Leite – Veja Hebreus 5.12 e 1Pedro 2.2.
- Aqui o leite simboliza a verdade fundamental da Palavra de Deus. É óbvio que leite é um alimento que ajuda os bebês a crescerem.

Sol
- Sol – Veja Apocalipse 1.16. Nesse versículo, o Sol é um símbolo da glória de

Deus, pois todos sabem que o Sol é a fonte de luz mais brilhante no céu.

PROCURE PELA PRÓPRIA INTERPRETAÇÃO DA BÍBLIA REFERENTE A UM SÍMBOLO

A própria Bíblia nos fornece o significado de alguns símbolos que ela usa.

O profeta Isaías menciona uma "vinha" em Isaías 5.1. Ao ler isso, podemos não ter ideia do significado dessa vinha. Mas a resposta nos é dada em Isaías 5.7 – "Pois a vinha do SENHOR dos Exércitos é a casa de Israel, e os homens de Judá são sua plantação predileta."

Tipos e símbolos

É possível apresentar uma distinção entre os tipos usados na Bíblia e os símbolos encontrados nela.

- Um símbolo é algo que representa outra coisa.
- Um tipo é algo prefigurando outra coisa.
- Um símbolo é a figura de algo que pode pertencer ao passado, ao presente ou ao futuro.
- Um tipo é uma figura que somente se refere a algo no futuro.
- Um símbolo representa certas características ou qualidades naquilo que representa.
- Um tipo representa algo ou alguém que Deus preordenou que viria.

Exemplo de um símbolo e de um tipo

Em Salmo 18.2, a palavra "rocha" é um símbolo. Em 1Coríntios 10.4, a "rocha" é Cristo. As peregrinações de Israel pelo deserto, em 1Coríntios 10.11, eram consideradas tipos. Esse fato prefigurou a experiência da igreja cristã e age como um aviso para não sermos como o Israel descrente.

AÇÕES	SIGNIFICADO DA AÇÃO
Ungir	Deus capacitando para o serviço
Estar acordado	Ter cautela
Banhar-se	Purificar-se
Circuncisão	Entrar na aliança de Deus
Dançar	Alegria
Fornicação	Idolatria
Assentar-se	Trabalho terminado
Dormir	Descanso e indiferença espiritual

OBJETOS FEITOS PELO HOMEM	SIGNIFICADO DOS OBJETOS FEITOS PELO HOMEM
1. Altar	Lugar de sacrifício e encontro com Deus
2. Âncora	Segurança para os seguidores de Deus
3. Arca	Salvação
4. Armadura	Armas espirituais de Deus
5. Machado	Julgamento
6. Balanças	Escassez e julgamento
7. Celeiros	Modo humano de guardar algo para o futuro
8. Cesta	Provisão de Deus para nossas necessidades
9. Viga	Pecado
10. Peitoral	Proteção e justiça
11. Cadeira	Trono e julgamento
12. Címbalo	Expressão de alegria
13. Fornalha	Julgamento
14. Portões	Lugar de julgamento e de decisões em uma cidade
15. Martelo	Palavra de Deus
16. Harpa	Instrumento de louvor
17. Capacete	Proteção espiritual e física
18. Incenso	Oração sendo levada a Deus
19. Candelabro	Palavra de Deus e o Espírito de Deus
20. Linho	Justiça
21. Pano de saco e cinzas	Lamentação, luto e arrependimento
22. Foice	Julgamento de Deus

23. Cajado	Proteção e direção de Deus
24. Espada	Guerra e a Palavra de Deus
25. Fonte	Salvação

OBJETOS NATURAIS	SIGNIFICADO DOS OBJETOS NATURAIS
1. Nuvens	Presença de Deus
2. Figueira	Israel, o povo de Deus
3. Fogo	Julgamento e a presença de Deus
4. Água corrente	O Espírito Santo
5. Oliveira	Israel, o povo de Deus
6. Videira	Israel, o povo de Deus
7. Vento	O Espírito de Deus

Expressões das mãos

Um número de movimentos das mãos e braços são usados de uma maneira simbólica na Bíblia.

MOVIMENTO DA MÃO	SIGNIFICADO
Relaxar a mão	Falhar em suas obrigações
Lavar as mãos	Indica inocência ou limpeza
Enterrar a mão	Preguiça, ociosidade
Colocar a mão na boca	Ficar em silêncio
Cerrar o punho	Ser resoluto, decidido
Deixar as mãos caírem	Sinal de fraqueza
Estender a mão	Receber ajuda divina ou punição
Oferecer a mão	Dar ajuda
Colocar as mãos sobre	Ferir, matar ou separar para o serviço e bênçãos de Deus
Levantar a mão contra	Rebelar-se ou atacar
Colocar nas mãos de	Estar sujeito a
Estar à mão direita de	Estar em posição de autoridade
Em sua mão	Vindo de você
Colocar as mãos para	Começar a trabalhar
Na palma da mão	Um lugar seguro
Beijar a mão de alguém	Isso demonstrava reverência
Beijar sua própria mão	Isso era um ato de adoração
A mão do Senhor é pesada	Vivenciando a punição/disciplina
A mão não alcançaria	Demonstra poder restrito
Preencher a mão	Ato de comprometimento
A mão do Senhor está sobre	Profetizar
Exigir as mãos de	Ter responsabilidade para
Colocar a mão sob a coxa	Fazer um juramento solene
Ter a mão de alguém com	Tomar partido de
Levantar as mãos	Abençoar ou orar, ou pedir ajuda
Colocar sua mão sobre sua cabeça	Mostrar tristeza

TÓPICOS BÍBLICOS OBSCUROS

PECADO SEXUAL

A Bíblia não economiza em discursos diretos quando o assunto é o mal uso do sexo, uma dádiva de Deus. Ela fornece muitos exemplos de pecado sexual tanto no Antigo Testamento quanto no Novo Testamento.

■ Antigo Testamento

Pessoas envolvidas: Sodoma e Gomorra (Jd 6,7; Gn 18.16-33; Gn 19.1-29; Ez 16.48-50)
Pecado envolvido: Homossexualidade, orgulho, glutonaria, ócio, negligência a respeito dos pobres e necessitados
Consequências do pecado: Tanto as cidades quanto os territórios vizinhos foram destruídos por Deus

Pessoas envolvidas: Ló e suas filhas (Gn 19.30-38)
Pecado envolvido: Incesto, dúvida: as filhas não criam que Deus os sustentaria
Consequências do pecado: Os descendentes (amonitas e moabitas) tornaram-se inimigos mortais do povo de Deus

Pessoas envolvidas: Judá e Tamar (Gn 38)
Pecado envolvido: Incesto, decepção, prostituição, manipulação/controle, hipocrisia
Consequências do pecado: Tamar quase foi executada; o pecado de Judá foi exposto; desde o arrependimento de Judá (v. 26), algumas consequências podem ter sido evitadas; filhos gêmeos nascidos fora do casamento

Pessoas envolvidas: Rúben e a concubina de seu pai (Gn 35.22; Gn 49.3,4; 1Cr 5.1)
Pecado envolvido: Incesto; manchou o leito nupcial de seu pai
Consequências do pecado: Rúben perdeu seu direito de nascimento; Rúben e seus descendentes foram amaldiçoados por Jacó

Pessoas envolvidas: José e a esposa de Potifar (Gn 39.6-13)
Pecado envolvido: Cobiça, mentira, difamação, falsa acusação
Consequências do pecado: José perde sua posição de confiança na casa de seu senhor e é preso por conta das falsas acusações

Pessoas envolvidas: Israelitas e mulheres moabitas e midianitas (Nm 25.1-10)
Pecado envolvido: Sedução, adultério, prostituição, fornicação, idolatria
Consequências do pecado: Israel juntou-se ao demônio "Baal-Peor" por intermédio da adoração sexual; a ira de Deus se acendeu e sobreveio uma praga até eles, matando 24.000; os culpados foram executados; Israel faz retaliação contra Midiã por causa da sedução (Nm 31)

Pessoas envolvidas: Sansão (Jz 14–16)
Pecado envolvido: Cobiça, orgulho, juramento quebrado, manipulação/controle, ódio, vingança, mentira
Consequências do pecado: Sansão é envolvido em diversas lutas contra os filisteus; é enganado por ambas as esposas e, posteriormente, capturado; o Espírito de Deus deixa Sansão; aqueles que capturam Sansão cegam seus olhos; Sansão arrepende-se no cativeiro, e Deus concede seu último desejo de morte ao vencer os filisteus

Pessoas envolvidas: O levita, a prostituta concubina e os benjaminitas (Jz 19)
Pecado envolvido: Prostituição, adultério, homossexualidade, cobiça, fornicação, estupro, assassinato
Consequências do pecado: A concubina morre após ser violentada; Israel declara guerra contra os benjaminitas; milhares morrem

Pessoas envolvidas: Davi e Bate-Seba (2Sm 11–12)

Pecado envolvido: Cobiça/inveja; assassinato; manipulação; conspiração; mentira; pecado encoberto
Consequências do pecado: O filho de Davi morre; Davi trouxe reprovação ao nome de Deus; Deus poupa a vida de Davi por causa de seu arrependimento

Pessoas envolvidas: Amnom e Tamar (2Sm 13)
Pecado envolvido: Cobiça/ambição, conspiração, fornicação, ódio, mentira, estupro, incesto
Consequências do pecado: As perspectivas do casamento de Tamar foram frustradas pelo resto de sua vida, e ela viveu desolada na casa de seu irmão Absalão; este assassina Amnom por vingança

Pessoas envolvidas: Absalão e as esposas de seu pai (2Sm 16.21,22; 2Sm 18.6-15)
Pecado envolvido: Adultério, rebelião, desonra dos pais, incesto, orgulho
Consequências do pecado: Confusão espiritual; Absalão seguiu conselhos malignos

Pessoas envolvidas: Salomão e suas esposas (1Rs 11)
Pecado envolvido: Amor ao prazer, idolatria sexual, idolatria
Consequências do pecado: Confusão espiritual, lutas: Deus levantou diversos adversários contra Salomão por causa de sua desobediência

Pessoas envolvidas: Oolá (Ez 23.1-10,36-49; metáfora relacionada ao Reino do Norte – Samaria)
Pecado envolvido: Adultério espiritual, cobiça, idolatria, fornicação, prostituição, rebelião, adultério, sacrifício infantil, o santuário de Deus foi maculado, o sábado foi profanado
Consequências do pecado: Deus a entregou nas mãos de seus inimigos, os assírios; estes saquearam Samaria, levando algumas pessoas cativas e matando outras; os assírios executaram o julgamento de Deus em Samaria

Pessoas envolvidas: Oolibá (Ez 23.1-4,11-49; metáfora relacionada ao Reino do Sul – Judá)
Pecado envolvido: Fornicação, cobiça, prostituição, orgulho, rebelião, adultério, sacrifício infantil, o santuário de Deus foi maculado, o sábado foi profanado
Consequências do pecado: Oolibá foi maculada por seus amantes caldeus e ela desviou-se de seus amantes

■ O Novo Testamento

Os pecados sexuais não terminaram com o fim do Antigo Testamento. Há um bom número de exemplos a respeito dessa situação no Novo Testamento. Os pecados são sempre condenados; assim, a Bíblia inteira ensina que deve haver arrependimento, como no caso do rei Davi.

Pessoas envolvidas: Os romanos (Rm 1.20-32)
Pecado envolvido: Orgulho, idolatria, cobiça, imoralidade sexual, homossexualidade, ganância, malícia, inveja, assassinato, lutas, fraude, inclinação para o mal, falta de perdão, rebelião, fofoca/difamação
Consequências do pecado: Tornaram-se fúteis em seus pensamentos; seu coração estava manchado; Deus os entregou às depravações das cobiças de seu coração, para que desonrassem o próprio corpo entre si; Deus os entregou às suas vis paixões (homossexualidade); eles arderam no desejo uns pelos outros e cometeram atos vergonhosos, receberam o castigo justo por seus atos, e Deus os entregou à mente depravada deles; eles foram cobertos pelo mal.

Pessoas envolvidas: O irmão sexualmente imoral e a igreja de Corinto (1Co 5.1-13)

Pecado envolvido: Incesto, orgulho, tolerância de práticas pecaminosas na igreja

Consequências do pecado: Paulo instruiu a igreja a não ter comunhão com o irmão não arrependido e a entregá-lo a Satanás, na esperança de seu arrependimento

Pessoas envolvidas: O espírito de Jezabel e a igreja (Ap 2.19-25)

Pecado envolvido: Imoralidade sexual, idolatria, falsos ensinos, adultério espiritual, falta de arrependimento, estudo e culto aos "segredos profundos" de Satanás

Consequências do pecado: Jezabel e aqueles que pecaram com ela sofreriam intensamente em um "leito de sofrimentos" se não se arrependessem de estar nos caminhos de Jezabel

FEITIÇARIA

O ensino bíblico em resumo

> Pois a rebelião é como o pecado de adivinhação, e a obstinação, como a maldade da idolatria. (1Sm 15.23)

> Pois a rebeldia é como o pecado da feitiçaria... (1Sm 15.23, NVI)

Definição de feitiçaria

Feitiçaria é querer possuir poder espiritual sem submeter-se a Deus. A feitiçaria é um desejo de ser um agente espiritualmente livre, sem submissão a Deus e sem levar em conta os ensinos bíblicos.

O dinamismo da feitiçaria

> Vocês pertencem ao pai de vocês, o Diabo, e querem realizar o desejo dele. Ele foi homicida desde o princípio e não se apegou à verdade, pois não há verdade nele. Quando mente, fala a sua própria língua, pois é mentiroso e pai da mentira. No entanto, vocês não creem em mim, porque lhes digo a verdade! (Jo 8.44,45, NVI)

Todo poder sobrenatural vem, obviamente, de Deus ou de Satanás. Satanás dá poder àqueles que creem na mentira. A feitiçaria apoia as mentiras de Satanás. Assim, qualquer um que se abre a elas e

- Mistura certos ingredientes em uma bebida;
- Come ervas especiais;
- Arruma velas em determinada configuração;
- Observa bolas de cristal;
- Lê cartas de tarô;
- "Lê" o que está escrito nas estrelas;
- Desenha certos símbolos.

Encorajará forças espirituais malignas a aparecerem.

Mas, de acordo com Tiago 3.15, esse ato chamado de "sabedoria" não provém do céu, mas é terreno e inspirado pelo demônio.

A rebeldia contra Deus é considerada o maior pecado que podemos cometer. A adivinhação e a feitiçaria estão frequentemente ligadas uma à outra nos ensinos da Bíblia.

> Pois a rebeldia é como o pecado da feitiçaria, e a arrogância como o mal da idolatria. Assim como você rejeitou a palavra do SENHOR, ele o rejeitou como rei. (1Sm 15.23, NVI)

A feitiçaria e os seguidores de Deus

A feitiçaria nunca deveria ser permitida e apoiada pela igreja cristã.

> Não permitam que se ache alguém entre vocês que queime em sacrifício o seu filho ou a sua filha; que pratique adivinhação, ou se dedique à magia, ou faça presságios, ou pratique feitiçaria ou faça encantamentos; que seja médium, consulte os espíritos ou consulte os mortos. (Dt 18.10,11, NVI)

> Porque as nações que vais conquistar ouvem os prognosticadores e os adivinhos; mas o SENHOR, teu Deus, não te permitiu tal coisa. (Dt 18.14)

O encanto da feitiçaria nunca deveria ser subestimado.

> Um homem chamado Simão vinha praticando feitiçaria durante algum tempo naquela cidade, impressionando todo o povo de Samaria. Ele se dizia muito importante, e todo o povo, do mais simples ao mais rico, dava-lhe atenção e exclamava: Este homem é o poder divino conhecido como Grande Poder. (At 8.9-11, NVI)

Lutando contra as mentiras

> Os seguidores de Deus, tanto nos tempos bíblicos como nos dias de hoje, têm que expor, condenar e desmascarar todos os tipos de feitiçaria. Além dos que foram mortos na guerra, os israelitas mataram a espada Balaão, filho de Beor, que praticava adivinhação. (Js 13.22)

> Chegou a queimar seus filhos em sacrifício no vale de Ben-Hinom; praticou feitiçaria, adivinhação e magia, e recorreu a médiuns e aos que consultavam os espíritos. Fez o que o SENHOR reprova, provocando-o à ira. (2Cr 33.6, NVI)

> Então o Senhor me disse: É mentira o que os profetas estão profetizando em meu nome. Eu não os enviei nem lhes dei ordem nenhuma, nem falei com eles. Eles estão profetizando para vocês falsas visões, adivinhações inúteis e ilusões de suas próprias mentes. (Jr 14.14, NVI)

> Portanto, não deis ouvidos aos vossos profetas, adivinhadores, intérpretes de sonhos, médiuns e encantadores, que vos dizem: Não vos sujeiteis ao rei da Babilônia. Porque eles vos profetizam mentira, para vos lançar para longe da vossa terra, para que eu vos expulse e sejais destruídos. (Jr 27.9,10)

Temos de nos arrepender

Assim como em outras atividades pecaminosas, os cristãos deveriam arrepender-se se alguma vez já estiveram interessados ou profundamente envolvidos com a feitiçaria. Um exemplo disso está registrado em Atos.

> Também muitos dos que praticavam artes mágicas ajuntaram os seus livros e os queimaram na presença de todos. Calculado o valor deles, estimaram que chegava a cinquenta mil moedas de prata. (At 19.19)

Ensino claro da Bíblia

Atividades malignas, as quais são frequentemente espalhadas e totalmente aceitas pela sociedade de hoje, precisam ser estudadas à luz das Escrituras.

ATIVIDADE MALIGNA	ENSINO BÍBLICO
1. Feitiços	Ezequiel 13.6; Lamentações 3.37
2. Profecias falsas	Jeremias 23.25-38; Isaías 28.7-22
3. Encantamentos, mantras	Mateus 6.7; Eclesiastes 5.7
4. Poções	1Timóteo 4.1-5; Mateus 15.8-17
5. Cartas de tarô	2Timóteo 2.15; Miqueias 3.6
6. Horóscopos	Tiago 3.13-15; Isaías 47.14,15
7. Guias espirituais e falsos mestres	2Timóteo 4.2-4; Atos 13.10,11

BRUXARIA

A bruxaria pode ser definida como adivinhação pela (suposta) assistência dos espíritos malignos.

Estudos bíblicos sobre a bruxaria

É PROIBIDA E DEVE SER DENUNCIADA

A bruxaria é proibida em Levítico 19.26-28,31; 20.6; Deuteronômio 18.9-14, e é denunciada em Isaías 8.19; Malaquias 3.5.

É PRATICADA
Mas a feitiçaria foi praticada:

No Antigo Testamento
- Pelos egípcios – Isaías 19.3,11,12
- Pelos mágicos – Êxodo 7.11,22; 8.7,18
- Por Balaão – Números 22.6; 23.23
- Por Jezabel – 2Reis 9.22
- Pelos ninivitas – Naum 3.4,5
- Pelos babilônios – Isaías 47.9-13; Ezequiel 21.21,22; Daniel 2.2,10,27
- Por Belsazar – Daniel 5.7,15
- Por astrólogos – Jeremias 10.2; Miqueias 3.6,7
- Por falsos profetas – Jeremias 14.14; 27.9; 29.8,9; Ezequiel 13.6-9; 22.28

No Novo Testamento
- Por falsos profetas – Mateus 24.24
- Por Simão, o mago – Atos 8.9; 11
- Por Elimas (Barjesus) – Atos 13.8
- Pela garota em Filipos – Atos 16.16
- Pelos judeus charlatães – Atos 19.13
- Pelos filhos de Ceva – Atos 19.14,15

Outros exemplos e informações a respeito de bruxaria
- Cessará – Ezequiel 12.23,24; 13.23; Miqueias 5.12
- Suas falsas mensagens – Ezequiel 21.29; Zacarias 10.2; 2Tessalonicences 2.9
- Os adivinhos serão confundidos – Miqueias 3.7
- Pertence às obras da carne – Gálatas 5.20
- Sua maldade – 1Samuel 15.23
- Sua vaidade – Isaías 44.25
- Punição recebida por praticá-la – Êxodo 22.18; Levítico 20.27; Deuteronômio 13.5
- Praticada por médiuns ou espíritas – Levítico 20.27; 1Crônicas 10.13; 2Crônicas 33.6; Isaías 8.19; 19.3; 29.4
- Adivinhações por intermédio das entranhas – Ezequiel 21.21
- Adivinhações por intermédio das imagens – 2Reis 23.24; Ezequiel 21.21
- Adivinhações por intermédio de uma vara – Oseias 4.12
- Saul consultou a "bruxa" de En-Dor – 1Samuel 28.7-25
- Livros que falam a respeito do assunto foram destruídos – Atos 19.19

Nota sobre feitiçaria
Os capítulos-chave que se encontram nas Escrituras a respeito de feitiçaria são: 1Samuel 15.23; 2Reis 9.22; 2Crônicas 33.6; Miqueias 5.12; Naum 3.4; Gálatas 5.20.

No sentido popular da palavra, nenhuma menção é feita a respeito de bruxas ou de feitiçaria nas Escrituras. A mulher que consultava os mortos em En-Dor (1Sm 28.7-25) era uma necromante, ou seja, aquela que simula manter conversas com os mortos.

A garota com "um espírito adivinhador" (At 16.16) foi possuída por um espírito maligno.

Ensinos bíblicos a respeito de várias formas de adivinhação
Augúrio, ou interpretação de presságios, é condenado pela Bíblia – Deuteronômio 18.9-14. Em 2Reis 21.6, o rei Manassés de Israel praticou-o e fez o que era reprovável diante de Deus ("vidência"; "augúrio").

Médiuns e adivinhadores do futuro são condenados – veja 1Coríntios 2.11; 1Reis 8.39.

O espiritismo e a necromancia são condenados – veja Deuteronômio 18.11.

Sacrifício infantil
Infelizmente, o sacrifício infantil ainda é praticado nos dias de hoje. Deus disse ao seu povo que não sacrificasse seus filhos a Moloque – veja Levítico 18.21; Deuteronômio 12.31; 18.10.

CONTRADIÇÕES BÍBLICAS

AFIRMAÇÕES, CONTRADIÇÕES APARENTES E SOLUÇÕES

■ **Deus está satisfeito com sua criação**

E Deus viu tudo quanto fizera, e era muito bom. (Gn 1.31)

Contradição aparente: Deus não está satisfeito com sua criação.

Então o SENHOR arrependeu-se de haver feito o homem na terra, e isso lhe pesou no coração. (Gn 6.6)

Solução: Esta não é, absolutamente, uma contradição, pois ambas as declarações são verdadeiras. A primeira aconteceu antes da queda; e a segunda, após a humanidade ter se rebelado contra Deus; portanto, também é verdadeira.

■ **Deus habita em templos escolhidos**

Então o SENHOR apareceu a Salomão de noite e lhe disse: Ouvi a tua oração e escolhi este lugar para mim como templo de sacrifício. [...] Escolhi e consagrei este templo, para que o meu nome esteja nele para sempre, e os meus olhos e o meu coração estejam perpetuamente fixos nele. (2Cr 7.12,16)

Contradição aparente: Deus não habita em templos.

Mas o Altíssimo não habita em templos feitos por mãos humanas. (At 7.48)

Solução: Apenas porque o versículo diz que os olhos do Senhor e seu coração lá sempre estarão, não significa que a presença de Deus não pode estar em qualquer outro local. Deus é transcendente e, dessa forma, pode revelar-se no lugar que escolher.

■ **Deus vive na luz**

... o que possui, ele somente, a imortalidade e habita em luz inacessível; a quem nenhum dos homens viu nem pode ver. (1Tm 6.16)

Contradição aparente: Deus vive na escuridão.

Nuvens e escuridão o rodeiam; justiça e retidão são a base do seu trono. (Sl 97.2)

Solução: Ambos os versículos estão usando metáforas, as quais não devem ser interpretadas literalmente. Ambos os versículos expressam a mesma ideia: a inacessibilidade de Deus.

■ **Deus está cansado e descansa**

Será um sinal entre mim e os israelitas para sempre, porque o SENHOR fez o céu e a terra em seis dias, e no sétimo dia descansou e tomou alento. (Êx 31.17)

Contradição aparente: Deus nunca está cansado e nunca descansa.

Não sabes? Não ouviste que o eterno Deus, o SENHOR, o Criador dos confins da terra, não se cansa nem se fatiga? O seu entendimento é insondável. (Is 40.28)

Solução: O termo "descansou" é simplesmente um vívido modo oriental de dizer que Deus cessou seu trabalho de criação e deleitou-se em observá-lo.

■ **Deus é onipresente e onisciente. Deus está presente em todo lugar, ele vê e conhece todas as coisas**

Os olhos do SENHOR estão em todo lugar, vigiando os maus e os bons. (Pv 15.3)

Contradição aparente: Deus não é onipresente nem onisciente. Deus não está presente em todo lugar, não vê e não conhece todas as coisas.

> *Então o SENHOR desceu para ver a cidade com a torre que os filhos dos homens edificavam.* (Gn 11.5)

Solução: O versículo de Gênesis não quer dizer que Deus era ignorante a respeito do que estava ocorrendo em Babel, mas que ele estava naquele momento direcionando sua atenção para aquele fato.

■ **Deus conhece o coração dos homens e mulheres**

> *E orando, disseram: Tu, Senhor, que conheces o coração de todos, mostra qual destes dois tens escolhido.* (At 1.24)

Contradição aparente: Deus prova homens e mulheres para descobrir o que está em seu coração.

> *E te lembrarás de todo o caminho pelo qual o SENHOR, teu Deus, tem te conduzido durante estes quarenta anos no deserto, a fim de te humilhar e te provar, para saber o que estava no teu coração, se guardarias ou não os seus mandamentos.* (Dt 8.2)

Solução: Deus realmente sabe tudo sobre qualquer pessoa. Quando Deuteronômio diz que o Senhor estava provando seu povo a fim de conhecer seu coração, isso não significa que Deus era ignorante, mas, ao contrário, que o povo saberia que Deus conhecia tudo sobre ele!

■ **Cristo advertiu seus seguidores de não temerem a morte**

> *Eu lhes digo, meus amigos: Não tenham medo dos que matam o corpo e depois nada mais podem fazer.* (Lc 12.4, NVI)

Contradição aparente: O próprio Cristo evitou os judeus com medo de ser morto.

> *Depois disso Jesus percorreu a Galileia, mantendo-se deliberadamente longe da Judeia, porque ali os judeus procuravam tirar-lhe a vida.* (Jo 7.1, NVI)

Solução: Lucas 12 registra o ensino principal de Jesus, de que deveríamos temer mais a Deus do que aos homens. João 7 não diz que Jesus estava com medo de que os judeus o matassem. Ele os evitou porque ainda não havia chegado sua hora de morrer.

> "A Bíblia deve ser uma invenção tanto de homens bons ou anjos, homens maus ou demônios, ou de Deus. Contudo, ela não foi escrita por homens bons, porque homens bons não escreveriam mentiras dizendo: "Assim diz o Senhor"; também não foi escrita por homens maus porque eles não escreveriam a respeito de como fazer boas obras, ao mesmo tempo que condenassem o pecado e eles mesmos ao inferno; portanto, ela deve ter sido escrita por inspiração divina."
>
> *Charles Wesley*

■ **Jesus estaria no sepulcro por três dias e três noites**

> *Pois, assim como Jonas esteve três dias e três noites no ventre do grande peixe, assim o Filho do homem estará três dias e três noites no coração da terra.* (Mt 12.40)

Contradição aparente: Jesus esteve no sepulcro por apenas uma noite.

> *Depois de ressuscitar, cedo no primeiro dia da semana, Jesus apareceu primeiramente...* (Mc 16.9)

Solução: Os orientais consideram uma parte do dia ou um dia como um dia inteiro ou uma noite inteira. Dessa forma, um dia inteiro e duas partes de um dia, junto com duas noites, seriam considerados como "três dias e três noites".

■ **A missão de Jesus era trazer paz**

> *Então, de repente, uma grande multidão do exército celestial apareceu junto ao anjo, louvando a Deus e dizendo: Glória a Deus nas maiores alturas, e paz na terra entre os homens a quem ele ama.* (Lc 2.13,14)

Contradição aparente: A missão de Jesus não era trazer a paz.

Não penseis que vim trazer paz à terra; não vim trazer paz, mas espada. (Mt 10.34)

Solução: O versículo de Lucas fala a respeito da missão de Jesus para o mundo, por intermédio da qual ele trouxe paz e perdão. O versículo de Mateus refere-se à divisão que frequentemente acontece como resultado de indivíduos que seguem Jesus.

■ Matar é proibido

Não matarás. (Êx 20.13)

Contradição aparente: Matar é uma ordem.

Vai agora, ataca os amalequitas e os destrói totalmente com tudo o que tiverem. Nada poupes; matarás homens e mulheres, meninos e crianças de peito, bois e ovelhas, camelos e jumentos. (1Sm 15.3)

Solução: A Bíblia faz distinção entre assassinato, o qual é proibido, e punição capital.

■ Somos salvos por boas obras

Vedes então que o homem é justificado pelas obras e não somente pela fé. (Tg 2.24)

Contradição aparente: Não somos salvos por boas obras.

Porque pela graça sois salvos, por meio da fé, e isto não vem de vós, é dom de Deus; não vem das obras, para que ninguém se orgulhe. (Ef 2.8,9)

Solução: Somos salvos pela fé, e essa fé pratica as boas obras. Boas obras nunca podem trazer-nos a salvação. Mas cada cristão deveria estar feliz por servir a Jesus e às pessoas.

■ Ninguém jamais viu a Deus

Ninguém jamais viu a Deus. O Deus unigênito, que está ao lado do Pai, foi quem o revelou. (Jo 1.18)

Contradição aparente: Moisés viu Deus face a face.

E o SENHOR falava com Moisés face a face, como quem fala com seu amigo. (Êx 33.11)

Solução: Nunca ninguém viu a Deus. A expressão "face a face" não deve ser interpretada literalmente. Antes, ela dá a ideia de profunda amizade.

Guia cético para a interpretação incorreta da Bíblia

- Assumir que o inexplicável não é explicável.
- Presumir que a Bíblia é culpada, até que seja provada como inocente.
- Confundir nossas interpretações falhas com a revelação infalível de Deus.
- Entender de forma errada o contexto de uma passagem.
- Negligenciar a interpretação de passagens difíceis à luz das passagens claras.
- Basear um ensinamento em uma passagem obscura.
- Esquecer que a Bíblia é um livro humano com características humanas.
- Assumir que um relato parcial é um falso relato.
- Exigir que as citações do Novo Testamento a respeito do Antigo Testamento sejam citações exatas.
- Assumir que considerações divergentes sejam falsas.
- Presumir que a Bíblia aprove todos os seus registros.
- Esquecer que a Bíblia faz uso de linguagem não técnica, ou seja, coloquial.
- Assumir que números inteiros são falsos.
- Negligenciar o fato de que a Bíblia faz uso de diferentes estilos literários.
- Esquecer que só o texto original não contém erros, e não cada cópia da Escritura.
- Confundir declarações gerais com declarações universais.
- Esquecer que as últimas revelações substituem as revelações prévias.

PROMESSAS BÍBLICAS

PROMESSAS DE BÊNÇÃOS TEMPORAIS

■ **Promessas gerais aos crentes em Salmos**

Referências bíblicas: Salmo 3.8; Salmo 5.12; Salmo 16.6; Salmo 58.11; Salmo 84.11

Promessa-chave: *Bondade e misericórdia certamente me seguirão todos os dias da minha vida, e habitarei na casa do* SENHOR *para todo o sempre.* (Sl 23.6)

■ **Promessas gerais aos crentes no restante do Antigo Testamento**

Referências bíblicas: Provérbios 3.32; Provérbios 10.6,24,28; Provérbios 12.2; Provérbios 13.9,21; Eclesiastes 8.12; Isaías 3.10

Promessa-chave: *Quem segue a justiça e a bondade achará a vida, a justiça e a honra.* (Pv 21.21)

■ **Promessas gerais aos crentes no Novo Testamento**

Referências bíblicas: 1Coríntios 3.21, 22; 1Timóteo 4.8

Promessa-chave: *Aquele que não poupou nem o próprio Filho, mas, pelo contrário, o entregou por todos nós, como não nos dará também com ele todas as coisas?* (Rm 8.32)

■ **Bênçãos temporais em geral**

Referências bíblicas: Salmo 23.1,5; Filipenses 4.19; 1Timóteo 6.6,17

Promessa-chave: *Temei o* SENHOR, *vós, seus santos, pois nada falta aos que o temem. Os leõezinhos têm necessidades e passam fome, mas não faltará bem algum aos que buscam o* SENHOR. (Sl 34.9,10)

■ **Alimento**

Referências bíblicas: Salmo 37.3; Salmo 132.15; Salmo 147.14; Provérbios 13.25; Joel 2.26

Promessa-chave: *Olhai para as aves do céu, que não semeiam, nem colhem, nem ajuntam em celeiros; mas vosso Pai celestial as alimenta. Acaso não tendes muito mais valor do que elas?* (Mt 6.26)

■ **Vestimenta**

Promessa-chave: *Por isso vos digo: Não fiqueis ansiosos quanto à vossa vida, com o que comereis, ou com o que bebereis; nem, quanto ao vosso corpo, com o que vestireis. Não é a vida mais do que o alimento, e o corpo, mais do que o vestuário? [...] Se Deus veste assim a planta do campo, que hoje existe e amanhã é jogada no forno, quanto mais a vós, homens de pequena fé? Portanto, não vos inquieteis, dizendo: Que comeremos? Que beberemos? Com que nos vestiremos? Pois os gentios é que procuram todas essas coisas. E, de fato, vosso Pai celestial sabe que precisais de tudo isso.* (Mt 6.25,30-32)

■ **Vida**

Referências bíblicas: Deuteronômio 6.2; Jó 5.26; Salmo 34.12-14; Salmo 91.16; Provérbios 3.2,16; Provérbios 9.11

Promessa-chave: *Andareis conforme o* SENHOR, *vosso Deus, vos ordenou, para que vivais, estejais bem e tenhais vida longa na terra que ireis possuir.* (Dt 5.33)

■ **Saúde**

Referências bíblicas: Salmo 103.3-5; Provérbios 4.2

Promessa-chave: *Não sejas sábio a teus próprios olhos; teme o* SENHOR *e desvia-te do* mal. *Isso te trará saúde ao corpo e vigor aos ossos.* (Pv 3.7,8)

■ Segurança sob a proteção divina

Referências bíblicas: Deuteronômio 33.12; 1Samuel 2.9; Jó 4.7; Salmo 4.8; Salmo 16.8; Salmo 27.1; Salmo 34.20; Salmo 91.1,2,4,10; Salmo 112.7; Salmo 121.1-8; Provérbios 3.24; Isaías 33.16; Zacarias 2.5

Promessa-chave: *Quando passares pelas águas, eu serei contigo; quando passares pelos rios, eles não te farão submergir; quando passares pelo fogo, não te queimarás, nem a chama arderá em ti. Porque eu sou o* SENHOR, *teu Deus, o Santo de Israel, o teu Salvador. Dei o Egito para te resgatar; a Etiópia e Seba em teu lugar.* (Is 43.2,3)

■ Promessas de paz

Referências bíblicas: Levítico 26.6; Salmo 29.11; Salmo 119.165; Salmo 125.5; Salmo 147.14; Isaías 26.12

Promessa-chave: *O meu povo habitará em morada de paz, em moradas bem seguras, em lugares silenciosos, de descanso.* (Is 32.18)

■ Direção

Referências bíblicas: Salmo 37.23; Salmo 48.14; Salmo 73.24; Provérbios 11.5; Provérbios 16.9; Isaías 28.26; Isaías 42.16

Promessa-chave: *Reconhece-o em todos os teus caminhos, e ele endireitará tuas veredas.* (Pv 3.6)

PROMESSAS RELACIONADAS AOS PROBLEMAS DA VIDA

■ Preservação dos problemas

Referências bíblicas: Jó 5.19; Salmo 31.23; Salmo 91.10; Provérbios 12.21; Provérbios 15.19.

Promessa-chave: *Assim, todo homem piedoso te fará súplicas em tempo de poder te encontrar; quando as muitas águas transbordarem, elas não o atingirão. Tu és o meu esconderijo e me preservas da angústia; tu me cercas com alegres cânticos de livramento.* (Sl 32.6,7)

■ Libertação dos problemas

Referências bíblicas: Salmo 68.13; Salmo 71.20; Salmo 146.18; Provérbios 11.8; Provérbios 12.13; Jeremias 31.12,13; Oseias 6.1.

Promessa-chave: *As aflições do justo são muitas, mas o* SENHOR *o livra de todas elas.* (Sl 34.19)

■ Apoio nos problemas

Referências bíblicas: Salmo 9.9; Salmo 22.24; Salmo 27.10,14; Salmo 46.1-3; Isaías 50.10; Lamentações 3.31-33; Naum 1.7; Mateus 11.28; 2Coríntios 4.8,9

Promessa-chave: *Entrega tuas ansiedades ao* SENHOR, *e ele te dará sustentação; nunca permitirá que o justo seja abalado.* (Sl 55.22)

Pois tens sido a fortaleza do pobre, a fortaleza do necessitado na hora da angústia, refúgio contra a tempestade e sombra contra o calor, quando o sopro dos opressores vem contra o muro como a tempestade. (Is 25.4)

■ Libertação de doenças

Referências bíblicas: Êxodo 15.26; Êxodo 23.25; Deuteronômio 7.15

Promessa-chave: *Nos teus tempos ele trará estabilidade, plenitude de salvação, de sabedoria e de conhecimento; e o temor do* SENHOR *será o seu tesouro.* (Jr 33.6)

■ Apoio nas doenças

Referências bíblicas: Deuteronômio 7.13

Promessa-chave: *Ele os persegue e avança em segurança por um caminho que seus pés nunca trilharam*. (Sl 41.3)

■ Idade avançada

Referências bíblicas: Salmo 71.9; Provérbios 16.31

Promessa-chave: *Eu serei o mesmo até a vossa velhice, e ainda na vossa idade avançada eu vos carregarei; eu vos criei e vos levarei; sim, eu vos carregarei e vos livrarei*. (Is 46.4)

■ Livramento dos inimigos

Referências bíblicas: Salmo 37.32,33, 40; Salmo 97.10; Salmo 112.8; Lucas 1.71, 74,75; Atos 18.10.

Promessa-chave: *[...] mas temereis o SENHOR, vosso Deus, e ele vos livrará do poder de todos os vossos inimigos*. (2Rs 17.39)

■ Livramento das opressões

Referências bíblicas: Salmo 72.4,14; Salmo 109.31; Salmo 146.7; Isaías 54.14

Promessa-chave: *Por causa da opressão dos pobres e do gemido dos necessitados, eu me levantarei agora, diz o SENHOR. Trarei segurança a quem anseia por ela*. (Sl 12.5)

■ Promessas relacionadas ao livramento dos necessitados

Referências bíblicas: Salmo 9.18; Salmo 69.33; Salmo 72.2,12,13; Salmo 107.41.

Promessa-chave: *Do pó levanta o pobre, e da miséria ergue o necessitado*. (Sl 113.7)

■ Promessas relacionadas ao livramento dos órfãos e das viúvas

Referências bíblicas: Êxodo 22.22-24; Deuteronômio 10.18; Salmo 10.14,18; Salmo 146.9; Oseias 14.3

Promessa-chave: *Pai de órfãos e juiz de viúvas, é Deus na sua santa morada*. (Sl 68.5)

■ Promessas para os que não possuem filhos

Referências bíblicas: Salmo 68.6; Isaías 56.4,5

Promessa-chave: *Ele faz com que a mulher estéril viva em família e, alegre, seja mãe de filhos*. (Sl 113.9)

■ Promessas relacionadas ao livramento da morte

Referências bíblicas: 1Samuel 2.6; Deuteronômio 32.39; Salmo 9.13; Salmo 68.20

Promessa-chave: *Mas Deus livrou a minha alma da cova, e a minha vida verá a luz*. (Jó 33.28)

PROMESSAS DE BÊNÇÃOS ESPIRITUAIS NESTA VIDA

■ Promessas em geral relacionadas às bênçãos espirituais nesta vida

Referências bíblicas: Romanos 8.30; Gálatas 6.16; Efésios 1.3,4,7,8; 2Pedro 1.3,4

Promessa-chave: *Todos os caminhos do SENHOR são misericórdia e verdade para os que guardam sua aliança e seus testemunhos...* (Sl 25.10,14).

■ Justificação

Referências bíblicas: Isaías 53.11; Romanos 5.1,9,18,19; Romanos 8.1,33,34; Tito 3.7

Promessa-chave: ... *sendo justificados gratuitamente pela sua graça, por meio da redenção que há em Cristo Jesus.* (Rm 3.24).

■ Perdão

Referências bíblicas: Êxodo 34.7; Isaías 43.25; Isaías 44.22; Jeremias 31.34; Hebreus 10.17.
Promessa-chave: *Quem é Deus semelhante a ti, que perdoas a maldade e te esqueces da transgressão do remanescente da tua herança? O SENHOR não retém a sua ira para sempre, porque ele tem prazer na misericórdia. Tornará a ter compaixão de nós; pisará as nossas maldades. Tu lançarás todos os nossos pecados nas profundezas do mar.* (Mq 7.18,19).

■ Reconciliação

Referências bíblicas: Isaías 27.5; 2Coríntios 5.18,19; Efésios 2.13-17; Colossenses 1.21-23; Hebreus 2.7
Promessa-chave: *Assim, agora justificados pelo seu sangue, muito mais ainda seremos por ele salvos da ira. Porque se nós, quando éramos inimigos, fomos reconciliados com Deus pela morte de seu Filho, muito mais, estando já reconciliados, seremos salvos pela sua vida.* (Rm 5.9,10).

■ Graça para lutar contra o pecado

Referências bíblicas: João 8.23; Romanos 7.24,25; Romanos 8.2-4
Promessa-chave: *Mas eu afirmo: Andai pelo Espírito e nunca satisfareis os desejos da carne.* (Gl 5.16)

"Devemos depender da ação
da promessa quando todos os
caminhos que conduzem a ela
estão fechados."

Matthew Henry

■ Graça para superar a tentação

Referências bíblicas: Romanos 8.37; 2Coríntios 12.9; Hebreus 2.18; 2Pedro 2.9; 1João 4.4
Promessa-chave: *Não veio sobre vós nenhuma tentação que não fosse humana. Mas Deus é fiel e não deixará que sejais tentados além do que podeis resistir. Pelo contrário, juntamente com a tentação providenciará uma saída, para que a possais suportar.* (1Co 10.13)

■ Para crescer na graça

Referências bíblicas: Jó 17.9; Salmo 92.12; Provérbios 4.18; Malaquias 4.2; Mateus 13.12; Tiago 4.6
Promessa-chave: *Vão sempre aumentando a força; cada um deles comparece perante Deus em Sião.* (Sl 84.7)

■ Graça para perseverar

Referências bíblicas: João 17.11; Romanos 8.38,39; 1Tessalonicenses 5.23,24; 2Tessalonicenses 3.3; 2Coríntios 1.21; 1Coríntios 1.8; Filipenses 1.6
Promessa-chave: *Dou-lhes a vida eterna, e jamais perecerão; e ninguém as arrancará da minha mão. Meu Pai, que as deu para mim, é maior do que todos; e ninguém pode arrancá-las da mão de meu Pai.* (Jo 10.28,29)

Àquele que é poderoso para vos impedir de tropeçar e para vos apresentar imaculados e com grande júbilo diante da sua glória.
(Jd 24)

"Há um Deus vivo; ele tem falado
por intermédio da Bíblia. Ele cumpre
o que diz e realizará todas as suas
promessas."

James Hudson Taylor

PROMESSAS BÍBLICAS EM TEMPOS DE NECESSIDADE

As promessas bíblicas são consideradas pelos cristãos como tesouros em tempos de provação e dificuldade.

TEMA	PROMESSA-CHAVE DA BÍBLIA	OUTRAS PROMESSAS BÍBLICAS
Desencorajamento	Salmo 147.3: ... sara os quebrantados de coração e cura suas feridas	2Coríntios 12.9; Isaías 41.10,13; 1Pedro 5.7;1Coríntios 10.13
Fé	Marcos 9.23,24: Ao que lhe disse Jesus: Se podes? Tudo é possível ao que crê. Imediatamente o pai do menino clamou: Eu creio! Ajuda-me na minha incredulidade.	Mateus 9.29; 17.20,21; Jeremias 32.12,27; Efésios 3.20
Medo	Salmo 91.5: Não temerás os terrores da noite, nem a flecha lançada de dia.	Salmo 56.3; Marcos 5.36; 1João 4.18
Perdão	1João 1.9: Se confessarmos os nossos pecados, ele é fiel e justo para nos perdoar os pecados e nos purificar de toda injustiça.	Salmo 51.17; 103.12; Isaías 55.6,7; 1.18; Miqueias 7.19; Lucas 5.32
Amor de Deus	João 3.16,17: Porque Deus amou tanto o mundo, que deu o seu Filho unigênito, para que todo aquele que nele crê não pereça, mas tenha a vida eterna. Pois Deus enviou o seu Filho ao mundo, não para que julgasse o mundo, mas para que o mundo fosse salvo por meio dele.	Isaías 49.15,16; 1João 3.1; Romanos 8.32; Salmo 103.13
Direção	Salmo 32.8: Eu te instruirei e ensinarei o caminho que deves seguir; eu te darei conselhos sob a minha vista.	Isaías 31.21; Romanos 8.28
Felicidade	Salmo 16.11: Tu me farás conhecer o caminho da vida; na tua presença há plenitude de alegria; à tua direita há eterno prazer.	Isaías 12.3; Habacuque 3.17-19; João 13.17; Provérbios 29.18
Esperança	Jeremias 17.7: Bendito o homem que confia no SENHOR, cuja esperança é o SENHOR.	1Samuel 7.12; Salmo 16.9; 33.18; Provérbios 14.32;1Coríntios 2.9
Enfermidade	Jeremias 30.17: Eu restaurarei a tua saúde e sararei as tuas feridas, diz o SENHOR. Chamaram-te a abandonada, Sião, a quem ninguém mais procura.	Jó 5.19; Salmo 34.19; 119.67,71; Isaías 40.31; Tiago 5.14-16; Mateus 9.22

"A fé do cristão é fortalecida à medida que este guarda as promessas de Deus perante ele, e considera não as dificuldades no caminho de suas promessas, mas o caráter e os recursos de Deus, quem fez a promessa."

Paul Little

"A fé segura a promessa em uma das mãos e Cristo na outra."

Thomas Watson

"A principal curva na qual a fé faz a volta é esta: não podemos imaginar que as promessas do Senhor sejam verdadeiras objetivamente, não em nossa experiência. Devemos torná-las nossas à medida que as acolhemos em nosso coração."

João Calvino

"Uma promessa por dia mantém longe a incerteza."

Herbert Lockyer

PROMESSAS DO NOVO TESTAMENTO

■ Promessas do evangelho de Mateus

PROMESSA	CONDIÇÃO	REFERÊNCIA BÍBLICA
1. Reino dos céus	O pobre em espírito	Mateus 5.3
2. Satisfação com justiça	Buscar a justiça	Mateus 5.6
3. Ver a Deus	Ser puro de coração	Mateus 5.8
4. Ser chamado de filho de Deus	Os pacificadores	Mateus 5.9
5. Ser confessado diante de Deus	Confessar Jesus diante dos homens	Mateus 10.32
6. Descanso para a alma	Tomar o jugo de Jesus	Mateus 11.29
7. Ser a mãe, o irmão ou a irmã de Jesus	Fazer a vontade do Pai	Mateus 12.50
8. Entrar no reino dos céus	Tornar-se uma criança	Mateus 18.3
9. Ser o maior no reino dos céus	Tornar-se humilde como uma criança	Mateus 18.4
10. Receber Jesus	Aceitar uma criancinha	Mateus 18.5
11. Fazer pedidos ao Pai	Dois cristãos de acordo na oração	Mateus 18.19
12. A presença de Jesus	Quando cristãos estão juntos em nome de Jesus	Mateus 18.20
13. Ser salvo	Se estiveres firme até o fim	Mateus 24.13
14. Servir a Jesus	Se você servir ao último dos irmãos	Mateus 25.40
15. Estarei sempre com vocês	Se pregarem a mensagem cristã	Mateus 28.19

■ Promessas do evangelho de Lucas

PROMESSA	CONDIÇÃO	REFERÊNCIA BÍBLICA
16. Você não será julgado	Não julgue	Lucas 6.37
17. Você não será condenado	Não condene	Lucas 6.37
18. Você será perdoado	Perdoe	Lucas 6.37
19. Seu Pai celestial lhe dará o Espírito Santo	Se você lhe pedir	Lucas 11.13

■ Promessas do evangelho de João

PROMESSA	CONDIÇÃO	REFERÊNCIA BÍBLICA
20. Você terá a vida eterna	Se crer no Filho de Deus	João 3.16
21. Você terá a vida eterna	Se participar do corpo de Cristo (espiritualmente)	João 6.54
22. Você não andará em trevas	Se seguir Jesus	João 8.12
23. Você conhecerá a verdade, e a verdade libertará	Se obedecer à palavra de Jesus	João 8.31,32
24. Você será livre	Se o Filho o tornar livre	João 8.36

PROMESSA	CONDIÇÃO	REFERÊNCIA BÍBLICA
25. Você será honrado pelo Pai	Se servir a Jesus	João 12.26
26. Você fará as obras que Jesus fez, e fará obras maiores ainda	Se crer em Jesus	João 14.12
27. Jesus pedirá ao Pai, e ele enviará o Consolador, o qual permanecerá com você para sempre	Se amar a Jesus e guardar seus mandamentos	João 14.15,16
28. Você será amado pelo Pai, amado por Jesus, o qual se revelará a você	Se guardar os mandamentos de Jesus	João 14.21
29. Você dará muitos frutos	Se crer em Jesus	João 15.5
30. Você será amigo de Jesus	Se obedecer a ele	João 15.14

■ Promessas de Atos

PROMESSA	CONDIÇÃO	REFERÊNCIA BÍBLICA
31. Você receberá poder	Após a vinda do Espírito Santo	Atos 1.8
32. Você receberá o dom do Espírito Santo	Se você se arrepender e for batizado em nome de Jesus	Atos 2.38
33. Você será perdoado	Se crer em Jesus	Atos 10.43

■ Promessas de Romanos

PROMESSA	CONDIÇÃO	REFERÊNCIA BÍBLICA
34. Você não será condenado	Se estiver em Jesus e andar no Espírito	Romanos 8.1
35. Seu corpo ressuscitará	Se o Espírito de Jesus habita em você	Romanos 8.11
36. Você será filho de Deus	Se for conduzido pelo Espírito de Deus	Romanos 8.14
37. Você será herdeiro com Cristo	Se for filho de Deus	Romanos 8.17
38. Você será mais que vencedor	Por intermédio de Jesus que o amou	Romanos 8.37
39. Cristo é o fim da lei, e assim haverá justiça	Se você crer	Romanos 10.4
40. Você será salvo	Se você confessar que Jesus é Senhor e que Deus o ressuscitou dos mortos	Romanos 10.9
41. Você terá fé	Se você ouvir a Palavra de Deus	Romanos 10.17

■ Promessas de 1Coríntios

PROMESSA	CONDIÇÃO	REFERÊNCIA BÍBLICA
42. Pregar a mensagem da cruz será pelo poder de Deus	Se você for salvo	1Coríntios 1.18
43. Jesus será nossa sabedoria, justiça, santificação e redenção	Se estivermos em Cristo Jesus	1Coríntios 1.30
44. Podemos conhecer as coisas que nos são dadas livremente por Deus	Se tivermos recebido o Espírito de Deus	1Coríntios 2.12
45. Você será um em espírito com o Senhor	Se estiver unido a Ele	1Coríntios 6.17
46. Seu trabalho não será em vão	Se for feito no Senhor	1Coríntios 15.58

"Onde não há promessa de Deus, não pode haver nem fé nem justificação, nem perdão de pecados, pois é mais do que loucura procurar por qualquer coisa que Deus não tenha prometido."

William Tyndale

"O coração que descansa nas promessas de Deus não se sente culpado nem temeroso e também não age com mesquinhez."

John Piper

■ Promessas de 2Coríntios

PROMESSA	CONDIÇÃO	REFERÊNCIA BÍBLICA
47. Você será uma nova criatura	Se estiver em Cristo	2Coríntios 5.17
48. Você terá poder divino para destruir fortalezas	Se lutar com as armas de Deus	2Coríntios 10.4

■ Promessas de Gálatas

PROMESSA	CONDIÇÃO	REFERÊNCIA BÍBLICA
49. Somos justificados	Pela fé em Jesus Cristo	Gálatas 2.16
50. Somos descendentes de Abraão e herdeiros segundo a promessa	Se estivermos em Cristo	Gálatas 3.29
51. Você não levará consigo os desejos da natureza humana	Se andar segundo o Espírito	Gálatas 5.16
52. Você não está sob a lei	Se for conduzido pelo Espírito	Gálatas 5.18
53. Você colherá uma recompensa	Se não desanimar	Gálatas 6.9

■ Promessas de Efésios

PROMESSA	CONDIÇÃO	REFERÊNCIA BÍBLICA
54. Você foi selado com o Espírito Santo	Depois que creu em Jesus	Efésios 1.13
55. Você tem acesso por um só Espírito ao Pai	Por intermédio de Jesus	Efésios 2.18

■ Promessas de Filipenses

PROMESSA	CONDIÇÃO	REFERÊNCIA BÍBLICA
56. A paz de Deus guardará seu coração	Se você tornar seus pedidos conhecidos dele	Filipenses 4.6,7

■ Promessa de Colossenses

PROMESSA	CONDIÇÃO	REFERÊNCIA BÍBLICA
57. Você será apresentado inculpável e irrepreensível diante de Deus	Se perseverar na fé cristã	Colossenses 1.21

Promessas de 1 e 2Timóteo

PROMESSA	CONDIÇÃO	REFERÊNCIA BÍBLICA
58. Você salvará a si mesmo e aos seus ouvintes	Se estiver atento à doutrina	1Timóteo 4.16
59. Você viverá com Jesus	Se morrer com ele	2Timóteo 2.11
60. Você reinará com Jesus	Se sofrer por Cristo	2Timóteo 2.12
61. Você estará preparado para realizar toda boa obra	Se você se purificar	2Timóteo 2.19,21
62. Você estará equipado para toda boa obra	Se você usar a Bíblia para ensinar	2Timóteo 3.16,17

Promessas de Hebreus

PROMESSA	CONDIÇÃO	REFERÊNCIA BÍBLICA
63. Você receberá misericórdia e graça	Se você se apresentar corajosamente diante do trono de Deus	Hebreus 4.16
64. Você será completamente salvo	Se vier até Jesus	Hebreus 7.25
65. Você se tornará perfeito para sempre	Se você se tornar santo	Hebreus 10.14
66. Você receberá a promessa de Deus	Se for paciente ao realizar a vontade de Deus	Hebreus 10.36
67. Você será capaz de agradar a Deus	Se crer que ele recompensa aqueles que o buscam diligentemente	Hebreus 11.6
68. Deus o tratará como seu filho	Se suportar a disciplina	Hebreus 12.7

Promessas de Tiago

PROMESSA	CONDIÇÃO	REFERÊNCIA BÍBLICA
69. Você será abençoado	Se agir de acordo com o aprendizado que tem recebido	Tiago 1.25
70. Deus lhe dará graça	Se for humilde	Tiago 4.6
71. Deus estará perto de você	Se estiver perto de Deus	Tiago 4.8
72. Deus o exaltará	Se você se humilhar na presença de Deus	Tiago 4.10

Promessas de 1Pedro

PROMESSA	CONDIÇÃO	REFERÊNCIA BÍBLICA
73. Você será sustentado pelo poder de Deus	Por intermédio da fé	1Pedro 1.5
74. Você receberá a salvação para a sua alma	Se crer	1Pedro 1.8,9
75. Os esposos não terão suas orações interrompidas	Se honrarem suas esposas	1Pedro 3.7
76. Os olhos de Deus estarão sobre você e seus ouvidos prontos para o ouvir	Se for justo	1Pedro 3.12
77. Você pode ser feliz	Se for insultado por causa do nome de Cristo	1Pedro 4.14

PROMESSA	CONDIÇÃO	REFERÊNCIA BÍBLICA
78. O espírito da glória e de Cristo repousará sobre você	Se for insultado por causa do nome de Cristo	1Pedro 4.14
79. Deus lhe dará sua graça	Se você se revestir de humildade	1Pedro 5.5
80. Deus o exaltará em seu devido tempo	Se você se humilhar sob a mão poderosa de Deus	1Pedro 5.6

■ Promessas de 2Pedro

PROMESSA	CONDIÇÃO	REFERÊNCIA BÍBLICA
81. Você será frutífero em seu conhecimento sobre Jesus	Se abundar nas virtudes cristãs	2Pedro 1.5-8
82. Você nunca cairá	Se for diligente em relação ao seu chamado	2Pedro 1.10
83. O Senhor o libertará da tentação	Se for fiel	2Pedro 2.9

■ Promessas de 1João

PROMESSA	CONDIÇÃO	REFERÊNCIA BÍBLICA
84. Nós temos comunhão com outros cristãos e perdão para nossos pecados	Se andarmos na luz, assim como Deus está na luz	1João 1.7
85. Deus perdoará nossos pecados e nos livrará de toda injustiça	Se confessarmos nossos pecados a Deus	1João 1.9
86. Seremos capazes de conhecer Jesus	Se obedecermos aos seus mandamentos	1João 2.3
87. O amor de Deus torna-se completo em você	Se obedecer à sua Palavra	1João 2.5
88. Nada o fará tropeçar	Se você amar o seu irmão	1João 2.10
89. Você não precisará de alguém que o ensine	Se abundar na unção que recebeu	1João 2.27
90. Você será guardado de pecar deliberadamente contra Deus	Se for nascido de Deus	1João 3.9
91. Sabemos que passamos da morte espiritual para a vida	Se amarmos os irmãos cristãos	1João 3.14
92. Temos confiança diante de Deus	Se nosso coração não não nos condenar	1João 3.21
93. Vivemos em Jesus, e Jesus vive em nós	Se obedecermos a seus mandamentos	1João 3.24
94. Sabemos que Deus nos ouve	Se formos filhos de Deus	1João 4.6
95. Deus habita em nós e seu amor torna-se completo em nós	Se amarmos os outros cristãos	1João 4.12

"Aqueles que mais progridem no aspecto religioso são os que vivem pela fé que foi entregue aos santos de uma vez por todas, e não aqueles que são levados de seus ancoradouros, sem direção, para um mar de incertezas."

Henry Barclay Swete

"Nosso mais profundo conforto é encontrado não nos sinais dos tempos, mas nas grandes e preciosas promessas de Deus."

J. Gresham Mach

96. Deus habita em nós, e nós vivemos em Deus	Se reconhecermos que Jesus é o Filho de Deus	1João 4.15
97. Deus habita em nós, e vivemos com Deus	Se vivermos em amor	1João 4.16
98. Você é nascido de Deus	Se crer que Jesus é o Cristo	1João 5.1
99. Sabemos que amamos os filhos de Deus	Se amarmos a Deus e obedecermos aos seus mandamentos	1João 5.2
100. Nós temos a vitória que vence o mundo	Se tivermos fé e crermos que Jesus é o Filho de Deus	1João 5.4,5
101. Você tem a vida eterna	Se você tem o Filho	1João 5.11,12
102. O Maligno não pode atingir você	Se você for nascido de Deus	1João 5.18

■ Promessas de 2João

PROMESSA	CONDIÇÃO	REFERÊNCIA BÍBLICA
103. Você tem o Pai e Filho	Se você abundar no ensinamento de Jesus	2João 9

■ Promessas de Apocalipse

PROMESSA	CONDIÇÃO	REFERÊNCIA BÍBLICA
104. Jesus colocou uma porta aberta diante de você, a qual ninguém pode fechar	Se você não negar a Jesus	Apocalipse 3.8
105. Jesus o livrará da tentação que virá sobre todo o mundo	Se você obedecer aos mandamentos de Jesus e permanecer pacientemente	Apocalipse 3.10
106. Jesus virá a você e ceará com você	Se você convidá-lo a entrar em sua vida	Apocalipse 3.20
107. Você vencerá aquele que o acusa diante de Deus	Pelo sangue do Cordeiro e pela palavra de seu testemunho	Apocalipse 12.10,11

"As promessas das Escrituras não são meras esperanças piedosas nem desejos santificados. Elas são mais do que palavras sentimentais impressas em cartões decorativos para as crianças da Escola Dominical. Elas são verdades eternas. Elas são verdadeiras. Não existe *talvez* em relação a elas."

Peter Marshall

"As estrelas podem cair, mas as promessas de Deus permanecerão e serão cumpridas."

J. I. Packer

"Ninguém até agora decidiu testar as promessas de Deus correta, completa e humildemente, nem declarou que as promessas de Deus não funcionam."

Peter Marshall

"Pense que cada promessa que Deus já fez teve seu cumprimento em Jesus."

Joni Eareckson Tada